Contents

1

The Grading Factor
How to classify a coin's condition

By Arlyn G. Sieber

Grading is one of the most important factors in buying and selling coins as collectibles. Unfortunately, it's also one of the most controversial. Since the early days of coin collecting in the United States, buying through the mail has been a convenient way for collectors to acquire coins. As a result, there has always been a need in numismatics for a concise way to classify the amount of wear on a coin and its condition in general.

A look back

In September 1888, Dr. George Heath, a physician in Monroe, Mich., published a four-page pamphlet titled *The American Numismatist*. Publication of subsequent issues led to the founding of the American Numismatic Association, and *The Numismatist*, as it's known today, is the association's official journal. Heath's first issues were largely devoted to selling world coins from his collection. There were no formal grades listed with the coins and their prices, but the following statement by Heath indicates that condition was a consideration for early collectors:

"The coins are in above average condition," Heath wrote, "and so confident am I that they will give satisfaction, that I agree to refund the money in any unsatisfactory sales on the return of the coins."

As coin collecting became more popular and The Numismatist started accepting paid advertising from others, grading became more formal. The February 1892 issue listed seven "classes" for the condition of coins (from worst to best): mutilated, poor, fair, good, fine, uncirculated, and proof. Through the years, the hobby has struggled with developing a grading system that would be accepted by all and could apply to all coins. The hobby's growth was accompanied by a desire for more grades, or classifications, to more precisely define a coin's condition. The desire for more precision, however, was at odds with the basic concept of grading: to provide a concise method for classifying a coin's condition.

For example, even the conservatively few classifications of 1892 included fudge factors.

"To give flexibility to this classification," *The Numismatist* said, "such modification of fine, good and fair, as 'extremely,' 'very,' 'almost,' etc., are used to express slight variations from the general condition."

The debate over grading continued for decades in *The Numismatist*. A number of articles and letters prodded the ANA to write grading guidelines and endorse them as the association's official standards. Some submitted specific suggestions for terminology and accompanying standards for each grade. But grading remained a process of "instinct" gained through years of collecting or dealing experience.

A formal grading guide in book form finally appeared in 1958, but it was the work of two individuals rather than the ANA. *A Guide to the Grading of United States Coins* by Martin R. Brown and John W. Dunn was a breakthrough in the great grading debate. Now collectors had a reference that gave them specific guidelines for specific coins and could be studied and restudied at home.

The first editions of Brown and Dunn carried text only, no illustrations. For the fourth edition, in 1964, publication was assumed by Whitman Publishing Co. of Racine, Wis., and line drawings were added to illustrate the text.

The fourth edition listed six principal categories for circulated coins (from worst to best): good, very good, fine, very fine, extremely fine, and about uncirculated. But again, the desire for more precise categories were evidenced. In the book's introduction, Brown and Dunn wrote, "Dealers will sometimes advertise coins that are graded G-VG, VG-F, F-VF, VF-XF. Or the description may be ABT. G. or VG plus, etc. This means that the coin in question more than meets minimum standards for the lower grade but is not quite good enough for the higher grade."

When the fifth edition appeared, in 1969, the "New B & D Grading System" was introduced. The six principal categories for circulated coins were still intact, but variances within those categories were now designated by up to four letters: "A," "B," "C" or "D." For example, an EF-A coin was "almost about uncirculated." An EF-B was "normal extra fine" within the B & D standards. EF-C had a "normal extra fine" obverse, but the reverse was "obviously not as nice as obverse due to poor strike or excessive wear." EF-D had a "normal extra fine" reverse but a problem obverse.

But that wasn't the end. Brown and Dunn further listed 29 problem points that could appear on a coin – from No. 1 for an "edge bump" to No. 29 for "attempted re-engraving outside of the Mint." The number could be followed by the letter "O" or "R" to designate whether the problem appeared on the obverse or reverse and a Roman numeral corresponding to a clock face to designate where the problem appears on the obverse or reverse. For example, a coin described as "VG-B-9-O-X" would grade "VG-B"; the "9" designated a "single rim nick"; the "O" indicated the nick was on the obverse; and the "X" indicated it appeared at the 10 o'clock position, or upper left, of the obverse.

The authors' goal was noble – to create the perfect grading system. They again, however, fell victim to the age-old grading-system problem: Precision comes at the expense of brevity. Dealer Kurt Krueger wrote in the January 1976 issue of *The Numismatist*, "Under the new B & D system, the numismatist must contend with a minimum of 43,152 different grading combinations! Accuracy is apparent, but simplicity has been lost." As a result, the "New B & D Grading System" never caught on in the marketplace.

The 1970s saw two important grading guides make their debut. The first was *Photograde* by James F. Ruddy. As the title implies, Ruddy uses photographs instead of line drawings to show how coins look in the various circulated grades. Simplicity is also a virtue of Ruddy's book. Only seven circulated grades are listed (about good, good, very good, fine, very fine, extremely fine, and about uncirculated), and the designations stop there.

In 1977 the longtime call for the ANA to issue grading standards was met with the release of *The Official A.N.A. Grading Standards for United States Coins*. Like Brown and Dunn, the first edition of the ANA grading guide used line drawings to illustrate coins in various states of wear. But instead of using adjectival descriptions, the ANA guide adopted a numerical system for designating grades.

The numerical designations were based on a system used by Dr. William H. Sheldon in his book *Early American Cents*, first published in 1949. He used a scale of 1 to 70 to designate the grades of large cents.

"On this scale," Sheldon wrote, "1 means that the coin is identifiable and not mutilated – no more than that. A 70-coin is one in flawless Mint State, exactly as it left the dies, with perfect mint color and without a blemish or nick." (Sheldon's scale also had its pragmatic side. At the time, a No. 2 large cent was worth about twice a No. 1 coin; a No. 4 was worth about twice a No. 2, and so on up the scale.)

With the first edition of its grading guide, the ANA adopted the 70-point scale for grading all U.S. coins. It designated 10 categories of circulated grades: AG-3, G-4, VG-8, F-12, VF-20, VF-30, EF-40, EF-45, AU-50, and AU-55. The third edition, released in 1987, replaced the line drawings with photographs, and another circulated grade was added: AU-58. A fourth edition was released in 1991.

Grading circulated U.S. coins

Dealers today generally use either the ANA guide or Photograde when grading circulated coins for their inventories. (Brown and Dunn is now out of print.) Many local coin shops sell both books. Advertisers in *Numismatic News*, *Coins* magazine, and *Coin Prices* must indicate which standards they are using in grading their coins. If the standards are not listed, they must conform to ANA standards.

Following are some general guidelines, accompanied by photos, for grading circulated U.S. coins. Grading even circulated pieces can be subjective, particularly when attempting to draw the fine line between, for example, AU-55 and AU-58. Two longtime collectors or dealers can disagree in such a case.

But by studying some combination of the following guidelines, the ANA guide, and Photograde, and by looking at a lot of coins at shops and shows, collectors can gain enough grading knowledge to buy circulated coins confidently from dealers and other collectors. The more you study, the more knowledge and confidence you will gain. When you decide which series of coins you want to collect, focus on the guidelines for that particular series. Read them, reread them, and then refer back to them again and again.

AU-50

Indian cent

Lincoln cent

Buffalo nickel

Mercury dime

Standing Liberty quarter

Walking Liberty half dollar

Morgan dollar

Barber coins

AU-50 (about uncirculated): Just a slight trace of wear, result of brief exposure to circulation or light rubbing from mishandling, may be evident on elevated design areas. These imperfections may appear as scratches or dull spots, along with bag marks or edge nicks. At least half of the original mint luster generally is still evident.

XF-40

Indian cent

Lincoln cent

Buffalo nickel

Mercury dime

Standing Liberty quarter

Walking Liberty half dollar

Morgan dollar

Barber coins

XF-40 (extremely fine): The coin must show only slight evidence of wear on the highest points of the design, particularly in the hair lines of the portrait on the obverse. The same may be said for the eagle's feathers and wreath leaves on the reverse of most U.S. coins. A trace of mint luster may still show in protected areas of the coin's surface.

VF-20

Indian cent   *Lincoln cent*

VF-20 (very fine): The coin will show light wear at the fine points in the design, though they may remain sharp overall. Although the details may be slightly smoothed, all lettering and major features must remain sharp.

Indian cent: All letters in "Liberty" are complete but worn. Headdress shows considerable flatness, with flat spots on the tips of the feathers.

Lincoln cent: Hair, cheek, jaw, and bow-tie details will be worn but clearly separated, and wheat stalks on the reverse will be full with no weak spots.

Buffalo nickel

Mercury dime

Standing Liberty quarter

Walking Liberty half dollar

Buffalo nickel: High spots on hair braid and cheek will be flat but show some detail, and a full horn will remain on the buffalo.

Mercury dime: Hair braid will show some detail, and three-quarters of the detail will remain in the feathers. The two diagonal bands on the fasces will show completely but will be worn smooth at the middle, with the vertical lines sharp.

Standing Liberty quarter: Rounded contour of Liberty's right leg will be flattened, as will the high point of the shield.

Walking Liberty half dollar: All lines of the skirt will show but will be worn on the high points. Over half the feathers on the eagle will show.

Morgan dollar: Two-thirds of the hair lines from the forehead to the ear must show. Ear should be well defined. Feathers on the eagle's breast may be worn smooth.

Barber coins: All seven letters of "Liberty" on the headband must stand out sharply. Head wreath will be well outlined from top to bottom.

Morgan dollar

Barber coins

F-12

Indian cent

Lincoln cent

Buffalo nickel

Mercury dime

Standing Liberty quarter

Walking Liberty half dollar

Morgan dollar

Barber coins

F-12 (fine): Coins show evidence of moderate to considerable but generally even wear on all high points, though all elements of the design and lettering remain bold. Where the word "Liberty" appears in a headband, it must be fully visible. On 20th century coins, the rim must be fully raised and sharp.

VG-8

Indian cent

Lincoln cent

Buffalo nickel

Mercury dime

Standing Liberty quarter

Walking Liberty half dollar

Morgan dollar   *Barber coins*

VG-8 (very good): The coin will show considerable wear, with most detail points worn nearly smooth. Where the word "Liberty" appears in a headband, at least three letters must show. On 20th century coins, the rim will start to merge with the lettering.

G-4

G-4 (good): Only the basic design remains distinguishable in outline form, with all points of detail worn smooth. The word "Liberty" has disappeared, and the rims are almost merging with the lettering.

About good or fair: The coin will be identifiable by date and mint but otherwise badly worn, with only parts of the lettering showing. Such coins are of value only as fillers in a collection until a better example of the date and mintmark can be obtained. The only exceptions would be rare coins.

Indian cent   *Lincoln cent*

Buffalo nickel

Mercury dime

Standing Liberty quarter

Walking Liberty half dollar

Morgan dollar

Barber coins

Grading uncirculated U.S. coins

The subjectivity of grading and the trend toward more classifications becomes more acute when venturing into uncirculated, or mint-state, coins. A minute difference between one or two grade points can mean a difference in value of hundreds or even thousands of dollars. In addition, the standards are more difficult to articulate in writing and illustrate through drawings or photographs. Thus, the possibilities for differences of opinion on one or two grade points increase in uncirculated coins.

Back in Dr. George Heath's day and continuing through the 1960s, a coin was either uncirculated or it wasn't. Little distinction was made between uncirculated coins of varying condition, largely because there was little if any difference in value. But as collectible coins increased in value and buyers of uncirculated coins became more picky, distinctions within uncirculated grade started to surface.

The first edition of the ANA guide listed two grades of uncirculated, MS-60 and MS-65, in addition to the theoretical but non-existent MS-70 (a flawless coin). MS-60 was described as "typical uncirculated" and MS-65 as "choice uncirculated." *Numismatic News* adopted both designations for *Coin Market*. In 1981, when the second edition of the ANA grading guide was released, MS-67 and MS-63 were added. In 1985 *Numismatic News* started listing six grades of uncirculated for Morgan dollars: MS-60, MS-63, MS-65, MS-65+, and MS-63 prooflike.

Then in 1986, a new entity appeared that changed the nature of grading and trading uncirculated coins ever since. A group of dealers led by David Hall of Newport Beach, Calif., formed the Professional Coin Grading Service. For a fee, collectors could submit a coin through an authorized PCGS dealer and receive a professional opinion of its grade.

The concept was not new; the ANA had operated an authentication service since 1972 and a grading service since 1979. A collector or dealer could submit a coin directly to the service and receive a certificate giving the service's opinion on authenticity and grade. The grading service was the source of near constant debate among dealers and ANA officials. Dealers charged that ANA graders were too young and inexperienced, and that their grading was inconsistent.

Grading stability was a problem throughout the coin business in the early 1980s, not just with the ANA service. Standards among uncirculated grades would tighten during a bear market and loosen during a bull market. As a result, a coin graded MS-65 in a bull market may have commanded only MS-63 during a bear market.

PCGS created several innovations in the grading business in response to these problems:

1. Coins could be submitted through PCGS-authorized dealers only.

2. Each coin would be graded by at least three members of a panel of "top graders," all prominent dealers in the business. (Since then, however, PCGS does not allow its graders to also deal in coins.)

3. After grading, the coin would be encapsulated in an inert, hard-plastic holder with a serial number and the grade indicated on the holder.

4. PCGS-member dealers pledged to make a market in PCGS-graded coins and honor the grades assigned.

5. In one of the most far-reaching moves, PCGS said it would use all 11 increments of uncirculated on the 70-point numerical scale: MS-60, MS-61, MS-62, MS-63, MS-64, MS-65, MS-66, MS-67, MS-68, MS-69, and MS-70.

The evolution of more uncirculated grades had reached another milestone.

Purists bemoaned the entombment of classic coins in the plastic holders and denounced the 11 uncirculated grades as implausible. Nevertheless, PCGS was an immediate commercial success. The plastic holders were nicknamed "slabs," and dealers couldn't get coins through the system fast enough.

In subsequent years, a number of similar services have appeared. One of the original PCGS "top graders," John Albanese, left PCGS to found the Numismatic Guaranty Corp (NGC). The ANA grading service succumbed to "slab mania" and introduced its own encapsulated product. However, in 1990 it sold its grading service to a private company that operates under the ANACS acronym.

How should a collector approach the buying and grading of uncirculated coins? Collecting uncirculated coins worth thousands of dollars implies a higher level of numismatic expertise by the buyer. Those buyers without that level of expertise should cut their teeth on more inexpensive coins, just as today's experienced collectors did. Inexperienced collectors can start toward that level by studying the guidelines for mint-state coins in the ANA grading guide and looking at lots of coins at shows and shops.

Study the condition and eye appeal of a coin and compare it to other coins of the same series. Then compare prices. Do the more expensive coins look better? If so, why? Start to make your own judgments concerning relationships between condition and value.

According to numismatic legend, a collector walked up to a crusty old dealer at a show one time and asked the dealer to grade a coin the collector had with him. The dealer looked at the coin and said, "I grade it a hundred dollars." Such is the bottom line to coin grading.

Grading U.S. proof coins

Because proof coins are struck by a special process using polished blanks, they receive their own grading designation. A coin does not start out being a proof and then become mint state if it becomes worn. Once a proof coin, always a proof coin.

In the ANA system, proof grades use the same numbers as circulated and uncirculated grades, and the amount of wear on the coin corresponds to those grades. But the number is preceded by the word "proof." For example, Proof-65, Proof-55, Proof-45, and so on. In addition, the ANA says a proof coin with many marks, scratches or other defects should be called an "impaired proof."

Grading world coins

The state of grading non-U.S. issues is similar to U.S. coin grading before Brown and Dunn. There is no detailed, illustrated guide that covers the enormous scope and variety of world coins; collectors and dealers rely on their experience in the field and knowledge of the marketplace.

The *Standard Catalog of World Coins* gives the following guidelines for grading world coins, which apply to the Canadian and Mexican value listings in this book:

In grading world coins, there are two elements to look for: (1) overall wear and (2) loss of design details, such as strands of hair, feathers on eagles, designs on coats of arms, and so on. Grade each coin by the weaker of the two sides. Age, rarity or type of coin should not be considered in grading.

Grade by the amount of overall wear and loss of detail evident in the main design on each side. On coins with a moderately small design element that is prone to early wear, grade by that design alone.

In the marketplace, adjectival grades are still used for Mexican coins. The numerical system for Canadian coins is now commonplace:

Uncirculated, MS-60: No visible signs of wear or handling, even under a 30X microscope. Bag marks may be present.

Almost uncirculated, AU-50: All detail will be visible. There will be wear on only the highest points of the coin. There will often be half or more of the original mint luster present.

Extremely fine, XF-40: About 95 percent of the original detail will be visible. Or, on a coin with a design that has no inner detail to wear down, there will be light wear over nearly the entire coin. If a small design is used as the grading area, about 90 percent of the original detail will be visible. This latter rule stems from the logic that a smaller amount of detail needs to be present because a small area is being used to grade the whole coin.

Very fine, VF-20: About 75 percent of the original detail will be visible. Or, on a coin with no inner detail, there will be moderate wear over the entire coin. Corners of letters and numbers may be weak. A small grading area will have about 60 percent of the original detail.

Fine, F-12: About 50 percent of the original detail will be visible. Or, on a coin with no inner detail, there will be fairly heavy wear over the entire coin. Sides of letters will be weak. A typically uncleaned coin will often appear dirty or dull. A small grading area will have just under 50 percent of the original detail.

Very good, VG-8: About 25 percent of the original detail will be visible. There will be heavy wear on the entire coin.

Good, G-4: Design will be clearly outlined but with substantial wear. Some of the larger detail may be visible. The rim may have a few weak spots of wear.

About good, AG-3: Typically only a silhouette of a large design will be visible. The rim will be worn down into the letters, if any.

2

Get a Map
How to organize a collection

By David C. Harper

Do you have a jar full of old coins? Did a favorite relative give you a few silver dollars over the years? Or did you just come across something unusual that you set aside?

All three circumstances make good beginnings for collecting coins. It may surprise you, but this is how just about everybody starts in the hobby. It is a rare collector who decides to start down the hobby road without first having come into a few coins one way or another.

What these random groupings lack is organization. It is organization that makes a collection. But think about it another way: Organization is the map that tells you where you can go in coin collecting and how you can get there.

Have you ever been at a large fair or a huge office building and seen the maps that say "you are here"? Did you ever consider that, over time, thousands of other people have stood on the same spot? This is true in numismatics also. Figuratively, you are standing on the same spot on which the writers of this book stood at some point in their lives.

At a fair, the map helps you consider various ways of seeing all the sights. In coin collecting, too, there are different ways to organize a collection. The method you choose helps you see the hobby sights you want to see.

It should be something that suits you. Remember, do what you want to do. See what you want to see. But don't be afraid to make a mistake; there aren't any. Just as one can easily retrace steps at a fair, one can turn around and head in another direction in the coin-collecting hobby. Besides, when you start off for any given point, often you see something along the way that was unplanned but more interesting. That's numismatics.

There are two major ways to organize a collection: by type, and by date and mintmark. These approaches work in basically the same fashion for coins of the

United States, Canada and Mexico. Naturally, there are differences. But to establish the concepts, let's focus first on U.S. coins.

United States

Let's take collecting by type first. Look at your jar of coins, or take the change out of your pocket. You find Abraham Lincoln and the Lincoln Memorial on most cents and four commemorative reverse designs in 2009. You find Thomas Jefferson and his home, Monticello, on most nickels, but special reverse designs were produced in 2004 and 2005 and a new obverse began in 2006. Franklin D. Roosevelt and a torch share the dime. George Washington and an eagle (or since 1999, designs honoring states and the District of Columbia and territories) appear on the quarter. John F. Kennedy and the presidential seal are featured on the half dollar. Sacagawea paired with an eagle or a woman planting and Presidents paired with the Statue of Liberty are on dollars.

Each design is called a "type." If you took one of each and put them in a holder, you would have a type set of recent coins.

With just these six denominations, you can study various metallic compositions. You can evaluate their states of preservation and assign a grade to each. You can learn about the artists who designed the coins, and you can learn of the times in which these designs were created.

As you might have guessed, many different coin types have been used in the United States over the years. You may remember seeing some of them circulating. These designs reflect the hopes and aspirations of people over time. Putting all of them together forms a wonderful numismatic mosaic of American history.

George Washington did not mandate that his image appear on the quarter. Quite the contrary. He would have been horrified. When he was president, he headed off those individuals in Congress who thought the leader of the country should have his image on its coins. Washington said it smacked of monarchy and would have none of it.

Almost a century and a half later, during the bicentennial of Washington's birth in 1932, a nation searching for its roots during troubled economic times decided that it needed his portrait on its coins as a reminder of his great accomplishments and as reassurance that this nation was the same place it had been in more prosperous days.

In its broadest definition, collecting coins by type requires that you obtain an example of every design that was struck by the U.S. Mint since it was founded in 1792. That's a tall order. You would be looking for denominations like the half cent, two-cent piece, three-cent piece, and 20-cent piece, which have not been produced in more than a century. You would be looking for gold coins ranging in face value from $1 to $50 and current bullion coins.

But even more important than odd-sounding denominations or high face values is the question of rarity. Some of the pieces in this multi-century type set are rare and expensive. That's why type collectors often divide the challenge into more digestible units.

Type collecting can be divided into 18th, 19th, 20th and 21st century units. The 21st century set is rapidly growing. Starting type collectors can focus on 20th century coin designs, which are easily obtainable. The fun and satisfaction of putting the 20th century set together then creates the momentum to continue backward in time.

In the process of putting a 20th century type set together, one is also learning how to grade, learning hobby jargon, and discovering how to obtain coins from dealers, the U.S. Mint, and other collectors. All of this knowledge is then refined as the collector increases the challenge to himself.

This book is designed to help. How many dollar types were struck in the 20th century? Turn to the U.S. price-guide section and check it out. We see the Morgan dollar, Peace dollar, Eisenhower dollar, and Anthony dollar. Hobbyists could also add the Ike dollar with the Bicentennial design of 1976 and the silver American Eagle bullion coin struck since 1986. One can also find out their approximate retail prices from the listings.

The beauty of type collecting is that one can choose the most inexpensive example of each type. There is no need to select a 1903-O Morgan when the 1921 will do just as well. With the 20th century type set, hobbyists can dodge some truly big-league prices.

As a collector's hobby confidence grows, he can tailor goals to fit his desires. He can take the road less traveled if that is what suits him. Type sets can be divided by denomination. You can choose more than two centuries of one-cent coins. You can take just obsolete denominations or copper, silver or gold denominations.

You can even collect by size. Perhaps you would like to collect all coin types larger than 30 millimeters or all coins smaller than 20 millimeters. Many find this freedom of choice stimulating.

Type collecting has proven itself to be enduringly popular over the years. It provides a maximum amount of design variety while allowing collectors to set their own level of challenge.

The second popular method of collecting is by date and mintmark. What this means, quite simply, is that a collector picks a given type – Jefferson nickels, for example – and then goes after an example of every year, every mintmark, and every type of manufacture that was used with the Jefferson design.

Looking at this method of collecting brings up the subject of mintmarks. The "U.S. Mint" is about as specific as most non-collectors get in describing the government agency that provides everyday coins. Behind that label are the various production facilities that actually do the work.

In the more than two centuries of U.S. coinage, there have been eight such facilities. Four are still in operation. Those eight in alphabetical order are Carson City, Nev., which used a "CC" mintmark to identify its work; Charlotte, N.C. ("C"); Dahlonega, Ga. ("D"); Denver (also uses a "D," but it opened long after the Dahlonega Mint closed, so there was never any confusion); New Orleans ("O"); Philadelphia (because it was the primary mint, it used no mintmark for much of its history, but currently uses a "P"); San Francisco ("S"); and West Point, N.Y. ("W").

A basic type set of 20th century dollar coins would consist of (from top) a Morgan type, Peace type, Eisenhower type and Anthony type.

A person contemplating the collecting of Jefferson nickels by date and mint-mark will find that three mints produced them: San Francisco, Denver and Philadelphia. Because the first two are branch mints serving smaller populations, their output has tended over time to be smaller than that of Philadelphia. This fact, repeated in other series, has helped give mintmarks quite an allure to collectors. It provides one of the major attractions in collecting coins by date and mintmark.

The key date for Jeffersons is the 1950-D when using mintages as a guide. In that year, production was just 2.6 million pieces. Because collectors of the time were aware of the coin's low mintage, many examples were saved. As a result, prices are reasonable.

The Depression-era 1939-D comes in as the most valuable regular-issue Jefferson nickel despite a mintage of 3.5 million – almost 1 million more than the 1950-D. The reason: Fewer were saved for later generations of coin collectors.

Date and mintmark collecting teaches hobbyists to use mintage figures as a

Jefferson nickels have been produced at the (from top) Philadephia, Denver and San Francisco Mints. Note the Denver and San Francisco mintmarks to the right of Monticello.

The wartime nickels of 1942-1945 marked the first time a "P" mintmark, for Philadelphia, was used.

guide but to take them with a grain of salt. Rarity, after all, is determined by the number of surviving coins, not the number initially created.

The Jefferson series is a good one to collect by date and mintmark, because the mintmarks have moved around, grown in size, and expanded in number.

When the series was first introduced, the Jefferson nickel was produced at the three mints previously mentioned. In 1942, because of a diversion of certain metals to wartime use, the coin's alloy of 75 percent copper and 25 percent nickel was changed. The new alloy was 35 percent silver, 56 percent copper, and 9 percent manganese.

To denote the change, the mintmarks were moved and greatly enlarged. The pre-1942 mintmarks were small and located to the right of Monticello; the wartime mintmarks were enlarged and placed over the dome. What's more, for the first time in American history, the Philadelphia Mint used a mintmark ("P").

The war's end restored the alloy and mintmarks to their previous status. The "P" disappeared. This lasted until the 1960s, when a national coin shortage saw all mintmarks removed for three years (1965-1967) and then returned, but in a different location. Mintmarks were placed on the obverse, to the right of Jefferson's portrait near the date in 1968. In 1980 the "P" came back in a smaller form and is still used.

Another consideration arises with date and mintmark collecting: Should the hobbyist include proof coins in the set? This can be argued both ways. Suffice to say that anyone who has the desire to add proof coins to the set will have a larger one. It is not necessary nor is it discouraged.

Some of the first proof coins to carry mintmarks were Jefferson nickels. When proof coins were made in 1968 after lapsing from 1965 to 1967, production occurred at San Francisco instead of Philadelphia. The "S" mintmark was placed on the proof coins of that year, including the Jefferson nickel, to denote the change. Since that time, mintmarks used on proof examples of various denominations have included the "P," "D," "S," and "W."

For all of the mintmark history that is embodied in the Jefferson series, prices are reasonable. For a first attempt at collecting coins by date and mintmark, it provides excellent background for going on to the more expensive and difficult types. After all, if you are ever going to get used to the proper handling of a coin, it is far better to experiment on a low-cost coin than a high-value rarity.

In 1968 the mintmarks reappeared on U.S. coins and production of proof coins resumed, this time at the San Francisco Mint. On the nickels, the mintmark moved from the reverse to the obverse below the date.

As one progresses in date and mintmark collecting and type collecting, it is important to remember that all of the coins should be of similar states of preservation. Sets look slapdash if one coin is VG and another is MS-65 and still another is VF. Take a look at the prices of all the coins in the series before you get too far, figure out what you can afford, and then stick to that grade or range of grades.

Sure, there is a time-honored practice of filling a spot with any old example until a better one comes along. That is how we got the term "filler." But if you get a few placeholders, don't stop there. By assembling a set of uniform quality, you end up with a more aesthetically pleasing collection.

The date and mintmark method used to be the overwhelmingly dominant form of collecting. It still has many adherents. Give it a try if you think it sounds right for you.

Before we leave the discussion of collecting U.S. coins, it should be pointed out that the two major methods of organizing a collection are simply guidelines. They are not hard-and-fast rules that must be followed without questions. Collecting should be satisfying to the hobbyist. It should never be just one more item in the daily grind. Take the elements of these collecting approaches that you like or invent your own.

It should also be pointed out that U.S. coinage history does not start with 1792, nor do all of the coins struck since that time conform precisely to the two major organizational approaches. But these two areas are good places to start.

There are coins and tokens from the American Colonial period (1607-1776) that are just as fascinating and collectible as regular U.S. Mint issues. There are federal issues struck before the Mint was actually established. See the Colonial price-guide section in this book.

There are special coins called commemoratives, which have been struck by the U.S. Mint since 1892 to celebrate some aspect of American history or a contemporary event. They are not intended for circulation. There was a long interruption between 1954 and 1982, but currently annual commemoratives are being offered for sale directly to collectors by the Mint.

Collecting commemoratives has always been considered something separate from collecting regular U.S. coinage. It is, however, organized the same way. Commemoratives can be collected by date and mintmark or by type.

Current commemoratives can be purchased from the U.S. Mint. Check the U.S.

Mint Web site at www.usmint.gov. Hobbyists who order from the U.S. Mint's Web site receive notices of product availability by e-mail. Hobbyists will get the various solicitations for not only commemoratives, but regular proof sets and mint sets and proof American Eagle bullion coins. Buying coins from the Mint can be considered a hobby pursuit in its own right. Some collectors let the Mint organize their holdings for them. They buy complete sets and put them away. They never buy anything from anywhere else.

Admittedly, this is a passive form of collecting, but there are individuals around the world who enjoy collecting at this level without ever really going any deeper. They like acquiring every new issue as it comes off the Mint's presses.

Once done, there is a certain knowledge that one has all the examples of the current year. Obviously, too, collectors by date and mintmark of the current types would have to buy the new coins each year, but, of course, they do not stop there.

Varieties and errors make up another area. Under this heading come the coins the Mint did not intend to make. There are all kinds of errors. Many of them are inexpensive. Check out the U.S. Minting Varieties and Errors section in the price guide. If you want to pursue it further, there are specialty books that deal with the topic in more detail.

Canada

Starting point for the national coinage of Canada is popularly fixed at 1858. In that year a large cent was first produced for use in Upper and Lower Canada (Ontario and Quebec). These prices were intended to supplant local copper coinage, which in turn had been attempts to give various regions a medium of exchange.

What was circulating in Canada at the time was a hodgepodge of world issues. The large cent predates a unified national government by nine years, but it is considered the beginning of national issues nevertheless.

There are many similarities between the United States and Canada and their respective monetary systems. Both continent-sized nations thought in terms of taming the frontier, new settlements, and growth. Both came to use the dollar as the unit of account because of the pervasiveness of the Spanish milled dollar in trade. For each, the dollar divides into 100 cents.

However, Canada had a far longer colonial history. Many of its residents resisted the tide that carried the United States to independence and worked to preserve their loyalties to the British crown. As a result, Canada was firmly a part of the British Empire. So even today with its constitution (the British North America Act transferred from Westminster to Ottawa in 1982), parliamentary democracy, and a national consciousness perhaps best symbolized by the maple leaf, Canada retains a loyalty to the crown in the person of Queen Elizabeth II of the United Kingdom. Canada is a member of the British Commonwealth of Nations.

The effect of this on coins is obvious. Current issues carry the queen's effigy. How Canada got its coins in the past was also influenced. The fledgling U.S. government set about creating its own mint as one of its earliest goals, despite that

*Canadian coins
have depicted (from
top) Queen Victoria,
King Edward VII,
King George V,
King George VI and
Queen Elizabeth II.*

better-quality pieces could be purchased abroad at lower cost. Canada found that ties to mints located in England were logical and comfortable.

The Royal Canadian Mint was not established until 1908, when it was called the Ottawa branch of the British Royal Mint, and it was not given its present name until 1931. Both events are within living memory. Canadian coins, therefore, have a unique mixture of qualities. They are tantalizingly familiar to U.S. citizens yet distinctly different.

The coinage of a monarchy brings its own logic to the organization of a collection. Type collecting is delineated by the monarch. United Canada has had six. The first was Queen Victoria, whose image appeared on those large cents of 1858. Her reign began in 1837 and lasted until 1901.

She was followed by Edward VII, 1901-1910; George V, 1910-1936; Edward VIII, 1936; George VI, 1936-1952; and Queen Elizabeth II, 1952-present. All but Edward VIII had coins struck for circulation in Canada. The collectible monarchs, therefore, number five, but the longer reigns inspired changes of portraits over time to show the aging process at work. Legends also changed. When George VI ceased being emperor of India, Canada's coins were modified to recognize the change.

Like U.S. coins, sizes and alloys were altered to meet new demands placed on the coinage. However, the separateness of each nation might best be summed up this way: Though the United States abolished its large cent in 1857, Canada's was just getting under way in 1858. The United States put an end to the silver dollar in 1935, the very year Canada finally got its series going.

And Canada, the nickel-mining giant, used a small-sized silver five-cent coin until 1921, almost 50 years after the half dime was abolished in the United States. But whereas the Civil War was the major cause of the emergence of modern U.S. coinage as specified by the Coinage Act of 1873, World War I influenced the alterations that made Canada's coins what they are today.

It might be assumed that change in the monarch also signaled a change in the reverse designs of the various denominations. A check of the Canadian price guide section shows this is not necessarily the case. Current designs paired with Queen Elizabeth II basically date back to the beginning of her father's reign. The familiar maple-leaf cent, beaver five-cent piece, schooner 10-cent, caribou 25-cent, and coat-of-arms 50-cent have been running for more than 50 years. Significant changes were made to the 50-cent coin in 1959, but the reverse design remains the coat of arms.

So where does that leave type collectors? It puts them in a situation similar to categorizing the various eagles on U.S. coins. They can be universalists and accept the broadest definitions of type, or they can narrow the bands to whatever degree suits them best.

By checking the price-guide section, date and mintmark collectors will quickly note that their method of organization more or less turns into collecting by date. Though currently there are three mints in Canada – Hull, Quebec; Ottawa, Ontario; and Winnipeg, Manitoba – they don't use mintmarks. Historically, few mintmarks were employed.

Ottawa used a "C" on gold sovereigns of 1908-1919 and on some exported colonial issues. The private Heaton Mint in Birmingham, England, used an "H" on coins it supplied to Canada from 1871 to 1907.

But the coins supplied to Canada by the British Royal Mint and later by its Ottawa branch did not carry any identifying mark. Collectors who confine their activities to the more recent issues need never think about a mintmark.

It would be easy to slant a presentation on Canadian issues to stress similarities or differences to U.S. issues. One should remember that the monetary structures of each evolved independently, but each was always having an impact on the other.

Common events, such as World War II, had a similar impact. For example, the Canadian five-cent coin changed in much the same way as the U.S. nickel. In Canada, nickel was removed and replaced first by a tombac (brass) alloy and then by chromium-plated steel. Peace brought with it a return to the prewar composition.

To see an example of differences between the United States and Canada, take the Canadian approach to the worldwide trend of removing silver from coinage. Canada made its move in 1968, three years after the United States. Instead of choosing a copper-nickel alloy as a substitute for silver, Canada looked to its own vast natural resources and employed pure nickel.

Canada also seems more comfortable with its coinage than the United States. Whereas the United States often feared confusion and counterfeiting from making the least little changes in its coins, Canada has long embraced coinage to communicate national events, celebrations and culture. Its silver-dollar series actually began as a celebration of George V's 25 years on the throne.

Succeeding years saw additional commemorative $1 designs interspersed with the regular Voyageur design. When the centennial of national confederation was observed in 1967, all of the denominations were altered for one year. The United States only reluctantly tried out the idea on three of its denominations for the nation's Bicentennial.

Ultimately, Canada began an annual commemorative dollar series in 1971. It issued coins for the 1976 Montreal Olympic Games and again in 1988 for the Calgary Olympic Games. Bullion coins were created to market its gold, silver and platinum output. A commemorative series of gold $100 coins was also undertaken. Canada, too, issues special proof, prooflike and specimen sets, similar to the United States.

Hobbyists who would like to be informed of new issues should write Royal Canadian Mint, P.O. Box 457, Station A, Ontario K1A 8V5, Canada. The mint also maintains special toll-free lines. In the United States, hobbyists may telephone the Royal Canadian Mint at 1-800-268-6468. In Canada, the number is 1-800-267-1871. You can get on the mailing list by using these numbers and you can buy currently available coins. (See Chapter 6 for Web information.)

When collecting Canada, another thing to remember is the importance varieties play in the nation's various series. Certainly, a type collector has no need to dwell on this information, but the date and mintmark collector may puzzle over the many extra identifying abbreviations in the price guide for certain coins. These varieties

Like the U.S. Mint, the Royal Canadian Mint offers sets of coins in a variety of finishes to the collector market.

should not be confused with the U.S. variety-and-error category.

Here the varieties are not mistakes; they are deliberately created and issued variations of the standard design. We see Voyageur dollars on which the number of water lines changes. Other dollars count the number of beads.

These differences are minor. Though they were deliberately done to meet varying mint needs, they were not intended to be set apart in the public mind. The hobby, however, likes to look at things under a microscope.

Some varieties were indeed intended to be deliberately and noticeably different. An example of this occurs with 1947-dated issues. A maple leaf was placed on the 1947-dated cent through 50-cent issues. This indicated the coin was struck after George VI lost his title of emperor of India, as proclaimed in the Latin legend, but that the design had not yet been altered to reflect this. All of these varieties are considered integral parts of the Canadian series, and they are listed as such.

Do not construe any of this to mean there is no collecting of varieties and errors of the type common in the United States. There is. Collecting Royal Canadian Mint mistakes is just as active, just as interesting, and just as rewarding. After all, mint errors are universal. The methods of manufacture are the same. So the mistakes can be classified in the same manner.

Canada's numismatic listings also include items from various provinces issued before they were part of the confederation. The largest portion of this section is devoted to Newfoundland, because it retained a separate status far longer than the other provinces – until 1949, in fact.

Advice given to collectors of U.S. coins also applies to collectors of Canadian coins: Do what interests you. Do what you can afford. Create sets of uniform grade.

The rules of rarity transcend national boundaries. The only thing to keep in mind is the relative size of the collecting population. Because Canada has only a tenth of the U.S. population, it stands to reason that the number of collectors in that nation is but a fraction of the U.S. number. A mintage that seems to indicate scarcity for U.S. coin, therefore, could indicate something quite common in Canada. Don't forget that mintage is just a guide. The same factors that caused loss of available specimens or preserved unusually large quantities were at work in Canada, too.

Mexico

Coinage produced in Mexico dates to the establishment of a mint in Mexico City in 1536, more than 250 years before a federal mint was set up in the United States and more than 300 years before Canada circulated its own coins. The output of those extra centuries alone would make organizing a Mexican coin collection more challenging than a collection of U.S. or Canadian coins. But there are numerous other factors involved.

You say you like the kings and queens on Canada's coins? Mexico has kings, too – nearly 300 years' worth, plus a couple of emperors. You say the ideals of liberty embodied by the great men and women on U.S. coins is more your cup of tea? Mexico's coins also feature men and women committed to liberty.

In addition, Mexico is the crossroads of civilizations and empires. The great pyramid-building society of southern Mexico and Central America met its end at the hands of the Spanish conquistadors led initially by Hernando Cortez. The great Aztec empire was looted and overturned in 1519-1521 in the name of Spain.

The great natural resources of the area then supported successive Spanish kings in their grand dreams of dominating Europe. Through the doors of the Mexico City Mint and later facilities scattered about the country passed legendary quantities of silver. Even today the country ranks at the top of the list of silver producers.

But while Spain could dominate Mexico for a long time, the basic ideals of liberty and human dignity eventually motivated the people to throw off the foreign yoke. Unfortunately, victory was often neither complete nor wisely led. And in more recent years, the scourge of inflation had exacted a high toll on the currency itself. The numismatic consequences of a long history punctuated by periods of turmoil are an abundance of denominations, metals and types.

It is tempting for a would-be collector of Mexican coins to forget about anything that happened in the country prior to its monetary reform of 1905. By starting at that point, a hobbyist can happily overlook anything other than a decimal monetary system in which 100 centavos equal 1 peso. That system is as modern as any. The coins' striking quality is high. Legends are easy to read and understand, and the variety of issues is wide but not overwhelming.

There always is a certain logic to begin the collecting of any country with recent issues. The costs of learning are minimized, and as one becomes comfortable, a level of confidence can be built up sufficient to prompt diving further into the past.

The issues of 1905 to date also more easily fit into the mold of type collecting and collecting by date and mintmark. To take type collecting, for example, let's look at the peso. In 1905 it was a silver-dollar-sized coin with a silver-dollar-sized quantity of bullion in it, 0.786 ounces. In 1918 it was reduced to 0.4663 ounces; in 1920, 0.3856 ounces; in 1947, 0.2250 ounces; 1950, 0.1285 ounces; 1957, 0.0514 ounces; and in 1970 silver was eliminated completely in favor of a copper-nickel alloy.

At almost every one of those steps, the design changed, too. After sinking to 3,300 to the U.S. dollar, monetary reform dropped three zeroes in 1993. The new

One thousand of these equaled one new peso as 1993 began.

peso, equal to 1,000 old ones, is now about 14 to the U.S. dollar.

By beginning with 1905, a date and mintmark collector misses out on issues of the various branch mints that were located around the country. Regular issues were all struck in Mexico City. Yearly output was reasonably regular for the various denominations, so date sets are extensive.

There have been rumblings since the early 1980s that Mexico would abandon the peso because of its greatly reduced value. The government, however, has been working hard to retain it since the monetary reform. So far it has succeeded.

One thing the government cannot do, however, is turn the clock back to a time when the fractional denominations of 1, 2, 5, 10, 20, 25, and 50 centavos were relatively high face values. However, it is stimulating to assemble sets because they offer a range of rarities. They are neither so expensive that it would prevent a collector from acquiring them at some point, but neither are they so common that you can walk into a shop, write a check, and come away with all of the 20th century sets complete. Check out the price guide section and see.

Gold in the post-1905 era is basically so much bullion. There are some scarcer pieces and some strikingly beautiful designs, such as the Centenario, a gold 50-peso coin containing 1.2 ounces of bullion. It was first struck in 1921 to mark 100 years of independence. Because Mexico actively restruck its gold coins, however, it is virtually impossible to tell an original issue from the newer version.

The result is a retail price structure based on metallic content. Gold, however, does not conjure up the images that silver does. Silver is the magic word for Mexico. That, of course, means the peso.

The modern Mexico City Mint also strikes commemoratives and collector sets from time to time. These are generally marketed to collectors through private firms, details of which are published in hobby newspapers like World Coin News. Mexico, like the United States and Canada, also issues gold and silver bullion coins.

These also are marketed through arrangements with private firms. Interestingly, Mexico's many gold-coin restrikes were the bullion coins of their day. They had the advantage of ready identification, and they were legally tradable according to gold-coin regulations that existed in the United States from 1933 through 1974.

It is appropriate that we conclude discussion of the modern period on the concept of bullion, because bullion is at the root of Mexico's numismatic history. That is a period to which we now turn.

*Mexico also strikes
commemorative coins for
the collector market. They
are available through private
firms in the United States.*

When Cortez toppled the Aztec Empire, for a time the wealth returning to Spain was merely that taken by the victors from the vanquished. But the business of permanently administering a vast area in the name of the Spanish king, exploiting its natural resources, and funneling the proceeds to Spain quite soon involved the establishment of a mint in Mexico City. This was undertaken in 1536, just 15 years after the end of Aztec dominion.

At first, the authorized coins were low denominations: silver quarter, half, 1, 2, 3, and 4 reales, and copper 2 and 4 maravedis. To understand their face values and how they related to each other, let's take the common reference point of a silver dollar. The silver dollar is 8 reales, and you might recognize the nickname for the denomination of "piece of eight" from pirate lore. The eighth part, the silver real, was divided into 34 copper maravedis. That means the 8 reales was worth 272 copper maravedis.

The copper coinage was hated and soon abolished, not to reappear until 1814. The silver coins were fine as far as they went. When the mines of Mexico began producing undreamed of quantities of metal, however, it was the 8 reales that took center stage. This occurred after 1572. The piece of eight became the standard form for shipping silver back to Spain.

Mexico City's output was prodigious. Minting standards were crude. All denominations produced are called "cobs," because they are basically little more than irregular-looking lumps of metal on which bits and pieces of design can be seen. The only constant was weight, fineness, and the appearance of assayer's initials (which guaranteed the weight and fineness). Not showing those initials was cause for severe punishment.

Designs showed the arms of the monarch on one side, a cross on the other, appropriate legends, and an indication of denomination. The period of cob issues lasted until 1732. Rulers of the period start with Charles and Johanna, 1516-1556; Philip II, 1556-1598; Philip III, 1598-1621; Philip IV, 1621-1665; Charles II, 1665-1700; Philip V, 1700-1724 and 1724-1746; and Luis I, 1724.

Modern mint machinery began turning out coins in 1732. Quality was similar to today. The arms design was continued. It was not until 1772 that the monarch's portrait began appearing. The honor of this numismatic debut belongs to Charles III. Kings of this period are Ferdinand VI, 1746-1759; Charles III, 1760-1788; Charles IV, 1788-1808; and Ferdinand VII, 1808-1821. The Standard Catalog of Mexican Coins by Colin R. Bruce II and Dr. George W. Vogt is recommended to those who want to study this period in greater depth.

The revolutionary period begins in 1810, when a parish priest, Miguel Hidalgo y Costilla, issued the call for independence. The first attempts to achieve this were violently suppressed. Hidalgo was executed, but independence did come in 1821.

With revolt against central authority came a dispersal of the right to strike coins. Mexico City continued as the major facility, but other operations began. The list of these over the next century is lengthy. Mintmarks and assayer initials proliferated.

The old colonial coinage standard survived the period. The 8 reales and its parts carried on. A slight reduction in bullion content had been ordered by the king in 1760, but otherwise things continued as they were. Gold was coined during the colonial period beginning in 1679 based on an 8-escudo piece, which divided into eighths just like the 8 reales. Gold, however, was not as important as silver.

Mexico's first emperor came shortly after independence. He was a leader in the struggle that set Mexico free from Spain. Augustin de Iturbide, originally an officer in the service of Spain, was proclaimed emperor in 1822. He abdicated in 1823 and was executed in 1824.

The second emperor had a reign almost as short as the first. Maximilian I, emperor only because he had a French army to secure the throne, reigned from 1863 to 1867. He was shot by a firing squad when the French left.

He is remembered numismatically because he decided to decimalize the coinage. The centavo and peso were born. Soon afterward, the republic was re-established. Further monetary changes were minor thereafter until 1905.

Collectors focusing on Mexico can devote much time to the study of the quasi-official issues of rebels during the periods of instability. They can look at hacienda tokens, which were issued by large farms or ranches that employed hundreds or thousands of people. Or they can pick whichever period in Mexico's history that fascinates them most. Whatever collectors of Mexico eventually settle on, they will find it rewarding.

Where to write for more information:

World Coin News: 700 E. State St., Iola, WI 54990.

Introduction to Pricing

The following value guide is divided into six sections:
1. U.S. minting varieties and errors.
2. Colonial coins, issued prior to the establishment of the United States
3. U.S. issues of 1792.
4. U.S. issues of 1793-present.
5. Canadian coins.
6. Mexican coins.

Value listings

Values listed in the following price guide are average retail prices. These are the approximate prices collectors can expect to pay when purchasing coins from dealers. They are not offers to buy or sell. The pricing section should be considered a guide only; actual selling prices will vary.

The values were compiled by Krause Publications' independent staff of market analysts. They derived the values listed by monitoring auction results, business on electronic dealer trading networks, and business at major shows, and in consultation with a panel of dealers. For rare coins, when only a few specimens of a particular date and mintmark are known, a confirmed transaction may occur only once every several years. In those instances, the most recent auction result is listed.

Grading

Values are listed for coins in various states of preservation, or grades. Standards used in determining grades for U.S. coins are those set by the American Numismatic Association. See Chapter 2 for more on grading.

Dates and mintmarks

The dates listed are the individual dates that appear on each coin. The letter that follows the date is the mintmark and indicates where the coin was struck: "C" — Charlotte, N.C. (1838-1861); "CC" — Carson City, Nev. (1870-1893); "D" — Dahlonega, Ga. (1838-1861), and Denver (1906-present); "O" New Orleans (1838-1909); "P" — Philadelphia (1793-present); "S" San Francisco (1854-present); and "W" — West Point, N.Y. (1984-present). Coins without mintmarks were struck at Philadelphia.

A slash mark in a date indicates an overdate. This means a new date was engraved on a die over an old date. For example, if the date is listed as "1899/8," an 1898 die had a 9 engraved over the last 8 in the date. Portions of the old numeral are still visible on the coin.

A slash mark in a mintmark listing indicates an overmintmark (example: "1922-P/D"). The same process as above occurred, but this time a new mintmark was engraved over an old.

See the "U.S. Minting Varieties and Errors" section for more information on overdates and overmintmarks.

Price charts

Pricing data for the selected charts in the U.S. section were taken from the January issues of *Coin Prices* for the years indicated.

Mexican coin mintages

Quantities minted of each date are indicated when that information is available.

Precious-metal content

Throughout this book precious-metal content is indicated in troy ounces. One troy ounce equals 480 grains, or 31.103 grams.

Abbreviations

AGW. Actual gold weight.

APW. Actual platinum weight.

ASW. Actual silver weight.

BV. Bullion value. This indicates the coin's current value is based on the amount of its precious-metal content and the current price for that metal.

Est. Indicates the exact mintage is not known and the figure listed is an estimate.

G. Grams.

Inc. Abv. Indicates the mintage for the date and mintmark listed is included in the previous listing.

KM#. Indicates "Krause-Mishler number." This sequential cataloging numbering system originated with the *Standard Catalog of World Coins* and provides collectors with a means for identifying coins.

Leg. Legend.

Mkt value. Market value.

MM. Millimeters.

Obv. Obverse.

P/L. Indicates "prooflike," a type of finish used on some Canadian coins.

Rev. Reverse.

Spec. Indicates "specimen," a type of finish used on some Canadian coins.

UNITED STATES
COLONIAL COINAGE
MARYLAND
Lord Baltimore
PENNY (DENARIUM)

KM# 1 • Copper • Obv. Legend: CAECILIVS Dns TERRAE MARIÆ

Date	VG8	F12	VF20	XF40
ND(1659) 9 known	—	65,000	120,000	200,000

Note: Stack's Auction 5-04, Proof realized $241,500

4 PENCE (GROAT)

KM# 2 • Silver • Obv. Legend: CAECILIVS Dns TERRAE MARIÆ • **Obv:** Large bust **Rev:** Large shield

Date	AG3	G4	VG8	F12	VF20	XF40
ND(1659)	1,250	1,950	3,500	6,250	13,500	22,000

KM# 3 • Silver • Obv. Legend: CAECILIVS Dns TERRAE MARIÆ • **Obv:** Small bust **Rev:** Small shield

Date	AG3	G4	VG8	F12	VF20	XF40
ND(1659) unique	—	—	—	—	—	—

Note: Norweb $26,400

6 PENCE

KM# 4 • Silver • Obv. Legend: CAECILIVS Dns TERRAE MARIÆ • **Obv:** Small bust **Note:** Known in two other rare small-bust varieties and two rare large-bust varieties.

Date	AG3	G4	VG8	F12	VF20	XF40
ND(1659)	850	1,400	2,400	5,000	9,500	15,000

SHILLING

KM# 6 • Silver • Obv. Legend: CAECILIVS Dns TERRAE MARIÆ **Note:** Varieties exist; one is very rare.

Date	AG3	G4	VG8	F12	VF20	XF40
ND(1659)	1,100	1,850	3,250	6,000	13,500	20,000

MASSACHUSETTS
New England
3 PENCE

KM# 1 • Silver • Obv: NE **Rev:** III

Date	AG3	G4	VG8	F12	VF20	XF40
ND(1652) Unique	—	—	—	—	—	—

Note: Massachusetts Historical Society specimen

6 PENCE

KM# 2 • Silver • Obv: NE **Rev:** VI

Date	G4	VG8	F12	VF20
ND(1652) 8 known	28,000	60,000	115,000	225,000

Note: Garrett $75,000

SHILLING

KM# 3 • Silver • Obv: NE **Rev:** XII

Date	AG3	G4	VG8	F12	VF20
ND(1652)	—	37,500	75,000	150,000	250,000

Oak Tree

2 PENCE

KM# 7 • Silver • Obv: Oak tree **Note:** Small 2 and large 2 varieites exist

Date	AG3	G4	VG8	F12	VF20	XF40	MS60
1662	—	500	900	2,000	3,850	6,500	15,000

3 PENCE

KM# 8 • Silver • Obv: Oak tree **Note:** Two types of legends.

Date	AG3	G4	VG8	F12	VF20	XF40	MS60
1652	350	650	1,250	3,000	6,500	12,000	—

6 PENCE

KM# 9 • Silver • Obv: Oak tree **Note:** Three types of legends.

Date	AG3	G4	VG8	F12	VF20	XF40	MS60
1652	400	900	1,350	3,500	8,000	17,500	35,000

SHILLING

KM# 10 • Silver • Obv: Oak tree **Note:** Two types of legends.

Date	AG3	G4	VG8	F12	VF20	XF40	MS60
1652	375	750	1,250	3,000	6,000	11,500	27,500

Pine Tree

3 PENCE

KM# 11 • Silver • Obv: Pine tree without berries

Date	AG3	G4	VG8	F12	VF20	XF40	MS60
1652	250	500	750	1,650	3,250	6,500	18,500

KM# 12 • Silver • Obv: Pine tree with berries

Date	AG3	G4	VG8	F12	VF20	XF40	MS60
1652	250	500	750	1,650	3,500	6,750	19,500

6 PENCE

KM# 13 • Silver • Obv: Pine tree without berries; "spiney tree"

Date	AG3	G4	VG8	F12	VF20	XF40	MS60
1652	400	700	1,400	2,000	4,000	7,000	22,000

KM# 14 • Silver • Obv: Pine tree with berries

Date	AG3	G4	VG8	F12	VF20	XF40	MS60
1652	300	600	1,000	1,850	3,750	6,500	20,000

SHILLING

KM# 15 • Silver • Obv: Pine tree **Note:** Large planchet. Many varieties exist; some are very rare.

Date	AG3	G4	VG8	F12	VF20	XF40	MS60
1652	375	700	1,100	2,200	4,500	7,750	22,500

KM# 16 • Silver • Obv: Pine tree **Note:** Small planchet; large dies. All examples are thought to be contemporary fabrications.

Date	AG3	G4	VG8	F12	VF20	XF40	MS60
1652	—	—	—	—	—	—	—

KM# 17 • Silver ASW • Obv: Pine tree **Note:** Small planchet; small dies. Many varieties exist; some are very rare.

Date	AG3	G4	VG8	F12	VF20	XF40	MS60
1652	285	550	850	1,750	3,750	7,250	25,000

Willow Tree

3 PENCE

KM# 4 • Silver • Obv: Willow tree

Date	AG3	G4	VG8	F12	VF20	XF40	MS60
1652 3 known	—	—	—	—	—	—	—

6 PENCE

KM# 5 • Silver • Obv: Willow tree

Date	AG3	G4	VG8	F12	VF20	XF40
1652 14 known	9,500	18,500	30,000	60,000	135,000	225,000

SHILLING

KM# 6 • Silver • Obv: Willow tree

Date	AG3	G4	VG8	F12	VF20	XF40
1652	10,000	20,000	35,000	85,000	165,000	250,000

NEW JERSEY
St. Patrick or Mark Newby

FARTHING

KM# 1 • Copper • Obv. Legend: FLOREAT REX **Rev. Legend:** QUIESCAT PLEBS

Date	AG3	G4	VG8	F12	VF20	XF40	MS60
ND(1682)	70.00	125	285	775	2,750	6,500	—

Note: One very rare variety is known with reverse legend: QUIESAT PLEBS

KM# 1a • Silver • Obv. Legend: FLOREAT REX **Rev. Legend:** QUIESCAT PLEBS

Date	AG3	G4	VG8	F12	VF20	XF40
ND(1682)	800	1,750	2,750	5,500	9,500	17,500

HALFPENNY

KM# 2 • Copper • Obv. Legend: FLOREAT REX **Rev. Legend:** ECCE GREX

Date	AG3	G4	VG8	F12	VF20	XF40	MS60
ND(1682)	180	365	850	1,650	4,000	12,500	—

EARLY AMERICAN TOKENS

American Plantations

1/24 REAL

KM# Tn5.1 • Tin • Obv. Legend: ET HIB REX

Date	AG3	G4	VG8	F12	VF20	XF40
ND(1688)	125	200	300	450	850	2,000

KM# Tn5.2 • Tin • Obv: Rider's head left of "B" in legend **Note:** Restrikes made in 1828 from broken obverse die.

Date	AG3	G4	VG8	F12	VF20	XF40
ND(1688)	75.00	110	175	275	500	1,000

KM# Tn5.3 • Tin • Rev: Horizontal 4

Date	AG3	G4	VG8	F12	VF20	XF40
ND(1688)	275	400	900	1,750	4,250	6,750

KM# Tn5.4 • Tin • Obv. Legend: ET HB REX

Date	AG3	G4	VG8	F12	VF20	XF40	MS60
ND(1688)	—	250	450	850	1,900	3,250	11,500

KM# Tn6 • Tin • Rev: Arms of Scotland left, Ireland right

Date	AG3	G4	VG8	F12	VF20	XF40	MS60
ND(1688)	450	750	1,250	2,150	5,000	7,750	—

Elephant

KM# Tn1.1 • 15.55 g., Copper • Note: Thick planchet.

Date	AG3	G4	VG8	F12	VF20	XF40	MS60
ND(1664)	125	200	300	550	1,000	1,750	4,500

KM# Tn1.2 • Copper • Note: Thin planchet.

Date	AG3	G4	VG8	F12	VF20	XF40	MS60
ND(1664)	175	300	500	900	3,000	5,500	12,500

KM# Tn2 • Copper • Rev: Diagonals tie shield

Date	AG3	G4	VG8	F12	VF20	XF40	MS60
ND(1664)	250	450	650	2,250	7,000	11,500	35,000

KM# Tn3 • Copper • Rev: Sword right side of shield

Date	AG3	G4	VG8	F12	VF20	XF40	MS60
ND(1664) 3 known	—	—	—	25,000	—	—	—

Note: Norweb $1,320

KM# Tn4 • Copper • Rev. Legend: LON DON

Date	AG3	G4	VG8	F12	VF20	XF40	MS60
ND(1684)	340	650	1,000	2,250	4,250	8,000	20,000

KM# Tn7 • Copper • Rev. Legend: GOD / PRESERVE / NEW / ENGLAND

Date	VG8	F12	VF20	XF40
ND(1694) 2 known	55,000	85,000	110,000	160,000

Note: Norweb $25,300

KM# Tn8.1 • Copper • Obv: Elephant **Rev. Legend:** GOD / PRESERVE / CAROLINA AND / THE LORDS / PROPRIETORS

Date	VG8	F12	VF20	XF40
ND(1694) 5 known	4,750	7,500	15,000	25,000

Note: Norweb $35,200

KM# Tn8.2 • Copper • Obv: Elephant **Rev. Legend:** GOD / PRESERVE / CAROLINA AND / THE LORDS / PROPRIETORS **Note:** O over E in Proprietors

Date	AG3	G4	VG8	F12	VF20	XF40	MS60
1694	1,300	2,500	4,500	7,000	12,500	20,000	—

Note: Norweb $17,600

Gloucester

KM# Tn15 • Copper • Obv. Legend: GLOVCESTER • COVRTHOVSE • VIRGINIA / XII **Rev. Legend:** RIGHAVLT • DAWSON • ANNO • DOM • 1714

Date	AG3	G4	VG8	F12	VF20	XF40
ND(1714) 2 known	—	—	—	—	—	—

Note: Garrett $36,000

Hibernia-Voce Populi

FARTHING

KM# Tn21.1 • Copper • Note: Large letters

Date	AG3	G4	VG8	F12	VF20	XF40	MS60
1760	145	250	375	750	1,850	3,500	11,500

KM# Tn21.2 • Copper • Note: Small letters

Date	AG3	G4	VG8	F12	VF20	XF40	MS60
1760	—	—	3,250	6,500	25,000	60,000	—

Note: Norweb $5,940.

HALFPENNY

KM# Tn22 • Copper

Date	AG3	G4	VG8	F12	VF20	XF40	MS60
1700 Extremely rare	—	—	—	—	—	—	—

Note: Date is in error; ex-Roper $575. Norweb $577. Stack's Americana, VF, $2,900.

Date	AG3	G4	VG8	F12	VF20	XF40	MS60
1760	40.00	75.00	145	185	365	675	2,500
1760 P below bust	65.00	120	200	375	750	1,750	8,250
1760 P in front of bust	55.00	110	180	325	650	1,450	6,500
1760	50.00	80.00	135	195	425	775	3,500

Note: legend VOOE POPULI

Higley or Granby

KM# Tn16 • Copper • Obv. Legend: CONNECTICVT **Rev. Legend:** THE VALVE OF THREE PENCE

Date	AG3	G4	VG8	F12	VF20	XF40	MS60
1737	—	10,000	18,500	40,000	85,000	—	—

Note: Garrett $16,000

KM# Tn17 • Copper • Obv. Legend: THE VALVE OF THREE PENCE **Rev. Legend:** I AM GOOD COPPER

Date	AG3	G4	VG8	F12	VF20
1737 2 known	—	11,000	20,000	42,500	87,500

Note: ex-Norweb $6,875

KM# Tn18.1 • Copper • Obv. Legend: VALUE ME AS YOU PLEASE **Rev. Legend:** I AM GOOD COPPER

Date	AG3	G4	VG8	F12	VF20
1737	6,500	10,000	18,500	42,000	87,500

KM# Tn18.2 • Copper • Obv. Legend: VALVE. ME.AS.YOU.PLEASE. **Rev. Legend:** I AM GOOD COPPER.

Date	AG3	G4	VG8	F12	VF20	XF40
1737 3 known	—	—	—	—	—	275,000

KM# Tn19 • Copper • Rev: Broad axe

Date	AG3	G4	VG8	F12	VF20
ND(1737)	—	10,000	20,000	45,000	125,000

Note: Garrett $45,000

Date	AG3	G4	VG8	F12	VF20
1739 5 known	—	—	—	—	—

Note: Eliasberg $12,650. Oechsner $9,900. Steinberg (holed) $4,400.

KM# Tn20 • Copper • Obv. Legend: THE WHEELE GOES ROUND • **Obv:** Wheel **Rev:** Broad axe **Rev. Legend:** J CUT MY WAY THROUGH

Date	AG3	G4	VG8	F12	VF20
ND(1737) unique	—	—	—	150,000	—

Note: Roper $60,500

New Yorke

KM# Tn9 • Brass • Obv. Legend: NEW • YORKE • IN • AMERICA • **Obv:** Eagle

Date	AG3	G4	VG8	F12	VF20	XF40
CA1700	1,800	3,750	7,250	17,500	28,000	60,000

KM# Tn9a • White Metal • Obv. Legend: NEW • YORKE • IN • AMERICA • **Obv:** Eagle

Date	G4	VG8	F12	VF20	XF40
CA1700 4 known	—	7,750	22,500	32,500	75,000

Pitt

FARTHING

KM# Tn23 • Copper

Date	AG3	G4	VG8	F12	VF20	XF40
1766	—	3,750	7,000	11,500	28,500	42,500

HALFPENNY

KM# Tn24 • Copper

Date	AG3	G4	VG8	F12	VF20	XF40	MS60
1766	145	275	450	750	1,650	3,000	9,500

KM# Tn24a • Silver Plated Copper

Date	AG3	G4	VG8	F12	VF20	XF40	MS60
1766	—	—	—	—	2,250	5,000	12,500

ROYAL PATENT COINAGE

Hibernia

FARTHING

KM# 20 • Copper • Note: Pattern.

Date	AG3	G4	VG8	F12	VF20	XF40	MS60
1722	135	250	400	600	1,250	3,250	11,500

KM# 24 • Copper • Obv. Legend: ...D:G:REX. • **Obv:** 1722 obverse

Date	AG3	G4	VG8	F12	VF20	XF40	MS60
1723	20.00	75.00	120	170	300	550	1,250

KM# 25 • Copper • Obv. Legend: DEI • GRATIA • REX

Date	AG3	G4	VG8	F12	VF20	XF40	MS60
1723	25.00	45.00	60.00	180	300	550	950
1724	—	90.00	125	225	700	1,750	4,250

KM# 25a • Silver

Date	AG3	G4	VG8	F12	VF20	XF40	MS60
1723	—	—	1,600	2,250	4,200	6,500	12,000

HALFPENNY

KM# 21 • Copper • Obv. Legend: GEORGIUS • DEI • GRATIA • REX • **Obv:** Bust right **Rev:** Harp left, head left **Rev. Legend:** • HIBERNIA • 1722

Date	AG3	G4	VG8	F12	VF20	XF40	MS60
1722	50.00	90.00	110	160	325	700	1,750

KM# 22 • Copper • Obv. Legend: GEORGIVS D: G: REX • **Obv:** Bust right **Rev:** Harp left, head right **Rev. Legend:** • HIBERNIÆ • **Note:** "Rocks Reverse" pattern.

Date	AG3	G4	VG8	F12	VF20	XF40	MS60
1722	—	—	—	5,000	7,500	12,500	—

KM# 23.1 • Copper • Rev: Harp right

Date	AG3	G4	VG8	F12	VF20	XF40	MS60
1722	35.00	60.00	80.00	120	285	600	1,750
Note: 850							
1723	20.00	35.00	45.00	75.00	190	285	850
1723/22	35.00	60.00	80.00	150	400	850	2,500
1724	25.00	50.00	90.00	160	400	850	2,500

KM# 23.2 • Copper • Obv: DEII error in legend

Date	AG3	G4	VG8	F12	VF20	XF40	MS60
1722	75.00	125	160	325	750	1,500	3,000

KM# 26 • Copper • Rev: Large head **Note:** Rare. Generally mint state only. Probably a pattern.

Date	AG3	G4	VG8	F12	VF20	XF40	MS60
1723	—	—	—	—	—	—	—

KM# 27 • Copper • Rev: Continuous legend over head

Date	AG3	G4	VG8	F12	VF20	XF40	MS60
1724	45.00	80.00	150	300	900	1,850	4,500

Rosa Americana

HALFPENNY

KM# 1 • Copper • Obv. Legend: • D : G : REX •

Date	AG3	G4	VG8	F12	VF20	XF40	MS60
1722	20.00	50.00	140	250	525	1,050	4,000

KM# 2 • Copper • Obv. Legend: ... • DEI • GRATIA • REX • **Obv:** Uncrowned rose **Note:** Several varieties exist.

Date	AG3	G4	VG8	F12	VF20	XF40	MS60
1722	50.00	90.00	135	250	450	975	3,500
1723	385	700	850	1,750	3,600	—	—

KM# 3 • Copper • Rev. Legend: VTILE DVLCI

Date	AG3	G4	VG8	F12	VF20	XF40	MS60
1722	250	450	850	2,200	3,800	7,500	—

KM# 9 • Copper • Rev: Crowned rose

Date	AG3	G4	VG8	F12	VF20	XF40	MS60
1723	45.00	85.00	110	165	425	1,100	4,500

PENNY

KM# 4 • Copper • Rev. Legend: UTILE DULCI **Note:** Several varieties exist.

Date	AG3	G4	VG8	F12	VF20	XF40	MS60
1722	60.00	100	135	240	450	950	3,750

KM# 5 • Copper • Note: Several varieties exist. Also known in two rare pattern types with long hair ribbons, one with V's for U's on the obverse.

Date	AG3	G4	VG8	F12	VF20	XF40	MS60
1722	18.00	35.00	150	275	750	1,450	6,000

KM# 10 • Copper • Note: Several varieties exist.

Date	AG3	G4	VG8	F12	VF20	XF40	MS60
1723	40.00	75.00	110	175	425	900	3,600

KM# 12 • Copper • Note: Pattern.

Date	AG3	G4	VG8	F12	VF20	XF40	MS60
1724 2 known	—	—	—	—	—	—	—

KM# 13 • Copper • Rev. Legend: ROSA: SINE:

US COLONIAL AMERICA

SPINA

Date	AG3	G4	VG8	F12	VF20	XF40
ND(1724) 5 known	—	—	—	—	—	—

Note: Stack's Bowers 5-05, VF ralized $21,850; Norweb $2,035

KM# 14 • Copper • Obv: George II **Note:** Pattern.

Date	AG3	G4	VG8	F12	VF20	XF40	MS60
1727 2 known	—	—	—	—	—	—	—

2 PENCE

KM# 6 • Copper • Rev: Motto in scroll

Date	AG3	G4	VG8	F12	VF20	XF40	MS60
ND(1722)	80.00	150	200	425	750	1,650	7,000

KM# 7 • Copper • Rev: Motto without scroll

Date	AG3	G4	VG8	F12	VF20	XF40
ND(1722) 3 known	—	—	—	—	—	—

KM# 8.1 • Copper • Obv. Legend: ...REX • **Rev:** Dated

Date	AG3	G4	VG8	F12	VF20	XF40	MS60
1722	70.00	125	175	275	750	1,500	5,500

KM# 8.2 • Copper • Obv. Legend: ...REX

Date	AG3	G4	VG8	F12	VF20	XF40	MS60
1722	70.00	125	175	275	775	1,600	6,000

KM# 11 • Copper • Obv: No stop after REX • **Rev:** Stop after 1723 **Note:** Several varieties exist.

Date	AG3	G4	VG8	F12	VF20	XF40	MS60
1723	65.00	125	175	300	550	1,200	3,500

KM# 15 • Copper • Note: Pattern. Two varieties exist; both extremely rare.

Date	AG3	G4	VG8	F12	VF20	XF40	MS60
1724	—	—	—	—	—	—	—

Note: Stack's Bowers 5-05 choice AU realized $25,300. Ex-Garrett $5,775. Stack's Americana, XF, $10,925

KM# 16 • Copper • Obv: Bust left • **Rev:** Crowned rose **Note:** Pattern.

Date	AG3	G4	VG8	F12	VF20	XF40	MS60
1733 4 known	—	—	—	—	—	—	—

Note: Stacks-Bowers 5-05, Gem Proof realized $63,250; Norweb $19,800

Virginia Halfpenny

KM# Tn25.1 • Copper • Rev: VSmall 7's in date. **Note:** Struck on Irish halfpenny plnchets.

Date	AG3	G4	VG8	F12	VF20	XF40	MS60
1773	—	—	—	—	—	—	22,000

KM# Tn25.2 • Copper • Obv. Legend: GEORGIVS **Rev:** Varieties with 7 or 8 strings in harp

Date	AG3	G4	VG8	F12	VF20	XF40	MS60
1773	30.00	50.00	70.00	110	235	425	1,000

KM# Tn25.3 • Copper • Obv. Legend: GEORGIVS... **Rev:** Varieties with 6, 7 or 8 strings in harp

Date	AG3	G4	VG8	F12	VF20	XF40	MS60
1773	35.00	60.00	75.00	135	275	525	1,350

KM# Tn25.4 • Copper • Obv. Legend: GEORGIVS... **Rev:** 8 harp strings, dot on cross

Date	AG3	G4	VG8	F12	VF20	XF40	MS60
1773	—	—	—	—	—	—	—

Note: ex-Steinberg $2,600

KM# Tn26 • **Silver** • **Note:** So-called "shilling" silver proofs.

Date	AG3	G4	VG8	F12	VF20	XF40	MS60
1774 6 known	—	—	—	—	—	—	—

Note: Garrett $23,000

REVOLUTIONARY COINAGE

Continental "Dollar"

KM# EA1 • **Pewter** • **Obv. Legend:** CURRENCY.

Date	G4	VG8	F12	VF20	XF40	MS60
1776	7,500	9,350	12,000	21,000	32,500	70,000

KM# EA2 • **Pewter** • **Obv. Legend:** CURRENCY, EG FECIT.

Date	G4	VG8	F12	VF20	XF40	MS60
1776	8,000	10,500	13,500	25,000	37,500	80,000

KM# EA2a • **Silver** • **ASW** • **Obv. Legend:** CURRENCY, EG FECIT.

Date	AG3	G4	VG8	F12	VF20
1776 2 known	—	—	—	—300,000	450,000

KM# EA3 • **Pewter** • **Obv. Legend:** CURRENCEY

Date	AG3	G4	VG8	F12	VF20	XF40	MS60
1776 Rare	—	—	—	—	—	150,000	—

KM# EA4 • **Pewter** • **Obv. Legend:** CURRENCY. **Rev:** Floral cross.

Date	AG3	G4	VG8	F12	VF20	XF40
1776 3 known	—	—	—	—	—400,000

Note: Norweb $50,000. Johnson $25,300.

KM# EA5 • **Pewter** • **Obv. Legend:** CURENCY.

Date	G4	VG8	F12	VF20	XF40	MS60
1776	7,500	9,500	12,000	22,500	33,500	75,000

KM# EA5a • **Brass** • **Obv. Legend:** CURENCY. **Note:** Two varieties exist.

Date	AG3	G4	VG8	F12	VF20	XF40
1776	—	22,500	28,500	40,000	75,000	135,000

KM# EA5b • Silver • Obv. Legend: CURENCY.

Date	AG3	G4	VG8	F12	VF20
1776 2 known	—	—	—	285,000	425,000

Note: Stacks-Bowers 5-2005, VF $345000; Romano $99,000.

STATE COINAGE

CONNECTICUT

KM# 1 • Copper • Obv: Bust facing right.

Date	AG3	G4	VG8	F12	VF20	XF40	MS60
1785	35.00	55.00	90.00	200	650	1,750	—

KM# 2 • Copper • Obv: African head.

Date	AG3	G4	VG8	F12	VF20	XF40	MS60
1785	55.00	85.00	150	600	1,500	3,800	—

KM# 3.1 • Copper • Obv: Mailed bust facing left.

Date	AG3	G4	VG8	F12	VF20	XF40	MS60
1785	125	220	375	750	1,800	3,850	—
1786	30.00	50.00	90.00	175	500	1,400	—
1787	30.00	50.00	85.00	160	450	1,350	—
1788	30.00	50.00	80.00	160	435	1,150	—

KM# 3.3 • Copper • Obv: Perfect date. **Rev. Legend:** IN DE ET.

Date	AG3	G4	VG8	F12	VF20	XF40	MS60
1787	50.00	80.00	125	350	750	1,850	—

KM# 3.4 • Copper • Obv. Legend: CONNLC.

Date	AG3	G4	VG8	F12	VF20	XF40	MS60
1788	44.00	65.00	130	265	700	2,150	—

KM# 4 • Copper • Obv: Small mailed bust facing left. **Rev. Legend:** ETLIB INDE.

Date	AG3	G4	VG8	F12	VF20	XF40	MS60
1786	45.00	90.00	175	400	1,100	2,750	—

KM# 5 • Copper • Obv: Small mailed bust facing right. **Rev. Legend:** INDE ET LIB.

Date	AG3	G4	VG8	F12	VF20	XF40	MS60
1786	60.00	100	175	450	2,000	4,250	—

KM# 6 • Copper • Obv: Large mailed bust facing right.

Date	AG3	G4	VG8	F12	VF20	XF40	MS60
1786	55.00	90.00	160	400	1,750	3,750	—

KM# 7 • Copper • Obv: Hercules head.

Date	AG3	G4	VG8	F12	VF20	XF40	MS60
1786	60.00	110	220	600	2,500	5,800	—

KM# 8.1 • Copper • Obv: Draped bust.

Date	AG3	G4	VG8	F12	VF20	XF40	MS60
1786	50.00	100	200	500	1,250	2,850	—

KM# 8.2 • Copper • Obv: Draped bust. **Note:** Many varieties.

Date	AG3	G4	VG8	F12	VF20	XF40	MS60
1787	28.00	42.00	70.00	115	325	775	—

KM# 8.3 • Copper • Obv. Legend: AUCIORI.

Date	AG3	G4	VG8	F12	VF20	XF40	MS60
1787	30.00	55.00	90.00	175	450	1,100	—

KM# 8.4 • Copper • Obv. Legend: AUCTOPI.

Date	AG3	G4	VG8	F12	VF20	XF40	MS60
1787	35.00	65.00	110	200	650	1,650	—

KM# 8.5 • Copper • Obv. Legend: AUCTOBI.

Date	AG3	G4	VG8	F12	VF20	XF40	MS60
1787	35.00	65.00	110	200	625	1,550	—

KM# 8.6 • Copper • Obv. Legend: CONNFC.

Date	AG3	G4	VG8	F12	VF20	XF40	MS60
1787	32.00	60.00	95.00	185	525	1,100	—

KM# 8.7 • Copper • Obv. Legend: CONNLC.

Date	AG3	G4	VG8	F12	VF20	XF40	MS60
1787	60.00	90.00	180	375	950	3,000	—

KM# 8.8 • Copper • Rev. Legend: FNDE.

Date	AG3	G4	VG8	F12	VF20	XF40	MS60
1787	35.00	55.00	85.00	175	525	1,650	—

KM# 8.9 • Copper • Rev. Legend: ETLIR.

Date	AG3	G4	VG8	F12	VF20	XF40	MS60
1787	32.00	50.00	75.00	160	475	1,275	—

KM# 8.10 • Copper • Rev. Legend: ETIIB.

Date	AG3	G4	VG8	F12	VF20	XF40	MS60
1787	35.00	50.00	75.00	160	485	1,300	—

KM# 9 • Copper • Obv: Small head. **Rev. Legend:** ETLIB INDE.

Date	AG3	G4	VG8	F12	VF20	XF40	MS60
1787	65.00	110	180	425	1,750	4,300	—

KM# 10 • Copper • Obv: Small head. **Rev. Legend:** INDE ET LIB.

Date	AG3	G4	VG8	F12	VF20	XF40	MS60
1787	75.00	135	200	525	2,300	4,600	—

KM# 11 • Copper • Obv: Medium bust. **Note:** Two reverse legend types exist.

Date	AG3	G4	VG8	F12	VF20	XF40	MS60
1787	60.00	90.00	150	400	1,750	3,450	—

KM# 12 • Copper • Obv: Muttonhead" variety. **Note:** Extremely rare with legend INDE ET LIB.

Date	AG3	G4	VG8	F12	VF20	XF40	MS60
1787	60.00	90.00	175	575	2,550	5,200	—

KM# 13 • Copper • Obv: Laughing head

Date	AG3	G4	VG8	F12	VF20	XF40	MS60
1787	35.00	60.00	120	240	650	1,800	—

KM# 14 • Copper • Obv: Horned head

Date	AG3	G4	VG8	F12	VF20	XF40	MS60
1787	30.00	50.00	80.00	165	450	1,200	—

KM# 15 • Copper • Rev. Legend: IND ET LIB

Date	AG3	G4	VG8	F12	VF20	XF40	MS60
1787/8	100	150	250	750	2,000	5,000	—
1787/1887	85.00	150	225	600	1,750	4,750	—

KM# 16 • Copper • Obv. Legend: CONNECT. **Rev. Legend:** INDE ET LIB. **Note:** Two additional scarce reverse legend types exist.

Date	AG3	G4	VG8	F12	VF20	XF40	MS60
1787	35.00	50.00	120	240	675	1,750	—

KM# 20 • Copper • Obv: Mailed bust facing right.

Date	AG3	G4	VG8	F12	VF20	XF40	MS60
1788	28.00	45.00	90.00	200	650	1,650	—

KM# 21 • Copper • Obv: Small mailed bust facing right.

Date	AG3	G4	VG8	F12	VF20	XF40	MS60
1788	850	1,650	3,750	5,500	12,500	22,500	—

KM# 22.1 • Copper • Obv: Draped bust facing left. **Rev. Legend:** INDE ET LIB.

Date	AG3	G4	VG8	F12	VF20	XF40	MS60
1788	49.50	75.00	140	325	750	1,800	—

KM# 22.2 • Copper • Rev. Legend: INDLET LIB.

Date	AG3	G4	VG8	F12	VF20	XF40	MS60
1788	60.00	90.00	195	425	875	1,950	—

KM# 22.3 • Copper • Obv. Legend: CONNEC. **Rev. Legend:** INDE ET LIB.

Date	AG3	G4	VG8	F12	VF20	XF40	MS60
1788	58.00	85.00	190	400	875	1,850	—

KM# 22.4 • Copper • Obv. Legend: CONNEC. **Rev. Legend:** INDL ET LIB.

Date	AG3	G4	VG8	F12	VF20	XF40	MS60
1788	58.00	85.00	190	400	925	2,250	—

MASSACHUSETTS

HALFPENNY

KM# 17 • Copper •

Date	AG3	G4	VG8	F12	VF20	XF40	MS60
1776 unique	—	—	—	200,000	—	—	—

Note: Garrett $40,000

PENNY

KM# 18 • Copper •

Date	AG3	G4	VG8	F12	VF20	XF40	MS60
1776 unique	—	—	—	—	—	—	—

HALF CENT

KM# 19 • Copper • Note: Varieties exist; some are rare.

Date	AG3	G4	VG8	F12	VF20	XF40	MS60
1787	60.00	90.00	140	225	575	1,000	3,250
1788	70.00	115	175	275	600	1,100	3,500

CENT

KM# 20.1 • Copper • Rev: Arrows in right talon

Date	G4	VG8	F12	VF20	XF40	MS60
1787 7 known	9,000	22,500	45,000	—	—	350,000

Note: Ex-Bushnell-Brand $8,800. Garrett $5,500

KM# 20.2 • Copper • Rev: Arrows in left talon

Date	AG3	G4	VG8	F12	VF20	XF40	MS60
1787	60.00	90.00	165	240	650	1,350	6,800

KM# 20.3 • Copper • Rev: "Horned eagle" die break

Date	AG3	G4	VG8	F12	VF20	XF40	MS60
1787	70.00	110	190	275	775	1,550	7,750

KM# 20.4 • Copper • Rev: Without period after Massachusetts

Date	AG3	G4	VG8	F12	VF20	XF40	MS60
1788	70.00	105	190	260	675	1,600	6,250

KM# 20.5 • Copper • Rev: Period after Massachusetts, normal S's

Date	AG3	G4	VG8	F12	VF20	XF40	MS60
1788	60.00	90.00	170	235	600	1,350	5,750

KM# 20.6 • Copper • Rev: Period after Massachusetts, S's like 8's

Date	AG3	G4	VG8	F12	VF20	XF40	MS60
1788	50.00	75.00	135	200	575	1,250	5,400

NEW HAMPSHIRE

KM# 1 • Copper •

Date		G4	VG8	F12	VF20	XF40	MS60
1776 extremely rare		—	—	—	—	—	—

Note: Garrett $13,000

NEW JERSEY

KM# 8 • Copper • Obv: Date below draw bar.

Date	AG3	G4	VG8	F12	VF20
1786 extremely rare	—	—	—	75,000	135,000

Note: Garrett $52,000

KM# 9 • Copper • Obv: Large horse head, date below plow, no coulter on plow.

Date	AG3	G4	VG8	F12	VF20	XF40	MS60
1786	450	850	1,500	3,000	8,500	22,500	—

KM# 10 • Copper • Rev: Narrow shield, straight beam.

Date	AG3	G4	VG8	F12	VF20	XF40	MS60
1786	38.00	60.00	140	210	550	1,350	—

KM# 11.1 • Copper • Rev: Wide shield, curved beam. **Note:** Varieties exist.

Date	AG3	G4	VG8	F12	VF20	XF40	MS60
1786	45.00	75.00	150	225	600	2,000	—

KM# 11.2 • Copper • Obv: Bridle variety (die break). **Note:** Reverse varieties exist.

Date	AG3	G4	VG8	F12	VF20	XF40	MS60
1786	45.00	70.00	145	235	650	2,400	—

KM# 12.1 • Copper • Rev: Plain shield. **Note:** Small planchet. Varieties exist.

Date	AG3	G4	VG8	F12	VF20	XF40	MS60
1787	35.00	55.00	110	200	500	950	—

KM# 12.2 • Copper • Rev: Shield heavily outlined. **Note:** Small planchet.

Date	AG3	G4	VG8	F12	VF20	XF40	MS60
1787	38.00	60.00	120	215	550	1,150	—

KM# 13 • Copper • Obv: Serpent head.

Date	AG3	G4	VG8	F12	VF20	XF40	MS60
1787	55.00	85.00	200	375	1,650	4,200	—

KM# 14 • Copper • Rev: Plain shield. **Note:** Large planchet. Varieties exist.

Date	AG3	G4	VG8	F12	VF20	XF40	MS60
1787	45.00	60.00	135	240	750	1,650	—

KM# 15 • Copper • Rev. Legend: PLURIBS.

Date	AG3	G4	VG8	F12	VF20	XF40	MS60
1787	85.00	150	275	500	1,500	3,250	—

KM# 16 • Copper • Obv: Horse's head facing right. **Note:** Varieties exist.

Date	AG3	G4	VG8	F12	VF20	XF40	MS60
1788	42.00	60.00	115	190	700	1,275	—

KM# 17 • Copper • Rev: Fox before legend. **Note:** Varieties exist.

Date	AG3	G4	VG8	F12	VF20	XF40	MS60
1788	75.00	145	295	575	2,150	4,750	—

KM# 18 • Copper • Obv: Horse's head facing left. **Note:** Varieties exist.

Date	AG3	G4	VG8	F12	VF20	XF40	MS60
1788	235	425	900	1,650	4,800	13,000	—

NEW YORK

KM# 1 • Copper • Obv. Legend: NON VI VIRTUTE VICI. • **Obv:** Bust right **Rev. Legend:** NEO-EBORACENSIS

Date	AG3	G4	VG8	F12	VF20	XF40
1786	3,250	5,000	7,500	15,000	35,000	—

KM# 2 • Copper • Obv. Legend: EXCELSIOR • **Obv:** Eagle on globe facing right. **Rev. Legend:** E. PLURIBUS UNUM

Date	AG3	G4	VG8	F12	VF20	XF40	MS60
1787	1,400	2,250	3,850	7,000	17,500	33,500	—

KM# 3 • Copper • Obv. Legend: EXCELSIOR • **Obv:** Eagle on globe facing left. **Rev. Legend:** E. PLURIBUS UNUM

Date	AG3	G4	VG8	F12	VF20	XF40	MS60
1787	1,250	2,000	3,500	6,500	16,500	32,000	—

KM# 4 • **Copper** • **Obv. Legend:** EXCELSIOR **Rev:** Large eagle, arrows in right talon. **Rev. Legend:** E. PLURIBUS UNUM

Date	AG3	G4	VG8	F12	VF20	XF40	MS60
1787	—	4,500	9,000	16,500	35,000	55,000	—

Note: Norweb $18,700

KM# 5 • **Copper** • **Obv:** George Clinton. **Rev. Legend:** EXCELSIOR

Date	AG3	G4	VG8	F12	VF20	XF40
1787	5,000	9,000	15,500	35,000	75,000	185,000

KM# 6 • **Copper** • **Obv. Legend:** LIBERNATUS LIBERTATEM DEFENDO • **Obv:** Indian. **Rev:** New York arms. **Rev. Legend:** EXCELSIOR

Date	AG3	G4	VG8	F12	VF20	XF40
1787	4,500	7,500	12,500	30,000	65,000	160,000

KM# 7 • **Copper** • **Obv. Legend:** LIBERNATUS LIBERTATEM DEFENDO • **Obv:** Indian. **Rev:** Eagle on globe. **Rev. Legend:** NEO EBORACUS EXCELSIOR

Date	AG3	G4	VG8	F12	VF20	XF40
1787	6,500	11,500	17,500	37,500	75,000	145,000

KM# 8 • **Copper** • **Obv:** Indian. **Rev:** George III.

Date	AG3	G4	VG8	F12	VF20	XF40
1787 3 Known	—	—	75,000	—	—	—

KM# 9 • **Copper** • **Obv. Legend:** NOVA EBORAC. • **Obv:** Bust right **Rev:** Figure seated right. **Rev. Legend:** VIRT.ET.LIB.

Date	AG3	G4	VG8	F12	VF20	XF40	MS60
1787	75.00	115	220	360	1,150	2,700	—

KM# 10 • **Copper** • **Obv. Legend:** NOVA EBORAC • **Obv:** Bust right **Rev:** Figure seated left. **Rev. Legend:** VIRT.ET.LIB.

Date	AG3	G4	VG8	F12	VF20	XF40	MS60
1787	60.00	100	200	325	825	1,750	—

KM# 11 • **Copper** • **Obv. Legend:** NOVA EBORAC. • **Obv:** Small head, star above. **Rev:** Figure seated left **Rev. Legend:** VIRT.ET.LIB.

Date	AG3	G4	VG8	F12	VF20	XF40	MS60
1787	2,450	3,750	5,500	9,500	22,500	—	—

KM# 12 • **Copper** • **Obv. Legend:** NOVA EBORAC. • **Obv:** Large head, two quatrefoils left. **Rev:** Figure seated left **Rev. Legend:** VIRT.ET.LIB.

Date	AG3	G4	VG8	F12	VF20	XF40	MS60
1787	350	600	1,250	2,500	7,750	15,000	—

Machin's Mill

KM# 13 • **Copper** • **Note:** Crude, lightweight imitations of the British Halfpenny were struck at Machin's Mill in large quantities bearing the obverse legends: GEORGIVS II REX, GEORGIVS III REX, and GEORGIUS III REX, with the BRITANNIA reverse. There are many different mulings. Plain crosses in the shield of Britannia are noticeable on high grade pieces, unlike common British made imitations, which usually have outlined crosses in the shield. Some Machin's Mill varieties are very rare.

Date	AG3	G4	VG8	F12	VF20	XF40
(1747-1788)	40.00	75.00	145	325	800	2,250

Note: Prices are for most common within date ranges. Examples are dated: 1747, 1771, 1772, 1774, 1775, 1776, 1777, 1778, 1784, 1785, 1786, 1787 and 1788. Other dates may exist

VERMONT

KM# 1 • **Copper** **Rev. Legend:** IMMUNE COLUMBIA

Date	AG3	G4	VG8	F12	VF20	XF40
ND(1785)	4,000	6,000	9,500	13,750	35,000	—

KM# 2 • **Copper** • **Obv. Legend:** VERMONTIS. RES. PUBLICA. • **Obv:** Sun rising over field with plow **Rev:** Eye, with rays and stars **Rev. Legend:** QUARTA. DECIMA. STELLA.

Date	AG3	G4	VG8	F12	VF20	XF40	MS60
1785	140	300	750	1,650	5,250	12,500	—

KM# 3 • **Copper** • **Obv. Legend:** VERMONTS. RES. PUBLICA. • **Obv:** Sun rising over field with plow **Rev:** Eye, with rays and stars **Rev. Legend:** QUARTA. DECIMA. STELLA.

Date	AG3	G4	VG8	F12	VF20	XF40	MS60
1785	150	285	600	1,250	3,150	7,500	—

KM# 4 • **Copper** • **Obv. Legend:** VERMONTENSIUM.RES.PUBLICA • **Obv:** Sun rising over field with plow **Rev:** Eye, with pointed rays and stars **Rev. Legend:** QUARTA. DECIMA. STELLA.

Date	AG3	G4	VG8	F12	VF20	XF40	MS60
1786	140	235	425	775	2,000	4,400	—

KM# 5 • **Copper** • **Obv. Legend:** AUCTORI: VERMON: • **Obv:** Baby head. **Rev:** Seated figure left **Rev. Legend:** ET:LIB: INDE

Date	AG3	G4	VG8	F12	VF20	XF40	MS60
1786	200	350	650	1,750	4,800	12,500	—

KM# 6 • **Copper** • **Obv. Legend:** VERMON: AUCTORI: • **Obv:** Bust facing left. **Rev:** Seated figure left **Rev. Legend:** INDE ETLIB

Date	AG3	G4	VG8	F12	VF20	XF40
1786	115	175	350	825	2,850	5,000
1787	—	4,500	10,000	22,500	42,500	—

extremely rare

KM# 7 • **Copper** • **Obv. Legend:** VERMON. AUCTORI. • **Obv:** Bust facing right. **Rev:** Seated figure left **Rev. Legend:** INDE ETLIB **Note:** Varieties exist.

Date	AG3	G4	VG8	F12	VF20	XF40	MS60
1787	70.00	150	260	575	1,450	3,000	—

KM# 8 • **Copper** • **Obv. Legend:** VERMON AUCTORI • **Obv:** Bust right **Rev:** Seated figure left **Note:** Britannia mule.

Date	AG3	G4	VG8	F12	VF20	XF40	MS60
1787	65.00	120	170	300	700	1,650	—

KM# 9.1 • **Copper** • **Obv. Legend:** VERMON. AUCTORI. • **Obv:** Bust right **Rev:** Seated figure left **Rev. Legend:** INDE . ET LIB. **Note:** Varieties exist.

Date	AG3	G4	VG8	F12	VF20	XF40	MS60
1788	65.00	125	200	450	950	2,250	—

KM# 9.2 • **Copper** • **Obv:** Bust right. "C" backward in AUCTORI. **Rev:** Seated figure left

Date	AG3	G4	VG8	F12	VF20
1788	—	4,200	7,000	17,500	38,000

extremely rare
   Note: Stack's Americana, Fine, $9,775

KM# 10 • **Copper** • **Obv:** Bust right **Rev:** Seated figure left **Rev. Legend:** .ET LIB. .INDE.

Date	AG3	G4	VG8	F12	VF20	XF40	MS60
1788	200	325	675	1,450	4,750	13,500	—

KM# 11 • **Copper** • **Obv:** Bust right **Rev:** Seated figure left **Note:** George III Rex mule.

Date	AG3	G4	VG8	F12	VF20	XF40	MS60
1788	325	575	950	5,000	12,500	12,000	—

EARLY AMERICAN TOKENS

Albany Church "Penny"

KM# Tn54.1 • **Copper** • **Obv:** Without "D" above church. **Note:** Uniface.

Date	VG8	F12	VF20	XF40
ND(1790) 5 known	10,000	25,000	45,000	75,000

KM# Tn54.2 • **Copper** • **Obv:** With "D" above church. **Note:** Uniface.

Date	VG8	F12	VF20	XF40
ND(1790) rare	9,000	22,500	42,500	67,500

Auctori Plebis

KM# Tn50 • **Copper** • **Obv. Legend:** AUCTORI:
PLEBIS: • **Obv:** Bust left **Rev:** Seated figure left
Rev. Legend: INDEP: ET. LIBER

Date	AG3	G4	VG8	F12	VF20	XF40	MS60
1787	—	100	165	340	700	1,650	15,000

Bar "Cent"

KM# Tn49 • **Copper** • **Obv:** USA monogram **Rev:**
Horizontal bars

Date	G4	VG8	F12	VF20	XF40	MS60
ND(1785)	1,400	1,750	3,100	6,250	9,500	27,500

Castorland "Half Dollar"

KM# Tn87.1 • **Silver** • **ASW** • **Obv. Legend:**
FRANCO • AMERICANA / COLONIA **Edge:**
Reeded.

Date	G4	VG8	F12	VF20	XF40	MS60
1796	—	—	—	—	4,500	13,500

KM# Tn87.1a • **Copper** • **Obv. Legend:** FRANCO •
AMERICANA / COLONIA **Edge:** Reeded.

Date	AG3	G4	VG8	F12	VF20	XF40
1796 3 known	—	—	—	—	—	3,500

KM# Tn87.1b • **Brass** • **Obv. Legend:** FRANCO •
AMERICANA / COLONIA **Edge:** Reeded

Date	AG3	G4	VG8	F12	VF20	XF40	MS60
1796	—	—	—	—	—	225	650

KM# Tn87.2 • **Copper** • **Obv. Legend:** FRANCO •
AMERICANA / COLONIA **Edge:** Plain. **Note:** Thin
planchet.

Date	AG3	G4	VG8	F12	VF20	XF40	MS60
1796 unique	—	—	—	—	—	—	—

KM# Tn87.3 • **Silver** • **Obv. Legend:** FRANCO.
AMERICANA COLONIA **Edge:** Reeded. **Note:** Thin
planchet. Restrike.

Date	AG3	G4	VG8	F12	VF20	XF40	MS60
1796	—	—	—	—	—	—	12,500

KM# Tn87.3a • **Copper** • **Obv. Legend:** FRANCO.
AMERICANA COLONIA **Edge:** Reeded. **Note:** Thin
planchet. Restrike.

Date	AG3	G4	VG8	F12	VF20	XF40	MS60
1796	—	—	—	—	—	—	350

KM# Tn87.4 • **Silver** • **Obv. Legend:** FRANCO.
AMERICANA COLONIA **Edge:** Lettered. **Edge
Lettering:** ARGENT **Note:** Thin planchet. Restrike.

Date	AG3	G4	VG8	F12	VF20	XF40	MS60
1796	—	—	—	—	—	—	150

KM# Tn87.5 • **Copper** • **Obv. Legend:** FRANCO.
AMERICANA COLONIA **Edge:** Lettered. **Edge
Lettering:** CUIVRE. **Note:** Thin planchet.

Date	AG3	G4	VG8	F12	VF20	XF40	MS60
179	—	—	—	—	—	—	100

Chalmers

3 PENCE

KM# Tn45 • **Silver** •

Date	AG3	G4	VG8	F12	VF20	XF40	MS60
1783	650	1,150	2,200	4,250	9,500	17,500	—

6 PENCE

KM# Tn46.1 • **Silver** • **Rev:** Small date

Date	AG3	G4	VG8	F12	VF20	XF40	MS60
1783	900	1,650	2,750	6,750	16,500	28,500	—

KM# Tn46.2 • **Silver** • **ASW Rev:** Large date

Date	AG3	G4	VG8	F12	VF20	XF40	MS60
1783	775	1,450	2,250	6,000	14,500	27,500	—

SHILLING

KM# Tn47.1 • **Silver** • **ASW Rev:** Birds with long
worm

Date	AG3	G4	VG8	F12	VF20	XF40	MS60
1783	450	775	1,350	2,750	6,000	11,500	—

KM# Tn47.2 • Silver • ASW Rev: Birds with short worm

Date	AG3	G4	VG8	F12	VF20	XF40	MS60
1783	450	750	1,250	2,350	5,500	11,000	—

KM# Tn48 • Silver • ASW Rev: Rings and stars

Date	AG3	G4	VG8	F12	VF20	XF40
1783 4 known	—	—	—	—	200,000	—

Note: Garrett $75,000

COPPER COMPANY OF UPPER CANADA

HALFPENNY

KM# Tn86 • Copper • Obv. Legend: BRITISH SETTLEMENT KENTUCKY

Date	AG3	G4	VG8	F12	VF20	XF40	MS60
1796	—	—	—	—	—	—	10,000

Franklin Press

KM# Tn73 • Copper • Obv. Legend: SIC ORITUR DOCTRINA SURGETQUE LIBERTAS • **Obv:** Printing press **Rev. Inscription:** PAYABLE AT THE FRANKLIN PRESS LONDON **Edge:** Plain.

Date	AG3	G4	VG8	F12	VF20	XF40	MS60
1794	30.00	75.00	110	150	285	450	1,350

Kentucky Token

KM# Tn70.1 • Copper • Obv. Legend: UNANIMITY IS THE STRENGTH OF SOCIETY **Rev. Legend:** E. PLURIBUS UNUM **Edge:** Plain. **Note:** 1793 date is circa.

Date	AG3	G4	VG8	F12	VF20	XF40	MS60
ND(1793)	12.00	25.00	40.00	150	200	375	1,210

KM# Tn70.2 • Copper • Obv. Legend: UNANIMITY IS THE STRENGTH OF SOCIETY **Rev. Legend:** E. PLURIBUS UNUM **Edge:** Engrailed.

Date	AG3	G4	VG8	F12	VF20	XF40	MS60
ND(1793)	35.00	75.00	125	200	500	950	3,400

KM# Tn70.3 • Copper • Obv. Legend: UNANIMITY IS THE STRENGTH OF SOCIETY **Rev. Legend:** E. PLURIBUS UNUM **Edge:** Lettered. **Edge Lettering:** PAYABLE AT BEDWORTH.

Date	AG3	G4	VG8	F12	VF20	XF40
ND(1793) unique	—	—	—	—	—	1,980

KM# Tn70.4 • Copper • Obv. Legend: UNANIMITY IS THE STRENGTH OF SOCIETY **Rev. Legend:** E. PLURIBUS UNUM **Edge:** Lettered. **Edge Lettering:** PAYABLE AT LANCASTER.

Date	AG3	G4	VG8	F12	VF20	XF40	MS60
ND(1793)	14.00	28.00	45.00	65.00	225	400	1,250

KM# Tn70.5 • Copper • Obv. Legend: UNANIMITY IS THE STRENGTH OF SOCIETY **Rev. Legend:** E. PLURIBUS UNUM **Edge:** Lettered. **Edge Lettering:** PAYABLE AT I.FIELDING.

Date	AG3	G4	VG8	F12	VF20	XF40	MS60
ND(1793) unique	—	—	—	—	—	—

KM# Tn70.6 • Copper • Obv. Legend: UNANIMITY IS THE STRENGTH OF SOCIETY **Rev. Legend:** E. PLURIBUS UNUM **Edge:** Lettered. **Edge Lettering:** PAYABLE AT W. PARKERS.

Date	AG3	G4	VG8	F12	VF20	XF40
ND(1793) unique	—	—	—	—	20,000	—

KM# Tn70.7 • Copper • Obv. Legend: UNANIMITY IS THE STRENGTH OF SOCIETY **Rev. Legend:** E. PLURIBUS UNUM **Edge:** Ornamented branch with two leaves.

Date	AG3	G4	VG8	F12	VF20	XF40	MS60
ND(1793) unique	—	—	—	—	—	—	—

Mott Token

KM# Tn52.1 • Copper • Obv: Clock **Rev:** Eagle with shield **Note:** Thin planchet.

Date	AG3	G4	VG8	F12	VF20	XF40	MS60
1789	50.00	80.00	150	300	550	1,200	1,750

KM# Tn52.2 • Copper • Obv: Clock **Rev:** Eagle with shield **Note:** Thick planchet. Weight generally about 170 grams.

Date	AG3	G4	VG8	F12	VF20	XF40	MS60
1789	60.00	95.00	175	325	525	100	—

KM# Tn52.3 • Copper • Obv: Clock **Rev:** Eagle with shield **Edge:** Fully engrailed. **Note:** Specimens struck with perfect dies are scarcer and generally command higher prices.

Date	AG3	G4	VG8	F12	VF20	XF40	MS60
1789	90.00	160	325	450	700	1,750	4,800

Myddelton Token

KM# Tn85 • Copper • Obv. Legend: BRITISH SETTLEMENT KENTUCKY **Rev. Legend:** PAYABLE BY P.P.P.MYDDELON

Date	Good	VG	Fine	VF	XF	UNC	Proof
1796	—	—	—	—	—	—	37,000

KM# Tn85a • Silver •

Date	Good	VG	Fine	VF	XF	UNC	Proof
1796	—	—	—	—	—	—	28,000

New York Theatre

KM# Tn90 • Copper • Obv. Legend: THE THEATRE AT NEW YORK / AMERICA **Obv:** Theater building **Rev:** Ships at sea, viewed from dock **Rev. Legend:** MAY.COMMERCE.FLOURISH

Date	VG8	F12	VF20	XF40	MS60
ND(ca. 1796)	—	—	7,500	10,000	26,500

North American

HALFPENNY

KM# Tn30 • Copper • Obv. Legend: NORTH AMERICAN TOKEN • **Obv:** Seated figure left, with harp **Rev:** Ship **Rev. Legend:** COMMERCE

Date	AG3	G4	VG8	F12	VF20	XF40	MS60
1781	32.00	50.00	70.00	140	300	750	3,250

Rhode Island Ship

KM# Tn27a • Brass • Obv: Without wreath below ship.

Date	AG3	G4	VG8	F12	VF20	XF40	MS60
1779	—	—	325	550	1,000	2,000	7,500

KM# Tn27b • Pewter • Obv: Without wreath below ship.

Date	AG3	G4	VG8	F12	VF20	XF40	MS60
1779	—	—	—	—	5,000	8,500	18,500

KM# Tn28a • Brass • Obv: Wreath below ship.

Date	AG3	G4	VG8	F12	VF20	XF40	MS60
1779	—	—	—	675	1,100	2,100	7,750

KM# Tn28b • Pewter • Obv: Wreath below ship.

Date	AG3	G4	VG8	F12	VF20	XF40	MS60
1779	—	—	—	—	5,500	9,000	20,000

KM# Tn29 • Brass • Obv: VLUGTENDE below ship

Date	AG3	G4	VG8	F12	VF20	XF40
1779 unique	—	—	—	—	—	35,000

Note: Garrett $16,000

Standish Barry

3 PENCE

KM# Tn55 • Silver • ASW • Obv. Legend: BALTIMORE • TOWN • JULY • 4 • 90 • **Obv:** Bust left **Rev:** Denomination **Rev. Legend:** STANDISH BARRY

Date	AG3	G4	VG8	F12	VF20	XF40
1790	—	—	15,000	23,500	55,000	—

Talbot, Allum & Lee

CENT

KM# Tn71.1 • Copper • Rev: NEW YORK above ship **Edge:** Lettered. **Edge Lettering:** PAYABLE AT THE STORE OF

Date	AG3	G4	VG8	F12	VF20	XF40	MS60
1794	32.00	50.00	85.00	165	275	550	2,000

KM# Tn71.2 • Copper • Rev: NEW YORK above ship **Edge:** Plain. **Note:** Size of ampersand varies on obverse and reverse dies.

Date	AG3	G4	VG8	F12	VF20	XF40
1794 4 known	—	—	—	—	10,000	24,000

KM# Tn72.1 • Copper • Rev: Without NEW YORK above ship **Edge:** Lettered. **Edge Lettering:** PAYABLE AT THE STORE OF

Date	AG3	G4	VG8	F12	VF20	XF40	MS60
1794	200	375	600	1,250	3,750	7,500	22,000

KM# Tn72.2 • Copper • Edge: Lettered. **Edge Lettering:** WE PROMISE TO PAY THE BEARER ONE CENT.

Date	AG3	G4	VG8	F12	VF20	XF40	MS60
1795	30.00	50.00	75.00	135	250	400	1,200

KM# Tn72.3 • Copper • Edge: Lettered. **Edge Lettering:** CURRENT EVERYWHERE.

Date	AG3	G4	VG8	F12	VF20	XF40	MS60
1795 unique	—	—	—	—	—	—	—

KM# Tn72.4 • Copper • Edge: Olive leaf.

Date	AG3	G4	VG8	F12	VF20	XF40	MS60
1795 unique	—	—	—	—	—	15,000	—

Note: Norweb $4,400

KM# Tn72.5 • Copper • Edge: Plain.

Date	G4	VG8	F12	VF20	XF40
1795 Lettered edge; unique	—	—	—	—	15,000

Note: Edge: Cambridge Bedford Huntington.X.X.; Norweb, $3,960

1795 plain edge; 2 known	—	—	—	—	—

Washington Pieces

KM# Tn35 • Copper • Obv. Legend: GEORGIVS TRIUMPHO.

Date	AG3	G4	VG8	F12	VF20	XF40	MS60
1783	—	95.00	135	285	650	1,150	—

KM# Tn36 • Copper • Obv: Large military bust. **Note:** Varieties exist.

Date	AG3	G4	VG8	F12	VF20	XF40	MS60
1783	—	—	50.00	90.00	185	450	2,600

KM# Tn37.1 • Copper • Obv: Small military bust. **Edge:** Plain.

Date	AG3	G4	VG8	F12	VF20	XF40	MS60
1783	—	—	70.00	95.00	220	525	3,800

Note: One proof example is known. Value: $25,000

KM# Tn37.2 • Copper • Obv: Small military bust. **Edge:** Engrailed.

Date	AG3	G4	VG8	F12	VF20	XF40	MS60
1783	—	75.00	110	150	300	750	4,250

KM# Tn38.1 • Copper • Obv: Draped bust, no button on drapery.

Date	AG3	G4	VG8	F12	VF20	XF40	MS60
1783	—	40.00	60.00	95.00	185	400	2,250

KM# Tn38.2 • Copper • Obv: Draped bust, button on drapery.

Date	AG3	G4	VG8	F12	VF20	XF40	MS60
1783	—	85.00	110	150	325	625	4,500

KM# Tn38.4 • Copper • Edge: Engrailed **Note:** Restrike.

Date	AG3	G4	VG8	F12	VF20	XF40	MS60
1783	—	—	—	—	—	—	800

KM# Tn38.4a • Copper • Note: Bronzed.

Date	AG3	G4	VG8	F12	VF20	XF40	MS60
1783	—	—	—	—	—	—	—

KM# Tn83.3 • Copper • Obv: DLarge modern lettering. **Edge:** Plain. **Note:** Restrike.

Date	AG3	G4	VG8	F12	VF20	XF40	MS60
1783	—	—	—	—	—	—	950

KM# Tn83.4b • Silver • Note: Restrike.

Date	AG3	G4	VG8	F12	VF20	XF40	MS60
1783	—	—	—	—	—	—	1,750

KM# Tn83.4c • Gold • AGW Note: Restrike.

Date	AG3	G4	VG8	F12	VF20	XF40	MS60
1783 2 known	—	—	—	—	—	—	—

KM# Tn60.1 • **Copper** • **Obv. Legend:** WASHINGTON PRESIDENT. **Edge:** Plain.

Date	AG3	G4	VG8	F12	VF20	XF40	MS60
1792	850	1,450	3,000	7,500	18,500	—	—

Note: Steinberg $12,650. Garrett $15,500.

KM# Tn60.2 • **Copper** • **Obv. Legend:** WASHINGTON PRESIDENT. **Edge:** Lettered. **Edge Lettering:** UNITED STATES OF AMERICA.

Date	AG3	G4	VG8	F12	VF20	XF40	MS60
1792	—	—	—	—	—	—	—

KM# Tn61.1 • **Copper** • **Obv. Legend:** BORN VIRGINIA. **Note:** Varieties exist.

Date	AG3	G4	VG8	F12	VF20	XF40	MS60
ND(1792)	500	1,000	2,000	4,000	7,500	12,000	—

KM# Tn61.1a • **Silver ASW Edge:** Plain.

Date	AG3	G4	VG8	F12	VF20	XF40	MS60
ND(1792)	—	—	—	—	—	200,000	—

4 known

Note: Roper $16,500

KM# Tn61.2 • **Silver** • **Edge Lettering:** UNITED STATES OF AMERICA

Date	AG3	G4	VG8	F12	VF20	XF40
ND(1792) 2 known	—	—	—	—	—	—

KM# Tn62 • **Silver** • **Rev:** Heraldic eagle. 1792 half dollar. **Note:** Mule.

Date	AG3	G4	VG8	F12	VF20	XF40
ND(1792) 3 known	—	—	—	—	50,000	75,000

KM# Tn77.1 • **Copper** • **Obv. Legend:** LIBERTY AND SECURITY. **Edge:** Lettered. **Note:** "Penny."

Date	AG3	G4	VG8	F12	VF20	XF40	MS60
ND(1795)	70.00	110	165	300	500	850	3,500

KM# Tn77.2 • **Copper** • **Edge:** Plain. **Note:** "Penny."

Date	AG3	G4	VG8	F12	VF20	XF40	MS60
ND(1795)	—	—	—	—	—	—	—

extremely rare

KM# Tn77.3 • **Copper** • **Note:** "Penny." Engine-turned borders.

Date	G4	VG8	F12	VF20	XF40	MS60
ND(1795)	275	450	650	1,250	2,400	7,500

12 known

KM# Tn78 • **Copper** • **Note:** Similar to "Halfpenny" with date on reverse.

Date	AG3	G4	VG8	F12	VF20	XF40	MS60
1795 very rare	—	—	—	—	—	—	—

Note: Roper $6,600

HALFPENNY

KM# Tn56 • **Copper** • **Obv. Legend:** LIVERPOOL HALFPENNY

Date	AG3	G4	VG8	F12	VF20	XF40	MS60
1791	40.00	70.00	1,000	125	300	550	3,250

KM# Tn66.1 • **Copper** • **Rev:** Ship **Edge:** Lettered.

Date	AG3	G4	VG8	F12	VF20	XF40	MS60
1793	25.00	45.00	85.00	225	450	825	3,500

KM# Tn66.2 • **Copper** • **Rev:** Ship **Edge:** Plain.

Date	AG3	G4	VG8	F12	VF20	XF40
1793 5 known	—	—	—	—	15,000	—

KM# Tn75.1 • **Copper** • **Obv:** Large coat buttons **Rev:** Grate **Edge:** Reeded.

Date	AG3	G4	VG8	F12	VF20	XF40	MS60
1795	—	—	70.00	110	200	400	900

KM# Tn75.2 • Copper • **Rev:** Grate **Edge:** Lettered.

Date	AG3	G4	VG8	F12	VF20	XF40	MS60
1795	90.00	140	210	275	400	800	2,800

KM# Tn75.3 Copper • **Obv:** Small coat buttons **Rev:** Grate **Edge:** Reeded.

Date	AG3	G4	VG8	F12	VF20	XF40	MS60
1795	50.00	75.00	120	190	275	585	2,650

KM# Tn76.1 • Copper • **Obv. Legend:** LIBERTY AND SECURITY. **Edge:** Plain.

Date	AG3	G4	VG8	F12	VF20	XF40	MS60
1795	18.00	35.00	60.00	160	350	700	3,250

KM# Tn76.2 • Copper • **Edge:** Lettered. **Edge Lettering:** PAYABLE AT LONDON ...

Date	AG3	G4	VG8	F12	VF20	XF40	MS60
1795	40.00	65.00	90.00	140	300	650	3,000

KM# Tn76.3 • Copper • **Edge:** Lettered. **Edge Lettering:** BIRMINGHAM ...

Date	AG3	G4	VG8	F12	VF20	XF40	MS60
1795	55.00	85.00	125	175	350	800	3,600

KM# Tn76.4 • Copper • **Edge:** Lettered. **Edge Lettering:** AN ASYLUM ...

Date	AG3	G4	VG8	F12	VF20	XF40	MS60
1795	18.00	35.00	60.00	275	600	1,600	6,500

KM# Tn76.5 • Copper • **Edge:** Lettered. **Edge Lettering:** PAYABLE AT LIVERPOOL ...

Date	AG3	G4	VG8	F12	VF20	XF40	MS60
1795 unique	—	—	—	—	—	—	—

KM# Tn76.6 • Copper • **Edge:** Lettered. **Edge Lettering:** PAYABLE AT LONDON-LIVERPOOL.

Date	AG3	G4	VG8	F12	VF20	XF40	MS60
1795 unique	—	—	—	—	—	—	—

KM# Tn81.1 • Copper • **Rev. Legend:** NORTH WALES **Edge:** Plain.

Date	AG3	G4	VG8	F12	VF20	XF40
ND(ca.1795)	60.00	110	175	265	625	1,750

KM# Tn81.2 • Copper • **Rev. Legend:** NORTH

WALES **Edge:** Lettered.

Date	AG3	G4	VG8	F12	VF20	XF40	MS60
(1795)	350	550	1,150	1,750	5,500	9,500	—

KM# Tn82 • Copper • **Rev:** Four stars at bottom **Rev. Legend:** NORTH WALES

Date	AG3	G4	VG8	F12	VF20	XF40
ND(1795)	1,250	2,250	4,750	7,750	21,500	—

CENT

KM# Tn39 • Copper • **Obv. Legend:** WASHINGTON & INDEPENDENCE **Obv:** Draped Bust left **Rev:** Denomination in wreath **Rev. Legend:** UNITY STATES OF AMERICA

Date	AG3	G4	VG8	F12	VF20	XF40	MS60
1783	30.00	50.00	70.00	10.00	265	550	2,250

KM# Tn40 • Copper • **Note:** Double head.

Date	AG3	G4	VG8	F12	VF20	XF40	MS60
ND(1783)	25.00	45.00	60.00	95.00	250	500	2,750

KM# Tn41 • Copper • **Obv:** Ugly head. **Note:** 3 known in copper, 1 in white metal.

Date	AG3	G4	VG8	F12	VF20	XF40	MS60
1784	—	120,000	—	—	—	—	—

Note: Roper $14,850

KM# Tn57 • Copper • **Obv. Legend:** WASHINGTON PRESIDENT. **Obv:** Military bust left **Rev:** Small eagle

Date	AG3	G4	VG8	F12	VF20	XF40	MS60
1791	—	—	350	500	725	1,000	4,250

KM# Tn58 • Copper • Obv. Legend: WASHINGTON PRESIDENT **Obv:** Military bust left **Rev:** Large eagle

Date	AG3	G4	VG8	F12	VF20	XF40	MS60
1791	—	200	325	485	650	900	3,200

KM# Tn65 • Copper • Obv. Legend: WASHINGTON PRESIDENT. **Obv:** Roman" head

Date	AG3	G4	VG8	F12	VF20	XF40	MS60
1792	—	—	—	—	—	—	—

HALF DOLLAR

KM# Tn59.1 • Copper • Edge Lettering: UNITED STATES OF AMERICA

Date	AG3	G4	VG8	F12	VF20	XF40
1792 2 known	—	—	—	—	—	75,000

Note: Roper $2,860. Benson, EF, $48,300.

KM# Tn59.1a • Silver • Edge Lettering: UNITED STATES OF AMERICA

Date	AG3	G4	VG8	F12	VF20	XF40
1792 rare	—	—	—	—40,000	65,000	

Note: Roper $35,200

KM# Tn59.1b • Gold • Edge Lettering: UNITED STATES OF AMERICA

Date	AG3	G4	VG8	F12	VF20	XF40	MS60
1792 unique	—	—	—	—	—	—	—

KM# Tn59.2 • Copper • Edge: Plain.

Date	AG3	G4	VG8	F12	VF20	XF40
1792 3 known	—	—	—	—	—125,000	200,000

KM# Tn59.2a • Silver • Edge: Plain.

Date	AG3	G4	VG8	F12	VF20	XF40	MS60
1792 rare	—	—	—	—	—	—	—

KM# Tn63.1 • Silver • Rev: Small eagle **Edge:** Plain.

Date	AG3	G4	VG8	F12	VF20	XF40	MS60
1792	—	—	—	—	200,000	300,000	—

KM# Tn63.1a • Copper • Edge: Plain.

Date	AG3	G4	VG8	F12	VF20	XF40
1792	—	4,000	6,500	12,500	32,000	65,000

Note: Garrett $32,000

KM# Tn63.2 • Silver • Edge: Ornamented, circles and squares

Date	VG8	F12	VF20	XF40	MS60
1792 5 known	—	—	100,000	175,000	400,000

KM# Tn63.3 • Silver • Edge: Two olive leaves.

Date	AG3	G4	VG8	F12	VF20	XF40	MS60
1792 unique	—	—	—	—	—	—	—

KM# Tn64 • Silver • Rev: Large heraldic eagle

Date	AG3	G4	VG8	F12	VF20	XF40
1792 unique	—	—	—	—100,000	—	

Note: Garrett $16,500

EARLY AMERICAN PATTERNS

Confederatio

KM# EA22 • Copper • Obv. Legend: INIMICA TYRANNIS • AMERICANA • **Obv:** Standing figure with bow & arrow **Rev:** Small circle of stars **Rev. Legend:** • CONFEDERATIO • 1785

Date	AG3	G4	VG8	F12	VF20	XF40	MS60
1785	—	—	—	—	—50,000	95,000	—

KM# EA23 • **Copper** • **Obv. Legend:** INIMICA TYRANNIS • AMERICANA • **Obv:** Standing figure with bow & arrow **Rev:** Large circle of stars **Rev. Legend:** • CONFEDERATIO • **Note:** The Confederatio dies were struck in combination with 13 other dies of the period. All surviving examples of these combinations are extremely rare.

Date	AG3	G4	VG8	F12	VF20	XF40	MS60
1785	—	—	—	—	50,000	100,000	—

Immune Columbia

KM# EA17 • **Copper** • **Obv. Legend:** IMMUNE COLUMBIA. **Rev:** Eye, with pointed rays & stars **Rev. Legend:** NOVA • CONSTELLATIO

Date	AG3	G4	VG8	F12	VF20	XF40	MS60
1785	—	—	—	—	25,000	45,000	—

KM# EA17a • **Silver** • **Obv. Legend:** IMMUNE COLUMBIA • **Rev:** Eye, with pointed rays & stars **Rev. Legend:** NOVA CONSTELLATIO

Date	AG3	G4	VG8	F12	VF20	XF40	MS60
1785	—	—	—	—	45,000	75,000	—

KM# EA18 • **Copper** • **Obv. Legend:** IMMUNE COLUMBIA • **Rev:** Eye, with pointed rays & stars. Extra star in reverse legend **Rev. Legend:** NOVA • CONSTELLATIO *

Date	AG3	G4	VG8	F12	VF20	XF40	MS60
1785	—	—	—	—	25,000	45,000	—

Note: Caldwell $4,675

KM# EA19 • **Copper** • **Obv. Legend:** IMMUNE COLUMBIA • **Rev:** Blunt rays **Rev. Legend:** NOVA CONSTELATIO

Date	AG3	G4	VG8	F12	VF20	XF40
1785 2 known	—	—	—	—	—	120,000

Note: Norweb $22,000

KM# EA19a • **Gold** • **Obv. Legend:** IMMUNE COLUMBIA • **Rev:** Blunt rays **Rev. Legend:** NOVA CONSTELATIO

Date	AG3	G4	VG8	F12	VF20	XF40	MS60
1785 Unique	—	—	—	—	—	—	—

Note: In the Smithsonian Collection

KM# EA20 • **Copper** • **Obv. Legend:** GEORGIVS III • REX • **Obv:** George III **Rev. Legend:** IMMUNE COLUMBIA

Date	AG3	G4	VG8	F12	VF20	XF40	MS60
1785	3,500	5,250	7,750	11,500	22,500	—	—

KM# EA21 • **Copper** • **Obv. Legend:** VERMON AUCTORI • **Obv:** Head right **Rev. Legend:** IMMUNE COLUMBIA

Date	AG3	G4	VG8	F12	VF20	XF40	MS60
1785	—	6,000	9,500	12,500	35,000	—	—

KM# EA24 • **Copper** • **Obv:** Washington **Rev:** Stars in rayed circle **Rev. Legend:** • CONFEDERATIO

Date	AG3	G4	VG8	F12	VF20	XF40	MS60
1786 3 known	—	—	—	—	60,000	—	—

Note: Garrett $50,000. Steinberg $12,650

KM# EA25 • **Copper** • **Obv. Legend:** * E • PLURIBUS UNUM • **Obv:** Eagle, raw shield **Rev:** Shield **Rev. Legend:** * E * PLURIBUS * UNUM *

Date	AG3	G4	VG8	F12	VF20	XF40	MS60
1786 unique	—	—	—	—	—	—	—

Note: Garrett $37,500

KM# EA26 • **Copper** • **Obv. Legend:** GEN • WASHINGTON • **Obv:** Washington **Rev:** Eagle

Date	AG3	G4	VG8	F12	VF20	XF40	MS60
1786 2 known	—	—	—	—	—	—	—

KM# EA27 • **Copper** • **Obv. Legend:** IMMUNIS COLUMBIA • **Rev:** Shield **Rev. Legend:** * E * PLURIBUS * UNUM *

Date	AG3	G4	VG8	F12	VF20	XF40	MS60
1786	—	—	—	—	40,000	60,000	—

Note: Rescigno, AU, $33,000. Steinberg, VF $11,000

KM# EA28 • **Copper** • **Obv. Legend:** IMMUNIS COLUMBIA **Rev:** Eagle **Rev. Legend:** * E * PLURIBUS * UNUM *

Date	AG3	G4	VG8	F12	VF20	XF40
1786 3 known	—	—	—	—	50,000	90,000

Nova Constellatio

KM# EA6.1 • Copper • Obv. Legend: NOVA • CONSTELLATIO • **Obv:** Pointed rays **Rev:** Small "U•S

Date	AG3	G4	VG8	F12	VF20	XF40	MS60
1783	50.00	70.00	100	225	440	950	3,750

KM# EA6.2 • Copper • Obv. Legend: NOVA • CONSTELLATI **Obv:** Pointed rays **Rev:** Large "US

Date	AG3	G4	VG8	F12	VF20	XF40	MS60
1783	55.00	75.00	110	250	600	1,400	7,000

KM# EA7 • Copper • Obv. Legend: NOVA • CONSTELATIO • **Obv:** Blunt rays

Date	AG3	G4	VG8	F12	VF20	XF40	MS60
1783	50.00	75.00	110	250	575	1,350	5,000

KM# EA8 • Copper • Obv. Legend: NOVA • CONSTELLATIO • **Obv:** Blunt rays

Date	AG3	G4	VG8	F12	VF20	XF40	MS60
1785	50.00	75.00	110	260	650	1,550	6,500

KM# EA9 • Copper • Obv. Legend: NOVA • CONSTELLATIO • **Obv:** Pointed rays

Date	AG3	G4	VG8	F12	VF20	XF40	MS60
1785	—	—	100	225	450	1,000	3,600

KM# EA10 • Copper • Note: Contemporary circulating counterfeit. Similar to previously listed coin.

Date	AG3	G4	VG8	F12	VF20	XF40	MS60
1786	—	—	—	—	—	—	—

extremely rare

5 UNITS

KM# EA12 • Copper • Obv. Legend: NOVA CONSTELLATIO **Obv:** Eye, with pointed rays & stars **Rev. Legend:** • LIBERTAS • JUSTITIA •

Date	AG3	G4	VG8	F12	VF20	XF40	MS60
1783 unique	—	—	—	—	—	—	—

100 BITS

KM# EA13.1 • Silver • Obv. Legend: NOVA CONSTELLATIO **Obv:** Eye, with pointed rays & stars **Rev. Legend:** • LIBERTAS • JUSTITIA • **Edge:** Leaf.

Date	AG3	G4	VG8	F12	VF20	XF40	MS60
1783 2 known	—	—	—	—	—	—	—

Note: Garrett $97,500. Stack's auction, May 1991, $72,500

KM# EA13.2 • Silver • Obv. Legend: NOVA CONSTELLATIO • **Obv:** Eye, with pointed rays & stars **Rev. Legend:** • LIBERTAS • JUSTITIA • **Edge:** Plain

Date	AG3	G4	VG8	F12	VF20	XF40	MS60
1783 unique	—	—	—	—	—	—	—

500 (QUINT)

KM# EA14 • **Silver** • **Obv. Legend:** NOVA CONSTELLATIO • **Obv:** Eye with pointed rays & stars **Rev. Legend:** • LIBERTAS • JUSTITIA

Date	AG3	G4	VG8	F12	VF20	XF40	MS60
1783 unique	—	—	—	—	—	250,000	—

Note: Garrett $165,000

KM# EA15 • **Silver** • **bv:** Eye, with rays & stars, no legend **Rev. Legend:** • LIBERTAS • JUSTITIA

Date	AG3	G4	VG8	F12	VF20	XF40	MS60
1783 unique	—	—	—	75,000	—	—	—

Note: Garrett $55,000

1000 (MARK)

KM# EA16 • **Silver** • **Obv. Legend:** NOVA CONSTELLATIO • **Obv:** Eye, with pointed rays & stars **Rev. Legend:** • LIBERTAS • JUSTITIA

Date	AG3	G4	VG8	F12	VF20	XF40
1783 unique	—	—	—	—	—	350,000

Note: Garrett $190,000

EARLY FEDERAL COINAGE

Brasher

KM# Tn51.1 • **Gold** • **Obv:** Sunrise over mountains. **Rev:** Displayed eagle with shield on breast, EB counterstamp on wing.

Date	AG3	G4	VG8	F12	VF20	XF40	MS60
1787 6 known	—	—	—	—	—	—	—

Note: Heritage FUN Sale, January 2005, AU-55, $2,415,000.

KM# Tn51.2 • **Gold** • **Obv:** Sun rise over mountains **Rev:** Displayed eagle with sheild on breast. EB counterstamp on breast.

Date	AG3	G4	VG8	F12	VF20	XF40	MS60
1787 unique	—	—	—	—	—	—	—

Note: Heritage FUN sale, January 2005, XF-45, $2,9900. Foreign gold coins with EB counterstamp exist. These are valued at over $5,000, with many much higher.

Fugio "Cent"

KM# EA30.1 • **Copper** • **Obv:** Club rays, round ends.

Date	AG3	G4	VG8	F12	VF20	XF40	MS60
1787	225	325	450	950	2,000	3,850	—

KM# EA30.2 • **Copper** • **Obv:** Club rays, concave ends.

Date	AG3	G4	VG8	F12	VF20	XF40	MS60
1787	1,500	2,500	4,500	9,000	27,500	—	—

KM# EA30.3 • **Copper** • **Obv. Legend:** FUCIO.

Date	AG3	G4	VG8	F12	VF20	XF40	MS60
1787	—	2,000	3,000	7,000	25,000	35,000	—

KM# EA31.1 • **Copper** • **Obv:** Pointed rays. **Rev:** UNITED above, STATES below.

Date	AG3	G4	VG8	F12	VF20	XF40	MS60
1787	600	950	1,500	3,250	8,000	11,500	—

KM# EA31.2 • Copper Rev: UNITED STATES at sides of ring.

Date	AG3	G4	VG8	F12	VF20	XF40	MS60
1787	110	175	275	550	900	1,800	3,500

KM# EA31.3 • Copper • Rev: STATES UNITED at sides of ring.

Date	AG3	G4	VG8	F12	VF20	XF40	MS60
1787	110	190	275	550	850	1,650	3,500

KM# EA31.4 • Copper • Rev: Eight-pointed stars on ring.

Date	AG3	G4	VG8	F12	VF20	XF40	MS60
1787	150	285	475	700	1,250	2,750	9,000

KM# EA31.5 • Copper • Rev: Raised rims on ring, large lettering in center.

Date	AG3	G4	VG8	F12	VF20	XF40	MS60
1787	185	325	550	950	2,750	6,000	18,500

KM# EA32.1 • Copper • Obv. Legend: UNITED STATES. • **Obv:** No cinquefoils, cross after date.

Date	AG3	G4	VG8	F12	VF20	XF40	MS60
1787	300	—	750	1,450	3,850	6,700	—

KM# EA32.2 • Copper • Obv. Legend: STATES UNITED. • **Obv:** No cinquefoils, cross after date.

Date	AG3	G4	VG8	F12	VF20	XF40	MS60
1787	175	350	750	1,500	4,000	7,200	—

KM# EA32.3 • Copper • Obv: No cinquefoils, cross after date. **Rev:** Raised rims on ring.

Date	AG3	G4	VG8	F12	VF20	XF40	MS60
1787	—	—	—	—	27,500	—	—

KM# EA33 • Copper • Obv: No cinquefoils, cross after date. **Rev:** With rays. **Rev. Legend:** AMERICAN CONGRESS.

Date	G4	VG8	F12	VF20	XF40
1787 extremely rare	—	—	—	225,000	300,000
Note: Norweb $63,800					

KM# EA34 • Brass • Note: New Haven restrike.

Date	G4	VG8	F12	VF20	XF40	MS60
1787 (ca.1858)	—	—	—	—	450	1,000

KM# EA34a • Copper • Note: New Haven restrike.

Date	G4	VG8	F12	VF20	XF40	MS60
1787 (ca.1858)	—	—	—	450	750	1,000

KM# EA34b • Silver • Note: New Haven restrike.

Date	VG8	F12	VF20	XF40	MS60
1787 (ca. 1858)	—	—	—	2,750	4,000

KM# EA34c • Gold • Note: New Haven restrike.

Date	AG3	G4	VG8	F12	VF20
1787 (ca. 1858) 2 known	—	—	—	—	—
Note: Norweb (holed) $1,430					

ISSUES OF 1792

CENT

KM# PnE1 • Bi-Metallic • Silver center in Copper ring, Silver center in Copper ring

Date	G4	VG8	F12	VF20	XF40
1792 14 known	—	—	185,000	325,000	475,000
Note: Norweb, MS-60, $143,000; Heritage 4-12; MS61 $1.15 million					

KM# PnF1 • Copper • Note: No silver center.

Date	G4	VG8	F12	VF20	XF40
1792 9 known	—	—	250,000	500,000	750,000
Note: Norweb, EF-40, $35,200; Benson, VG-10, $57,500					

KM# PnG1 • Copper Edge: Plain **Note:** Commonly called "Birch cent."

Date	AG3	G4	VG8	F12	VF20	XF40
1792 unique	—	—	—	—	—	650,000

KM# PnH1 • Copper • Obv: One star in edge legend **Note:** Commonly called "Birch cent."

Date	AG3	G4	VG8	F12	VF20	XF40
1792 2 known	—	—	—	—	—	600,000

Note: Norweb, EF-40, $59,400

KM# PnI1 • Copper • Obv: Two stars in edge legend **Note:** Commonly called "Birch cent."

Date	G4	VG8	F12	VF20	XF40
1792 8 known	—	—	200,000	400,000	550,000

Note: Hawn, strong VF, $57,750

KM# PnJ1 • White Metal Rev: G.W.Pt. below wreath tie **Note:** Commonly called "Birch cent."

Date	AG3	G4	VG8	F12	VF20	XF40	MS60
1792 unique	—	—	—	—	—	—	—

Note: Garrett, $90,000

HALF DISME

KM# 5 • Silver

Date	AG3	G4	VG8	F12	VF20	XF40	MS60
1792	25,000	20,000	45,000	65,000	90,000	125,000	450,000

KM# PnA1 • Copper •

Date	AG3	G4	VG8	F12	VF20	XF40	MS60
1792 unique	—	—	—	—	—	—	—

Note: Heritage 4-06, Sp-67, $1,322,500

DISME

KM# PnB1 • Silver

Date	G4	VG8	F12	VF20	XF40
1792 3 known	—	—	—	700,000	1,000,000

Note: Norweb, EF-40, $28,600

KM# PnC1 • Copper • Edge: Reeded

Date	VG8	F12	VF20	XF40	MS60
1792 14 known	—	—	150,000	250,000	500,000

Note: Hawn, VF, $30,800; Benson, EF-45, $109,250

KM# PnD1 • Copper • Edge: Plain

Date	G4	VG8	F12	VF20	XF40
1792 2 known	—	—	—	450,000	750,000

Note: Garrett, $45,000

QUARTER

KM# PnK1 • Copper • Edge: Reeded **Note:** Commonly called "Wright quarter."

Date	AG3	G4	VG8	F12	VF20	XF40	MS60
1792 2 known							

KM# PnL1 • White Metal • Edge: Plain **Note:** Commonly called "Wright quarter."

Date	AG3	G4	VG8	F12	VF20	XF40
1792 4 known	—	—	—	—	175,000	—

Note: Norweb, VF-30 to EF-40, $28,600

KM# PnM1 • White Metal • Note: Commonly called "Wright quarter."

Date	AG3	G4	VG8	F12	VF20	XF40	MS60
1792 die trial	—	—	—	—	—	—	—

Note: Garrett, $12,000

CIRCULATION COINAGE

HALF CENT

Liberty Cap Half Cent
Head facing left obverse

KM# 10 • 6.74 g., **Copper**, 22 mm. • **Designer:** Henry Voigt

Date	Mintage	G4	VG8	F12	VF20	XF40	MS60
1793	35,334	3,900	6,100	10,750	15,500	27,000	72,000

Head facing right obverse

KM# 14 • **Copper**, 6.74 g. (1794-95) and 5.44 g. (1795-97), 23.5 mm. • **Designer:** Robert Scot (1794) and John Smith Gardner (1795) **Note:** The "lettered edge" varieties have TWO HUNDRED FOR A DOLLAR inscribed around the edge. The "pole" varieties have a pole upon which the cap is hanging, resting on Liberty's shoulder. The "punctuated date" varieties have a comma after the 1 in the date. The 1797 "1 above 1" variety has a second 1 above the 1 in the date.

Date	Mintage	G4	VG8	F12	VF20	XF40	MS60
1794 Normal Relief Head, lg letters	81,600	485	700	1,135	2,500	5,000	20,000
1794 High Relief Head, Lt wreath	Inc. above	485	700	1,135	2,500	5,000	20,000
1795 lettered edge, pole	25,600	535	750	1,450	2,900	5,400	17,500
1795 plain edge, no pole	109,000	485	775	1,400	2,750	5,250	16,000
1795 lettered edge, punctuated date	Inc. above	560	700	2,500	3,750	8,000	50,000
1795 plain edge, punctuated date	Inc. above	485	1,000	1,450	2,800	5,250	57,500
1796 pole	5,090	20,000	50,000	53,500	75,000	75,000	—
1796 no pole	1,390	32,000	42,500	47,500	75,000	—	—
1797 plain edge	119,215	485	750	1,250	2,000	6,500	57,500
1797 lettered edge	Inc. above	1,850	5,700	12,600	27,500	40,000	—
1797 1 above 1	Inc. above	505	750	1,000	2,500	5,000	50,000
1797 gripped edge	Inc. above	140	250	1,135	2,500	—	—

Draped Bust Half Cent
Draped bust right, date at angle below obverse
Value within thin wreath reverse

Stemless   Stems

KM# 33 • 5.44 g., **Copper**, 23.5 mm. • **Obv. Legend:** LIBERTY **Rev. Legend:** UNITED STATES OF AMERICA **Designer:** Robert Scot **Note:** The wreath on the reverse was redesigned slightly in 1802, resulting in "reverse of 1800" and "reverse of 1802" varieties. The "stems" varieties have stems extending from the wreath above and on both sides of the fraction on the reverse. On the 1804 "crosslet 4" variety, a serif appears at the far right of the crossbar on the 4 in the date. The "spiked chin" variety appears to have a spike extending from Liberty's chin, the result of a damaged die. Varieties of the 1805 strikes are distinguished by the size of the 5 in the date. Varieties of the 1806 strikes are distinguished by the size of the 6 in the date.

Date	Mintage	G4	VG8	F12	VF20	XF40	MS60
1800	211,530	75.00	90.00	160	205	600	5,500
1802/0 rev. 1800	14,366	23,500	55,000	—	—	—	—
1802/0 rev. 1802	Inc. above	875	2,000	6,500	9,000	—	—

Date	Mintage	G4	VG8	F12	VF20	XF40	MS60
1803	97,900	75.00	95.00	140	325	950	7,000
1804 plain 4, stemless wreath	1,055,312	60.00	80.00	125	215	385	1,400
1804 plain 4, stems	Inc. above	60.00	110	175	325	1,850	15,000
1804 crosslet 4, stemless	Inc. above	65.00	90.00	135	240	410	1,350
1804 crosslet 4, stems	Inc. above	62.00	90.00	160	260	450	1,500
1804 spiked chin	Inc. above	75.00	105	190	260	435	1,500
1805 small 5, stemless	814,464	65.00	90.00	140	240	410	3,500
1805 small 5, stems	Inc. above	1,850	2,350	5,400	8,000	35,000	—
1805 large 5, stems	Inc. above	85.00	125	135	305	650	3,000
1806 small 6, stems	356,000	500	475	750	1,350	5,750	—
1806 small 6, stemless	Inc. above	65.00	85.00	135	260	435	1,350
1806 large 6, stems	Inc. above	65.00	85.00	135	260	460	1,500
1807	476,000	75.00	95.00	190	275	485	1,400
1808/7	400,000	300	400	600	1,500	4,250	57,500
1808	Inc. above	95.00	130	175	295	600	5,000

Classic Head Half Cent
Classic head left, flanked by stars, date below obverse
Value within wreath reverse

KM# 41 • 5.44 g., **Copper**, 23.5 mm. • **Rev. Legend:** UNITED STATES OF AMERICA **Designer:** John Reich
Note: Restrikes listed were produced privately in the mid-1800s. The 1831 restrikes have two varieties with different sized berries in the wreath on the reverse. The 1828 strikes have either 12 or 13 stars on the obverse.

Date	Mintage	G4	VG8	F12	VF20	XF40	MS60
1809/6	1,154,572	60.00	95.00	100	125	300	1,000
1809	Inc. above	59.00	80.00	90.00	107	185	800
1809 circle in 0	—	76.00	95.00	150	375	750	5,100
1810	215,000	66.00	105	150	325	600	3,550

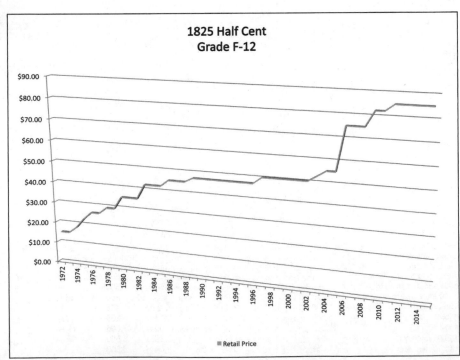

1825 Half Cent
Grade F-12

■ Retail Price

Date	Mintage	G4	VG8	F12	VF20	XF40	MS60
1811 Close Date	63,140	300	950	1,650	2,400	5,500	—
1811 Wide Date Inc. Above	—	290	725	1,550	2,550	4,750	—
1811 restrike, reverse of 1802, uncirculated	—	—	—	—	—	—	57,500
1825	63,000	56.00	75.00	85.00	110	155	950
1826	234,000	53.00	72.00	82.00	99.00	125	750
1828 13 stars	606,000	51.00	70.00	75.00	82.00	105	235
1828 12 stars	Inc. above	61.00	80.00	125	160	275	850
1829	487,000	53.00	73.00	82.00	102	125	500
1831 original	2,200	—	—	—	—	65,000	—
1831 1st restrike, lg. berries, reverse of 1836	—	—	—	—	—	—	6,500
1831 2nd restrike, sm. berries, reverse of 1840, proof	—	—	—	—	—	—	55,000
1832	154,000	51.00	70.00	75.00	82.00	105	235
1833	120,000	51.00	70.00	75.00	82.00	105	235
1834	141,000	51.00	70.00	75.00	82.00	105	235
1835	398,000	51.00	70.00	75.00	82.00	105	235
1836 original, proof	—	—	—	—	—	—	6,000
1836 restrike, reverse of 1840, proof	—	—	—	—	—	—	50,000

Braided Hair Half Cent
Head left, braided hair, within circle of stars, date below obverse
Value within wreath reverse

KM# 70 • 5.44 g., Copper, 23 mm. • **Rev. Legend:** UNITED STATES OF AMERICA **Designer:** Christian Gobrecht **Note:** 1840-1849 and 1852 strikes, both originals and restrikes, are known in proof only; mintages are unknown. The small-date varieties of 1849, both originals and restrikes, are known in proof only. The restrikes were produced clandestinely by Philadelphia Mint personnel in the mid-1800s.

Date	G4	VG8	F12	VF20	XF40	AU50	MS60	PF60Brn
1840 original	—	—	—	—	3,000	3,500	—	—
1840 1st restrike	—	—	—	—	3,000	3,500	—	—
1840 2nd restrike	—	—	—	—	3,000	3,500	—	—
1841 original	—	—	—	—	3,000	3,500	—	—
1841 1st restrike	—	—	—	—	3,000	3,500	—	—
1841 2nd restrike	—	—	—	—	3,000	3,500	—	—
1842 original	—	—	—	—	3,000	3,500	—	—
1842 1st restrike	—	—	—	—	3,000	3,500	—	—
1842 2nd restrike	—	—	—	—	3,000	3,500	—	—
1843 original	—	—	—	—	3,000	3,500	—	—
1843 1st restrike	—	—	—	—	3,000	3,500	—	—
1843 2nd restrike	—	—	—	—	3,000	3,500	—	—
1844 original	—	—	—	—	3,000	3,500	—	—
1844 1st restrike	—	—	—	—	3,000	3,500	—	—
1844 2nd restrike	—	—	—	—	3,000	3,500	—	—
1845 original	—	—	—	—	3,000	3,500	—	—
1845 1st restrike	—	—	—	—	3,000	3,500	—	—
1845 2nd restrike	—	—	—	—	3,000	3,500	—	—
1846 original	—	—	—	—	3,000	3,500	—	—
1846 1st restrike	—	—	—	—	3,000	3,500	—	—
1846 2nd restrike	—	—	—	—	3,000	3,500	—	—
1847 original	—	—	—	—	3,000	3,500	—	—
1847 1st restrike	—	—	—	—	5,500	6,000	—	—
1847 2nd restrike	—	—	—	—	3,000	3,500	—	—
1848 original	—	—	—	—	3,000	3,500	—	—
1848 1st restrike	—	—	—	—	3,000	3,500	—	—
1848 2nd restrike	—	—	—	—	3,000	3,500	—	—
1849 original, small date	—	—	—	—	3,000	3,500	—	—
1849 1st restrike small date	—	—	—	—	3,000	3,500	—	—
1849 large date	58.00	76.00	82.00	92.00	150	200	300	—
1850	58.00	76.00	82.00	92.00	110	175	340	—
1851	54.00	71.00	77.00	84.00	96.00	155	220	—
1852 original	15,000	55,000	30,000	35,000	40,000	47,000	—	—
1852 1st restrike	1,000	1,500	1,850	2,600	3,000	3,500	—	—
1852 2nd restrike	1,000	1,500	1,850	2,600	3,000	3,500	—	—

HALF CENT

Date	G4	VG8	F12	VF20	XF40	AU50	MS60	PF60Brn
1853	54.00	71.00	77.00	84.00	96.00	155	220	—
1854	54.00	71.00	77.00	84.00	96.00	155	220	—
1855	54.00	71.00	77.00	84.00	96.00	155	220	—
1856	54.00	71.00	77.00	84.00	96.00	165	220	—
1857	59.00	78.00	87.00	110	175	250	295	—

CENT

Flowing Hair Cent
Chain reverse

KM# 11 • 13.48 g., Copper, 26-27 mm. • Designer: Henry Voigt

Date	Mintage	G4	VG8	F12	VF20	XF40	MS60
1793 AMERI	36,103	9,950	14,850	25,500	45,500	96,000	245,000
1793 AMERICA	Inc. above	6,950	10,600	17,750	36,500	71,500	140,000
1793 periods after "LIBERTY"	Inc. above	7,850	12,350	19,850	38,500	73,500	147,000

Wreath reverse

KM# 12 • 13.48 g., Copper, 26-28 mm. • Designer: Henry Voigt

Date	Mintage	G4	VG8	F12	VF20	XF40	MS60
1793 vine and bars edge	63,353	3,150	4,450	7,750	12,000	22,500	48,500
1793 lettered edge	Inc. above	3,450	5,150	8,850	14,000	25,500	56,000
1793 strawberry leaf; 4 known	—	350,000	550,000	875,000	—	—	—

Liberty Cap Cent

KM# 13 • Copper, 13.48 g., 29 mm. • Designer: Joseph Wright **Note:** The heavier pieces were struck on a thicker planchet. The Liberty design on the obverse was revised slightly in 1794, but the 1793 design was used on some 1794 strikes. A 1795 "lettered edge" variety has ONE HUNDRED FOR A DOLLAR and a leaf inscribed on the edge.

Date	Mintage	G4	VG8	F12	VF20	XF40	MS60
1793 cap	11,056	5,500	12,500	23,500	45,000	98,500	—
1794 NO FRACTION BAR	Inc. above	500	800	1,350	3,000	8,000	40,000
1794 head '93	918,521	1,550	2,600	4,250	9,850	21,500	85,000
1794 head '94	Inc. above	445	710	1,200	2,425	4,500	16,500
1794 head '95	Inc. above	530	775	1,265	2,775	5,000	20,000
1794 starred rev.	Inc. above	13,500	23,500	44,500	115,000	275,000	—
1795 Lettered Edge	Inc. above	515	650	1,375	3,200	4,500	16,500
1795 plain edge	501,500	375	610	1,050	1,775	3,800	12,500
1795 reeded edge	Inc. above	350,000	700,000	—	—	—	—
1795 Jefferson head plain edge	Inc. above	24,500	49,500	95,000	150,000	—	—
1795 Jefferson head lettered edge	Inc. above	75,000	95,000	155,000	250,000	—	—

KM# 13a • 10.89 g., **Copper**, 29 mm. • **Designer:** John Smith Gardner

Date	Mintage	G4	VG8	F12	VF20	XF40	MS60
1795 lettered edge, "One Cent" high in wreath	37,000	445	735	1,100	2,175	4,800	15,000
1796	109,825	425	610	1,650	3,850	9,500	36,500

Draped Bust Cent

Draped bust right, date at angle below obverse   Value within wreath reverse

Stemless   Stems

KM# 22 • 10.98 g., **Copper**, 29 mm. • **Obv. Legend:** LIBERTY **Rev. Legend:** UNITED STATES OF AMERICA **Designer:** Robert Scot **Note:** The 1801 "3 errors" variety has the fraction on the reverse reading "1/000," has only one stem extending from the wreath above and on both sides of the fraction on the reverse, and UNITED in UNITED STATES OF AMERICA appears as "linited."

Date	Mintage	G4	VG8	F12	VF20	XF40	MS60
1796 reverse of 1794	363,375	300	450	1,050	2,800	6,850	—
1796 reverse of 1795	Inc. above	260	375	850	3,250	9,500	36,500
1796 reverse of 1797	Inc. above	240	350	1,050	2,150	4,250	11,000
1796 Liherty error	Inc. above	450	850	1,800	5,500	13,500	75,000
1797 reverse of 1795 plain edge	897,510	165	300	600	3,450	5,500	38,500
1797 reverse of 1795 gripped edge	Inc. above	185	425	850	1,450	4,750	—
1797 stems	Inc. above	165	325	450	1,275	2,650	9,000
1797 stemless	Inc. above	300	495	750	1,850	4,750	38,500
1797 reverse of 1795	—	—	—	—	—	—	9,500
1797 reverse of 1795	—	—	—	—	—	—	7,000
1798 reverse of 1796	Inc. above	150	250	600	1,750	3,600	9,500
1798 1st hair style	Inc. above	90.00	130	325	800	4,450	9,850
1798 2nd hair style	Inc. above	85.00	125	310	750	2,850	8,000
1798/7	1,841,745	200	325	650	2,100	5,100	22,000
1799	42,540	2,750	4,650	11,500	24,500	85,000	650,000
1799/98	Inc. above	2,600	4,300	11,000	34,000	110,000	—
1800	2,822,175	100	165	375	1,850	3,000	12,500
1800/798	Inc. above	85.00	225	550	1,550	4,000	—
1800/79	Inc. above	80.00	200	375	1,500	3,300	16,500
1801	1,362,837	75.00	100	250	700	2,025	7,750
1801 3 errors	Inc. above	225	500	1,150	2,400	6,850	35,000
1801 1/000	Inc. above	80.00	175	475	1,350	2,650	9,850
1801 100/000	Inc. above	150	325	850	1,650	4,200	12,500
1802	3,435,100	65.00	100	250	535	1,500	4,500
1802 stemless	Inc. above	68.00	95.00	200	515	1,800	5,000
1802 1/000	Inc. above	80.00	135	325	750	1,750	7,500
1803 small date, small fraction	2,471,353	65.00	100	225	425	1,200	3,850
1803 small date, large fraction	Inc. above	65.00	100	225	435	1,250	4,050
1803 large date, small fraction	Inc. above	4,600	11,500	14,500	42,000	75,000	—
1803 large date, large fraction	Inc. above	80.00	135	450	1,550	3,150	—
1803 1/100 over 1/1000	—	95.00	165	360	900	2,600	10,000
1803 Stemless wreath	—	80.00	150	350	650	2,100	6,950
1804	96,500	1,650	2,650	4,000	8,950	16,500	80,000
1804 Restrike of 1860	—	—	—	650	750	875	1,750
1805	941,116	60.00	90.00	245	425	1,600	4,650
1806	348,000	70.00	110	305	600	2,075	7,500

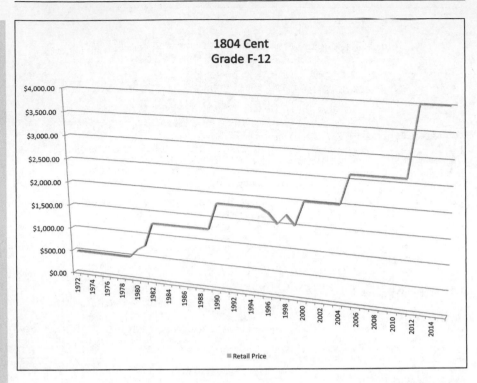

1804 Cent
Grade F-12

■ Retail Price

Date	Mintage	G4	VG8	F12	VF20	XF40	MS60
1807 small fraction	727,221	65.00	100	265	625	2,200	4,600
1807 large fraction	Inc. above	65.00	100	225	510	1,400	3,850
1807/6 large 7/6	Inc. above	65.00	175	225	625	1,700	—
1807/6 small 7/6	Inc. above	1,900	4,250	9,500	24,500	49,500	—
1807 Comet Variety	Inc. above	95.00	175	345	1,100	3,200	16,500

Classic Head Cent
Classic head left, flanked by stars, date below obverse
Value within wreath reverse

KM# 39 • 10.89 g., **Copper,** 29 mm. • **Rev. Legend:** UNITED STATES OF AMERICA **Designer:** John Reich

Date	Mintage	G4	VG8	F12	VF20	XF40	MS60
1808	1,109,000	121	160	535	700	1,850	9,500
1809	222,867	135	285	450	1,050	3,350	13,500
1810/09	1,458,500	90.00	160	515	910	1,850	10,500
1810	Inc. above	75.00	110	415	910	1,550	9,500
1811/10	218,025	175	300	700	1,950	4,650	60,000
1811	Inc. above	110	225	575	1,300	3,350	11,000
1812 small date	1,075,500	90.00	155	440	885	2,125	8,000
1812 large date	—	90.00	155	440	895	2,175	8,500
1813	418,000	60.00	175	400	800	1,950	9,000
1814 Plain 4	357,830	90.00	160	400	910	1,925	6,800
1814 Crosslet 4	Inc. above	90.00	155	390	885	1,825	6,650

Coronet Cent
Coronet head left, within circle of stars, date below obverse
Value within wreath reverse

KM# 45 • 10.89 g., **Copper**, 28-29 mm. • **Rev. Legend:** UNITED STATES OF AMERICA **Designer:** Robert Scot

Date	Mintage	G4	VG8	F12	VF20	XF40	MS60
1816	2,820,982	31.00	42.00	60.00	117	245	1,350
1817 13 obverse stars	3,948,400	29.00	33.00	44.00	74.00	155	650
1817 15 obverse stars	Inc. above	35.00	56.00	90.00	225	675	2,650
1818	3,167,000	29.00	35.00	42.00	74.00	150	450
1819 Large date, 9/8	2,671,000	—	—	—	—	—	—
1819	—	31.00	38.00	46.00	116	315	1,000
1819/8	—	—	—	—	—	—	—
1819 Large date	Inc. above	29.00	33.00	42.00	78.00	183	600
1819 Small date	Inc. above	30.00	35.00	45.00	82.00	203	675
1820 Large date, 20/19	4,407,550	31.00	38.00	50.00	88.00	250	950
1820 Large date	—	33.00	39.00	60.00	117	335	1,600
1820 Small date	—	29.00	36.00	46.00	78.00	188	450
1821	389,000	45.00	72.00	200	525	1,375	7,500
1822	2,072,339	31.00	45.00	45.00	150	365	1,500
1823 Included in 1824 mintage	—	90.00	200	450	1,350	3,950	30,000
1823/22 Included in 1824 mintage	—	80.00	165	425	975	3,250	—
1823 Restrike	—	600	650	700	800	900	1,850
1824	1,262,000	31.00	35.00	46.00	210	450	1,950
1824/22	Inc. above	40.00	49.00	110	440	1,000	5,500
1825	1,461,100	30.00	35.00	45.00	125	400	2,150
1826	1,517,425	30.00	35.00	45.00	87.00	265	950
1826/25	Inc. above	40.00	55.00	95.00	275	1,200	4,250
1827	2,357,732	29.00	33.00	42.00	92.00	260	800
1828 Large date	2,260,624	29.00	33.00	44.00	87.00	225	900
1828 Small date	—	32.00	37.00	49.00	110	265	1,650
1829 Large letters	1,414,500	29.00	33.00	40.00	93.00	208	1,100
1829 Medium letters	Inc. above	32.00	45.00	90.00	275	675	5,250
1830 Large letters	1,711,500	25.00	29.00	36.00	70.00	188	650
1830 Medium letters	Inc. above	45.00	90.00	265	650	1,650	7,500
1831 Large letters	3,359,260	25.00	31.00	36.00	70.00	193	500
1831 Medium letters	—	29.00	34.00	41.00	76.00	225	950
1832 Large letters	2,362,000	25.00	31.00	36.00	70.00	158	525
1832 Medium letters	—	27.00	32.00	39.00	74.00	178	850
1833	2,739,000	25.00	31.00	36.00	70.00	158	475
1834 Large 8, stars and letters	1,855,100	75.00	120	145	350	625	2,350
1834 Large 8 & stars, medium letters	Inc. above	190	275	600	1,100	3,250	6,200
1834 Large 8, small stars, medium letters	Inc. above	25.00	29.00	36.00	70.00	158	650
1834 Small 8 & stars	Inc. above	25.00	29.00	36.00	70.00	145	750
1835 Large 8 & stars	3,878,400	25.00	31.00	39.00	74.00	168	1,000
1835 Head '36	—	25.00	31.00	39.00	74.00	158	550
1835 Small 8 & stars	—	25.00	29.00	36.00	70.00	158	650
1836	2,111,000	25.00	29.00	36.00	70.00	125	290
1837 Plain hair cords, medium letters	5,558,300	25.00	29.00	36.00	70.00	125	290
1837 Plain hair cords, small letters	Inc. above	25.00	31.00	39.00	74.00	133	485
1837 Head '38	Inc. above	25.00	31.00	39.00	74.00	125	250
1838	6,370,200	25.00	29.00	36.00	70.00	125	250
1839 Head '38, beaded hair cords	3,128,661	29.00	33.00	40.00	74.00	130	450
1839/36 Plain hair cords	Inc. above	300	600	1,250	2,450	6,800	75,000
1839 Silly head	Inc. above	35.00	40.00	50.00	90.00	165	900
1839 Booby head	Inc. above	34.00	38.00	47.00	85.00	153	875

Braided Hair Cent
Head left, braided hair, within circle of stars, date below obverse
Value within wreath reverse

KM# 67 • 10.89 g., **Copper**, 27.5 mm. • **Rev. Legend:** UNITED STATES OF AMERICA **Designer:** Christian Gobrecht **Note:** 1840 and 1842 strikes are known with both small and large dates, with little difference in value. A slightly larger Liberty head and larger reverse lettering were used beginning in 1843.

Date	Mintage	G4	VG8	F12	VF20	XF40	MS60
1839 Petite Head	3,128,661	29.00	33.00	47.00	62.50	100	825
1840 Large date	2,462,700	25.00	28.00	36.00	51.50	80.00	440
1840 Small date	Inc. above	30.00	35.00	42.00	53.50	90.00	550
1840 Small date over large 18	Inc. above	40.00	50.00	75.00	125	210	1,150
1841	1,597,367	25.00	28.00	36.00	51.50	79.00	450
1842 Small date	2,383,390	25.00	28.00	36.00	51.50	69.00	400
1842 Large date	Inc. above	28.00	32.00	42.00	57.50	100	365
1843 Petite Head, small date	2,425,342	25.00	28.00	35.00	51.50	69.00	360
1843 Petite Head, (rev '44)	Inc. above	27.00	30.00	37.00	51.50	79.00	550
1843 Mature Head	—	28.00	32.00	50.00	140	260	600
1844	2,398,752	25.00	28.00	36.00	51.50	69.00	375
1844/81	Inc. above	40.00	60.00	80.00	100	225	1,900
1845	3,894,804	25.00	28.00	33.00	51.50	69.00	300
1846 Small date	4,120,800	23.00	27.00	31.00	51.50	69.00	225
1846 MD	Inc. above	25.00	28.00	35.00	53.50	72.00	375
1846 TD	Inc. above	36.00	45.00	80.00	125	260	1,650
1847	6,183,669	23.00	27.00	31.00	47.50	65.00	250
1847/7	Inc. above	37.00	50.00	90.00	150	385	1,350
1848	6,415,799	25.00	28.00	33.00	47.50	61.00	215
1849	4,178,500	25.00	28.00	33.00	47.50	61.00	225
1850	4,426,844	25.00	28.00	33.00	39.50	61.00	225
1851	9,889,707	23.00	26.00	31.00	37.50	59.00	195
1851/81	Inc. above	36.00	45.00	60.00	90.00	175	700
1852	5,063,094	23.00	26.00	31.00	37.50	59.00	195
1853	6,641,131	23.00	26.00	31.00	37.50	59.00	195
1854	4,236,156	23.00	26.00	31.00	37.50	59.00	195
1855 Slanted 5's	1,574,829	43.00	56.00	65.00	74.50	95.00	245
1855 Upright 5's	Inc. above	23.00	26.00	33.00	37.50	59.00	195
1855 Slanted 5's Knob on Ear	Inc. above	27.00	34.00	46.00	70.00	99.00	450
1856 Slanted 5	2,690,463	23.00	26.00	31.00	37.50	59.00	195
1856 Upright 5	Inc. above	30.00	40.00	52.00	63.50	80.00	250
1857 Large date	333,456	90.00	125	175	235	310	600
1857 Small date	Inc. above	75.00	100	160	195	265	550

Flying Eagle Cent
Flying eagle above date obverse   Value within wreath reverse

Large letters — AM touch at bottom

Small letters — Space between AM

KM# 85 • 4.67 g., **Copper-Nickel**, 19 mm. • **Obv. Legend:** UNITED STATES OF AMERICA **Designer:** James B. Longacre **Note:** On the large-letter variety of 1858, the "A" and "M" in AMERICA are connected at their bases; on the small-letter variety, the two letters are separated.

Date	Mintage	G4	VG8	F12	VF20	XF40	AU50	MS60	MS65	Prf65
1856	Est. 2500	6,250	7,250	9,000	10,750	12,850	13,500	16,500	65,000	28,500
1857	17,450,000	27.50	39.00	40.00	47.00	140	210	425	3,500	29,000
1858/7	Inc. below	65.00	92.50	175	380	760	1,500	3,300	60,000	—
1858 large letters	24,600,000	28.00	41.00	43.50	56.00	160	230	445	3,850	24,500
1858 small letters	Inc. above	27.50	39.00	42.00	47.00	140	210	425	3,650	30,000

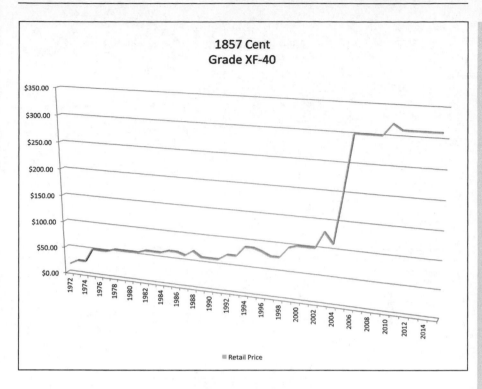

Indian Head Cent
Indian head with headdress left above date obverse
Value within wreath reverse

KM# 87 • 4.67 g., **Copper-Nickel**, 19 mm. • **Obv. Legend:** UNITED STATES OF AMERICA **Designer:** James B. Longacre

Date	Mintage	G4	VG8	F12	VF20	XF40	AU50	MS60	MS65	Prf65
1859	36,400,000	13.00	16.00	22.50	48.00	100	175	230	3,650	5,200

Indian head with headdress left above date obverse
Value within wreath, shield above reverse

KM# 90 • 4.67 g., **Copper-Nickel**, 19 mm. • **Obv. Legend:** UNITED STATES OF AMERICA **Designer:** James B. Longacre

Date	Mintage	G4	VG8	F12	VF20	XF40	AU50	MS60	MS65	Prf65
1860 Rounded Bust	20,566,000	11.00	15.00	22.00	46.00	68.00	110	190	965	3,600
1860	1,000	—	—	—	—	—	—	—	—	—
1860 Pointed Bust	Inc. above	20.00	30.00	42.00	60.00	100	160	300	6,000	—
1861	10,100,000	23.00	30.00	42.00	58.00	95.00	160	180	975	7,250
1862	28,075,000	11.50	11.50	12.50	15.00	28.00	60.00	80.00	1,050	2,350
1863	49,840,000	9.00	9.25	11.00	12.50	25.00	58.00	75.00	1,050	3,100
1864	13,740,000	20.00	28.50	35.00	72.00	125	175	220	1,400	3,200

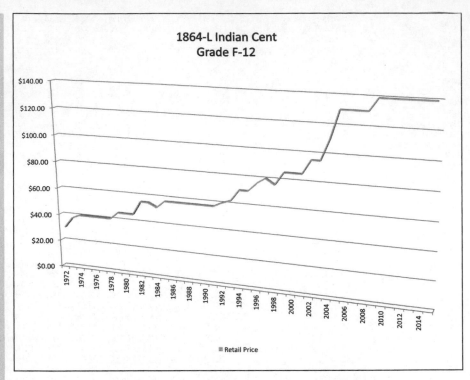

1864-L Indian Cent
Grade F-12

■ Retail Price

Indian head with headdress left above date obverse
Value within wreath, shield above reverse

1864 "L"

KM# 90a • 3.11 g., **Bronze**, 19 mm. • **Obv. Legend:** UNITED STATES OF AMERICA **Designer:** James B. Longacre **Note:** The 1864 "L" variety has the designer's initial in Liberty's hair to the right of her neck.

Date	Mintage	G4	VG8	F12	VF20	XF40	AU50	MS60	MS65	Prf65
1864	39,233,714	13.00	20.00	25.00	44.00	65.50	85.00	110	335	10,500
1864 L pointed bust	Inc. above	50.00	75.00	145	190	270	320	410	1,700	200,000
1865 plain 5	35,429,286	13.00	14.00	22.50	27.00	42.00	58.00	90.00	485	6,750
1865 fancy 5	Inc. above	12.75	13.50	21.00	24.00	37.50	54.00	85.00	465	—
1866	9,826,500	53.00	62.00	92.00	115	195	235	280	1,350	4,500
1867	9,821,000	52.00	68.50	115	120	187	230	285	1,350	6,100
1867/1867	Inc. above	68.00	160	230	400	550	775	565	1,950	—
1868	10,266,500	39.00	48.00	75.00	115	172	235	265	985	5,750
1869/9	6,420,000	175	295	530	670	1,000	1,150	1,250	2,350	—
1869	Inc. above	85.00	115	220	305	525	575	625	1,750	3,100
1870 Bold N	5,275,000	59.00	120	225	305	460	470	600	1,400	2,650
1870 Shallow N	Inc. above	80.00	140	245	560	575	590	—	—	—
1871 Bold N	3,929,500	89.00	125	275	310	435	480	610	2,400	2,500
1871 Shallow N	Inc. above	135	150	320	600	700	750	—	—	—
1872 Bold N	4,042,000	110	185	365	410	555	600	840	3,850	4,250
1872 Shallow N	Inc. above	120	210	380	665	725	755	—	—	—
1873 closed 3	11,676,500	27.00	36.50	75.00	110	220	275	400	2,850	2,950
1873 open 3	Inc. above	21.50	32.50	63.00	79.00	170	210	250	1,300	—
1873 Double Liberty die 1	Inc. above	350	750	1,250	1,850	3,250	4,650	7,500	—	—
1873 Double Liberty die 2	Inc. above	—	100	275	450	540	975	4,500	—	—
1874	14,187,500	15.50	21.00	45.00	61.00	110	145	225	700	2,850
1875	13,528,000	16.50	29.50	54.00	63.00	110	157	215	800	8,500

Date	Mintage	G4	VG8	F12	VF20	XF40	AU50	MS60	MS65	Prf65
1876	7,944,000	30.00	38.50	74.00	125	205	280	325	975	2,600
1877	852,500	595	725	1,025	1,500	2,550	2,850	3,450	13,000	12,500
1878	5,799,850	27.50	33.00	69.00	140	240	285	350	875	1,375
1879	16,231,200	6.75	9.00	15.75	32.00	69.00	73.00	100	365	1,250
1880	38,964,955	4.00	4.75	5.75	10.50	27.50	46.00	66.00	360	1,250
1881	39,211,575	4.30	4.35	5.75	7.50	21.50	28.50	43.00	325	1,250
1882	38,581,100	3.75	4.00	5.00	9.25	21.50	28.50	40.00	325	1,450
1883	45,589,109	3.25	3.50	4.00	6.75	17.00	28.50	42.00	325	1,600
1884	23,261,742	4.00	4.25	6.50	11.00	28.00	39.00	60.00	460	1,250
1885	11,765,384	8.75	9.00	11.00	26.50	60.00	78.00	105	625	1,500
1886 Type 1 obverse	17,654,290	4.25	6.25	19.00	55.00	145	155	190	1,250	2,650
1886 Type 2 obverse	Inc. above	7.00	10.00	28.00	235	180	235	325	2,500	7,500
1887	45,226,483	2.00	2.10	3.00	5.00	18.00	26.50	50.00	400	6,200
1888	37,494,414	2.90	3.05	3.80	7.25	19.25	25.00	48.00	900	5,400
1888/7	Inc. above	1,850	2,850	4,500	8,500	10,000	13,000	—	—	—
1889	48,869,361	1.70	2.00	2.50	4.25	9.25	21.00	40.00	400	1,900
1890	57,182,854	1.85	2.55	2.90	4.60	12.00	20.50	37.50	400	1,800
1891	47,072,350	1.65	2.95	4.10	5.15	17.75	23.00	37.00	400	2,150
1892	37,649,832	1.70	2.55	2.90	4.60	9.25	20.50	35.00	400	1,325
1893	46,642,195	5.50	6.00	13.00	17.50	48.00	61.00	30.00	340	1,250
1894/94	16,752,132	2.25	2.30	3.00	3.75	11.00	20.50	85.00	6,000	1,350
1894	Inc. above	35.00	45.00	100	275	325	485	800	1,375	—
1895	38,343,636	2.25	2.30	2.75	3.85	12.00	24.00	32.00	200	1,275
1896	39,057,293	1.65	2.00	2.35	3.75	9.25	21.00	34.00	225	1,900
1897	50,466,330	1.65	2.10	2.40	3.75	9.25	21.00	34.00	195	1,600
1898	49,823,079	1.65	2.00	2.30	3.75	9.50	21.00	34.00	195	1,275
1899	53,600,031	1.65	2.00	2.30	3.60	12.00	21.50	34.00	165	1,275
1900	66,833,764	1.65	2.00	2.30	3.60	10.50	21.00	34.00	175	1,275
1901	79,611,143	1.65	2.00	2.30	3.60	9.25	20.00	33.00	165	1,275
1902	87,376,722	1.70	2.00	2.30	3.60	9.25	20.00	32.00	165	1,325
1903	85,094,493	1.50	2.00	2.30	3.60	9.25	20.00	32.00	165	1,275
1904	61,328,015	1.40	2.00	2.30	3.60	8.00	19.00	32.00	165	1,275
1905	80,719,163	1.40	2.00	2.30	3.60	8.00	20.00	32.00	165	1,350
1906	96,022,255	1.40	2.00	2.30	3.60	8.00	19.00	32.00	165	1,275
1907	108,138,618	1.40	2.05	2.30	3.60	8.00	19.00	32.00	165	1,950
1908	32,327,987	1.75	2.30	2.50	3.50	9.00	20.00	32.00	165	1,275
1908S	1,115,000	79.00	84.00	110	127	170	190	275	700	—
1909	14,370,645	11.00	13.50	14.00	15.50	19.00	30.00	38.00	155	1,275
1909S	309,000	485	500	535	600	750	800	1,125	2,250	—

Lincoln Cent
Wheat Ears reverse

KM# 132 • 3.11 g., **Bronze**, 19 mm. • **Designer:** Victor D. Brenner **Note:** The 1909 "VDB" varieties have the designer's initials inscribed at the 6 o'clock position on the reverse. The initials were removed until 1918, when they were restored on the obverse • MS60 and MS63 prices are for brown coins and MS65 prices are for coins that are at least 90% original red.

Date	Mintage	G4	VG8	F12	VF20	XF40	AU50	MS60	MS65	Prf65
1909 VDB	27,995,000	11.50	12.00	12.50	13.50	14.00	16.50	24.00	95.00	2,750
1909 VDB Doubled Die Obverse	Inc. above	—	—	55.00	75.00	100	120	200	1,500	—
1909S VDB	484,000	660	675	695	800	1,025	1,325	1,575	2,950	—
1909	72,702,618	3.65	3.50	4.35	4.75	5.50	12.50	14.50	85.00	625
1909S	1,825,000	89.00	105	110	150	225	245	340	750	—
1909S/S S over horizontal S	Inc. above	115	135	148	200	275	290	365	850	—
1910	146,801,218	0.50	0.60	0.75	1.00	4.25	10.00	17.50	120	610
1910S	6,045,000	16.50	21.00	21.00	28.00	47.50	72.00	98.00	425	—
1911	101,177,787	0.45	0.60	1.60	2.35	6.75	11.00	18.50	175	525
1911D	12,672,000	4.75	5.75	9.00	22.50	50.00	75.00	90.00	750	—
1911S	4,026,000	49.00	53.00	55.00	59.00	75.00	105	175	1,100	—
1912	68,153,060	1.60	1.75	2.35	5.50	13.50	26.00	33.00	235	625
1912D	10,411,000	6.50	9.25	10.00	26.00	70.00	110	165	800	—

CENT

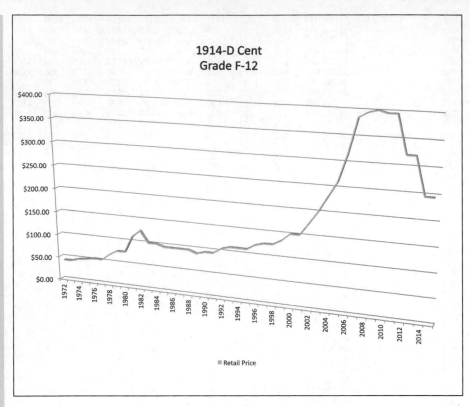

1914-D Cent
Grade F-12

■ Retail Price

Date	Mintage	G4	VG8	F12	VF20	XF40	AU50	MS60	MS65	Prf65
1912S	4,431,000	24.00	26.00	29.00	42.00	78.00	118	175	1,250	—
1913	76,532,352	0.80	1.00	1.45	3.25	18.50	28.50	34.50	240	625
1913D	15,804,000	2.75	3.25	3.60	11.00	49.00	62.00	105	875	—
1913S	6,101,000	13.50	16.50	21.00	31.00	57.00	110	195	2,100	—
1914	75,238,432	0.60	0.95	2.10	6.00	18.50	40.00	52.00	240	625
1914D	1,193,000	190	200	245	365	760	1,475	2,000	9,500	—
1914S	4,137,000	25.00	27.50	30.00	40.00	85.00	175	310	3,250	—
1915	29,092,120	2.25	2.90	4.00	18.00	60.00	70.00	82.00	375	625
1915D	22,050,000	2.25	2.85	4.50	6.85	24.00	44.00	72.00	350	—
1915S	4,833,000	21.00	24.50	28.50	32.00	70.00	96.00	190	2,600	—
1916	131,833,677	0.45	0.55	0.85	2.40	8.00	14.50	19.00	135	650
1916D	35,956,000	1.35	2.00	3.10	6.50	17.50	38.00	88.00	850	—
1916S	22,510,000	1.65	3.25	4.40	9.50	27.50	48.00	105	1,100	—
1917	196,429,785	0.30	0.40	0.55	1.85	4.75	14.50	18.50	150	—
1917 Doubled Die Obverse	Inc. above	175	225	2.75	350	1,350	2,000	3,200	15,000	—
1917D	55,120,000	1.00	1.50	2.85	5.00	36.50	44.00	72.00	850	—
1917S	32,620,000	0.55	0.90	1.40	2.60	11.50	26.00	74.00	1,350	—
1918	288,104,634	0.30	0.40	0.50	1.00	4.40	10.00	13.50	185	—
1918D	47,830,000	0.95	1.45	2.45	5.50	15.50	36.00	76.00	1,200	—
1918S	34,680,000	0.40	0.90	1.45	3.65	11.00	33.00	70.00	1,750	—
1919	392,021,000	0.30	0.40	0.50	0.80	1.60	5.75	8.00	85.00	—
1919D	57,154,000	0.80	1.20	1.60	4.85	12.75	35.00	60.00	775	—
1919S	139,760,000	0.40	0.60	1.50	2.45	5.75	17.50	48.00	1,175	—
1920	310,165,000	0.25	0.35	0.75	1.25	2.80	7.50	15.50	225	—
1920D	49,280,000	1.00	1.65	2.90	6.85	18.50	37.00	70.00	650	—
1920S	46,220,000	0.60	0.80	1.50	2.75	13.00	34.50	105	2,150	—
1921	39,157,000	0.55	0.80	1.15	3.00	10.75	22.50	42.00	175	—
1921S	15,274,000	1.50	2.00	3.50	6.25	36.50	68.00	110	1,100	—
1922D	7,160,000	23.50	24.50	25.50	27.00	37.50	75.00	105	475	—
1922D Weak Rev	Inc. above	22.00	23.00	24.00	25.50	34.00	65.00	95.00	400	—
1922D Weak D	Inc. above	30.00	44.00	48.00	60.00	135	190	285	7,500	—

Date	Mintage	G4	VG8	F12	VF20	XF40	AU50	MS60	MS65	Prf65
1922 No D Die 2 Strong Rev	Inc. above	550	580	730	925	2,050	4,250	10,500	85,000	—
1922 No D Die 3 Weak Rev	Inc. above	300	375	575	750	1,650	3,350	8,500	45,000	—
1923	74,723,000	0.40	0.60	0.85	1.50	5.75	10.50	13.50	160	—
1923S	8,700,000	5.85	7.00	8.50	12.50	42.00	105	190	2,850	—
1924	75,178,000	0.25	0.35	0.45	1.00	5.25	11.00	17.50	120	—
1924D	2,520,000	37.50	45.00	50.00	62.00	118	170	255	1,800	—
1924S	11,696,000	1.25	1.50	2.75	5.35	34.50	68.00	110	2,350	—
1925	139,949,000	0.25	0.35	0.45	0.70	3.00	6.50	9.50	65.00	—
1925D	22,580,000	1.00	1.65	3.10	6.25	15.50	30.00	62.00	625	—
1925S	26,380,000	0.80	1.20	1.85	2.75	11.75	31.50	85.00	3,650	—
1926	157,088,000	0.25	0.35	0.45	0.60	1.65	5.25	7.50	70.00	—
1926D	28,020,000	1.50	1.70	3.40	5.25	15.50	34.00	82.00	800	—
1926S	4,550,000	9.00	10.00	11.75	16.50	35.00	72.00	140	5,500	—
1927	144,440,000	0.20	0.25	0.35	0.60	1.60	5.25	7.50	60.00	—
1927D	27,170,000	1.15	1.70	2.25	3.35	7.50	25.00	60.00	525	—
1927S	14,276,000	1.40	1.85	2.65	5.25	14.50	42.00	65.00	2,550	—
1928	134,116,000	0.20	0.25	0.35	0.60	1.45	4.00	7.50	82.00	—
1928D	31,170,000	0.90	1.40	2.15	3.65	6.75	19.00	37.50	300	—
1928S Small S	17,266,000	1.00	1.65	2.60	4.00	9.50	31.00	71.50	800	—
1928S Large S	Inc. above	1.65	2.85	4.25	7.50	16.50	55.00	135	1,250	—
1929	185,262,000	0.20	0.25	0.35	0.55	2.75	5.25	7.00	55.00	—
1929D	41,730,000	0.50	1.00	1.40	2.75	5.85	13.50	25.00	145	—
1929S	50,148,000	0.60	1.10	1.85	2.80	6.75	14.75	20.00	100	—
1930	157,415,000	0.20	0.25	0.35	0.60	1.25	2.75	4.00	45.00	—
1930D	40,100,000	0.25	0.35	0.60	0.90	2.00	5.50	11.00	55.00	—
1930S	24,286,000	0.25	0.35	0.55	0.80	1.50	6.50	9.50	48.00	—
1931	19,396,000	0.65	0.75	1.10	2.00	4.00	9.50	19.00	85.00	—
1931D	4,480,000	5.00	5.85	6.50	8.00	13.00	33.50	48.50	375	—
1931S	866,000	60.00	66.00	71.00	77.00	135	140	160	350	—
1932	9,062,000	1.60	1.95	2.85	3.50	6.75	13.00	17.50	65.00	—
1932D	10,500,000	1.50	1.90	2.50	2.85	4.15	11.00	18.50	65.00	—
1933	14,360,000	1.50	1.80	2.65	2.85	6.50	11.50	16.50	65.00	—
1933D	6,200,000	3.50	4.25	5.65	7.50	13.50	19.00	24.00	60.00	—
1934	219,080,000	0.15	0.25	0.30	0.45	1.25	4.00	9.00	25.00	—
1934D	28,446,000	0.35	0.50	0.80	1.25	5.50	9.00	20.00	30.00	—
1935	245,338,000	0.15	0.20	0.25	0.40	0.90	1.50	5.00	20.00	—
1935D	47,000,000	0.20	0.30	0.40	0.55	0.95	2.50	5.50	20.00	—
1935S	38,702,000	0.25	0.35	0.60	1.75	3.00	5.00	11.00	44.00	—
1936 (Proof in Satin Finish)	309,637,569	0.15	0.20	0.30	0.40	0.85	1.40	1.90	10.00	600
1936 Brilliant Proof	Inc. above	—	—	—	—	—	—	—	—	800
1936 DDO	Inc. above	—	—	25.00	50.00	80.00	125	175	1,000	—
1936D	40,620,000	0.20	0.30	0.40	0.55	0.90	1.50	4.00	15.00	—
1936S	29,130,000	0.20	0.30	0.45	0.60	1.50	2.25	5.00	18.00	—
1937	309,179,320	0.15	0.20	0.30	0.40	0.50	0.75	1.75	13.50	110
1937D	50,430,000	0.20	0.30	0.40	0.60	0.80	1.20	2.65	15.00	—
1937S	34,500,000	0.20	0.30	0.40	0.55	0.90	1.25	2.75	16.50	—
1938	156,696,734	0.15	0.20	0.30	0.40	0.50	1.20	2.25	18.00	90.00
1938D	20,010,000	0.20	0.30	0.45	0.60	1.00	1.50	3.50	20.00	—
1938S	15,180,000	0.30	0.40	0.50	0.70	1.00	1.75	3.00	15.00	—
1939	316,479,520	0.15	0.20	0.30	0.40	0.45	0.75	1.00	16.00	60.00
1939D	15,160,000	0.35	0.45	0.50	0.60	0.95	1.75	3.00	18.00	—
1939S	52,070,000	0.30	0.40	0.50	0.60	0.80	1.20	2.50	16.00	—
1940	586,825,872	0.10	0.20	0.30	0.35	0.45	0.75	1.00	12.00	65.00
1940D	81,390,000	0.20	0.30	0.40	0.55	0.75	1.10	2.00	11.00	—
1940S	112,940,000	0.20	0.30	0.40	0.55	0.70	1.25	2.50	12.50	—
1941	887,039,100	0.10	0.20	0.30	0.35	0.45	0.60	1.25	10.00	60.00
1941 Doubled Die Obv	Inc. above	35.00	50.00	70.00	80.00	95.00	135	200	1,000	—
1941D	128,700,000	0.20	0.30	0.40	0.55	0.90	1.35	2.20	12.50	—
1941S	92,360,000	0.20	0.30	0.40	0.55	0.95	1.75	2.50	15.00	—
1942	657,828,600	0.10	0.20	0.30	0.35	0.40	0.55	0.85	11.00	65.00
1942D	206,698,000	0.20	0.25	0.30	0.35	0.45	0.60	1.00	12.00	—
1942S	85,590,000	0.25	0.35	0.45	0.85	1.25	2.50	5.00	18.00	—
1943 Copper planchet error	—	—	—	35,000	42,000	45,000	80,000	155,000	—	—
1943S Copper planchet error	—	—	—	125,000	150,000	185,000	275,000	—	—	—

Wheat Ears reverse

KM# 132a • 2.70 g., **Zinc Coated Steel**, 19 mm. • **Designer:** Victor D. Brenner

Date	Mintage	G4	VG8	F12	VF20	XF40	AU50	MS60	MS65	Prf65
1943	684,628,670	0.20	0.30	0.35	0.45	0.60	0.85	1.25	18.00	—
1943D	217,660,000	0.35	0.40	0.45	0.50	0.70	1.00	1.50	—	—
1943D/D RPM	Inc. above	30.00	38.00	50.00	65.00	90.00	125	200	—	—
1943S	191,550,000	0.40	0.45	0.50	0.65	0.90	1.40	4.00	28.00	—

Wheat Ears reverse

KM# A132 • 3.11 g., **Brass**, 19 mm. • **Designer:** Victor D. Brenner **Note:** KM#132 design and composition resumed • MS60 prices are for brown coins and MS65 prices are for coins that are at least 90% original red.

Date	Mintage	XF40	MS65	Prf65
1944	1,435,400,000	0.30	8.00	—
1944D	430,578,000	0.40	14.00	—
1944D/S Type 1	Inc. above	220	3,750	—
1944D/S Type 2	Inc. above	175	1,600	—
1944S	282,760,000	0.35	8.00	—
1945	1,040,515,000	0.40	13.50	—
1945D	226,268,000	0.40	8.00	—
1945S	181,770,000	0.40	7.50	—
1946	991,655,000	0.25	13.50	—
1946D	315,690,000	0.30	10.00	—
1946S	198,100,000	0.30	13.50	—
1946S/D	—	70.00	650	—
1947	190,555,000	0.45	18.50	—
1947D	194,750,000	0.35	7.50	—
1947S	99,000,000	0.35	8.00	—
1948	317,570,000	0.35	18.50	—
1948D	172,637,000	0.40	12.00	—
1948S	81,735,000	0.40	12.00	—
1949	217,775,000	0.40	18.00	—
1949D	153,132,000	0.40	15.00	—
1949S	64,290,000	0.50	10.00	—
1950	272,686,386	0.35	16.50	65.00
1950D	334,950,000	0.35	12.50	—
1950S	118,505,000	0.30	9.00	—
1951	295,633,500	0.40	16.50	62.00
1951D	625,355,000	0.30	8.50	—
1951S	136,010,000	0.40	9.00	—
1952	186,856,980	0.40	16.00	36.00
1952D	746,130,000	0.30	8.50	—
1952S	137,800,004	0.60	12.00	—
1953	256,883,800	0.25	18.00	37.00
1953D	700,515,000	0.25	8.50	—
1953S	181,835,000	0.40	8.00	—
1954	71,873,350	0.25	20.00	19.00
1954D	251,552,500	0.25	8.50	—
1954S	96,190,000	0.25	10.00	—
1955	330,958,000	0.25	9.00	14.00
1955 Doubled Die	Inc. above	1,900	37,500	—

Note: The 1955 "doubled die" has distinct doubling of the date and lettering on the obverse.

Date	Mintage	XF40	MS65	Prf65
1955D	563,257,500	0.20	8.00	—
1955S	44,610,000	0.35	7.50	—
1956	421,414,384	0.20	12.00	5.00
1956D	1,098,201,100	0.20	7.00	—
1957	283,787,952	0.20	7.50	4.00
1957D	1,051,342,000	0.20	6.00	—
1958	253,400,652	0.20	9.00	6.50
1958D	800,953,300	0.20	7.00	—

Lincoln Memorial reverse

Small date   Large date

Small date   Large date

KM# 201 • 3.11 g., **Brass**, 19 mm. • **Rev. Designer:** Frank Gasparro **Note:** MS60 prices are for brown coins and MS65 prices are for coins that are at least 90% original red. The dates were modified in 1960, 1970 and 1982, resulting in large-date and small-date varieties for those years. The 1972 "doubled die" shows doubling of IN GOD WE TRUST. The 1979-S and 1981-S Type II proofs have a clearer mint mark than the Type I proofs of those years. Some 1982 cents have the predominantly copper composition; others have the predominantly zinc composition. They can be distinguished by weight.

Date	Mintage	XF40	MS65	Prf65
1959	610,864,291	—	15.00	10.00
1959D	1,279,760,000	—	7.50	—
1960 small date, low 9	588,096,602	1.85	12.00	16.00
1960 large date, high 9	Inc. above	—	8.00	7.50
1960 small over large date	Inc. above	—	—	600
1960D small date, low 9	1,580,884,000	—	10.00	—
1960D large date, high 9	Inc. above	—	8.00	—
1960D/D small over large date	Inc. above	—	300	—
1961	756,373,244	—	8.50	9.00
1961D	1,753,266,700	—	18.00	—
1962	609,263,019	—	8.00	8.00
1962D	1,793,148,400	—	14.00	—
1963	757,185,645	—	10.00	6.00
1963D	1,774,020,400	—	12.00	—
1964	2,652,525,762	—	8.50	6.00
1964D	3,799,071,500	—	10.00	—

Date	Mintage	XF40	MS65	Prf65
1965	1,497,224,900	—	10.00	—
1965 SMS	Inc. above	—	7.50	—
1966	2,188,147,783	—	10.00	—
1966 SMS	Inc. above	—	8.00	—
1967	3,048,667,100	—	12.00	—
1967 SMS	Inc. above	—	8.00	—
1968	1,707,880,970	—	12.00	—
1968D	2,886,269,600	—	12.50	—
1968S	261,311,510	—	10.00	4.50
1969	1,136,910,000	—	7.00	—
1969D	4,002,832,200	—	10.00	—
1969S	547,309,631	—	15.00	5.50
1969S Doubled Die Obverse	Inc. above	10,000	125,000	100,000
1970	1,898,315,000	—	8.00	—
1970D	2,891,438,900	—	6.00	—
1970S small date, level 7	Inc. above	30.00	65.00	60.00
1970S large date, low 7	Inc. above	—	15.00	5.00
1970S Doubled Die Obverse	Inc. above	—	20,000	15,000
1971	1,919,490,000	—	20.00	—
1971D	2,911,045,600	—	6.50	—
1971S	528,354,192	—	7.50	5.50
1971S Doubled Die Obverse	Inc. above	—	—	400
1972	2,933,255,000	—	6.00	—
1972 Doubled Die Obverse	Inc. above	290	785	—
1972D	2,665,071,400	—	12.00	—
1972S	380,200,104	—	26.50	5.50
1973	3,728,245,000	—	8.00	—
1973D	3,549,576,588	—	11.00	—
1973S	319,937,634	—	10.00	5.50
1974	4,232,140,523	—	12.00	—
1974D	4,235,098,000	—	9.00	—
1974S	412,039,228	—	12.00	5.00
1975	5,451,476,142	—	8.00	—
1975D	4,505,245,300	—	13.50	—
1975S	2,845,450	—	—	5.00
1976	4,674,292,426	—	14.00	—
1976D	4,221,592,455	—	16.00	—
1976S	4,149,730	—	—	6.00
1977	4,469,930,000	—	16.00	—
1977D	4,149,062,300	—	16.00	—
1977S	3,251,152	—	—	5.00
1978	5,558,605,000	—	16.00	—
1978D	4,280,233,400	—	14.00	—
1978S	3,127,781	—	—	5.00
1979	6,018,515,000	—	12.00	—
1979D	4,139,357,254	—	8.00	—
1979S type I, proof	3,677,175	—	—	5.00
1979S type II, proof	—	—	—	10.00
1980	7,414,705,000	—	6.50	—
1980D	5,140,098,660	—	12.00	—
1980S	3,554,806	—	—	5.00
1981	7,491,750,000	—	8.50	—
1981D	5,373,235,677	—	9.00	—
1981S type I, proof	4,063,083	—	—	5.00
1981S type II, proof	—	—	—	42.00
1982 large date	10,712,525,000	—	7.00	—

Date	Mintage	XF40	MS65	Prf65
1982 small date	Inc. above	—	9.00	—
1982D large date	6,012,979,368	—	7.50	—
1982S	3,857,479	—	—	5.00

KM# 201a • 2.50 g., Copper Plated Zinc, 19 mm. • **Note:** MS60 prices are for brown coins and MS65 prices are for coins that are at least 90% original red.

Date	Mintage	XF40	MS65	Prf65
1982 large date	—	—	6.00	—
1982 small date	—	—	9.00	—
1982D large date	—	—	8.00	—
1982D small date	—	—	6.00	—

KM# 201b • Copper Plated Zinc, 19 mm. • **Note:** MS60 prices are for brown coins and MS65 prices are for coins that are at least 90% original red.

Date	Mintage	XF40	MS65	Prf65
1983	7,752,355,000	—	7.00	—
1983 Doubled Die	Inc. above	135	450	—
1983D	6,467,199,428	—	5.50	—
1983S	3,279,126	—	—	3.50
1984	8,151,079,000	—	7.50	—
1984 Doubled Die	Inc. above	100	325	—
1984D	5,569,238,906	—	6.50	—
1984S	3,065,110	—	—	3.50
1985	5,648,489,887	—	4.50	—
1985D	5,287,399,926	—	4.50	—
1985S	3,362,821	—	—	3.50
1986	4,491,395,493	—	5.00	—
1986D	4,442,866,698	—	8.00	—
1986S	3,010,497	—	—	3.50
1987	4,682,466,931	—	7.50	—
1987D	4,879,389,514	—	5.50	—
1987S	4,227,728	—	—	3.50
1988	6,092,810,000	—	10.00	—
1988D	5,253,740,443	—	6.00	—
1988S	3,262,948	—	—	3.50
1989	7,261,535,000	—	6.50	—
1989D	5,345,467,111	—	6.50	—
1989S	3,220,194	—	—	5.00
1990	6,851,765,000	—	5.00	—
1990D	4,922,894,533	—	5.50	—
1990S	3,299,559	—	—	3.50
1990 no S, Proof only	Inc. above	—	—	4,650
1991	5,165,940,000	—	6.50	—
1991D	4,158,442,076	—	5.50	—
1991S	2,867,787	—	—	3.50
1992	4,648,905,000	—	5.50	—
1992D	4,448,673,300	—	5.50	—
1992D Close AM, Proof Reverse Die	Inc. above	—	—	—
1992S	4,176,560	—	—	3.50
1993	5,684,705,000	—	5.00	—
1993D	6,426,650,571	—	4.50	—
1993S	3,394,792	—	—	3.50
1994	6,500,850,000	—	6.00	—
1994D	7,131,765,000	—	4.50	—
1994S	3,269,923	—	—	3.50

Date	Mintage	XF40	MS65	Prf65
1995	6,411,440,000	—	5.00	—
1995 Doubled Die Obverse	Inc. above	20.00	60.00	—
1995D	7,128,560,000	—	4.50	—
1995S	2,707,481	—	—	3.50
1996	6,612,465,000	—	4.50	—
1996D	6,510,795,000	—	4.50	—
1996S	2,915,212	—	—	3.50
1997	4,622,800,000	—	3.00	—
1997D	4,576,555,000	—	3.50	—
1997S	2,796,678	—	—	4.00
1998	5,032,155,000	—	3.00	—
1998 Wide AM, reverse from proof die	Inc. above	—	110	—
1998D	5,255,353,500	—	3.00	—
1998S	2,957,286	—	—	4.00
1999	5,237,600,000	—	3.00	—
1999 Wide AM, reverse from proof die	Inc. above	—	450	—
1999D	6,360,065,000	—	3.00	—
1999S	3,362,462	—	—	3.50
2000 Wide AM, reverse from proof die	Inc. above	—	45.00	—
2000	5,503,200,000	—	3.00	—
2000D	8,774,220,000	—	3.00	—
2000S	4,063,361	—	—	3.50
2001	4,959,600,000	—	3.00	—
2001D	5,374,990,000	—	3.00	—
2001S	3,099,096	—	—	3.50
2002	3,260,800,000	—	3.00	—
2002D	4,028,055,000	—	3.00	—
2002S	3,157,739	—	—	3.50
2003	3,300,000,000	—	3.50	—
2003D	3,548,000,000	—	3.50	—
2003S	3,116,590	—	—	3.50
2004	3,379,600,000	—	3.50	—
2004D	3,456,400,000	—	3.50	—
2004S	2,992,069	—	—	3.50
2005	3,935,600,000	—	2.50	—
2005 Satin Finish	1,160,000	—	4.00	—
2005D	3,764,450,000	—	2.50	—
2005D Satin Finish	1,160,000	—	4.00	—
2005S	3,273,000	—	—	3.50
2006	4,290,000,000	—	2.00	—
2006 Satin Finish	847,361	—	4.00	—
2006D	3,944,000,000	—	2.50	—
2006D Satin Finish	847,361	—	4.00	—
2006S	2,923,105	—	—	3.50
2007	3,762,400,000	—	2.00	—
2007 Satin Finish	895,628	—	4.00	—
2007D	3,638,800,000	—	2.00	—
2007D Satin Finish	895,628	—	4.00	—
2007S	2,577,166	—	—	3.50
2008	2,558,800,000	—	2.25	—
2008 Satin Finish	745,464	—	4.00	—
2008D	2,849,600,000	—	2.25	—
2008D Satin Finish	745,464	—	4.00	—
2008S	2,169,561	—	—	4.50

Lincoln Bicentennial
Bust right obverse   Log cabin reverse

KM# 441 • 2.50 g., **Copper Plated Zinc**, 19 mm. • **Subject:** Early Childhood in Kenturcky **Rev. Designer:** Richard Masters and James Licaretz

Date	Mintage	XF40	MS65	Prf65
2009P	284,400,000	—	1.50	—
2009D	350,400,000	—	1.50	—

KM# 441a • 3.31 g., **Brass**, 19 mm. • **Subject:** Early childhood in Kentucky **Rev. Designer:** Richard Masters and James Licaretz

Date	Mintage	XF40	MS65	Prf65
2009P Satin finish	784,614	—	4.00	—
2009D Satin finish	784,614	—	4.00	—
2009S	2,995,615	—	—	4.00

Lincoln seated on log reverse

KM# 442 • 2.50 g., **Copper Plated Zinc**, 19 mm. • **Subject:** Formative years in Indiana **Rev. Designer:** Charles Vickers

Date	Mintage	XF40	MS65	Prf65
2009P	376,000,000	—	1.50	—
2009D	363,600,000	—	1.50	—

KM# 442a • 3.11 g., **Brass**, 19 mm. • **Subject:** Formative years in Indiana **Rev. Designer:** Charles Vickers

Date	Mintage	XF40	MS65	Prf65
2009P Satin finish	784,614	—	4.00	—
2009D Satin finish	784,614	—	4.00	—
2009S	2,995,615	—	—	4.00

Lincoln standing before Illinois Statehouse reverse

KM# 443 • 2.50 g., **Copper Plated Zinc**, 19 mm. • **Subject:** Professional life in Illinois **Rev. Designer:** Joel Iskowitz and Don Everhart

Date	Mintage	XF40	MS65	Prf65
2009P	316,000,000	—	1.50	—
2009D	336,000,000	—	1.50	—

KM# 443a • 3.11 g., **Brass**, 19 mm. • **Subject:** Professional life in Illinois **Rev. Designer:** Joel Iskowitz and Don Everhart

Date	Mintage	XF40	MS65	Prf65
2009P Satin finish	784,614	—	4.00	—
2009D Satin finish	784,614	—	4.00	—
2009S	2,995,615	—	—	4.00

Capitol Building reverse

KM# 444 • 2.50 g., **Copper Plated Zinc Subject:** Presidency in Washington, DC **Rev. Designer:** Susan Gamble and Joseph Menna **Shape:** 19

Date	Mintage	XF40	MS65	Prf65
2009P	129,600,000	—	1.50	—
2009D	198,000,000	—	1.50	—

KM# 444a • 3.11 g., **Brass**, 19 mm. • **Subject:** Presidency in Washington, DC **Rev. Designer:** Susan Ganmble and Joseph Menna

Date	Mintage	XF40	MS65	Prf65
2009P Satin finish	784,614	—	4.00	—
2009D Satin finish	784,614	—	4.00	—
2009S	2,995,615	—	—	4.00

Lincoln - Shield Reverse
Lincoln bust right obverse   Shield reverse

KM# 468 • 2.50 g., **Copper Plated Zinc**, 19 mm. • **Obv. Designer:** Victor D. Brenner **Rev. Designer:** Lyndall Bass and Joseph Menna

Date	Mintage	XF40	MS65	Prf65	Date	Mintage	XF40	MS65	Prf65
2010P	1,963,630,000	—	1.50	—	2012D	2,883,200,000	—	1.50	—
2010P Satin finish	583,912	—	—	—	2012S	1,237,415	—	—	4.00
2010D	2,047,200,000	—	1.50	—	2013P	3,750,400,000	—	1.50	—
2010D Satin finish	583,912	—	—	—	2013D	3,319,600,000	—	1.50	—
2010S	1,689,364	—	—	4.00	2013S	1,237,926	—	—	4.00
2011P	2,006,800,000	—	1.50	—	2014P		—	—	1.50	—
2011D	2147483647	—	1.50	—	2014D		—	—	1.50	—
2011S	1,673,010	—	—	4.00	2014S		—	—	—	4.00
2012P	3,132,000,000	—	1.50	—	2015P		—	—	—	—
					2015D		—	—	—	—
					2015S		—	—	—	—

2 CENTS

Shield in front of crossed arrows, banner above, date below obverse
Value within wheat wreath reverse

Small motto   Large motto

KM# 94 • 6.22 g., **Copper-Tin-Zinc**, 23 mm. • **Rev. Legend:** UNITED STATES OF AMERICA **Designer:** James B. Longacre **Note:** The motto IN GOD WE TRUST was modified in 1864, resulting in small-motto and large-motto varieties for that year.

Date	Mintage	G4	VG8	F12	VF20	XF40	AU50	MS60	MS65	Prf65
1864 small motto	19,847,500	140	210	285	425	650	725	1,125	3,000	45,000
1864 large motto	Inc. above	16.50	18.50	20.00	27.50	42.50	72.00	88.00	375	1,100
1865 fancy 5	13,640,000	16.50	18.50	20.00	27.50	42.50	72.00	88.00	375	—
1865 plain 5	Inc. above	16.50	18.50	21.00	29.00	45.00	75.00	92.00	400	650
1866	3,177,000	17.00	20.00	21.50	29.00	46.00	77.00	98.00	395	650
1867	2,938,750	18.00	21.00	36.00	46.00	60.00	96.00	125	395	650
1867 double die obverse	Inc. above	—	80.00	165	250	350	500	650	4,750	—
1868	2,803,750	18.00	22.00	37.50	47.50	65.00	105	135	465	650
1869	1,546,000	20.00	23.00	40.00	50.00	79.00	125	165	550	650
1869 repunched 18	Inc. above	35.00	45.00	75.00	150	325	550	—	—	—
1869/8 die crack	Inc. above	150	185	375	435	650	900	—	—	—

Date	Mintage	G4	VG8	F12	VF20	XF40	AU50	MS60	MS65	Prf65
1870	861,250	31.00	42.00	60.00	82.00	135	190	280	550	650
1871	721,250	43.50	49.00	70.00	110	150	215	285	650	650
1872	65,000	400	550	700	900	1,200	1,800	3,150	5,500	850
1873 closed 3 proof only	Est. 600	1,250	1,400	1,535	1,650	1,750	2,000	—	—	3,850
1873 open 3 proof only	Est. 500	1,275	1,400	1,575	1,700	1,875	2,150	—	—	4,200

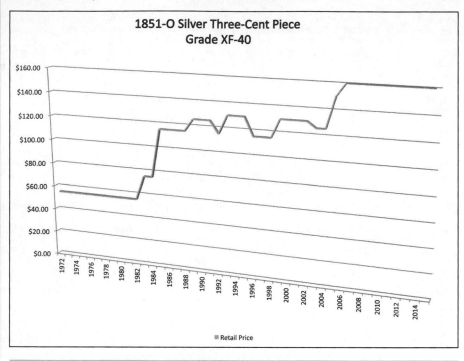

1851-O Silver Three-Cent Piece
Grade XF-40

◼ Retail Price

SILVER 3 CENTS

Silver 3 Cents - Type 1
Shield within star, no outlines in star obverse
Roman numeral in designed C, within circle of stars reverse

KM# 75 • 0.80 g., 0.750 **Silver** 0.0193 oz. ASW, 14 mm. • **Obv. Legend:** UNITED STATES OF AMERICA
Designer: James B. Longacre

Date	Mintage	G4	VG8	F12	VF20	XF40	AU50	MS60	MS65	Prf65
1851	5,447,400	32.00	48.50	51.00	58.50	68.00	145	180	825	—
1851O	720,000	38.50	58.50	61.00	95.00	160	275	500	3,100	—
1852	18,663,500	32.00	48.50	51.00	58.50	68.00	145	180	825	—
1853	11,400,000	32.00	48.50	51.00	58.50	68.00	145	180	825	—

Silver 3 Cents - Type 2
Shield within star, three outlines in star obverse
Roman numeral in designed C, within circle of stars reverse

KM# 80 • 0.75 g., 0.900 **Silver** 0.0217 oz. ASW, 14 mm. • **Obv. Legend:** UNITED STATES OF AMERICA
Designer: James B. Longacre

Date	Mintage	G4	VG8	F12	VF20	XF40	AU50	MS60	MS65	Prf65
1854	671,000	32.00	48.50	51.00	59.50	112	205	340	2,700	33,500
1855	139,000	44.00	57.50	75.00	125	200	325	520	7,400	15,000
1856	1,458,000	34.00	50.50	54.00	67.00	119	205	260	3,250	15,500
1857	1,042,000	34.00	50.50	54.00	67.00	112	223	285	2,375	13,500
1858	1,604,000	33.00	49.50	52.00	62.00	122	205	230	2,350	6,400

Silver 3 Cents - Type 3
Shield within star, two outlines in star obverse
Roman numeral in designed C, within circle of stars reverse

KM# 88 • 0.75 g., 0.900 **Silver** 0.0217 oz. ASW, 14 mm. • **Obv. Legend:** UNITED STATES OF AMERICA
Designer: James B. Longacre

Date	Mintage	G4	VG8	F12	VF20	XF40	AU50	MS60	MS65	Prf65
1859	365,000	40.00	53.50	56.00	64.00	87.00	160	195	975	2,150
1860	287,000	40.00	53.50	56.00	64.00	83.00	160	195	1,050	4,000
1861	498,000	40.00	53.50	56.00	64.00	83.00	160	195	1,050	1,800
1862	343,550	46.00	55.50	58.00	66.00	88.00	180	235	935	1,400
1862/1	Inc. above	43.00	57.50	62.00	71.00	94.00	177	210	865	—
1863	21,460	375	420	450	485	520	725	825	2,250	1,350
1863/62 proof only; Rare	Inc. above	—	—	—	—	—	—	—	—	5,400
1864	12,470	375	420	450	485	520	725	850	1,675	1,350
1865	8,500	475	525	550	620	665	700	875	1,650	1,350
1866	22,725	375	420	450	485	520	675	775	1,950	1,325
1867	4,625	475	525	575	625	675	725	850	2,750	1,300
1868	4,100	475	535	585	640	690	750	875	5,750	1,400
1869	5,100	475	535	585	640	690	750	875	2,450	1,400
1869/68 proof only; Rare	Inc. above	—	—	—	—	—	—	—	—	—
1870	4,000	450	460	525	600	665	750	950	5,650	1,350
1871	4,360	440	450	535	625	670	710	835	1,800	1,450
1872	1,950	465	485	550	645	690	750	875	5,500	1,350
1873 proof only	600	—	—	—	—	950	1,050	—	—	2,950

NICKEL 3 CENTS

Coronet head left, date below obverse
Roman numeral value within wreath reverse

KM# 95 • 1.94 g., **Copper-Nickel**, 17.9 mm. • **Obv. Legend:** UNITED STATES OF AMERICA **Designer:** James B. Longacre

Date	Mintage	G4	VG8	F12	VF20	XF40	AU50	MS60	MS65	Prf65
1865	11,382,000	15.50	16.50	17.50	22.50	37.50	60.00	100	550	6,500
1866	4,801,000	15.50	16.50	17.50	22.50	37.50	60.00	100	550	1,725
1867	3,915,000	15.50	16.50	17.50	22.50	37.50	60.00	100	670	1,575
1868	3,252,000	15.50	16.50	17.50	22.50	37.50	60.00	100	550	1,450
1869	1,604,000	16.50	17.50	19.50	25.50	40.50	61.00	120	730	1,050
1870	1,335,000	17.50	18.50	20.50	26.50	41.50	62.00	135	725	2,250
1871	604,000	17.50	19.00	22.50	27.50	42.50	64.00	155	740	1,200
1872	862,000	19.00	22.50	24.50	29.00	43.50	68.00	175	995	910
1873 Closed 3	1,173,000	16.50	18.50	22.50	25.50	40.50	62.00	145	1,050	1,125
1873 Open 3	Inc. above	16.50	18.50	22.50	26.00	41.50	68.00	180	4,500	—
1874	790,000	17.50	20.50	22.50	27.50	42.50	66.00	160	950	950
1875	228,000	19.00	22.50	27.50	30.50	45.50	82.00	190	750	1,500
1876	162,000	20.50	23.50	26.50	34.50	49.50	97.00	225	1,290	1,025
1877 proof	Est. 900	1,100	1,150	1,175	1,250	1,275	1,350	—	—	3,750
1878 proof	2,350	615	645	720	770	795	830	—	—	1,200

Date	Mintage	G4	VG8	F12	VF20	XF40	AU50	MS60	MS65	Prf65
1879	41,200	70.00	80.00	96.00	110	122	180	320	750	690
1880	24,955	100	115	130	165	185	235	375	730	700
1881	1,080,575	15.50	16.50	19.00	23.50	39.50	60.00	100	585	680
1882	25,300	130	150	180	225	300	325	425	1,025	700
1883	10,609	200	225	265	305	375	425	480	4,850	690
1884	5,642	400	445	550	600	645	730	800	6,250	700
1885	4,790	470	520	645	700	745	775	900	12,000	720
1886 proof	4,290	320	330	345	385	385	420	—	—	715
1887/6 proof	7,961	350	390	415	450	460	515	—	—	940
1887	Inc. above	305	355	395	440	455	500	540	1,200	1,125
1888	41,083	54.00	63.00	70.00	80.00	100	170	315	650	690
1889	21,561	90.00	115	145	180	230	260	320	775	690

HALF DIME

Flowing Hair Half Dime

KM# 15 • 1.35 g., 0.892 **Silver** 0.0387 oz. ASW, 16.5 mm. • **Designer:** Robert Scot

Date	Mintage	G4	VG8	F12	VF20	XF40	MS60
1794	86,416	1,325	1,625	2,150	3,125	7,325	19,000
1795	Inc. above	1,050	1,350	1,875	2,900	5,800	13,000

Draped Bust Half Dime
Draped bust right obverse   Small eagle reverse

KM# 23 • 1.35 g., 0.892 **Silver** 0.0387 oz. ASW, 16.5 mm. • **Designer:** Robert Scot

Date	Mintage	G4	VG8	F12	VF20	XF40	MS60
1796	10,230	1,435	1,550	3,150	4,850	8,650	17,550
1796 LIBERTY	Inc. above	1,485	1,600	3,200	4,900	8,700	17,600
Note: In 1796 the word LIBERTY was spelled LIKERTY on a die.							
1796/5	Inc. above	1,555	1,700	3,300	5,000	8,800	17,700
1797 13 stars	44,527	2,100	2,650	4,250	5,950	9,750	30,750
1797 15 stars	Inc. above	1,385	1,500	3,100	4,800	8,600	17,500
1797 16 stars	Inc. above	1,535	1,750	3,350	5,050	8,850	17,750

Draped bust right, flanked by stars, date at angle below obverse
Heraldic eagle reverse

KM# 34 • 1.35 g., 0.892 **Silver** 0.0387 oz. ASW, 16.5 mm. • **Obv. Legend:** LIBERTY **Rev. Legend:** UNITED STATES OF AMERICA **Designer:** Robert Scot

Date	Mintage	G4	VG8	F12	VF20	XF40	MS60
1800	24,000	1,000	1,250	1,875	2,550	6,500	13,500
1800 LIBEKTY	Inc. above	1,000	1,250	1,875	2,550	7,000	15,050
1801	33,910	1,225	1,500	2,125	2,800	6,750	17,750
1802	3,060	44,500	65,000	95,000	135,000	300,000	—
1803 Large 8	37,850	1,100	1,375	2,000	2,675	6,625	13,625
1803 Small 8	Inc. above	1,325	1,625	2,250	2,925	6,875	15,850
1805	15,600	1,225	1,525	2,350	3,025	9,900	31,000

1802 Half Dime
Grade F-12

Liberty Cap Half Dime
Classic head left, flanked by stars, date below obverse
Eagle with arrows in talons, banner above reverse

KM# 47 • 1.35 g., 0.892 **Silver** 0.0387 oz. ASW, 15.5 mm. • **Rev. Legend:** UNITED STATES OF AMERICA
Designer: William Kneass

Date	Mintage	G4	VG8	F12	VF20	XF40	AU50	MS60	MS65
1829	1,230,000	60.00	75.00	85.00	148	190	275	365	2,750
1830	1,240,000	52.50	67.50	75.00	118	160	225	350	2,600
1831	1,242,700	52.50	67.50	75.00	118	160	225	350	2,600
1832	965,000	52.50	67.50	75.00	118	160	225	350	2,600
1833	1,370,000	52.50	67.50	75.00	118	160	225	350	2,600
1834	1,480,000	52.50	67.50	75.00	118	160	225	350	2,600
1835 large date and 5C.	2,760,000	52.50	75.00	87.00	133	175	245	350	2,600
1835 large date, small 5C.	Inc. above	52.50	67.50	75.00	118	160	225	410	3,800
1835 small date, large 5C.	Inc. above	52.50	67.50	75.00	118	160	225	375	3,500
1835 small date and 5C.	Inc. above	52.50	67.50	75.00	118	160	225	350	2,600
1836 large 5C.	1,900,000	52.50	67.50	75.00	118	160	225	350	2,600
1836 small 5C.	Inc. above	54.50	70.50	79.00	128	172	237	362	3,100
1837 large 5C.	2,276,000	52.50	67.50	83.00	136	175	245	395	3,800
1837 small 5C.	Inc. above	59.50	77.50	90.00	148	240	465	950	11,000

Seated Liberty Half Dime
Seated Liberty, no stars around border, date below obverse
Value within wreath reverse

KM# 60 • 1.34 g., 0.900 **Silver** 0.0388 oz. ASW, 15.5 mm. • **Rev. Legend:** UNITED STATES OF AMERICA
Designer: Christian Gobrecht **Note:** A design modification in 1837 resulted in small-date and large-date varieties for that year.

Date	Mintage	G4	VG8	F12	VF20	XF40	AU50	MS60	MS65
1837 small date	Inc. above	35.00	46.50	75.00	135	220	495	750	4,450
1837 large date	Inc. above	39.00	49.50	82.00	150	235	445	620	3,650
1838O	70,000	110	130	250	475	975	1,450	2,500	29,500

Seated Liberty, stars around top 1/2 of border, date below obverse
Value within wreath reverse

KM# 62.1 • 1.34 g., 0.900 **Silver** 0.0388 oz. ASW, 15.5 mm. • **Rev. Legend:** UNITED STATES OF AMERICA **Designer:** Christian Gobrecht **Note:** The two varieties of 1838 are distinguished by the size of the stars on the obverse. The 1839-O with reverse of 1838-O was struck from rusted reverse dies. The result is a bumpy surface on this variety's reverse.

Date	Mintage	G4	VG8	F12	VF20	XF40	AU50	MS60	MS65
1838 large stars	2,255,000	22.50	25.50	29.00	36.00	88.00	198	265	2,475
1838 small stars	Inc. above	26.50	31.50	46.00	115	189	299	595	3,950
1839	1,069,150	23.50	26.50	30.00	37.00	93.00	203	265	2,000
1839O	1,034,039	27.50	30.50	34.00	41.00	88.00	198	715	6,850
1839O reverse 1838O	Inc. above	500	700	1,200	1,750	3,000	—	—	—
1840	1,344,085	24.50	27.50	31.00	38.00	80.00	190	255	2,275
1840O	935,000	29.50	32.50	38.00	48.00	138	368	1,235	—

Seated Liberty, stars around top 1/2 of border, date below obverse

KM# 62.2 • 1.34 g., 0.900 **Silver** 0.0388 oz. ASW, 15.5 mm. • **Rev. Legend:** UNITED STATES OF AMERICA **Designer:** Christian Gobrecht **Note:** In 1840 drapery was added to Liberty's left elbow. Varieties for the 1848 Philadelphia strikes are distinguished by the size of the numerals in the date.

Date	Mintage	G4	VG8	F12	VF20	XF40	AU50	MS60	MS65
1840	Inc. above	21.50	18.00	75.00	135	210	350	490	3,850
1840O	Inc. above	52.50	60.00	115	225	650	1,350	6,500	—
1841	1,150,000	18.50	21.50	23.50	31.00	60.50	127	180	1,325
1841O	815,000	21.50	24.50	30.00	50.00	125	300	650	6,750
1842	815,000	18.50	21.50	23.50	28.00	57.50	127	175	1,750
1842O	350,000	39.50	45.00	75.00	225	550	1,050	2,250	16,500
1843	1,165,000	18.50	21.50	23.50	28.00	57.50	122	175	1,365
1844	430,000	20.50	24.50	26.50	34.00	60.50	127	180	1,150
1844O	220,000	80.00	110	210	600	1,300	2,650	5,400	27,500
1845	1,564,000	18.50	21.50	23.50	35.00	60.50	122	175	1,150
1845/1845	Inc. above	20.50	24.50	26.50	38.00	85.00	132	190	1,200
1846	27,000	410	550	850	1,250	2,475	3,600	11,500	—
1847	1,274,000	18.50	21.50	23.50	28.00	57.50	127	175	1,150
1848 medium date	668,000	20.50	24.50	26.50	34.00	67.50	137	215	3,150
1848 large date	Inc. above	24.00	28.00	48.00	65.00	145	275	635	4,250
1848O	600,000	21.50	25.50	33.00	62.00	135	265	450	2,350
1849/8	1,309,000	28.50	35.00	47.50	67.50	140	250	785	2,950
1849/6	Inc. above	24.00	26.00	30.00	56.50	110	200	425	2,800
1849	Inc. above	20.50	18.50	27.50	52.50	67.50	137	190	1,825
1849O	140,000	29.00	40.00	95.00	225	540	1,100	2,350	—
1850	955,000	20.50	24.50	26.50	34.00	62.50	127	190	1,300
1850O	690,000	21.50	24.50	35.00	65.00	125	280	685	4,450
1851	781,000	17.50	21.50	23.50	28.00	59.90	122	175	1,350
1851O	860,000	20.50	24.50	26.50	41.50	110	220	500	4,350
1852	1,000,500	17.50	21.50	23.50	28.00	59.50	122	175	1,150
1852O	260,000	26.50	44.50	79.00	135	275	475	885	11,500
1853	135,000	40.00	60.00	90.00	175	300	525	850	2,850
1853O	160,000	285	325	450	850	1,800	3,500	6,450	27,500

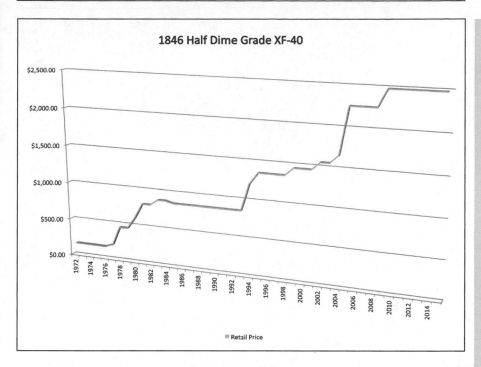

1846 Half Dime Grade XF-40

■ Retail Price

Seated Liberty, stars around top 1/2 of border, arrows at date obverse
Value within wreath reverse

KM# 76 • 1.24 g., 0.900 **Silver** 0.0359 oz. ASW **Rev. Legend:** UNITED STATES OF AMERICA **Designer:** Christian Gobrecht

Date	Mintage	G4	VG8	F12	VF20	XF40	AU50	MS60	MS65	Prf65
1853	13,210,020	17.75	21.50	22.50	28.00	58.00	135	195	1,410	—
1853O	2,200,000	20.75	29.50	30.50	36.00	66.00	143	310	3,260	—
1854	5,740,000	17.75	21.50	24.50	30.00	60.00	137	205	1,410	15,000
1854O	1,560,000	18.75	22.50	32.50	38.00	88.00	165	235	3,560	—
1855	1,750,000	18.75	22.50	24.50	30.00	60.00	137	200	1,810	15,000
1855O	600,000	22.75	27.50	38.50	54.00	140	220	540	4,260	—

Seated Liberty, stars around top 1/2 of border, date below obverse
Value within wreath reverse

KM# A62.2 • 1.24 g., 0.900 **Silver** 0.0359 oz. ASW **Rev. Legend:** UNITED STATES OF AMERICA **Designer:** Christian Gobrecht **Note:** On the 1858/inverted date variety, the date was engraved into the die upside down and then re-engraved right side up. Another 1858 variety has the date doubled.

Date	Mintage	G4	VG8	F12	VF20	XF40	AU50	MS60	MS65	Prf65
1856	4,880,000	17.50	21.00	23.00	27.00	52.50	115	175	1,200	15,000
1856O	1,100,000	18.50	22.00	26.00	28.00	97.50	260	470	2,150	—
1857	7,280,000	17.50	21.00	23.00	27.00	52.50	115	175	1,050	5,600
1857O	1,380,000	18.50	22.00	24.00	28.00	62.50	185	320	1,750	—
1858	3,500,000	17.50	21.00	23.00	27.00	52.50	115	175	1,150	5,500
1858 inverted date	Inc. above	30.00	43.50	62.50	100	225	300	675	3,950	—
1858 double date	Inc. above	45.00	60.00	90.00	175	285	425	800	—	—

HALF DIME

Date	Mintage	G4	VG8	F12	VF20	XF40	AU50	MS60	MS65	Prf65
1858O	1,660,000	18.50	22.00	24.00	28.00	71.50	137	245	1,650	—
1859	340,000	19.50	23.00	25.00	29.00	54.50	117	225	1,350	4,000
1859O	560,000	20.50	24.00	26.00	42.00	128	200	285	1,850	—

Seated Liberty, date below obverse
Value within wreath reverse

KM# 91 • 1.24 g., 0.900 **Silver** 0.0359 oz. ASW **Obv. Legend:** UNITED STATES OF AMERICA **Designer:** Christian Gobrecht

Date	Mintage	G4	VG8	F12	VF20	XF40	AU50	MS60	MS65	Prf65
1860	799,000	17.00	20.00	23.00	26.00	47.00	77.00	155	825	1,550
1860O	1,060,000	18.00	20.00	23.00	29.00	49.00	79.00	180	1,175	—
1861	3,361,000	17.00	20.00	22.00	25.00	45.00	75.00	155	825	1,600
1861/0	Inc. above	26.00	32.50	59.00	125	260	435	560	3,650	—
1862	1,492,550	21.00	25.00	34.00	44.00	64.00	94.00	164	825	1,550
1863	18,460	200	250	300	400	485	550	800	1,375	1,550
1863S	100,000	35.00	45.00	70.00	95.00	165	300	750	3,450	—
1864	48,470	375	475	575	750	950	1,100	1,375	2,350	1,600
1864S	90,000	60.00	75.00	115	175	250	450	785	3,750	—
1865	13,500	375	475	575	750	950	1,100	1,350	1,950	1,550
1865S	120,000	30.00	40.00	60.00	85.00	145	375	975	5,450	—
1866	10,725	350	475	550	700	875	1,000	1,225	2,375	1,550
1866S	120,000	30.00	40.00	60.00	85.00	145	285	485	5,000	—
1867	8,625	550	650	775	900	1,100	1,200	1,375	2,350	1,550
1867S	120,000	30.00	40.00	60.00	85.00	150	325	850	3,850	—
1868	89,200	60.00	90.00	190	225	300	425	625	2,400	1,550
1868S	280,000	21.00	25.00	35.00	42.00	59.00	125	335	3,250	—
1869	208,600	21.00	25.00	35.00	42.00	59.00	135	210	1,175	1,560
1869S	230,000	19.00	24.00	30.00	35.00	55.00	125	320	4,150	—
1870	536,600	19.00	24.00	30.00	35.00	55.00	125	195	775	1,550
1870S unique	—	—	—	—	—	—	—	—	—	—
Note: 1870S, Superior Galleries, July 1986, brilliant uncirculated, $253,000.										
1871	1,873,960	17.00	20.00	22.00	25.00	45.00	75.00	145	775	1,550
1871S	161,000	26.00	30.00	45.00	60.00	90.00	175	320	2,225	—
1872	2,947,950	17.00	20.00	22.00	25.00	45.00	75.00	145	775	1,550
1872S mint mark in wreath	837,000	17.00	20.00	22.00	25.00	45.00	75.00	145	775	—
1872S mint mark below wreath	Inc. above	18.00	21.00	24.00	27.00	47.00	80.00	145	775	—
1873	712,600	17.00	20.00	22.00	25.00	45.00	75.00	145	1,175	1,550
1873S	324,000	21.00	25.00	30.00	42.00	62.00	90.00	160	775	—

5 CENTS

Shield Nickel
Draped garland above shield, date below obverse
Value within center of rays between stars reverse

KM# 96 • 5.00 g., **Copper-Nickel**, 20.5 mm. • **Obv. Legend:** IN GOD WE TRUST **Rev. Legend:** UNITED STATES OF AMERICA **Designer:** James B. Longacre

Date	Mintage	G4	VG8	F12	VF20	XF40	AU50	MS60	MS65	Prf65
1866	14,742,500	29.00	38.00	55.00	80.00	150	250	280	2,050	3,450
1867	2,019,000	37.00	45.50	63.50	90.00	180	280	330	3,850	75,000

Draped garland above shield, date below obverse
Value within circle of stars reverse

KM# 97 • 5.00 g., **Copper-Nickel Obv. Legend:** IN GOD WE TRUST **Rev. Legend:** UNITED STATES OF AMERICA

Date	Mintage	G4	VG8	F12	VF20	XF40	AU50	MS60	MS65	Prf65
1867	28,890,500	18.50	28.00	30.00	37.50	64.00	115	150	825	2,500
1868 Rev'67	28,817,000	18.50	28.00	30.00	37.50	64.00	115	150	675	1,325
1868 Rev'68	Inc. above	22.00	34.00	36.00	45.00	77.00	144	188	—	—
Note: Star points to center of A in STATES.										
1869	16,395,000	18.50	28.00	30.00	37.50	64.00	115	150	700	900
1870	4,806,000	27.00	35.00	54.00	69.00	100	150	210	1,600	1,060
1871	561,000	72.00	95.00	140	210	310	365	415	2,100	910
1872	6,036,000	39.00	48.00	85.00	96.00	135	180	235	1,350	715
1873 Open 3	4,550,000	29.00	39.00	54.00	68.00	80.00	135	230	1,950	—
1873 Closed 3	Inc. above	36.00	48.00	70.00	100	150	220	350	3,250	715
1874	3,538,000	31.00	45.00	74.00	94.00	120	165	245	1,400	800
1875	2,097,000	46.00	62.00	90.00	125	170	230	290	1,500	1,500
1876	2,530,000	40.00	54.00	84.00	125	165	200	255	1,350	825
1877 proof	Est. 900	—	—	—	2,100	2,150	2,300	—	—	4,850
1878 proof	2,350	—	—	—	1,100	1,250	1,450	—	—	2,100
1879	29,100	390	485	625	660	720	800	970	1,900	750
1879/8	Inc. above	—	—	—	—	—	—	—	—	825
1880	19,995	500	575	700	850	1,275	1,700	3,250	47,500	730
1881	72,375	260	340	430	500	600	675	735	1,800	700
1882	11,476,600	18.50	28.00	30.00	37.50	64.00	115	150	635	645
Note: Many exist with excess metal at numeral 2 & 3 these should not be confused with the following overdate.										
1883	1,456,919	18.50	28.00	32.00	39.50	67.00	135	160	750	645
Note: Many exist with excess metal at numeral 2 & 3 these should not be confused with the following overdate.										
1883/2	Inc. above	220	300	535	850	1,250	1,750	2,000	3,750	—

Liberty Nickel
Liberty head left, within circle of stars, date below obverse
Roman numeral value within wreath, without CENTS below reverse

KM# 111 • 5.00 g., **Copper-Nickel**, 21.2 mm. • **Rev. Legend:** UNITED STATES OF AMERICA **Designer:** Charles E. Barber

Date	Mintage	G4	VG8	F12	VF20	XF40	AU50	MS60	MS65	Prf65
1883	5,479,519	7.00	7.75	8.50	8.75	9.25	12.00	25.50	215	1,075

Liberty head left, within circle of stars, date below obverse
Roman numeral value within wreath, CENTS below reverse

KM# 112 • 5.00 g., **Copper-Nickel**, 21.2 mm. • **Rev. Legend:** UNITED STATES OF AMERICA

Date	Mintage	G4	VG8	F12	VF20	XF40	AU50	MS60	MS65	Prf65
1883	16,032,983	19.00	29.50	39.50	55.00	85.00	120	160	625	610
1884	11,273,942	22.50	33.50	39.50	59.00	92.00	135	190	1,675	610
1885	1,476,490	585	635	875	1,050	1,350	1,650	1,950	8,650	3,150
1886	3,330,290	285	335	400	500	685	850	1,950	7,250	1,950

5 CENTS

Date	Mintage	G4	VG8	F12	VF20	XF40	AU50	MS60	MS65	Prf65
1887	15,263,652	16.00	25.00	31.00	44.00	78.00	115	150	1,025	585
1888	10,720,483	28.00	44.00	68.00	130	185	250	295	1,500	585
1889	15,881,361	14.50	19.50	30.00	52.50	77.00	125	155	850	585
1890	16,259,272	10.50	20.50	26.00	39.50	68.50	115	165	1,365	585
1891	16,834,350	5.75	11.00	22.00	37.50	60.00	120	160	1,050	585
1892	11,699,642	6.50	11.00	22.50	39.00	65.00	120	165	1,300	585
1893	13,370,195	5.50	11.00	24.00	37.50	60.00	120	155	1,050	585
1894	5,413,132	16.50	31.00	98.00	165	230	295	350	1,500	585
1895	9,979,884	5.75	7.50	24.00	45.00	66.00	120	145	2,200	585
1896	8,842,920	9.00	21.00	41.50	68.50	98.00	150	205	1,950	585
1897	20,428,735	3.25	4.50	12.50	27.50	46.00	69.50	95.00	925	585
1898	12,532,087	2.15	4.25	11.00	23.50	40.00	68.50	130	1,025	585
1899	26,029,031	1.80	3.00	8.50	19.50	34.00	62.50	89.00	560	585
1900	27,255,995	1.60	2.50	8.50	19.00	34.00	69.50	84.00	650	585
1901	26,480,213	1.60	2.50	7.00	14.50	34.00	65.00	100	550	585
1902	31,480,579	1.60	2.50	4.00	15.00	32.00	65.00	102	550	585
1903	28,006,725	1.80	2.50	4.75	14.50	32.00	60.00	77.00	500	585
1904	21,404,984	1.60	2.40	4.75	11.50	30.00	65.00	96.00	500	585
1905	29,827,276	1.60	2.40	4.00	12.00	30.00	65.00	96.00	550	585
1906	38,613,725	1.80	2.40	4.00	11.50	30.00	65.00	96.00	650	585
1907	39,214,800	1.50	2.20	4.00	12.00	30.00	65.00	96.00	1,000	585
1908	22,686,177	1.80	2.20	4.00	12.00	30.00	68.00	104	1,100	585
1909	11,590,526	2.50	2.80	4.35	13.00	33.00	80.00	112	1,075	585
1910	30,169,353	1.50	1.85	4.00	10.00	30.00	52.00	62.00	550	585
1911	39,559,372	1.50	1.85	4.00	10.00	30.00	52.00	62.00	500	585
1912	26,236,714	1.50	1.85	4.00	10.00	30.00	52.00	62.00	570	585
1912D	8,474,000	2.75	3.60	11.50	38.00	70.00	170	280	2,200	—
1912S	238,000	165	190	220	480	810	1,300	1,475	5,900	—
1913 5 known	—	—	—	—	—	—	—	—	—	—

Note: 1913, Heritage Sale, January 2010, Proof-64 (Olsen), $3,737,500. Private treaty, 2007, (Eliasburg) Proof-66 $5,000,000.

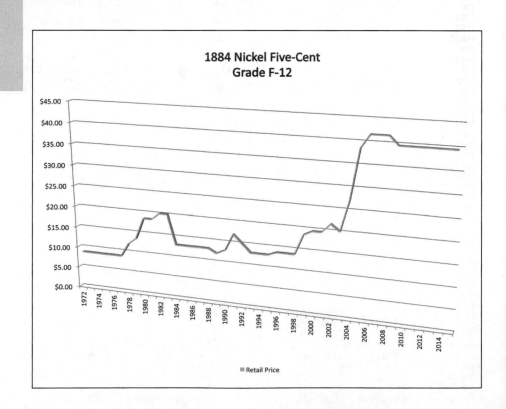

**1884 Nickel Five-Cent
Grade F-12**

Retail Price

Buffalo Nickel
American Bison standing on a mound reverse

KM# 133 • 5.00 g., **Copper-Nickel**, 21.2 mm. • **Designer:** James Earle Fraser

Date	Mintage	G4	VG8	F12	VF20	XF40	AU50	MS60	MS65	Prf65
1913	30,993,520	12.00	15.50	17.00	18.50	20.00	24.50	32.50	150	3,150
1913D	5,337,000	16.00	19.50	21.00	28.00	35.00	55.00	60.00	300	—
1913S	2,105,000	43.00	46.00	50.00	60.00	70.00	95.00	125	660	—

American Bison standing on a line reverse

1918/17D

KM# 134 • 5.00 g., **Copper-Nickel**, 21.2 mm. • **Designer:** James Earle Fraser **Note:** In 1913 the reverse design was modified so the ground under the buffalo was represented as a line rather than a mound. On the 1937D 3-legged variety, the buffalo's right front leg is missing, the result of a damaged die.

Date	Mintage	G4	VG8	F12	VF20	XF40	AU50	MS60	MS65	Prf65
1913	29,858,700	12.00	13.00	13.00	14.00	19.00	25.00	32.50	325	2,500
1913D	4,156,000	125	155	156	160	210	235	285	1,150	—
1913S	1,209,000	340	375	385	415	550	650	875	3,850	—
1914	20,665,738	20.00	22.00	23.00	25.00	27.50	35.00	47.00	420	2,250
1914/3	Inc. above	150	300	425	525	700	1,050	2,850	30,000	—
1914D	3,912,000	90.00	110	145	180	295	375	456	1,450	—
1914/3D	Inc. above	115	225	335	450	625	900	3,500	—	—
1914S	3,470,000	26.00	35.00	42.00	56.00	90.00	145	165	2,000	—
1914/3S	Inc. above	250	500	750	1,000	1,450	2,260	4,300	—	—
1915	20,987,270	7.00	8.00	8.50	11.00	20.00	37.50	50.00	325	2,100
1915D	7,569,500	21.50	31.00	38.50	60.00	115	150	225	1,600	—
1915S	1,505,000	49.00	68.00	105	155	315	490	625	3,000	—
1916	63,498,066	7.50	6.50	7.00	8.00	13.50	22.00	42.00	300	3,250
1916 2 Feathers	Inc. above	35.00	—	45.00	—	—	—	—	150	—
1916/16	Inc. above	3,950	5,200	8,750	11,000	16,500	34,500	49,500	375,000	—
1916D	13,333,000	16.50	26.50	27.50	35.00	82.50	110	165	1,850	—
1916S	11,860,000	11.00	14.00	22.50	33.00	75.00	125	195	1,900	—
1917	51,424,029	7.50	8.00	8.75	9.00	14.00	32.50	56.00	510	—
1917 2 Feathers	Inc. above	40.00	—	50.00	—	—	—	—	165	—
1917D	9,910,800	26.00	31.00	52.50	75.00	135	255	345	2,650	—
1917S	4,193,000	23.00	42.00	80.00	105	180	285	395	4,000	—
1917S 2 Feathers	Inc. above	50.00	70.00	95.00	—	—	—	—	315	—
1918	32,086,314	7.00	7.25	8.00	15.00	31.00	48.50	105	1,400	—
1918/17D	8,362,314	1,000	1,550	2,750	4,950	8,750	11,000	36,500	350,000	—
1918D	Inc. above	22.50	39.00	63.00	120	220	330	420	3,750	—
1918 2 Feathers	Inc. above	50.00	—	95.00	—	—	—	—	315	—
1918S	4,882,000	14.00	27.50	52.50	95.00	175	300	485	20,000	—
1919	60,868,000	2.60	3.50	3.90	7.00	13.50	32.00	57.00	465	—
1919D	8,006,000	15.50	31.00	72.00	125	235	335	560	6,500	—
1919S	7,521,000	8.00	21.00	48.00	100	225	360	535	16,500	—
1920	63,093,000	1.50	2.75	3.25	8.00	14.50	30.00	57.00	675	—
1920D	9,418,000	8.50	19.00	35.00	110	260	340	550	5,250	—
1920S	9,689,000	4.50	12.75	30.00	95.00	204	285	525	21,000	—
1921	10,663,000	4.00	7.75	8.50	25.00	49.00	70.00	115	775	—
1921S	1,557,000	64.00	98.00	165	350	785	1,150	1,575	7,350	—
1923	35,715,000	1.70	3.25	4.25	7.00	13.50	36.00	58.00	575	—
1923S	6,142,000	8.00	10.00	24.00	100	265	315	625	9,500	—
1924	21,620,000	1.50	2.40	4.50	9.00	18.50	40.00	70.00	825	—
1924D	5,258,000	8.00	10.50	27.50	80.00	210	315	375	4,000	—
1924S	1,437,000	16.50	32.00	85.00	325	1,050	1,700	2,300	11,500	—
1925	35,565,100	3.00	4.00	4.25	8.50	16.50	32.00	42.00	350	—

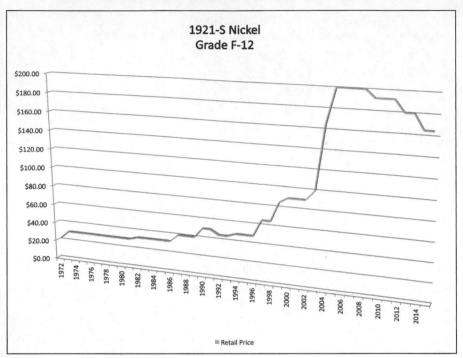

1921-S Nickel Grade F-12

■ Retail Price

Date	Mintage	G4	VG8	F12	VF20	XF40	AU50	MS60	MS65	Prf65
1925D	4,450,000	10.00	22.00	35.00	70.00	160	265	425	4,650	—
1925S	6,256,000	4.00	8.50	16.50	72.00	170	250	435	25,500	—
1926	44,693,000	1.50	2.00	2.80	5.40	11.50	22.00	30.00	210	—
1926D	5,638,000	10.00	17.50	28.50	95.00	170	285	335	4,650	—
1926S	970,000	20.00	42.00	95.00	235	725	2,450	4,750	115,000	—
1927	37,981,000	1.40	1.75	2.50	4.50	12.50	22.00	35.00	275	—
1927D	5,730,000	2.50	6.00	7.00	30.00	75.00	115	155	7,250	—
1927S	3,430,000	1.50	2.50	4.00	32.00	80.00	160	490	17,000	—
1928	23,411,000	1.40	1.75	2.50	4.50	12.50	25.00	32.50	285	—
1928D	6,436,000	1.90	2.50	3.50	14.50	40.00	46.50	53.00	645	—
1928S	6,936,000	1.75	2.35	2.50	10.50	27.50	100	225	3,650	—
1929	36,446,000	1.40	1.75	2.25	4.50	13.00	21.00	35.00	315	—
1929D	8,370,000	1.50	1.85	2.25	6.75	32.50	42.50	60.00	1,150	—
1929S	7,754,000	1.50	1.85	2.00	2.50	12.50	25.00	49.50	435	—
1930	22,849,000	1.40	1.75	2.25	4.50	11.00	21.00	32.50	235	—
1930S	5,435,000	1.50	2.00	2.75	4.50	14.50	37.50	65.00	400	—
1931S	1,200,000	15.00	16.00	17.00	19.00	32.00	46.00	59.00	300	—
1934	20,213,003	1.00	1.30	2.25	4.50	11.00	19.00	47.50	320	—
1934D	7,480,000	2.00	3.00	4.25	9.60	22.00	50.00	76.00	550	—
1935	58,264,000	0.90	1.20	1.50	1.90	3.50	7.00	25.50	125	—
1935 Double Die Rev.	Inc. above	50.00	75.00	125	250	675	1,800	4,000	75,000	—
1935D	12,092,000	1.60	2.50	3.00	9.00	22.00	48.00	72.00	415	—
1935S	10,300,000	1.35	1.75	2.00	2.50	3.75	17.50	48.50	225	—
1936	119,001,420	0.90	1.20	1.50	1.90	3.00	6.50	25.00	90.00	1,650
1936 Brilliant	Inc. above	—	—	—	—	—	—	—	—	2,450
1936D	24,814,000	1.35	1.75	2.00	2.50	5.00	11.50	33.50	115	—
1936D 3-1/2 leg	Inc. above	750	1,250	2,000	3,500	6,000	10,500	17,500	—	—
1936D/S	Inc. above	—	—	10.00	16.00	25.00	—	—	—	—
1936S	14,930,000	1.35	1.75	2.00	2.50	4.00	11.50	33.50	110	—
1937	79,485,769	0.90	1.20	1.50	1.90	3.00	6.50	25.00	52.50	2,100
1937D	17,826,000	1.35	1.75	2.00	2.50	4.00	9.00	29.00	60.00	—
1937D 3-legged	Inc. above	535	585	615	725	965	1,225	2,375	37,000	—
1937S	5,635,000	1.35	1.75	2.00	2.50	4.00	9.50	27.50	58.00	—
1938D	7,020,000	3.50	3.75	3.90	4.00	4.50	12.00	25.00	52.50	—
1938D/D	Inc. above	3.75	4.50	6.00	8.00	10.00	18.50	35.00	100	—
1938D/S	Inc. above	4.50	6.75	9.00	12.50	18.00	30.00	50.00	150	—

Jefferson Nickel
Monticello, mintmark to right side reverse

KM# 192 • 5.00 g., Copper-Nickel, 21.2 mm. • **Designer:** Felix Schlag **Note:** Some 1939 strikes have doubling of the word MONTICELLO on the reverse.

Date	Mintage	VG8	F12	VF20	XF40	MS60	MS65	65FS	Prf65
1938	19,515,365	0.50	0.75	1.00	2.25	7.50	18.00	125	—
1938D	5,376,000	1.00	1.25	1.50	2.00	4.00	15.00	95.00	—
1938S	4,105,000	1.75	2.00	2.50	3.00	5.25	12.00	165	—
1939 T I, wavy steps, Rev. of 1939	120,627,535	—	—	—	—	3.00	30.00	300	70.00
1939 T II, even steps, Rev. of 1940	Inc. above	—	0.20	0.25	0.30	4.00	45.00	50.00	130
1939 doubled MONTICELLO T II	Inc. above	40.00	60.00	90.00	165	300	1,250	2,000	—
1939D T IT I, wavy steps, Rev. of 1939	3,514,000	—	—	10.00	17.50	75.00	160	275	—
1939D T IIT II, even steps, Rev. of 1940	Inc. above	4.00	5.00	8.00	14.00	55.00	105	400	—
1939S T IT I, wavy steps, Rev. of 1939	6,630,000	0.45	0.60	1.50	4.00	17.00	45.00	250	—
1939S T IIT II, even steps, Rev. of 1940	Inc. above	—	—	—	5.00	24.00	250	275	—
1940	176,499,158	—	—	—	0.25	1.00	12.00	60.00	125
1940D	43,540,000	—	0.20	0.30	0.40	1.50	2.75	25.00	—
1940S	39,690,000	0.25	0.40	0.50	1.25	4.50	20.00	55.00	—
1941	203,283,720	—	—	—	0.20	0.75	20.00	55.00	—
1941D	53,432,000	—	0.20	0.30	0.50	2.25	7.50	25.00	—
1941S	43,445,000	0.25	0.40	0.50	1.35	5.00	14.00	60.00	—
1942	49,818,600	—	—	—	0.40	5.00	22.00	75.00	—
1942D	13,938,000	1.00	1.75	3.00	5.00	38.00	65.00	85.00	—
1942D D over horizontal D	Inc. above	35.00	60.00	100	165	750	10,000	25,000	—

Note: Fully Struck Full Step nickels command higher prices. Bright, Fully Struck coins command even higher prices. 1938 thru 1989 - 5 Full Steps. 1990 to date - 6 Full Steps. Without bag marks or nicks on steps.

Monticello, mint mark above reverse

1943/2P

KM# 192a • 0.350 Copper-Silver-Manganese, 21.2 mm. • **Designer:** Felix Schlag **Note:** War-time composition nickels have the mint mark above MONTICELLO on the reverse.

Date	Mintage	VG8	F12	VF20	XF40	MS60	MS65	65FS	Prf65
1942P	57,900,600	1.87	1.93	2.13	2.00	9.00	20.00	75.00	150
1942S	32,900,000	1.87	1.93	2.13	2.45	8.00	19.00	170	—
1943P	271,165,000	1.87	1.93	2.13	2.00	5.00	20.00	40.00	—
1943P DDO	Inc. above	—	—	32.00	54.00	125	575	1,100	—
1943/2P	Inc. above	35.00	50.00	75.00	110	300	775	1,000	—
1943D	15,294,000	2.12	2.18	2.38	2.05	4.00	18.00	40.00	—
1943S	104,060,000	1.87	1.93	2.13	2.15	6.75	18.50	48.00	—
1944P	119,150,000	1.87	1.93	2.13	2.15	10.00	28.00	75.00	—
1944D	32,309,000	1.92	1.98	2.18	2.25	10.00	22.50	65.00	—
1944S	21,640,000	1.92	1.98	2.18	2.15	8.50	20.00	185	—
1945P	119,408,100	1.87	1.93	2.13	2.15	6.00	28.00	120	—
1945D	37,158,000	1.97	2.03	2.28	2.30	5.50	20.00	40.00	—
1945S	58,939,000	1.87	1.93	2.13	2.15	5.00	18.00	250	—

Note: Fully Struck Full Step nickels command higher prices. Bright, Fully Struck coins command even higher prices. 1938 thru 1989 - 5 Full Steps. 1990 to date - 6 Full Steps. Without bag marks or nicks on steps.

Pre-war design resumed reverse

KM# A192 • 5.00 g., **Copper-Nickel**, 21.2 mm. •
Edge: Plain **Designer:** Felix Schlag

Date	Mintage	XF40	MS65	Prf65
1946	161,116,000	0.25	35.00	—
1946D	45,292,200	0.35	22.00	—
1946D/D	Inc. above	—	1,750	—
1946S	13,560,000	0.40	15.00	—
1947	95,000,000	0.25	18.00	—
1947D	37,822,000	0.30	18.00	—
1947S	24,720,000	0.25	20.00	—
1948	89,348,000	0.25	25.00	—
1948D	44,734,000	0.35	19.00	—
1948S	11,300,000	0.50	15.00	—
1949	60,652,000	0.30	40.00	—
1949D	36,498,000	0.40	18.00	—
1949D/S	Inc. above	65.00	550	—
1949S	9,716,000	0.90	25.00	—
1950	9,847,386	0.75	25.00	75.00
1950D	2,630,030	10.00	25.00	—
1951	28,609,500	0.50	35.00	70.00
1951D	20,460,000	0.50	22.00	—
1951S	7,776,000	1.10	28.00	—
1952	64,069,980	0.25	35.00	42.00
1952D	30,638,000	0.45	30.00	—
1952S	20,572,000	0.25	30.00	—
1953	46,772,800	0.25	26.00	45.00
1953D	59,878,600	0.25	25.00	—
1953S	19,210,900	0.25	35.00	—
1954	47,917,350	—	37.50	20.00
1954D	117,136,560	—	40.00	—
1954S	29,384,000	0.20	35.00	—
1954S/D	Inc. above	20.00	350	—
1955	8,266,200	0.45	25.00	13.50
1955D	74,464,100	—	25.00	—
1955D/S	Inc. above	25.00	300	—
1956	35,885,384	—	16.00	3.00
1956D	67,222,940	—	26.00	—
1957	39,655,952	—	35.00	2.50
1957D	136,828,900	—	22.00	—
1958	17,963,652	0.20	36.00	8.00
1958D	168,249,120	—	13.00	—
1959	28,397,291	—	22.00	1.40
1959D	160,738,240	—	22.00	—
1960	57,107,602	—	30.00	1.25
1960D	192,582,180	—	25.00	—
1961	76,668,244	—	40.00	1.00
1961D	229,342,760	—	35.00	—
1962	100,602,019	—	24.00	1.00
1962D	280,195,720	—	110	—
1963	178,851,645	—	4.00	1.00
1963D	276,829,460	—	100	—
1964	1,028,622,762	—	5.00	1.00
1964D	1,787,297,160	—	12.00	—
1965	136,131,380	—	12.00	—
1965SMS	2,360,000	—	12.00	—
1966	156,208,283	—	10.00	—
1966SMS	2,261,583	—	15.00	—
1967	107,325,800	—	8.00	—
1967SMS	1,863,344	—	12.00	—
1968 none minted	—	—	—	—
1968D	91,227,880	—	6.00	—

Date	Mintage	XF40	MS65	Prf65
1968S	103,437,510	—	5.00	0.75
1969 none minted	—	—	—	—
1969D	202,807,500	—	5.00	—
1969S	123,099,631	—	7.50	0.75
1970 none minted	—	—	—	—
1970D	515,485,380	—	12.00	—
1970S	241,464,814	—	30.00	0.75
1971	106,884,000	—	9.00	—
1971D	316,144,800	—	4.50	—
1971S	3,220,733	—	—	1.00
1972	202,036,000	—	4.00	—
1972D	351,694,600	—	3.00	—
1972S	3,260,996	—	—	1.00
1973	384,396,000	—	5.00	—
1973D	261,405,000	—	4.00	—
1973S	2,760,339	—	—	0.75
1974	601,752,000	—	12.00	—
1974D	277,373,000	—	5.00	—
1974S	2,612,568	—	—	0.75
1975	181,772,000	—	6.00	—
1975D	401,875,300	—	6.00	—
1975S	2,845,450	—	—	0.75
1976	367,124,000	—	8.00	—
1976D	563,964,147	—	6.00	—
1976S	4,149,730	—	—	0.75
1977	585,376,000	—	8.50	—
1977D	297,313,460	—	6.50	—
1977S	3,251,152	—	—	0.75
1978	391,308,000	—	7.00	—
1978D	313,092,780	—	5.00	—
1978S	3,127,781	—	—	0.75
1979	463,188,000	—	8.50	—
1979D	325,867,672	—	5.50	—
1979S type I, proof	3,677,175	—	—	0.75
1979S type II, proof	—	—	—	2.00
1980P	593,004,000	—	6.50	—
1980D	502,323,448	—	5.50	—
1980S	3,554,806	—	—	0.75
1981P	657,504,000	—	5.00	—
1981D	364,801,843	—	6.00	—
1981S type I, proof	4,063,083	—	—	2.00
1981S type II, proof	—	—	—	2.50
1982P	292,355,000	—	15.00	—
1982D	373,726,544	—	14.00	—
1982S	3,857,479	—	—	1.50
1983P	561,615,000	—	9.00	—
1983D	536,726,276	—	6.00	—
1983S	3,279,126	—	—	1.50
1984P	746,769,000	—	5.00	—
1984D	517,675,146	—	4.75	—
1984S	3,065,110	—	—	1.50
1985P	647,114,962	—	4.75	—
1985D	459,747,446	—	4.75	—
1985S	3,362,821	—	—	1.50
1986P	536,883,483	—	5.00	—
1986D	361,819,140	—	4.75	—
1986S	3,010,497	—	—	3.00
1987P	371,499,481	—	5.00	—
1987D	410,590,604	—	4.50	—
1987S	4,227,728	—	—	1.25
1988P	771,360,000	—	4.50	—
1988D	663,771,652	—	5.00	—
1988S	3,262,948	—	—	1.75
1989P	898,812,000	—	4.50	—
1989D	570,842,474	—	6.00	—
1989S	3,220,194	—	—	1.50
1990P	661,636,000	—	4.50	—
1990D	663,938,503	—	5.50	—
1990S	3,299,559	—	—	1.50

Date	Mintage	XF40	MS65	Prf65
1991P	614,104,000	—	4.50	—
1991D	436,496,678	—	4.50	—
1991S	2,867,787	—	—	1.50
1992P	399,552,000	—	5.00	—
1992D	450,565,113	—	4.00	—
1992S	4,176,560	—	—	1.00
1993P	412,076,000	—	4.00	—
1993D	406,084,135	—	4.00	—
1993S	3,394,792	—	—	1.00
1994P	722,160,000	—	4.00	—
1994P Special Unc. matte finish	167,703	—	—	—
1994D	715,762,110	—	4.00	—
1994S	3,269,923	—	—	1.00
1995P	774,156,000	—	4.00	—
1995D	888,112,000	—	4.50	—
1995S	2,707,481	—	—	1.50
1996P	829,332,000	—	4.00	—
1996D	817,736,000	—	4.00	—
1996S	2,915,212	—	—	1.50
1997P	470,972,000	—	4.75	—
1997P Special Uncirculated matte finish	25,000	—	—	—
1997D	466,640,000	—	4.50	—
1997S	1,975,000	—	—	1.50
1998P	688,272,000	—	3.75	—
1998D	635,360,000	—	3.75	—
1998S	2,957,286	—	—	1.25
1999P	1,212,000,000	—	3.75	—
1999D	1,066,720,000	—	3.75	—
1999S	3,362,462	—	—	1.25
2000P	846,240,000	—	3.75	—
2000D	1,509,520,000	—	3.75	—
2000S	4,063,361	—	—	1.00
2001P	675,704,000	—	3.75	—
2001D	627,680,000	—	3.75	—
2001S	3,099,096	—	—	1.00
2002P	539,280,000	—	3.75	—
2002D	691,200,000	—	3.75	—
2002S	3,157,739	—	—	1.00
2003P	441,840,000	—	3.75	—
2003D	383,040,000	—	3.75	—
2003S	3,116,590	—	—	1.00

Jefferson - Westward Expansion - Lewis & Clark Bicentennial

Jefferson era peace medal design: two clasped hands, pipe and hatchet reverse

KM# 360 • 5.00 g., Copper-Nickel, 21.2 mm. • Obv. Designer: Felix Schlag Rev. Designer: Norman E. Nemeth

Date	Mintage	MS65	Prf65
2004P	361,440,000	1.50	—
2004D	372,000,000	1.50	—
2004S	2,992,069	—	5.00

Lewis and Clark's Keelboat reverse

KM# 361 • 5.00 g., Copper-Nickel, 21.2 mm. • Obv. Designer: Felix Schlag Rev. Designer: Al Maletsky

Date	Mintage	MS65	Prf65
2004P	366,720,000	1.50	—
2004D	344,880,000	1.50	—
2004S	2,965,422	—	5.00

Thomas Jefferson large profile right obverse   American Bison right reverse

KM# 368 • 5.00 g., Copper-Nickel, 21.2 mm. • Obv. Designer: Joe Fitzgerald and Don Everhart II Rev. Designer: Jamie Franki and Norman E. Nemeth

Date	Mintage	MS65	Prf65
2005P	448,320,000	1.50	—
2005P Satin Finish	1,160,000	4.00	—
2005D	487,680,000	1.50	—
2005D Satin Finish	1,160,000	4.00	—
2005S	3,344,679	—	6.50

Pacific coastline reverse

KM# 369 • 5.00 g., Copper-Nickel, 21.2 mm. • Subject: Ocean in View!, oh the joy! Obv. Designer: Joe Fitzgerald and Don Everhart Rev. Designer: Joe Fitzgerald and Donna Weaver

Date	Mintage	MS65	Prf65
2005P	394,080,000	1.25	—
2005P Satin Finish	1,160,000	4.00	—
2005D	411,120,000	1.25	—
2005D Satin Finish	1,160,000	4.00	—
2005S	3,344,679	—	5.50

Jefferson head facing obverse Monticello, enhanced design reverse

KM# 381 • 5.00 g., Copper-Nickel, 21.2 mm. • Subject: Jefferson facing head Obv. Designer: Jamie N. Franki and Donna Weaver Rev. Designer: Felix Schlag and John Mercanti

5 CENTS

Date	Mintage	MS65	Prf65	Date	Mintage	MS65	Prf65
2006P	693,120,000	2.50	—	2010P	260,640,000	1.50	—
2006P Satin finish	847,361	4.00	—	2010P Satin finish	—	4.00	—
2006D	809,280,000	2.50	—	2010D	229,920,000	1.50	—
2006D Satin finish	847,361	4.00	—	2010D Satin finish	—	4.00	—
2006S	3,054,436	—	5.00	2010S	1,689,216	—	3.00
2007P	571,680,000	2.50	—	2011P	450,000,000	1.50	—
2007P Satin finish	895,628	4.00	—	2011D	540,240,000	1.50	—
2007D	626,160,000	2.50	—	2011S	1,673,010	—	4.00
2007D Satin finish	895,628	4.00	—	2012P	464,640,000	1.50	—
2007S	2,577,166	—	4.00	2012D	558,960,000	1.50	—
2008P	279,840,000	2.50	—	2012S	1,237,415	—	4.00
2008P Satin finish	745,464	4.00	—	2013P	607,440,000	1.50	—
2008D	345,600,000	2.50	—	2013D	615,600,000	1.50	—
2008D Satin finish	745,464	4.00	—	2013S	1,237,926	—	3.00
2008S	2,169,561	—	4.00	2014P	—	1.50	—
2009P	39,840,000	3.50	—	2014D	—	1.50	—
2009P Satin finish	784,614	4.00	—	2014S	—	—	3.00
2009D	46,800,000	1.75	—	2015P	—	2.50	—
2009D Satin finish	784,614	4.00	—	2015D	—	2.50	—
2009S	2,179,867	—	3.00	2015S	—	—	3.00

DIME

Draped Bust Dime
Draped bust right obverse
Small eagle reverse

KM# 24 • 2.70 g., 0.892 **Silver** 0.0774 oz. ASW, 19 mm. **• Designer:** Robert Scot

Date	Mintage	G4	VG8	F12	VF20	XF40	MS60
1796	22,135	2,850	3,600	5,500	7,000	12,350	24,500
1797 13 stars	25,261	3,100	3,950	6,050	8,000	13,150	70,000
1797 16 stars	Inc. above	3,000	3,850	5,800	7,150	13,650	36,500

Draped bust right obverse
Heraldic eagle reverse

KM# 31 • 2.70 g., 0.892 **Silver** 0.0774 oz. ASW, 19 mm. **• Obv. Legend:** LIBERTY **Rev. Legend:** UNITED STATES OF AMERICA **Designer:** Robert Scot **Note:** The 1805 strikes have either 4 or 5 berries on the olive branch held by the eagle.

Date	Mintage	G4	VG8	F12	VF20	XF40	MS60
1798 large 8	27,550	725	1,250	1,550	2,100	3,625	8,850
1798 small 8	Inc. above	975	1,450	2,350	3,250	6,000	53,500
1798/97 13 stars	Inc. above	2,150	3,850	5,650	8,850	13,850	59,000
1798/97 16 stars	Inc. above	775	1,125	1,800	2,650	4,600	10,500

Note: The 1798 overdates have either 13 or 16 stars under the clouds on the reverse; Varieties of the regular 1798 strikes are distinguished by the size of the 8 in the date

Date	Mintage	G4	VG8	F12	VF20	XF40	MS60
1800	21,760	700	1,075	1,400	2,700	4,350	37,500
1801	34,640	750	1,150	1,650	3,100	6,250	49,500
1802	10,975	1,750	2,650	3,500	4,750	10,000	37,500
1803	33,040	675	1,150	1,900	2,750	5,900	49,500
1804 13 stars	8,265	2,650	4,450	10,500	19,000	41,500	—
1804 14 stars	Inc. above	4,850	6,500	12,500	24,500	46,500	—
1805 5 berries	Inc. above	625	1,000	1,400	2,100	3,700	9,100
1805 4 berries	120,780	615	920	1,225	1,650	2,950	7,350
1807	165,000	575	900	1,200	1,650	2,950	6,850

Liberty Cap Dime
Draped bust left, flanked by stars, date below obverse
Eagle with arrows in talons, banner above, value below reverse

KM# 42 • 2.70 g., 0.892 **Silver** 0.0774 oz. ASW, 18.8 mm. • **Rev. Legend:** UNITED STATES OF AMERICA
Designer: John Reich **Note:** The 1820 varieties are distinguished by the size of the 0 in the date. The 1823
overdates have either large E's or small E's in UNITED STATES OF AMERICA on the reverse.

Date	Mintage	G4	VG8	F12	VF20	XF40	AU50	MS60	MS65
1809	51,065	140	220	450	700	1,500	2,850	4,500	24,500
1811/9	65,180	110	175	275	650	1,350	2,000	4,000	33,500
1814 small date	421,500	60.00	80.00	145	300	650	1,250	2,000	19,500
1814 large date	Inc. above	43.00	56.00	75.00	168	450	720	1,425	17,000
1814 large date with period	Inc. above	46.00	60.00	85.00	195	500	775	2,000	—
1814 STATESOF	Inc. above	70.00	88.00	160	335	750	1,400	2,350	24,500
1820 large O	942,587	42.00	54.00	71.00	155	445	715	1,410	14,750
1820 small O	Inc. above	43.00	56.00	75.00	170	465	800	1,675	17,250
1820 STATESOF	Inc. above	43.00	56.00	75.00	168	450	720	1,425	16,500
1821 large date	1,186,512	42.00	54.00	71.00	155	445	715	1,410	14,750
1821 small date	Inc. above	43.00	56.00	75.00	170	465	800	1,675	19,000
1822	100,000	1,000	1,850	3,250	4,500	6,250	7,850	13,500	70,000
1823/22 large E's	440,000	42.00	54.00	71.00	163	465	735	1,460	16,850
1823/22 small E's	Inc. above	42.00	54.00	71.00	163	465	735	1,460	15,600
1824/22	—	50.00	80.00	145	300	650	1,250	2,000	19,500
1825	510,000	39.00	50.00	65.00	145	425	675	1,350	14,850
1827	1,215,000	39.00	50.00	65.00	145	425	675	1,350	14,500
1827/7	Inc. above	250	—	—	750	1,100	1,500	—	—
1828 large date	125,000	70.00	110	175	375	750	1,250	3,100	17,250

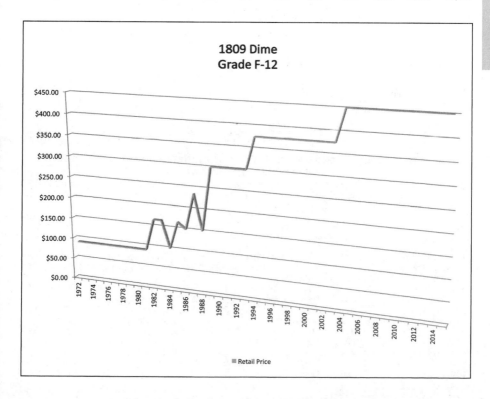

DIME

Draped bust left, flanked by stars, date below obverse
Eagle with arrows in talons, banner above, value below reverse

KM# 48 • Silver, 18.5 mm. • **Rev. Legend:** UNITED STATES OF AMERICA **Designer:** John Reich **Note:** The three varieties of 1829 strikes and two varieties of 1830 strikes are distinguished by the size of "10C." on the reverse. On the 1833 "high 3" variety, the last 3 in the date is higher thatn the first 3. The two varieties of the 1834 strikes are distinguished by the size of the 4 in the date.

Date	Mintage	G4	VG8	F12	VF20	XF40	AU50	MS60	MS65
1828 small date	Inc. above	41.50	52.00	80.00	155	425	625	1,250	12,500
1829 very large 10C.	770,000	60.00	75.00	120	235	550	800	1,500	—
1829 large 10C.	Inc. above	54.00	65.00	110	200	400	600	1,150	9,250
1829 medium 10C.	Inc. above	37.50	46.00	54.00	85.00	255	400	900	8,500
1829 small 10C.	Inc. above	37.50	46.00	56.00	90.00	270	460	920	8,700
1829 curl base 2	Inc. above	7,750	10,500	16,500	27,500	38,500	44,000	—	—
1830 large 10C.	510,000	37.50	46.00	56.00	85.00	255	440	900	8,500
1830 small 10C.	Inc. above	37.50	46.00	54.00	90.00	270	465	950	10,500
1830/29	Inc. above	53.50	79.00	120	220	430	815	1,625	—
1831	771,350	37.50	46.00	54.00	85.00	255	440	900	8,500
1832	522,500	37.50	46.00	54.00	85.00	255	440	900	8,500
1833	485,000	37.50	46.00	54.00	85.00	260	455	915	8,500
1833 last 3 high	Inc. above	37.50	46.00	54.00	85.00	260	455	945	11,000
1834 small 4	635,000	37.50	46.00	54.00	85.00	255	440	900	8,650
1834 large 4	Inc. above	37.50	46.00	54.00	85.00	255	440	900	8,500
1835	1,410,000	37.50	46.00	54.00	85.00	255	440	900	8,500
1836	1,190,000	37.50	46.00	54.00	85.00	255	440	900	8,500
1837	1,042,000	37.50	46.00	56.00	90.00	270	460	920	8,650

Seated Liberty Dime
Seated Liberty, date below obverse   Value within wreath reverse

KM# 61 • 2.67 g., 0.900 **Silver** 0.0773 oz. ASW, 17.9 mm. • **Rev. Legend:** UNITED STATES OF AMERICA **Designer:** Christian Gobrecht

Date	Mintage	G4	VG8	F12	VF20	XF40	AU50	MS60	MS65
1837 flat top	Inc. above	44.00	58.00	.110	285	515	700	1,050	6,500
1837 curly top	Inc. above	40.00	52.00	95.00	250	465	750	1,000	6,500
1838O	406,034	47.50	70.00	125	375	725	1,250	3,500	21,000

Seated Liberty, stars around top 1/2 of border, date below obverse
Value within wreath reverse

No drapery at elbow

KM# 63.1 • 2.67 g., 0.900 **Silver** 0.0773 oz. ASW, 17.9 mm. • **Obv. Designer:** Christian Gobrecht **Rev. Legend:** UNITED STATES OF AMERICA **Note:** The 1839-O with reverse of 1838-O variety was struck from rusted dies, it has a bumpy reverse surface.

Date	Mintage	G4	VG8	F12	VF20	XF40	AU50	MS60	MS65
1838 small stars	1,992,500	27.00	38.00	55.00	85.00	175	400	625	—
1838 large stars	Inc. above	22.00	25.50	34.50	45.00	135	260	375	8,500
1838 partial drapery	Inc. above	35.00	50.00	85.00	150	225	350	550	—
1839	1,053,115	19.00	23.50	28.50	40.00	125	245	315	3,000
1839O	1,323,000	23.50	30.00	47.00	140	150	280	650	6,000
1839O reverse 1838O	Inc. above	165	225	375	550	1,150	—	—	—
1840	1,358,580	19.00	24.50	28.50	40.00	125	245	315	4,000
1840O	1,175,000	23.00	28.50	36.50	60.00	165	325	2,750	6,500

Seated Liberty, stars around top 1/2 of border, date below obverse
Value within wreath reverse

Drapery at elbow

KM# 63.2 • 2.67 g., 0.900 **Silver** 0.0773 oz. ASW, 17.9 mm. • **Rev. Legend:** UNITED STATES OF AMERICA **Designer:** Christian Gobrecht **Note:** Drapery added to Liberty's left elbow

Date	Mintage	G4	VG8	F12	VF20	XF40	AU50	MS60	MS65
1840	Inc. above	32.00	50.00	90.00	175	300	400	2,400	—
1841	1,622,500	17.50	20.00	22.50	29.00	50.00	150	310	2,700
1841O	2,007,500	23.50	28.50	33.00	41.50	90.00	250	1,500	5,000
1841O large O	Inc. above	600	900	1,200	2,500	—	—	—	—
1842	1,887,500	16.50	18.00	22.00	28.50	47.00	150	280	2,700
1842O	2,020,000	25.00	30.00	37.50	75.00	225	1,350	2,900	—
1843	1,370,000	16.50	18.00	22.00	28.50	47.00	150	280	3,000
1843/1843	Inc. above	16.00	18.50	22.50	30.00	75.00	200	295	—
1843O	150,000	50.00	75.00	135	300	1,100	3,450	—	—
1844	72,500	200	300	375	600	1,350	1,850	3,000	—
1845	1,755,000	17.50	18.00	22.00	28.50	47.00	150	280	2,600
1845/1845	Inc. above	17.00	20.00	35.00	55.00	100	175	—	—
1845O	230,000	32.00	48.00	90.00	225	650	1,350	—	—
1846	31,300	150	250	365	575	1,600	6,500	30,000	—
1847	245,000	19.50	30.00	40.00	70.00	125	350	950	9,000
1848	451,500	19.50	25.00	28.50	52.50	95.00	175	750	7,000
1849	839,000	19.50	21.50	25.00	37.50	55.00	150	500	4,000
1849O	300,000	26.00	33.00	50.00	125	275	750	2,200	—
1850	1,931,500	19.50	21.50	24.50	34.50	50.00	150	280	5,900
1850O	510,000	25.00	32.00	40.00	75.00	135	300	1,250	—
1851	1,026,500	19.50	21.50	24.50	32.50	50.00	150	335	5,000
1851O	400,000	25.00	34.00	42.50	85.00	175	475	1,850	—
1852	1,535,500	16.50	18.00	20.00	26.50	45.00	150	280	2,550
1852O	430,000	28.50	34.00	53.50	145	250	400	1,800	—
1853	95,000	95.00	145	220	300	425	575	750	—

Seated Liberty, stars around top 1/2 of border, arrows at date obverse
Value within wreath reverse

KM# 77 • 2.49 g., 0.900 **Silver** 0.072 oz. ASW **Rev. Legend:** UNITED STATES OF AMERICA **Designer:** Christian Gobrecht

Date	Mintage	G4	VG8	F12	VF20	XF40	AU50	MS60	MS65	Prf65
1853	12,078,010	16.00	18.00	19.00	25.00	44.00	145	260	2,500	31,500
1853O	1,100,000	18.00	20.00	24.00	45.00	125	285	900	—	—
1854	4,470,000	16.00	18.00	19.00	22.00	44.00	145	260	2,500	31,500
1854O	1,770,000	17.00	20.00	22.00	26.00	60.00	160	600	—	—
1855	2,075,000	16.00	18.00	19.00	22.00	48.00	150	350	3,800	31,500

Seated Liberty, stars around top 1/2 of border, date below obverse
Value within wreath reverse

KM# A63.2 • 2.49 g., 0.900 **Silver** 0.072 oz. ASW **Rev. Legend:** UNITED STATES OF AMERICA **Designer:** Christian Gobrecht

Date	Mintage	G4	VG8	F12	VF20	XF40	AU50	MS60	MS65	Prf65
1856 small date	5,780,000	15.50	17.00	18.50	21.00	42.00	138	250	7,050	38,000
1856 large date	Inc. above	20.00	23.50	27.00	34.00	65.00	175	475	—	—
1856O	1,180,000	19.00	22.00	23.50	32.00	70.00	225	625	5,250	—

Date	Mintage	G4	VG8	F12	VF20	XF40	AU50	MS60	MS65	Prf65
1856S	70,000	135	185	360	575	1,150	1,750	—	—	—
1857	5,580,000	15.50	17.00	18.50	21.00	42.00	138	250	2,600	3,400
1857O	1,540,000	16.50	18.00	19.50	26.00	55.00	175	375	2,600	—
1858	1,540,000	15.50	17.00	18.50	21.00	42.00	138	260	2,600	3,400
1858O	290,000	16.50	25.00	36.00	85.00	120	280	800	5,000	—
1858S	60,000	135	200	265	475	1,000	1,650	—	—	—
1859	430,000	16.00	20.00	23.50	38.00	55.00	138	350	—	3,400
1859O	480,000	16.00	20.00	25.00	40.00	80.00	240	550	—	—
1859S	60,000	100	175	350	600	1,350	2,750	—	—	—
1860S	140,000	37.50	55.00	70.00	145	325	625	—	—	—

UNITED STATES OF AMERICA replaced stars obverse   Value within wreath reverse

KM# 92 • 2.49 g., 0.900 **Silver** 0.072 oz. ASW **Obv. Legend:** UNITED STATES OF AMERICA **Obv. Designer:** Christian Gobrecht **Note:** The 1873 "closed-3" and "open-3" varieties are distinguished by the amount of space between the upper left and lower left serifs of the 3 in the date.

Date	Mintage	G4	VG8	F12	VF20	XF40	AU50	MS60	MS65	Prf65
1860	607,000	17.50	19.00	29.00	32.00	44.00	115	275	1,350	1,400
1860O	40,000	400	600	900	1,950	3,650	6,500	8,500	—	—
1861	1,884,000	16.50	18.00	20.00	23.00	32.00	85.00	150	1,250	1,400
1861S	172,500	55.00	90.00	150	200	400	650	1,400	—	—
1862	847,550	17.50	19.00	21.00	24.00	45.00	75.00	165	1,250	1,400
1862S	180,750	45.00	60.00	95.00	175	300	675	1,000	—	—
1863	14,460	425	500	650	900	1,050	1,100	1,300	—	1,400
1863S	157,500	45.00	55.00	75.00	145	250	500	1,200	—	—
1864	11,470	425	500	650	800	1,000	1,150	1,200	—	1,400
1864S	230,000	35.00	45.00	75.00	120	225	375	1,200	—	—
1865	10,500	475	575	700	875	1,250	1,200	1,350	—	1,400
1865S	175,000	45.00	55.00	85.00	200	350	775	—	—	—
1866	8,725	500	600	775	950	1,300	1,200	1,800	—	1,750
1866S	135,000	50.00	65.00	100	150	275	400	1,900	—	—

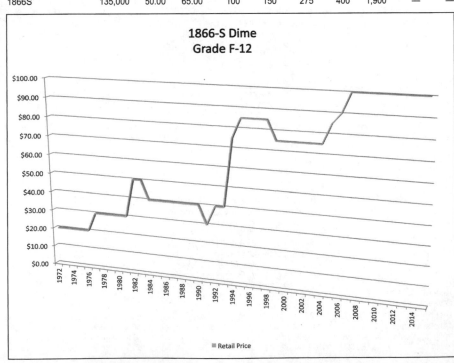

1866-S Dime
Grade F-12

Retail Price

Date	Mintage	G4	VG8	F12	VF20	XF40	AU50	MS60	MS65	Prf65
1867	6,625	600	700	950	1,100	1,450	1,600	1,800	—	1,750
1867S	140,000	45.00	80.00	135	200	365	675	1,200	—	—
1868	464,000	25.00	30.00	36.00	50.00	90.00	175	300	—	1,400
1868S	260,000	32.00	38.00	50.00	115	175	275	600	—	—
1869	256,600	30.00	35.00	45.00	110	145	250	600	—	1,400
1869S	450,000	25.00	30.00	40.00	55.00	90.00	160	400	—	—
1870	471,000	17.50	22.00	30.00	40.00	50.00	85.00	150	—	1,400
1870S	50,000	300	375	500	650	850	1,050	2,000	—	—
1871	907,710	16.50	18.00	20.00	30.00	45.00	160	300	—	1,400
1871CC	20,100	2,000	3,500	4,500	9,500	12,500	25,000	—	—	—
1871S	320,000	35.00	55.00	85.00	135	195	325	900	—	—
1872	2,396,450	15.00	16.50	18.50	21.50	30.00	85.00	175	—	1,400
1872CC	35,480	650	1,250	1,850	3,000	7,500	—	—	—	—
1872S	190,000	40.00	65.00	85.00	165	250	400	1,100	—	—
1873 closed 3	1,568,600	16.50	18.00	20.00	24.00	32.50	75.00	200	—	1,400
1873 open 3	Inc. above	28.00	35.00	60.00	90.00	140	220	650	—	—
1873CC	12,400	—	—	—	—	—	—	—	—	—

Note: 1873-CC, Heritage Sale, April 1999, MS-64, $632,500.

Seated Liberty, arrows at date obverse   Value within wreath reverse

KM# 105 • 2.50 g., 0.900 **Silver** 0.0723 oz. ASW **Obv. Legend:** UNITED STATES OF AMERICA **Designer:** Christian Gobrecht

Date	Mintage	G4	VG8	F12	VF20	XF40	AU50	MS60	MS65	Prf65
1873	2,378,500	17.00	20.00	27.50	60.00	118	280	500	4,500	4,500
1873CC	18,791	1,350	2,850	4,250	9,500	16,500	—	—	—	—
1873S	455,000	22.00	30.00	40.00	80.00	200	425	1,500	—	—
1874	2,940,700	16.00	19.00	26.00	60.00	118	280	500	4,500	4,500
1874CC	10,817	5,000	7,000	10,500	18,500	34,000	—	—	—	—
1874S	240,000	50.00	60.00	85.00	150	265	450	1,500	—	—

Seated Liberty, date below obverse   Value within wreath reverse

KM# A92 • 2.50 g., 0.900 **Silver** 0.0723 oz. ASW **Obv. Legend:** UNITED STATES OF AMERICA **Designer:** Christian Gobrecht **Note:** On the 1876-CC doubled-obverse variety, doubling appears in the words OF AMERICA in the legend.

Date	Mintage	G4	VG8	F12	VF20	XF40	AU50	MS60	MS65	Prf65
1875	10,350,700	16.00	17.50	19.50	22.50	32.00	80.00	145	2,250	4,600
1875CC mint mark in wreath	4,645,000	29.00	32.00	36.00	52.00	68.00	130	190	2,700	—
1875CC mint mark under wreath	Inc. above	32.00	34.00	40.00	58.00	90.00	165	235	3,000	—
1875S mint mark in wreath	9,070,000	19.00	23.00	28.00	40.00	65.00	95.00	225	3,100	—
1875S mint mark under wreath	Inc. above	16.00	18.00	20.00	22.50	32.00	80.00	145	1,100	—
1876 Type 1 rev	11,461,150	15.00	17.00	19.00	22.50	30.00	75.00	145	1,100	1,200
1876 Type 2 rev	Inc. above	19.00	25.00	30.00	40.00	60.00	120	200	—	—
1876CC Type 1 rev	8,270,000	29.00	32.00	36.00	50.00	70.00	125	225	—	—
1876CC Type 2 rev	Inc. above	32.00	34.00	48.00	65.00	90.00	175	300	—	—
1876CC doubled die obverse	Inc. above	35.00	40.00	55.00	100	185	340	600	—	—
1876S Type 1 rev	10,420,000	15.00	16.50	18.50	22.50	30.00	75.00	145	1,750	—
1876S Type 2 rev	Inc. above	20.00	20.00	24.00	30.00	40.00	90.00	150	—	—
1877 Type 1 rev	7,310,510	15.00	16.50	18.50	22.50	30.00	75.00	145	1,100	1,200
1877 Type 2 rev	Inc. above	18.00	24.00	30.00	40.00	40.00	90.00	150	—	—
1877CC Type 1 rev	7,700,000	35.00	42.00	48.00	70.00	90.00	175	300	1,100	—
1877CC Type 2 rev	Inc. above	29.00	32.00	36.00	52.00	70.00	125	225	—	—
1877S Type 1 rev	2,340,000	—	—	—	—	—	—	—	—	—
1877S Type 2 rev	Inc. above	15.00	16.50	18.50	22.50	30.00	85.00	225	—	—
1878 Type 1 rev	1,678,800	28.00	35.00	50.00	65.00	100	175	—	—	—
1878 Type 2 rev	Inc. above	15.00	16.50	18.50	22.50	33.00	75.00	145	1,500	1,200
1878CC Type 1 rev	200,000	100	135	175	285	450	600	—	—	—

Date	Mintage	G4	VG8	F12	VF20	XF40	AU50	MS60	MS65	Prf65
1878CC Type 2 rev	Inc. above	65.00	90.00	135	225	370	500	900	3,500	—
1879	15,100	275	310	375	500	625	700	800	1,750	1,500
1880	37,335	225	275	330	425	475	585	675	1,750	1,500
1881	24,975	240	300	350	450	500	610	700	2,500	1,600
1882	3,911,100	15.00	16.50	18.50	21.50	30.00	75.00	145	1,100	1,200
1883	7,675,712	15.00	16.50	18.50	21.50	30.00	75.00	145	1,100	1,200
1884	3,366,380	15.00	16.50	18.50	21.50	30.00	75.00	145	1,100	1,200
1884S	564,969	26.00	33.00	42.00	55.00	125	280	650	—	—
1885	2,533,427	15.00	16.50	18.50	21.50	30.00	75.00	145	1,100	1,200
1885S	43,690	475	575	850	1,400	2,400	3,350	5,000	—	—
1886	6,377,570	15.00	16.50	18.50	21.50	30.00	75.00	145	1,100	1,200
1886S	206,524	30.00	45.00	65.00	125	150	175	600	—	—
1887	11,283,939	15.00	16.50	18.50	21.50	30.00	75.00	145	1,100	1,200
1887S	4,454,450	15.00	16.50	18.50	21.50	30.00	75.00	145	1,100	—
1888	5,496,487	15.00	16.50	18.50	21.50	30.00	75.00	145	1,100	1,200
1888S	1,720,000	15.00	16.50	18.50	25.50	35.00	90.00	200	—	—
1889	7,380,711	15.00	16.50	18.50	21.50	30.00	75.00	145	1,100	1,200
1889S	972,678	15.00	18.50	25.00	45.00	70.00	150	475	4,500	—
1890	9,911,541	15.00	16.50	18.50	21.50	30.00	75.00	145	1,100	1,200
1890S	1,423,076	15.00	16.50	24.00	44.00	85.00	145	400	4,900	—
1891	15,310,600	15.00	16.50	18.50	21.50	30.00	75.00	145	1,100	1,200
1891O	4,540,000	16.00	17.50	20.50	25.50	35.00	90.00	175	1,750	—
1891O /horizontal O	Inc. above	65.00	95.00	125	175	225	400	—	—	—
1891S	3,196,116	15.00	17.00	19.00	21.50	30.00	75.00	175	1,650	—
1891S/S	Inc. above	25.00	30.00	40.00	85.00	135	250	—	—	—

Barber Dime

Laureate head right, date at angle below obverse   Value within wreath reverse

KM# 113 • 2.50 g., 0.900 **Silver** 0.0723 oz. ASW, 17.9 mm. • **Obv. Legend:** UNITED STATES OF AMERICA
Designer: Charles E. Barber

Date	Mintage	G4	VG8	F12	VF20	XF40	AU50	MS60	MS65	Prf65
1892	12,121,245	8.75	9.50	16.00	22.00	27.50	66.00	115	620	1,485
1892O	3,841,700	11.00	15.00	36.00	58.00	78.00	96.00	150	1,275	—
1892S	990,710	66.00	115	215	245	285	340	425	4,250	—
1893/2	3,340,792	135	155	175	225	300	325	675	6,000	—
1893	Inc. above	8.25	12.50	20.00	30.00	46.00	80.00	165	1,000	1,485
1893O	1,760,000	31.00	45.00	135	168	195	250	315	2,950	—
1893S	2,491,401	14.00	25.00	39.00	50.00	92.50	155	300	3,750	—
1894	1,330,972	25.00	45.00	122	165	190	235	310	1,150	1,485
1894O	720,000	70.00	105	215	280	425	650	1,550	15,500	—
1894S	24	—	—	—	—	—	—	—	2,850,000	—
Note: 1894S, Eliasberg Sale, May 1996, Prf-64, $451,000.										
1895	690,880	85.00	180	355	480	565	650	750	2,650	1,485
1895O	440,000	385	575	900	1,350	2,550	3,650	6,000	24,500	—
1895S	1,120,000	43.50	60.00	135	210	240	320	500	7,500	—
1896	2,000,762	11.50	23.00	58.00	82.00	100	120	155	1,450	1,485
1896O	610,000	80.00	155	305	375	465	700	975	9,500	—
1896S	575,056	85.00	160	310	345	385	525	775	4,650	—
1897	10,869,264	4.00	5.00	8.00	15.00	32.00	76.00	265	620	1,485
1897O	666,000	69.50	115	290	385	480	600	975	4,450	—
1897S	1,342,844	21.00	45.00	98.00	130	185	265	435	3,950	—
1898	16,320,735	4.00	5.00	7.50	15.00	28.00	71.00	135	620	1,485
1898O	2,130,000	13.50	27.50	95.00	150	210	285	450	3,850	—
1898S	1,702,507	8.50	15.00	36.00	52.00	78.00	160	370	3,750	—
1899	19,580,846	4.00	5.00	7.50	12.00	26.00	71.00	120	620	1,485
1899O	2,650,000	10.00	19.50	72.00	115	150	230	415	4,450	—
1899S	1,867,493	9.00	16.00	36.00	39.00	48.50	105	300	3,550	—
1900	17,600,912	4.00	5.00	7.00	11.00	26.00	66.00	115	650	1,485
1900O	2,010,000	19.50	38.50	122	168	225	355	595	5,350	—
1900S	5,168,270	5.00	6.25	12.50	19.50	32.00	75.00	155	1,850	—
1901	18,860,478	4.00	5.00	6.50	10.00	27.50	66.00	115	665	1,485
1901O	5,620,000	4.00	5.50	16.00	27.50	68.00	175	450	4,350	—
1901S	593,022	80.00	150	360	475	520	675	985	5,350	—

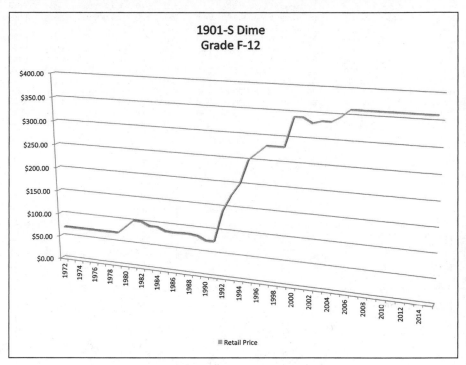

1901-S Dime
Grade F-12

Retail Price

Date	Mintage	G4	VG8	F12	VF20	XF40	AU50	MS60	MS65	Prf65
1902	21,380,777	4.00	5.00	7.00	8.00	25.00	66.00	115	665	1,485
1902O	4,500,000	4.00	5.50	15.00	32.50	62.50	145	350	4,500	—
1902S	2,070,000	8.00	21.00	58.00	95.00	135	195	375	3,950	—
1903	19,500,755	4.00	5.00	7.00	8.00	27.00	66.00	115	1,100	1,485
1903O	8,180,000	4.00	5.50	14.50	23.50	54.00	110	250	4,850	—
1903S	613,300	84.00	130	365	500	750	840	1,100	3,150	—
1904	14,601,027	5.00	5.50	7.75	10.25	28.00	66.00	115	1,650	1,485
1904S	800,000	45.00	75.00	175	245	335	465	725	4,500	—
1905	14,552,350	3.79	5.25	7.00	10.25	28.00	66.00	115	645	1,485
1905O	3,400,000	4.25	10.00	36.50	57.50	100	155	285	1,650	—
1905O micro O	Inc. above	35.00	50.00	75.00	140	235	375	1,750	12,500	—
1905S	6,855,199	4.00	5.00	9.00	18.50	43.50	96.00	210	975	—
1906	19,958,406	2.79	3.10	4.75	7.75	25.00	61.00	110	645	1,485
1906D	4,060,000	3.29	5.00	7.00	15.00	35.00	78.00	175	1,650	—
1906O	2,610,000	5.50	13.00	50.00	78.00	105	135	195	1,150	—
1906S	3,136,640	3.79	5.80	13.00	24.00	49.00	110	240	1,350	—
1907	22,220,575	2.79	3.10	4.75	7.75	25.00	61.00	110	610	1,485
1907D	4,080,000	3.29	4.60	10.50	10.00	43.50	115	275	2,350	—
1907O	5,058,000	3.79	7.50	35.00	50.00	63.50	110	210	1,350	—
1907S	3,178,470	3.79	5.50	17.00	27.50	68.50	150	410	2,450	—
1908	10,600,545	2.79	3.10	4.75	7.75	25.00	61.00	110	610	1,485
1908D	7,490,000	2.79	3.10	6.00	10.25	32.00	66.00	125	990	—
1908O	1,789,000	5.25	11.00	46.00	68.00	93.00	150	290	1,350	—
1908S	3,220,000	4.04	5.80	12.00	22.00	49.00	175	310	2,350	—
1909	10,240,650	2.79	3.10	4.75	7.75	25.00	61.00	110	610	1,485
1909D	954,000	7.25	18.50	60.00	100	135	225	485	2,850	—
1909O	2,287,000	4.00	7.25	13.00	23.00	50.00	92.50	185	1,650	—
1909S	1,000,000	8.75	19.50	92.00	135	182	315	525	2,850	—
1910	11,520,551	2.79	3.10	4.75	10.25	25.00	61.00	110	610	1,485
1910D	3,490,000	3.04	4.00	9.50	19.00	49.00	100	210	1,650	—
1910S	1,240,000	5.25	9.00	52.50	74.00	112	195	425	2,450	—
1911	18,870,543	2.79	3.10	4.75	7.50	25.00	61.00	110	610	1,485
1911D	11,209,000	2.79	3.10	4.75	7.50	27.00	61.00	110	610	—
1911S	3,520,000	3.54	4.30	9.50	18.50	39.50	105	195	1,050	—
1912	19,350,700	2.79	3.10	4.75	7.50	25.00	61.00	110	610	1,485
1912D	11,760,000	2.79	3.10	4.75	7.50	25.00	61.00	110	710	—

DIME

Date	Mintage	G4	VG8	F12	VF20	XF40	AU50	MS60	MS65	Prf65
1912S	3,420,000	3.04	4.10	5.60	12.50	34.00	92.50	155	775	—
1913	19,760,622	2.79	3.10	4.75	7.50	25.00	61.00	110	610	1,485
1913S	510,000	35.00	50.00	120	190	240	325	480	1,375	—
1914	17,360,655	2.79	3.10	4.75	7.50	25.00	61.00	110	610	1,485
1914D	11,908,000	2.79	3.10	4.75	7.50	25.00	61.00	110	610	—
1914S	2,100,000	3.04	4.10	8.50	17.50	39.50	78.00	150	1,250	—
1915	5,620,450	2.79	3.10	5.00	7.50	25.00	61.00	110	610	1,485
1915S	960,000	7.50	11.50	36.00	49.50	68.50	135	250	1,550	—
1916	18,490,000	2.79	3.10	4.75	7.50	25.00	61.00	110	610	—
1916S	5,820,000	3.04	3.60	5.00	7.75	27.00	66.00	115	620	—

Mercury Dime

Mint mark

KM# 140 • 2.50 g., 0.900 **Silver** 0.0723 oz. ASW, 17.8 mm. • **Designer:** Adolph A. Weinman **Note:** All specimens listed as -65FSB are for fully struck MS-65 coins with fully split and rounded horizontal bands on the fasces.

Date	Mintage	G4	VG8	F12	VF20	XF40	MS60	MS65	MS65FSB	PF65
1916	22,180,080	3.75	4.75	6.00	7.00	10.50	29.00	110	165	—
1916D	264,000	800	1,540	2,500	4,100	6,900	14,350	25,500	48,500	—
1916S	10,450,000	3.80	5.00	9.25	15.00	25.00	44.00	200	800	—
1917	55,230,000	3.40	3.60	5.15	5.50	8.00	27.00	155	375	—
1917D	9,402,000	4.00	5.50	12.50	26.00	52.50	120	1,050	5,650	—
1917S	27,330,000	3.40	3.60	2.35	7.50	15.00	59.00	400	1,265	—
1918	26,680,000	3.40	4.00	5.75	12.00	34.00	69.00	345	1,325	—
1918D	22,674,800	3.50	3.90	6.50	13.00	32.00	100	575	27,500	—
1918S	19,300,000	3.40	3.60	4.00	11.00	24.00	92.00	630	7,450	—
1919	35,740,000	3.40	3.60	4.00	5.50	12.00	36.00	350	685	—
1919D	9,939,000	3.65	6.00	13.50	31.00	46.00	175	1,315	38,500	—
1919S	8,850,000	3.50	4.25	11.00	20.00	42.00	175	1,200	14,350	—
1920	59,030,000	3.40	3.60	4.00	4.50	8.50	27.50	240	540	—

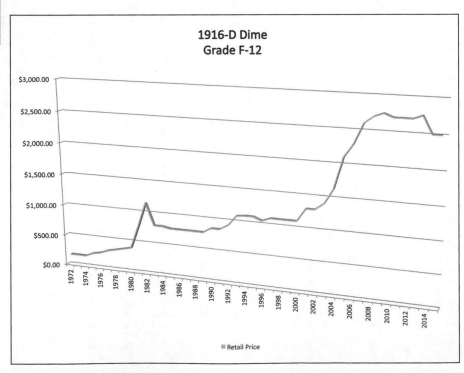

1916-D Dime
Grade F-12

Retail Price

DIME

Date	Mintage	G4	VG8	F12	VF20	XF40	MS60	MS65	MS65FSB	PF65
1920D	19,171,000	3.50	3.90	5.00	9.00	24.00	105	565	4,750	—
1920S	13,820,000	3.50	3.60	7.50	10.00	21.00	105	1,250	8,250	—
1921	1,230,000	55.00	60.00	800	1,240	1,340	2,150	4,000	4,350	—
1921D	1,080,000	69.00	450	55.00	57.00	63.00	1,275	3,075	5,200	—
1923	50,130,000	3.25	4.00	3.75	4.50	7.00	26.50	120	340	—
1923S	6,440,000	3.25	3.90	8.50	20.00	75.00	150	1,265	7,450	—
1924	24,010,000	3.25	3.60	3.75	4.50	13.50	40.00	165	500	—
1924D	6,810,000	3.25	4.30	9.00	23.50	69.00	167	975	1,365	—
1924S	7,120,000	3.25	3.60	5.00	12.00	58.00	212	1,050	16,750	—
1925	25,610,000	3.25	3.60	3.75	5.50	11.00	27.00	205	990	—
1925D	5,117,000	4.00	5.00	12.75	46.50	130	335	1,745	3,500	—
1925S	5,850,000	3.35	3.75	7.75	18.50	85.00	177	1,200	4,650	—
1926	32,160,000	3.25	3.60	3.75	4.25	5.75	24.50	235	525	—
1926D	6,828,000	3.35	4.00	5.00	12.50	32.00	120	515	2,500	—
1926S	1,520,000	11.50	13.75	29.00	65.00	250	850	2,825	6,750	—
1927	28,080,000	3.25	3.60	3.75	4.25	6.00	25.50	150	350	—
1927D	4,812,000	3.65	5.00	7.75	27.00	88.00	172	1,200	8,500	—
1927S	4,770,000	3.35	3.75	5.50	13.00	30.00	330	1,350	7,600	—
1928	19,480,000	3.25	3.60	3.75	4.25	4.75	27.75	131	345	—
1928D	4,161,000	3.55	4.30	11.50	27.50	62.50	167	825	2,750	—
1928S Large S	7,400,000	4.00	5.50	7.50	12.00	40.00	225	750	6,500	—
1928S Small S	Inc. above	3.35	3.75	3.75	6.50	19.00	138	405	2,000	—
1929	25,970,000	3.25	3.60	3.75	4.25	4.50	21.50	67.00	175	—
1929D	5,034,000	3.35	3.75	3.75	8.00	15.00	32.00	76.00	225	—
1929S	4,730,000	3.35	3.75	3.75	5.00	7.50	32.00	115	560	—
1929S Doubled Die Obv	Inc. above	5.00	9.00	16.00	25.00	40.00	95.00	335	1,150	—
1930	6,770,000	3.25	3.60	3.75	4.25	7.00	25.50	110	575	—
1930S	1,843,000	3.35	3.75	4.25	6.50	19.00	80.00	210	685	—
1931	3,150,000	3.35	3.75	3.75	8.00	12.50	33.00	130	800	—
1931D	1,260,000	7.75	10.00	15.00	21.00	48.00	97.00	275	375	—
1931 Doubled Die Obv & Rev	Inc. above	—	20.00	27.50	50.00	70.00	135	485	650	—
1931S	1,800,000	3.80	5.00	5.50	11.00	23.50	105	275	2,500	—
1931S Doubled Die Obv	Inc. above	7.50	10.00	13.00	25.00	35.00	140	425	3,850	—
1934	24,080,000	1.50	1.55	1.60	2.31	6.50	27.75	42.00	130	—
1934D	6,772,000	2.05	2.25	3.30	7.50	14.00	54.00	75.00	320	—
1935	58,830,000	1.50	1.55	1.60	2.01	4.25	10.00	28.50	68.00	—
1935D	10,477,000	1.65	2.05	2.40	6.50	13.00	35.75	88.00	500	—
1935S	15,840,000	1.65	1.95	2.10	2.71	5.50	23.50	36.00	360	—
1936	87,504,130	1.50	1.55	1.60	2.01	2.22	9.00	25.50	84.00	1,950
1936 Doubled Die Obv	Inc. above	—	—	8.00	15.00	25.00	50.00	165	—	—
1936D	16,132,000	1.65	1.95	2.00	4.25	8.50	27.00	51.00	290	—
1936S	9,210,000	1.65	1.95	2.00	2.41	6.00	26.00	32.00	88.00	—
1937	56,865,756	1.50	1.55	1.60	2.01	3.75	8.50	24.50	52.00	800
1937 Doubled Die Obv	Inc. above	—	—	—	6.00	9.00	20.00	95.00	175	—
1937D	14,146,000	1.65	1.95	2.00	2.51	6.00	22.50	42.00	105	—
1937S	9,740,000	1.65	1.95	2.00	2.41	5.50	21.50	36.00	190	—
1937S Doubled Die Obv	Inc. above	—	—	—	5.00	8.00	28.00	125	275	—
1938	22,198,728	1.50	1.55	1.60	2.01	3.75	13.00	25.50	80.00	480
1938D	5,537,000	1.65	1.95	2.00	5.00	6.00	18.50	33.00	62.00	—
1938S	8,090,000	1.65	1.95	2.00	2.41	5.00	20.50	40.00	160	—
1939	67,749,321	1.50	1.55	1.60	1.81	2.22	8.50	25.50	170	425
1939 Doubled Die Obv	Inc. above	—	—	—	4.00	6.00	14.00	35.00	450	—
1939D	24,394,000	1.65	1.75	1.85	2.11	3.50	8.00	25.50	49.00	—
1939S	10,540,000	2.00	2.05	2.20	2.51	6.75	25.00	39.00	765	—
1940	65,361,827	1.50	1.55	1.60	1.81	2.22	6.00	28.50	48.00	325
1940D	21,198,000	1.65	1.75	1.85	2.11	3.62	8.00	31.00	48.00	—
1940S	21,560,000	1.65	1.75	1.80	2.11	3.62	8.50	31.00	95.00	—
1941	175,106,557	1.50	1.55	1.60	1.81	2.22	6.00	28.50	46.00	325
1941 Doubled Die Obv	Inc. above	—	—	—	10.00	16.00	55.00	165	295	—
1941D	45,634,000	1.65	1.75	1.80	2.11	2.62	10.00	24.00	46.00	—
1941D Doubled Die Obv	Inc. above	—	—	—	9.00	14.00	30.00	125	250	—
1941S Small S	43,090,000	1.65	1.75	1.80	2.11	2.62	7.50	28.50	46.00	—
1941S Large S	Inc. above	4.00	5.00	8.00	15.00	25.00	110	250	425	—
1941S Doubled Die Rev	Inc. above	4.00	4.50	5.00	5.50	6.00	18.00	60.00	85.00	—
1942	205,432,329	1.50	1.55	1.60	1.81	2.22	6.00	24.00	46.00	325
1942/41	Inc. above	490	505	530	565	710	2,760	14,500	35,000	—
1942D	60,740,000	1.65	1.75	1.80	2.11	2.62	7.75	26.50	46.00	—
1942/41D	Inc. above	440	450	460	495	610	2,750	10,000	26,500	—

Date	Mintage	G4	VG8	F12	VF20	XF40	MS60	MS65	MS65FSB	PF65
1942S	49,300,000	1.65	1.75	1.80	2.11	2.62	9.75	24.00	145	—
1943	191,710,000	1.50	1.55	1.60	1.81	2.22	6.00	27.00	50.00	—
1943D	71,949,000	1.65	1.75	1.80	2.11	2.62	7.50	27.50	47.00	—
1943S	60,400,000	1.65	1.75	1.80	2.11	2.62	9.00	26.50	66.00	—
1944	231,410,000	1.50	1.55	1.60	1.81	2.22	6.00	24.00	75.00	—
1944D	62,224,000	1.65	1.75	1.80	2.11	2.62	7.75	24.00	46.00	—
1944S	49,490,000	1.65	1.75	1.80	2.11	2.62	9.25	27.50	50.00	—
1945	159,130,000	1.50	1.55	1.60	1.81	2.22	6.00	24.00	97.50	—
1945D	40,245,000	1.65	1.75	1.80	2.11	2.62	7.50	24.00	46.50	—
1945S	41,920,000	1.65	1.75	1.80	2.11	2.62	11.00	24.00	105	—
1945S micro S	Inc. above	3.25	4.00	6.00	9.00	13.00	27.00	89.00	685	—

Roosevelt Dime

Mint mark 1946-64

KM# 195 • 2.50 g., 0.900 **Silver** 0.0723 oz. ASW, 17.9 mm. • **Designer:** John R. Sinnock

Date	Mintage	G4	VG8	F12	VF20	XF40	AU50	MS60	MS65	Prf65
1946	225,250,000	—	—	—	—	1.47	1.73	2.25	9.00	—
1946D	61,043,500	—	—	—	—	1.47	1.93	2.25	10.00	—
1946S	27,900,000	—	—	—	—	1.47	1.98	2.25	10.00	—
1947	121,520,000	—	—	—	—	1.47	1.63	2.75	12.00	—
1947D	46,835,000	—	—	—	—	1.47	1.63	4.00	16.00	—
1947S	34,840,000	—	—	—	—	1.47	1.63	3.50	12.00	—
1948	74,950,000	—	—	—	—	1.47	1.63	3.25	10.00	—
1948D	52,841,000	—	—	—	—	1.47	1.63	5.00	14.00	—
1948S	35,520,000	—	—	—	—	1.47	1.63	4.50	15.00	—
1949	30,940,000	—	—	1.32	1.37	4.00	8.50	12.00	25.00	—
1949D	26,034,000	—	—	1.32	1.37	2.27	5.50	7.00	20.00	—
1949S	13,510,000	—	—	1.32	3.50	8.00	15.00	35.00	60.00	—
1950	50,181,500	—	—	—	1.37	1.47	3.50	6.00	12.00	55.00
1950D	46,803,000	—	—	—	—	—	1.63	3.25	10.00	—
1950S	20,440,000	—	—	1.32	1.37	3.75	9.00	23.00	35.00	—
1951	102,937,602	—	—	—	—	—	1.83	2.60	13.00	60.00
1951D	56,529,000	—	—	—	—	—	1.73	2.80	12.00	—
1951S	31,630,000	—	—	—	1.37	1.47	4.00	10.00	18.00	—
1952	99,122,073	—	—	—	—	—	1.63	2.25	22.00	35.00
1952D	122,100,000	—	—	—	—	—	1.63	2.25	10.00	—
1952S	44,419,500	—	—	—	1.37	1.87	2.13	5.50	16.00	—
1953	53,618,920	—	—	—	—	—	1.63	2.25	12.00	38.00
1953D	136,433,000	—	—	—	—	—	1.63	2.60	11.00	—
1953S	39,180,000	—	—	—	—	—	2.03	3.00	12.50	—
1954	114,243,503	—	—	—	—	—	1.63	2.25	10.00	18.00
1954D	106,397,000	—	—	—	—	—	1.63	2.25	15.00	—
1954S	22,860,000	—	—	—	—	—	1.63	2.35	10.00	—
1955	12,828,381	—	—	—	1.40	1.47	1.63	2.50	8.50	17.00
1955D	13,959,000	—	—	—	1.40	1.47	1.63	2.50	8.50	—
1955S	18,510,000	—	—	—	1.40	1.47	1.63	2.50	8.00	—
1956	109,309,384	—	—	—	—	—	1.63	2.25	9.50	8.00
1956D	108,015,100	—	—	—	—	—	1.63	2.35	9.00	—
1957	161,407,952	—	—	—	—	—	1.63	2.25	8.50	5.00
1957D	113,354,330	—	—	—	—	—	1.63	2.25	7.50	—
1958	32,785,652	—	—	—	—	—	1.63	2.25	11.00	6.00
1958D	136,564,600	—	—	—	—	—	1.63	2.25	10.00	—
1959	86,929,291	—	—	—	—	—	1.63	2.25	8.00	4.50
1959D	164,919,790	—	—	—	—	—	1.63	2.25	8.50	—
1960	72,081,602	—	—	—	—	—	1.63	2.25	8.50	4.50
1960D	200,160,400	—	—	—	—	—	1.63	2.25	7.50	—
1961	96,758,244	—	—	—	—	—	1.63	2.25	8.00	4.00
1961D	209,146,550	—	—	—	—	—	1.63	2.25	6.50	—
1962	75,668,019	—	—	—	—	—	1.63	2.25	6.50	4.00
1962D	334,948,380	—	—	—	—	—	1.63	2.25	7.00	—
1963	126,725,645	—	—	—	—	—	1.63	2.25	7.50	3.75
1963D	421,476,530	—	—	—	—	—	1.63	2.25	7.00	—
1964	933,310,762	—	—	—	—	—	1.63	2.25	7.50	3.75
1964D	1,357,517,180	—	—	—	—	—	1.63	2.25	7.00	—

Mint mark 1968- present

KM# 195a • 2.27 g., **Copper-Nickel Clad Copper**, 17.91 mm. • **Designer:** John R. Sinnock **Note:** The 1979-S and 1981-S Type II proofs have clearer mint marks than the Type I proofs of those years. On the 1982 no-mint-mark variety, the mint mark was inadvertently left off.

Date	Mintage	MS65	Prf65
1965	1,652,140,570	6.00	—
1965SMS	—	2.00	—
1966	1,382,734,540	6.50	—
1966SMS	—	2.25	—
1967	2,244,007,320	7.00	—
1967SMS	—	3.50	—
1968	424,470,000	6.50	—
1968D	480,748,280	6.50	—
1968S	3,041,506	—	4.00
1968 no S error	—	—	7,500
1969	145,790,000	7.00	—
1969D	563,323,870	6.00	—
1969S	2,934,631	—	4.00
1970	345,570,000	5.50	—
1970D	754,942,100	5.00	—
1970S	2,632,810	—	4.00
1970S No S	—	—	1,300
1971	162,690,000	10.00	—
1971D	377,914,240	8.00	—
1971S	3,220,733	—	4.00
1972	431,540,000	7.50	—
1972D	330,290,000	8.50	—
1972S	3,260,996	—	4.00
1973	315,670,000	6.00	—
1973D	455,032,426	5.50	—
1973S	2,760,339	—	4.00
1974	470,248,000	5.50	—
1974D	571,083,000	4.50	—
1974S	2,612,568	—	4.00
1975	585,673,900	4.50	—
1975D	313,705,300	4.50	—
1975S	2,845,450	—	4.00
1976	568,760,000	4.50	—
1976D	695,222,774	4.50	—
1976S	4,149,730	—	4.00
1977	796,930,000	4.50	—
1977D	376,607,228	8.00	—
1977S	3,251,152	—	4.00
1978	663,980,000	5.00	—
1978D	282,847,540	4.50	—
1978S	3,127,781	—	4.00
1979	315,440,000	5.50	—
1979D	390,921,184	5.00	—
1979S type I	3,677,175	—	5.00
1979S type II	—	—	2.00
1980P	735,170,000	6.00	—
1980D	719,354,321	5.00	—
1980S	3,554,806	—	4.00
1981P	676,650,000	4.00	—
1981D	712,284,143	4.00	—
1981S type I	—	—	4.00
1981S type II	—	—	6.50
1982P	519,475,000	8.50	—
1982 no mint mark	Inc. above	300	—
1982D	542,713,584	3.20	—
1982S	3,857,479	—	4.00
1983P	647,025,000	6.00	—
1983D	730,129,224	4.00	—
1983S	3,279,126	—	4.00
1984P	856,669,000	4.00	—
1984D	704,803,976	3.50	—
1984S	3,065,110	—	4.00
1985P	705,200,962	5.00	—
1985D	587,979,970	3.50	—
1985S	3,362,821	—	4.00
1986P	682,649,693	3.50	—
1986D	473,326,970	3.50	—
1986S	3,010,497	—	4.00
1987P	762,709,481	4.50	—
1987D	653,203,402	4.50	—
1987S	4,227,728	—	4.00
1988P	1,030,550,000	5.50	—
1988D	962,385,488	5.50	—
1988S	3,262,948	—	3.00
1989P	1,298,400,000	4.00	—
1989D	896,535,597	5.00	—
1989S	3,220,194	—	4.00
1990P	1,034,340,000	4.50	—
1990D	839,995,824	5.50	—
1990S	3,299,559	—	4.00
1991P	927,220,000	5.00	—
1991D	601,241,114	5.00	—
1991S	2,867,787	—	3.00
1992P	593,500,000	4.50	—
1992D	616,273,932	4.50	—
1992S	2,858,981	—	4.00
1993P	766,180,000	3.50	—
1993D	750,110,166	4.50	—
1993S	2,633,439	—	7.00
1994P	1,189,000,000	4.00	—
1994D	1,303,268,110	5.50	—
1994S	2,484,594	—	5.00
1995P	1,125,500,000	4.00	—
1995D	1,274,890,000	4.50	—
1995S	2,010,384	—	20.00
1996P	1,421,163,000	3.00	—
1996D	1,400,300,000	5.00	—
1996W	1,457,949	24.00	—
1996S	2,085,191	—	3.50
1997P	991,640,000	4.00	—
1997D	979,810,000	3.00	—
1997S	1,975,000	—	14.00
1998P	1,163,000,000	2.75	—
1998D	1,172,250,000	2.75	—
1998S	2,078,494	—	4.00
1999P	2,164,000,000	2.75	—
1999D	1,397,750,000	2.75	—
1999S	2,557,897	—	4.00
2000P	1,842,500,000	2.75	—
2000D	1,818,700,000	2.75	—
2000S	3,097,440	—	1.00
2001P	1,369,590,000	2.75	—
2001D	1,412,800,000	2.75	—
2001S	2,249,496	—	3.75
2002P	1,187,500,000	2.75	—
2002D	1,379,500,000	3.00	—
2002S	2,268,913	—	2.50
2003P	1,085,500,000	3.00	—
2003D	986,500,000	3.00	—
2003S	2,076,165	—	2.60

The 1981S type II row at the top of the right column:

Date	Mintage	MS65	Prf65
1981S type II	—	—	6.50

DIME

Date	Mintage	MS65	Prf65
2004P	1,328,000,000	3.00	—
2004D	1,159,500,000	3.00	—
2004S	1,804,396	—	4.75
2005P	1,412,000,000	2.75	—
2005P Satin Finish	—	4.00	—
2005D	1,423,500,000	2.75	—
2005D Satin Finish	—	4.00	—
2005S	2,275,000	—	2.60
2006P	1,381,000,000	2.50	—
2006P Satin Finish	—	4.00	—
2006D	1,447,000,000	2.50	—
2006D Satin Finish	—	4.00	—
2006S	2,000,428	—	2.50
2007P	1,047,500,000	2.00	—
2007P Satin Finish	—	3.00	—
2007D	1,042,000,000	2.00	—
2007D Satin Finish	—	3.00	—
2007S	1,702,116	—	2.50
2008P	391,000,000	1.25	—
2008 Satin Finish	—	2.50	—
2008D	624,500,000	1.25	—
2008D Satin Finish	—	2.50	—
2008S	1,405,674	—	2.50
2009P	96,500,000	1.25	—
2009P Satin Finish	—	1.00	—
2009D	49,500,000	1.25	—
2009D Satin Finish	—	1.00	—
2009S	1,482,502	—	2.50
2010P	557,000,000	4.00	—
2010P Satin Finish	—	2.00	—
2010D	562,000,000	4.00	—
2010D Satin Finish	—	2.00	—
2010S	1,103,815	—	2.50
2011P	748,000,000	4.00	—
2011D	754,000,000	4.00	—
2011S	1,098,835	—	2.50
2012P	808,000,000	4.00	—
2012D	868,000,000	4.00	—
2012S	841,972	—	2.50
2013P	1,086,500,000	4.00	—

Date	Mintage	MS65	Prf65
2013D	1,025,500,000	4.00	—
2013S	821,031	—	2.50
2014P	—	2.00	—
2014D	—	2.00	—
2014S	—	—	2.50
2015P	—	2.00	—
2015D	—	2.00	—
2015S	—	—	2.50

KM# 195b • 2.50 g., 0.900 **Silver** 0.0723 oz. ASW, 17.9 mm. • **Designer:** John R. Sinnock

Date	Mintage	Prf65
1992S	1,317,579	5.00
1993S	761,353	7.00
1994S	785,329	7.00
1995S	838,953	8.00
1996S	830,021	7.00
1997S	821,678	14.00
1998S	878,792	7.00
1999S	804,565	7.00
1999S	1,317,579	7.00
1999S	761,353	7.00
1999S	785,329	7.00
1999S	838,953	7.00
2000S	965,921	5.50
2001S	849,600	5.00
2002S	888,826	5.00
2003S	1,090,425	4.75
2004S	1,175,934	5.00
2005S	1,069,679	5.00
2006S	1,054,008	4.50
2007S	875,050	6.00
2008S	763,887	6.50
2009S	697,365	6.75
2010S	585,401	6.75
2011S	574,175	6.75
2012S	395,443	6.75
2013S	821,031	6.75
2014S	—	6.75
2015S	—	6.75

20 CENTS

Seated Liberty within circle of stars, date below obverse
Eagle with arrows in talons, value below reverse

KM# 109 • 5.00 g., 0.900 **Silver** 0.1447 oz. ASW, 22 mm. • **Rev. Legend:** UNITED STATES OF AMERICA **Designer:** William Barber

Date	Mintage	G4	VG8	F12	VF20	XF40	AU50	MS60	MS65	Prf65
1875	39,700	165	210	270	325	415	550	835	5,500	9,500
1875S Clear S	Inc. above	110	120	135	200	235	350	600	5,500	—
1875S	1,155,000	100	110	120	175	210	320	500	4,900	—
Note: 1875-S exists as a branch mint proof										
1875S over horizontal S	Inc. above	100	110	120	175	210	320	500	4,900	—
Note: Also known as filled S										
1875S as	Inc. above	—	120	130	150	225	260	375	1,300	—
1875CC	133,290	335	385	475	600	775	1,150	1,650	10,000	—
1876	15,900	185	225	285	350	410	535	800	5,600	9,400
1876CC	10,000	—	—	—	—	—	60,000	—	—	175,000
Note: Only one circulated example known. Eliasberg Sale, April 1997, MS-65, $148,500. Heritage 1999 ANA, MS-63, $86,500.										
1877 proof only	510	—	—	2,700	2,900	3,300	3,500	—	—	10,000
1878 proof only	600	—	—	2,000	2,300	2,400	2,800	—	—	9,500

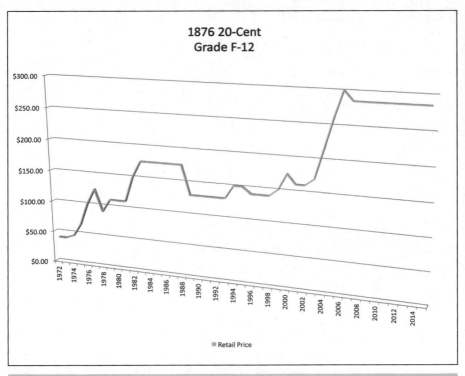

1876 20-Cent
Grade F-12

Retail Price

QUARTER

Draped Bust Quarter
Draped bust right obverse   Small eagle reverse

KM# 25 • 6.74 g., 0.892 **Silver** 0.1933 oz. ASW, 27.5 mm. • **Designer:** Robert Scot

Date	Mintage	G4	VG8	F12	VF20	XF40	AU50	MS60	MS65
1796	6,146	12,000	17,500	25,500	36,500	55,000	59,000	83,000	410,000

Draped bust right, flanked by stars, date at angle below obverse
Heraldic eagle reverse

KM# 36 • 6.74 g., 0.892 **Silver** 0.1933 oz. ASW, 27.5 mm. • **Obv. Legend:** LIBERTY **Rev. Legend:** UNITED STATES OF AMERICA **Designer:** Robert Scot

Date	Mintage	G4	VG8	F12	VF20	XF40	AU50	MS60	MS65
1804	6,738	5,500	6,750	9,250	14,500	32,500	56,500	92,500	425,000

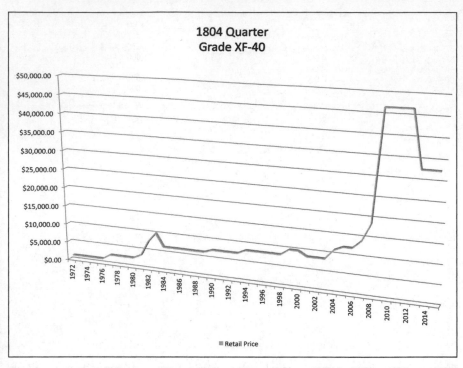

1804 Quarter
Grade XF-40

■ Retail Price

Date	Mintage	G4	VG8	F12	VF20	XF40	AU50	MS60	MS65
1805	121,394	555	690	1,085	1,965	3,900	6,000	11,500	95,000
1806/5	206,124	585	725	1,160	2,365	4,200	6,300	12,500	100,000
1806	Inc. above	525	650	985	1,865	4,100	5,850	11,000	116,000
1807	220,643	525	650	985	1,865	4,100	5,850	11,500	117,500

Liberty Cap Quarter
Draped bust left, flanked by stars, date below obverse
Eagle with arrows in talons, banner above, value below reverse

KM# 44 • 6.74 g., 0.892 **Silver** 0.1933 oz. ASW, 27 mm. • **Rev. Legend:** UNITED STATES OF AMERICA **Designer:** John Reich **Note:** Varieties of the 1819 strikes are distinguished by the size of the 9 in the date. Varieties of the 1820 strikes are distinguished by the size of the 0 in the date. One 1822 variety and one 1828 variety have "25" engraved over "50" in the denomination. The 1827 restrikes were produced privately using dies sold as scrap by the U.S. Mint.

Date	Mintage	G4	VG8	F12	VF20	XF40	AU50	MS60	MS65
1815	89,235	120	160	250	550	1,725	2,250	4,600	39,000
1818/15	361,174	120	180	310	750	1,650	2,600	5,000	31,000
1818	Inc. above	110	135	215	515	1,675	2,400	4,550	30,000
1819 small 9	144,000	95.00	135	215	595	1,875	2,525	4,550	35,000
1819 large 9	Inc. above	95.00	145	225	655	1,975	2,600	5,550	42,500
1820 small 0	127,444	95.00	135	215	515	1,675	2,400	4,550	35,000
1820 large 0	Inc. above	95.00	140	220	800	1,950	3,150	5,500	42,500
1821	216,851	115	160	240	540	1,675	2,350	4,350	30,000
1822	64,080	150	240	350	850	1,800	3,000	4,250	38,500
1822 25/50C.	Inc. above	2,750	6,500	7,850	11,000	18,500	25,000	36,500	125,000
1823/22	17,800	35,000	35,000	48,500	70,000	85,000	110,000	150,000	—
1824/2	—	950	1,350	2,250	4,000	5,850	9,000	22,500	—

Date	Mintage	G4	VG8	F12	VF20	XF40	AU50	MS60	MS65
1825/22	168,000	170	275	400	2,250	5,500	8,800	18,500	40,000
1825/23	Inc. above	160	235	375	700	1,875	2,600	4,650	35,000
1825/24	Inc. above	140	225	350	650	1,650	2,500	4,550	32,500
1827 original curl base 2	4,000	—	—	—	70,000	75,000	80,000	—	—
1827 restrike, square base 2	Inc. above	—	—	—	—	—	—	—	—
1828	102,000	95.00	135	215	515	1,575	2,300	4,350	30,000
1828 25/50C.	Inc. above	500	850	1,550	1,900	3,000	4,250	9,500	—

Draped bust left, flanked by stars, date below obverse
Eagle with arrows in talons, value below reverse

KM# 55 • 0.892 **Silver**, 24.3 mm. • **Rev. Legend:** UNITED STATES OF AMERICA **Designer:** William Kneass
Note: Varieties of the 1831 strikes are distinguished by the size of the lettering on the reverse.

Date	Mintage	G4	VG8	F12	VF20	XF40	AU50	MS60	MS65
1831 small letter rev.	398,000	68.00	120	145	185	425	850	1,875	29,000
1831 large letter rev.	Inc. above	90.00	135	165	220	470	895	1,920	29,000
1832	320,000	68.00	110	135	170	400	825	1,850	31,000
1833	156,000	80.00	120	145	185	435	860	1,885	26,500
1834	286,000	68.00	110	135	170	400	825	1,850	29,000
1834 No period after 25C	Inc. above	75.00	120	149	190	430	870	1,925	27,500
1834 0 over O	Inc. above	—	—	—	—	—	—	—	—
1835	1,952,000	68.00	110	135	170	400	875	1,900	26,500
1836	472,000	68.00	110	135	170	400	825	1,850	29,000
1837	252,400	68.00	110	135	170	400	825	1,850	26,500
1838	832,000	68.00	110	135	170	400	825	1,850	29,000

Seated Liberty Quarter
Seated Liberty, stars around top 1/2 of border, date below obverse
Eagle with arrows in talons, value below reverse

KM# 64.1 • 6.68 g., 0.900 **Silver** 0.1933 oz. ASW, 24.3 mm. • **Rev. Legend:** UNITED STATES OF AMERICA
Designer: Christian Gobrecht

Date	Mintage	G4	VG8	F12	VF20	XF40	AU50	MS60	MS65
1838	Inc. above	35.00	42.00	53.00	120	450	860	1,625	36,500
1839	491,146	37.00	46.00	58.00	126	465	885	1,700	38,000
1840O	425,200	40.00	54.00	75.00	145	485	925	1,650	48,500

Drapery added to Liberty's left elbow, stars around top 1/2 of border obverse
Eagle with arrows in talons, value below reverse

KM# 64.2 • 6.68 g., 0.900 **Silver** 0.1933 oz. ASW, 24.3 mm. • **Rev. Legend:** UNITED STATES OF AMERICA
Designer: Christian Gobrecht

Date	Mintage	G4	VG8	F12	VF20	XF40	AU50	MS60	MS65
1840	188,127	31.00	36.50	55.00	100	225	325	900	14,500
1840O	Inc. above	45.00	55.00	90.00	200	350	525	1,100	17,500

QUARTER

Date	Mintage	G4	VG8	F12	VF20	XF40	AU50	MS60	MS65
1841	120,000	52.00	75.00	95.00	190	275	400	850	11,000
1841O	452,000	34.00	43.50	58.00	125	285	375	750	10,000
1842 small date	88,000	—	—	—	—	—	—	—	—
1842 large date	Inc. above	80.00	140	235	325	390	750	1,550	14,500
1842O small date	769,000	500	1,000	1,750	2,650	4,500	9,000	20,000	—
1842O large date	Inc. above	33.00	44.50	55.00	95.00	275	400	1,350	—
1843	645,600	28.00	31.50	34.00	45.00	85.00	185	400	6,750
1843O	968,000	33.00	44.50	100	325	450	825	2,000	—
1844	421,200	28.00	31.50	34.00	45.00	95.00	215	450	8,250
1844O	740,000	33.00	44.50	58.00	90.00	200	350	1,100	8,250
1845	922,000	28.00	31.50	34.00	45.00	110	200	475	6,650
1846	510,000	30.00	33.50	36.00	48.00	200	275	500	10,000
1847	734,000	28.00	31.50	34.00	45.00	85.00	200	450	6,650
1847O	368,000	36.00	55.00	100	200	950	1,850	4,850	—
1848	146,000	38.00	52.00	90.00	175	275	465	1,075	14,500
1849	340,000	30.00	33.50	38.00	75.00	145	290	700	15,000
1849O	—	550	800	1,300	2,450	4,000	8,500	18,500	—
1850	190,800	31.00	44.50	75.00	135	180	360	850	11,000
1850O	412,000	36.00	44.50	85.00	150	245	575	1,550	15,000
1851	160,000	37.50	65.00	125	200	285	400	875	9,000
1851O	88,000	200	350	550	950	1,650	3,250	5,850	—
1852	177,060	45.00	62.00	85.00	185	285	400	750	6,200
1852O	96,000	210	300	600	1,250	2,850	4,250	11,000	—
1853 recut date	44,200	750	800	1,050	1,250	1,750	2,650	3,850	13,500

Seated Liberty, arrows at date obverse   Rays around eagle reverse

KM# 78 • 6.22 g., 0.900 **Silver** 0.180 oz. ASW, 24.3 mm. • **Rev. Legend:** UNITED STATES OF AMERICA
Designer: Christian Gobrecht

Date	Mintage	G4	VG8	F12	VF20	XF40	AU50	MS60	MS65	Prf65
1853	15,210,020	27.50	31.00	34.00	44.00	170	425	1,025	17,000	175,000
1853/4	Inc. above	40.00	70.00	110	200	400	650	1,750	55,000	—
1853O	1,332,000	35.50	45.00	54.00	85.00	300	1,000	2,850	35,000	—

Seated Liberty, arrows at date obverse
Eagle with arrows in talons, value below reverse

KM# 81 • 6.22 g., 0.900 **Silver** 0.180 oz. ASW, 24.3 mm. • **Rev. Legend:** UNITED STATES OF AMERICA
Designer: Christian Gobrecht

Date	Mintage	G4	VG8	F12	VF20	XF40	AU50	MS60	MS65	Prf65
1854	12,380,000	27.50	31.00	33.00	42.00	77.50	255	610	8,900	37,500
1854O	1,484,000	29.50	40.00	45.00	60.00	125	300	950	10,000	—
1854O huge O	Inc. above	800	1,400	2,650	4,350	7,400	12,500	—	—	—
1855	2,857,000	27.50	31.00	33.00	42.00	77.50	255	610	9,400	37,500
1855O	176,000	40.00	55.00	115	250	475	975	2,900	—	—
1855S	396,400	48.00	60.00	120	225	550	1,150	2,400	45,000	—

Seated Liberty, date below obverse
Eagle with arrows in talons, value below reverse

KM# A64.2 • 6.22 g., 0.900 Silver 0.180 oz. ASW, 24.3 mm. • Rev. Legend: UNITED STATES OF AMERICA
Designer: Christian Gobrecht

Date	Mintage	G4	VG8	F12	VF20	XF40	AU50	MS60	MS65	Prf65
1856	7,264,000	28.00	31.50	34.00	45.00	75.00	185	330	4,350	18,500
1856O	968,000	30.00	43.50	50.00	60.00	115	260	925	9,350	—
1856S	286,000	60.00	120	200	350	1,600	2,450	5,000	—	—
1856S/S	Inc. above	175	320	550	1,250	2,450	6,000	—	—	—
1857	9,644,000	28.00	31.50	34.00	45.00	75.00	185	330	4,000	11,500
1857O	1,180,000	35.00	33.50	50.00	47.00	175	420	950	—	—
1857S	82,000	100	150	250	400	700	1,350	2,900	—	—
1858	7,368,000	28.00	31.50	34.00	45.00	75.00	185	350	4,000	8,500
1858O	520,000	34.00	41.50	50.00	60.00	110	325	1,300	24,000	—
1858S	121,000	75.00	120	250	800	2,850	4,750	13,500	—	—
1859	1,344,000	30.00	33.50	36.00	47.00	80.00	185	350	7,750	7,000
1859O	260,000	36.00	33.50	50.00	65.00	185	400	1,100	13,500	—
1859S	80,000	150	250	400	900	3,250	15,500	—	—	—
1860	805,400	32.00	35.50	38.00	49.00	85.00	195	375	4,500	5,650
1860O	388,000	36.00	44.00	52.00	70.00	120	360	950	13,000	—
1860S	56,000	750	1,350	2,500	6,600	14,500	24,500	—	—	—
1861	4,854,600	30.00	33.50	36.00	47.00	80.00	195	360	3,350	5,650
1861S	96,000	175	325	750	1,850	4,100	9,750	—	—	—
1862	932,550	32.00	35.50	44.00	53.00	90.00	190	350	4,450	5,650
1862S	67,000	65.00	130	250	475	880	1,400	3,500	—	—
1863	192,060	48.00	57.00	75.00	140	250	360	650	4,850	5,650
1864	94,070	80.00	100	130	225	400	450	775	5,000	5,650

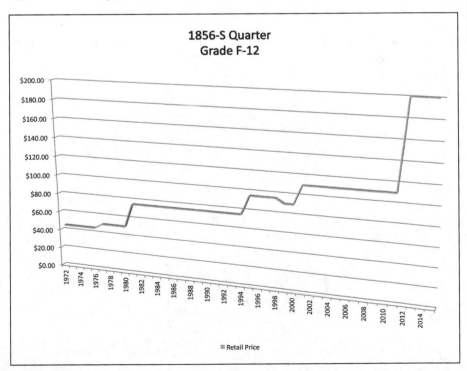

1856-S Quarter
Grade F-12

■ Retail Price

Date	Mintage	G4	VG8	F12	VF20	XF40	AU50	MS60	MS65	Prf65
1864S	20,000	450	650	1,150	2,150	3,450	4,850	12,500	—	
1865	59,300	85.00	95.00	150	235	340	450	850	6,950	5,650
1865S	41,000	105	180	255	400	825	1,250	2,800	15,000	—
1866 unique	—	—	—	—	—	—	—	—		

Seated Liberty, date below obverse   "In God We Trust" above eagle reverse

KM# 98 • 6.22 g., 0.900 **Silver** 0.180 oz. ASW, 24.3 mm. • **Rev. Legend:** UNITED STATES OF AMERICA
Designer: Christian Gobrecht **Note:** The 1873 closed-3 and open-3 varieties are distinguished by the amount of space between the upper left and lower left serifs in the 3.

Date	Mintage	G4	VG8	F12	VF20	XF40	AU50	MS60	MS65	Prf65
1866	17,525	450	600	750	1,050	1,400	1,700	2,350	6,950	2,750
1866S	28,000	295	390	750	1,400	1,950	2,600	3,500	17,500	—
1867	20,625	260	325	500	850	1,325	1,575	1,950	—	2,550
1867S	48,000	250	450	850	1,350	2,850	7,000	13,500	—	—
1868	30,000	150	200	275	385	500	675	900	7,350	2,650
1868S	96,000	100	185	325	450	775	1,350	2,850	15,000	—
1869	16,600	300	450	560	700	935	1,150	1,600	7,500	2,650
1869S	76,000	100	185	325	475	840	1,325	2,650	15,500	—
1870	87,400	55.00	65.00	130	190	275	360	850	6,500	2,650
1870CC	8,340	10,000	16,000	21,000	29,500	40,000	60,000	—	—	—
1871	119,160	33.00	47.50	60.00	125	300	425	725	8,500	2,500
1871CC	10,890	3,450	7,500	11,500	16,000	26,500	40,000	66,500	350,000	—
1871S	30,900	500	750	1,650	2,400	3,750	5,250	7,400	35,000	—
1872	182,950	30.00	55.00	75.00	110	270	400	1,100	8,500	2,550
1872CC	22,850	1,450	2,000	3,250	6,000	13,000	21,000	44,500	—	—
1872S	83,000	850	1,250	2,250	3,350	5,000	6,750	8,750	100,000	—
1873 closed 3	212,600	250	425	550	800	1,850	2,500	7,500	—	2,650
1873 open 3	Inc. above	32.00	47.50	62.00	130	175	200	450	8,250	—
1873CC 6 known	4,000	—	75,000	—	—	100,000	124,000	150,000	650,000	—

Note: 1873CC, Heritage, April 1999, MS-62, $106,375.

Seated Liberty, arrows at date obverse   "In God We Trust" above eagle reverse

KM# 106 • 6.25 g., 0.900 **Silver** 0.1808 oz. ASW, 24.3 mm. • **Rev. Legend:** UNITED STATES OF AMERICA
Designer: Christian Gobrecht

Date	Mintage	G4	VG8	F12	VF20	XF40	AU50	MS60	MS65	Prf65
1873	1,271,700	28.00	32.00	37.50	62.00	195	425	850	4,400	8,000
1873CC	12,462	5,000	9,500	12,500	18,500	26,500	48,500	100,000	175,000	—
1873S	156,000	35.00	45.00	85.00	175	325	525	1,450	20,000	—
1874	471,900	28.00	32.00	37.50	62.00	195	425	850	4,500	8,000
1874S	392,000	33.00	37.00	52.00	110	275	485	900	3,750	—

Seated Liberty, date below obverse   "In God We Trust" above eagle reverse

KM# A98 • 6.25 g., 0.900 **Silver** 0.1808 oz. ASW, 24.3 mm. • **Rev. Legend:** UNITED STATES OF AMERICA
Designer: Christian Gobrecht **Note:** The 1876-CC fine-reeding variety has a more finely reeded edge.

Date	Mintage	G4	VG8	F12	VF20	XF40	AU50	MS60	MS65	Prf65
1875	4,293,500	27.50	31.50	33.50	40.00	67.50	155	290	1,800	2,350
1875CC	140,000	95.00	160	270	450	900	1,250	3,800	30,000	—
1875S	680,000	40.00	50.00	67.00	110	190	275	575	3,350	—
1876	17,817,150	27.50	31.50	33.50	40.00	67.50	155	290	1,850	2,350
1876CC Ty1 rev. sm wide CC	4,944,000	60.00	80.00	95.00	125	185	310	600	5,500	—
1876CC Ty1 rev. sm close CC	Inc. above	55.00	73.00	87.50	110	175	275	500	4,250	—
1876CC Ty1 rev. tall CC	Inc. above	48.00	65.00	75.00	95.00	160	235	450	4,000	—
1876CC Ty2 rev. sm CC	Inc. above	48.00	65.00	75.00	95.00	160	235	450	4,150	—
1876CC Ty2 rev tall CC	Inc. above	58.00	75.00	90.00	115	180	300	550	4,400	—
1876S	8,596,000	27.50	31.50	33.50	40.00	67.50	155	290	2,350	—
1877	10,911,710	27.50	31.50	33.50	40.00	67.50	155	290	1,800	2,350
1877CC	4,192,000	50.00	68.00	80.00	100	165	235	450	2,600	—
1877S	8,996,000	27.50	31.50	33.50	40.00	67.50	155	290	1,850	—
1877S over horizontal S	Inc. above	34.00	44.00	85.00	175	285	335	650	4,750	—
1878	2,260,800	27.50	31.50	33.50	40.00	67.50	165	310	3,000	2,350
1878CC	996,000	58.00	75.00	90.00	140	300	265	550	3,650	—
1878S	140,000	150	225	345	500	785	1,150	1,950	—	—
1879	14,700	180	235	255	325	375	485	600	2,000	2,350
1880	14,955	155	215	275	325	375	435	575	2,100	2,350
1881	12,975	200	250	280	350	400	455	550	2,250	2,350
1882	16,300	210	260	290	350	400	435	600	2,150	2,350
1883	15,439	200	240	280	365	400	465	585	2,800	2,350
1884	8,875	235	285	475	550	600	650	725	2,150	2,350
1885	14,530	165	225	340	280	400	475	610	2,900	2,350
1886	5,886	335	450	550	750	850	925	1,050	3,250	2,350
1887	10,710	225	300	385	450	500	550	700	2,500	2,350
1888	10,833	200	275	325	425	475	520	600	2,000	2,350
1888S	1,216,000	27.50	31.50	33.50	40.00	67.50	165	340	4,000	—
1889	12,711	185	275	300	350	425	475	600	1,900	2,350
1890	80,590	60.00	75.00	100	135	200	300	440	1,900	2,350
1891	3,920,600	27.50	31.50	33.50	42.00	67.50	155	290	1,800	2,350
1891O	68,000	240	400	500	1,350	2,350	3,500	4,850	28,500	—
1891S	2,216,000	28.50	32.50	35.50	43.00	73.00	165	295	2,100	—

Barber Quarter
Laureate head right, flanked by stars, date below obverse
Heraldic eagle reverse

KM# 114 • 6.25 g., 0.900 **Silver** 0.1808 oz. ASW, 24.3 mm. • **Obv. Legend:** IN GOD WE TRUST **Rev. Legend:** UNITED STATES OF AMERICA **Designer:** Charles E. Barber

Date	Mintage	G4	VG8	F12	VF20	XF40	AU50	MS60	MS65	Prf65
1892	8,237,245	12.00	15.50	30.00	50.00	76.00	155	285	—	2,450
1892 Type 2 Rev	Inc. above	10.75	12.50	25.00	44.00	70.00	130	250	1,350	2,450
1892O	2,640,000	22.00	30.00	51.00	80.00	125	185	400	—	—
1892O Type 2 Rev	Inc. above	15.00	23.50	44.00	61.00	98.00	155	340	1,600	—
1892S	964,079	50.00	75.00	115	160	225	350	650	—	—
1892S Type 2 Rev	Inc. above	35.00	59.00	92.00	145	210	310	500	4,500	—
1893	5,484,838	10.50	12.50	20.00	37.00	68.00	130	255	1,550	2,450
1893O	3,396,000	13.50	18.00	35.00	70.00	128	190	300	—	—
1893O mintmark far right	Inc. above	11.50	15.50	30.00	58.00	118	170	255	1,850	—
1893S	1,454,535	26.00	46.00	80.00	165	225	350	615	—	—
1893S MM far right	Inc. above	20.00	38.00	65.00	125	190	320	435	6,350	—
1894	3,432,972	10.75	12.50	30.00	46.00	87.00	145	255	1,300	2,450
1894O	2,852,000	12.25	24.00	50.00	105	159	235	420	—	—
1894O mintmark far right	Inc. above	11.75	18.50	42.00	81.00	138	210	315	2,000	—
1894S	2,648,821	12.00	17.50	41.00	76.00	147	210	410	—	—
1894S MM far right	Inc. above	11.75	13.00	34.50	71.00	126	190	295	2,650	—
1895	4,440,880	10.50	12.50	28.00	37.00	73.00	135	255	1,650	2,450
1895O	2,816,000	17.50	27.00	46.00	88.00	165	245	525	—	—
1895O mintmark far right	Inc. above	12.50	19.50	42.00	74.00	140	215	385	2,650	—
1895S	1,764,681	26.50	40.00	85.00	165	210	320	560	—	—

Date	Mintage	G4	VG8	F12	VF20	XF40	AU50	MS60	MS65	Prf65
1895S mintmark far right	Inc. above	19.50	36.00	73.00	125	180	280	430	3,650	—
1896	3,874,762	10.50	12.00	23.00	39.00	82.00	135	255	1,150	2,450
1896O	1,484,000	62.00	98.00	210	355	650	900	1,150	6,950	—
1896S	188,039	725	1,525	2,450	3,950	5,425	7,250	9,750	50,000	—
1897	8,140,731	10.50	12.00	19.50	30.50	67.50	130	255	1,450	2,450
1897O	1,414,800	44.00	75.00	200	390	535	595	900	3,550	—
1897S	542,229	145	160	310	615	950	1,150	1,800	6,850	—
1898	11,100,735	10.50	12.00	20.50	34.00	72.00	130	255	1,150	2,450
1898O	1,868,000	16.00	29.00	74.00	150	290	425	680	8,950	—
1898S	1,020,592	12.50	19.50	50.00	67.00	103	215	395	7,950	—
1899	12,624,846	10.50	12.00	20.50	34.00	72.00	130	255	1,150	2,450
1899O	2,644,000	13.50	22.50	38.00	67.00	140	285	425	2,850	—
1899S	708,000	30.00	45.00	105	120	155	275	425	3,650	—
1900	10,016,912	10.50	12.00	44.00	35.00	72.00	133	265	1,550	2,450
1900O	3,416,000	15.50	29.00	127	120	175	345	565	3,750	—
1900S	1,858,585	11.75	14.50	35.00	50.00	75.00	133	350	4,950	—
1901	8,892,813	30.50	36.00	44.00	72.00	86.00	133	255	1,550	2,450
1901O	1,612,000	70.00	115	210	385	640	825	1,085	5,450	—
1901S	72,664	4,500	9,000	18,500	26,500	31,000	38,500	41,500	77,500	—
1902	12,197,744	8.75	9.75	17.50	30.50	63.00	128	255	1,100	2,450
1902O	4,748,000	10.75	15.50	49.00	81.00	140	220	460	4,000	—
1902S	1,524,612	14.50	22.50	50.00	86.00	170	240	490	3,600	—
1903	9,670,064	8.75	9.75	18.50	33.00	70.00	128	255	2,150	2,450
1903O	3,500,000	10.75	13.50	37.00	61.00	123	245	425	4,850	—
1903S	1,036,000	15.50	26.00	42.00	86.00	145	265	425	2,450	—
1904	9,588,813	8.75	12.50	18.50	33.00	65.50	128	260	1,200	2,450
1904O	2,456,000	30.50	45.00	87.00	160	215	435	850	2,650	—
1905	4,968,250	30.50	36.00	47.00	62.00	69.00	133	255	1,500	2,450
1905O	1,230,000	44.00	62.50	125	235	255	340	460	6,850	—
1905S	1,884,000	32.50	42.00	70.00	105	110	205	325	3,650	—
1906	3,656,435	8.75	9.75	17.50	30.50	62.50	128	255	1,100	2,450
1906D	3,280,000	9.25	17.50	44.00	39.00	64.50	143	255	1,675	—
1906O	2,056,000	10.50	15.75	38.00	57.00	110	187	275	1,150	—
1907	7,192,575	8.75	9.75	16.00	30.50	60.00	125	255	1,100	2,450
1907D	2,484,000	8.75	9.75	25.00	47.00	74.00	170	255	2,650	—
1907O	4,560,000	10.50	13.00	17.50	37.00	62.50	133	255	1,950	—
1907S	1,360,000	10.50	18.50	44.00	67.00	130	250	465	5,650	—
1908	4,232,545	8.75	9.75	17.50	30.00	62.50	125	255	1,100	2,450
1908D	5,788,000	8.75	9.75	16.00	34.00	62.50	125	255	1,100	—
1908O	6,244,000	10.50	12.50	16.00	35.00	69.00	135	255	1,100	—
1908S	784,000	32.00	67.50	140	160	290	465	710	4,750	—
1909	9,268,650	8.75	9.75	16.00	30.50	60.00	125	255	1,100	2,450
1909D	5,114,000	8.75	9.75	20.00	37.00	82.00	150	255	1,350	—
1909O	712,000	42.00	120	445	875	1,625	2,300	3,050	8,750	—
1909S	1,348,000	10.75	14.50	34.00	51.00	87.00	180	285	2,250	—
1910	2,244,551	8.75	10.25	27.00	41.00	74.00	133	255	1,100	2,450
1910D	1,500,000	9.00	11.00	42.00	67.00	120	240	340	1,875	—
1911	3,720,543	8.75	9.75	18.50	30.50	69.00	125	255	1,100	2,450
1911D	933,600	30.50	45.00	165	310	455	650	485	5,750	—
1911S	988,000	10.50	13.00	52.00	92.00	170	275	385	1,425	—
1912	4,400,700	8.75	9.75	16.00	30.50	53.50	125	255	1,100	2,485
1912S	708,000	26.00	33.00	72.00	100	128	215	400	1,675	—
1913	484,613	29.00	47.00	120	180	375	490	900	4,450	2,485
1913D	1,450,800	12.50	14.00	34.50	52.00	88.00	170	255	1,200	—
1913S	40,000	1,625	2,450	5,200	7,950	10,550	13,750	14,750	31,500	—
1914	6,244,610	8.75	9.75	16.00	30.50	53.50	125	255	1,100	2,550
1914D	3,046,000	8.75	9.75	16.00	28.50	53.50	125	255	1,100	—
1914S	264,000	139	205	425	625	925	1,080	1,375	3,450	—
1915	3,480,450	8.75	9.75	16.00	27.50	60.50	125	255	1,100	2,485
1915D	3,694,000	8.75	9.75	16.00	27.50	60.50	125	255	1,100	—
1915S	704,000	28.00	42.00	61.00	92.00	98.00	200	290	1,200	—
1916	1,788,000	8.75	9.75	16.00	27.50	53.50	125	255	1,100	—
1916D	6,540,800	8.75	9.75	16.00	27.50	53.50	125	235	1,100	—
1916D/D	Inc. above	12.50	15.50	21.00	32.00	59.00	148	300	—	—

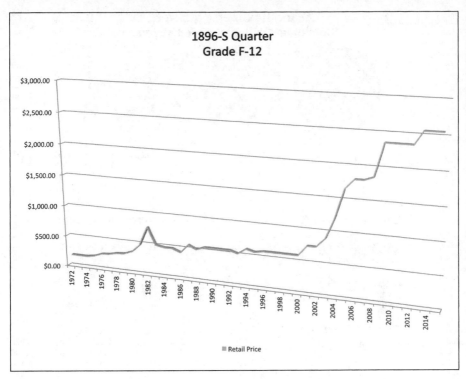

1896-S Quarter
Grade F-12

Retail Price

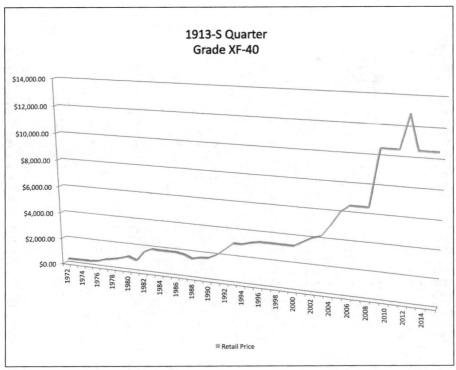

1913-S Quarter
Grade XF-40

Retail Price

QUARTER

Standing Liberty quarter
Right breast exposed; Type I obverse

Right breast exposed

KM# 141 • 6.25 g., 0.900 Silver 0.1808 oz. ASW, 24.3 mm. • **Designer:** Hermon A. MacNeil

Date	Mintage	G4	VG8	F12	VF20	XF40	AU50	MS60	MS65	65FH
1916	52,000	2,850	5,650	6,900	9,000	9,500	12,000	14,000	25,000	36,500
1917	8,792,000	—	50.00	63.50	85.00	120	182	230	695	850
1917D	1,509,200	28.00	67.50	90.00	130	200	240	310	1,225	1,650
1917S	1,952,000	30.00	75.00	105	155	220	280	340	1,150	3,200

Right breast covered; Type 2 obverse   Three stars below eagle

Right breast covered   Mint mark

KM# 145 • 6.25 g., 0.900 Silver 0.1808 oz. ASW, 24.3 mm. • **Designer:** Hermon A. MacNeil

Date	Mintage	G4	VG8	F12	VF20	XF40	AU50	MS60	MS65	65FH
1917	13,880,000	25.00	35.00	52.00	72.00	97.50	135	200	600	900
1917D	6,224,400	40.00	45.00	86.00	120	155	210	265	1,550	3,350
1917S	5,522,000	40.00	45.00	88.00	115	148	200	255	1,085	3,650
1918	14,240,000	17.00	21.00	27.50	30.00	43.00	75.00	150	510	1,750
1918D	7,380,000	26.00	36.00	68.50	75.00	135	190	275	1,750	4,850
1918S	11,072,000	17.00	21.00	30.00	35.00	50.00	85.00	170	1,150	10,500
1918/17S	Inc. above	1,550	2,250	3,650	4,850	7,500	11,750	15,000	90,000	320,000
1919	11,324,000	33.00	44.00	58.50	70.00	80.00	118	170	510	1,275
1919D	1,944,000	85.00	110	200	400	595	775	950	2,875	37,500
1919S	1,836,000	80.00	105	170	285	490	675	735	3,850	31,500
1920	27,860,000	15.00	18.00	24.00	37.00	50.00	88.00	150	510	1,850
1920D	3,586,400	48.00	65.00	82.00	120	160	220	335	2,050	6,850
1920S	6,380,000	19.00	25.00	28.00	37.00	57.00	155	225	2,250	24,000
1921	1,916,000	165	210	400	635	810	1,100	1,650	3,850	5,500
1923	9,716,000	15.00	18.00	33.00	37.00	43.00	95.00	155	550	3,850
1923S	1,360,000	300	425	665	1,000	1,550	2,000	2,600	5,250	7,500
1924	10,920,000	15.00	18.00	23.00	35.00	46.00	110	185	525	1,550
1924D	3,112,000	56.00	68.00	105	135	185	235	295	540	4,350
1924S	2,860,000	27.00	32.00	43.00	60.00	120	220	310	1,650	5,650
1925	12,280,000	7.90	8.90	10.50	18.00	44.00	88.00	170	520	950
1926	11,316,000	7.90	8.50	9.60	14.00	36.00	72.50	168	495	1,650
1926D	1,716,000	6.50	10.00	25.00	47.50	92.00	135	170	465	25,000
1926S	2,700,000	8.20	8.80	11.50	24.00	105	215	325	1,850	26,000
1927	11,912,000	7.90	8.50	9.60	11.00	28.00	72.50	125	515	1,150
1927D	976,400	14.00	19.00	30.00	73.50	145	210	250	565	2,450
1927S	396,000	35.00	48.00	110	295	925	2,600	4,500	11,000	185,000
1928	6,336,000	7.90	8.50	9.60	12.00	28.00	72.50	125	515	1,850
1928D	1,627,600	8.40	9.00	10.60	20.00	42.50	84.00	130	465	4,950
1928S Large S	2,644,000	9.90	11.00	15.00	25.00	65.00	115	200	—	—
1928S Small S	Inc. above	8.20	8.80	10.30	16.50	38.00	75.00	130	525	900
1929	11,140,000	7.90	8.50	9.60	12.00	28.00	72.50	125	465	795
1929D	1,358,000	8.40	9.00	10.60	16.00	38.50	77.50	130	465	5,850
1929S	1,764,000	8.20	8.80	10.10	15.00	34.00	77.50	130	465	795
1930	5,632,000	7.90	8.50	9.60	11.00	28.00	72.50	125	465	795
1930S	1,556,000	8.20	8.80	9.60	11.50	34.00	77.50	130	465	845

Washington Quarter

Mint mark 1932-64

KM# 164 • 6.25 g., 0.900 **Silver** 0.1808 oz. ASW, 24.3 mm. • **Designer:** John Flanagan

Date	Mintage	G4	VG8	F12	VF20	XF40	AU50	MS60	MS65	Prf65
1932	5,404,000	5.00	5.10	5.20	5.30	9.50	14.50	25.00	300	—
1932D	436,800	115	125	140	180	290	440	1,150	12,500	—
1932S	408,000	125	140	150	165	225	260	465	4,000	—
1934 Medium Motto	31,912,052	5.00	5.60	5.90	6.30	7.60	10.50	26.00	100	—
1934 Heavy Motto	Inc. Above	4.80	4.90	9.00	12.50	18.00	30.00	50.00	265	—
1934 Light motto	Inc. Above	5.40	6.20	10.00	12.00	15.00	26.00	45.00	340	—
1934 Doubled Die Obverse	Inc. Above	75.00	100	165	200	320	450	850	4,250	—
1934D Medium Motto	3,527,200	4.80	4.90	11.50	18.50	29.00	85.00	235	825	—
1934D Heavy Motto	Inc. Above	5.00	7.50	12.50	20.00	34.00	100	265	1,350	—
1935	32,484,000	4.80	5.00	5.30	5.80	7.30	10.00	20.00	110	—
1935D	5,780,000	5.50	5.80	6.50	16.50	33.50	125	245	595	—
1935S	5,660,000	5.00	5.20	6.20	7.30	15.50	36.50	95.00	310	—
1936	41,303,837	4.80	5.00	5.30	5.80	7.30	9.50	26.00	100	1,550
1936D	5,374,000	5.50	5.80	10.50	26.00	52.00	255	585	975	—
1936S	3,828,000	5.20	5.50	6.20	6.70	14.50	48.50	108	345	—
1937	19,701,542	4.80	5.00	5.30	7.20	10.00	16.50	22.00	90.00	475
1937 Double Die Obverse	Inc. Above	75.00	100	235	340	450	850	1,850	11,500	—
1937D	7,189,600	5.00	5.20	6.20	6.60	16.50	38.00	67.50	150	—
1937S	1,652,000	5.50	5.80	6.60	22.00	34.00	95.00	160	430	—
1938	9,480,045	5.00	5.20	6.20	6.60	18.00	49.00	90.00	215	350
1938S	2,832,000	5.50	5.70	5.90	9.75	22.50	55.00	108	215	—
1939	33,548,795	4.80	5.00	5.30	5.80	6.90	7.00	15.50	55.00	250
1939D	7,092,000	5.00	5.20	5.80	7.30	12.00	19.50	42.00	122	—
1939S	2,628,000	5.50	5.80	6.30	12.00	26.00	60.00	105	275	—

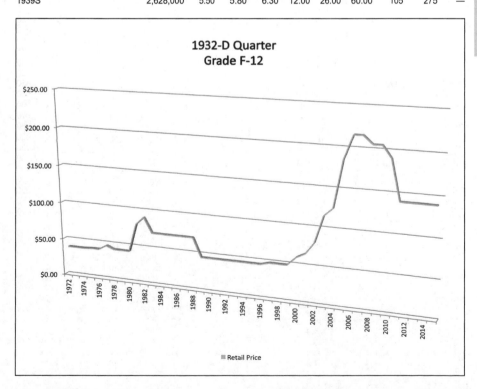

1932-D Quarter
Grade F-12

■ Retail Price

Date	Mintage	G4	VG8	F12	VF20	XF40	AU50	MS60	MS65	Prf65
1940	35,715,246	4.80	5.00	5.30	5.80	6.80	7.50	17.50	53.50	160
1940D	2,797,600	5.00	5.20	5.30	12.50	26.00	65.00	130	300	—
1940S	8,244,000	5.00	5.20	5.30	5.40	9.00	16.50	28.50	52.00	—
1941	79,047,287	—	—	—	—	5.00	5.20	9.50	36.00	175
1941 Double Die Obv.	Inc. Above	—	—	—	20.00	40.00	50.00	65.00	120	—
1941D	16,714,800	—	—	—	5.50	6.60	15.00	33.00	66.00	—
1941S	16,080,000	—	—	—	5.70	5.80	12.50	30.00	65.00	—
1941 Lg S	Inc. Above	—	5.80	12.00	20.00	30.00	50.00	100	350	—
1942	102,117,123	—	—	—	—	4.90	5.10	6.60	29.00	135
1942D	17,487,200	—	—	—	5.50	6.70	11.00	18.00	38.00	—
1942D Double Die Obv.	Inc. Above	—	115	250	440	650	1,350	2,150	5,000	—
1942D Double Die Rev.	Inc. Above	—	22.00	40.00	60.00	75.00	150	350	1,850	—
1942S	19,384,000	—	—	—	5.60	11.00	22.50	70.00	135	—
1943	99,700,000	—	—	—	—	4.90	5.10	6.60	39.00	—
1943 Double Die Obv.	Inc. Above	—	12.00	20.00	35.00	50.00	90.00	175	450	—
1943D	16,095,600	—	—	—	5.70	6.80	16.50	29.00	50.00	—
1943S	21,700,000	—	—	5.40	5.80	6.20	14.50	27.00	51.50	—
1943S Double Die Obv.	Inc. Above	30.00	60.00	80.00	110	150	265	400	1,200	—
1943 Trumpet tail S	Inc. Above	10.00	15.00	25.00	40.00	60.00	100	175	675	—
1944	104,956,000	—	—	—	—	4.90	5.10	5.70	29.00	—
1944D	14,600,800	—	—	—	5.40	5.50	11.00	19.00	38.50	—
1944S	12,560,000	—	—	—	5.40	5.50	9.50	14.50	31.00	—
1945	74,372,000	—	—	—	—	4.90	5.10	5.70	34.00	—
1945D	12,341,600	—	—	—	5.50	7.50	11.00	18.00	37.00	—
1945S	17,004,001	—	—	—	5.30	5.40	5.60	8.50	32.00	—
1946	53,436,000	—	—	—	—	4.90	5.10	5.70	38.00	—
1946D	9,072,800	—	—	—	5.40	6.00	6.20	9.75	40.00	—
1946S	4,204,000	—	—	—	5.40	6.00	6.20	6.90	34.00	—
1947	22,556,000	—	—	—	—	6.00	6.20	11.50	39.00	—
1947D	15,338,400	—	—	—	5.40	5.90	6.10	11.00	39.00	—
1947S	5,532,000	—	—	—	5.40	5.90	6.10	9.25	28.00	—
1948	35,196,000	—	—	—	5.40	5.90	6.10	5.90	30.00	—
1948D	16,766,800	—	—	—	5.40	6.00	6.40	13.00	45.00	—
1948S	15,960,000	—	—	—	5.40	5.90	6.10	6.70	40.00	—
1949	9,312,000	—	—	—	5.50	6.50	15.00	36.00	62.00	—
1949D	10,068,400	—	—	—	5.30	6.00	9.50	16.50	48.00	—
1950	24,971,512	—	—	—	—	5.50	7.00	10.00	30.00	65.00
1950D	21,075,600	—	—	—	—	5.00	5.20	5.90	32.00	—
1950D/S	Inc. Above	30.00	37.00	45.00	75.00	140	225	350	5,000	—
1950S	10,284,004	—	—	—	—	5.60	7.50	13.50	34.00	—
1950S/D	Inc. Above	32.00	44.00	65.00	125	180	285	400	1,250	—
1950S/S	Inc. Above	6.00	7.00	8.00	10.00	14.00	18.00	35.00	135	—
1951	43,505,602	—	—	—	—	4.90	5.10	8.00	27.00	60.00
1951D	35,354,800	—	—	—	—	5.10	5.70	8.50	26.00	—
1951S	9,048,000	—	—	4.70	5.60	7.50	11.00	21.00	40.00	—
1952	38,862,073	—	—	—	—	4.90	5.80	9.10	28.00	46.00
1952D	49,795,200	—	—	—	—	4.90	5.10	6.70	32.00	—
1952S	13,707,800	—	—	—	5.50	5.60	11.00	15.00	32.00	—
1953	18,664,920	—	—	—	—	5.50	6.40	10.00	25.00	44.00
1953D	56,112,400	—	—	—	—	4.90	5.10	6.20	22.00	—
1953S	14,016,000	—	—	—	—	4.90	5.10	6.50	28.00	—
1954	54,645,503	—	—	—	—	4.90	5.10	5.70	24.00	18.00
1954D	42,305,500	—	—	—	—	4.90	5.10	5.70	24.00	—
1954S	11,834,722	—	—	—	—	4.90	5.10	6.20	22.00	—
1955	18,558,381	—	—	—	—	4.90	5.10	5.70	26.00	22.00
1955D	3,182,400	—	—	—	—	5.60	6.00	6.70	24.00	—
1956	44,813,384	—	—	—	—	4.90	5.10	5.70	22.00	15.00
1956 Double Bar 5	Inc. Above	—	5.60	5.70	5.80	6.50	9.00	20.00	125	—
1956 Type B rev, proof rev die	Inc. Above	—	—	8.00	12.00	18.00	25.00	35.00	275	—
1956D	32,334,500	—	—	—	—	4.90	5.10	5.70	15.00	—
1957	47,779,952	—	—	—	—	4.90	5.10	5.70	14.00	12.00
1957 Type B rev, proof rev die	Inc. Above	—	—	—	5.60	10.00	20.00	40.00	125	—
1957D	77,924,160	—	—	—	—	4.90	5.10	5.70	16.00	—
1958	7,235,652	—	—	—	—	4.90	5.10	5.70	12.00	12.00
1958 Type B rev, proof rev die	Inc. Above	—	—	—	5.60	10.00	16.00	24.00	90.00	—
1958D	78,124,900	—	—	—	—	4.90	5.10	5.70	15.00	—
1959	25,533,291	—	—	—	—	4.90	5.10	5.70	12.00	12.00
1959 Type B rev, proof rev die	Inc. Above	—	—	—	5.80	8.00	12.00	18.00	65.00	—
1959D	62,054,232	—	—	—	—	4.90	5.10	5.70	18.00	—

Date	Mintage	G4	VG8	F12	VF20	XF40	AU50	MS60	MS65	Prf65
1960	30,855,602	—	—	—	—	4.90	5.10	5.70	14.00	12.00
1960 Type B rev, proof rev die	Inc. Above	—	—	—	5.10	10.00	16.00	24.00	90.00	—
1960D	63,000,324	—	—	—	—	4.90	5.10	5.70	14.00	—
1961	40,064,244	—	—	—	—	4.90	5.10	5.70	15.00	12.00
1961 Type B rev, proof rev die	Inc. Above	—	—	—	5.80	10.00	14.00	20.00	200	—
1961D	83,656,928	—	—	—	—	4.90	5.10	5.70	20.00	—
1962	39,374,019	—	—	—	—	4.90	5.10	5.70	15.00	12.00
1962 Type B rev, proof rev die	Inc. Above	—	—	—	8.00	12.00	15.00	30.00	175	—
1962D	127,554,756	—	—	—	—	4.90	5.10	5.70	22.00	—
1963	77,391,645	—	—	—	—	4.90	5.10	5.70	12.00	12.00
1963 Type B rev, proof rev die	Inc. Above	—	—	—	5.80	5.90	8.00	15.00	50.00	—
1963D	135,288,184	—	—	—	—	4.90	5.10	5.70	15.00	—
1964	564,341,347	—	—	—	—	4.90	5.10	5.70	12.00	12.00
1964 Type B rev, proof rev die	Inc. Above	—	—	—	5.80	9.00	10.00	18.00	75.00	—
1964 SMS	Inc. Above	—	—	—	—	—	250	750	1,400	—
1964D	704,135,528	—	—	—	—	4.90	5.10	5.70	12.00	—
1964D Type C rev, clad rev die	Inc. Above	—	—	—	40.00	55.00	75.00	125	450	—

KM# 164a • 5.67 g., **Copper-Nickel Clad Copper**, 24.3 mm. • **Designer:** John Flanagan

Date	Mintage	MS65	Prf65
1965	1,819,717,540	10.00	—
1965 SMS	2,360,000	9.00	—
1966	821,101,500	7.50	—
1966 SMS	2,261,583	9.00	—
1967	1,524,031,848	10.00	—
1967 SMS	1,863,344	9.00	—
1968	220,731,500	10.00	—
1968D	101,534,000	7.00	—
1968S	3,041,506	—	2.00
1969	176,212,000	14.00	—
1969D	114,372,000	8.00	—
1969S	2,934,631	—	2.25
1970	136,420,000	12.00	—
1970D	417,341,364	6.00	—
1970S	2,632,810	—	2.00
1971	109,284,000	12.00	—
1971D	258,634,428	6.00	—
1971S	3,220,733	—	2.00
1972	215,048,000	7.50	—
1972D	311,067,732	6.00	—
1972S	3,260,996	—	2.00
1973	346,924,000	8.00	—
1973D	232,977,400	7.00	—
1973S	2,760,339	—	1.75
1974	801,456,000	6.00	—
1974D	353,160,300	8.00	—
1974S	2,612,568	—	2.10
1975 none minted	—	—	—
1975D none minted	—	—	—
1975S none minted	—	—	—

Colonial drummer, torch at top left within ring of stars reverse

Mint mark
1968-present

KM# 204 • 5.67 g., **Copper-Nickel Clad Copper**, 24.3 mm. • **Rev. Designer:** Jack L. Ahr

Date	Mintage	MS60	MS65	PF65
1976	809,784,016	0.50	7.00	—
1976D	860,118,839	0.50	8.00	—
1976S	4,149,730	—	—	3.25

KM# 204a • 5.75 g., **Silver Clad**, 24.3 mm. • **Rev. Designer:** Jack L. Ahr

Date	Mintage	MS60	MS65	PF65
1976S	4,908,319	1.85	6.00	—
1976S	3,998,621	1.85	6.00	4.50

Eagle, regular design resumed reverse

KM# A164a • 5.67 g., **Copper-Nickel Clad Copper**, 24.3 mm. • **Edge:** Reeded **Note:** KM#164 design and composition resumed. The 1979-S and 1981 Type II proofs have clearer mint marks than the Type I proofs for those years.

Date	Mintage	MS65	Prf65
1977	468,556,000	7.50	—
1977D	256,524,978	8.00	—
1977S	3,251,152	—	2.75
1978	521,452,000	6.00	—
1978D	287,373,152	7.00	—
1978S	3,127,781	—	2.75
1979	515,708,000	8.00	—
1979D	489,789,780	7.00	—
1979S T-I	3,677,175	—	2.50
1979S T-II	Inc. above	—	4.00
1980P	635,832,000	8.00	—
1980D	518,327,487	8.50	—
1980S	3,554,806	—	2.75
1981P	601,716,000	7.50	—
1981D	575,722,833	6.50	—
1981S T-I	4,063,083	—	2.75
1981S T-II	Inc. above	—	7.50

Date	Mintage	MS65	Prf65
1982P	500,931,000	28.00	—
1982D	480,042,788	15.00	—
1982S	3,857,479	—	4.00
1983P	673,535,000	50.00	—
1983D	617,806,446	30.00	—
1983S	3,279,126	—	3.00
1984P	676,545,000	14.50	—
1984D	546,483,064	12.50	—
1984S	3,065,110	—	3.00
1985P	775,818,962	12.50	—
1985D	519,962,888	10.00	—
1985S	3,362,821	—	3.00
1986P	551,199,333	11.00	—
1986D	504,298,660	15.00	—
1986S	3,010,497	—	3.00
1987P	582,499,481	10.50	—
1987D	655,594,696	8.50	—
1987S	4,227,728	—	3.00
1988P	562,052,000	10.00	—
1988D	596,810,688	7.50	—
1988S	3,262,948	—	3.00
1989P	512,868,000	16.00	—
1989D	896,535,597	7.50	—
1989S	3,220,194	—	3.00
1990P	613,792,000	12.00	—
1990D	927,638,181	6.00	—
1990S	3,299,559	—	4.50
1991P	570,968,000	10.00	—
1991D	630,966,693	12.00	—
1991S	2,867,787	—	3.00
1992P	384,764,000	20.00	—
1992D	389,777,107	12.00	—
1992S	2,858,981	—	3.00
1993P	639,276,000	7.50	—
1993D	645,476,128	8.50	—
1993S	2,633,439	—	3.00
1994P	825,600,000	8.00	—
1994D	880,034,110	8.00	—
1994S	2,484,594	—	3.00
1995P	1,004,336,000	7.50	—
1995D	1,103,216,000	6.50	—
1995S	2,117,496	—	6.00
1996P	925,040,000	7.50	—
1996D	906,868,000	11.00	—
1996S	1,750,244	—	4.00
1997P	595,740,000	22.50	—
1997D	599,680,000	17.00	—
1997S	2,055,000	—	9.00
1998P	896,268,000	14.00	—
1998D	821,000,000	18.00	—
1998S	2,086,507	—	9.00

KM# A164b • 6.25 g., 0.900 **Silver** 0.1808 oz. ASW, 24.3 mm.

Date	Mintage	Prf65
1992S	1,317,579	6.80
1993S	761,353	—
1994S	785,329	—
1995S	838,953	8.00
1996S	775,021	—
1997S	741,678	8.00
1998S	878,792	6.80

50 State Quarters

Delaware

KM# 293 • 5.67 g., **Copper-Nickel Clad Copper**, 24.3 mm.

Date	Mintage	MS63	MS65	Prf65
1999P	373,400,000	1.00	5.00	—
1999D	401,424,000	1.00	7.00	—
1999S	3,713,359	—	—	3.50

KM# 293a • 6.25 g., 0.900 **Silver**, 0.1808 oz. ASW, 24.3 mm.

Date	Mintage	MS63	MS65	Prf65
1999S	804,565	—	—	20.00

Pennsylvania

KM# 294 • 5.67 g., **Copper-Nickel Clad Copper**, 24.3 mm.

Date	Mintage	MS63	MS65	Prf65
1999P	349,000,000	1.00	5.00	—
1999D	358,332,000	1.00	4.00	—
1999S	3,713,359	—	—	3.50

KM# 294a • 6.25 g., 0.900 **Silver**, 0.1808 oz. ASW, 24.3 mm.

Date	Mintage	MS63	MS65	Prf65
1999S	804,565	—	—	20.00

New Jersey

KM# 295 • 5.67 g., **Copper-Nickel Clad Copper**, 24.3 mm.

Date	Mintage	MS63	MS65	Prf65
1999P	363,200,000	1.00	5.00	—
1999D	299,028,000	1.00	4.00	—
1999S	3,713,359	—	—	3.50

KM# 295a • 6.25 g., 0.900 **Silver**, 0.1808 oz. ASW, 24.3 mm.

Date	Mintage	MS63	MS65	Prf65
1999S	804,565	—	—	20.00

Georgia

KM# 296 • 5.67 g., **Copper-Nickel Clad Copper**, 24.3 mm.

Date	Mintage	MS63	MS65	Prf65
1999P	451,188,000	1.00	4.50	—
1999D	488,744,000	1.00	4.50	—
1999S	3,713,359	—	—	3.50

KM# 296a • 6.25 g., 0.900 **Silver**, 0.1808 oz. ASW 24.3 mm.

Date	Mintage	MS63	MS65	Prf65
1999S	804,565	—	—	20.00

Connecticut

KM# 297 • 5.67 g., **Copper-Nickel Clad Copper**, 24.3 mm.

Date	Mintage	MS63	MS65	Prf65
1999P	688,744,000	0.80	6.00	—
1999D	657,480,000	0.80	5.00	—
1999S	3,713,359	—	—	3.50

KM# 297a • 6.25 g., 0.900 **Silver**, 0.1808 oz. ASW 24.3 mm.

Date	Mintage	MS63	MS65	Prf65
1999S	804,565	—	—	20.00

Massachusetts

KM# 305 • 5.67 g., **Copper-Nickel Clad Copper**, 24.3 mm.

Date	Mintage	MS63	MS65	Prf65
2000P	629,800,000	0.80	7.00	—
2000D	535,184,000	0.80	8.00	—
2000S	4,078,747	—	—	3.00

KM# 305a • 6.25 g., 0.900 **Silver**, 0.1808 oz. ASW 24.3 mm.

Date	Mintage	MS63	MS65	Prf65
2000S	965,921	—	—	9.00

Maryland

KM# 306 • 5.67 g., **Copper-Nickel Clad Copper**, 24.3 mm.

Date	Mintage	MS63	MS65	Prf65
2000P	678,200,000	0.80	6.00	—
2000D	556,526,000	0.80	6.00	—
2000S	4,078,747	—	—	3.00

KM# 306a • 6.25 g., 0.900 **Silver**, 0.1808 oz. ASW 24.3 mm.

Date	Mintage	MS63	MS65	Prf65
2000S	965,921	—	—	9.00

South Carolina

KM# 307 • 5.67 g., **Copper-Nickel Clad Copper**, 24.3 mm.

Date	Mintage	MS63	MS65	Prf65
2000P	742,756,000	0.80	6.00	—
2000D	566,208,000	0.80	9.00	—
2000S	4,078,747	—	—	3.00

KM# 307a • 6.25 g., 0.900 **Silver**, 0.1808 oz. ASW 24.3 mm.

Date	Mintage	MS63	MS65	Prf65
2000S	965,921	—	—	9.00

New Hampshire

KM# 308 • 5.67 g., **Copper-Nickel Clad Copper**, 24.3 mm.

Date	Mintage	MS63	MS65	Prf65
2000P	673,040,000	0.80	8.00	—
2000D	495,976,000	0.80	9.00	—
2000S	4,078,747	—	—	3.00

KM# 308a • 6.25 g., 0.900 **Silver**, 0.1808 oz. ASW 24.3 mm.

Date	Mintage	MS63	MS65	Prf65
2000S	965,921	—	—	9.00

QUARTER

QUARTER

Virginia

KM# 309 • 5.67 g., **Copper-Nickel Clad Copper**, 24.3 mm.

Date	Mintage	MS63	MS65	Prf65
2000P	943,000,000	0.80	6.50	—
2000D	651,616,000	0.80	6.50	—
2000S	4,078,747	—	—	3.00

KM# 309a • 6.25 g., 0.900 **Silver**, 0.1808 oz. ASW 24.3 mm.

Date	Mintage	MS63	MS65	Prf65
2000S	965,921	—	—	9.50

New York

KM# 318 • 5.67 g., **Copper-Nickel Clad Copper**, 24.3 mm.

Date	Mintage	MS63	MS65	Prf65
2001P	655,400,000	0.80	5.50	—
2001D	619,640,000	0.80	5.50	—
2001S	3,094,140	—	—	4.00

KM# 318a • 6.25 g., 0.900 **Silver**, 0.1808 oz. ASW 24.3 mm.

Date	Mintage	MS63	MS65	Prf65
2001S	889,697	—	—	9.50

North Carolina

KM# 319 • 5.67 g., **Copper-Nickel Clad Copper**, 24.3 mm.

Date	Mintage	MS63	MS65	Prf65
2001P	627,600,000	1.00	5.50	—
2001D	427,876,000	1.00	6.50	—
2001S	3,094,140	—	—	4.00

KM# 319a • 6.25 g., 0.900 **Silver**, 0.1808 oz. ASW 24.3 mm.

Date	Mintage	MS63	MS65	Prf65
2001S	889,697	—	—	9.50

Rhode Island

KM# 320 • 5.67 g., **Copper-Nickel Clad Copper**, 24.3 mm.

Date	Mintage	MS63	MS65	Prf65
2001P	423,000,000	0.80	5.50	—
2001D	447,100,000	0.80	6.00	—
2001S	3,094,140	—	—	4.00

KM# 320a • 6.25 g., 0.900 **Silver**, 0.1808 oz. ASW 24.3 mm.

Date	Mintage	MS63	MS65	Prf65
2001S	889,697	—	—	9.50

Vermont

KM# 321 • 5.67 g., **Copper-Nickel Clad Copper**, 24.3 mm.

Date	Mintage	MS63	MS65	Prf65
2001P	423,400,000	0.80	6.50	—
2001D	459,404,000	0.80	6.50	—
2001S	3,094,140	—	—	4.00

KM# 321a • 6.25 g., 0.900 **Silver**, 0.1808 oz. ASW 24.3 mm.

Date	Mintage	MS63	MS65	Prf65
2001S	889,697	—	—	9.50

Kentucky

KM# 322 • 5.67 g., **Copper-Nickel Clad Copper**, 24.3 mm.

Date	Mintage	MS63	MS65	Prf65
2001P	353,000,000	1.00	6.50	—
2001D	370,564,000	1.00	7.00	—
2001S	3,094,140	—	—	4.00

KM# 322a • 6.25 g., 0.900 **Silver**, 0.1808 oz. ASW 24.3 mm.

Date	Mintage	MS63	MS65	Prf65
2001S	889,697	—	—	9.50

Tennessee

KM# 331 • 5.67 g., **Copper-Nickel Clad Copper**, 24.3 mm.

Date	Mintage	MS63	MS65	Prf65
2002P	361,600,000	1.40	6.50	—
2002D	286,468,000	1.40	7.00	—
2002S	3,084,245	—	—	2.30

KM# 331a • 6.25 g., 0.900 **Silver**, 0.1808 oz. ASW 24.3 mm.

Date	Mintage	MS63	MS65	Prf65
2002S	892,229	—	—	8.50

Ohio

KM# 332 • 5.67 g., **Copper-Nickel Clad Copper**, 24.3 mm.

Date	Mintage	MS63	MS65	Prf65
2002P	217,200,000	0.80	5.50	—
2002D	414,832,000	0.80	5.50	—
2002S	3,084,245	—	—	2.30

KM# 332a • 6.25 g., 0.900 **Silver**, 0.1808 oz. ASW 24.3 mm.

Date	Mintage	MS63	MS65	Prf65
2002S	892,229	—	—	8.50

Louisiana

KM# 333 • 5.67 g., **Copper-Nickel Clad Copper**, 24.3 mm.

Date	Mintage	MS63	MS65	Prf65
2002P	362,000,000	0.80	5.50	—
2002D	402,204,000	0.80	6.00	—
2002S	3,084,245	—	—	2.30

KM# 333a • 6.25 g., 0.900 **Silver**, 0.1808 oz. ASW 24.3 mm.

Date	Mintage	MS63	MS65	Prf65
2002S	892,229	—	—	8.50

Indiana

KM# 334 • 5.67 g., **Copper-Nickel Clad Copper**, 24.3 mm.

Date	Mintage	MS63	MS65	Prf65
2002P	362,600,000	0.80	5.00	—
2002D	327,200,000	0.80	5.00	—
2002S	3,084,245	—	—	2.30

KM# 334a • 6.25 g., 0.900 **Silver**, 0.1808 oz. ASW 24.3 mm.

Date	Mintage	MS63	MS65	Prf65
2002S	892,229	—	—	8.50

Mississippi

KM# 335 • 5.67 g., **Copper-Nickel Clad Copper**, 24.3 mm.

Date	Mintage	MS63	MS65	Prf65
2002P	290,000,000	0.80	5.00	—
2002D	289,600,000	0.80	5.00	—
2002S	3,084,245	—	—	2.30

KM# 335a • 6.25 g., 0.900 **Silver**, 0.1808 oz. ASW 24.3 mm.

Date	Mintage	MS63	MS65	Prf65
2002S	892,229	—	—	8.50

Illinois

KM# 343 • 5.67 g., **Copper-Nickel Clad Copper**, 24.3 mm.

Date	Mintage	MS63	MS65	Prf65
2003P	225,800,000	1.10	5.00	—
2003D	237,400,000	1.10	5.00	—
2003S	3,408,516	—	—	2.30

KM# 343a • 6.25 g., 0.900 **Silver**, 0.1808 oz. ASW 24.3 mm.

Date	Mintage	MS63	MS65	Prf65
2003S	1,257,555	—	—	8.50

QUARTER

Alabama

KM# 344 • 5.67 g., **Copper-Nickel Clad Copper**, 24.3 mm.

Date	Mintage	MS63	MS65	Prf65
2003P	225,000,000	0.65	5.00	—
2003D	232,400,000	0.65	5.00	—
2003S	3,408,516	—	—	2.30

KM# 344a • 6.25 g., 0.900 **Silver**, 0.1808 oz. ASW 24.3 mm.

Date	Mintage	MS63	MS65	Prf65
2003S	1,257,555	—	—	8.50

Maine

KM# 345 • 5.67 g., **Copper-Nickel Clad Copper**, 24.3 mm.

Date	Mintage	MS63	MS65	Prf65
2003P	217,400,000	0.65	5.00	—
2003D	213,400,000	0.65	5.00	—
2003S	3,408,516	—	—	2.30

KM# 345a • 6.25 g., 0.900 **Silver**, 0.1808 oz. ASW 24.3 mm.

Date	Mintage	MS63	MS65	Prf65
2003S	1,257,555	—	—	8.50

Missouri

KM# 346 • 5.67 g., **Copper-Nickel Clad Copper**, 24.3 mm.

Date	Mintage	MS63	MS65	Prf65
2003P	225,000,000	0.65	5.00	—
2003D	228,200,000	0.65	5.00	—
2003S	3,408,516	—	—	2.30

KM# 346a • 6.25 g., 0.900 **Silver**, 0.1808 oz. ASW 24.3 mm.

Date	Mintage	MS63	MS65	Prf65
2003S	1,257,555	—	—	8.50

Arkansas

KM# 347 • 5.67 g., **Copper-Nickel Clad Copper**, 24.3 mm.

Date	Mintage	MS63	MS65	Prf65
2003P	228,000,000	0.65	5.00	—
2003D	229,800,000	0.65	5.00	—
2003S	3,408,516	—	—	2.30

KM# 347a • 6.25 g., 0.900 **Silver**, 0.1808 oz. ASW 24.3 mm.

Date	Mintage	MS63	MS65	Prf65
2003S	1,257,555	—	—	8.50

Michigan

KM# 355 • 5.67 g., **Copper-Nickel Clad Copper**, 24.3 mm.

Date	Mintage	MS63	MS65	Prf65
2004P	233,800,000	0.65	5.00	—
2004D	225,800,000	0.65	5.00	—
2004S	2,740,684	—	—	2.30

KM# 355a • 6.25 g., 0.900 **Silver**, 0.1808 oz. ASW 24.3 mm.

Date	Mintage	MS63	MS65	Prf65
2004S	1,775,370	—	—	8.50

Florida

KM# 356 • 5.67 g., **Copper-Nickel Clad Copper**, 24.3 mm.

Date	Mintage	MS63	MS65	Prf65
2004P	240,200,000	0.65	5.00	—
2004D	241,600,000	0.65	5.00	—
2004S	2,740,684	—	—	2.30

KM# 356a • 6.25 g., 0.900 **Silver**, 0.1808 oz. ASW 24.3 mm.

Date	Mintage	MS63	MS65	Prf65
2004S	1,775,370	—	—	8.50

QUARTER

Texas

KM# 357 • 5.67 g., **Copper-Nickel Clad Copper**, 24.3 mm.

Date	Mintage	MS63	MS65	Prf65
2004P	278,800,000	0.65	5.00	—
2004D	263,000,000	0.65	5.00	—
2004S	2,740,684	—	—	2.30

KM# 357a • 6.25 g., 0.900 **Silver**, 0.1808 oz. ASW 24.3 mm.

Date	Mintage	MS63	MS65	Prf65
2004S	1,775,370	—	—	8.50

Iowa

KM# 358 • 5.67 g., **Copper-Nickel Clad Copper**, 24.3 mm.

Date	Mintage	MS63	MS65	Prf65
2004P	213,800,000	0.65	5.00	—
2004D	251,800,000	0.65	5.00	—
2004S	2,740,684	—	—	2.30

KM# 358a • 6.25 g., 0.900 **Silver**, 0.1808 oz. ASW 24.3 mm.

Date	Mintage	MS63	MS65	Prf65
2004S	—	—	—	8.50

Wisconsin

KM# 359 • 5.67 g., **Copper-Nickel Clad Copper**, 24.3 mm.

Date	Mintage	MS63	MS65	Prf65
2004P	226,400,000	0.65	5.00	—
2004D	226,800,000	0.65	5.00	—
2004D Extra Leaf Low	Est. 9000	135	190	—
2004D Extra Leaf High	Est. 3000	175	285	—
2004S	—	—	—	2.30

KM# 359a • 6.25 g., 0.900 **Silver**, 0.1808 oz. ASW 24.3 mm.

Date	Mintage	MS63	MS65	Prf65
2004S	1,775,370	—	—	8.50

Minnesota

KM# 371 • 5.67 g., **Copper-Nickel Clad Copper**, 24.3 mm.

Date	Mintage	MS63	MS65	Prf65
2005P	226,400,000	0.65	5.00	—
2005P Satin Finish	Inc. above	1.50	4.50	—
2005D	226,800,000	0.65	5.00	—
2005D Satin Finish	Inc. above	1.50	4.50	—
2005S	3,262,960	—	—	2.30

KM# 371a • 6.25 g., 0.900 **Silver**, 0.1808 oz. ASW 24.3 mm.

Date	Mintage	MS63	MS65	Prf65
2005S	1,679,600	—	—	8.50

Oregon

KM# 372 • 5.67 g., **Copper-Nickel Clad Copper**, 24.3 mm.

Date	Mintage	MS63	MS65	Prf65
2005P	316,200,000	0.65	5.00	—
2005P Satin Finish	Inc. above	1.50	4.50	—
2005D	404,000,000	0.65	5.00	—
2005D Satin Finish	Inc. above	1.50	4.50	—
2005S	3,262,960	—	—	2.30

KM# 372a • 6.25 g., 0.900 **Silver**, 0.1808 oz. ASW 24.3 mm.

Date	Mintage	MS63	MS65	Prf65
2005S	1,679,600	—	—	8.50

Kansas

KM# 373 • 5.67 g., **Copper-Nickel Clad Copper**, 24.3 mm.

Date	Mintage	MS63	MS65	Prf65
2005P	263,400,000	0.65	5.00	—
2005P Satin Finish	Inc. above	1.50	4.50	—
2005D	300,000,000	0.65	5.00	—
2005D Satin Finish	Inc. above	1.50	4.50	—
2005S	3,262,960	—	—	2.30

QUARTER

KM# 373a • 6.25 g., 0.900 **Silver**, 0.1808 oz. ASW 24.3 mm.

Date	Mintage	MS63	MS65	Prf65
2005S	1,679,600	—	—	8.50

West Virginia

KM# 374 • 5.67 g., **Copper-Nickel Clad Copper**, 24.3 mm.

Date	Mintage	MS63	MS65	Prf65
2005P	365,400,000	0.65	5.00	—
2005P Satin Finish	Inc. above	1.50	4.50	—
2005D	356,200,000	0.65	5.00	—
2005D Satin Finish	Inc. above	1.50	4.50	—
2005S	3,262,960	—	—	2.30

KM# 374a • 6.25 g., 0.900 **Silver**, 0.1808 oz. ASW 24.3 mm.

Date	Mintage	MS63	MS65	Prf65
2005S	1,679,600	—	—	8.50

California

KM# 370 • 5.67 g., **Copper-Nickel Clad Copper**, 24.3 mm.

Date	Mintage	MS63	MS65	Prf65
2005P	257,200,000	0.65	5.00	—
2005P Satin Finish	Inc. above	1.50	4.50	—
2005D	263,200,000	0.65	5.00	—
2005D Satin Finish	Inc. above	1.50	4.50	—
2005S	3,262,960	—	—	2.30

KM# 370a • 6.25 g., 0.900 **Silver**, 0.1808 oz. ASW 24.3 mm.

Date	Mintage	MS63	MS65	Prf65
2005S	1,679,600	—	—	8.50

Nevada

KM# 382 • 5.67 g., **Copper-Nickel Clad Copper**, 24.3 mm.

Date	Mintage	MS63	MS65	Prf65
2006P	277,000,000	0.65	5.00	—

Date	Mintage	MS63	MS65	Prf65
2006P Satin Finish	Inc. above	1.50	4.50	—
2006D	312,800,000	0.65	5.00	—
2006D Satin Finish	Inc. above	1.50	4.50	—
2006S	2,862,078	—	—	2.30

KM# 382a • 6.25 g., 0.900 **Silver**, 0.1808 oz. ASW 24.3 mm.

Date	Mintage	MS63	MS65	Prf65
2006S	1,571,839	—	—	8.50

Nebraska

KM# 383 • 5.67 g., **Copper-Nickel Clad Copper**, 24.3 mm.

Date	Mintage	MS63	MS65	Prf65
2006P	318,000,000	0.65	5.00	—
2006P Satin Finish	Inc. above	1.50	4.50	—
2006D	273,000,000	0.65	5.00	—
2006D Satin Finish	Inc. above	1.50	4.50	—
2006S	2,862,078	—	—	2.30

KM# 383a • 6.25 g., 0.900 **Silver**, 0.1808 oz. ASW 24.3 mm.

Date	Mintage	MS63	MS65	Prf65
2006S	1,571,839	—	—	8.50

Colorado

KM# 384 • 5.67 g., **Copper-Nickel Clad Copper**, 24.3 mm.

Date	Mintage	MS63	MS65	Prf65
2006P	274,800,000	0.65	5.00	—
2006P Satin Finish	Inc. above	1.50	4.50	—
2006D	294,200,000	0.65	5.00	—
2006D Satin Finish	Inc. above	1.50	4.50	—
2006S	2,862,078	—	—	2.30

KM# 384a • 6.25 g., 0.900 **Silver**, 0.1808 oz. ASW 24.3 mm.

Date	Mintage	MS63	MS65	Prf65
2006S	1,571,839	—	—	8.50

North Dakota

KM# 385 • 5.67 g., **Copper-Nickel Clad Copper**, 24.3 mm.

Date	Mintage	MS63	MS65	Prf65
2006P	305,800,000	0.65	5.00	—
2006P Satin Finish	Inc. above	1.50	4.50	—
2006D	359,000,000	0.65	5.00	—
2006D Satin Finish	Inc. above	1.50	4.50	—
2006S	2,862,078	—	—	2.30

KM# 385a • 6.25 g., 0.900 **Silver**, 0.1808 oz. ASW 24.3 mm.

Date	Mintage	MS63	MS65	Prf65
2006S	1,571,839	—	—	8.50

South Dakota

KM# 386 • 5.67 g., **Copper-Nickel Clad Copper**, 24.3 mm.

Date	Mintage	MS63	MS65	Prf65
2006P	245,000,000	0.65	5.00	—
2006P Satin Finish	Inc. above	1.50	4.50	—
2006D	265,800,000	0.65	5.00	—
2006D Satin Finish	Inc. above	1.50	4.50	—
2006S	2,862,078	—	—	2.30

KM# 386a • 6.25 g., 0.900 **Silver**, 0.1808 oz. ASW 24.3 mm.

Date	Mintage	MS63	MS65	Prf65
2006S	1,571,839	—	—	8.50

Montana

KM# 396 • 5.67 g., **Copper-Nickel Clad Copper**, 24.3 mm.

Date	Mintage	MS63	MS65	Prf65
2007P	257,000,000	0.65	5.00	—
2007P Satin Finish	—	1.50	4.50	—
2007D	256,240,000	0.65	5.00	—
2007D Satin Finish	—	1.50	4.50	—
2007S	2,374,778	—	—	2.30

KM# 396a • 6.25 g., 0.900 **Silver**, 0.1808 oz. ASW 24.3 mm.

Date	Mintage	MS63	MS65	Prf65
2007S	1,299,878	—	—	8.50

Washington

KM# 397 • 5.67 g., **Copper-Nickel Clad Copper**, 24.3 mm.

Date	Mintage	MS63	MS65	Prf65
2007P	265,200,000	0.65	5.00	—
2007P Satin Finish	—	1.50	4.50	—
2007D	280,000,000	0.65	5.00	—
2007D Satin Finish	—	1.50	4.50	—
2007S	2,374,778	—	—	2.30

KM# 397a • 6.25 g., 0.900 **Silver**, 0.1808 oz. ASW 24.3 mm.

Date	Mintage	MS63	MS65	Prf65
2007S	1,299,878	—	—	8.50

Idaho

KM# 398 • 5.67 g., **Copper-Nickel Clad Copper**, 24.3 mm.

Date	Mintage	MS63	MS65	Prf65
2007P	294,600,000	0.65	5.00	—
2007P Satin finish	—	1.50	4.50	—
2007D	286,800,000	0.65	5.00	—
2007D Satin finish	—	1.50	4.50	—
2007S	2,374,778	—	—	2.30

KM# 398a • 6.25 g., 0.900 **Silver**, 0.1808 oz. ASW 24.3 mm.

Date	Mintage	MS63	MS65	Prf65
2007S	1,299,878	—	—	8.50

Wyoming

KM# 399 • 5.67 g., **Copper-Nickel Clad Copper**, 24.3 mm.

Date	Mintage	MS63	MS65	Prf65
2007P	243,600,000	0.65	5.00	—
2007P Satin finish	—	1.50	4.50	—
2007D	320,800,000	0.65	5.00	—
2007 Satin finish	—	1.50	4.50	—
2007S	2,374,778	—	—	2.30

KM# 399a • 6.25 g., 0.900 **Silver**, 0.1808 oz. ASW 24.3 mm.

Date	Mintage	MS63	MS65	Prf65
2007S	1,299,878	—	—	8.50

QUARTER

Utah

KM# 400 • 5.67 g., **Copper-Nickel Clad Copper**, 24.3 mm.

Date	Mintage	MS63	MS65	Prf65
2007P	255,000,000	0.65	5.00	—
2007P Satin finish	—	1.50	4.50	—
2007D	253,200,000	0.65	5.00	—
2007D Satin finish	—	1.50	4.50	—
2007S	2,374,778	—	—	2.30

KM# 400a • 6.25 g., 0.900 **Silver**, 0.1808 oz. ASW

Date	Mintage	MS63	MS65	Prf65
2007S	1,299,878	—	—	8.50

Oklahoma

KM# 421 • 5.67 g., **Copper-Nickel Clad Copper**, 24.3 mm.

Date	Mintage	MS63	MS65	Prf65
2008P	222,000,000	0.65	5.00	—
2008P Satin finish	—	1.50	4.50	—
2008D	194,600,000	0.65	5.00	—
2008D Satin finish	—	1.50	4.50	—
2008S	2,100,000	—	—	2.30

KM# 421a • 6.25 g., 0.900 **Silver**, 0.1808 oz. ASW 24.3 mm.

Date	Mintage	MS63	MS65	Prf65
2008S	1,200,000	—	—	8.50

New Mexico

KM# 422 • 5.67 g., **Copper-Nickel Clad Copper**, 24.3 mm.

Date	Mintage	MS63	MS65	Prf65
2008P	244,200,000	0.65	5.00	—
2008P Satin finish	—	1.50	4.50	—
2008D	244,400,000	0.65	5.00	—
2008D Satin finish	—	1.50	4.50	—
2008S	2,100,000	—	—	2.30

KM# 422a • 6.25 g., 0.900 **Silver**, 0.1808 oz. ASW 24.3 mm.

Date	Mintage	MS63	MS65	Prf65
2008S	1,200,000	—	—	8.50

Arizona

KM# 423 • 5.67 g., **Copper-Nickel Clad Copper**, 24.3 mm.

Date	Mintage	MS63	MS65	Prf65
2008P	244,600,000	0.65	5.00	—
2008P Satin finish	—	1.50	4.50	—
2008D	265,000,000	0.65	5.00	—
2008D Satin finish	—	1.50	4.50	—
2008S	2,100,000	—	—	2.30

KM# 423a • 6.25 g., 0.900 **Silver**, 0.1808 oz. ASW 24.3 mm.

Date	Mintage	MS63	MS65	Prf65
2008S	1,200,000	—	—	8.50

Alaska

KM# 424 • 5.67 g., **Copper-Nickel Clad Copper**, 24.3 mm.

Date	Mintage	MS63	MS65	Prf65
2008P	251,800,000	0.65	5.00	—
2008P Satin finish	—	1.50	4.50	—
2008D	254,000,000	0.65	5.00	—
2008D Satin finish	—	1.50	4.50	—
2008S	2,100,000	—	—	2.30

KM# 424a • 6.25 g., 0.900 **Silver**, 0.1808 oz. ASW 24.3 mm.

Date	Mintage	MS63	MS65	Prf65
2008S	1,200,000	—	—	8.50

Hawaii

KM# 425 • 5.67 g., **Copper-Nickel Clad Copper**, 24.3 mm.

Date	Mintage	MS63	MS65	Prf65
2008P	254,000,000	0.65	5.00	—
2008P Satin finish	—	1.50	4.50	—
2008D	263,600,000	0.65	5.00	—
2008D Satin finish	—	1.50	4.50	—
2008S	2,100,000	—	—	2.30

KM# 425a • 6.25 g., 0.900 **Silver**, 0.1808 oz. ASW 24.3 mm.

Date	Mintage	MS63	MS65	Prf65
2008S	1,200,000	—	—	8.50

DC and Territories
District of Columbia

KM# 445 • 5.67 g., **Copper-Nickel Clad Copper**, 24.3 mm. **Rev. Designer:** Don Everhart

Date	Mintage	MS63	MS65	Prf65
2009P	83,600,000	0.75	5.00	—
2009D	88,800,000	0.75	5.00	—
2009S	2,113,478	—	—	3.75

KM# 445a • 6.25 g., 0.900 **Silver**, 0.1808 oz. ASW 24.3 mm.

Date	Mintage	MS63	MS65	Prf65
2009S	996,548	—	—	7.75

Puerto Rico

KM# 446 • 5.67 g., **Copper-Nickel Clad Copper**, 24.3 mm. **Rev. Designer:** Joseph Menna

Date	Mintage	MS63	MS65	Prf65
2009P	53,200,000	0.75	5.00	—
2009D	86,000,000	0.75	5.00	—
2009S	2,113,478	—	—	3.75

KM# 446a • 6.25 g., 0.900 **Silver**, 0.1808 oz. ASW 24.3 mm.

Date	Mintage	MS63	MS65	Prf65
2009S	996,548	—	—	7.75

Guam

KM# 447 • 5.67 g., **Copper-Nickel Clad Copper**, 24.3 mm. **Rev. Designer:** James Licaretz

Date	Mintage	MS63	MS65	Prf65
2009P	45,000,000	0.75	5.00	—
2009D	42,600,000	0.75	5.00	—
2009S	2,113,478	—	—	3.75

KM# 447a • 6.25 g., 0.900 **Silver**, 0.1808 oz. ASW 24.3 mm.

Date	Mintage	MS63	MS65	Prf65
2009S	996,548	—	—	7.75

American Samoa

KM# 448 • 5.67 g., **Copper-Nickel Clad Copper**, 24.3 mm. **Rev. Designer:** Charles Vickers

Date	Mintage	MS63	MS65	Prf65
2009P	42,600,000	0.75	5.00	—
2009D	39,600,000	0.75	5.00	—
2009S	2,113,478	—	—	3.75

KM# 448a • 6.25 g., 0.900 **Silver**, 0.1808 oz. ASW 24.3 mm.

Date	Mintage	MS63	MS65	Prf65
2009S	996,548	—	—	7.75

US Virgin Islands

KM# 449 • 5.67 g., **Copper-Nickel Clad Copper**, 24.3 mm. **Rev. Designer:** Joseph Menna

Date	Mintage	MS63	MS65	Prf65
2009P	41,000,000	0.75	5.00	—
2009D	41,000,000	0.75	5.00	—
2009S	2,113,478	—	—	3.75

KM# 449a • 6.25 g., 0.900 **Silver**, 0.1808 oz. ASW 24.3 mm.

Date	Mintage	MS63	MS65	Prf65
2009S	996,548	—	—	7.75

Northern Mariana Islands

KM# 466 • 5.67 g., **Copper-Nickel Clad Copper**, **Rev. Designer:** Pheve Hemphill

Date	Mintage	MS63	MS65	Prf65
2009P	35,200,000	0.75	5.00	—
2009D	37,600,000	0.75	5.00	—
2009S	2,113,478	—	—	3.75

KM# 466a • 6.25 g., 0.900 **Silver**, 0.1808 oz. ASW

Date	Mintage	MS63	MS65	Prf65
2009S	996,548	—	—	7.75

QUARTER

America the Beautiful
Hot Springs, Ark.

KM# 469 • 5.67 g., **Copper-Nickel Clad Copper,** 24.3 mm.

Date	Mintage	MS63	MS65	Prf65
2010P	35,600,000	0.75	5.00	—
2010D	34,000,000	0.75	5.00	—
2010S	1,401,903	—	—	3.75

KM# 469a • 6.25 g., 0.900 **Silver,** 0.1808 oz. ASW

Date	Mintage	MS63	MS65	Prf65
2010S	859,435	—	—	7.75

Yellowstone National Park

KM# 470 • 5.67 g., **Copper-Nickel Clad Copper,** 24.3 mm. **Rev. Designer:** Don Everhart

Date	Mintage	MS63	MS65	Prf65
2010P	33,600,000	0.75	5.00	—
2010D	34,800,000	0.75	5.00	—
2010S	1,402,756	—	—	3.75

KM# 470a • 6.25 g., 0.900 **Silver,** 0.1808 oz. ASW

Date	Mintage	MS63	MS65	Prf65
2010	859,435	—	—	7.75

Yosemite National Park

KM# 471 • 5.67 g., **Copper-Nickel Clad Copper,** 24.3 mm. **Rev. Designer:** Joseph Menna and Phebe Hemphill

Date	Mintage	MS63	MS65	Prf65
2010P	35,200,000	0.75	5.00	—
2010D	34,800,000	0.75	5.00	—
2010S	1,400,215	—	—	3.75

KM# 471a • 6.25 g., 0.900 **Silver,** 0.1808 oz. ASW

Date	Mintage	MS63	MS65	Prf65
2010	859,435	—	—	7.75

Grand Canyon National Park

KM# 472 • 5.67 g., **Copper-Nickel Clad Copper,** 24.3 mm. **Rev. Designer:** Phebe Hemphill

Date	Mintage	MS63	MS65	Prf65
2010P	34,800,000	0.75	5.00	—
2010D	35,400,000	0.75	5.00	—
2010S	1,399,970	—	—	3.75

KM# 472a • 6.25 g., 0.900 **Silver,** 0.1808 oz. ASW

Date	Mintage	MS63	MS65	Prf65
2010	859,435	—	—	7.75

Mount Hood National Park

KM# 473 • 5.67 g., **Copper-Nickel Clad Copper,** 24.3 mm. **Rev. Designer:** Phebe Hemphill

Date	Mintage	MS63	MS65	Prf65
2010P	34,400,000	0.75	5.00	—
2010D	34,400,000	0.75	5.00	—
2010S	1,397,101	—	—	3.75

KM# 473a • 6.25 g., 0.900 **Silver,** 0.1808 oz. ASW

Date	Mintage	MS63	MS65	Prf65
2010S	859,435	—	—	7.75

Gettysburg National Military Park

KM# 494 • 5.67 g., **Copper-Nickel Clad Copper,** 24 mm. **Rev. Designer:** Joel Iskowitz and Phebe Hemphill

Date	Mintage	MS63	MS65	Prf65
2011P	30,800,000	0.75	5.00	—
2011D	30,400,000	0.75	5.00	—
2011S	1,271,553	—	—	3.75

KM# 494a • 6.25 g., 0.900 **Silver,** 0.1808 oz. ASW

Date	Mintage	MS63	MS65	Prf65
2011S	722,076	—	—	7.75

Glacier National Park

QUARTER

KM# 495 • 5.67 g., **Copper-Nickel Clad Copper**, 24 mm. **Rev. Designer:** Barbara Fox and Charles L. Vickers

Date	Mintage	MS63	MS65	Prf65
2011P	30,400,000	0.75	5.00	—
2011D	31,200,000	0.75	5.00	—
2011S	1,268,452	—	—	3.75

KM# 495a • 6.25 g., 0.900 **Silver**, 0.1808 oz. ASW

Date	Mintage	MS63	MS65	Prf65
2011S	722,076	—	—	7.75

Olympic National Park

KM# 496 • 5.67 g., **Copper-Nickel Clad Copper**, 24 mm.

Date	Mintage	MS63	MS65	Prf65
2011P	30,400,000	0.75	5.00	—
2011D	30,600,000	0.75	5.00	—
2011S	1,267,361	—	—	3.75

KM# 496a • 6.25 g., 0.900 **Silver** , 0.18 oz. ASW

Date	Mintage	MS63	MS65	Prf65
2011S	722,076	—	—	7.75

Vicksburg National Military Park

KM# 497 • 5.67 g., **Copper-Nickel Clad Copper**, 24 mm. **Rev. Designer:** Thomas Cleveland and Joseph Menna

Date	Mintage	MS63	MS65	Prf65
2011P	30,800,000	0.75	5.00	—
2011D	33,400,000	0.75	5.00	—
2011S	1,267,691	—	—	3.75

KM# 497a • 6.25 g., 0.900 **Silver**, 0.1808 oz. ASW

Date	Mintage	MS63	MS65	Prf65
2011S	722,076	—	—	7.75

Chickasaw National Recreation Area

KM# 498 • 5.67 g., **Copper-Nickel Clad Copper**, 24 mm. **Rev. Designer:** Donna Weaver and Jim Licaretz

Date	Mintage	MS63	MS65	Prf65
2011P	73,800,000	0.75	5.00	—
2011D	69,400,000	0.75	5.00	—
2011S	1,266,010	—	—	3.75

KM# 498a • 6.25 g., 0.900 **Silver**, 0.1808 oz. ASW

Date	Mintage	MS63	MS65	Prf65
2011S	722,076	—	—	7.75

El Yunque National Forest

KM# 519 • 5.67 g., **Copper-Nickel Clad Copper**, 24.3 mm. **Rev. Designer:** Gary Whitley and Michael Gaudioso

Date	Mintage	MS63	MS65	Prf65
2012P	25,800,000	0.75	5.00	—
2012D	25,800,000	0.75	5.00	—
2012S	1,010,361	—	7.50	—
2012S	1,679,240	—	—	3.75

KM# 519a • 6.25 g., 0.900 **Silver**, 0.1808 oz. ASW 24.3 mm.

Date	Mintage	MS63	MS65	Prf65
2012S	557,891	—	—	7.75

Chaco Culture National Historic Park

KM# 520 • 5.71 g., **Copper-Nickel Clad Copper**, 24.3 mm.

Date	Mintage	MS63	MS65	Prf65
2012P	22,000,000	0.75	8.00	—
2012D	22,000,000	0.75	8.00	—
2012S	960,049	—	10.00	—
2012S	1,389,020	—	—	4.00

KM# 520a • 6.25 g., 0.900 **Silver**, 0.1808 oz. ASW 24.3 mm.

Date	Mintage	MS63	MS65	Prf65
2012S	557,891	—	—	7.75

Acadia National Park

KM# 521 • 5.67 g., **Copper-Nickel Clad Copper**, 24.3 mm. **Rev. Designer:** Barbara Fox and Joseph Menna

Date	Mintage	MS63	MS65	Prf65
2012P	24,800,000	0.75	5.00	—
2012D	21,606,000	0.75	5.00	—
2012S	960,409	—	7.50	—
2012S	1,409,120	—	—	3.75

QUARTER

KM# 521a • 6.25 g., 0.900 **Silver**, 0.1808 oz. ASW 24.3 mm.

Date	Mintage	MS63	MS65	Prf65
2012S	557,891	—	—	7.75

Hawai'i Volcanoes National Park

KM# 522 • 5.67 g., **Copper-Nickel Clad Copper**, 24.3 mm. **Rev. Designer:** Charles L. Vickers

Date	Mintage	MS63	MS65	Prf65
2012P	46,200,000	0.75	5.00	—
2012D	78,600,000	0.75	5.00	—
2012S	961,272	—	7.50	—
2012S	1,407,520	—	—	3.75

KM# 522a • 6.25 g., 0.900 **Silver**, 0.1808 oz. ASW 24.3 mm.

Date	Mintage	MS63	MS65	Prf65
2012S	557,891	—	—	7.75

Denali National Park

KM# 523 • 5.67 g., **Copper-Nickel Clad Copper**, 24.3 mm.

Date	Mintage	MS63	MS65	Prf65
2012P	135,400,000	0.75	5.00	—
2012D	166,600,000	0.75	5.00	—
2012S	957,856	—	7.50	—
2012S	1,401,920	—	—	3.75

KM# 523a • 6.25 g., 0.900 **Silver**, 0.1808 oz. ASW 24.3 mm.

Date	Mintage	MS63	MS65	Prf65
2012S	557,891	—	—	7.75

White Mountain National Forest

KM# 542 • 5.67 g., **Copper-Nickel Clad Copper**, 24.3 mm.

Date	Mintage	MS63	MS65	Prf65
2013P	68,800,000	0.75	5.00	—
2013D	107,600,000	0.75	5.00	—
2013S	950,080	—	7.50	—
2013S	—	—	—	3.75

KM# 542a • 6.25 g., 0.900 **Silver**, 0.1808 oz. ASW 24.3 mm.

Date	Mintage	MS63	MS65	Prf65
2013S	579,409	—	—	7.75

Perry's Victory and International Peace Memorial

KM# 543 • 5.67 g., **Copper-Nickel Clad Copper**, 24.3 mm. **Rev. Designer:** Don Everhart

Date	Mintage	MS63	MS65	Prf65
2013P	107,800,000	0.75	5.00	—
2013D	131,600,000	0.75	5.00	—
2013S	913,563	—	7.50	—
2013S	—	—	—	3.75

KM# 543a • 6.25 g., 0.900 **Silver**, 0.1808 oz. ASW 24.3 mm.

Date	Mintage	MS63	MS65	Prf65
2013S	579,409	—	—	7.75

Great Basin National Park

KM# 544 • 5.67 g., **Copper-Nickel Clad Copper**, 24.3 mm. **Rev. Designer:** Ronald D. Sanders and Renata Gordon

Date	Mintage	MS63	MS65	Prf65
2013P	122,400,000	0.75	5.00	—
2013D	141,400,000	0.75	5.00	—
2013S	911,525	—	7.50	—
2013S	—	—	—	3.75

KM# 544a • 6.25 g., 0.900 **Silver**, 0.1808 oz. ASW 24.3 mm.

Date	Mintage	MS63	MS65	Prf65
2013S	579,409	—	—	7.75

Fort McHenry National Monument and Historic Shrine

KM# 545 • 5.67 g., **Copper-Nickel Clad Copper**, 24.3 mm. **Rev. Designer:** Joseph Menna

Date	Mintage	MS63	MS65	Prf65
2013P	120,000,000	0.75	5.00	—
2013D	151,400,000	0.75	5.00	—
2013S	911,451	—	7.50	—
2013S	—	—	—	3.75

KM# 545a • 6.25 g., 0.900 **Silver**, 0.1808 oz. ASW 24.3 mm.

Date	Mintage	MS63	MS65	Prf65
2013S	579,409	—	—	7.75

QUARTER

Mount Rushmore National Memorial

KM# 546 • 5.67 g., **Copper-Nickel Clad Copper,** 24.3 mm. **Rev. Designer:** Joseph Menna

Date	Mintage	MS63	MS65	Prf65
2013P	231,800,000	0.75	5.00	—
2013D	272,400,000	0.75	5.00	—
2013S	920,695	—	7.50	—
2013S	—	—	—	3.75

KM# 546a • 6.25 g., 0.900 **Silver,** 0.1808 oz. ASW 24.3 mm.

Date	Mintage	MS63	MS65	Prf65
2013S	579,409	—	—	7.75

Great Smokey Mountains National Park

KM# 566 • 5.67 g., **Copper-Nickel Clad Copper,** 24.3 mm.

Date	Mintage	MS63	MS65	Prf65
2014P	—	0.75	5.00	—
2014D	—	0.75	5.00	—
2014S	—	—	—	3.75

KM# 566a • 6.25 g., 0.900 **Silver,** 0.1808 oz. ASW 24.3 mm.

Date	Mintage	MS63	MS65	Prf65
2014S	—	—	—	7.75

Shenandoah National Park

KM# 567 • 5.67 g., **Copper-Nickel Clad Copper,** 24.3 mm.

Date	Mintage	MS63	MS65	Prf65
2014P	—	0.75	5.00	—
2014D	—	0.75	5.00	—
2014S	—	—	—	3.75

KM# 567a • 6.25 g., 0.900 **Silver,** 0.1808 oz. ASW 24.3 mm.

Date	Mintage	MS63	MS65	Prf65
2014S	—	—	—	7.75

Arches National Park

KM# 568 • 5.67 g., **Copper-Nickel Clad Copper,** 24.3 mm.

Date	Mintage	MS63	MS65	Prf65
2014P	—	0.75	5.00	—
2014D	—	0.75	5.00	—
2014S	—	—	—	3.75

KM# 568a • 6.25 g., 0.900 **Silver,** 0.1808 oz. ASW 24.3 mm.

Date	Mintage	MS63	MS65	Prf65
2014S	—	—	—	7.75

Great Sand Dunes National Park

KM# 569 • 5.67 g., **Copper-Nickel Clad Copper,** 24.3 mm.

Date	Mintage	MS63	MS65	Prf65
2014P	—	0.75	5.00	—
2014D	—	0.75	5.00	—
2014S	—	—	—	3.75

KM# 569a • 6.25 g., 0.900 **Silver,** 0.1808 oz. ASW 24.3 mm.

Date	Mintage	MS63	MS65	Prf65
2014S	—	—	—	7.75

Everglades National Park

KM# 570 • 5.67 g., **Copper-Nickel Clad Copper,** 24.3 mm.

Date	Mintage	MS63	MS65	Prf65
2014P	—	0.75	5.00	—
2014D	—	0.75	5.00	—
2014S	—	—	—	3.75

KM# 570a • 6.25 g., 0.900 **Silver,** 0.1808 oz. ASW 24.3 mm.

Date	Mintage	MS63	MS65	Prf65
2014S	—	—	—	7.75

QUARTER

HALF DOLLAR
Flowing Hair Half Dollar

KM# 16 • 13.48 g., 0.892 **Silver** 0.3866 oz. ASW, 32.5 mm. • **Designer:** Robert Scot **Note:** The 1795 "recut date" variety had the date cut into the dies twice, so both sets of numbers are visible on the coin. The 1795 "3 leaves" variety has three leaves under each of the eagle's wings on the reverse.

Date	Mintage	G4	VG8	F12	VF20	XF40	MS60
1794	23,464	2,850	5,750	8,850	19,500	37,500	225,000
1795	299,680	1,025	1,450	2,850	4,850	13,850	46,500
1795 recut date	Inc. above	1,040	1,470	2,895	5,200	14,250	46,500
1795 3 leaves	Inc. above	2,600	3,150	5,350	8,350	17,500	59,500

Draped Bust Half Dollar
Draped bust right obverse   Small eagle reverse
KM# 26 • 13.48 g., 0.892 **Silver** 0.3866 oz. ASW, 32.5 mm. • **Designer:** Robert Scot

Date	Mintage	G4	VG8	F12	VF20	XF40	MS60
1796 15 obverse stars	3,918	36,500	46,000	62,000	73,500	118,000	300,000
1796 16 obverse stars	Inc. above	39,500	50,000	67,000	79,500	128,000	320,000
1797	Inc. above	36,700	46,300	62,500	74,300	121,000	310,000

Draped bust right, flanked by stars, date at angle below obverse
Heraldic eagle reverse

KM# 35 • 13.48 g., 0.892 **Silver** 0.3866 oz. ASW, 32.5 mm. • **Obv. Legend:** LIBERTY **Rev. Legend:** UNITED STATES OF AMERICA **Designer:** Robert Scot **Note:** The two varieties of the 1803 strikes are distinguished by the size of the 3 in the date. The several varieties of the 1806 strikes are distinguished by the style of 6 in the date, size of the stars on the obverse, and whether the stem of the olive branch held by the reverse eagle extends through the claw.

Date	Mintage	G4	VG8	F12	VF20	XF40	MS60
1801	30,289	850	1,250	2,550	4,250	10,500	50,000
1802	29,890	900	1,350	2,750	4,500	11,000	52,000
1803 small 3	188,234	255	325	425	825	2,325	17,250
1803 large 3	Inc. above	195	235	295	715	1,925	14,750
1805	211,722	195	235	295	685	1,865	10,750
1805/4	Inc. above	270	385	570	1,515	3,325	30,000
1806 knobbed 6, large stars	839,576	195	235	295	665	1,825	—
1806 knobbed 6, small stars	Inc. above	195	235	295	680	2,025	13,500
1806 knobbed 6, stem not through claw	Inc. above	20,000	35,000	42,000	57,500	95,000	—
1806 pointed-top 6, stem not through claw	Inc. above	195	235	295	665	1,825	15,250
1806 pointed-top 6, stem through claw	Inc. above	195	235	295	665	1,825	9,750
1806/5	Inc. above	215	270	355	775	2,050	10,075
1806 /inverted 6	Inc. above	255	355	845	1,615	4,375	28,500
1807	301,076	195	235	295	665	1,825	9,750

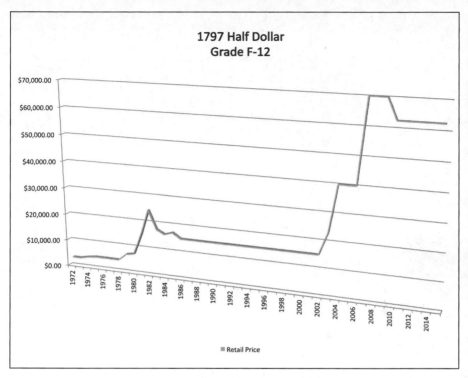

1797 Half Dollar
Grade F-12

■ Retail Price

Capped Bust Half Dollar
Draped bust left, flanked by stars, date at angle below obverse
"50 C." below eagle reverse

KM# 37 • 13.48 g., 0.892 **Silver** 0.3866 oz. ASW, 32.5 mm. • **Rev. Legend:** UNITED STATES OF AMERICA **Designer:** John Reich **Note:** There are three varieties of the 1807 strikes. Two are distinguished by the size of the stars on the obverse. The third was struck from a reverse die that had a 5 cut over a 2 in the "50C" denomination. Two varieties of the 1811 are distinguished by the size of the 8 in the date. A third has a period between the 8 and second 1 in the date. One variety of the 1817 has a period between the 1 and 7 in the date. Two varieties of the 1820 are distinguished by the size of the date. On the 1823 varieties, the "broken 3" appears to be almost separated in the middle of the 3 in the date; the "patched 3" has the error repaired; the "ugly 3" has portions of its detail missing. The 1827 "curled-2" and "square-2" varieties are distinguished by the numeral's base -- either curled or square. Among the 1828 varieties, "knobbed 2" and "no knob" refers to whether the upper left serif of the digit is rounded. The 1830 varieties are distinguished by the size of the 0 in the date. The four 1834 varieties are distinguished by the sizes of the stars, date and letters in the inscriptions. The 1836 "50/00" variety was struck from a reverse die that has "50" recut over "00" in the denomination.

Date	Mintage	G4	VG8	F12	VF20	XF40	AU50	MS60	MS65
1807 small stars	750,500	125	175	350	750	1,900	6,500	9,850	54,000
1807 large stars	Inc. above	115	165	300	660	1,750	5,650	8,900	—
1807 50/20 C.	Inc. above	85.00	125	195	450	1,500	3,150	6,500	30,000
1807 bearded goddess	—	450	775	1,500	3,350	6,850	22,500	—	—
1808	1,368,600	67.00	84.00	97.00	145	350	550	1,800	20,000
1808/7	Inc. above	90.00	110	135	240	440	1,850	5,400	32,500
1809 llllll edge	Inc. above	85.00	110	140	210	450	850	4,000	—

HALF DOLLAR

Date	Mintage	G4	VG8	F12	VF20	XF40	AU50	MS60	MS65
1809 Normal edge	1,405,810	65.00	82.00	94.00	140	375	750	1,500	12,650
1809 XXXX edge	Inc. above	80.00	105	135	185	550	950	4,450	—
1810	1,276,276	64.00	81.00	91.00	135	265	650	1,950	19,500
1811 small 8	1,203,644	70.00	80.00	88.00	125	350	800	2,350	28,500
1811 large 8	Inc. above	80.00	107	119	175	425	1,000	2,400	28,500
1811 dated 18.11	Inc. above	78.00	100	110	165	650	1,250	3,500	28,500
1812	1,628,059	64.00	81.00	88.00	114	254	440	1,350	13,450
1812/1 small 8	Inc. above	80.00	97.00	119	200	500	1,350	2,500	—
1812/1 large 8	Inc. above	1,650	2,450	4,500	6,750	12,000	21,000	—	—
1812 Single leaf below wing	Inc. above	750	950	1,250	2,400	4,000	6,800	12,500	—
1813	1,241,903	64.00	81.00	88.00	114	184	480	1,400	12,650
1813 50/UNI reverse	1,241,903	74.00	101	124	179	650	1,350	3,650	27,500
1814	1,039,075	64.00	81.00	88.00	124	285	650	1,650	11,450
1814/3	Inc. above	100	165	245	300	850	1,650	3,250	—
1814 E/A in States	Inc. above	85.00	110	150	225	385	950	3,950	—
1814 Single leaf below wing	Inc. above	75.00	97.00	124	194	575	1,350	2,250	—
1815/2	47,150	1,100	1,550	2,250	3,650	5,500	7,950	14,500	85,000
1817	1,215,567	67.00	84.00	91.00	119	199	450	1,300	11,650
1817/3	Inc. above	115	175	280	525	1,150	2,350	4,850	—
1817/4	—	60,000	80,000	150,000	200,000	240,000	—	—	—
1817 dated 181.7	Inc. above	100	87.00	94.00	104	575	1,350	3,950	27,500
1817 Single leaf below wing	Inc. above	75.00	98.00	124	209	550	2,100	2,750	—
1818	1,960,322	64.00	81.00	88.00	119	225	440	1,350	11,250
1818/7 Large 8	Inc. above	100	115	145	190	325	950	1,850	17,500
1818/7 Small 8	Inc. above	98.00	110	130	150	250	850	1,650	16,500
1819	2,208,000	64.00	81.00	88.00	119	175	430	1,350	13,650
1819/8 small 9	Inc. above	75.00	92.00	109	184	290	650	1,900	11,650
1819/8 large 9	Inc. above	85.00	105	150	275	385	850	2,000	25,650
1820 Curl Base 2, small date	751,122	70.00	85.00	96.00	124	285	950	2,250	11,650
1820 Square Base 2 with knob, large date	Inc. above	72.00	90.00	104	139	400	800	2,400	13,150
1820 Square Base 2 without knob, large date	Inc. above	72.00	90.00	104	154	475	1,100	2,500	26,500
1820 E's without Serifs	Inc. above	260	450	900	2,150	3,500	5,500	—	—
1820/19 Square Base 2	Inc. above	110	130	165	240	775	1,650	3,250	25,000
1820/19 Curled Base 2	Inc. above	95.00	115	140	200	650	1,450	2,900	24,500
1821	1,305,797	58.00	76.00	89.00	101	185	575	1,350	11,250
1822	1,559,573	58.00	76.00	89.00	101	180	450	1,250	10,950
1822/1	Inc. above	83.00	100	129	275	385	800	1,900	—
1823	1,694,200	58.00	76.00	89.00	101	175	425	1,150	11,150
1823 broken 3	Inc. above	68.00	88.00	104	139	500	1,500	3,200	—
1823 patched 3	Inc. above	73.00	94.00	119	159	550	950	2,000	15,150
1823 ugly 3	Inc. above	78.00	99.00	129	184	750	1,750	4,200	—
1824	3,504,954	58.00	76.00	89.00	101	175	360	1,075	10,150
1824/21	Inc. above	63.00	82.00	99.00	126	275	650	2,000	15,650
1824/4	Inc. above	61.00	80.00	91.00	114	225	500	1,350	—
1824 1824/various dates	Inc. above	60.00	79.00	91.00	104	300	875	2,000	15,150
1825	2,943,166	58.00	76.00	89.00	101	175	385	1,050	10,150
1826	4,004,180	58.00	76.00	89.00	101	175	385	1,050	10,150
1827 curled 2	5,493,400	61.00	81.00	99.00	134	185	485	1,400	12,650
1827 square 2	Inc. above	58.00	76.00	89.00	101	175	385	1,050	10,150
1827/6	Inc. above	85.00	95.00	120	155	265	650	1,450	11,650
1828 curled-base 2, no knob	3,075,200	58.00	76.00	89.00	101	175	385	1,150	11,150
1828 curled-base 2, knobbed 2	Inc. above	78.00	99.00	129	184	245	460	1,300	—
1828 small 8s, square-base 2, large letters	Inc. above	60.00	80.00	99.00	124	175	385	1,050	12,650
1828 small 8s, square-base 2, small letters	Inc. above	58.00	76.00	89.00	106	250	750	1,900	—
1828 large 8s, square-base 2	Inc. above	58.00	76.00	89.00	101	175	385	1,050	11,150
1829	3,712,156	55.00	72.00	79.00	89.00	159	350	1,000	10,150
1829 Large letters	Inc. above	59.00	79.00	89.00	104	180	420	1,250	12,650
1829/7	Inc. above	78.00	99.00	129	174	200	475	1,250	12,650
1830 Small O rev	4,764,800	55.00	72.00	79.00	89.00	159	350	1,000	10,150
1830 Large O	Inc. above	60.00	78.00	88.00	109	189	550	2,000	13,150
1830 Large letter rev	Inc. above	1,500	2,250	3,000	3,750	4,800	9,800	—	—
1831	5,873,660	55.00	72.00	79.00	89.00	159	350	1,000	10,150
1832 small letters	4,797,000	55.00	72.00	79.00	89.00	159	350	1,000	10,150
1832 large letters	Inc. above	58.00	75.00	85.00	99.00	175	410	1,350	12,650
1833	5,206,000	55.00	72.00	79.00	89.00	159	360	1,000	10,150

Date	Mintage	G4	VG8	F12	VF20	XF40	AU50	MS60	MS65
1834 small date, large stars, small letters	6,412,004	55.00	74.00	81.00	91.00	163	360	1,025	10,400
1834 small date, small stars, small letters	Inc. above	55.00	74.00	81.00	9.00	163	360	1,025	10,400
1834 large date, small letters	Inc. above	55.00	74.00	81.00	91.00	163	360	1,025	10,400
1834 large date, large letters	Inc. above	55.00	72.00	79.00	89.00	159	350	1,000	10,150
1835	5,352,006	55.00	72.00	79.00	89.00	159	350	1,000	10,150
1836	6,545,000	55.00	72.00	79.00	89.00	159	350	1,000	10,150
1836	Inc. above	80.00	95.00	120	265	450	1,000	2,500	—
1836 50/00	Inc. above	93.00	112	129	165	300	800	1,750	19,500

Bust Half Dollar
Draped bust left, flanked by stars, date at angle below obverse
"50 Cents" below eagle reverse

KM# 58 • 13.48 g., 0.892 **Silver** 0.3866 oz. ASW, 30 mm. • **Rev. Legend:** UNITED STATES OF AMERICA
Edge: Reeded. **Designer:** Christian Gobrecht

Date	Mintage	G4	VG8	F12	VF20	XF40	AU50	MS60	MS65
1836	1,200	850	1,075	1,600	2,000	3,350	4,400	8,850	66,500

Draped bust left, flanked by stars, date at angle below obverse
"50 Cents" below eagle reverse
KM# 58a • 13.36 g., 0.900 **Silver** 0.3866 oz. ASW, 30 mm. • **Rev. Legend:** UNITED STATES OF AMERICA
Edge: Reeded. **Designer:** Christian Gobrecht

Date	Mintage	G4	VG8	F12	VF20	XF40	AU50	MS60	MS65
1837	3,629,820	58.00	73.00	80.00	115	200	345	1,100	24,500

Draped bust left, flanked by stars, date below obverse
"HALF DOL." below eagle reverse

KM# 65 • 13.36 g., 0.900 **Silver** 0.3866 oz. ASW, 30 mm. • **Rev. Legend:** UNITED STATES OF AMERICA
Designer: Christian Gobrecht

Date	Mintage	G4	VG8	F12	VF20	XF40	AU50	MS60	MS65
1838	3,546,000	58.00	70.00	82.00	120	205	420	1,200	17,500
1838O proof only	Est. 20	—	—	—	—	250,000	300,000	—	—
1839	1,392,976	60.00	76.00	92.00	130	245	410	1,350	39,500
1839O	116,000	240	325	425	650	1,350	2,350	4,500	46,500

Seated Liberty Half Dollar
Seated Liberty, date below obverse   "Half Dol." below eagle reverse

KM# 68 • 13.36 g., 0.900 **Silver** 0.3866 oz. ASW, 30.6 mm. • **Rev. Legend:** UNITED STATES OF AMERICA **Designer:** Christian Gobrecht

Date	Mintage	G4	VG8	F12	VF20	XF40	AU50	MS60	MS65
1839 no drapery from elbow	Inc. above	55.00	95.00	365	580	1,275	2,875	6,900	200,000
1839 drapery	Inc. above	52.00	60.00	75.50	110	225	345	1,000	25,000
1840 small letters	1,435,008	54.00	60.00	70.00	108	170	325	600	7,500
1840 reverse 1838	Inc. above	150	185	310	385	850	1,350	3,500	30,000
1840O	855,100	52.00	62.00	76.00	115	250	440	1,050	—
1841	310,000	52.00	65.00	110	165	235	375	1,200	6,850
1841O	401,000	50.00	65.00	75.00	110	265	375	1,250	7,000
1842 small date	2,012,764	48.00	60.00	80.00	135	200	325	1,300	13,500
1842 medium date	Inc. above	44.00	60.00	74.50	90.00	152	300	750	8,800
1842O small date	957,000	650	950	1,550	2,450	4,650	7,750	25,000	—
1842O medium date	Inc. above	44.00	60.00	76.00	90.00	175	350	1,250	10,500
1843	3,844,000	49.00	55.00	71.50	89.00	125	245	500	4,500
1843O	2,268,000	60.00	65.00	73.50	89.00	165	320	550	—
1844	1,766,000	52.50	55.00	71.50	89.00	160	210	525	4,500
1844O	2,005,000	46.00	55.00	71.50	90.00	165	320	675	—
1844/1844O	Inc. above	500	850	1,150	1,400	3,000	6,250	10,000	—
1845	589,000	49.00	65.00	79.50	125	220	365	1,250	12,000
1845O	2,094,000	46.00	60.00	71.50	89.00	165	325	700	9,400
1845O no drapery	Inc. above	48.00	70.00	90.00	165	350	650	1,450	—
1846 medium date	2,210,000	46.00	60.00	77.00	86.00	175	340	900	9,000
1846 tall date	Inc. above	47.00	61.00	90.00	135	350	550	750	12,000
1846 /horizontal 6	Inc. above	160	250	325	550	775	1,350	3,800	—
1846O medium date	2,304,000	49.00	60.00	79.50	86.00	220	300	1,100	12,000
1846O tall date	Inc. above	200	325	425	675	1,750	2,450	6,650	—
1847/1846	1,156,000	2,000	2,750	4,000	5,500	10,000	13,500	23,500	—
1847	Inc. above	44.00	52.00	67.50	80.00	125	245	450	9,000
1847O	2,584,000	54.00	65.00	71.50	86.00	160	355	640	7,000
1848	580,000	54.00	75.00	110	185	275	485	1,050	9,000
1848O	3,180,000	46.00	55.00	71.50	86.00	210	375	850	9,000
1849	1,252,000	49.00	70.00	79.50	90.00	165	365	1,250	15,000
1849O	2,310,000	54.00	65.00	71.50	90.00	175	325	750	9,000
1850	227,000	275	325	450	585	700	1,000	2,200	—
1850O	2,456,000	50.00	57.00	73.50	95.00	185	275	950	9,000
1851	200,750	375	475	850	850	1,350	1,650	3,000	—
1851O	402,000	49.00	65.00	125	135	225	325	1,500	9,000
1852	77,130	425	500	700	925	1,100	1,350	2,350	—
1852O	144,000	70.00	160	210	350	750	1,650	3,850	26,000
1853O mintage unrecorded	—	—	250,000	—	—	600,000	—	—	—

Seated Liberty, arrows at date obverse   Rays around eagle reverse

KM# 79 • 12.44 g., 0.900 **Silver** 0.360 oz. ASW **Rev. Legend:** UNITED STATES OF AMERICA **Designer:** Christian Gobrecht

Date	Mintage	G4	VG8	F12	VF20	XF40	AU50	MS60	MS65	Prf65
1853	3,532,708	36.50	48.00	72.00	97.50	270	615	1,500	24,500	175,000
1853O	1,328,000	48.50	56.50	81.00	124	325	695	2,250	29,500	—

Seated Liberty, arrows at date obverse   "HALF DOL." below eagle reverse

KM# 82 • 12.44 g., 0.900 **Silver** 0.360 oz. ASW **Rev. Legend:** UNITED STATES OF AMERICA **Designer:** Christian Gobrecht

Date	Mintage	G4	VG8	F12	VF20	XF40	AU50	MS60	MS65	Prf65
1854	2,982,000	36.50	48.00	60.00	73.50	145	305	585	8,500	37,500
1854O	5,240,000	36.50	48.00	60.00	73.50	145	305	610	8,000	—
1855	759,500	38.50	50.00	64.00	87.00	375	575	1,250	9,000	39,500
1855/4	Inc. above	65.00	75.00	135	175	400	600	2,350	17,500	37,000
1855O	3,688,000	39.50	55.00	65.00	78.50	145	305	650	8,000	—
1855S	129,950	350	575	800	1,600	3,650	6,850	19,500	—	—

Seated Liberty, date below obverse   "HALF DOL." below eagle reverse

KM# A68 • 12.44 g., 0.900 **Silver** 0.360 oz. ASW **Rev. Legend:** UNITED STATES OF AMERICA **Designer:** Christian Gobrecht

Date	Mintage	G4	VG8	F12	VF20	XF40	AU50	MS60	MS65	Prf65
1856	938,000	44.00	57.00	67.50	84.00	135	245	550	6,500	12,500
1856O	2,658,000	49.00	57.00	67.50	95.00	135	245	450	12,500	—
1856S	211,000	85.00	110	175	275	750	1,500	6,500	19,000	—
1857	1,988,000	44.00	52.00	67.50	84.00	125	245	450	5,150	12,500
1857O	818,000	49.00	55.00	71.00	85.00	150	275	1,150	12,500	—
1857S	158,000	90.00	125	185	400	1,050	1,650	4,500	19,000	—
1858	4,226,000	44.00	52.00	67.50	84.00	125	245	450	6,500	12,500
1858O	7,294,000	49.00	57.00	67.50	84.00	125	245	485	12,500	—
1858S	476,000	50.00	65.00	90.00	140	365	475	1,350	12,500	—
1859	748,000	40.00	57.00	72.00	90.00	145	245	600	6,600	5,500
1859O	2,834,000	44.00	62.00	67.50	84.00	125	245	450	6,500	—
1859S	566,000	45.00	68.00	79.50	100	275	375	950	12,500	—
1860	303,700	48.00	56.00	71.50	100	150	325	750	6,500	5,500
1860O	1,290,000	44.00	56.00	67.50	84.00	135	260	450	5,150	—
1860S	472,000	49.00	70.00	72.50	88.00	215	335	850	12,500	—
1861	2,888,400	54.00	60.00	67.50	84.00	130	255	485	5,150	5,500
1861O	2,532,633	60.00	68.00	77.00	88.00	175	285	650	5,150	—
1861O CSA Obv, cracked die	Inc. above	55.00	65.00	74.50	110	170	325	875	9,500	—
1861S	939,500	250	350	600	750	1,200	2,350	—		—
1862	253,550	56.00	69.00	92.50	120	235	425	650	5,150	5,500
1862S	1,352,000	54.00	62.00	67.50	80.00	125	265	485	9,000	—
1863	503,660	59.00	73.00	92.50	145	240	350	750	5,150	5,500
1863S	916,000	52.00	69.00	82.50	105	220	295	600	9,000	—
1864	379,570	64.00	75.00	97.50	150	275	400	750	5,150	5,500
1864S	658,000	56.00	69.00	81.50	145	250	350	1,250	9,000	—
1865	511,900	52.00	71.00	88.00	100	265	375	1,000	5,150	5,500
1865S	675,000	56.00	68.00	82.50	100	250	450	900	9,000	—
1866 proof, unique	—	—	—	—	—	—	—	—	—	—
1866S	60,000	485	650	925	1,250	2,550	3,500	6,500	68,000	—

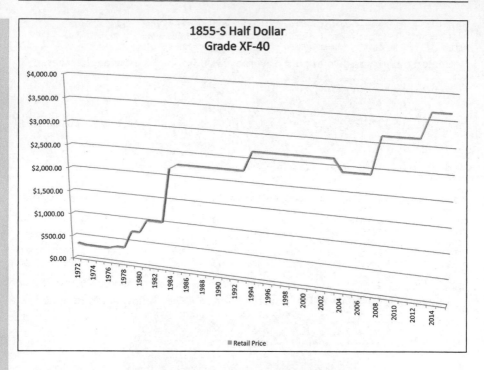

1855-S Half Dollar
Grade XF-40

Seated Liberty, date below obverse   IN GOD WE TRUST above eagle reverse

KM# 99 • 12.44 g., 0.900 Silver 0.360 oz. ASW Rev. Legend: UNITED STATES OF AMERICA Designer: Christian Gobrecht

Date	Mintage	G4	VG8	F12	VF20	XF40	AU50	MS60	MS65	Prf65
1866	745,625	54.00	72.50	82.00	95.00	175	300	565	4,800	3,750
1866S	994,000	48.50	62.50	80.00	85.00	200	275	650	5,000	—
1867	449,925	53.50	67.50	88.00	165	275	290	450	4,800	3,750
1867S	1,196,000	47.50	61.50	80.00	100	200	285	775	7,000	—
1868	418,200	58.50	70.00	105	185	275	350	750	7,100	3,750
1868S	1,160,000	48.50	55.50	70.00	95.00	175	285	550	7,000	—
1869	795,900	48.50	64.50	78.00	95.00	165	275	550	4,600	3,750
1869S	656,000	50.00	66.50	80.00	95.00	210	325	850	7,000	—
1870	634,900	47.50	59.50	70.00	98.00	165	250	625	7,000	3,750
1870CC	54,617	1,450	2,650	4,500	7,250	16,000	30,000	110,000	—	—
1870S	1,004,000	43.50	59.50	72.00	110	200	425	1,250	7,000	—
1871	1,204,560	41.00	51.50	71.00	85.00	160	285	650	7,000	3,750
1871CC	153,950	375	650	950	1,450	3,350	6,000	22,500	—	—
1871S	2,178,000	48.50	60.00	68.00	88.00	175	275	675	7,000	—
1872	881,550	48.50	59.50	68.00	88.00	185	310	825	2,850	3,750
1872CC	272,000	210	265	500	950	2,350	4,850	16,500	50,000	—
1872S	580,000	48.50	62.00	86.00	135	300	375	1,150	7,000	—
1873 closed 3	801,800	48.50	57.50	83.00	115	165	280	675	4,500	3,750
1873 open 3	Inc. above	3,550	4,450	5,600	7,250	10,000	13,500	30,000	—	—
1873CC	122,500	275	440	650	1,150	2,350	6,500	17,500	80,000	—
1873S no arrows	5,000	—	—	—	—	—	—	—	—	—

Note: 1873S no arrows, no specimens known to survive.

Seated Liberty, arrows at date obverse
IN GOD WE TRUST above eagle reverse

KM# 107 • 12.50 g., 0.900 **Silver** 0.3617 oz. ASW **Rev. Legend:** UNITED STATES OF AMERICA **Designer:** Christian Gobrecht

Date	Mintage	G4	VG8	F12	VF20	XF40	AU50	MS60	MS65	Prf65
1873	1,815,700	48.00	62.00	78.00	105	265	470	925	17,500	9,000
1873CC	214,560	275	400	650	1,100	2,350	3,900	11,500	42,000	—
1873S	233,000	55.00	130	175	245	475	850	3,850	40,000	—
1874	2,360,300	44.00	56.00	72.00	90.00	250	455	900	15,500	9,000
1874CC	59,000	775	1,550	2,200	3,650	5,400	9,750	12,500	—	—
1874S	394,000	54.00	70.00	85.00	225	365	685	2,500	20,000	—

Seated Liberty, date below obverse   IN GOD WE TRUST above eagle reverse

KM# A99 • 12.50 g., 0.900 **Silver** 0.3617 oz. ASW **Rev. Legend:** UNITED STATES OF AMERICA **Designer:** Christian Gobrecht

Date	Mintage	G4	VG8	F12	VF20	XF40	AU50	MS60	MS65	Prf65
1875	6,027,500	38.50	49.50	66.00	88.00	128	225	450	3,500	3,375
1875CC	1,008,000	55.00	85.00	135	225	325	500	1,450	8,350	—
1875S	3,200,000	38.50	49.50	66.00	95.00	130	210	390	2,700	—
1876	8,419,150	38.50	49.50	66.00	88.00	118	210	390	5,300	3,775
1876CC	1,956,000	52.00	65.00	100	140	265	375	1,250	4,200	—
1876S	4,528,000	36.50	47.50	66.00	88.00	118	210	390	2,700	—
1877	8,304,510	36.50	47.50	66.00	88.00	118	210	390	2,700	3,825
1877CC	1,420,000	52.00	75.00	110	140	265	350	1,150	3,250	—
1877S	5,356,000	36.50	47.50	66.00	88.00	118	210	390	2,700	—
1878	1,378,400	38.50	57.50	100	130	150	210	485	3,650	3,900
1878CC	62,000	900	1,300	2,350	2,750	3,750	6,500	12,500	43,500	—
1878S	12,000	28,500	42,000	49,500	60,000	75,000	95,000	135,000	175,000	—
1879	5,900	275	310	375	450	540	575	775	3,650	3,150
1880	9,755	260	300	350	425	510	600	800	3,750	3,150
1881	10,975	270	325	345	425	500	565	750	4,000	3,150
1882	5,500	340	410	460	600	650	675	850	3,850	3,150
1883	9,039	325	390	480	560	625	650	1,000	3,950	3,150
1884	5,275	385	425	500	610	700	685	1,000	3,850	3,150
1885	6,130	390	450	485	575	660	700	825	3,850	3,150
1886	5,886	400	550	630	725	850	875	1,150	3,900	3,150
1887	5,710	475	600	700	800	875	950	1,100	3,900	3,150
1888	12,833	280	310	365	410	525	550	800	3,900	3,150
1889	12,711	275	315	400	465	510	575	800	3,900	3,150
1890	12,590	275	310	365	415	500	550	800	3,850	3,150
1891	200,600	55.00	75.00	125	140	165	240	480	3,850	3,150

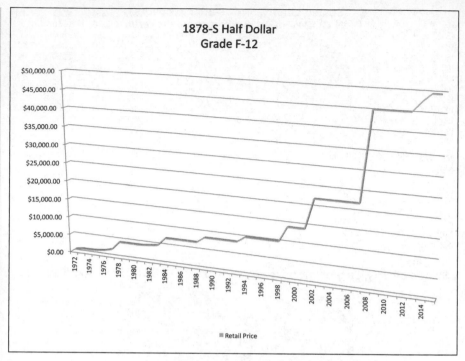

Barber Half Dollar
Laureate head right, flanked by stars, date below obverse   Heraldic eagle reverse

KM# 116 • 12.50 g., 0.900 **Silver** 0.3617 oz. ASW, 30.6 mm. • **Obv. Legend:** IN GOD WE TRUST **Rev. Legend:** UNITED STATES OF AMERICA **Designer:** Charles E. Barber

Date	Mintage	G4	VG8	F12	VF20	XF40	AU50	MS60	MS65	Prf65
1892	935,245	29.50	44.00	73.50	120	200	395	610	3,100	3,750
1892O	390,000	300	420	515	600	675	700	850	3,950	—
1892O micro O	Inc. above	2,250	3,950	5,000	7,000	11,500	17,500	24,000	80,000	—
1892S	1,029,028	240	330	425	550	650	700	985	4,400	—
1893	1,826,792	22.50	36.00	78.00	150	205	395	625	4,250	3,750
1893O	1,389,000	36.00	70.00	130	230	360	445	700	8,250	—
1893S	740,000	165	240	550	750	1,000	1,525	1,275	22,000	—
1894	1,148,972	32.50	54.00	115	220	280	405	610	3,050	3,750
1894O	2,138,000	21.50	36.00	95.00	180	320	430	660	5,600	—
1894S	4,048,690	21.00	30.00	75.00	130	195	410	575	8,350	—
1895	1,835,218	22.00	28.00	72.00	165	195	410	595	4,050	3,750
1895O	1,766,000	40.00	68.00	130	195	285	435	650	5,950	—
1895S	1,108,086	32.00	56.00	140	255	345	440	635	6,350	—
1896	950,762	22.50	30.00	88.00	160	265	405	625	5,000	3,750
1896O	924,000	48.00	65.00	210	350	650	1,050	2,450	19,500	—
1896S	1,140,948	120	160	235	400	560	850	1,575	9,750	—
1897	2,480,731	21.50	26.00	48.50	125	200	395	610	3,150	3,750
1897O	632,000	170	240	510	835	1,050	1,350	2,700	7,350	—
1897S	933,900	155	230	410	600	925	1,275	2,600	7,250	—
1898	2,956,735	20.50	24.00	55.50	131	200	405	610	3,150	3,750

Date	Mintage	G4	VG8	F12	VF20	XF40	AU50	MS60	MS65	Prf65
1898O	874,000	37.50	100	240	400	575	640	1,250	8,950	—
1898S	2,358,550	29.00	52.50	95.00	175	340	440	985	9,400	—
1899	5,538,846	19.50	24.00	55.50	131	200	415	610	3,350	3,750
1899O	1,724,000	26.00	37.50	85.00	180	300	435	700	8,000	—
1899S	1,686,411	25.00	45.00	92.00	165	275	405	660	5,750	—
1900	4,762,912	18.50	24.50	55.50	131	200	405	610	3,650	3,750
1900O	2,744,000	18.50	22.50	62.00	190	315	435	900	13,500	—
1900S	2,560,322	18.50	24.50	48.50	131	215	400	660	8,250	—
1901	4,268,813	18.50	24.50	57.00	125	200	385	610	3,750	3,750
1901O	1,124,000	18.50	29.50	85.00	235	400	500	1,500	14,850	—
1901S	847,044	34.00	55.00	175	375	825	1,300	2,350	16,500	—
1902	4,922,777	18.50	24.50	57.00	125	200	395	610	3,750	3,750
1902O	2,526,000	18.50	24.50	55.00	115	240	420	850	9,850	—
1902S	1,460,670	18.50	28.50	66.00	165	285	420	825	7,500	—
1903	2,278,755	18.50	24.50	48.50	131	215	405	610	7,000	3,750
1903O	2,100,000	18.50	24.50	55.00	135	225	435	665	8,750	—
1903S	1,920,772	18.50	24.50	60.00	145	265	465	675	4,850	—
1904	2,992,670	18.50	24.50	55.50	125	200	405	610	4,100	3,750
1904O	1,117,600	19.00	33.00	90.00	250	435	610	1,375	11,000	—
1904S	553,038	42.00	100	325	775	1,450	2,450	9,850	38,500	—
1905	662,727	23.50	34.00	95.00	195	270	420	650	5,650	3,750
1905O	505,000	30.00	44.50	130	245	340	460	760	4,400	—
1905S	2,494,000	18.50	26.50	50.00	135	240	410	725	8,750	—
1906	2,638,675	18.50	24.50	50.50	131	200	385	600	3,150	3,750
1906D	4,028,000	18.50	24.50	53.50	139	195	385	600	3,650	—
1906O	2,446,000	18.50	24.50	48.50	131	210	400	650	5,850	—
1906S	1,740,154	18.50	26.50	57.50	135	230	430	650	4,650	—
1907	2,598,575	17.50	22.50	48.50	125	195	385	600	3,600	3,750
1907D	3,856,000	17.50	22.50	48.50	125	195	385	600	2,950	—
1907O	3,946,000	17.50	22.50	50.50	125	195	385	600	3,050	—
1907S	1,250,000	22.00	25.00	85.00	190	385	675	1,275	12,000	—
1908	1,354,545	17.50	22.50	48.50	125	195	385	600	3,350	3,750
1908D	3,280,000	17.50	22.50	48.50	125	195	385	600	2,950	—
1908O	5,360,000	17.50	22.50	48.50	125	195	395	600	2,950	—
1908S	1,644,828	17.50	29.50	75.00	175	285	475	875	5,500	—
1909	2,368,650	17.00	24.00	51.50	131	195	385	600	2,950	3,750
1909O	925,400	19.80	23.50	58.00	185	440	725	1,500	4,850	—
1909S	1,764,000	17.50	23.50	48.50	131	215	395	600	3,950	—
1910	418,551	20.00	30.00	95.00	180	365	495	675	3,750	3,750
1910S	1,948,000	19.00	27.50	54.50	131	200	405	640	6,250	—
1911	1,406,543	17.50	22.50	48.50	125	195	385	600	2,950	3,750
1911D	695,080	17.50	24.00	55.50	141	195	395	625	3,750	—
1911S	1,272,000	17.50	24.50	48.50	131	210	395	650	5,350	—
1912	1,550,700	17.50	22.50	48.50	125	195	385	600	3,450	3,750
1912D	2,300,800	17.50	22.50	48.50	125	195	385	600	2,950	—
1912S	1,370,000	17.80	22.00	55.50	141	210	435	650	4,250	—
1913	188,627	77.00	88.00	235	400	615	875	1,600	4,950	3,900
1913D	534,000	19.00	22.50	48.50	131	200	395	625	3,750	—
1913S	604,000	21.00	25.00	53.50	151	260	435	760	4,000	—
1914	124,610	145	170	335	525	775	1,000	1,475	7,850	4,100
1914S	992,000	17.50	22.50	48.50	131	210	405	625	4,250	—
1915	138,450	100	140	285	410	650	920	1,350	5,850	4,100
1915D	1,170,400	19.50	22.50	48.50	125	195	385	600	2,950	—
1915S	1,604,000	19.00	24.50	55.50	144	210	400	625	2,950	—

Walking Liberty Half Dollar
Liberty walking left wearing U.S. flag gown, sunrise at left obverse
Eagle advancing left reverse

Obverse mint mark
1916-1917

HALF DOLLAR

KM# 142 • 12.50 g., 0.900 **Silver** 0.3617 oz. ASW, 30.6 mm. • **Designer:** Adolph A. Weinman **Note:** The mint mark appears on the obverse below the word "Trust" on 1916 and some 1917 issues. Starting with some 1917 issues and continuing through the remainder of the series, the mint mark was changed to the reverse, at about the 8 o'clock position near the rim.

Date	Mintage	G4	VG8	F12	VF20	XF40	AU50	MS60	MS65	Prf65
1916	608,000	52.00	55.00	95.00	170	235	320	355	1,875	—
1916D	1,014,400	50.00	55.00	80.00	135	200	255	385	2,350	—
1916S	508,000	100	135	280	440	595	720	1,050	6,600	—
1917	12,292,000	9.10	14.20	18.00	22.00	40.00	72.00	130	1,225	—
1917D obv. mint mark	765,400	23.50	33.00	80.00	155	225	335	595	8,300	—
1917S obv. mint mark	952,000	26.00	44.00	135	365	650	1,100	2,325	22,500	—
1917D rev. mint mark	1,940,000	16.30	18.00	45.00	135	275	550	950	17,500	—
1917S rev. mint mark	5,554,000	16.00	17.00	19.00	32.00	60.00	155	370	14,000	—
1918	6,634,000	16.00	17.00	19.00	64.00	150	245	545	3,760	—
1918D	3,853,040	17.50	22.00	40.00	90.00	220	500	1,325	24,000	—
1918S	10,282,000	16.00	17.00	18.00	34.00	73.00	190	500	17,800	—
1919	962,000	25.50	32.50	78.50	265	510	875	1,400	7,550	—
1919D	1,165,000	25.00	38.50	95.00	320	760	2,200	5,900	155,000	—
1919S	1,552,000	19.50	27.50	72.00	310	820	1,750	3,550	18,400	—
1920	6,372,000	17.00	18.00	20.00	42.00	75.00	155	350	4,725	—
1920D	1,551,000	17.50	19.00	65.00	240	445	900	1,550	17,500	—
1920S	4,624,000	17.00	18.00	19.00	90.00	240	510	875	14,700	—
1921	246,000	150	210	315	750	2,250	3,150	6,750	22,750	—
1921D	208,000	295	370	575	900	2,850	4,450	13,500	33,500	—
1921S	548,000	43.00	65.00	200	775	4,100	4,450	19,250	122,000	—
1923S	2,178,000	16.00	17.00	27.50	110	500	1,150	1,625	17,750	—
1927S	2,392,000	15.50	16.00	17.50	46.00	165	425	1,000	9,550	—
1928S Large S	1,940,000	19.50	22.00	28.00	110	325	650	1,800	—	—
1928S Small S	Inc. above	16.00	18.00	19.00	66.00	195	475	1,070	11,500	—
1929D	1,001,200	12.90	16.00	18.00	42.50	94.00	195	415	2,975	—
1929S	1,902,000	12.90	16.00	17.00	28.50	113	220	435	2,950	—
1933S	1,786,000	15.60	16.50	17.50	22.00	57.50	260	640	3,600	—
1934	6,964,000	12.60	14.00	16.00	18.00	21.00	25.00	85.00	430	—
1934D	2,361,400	12.90	15.00	17.00	19.50	33.00	88.00	145	1,425	—
1934S	3,652,000	12.90	14.00	16.00	17.50	31.00	100	375	3,975	—
1935	9,162,000	10.60	11.20	13.50	16.00	19.50	26.00	44.00	280	—
1935D	3,003,800	12.90	14.00	16.00	20.00	31.50	66.00	140	2,175	—

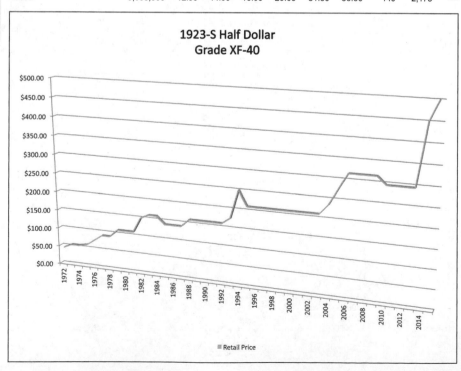

1923-S Half Dollar
Grade XF-40

■ Retail Price

Date	Mintage	G4	VG8	F12	VF20	XF40	AU50	MS60	MS65	Prf65
1935S	3,854,000	12.10	13.00	15.00	17.50	49.00	95.00	280	2,750	—
1936	12,617,901	10.60	11.20	11.50	13.60	19.50	26.00	37.00	280	3,675
1936D	4,252,400	11.60	12.20	12.50	16.00	24.00	52.00	77.00	410	—
1936S	3,884,000	11.60	12.20	12.50	16.00	31.00	58.00	147	825	—
1937	9,527,728	9.90	10.50	10.70	12.60	20.00	26.00	38.00	190	940
1937D	1,676,000	11.60	12.20	12.70	13.60	34.00	105	215	690	—
1937S	2,090,000	11.60	12.20	12.50	13.10	26.50	62.00	165	600	—
1938	4,118,152	10.10	10.70	11.10	12.60	21.95	38.00	63.00	330	785
1938D	491,600	55.00	71.00	100	110	72.00	250	500	1,500	—
1939	6,820,808	9.60	10.20	10.50	11.10	20.00	24.00	42.00	175	730
1939D	4,267,800	9.60	10.70	11.00	12.10	21.25	26.00	46.00	145	—
1939S	2,552,000	10.10	11.20	11.50	13.90	25.50	76.00	155	280	—
1940	9,167,279	9.60	10.20	10.50	10.60	19.50	24.00	35.00	130	575
1940S	4,550,000	9.60	10.50	10.70	12.10	21.00	21.00	50.00	335	—
1941	24,207,412	9.90	10.20	10.50	10.60	17.50	23.00	34.00	115	580
1941D	11,248,400	9.60	10.50	11.00	11.10	19.95	24.00	40.00	155	—
1941S Small S	8,098,000	9.90	10.50	11.00	11.10	24.30	28.00	74.00	710	—
1941S Large S	Inc. above	12.20	13.20	15.50	20.00	35.00	60.00	—	—	—
1942	47,839,120	9.90	10.20	10.50	10.60	17.50	23.00	34.00	114	605
1942D	10,973,800	9.60	10.50	10.70	11.10	19.95	24.00	40.00	280	—
1942S	12,708,000	9.90	10.50	10.70	11.10	19.95	25.00	40.00	440	—
1943	53,190,000	9.90	10.20	10.50	10.60	17.80	23.00	34.00	114	—
1943D	11,346,000	9.60	10.50	10.70	11.10	19.95	25.00	43.00	225	—
1943D Double Die Obverse	Inc. above	12.00	15.00	17.00	19.00	22.00	30.00	58.00	450	—
1943S	13,450,000	9.90	10.50	10.70	11.10	19.95	24.00	43.00	265	—
1944	28,206,000	9.60	10.20	10.50	10.60	17.80	23.00	34.00	114	—
1944D	9,769,000	9.90	10.50	10.70	11.10	19.95	24.00	40.00	150	—
1944S	8,904,000	9.90	10.20	10.70	11.10	19.95	26.00	45.00	440	—
1945	31,502,000	9.60	10.50	10.50	10.60	17.80	23.00	34.00	114	—
1945D	9,966,800	9.90	10.50	10.70	11.10	19.95	24.00	40.00	124	—
1945S	10,156,000	9.90	10.20	10.70	11.10	19.95	24.00	45.00	150	—
1946	12,118,000	9.60	10.25	10.50	10.60	17.80	23.00	34.00	150	—
1946 Double Die Reverse	Inc. above	16.00	24.00	35.00	50.00	85.00	175	325	3,200	—
1946D	2,151,000	8.60	10.70	11.00	12.60	23.75	42.00	49.00	124	—
1946S	3,724,000	8.10	10.50	10.70	11.10	20.75	35.00	54.00	115	—
1947	4,094,000	8.10	10.20	10.50	11.10	19.95	26.00	47.00	160	—
1947D	3,900,600	8.60	10.70	11.00	12.60	19.95	32.00	47.00	125	—

Franklin Half Dollar
Franklin bust right obverse   Liberty Bell, small eagle at right reverse

Mint mark

KM# 199 • 12.50 g., 0.900 **Silver** 0.3617 oz. ASW, 30.6 mm. • **Designer:** John R. Sinnock **Note:** The type I reverse is distinguished by the eagle having four full feathers on the wing closest the bell, whereas the type II reverse eagle has three full feathers.

Date	Mintage	G4	VG8	F12	VF20	XF40	AU50	MS60	MS65	65FBL	65CAM
1948	3,006,814	—	7.70	7.80	8.40	9.00	9.20	20.00	63.00	190	—
1948D	4,028,600	—	7.70	7.80	8.40	8.50	8.90	19.50	107	260	—
1949	5,614,000	—	—	—	—	9.50	15.00	36.00	115	250	—
1949D	4,120,600	—	—	—	8.20	10.50	25.00	42.00	517	1,750	—
1949S	3,744,000	—	—	—	8.40	16.50	30.00	80.00	132	700	—
1950	7,793,509	—	—	—	—	7.80	13.00	27.75	86.00	285	550
1950D	8,031,600	—	—	—	—	8.80	9.00	21.00	230	900	—
1951	16,859,602	—	—	—	—	7.50	10.50	17.50	50.00	340	335
1951D	9,475,200	—	—	—	—	12.80	17.50	36.00	143	540	—
1951S	13,696,000	—	—	—	7.80	8.50	15.00	25.50	55.00	750	—
1952	21,274,073	—	—	—	—	7.70	10.50	22.50	50.00	210	235
1952D	25,395,600	—	—	—	—	7.70	10.50	18.50	109	450	—
1952S	5,526,000	—	—	7.80	10.40	16.00	32.00	64.00	89.50	1,500	—
1953	2,796,920	—	—	7.80	7.90	8.30	16.00	26.00	88.50	1,000	210

HALF DOLLAR

Date	Mintage	G4	VG8	F12	VF20	XF40	AU50	MS60	MS65	65FBL	65CAM
1953D	20,900,400	—	—	—	—	7.50	7.70	19.00	101	400	—
1953S	4,148,000	—	—	—	7.80	8.50	18.50	30.00	46.00	160	—
1954	13,421,503	—	—	—	—	7.50	7.70	16.30	40.00	225	95.00
1954D	25,445,580	—	—	—	—	7.50	7.70	16.30	80.00	235	—
1954S	4,993,400	—	—	—	—	7.90	8.50	17.50	33.00	440	—
1955	2,876,381	—	15.50	16.00	17.50	18.00	18.50	19.50	42.50	140	85.00
1955 Bugs Bunny	Inc. above	—	20.00	22.00	23.00	25.00	26.00	28.00	120	750	—
1956 Type 1 rev.	4,701,384	—	7.50	7.50	7.60	7.90	8.70	19.50	29.00	125	50.00
1956 Type 2 rev.	Inc. above	—	—	—	—	—	—	—	—	—	32.00
1957 Type 1 rev.	6,361,952	—	—	—	—	7.50	8.70	16.50	31.00	95.00	—
1957 Type 2 rev.	Inc. above	—	—	—	—	—	—	—	—	—	35.00
1957D	19,966,850	—	—	—	—	7.50	8.70	16.00	33.00	100	—
1958 Type 1 rev.	4,917,652	—	—	—	—	7.50	8.70	16.50	30.00	110	—
1958 Type 2 rev.	Inc. above	—	—	—	—	8.20	20.00	26.00	—	—	42.00
1958D	23,962,412	—	—	—	—	7.50	8.70	16.30	30.00	80.00	—
1959 Type 1 rev.	7,349,291	—	—	—	—	7.50	8.70	16.30	50.00	250	—
1959 Type 2 rev.	Inc. above	—	—	—	—	8.00	16.00	30.00	115	—	28.00
1959D	13,053,750	—	—	—	—	7.50	8.70	16.30	72.00	215	—
1960 Type 1 rev.	7,715,602	—	—	—	—	7.50	8.70	16.00	82.75	340	—
1960 Type 2 rev.	Inc. above	—	—	—	—	—	—	—	—	—	25.00
1960D	18,215,812	—	—	—	—	7.50	8.70	16.00	195	1,350	—
1961 Type 1 rev.	11,318,244	—	—	—	—	7.50	8.70	16.00	41.00	1,300	—
1961 Type 2 rev.	Inc. above	—	—	—	—	25.00	—	—	—	—	30.00
1961 Double die rev.	Inc. above	—	—	—	—	—	—	—	—	—	3,000
1961D	20,276,442	—	—	—	—	7.50	8.70	16.00	103	875	—
1962 Type 1 rev.	12,932,019	—	—	—	—	7.50	8.70	16.00	76.00	1,850	—
1962 Type 2 rev.	Inc. above	—	—	—	—	—	—	—	—	—	26.00
1962D	35,473,281	—	—	—	—	7.50	8.70	16.00	92.00	800	—
1963 Type 1 rev.	25,239,645	—	—	—	—	7.50	8.70	15.50	28.50	1,200	—
1963 Type 2 rev.	Inc. above	—	—	—	—	—	—	—	—	—	26.00
1963D	67,069,292	—	—	—	—	7.50	8.70	15.50	30.00	165	—

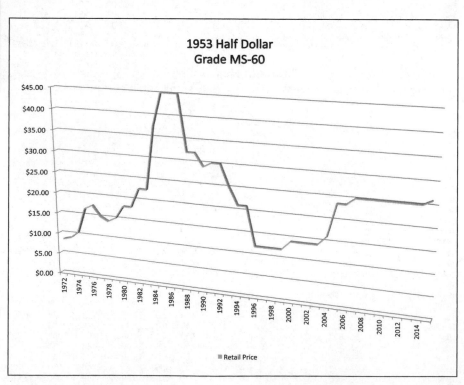

1953 Half Dollar
Grade MS-60

Retail Price

Kennedy Half Dollar

Mint mark 1964

KM# 202 • 12.50 g., 0.900 **Silver** 0.3617 oz. ASW, 30.6 mm. • **Obv. Designer:** Gilroy Roberts **Rev. Designer:** Frank Gasparro **Edge:** Reeded

Date	Mintage	MS60	MS65	PF65
1964	277,254,766	12.50	22.00	15.00
1964 Accented Hair	Inc. above	—	—	40.00
1964D	156,205,446	12.70	24.00	—

Mint mark 1968 - present

KM# 202a • 11.50 g., 0.400 **Silver** 0.1479 oz. ASW, 30.6 mm. • **Obv. Designer:** Gilroy Roberts **Rev. Designer:** Frank Gasparro **Edge:** Reeded

Date	Mintage	MS60	MS65	PF65
1965	65,879,366	6.10	14.50	—
1965 SMS	2,360,000	—	15.00	—
1966	108,984,932	6.10	22.50	—
1966 SMS	2,261,583	—	17.00	—
1967	295,046,978	6.10	18.50	—
1967 SMS	1,863,344	—	18.00	—
1968D	246,951,930	6.10	16.50	—
1968S	3,041,506	—	—	8.56
1969D	129,881,800	6.10	20.00	—
1969S	2,934,631	—	—	8.56
1970D	2,150,000	8.50	40.00	—
1970S	2,632,810	—	—	12.00

KM# 202b • 11.34 g., **Copper-Nickel Clad Copper**, 30.6 mm. • **Obv. Designer:** Gilroy Roberts **Rev. Designer:** Frank Gasparro

Date	Mintage	MS60	MS65	PF65
1971	155,640,000	1.00	17.50	—
1971D	302,097,424	1.00	12.00	—
1971S	3,244,183	—	—	5.00
1972	153,180,000	1.00	15.50	—
1972D	141,890,000	1.00	14.50	—
1972S	3,267,667	—	—	5.00

Date	Mintage	MS60	MS65	PF65
1973	64,964,000	1.00	20.00	—
1973D	83,171,400	—	12.00	—
1973S	2,769,624	—	—	5.00
1974	201,596,000	1.00	25.00	—
1974D	79,066,300	1.00	17.00	—
1974D Obverse Double Die	Inc. above	32.00	165	—
1974S	2,617,350	—	—	5.00
1975 none minted	—	—	—	—
1975D none minted	—	—	—	—
1975S none minted	—	—	—	—

Independence Hall reverse

KM# 205 • 11.20 g., **Copper-Nickel**, 30.6 mm. • **Obv. Designer:** Gilroy Roberts **Rev. Designer:** Seth Huntington

Date	Mintage	MS60	MS65	PF65
1976	234,308,000	1.00	16.50	—
1976D	287,565,248	1.00	14.00	—
1976S	7,059,099	—	—	5.00

Bicentennial design, Independence Hall reverse

KM# 205a • 11.50 g., 0.400 **Silver** 0.1479 oz. ASW, 30.6 mm. • **Rev. Designer:** Seth Huntington

Date	Mintage	MS60	MS65	PF65
1976S	4,908,319	—	12.00	8.70
1976S	3,998,621	—	—	8.70

Regular design resumed reverse

KM# A202b • 11.34 g., **Copper-Nickel Clad Copper**, 30.61 mm. • **Edge:** Reeded **Note:** KM#202b design and composition resumed. The 1979-S and 1981-S Type II proofs have clearer mint marks than the Type I proofs of those years.

Date	Mintage	MS65	Prf65
1977	43,598,000	12.50	—
1977D	31,449,106	16.50	—
1977S	3,251,152	—	4.50
1978	14,350,000	12.00	—
1978D	13,765,799	15.00	—
1978S	3,127,788	—	5.00
1979	68,312,000	13.50	—
1979D	15,815,422	13.50	—
1979S Type I	3,677,175	—	5.00
1979S Type II	Inc. above	—	18.00

Date	Mintage	MS65	Prf65
1980P	44,134,000	12.50	—
1980D	33,456,449	17.50	—
1980S	3,547,030	—	5.00
1981P	29,544,000	9.00	—
1981D	27,839,533	12.00	—
1981S Type I	4,063,083	—	5.00
1981S Type II	Inc. above	—	18.50
1982P	10,819,000	18.50	—
1982P no initials FG	Inc. above	110	—
1982D	13,140,102	20.00	—
1982S	38,957,479	—	5.00
1983P	34,139,000	22.50	—
1983D	32,472,244	12.50	—
1983S	3,279,126	—	5.00
1984P	26,029,000	12.00	—
1984D	26,262,158	18.00	—
1984S	3,065,110	—	6.00
1985P	18,706,962	16.50	—
1985D	19,814,034	12.50	—
1985S	3,962,138	—	5.00
1986P	13,107,633	17.50	—
1986D	15,336,145	14.00	—
1986S	2,411,180	—	6.00
1987P	2,890,758	16.50	—
1987D	2,890,758	12.50	—
1987S	4,407,728	—	5.00
1988P	13,626,000	16.50	—
1988D	12,000,096	10.00	—
1988S	3,262,948	—	5.00
1989P	24,542,000	13.00	—
1989D	23,000,216	13.00	—
1989S	3,220,194	—	5.00
1990P	22,780,000	17.50	—
1990D	20,096,242	20.00	—
1990S	3,299,559	—	5.00
1991P	14,874,000	12.50	—
1991D	15,054,678	16.00	—
1991S	2,867,787	—	5.00
1992P	17,628,000	10.00	—
1992D	17,000,106	10.00	—
1992S	2,858,981	—	5.00
1993P	15,510,000	12.00	—
1993D	15,000,006	10.00	—
1993S	2,633,439	—	5.00
1994P	23,718,000	12.00	—
1994D	23,828,110	8.50	—
1994S	2,484,594	—	5.00
1995P	26,496,000	10.00	—
1995D	26,288,000	8.00	—
1995S	2,010,384	—	12.00
1996P	24,442,000	10.00	—
1996D	24,744,000	10.00	—
1996S	2,085,191	—	9.00
1997P	20,882,000	14.00	—
1997D	19,876,000	13.50	—
1997S	1,975,000	—	10.00
1998P	15,646,000	12.50	—
1998D	15,064,000	12.50	—
1998S	2,078,494	—	7.00
1999P	8,900,000	11.00	—
1999D	10,682,000	10.00	—
1999S	2,557,897	—	8.00
2000P	22,600,000	12.00	—
2000D	19,466,000	12.00	—
2000S	3,082,944	—	5.00
2001P	21,200,000	10.00	—
2001D	19,504,000	9.00	—
2001S	2,235,000	—	5.00
2002P	3,100,000	10.00	—
2002D	2,500,000	10.50	—
2002S	2,268,913	—	5.00
2003P	2,500,000	6.00	—
2003D	2,500,000	6.00	—
2003S	2,076,165	—	5.00
2004P	2,900,000	4.50	—
2004D	2,900,000	4.50	—
2004S	1,789,488	—	6.00
2005P	3,800,000	6.00	—
2005P Satin finish	1,160,000	8.00	—
2005D	3,500,000	5.00	—
2005D Satin finish	1,160,000	10.00	—
2005S	2,275,000	—	5.00
2006P	2,400,000	4.50	—
2006P Satin finish	847,361	12.00	—
2006D	2,000,000	4.50	—
2006D Satin finish	847,361	14.00	—
2006S	1,934,965	—	6.00
2007P	2,400,000	4.50	—
2007P Satin finish	—	8.00	—
2007D	2,400,000	4.50	—
2007D Satin finish	—	8.00	—
2007S	1,702,116	—	6.00
2008P	1,700,000	4.50	—
2008P Satin finish	—	8.50	—
2008D	1,700,000	4.50	—
2008D Satin finish	—	8.50	—
2008S	1,405,674	—	9.00
2009P	1,900,000	4.50	—
2009P Satin finish	—	8.50	—
2009D	1,900,000	4.50	—
2009D Satin finish	—	8.50	—
2009S	1,482,502	—	6.00
2010P	1,800,000	4.50	—
2010P Satin finish	—	8.50	—
2010D	1,700,000	4.50	—
2010D Satin finish	—	8.50	—
2010S	1,103,815	—	13.00
2011P	1,750,000	4.50	—
2011D	1,700,000	4.50	—
2011S	1,098,835	—	9.00
2012P	1,800,000	4.50	—
2012D	1,700,000	4.50	—
2012S	841,972	—	9.00
2013P	5,000,000	4.50	—
2013D	4,600,000	4.50	—
2013S	821,031	—	9.00
2014D	—	4.50	—
2014P	—	4.50	—
2014S	—	—	9.00
2015D	—	4.50	—
2015P	—	4.50	—
2015S	—	—	9.00

KM# A202c · 12.50 g., 0.900 **Silver** 0.36 oz. ASW, 30.6 · **Designer:** Gilroy Roberts

Date	Mintage	MS65	Prf65
1992S	1,317,579	—	13.20

Date	Mintage	MS65	Prf65	Date	Mintage	MS65	Prf65
1993S	761,353	—	15.20	2004S	1,175,935	—	13.20
1994S	785,329	—	13.20	2005S	1,069,679	—	14.20
1995S	838,953	—	46.00	2006S	988,140	—	14.20
1996S	830,021	—	15.20	2007S	1,384,797	—	15.70
1997S	821,678	—	35.00	2008S	620,684	—	14.20
1998S Matte Finish	62,350	225	—	2009S	697,365	—	13.20
1998S	878,792	—	13.20	2010S	585,401	—	14.20
1999S	804,565	—	15.20	2011S	574,175	—	14.20
2000S	965,921	—	13.20	2012S	395,443	—	14.20
2001S	849,600	—	13.20	2013S	451,342	—	14.20
2002S	888,816	—	13.20	2014S	—	—	12.00
2003S	1,040,425	—	13.20	2014S	—	—	9.00

DOLLAR

Flowing Hair Dollar

KM# 17 • 26.96 g., 0.892 **Silver** 0.7732 oz. ASW, 39-40 mm. • **Designer:** Robert Scot **Note:** The two 1795 varieties have either two or three leaves under each of the eagle's wings on the reverse.

Date	Mintage	F12	VF20	XF40	AU50	MS60	MS63
1794	1,758	120,000	170,000	245,000	365,000	575,000	950,000
1795 2 leaves	203,033	4,450	7,800	16,150	25,500	80,500	196,500
1795 3 leaves	Inc. above	4,200	7,250	14,500	22,500	69,500	182,500
1795 Silver plug	Inc. above	9,850	13,950	28,500	48,500	115,000	235,000

Draped Bust Dollar
Small eagle reverse

KM# 18 • 26.96 g., 0.892 **Silver** 0.7732 oz. ASW, 39-40 mm. • **Designer:** Robert Scot

Date	Mintage	F12	VF20	XF40	AU50	MS60	MS63
1795 Off-center bust	Inc. above	3,850	5,850	12,500	17,000	52,000	126,000
1795 Centered bust	Inc. above	3,900	5,950	12,700	17,250	52,500	126,000
1796 small date, small letters	72,920	4,100	6,300	13,750	18,500	70,000	—
1796 small date, large letters	Inc. above	3,875	6,400	13,700	19,400	—	—
1796 large date, small letters	Inc. above	4,250	6,750	14,350	19,200	57,000	136,000
1797 9 stars left, 7 stars right, small letters	7,776	5,200	9,000	18,850	36,500	—	—
1797 9 stars left, 7 stars right, large letters	Inc. above	4,250	6,850	13,950	20,300	55,500	—
1797 10 stars left, 6 stars right	Inc. above	4,050	6,350	13,600	18,500	53,500	125,000
1798 13 stars	327,536	4,150	6,300	13,750	21,000	85,000	—
1798 15 stars	Inc. above	4,700	7,450	16,150	25,500	95,000	—

Draped bust right, flanked by stars, date below obverse
Heraldic eagle reverse

KM# 32 • 26.96 g., 0.892 **Silver** 0.7732 oz. ASW, 39-40 mm. • **Obv. Legend:** LIBERTY **Rev. Legend:** UNITED STATES OF AMERICA **Designer:** Robert Scot **Note:** The 1798 "knob 9" variety has a serif on the lower left of the 9 in the date. The 1798 varieties are distinguished by the number of arrows held by the eagle on the reverse and the number of berries on the olive branch. On the 1798 "high-8" variety, the 8 in the date is higher than the other numberals. The 1799 varieties are distinguished by the number and positioning of the stars on the obverse and by the size of the berries in the olive branch on the reverse. On the 1700 "irregular date" variety, the first 9 in the date is smaller than the other numerals. Some varieties of the 1800 strikes had letters in the legend cut twice into the dies; as between the numerals in the date are wider than other varieties and the 8 is lower than the other numerals. The 1800 "small berries" variety refers to the size of the berries in the olive branch on the reverse. The 1800 "12 arrows" and "10 arrows" varieties refer to the number of arrows held by the eagle. The 1800 "Americai" variety appears to have the faint outline of an "I" after "America" in the reverse legend. The "close" and "wide" varieties of the 1802 refer to the amount of space between the numerals in the date. The 1800 large-3 and small-3 varieties are distinguished by the size of the 3 in the date.

Date	Mintage	F12	VF20	XF40	AU50	MS60	MS63
1798 knob 9, 4 stripes	423,515	1,785	2,735	5,550	9,850	21,750	95,000
1798 knob 9, 10 arrows	Inc. above	1,785	2,735	5,550	9,850	21,750	87,000
1798 knob 9, 5 stripes	Inc. above	—	—	—	—	—	124,500
1798 pointed 9, 4 berries	Inc. above	1,785	2,735	5,550	9,850	21,750	43,500
1798 5 berries, 12 arrows	Inc. above	1,785	2,735	5,550	9,850	21,750	43,500
1798 high 8	Inc. above	1,785	2,735	5,550	9,850	21,750	43,500
1798 13 arrows	Inc. above	1,785	2,735	5,550	9,850	21,750	45,000
1799/98 13-star reverse	Inc. above	2,000	2,950	4,300	8,600	23,500	45,000
1799/98 15-star reverse	Inc. above	1,875	2,850	4,000	8,300	24,500	47,500
1799 irregular date, 13-star reverse	Inc. above	1,825	3,000	3,900	8,200	23,500	45,000
1799 irregular date, 15-star reverse	Inc. above	1,825	3,200	5,550	9,850	21,500	42,500
1799 perfect date, 7- and 6-star obverse, no berries	Inc. above	1,750	2,700	3,850	8,150	18,500	42,500
1799 perfect date, 7- and 6-star obverse, small berries	Inc. above	1,750	2,700	3,850	8,150	18,500	42,500
1799 perfect date, 7- and 6-star obverse, medium large berries	Inc. above	1,750	2,700	3,850	8,150	18,500	42,500
1799 perfect date, 7- and 6-star obverse, extra large berries	Inc. above	1,750	2,700	3,850	8,150	18,500	51,500
1799 8 stars left, 5 stars right on obverse	Inc. above	1,825	2,800	3,900	8,200	24,000	45,000
1800 R" in "Liberty" double cut	220,920	1,825	2,775	5,550	9,850	21,500	45,000
1800 first "T" in "States" double cut	Inc. above	1,800	2,750	5,550	9,850	21,500	45,000
1800 both letters double cut	Inc. above	1,800	2,750	5,550	9,850	21,500	45,000
1800 T" in "United" double cut	Inc. above	1,800	2,750	5,550	9,850	21,500	45,000
1800 very wide date, low 8	Inc. above	1,800	2,750	5,550	9,850	21,500	—
1800 small berries	Inc. above	1,850	2,800	3,900	8,200	22,000	48,500
1800 dot date	Inc. above	2,000	3,000	4,300	8,600	21,500	45,000
1800 12 arrows	Inc. above	1,825	3,200	5,550	9,850	31,000	—
1800 10 arrows	Inc. above	1,825	3,200	5,550	9,850	—	—
1800 Americai	Inc. above	2,000	3,300	4,300	8,600	21,500	49,000
1801	54,454	2,050	3,200	4,000	8,300	25,000	—
1801 proof restrike	—	—	—	—	—	—	—
1802/1 close	Inc. above	2,000	3,300	4,300	8,600	20,500	—
1802/1 wide	Inc. above	2,000	3,300	4,300	8,600	20,500	—
1802 close, perfect date	Inc. above	1,850	2,800	3,900	8,200	20,500	—
1802 wide, perfect date	Inc. above	1,825	2,775	3,950	8,250	21,500	—
1802 proof restrike, mintage unrecorded	—	—	—	—	—	—	—
1803 large 3	85,634	1,875	3,000	4,000	8,300	20,500	47,500
1803 small 3	Inc. above	2,000	3,300	4,300	8,600	21,500	48,500
1803 proof restrike, mintage unrecorded	—	—	—	—	—	—	—
1804 15 known	—	—	—	—	3,000,000	—	—

Note: 1804, Childs Sale, Aug. 1999, Prf-68, $4,140,000.

1794 Silver Dollar
Grade XF-40

■ Retail Price

Gobrecht Dollar
"C Gobrecht F." in base obverse
Eagle flying left amid stars reverse
KM# 59.1 • 26.73 g., 0.900 **Silver** 0.7734 oz. ASW, 38.1 mm. • **Obv. Designer:** Christian Gobrecht
Rev. Legend: UNITED STATES OF AMERICA
Edge: Plain.

Date	Mintage	VF20	XF40	AU50	Prf65
1836	1,000	11,500	14,850	18,000	75,000

C. Gobrecht F." in base obverse
Eagle flying in plain field reverse
KM# 59.2 • 26.73 g., 0.900 **Silver** 0.7734 oz. ASW, 38.1 mm. • **Obv. Designer:** Christian Gobrecht.
Edge: Plain.

Date	Mintage	VF20	XF40	AU50	Prf65
1836 Restrike	—	—	—	17,500	68,000

C. Gobrecht F." in base obverse

KM# 59a.1 • 26.73 g., 0.900 **Silver** 0.7734 oz. ASW, 38.1 mm. • **Obv. Legend:** Eagle flying left amid stars. **Edge:** Plain.

Date	Mintage	VF20	XF40	AU50	Prf65
1836	600	—	—	—	—

C. Gobrecht F." in base obverse
Eagle flying left amid stars reverse
KM# 59a.2 • 26.73 g., 0.900 **Silver** 0.7734 oz. ASW, 38.1 mm. • **Edge:** Reeded.

Date	Mintage	VF20	XF40	AU50	Prf65
1836 Restrike	—	—	—	—	—

Designer's name omitted in base obverse Eagle in plain field reverse

KM# 59a.3 • 26.73 g., 0.900 **Silver** 0.7734 oz. ASW, 38.1 mm. • **Edge:** Reeded.

Date	Mintage	VF20	XF40	AU50	Prf65
1839	300	—	—	27,500	95,000

Designer's name omitted in base obverse　Eagle in plain field reverse

KM# 59a.4 • 26.73 g., 0.900 **Silver** 0.7734 oz. ASW, 38.1 mm. •

Date	Mintage	VF20	XF40	AU50	Prf65
1839 Restrike	—	—	—	26,500	90,000

Note: All other combinations are restrikes of the late 1850's.

Seated Liberty Dollar
Seated Liberty, date below obverse　No motto above eagle reverse

KM# 71 • 26.73 g., 0.900 **Silver** 0.7734 oz. ASW, 38.1 mm. • **Rev. Legend:** UNITED STATES OF AMERICA
Designer: Christian Gobrecht

Date	Mintage	G4	VG8	F12	VF20	XF40	AU50	MS60	MS63	MS65	Prf65
1840	61,005	290	320	340	420	680	1,075	4,000	21,500	—	—
1841	173,000	265	295	315	395	610	1,000	2,950	5,500	100,000	—
1842	184,618	265	295	315	395	630	925	2,650	4,700	—	—
1843	165,100	265	295	315	395	465	925	2,750	9,000	—	—
1844	20,000	280	313	360	455	785	1,250	6,450	15,000	100,000	—
1845	24,500	300	335	385	455	900	1,750	10,500	26,500	—	75,000
1846	110,600	275	313	345	490	650	1,100	2,750	5,200	98,000	125,000
1846O	59,000	285	330	370	480	775	1,325	8,750	20,000	—	—
1847	140,750	265	295	315	395	465	900	2,950	7,500	100,000	—
1848	15,000	325	385	515	795	1,250	1,700	4,100	12,500	100,000	—
1849	62,600	275	305	350	420	600	1,000	3,200	7,950	100,000	155,000
1850	7,500	465	545	380	845	1,750	2,650	7,850	15,000	—	80,000
1850O	40,000	335	400	515	750	1,550	3,950	12,850	34,500	—	—
1851	1,300	4,000	4,850	5,750	7,750	18,000	27,000	43,500	68,500	150,000	225,000
1851 Restrike	—	—	—	—	—	—	—	—	—	—	90,000
1852	1,100	3,500	4,150	5,200	7,000	15,000	26,000	38,500	60,000	150,000	200,000
1852 Restrike	—	—	—	—	—	—	—	—	—	—	70,000
1853	46,110	335	400	550	660	1,100	1,425	4,000	7,950	100,000	90,000
1853 Restrike	—	—	—	—	—	—	—	—	—	—	—
1854	33,140	1,100	1,450	2,000	2,850	4,500	5,750	8,500	13,500	100,000	80,000
1855	26,000	900	1,150	1,500	2,150	3,750	4,950	8,850	31,500	—	55,000
1856	63,500	400	450	650	775	1,650	2,850	4,350	11,500	—	39,500
1857	94,000	450	525	675	800	1,500	1,850	3,650	9,000	95,000	39,500
1858 proof only	Est. 800	3,200	3,600	4,000	4,800	7,250	8,850	—	—	—	42,500
Note: Later restrike.											
1859	256,500	285	335	400	515	655	1,000	2,850	5,850	95,000	17,500
1859O	360,000	265	295	315	395	465	800	2,250	4,150	56,000	—
1859S	20,000	330	390	515	750	1,550	3,500	15,000	36,500	—	—
1860	218,930	275	310	380	510	660	900	2,550	5,500	90,000	15,700
1860O	515,000	265	295	315	395	465	800	2,250	3,850	56,000	—
1861	78,500	600	750	900	985	1,750	1,975	2,950	5,650	90,000	15,700
1862	12,090	440	600	850	945	1,450	1,650	3,250	5,750	90,000	15,700
1863	27,660	375	525	575	660	985	1,400	3,250	6,000	90,000	18,000
1864	31,170	350	410	500	565	920	1,375	3,350	6,400	90,000	15,700
1865	47,000	300	350	420	585	1,050	1,750	3,250	6,250	90,000	15,700
1866 2 known without motto	—	—	—	—	—	—	—	—	—	—	—

Seated Liberty, date below obverse   IN GOD WE TRUST above eagle reverse

KM# 100 • 26.73 g., 0.900 **Silver** 0.7734 oz. ASW, 38.1 mm. • **Rev. Legend:** UNITED STATES OF AMERICA
Designer: Christian Gobrecht **Note:** In 1866 the motto was added to the reverse above the eagle.

Date	Mintage	G4	VG8	F12	VF20	XF40	AU50	MS60	MS63	MS65	Prf65
1866	49,625	320	350	440	590	795	1,250	2,400	5,000	85,000	16,000
1867	47,525	315	345	405	565	670	895	2,435	5,050	85,000	16,000
1868	162,700	325	355	395	535	650	920	3,500	7,350	85,000	16,000
1869	424,300	290	320	370	490	640	985	2,400	5,000	85,000	16,000
1870	416,000	280	320	350	430	595	970	2,300	4,950	67,500	16,000
1870CC	12,462	475	600	825	1,375	3,650	8,250	27,500	44,500	—	—
1870S 12-15 known	—	150,000	235,000	350,000	600,000	850,000	1,350,000	1,850,000	2,500,000	—	—

Note: 1870S, Eliasberg Sale, April 1997, EF-45 to AU-50, $264,000.

Date	Mintage	G4	VG8	F12	VF20	XF40	AU50	MS60	MS63	MS65	Prf65
1871	1,074,760	270	300	330	410	545	970	2,300	4,950	67,500	16,000
1871CC	1,376	2,000	2,850	4,750	7,450	14,500	25,000	68,500	175,000	—	—
1872	1,106,450	270	300	330	410	495	820	2,300	4,850	67,500	16,000
1872CC	3,150	900	1,400	2,850	4,300	4,850	13,500	28,500	120,000	385,000	—
1872S	9,000	310	365	550	700	2,000	4,500	11,000	26,000	—	—
1873	293,600	275	310	340	420	510	840	2,350	4,900	67,500	16,000
1873CC	2,300	6,250	7,250	11,500	19,000	31,500	43,500	125,000	225,000	625,000	—
1873S none known	700	—	—	—	—	—	—	—	—	—	—

Trade Dollar
Seated Liberty, IN GOD WE TRUST in base above date obverse
TRADE DOLLAR below eagle reverse

KM# 108 • 27.22 g., 0.900 **Silver** 0.7876 oz. ASW, 38.1 mm. • **Rev. Legend:** UNITED STATES OF AMERICA.
Designer: William Barber

Date	Mintage	G4	VG8	F12	VF20	XF40	AU50	MS60	MS65	Prf65
1873	397,500	115	155	165	185	280	360	1,200	15,500	10,250
1873CC	124,500	245	295	335	460	875	1,875	10,000	120,000	—
1873S	703,000	115	155	160	210	280	355	1,475	18,500	—
1874	987,800	125	155	160	185	280	365	1,100	18,250	10,250
1874CC	1,373,200	255	295	335	385	625	775	3,450	33,000	—
1874S	2,549,000	115	155	160	170	280	340	1,125	17,500	—
1875	218,900	145	185	350	425	550	800	2,450	18,000	15,000
1875CC	1,573,700	235	275	315	350	525	800	2,650	38,500	—
1875S	4,487,000	105	155	155	160	260	330	1,050	12,500	—
1875S/CC	Inc. above	210	285	365	560	925	1,450	4,650	59,000	—
1876	456,150	115	155	160	170	280	340	1,100	12,500	10,250
1876CC	509,000	245	285	310	365	585	985	8,000	76,500	—

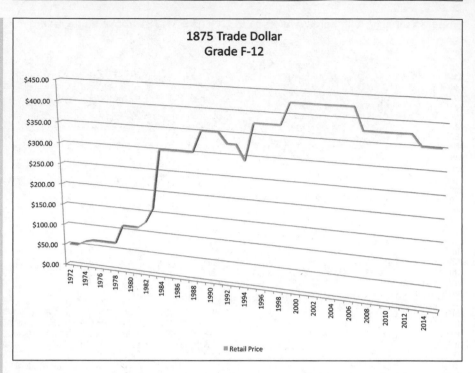

1875 Trade Dollar
Grade F-12

Date	Mintage	G4	VG8	F12	VF20	XF40	AU50	MS60	MS65	Prf65
1876CC Double die reverse	Inc. above	—	—	375	650	1,250	2,000	8,500	—	—
1876S	5,227,000	105	145	150	160	255	330	1,050	17,500	—
1877	3,039,710	115	155	160	170	265	340	1,150	23,500	10,250
1877CC	534,000	255	295	335	425	700	825	2,650	59,000	—
1877S	9,519,000	105	145	150	160	255	330	1,050	12,500	—
1878 proof only	900	—	—	—	1,200	1,300	1,500	—	—	11,000
1878CC	97,000	425	625	935	1,475	2,750	4,000	13,500	112,500	—
1878S	4,162,000	105	145	150	160	225	330	1,050	12,500	—
1879 proof only	1,541	—	—	—	1,175	1,275	1,400	—	—	10,250
1880 proof only	1,987	—	—	—	1,150	1,250	1,350	—	—	10,250
1881 proof only	960	—	—	—	1,200	1,300	1,400	—	—	10,250
1882 proof only	1,097	—	—	—	1,175	1,275	1,375	—	—	10,250
1883 proof only	979	—	—	—	1,200	1,300	1,400	—	—	10,250
1884 proof only	10	—	—	—	—	—	100,000	—	—	650,000

Note: 1884, Eliasberg Sale, April 1997, Prf-66, $396,000.

Date	Mintage	G4	VG8	F12	VF20	XF40	AU50	MS60	MS65	Prf65
1885 proof only	5	—	—	—	—	—	—	—	—	3,000,000

Note: 1885, Eliasberg Sale, April 1997, Prf-65, $907,500.

Morgan Dollar
Laureate head left, date below flanked by stars obverse
Eagle within 1/2 wreath reverse

7 Tail feathers   7/8 Tail feathers   8 Tail feathers

KM# 110 • 26.73 g., 0.900 **Silver** 0.7734 oz. ASW, 38.1 mm. • **Obv. Legend:** E • PLURIBUS • UNUM **Rev. Legend:** UNITED STATES OF AMERICA **Designer:** George T. Morgan **Note:** "65DMPL" values are for coins grading MS-65 deep-mirror prooflike. The 1878 "8 tail feathers" and "7 tail feathers" varieties are distinguished by the number of feathers in the eagle's tail. On the "reverse of 1878" varieties, the top of the top feather in the arrows held by the eagle is straight across and the eagle's breast is concave. On the "reverse of 1879 varieties," the top feather in the arrows held by the eagle is slanted and the eagle's breast is convex. The 1890-CC "tail-bar" variety has a bar extending from the arrow feathers to the wreath on the reverse, the result of a die gouge. The Pittman Act of 1918 authorized the melting of 270 Million pieces of various dates. They were not individually recorded.

Date	Mintage	VG8	F12	VF20	XF40	AU50	MS60	MS63	MS64	MS65	65DMPL	Prf65
1878 8 tail feathers	750,000	70.00	81.00	87.00	95.00	115	200	275	485	1,600	23,500	1,000
1878 7 over 8 tail feathers	9,759,550	44.00	46.25	49.00	50.00	55.00	200	220	535	2,600	24,500	—
1878 7 tail feathers, reverse of 1878	—	44.00	46.25	49.00	52.00	73.00	105	160	500	2,425	17,000	11,500
1878 7 tail feathers, reverse of 1879	—	44.00	46.25	49.00	51.00	58.00	93.00	255	510	2,100	41,000	185,000
1878CC	2,212,000	115	120	127	137	180	445	510	610	1,910	10,800	—
1878S	9,744,000	42.00	46.25	48.50	33.80	55.00	68.00	100	110	305	10,350	—
1879	14,807,100	20.94	22.94	25.94	29.94	44.00	60.00	100	160	895	17,250	200
1879CC	756,000	145	195	315	755	2,400	4,700	8,000	11,500	31,500	49,000	—
1879CC capped CC	—	145	180	250	640	1,850	4,470	6,800	10,200	43,000	63,500	—
1879O	2,887,000	38.50	43.00	45.00	46.50	48.50	110	273	595	4,400	28,500	—
1879S reverse of 1878	9,110,000	39.50	40.50	45.00	51.00	71.00	193	645	1,560	6,000	24,000	—
1879S reverse of 1879	—	29.50	30.00	33.50	34.50	44.00	61.00	67.00	80.00	170	1,450	—
1880	12,601,335	30.00	36.50	39.50	32.00	46.00	55.00	83.00	155	740	6,350	200
1880CC reverse of 1878	591,000	165	195	220	300	355	590	745	1,160	2,375	21,500	—
1880CC 80/79 reverse of 1878	—	190	230	270	335	410	640	850	1,750	4,000	—	—
1880CC 8/7 reverse of 1878	—	170	200	235	290	360	600	750	1,300	2,800	—	—
1880CC reverse of 1879	—	150	190	235	285	345	605	655	685	1,265	9,850	—
1880CC 8/7 high 7 reverse of 1879	—	175	205	245	290	355	525	685	775	1,800	—	—
1880CC 8/7 low 7 reverse of 1879	—	175	205	245	290	355	525	665	775	1,800	10,500	—
1880O	5,305,000	36.00	41.00	41.00	44.00	46.00	98.00	395	2,000	29,500	70,000	—
1880S	8,900,000	20.94	30.00	33.00	34.50	46.00	55.00	63.00	86.00	170	1,025	—
1880S 8/7 crossbar	—	22.94	32.10	35.50	45.00	75.00	90.00	265	335	450	—	—
1881	9,163,975	20.94	30.00	33.00	38.50	46.00	56.00	83.00	160	700	21,750	300
1881CC	296,000	365	375	390	425	460	580	635	635	935	2,800	—
1881O	5,708,000	20.94	37.50	39.50	39.50	46.00	53.00	77.50	195	1,365	35,000	—
1881S	12,760,000	20.94	30.00	33.00	34.50	46.00	56.00	60.00	80.00	170	1,100	—
1882	11,101,100	20.94	30.00	33.00	34.50	46.00	56.50	68.00	155	555	6,800	200
1882CC	1,133,000	98.00	99.00	100	130	155	240	270	295	560	2,000	—
1882O	6,090,000	22.94	37.50	39.50	39.50	46.00	55.00	83.00	135	1,600	4,950	—
1882O/S	—	46.50	53.50	61.00	67.50	99.50	245	775	1,925	61,500	65,000	—
1882S	9,250,000	20.94	30.00	33.00	34.50	46.00	58.00	71.00	83.00	170	4,100	—
1883	12,291,039	20.94	30.00	33.00	34.50	46.00	56.00	77.50	105	225	1,675	150
1883CC	1,204,000	97.00	99.00	100	128	148	225	248	270	545	1,450	—

Date	Mintage	VG8	F12	VF20	XF40	AU50	MS60	MS63	MS64	MS65	65DMPL	Prf65
1883O	8,725,000	20.94	42.00	44.00	37.80	49.20	52.00	59.00	80.00	200	1,510	—
1883S	6,250,000	23.94	30.50	34.00	34.80	145	1,020	2,700	5,950	51,500	94,500	—
1884	14,070,875	20.94	30.00	33.50	34.50	44.00	53.00	77.50	105	360	4,350	200
1884CC	1,136,000	137	150	155	170	174	225	250	265	583	1,485	—
1884O	9,730,000	20.94	37.50	39.50	39.50	44.00	53.00	61.00	81.00	170	1,100	—
1884S	3,200,000	22.94	30.50	34.00	43.00	310	8,950	37,000	110,000	235,000	220,000	—
1885	17,787,767	22.94	30.00	33.00	34.50	44.00	52.00	68.00	81.00	190	1,050	200
1885CC	—	585	630	680	690	695	800	885	935	1,205	2,650	—
1885O	9,185,000	35.00	37.00	39.50	39.50	44.00	52.00	61.00	80.00	170	1,050	—
1885S	1,497,000	24.94	31.00	49.00	64.00	110	285	355	745	2,325	42,500	—
1886	19,963,886	20.94	30.75	33.50	34.50	44.00	52.00	57.00	81.00	170	1,400	200
1886O	10,710,000	20.94	39.00	44.50	37.80	78.00	1,015	3,575	12,600	190,000	300,000	—
1886S	750,000	54.00	59.00	83.00	120	145	395	540	860	3,100	30,000	—
1887	20,290,710	20.94	30.00	33.00	34.50	44.50	53.00	61.00	81.00	170	1,430	200
1887	—	24.94	47.30	48.50	55.00	165	420	565	800	2,300	44,750	—
1887O	11,550,000	21.94	30.00	33.00	35.50	44.50	77.00	175	425	2,550	12,000	—
1887/6O	—	47.00	47.50	49.00	65.00	190	495	2,050	4,800	29,500	—	—
1887/6S	1,771,000	20.94	30.00	34.00	33.80	45.50	145	335	750	2,860	29,500	—
1888	19,183,833	20.94	35.50	39.00	34.30	46.00	58.00	72.00	98.00	230	3,000	150
1888O	12,150,000	23.94	39.00	41.00	43.00	50.00	66.00	77.50	122	580	4,850	—
1888O Hot Lips	—	50.00	125	250	600	3,000	—	—	—	—	—	—
1888S	657,000	120	176	182	225	235	375	530	65.00	3,525	—	—
1889	21,726,811	22.94	30.00	33.00	35.50	45.00	52.00	65.00	90.00	365	4,050	200
1889CC	350,000	650	940	1,305	3,150	8,500	27,500	52,000	85,000	320,000	—	—
1889O	11,875,000	20.94	30.00	33.00	35.50	43.00	210	400	970	8,350	18,000	—
1889S	700,000	52.00	62.00	65.00	82.00	125	290	395	680	2,350	38,500	—
1890	16,802,590	20.94	30.00	33.00	35.50	44.00	53.00	94.00	170	2,050	19,750	200
1890CC	2,309,041	96.00	99.00	102	140	220	605	990	1,400	5,200	15,500	—
1890CC tail bar	—	155	175	225	400	700	1,450	3,600	5,500	—	—	—
1890O	10,701,000	20.94	30.00	33.00	35.50	46.00	83.00	125	325	2,450	10,000	—
1890S	8,230,373	20.94	30.00	33.00	35.50	46.00	72.00	110	330	1,300	10,500	—
1891	8,694,206	20.94	30.00	33.00	35.50	50.00	80.00	235	775	8,800	27,500	200
1891CC	1,618,000	96.00	99.00	100	135	215	625	890	1,385	5,300	34,500	—
1891CC Spitting Eagle	—	105	115	135	185	260	605	865	1,375	5,500	—	—
1891O	7,954,529	21.94	30.00	33.00	39.50	46.50	215	400	885	8,550	37,500	—
1891S	5,296,000	21.94	30.00	33.00	38.50	47.50	83.00	135	360	1,925	21,500	—
1892	1,037,245	24.94	43.00	45.50	55.00	88.00	375	550	1,240	5,500	20,500	150
1892CC	1,352,000	185	200	245	485	725	1,630	2,350	3,450	9,500	39,500	—
1892O	2,744,000	22.94	30.00	36.00	42.50	77.00	325	445	1,225	8,150	52,500	—
1892S	1,200,000	27.94	40.50	135	290	1,650	45,000	73,000	112,500	205,000	225,000	—
1893	378,792	225	230	237	300	400	835	1,125	2,450	8,950	66,000	150
1893CC	677,000	255	310	710	1,455	2,575	5,750	9,350	18,150	70,000	90,000	—
1893O	300,000	195	240	355	555	850	3,550	6,950	17,600	210,000	235,000	—
1893S	100,000	3,000	4,150	5,625	9,500	23,200	143,000	245,000	365,000	715,000	735,000	—
1894	110,972	900	1,050	1,150	1,200	1,825	3,650	5,200	10,150	38,500	78,000	150
1894O	1,723,000	47.50	49.50	51.00	105	310	1,275	5,100	12,100	68,500	61,500	—
1894S	1,260,000	58.00	65.00	98.00	155	485	965	1,475	2,450	7,200	26,000	—
1895 proof only	12,880	27,000	31,000	37,000	38,000	40,000	—	—	—	—	—	75,000
1895O	450,000	305	335	450	595	1,040	15,500	57,500	79,000	165,000	—	—
1895S	400,000	405	525	890	1,325	1,865	4,450	7,050	10,800	28,000	42,500	—
1896	9,967,762	21.94	32.00	33.00	38.50	44.00	53.00	65.00	85.00	265	1,450	200
1896O	4,900,000	23.94	40.50	41.00	37.30	155	1,675	8,500	44,000	180,000	180,000	—
1896S	5,000,000	24.94	43.00	55.00	235	895	2,500	3,975	5,675	19,500	110,000	—
1897	2,822,731	23.94	32.00	33.00	38.50	46.50	54.00	70.00	99.00	330	3,950	200
1897O	4,004,000	21.94	30.00	33.00	45.80	93.50	1,000	4,400	15,900	70,000	72,500	—
1897S	5,825,000	21.94	30.00	33.00	34.50	44.50	91.00	137	172	635	3,250	—
1898	5,884,735	27.94	30.50	33.00	34.50	45.00	53.50	65.00	90.00	225	1,350	200
1898O	4,440,000	22.94	35.00	38.00	40.00	44.50	55.50	61.50	81.00	170	1,175	—
1898S	4,102,000	24.94	43.25	46.00	55.00	93.50	275	510	750	2,500	18,000	—
1899	330,846	165	180	190	205	220	265	335	405	935	2,650	200
1899O	12,290,000	20.94	30.00	33.00	36.00	45.00	58.00	68.00	83.00	190	1,650	—
1899S	2,562,000	23.94	43.00	46.00	61.00	155	440	550	845	2,365	26,000	—
1900	8,880,938	20.94	30.00	33.00	34.50	44.00	53.50	65.00	88.00	172	42,500	200
1900O	12,590,000	25.94	30.00	33.00	34.50	44.00	56.50	65.00	79.00	185	6,250	—
1900O/CC	—	42.00	61.00	67.50	100	190	305	810	965	2,260	19,000	—
1900S	3,540,000	22.94	43.00	46.00	37.30	88.00	330	415	665	1,875	38,500	—
1901	6,962,813	P9+3	48.50	56.00	105	280	3,150	17,250	55,000	375,000	—	500

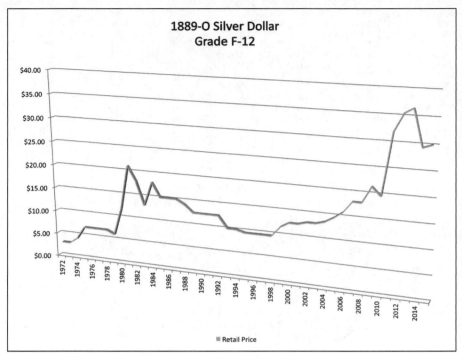

1889-O Silver Dollar
Grade F-12

Retail Price

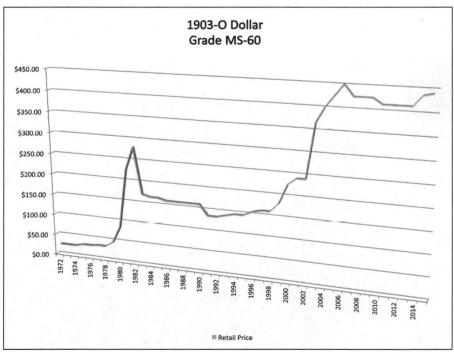

1903-O Dollar
Grade MS-60

Retail Price

DOLLAR

Date	Mintage	VG8	F12	VF20	XF40	AU50	MS60	MS63	MS64	MS65	65DMPL	Prf65
1901 doubled die reverse	—	275	450	900	2,000	3,850	—	—	—	—	—	—
1901O	13,320,000	20.94	38.50	40.00	40.50	47.00	56.00	71.00	85.00	210	10,000	—
1901S	2,284,000	35.80	39.00	41.00	61.00	200	575	900	1,320	3,800	24,500	—
1902	7,994,777	25.94	37.50	39.50	40.80	53.00	71.00	132	170	480	19,500	200
1902O	8,636,000	25.94	37.50	39.50	39.50	45.00	55.50	65.00	90.00	226	16,000	—
1902S	1,530,000	99.00	105	145	210	275	445	690	910	2,820	15,000	—
1903	4,652,755	47.00	48.00	49.00	50.00	52.00	68.00	82.50	120	345	36,850	200
1903O	4,450,000	325	345	365	390	398	440	470	460	690	6,150	—
1903S	1,241,000	85.00	115	190	365	1,925	4,950	7,150	8,575	11,750	40,000	—
1903S Micro S	—	135	225	450	1,150	3,000	—	—	—	—	—	—
1904	2,788,650	30.50	36.50	38.00	39.30	53.00	105	265	600	2,850	86,500	200
1904O	3,720,000	36.50	47.30	54.00	55.00	57.00	60.00	61.00	83.00	173	1,385	—
1904S	2,304,000	42.00	48.50	80.00	230	525	2,585	4,950	5,700	10,350	24,500	—
1921	44,690,000	20.94	25.30	31.75	33.00	37.50	46.50	55.00	66.00	175	11,500	—
1921D	20,345,000	21.94	25.50	32.00	33.00	41.50	52.00	95.00	115	378	—	—
1921S	21,695,000	21.94	31.00	34.00	33.00	40.50	51.00	140	185	1,695	—	—

Peace Dollar
Liberty Head left obverse   Eagle facing right perched on rock reverse

KM# 150 • 26.73 g., 0.900 **Silver** 0.7734 oz. ASW, 38.1 mm. • **Designer:** Anthony DeFrancisci **Note:** Prices with a letter after them mean, e=estimated, a=auction realization, h=historical record over 5 years old.

Date	Mintage	G4	VG8	F12	VF20	XF40	AU50	MS60	MS63	MS64	MS65
1921	1,006,473	70.00	115	120	133	140	165	310	485	922	2,185
1921 Reverse: ray over first L in DOLLAR Vam 3	—	—	—	—	—	200	250	475	—	—	—
1922	51,737,000	18.94	19.94	24.50	27.00	33.00	30.80	44.00	45.00	61.00	145
1922D	15,063,000	19.44	115	24.50	27.00	33.00	31.70	52.00	94.00	149	605
1922S	17,475,000	19.44	-	24.50	27.00	33.00	31.70	52.00	102	320	2,400
1923	30,800,000	18.94	19.94	24.50	27.00	33.00	30.80	44.00	45.00	61.00	145
1923D	6,811,000	19.44	19.94	24.50	27.30	33.00	34.80	75.00	160	420	1,225
1923S	19,020,000	19.44	-	24.50	33.50	33.00	31.70	50.00	94.00	520	6,000
1924	11,811,000	18.94	19.94	28.00	385	33.00	30.80	44.00	45.00	63.00	140
1924S	1,728,000	18.94	115	25.30	46.00	41.50	64.00	245	520	1,500	8,725
1925	10,198,000	18.94	19.94	28.00	46.00	28.00	30.80	46.00	53.00	61.00	145
1925S	1,610,000	19.44	20.44	24.80	27.00	28.90	43.00	105	300	1,165	22,500
1926	1,939,000	19.94	20.44	28.30	27.00	29.30	30.80	55.00	105	138	580
1926D	2,348,700	21.94	20.44	24.80	27.00	28.00	48.50	93.50	245	460	1,120
1926S	6,980,000	21.94	20.44	24.80	27.00	28.60	33.80	59.00	122	330	1,075
1927	848,000	22.94	20.44	31.30	29.30	34.00	50.00	85.00	205	645	2,900
1927D	1,268,900	22.94	24.94	31.30	36.00	34.00	87.00	220	420	1,130	4,650
1927S	866,000	22.94	30.20	31.30	36.00	34.00	88.00	205	635	1,320	9,100
1928	360,649	345	375	380	390	390	405	540	990	1,375	4,400
1928S	1,632,000	34.00	35.00	40.00	43.00	48.00	66.00	178	530	1,120	21,700
1934	954,057	35.00	44.00	45.00	48.00	52.00	57.50	127	215	420	735
1934D Large D	1,569,500	36.00	45.00	46.00	48.00	56.00	68.00	180	600	925	2,100
1934S Lg D, DDO Vam 3	—	38.00	45.00	53.00	—	185	510	2,335	4,680	5,850	8,850
1934D Small D	—	35.00	44.00	45.00	50.00	48.50	55.00	160	385	610	2,175
1934D SmD, DDO Vam 4	—	—	—	—	—	75.00	150	275	500	—	—
1934C	1,011,000	—	—	—	46.00	300	440	850	2,000	—	—
1935	1,576,000	35.00	44.00	45.00	80.00	47.50	57.50	85.00	135	288	740
1935S 3 Rays	1,964,000	35.00	44.00	45.00	46.00	47.50	99.00	300	510	710	1,500
1935S 4 Rays	—	36.00	45.00	46.00	50.00	58.00	122	365	600	850	1,850

DOLLAR

Eisenhower Dollar

KM# 203 • 22.80 g., **Copper-Nickel Clad Copper**, 38 mm. • **Designer:** Frank Gasparro

Date	Mintage	MS63	MS65	Prf65
1971	47,799,000	—	5.00	—
1971D	68,587,424	—	4.00	—
1972 Low Relief	75,890,000	—	18.00	—
1972 High Relief	Inc. above	—	100	—
1972 Modified High Relief	Inc. above	—	25.00	—
1972D	92,548,511	—	8.00	—
1973	2,000,056	—	12.00	—
1973D	2,000,000	—	12.00	—
1973S	2,769,624	7.00	—	12.00
1974	27,366,000	—	9.00	—
1974D	35,466,000	—	7.50	—
1974S	2,617,350	6.00	—	11.00

KM# 203a • 24.59 g., 0.400 **Silver** 0.3162 oz. ASW, 38.1 mm. • **Designer:** Frank Gasparro

Date	Mintage	MS63	MS65	Prf65
1971S	6,868,530	6.50	7.50	11.00
1971S	4,265,234	—	—	—
1971S Peg Leg "R" Variety	Inc. above	8.00	—	17.00
1971S Partial Peg Leg "R" Variety	Inc. above	9.00	—	18.00

Date	Mintage	MS63	MS65	Prf65
1972S	2,193,056	—	7.50	—
1972S	1,811,631	6.50	—	9.00
1973S	1,833,140	—	7.50	—
1973S	1,005,617	30.00	—	45.00
1974S	1,720,000	—	7.50	—
1974S	1,306,579	6.50	—	11.00

Type I
Squared "T"

Type II
Slant-top "T"

KM# 206 • 22.68 g., **Copper-Nickel Clad Copper**, 38.1 mm. • **Rev. Designer:** Dennis R. Williams
Note: In 1976 the lettering on the reverse was changed to thinner letters, resulting in the Type II variety for that year. The Type I variety was minted 1975 and dated 1976.

Date	Mintage	MS63	MS65	Prf65
1976 type I	117,337,000	—	12.00	—
1976 type II	Inc. above	—	7.50	—
1976D type I	103,228,274	—	10.00	—
1976D type II	Inc. above	—	7.00	—
1976S type I	2,909,369	5.00	—	10.00
1976S type II	4,149,730	5.00	—	9.00

KM# 206a • 24.59 g., 0.400 **Silver** 0.3162 oz. ASW
Rev. Designer: Dennis R. Williams

Date	Mintage	MS63	MS65	Prf65
1976S	4,908,319	11.50	7.50	14.00
1976S	3,998,621	—	—	—

KM# A203 • **Copper-Nickel Clad Copper**, 38.1 mm. • **Designer:** Frank Gasparro

Date	Mintage	MS63	MS65	Prf65
1977	12,596,000	—	5.50	—
1977D	32,983,006	—	8.00	—
1977S	3,251,152	5.00	—	9.00
1978	25,702,000	—	6.50	—
1978D	33,012,890	—	6.50	—
1978S	3,127,788	5.50	—	9.00

Susan B. Anthony Dollar

Susan B. Anthony bust right obverse Eagle landing on moon, symbolic of Apollo manned moon landing reverse

KM# 207 • 8.10 g., **Copper-Nickel Clad Copper**, 26.5 mm. • **Edge:** Reeded **Designer:** Frank Gasparro **Note:** The 1979-S and 1981-S Type II coins have a clearer mint mark than the Type I varieties for those years.

Date	Mintage	MS63	MS65	Prf65
1979P Near date	360,222,000	30.00	90.00	—
1979P	Inc. above	2.50	12.50	—
1979D	288,015,744	2.50	12.50	—
1979S Type I	3,677,175	—	—	6.00
1979S Type II	Inc. above	—	—	85.00
1979S	109,576,000	2.50	13.50	—
1980P	27,610,000	2.50	12.00	—
1980D	41,628,708	2.50	12.00	—
1980S	20,422,000	5.00	20.00	—
1980S	3,547,030	—	—	5.00
1981P	3,000,000	5.00	18.00	—
1981D	3,250,000	5.00	13.50	—
1981S	3,492,000	5.00	30.00	—
1981S Type I	4,063,083	—	—	7.00
1981S Type II	Inc. above	—	—	225
1999P	29,592,000	3.00	10.00	—
1999P	Est. 750000	—	—	22.00
1999D	11,776,000	3.00	10.00	—

Sacagawea Dollar

Sacagawea bust right, with baby on back obverse Eagle in flight left reverse

KM# 310 • 8.07 g., **Copper-Zinc-Manganese-Nickel Clad Copper**, 26.5 mm. • **Obv. Designer:** Glenda Goodacre **Rev. Designer:** Thomas D. Rodgers

Date	Mintage	MS63	MS65	Prf65
2000P	767,140,000	2.00	7.50	—
2000P Goodacre Presentation	5,000	—	575	—
2000D	518,916,000	2.00	11.00	—
2000D from Millennium Set	5,500	10.00	50.00	—
2000S	4,048,000	—	—	5.00
2001P	62,468,000	2.25	6.00	—
2001D	70,909,500	2.25	8.00	—
2001S	3,084,000	—	—	16.00

Date	Mintage	MS63	MS65	Prf65
2002P	3,865,610	3.00	9.00	—
2002D	3,732,000	2.75	10.00	—
2002S	3,157,739	—	—	10.00
2003P	3,090,000	4.50	10.00	—
2003D	3,090,000	4.75	12.00	—
2003S	3,116,590	—	—	8.00
2004P	2,660,000	3.50	6.00	—
2004D	2,660,000	4.00	8.00	—
2004S	2,992,069	—	—	7.50
2005P	2,520,000	3.00	9.00	—
2005P Satin Finish	1,160,000	5.00	9.00	—
2005D	2,520,000	3.00	10.00	—
2005D Satin Finish	1,160,000	5.00	9.00	—
2005S	3,273,000	—	—	6.00
2006P	4,900,000	3.25	6.00	—
2006P Satin Finish	847,361	4.50	9.00	—
2006D	2,800,000	3.50	10.00	—
2006D Satin Finish	847,361	4.00	6.00	—
2006S	3,054,436	—	—	9.00
2007P	3,640,000	2.25	5.50	—
2007P Satin Finish	895,628	4.00	6.00	—
2007D	3,920,000	2.25	7.50	—
2007D Satin Finish	895,628	4.00	6.00	—
2007S	2,577,166	—	—	6.50
2008P	1,820,000	2.00	7.00	—
2008P Satin Finish	745,464	4.00	6.00	—
2008D	1,820,000	3.50	10.00	—
2008D Satin Finish	745,464	4.00	6.00	—
2008S	2,169,561	—	—	16.00

Native American Dollar - Planting crops reverse

Sacagawea bust right with baby on back obverse Native American female planting corn, beans and squash reverse

KM# 467 • 8.07 g., **Copper-Zinc-Manganese-Nickel Clad Copper**, 26.5 mm. • **Obv. Designer:** Glenda Goodacre **Rev. Designer:** Norm Nemeth **Edge Lettering:** E PLURIBUS UNUM, date, mint mark **Note:** Date and mint mark on edge

Date	Mintage	MS63	MS65	Prf65
2009P	37,380,000	2.00	5.00	—
2009P Satin finish	784,614	4.00	7.00	—
2009D	33,880,000	2.00	5.00	—
2009D Satin finish	784,614	4.00	7.00	—
2009S	2,179,867	—	—	6.00

Native American Dollar - Hiawatha belt reverse

Sacagawea bust right with baby on back obverse   Hiawatha belt and bundle of five arrows reverse

KM# 474 • 8.07 g., **Copper-Zinc-Manganese-Nickel Clad Copper**, 26.5 mm. • **Obv. Designer:** Glenda Goodacre **Rev. Designer:** Thomas Cleveland and Charles L. Vickers **Edge Lettering:** E PLURIBUS UNUM, date, mint mark **Note:** Date and mint mark on edge

Date	Mintage	MS63	MS65	Prf65
2010P	32,060,000	2.00	5.00	—
2010P Satin Finish	583,897	4.00	7.00	—
2010D	48,720,000	2.00	5.00	—
2010D Satin Finish	583,897	4.00	7.00	—
2010S	1,689,364	—	—	12.50

Native American Dollar - Peace Pipe reverse

Sacagawea bust right with baby on back obverse Hands passing peace pipe reverse

KM# 503 • 8.07 g., **Copper-Zinc-Manganese-Nickel Clad Copper**, 26.5 mm. • **Obv. Designer:** Glenna Goodacre **Rev. Designer:** Richard Masters and Joseph Menna **Edge Lettering:** E PLURIBUS UNUM, date, mint mark **Note:** Date and mint mark on edge

Date	Mintage	MS63	MS65	Prf65
2011P	29,400,000	2.00	5.50	—
2011D	48,160,000	2.00	5.00	—
2011S	1,453,276	—	—	8.00

Native American Dollar - Horse reverse

Sacagawea bust right with baby on back obverse   Horse and Native American profile facing left reverse

KM# 528 • 8.07 g., **Copper-Zinc-Manganese-Nickel Clad Copper**, 26.5 mm. • **Obv. Designer:** Glenda Goodacre **Rev. Designer:** Thomas Cleveland and Phebe Hemphill **Edge Lettering:** E PLURIBUS UNUM, date, mint mark **Note:** Date and mint mark on edge

Date	Mintage	MS63	MS65	Prf65
2012P	2,800,000	2.00	7.00	—
2012D	3,080,000	2.00	7.00	—
2012S	1,189,445	—	—	12.50

Native American Dollar - Delaware Treaty of 1778

Turtle, turkey and wolf reverse

KM# 551 • 8.07 g., **Copper-Zinc-Manganese-Nickel Clad Copper**, 26.5 mm. • **Edge:** E PLURIBUS UNUM, date, mint mark **Note:** Date and mint mark on edge.

Date	Mintage	MS63	MS65	Prf65
2013P	1,820,000	2.00	7.00	—
2013D	1,820,000	2.00	7.00	—
2013S	1,192,690	—	—	12.50

Native Hospitality

KM# 575 • 8.07 g., **Copper-Zinc-Manganese-Nickel Clad Copper**, 26.5 mm. •

Date	Mintage	MS63	MS65	Prf65
2014P	—	2.00	7.00	—
2014D	—	2.00	7.00	—
2014S	—	—	—	12.50

Presidents
George Washington

KM# 401 • 8.07 g., **Copper-Zinc-Manganese-Nickel Clad Copper**, 26.5 mm. **Obv. Designer:** Joseph Menna **Rev. Designer:** Don Everhart **Edge Lettering:** IN GOD WE TRUST date, mint mark E PLURIBUS UNUM **Note:** Date and mint mark incuse on edge.

Date	Mintage	MS63	MS65	Prf65
2007P	176,680,000	2.00	3.00	—
2007P Satin Finish	895,628	2.00	4.00	—
(2007) Plain edge error	Inc. above	175	275	—
2007D	163,680,000	2.00	3.00	—
2007D Satin Finish	895,628	2.00	4.00	—
2007S	3,883,103	—	—	3.00

John Adams

KM# 402 • 8.07 g., **Copper-Zinc-Manganese-Nickel Clad Copper**, 26.5 mm. **Obv. Designer:** Joel Iskowitz and Charles Vickers **Rev. Designer:** Don Everhart **Edge Lettering:** IN GOD WE TRUST date, mint mark E PLURIBUS UNUM **Note:** Date and mint mark incuse on edge.

Date	Mintage	MS63	MS65	Prf65
2007P	112,420,000	2.00	4.00	—
2007S Double edge lettering	Inc. above	—	—	3.00
2007D Satin Finish	895,628	2.00	4.00	—
2007D	112,140,000	60.00	70.00	—
2007P Plain edge error	Inc. above	45.00	65.00	—
2007D Satin Finish	895,628	2.00	3.00	—
2007P	3,877,409	2.00	3.00	—

Thomas Jefferson

KM# 403 • 8.07 g., **Copper-Zinc-Manganese-Nickel Clad Copper**, 26.5 mm. **Obv. Designer:** Joseph Menna **Rev. Designer:** Don Everhart **Edge Lettering:** IN GOD WE TRUST date, mint mark E

PLURIBUS UNUM **Note:** Date and mint mark incuse on edge.

Date	Mintage	MS63	MS65	Prf65
2007P	100,800,000	2.00	3.00	—
2007P Satin Finish	895,628	2.00	4.00	—
2007D	102,810,000	2.00	3.00	—
2007D Satin Finish	895,628	2.00	4.00	—
2007S	3,877,573	—	—	3.00

James Madison

KM# 404 • 8.07 g., **Copper-Zinc-Manganese-Nickel Clad Copper**, 26.5 mm. **Obv. Designer:** Joel Iskowitz and Don Everhart **Rev. Designer:** Don Everhart **Edge Lettering:** IN GOD WE TRUST date, mint mark E PLURIBUS UNUM **Note:** Date and mint mark incuse on edge.

Date	Mintage	MS63	MS65	Prf65
2007P	84,560,000	2.00	3.00	—
2007P Satin Finish	895,628	2.00	4.00	—
2007D	87,780,000	2.00	3.00	—
2007D Satin Finish	895,628	2.00	4.00	—
2007S	3,876,829	—	—	3.00

James Monroe

KM# 426 • 8.07 g., **Copper-Zinc-Manganese-Nickel Clad Copper**, 26.5 mm. **Obv. Designer:** Joseph Menna **Rev. Designer:** Don Everhart **Edge Lettering:** IN GOD WE TRUST date, mint mark E PLURIBUS UNUM

Date	Mintage	MS63	MS65	Prf65
2008P	64,260,000	2.00	3.00	—
2008P Satin Finish	745,464	2.00	4.00	—
2008D	60,230,000	2.00	3.00	—
2008D Satin Finish	745,464	2.00	4.00	—
2008S	3,000,000	—	—	4.00

John Quincy Adams

KM# 427 • 8.07 g., **Copper-Zinc-Manganese-Nickel Clad Copper**, 26.5 mm. **Obv. Designer:** Don Everhart **Rev. Designer:** Don Everhart **Edge Lettering:** IN GOD WE TRUST date, mint mark E

PLURIBUS UNUM **Note:** Date and mint mark incuse on edge.

Date	Mintage	MS63	MS65	Prf65
2008P	57,540,000	2.00	3.00	—
2008P Satin Finish	745,464	2.00	4.00	—
2008D	57,720,000	2.00	3.00	—
2008D Satin Finish	745,464	2.00	4.00	—
2008S	3,000,000	—	—	4.00

Andrew Jackson

KM# 428 • 8.07 g., **Copper-Zinc-Manganese-Nickel Clad Copper**, 26.5 mm. **Obv. Designer:** Joel Iskowitz and Jim Licaretz **Rev. Designer:** Don Everhart **Edge Lettering:** IN GOD WE TRUST date, mint mark E PLURIBUS UNUM **Note:** Date and mint mark incuse on edge.

Date	Mintage	MS63	MS65	Prf65
2008P	61,180,000	2.00	3.00	—
2008P Satin Finish	745,464	2.00	4.00	—
2008D	61,070,000	2.00	3.00	—
2008D Satin Finish	745,464	2.00	4.00	—
2008S	3,000,000	—	—	4.00

Martin van Buren

KM# 429 • 8.07 g., **Copper-Zinc-Manganese-Nickel Clad Copper**, 26.5 mm. **Obv. Designer:** Joel Iskowitz and Phebe Hemphill **Rev. Designer:** Don Everhart **Edge Lettering:** IN GOD WE TRUST date, mint mark E PLURIBUS UNUM **Note:** Date and mint mark incuse on edge.

Date	Mintage	MS63	MS65	Prf65
2008P	51,520,000	2.00	3.00	—
2008P Satin Finish	745,464	2.00	4.00	—
2008D	50,960,000	2.00	3.00	—
2008D Satin Finish	745,464	2.00	4.00	—
2008S	3,000,000	—	—	4.00

William Henry Harrison

KM# 450 • 8.07 g., **Copper-Zinc-Manganese-Nickel Clad Copper**, 26.5 mm. **Obv. Designer:** Joseph Menna **Rev. Designer:** Don Everhart **Edge Lettering:** E PLURIBUS UNUM, date, mint mark **Note:** Date and mint mark on edge

Date	Mintage	MS63	MS65	Prf65
2009P	43,260,000	2.00	3.00	—
2009P Satin Finish	784,614	2.00	4.00	—
2009D	55,160,000	2.00	3.00	—
2009D Satin Finish	784,614	2.00	4.00	—
2009S	2,224,827	—	—	3.00

John Tyler

KM# 451 • 8.07 g., **Copper-Zinc-Manganese-Nickel Clad Copper**, 26.5 mm. **Obv. Designer:** Phebe Hemphill **Rev. Designer:** Don Everhart **Edge Lettering:** E PLURIBUS UNUM, date, mint mark **Note:** Date and mint mark on edge.

Date	Mintage	MS63	MS65	Prf65
2009P	43,540,000	2.00	3.00	—
2009P Satin Finish	784,614	2.00	4.00	—
2009D	43,540,000	2.00	3.00	—
2009D Satin Finish	784,614	2.00	4.00	—
2009S	2,224,827	—	—	3.00

James K. Polk

KM# 452 • 8.07 g., **Copper-Zinc-Manganese-Nickel Clad Copper**, 26.5 mm. **Obv. Designer:** Susan Gamble and Charles Vickers **Rev. Designer:** Don Everhart **Edge Lettering:** E PLURIBUS UNUM, date, mint mark **Note:** Date and mint mark on edge

Date	Mintage	MS63	MS65	Prf65
2009P	46,620,000	2.00	3.00	—
2009P Satin Finish	784,614	2.00	4.00	—
2009D	41,720,000	2.00	3.00	—
2009D Satin Finish	784,614	2.00	4.00	—
2009S	2,224,827	—	—	3.00

Zachary Taylor

KM# 453 • 8.07 g., **Copper-Zinc-Manganese-Nickel Clad Copper**, 26.5 mm. **Obv. Designer:** Don Everhart **Rev. Designer:** Don Everhart **Edge Lettering:** E PLURIBUS UNUM, date, mint mark **Note:** Date and mint mark on edge.

Date	Mintage	MS63	MS65	Prf65
2009P	41,580,000	2.00	3.00	—
2009P Satin Finish	784,614	2.00	4.00	—

Date	Mintage	MS63	MS65	Prf65
2009D	36,680,000	2.00	3.00	—
2009D Satin Finish	784,614	2.00	4.00	—
2009S	2,224,827	—	—	3.00

Millard Filmore

KM# 475 • 8.07 g., **Copper-Zinc-Manganese-Nickel Clad Copper**, 26.5 mm. **Obv. Designer:** Don Everhart **Rev. Designer:** Don Everhart **Edge Lettering:** E PLURIBUS UNUM, date, mint mark **Note:** Date and mint mark on edge.

Date	Mintage	MS63	MS65	Prf65
2010P	37,520,000	2.00	3.00	—
2010P Satin Finish	583,897	2.00	4.00	—
2010D	36,960,000	2.00	3.00	—
2010D Satin Finish	583,897	2.00	4.00	—
2010S	2,224,827	—	—	4.00

Franklin Pierce

KM# 476 • 8.07 g., **Copper-Zinc-Manganese-Nickel Clad Copper**, 26.5 mm. **Obv. Designer:** Susan Gamble and Charles L. Vickers **Rev. Designer:** Don Everhart **Edge Lettering:** E PLURIBUS UNUM, date, mint mark **Note:** Date and mint mark on edge.

Date	Mintage	MS63	MS65	Prf65
2010P	38,220,000	2.00	3.00	—
2010P Satin Finish	583,897	2.00	4.00	—
2010D	38,360,000	2.00	3.00	—
2010D Satin Finish	583,897	2.00	4.00	—
2010S	2,224,827	—	—	4.00

James Buchanan

KM# 477 • 8.07 g., **Copper-Zinc-Manganese-Nickel Clad Copper**, 26.5 mm. **Obv. Designer:** Phebe Hemphill **Rev. Designer:** Don Everhart **Edge Lettering:** E PLURIBUS UNUM, date, mint mark **Note:** Date and mint mark on edge.

Date	Mintage	MS63	MS65	Prf65
2010P	36,820,000	2.00	3.00	—
2010P Satin Finish	583,897	2.00	4.00	—
2010D	36,540,000	2.00	3.00	—
2010D Satin Finish	583,897	2.00	4.00	—
2010S	2,224,827	—	—	4.00

Abraham Lincoln

KM# 478 • 8.07 g., **Copper-Zinc-Manganese-Nickel Clad Copper**, 26.5 mm. **Obv. Designer:** Don Everhart **Rev. Designer:** Don Everhart **Edge Lettering:** E PLURIBUS UNUM, date, mint mark **Note:** Date and mint mark on edge.

Date	Mintage	MS63	MS65	Prf65
2010P	49,000,000	2.00	3.00	—
2010P Satin Finish	583,897	2.00	4.00	—
2010D	48,020,000	2.00	3.00	—
2010D Satin Finish	583,897	2.00	4.00	—
2010S	2,224,827	—	—	4.00

Andrew Johnson

KM# 499 • 8.07 g., **Copper-Zinc-Manganese-Nickel Clad Copper**, 26.5 mm. **Obv. Designer:** Don Everhart **Rev. Designer:** Don Everhart **Edge Lettering:** E PLURIBUS UNUM, date, mint mark **Note:** Date and mint mark on edge.

Date	Mintage	MS63	MS65	Prf65
2011P	35,560,000	2.00	3.00	—
2011D	37,100,000	2.00	3.00	—
2011S	1,706,916	—	—	4.00

Ulysses S. Grant

KM# 500 • 8.07 g., **Copper-Zinc-Manganese-Nickel Clad Copper**, 26.5 mm. **Obv. Designer:** Don Everhart **Rev. Designer:** Don Everhart **Edge Lettering:** E PLURIBUS UNUM, date, mint mark **Note:** Date and mint mark on edge.

Date	Mintage	MS63	MS65	Prf65
2011P	38,080,000	2.00	3.00	—
2011D	37,940,000	2.00	3.00	—
2011S	1,706,916	—	—	4.00

DOLLAR

Rutherford B. Hayes

KM# 501 • 8.07 g., **Copper-Zinc-Manganese-Nickel Clad Copper**, 26.5 mm. **Obv. Designer:** Don Everhart **Rev. Designer:** Don Everhart **Edge Lettering:** E PLURIBUS UNUM, date, mint mark **Note:** Date and mint mark on edge.

Date	Mintage	MS63	MS65	Prf65
2011P	37,660,000	2.00	3.00	—
2011D	36,820,000	2.00	3.00	—
2011S	1,706,916	—	—	4.00

James Garfield

KM# 502 • 8.07 g., **Copper-Zinc-Manganese-Nickel Clad Copper**, 26.5 mm. **Obv. Designer:** Phebe Hemphill **Rev. Designer:** Don Everhart **Edge Lettering:** E PLURIBUS UNUM, date, mint mark **Note:** Date and mint mark on edge.

Date	Mintage	MS63	MS65	Prf65
2011P	37,100,000	2.00	3.00	—
2011D	37,100,000	2.00	3.00	—
2011S	1,706,916	—	—	4.00

Chester A. Arthur

KM# 524 • 8.07 g., **Copper-Zinc-Manganese-Nickel Clad Copper**, 26.5 mm. **Obv. Designer:** Don Everhart **Rev. Designer:** Don Everhart **Edge Lettering:** E PLURIBUS UNUM, date, mintmark **Note:** Date and mintmark on edge

Date	Mintage	MS63	MS65	Prf65
2012P	6,020,000	2.00	3.00	—
2012D	4,060,000	2.00	3.00	—
2012S	—	—	—	5.00

Grover Cleveland, first term

KM# 525 • 8.07 g., **Copper-Zinc-Manganese-Nickel Clad Copper**, 26.5 mm. **Obv. Designer:** Don Everhart **Rev. Designer:** Don Everhart **Edge Lettering:** E PLURIBUS UNUM, date, mintmark **Note:** Date and mint mark on edge

Date	Mintage	MS63	MS65	Prf65
2012P	5,460,000	2.00	3.00	—
2012D	4,060,000	2.00	3.00	—
2012S	1,438,710	—	—	5.00

Benjamin Harrison

KM# 526 • 8.07 g., **Copper-Zinc-Manganese-Nickel Clad Copper**, 26.5 mm. **Obv. Designer:** Phebe Hemphill **Rev. Designer:** Don Everhart **Edge Lettering:** E PLURIBUS UNUM, date, mintmark **Note:** Date at mint mark on edge

Date	Mintage	MS63	MS65	Prf65
2012P	5,640,001	2.00	3.00	—
2012D	4,200,000	2.00	3.00	—
2012S	1,438,710	—	—	5.00

Grover Cleveland, second term

KM# 527 • 8.07 g., **Copper-Zinc-Manganese-Nickel Clad Copper**, 26.5 mm. **Obv. Designer:** Don Everhart **Rev. Designer:** Don Everhart **Edge Lettering:** E PLURIBUS UNUM, date, mintmark **Note:** Date and mint mark on edge

Date	Mintage	MS63	MS65	Prf65
2012P	10,680,000	2.00	3.00	—
2012D	3,920,000	2.00	3.00	—
2012S	1,438,710	—	—	5.00

William McKinley

KM# 547 • 8.07 g., **Copper-Zinc-Manganese-Nickel Clad Copper**, 26.5 mm. **Edge:** E PLURIBUS UNUM, date, mint mark **Note:** Date and mint mark on edge.

Date	Mintage	MS63	MS65	Prf65
2013P	4,760,000	2.00	3.00	—
2013D	3,365,100	2.00	3.00	—
2013S	1,449,415	—	—	5.00

Theodore Roosevelt

KM# 548 • 8.07 g., **Copper-Zinc-Manganese-Nickel Clad Copper**, 26.5 mm. **Edge:** E PLURIBUS UNUM, date, mint mark **Note:** Date and mint mark on edge.

Date	Mintage	MS63	MS65	Prf65
2013P	5,310,700	2.00	3.00	—
2013D	3,920,000	2.00	3.00	—
2013S	1,449,415	—	—	5.00

William Howard Taft

KM# 549 • 8.07 g., **Copper-Zinc-Manganese-Nickel Clad Copper**, 26.5 mm. **Edge:** E PLURIBUS UNUM, date, mint mark **Note:** Date and mint mark on edge.

Date	Mintage	MS63	MS65	Prf65
2013P	4,760,000	2.00	3.00	—
2013D	3,360,000	2.00	3.00	—
2013S	1,449,415	—	—	5.00

Woodrow Wilson

KM# 550 • 8.07 g., **Copper-Zinc-Manganese-Nickel Clad Copper**, 26.5 mm. **Edge:** E PLURIBUS UNUM, date, mint mark **Note:** Date and mint mark on edge.

Date	Mintage	MS63	MS65	Prf65
2013P	4,620,000	2.00	3.00	—

Date	Mintage	MS63	MS65	Prf65
2013D	3,360,000	2.00	3.00	—
2013S	1,449,415	—	—	5.00

Warren G. Harding

KM# 571 • 8.07 g., **Copper-Zinc-Manganese-Nickel Clad Copper**, 26.5 mm. **Note:** Date and mint mark on edge.

Date	Mintage	MS63	MS65	Prf65
2014P	—	2.00	3.00	—
2014D	—	2.00	3.00	—
2014S	—	—	—	5.00

Calvin Coolidge

KM# 572 • 8.07 g., **Copper-Zinc-Manganese-Nickel Clad Copper**, 26.5 mm. **Note:** Date and mint mark on edge.

Date	Mintage	MS63	MS65	Prf65
2014P	—	2.00	5.00	—
2014D	—	2.00	5.00	—
2014S	—	—	—	5.00

Herbert Hoover

KM# 573 • 8.07 g., **Copper-Zinc-Manganese-Nickel Clad Copper**, 26.5 mm. **Note:** Date and mint mark on edge.

Date	Mintage	MS63	MS65	Prf65
2014P	—	2.00	3.00	—
2014D	—	2.00	3.00	—
2014S	—	—	—	5.00

Franklin D. Roosevelt

KM# 574 • 8.07 g., **Copper-Zinc-Manganese-Nickel Clad Copper**, 26.5 mm. **Note:** Date and

DOLLAR

mint mark on edge.

Date	Mintage	MS63	MS65	Prf65
2014P	—	2.00	3.00	—
2014D	—	2.00	3.00	—
2014S	—	—	—	5.00

$1

Liberty Head - Type 1
Liberty head left within circle of stars obverse
Value, date within 3/4 wreath reverse

KM# 73 • 1.67 g., 0.900 **Gold** 0.0484 oz. AGW, 13 mm. • **Rev. Legend:** UNITED STATES OF AMERICA **Designer:** James B. Longacre **Note:** On the "closed wreath" varieties of 1849, the wreath on the reverse extends closer to the numeral 1.

Date	Mintage	F12	VF20	XF40	AU50	MS60
1849 open wreath	688,567	160	225	245	345	650
1849 small head, no L	—	—	—	—	—	—
1849 closed wreath	Inc. above	160	210	225	325	475
1849C closed wreath	11,634	800	950	1,450	2,400	8,850
1849C open wreath	Inc. above	135,000	240,000	320,000	475,000	600,000
1849D open wreath	21,588	1,050	1,300	1,875	2,600	6,000
1849O open wreath	215,000	20.00	235	290	365	800
1850	481,953	160	210	225	260	475
1850C	6,966	900	1,150	1,600	2,650	9,000
1850D	8,382	1,050	1,250	1,725	2,950	12,500
1850O	14,000	200	275	390	750	3,300
1851	3,317,671	160	210	225	245	475
1851C	41,267	840	1,150	1,500	1,700	3,150
1851D	9,882	1,000	1,250	1,675	2,500	5,650
1851O	290,000	160	195	240	275	775
1852	2,045,351	160	210	225	245	475
1852C	9,434	845	1,040	1,400	1,750	5,100
1852D	6,360	1,025	1,250	1,675	2,300	10,000
1852O	140,000	130	175	260	385	1,400
1853	4,076,051	160	210	225	245	475
1853C	11,515	900	1,100	1,400	2,000	5,600
1853D	6,583	1,040	1,250	1,700	2,650	9,700
1853O	290,000	135	160	235	265	665
1854	736,709	160	210	225	245	475
1854D	2,935	1,050	1,400	2,350	5,500	13,000
1854S	14,632	260	360	525	775	2,450

Indian Head - Type 2
Indian head with headdress left obv
Value, date within wreath rev

KM# 83 • 1.67 g., 0.900 **Gold** 0.0484 oz. AGW, 15 mm. • **Obv. Legend:** UNITED STATES OF AMERICA **Designer:** James B. Longacre

Date	Mintage	F12	VF20	XF40	AU50	MS60
1854	902,736	275	350	420	525	1,850
1855	758,269	275	350	420	525	1,850
1855C	9,803	975	1,450	3,750	9,500	33,000
1855D	1,811	3,250	4,750	9,800	22,000	48,000
1855O	55,000	345	440	600	1,500	7,800
1856S	24,600	525	820	1,325	2,500	8,650

Indian Head - Type 3
Indian head with headdress left obverse   Value, date within wreath reverse

KM# 86 • 1.67 g., 0.900 **Gold** 0.0484 oz. AGW, 15 mm. • **Obv. Legend:** UNITED STATES OF AMERICA
Designer: James B. Longacre **Note:** The 1856 varieties are distinguished by whether the 5 in the date is slanted or upright. The 1873 varieties are distinguished by the amount of space between the upper left and lower left serifs in the 3.

Date	Mintage	F12	VF20	XF40	AU50	MS60	PF65
1856 upright 5	1,762,936	190	235	265	295	590	—
1856 slanted 5	Inc. above	185	225	240	260	440	55,000
1856D	1,460	2,350	3,650	5,800	8,000	32,000	—
1857	774,789	175	220	240	260	440	32,000
1857C	13,280	900	1,150	1,750	3,750	13,250	—
1857D	3,533	1,000	1,300	2,300	4,400	11,000	—
1857S	10,000	260	520	650	1,300	6,200	—
1858	117,995	175	220	240	260	440	28,500
1858D	3,477	1,025	1,250	1,600	2,850	10,000	—
1858S	10,000	300	400	575	1,450	5,350	—
1859	168,244	175	220	240	260	440	17,000
1859C	5,235	885	1,050	1,700	4,250	9,850	—
1859D	4,952	1,050	1,500	2,100	3,250	10,500	—
1859S	15,000	210	265	525	1,250	5,500	—
1860	36,668	175	220	240	260	440	16,500
1860D	1,566	2,150	2,500	4,200	7,000	19,500	—
1860S	13,000	300	380	500	750	2,900	—
1861	527,499	175	220	240	260	440	14,850
1861D mintage unrecorded	—	4,950	7,000	11,000	21,000	41,500	—
1862	1,361,390	175	220	240	260	440	15,000
1863	6,250	370	500	925	2,100	3,900	18,000
1864	5,950	290	370	475	825	1,050	18,000
1865	3,725	290	370	590	750	1,600	18,000
1866	7,130	300	385	470	685	1,025	18,000
1867	5,250	325	420	525	675	1,160	17,500
1868	10,525	265	290	415	500	1,025	19,000
1869	5,925	315	460	530	725	1,150	17,000
1870	6,335	255	290	410	500	875	16,000
1870S	3,000	300	475	785	1,250	2,650	—
1871	3,930	260	290	390	480	750	18,000
1872	3,530	260	295	400	480	975	18,500
1873 closed 3	125,125	325	425	825	950	1,650	—
1873 open 3	Inc. above	175	220	240	260	440	—
1874	198,820	175	220	240	260	440	30,000
1875	420	1,650	2,350	4,650	5,200	10,000	32,500
1876	3,245	240	300	360	475	725	16,750
1877	3,920	175	210	340	460	725	18,000
1878	3,020	195	250	365	480	675	15,500
1879	3,030	175	225	285	330	525	14,000
1880	1,636	200	180	255	290	555	14,000
1881	7,707	200	245	255	290	540	11,500
1882	5,125	210	250	255	290	540	24,500
1883	11,007	200	240	255	290	540	25,000
1884	6,236	200	240	255	290	540	24,000
1885	12,261	200	240	255	290	540	24,000
1886	6,016	200	240	255	290	540	24,000
1887	8,543	200	240	255	290	540	24,000
1888	16,580	200	240	255	290	540	24,000
1889	30,729	200	240	255	290	470	24,000

$2.50 (QUARTER EAGLE)

GOLD
Liberty Cap
Liberty cap on head, right, flanked by stars obverse   Heraldic eagle reverse

KM# 27 • 4.37 g., 0.916 Gold 0.1287 oz. AGW, 20 mm. • **Obv. Legend:** LIBERTY **Rev. Legend:** UNITED STATES OF AMERICA **Designer:** Robert Scot **Note:** The 1796 "no stars" variety does not have stars on the obverse. The 1804 varieties are distinguished by the number of stars on the obverse.

Date	Mintage	F12	VF20	XF40	MS60
1796 no stars	963	55,000	71,500	100,000	245,000
1796 stars	432	26,500	32,500	65,000	185,000
1797	427	20,000	25,000	45,000	125,000
1798 close date	1,094	6,250	8,650	16,500	60,000
1798 wide date	Inc. above	5,250	7,650	15,500	57,500
1802/1	3,035	4,250	6,650	14,500	34,500
1804 13-star reverse	3,327	45,000	65,000	125,000	—
1804 14-star reverse	Inc. above	4,550	7,150	15,500	46,500
1805	1,781	4,250	6,650	14,500	37,000
1806/4	1,616	4,250	6,650	15,000	38,000
1806/5	Inc. above	6,250	8,650	21,500	95,000
1807	6,812	4,250	6,650	14,500	34,500

Turban Head
Turban on head left flanked by stars obverse   Banner above eagle reverse

KM# 40 • 4.37 g., 0.916 Gold 0.1287 oz. AGW, 20 mm. • **Rev. Legend:** UNITED STATES OF AMERICA **Designer:** John Reich

Date	Mintage	F12	VF20	XF40	MS60
1808	2,710	26,500	36,500	54,500	175,000

Turban on head left within circle of stars obverse   Banner above eagle reverse

KM# 46 • 4.37 g., 0.916 Gold 0.13 oz. AGW, 18.5mm. • **Rev. Legend:** UNITED STATES OF AMERICA **Designer:** John Reich

Date	Mintage	F12	VF20	XF40	MS60
1821	6,448	6,250	8,250	12,350	32,500
1824/21	2,600	6,250	8,250	12,250	32,000
1825	4,434	6,250	8,250	12,250	30,000
1826/25	760	6,750	9,000	13,000	80,000
1827	2,800	6,350	8,450	12,750	31,500

Turban on head left within circle of stars obverse   Banner above eagle reverse

KM# 49 • 4.37 g., 0.916 Gold 0.1287 oz. AGW, 18.2 mm. • **Rev. Legend:** UNITED STATES OF AMERICA
Designer: John Reich

Date	Mintage	F12	VF20	XF40	MS60
1829	3,403	5,400	6,950	9,950	21,500
1830	4,540	5,400	6,950	9,950	21,500
1831	4,520	5,400	6,950	9,950	22,000
1832	4,400	5,400	6,950	9,950	21,500
1833	4,160	5,400	6,950	9,950	22,000
1834	4,000	9,000	12,450	20,000	49,500

Classic head

Classic head left within circle of stars obverse   No motto above eagle reverse

KM# 56 • 4.18 g., 0.899 Gold 0.1208 oz. AGW, 18.2 mm. • **Rev. Legend:** UNITED STATES OF AMERICA
Designer: William Kneass

Date	Mintage	F12	VF20	XF40	MS60
1834	112,234	260	475	675	3,300
1835	131,402	260	475	675	3,200
1836	547,986	260	475	675	3,100
1837	45,080	280	500	800	4,000
1838	47,030	260	500	625	3,200
1838C	7,880	950	1,700	3,000	27,000
1839	27,021	260	500	900	5,500
1839C	18,140	880	1,500	2,650	26,500
1839/8	Inc. above	—	—	—	—
1839D	13,674	880	1,750	3,450	24,000
1839O	17,781	400	700	1,100	7,250

Coronet Head

Coronet head left within circle of stars obverse   No motto above eagle reverse

1848 "Cal." reverse

KM# 72 • 4.18 g., 0.900 **Gold** 0.121 oz. AGW, 18 mm. • **Rev. Legend:** UNITED STATES OF AMERICA
Designer: Christian Gobrecht

Date	Mintage	F12	VF20	XF40	AU50	MS60	PF65
1840	18,859	275	375	900	2,950	6,000	—
1840C	12,822	1,250	1,400	1,600	6,000	13,000	—
1840D	3,532	2,500	3,200	8,700	15,500	35,000	—
1840O	33,580	325	400	825	2,100	11,000	—
1841	—	—	48,000	100,000	—	—	—
1841C	10,281	1,100	1,500	2,000	3,500	18,500	—
1841D	4,164	1,350	2,100	4,750	11,000	25,000	—
1842	2,823	1,100	900	2,600	6,500	20,000	140,000
1842C	6,729	1,250	1,700	3,500	8,000	27,000	—
1842D	4,643	1,300	2,100	4,000	11,750	—	—
1842O	19,800	325	390	1,200	2,500	14,000	—
1843	100,546	275	345	450	915	3,000	140,000
1843C small date, Crosslet 4	26,064	1,500	2,400	5,500	9,000	29,000	—
1843C large date, Plain 4	Inc. above	1,200	1,600	2,200	3,500	8,800	—
1843D small date, Crosslet 4	36,209	1,350	1,800	2,350	3,250	10,500	—
1843O small date, Crosslet 4	288,002	285	315	375	400	1,700	—
1843O large date, Plain 4	76,000	295	370	465	1,600	8,000	—
1844	6,784	350	400	850	2,000	7,500	140,000
1844C	11,622	1,050	1,600	2,600	7,000	20,000	—
1844D	17,332	1,100	1,650	2,200	3,200	7,800	—
1845	91,051	325	395	360	600	1,275	140,000
1845D	19,460	1,100	1,900	2,600	3,900	15,000	—
1845O	4,000	575	1,050	2,300	9,000	20,000	—
1846	21,598	320	365	500	950	6,000	140,000
1846C	4,808	1,100	1,575	3,500	8,950	18,750	—

$2.50

Date	Mintage	F12	VF20	XF40	AU50	MS60	PF65
1846D	19,303	1,000	1,400	2,000	3,000	12,000	—
1846O	66,000	350	385	400	1,150	6,500	—
1847	29,814	275	350	360	825	3,800	—
1847C	23,226	900	1,800	2,300	3,500	7,250	—
1847D	15,784	950	1,650	2,250	3,250	10,500	—
1847O	124,000	275	365	400	1,000	4,000	—
1848	7,497	340	500	850	2,400	7,000	125,000
1848 CAL.	1,389	35,000	40,000	45,000	50,000	55,000	—
1848C	16,788	950	1,600	2,100	3,800	13,750	—
1848D	13,771	1,100	2,000	2,500	4,500	12,000	—
1849	23,294	295	375	475	1,000	2,600	—
1849C	10,220	975	1,475	2,150	5,150	23,500	—
1849D	10,945	1,050	2,000	2,500	4,500	18,000	—
1850	252,923	265	310	360	385	1,100	—
1850C	9,148	800	1,500	2,000	3,600	13,500	—
1850D	12,148	950	1,700	2,350	3,450	1,600	—
1850O	84,000	300	345	485	1,300	4,500	—
1851	1,372,748	265	300	330	345	495	—
1851C	14,923	900	1,650	2,250	3,450	9,850	—
1851D	11,264	1,000	1,800	2,500	3,850	12,000	—
1851O	148,000	300	335	370	900	4,450	—
1852	1,159,681	265	300	330	345	495	—
1852C	9,772	975	1,500	2,050	4,250	16,500	—
1852D	4,078	1,100	1,650	2,950	7,000	17,500	—
1852O	140,000	300	335	365	1,000	5,000	—
1853	1,404,668	265	300	330	345	495	—
1853D	3,178	1,250	1,975	3,450	4,850	18,000	—
1854	596,258	265	300	330	345	495	—
1854C	7,295	1,100	1,450	2,450	4,750	13,500	—
1854D	1,760	2,100	3,350	6,950	11,500	27,500	—
1854O	153,000	300	335	365	420	1,600	—
1854S	246	95,000	175,000	300,000	—	—	—
1855	235,480	270	305	335	350	495	—
1855C	3,677	1,050	1,675	3,250	6,350	19,500	—
1855D	1,123	2,100	3,350	7,500	16,500	50,000	—
1856	384,240	270	305	335	350	515	75,000
1856C	7,913	985	1,600	2,500	4,000	14,500	—
1856D	874	3,850	6,500	12,850	30,000	72,500	—
1856O	21,100	300	345	750	1,350	7,500	—
1856S	71,120	300	335	425	950	4,350	—
1857	214,130	270	305	335	350	515	75,000
1857D	2,364	1,025	1,650	2,775	3,700	13,200	—
1857O	34,000	300	335	425	1,050	4,450	—
1857S	69,200	300	335	365	875	5,350	—
1858	47,377	275	310	340	395	1,250	59,000
1858C	9,056	965	1,500	2,100	3,350	9,250	—
1859	39,444	275	310	350	425	1,250	61,000
1859D	2,244	1,150	1,850	3,100	3,950	18,500	—
1859S	15,200	310	365	950	2,350	5,000	—
1860	22,675	275	310	340	450	1,150	58,000
1860C	7,469	985	1,475	2,175	3,100	20,000	—
1860S	35,600	310	365	625	1,150	3,850	—
1861	1,283,878	270	305	335	350	850	31,500
1861S	24,000	320	400	900	3,250	7,250	—
1862	98,543	310	340	600	1,950	5,150	32,500
1862/1	Inc. above	650	875	1,850	3,450	7,500	—
1862S	8,000	650	875	2,050	4,200	17,500	—
1863	30	—	—	—	—	—	95,000
1863S	10,800	465	475	1,475	3,150	13,500	—
1864	2,874	3,750	5,450	11,500	22,500	47,500	27,000
1865	1,545	2,950	4,750	7,750	18,000	37,500	30,000
1865S	23,376	320	335	595	1,450	4,400	—
1866	3,110	775	1,250	3,150	5,750	11,500	25,000
1866S	38,960	365	400	625	1,500	5,950	—
1867	3,250	350	395	850	1,150	4,750	27,000
1867S	28,000	300	335	575	1,600	4,100	—
1868	3,625	300	335	395	640	1,625	27,000
1868S	34,000	270	305	365	1,050	3,850	—
1869	4,345	300	335	435	685	2,750	24,500

Date	Mintage	F12	VF20	XF40	AU50	MS60	PF65
1869S	29,500	300	365	445	800	4,000	—
1870	4,555	290	375	550	900	4,150	33,500
1870S	16,000	270	345	465	1,000	4,900	—
1871	5,350	295	360	385	850	3,100	36,500
1871S	22,000	270	345	415	550	2,350	—
1872	3,030	305	450	800	1,250	4,650	33,500
1872S	18,000	275	340	485	1,150	4,350	—
1873 closed 3	178,025	270	330	375	395	435	42,500
1873 open 3	Inc. above	270	325	355	375	405	—
1873S	27,000	280	345	395	900	2,800	—
1874	3,940	285	345	425	850	2,250	42,500
1875	420	1,950	3,500	5,500	11,000	24,000	70,000
1875S	11,600	270	330	375	850	3,950	—
1876	4,221	285	345	675	1,250	3,350	27,500
1876S	5,000	285	345	625	1,150	2,850	—
1877	1,652	310	395	875	1,250	3,250	35,000
1877S	35,400	265	325	355	415	750	—
1878	286,260	265	320	345	370	410	35,000
1878S	178,000	265	320	345	375	415	—
1879	88,990	270	325	355	385	435	26,000
1879S	43,500	270	340	365	765	2,500	—
1880	2,996	275	345	385	750	1,400	26,000
1881	691	950	2,150	3,150	5,250	9,850	26,500
1882	4,067	270	330	375	550	1,050	23,500
1883	2,002	280	395	750	1,350	3,350	23,500
1884	2,023	275	375	440	750	1,600	23,500
1885	887	400	750	1,850	2,650	4,850	22,500
1886	4,088	275	340	375	650	1,150	23,500
1887	6,282	275	340	365	500	850	17,500
1888	16,098	270	335	365	450	520	18,000
1889	17,648	270	335	365	450	535	20,500
1890	8,813	275	340	365	500	600	18,500
1891	11,040	—	—	—	—	—	17,500
1891 Double die reverse	Inc. above	275	335	365	475	585	—
1892	2,545	275	330	365	500	950	15,500
1893	30,106	270	330	355	375	400	15,500
1894	4,122	275	330	365	440	800	18,000
1895	6,199	265	325	355	400	525	16,750
1896	19,202	265	325	350	370	400	16,750
1897	29,904	270	325	350	370	400	16,750
1898	24,165	265	325	345	365	385	15,000
1899	27,350	265	325	345	365	385	15,000
1900	67,205	265	325	345	365	385	15,000
1901	91,322	265	325	345	365	385	15,000
1902	133,733	265	320	345	365	385	15,000
1903	201,257	265	320	345	365	385	15,000
1904	160,960	265	320	345	365	385	15,000
1905	217,944	265	320	345	365	385	15,000
1906	176,490	265	320	345	365	385	15,000
1907	336,448	265	320	345	365	385	15,000

Indian Head

KM# 128 • 4.18 g., 0.900 Gold 0.121 oz. AGW, 18 mm. • **Designer:** Bela Lyon Pratt

Date	Mintage	VF20	XF40	AU50	MS60	MS63	MS65	Prf65
1908	565,057	260	285	315	425	1,050	2,510	70,000
1909	441,899	260	285	315	425	1,650	6,540	90,000
1910	492,682	260	285	315	350	1,550	7,500	80,000
1911	704,191	260	285	315	350	855	8,500	70,000
1911D D strong D	55,680	2,350	3,550	4,450	7,650	19,000	70,000	—
1911D D weak D	Inc. above	1,150	1,950	2,850	4,950	—	—	—
1912	616,197	260	285	320	375	1,750	11,850	70,000
1913	722,165	260	285	315	350	975	7,500	70,000
1914	240,117	265	310	375	585	4,950	34,500	75,000

$2.50

$2.50

1911-D $2.50 Gold
Grade MS-60

Retail Price

Date	Mintage	VF20	XF40	AU50	MS60	MS63	MS65	Prf65
1914D	448,000	260	285	325	365	1,700	36,500	—
1915	606,100	260	285	310	350	850	6,500	77,500
1925D	578,000	260	285	310	340	565	1,910	—
1926	446,000	260	285	310	340	565	1,910	—
1927	388,000	260	285	310	340	565	1,910	—
1928	416,000	260	285	310	340	565	1,910	—
1929	532,000	260	295	325	370	655	7,000	—

$3

GOLD
Indian head with headdress, left obverse
Value, date within wreath reverse

KM# 84 • 5.02 g., 0.900 Gold 0.1451 oz. AGW, 20.5 mm. • **Obv. Legend:** UNITED STATES OF AMERICA
Designer: James B. Longacre **Note:** The 1873 "closed-3" and "open-3" varieties are distinguished by the amount
of space between the upper left and lower left serifs of the 3 in the date.

Date	Mintage	VF20	XF40	AU50	MS60	MS65	Prf65
1854	138,618	860	1,150	1,290	2,650	19,500	175,000
1854D	1,120	8,300	16,500	35,000	77,500	—	—
1854O	24,000	1,150	2,650	5,000	50,000	—	—
1855	50,555	840	1,175	1,750	3,200	44,000	150,000
1855S	6,600	1,055	2,750	6,950	25,000	—	—
1856	26,010	830	1,125	1,650	3,250	45,000	115,000
1856S	34,500	930	1,600	2,650	12,500	—	—

Date	Mintage	VF20	XF40	AU50	MS60	MS65	Prf65
1857	20,891	830	1,125	1,415	3,500	44,000	105,000
1857S	14,000	980	2,775	5,350	21,000	—	—
1858	2,133	980	1,900	3,650	9,300	50,000	95,000
1859	15,638	930	1,725	1,975	3,250	32,500	60,000
1860	7,155	930	1,625	2,150	3,600	33,000	60,000
1860S	7,000	980	2,450	8,650	26,000	—	—
1861	6,072	955	2,550	3,650	6,900	37,500	60,000
1862	5,785	955	2,350	3,650	6,900	44,500	60,000
1863	5,039	930	2,350	3,650	6,900	34,500	60,000
1864	2,680	980	2,350	3,650	6,900	39,500	60,000
1865	1,165	1,275	2,700	6,500	11,700	55,000	60,000
1866	4,030	1,000	1,500	2,250	3,500	38,500	60,000
1867	2,650	1,025	1,550	2,650	3,600	39,500	60,000
1868	4,875	875	1,475	2,125	3,350	33,000	60,000
1869	2,525	1,150	1,550	2,350	4,300	50,000	60,000
1870	3,535	1,030	1,625	2,450	4,400	—	60,000
1870S unique	—	—	4,000,000	—	—	—	—
Note: H. W. Bass Collection. AU50, cleaned. Est. value, $1,250,000.							
1871	1,330	1,030	1,575	2,375	4,000	42,500	60,000
1872	2,030	930	1,525	2,250	3,850	4,500	60,000
1873 closed 3, mintage unknown	—	4,000	9,000	16,000	27,500	—	95,000
1873 open 3, proof only	25	—	—	—	—	—	90,000
1874	41,820	830	1,125	1,265	2,250	16,750	62,500
1875 proof only	20	20,000	28,000	47,500	—	—	225,000
1876	45	6,000	11,500	18,000	—	—	97,500
1877	1,488	1,350	3,150	7,500	23,000	—	65,000
1878	82,324	830	1,125	1,265	2,250	14,500	65,000
1879	3,030	880	1,325	2,000	3,200	22,500	50,000
1880	1,036	950	2,100	3,375	4,700	27,000	42,000
1881	554	1,400	3,350	6,750	12,000	38,500	36,500
1882	1,576	955	1,475	2,350	3,600	30,000	35,500
1883	989	1,000	1,625	2,950	3,800	34,500	35,500
1884	1,106	1,285	2,000	2,800	3,650	34,500	35,500
1885	910	1,300	2,050	3,450	5,200	38,500	34,500
1886	1,142	1,250	2,250	2,875	5,000	47,500	34,500
1887	6,160	930	1,550	2,175	3,250	22,500	34,500
1888	5,291	980	1,525	2,125	3,150	15,000	34,500
1889	2,429	955	1,475	2,000	3,200	22,500	34,500

$5 (HALF EAGLE)

GOLD
Liberty Cap
Liberty Cap on head, right, flanked by stars obverse
Small eagle reverse

KM# 19 • 8.75 g., 0.916 Gold 0.2577 oz. AGW

Date	Mintage	F12	VF20	XF40	MS60
1795	8,707	19,500	25,000	31,000	79,500
1796/95	6,196	20,500	25,350	32,750	84,500
1797 15 obverse stars	Inc. above	23,000	27,500	42,250	—
1797 16 obverse stars	Inc. above	21,000	25,850	41,000	210,000
1798	—	112,000	185,000	350,000	—

Large Heraldic eagle reverse

KM# 28 • 8.75 g., 0.916 Gold 0.2577 oz. AGW, 25 mm. • **Obv. Legend:** LIBERTY **Rev. Legend:** UNITED STATES OF AMERICA **Designer:** Robert Scot

Date	Mintage	F12	VF20	XF40	MS60
1795	Inc. above	10,000	16,500	22,500	85,000
1797/95	3,609	10,850	17,500	24,000	155,000
1797 15 star obv.; Unique	—	—	—	—	—
Note: Smithsonian collection					
1797 16 star obv.; Unique	—	—	—	—	—
Note: Smithsonian collection					
1798 small 8	24,867	4,850	6,650	10,100	—
1798 large 8, 13-star reverse	Inc. above	4,050	5,050	8,350	33,500
1798 large 8, 14-star reverse	Inc. above	5,050	6,650	10,950	—
1799 small reverse stars	7,451	3,850	4,900	11,100	21,500
1799 large reverse stars	Inc. above	3,950	4,750	14,200	31,700
1800	37,628	3,850	4,650	7,100	15,850
1802/1	53,176	3,850	4,650	7,100	15,850
1803/2	33,506	3,850	4,650	7,100	15,850
1804 small 8	30,475	3,850	4,650	7,100	15,850
1804 small 8 over large 8	Inc. above	3,950	4,850	7,600	17,850
1805	33,183	3,850	4,650	7,100	15,850
1806 pointed 6	64,093	3,850	4,650	7,100	17,750
1806 round 6	Inc. above	3,850	4,650	7,100	15,850
1807	32,488	3,850	4,650	7,100	15,850

Turban Head
Caped draped bust, left, flanked by stars obverse
Heraldic eagle reverse

KM# 38 • 8.75 g., 0.916 Gold 0.2577 oz. AGW, 25 mm. • **Rev. Legend:** UNITED STATES OF AMERICA **Designer:** John Reich

Date	Mintage	F12	VF20	XF40	MS60
1807	51,605	3,100	3,850	5,100	13,850
1808	55,578	3,600	4,500	5,950	18,850
1808/7	Inc. above	3,100	3,850	5,100	13,850
1809/8	33,875	3,100	3,850	5,100	13,850
1810 small date, small 5	100,287	17,500	32,500	48,500	125,000
1810 small date, large 5	Inc. above	3,100	3,850	5,100	16,250
1810 large date, small 5	Inc. above	17,500	37,500	60,000	135,000
1810 large date, large 5	Inc. above	3,100	3,850	5,100	13,850
1811 small 5	99,581	3,100	3,850	5,100	13,850
1811 tall 5	Inc. above	3,100	3,850	5,100	13,850
1812	58,087	3,100	3,850	5,100	13,850

Capped head, left, within circle of stars obverse

KM# 43 • 8.75 g., 0.916 Gold 0.2577 oz. AGW, 25 mm. • **Rev. Legend:** UNITED STATES OF AMERICA **Designer:** John Reich

Date	Mintage	F12	VF20	XF40	MS60
1813	95,428	3,150	3,850	6,250	13,250
1814/13	15,454	5,000	6,250	8,250	19,000
1815	635	32,500	50,000	200,000	245,000
Note: 1815, private sale, Jan. 1994, MS-61, $150,000					
1818	48,588	5,000	6,450	13,500	20,000
1818 5D over 50 Inc. Above	—	5,500	6,450	10,500	23,500
1819	51,723	8,800	16,500	50,000	64,000
1819 5D over 50 Inc. Above	—	5,500	11,000	35,000	64,000
1820 curved-base 2, small letters	263,806	5,250	6,600	12,850	22,500
1820 curved-base 2, large letters	Inc. above	5,100	6,400	12,000	20,000
1820 square-base 2	Inc. above	5,000	6,250	11,500	19,000
1821	34,641	12,000	22,000	43,000	115,000
1822 3 known	—	500,000	90,000	1,250,000	1,000,000
1823	14,485	5,500	6,250	13,500	27,500
1824	17,340	5,500	10,500	32,000	38,000
1825/21	29,060	5,750	9,500	25,000	39,500
1825/24	Inc. above	—	—	550,000	750,000
Note: 1825/4, Bowers & Merena, March 1989, XF, $148,500.					
1826	18,069	5,500	7,800	16,500	30,000
1827	24,913	6,000	10,000	23,500	34,500
1828/7	28,029	15,000	28,500	66,000	125,000
Note: 1828/7, Bowers & Merena, June 1989, XF, $20,900.					
1828	Inc. above	6,000	13,000	30,000	60,000
1829 large planchet	57,442	15,000	28,500	65,000	125,000
Note: 1829 large planchet, Superior, July 1985, MS-65, $104,500.					
1829 small planchet	Inc. above	37,500	54,000	86,500	140,000
Note: 1829 small planchet, private sale, 1992 (XF-45), $89,000.					
1830 small "5D."	126,351	16,500	33,500	50,000	70,000
1830 large "5D."	Inc. above	16,500	33,500	50,000	70,000
1831	140,594	16,500	33,500	50,000	70,000
1832 curved-base 2, 12 stars	157,487	50,000	80,000	175,000	—
1832 square-base 2, 13 stars	Inc. above	16,500	33,500	50,000	70,000
1833 large date	Inc. above	16,500	33,500	50,000	70,000
1833 small date	193,630	17,500	35,500	60,000	90,000
1834 plain 4	50,141	16,500	33,500	50,000	70,000
1834 crosslet 4	Inc. above	17,500	35,500	60,000	80,000

Classic Head

Classic head, left, within circle of stars obverse   No motto above eagle reverse

KM# 57 • 8.36 g., 0.899 Gold 0.2416 oz. AGW, 22.5 mm. • **Rev. Legend:** UNITED STATES OF AMERICA **Designer:** William Kneass

Date	Mintage	F12	VF20	XF40	MS60	Prf65
1834 plain 4	540	585	795	1,350	4,750	—
1834 crosslet 4	1,050	1,850	3,150	6,500	25,000	—
1835	540	585	795	1,400	4,900	—
1836	540	585	795	1,400	4,750	—
1837	540	585	845	1,625	5,000	—
1838	540	585	975	1,850	5,400	—
1838C	1,475	4,150	8,750	13,000	42,500	—
1838D	1,375	2,100	4,650	10,250	31,000	—

Coronet Head
Coronet head, left, within circle of stars obverse
No motto above eagle reverse

KM# 69 • 8.36 g., 0.900 Gold 0.2419 oz. AGW, 21.6 mm. • **Rev. Legend:** UNITED STATES OF AMERICA
Designer: Christian Gobrecht **Note:** Varieties for 1843 are distinguished by the size of the numerals in the
date. One 1848 variety has "Cal." incsribed on the reverse, indicating it was made from California gold. The
1873 "closed-3" and "open-3" varieties are distinguished by the amount of space between the upper left and
lower left serifs in the 3 in the date.

Date	Mintage	F12	VF20	XF40	MS60	Prf65
1839	450	540	655	1,100	3,850	—
1839C	1,250	1,900	3,200	5,750	20,000	—
1839D	1,350	1,950	4,250	7,000	24,500	—
1840	440	540	645	1,100	3,300	—
1840C	1,200	1,775	2,900	6,400	22,000	—
1840D	1,200	1,750	3,000	5,800	15,000	—
1840O	450	540	825	1,775	10,000	—
1841	450	500	875	1,550	4,850	—
1841C	1,200	1,750	2,150	3,000	14,500	—
1841D	1,300	1,775	2,350	3,150	12,500	—
1841O 2 known	—	—	—	—	—	—
1842 small letters	450	490	1,000	2,750	13,500	—
1842 large letters	480	660	1,850	2,700	11,000	—
1842C small date	5,500	9,400	17,500	35,000	90,000	—
1842C large date	1,050	1,650	2,150	2,950	15,000	—
1842D small date	1,350	1,850	2,475	3,100	13,500	—
1842D large date	1,650	2,350	5,950	12,500	48,000	—
1842O	725	1,000	3,650	8,900	22,000	—
1843	440	490	565	595	1,825	—
1843C	1,250	1,600	2,200	3,400	10,500	—
1843D	1,250	1,750	2,250	3,000	10,600	—
1843O small letters	470	610	1,400	2,100	17,500	—
1843O large letters	450	604	1,050	1,800	11,000	—
1844	440	490	565	595	2,000	—
1844C	1,300	1,700	2,750	5,200	185,800	—
1844D	1,500	1,700	2,200	3,000	10,000	—
1844O	474	524	595	650	4,000	—
1845	440	490	565	595	2,100	—
1845D	1,300	1,800	2,275	3,000	10,500	—
1845O	474	520	725	2,450	8,750	—
1846	440	510	565	595	2,350	—
1846C	1,350	1,700	2,600	5,600	18,500	—
1846D	1,250	1,750	2,250	3,250	11,500	—
1846O	474	540	900	2,800	11,000	—
1847	440	490	565	595	1,850	—
1847C	1,350	1,725	2,150	3,100	10,000	—
1847D	1,400	1,800	2,250	3,000	9,000	—
1847O	550	1,800	5,800	8,750	24,500	—
1848	440	490	565	595	1,900	—
1848C	1,400	1,750	2,150	2,950	17,000	—
1848D	1,450	1,800	2,250	3,100	12,750	—
1849	440	490	565	595	2,450	—
1849C	1,500	1,750	2,200	3,000	10,000	—
1849D	1,550	1,850	2,300	3,100	12,500	—
1850	440	510	565	925	3,350	—
1850C	1,350	1,750	2,100	3,000	10,500	—
1850D	1,450	1,800	2,250	3,600	24,500	—
1851	440	490	565	615	2,400	—
1851C	1,300	1,700	2,150	3,000	11,750	—
1851D	1,400	1,700	2,250	3,100	13,000	—
1851O	280	590	1,400	3,600	12,500	—
1852	440	490	565	595	1,850	—

Date	Mintage	F12	VF20	XF40	MS60	Prf65
1852C	1,350	1,750	2,100	3,000	6,250	—
1852D	1,450	1,850	2,250	2,900	10,500	—
1853	440	490	565	595	1,850	—
1853C	1,500	1,750	2,150	3,000	7,750	—
1853D	1,550	1,850	2,250	3,100	8,250	—
1854	440	490	565	595	2,000	—
1854C	1,400	1,750	2,150	3,400	12,500	—
1854D	1,400	1,850	2,250	3,100	9,000	—
1854O	470	520	595	1,300	7,500	—
1854S	—	—	—	250,000	—	—
Note: 1854S, Bowers & Merena, Oct. 1982, AU-55, $170,000.						
1855	440	490	565	595	2,000	—
1855C	1,400	1,750	2,150	3,000	13,500	—
1855D	1,500	1,850	2,300	3,100	1,500	—
1855O	460	625	1,950	4,150	20,000	—
1855S	470	620	900	2,100	15,500	—
1856	440	490	565	595	2,300	—
1856C	1,450	1,750	2,100	3,000	20,000	—
1856D	1,475	1,850	2,250	3,450	11,000	—
1856O	470	650	1,200	4,750	14,000	—
1856S	450	550	615	1,150	7,350	—
1857	440	490	565	595	2,000	123,500
1857C	1,400	1,750	2,150	3,000	8,400	—
1857D	1,500	1,850	2,300	3,200	12,000	—
1857O	470	640	1,350	4,200	15,000	—
1857S	450	500	615	1,000	9,000	—
1858	450	500	625	675	3,500	190,000
1858C	1,400	1,750	2,150	3,000	9,500	—
1858D	1,500	1,850	2,275	3,150	11,000	—
1858S	490	750	2,200	5,000	31,000	—
1859	450	520	575	800	6,500	—
1859C	1,400	1,750	2,150	3,150	11,000	—
1859D	1,600	1,900	2,300	3,100	10,500	—
1859S	615	1,125	3,250	4,750	26,000	—

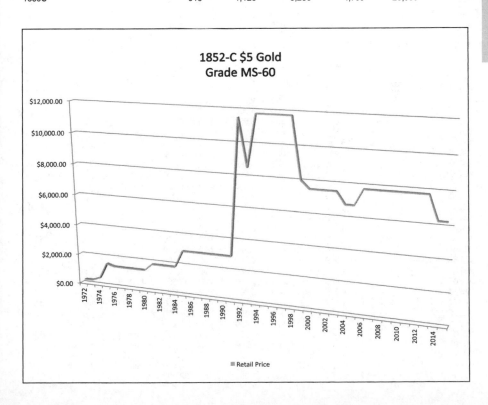

1852-C $5 Gold
Grade MS-60

Retail Price

$5

$5

Date	Mintage	F12	VF20	XF40	MS60	Prf65
1860	450	500	575	1,000	4,000	100,000
1860C	1,500	1,900	2,400	3,450	12,000	—
1860D	1,500	1,950	2,450	3,350	13,000	—
1860S	500	1,050	2,000	5,250	23,000	—
1861	440	510	575	605	1,850	100,000
1861C	1,500	2,250	4,850	7,000	23,000	—
1861D	3,000	7,900	18,500	28,000	63,500	—
1862	490	675	3,650	4,950	19,000	96,000
1862S	1,500	2,900	5,500	8,750	40,000	—
1861S	500	975	4,100	6,000	—	—
1863	1,450	2,150	4,000	9,800	32,000	90,000
1863S	600	1,325	7,250	8,650	35,500	—
1864	540	675	1,800	3,750	13,500	72,000
1864S	2,300	4,450	20,000	27,500	50,000	—
1865	500	1,450	6,750	10,000	21,000	82,500
1865S	475	1,200	2,400	4,850	16,000	—
1866S	750	1,700	4,000	11,500	36,000	—

Coronet head, left, within circle of stars obverse
IN GOD WE TRUST above eagle reverse

KM# 101 • 8.36 g., 0.900 Gold 0.2419 oz. AGW, 21.6 mm. • **Rev. Legend:** UNITED STATES OF AMERICA
Designer: Christian Gobrecht

Date	Mintage	VF20	XF40	AU50	MS60	MS63	MS65	Prf65
1866	6,730	750	1,650	3,500	16,500	—	—	70,000
1866S	34,920	900	2,600	8,800	25,000	—	—	—
1867	6,920	500	1,500	3,300	11,500	—	—	70,000
1867S	29,000	1,400	2,900	8,000	34,500	—	—	—
1868	5,725	650	1,000	3,500	11,500	—	—	70,000
1868S	52,000	486	1,550	4,000	20,000	—	—	—
1869	1,785	925	2,400	3,500	17,500	34,000	—	65,000
1869S	31,000	500	1,750	4,000	26,000	—	—	—
1870	4,035	800	2,000	2,850	18,000	—	—	75,000
1870CC	7,675	5,250	15,000	30,000	110,000	137,500	200,000	—
1870S	17,000	950	2,600	8,250	29,000	—	—	—
1871	3,230	900	1,700	3,300	12,500	—	—	70,000
1871CC	20,770	1,250	3,000	12,000	60,000	—	—	—
1871S	25,000	500	950	2,950	13,000	—	—	—
1872	1,690	850	1,925	3,000	15,000	18,000	—	60,000
1872CC	16,980	1,250	5,000	20,000	60,000	—	—	—
1872S	36,400	537	800	3,400	13,500	—	—	—
1873 closed 3	49,305	472	486	500	1,200	6,500	24,000	70,000
1873 open 3	63,200	467	477	487	850	3,650	—	—
1873CC	7,416	2,600	12,500	27,500	60,000	—	—	—
1873S	31,000	525	1,400	3,250	21,000	—	—	—
1874	3,508	660	1,675	2,500	13,000	26,000	—	66,000
1874CC	21,198	850	1,700	9,500	36,000	—	—	—
1874S	16,000	640	2,100	4,800	22,500	—	—	—
1875	220	34,000	45,000	60,000	190,000	—	—	185,000
1875CC	11,828	1,400	4,500	11,500	52,000	—	—	—
1875S	9,000	715	2,250	5,000	16,500	32,500	—	—
1876	1,477	1,100	2,500	4,125	11,000	14,500	55,000	60,000
1876CC	6,887	1,450	5,000	14,000	46,500	82,500	165,000	—
1876S	4,000	2,000	3,600	9,500	30,000	—	—	—
1877	1,152	900	2,750	4,000	13,750	29,000	—	75,000
1877CC	8,680	1,000	3,300	11,000	52,500	—	—	—
1877S	26,700	499	650	1,400	9,200	—	—	—
1878	131,740	469	480	524	550	2,000	—	50,000
1878CC	9,054	3,100	7,200	20,000	60,000	—	—	—
1878S	144,700	467	475	3,000	675	4,250	—	—
1879	301,950	467	475	485	520	2,000	12,000	55,000
1879CC	17,281	1,000	1,500	3,150	22,000	—	—	—

Date	Mintage	VF20	XF40	AU50	MS60	MS63	MS65	Prf65
1879S	426,200	469	480	524	950	3,300	—	—
1880	3,166,436	462	470	480	500	840	7,500	54,000
1880CC	51,017	625	815	1,375	9,900	—	—	—
1880S	1,348,900	462	470	480	490	800	5,750	—
1881	5,708,802	462	470	480	500	775	4,800	54,000
1881/80	Inc. above	465	600	750	1,500	4,500	—	—
1881CC	13,886	650	1,500	7,000	22,500	60,000	—	—
1881S	969,000	462	470	480	500	775	7,150	—
1882	2,514,568	462	470	480	500	800	6,150	54,000
1882CC	82,817	625	625	900	7,500	40,000	—	—
1882S	969,000	462	470	480	510	800	4,500	—
1883	233,461	479	487	497	530	1,200	—	40,000
1883CC	12,958	625	1,100	3,200	18,000	—	—	—
1883S	83,200	479	478	490	1,000	2,950	—	—
1884	191,078	479	480	497	650	2,250	—	35,000
1884CC	16,402	625	975	3,000	17,000	—	—	—
1884S	177,000	479	487	497	490	2,000	—	—
1885	601,506	462	470	480	505	825	4,800	35,000
1885S	1,211,500	462	470	480	510	790	4,000	—
1886	388,432	462	470	480	510	1,125	5,600	44,000
1886S	3,268,000	462	470	480	510	815	4,500	—
1887	87	—	14,500	20,000	—	—	—	120,000
1887S	1,912,000	462	470	480	510	800	4,800	—
1888	18,296	477	485	497	550	1,500	—	29,000
1888S	293,900	467	475	547	1,200	4,000	—	—
1889	7,565	576	584	557	1,150	2,400	—	30,000
1890	4,328	499	507	550	2,200	6,500	—	27,000
1890CC	53,800	576	584	615	1,600	7,500	55,000	—
1891	61,413	469	480	524	640	2,000	5,400	29,000
1891CC	208,000	561	565	800	1,350	3,500	28,500	—
1892	753,572	462	470	480	530	1,350	7,000	30,000
1892CC	82,968	562	584	750	1,500	6,500	33,500	—
1892O	10,000	524	1,000	1,375	3,300	15,000	—	—
1892S	298,400	462	470	485	525	2,850	—	—
1893	1,528,197	462	470	480	510	1,150	3,900	34,000
1893CC	60,000	596	634	825	1,550	6,650	—	—
1893O	110,000	477	581	585	950	5,950	—	—
1893S	224,000	462	470	485	510	1,040	9,000	—
1894	957,955	462	470	480	500	905	2,600	35,000
1894O	16,600	479	487	570	1,300	5,500	—	—
1894S	55,900	489	487	575	2,900	10,000	—	—
1895	1,345,936	462	470	480	495	905	4,500	29,000
1895S	112,000	467	487	497	3,150	6,500	26,000	—
1896	59,063	462	470	485	510	1,650	4,500	30,000
1896S	155,400	469	480	524	1,150	6,000	24,500	—
1897	867,883	462	470	480	495	905	4,500	35,000
1897S	354,000	462	470	485	865	5,150	—	—
1898	633,495	462	470	480	500	905	6,000	30,000
1898S	1,397,400	462	470	480	495	1,310	—	—
1899	1,710,729	462	470	480	495	890	3,600	30,000
1899S	1,545,000	462	470	480	495	1,260	9,600	—
1900	1,405,730	462	470	480	495	890	3,600	30,000
1900S	329,000	462	470	480	500	1,260	14,000	—
1901	616,040	462	470	480	495	890	3,650	27,000
1901S	3,648,000	462	470	480	495	890	3,600	—
1902	172,562	462	470	480	495	890	4,400	27,000
1902S	939,000	462	470	480	495	890	3,600	—
1903	227,024	462	470	480	500	905	4,000	27,000
1903S	1,855,000	462	470	480	495	890	3,600	—
1904	392,136	462	470	480	495	890	3,600	27,000
1904S	97,000	469	480	524	885	4,000	9,600	—
1905	302,308	462	470	480	500	905	4,000	27,000
1905S	880,700	462	470	480	495	3,350	9,600	—
1906	348,820	462	470	480	495	890	3,600	26,000
1906D	320,000	462	470	480	495	905	3,200	—
1906S	598,000	462	470	480	500	1,190	4,400	—
1907	626,192	462	470	480	495	890	3,400	23,000
1907D	888,000	462	470	480	495	890	3,400	—
1908	421,874	462	470	485	510	905	3,400	—

Indian Head

KM# 129 • 8.36 g., 0.900 Gold 0.2419 oz. AGW, 21.6 mm. • **Designer:** Bela Lyon Pratt

Date	Mintage	VF20	XF40	AU50	MS60	MS63	MS65	Prf65
1908	578,012	420	430	465	545	1,630	12,950	39,500
1908D	148,000	420	430	465	615	1,750	39,500	—
1908S	82,000	495	555	1,150	2,750	8,950	24,500	—
1909	627,138	420	430	465	540	1,570	13,750	50,500
1909D	3,423,560	420	430	465	525	1,050	12,200	—
1909O	34,200	4,950	6,850	12,750	36,500	105,000	500,000	—
1909S	297,200	450	470	525	1,400	15,500	51,000	—
1910	604,250	420	430	465	525	1,650	13,450	46,000
1910D	193,600	420	430	465	545	4,200	38,500	—
1910S	770,200	460	485	535	1,150	10,600	87,000	—
1911	915,139	420	430	465	525	1,475	13,200	39,500
1911D	72,500	625	825	1,840	8,000	43,500	275,000	—
1911S	1,416,000	430	465	520	780	5,900	57,500	—
1912	790,144	420	430	465	525	1,475	13,600	39,500
1912S	392,000	465	495	610	1,675	17,500	190,000	—
1913	916,099	420	430	465	525	1,475	13,200	39,500
1913S	408,000	460	490	650	2,325	20,500	155,000	—
1914	247,125	420	430	465	545	2,250	18,500	39,500
1914D	247,000	420	430	465	545	2,550	27,600	—
1914S	263,000	465	485	560	1,375	15,500	135,000	—
1915	588,075	420	430	465	525	1,825	14,200	54,500
1915S	164,000	475	505	555	1,900	20,000	135,000	—
1916S	240,000	445	465	550	950	7,200	37,000	—
1929	662,000	12,000	15,475	18,800	31,000	49,000	130,000	—

$10 (EAGLE)

GOLD
Liberty Cap
Small eagle reverse

KM# 21 • 17.50 g., 0.916 Gold 0.5154 oz. AGW, 33 mm. • **Designer:** Robert Scot

Date	Mintage	F12	VF20	XF40	MS60
1795 13 leaves	5,583	28,500	33,850	48,500	122,500
1795 9 leaves	Inc. above	30,000	45,000	73,500	250,000
1796	4,146	27,500	36,000	50,000	135,000
1797 small eagle	3,615	31,500	40,000	55,000	200,000

Liberty cap on head, right, flanked by stars obverse Heraldic eagle reverse

KM# 30 • 17.50 g., 0.916 Gold 0.5154 oz. AGW, 33 mm. • **Obv. Legend:** LIBERTY **Rev. Legend:** UNITED STATES OF AMERICA **Designer:** Robert Scot

Date	Mintage	F12	VF20	XF40	MS60
1797 large eagle	10,940	9,800	12,850	21,400	58,500
1798/97 9 stars left, 4 right	900	13,500	19,000	34,500	127,500
1798/97 7 stars left, 6 right	842	28,500	38,500	87,500	235,000
1799 large star obv	37,449	9,350	10,750	18,200	37,500
1799 small star obv	Inc. above	9,350	10,750	18,200	37,500
1800	5,999	9,500	10,750	18,350	39,500
1801	44,344	9,250	10,900	17,400	37,500
1803 extra star	15,017	9,600	11,850	19,550	67,500
1803 large stars rev	Inc. above	9,250	11,400	17,800	37,500
1804 crosslet 4	3,757	16,500	22,750	31,500	92,500
1804 plain 4	—	—	—	—	400,000

Coronet Head
Old-style head, left, within circle of stars obverse No motto above eagle reverse

KM# 66.1 • 16.72 g., 0.900 Gold 0.4837 oz. AGW, 27 mm. • **Rev. Legend:** UNITED STATES OF AMERICA **Designer:** Christian Gobrecht

Date	Mintage	F12	VF20	XF40	MS60	Prf65
1838	1,750	2,650	6,850	15,000	43,500	1,500,000
1839/8 Type of 1838	1,100	1,450	5,850	10,500	28,500	1,500,000
1839 large letters	800	1,150	2,150	5,500	32,000	—

New-style head, left, within circle of stars obverse No motto above eagle reverse

KM# 66.2 • 16.72 g., 0.900 Gold 0.4837 oz. AGW, 27 mm. • **Rev. Legend:** UNITED STATES OF AMERICA **Designer:** Christian Gobrecht

Date	Mintage	F12	VF20	XF40	MS60	Prf65
1839 small letters	975	1,550	6,850	9,500	75,000	—
1840	994	1,059	1,333	1,450	11,500	—
1841	974	1,049	1,233	1,200	9,000	—
1841O	1,750	3,450	6,950	19,500	—	—
1842 small date	974	1,049	1,158	1,350	15,000	—
1842 large date	974	1,049	1,148	1,250	9,500	—
1842O	974	1,059	1,463	2,850	22,500	—
1843	974	1,049	1,263	1,550	16,750	—

$10

Date	Mintage	F12	VF20	XF40	MS60	Prf65
1843O	974	1,059	1,218	1,300	12,000	—
1844	800	1,350	3,200	6,000	16,750	—
1844O	974	1,059	1,403	2,850	15,000	—
1845	1,009	1,219	1,343	2,100	17,500	—
1845O	994	1,059	875	2,750	16,500	—
1845O repunched	1,069	1,419	3,850	5,950	—	—
1846	1,019	1,289	1,250	5,250	—	—
1846O	974	1,059	1,150	3,900	—	—
1846/5	1,069	1,419	1,135	—	—	—
1847	974	1,049	1,093	1,153	3,450	—
1847O	974	1,049	1,093	1,218	6,500	—
1848	974	1,049	1,158	900	5,000	—
1848O	1,049	1,239	1,850	3,300	17,750	—
1849	974	1,049	1,093	1,153	3,400	—
1849O	1,049	1,239	2,450	5,700	27,500	—
1850 large date	974	1,049	1,093	1,153	4,500	—
1850 small date	1,049	1,239	1,150	1,850	8,500	—
1850O	994	1,074	1,275	3,200	19,500	—
1851	974	1,049	1,093	1,218	5,150	—
1851O	974	1,059	1,148	1,050	6,650	—
1852	974	1,049	1,093	1,218	5,250	—
1852O	1,049	1,219	1,650	3,750	27,500	—
1853	994	1,059	1,093	1,163	3,600	—
1853/2	994	1,074	1,428	1,850	14,950	—
1853O	974	1,074	1,158	1,100	14,500	—
1854	974	1,049	1,118	1,278	6,250	—
1854O small date	994	1,074	1,398	1,850	11,000	—
1854O large date	1,049	1,214	925	2,000	9,450	—
1854S	974	1,049	1,118	1,498	10,500	—
1855	974	1,049	1,093	1,153	4,750	—
1855O	994	1,074	2,100	6,100	28,000	—
1856	974	1,049	1,093	1,163	4,250	—
1856O	1,049	1,374	2,150	4,000	18,500	—
1856S	974	1,049	1,168	1,100	9,000	—
1857	994	1,074	1,050	2,000	13,500	—

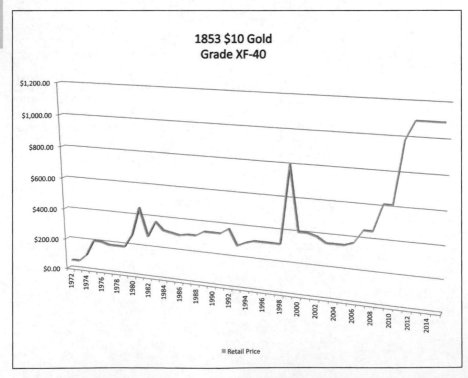

1853 $10 Gold
Grade XF-40

Retail Price

Date	Mintage	F12	VF20	XF40	MS60	Prf65
1857O	1,149	1,800	3,650	4,450	—	—
1857S	994	1,059	1,050	2,100	11,500	—
1858	3,000	5,200	8,250	13,500	35,000	—
1858O	974	1,049	1,418	1,700	10,000	—
1858S	900	1,600	3,950	6,950	—	—
1859	994	1,074	1,278	1,450	10,500	—
1859O	2,000	4,250	10,500	20,000	—	—
1859S	1,450	2,600	5,250	13,500	—	—
1860	1,019	1,114	1,328	1,300	8,450	175,000
1860O	1,039	1,214	1,850	3,000	13,750	—
1860S	1,400	2,950	6,400	14,750	—	—
1861	974	1,049	1,093	1,153	6,250	170,000
1861S	690	1,600	3,750	6,250	—	—
1862	1,049	1,204	1,200	2,500	—	170,000
1862S	700	2,000	3,450	5,750	—	—
1863	2,400	4,000	10,000	17,500	52,500	165,000
1863S	700	1,600	3,750	8,800	29,500	—
1864	775	1,800	4,950	7,150	18,000	165,000
1864S	2,600	5,100	17,500	27,500	—	—
1865	900	1,950	4,850	6,600	34,500	165,000
1865S	1,700	4,850	12,500	18,000	—	—
1865S over inverted 186	1,300	3,450	8,750	16,000	50,000	—
1866S	1,000	2,650	5,950	12,000	—	—

IN GOD WE TRUST above eagle reverse

KM# 102 • 16.72 g., 0.900 Gold 0.4837 oz. AGW, 27 mm. • **Rev. Legend:** UNITED STATES OF AMERICA
Designer: Christian Gobrecht

Date	Mintage	VF20	XF40	AU50	MS60	MS63	MS65	Prf65
1866	3,780	1,175	2,600	5,000	45,000	—	—	120,000
1866S	11,500	1,600	3,850	8,000	—	—	—	—
1867	3,140	1,550	2,750	5,000	35,000	—	—	—
1867S	9,000	2,350	6,650	9,850	—	—	—	—
1868	10,655	880	1,200	2,000	19,000	—	—	120,000
1868S	13,500	1,350	2,400	3,900	—	—	—	—
1869	1,855	1,550	3,000	5,150	36,000	—	—	—
1869S	6,430	1,450	2,700	5,750	30,000	60,000	—	—
1870	4,025	1,200	1,650	3,750	20,000	—	—	—
1870CC	5,908	32,500	50,000	85,000	—	—	—	—
1870S	8,000	1,250	2,850	6,500	33,500	—	—	—
1871	1,820	1,500	3,000	4,850	28,000	—	—	120,000
1871CC	8,085	2,600	6,400	22,500	65,000	—	—	—
1871S	16,500	1,300	2,200	5,500	—	—	—	—
1872	1,650	2,400	5,000	8,700	25,000	42,500	—	90,000
1872CC	4,600	5,250	9,850	26,500	—	—	—	—
1872S	17,300	880	1,175	1,900	19,500	—	—	—
1873 closed 3	825	4,500	20,000	24,000	55,000	—	—	—
1873CC	4,543	6,000	23,500	32,000	—	—	—	—
1873S	12,000	1,150	2,650	4,850	27,500	—	—	—
1874	53,160	850	925	913	1,750	6,750	42,500	120,000
1874CC	16,767	2,850	4,650	12,000	52,500	100,000	200,000	—
1874S	10,000	1,275	2,950	6,500	—	—	—	—
1875	120	110,000	225,000	300,000	—	—	—	—
Note: 1875, Akers, Aug. 1990, Proof, $115,000.								
1875CC	7,715	4,250	9,850	25,000	75,000	150,000	—	—
1876	732	3,950	8,500	18,500	60,000	—	—	—
1876CC	4,696	3,850	10,500	21,500	—	—	—	—
1876S	5,000	1,300	3,750	7,500	—	—	—	—
1877	817	3,350	6,350	10,000	37,500	—	—	—
1877CC	3,332	2,400	6,750	15,000	—	—	—	—

Date	Mintage	VF20	XF40	AU50	MS60	MS63	MS65	Prf65
1877S	17,000	832	1,050	2,450	20,000	—	—	—
1878	73,800	820	868	925	1,050	7,000	30,000	—
1878CC	3,244	3,850	8,650	19,000	—	—	—	—
1878S	26,100	1,000	1,150	2,050	14,000	29,500	—	—
1879	384,770	823	868	905	1,000	5,000	14,500	83,000
1879/78	Inc. above	830	880	1,100	1,250	2,850	—	—
1879CC	1,762	8,350	12,500	42,500	75,000	—	—	—
1879O	1,500	2,150	8,000	10,850	—	—	—	—
1879S	224,000	823	868	935	1,150	6,500	35,000	—
1880	1,644,876	805	830	875	980	2,000	25,000	—
1880CC	11,190	955	1,250	2,450	17,500	—	—	—
1880O	9,200	925	1,450	2,450	10,000	—	—	—
1880S	506,250	805	830	875	930	2,600	25,000	—
1881	3,877,260	805	830	875	910	1,350	15,000	63,000
1881CC	24,015	951	1,300	1,950	6,850	36,500	—	—
1881O	8,350	807	868	1,375	10,000	35,000	—	—
1881S	970,000	805	830	875	920	3,450	—	—
1882	2,324,480	805	830	875	910	1,200	19,500	63,000
1882CC	6,764	985	1,900	3,250	—	—	—	—
1882O	10,820	833	1,010	1,250	6,500	42,500	—	—
1882S	132,000	833	868	913	992	3,650	20,000	—
1883	208,740	805	830	875	920	1,500	40,000	63,000
1883CC	12,000	1,005	1,250	2,600	22,500	—	—	—
1883O	800	4,400	12,000	37,500	—	—	—	—
1883S	38,000	833	868	913	1,650	10,500	23,500	—
1884	76,905	833	868	913	1,000	4,200	15,000	53,000
1884CC	9,925	1,025	1,600	2,500	12,850	60,000	—	—
1884S	124,250	805	830	875	925	6,500	—	—
1885	253,527	805	830	875	910	3,000	23,000	57,500
1885S	228,000	805	830	875	910	4,400	—	—
1886	236,160	805	830	875	910	3,500	—	63,000
1886S	826,000	805	830	875	920	1,500	—	—
1887	53,680	833	868	925	975	6,500	—	95,000
1887S	817,000	805	830	875	920	2,000	17,500	—
1888	132,996	833	868	925	1,000	7,500	—	—
1888O	21,335	833	868	925	1,200	5,750	—	—
1888S	648,700	805	830	875	910	1,500	—	—
1889	4,485	863	1,025	1,075	3,500	10,000	—	53,000
1889S	425,400	805	830	875	920	1,650	53,000	—
1890	58,043	843	888	933	1,000	4,500	20,000	46,000
1890CC	17,500	1,085	1,145	1,350	4,000	20,000	—	—
1891	91,868	863	908	953	988	2,650	20,000	48,000
1891CC	103,732	1,085	1,145	1,350	2,300	7,500	85,000	—
1892	797,552	805	830	875	910	1,500	9,100	48,000
1892CC	40,000	1,085	1,145	1,200	4,000	30,000	—	—
1892O	28,688	863	888	933	986	8,000	—	—
1892S	115,500	833	892	937	972	2,700	—	—
1893	1,840,895	805	830	875	910	1,200	8,500	46,000
1893CC	14,000	1,085	1,230	2,100	8,500	—	—	—
1893O	17,000	833	868	955	1,190	5,000	—	—
1893S	141,350	833	868	925	985	2,500	20,000	—
1894	2,470,778	805	830	875	910	1,100	16,000	46,000
1894O	107,500	833	868	970	1,100	6,000	28,000	—
1894S	25,000	833	892	1,050	3,850	—	—	—
1895	567,826	805	830	875	910	1,075	11,500	43,500
1895O	98,000	833	868	925	1,200	6,500	—	—
1895S	49,000	833	880	890	2,400	9,500	—	—
1896	76,348	805	830	875	920	1,500	10,000	43,500
1896S	123,750	833	863	935	1,600	10,000	35,000	—
1897	1,000,159	805	830	875	910	1,085	7,000	—
1897O	42,500	833	868	913	1,110	6,500	28,000	—
1897S	234,750	833	863	908	1,020	5,750	22,500	—
1898	812,197	805	830	875	910	1,350	8,000	43,500
1898S	473,600	833	830	875	920	3,300	18,500	—
1899	1,262,305	805	830	875	910	1,035	3,350	43,500
1899O	37,047	833	868	915	1,000	7,500	35,000	—
1899S	841,000	805	830	875	920	1,850	14,000	—
1900	293,960	805	830	875	920	1,250	5,500	43,500
1900S	81,000	833	868	913	980	6,500	25,000	—

Date	Mintage	VF20	XF40	AU50	MS60	MS63	MS65	Prf65
1901	1,718,825	805	830	875	910	1,035	3,350	43,500
1901O	72,041	833	868	913	1,050	3,500	12,500	—
1901S	2,812,750	805	830	875	910	1,035	3,350	—
1902	82,513	805	830	875	930	1,600	9,000	43,500
1902S	469,500	805	830	875	910	1,135	6,000	—
1903	125,926	805	830	875	920	2,450	7,000	43,500
1903O	112,771	833	868	913	1,020	1,260	17,500	—
1903S	538,000	805	830	875	920	1,035	3,350	—
1904	162,038	805	830	875	920	1,750	8,000	46,000
1904O	108,950	833	868	913	1,020	3,000	22,500	—
1905	201,078	805	830	875	920	1,085	8,500	43,500
1905S	369,250	833	863	920	1,100	6,000	30,000	—
1906	165,497	805	830	875	920	1,500	10,500	43,500
1906D	981,000	805	830	875	910	1,100	7,000	—
1906O	86,895	833	868	913	1,060	4,800	15,000	—
1906S	457,000	833	863	913	960	4,500	15,000	—
1907	1,203,973	805	830	875	910	1,035	5,000	43,500
1907D	1,030,000	805	830	875	920	1,700	14,000	—
1907S	210,500	833	863	935	975	5,450	17,500	—

Indian Head
No motto next to eagle reverse

KM# 125 • 16.72 g., 0.900 Gold 0.4837 oz. AGW, 27 mm. • **Designer:** Augustus Saint-Gaudens **Note:** 1907 varieties are distinguished by whether the edge is rolled or wired, and whether the legend E PLURIBUS UNUM has periods between each word.

Date	Mintage	VF20	XF40	AU50	MS60	MS63	MS65
1907 wire edge, periods before and after legend	500	13,850	17,500	21,000	26,500	44,500	72,500
1907 same, without stars on edge, unique	—	—	—	—	—	—	—
1907 rolled edge, periods	42	26,000	38,500	49,000	66,500	135,000	325,000
1907 without periods	239,406	730	750	785	1,215	3,400	10,500
1908 without motto	33,500	715	735	770	1,200	5,350	15,500
1908D without motto	210,000	715	735	770	1,240	8,250	37,500

IN GOD WE TRUST left of eagle reverse

KM# 130 • 16.72 g., 0.900 Gold 0.4837 oz. AGW, 27 mm. • **Designer:** Augustus Saint-Gaudens

Date	Mintage	VF20	XF40	AU50	MS60	MS63	MS65	Prf65
1908	341,486	710	725	755	1,050	2,500	12,250	145,000
1908D	836,500	715	745	775	1,225	8,000	29,000	
1908S	59,850	725	1,085	1,150	2,950	13,100	25,500	
1909	184,863	710	725	755	950	4,550	20,250	150,000
1909D	121,540	715	730	760	1,235	7,750	39,500	—
1909S	292,350	715	730	760	2,050	7,950	22,250	—
1910	318,704	710	725	755	775	1,210	12,750	146,500
1910D	2,356,640	705	720	755	775	1,125	10,250	—
1910S	811,000	715	730	760	1,600	11,050	55,000	—
1911	505,595	705	720	750	790	1,425	10,000	145,000
1911D	30,100	1,350	1,600	2,250	10,750	34,500	255,000	—
1911S	51,000	745	1,150	1,200	2,750	11,750	24,750	—
1912	405,083	710	725	755	775	1,475	12,000	145,000

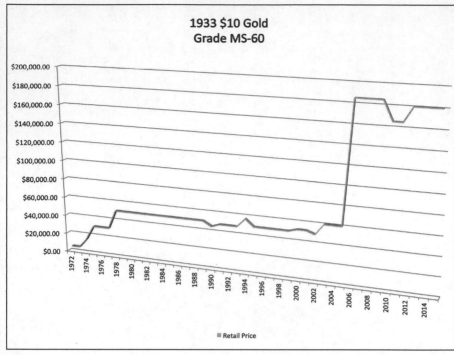

1933 $10 Gold
Grade MS-60

◼ Retail Price

Date	Mintage	VF20	XF40	AU50	MS60	MS63	MS65	Prf65
1912S	300,000	715	730	1,975	8,750	46,000	—	
1913	442,071	710	725	755	775	1,310	11,000	145,000
1913S	66,000	760	1,200	1,300	6,950	31,500	125,000	—
1914	151,050	710	725	755	785	2,320	12,000	148,000
1914D	343,500	710	725	755	775	2,550	18,000	—
1914S	208,000	720	1,165	1,250	2,100	8,850	33,500	—
1915	351,075	710	725	755	775	2,000	12,000	145,000
1915S	59,000	760	790	1,200	5,400	19,750	83,000	—
1916S	138,500	745	760	823	1,900	7,800	26,500	—
1920S	126,500	12,500	16,850	21,000	37,500	88,500	325,000	—
1926	1,014,000	705	720	750	770	1,010	3,150	—
1930S	96,000	8,500	11,250	14,850	23,500	47,500	93,500	—
1932	4,463,000	705	720	750	770	1,010	3,250	—
1933	312,500	—	140,000	160,000	180,000	225,000	600,000	—

$20 (DOUBLE EAGLE)

GOLD
Liberty Head
Coronet head, left, within circle of stars obverse
TWENTY D. belo eagle, no motto above eagle reverse

KM# 74.1 • 33.44 g., 0.900 Gold 0.9675 oz. AGW, 34 mm. • **Rev. Legend:** UNITED STATES OF AMERICA
Designer: James B. Longacre

Date	Mintage	VF20	XF40	AU50	MS60	MS63	MS65	Prf65
1849 unique, in Smithsonian collection	1	—	—	—	—	—	—	—
1850	1,170,261	2,295	2,475	3,800	11,500	46,500	175,000	—
18500	141,000	2,345	4,350	9,800	45,000	—	—	—
1851	2,087,155	2,175	2,235	2,550	5,000	22,500	—	—
18510	315,000	2,410	4,200	6,150	23,000	—	—	—
1852	2,053,026	2,175	2,225	2,550	4,950	18,500	—	—
18520	190,000	2,365	3,850	6,000	22,500	—	—	—
1853	1,261,326	2,335	2,235	2,550	5,000	27,500	—	—
1853/2	Inc. above	2,415	2,465	5,000	34,500	—	—	—
18530	71,000	2,425	3,650	7,950	32,500	—	—	—
1854 Small date	757,899	2,175	2,225	2,550	9,750	—	—	—
1854 Large Date	Inc. above	2,575	3,350	6,000	30,000			—
18540	3,250	125,000	250,000	375,000	—	—	—	—
1854S	141,468	23,315	3,400	7,500	17,500	26,000	90,000	—
1855	364,666	2,175	2,225	2,550	8,850	66,500	—	—
18550	8,000	10,500	19,500	42,500	110,000	—	—	—
1855S	879,675	2,315	2,475	2,800	6,750	15,500	—	—
1856	329,878	2,175	2,225	2,550	8,400	28,000	—	—
18560	2,250	175,000	275,000	400,000	550,000	1,100,000	—	—
1856S	1,189,750	2,315	2,475	2,800	5,900	15,000	35,000	—
1857	439,375	2,175	2,225	2,550	4,250	24,500	—	—
18570	30,000	2,390	4,250	9,400	37,500	115,000	—	—
1857S	970,500	2,315	2,475	2,900	4,750	9,300	12,850	—
1858	211,714	2,175	2,225	2,550	6,750	34,500	—	—
18580	35,250	2,515	5,000	11,000	42,000	—	—	—
1858S	846,710	2,295	2,495	3,000	8,500	—	—	—
1859	43,597	2,360	2,450	6,950	28,000	—	—	280,000
18590	9,100	5,000	18,500	40,000	110,000	—	—	—
1859S	636,445	2,175	2,225	2,550	8,000	35,000	—	—
1860	577,670	2,315	2,475	2,800	5,500	18,000	63,500	—
18600	6,600	4,350	14,500	35,000	120,000	—	—	—
1860S	544,950	2,175	2,225	3,090	7,350	18,500	48,000	—
1861	2,976,453	2,200	2,325	2,650	6,750	19,500	70,000	275,000
18610	17,741	4,200	21,000	37,500	88,000	—	—	—
1861S	768,000	2,250	2,575	2,925	10,500	37,500	—	—

Paquet design, TWENTY D. below eagle reverse

KM# 93 • 33.44 g., 0.900 Gold 0.9675 oz. AGW **Rev. Legend:** UNITED STATES OF AMERICA **Note:** In 1861 the reverse was redesigned by Anthony C. Paquet, but it was withdrawn soon after its release. The letters in the inscriptions on the Paquet-reverse variety are taller than on the regular reverse.

Date	Mintage	VF20	XF40	AU50	MS60	MS63	MS65	Prf65
1861 2 Known	—	—	—	—	—	—	—	—
Note: 1861 Paquet reverse, Bowers & Merena, Nov. 1988, MS-67, $660,000.								
1861S	—	22,000	55,000	92,500	275,000	—	—	—
Note: Included in mintage of 1861S, KM#74.1								

KM# A74.1 • 33.44 g., 0.900 Gold 0.9675 oz. AGW

Date	Mintage	VF20	XF40	AU50	MS60	MS63	MS65	Prf65
1862	92,133	2,315	4,850	10,000	17,500	36,500	—	250,000
1862S	854,173	2,300	2,425	2,800	12,400	60,000	—	—
1863	142,790	2,415	3,100	7,900	19,500	55,000	—	250,000
1863S	966,570	2,300	2,430	2,755	8,350	28,500	—	—
1864	204,285	2,315	2,465	3,250	21,500	—	—	250,000
1864S	793,660	2,300	2,425	2,735	8,850	32,000	125,000	—
1865	351,200	2,315	2,450	2,840	6,200	23,500	90,000	250,000
1865S	1,042,500	2,300	2,430	2,750	5,350	13,500	28,000	—
1866S	Inc. below	2,750	11,500	37,500	—	—	—	—

Longacre design resumed reverse

KM# 74.2 • 33.44 g., 0.900 Gold 0.9675 oz. AGW, 34 mm. • **Rev. Legend:** UNITED STATES OF AMERICA
Designer: James B. Longacre

Date	Mintage	VF20	XF40	AU50	MS60	MS63	MS65	Prf65
1866	698,775	1,810	1,980	2,155	11,000	65,000	—	200,000
1866S	842,250	1,810	1,990	3,350	15,500	—	—	—
1867	251,065	1,810	2,000	2,155	4,650	40,000	—	200,000
1867S	920,750	1,810	1,990	2,175	15,000	—	—	—
1868	98,600	1,850	2,100	3,450	17,500	60,000	—	200,000
1868S	837,500	1,810	1,960	2,150	14,500	—	—	—
1869	175,155	1,820	1,950	2,175	7,250	40,000	350,000	210,000
1869S	686,750	1,810	1,980	2,075	7,100	45,000	—	—
1870	155,185	1,830	1,980	2,300	10,500	55,000	—	215,000
1870CC	3,789	215,000	275,000	410,000	—	—	—	—
1870S	982,000	1,810	1,935	2,110	5,450	—	—	—
1871	80,150	1,820	1,935	2,100	7,950	55,000	—	—
1871CC	17,387	10,000	25,000	50,000	97,500	300,000	650,000	—
1871S	928,000	1,810	1,950	2,150	4,750	25,000	—	—
1872	251,880	1,810	1,980	2,180	4,000	24,500	—	—
1872CC	26,900	2,750	6,500	11,500	38,500	—	—	—
1872S	780,000	1,810	1,980	2,155	3,700	23,500	—	—
1873 closed 3	Est. 208925	1,810	2,040	2,215	3,500	—	—	200,000
1873 open 3	Est. 1500900	1,810	1,980	1,960	2,425	12,200	235,000	—
1873CC	22,410	3,250	9,000	14,500	37,500	150,000	—	—
1873S closed 3	1,040,600	1,700	1,950	2,150	2,400	30,000	—	—
1873S open 3	Inc. above	1,810	1,980	2,155	2,375	—	—	—
1874	366,800	1,810	1,980	1,950	2,325	20,000	—	—
1874CC	115,085	2,350	2,850	5,250	16,500	—	—	—
1874S	1,214,000	1,700	1,950	1,950	2,175	24,500	—	—
1875	295,740	1,810	1,980	2,155	2,380	11,000	—	—
1875CC	111,151	2,450	4,250	3,450	6,400	33,500	—	—
1875S	1,230,000	1,700	1,950	1,950	2,175	16,850	—	—
1876	583,905	1,700	1,970	1,950	2,175	13,500	—	—
1876CC	138,441	2,350	3,250	4,750	9,850	50,000	—	—
1876S	1,597,000	1,700	1,950	1,950	2,175	12,200	235,000	—

TWENTY DOLLARS below eagle reverse

KM# 74.3 • 33.44 g., 0.900 Gold 0.9675 oz. AGW **Rev. Legend:** UNITED STATES OF AMERICA

Date	Mintage	VF20	XF40	AU50	MS60	MS63	MS65	Prf65
1877	397,670	1,520	1,700	1,720	1,775	16,000	35,000	—
1877CC	42,565	2,350	3,450	5,650	19,500	—	—	—
1877S	1,735,000	1,510	1,570	1,720	1,775	17,500	35,000	—
1878	543,645	1,530	1,670	1,800	1,965	15,000	—	—
1878CC	13,180	3,000	11,500	18,500	36,000	—	—	—
1878S	1,739,000	1,510	1,545	1,720	1,775	20,500	—	—

$20

Date	Mintage	VF20	XF40	AU50	MS60	MS63	MS65	Prf65
1879	207,630	1,590	1,725	175	1,845	20,500	—	—
1879CC	10,708	3,350	10,000	16,500	37,500	—	—	—
1879O	2,325	16,500	32,000	40,000	105,000	—	—	—
1879S	1,223,800	1,510	1,545	1,720	2,450	40,000	—	—
1880	51,456	1,620	1,750	1,825	7,250	25,000	—	110,000
1880S	836,000	1,510	1,545	1,720	1,795	42,500	125,000	—
1881	2,260	12,500	21,000	34,500	98,500	—	—	110,000
1881S	727,000	1,510	1,545	1,655	1,845	22,500	—	—
1882	630	11,800	39,500	88,000	135,000	225,000	—	130,000
1882CC	39,140	2,350	3,250	4,550	11,000	85,000	—	—
1882S	1,125,000	1,580	1,545	1,635	1,915	18,500	—	—
1883 proof only	92	—	—	27,500	—	—	—	195,000
1883CC	59,962	2,350	3,200	4,850	8,750	45,000	—	—
1883S	1,189,000	1,510	1,545	1,745	1,845	8,500	—	—
1884 proof only	71	—	—	35,000	—	—	—	225,000
1884CC	81,139	2,350	3,000	4,600	7,950	32,500	—	—
1884S	916,000	1,510	1,545	1,645	1,785	6,150	55,000	—
1885	828	8,450	24,500	39,500	75,000	125,000	—	115,000
1885CC	9,450	2,650	6,500	9,850	23,500	—	—	—
1885S	683,500	1,510	1,545	1,655	1,785	5,700	—	—
1886	1,106	21,000	36,000	70,000	135,000	160,000	—	105,000
1887	121	—	—	40,000	—	—	—	142,500
1887S	283,000	1,510	1,545	1,645	1,845	16,500	40,000	—
1888	226,266	1,510	1,545	1,665	1,895	10,000	36,500	93,500
1888S	859,600	1,510	1,545	1,645	1,785	4,850	45,000	—
1889	44,111	1,670	1,800	1,990	2,450	16,500	—	105,000
1889CC	30,945	2,600	4,250	5,000	10,500	24,000	—	—
1889S	774,700	1,510	1,545	1,645	1,795	5,950	—	—
1890	75,995	1,510	1,570	1,770	1,845	10,000	—	100,000
1890CC	91,209	2,350	2,650	3,950	6,000	40,000	—	—
1890S	802,750	1,510	1,545	1,645	1,785	6,650	—	—
1891	1,442	9,250	15,000	22,500	75,000	145,000	—	108,000
1891CC	5,000	6,000	12,500	17,500	28,500	—	—	—
1891S	1,288,125	1,510	1,545	1,645	1,785	3,000	—	—
1892	4,523	2,000	4,100	6,750	16,500	35,000	75,000	90,000
1892CC	27,265	2,350	2,850	4,350	9,000	46,500	—	—
1892S	930,150	1,510	1,545	1,700	1,775	3,500	34,500	—
1893	344,339	1,510	1,565	1,710	1,815	2,750	12,500	95,000
1893CC	18,402	2,350	3,000	7,000	9,850	45,000	—	—
1893S	996,175	1,470	1,500	1,595	1,620	3,950	45,000	—
1894	1,368,990	1,470	1,500	1,595	1,620	2,350	25,000	85,000
1894S	1,048,550	1,470	1,500	1,595	1,620	2,850	25,000	—
1895	1,114,656	1,470	1,500	1,595	1,620	1,875	22,000	82,500
1895S	1,143,500	1,470	1,500	1,595	1,620	1,875	16,500	—
1896	792,663	1,470	1,500	1,595	1,620	1,875	30,000	200,000
1896S	1,403,925	1,470	1,500	1,595	1,620	1,875	23,500	—
1897	1,383,261	1,470	1,500	1,595	1,620	1,975	30,000	200,000
1897S	1,470,250	1,470	1,500	1,595	1,620	1,875	21,500	—
1898	170,470	1,475	1,530	1,695	1,920	5,300	—	200,000
1898S	2,575,175	1,475	1,500	1,595	1,620	1,875	9,500	—
1899	1,669,384	1,470	1,500	1,595	1,620	1,875	10,500	200,000
1899S	2,010,300	1,470	1,500	1,595	1,620	2,075	21,500	—
1900	1,874,584	1,470	1,500	1,595	1,620	1,910	5,750	200,000
1900S	2,459,500	1,470	1,500	1,595	1,620	1,875	25,000	—
1901	111,526	1,470	1,500	1,595	1,620	2,010	6,850	200,000
1901S	1,596,000	1,470	1,500	1,595	1,620	3,850	22,000	—
1902	31,254	1,470	1,695	1,855	2,030	13,000	37,500	200,000
1902S	1,753,625	1,470	1,500	1,595	1,620	2,900	23,500	—
1903	287,428	1,470	1,500	1,595	1,620	1,910	4,250	200,000
1903S	954,000	1,470	1,500	1,595	1,620	2,340	13,500	—
1904	6,256,797	1,470	1,500	1,595	1,620	1,875	3,725	200,000
1904S	5,134,175	1,470	1,500	1,595	1,620	1,875	6,000	—
1905	59,011	1,475	1,520	1,630	1,920	14,500	65,000	200,000
1905S	1,813,000	1,470	1,500	1,595	1,620	4,000	25,000	—
1906	69,690	1,381	1,505	1,650	1,800	7,700	31,500	200,000
1906D	620,250	1,470	1,500	1,595	1,620	3,700	23,500	—
1906S	2,065,750	1,470	1,500	1,595	1,620	2,650	24,500	—
1907	1,451,864	1,470	1,500	1,595	1,620	1,975	8,800	200,000
1907D	842,250	1,470	1,500	1,595	1,620	3,500	7,500	—
1907S	2,165,800	1,470	1,500	1,595	1,620	3,000	27,000	—

$20

$20

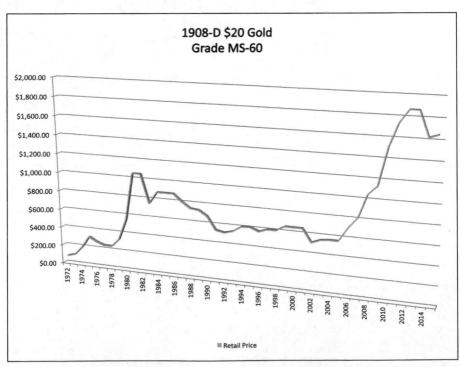

Saint-Gaudens High Relief
Roman numerals in date obverse   No motto below eagle reverse

KM# 126 • 33.44 g., 0.900 Gold 0.9675 oz. AGW, 34 mm. • **Edge:** Plain. **Designer:** Augustus Saint-Gaudens

Date	Mintage	VF20	XF40	AU50	MS60	MS63	MS65	Prf65
MCMVII (1907) high relief, unique	—	—	—	—	—	—	—	—
Note: AU-55, $150,000								
MCMVII (1907) high relief, wire rim	11,250	7,650	9,350	11,000	14,350	24,500	47,500	—
MCMVII (1907) high relief, flat rim	Inc. above	7,900	9,850	12,000	15,600	26,000	49,000	—

Saint-Gaudens
Arabic numerals in date obverse   No motto eagle reverse

KM# 127 • 33.44 g., 0.900 Gold 0.9675 oz. AGW, 34 mm. • **Edge:** Lettered; large letters. **Designer:** Augustus Saint-Gaudens

Date	Mintage	VF20	XF40	AU50	MS60	MS63	MS65	Prf65
1907 large letters on edge, unique	—	—	—	—	—	—	—	—
1907 small letters on edge	361,667	1,500	1,525	1,620	1,665	1,920	4,600	—
1908	4,271,551	1,490	1,515	1,600	1,625	1,710	2,150	—
1908D	663,750	1,500	5,125	1,610	1,650	1,820	11,800	—

Roman numerals in date obverse   No motto below eagle reverse
KM # Pn1874 • 33.4360 g.,0.9000 Gold, 0.9675 oz. AGW, 34mm. • **Designer:** Augustus Saint-Gaudens Edge Desc:Plain. **Notes:** The "Roman numerals" varieties for 1907 use Roman numerals for the date instead of Arabic numerals. The lettered-edge varieties have "E Pluribus Unum" on the edge, with stars between the words.

Date	Mintage	VF20	XF40	AU50	MS60	MS63	MS65	Prf65
1907 extremely high relief, unique	—	—	—	—	—	—	—	—
1907 extremely high relief, lettered edge	—	—	—	—	—	—	—	—
Note: 1907 extremely high relief, lettered edge, Prf-68, private sale, 1990, $1,500,000.								

IN GOD WE TRUST below eagle reverse

KM# 131 • 33.44 g., 0.900 Gold 0.9675 oz. AGW, 34 mm. • **Designer:** Augustus Saint-Gaudens

Date	Mintage	VF20	XF40	AU50	MS60	MS63	MS65	Prf65
1908	156,359	1,350	1,355	1,365	1,710	2,580	23,000	76,500
1908 Roman finish; Rare	—	—	—	—	—	—	—	—
1908D	349,500	1,355	1,360	1,375	1,445	1,800	7,500	
1908S	22,000	2,450	3,150	5,000	11,350	23,225	53,500	
1909/8	161,282	1,355	1,360	1,415	2,325	5,250	53,500	—
1909	Inc. Above	1,365	1,380	1,385	1,470	2,950	48,000	92,500
1909D	52,500	1,395	1,400	1,510	3,225	7,250	57,500	—
1909S	2,774,925	1,355	1,360	1,375	1,405	1,555	7,525	—
1910	482,167	1,350	1,355	1,365	1,470	1,570	9,600	84,500
1910D	429,000	1,350	1,355	1,365	1,455	1,520	4,000	—
1910S	2,128,250	1,355	1,360	1,380	1,455	2,100	9,900	—
1911	197,350	1,355	1,360	1,385	1,470	2,675	21,500	76,500
1911D	846,500	1,350	1,355	1,365	1,450	1,520	2,650	—
1911S	775,750	1,350	1,355	1,365	1,460	1,570	7,350	—
1912	149,824	1,355	1,360	1,380	1,520	2,550	32,000	76,500
1913	168,838	1,355	1,360	1,380	1,470	3,150	56,500	82,500
1913D	393,500	1,350	1,355	1,365	1,450	2,075	6,900	—
1913S	34,000	1,405	1,410	1,415	2,475	5,000	39,000	—
1914	95,320	1,365	1,370	1,415	1,520	3,550	26,650	81,500
1914D	453,000	1,350	1,355	1,365	1,470	1,570	4,650	—
1914S	1,498,000	1,350	1,355	1,365	1,450	1,570	2,350	—
1915	152,050	1,355	1,360	1,375	1,470	2,550	27,500	125,000
1915S	567,500	1,350	1,355	1,365	1,470	1,570	2,380	—
1916S	796,000	1,355	1,360	1,375	1,460	2,050	3,625	—
1920	228,250	1,345	1,350	1,355	1,470	2,260	105,000	—
1920S	558,000	14,500	18,500	28,500	52,500	95,000	345,000	—
1921	528,500	35,000	43,500	55,000	118,000	285,000	865,000	—
1922	1,375,500	1,345	1,350	1,355	1,385	1,520	8,375	—
1922S	2,658,000	1,465	1,150	1,300	2,760	5,500	51,750	—
1923	566,000	1,345	1,350	1,355	1,385	1,875	9,400	—
1923D	1,702,250	1,355	1,360	1,365	1,385	1,520	2,525	—
1924	4,323,500	1,345	1,350	1,355	1,385	1,520	1,865	—
1924D	3,049,500	1,568	1,573	2,100	4,725	8,300	120,000	—
1924S	2,927,500	1,665	1,750	2,200	4,520	11,200	185,000	—
1925	2,831,750	1,345	1,350	1,355	1,385	1,450	2,150	—
1925D	2,938,500	1,510	2,100	2,375	4,825	11,950	135,000	—
1925S	3,776,500	1,900	2,850	4,850	10,075	15,950	210,000	—
1926	816,750	1,345	1,350	1,355	1,385	1,495	2,190	—
1926D	481,000	12,000	15,900	19,350	17,250	27,500	240,000	—
1926S	2,041,500	1,548	1,550	1,725	3,450	6,225	36,850	—
1927	2,946,750	1,345	1,350	1,355	1,385	1,495	1,865	—
1927D	180,000	155,000	200,000	245,000	635,000	1,500,000	1,975,000	—
1927S	3,107,000	6,850	8,850	13,250	27,150	54,000	157,500	—
1928	8,816,000	1,345	1,350	1,355	1,385	1,520	1,865	—
1929	1,779,750	9,850	13,500	15,500	21,250	37,500	92,500	—
1930S	74,000	35,000	42,500	49,500	66,000	105,000	250,000	—
1931	2,938,250	10,500	13,500	20,500	38,250	63,000	113,000	—
1931D	106,500	8,850	11,500	21,000	44,000	66,000	130,000	—
1932	1,101,750	12,500	14,500	17,850	31,250	75,000	110,000	—
1933	445,500	—	—	—	—	—	9,000,000	—

Note: Sotheby/Stack's Sale, July 2002. Thirteen known, only one currently available.

MINT SETS

Mint, or uncirculated, sets contain one uncirculated coin of each denomination from each mint produced for circulation that year. Values listed here are only for those sets sold by th U.S. Mint. Sets were not offered in years not listed. In the years the mint did not offer the sets, some private companies compiled and marketed uncirculated sets. Mint sets from 1947 through 1958 contained two exmples of each coin mounted in cardboad holders, which caused the coins to tarnish. Beginning in 1959, the sets have been packaged in sealed Pliofilm packets and include only one secimen of each coin struck for that year (both P & D mints). Listings for 1965, 1966 and 1967 are for "special mint sets," which were of higher quality than regular mint sets and were prooflike. They were packaged in plastic cases. The 1970 large-date and small-date varieties are distinguished by the size of the date on the coin. The 1976 three-piece set contains the quarter, half dollar and dollar with the Bicentennial design. The 1971 and 1972 sets do not include a dollar coin; the1979 set does not include an S-mint-marked dollar. Mint sets issued prior to 1959 were double sets (containing two of each coin) packaged in cardboard with a paper overlay. Original sets will always be toned and can bring large premiums if nicely preserved with good color.

Date	Sets Sold	Issue Price	Mkt Val
1947 Est. 5,000	—	4.87	2,950
1948 Est. 6,000	—	4.92	1,815
1949 Est. 5,200	—	5.45	2,400
1950 None issued	—	—	—
1951	8,654	6.75	1,975
1952	11,499	6.14	1,700
1953	15,538	6.14	1,325
1954	25,599	6.19	670
1955 flat pack	49,656	3.57	445
1956	45,475	3.34	450
1957	32,324	24.50	685
1958	50,314	4.43	425
1959	187,000	2.40	41.00
1960 large date	260,485	2.40	35.00
1961	223,704	2.40	35.25
1962	385,285	2.40	33.75
1963	606,612	2.40	32.00
1964	1,008,108	2.40	27.50
1965 Special Mint Set	2,360,000	4.00	9.65
1966 Special Mint Set	2,261,583	4.00	8.80
1967 Special Mint Set	1,863,344	4.00	9.65
1968	2,105,128	2.50	5.50
1969	1,817,392	2.50	5.50
1970 large date	2,038,134	2.50	17.75
1970 small date	Inc. above	2.50	53.50
1971	2,193,396	3.50	3.30
1972	2,750,000	3.50	2.75
1973	1,767,691	8.00	11.75
1974	1,975,981	6.75	6.05
1975	1,921,488	6.00	6.60
1976 3 coins	4,908,319	9.00	15.25
1976	1,892,513	6.00	6.90
1977	2,006,869	7.00	5.25
1978	2,162,609	7.00	6.10
1979 Type I	2,526,000	8.00	5.00
1979 Susan B Anthony PDS Souvenir Set	—	—	6.50
1980	2,815,066	9.00	6.10
1980 Susan B. Anthony PDS Souvenir Set	—	—	6.50
1981 Type I	2,908,145	11.00	8.60

Date	Sets Sold	Issue Price	Mkt Val
1981 Susan B. Anthony PDS Souvenir Set	—	—	22.00
1982 & 1983 None issued	—	—	—
1982 Souvenir set	—	—	59.00
1983 Souvenir set	—	—	65.00
1984	1,832,857	7.00	2.80
1985	1,710,571	7.00	3.60
1986	1,153,536	7.50	6.35
1987	2,890,758	7.00	2.85
1988	1,646,204	7.00	4.40
1989	1,987,915	7.00	3.10
1990	1,809,184	7.00	3.30
1991	1,352,101	7.00	3.90
1992	1,500,143	7.00	3.65
1993	1,297,094	8.00	3.90
1994	1,234,813	8.00	2.80
1995	1,038,787	8.00	3.35
1996	1,457,949	8.00	17.50
1997	950,473	8.00	3.90
1998	1,187,325	8.00	3.05
1999 9 piece	1,421,625	14.95	6.10
2000	1,490,160	14.95	7.15
2001	1,066,900	14.95	7.20
2002	1,139,388	14.95	7.05
2003	1,002,555	14.95	8.25
2004	844,484	16.95	8.00
2005	—	16.95	7.20
2006	—	16.95	7.25
2007	—	—	17.25
2008	—	—	45.00
2009 18 piece clad set	—	—	19.50
2010 28 piece clad set	—	—	29.70
2010 14 piece clad set	—	—	22.50
2011 14 piece clad set	532,059	—	23.50
2012 14 piece clad set	365,298	—	74.00

PROOF SETS

Proof coins are produced through a special process involving specially selected, highly polished planchets and dies. They usually receive two strikings from the coin press at increased pressure. The result is a coin with mirrorlike surfaces and, in recent years, a cameo effect on its raised design surfaces. Proof sets have been sold off and on by the U.S. Mint since 1858. Listings here are from what is commonly called the modern era, since 1936. Values for earlier proofs are included in regular-date listings. Sets were not offered in years not listed. Since 1968, proof coins have been produced at the San Francisco Mint; before that they were produced at the Philadelphia Mint. In 1942 the five-cent coin was struck in two compositions. Some proof sets for that year contain only one type (five-cent set); others contain both types. Two types of packaging were used in 1955 -- a box and a flat, plastic holder. The 1960 large-date and small-date sets are distinguished by the size of the date on the cent. Some1968 sets are missing the mint mark on the dime, the result of an error in the preparation of an obverse die. The 1970 large-date and small-date sets are distinguished by the date on the cent. Some 1970 sets are missing the mint mark on the dime, the result of an error in the preparation of an obverse die. Some 1971 sets are missing the mint mark on the five-cent piece, the result in the preparation of an obverse die. The 1976 three-piece set contains the quarter, half dollar and dollar with the Bicentennial designs. The 1979 and 1981 Type II sets have clearer mint marks than the Type I sets for those years. Some1983 sets are missing the mint mark on the dime, the result of an error in the preparation of an obverse die. Prestige sets contain the five regular-issue coins plus a commemorative silver dollar from that year. Sets issued prior 1956 came in transparent envelopes stapled together in a small square box. In mid-1955, sets were changed to a flat clear cellophane envelope. In 1968 sets were changed to a hard plastic case as they still are currrently issued.

Date	Sets Sold	Issue Price	Mkt Val	Date	Sets Sold	Issue Price	Mkt Val
1936	3,837	1.89	6,975	1976S	4,149,730	7.00	8.00
1937	5,542	1.89	3,900	1977S	3,251,152	9.00	6.90
1938	8,045	1.89	1,765	1978S	3,127,788	9.00	6.90
1939	8,795	—	1,650	1979S Type I	3,677,175	9.00	8.25
1940	11,246	—	1,375	1979S Type II	Inc. above	9.00	64.00
1941	15,287	—	1,350	1980S	3,547,030	10.00	5.50
1942 6 coins	21,120	1.89	1,250	1981S Type II	Inc. above	11.00	250
1942 5 coins	Inc. above	1.89	1,325	1981S Type I	4,063,083	11.00	5.50
1950	51,386	2.10	545	1982S	3,857,479	11.00	3.60
1951	57,500	2.10	575	1983S	3,138,765	11.00	3.85
1952	81,980	2.10	230	1983S Prestige Set	140,361	59.00	47.50
1953	128,800	2.10	205	1983S no mint mark dime	Inc. above	11.00	685
1954	233,300	2.10	110	1984S	2,748,430	11.00	4.10
1955 box	378,200	2.10	95.00	1984S Prestige Set	316,680	59.00	27.50
1955 flat pack	Inc. above	2.10	124	1985S	3,362,821	11.00	3.30
1956	669,384	2.10	57.00	1986S	2,411,180	11.00	5.50
1957	1,247,952	2.10	26.00	1986S Prestige Set	599,317	48.50	27.50
1958	875,652	2.10	34.50	1987S	3,972,233	11.00	4.40
1959	1,149,291	2.10	31.50	1987S Prestige Set	435,495	45.00	26.00
1960 large date	1,691,602	2.10	28.50	1988S	3,031,287	11.00	5.25
1960 small date	Inc. above	2.10	32.00	1988S Prestige Set	231,661	45.00	28.00
1961	3,028,244	2.10	29.00	1989S	3,009,107	11.00	3.85
1962	3,218,019	2.10	25.50	1989S Prestige Set	211,087	45.00	29.75
1964	3,950,762	2.10	30.00	1990S	2,793,433	11.00	6.10
2008 14 piece clad set	—	—	38.50	1990S no S 1¢	3,555	11.00	4,800
2012 8 piece Limited Edition	—	—	225	1990S Prestige Set	506,126	45.00	27.00
1968S	3,041,509	5.00	6.05	1990S Prestige Set, no S 1¢	Inc. above	45.00	5,100
1968S no mint mark dime	Inc. above	5.00	16,500	1991S	2,610,833	11.00	3.85
1969S	2,934,631	5.00	5.50	1991S Prestige Set	256,954	59.00	39.50
1970S large date	2,632,810	5.00	9.40	1992S	2,675,618	12.00	4.40
1970S small date	Inc. above	5.00	99.50	1992S Prestige Set	183,285	59.00	40.75
1970S no mint mark dime	Inc. above	5.00	825	1992S Silver	1,009,585	21.00	17.50
1971S	3,224,138	5.00	3.05	1992S Silver premier	308,055	37.00	21.75
1971S no mint mark nickel Est. 1,655	1,655	5.00	1,300	1993S	2,337,819	12.50	4.70
1972S	3,267,667	5.00	3.35	1993S Prestige Set	224,045	57.00	41.50
1973S	2,769,624	7.00	6.90	1993S Silver	570,213	21.00	27.50
1974S	2,617,350	7.00	9.10	1993S Silver premier	191,140	37.00	32.00
1975S	2,909,369	7.00	8.80	1994S	2,308,701	13.00	4.15
1975S no mint mark dime	Inc. above	7.00	275,000	1994S Prestige Set	175,893	57.00	44.00
				1994S Silver	636,009	21.00	22.00
				1994S Silver premier	149,320	37.50	31.00
1976S 3 coins	3,998,621	13.00	24.25	1995S	2,010,384	12.50	11.00
				1995S Prestige Set	107,112	57.00	72.00

1952 Proof Set

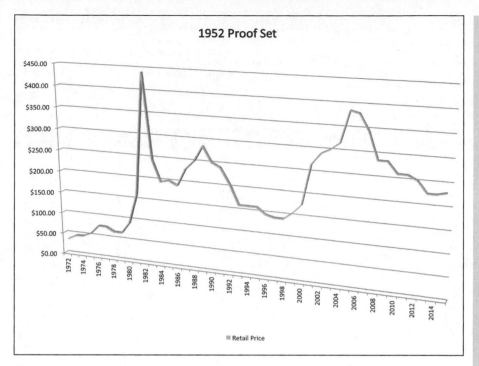

■ Retail Price

Date	Sets Sold	Issue Price	Mkt Val
1995S Silver	549,878	21.00	48.50
1995S Silver premier	130,107	37.50	52.00
1996S	2,085,191	16.00	6.60
1996S Prestige Set	55,000	57.00	310
1996S Silver	623,655	21.00	28.00
1996S Silver premier	151,366	37.50	29.00
1997S	1,975,000	12.50	9.40
1997S Prestige Set	80,000	57.00	55.00
1997S Silver	605,473	21.00	33.00
1997S Silver premier	136,205	37.50	33.50
1998S	2,078,494	12.50	9.65
1998S Silver	638,134	21.00	25.50
1998S Silver premier	240,658	26.50	31.00
1999S 9 piece	2,557,899	19.95	8.00
1999S 5 quarter set	1,169,958	13.95	3.35
1999S Silver	804,565	31.95	107
2000S 10 piece	3,097,442	19.95	5.50
2000S 5 quarter set	995,803	13.95	2.50
2000S Silver	965,421	31.95	32.75
2001S 10 piece	2,249,498	19.95	11.00
2001S 5 quarter set	774,800	13.95	5.00
2001S Silver	849,600	31.95	44.50
2002S 10 piece	2,319,766	19.95	6.10
2002S 5 quarter set	764,419	13.95	3.05
2002S Silver	892,229	31.95	30.50
2003S 10 piece	2,175,684	16.75	5.80
2003S 5 quarter set	1,225,507	13.95	2.25
2003S Silver	1,142,858	31.95	32.50
2004S 11 piece	1,804,396	22.95	9.10
2004S 5 quarter set	987,960	23.95	2.50
2004S Silver 11 piece	1,187,673	37.95	28.50
2004S Silver 5 quarter set	594,137	—	19.00
2005S American Legacy	—	—	84.50
2005S American Legacy	—	—	77.50
2005S 11 piece	—	22.95	10.50

Date	Sets Sold	Issue Price	Mkt Val
2005S 5 quarter set	—	15.95	2.25
2005S Silver 11 piece	—	37.95	31.50
2005S Silver 5 quarter set	—	23.95	18.75
2006S 10 piece clad	—	22.95	8.25
2006S 5 quarter set	—	15.95	2.80
2006S Silver 10 piece	—	37.95	33.50
2006S Silver 5 quarter set	—	23.95	21.75
2006S American Legacy	—	—	77.50
2007S 5 quarter set	—	13.95	4.40
2007S Silver 5 quarter set	—	22.95	19.00
2007S 14 piece clad	—	—	15.75
2007S Silver 14 piece	—	—	37.00
2007S Presidental $ set	—	—	5.35
2007S American Legacy	—	—	93.50
2008S 5 quarter clad set	—	22.95	41.50
2008S 5 quarter silver set	—	—	20.80
2008S 14 piece silver set	734,045	—	42.25
2008S Presidental $ set	—	—	11.75
2008S American Legacy	—	—	93.50
2009S 18 piece clad set	1,477,967	—	23.25
2009S 18 piece silver set	694,406	—	52.00
2009S Presidential $ set	627,925	—	10.50
2009S Lincoln Chronicle	—	—	107
2009S Lincoln 4 piece	—	—	10.00
2009S 6 quarter clad set	—	—	5.60
2009S 6 quarter silver set	—	—	22.00
2010S 14 piece clad set	1,103,950	—	45.50
2010S 14 piece silver set	583,912	—	50.00
2010S Presidential $ set	535,463	—	20.50

Date	Sets Sold	Issue Price	Mkt Val	Date	Sets Sold	Issue Price	Mkt Val
2010S 6 quarter set	276,335	—	15.25	2011S 14 piece clad set	1,095,318	—	38.50
2010S 5 quarter silver set	274,003	—	21.00	2011S 6 quarter set	—	—	15.00
2011S 5 quarter silver set	147,005	—	28.00	2012S 5 quarter silver set	—	—	35.25
2011S 14 piece silver set	572,247	—	72.00	2012S 14 piece silver set	—	—	212
2011S 5 quarter clad set	151,434	—	14.50	2012S 6 quarter set	—	—	14.50
2011S Presidential $ set	299,161	—	28.25	2012S 14 piece clad set	—	—	105
				2012S Presidential $ set	—	—	72.00

UNCIRCULATED ROLLS

Listings are for rolls containing uncirculated coins. Large-date and small-date varieties for 1960 and 1970 apply to the one-cent coins.

Date	Cents	Nickels	Dimes	Quarters	Halves
1934	585	3,500	2,350	1,650	2,350
1934D	2,650	4,350	2,950	9,000	—
1934S	—	—	—	—	—
1935	885	1,700	1,450	1,725	1,250
1935D	750	3,150	2,950	8,850	4,000
1935S	2,500	1,725	1,950	4,650	6,500
1936	285	1,450	885	1,300	1,750
1936D	400	1,450	1,700	—	2,750
1936S	885	1,800	1,675	6,250	3,500
1937	250	1,100	710	1,250	1,150
1937D	250	1,200	1,550	3,450	5,000
1937S	335	1,285	1,650	4,850	3,450
1938	665	535	1,100	3,100	1,850
1938D Buffalo	—	1,065	—	—	—
1938D	710	485	1,000	—	—
1938S	440	355	1,350	3,250	—
1939	180	160	630	1,040	1,250
1939D	535	3,850	610	1,875	1,975
1939S	265	2,750	1,900	3,200	2,350
1940	225	145	535	1,850	975
1940D	265	120	780	5,350	—
1940S	300	265	675	1,275	1,200
1941	170	215	430	475	750
1941D	335	330	710	2,750	1,200
1941S	360	295	535	2,450	3,000
1942	140	315	465	450	690
1942P	—	600	—	—	—
1942D	140	2,550	740	1,060	1,350
1942S	585	525	1,050	5,350	1,475
1943	60.00	275	470	365	725
1943D	170	210	610	2,000	1,775
1943S	310	325	650	2,100	1,365
1944	30.00	720	460	280	715
1944D	38.00	680	635	725	1,250
1944S	120	565	660	950	1,300
1945	125	375	410	325	730
1945D	110	315	500	1,000	1,000
1945S	80.00	270	525	575	950
1946	39.00	80.00	140	365	1,025
1946D	36.50	75.00	140	380	900
1946S	185	50.00	140	275	900
1947	220	58.00	215	735	1,000
1947D	46.50	72.00	275	385	1,000
1947S	39.00	72.00	210	415	—
1948	72.50	55.00	188	270	450
1948D	175	155	325	645	425
1948S	165	80.00	255	475	—
1949	180	330	1,200	2,350	1,300
1949D	125	215	550	1,285	1,475
1949S	140	138	2,350	—	2,250
1950	115	120	525	395	750
1950D	42.00	385	200	440	875
1950S	78.00	—	1,550	850	—
1951	165	230	140	435	390

Date	Cents	Nickels	Dimes	Quarters	Halves
1951D	26.50	285	140	325	800
1951S	60.00	265	690	1,350	750
1952	165	145	140	535	385
1952D	26.50	260	140	300	230
1952S	300	42.00	290	1,000	1,585
1953	42.00	24.50	140	635	490
1953D	22.50	17.00	140	280	280
1953S	35.00	39.00	140	280	850
1954	39.00	57.50	140	280	280
1954D	22.50	24.00	140	280	280
1954S	22.50	39.50	140	280	400
1955	24.50	19.00	140	280	300
1955D	19.00	7.00	170	280	—
1955S	27.50	—	140	—	—
1956	10.50	7.50	140	280	280
1956D	12.50	9.25	140	280	—
1957	10.00	12.50	140	280	280
1957D	9.50	4.75	140	280	280
1958	10.50	6.50	140	280	280
1958D	9.75	5.50	140	280	280
1959	2.50	5.00	140	280	280
1959D	2.10	5.25	140	280	280
1960 large date	1.60	4.40	140	280	280
1960 small date	220	—	—	—	—
1960D large date	1.60	5.00	140	280	280
1960D small date	2.85	—	—	—	—
1961	1.60	4.25	140	280	280
1961D	1.90	4.50	140	280	280
1962	1.65	5.25	140	280	280
1962D	1.65	5.50	140	280	280
1963	1.50	4.25	140	280	280
1963D	1.65	4.75	140	280	280
1964	1.50	3.50	140	280	280
1964D	1.60	3.50	140	280	280
1965	2.25	8.75	8.00	25.00	120
1966	3.75	6.00	10.00	53.00	120
1967	4.50	9.75	8.50	25.00	120
1968	1.75	—	8.50	25.00	—
1968D	1.70	6.00	9.50	33.00	120
1968S	1.90	6.25	—	—	—
1969	7.75	—	44.00	100	—
1969D	2.00	6.25	21.50	82.00	120
1969S	3.75	6.75	—	—	—
1970	2.10	—	8.00	26.00	—
1970D	2.10	4.00	7.75	16.00	235
1970S	3.00	4.50	—	—	—
1970S small date	2,650	—	—	—	—
1971	17.00	26.50	16.00	50.00	26.00
1971D	3.00	7.50	9.50	19.50	15.50
1971S	4.00	—	—	—	—

Date	Cents	Nickels	Dimes	Quarters	Halves
1972	2.00	6.50	11.00	23.00	32.00
1972D	6.00	5.75	10.00	21.50	23.00
1972S	4.75	—	—	—	—
1973	1.75	6.25	10.50	22.00	25.50
1973D	1.75	6.25	9.00	23.00	18.00
1973S	3.00	—	—	—	—
1974	1.75	4.50	7.50	18.50	15.00
1974D	1.75	5.75	7.75	17.50	21.00
1974S	3.50	—	—	—	—
1975	3.75	12.50	8.75	—	—
1975D	1.75	5.25	15.50	—	—
1976	1.75	13.50	21.00	17.50	18.00
1976D	2.50	11.00	18.00	17.50	15.50
1977	1.75	6.25	9.75	16.50	21.50
1977D	2.85	5.75	8.50	17.50	24.00
1978	3.00	4.50	7.25	16.00	32.00
1978D	10.00	5.00	8.00	16.50	46.50
1979	1.75	4.75	8.75	17.00	22.50
1979D	3.00	5.75	8.00	22.50	22.50
1980	1.75	4.25	8.00	16.50	20.50
1980D	2.50	4.50	7.50	16.50	20.50
1981	1.75	4.25	7.50	16.50	16.50
1981D	1.85	4.25	8.00	16.50	19.00
1982 Large date	2.50	—	—	—	—
1982 Small date	25.00	325	270	250	98.00
1982D Large date	4.00	54.00	66.00	165	80.00
1982 Copper plated Zinc	8.00	—	—	—	—
1982 Small date, copper plated zinc	3.00	—	—	—	—
1982D Large date, copper plated zinc	35.00	—	—	—	—
1982D Small date, copper plated zinc	2.50	—	—	—	—
1983	7.50	90.00	235	945	80.00
1983D	17.50	39.00	39.00	410	120
1984	5.50	22.00	8.50	17.00	26.00
1984D	14.50	6.50	21.00	29.00	37.00
1985	4.25	10.00	9.75	31.00	76.00
1985D	9.75	8.00	9.25	22.00	44.00
1986	20.00	8.75	25.00	85.00	75.00
1986D	31.50	24.50	22.50	210	90.00
1987	6.50	6.00	7.75	15.50	52.00
1987D	13.50	4.50	8.75	15.50	52.00
1988	6.25	5.50	9.75	39.00	75.00
1988D	12.50	9.00	9.25	22.50	45.00
1989	3.25	5.50	12.00	19.50	42.00
1989D	3.50	8.75	12.50	17.00	25.00
1990	4.00	11.50	14.50	20.00	39.00
1990D	5.85	13.75	10.00	25.00	52.00
1991	2.60	12.00	10.00	29.00	37.50
1991D	11.50	12.00	11.00	31.00	33.00
1992	3.00	46.00	8.00	42.00	21.00
1992D	5.00	9.00	8.00	27.50	50.00
1993	3.25	13.50	9.50	39.00	64.00
1993D	7.50	17.50	13.00	36.00	17.00
1994	2.00	7.75	12.00	42.00	15.00
1994D	2.00	8.00	12.00	47.50	20.00
1995	1.85	10.50	16.50	45.00	17.00
1995D	2.00	20.00	19.50	53.00	40.00
1996	2.25	8.75	11.00	19.00	17.00
1996D	2.85	8.25	11.50	27.50	19.00
1997	2.75	14.50	29.00	22.50	20.00
1997D	3.35	60.00	11.00	39.00	16.50
1998	2.00	13.75	9.75	17.00	20.00
1998D	1.85	14.00	12.00	18.00	16.50
1999P	2.35	5.50	8.50	—	20.00
1999D	2.25	6.25	8.50	—	19.00
2000P	2.50	6.25	7.75	—	15.00
2000D	1.75	4.75	7.00	—	17.00
2001P	3.75	4.75	7.75	—	16.50
2001D	2.00	6.50	7.25	—	16.00
2002P	2.00	4.00	7.25	—	20.00
2002D	3.25	4.10	7.25	—	20.00
2003P	3.35	7.50	7.00	—	22.50
2003D	2.00	3.50	7.00	—	19.50
2004P Peace Medal Nickel	1.75	6.75	7.00	—	30.00
2004D Peace Medal Nickel	2.50	7.00	7.00	—	30.00
2004P Keelboat Nickel	—	4.00	—	—	—
2004D Keelboat Nickel	—	3.50	—	—	—
2005P Bison Nickel	1.75	3.25	7.00	—	21.00
2005D Bison Nickel	2.75	3.25	7.00	—	21.00
2005P Ocean in view Nickel	—	3.25	—	—	—
2005D Ocean in view Nickel	—	3.25	—	—	—
2006P	2.75	3.25	8.50	—	29.00
2006D	1.75	3.25	8.50	—	29.00
2007P	1.75	3.50	8.00	—	21.00
2007D	1.75	3.50	7.75	—	21.00
2008P	1.75	3.75	8.00	—	24.50
2008D	1.75	3.75	7.50	—	25.50
2009P Log Cabin	2.00	23.00	13.50	—	18.50
2009D Log Cabin	2.15	13.50	13.50	—	18.50
2009P Log Splitter	1.75	—	—	—	—
2009D Log Splitter	1.75	—	—	—	—
2009P Professional	1.75	—	—	—	—
2009D Professional	1.75	—	—	—	—
2009P President	2.00	—	—	—	—
2009D President	2.00	—	—	—	—

50 STATE QUARTER UNCIRCULATED ROLLS

Listings are for rolls containing uncirculated coins.

Date	Philadelphia	Denver	Date	Philadelphia	Denver
1999 Delaware	15.00	15.50	2004 Michigan	13.75	14.50
1999 Pennsylvania	16.00	16.50	2004 Florida	13.75	14.50
1999 New Jersey	16.00	15.50	2004 Texas	14.00	15.00
1999 Georgia	28.00	30.00	2004 Iowa	14.00	14.50
1999 Connecticut	26.00	27.00	2004 Wisconsin	15.50	16.50
2000 Massachusetts	14.00	15.00	2005 California	21.00	22.50
2000 Maryland	14.00	15.50	2005 Minnesota	17.50	17.50
2000 South Carolina	15.50	15.50	2005 Oregon	13.75	13.75
2000 New Hampshire	13.50	14.50	2005 Kansas	13.75	14.50
2000 Virginia	14.50	14.50	2005 West Virginia	13.50	13.75
2001 New York	14.00	14.00	2006 Nevada	13.75	13.75
2001 North Carolina	14.50	15.00	2006 Nebraska	13.75	14.00
2001 Rhode Island	14.00	15.50	2006 Colorado	13.75	14.00
2001 Vermont	14.50	14.50	2006 North Dakota	13.75	14.50
2001 Kentucky	16.50	18.50	2006 South Dakota	13.75	13.75
2002 Tennessee	30.00	39.50	2007 Montana	14.00	17.00
2002 Ohio	21.50	21.50	2007 Washington	18.00	18.75
2002 Louisiana	14.00	14.00	2007 Idaho	15.50	15.50
2002 Indiana	14.50	15.50	2007 Wyoming	14.75	15.00
2002 Mississippi	16.50	16.50	2007 Utah	15.00	14.50
2003 Illinois	39.00	45.00	2008 Oklahoma	13.75	13.75
2003 Alabama	17.00	18.50	2008 New Mexico	14.00	15.50
2003 Maine	14.50	15.50	2008 Arizona	15.50	13.75
2003 Missouri	14.50	14.75	2008 Alaska	13.50	13.75
2003 Arkansas	14.50	15.50	2008 Hawaii	13.50	13.50

(Side tab: UNCIRCULATED ROLLS)

COMMEMORATIVE COINAGE 1892-1954

All commemorative half dollars of 1892-1954 have the following specifications: diameter — 30.6 millimeters; weight — 12.5000 grams; composition — 0.9000 silver, 0.3617 ounces actual silver weight. Values for PDS sets contain one example each from the Philadelphia, Denver and San Francisco mints. Type coin prices are the most inexpensive single coin available from the date and mint mark combinations listed.

QUARTER

KM# 115 COLUMBIAN EXPOSITION Weight: 6.25 g., **Composition:**0.900 Silver, 0.1808 oz. ASW, **Diameter:** 24.3mm. **Obv.** Queen Isabella bust left **Rev:** Female kneeling with distaff and spindle

Date	Mintage	AU50	MS60	MS63	MS64	MS65
1893	24,214	450	525	650	950	2,750

HALF DOLLAR

KM# 117 COLUMBIAN EXPOSITION Weight: 12.50 g., **Composition:**0.900 Silver, 0.3617 oz. ASW, **Diameter:** 30.6mm. **Obv.** Christopher Columbus bust right **Rev:** Santa Maria sailing left, two globes below **Obv. Designer:** Charles E. Barber **Rev. Designer:** George T. Morgan

Date	Mintage	AU50	MS60	MS63	MS64	MS65
1892	950,000	18.50	28.00	80.00	135	525
1893	1,550,405	17.00	28.00	75.00	145	465

KM# 135 PANAMA-PACIFIC EXPOSITION Weight: 12.50 g., **Composition:**0.900 Silver, 0.3617 oz. ASW, **Diameter:** 30.6mm. **Obv.** Columbia standing, sunset in background **Rev:** Eagle standing on shield **Designer:** Charles E. Barber

Date	Mintage	AU50	MS60	MS63	MS64	MS65
1915 S	27,134	465	535	825	1,250	2,650

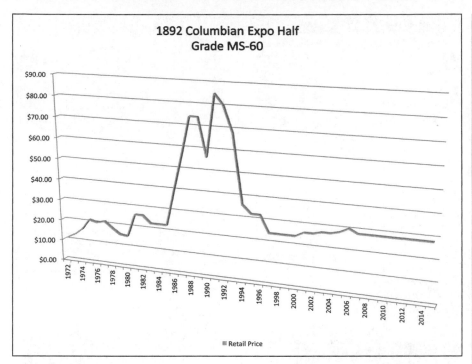

1892 Columbian Expo Half
Grade MS-60

■ Retail Price

KM# 143 ILLINOIS CENTENNIAL-LINCOLN Weight: 12.50 g., **Composition:**0.900 Silver, 0.3617 oz. ASW, **Diameter:** 30.6mm. **Obv.** Abraham Lincon bust right **Rev:** Eagle standing left **Obv. Designer:** George T. Morgan **Rev. Designer:** John R. Sinnock

Date	Mintage	AU50	MS60	MS63	MS64	MS65
1918	100,058	135	150	165	200	565

KM# 146 MAINE CENTENNIAL Weight: 12.50 g., **Composition:**0.900 Silver, 0.3617 oz. ASW, **Diameter:** 30.6mm. **Obv.** Arms of the State of Maine **Rev:** Legend within wreath **Designer:** Anthony de Francisci

Date	Mintage	AU50	MS60	MS63	MS64	MS65
1920	50,028	130	165	185	250	500

KM# 147.1 PILGRIM TERCENTENARY Weight: 12.50 g., **Composition:**0.900 Silver, 0.3617 oz. ASW, **Diameter:** 30.6mm. **Obv.** William Bradford half-length left **Rev:** Mayflower sailing left **Designer:** Cyrus E. Dallin

Date	Mintage	AU50	MS60	MS63	MS64	MS65
1920	152,112	80.00	100	110	120	375

KM# 147.2 PILGRIM TERCENTENARY Weight: 12.50 g., **Composition:**0.900 Silver, 0.3617 oz. ASW, **Diameter:** 30.6mm. **Obv.** William Bradford half-length left, 1921 added at left **Rev:** Mayflower sailing left **Designer:** Cyrus E. Dallin

Date	Mintage	AU50	MS60	MS63	MS64	MS65
1921	20,053	170	200	220	235	515

2x2

KM# 148.1 ALABAMA CENTENNIAL Weight:
12.50 g., **Composition:**0.900 Silver, 0.3617 oz. ASW, **Diameter:** 30.6mm. **Obv.** William W. Bibb and T.E. Kilby conjoint busts left. "2x2" at right above stars **Rev:** Ealge left on shield **Designer:** Laura G. Fraser **Note:** Fake 2x2" counterstamps exist.

Date	Mintage	AU50	MS60	MS63	MS64	MS65
1921	6,006	315	330	525	675	1,600

KM# 148.2 ALABAMA CENTENNIAL Weight:
12.50 g., **Composition:**0.900 Silver, 0.3617 oz. ASW, **Diameter:** 30.6mm. **Obv.** William W. Bibb and T.E. Kilby conjoint busts left **Rev:** Eagle standing left on shield **Obv. Designer:** Laura G. Fraser

Date	Mintage	AU50	MS60	MS63	MS64	MS65
1921	59,038	190	215	525	685	1,800

KM# 149.1 MISSOURI CENTENNIAL Weight:
12.50 g., **Composition:**0.900 Silver, 0.3617 oz. ASW, **Diameter:** 30.6mm. **Obv.** Frontiersman in coonskin cap left **Rev:** Frontiersman and Native American standing left **Designer:** Robert Aitken

Date	Mintage	AU50	MS60	MS63	MS64	MS65
1921	15,428	400	600	885	1,275	3,650

2x4

KM# 149.2 MISSOURI CENTENNIAL Weight:
12.50 g., **Composition:**0.900 Silver, 0.3617 oz. ASW, **Diameter:** 30.6mm. **Obv.** Frontiersman in coonskin cap left, 2(star)4 in field at left **Rev:** Frontiersman and Native American standing left **Designer:** Robert Aitken **Note:** Fake "2(star)4" counterstamps exist.

Date	Mintage	AU50	MS60	MS63	MS64	MS65
1921	5,000	620	720	1,050	1,500	3,450

KM# 151.1 GRANT MEMORIAL Weight: 12.50 g.,
Composition:0.900 Silver, 0.3617 oz. ASW, **Diameter:** 30.6mm. **Obv.** Grant bust right **Rev:** Birthplace in Point Pleasant, Ohio **Designer:** Laura G. Fraser

Date	Mintage	AU50	MS60	MS63	MS64	MS65
1922	67,405	120	125	155	250	700

KM# 151.2 GRANT MEMORIAL Weight: 12.50 g.,
Composition:0.900 Silver, 0.3617 oz. ASW, **Diameter:** 30.6mm. **Obv.** Grant bust left, star above the word GRANT **Rev:** Birthplace in Point Pleasant, Ohio **Designer:** Laura G. Fraser **Note:** Fake "star" counterstamps exist.

Date	Mintage	AU50	MS60	MS63	MS64	MS65
1922	4,256	925	1,275	1,750	3,450	7,850

KM# 153 MONROE DOCTRINE CENTENNIAL
Weight: 12.50 g., **Composition:**0.900 Silver, 0.3617 oz. ASW, **Diameter:** 30.6mm. **Obv.** James Monroe and John Quincy Adams conjoint busts left **Rev:** Western Hemisphere portraied by two female figures **Designer:** Chester Beach

Date	Mintage	AU50	MS60	MS63	MS64	MS65
1923 S	274,077	56.00	72.50	125	250	1,950

KM# 154 HUGUENOT-WALLOON TERCENTE-NARY
Weight: 12.50 g., **Composition:**0.900 Silver, 0.3617 oz. ASW, **Diameter:** 30.6mm. **Obv.** Huguenot leader Gaspard de Coligny and William I of Orange conjoint busts right **Rev:** Nieuw Nederland sailing left **Designer:** George T. Morgan

Date	Mintage	AU50	MS60	MS63	MS64	MS65
1924	142,080	135	145	150	215	385

KM# 155 CALIFORNIA DIAMOND JUBILEE
Weight: 12.50 g., **Composition:**0.900 Silver, 0.3617 oz. ASW, **Diameter:** 30.6mm. **Obv.** Fourty-Niner kneeling panning for gold **Rev:** Grizzly bear walking left **Designer:** Jo Mora

Date	Mintage	AU50	MS60	MS63	MS64	MS65
1925 S	86,594	195	225	270	485	900

KM# 156 LEXINGTON-CONCORD SESQUICEN-TENNIAL
Weight: 12.50 g., **Composition:**0.900 Silver, 0.3617 oz. ASW, **Diameter:** 30.6mm. **Obv.** Concord's Minute Man statue **Rev:** Old Belfry at Lexington **Designer:** Chester Beach

Date	Mintage	AU50	MS60	MS63	MS64	MS65
1925	162,013	95.00	105	110	145	615

KM# 157 STONE MOUNTAIN MEMORIAL
Weight: 12.50 g., **Composition:**0.900 Silver, 0.3617 oz. ASW, **Diameter:** 30.6mm. **Obv.** Generals Robert E. Lee and Thomas "Stonewall" Jackson mounted left. **Rev:** Eagle on rock at right **Designer:** Gutzon Borglum

Date	Mintage	AU50	MS60	MS63	MS64	MS65
1925	1,314,709	62.00	67.50	80.00	190	315

KM# 158 FORT VANCOUVER CENTENNIAL
Weight: 12.50 g., **Composition:**0.900 Silver, 0.3617 oz. ASW, **Diameter:** 30.6mm. **Obv.** John McLoughlin bust left **Rev:** Frontiersmen standing with musket, Ft. Vancouver in background **Designer:** Laura G. Fraser

Date	Mintage	AU50	MS60	MS63	MS64	MS65
1925	14,994	320	360	420	475	1,250

KM# 159 OREGON TRAIL MEMORIAL Weight: 12.50 g., **Composition:**0.900 Silver, 0.3617 oz. ASW, **Diameter:** 30.6mm. **Obv.** Native American standing in full headdress and holding bow, US Map in background **Rev:** Conestoga wagon pulled by oxen left towards sunset **Designer:** James E. and Laura G. Fraser

Date	Mintage	AU50	MS60	MS63	MS64	MS65
1926	47,955	135	165	175	195	315
1926 S	83,055	135	165	180	195	320
1928	6,028	220	245	275	285	375
1933 D	5,008	365	380	385	390	465
1934 D	7,006	195	205	215	220	365
1936	10,006	165	190	205	220	340
1936 S	5,006	175	190	210	235	350
1937 D	12,008	175	200	210	225	325
1938	6,006	155	170	205	210	335
1938 D	6,005	155	170	205	220	335
1938 S	6,006	155	170	205	215	335
1939	3,004	510	585	600	620	675
1939 D	3,004	510	585	610	620	675
1939 S	3,005	510	585	590	600	665

KM# 160 U.S. SESQUICENTENNIAL Weight: 12.50 g., **Composition:**0.900 Silver, 0.3617 oz. ASW, **Diameter:** 30.6mm. **Obv.** George Washington and Calvin Coolidge conjoint busts right **Rev:** Liberty Bell **Designer:** John R. Sinnock

Date	Mintage	AU50	MS60	MS63	MS64	MS65
1926	141,120	85.00	110	118	465	4,800

KM# 162 VERMONT SESQUICENTENNIAL Weight: 12.50 g., **Composition:**0.900 Silver, 0.3617 oz. ASW, **Diameter:** 30.6mm. **Obv.** Ira Allen bust right **Rev:** Catamount advancing left **Obv. Designer:** Charles Keck

Date	Mintage	AU50	MS60	MS63	MS64	MS65
1927	28,142	250	275	290	335	880

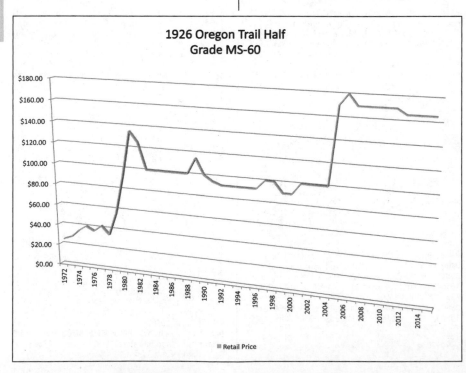

1926 Oregon Trail Half Grade MS-60

■ Retail Price

COMMEMORATIVES

KM# 163 HAWAIIAN SESQUICENTENNIAL
Weight: 12.50 g., **Composition:**0.900 Silver, 0.3617 oz. ASW, **Diameter:** 30.6mm. **Obv.** Captain James Cook bust left **Rev:** Native Hawaiian standing over view of Diamond Head **Designer:** Juliette May Fraser and Chester Beach **Note:** Counterfeits exist.

Date	Mintage	AU50	MS60	MS63	MS64	MS65
1928	10,008	1,785	2,650	3,350	3,775	6,200

KM# 165.1 DANIEL BOONE BICENTENNIAL
Weight: 12.50 g., **Composition:**0.900 Silver, 0.3617 oz. ASW, **Diameter:** 30.6mm. **Obv.** Daniel Boone bust left **Rev:** Daniel Boone and Native American standing **Designer:** Augustus Lukeman

Date	Mintage	AU50	MS60	MS63	MS64	MS65
1934	10,007	120	125	135	140	250
1935	10,010	120	125	135	140	250
1935 D	5,005	130	135	145	155	295
1935 S	5,005	130	135	145	155	285

KM# 165.2 DANIEL BOONE BICENTENNIAL
Weight: 12.50 g., **Composition:**0.900 Silver, 0.3617 oz. ASW, **Diameter:** 30.6mm. **Obv.** Daniel Boone bust left **Rev:** Daniel Boone and Native American standing, "1934" added above the word "PIONEER." **Designer:** Augustus Lukeman

Date	Mintage	AU50	MS60	MS63	MS64	MS65
1935	10,008	125	135	140	145	260
1935 D	2,003	360	390	425	450	835
1935 S	2,004	360	390	425	450	815
1936	12,012	120	125	135	140	250
1936 D	5,005	130	135	145	155	295
1936 S	5,006	130	135	145	155	285
1937	9,810	135	135	138	145	260
1937 D	2,506	320	375	385	400	515

Date	Mintage	AU50	MS60	MS63	MS64	MS65
1937 S	2,506	320	375	385	400	540
1938	2,100	340	380	390	400	535
1938 D	2,100	340	380	390	410	525
1938 S	2,100	340	380	390	400	565

KM# 166 MARYLAND TERCENTENARY
Weight: 12.50 g., **Composition:**0.900 Silver, 0.3617 oz. ASW, **Diameter:** 30.6mm. **Obv.** Lord Baltimore, Cecil Calvert bust right **Rev:** Maryland state arms **Designer:** Hans Schuler

Date	Mintage	AU50	MS60	MS63	MS64	MS65
1934	25,015	150	175	185	200	375

KM# 167 TEXAS CENTENNIAL
Weight: 12.50 g., **Composition:**0.900 Silver, 0.3617 oz. ASW, **Diameter:** 30.6mm. **Obv.** Eagle standing left, large star in background **Rev:** Winged Victory kneeling beside Alamo Mission, small busts of Sam Houston and Stephen Austin at sides **Designer:** Pompeo Coppini

Date	Mintage	AU50	MS60	MS63	MS64	MS65
1934	61,463	135	140	150	165	300
1935	9,994	140	145	155	160	300
1935 D	10,007	140	145	155	160	300
1935 S	10,008	140	145	155	160	300
1936	8,911	140	145	155	160	310
1936 D	9,039	140	145	155	160	310
1936 S	9,055	140	145	155	160	325
1937	6,571	140	145	155	160	310
1937 D	6,605	140	145	155	160	300
1937 S	6,637	140	145	155	160	300
1938	3,780	235	250	260	305	425
1938 D	3,775	240	255	265	305	415
1938 S	3,814	235	250	260	305	415

KM# 168 ARKANSAS CENTENNIAL
Weight: 12.50 g., **Composition:**0.900 Silver, 0.3617 oz. ASW, **Diameter:** 30.6mm. **Obv.** Liberty and Indian

Chief's conjoint heads left **Rev:** Eagle with outstretched wings and flag of Arkansas in background **Designer:** Edward E. Burr

Date	Mintage	AU50	MS60	MS63	MS64	MS65
1935	13,012	90.00	100	110	120	215
1935 D	5,505	105	110	120	130	250
1935 S	5,506	105	110	120	130	250
1936	9,660	90.00	100	110	120	225
1936 D	9,660	105	110	120	130	255
1936 S	9,662	105	110	120	130	255
1937	5,505	105	115	120	135	275
1937 D	5,505	105	115	120	130	265
1937 S	5,506	105	115	120	135	290
1938	3,156	155	180	190	200	590
1938 D	3,155	160	180	190	200	580
1938 S	3,156	160	180	190	200	640
1939	2,104	320	375	380	400	940
1939 D	2,104	320	375	380	400	910
1939 S	2,105	320	375	380	400	925

KM# 169 CONNECTICUT TERCENTENARY Weight: 12.50 g., **Composition:**0.900 Silver, 0.3617 oz. ASW, **Diameter:** 30.6mm. **Obv.** Eagle standing left **Rev:** Charter oak tree **Designer:** Henry Kreiss

Date	Mintage	AU50	MS60	MS63	MS64	MS65
1935	25,018	240	265	275	325	500

KM# 170 HUDSON, N.Y., SESQUICENTENNIAL Weight: 12.50 g., **Composition:**0.900 Silver, 0.3617 oz. ASW, **Diameter:** 30.6mm. **Obv.** Hudson's ship, the Half Moon sailing right **Rev:** Seal of the City of Hudson **Designer:** Chester Beach

Date	Mintage	AU50	MS60	MS63	MS64	MS65
1935	10,008	750	875	1,050	1,550	2,100

KM# 171 SAN DIEGO-PACIFIC INTERNATIONAL EXPOSITION Weight: 12.50 g., **Composi-**tion:0.900 Silver, 0.3617 oz. ASW, **Diameter:** 30.6mm. **Obv.** Seated female with bear at her side **Rev:** State of California exposition building **Designer:** Robert Aitken

Date	Mintage	AU50	MS60	MS63	MS64	MS65
1935 S	70,132	95.00	98.00	105	110	240
1936 D	30,092	100	120	125	135	275

KM# 172 OLD SPANISH TRAIL Weight: 12.50 g., **Composition:**0.900 Silver, 0.3617 oz. ASW, **Diameter:** 30.6mm. **Obv.** Long-horn cow's head facing **Rev:** The 1535 route of Cabeza de Vaca's expedition and a yucca tree **Designer:** L.W. Hoffecker **Note:** Counterfeits exist.

Date	Mintage	AU50	MS60	MS63	MS64	MS65
1935	10,008	1,250	1,375	1,650	1,750	2,000

KM# 173 ALBANY, N.Y., CHARTER ANNIVERSARY Weight: 12.50 g., **Composition:**0.900 Silver, 0.3617 oz. ASW, **Diameter:** 30.6mm. **Obv.** Beaver knawing on maple branch **Rev:** Standing figures of Thomas Dongan, Peter Schyuyler and Robert Livingston **Designer:** Gertrude K. Lathrop

Date	Mintage	AU50	MS60	MS63	MS64	MS65
1936	17,671	300	310	330	350	440

KM# 174 SAN FRANCISCO-OAKLAND BAY BRIDGE Weight: 12.50 g., **Composition:**0.900 Silver, 0.3617 oz. ASW, **Diameter:** 30.6mm. **Obv.** Grizzly bear facing **Rev:** Oakland Bay Bridge **Designer:** Jacques Schnier

Date	Mintage	AU50	MS60	MS63	MS64	MS65
1936	71,424	155	160	165	185	365

KM# 175 BRIDGEPORT, CONN., CENTENNIAL Weight: 12.50 g., **Composition:**0.900 Silver, 0.3617 oz. ASW, **Diameter:** 30.6mm. **Obv.** P.T. Barnum bust left **Rev:** Eagle standing right **Designer:** Henry Kreiss

Date	Mintage	AU50	MS60	MS63	MS64	MS65
1936	25,015	130	140	150	175	320

KM# 176 CINCINNATI MUSIC CENTER Weight: 12.50 g., **Composition:**0.900 Silver, 0.3617 oz. ASW, **Diameter:** 30.6mm. **Obv.** Stephen Foster bust right **Rev:** Kneeling female with lyre **Designer:** Constance Ortmayer

Date	Mintage	AU50	MS60	MS63	MS64	MS65
1936	5,005	295	310	335	410	725
1936 D	5,005	295	310	335	410	750
1936 S	5,006	295	310	335	410	750

KM# 177 CLEVELAND-GREAT LAKES EXPOSITION Weight: 12.50 g., **Composition:**0.900 Silver, 0.3617 oz. ASW, **Diameter:** 30.6mm. **Obv.** Moses Cleaveland bust left **Rev:** Dividers and map of the Great Lakes **Designer:** Brenda Putnam

Date	Mintage	AU50	MS60	MS63	MS64	MS65
1936	50,030	110	115	120	160	215

KM# 178 COLUMBIA, S.C., SESQUICENTENNIAL Weight: 12.50 g., **Composition:**0.900 Silver, 0.3617 oz. ASW, **Diameter:** 30.6mm. **Obv.** Figure of Justice between capitols of 1786 and 1936 **Rev:** Palmetto tree **Designer:** A. Wolfe Davidson

Date	Mintage	AU50	MS63	MS63	MS64	MS65
1936	9,007	250	265	270	275	310
1936 D	8,009	260	270	280	285	340
1936 S	8,007	260	270	280	285	340

KM# 179 DELAWARE TERCENTENARY Weight: 12.50 g., **Composition:**0.900 Silver, 0.3617 oz. ASW, **Diameter:** 30.6mm. **Obv.** Old Swedes Church in Wilmington **Rev:** Kalmar Nyckel sailing left **Designer:** Carl L. Schmitz

Date	Mintage	AU50	MS60	MS63	MS64	MS65
1936	20,993	255	265	275	290	465

KM# 180 ELGIN, ILL., CENTENNIAL Weight: 12.50 g., **Composition:**0.900 Silver, 0.3617 oz. ASW, **Diameter:** 30.6mm. **Obv.** Pioneer head left **Rev:** Statue group **Designer:** Trygve Rovelstad

Date	Mintage	AU50	MS60	MS63	MS64	MS65
1936	20,015	195	205	215	225	355

KM# 181 BATTLE OF GETTYSBURG 75TH ANNIVERSARY Weight: 12.50 g., **Composition:**0.900 Silver, 0.3617 oz. ASW, **Diameter:** 30.6mm. **Obv.** Union and Confederate veteran conjoint busts right **Rev:** Double blased fasces seperating two shields **Designer:** Frank Vittor

Date	Mintage	AU50	MS60	MS63	MS64	MS65
1936	26,928	435	460	485	565	925

KM# 182 LONG ISLAND TERCENTENARY
Weight: 12.50 g., **Composition:** 0.900 Silver, 0.3617 oz. ASW, **Diameter:** 30.6mm. **Obv.** Dutch settler and Native American conjoint head right **Rev:** Dutch sailing vessel **Designer:** Howard K. Weinman

Date	Mintage	AU50	MS60	MS63	MS64	MS65
1936	81,826	85.00	92.00	98.00	105	325

KM# 183 LYNCHBURG, VA., SESQUICENTEN-NIAL
Weight: 12.50 g., **Composition:** 0.900 Silver, 0.3617 oz. ASW, **Diameter:** 30.6mm. **Obv.** Sen. Carter Glass bust left **Rev:** Liberty standing, old Lynchburg courthouse at right **Designer:** Charles Keck

Date	Mintage	AU50	MS60	MS63	MS64	MS65
1936	20,013	220	230	265	275	365

KM# 184 NORFOLK, VA., BICENTENNIAL
Weight: 12.50 g., **Composition:** 0.900 Silver, 0.3617 oz. ASW, **Diameter:** 30.6mm. **Obv.** Seal of the City of Norfolk **Rev:** Royal Mace of Norfolk **Designer:** William M. and Marjorie E. Simpson

Date	Mintage	AU50	MS60	MS63	MS64	MS65
1936	16,936	425	435	445	460	575

KM# 185 RHODE ISLAND TERCENTENARY
Weight: 12.50 g., **Composition:** 0.900 Silver, 0.3617 oz. ASW, **Diameter:** 30.6mm. **Obv.** Roger Williams in canoe hailing Native American **Rev:** Shield with anchor **Designer:** Arthur G. Carey and John H. Benson

Date	Mintage	AU50	MS60	MS63	MS64	MS65
1936	20,013	98.00	105	110	120	290
1936 D	15,010	100	110	120	125	305
1936 S	15,011	100	110	120	130	320

KM# 186 ROANOKE ISLAND, N.C.
Weight: 12.50 g., **Composition:** 0.900 Silver, 0.3617 oz. ASW, **Diameter:** 30.6mm. **Obv.** Sir Walter Raleigh bust left **Rev:** Ellinor Dare holding baby Virginia, two small ships flanking **Designer:** William M. Simpson

Date	Mintage	AU50	MS60	MS63	MS64	MS65
1937	29,030	220	225	235	245	315

KM# 187 ARKANSAS CENTENNIAL
Weight: 12.50 g., **Composition:** 0.900 Silver, 0.3617 oz. ASW, **Diameter:** 30.6mm. **Obv.** Eagle with wings outstreatched, Arkansas flag in backgorund **Rev:** Sen. Joseph T. Robinson bust right **Obv. Designer:** Henry Kreiss **Rev. Designer:** Edward E. Burr

Date	Mintage	AU50	MS60	MS63	MS64	MS65
1936	25,265	140	175	210	220	385

KM# 188 WISCONSIN TERRITORIAL CENTEN-

NIAL **Weight:** 12.50 g., **Composition:**0.900 Silver, 0.3617 oz. ASW, **Diameter:** 30.6mm. **Obv.** Badger from the Territorial seal **Rev:** Pick axe and mound of lead ore **Designer:** David Parsons

Date	Mintage	AU50	MS60	MS63	MS64	MS65
1936	25,015	215	240	255	265	365

KM# 189 YORK COUNTY, MAINE, TERCENTE-NARY Weight: 12.50 g., **Composition:**0.900 Silver, 0.3617 oz. ASW, **Diameter:** 30.6mm. **Obv.** Stockade **Rev:** York County seal **Designer:** Walter H. Rich

Date	Mintage	AU50	MS60	MS63	MS64	MS65
1936	25,015	210	215	225	235	340

KM# 190 BATTLE OF ANTIETAM 75TH ANNI-VERSARY Weight: 12.50 g., **Composition:**0.900 Silver, 0.3617 oz. ASW, **Diameter:** 30.6mm. **Obv.** Generals Robert E. Lee and George McClellan conjoint busts left **Rev:** Burnside Bridge **Designer:** William M. Simpson

Date	Mintage	AU50	MS60	MS63	MS64	MS65
1937	18,028	695	735	750	775	950

KM# 191 NEW ROCHELLE, N.Y. Weight: 12.50 g., **Composition:**0.900 Silver, 0.3617 oz. ASW, **Diameter:** 30.6mm. **Obv.** John Pell and a calf **Rev:** Fleur-de-lis from the seal of the city **Designer:** Gertrude K. Lathrop

Date	Mintage	AU50	MS60	MS63	MS64	MS65
1938	15,266	375	385	425	440	600

KM# 197 IOWA STATEHOOD CENTENNIAL Weight: 12.50 g., **Composition:**0.900 Silver, 0.3617 oz. ASW, **Diameter:** 30.6mm. **Obv.** First Capitol building at Iowa City **Rev:** Iowa state seal **Designer:** Adam Pietz

Date	Mintage	AU50	MS60	MS63	MS64	MS65
1946	100,057	100	105	108	112	160

KM# 198 BOOKER T. WASHINGTON Weight: 12.50 g., **Composition:**0.900 Silver, 0.3617 oz. ASW, **Diameter:** 30.6mm. **Obv.** Booker T. Washington bust right **Rev:** Cabin and NYU's Hall of Fame **Designer:** Isaac S. Hathaway **Note:** Actual mintages are higher, but unsold issues were melted to produce Washington Carver issues.

Date	Mintage	AU50	MS60	MS63	MS64	MS65
1946	1,000,546	14.00	18.00	21.00	23.00	64.00
1946 D	200,113	16.50	20.00	32.00	37.00	72.00
1946 S	500,729	15.00	18.50	23.00	27.00	66.00
1947	100,017	30.00	36.00	56.00	65.00	80.00
1947 D	100,017	32.00	38.00	62.00	70.00	100
1947 S	100,017	32.00	38.00	59.00	65.00	76.00
1948	8,005	46.00	64.00	77.00	80.00	84.00
1948 D	8,005	46.00	62.00	77.00	80.00	84.00
1948 S	8,005	46.00	65.00	78.00	82.00	88.00
1949	6,004	67.00	82.00	85.00	96.00	115
1949 D	6,004	67.00	82.00	85.00	96.00	115
1949 S	6,004	67.00	82.00	85.00	102	105
1950	6,004	46.00	68.00	78.00	82.00	90.00
1950 D	6,004	46.00	68.00	75.00	82.00	88.00
1950 S	512,091	18.00	20.00	24.00	26.00	65.00
1951	51,082	17.00	22.00	24.00	26.00	65.00
1951 D	7,004	47.00	68.00	80.00	85.00	90.00
1951 S	7,004	47.00	68.00	80.00	84.00	88.00

COMMEMORATIVES

KM# 200 BOOKER T. WASHINGTON AND GEORGE WASHINGTON CARVER Weight: 12.50 g., **Composition:**0.900 Silver, 0.3617 oz. ASW, **Diameter:** 30.6mm. **Obv.** Booker T. Washington and George Washington Carver conjoint busts right **Rev:** Map of the United States **Designer:** Isaac S. Hathaway

Date	Mintage	AU50	MS60	MS63	MS64	MS65
1951	110,018	18.00	20.00	25.00	44.00	290
1951 D	10,004	42.00	50.00	80.00	82.00	140
1951 S	10,004	42.00	50.00	80.00	86.00	90.00
1952	2,006,292	17.00	18.00	24.00	42.00	83.00
1952 D	8,006	40.00	50.00	80.00	85.00	190
1952 S	8,006	40.00	50.00	80.00	84.00	185
1953	8,003	40.00	50.00	80.00	85.00	260
1953 D	8,003	40.00	50.00	80.00	85.00	175
1953 S	108,020	17.00	18.00	24.00	42.00	120
1954	12,006	39.00	48.00	70.00	75.00	200
1954 D	12,006	39.00	48.00	70.00	80.00	83.00
1954 S	122,024	17.00	18.00	24.00	42.00	83.00

DOLLAR

KM# 118 LAFAYETTE Weight: 26.73 g., **Composition:**0.900 Silver, 0.7734 oz. ASW, **Diameter:** 38.1mm. **Obv.** George Washington and Marquis de Lafayette conjoint busts right **Rev:** Lafayette on horseback left **Designer:** Charles E. Barber

Date	Mintage	AU50	MS60	MS63	MS64	MS65
1900	36,026	550	950	1,875	3,250	11,500

KM# 119 LOUISIANA PURCHASE EXPOSITION - JEFFERSON BUST Weight: 1.67 g., **Composition:**0.900 Gold, 0.0484 oz. AGW, **Diameter:** 15mm. **Obv.** Jefferson bust left **Rev:** Legend and laurel branch **Designer:** Charles E. Barber

Date	Mintage	AU50	MS60	MS63	MS64	MS65
1903	17,500	600	660	925	1,450	2,150

KM# 120 LOUISIANA PURCHASE EXPOSITION - MCKINLEY BUST Weight: 1.67 g., **Composition:**0.900 Gold, 0.0484 oz. AGW, **Diameter:** 15mm. **Obv.** William McKinley bust left **Rev:** Legend and laurel branch **Obv. Designer:** Charles E. Barber

Date	Mintage	AU50	MS60	MS63	MS64	MS65
1903	17,500	590	650	800	1,400	2,100

KM# 121 LEWIS AND CLARK EXPOSITION Weight: 1.67 g., **Composition:**0.900 Gold, 0.0484 oz. AGW, **Diameter:** 15mm. **Obv.** Lewis bust left **Rev:** Clark bust left **Obv. Designer:** Charles E. Barber

Date	Mintage	AU50	MS60	MS63	MS64	MS65
1904	10,025	950	1,100	1,850	3,650	7,900
1905	10,041	975	1,450	2,250	3,950	15,000

KM# 136 PANAMA-PACIFIC EXPOSITION Weight: 1.67 g., **Composition:**0.900 Gold, 0.0484 oz. AGW, **Diameter:** 15mm. **Obv.** Canal laborer bust left **Rev:** Value within two dolphins **Obv. Designer:** Charles Keck

Date	Mintage	AU50	MS60	MS63	MS64	MS65
1915 S	15,000	565	625	775	1,100	1,700

KM# 144 MCKINLEY MEMORIAL Weight: 1.67 g., **Composition:**0.900 Gold, 0.0484 oz. AGW, **Diameter:** 15mm. **Obv.** William McKinley head left **Rev:** Memorial building at Niles, Ohio **Obv. Designer:** Charles E. Barber **Rev. Designer:** George T. Morgan

Date	Mintage	AU50	MS60	MS63	MS64	MS65
1916	9,977	520	600	685	1,000	1,750
1917	10,000	575	700	900	1,475	2,250

KM# 152.1 GRANT MEMORIAL Weight: 1.67 g., **Composition:**0.900 Gold, 0.0484 oz. AGW, **Diameter:** 15mm. **Obv.** U.S. Grant bust right **Rev:** Birthplace **Obv. Designer:** Laura G. Fraser **Note:** Without an incuse "star" above the word GRANT on the obverse.

Date	Mintage	AU50	MS60	MS63	MS64	MS65
1922	5,000	1,875	1,900	2,350	3,650	4,900

Star

KM# 152.2 GRANT MEMORIAL Weight: 1.67 g., **Composition:**0.900 Gold, 0.0484 oz. AGW, **Diameter:** 15mm. **Obv.** U.S. Grant bust right **Rev:** Birthplace **Obv. Designer:** Laura G. Fraser **Note:** Variety with an incuse "star" above the word GRANT on the obverse.

Date	Mintage	AU50	MS60	MS63	MS64	MS65
1922	5,016	1,650	1,775	2,100	2,150	3,100

$2.50 (QUARTER EAGLE)

KM# 137 PANAMA-PACIFIC EXPOSITION Weight: 4.18 g., **Composition:**0.900 Gold, 0.121 oz. AGW, **Diameter:** 18mm. **Obv.** Columbia holding cadueus while seated on a hippocamp **Rev:** Eagle standing left **Obv. Designer:** Charles E. Barber **Rev. Designer:** George T. Morgan

Date	Mintage	AU50	MS60	MS63	MS64	MS65
1915 S	6,749	1,550	1,950	4,100	5,650	6,750

KM# 161 U.S. SESQUICENTENNIAL Weight: 4.18 g., **Composition:**0.900 Gold, 0.121 oz. AGW, **Diameter:** 18mm. **Obv.** Liberty standing holding torch and scroll **Rev:** Independence Hall **Obv. Designer:** John R. Sinnock

Date	Mintage	AU50	MS60	MS63	MS64	MS65
1926	46,019	425	500	800	1,375	3,450

$50

KM# 138 PANAMA-PACIFIC EXPOSITION ROUND Weight: 83.59 g., **Composition:**0.900 Gold, 2.4187 oz. AGW, **Diameter:** 44mm. **Obv.** Minerva bust helmeted left **Rev:** Owl pearched on California pin branch **Obv. Designer:** Robert Aitken **Shape:** Round

Date	Mintage	AU50	MS60	MS63	MS64	MS65
1915 S	483	46,500	57,500	90,000	105,000	160,000

KM# 139 PANAMA-PACIFIC EXPOSITION OCTAGONAL Weight: 83.59 g., **Composition:**0.900 Gold, 2.4187 oz. AGW, **Diameter:** 44mm. **Obv.** Minerva bust helmeted left **Rev:** Owl perched on California pine branch **Obv. Designer:** Robert Aitken **Shape:** Octagon

Date	Mintage	AU50	MS60	MS63	MS64	MS65
1915 S	645	50,000	52,500	84,500	98,000	146,000

COMMEMORATIVE COINAGE 1982-PRESENT

All commemorative silver dollar coins of 1982-present have the following specifications: diameter — 38.1 millimeters; weight — 26.7300 grams; composition — 0.9000 silver, 0.7736 ounces actual silver weight. All commemorative $5 coins of 1982-present have the following specificitions: diameter — 21.6 millimeters; weight — 8.3590 grams; composition: 0.9000 gold, 0.242 ounces actual gold weight.

Note: In 1982, after a hiatus of nearly 30 years, coinage of commemorative half dollars resumed. Those designated with a 'W' were struck at the West Point Mint. Some issues were struck in copper-nickel. Those struck in silver have the same size, weight and composition as the prior commemorative half-dollar series.

HALF DOLLAR

KM# 208 • ObvDesc: George Washington on horseback facing • **RevDesc:** Mount Vernon • 12.50 g., 0.900 **Silver** 0.3617 oz. ASW, 30.6 • **Obv. Designer:** Elizabeth Jones • **Rev. Designer:** Matthew Peloso

Date	Mintage	MS63	MS65	Prf65
1982D	2,210,458	—	13.70	—
1982S	4,894,044	—	—	13.70

KM# 212 • ObvDesc: Statue of Liberty and sunrise • **RevDesc:** Emigrant family looking toward mainland • 11.34 g., **Copper-Nickel Clad Copper** • **Obv. Designer:** Edgar Z. Steever • **Rev. Designer:** Sherl Joseph Winter

Date	Mintage	MS63	MS65	Prf65
1986D	928,008	—	3.25	—
1986S	6,925,627	—	—	3.50

KM# 224 • ObvDesc: Statue of Freedom head • **RevDesc:** Capitol building • 11.34 g., **Copper-Nickel Clad Copper** • **Obv. Designer:** Patricia L. Verani • **Rev. Designer:** William Woodward and Edgar Z. Steever

Date	Mintage	MS63	MS65	Prf65
1989D	163,753	—	7.50	—
1989S	762,198	—	—	7.50

KM# 228 • RevDesc: Mount Rushmore portraits • 11.34 g., **Copper-Nickel Clad Copper** • **Obv. Designer:** Marcel Jovine • **Rev. Designer:** T. James Ferrell

Date	Mintage	MS63	MS65	Prf65
1991D	172,754	—	17.50	—
1991S	753,257	—	—	16.00

KM# 233 • ObvDesc: Torch and laurel • **RevDesc:** Female gymnast and large flag • 11.34 g., **Copper-Nickel Clad Copper** • **Obv. Designer:** William Cousins • **Rev. Designer:** Steven M. Bieda

Date	Mintage	MS63	MS65	Prf65
1992P	161,607	—	8.50	—
1992S	519,645	—	—	8.50

KM# 237 • ObvDesc: Columbus standing on shore • **RevDesc:** Nina, Pinta and Santa Maria sailing right • 11.34 g., **Copper-Nickel Clad Copper** • **Obv. Designer:** T. James Ferrell • **Rev. Designer:** Thomas D. Rogers, Sr.

Date	Mintage	MS63	MS65	Prf65
1992D	135,702	—	11.50	—
1992S	390,154	—	—	8.75

KM# 240 • **ObvDesc:** James Madison writing, Montpelier in background • **RevDesc:** Statue of Liberty torch • 12.50 g., 0.900 **Silver** 0.3617 oz. ASW • **Obv. Designer:** T. James Ferrell • **Rev. Designer:** Dean McMullen

Date	Mintage	MS63	MS65	Prf65
1993W	193,346	—	19.00	—
1993S	586,315	—	—	19.00

KM# 243 • **ObvDesc:** Three portraits, plane above, large V in backgound • **RevDesc:** Pacific island battle scene • 11.34 g., **Copper-Nickel Clad Copper** • **Obv. Designer:** George Klauba and T. James Ferrell • **Rev. Designer:** William J. Leftwich and T. James Ferrell

Date	Mintage	MS63	MS65	Prf65
ND(1993)P	317,396	—	—	16.50
ND(1993)P	197,072	—	17.00	—

KM# 246 • **ObvDesc:** Soccer player with ball • **RevDesc:** World Cup 94 logo • 11.34 g., **Copper-Nickel Clad Copper** • **Obv. Designer:** Richard T. LaRoche • **Rev. Designer:** Dean McMullen

Date	Mintage	MS63	MS65	Prf65
1994D	168,208	—	8.25	—
1994P	609,354	—	—	8.00

KM# 254 • **ObvDesc:** Drummer and fenceline •

RevDesc: Canon overlooking battlefield • 11.34 g., **Copper-Nickel Clad Copper** • **Obv. Designer:** Don Troiani • **Rev. Designer:** T. James Ferrell

Date	Mintage	MS63	MS65	Prf65
1995S	119,510	—	36.50	—
1995S	330,099	—	—	33.50

KM# 257 • **ObvDesc:** Three players, one jumping for a shot • **RevDesc:** Hemisphere and Atlanta Olympics logo • 11.34 g., **Copper-Nickel Clad Copper** • **Obv. Designer:** Clint Hansen and Al Maletsky • **Rev. Designer:** T. James Ferrell

Date	Mintage	MS63	MS65	Prf65
1995S	171,001	—	17.00	—
1995S	169,655	—	—	18.00

KM# 262 • **ObvDesc:** Baseball batter at plate, catcher and umpire • **RevDesc:** Hemisphere and Atlanta Olympics logo • 11.34 g., **Copper-Nickel Clad Copper** • **Obv. Designer:** Edgar Z. Steever • **Rev. Designer:** T. James Ferrell

Date	Mintage	MS63	MS65	Prf65
1995S	164,605	—	19.50	—
1995S	118,087	—	—	17.50

KM# 267 • **ObvDesc:** Swimmer right in butterfly stroke • **RevDesc:** Atlanta Olympics logo • 11.34 g., **Copper-Nickel Clad Copper** • **Obv. Designer:** William J. Krawczewicz and Edgar Z. Steever • **Rev. Designer:** Malcolm Farley and Thomas D. Rogers, Sr.

Date	Mintage	MS63	MS65	Prf65
1996S	49,533	—	140	—
1996S	114,315	—	—	31.00

KM# 271 • ObvDesc: Two female soccer players • **RevDesc:** Atlanta Olympics logo • 11.34 g., **Copper-Nickel Clad Copper**

Date	Mintage	MS63	MS65	Prf65
1996S	52,836	—	130	—
1996S	122,412	—	—	88.00

KM# 323 • ObvDesc: Capitol sillouete, 1800 structure in detail • **RevDesc:** Legend within circle of stars • 11.34 g., **Copper-Nickel Clad Copper** • **Obv. Designer:** Dean McMullen • **Rev. Designer:** Alex Shagin and Marcel Jovine

Date	Mintage	MS63	MS65	Prf65
2001P	99,157	—	14.50	—
2001P	77,962	—	—	15.50

KM# 348 • ObvDesc: Wright Monument at Kitty Hawk • **RevDesc:** Wright Flyer in flight • 11.34 g., **Copper-Nickel Clad Copper** • **Obv. Designer:** John Mercanti • **Rev. Designer:** Donna Weaver

Date	Mintage	MS63	MS65	Prf65
2003P	57,726	—	15.00	—
2003P	111,569	—	—	17.00

KM# 438 • ObvDesc: Two eaglets in nest with egg • **RevDesc:** Eagle Challenger facing right, American Flag in background • 11.34 g., **Copper-Nickel Clad Copper**, 30.6 • **Obv. Designer:** Susan Gamble and Joseph Menna • **Rev. Designer:** Donna Weaver and

Charles Vickers

Date	Mintage	MS63	MS65	Prf65
2008S	120,180	—	12.50	—
2008S	222,577	—	—	14.00

KM# 506 • ObvDesc: Army contributions during peacetime, surveying, building a flood wall and space exploration • **RevDesc:** Continental soldier with musket • 11.34 g., **Copper-Nickel Clad Copper**, 30.6 • **Obv. Designer:** Donna Weaver and Charles L. Vickers • **Rev. Designer:** Thomas Cleveland and Joseph Menna

Date	Mintage	MS63	MS65	Prf65
2011D	39,461	—	69.00	—
2011S	68,349	—	—	35.00

KM# 554 • ObvDesc: Two portraits facing • **RevDesc:** Shield**Silver**, 30.6

Date	Mintage	MS63	MS65	Prf65
2013P	38,097	—	50.00	—
2013S	47,337	—	—	60.00

KM# 587 • ObvDesc: Kennedy head left, dual dates below • **RevDesc:** Presidential seal • 23.33 g., 0.9999 **Gold** 0.750 oz. AGW, 30.61 • **Obv. Designer:** Gilroy Roberts • **Rev. Designer:** Frank Gasparro

Date	Mintage	MS65	Prf65
1964-2014W	—	—	1,500

KM# 576 • ObvDesc: Glove • **RevDesc:** Baseball
• 11.34 g., **Copper-Nickel Clad Copper**, 30.6

Date	Mintage	MS63	MS65	Prf65
2014D	—	—	50.00	—
2014S	—	—	—	60.00

DOLLAR

KM# 209 • ObvDesc: Trippled discus thrower and
five star logo • **RevDesc:** Eagle bust left • 26.73
g., 0.900 **Silver** 0.7734 oz. ASW, 38.1 • **Obv. Designer:** Elizabeth Jones

Date	Mintage	MS63	MS65	Prf65
1983P	294,543	—	34.80	—
1983D	174,014	—	34.70	—
1983S	174,014	—	34.80	—
1983S	1,577,025	—	—	36.80

KM# 210 • ObvDesc: Statues at exterior of Los
Angeles Memorial Coliseum • **RevDesc:** Eagle
standing on rock • 26.73 g., 0.900 **Silver** 0.7734 oz.
ASW, 38.1 • **Obv. Designer:** Robert Graham

Date	Mintage	MS63	MS65	Prf65
1984P	217,954	—	34.80	—
1984D	116,675	—	35.30	—
1984S	116,675	—	35.30	—
1984S	1,801,210	—	—	36.80

KM# 214 • ObvDesc: Statue of Liberty and El-
lis Island great hall • **RevDesc:** Statue of Liberty
torch • 26.73 g., 0.900 **Silver** 0.7734 oz. ASW, 38.1
• **Obv. Designer:** John Mercanti • **Rev. Designer:**
John Mercanti and Matthew Peloso

Date	Mintage	MS63	MS65	Prf65
1986P	723,635	—	34.80	—
1986S	6,414,638	—	—	36.80

KM# 220 • ObvDesc: Feather pen and document •
RevDesc: Group of people • 26.73 g., 0.900 **Silver**
0.7734 oz. ASW, 38.1 • **Obv. Designer:** Patricia L.
Verani

Date	Mintage	MS63	MS65	Prf65
1987P	451,629	—	34.80	—
1987S	2,747,116	—	—	36.80

COMMEMORATIVES

KM# 222 • ObvDesc: Olympic torch and Statue of Liberty torch within laurel wreath • **RevDesc:** Olympic rights within olive wreath • 26.73 g., 0.900 **Silver** 0.7734 oz. ASW, 38.1 • **Obv. Designer:** Patricia L. Verani • **Rev. Designer:** Sherl Joseph Winter

Date	Mintage	MS63	MS65	Prf65
1988D	191,368	—	34.80	—
1988S	1,359,366	—	—	36.80

KM# 225 • ObvDesc: Statue of Freedom in clouds and sunburst • **RevDesc:** Mace from the House of Representatives • 26.73 g., 0.900 **Silver** 0.7734 oz. ASW, 38.1

Date	Mintage	MS63	MS65	Prf65
1989D	135,203	—	34.80	—
1989S	762,198	—	—	36.80

KM# 227 • ObvDesc: Two Eisenhower profiles, as general, left, as President, right • **RevDesc:** Eisenhower home at Gettysburg • 26.73 g., 0.900 **Silver** 0.7734 oz. ASW, 38.1 • **Obv. Designer:** John Mercanti • **Rev. Designer:** Marcel Jovine and John Mercanti

Date	Mintage	MS63	MS65	Prf65
1990W	241,669	—	34.80	—
1990P	1,144,461	—	—	36.80

KM# 229 • ObvDesc: Mount Rushmore portraits, wreath below • **RevDesc:** Great seal in rays, United States map in background • 26.73 g., 0.900 **Silver** 0.7734 oz. ASW, 38.1 • **Obv. Designer:** Marika Somogyi and Chester Martin • **Rev. Designer:** Frank Gasparro

Date	Mintage	MS63	MS65	Prf65
1991P	133,139	—	39.80	—
1991S	738,419	—	—	42.80

KM# 231 • ObvDesc: Soldier advancing right up a hill; planes above, ships below • **RevDesc:** Map of Korean peninsula, eagle's head at right • 26.73 g., 0.900 **Silver** 0.7734 oz. ASW, 38.1 • **Obv. Designer:** John Mercanti • **Rev. Designer:** T. James Ferrell

Date	Mintage	MS63	MS65	Prf65
1991D	213,049	—	37.80	—
1991P	618,488	—	—	36.80

KM# 232 • ObvDesc: USO banner • **RevDesc:** Eagle pearched right atop globe • 26.73 g., 0.900 **Silver** 0.7734 oz. ASW, 38.1 • **Obv. Designer:** Robert Lamb • **Rev. Designer:** John Mercanti

Date	Mintage	MS63	MS65	Prf65
1991D	124,958	—	37.80	—
1991S	321,275	—	—	38.80

KM# 234 • ObvDesc: Baseball pitcher, Nolan Ryan as depicted on card • **RevDesc:** Shield flanked by stylized wreath, olympic rings above • 26.73 g., 0.900 **Silver** 0.7734 oz. ASW, 38.1 • **Obv. Designer:** John R. Deecken and Chester Y. Martin • **Rev. Designer:** Marcel Jovine

Date	Mintage	MS63	MS65	Prf65
1992D	187,552	—	37.80	—
1992S	504,505	—	—	38.80

KM# 236 • ObvDesc: White House's north portico • **RevDesc:** John Hoban bust left, main entrance doorway • 26.73 g., 0.900 **Silver** 0.7734 oz. ASW, 38.1 • **Obv. Designer:** Edgar Z. Steever • **Rev. Designer:** Chester Y. Martin

Date	Mintage	MS63	MS65	Prf65
1992D	123,803	—	37.80	—
1992W	375,851	—	—	38.80

KM# 238 • ObvDesc: Columbus standing with banner, three ships in background • **RevDesc:** Half view of Santa Maria on left, Space Shuttle Discovery on right • 26.73 g., 0.900 **Silver** 0.7734 oz. ASW, 38.1 • **Obv. Designer:** John Mercanti • **Rev. Designer:** Thomas D. Rogers, Sr.

Date	Mintage	MS63	MS65	Prf65
1992D	106,949	—	40.80	—
1992P	385,241	—	—	37.80

KM# 241 • ObvDesc: James Madison bust right, at left • **RevDesc:** Montpelier home • 26.73 g., 0.900 **Silver** 0.7734 oz. ASW, 38.1 • **Obv. Designer:** William Krawczewicz and Thomas D. Rogers, Sr. • **Rev. Designer:** Dean McMullen and Thomas D. Rogers, Sr.

Date	Mintage	MS63	MS65	Prf65
1993D	98,383	—	37.80	—
1993S	534,001	—	—	38.80

KM# 244 • ObvDesc: Soldier on Normandy beach • **RevDesc:** Insignia of the Supreme Headquarters of the AEF above Eisenhower quote • 26.73 g., 0.900 **Silver** 0.7734 oz. ASW, 38.1

Date	Mintage	MS63	MS65	Prf65
1993D	94,708	—	36.80	—
1993W	342,041	—	—	40.80

KM# 247 • ObvDesc: Two players with ball • **RevDesc:** World Cup 94 logo • 26.73 g., 0.900 **Silver** 0.7734 oz. ASW, 38.1 • **Obv. Designer:** Dean McMullen and T. James Ferrell • **Rev. Designer:** Dean McMullen

Date	Mintage	MS63	MS65	Prf65
1994D	81,698	—	38.80	—
1994S	576,978	—	—	36.80

KM# 249 • ObvDesc: Jefferson's head left • **RevDesc:** Monticello home • 26.73 g., 0.900 **Silver** 0.7734 oz. ASW, 38.1

Date	Mintage	MS63	MS65	Prf65
1993P	266,927	—	36.80	—
1993S	332,891	—	—	40.80

KM# 250 • ObvDesc: Outstretched hand touching names on the Wall, Washington Monument in background • **RevDesc:** Service Medals • 26.73 g., 0.900 **Silver** 0.7734 oz. ASW, 38.1 • **Obv. Designer:** John Mercanti • **Rev. Designer:** Thomas D. Rogers, Sr.

Date	Mintage	MS63	MS65	Prf65
1994W	57,317	—	79.00	—
1994P	226,262	—	—	63.00

KM# 251 • ObvDesc: Eagle in flight left within circle of barbed wire • **RevDesc:** National Prisioner of War Museum • 26.73 g., 0.900 **Silver** 0.7734 oz. ASW, 38.1 • **Obv. Designer:** Thomas Nielson and Alfred Maletsky • **Rev. Designer:** Edgar Z. Steever

Date	Mintage	MS63	MS65	Prf65
1994W	54,790	—	84.00	—
1994P	220,100	—	—	39.80

KM# 252 • ObvDesc: Five uniformed women left • **RevDesc:** Memorial at Arlington National Cemetery • 26.73 g., 0.900 **Silver** 0.7734 oz. ASW, 38.1 • **Obv. Designer:** T. James Ferrell • **Rev. Designer:** Thomas D. Rogers, Sr.

Date	Mintage	MS63	MS65	Prf65
1994W	53,054	—	38.80	—
1994P	213,201	—	—	38.80

KM# 253 • ObvDesc: Capitol dome, Statue fo Freedom surrounded by stars • **RevDesc:** Eagle on shield, flags flanking • 26.73 g., 0.900 **Silver** 0.7734 oz. ASW, 38.1 • **Obv. Designer:** William C. Cousins • **Rev. Designer:** John Mercanti

Date	Mintage	MS63	MS65	Prf65
1994D	68,352	—	38.80	—
1994S	279,416	—	—	40.80

KM# 255 • ObvDesc: Soldier giving water to wounded soldier • **RevDesc:** Chamberlain quote and battlefield monument • 26.73 g., 0.900 **Silver** 0.7734 oz. ASW, 38.1 • **Obv. Designer:** Don Troiani and Edgar Z. Steever • **Rev. Designer:** John Mercanti

Date	Mintage	MS63	MS65	Prf65
1995P	45,866	—	65.00	—
1995S	437,114	—	—	54.00

KM# 259 • ObvDesc: Blind runner • **RevDesc:** Two clasped hands, Atlanta Olympic logo above • 26.73 g., 0.900 **Silver** 0.7734 oz. ASW, 38.1 • **Obv. Designer:** Jim C. Sharpe and Thomas D. Rogers, Sr. • **Rev. Designer:** William J. Krawczewicz and T. James Ferrell

Date	Mintage	MS63	MS65	Prf65
1995D	28,649	—	67.00	—
1995P	138,337	—	—	45.00

KM# 260 • ObvDesc: Two gymnasts, female on floor exercise and male on rings • **RevDesc:** Two clasped hands, Atlanta Olympic logo above • 26.73 g., 0.900 **Silver** 0.7734 oz. ASW, 38.1 • **Obv. Designer:** James C. Sharpe and Thomas D. Rogers, Sr. • **Rev. Designer:** William J. Krawczewicz and T. James Ferrell

Date	Mintage	MS63	MS65	Prf65
1995D	42,497	—	55.00	—
1995P	182,676	—	—	36.80

KM# 263 • ObvDesc: Three cyclists approaching • **RevDesc:** Two clasped hands, Atlanta Olympic logo above • 26.73 g., 0.900 **Silver** 0.7734 oz. ASW, 38.1 • **Obv. Designer:** John Mercanti • **Rev. Designer:** William J. Krawczewicz and T. James Ferrell

Date	Mintage	MS63	MS65	Prf65
1995D	19,662	—	135	—
1995P	118,795	—	—	45.00

KM# 264 • ObvDesc: Two runners on a track, one crossing finish line • **RevDesc:** Two clasped hands, Atlanta Olympic logo above • 26.73 g., 0.900 **Silver** 0.7734 oz. ASW, 38.1 • **Obv. Designer:** John Mercanti • **Rev. Designer:** William J. Krawczewicz and T. James Ferrell

Date	Mintage	MS63	MS65	Prf65
1995D	24,796	—	88.00	—
1995P	136,935	—	—	38.80

KM# 266 • ObvDesc: Eunice Schriver head left; founder of the Special Olympics • **RevDesc:** Special Olympics Logo on an award medal, rose, quote from Schriver • 26.73 g., 0.900 **Silver** 0.7734 oz. ASW, 38.1 • **Obv. Designer:** Jamie Wyeth and T. James Ferrell • **Rev. Designer:** Thomas D. Rogers, Sr.

Date	Mintage	MS63	MS65	Prf65
1995W	89,301	—	40.80	—
1995P	351,764	—	—	41.80

KM# 268 • ObvDesc: Wheelchair racer approaching with uplifted arms • **RevDesc:** Atlanta Olympics logo • 26.73 g., 0.900 **Silver** 0.7734 oz. ASW, 38.1

• **Obv. Designer:** James C. Sharpe and Alfred F. Maletsky • **Rev. Designer:** Thomas D. Rogers, Sr.

Date	Mintage	MS63	MS65	Prf65
1996D	14,497	—	305	—
1996P	84,280	—	—	71.00

KM# 269 • ObvDesc: Female tennis player • **RevDesc:** Atlanta Olympics logo • 26.73 g., 0.900 **Silver** 0.7734 oz. ASW, 38.1 • **Obv. Designer:** James C. Sharpe and T. James Ferrell • **Rev. Designer:** Thomas D. Rogers, Sr.

Date	Mintage	MS63	MS65	Prf65
1996D	15,983	—	245	—
1996P	92,016	—	—	83.00

KM# 272 • ObvDesc: Four man crew rowing left • **RevDesc:** Atlanta Olympic logo • 26.73 g., 0.900 **Silver** 0.7734 oz. ASW, 38.1 • **Obv. Designer:** Bart Forbes and T. James Ferrell • **Rev. Designer:** Thomas D. Rogers, Sr.

Date	Mintage	MS63	MS65	Prf65
1996D	16,258	—	290	—
1996P	151,890	—	—	62.00

KM# 275 • ObvDesc: Female standing with lamp and shield • **RevDesc:** Legend within wreath • 26.73 g., 0.900 **Silver** 0.7734 oz. ASW, 38.1 • **Obv. Designer:** Thomas D. Rogers, Sr. • **Rev. Designer:** William C. Cousins

Date	Mintage	MS63	MS65	Prf65
1996S	101,543	—	—	51.00
1996S	23,500	—	170	—

KM# 276 • ObvDesc: Original Smithsonian building, the "Castle" designed by James Renwick • **RevDesc:** Female seated with torch and scroll on globe • 26.73 g., 0.900 **Silver** 0.7734 oz. ASW, 38.1 • **Obv. Designer:** Thomas D. Rogers, Sr. • **Rev. Designer:** John Mercanti

Date	Mintage	MS63	MS65	Prf65
1996D	31,230	—	122	—
1996P	129,152	—	—	49.00

KM# A272 • ObvDesc: High jumper • 26.73 g., 0.900 **Silver** 0.7734 oz. ASW • **Obv. Designer:** T. James Ferrell • **Rev. Designer:** Thomas D. Rogers, Sr.

Date	Mintage	MS63	MS65	Prf65
1996D	15,697	—	310	—
1996P	124,502	—	—	43.00

COMMEMORATIVES

KM# 278 • ObvDesc: National Botanic Gardens Conservatory building • **RevDesc:** Rose • 26.73 g., 0.900 **Silver** 0.7734 oz. ASW, 38.1 • **Obv. Designer:** Edgar Z. Steever • **Rev. Designer:** William C. Cousins

Date	Mintage	MS63	MS65	Prf65
1997P	57,272	—	42.00	—
1997P	264,528	—	—	42.00

KM# 279 • ObvDesc: Jackie Robinson sliding into base • **RevDesc:** Anniversary logo • 26.73 g., 0.900 **Silver** 0.7734 oz. ASW, 38.1 • **Obv. Designer:** Alfred Maletsky • **Rev. Designer:** T. James Ferrell

Date	Mintage	MS63	MS65	Prf65
1997S	30,007	—	72.00	—
1997S	110,495	—	—	90.00

KM# 281 • ObvDesc: Male and female officer admiring name on monument • **RevDesc:** Rose on a plain shield • 26.73 g., 0.900 **Silver** 0.7734 oz. ASW, 38.1

Date	Mintage	MS63	MS65	Prf65
1997P	28,575	—	135	—
1997P	110,428	—	—	78.00

KM# 287 • ObvDesc: Kennedy bust facing • **RevDesc:** Eagle on sheild, Senate Seal • 26.73 g., 0.900 **Silver** 0.7734 oz. ASW, 38.1 • **Obv. Designer:** Thomas D. Rogers, Sr. • **Rev. Designer:** James M. Peed and Thomas D. Rogers, Sr.

Date	Mintage	MS63	MS65	Prf65
1998S	106,422	—	47.50	—
1998S	99,020	—	—	47.50

KM# 288 • ObvDesc: Crispus Attucks bust right • **RevDesc:** Family standing • 26.73 g., 0.900 **Silver** 0.7734 oz. ASW, 38.1 • **Obv. Designer:** John Mercanti • **Rev. Designer:** Edward Dwight and Thomas D. Rogers, Sr.

Date	Mintage	MS63	MS65	Prf65
1998S	37,210	—	145	—
1998S	75,070	—	—	89.00

KM# 298 • ObvDesc: Madison bust right, at left • **RevDesc:** Montpelier home • 26.73 g., 0.900 **Silver** 0.7734 oz. ASW, 38.1 • **Obv. Designer:** Tiffany & Co. and T. James Ferrell • **Rev. Designer:** Tiffany & Co. and Thomas D. Rogers, Sr.

Date	Mintage	MS63	MS65	Prf65
1999P	22,948	—	38.30	—
1999P	158,247	—	—	38.30

KM# 299 • ObvDesc: Old Faithful gyser erupting • **RevDesc:** Bison and vista as on National Parks shield • 26.73 g., 0.900 **Silver** 0.7734 oz. ASW, 38.1 • **Obv. Designer:** Edgar Z. Steever • **Rev. Designer:** William C. Cousins

Date	Mintage	MS63	MS65	Prf65
1999P	82,563	—	44.00	—
1999P	187,595	—	—	40.30

KM# 311 • ObvDesc: Open and closed book, torch in background • **RevDesc:** Skylight dome above the main reading room • 26.73 g., 0.900 **Silver** 0.7734 oz. ASW • **Obv. Designer:** Thomas D. Rogers, Sr. • **Rev. Designer:** John Mercanti

Date	Mintage	MS63	MS65	Prf65
2000P	52,771	—	40.80	—
2000P	196,900	—	—	38.30

KM# 313 • ObvDesc: Ericson bust helmeted right • **RevDesc:** Viking ship sailing left • 26.73 g., 0.900 **Silver** 0.7734 oz. ASW • **Obv. Designer:** John Mercanti • **Rev. Designer:** T. James Ferrell

Date	Mintage	MS63	MS65	Prf65
2000P	28,150	—	69.00	—
2000P	58,612	—	—	62.50
2000 Iceland	15,947	—	—	26.80

KM# 324 • ObvDesc: Original and current Capital facades • **RevDesc:** Eagle with sheild and ribbon • 26.73 g., 0.900 **Silver** 0.7734 oz. ASW • **Obv. Designer:** Marika Somogyi • **Rev. Designer:** John Mercanti

Date	Mintage	MS63	MS65	Prf65
2001P	66,636	—	40.80	—
2001P	143,793	—	—	40.80

KM# 325 • ObvDesc: Native American bust right • **RevDesc:** Bison standing left • 26.73 g., 0.900 **Silver** 0.7734 oz. ASW

Date	Mintage	MS63	MS65	Prf65
2001D	197,131	—	165	—
2001P	272,869	—	—	169

KM# 336 • ObvDesc: Salt Lake City Olympic logo • **RevDesc:** Stylized skyline with mountains in background • 26.73 g., 0.900 **Silver** 0.7734 oz. ASW, 38.1 • **Obv. Designer:** John Mercanti • **Rev. Designer:** Donna Weaver

Date	Mintage	MS63	MS65	Prf65
2002P	35,388	—	40.80	—
2002P	142,873	—	—	38.30

KM# 338 • ObvDesc: Cadet Review flagbearers, Academy buildings in background • **RevDesc:** Academy emblems - Corinthian helmet and sword • 26.73 g., 0.900 **Silver** 0.7734 oz. ASW, 38.1 • **Obv. Designer:** T. James Ferrell • **Rev. Designer:** John Mercanti

Date	Mintage	MS63	MS65	Prf65
2002W	103,201	—	38.30	—
2002W	288,293	—	—	39.80

KM# 349 • ObvDesc: Orville and Wilbur Wright busts left • **RevDesc:** Wright Flyer over dunes • 26.75 g., 0.900 **Silver** 0.774 oz. ASW, 38.1 • **Obv. Designer:** T. James Ferrell • **Rev. Designer:** Norman E. Nemeth

Date	Mintage	MS63	MS65	Prf65
2003P	53,761	—	40.80	—
2003P	193,086	—	—	46.80

KM# 362 • ObvDesc: Edison half-length figure facing holding light bulb • **RevDesc:** Light bulb and rays • 23.73 g., 0.900 **Silver** 0.6866 oz. ASW • **Obv. Designer:** Donna Weaver • **Rev. Designer:** John Mercanti

Date	Mintage	MS63	MS65	Prf65
2004P	68,031	—	40.80	—
2004P	213,409	—	—	41.80

KM# 363 • ObvDesc: Lewis and Clark standing • **RevDesc:** Jefferson era clasped hands peace medal • 26.73 g., 0.900 **Silver** 0.7734 oz. ASW

Date	Mintage	MS63	MS65	Prf65
2004P	90,323	—	40.80	—
2004P	288,492	—	—	46.80

KM# 375 • ObvDesc: Marshall bust left • **RevDesc:** Marshall era Supreme Court Chamber • 26.73 g., 0.900 **Silver** 0.7734 oz. ASW, 38.1 • **Obv. Designer:** John Mercanti • **Rev. Designer:** Donna Weaver

Date	Mintage	MS63	MS65	Prf65
2005P	48,953	—	37.30	—
2005P	141,993	—	—	35.80

KM# 376 • ObvDesc: Flag Raising at Mt. Suribachi on Iwo Jima • **RevDesc:** Marine Corps emblem • 26.73 g., 0.900 **Silver** 0.7734 oz. ASW, 38.1 • **Obv. Designer:** Norman E. Nemeth • **Rev. Designer:** Charles Vickers

Date	Mintage	MS63	MS65	Prf65
2005P	130,000	—	48.00	—
2005P	370,000	—	—	52.50

KM# 387 • ObvDesc: Youthful Franklin flying kite • **RevDesc:** Revolutionary era "JOIN, or DIE" snake cartoon illustration • 26.73 g., 0.900 **Silver** 0.7734 oz. ASW, 38.1 • **Obv. Designer:** Norman E. Nemeth • **Rev. Designer:** Charles Vickers

Date	Mintage	MS63	MS65	Prf65
2006P	58,000	—	40.80	—
2006P	142,000	—	—	45.00

COMMEMORATIVES

KM# 388 • ObvDesc: Bust 3/4 right, signature in oval below • **RevDesc:** Continental Dollar of 1776 in center • 26.73 g., 0.900 **Silver** 0.7734 oz. ASW, 38.1 • **Obv. Designer:** Don Everhart II • **Rev. Designer:** Donna Weaver

Date	Mintage	MS63	MS65	Prf65
2006P	58,000	—	40.80	—
2006P	142,000	—	—	51.00

KM# 394 • ObvDesc: 3/4 view of building • **RevDesc:** Reverse of 1880s Morgan silver dollar • 26.73 g., 0.900 **Silver** 0.7734 oz. ASW, 38.1 • **Obv. Designer:** Sherl J. Winter • **Rev. Designer:** George T. Morgan

Date	Mintage	MS63	MS65	Prf65
2006S	65,609	—	40.80	—
2006S	255,700	—	—	40.80

KM# 405 • ObvDesc: Two settlers and Native American • **RevDesc:** Three ships • 26.73 g., 0.900 **Silver** 0.7734 oz. ASW, 38.1 • **Obv. Designer:** Donna Weaver and Don Everhart II • **Rev. Designer:** Susan Gamble and Charles Vickers

Date	Mintage	MS63	MS65	Prf65
2007P	79,801	—	40.80	—
2007P	258,802	—	—	38.30

KM# 418 • ObvDesc: Children's feet walking left with adult feet in military boots • **RevDesc:** Little Rock's Central High School • 26.73 g., 0.900 **Silver** 0.7734 oz. ASW, 38.1 • **Obv. Designer:** Richard Masters and Charles Vickers • **Rev. Designer:** Don Everhart II

Date	Mintage	MS63	MS65	Prf65
2007P	66,093	—	40.80	—
2007P	124,618	—	—	43.00

KM# 439 • ObvDesc: Eagle with flight, mountain in background at right • **RevDesc:** Great Seal of the United States • 26.73 g., 0.900 **Silver** 0.7734 oz. ASW, 38.1 • **Obv. Designer:** Joel Iskowitz and Don Everhart II • **Rev. Designer:** James Licaretz

Date	Mintage	MS63	MS65	Prf65
2008P	110,073	—	44.00	—
2008P	243,558	—	—	38.30

KM# 454 • ObvDesc: 3/4 portrait facing right • **RevDesc:** Part of Gettysburg Address within wreath • 26.73 g., 0.900 **Silver** 0.7734 oz. ASW, 38.1 • **Obv. Designer:** Justin Kunz and Don Everhart II • **Rev. Designer:** Phebe Hemphill

Date	Mintage	MS63	MS65	Prf65
2009P	125,000	—	55.00	—
2009P	375,000	—	—	55.00

KM# 455 • ObvDesc: Louis Braille bust facing • **RevDesc:** School child reading book in Braille, BRL in Braille code above • 26.73 g., 0.900 **Silver** 0.7734 oz. ASW, 38.1 • **Obv. Designer:** Joel Iskowitz and Phebe Hemphill • **Rev. Designer:** Susan Gamble and Joseph Menna

Date	Mintage	MS63	MS65	Prf65
2009P	82,639	—	38.50	—
2009P	135,235	—	—	38.30

KM# 479 • ObvDesc: Soldier's feet, crutches • **RevDesc:** Legend within wreath0.900 **Silver** • **Obv. Designer:** Don Everhart II • **Rev. Designer:** Thomas Cleveland and Joseph Menna

Date	Mintage	MS63	MS65	Prf65
2010W	77,859	—	40.80	—
2010W	189,881	—	—	42.30

KM# 480 • ObvDesc: Cub Scout, Boy Scout and Venturer saluting • **RevDesc:** Boy Scouts of America logo0.900 **Silver** • **Obv. Designer:** Donna Weaver • **Rev. Designer:** Jim Licaretz

Date	Mintage	MS63	MS65	Prf65
2010P	105,020	—	38.50	—
2010P	244,963	—	—	42.00

KM# 504 • ObvDesc: Medal of Honor designs for Army, Navy and Air Force awards • **RevDesc:** Army infantry doldier carrying another to safety • 26.73 g., 0.900 **Silver** 0.7734 oz. ASW, 38.1 • **Obv. Designer:** James Licaretz • **Rev. Designer:** Richard Masters and Phebe Hemphill

Date	Mintage	MS63	MS65	Prf65
2011S	44,769	—	46.50	—
2011S	112,850	—	—	43.50

KM# 507 • **ObvDesc:** Male and femlae soldier heads looking outward • **RevDesc:** Seven core values of the Army, Eagle from the great seal • 26.73 g., 0.900 **Silver** 0.7734 oz. ASW, 38.1 • **Obv. Designer:** Richard Masters and Michael Gaudioso • **Rev. Designer:** Susan Gamble and Don Everhart, II

Date	Mintage	MS63	MS65	Prf65
2011S	43,512	—	45.00	—
2011S	119,829	—	—	43.50

KM# 529 • **ObvDesc:** Infantry soldier advancing left • **RevDesc:** Crossed rifles insignia • 26.73 g., 0.900 **Silver** 0.7734 oz. ASW, 38.1 • **Obv. Designer:** Joel Iskowitz and Michael Gaudioso • **Rev. Designer:** Ronald D. Sanders and Norman E. Nemeth

Date	Mintage	MS63	MS65	Prf65
2012	—	—	50.00	—
2012	—	—	—	60.00

KM# 530 • **ObvDesc:** Liberty waving 15 star and stripe flag, Ft. McHenry in background • **RevDesc:** Modern American Flag • 26.73 g., 0.900 **Silver** 0.7734 oz. ASW, 38.1 • **Obv. Designer:** Joel Iskowitz and Phebe Hemphill • **Rev. Designer:** William C Burgard III and Don Everhart

Date	Mintage	MS63	MS65	Prf65
2012	—	—	50.00	—
2012	—	—	—	60.00

KM# 552 • **ObvDesc:** Three busts right • **RevDesc:** Trefoil logo • 26.73 g., 0.900 **Silver** 0.7734 oz. ASW, 38.1

Date	Mintage	MS63	MS65	Prf65
2013W	37,461	—	50.00	—
2013W	86,353	—	—	60.00

KM# 553 • **ObvDesc:** Two busts facing, strips from flag in background • **RevDesc:** Lamp from U.S.

Army Command and General Staff College • 26.73 g., 0.900 **Silver** 0.7734 oz. ASW, 38.1

Date	Mintage	MS63	MS65	Prf65
2013W	34,639	—	50.00	—
2013S	69,290	—	—	60.00

KM# 577 • ObvDesc: Baseball glove • **RevDesc:** Baseball • 26.73 g., 0.900 **Silver** 0.7734 oz. ASW

Date	Mintage	MS63	MS65	Prf65
2014P	—	—	50.00	—
2014P	—	—	—	60.00

KM# 579 • ObvDesc: Three Civil Rights marchers • **RevDesc:** Torch • 26.73 g., 0.900 **Silver** 0.7734 oz. ASW

Date	Mintage	MS63	MS65	Prf65
2014P	—	—	50.00	—
2014P	—	—	—	60.00

$5 (HALF EAGLE)

KM# 215 • ObvDesc: Statue of Liberty head right • **RevDesc:** Eagle in flight left • 8.36 g., 0.900 **Gold** 0.2419 oz. AGW, 21.6

Date	Mintage	MS63	MS65	Prf65
1986W	95,248	—	442	—
1986W	404,013	—	—	442

KM# 221 • ObvDesc: Eagle left with quill pen in talon • **RevDesc:** Upright quill pen • 8.36 g., 0.900 **Gold** 0.2419 oz. AGW, 21.6

Date	Mintage	MS63	MS65	Prf65
1987W	214,225	—	442	—
1987W	651,659	—	—	442

KM# 223 • ObvDesc: Nike head wearing olive wreath • **RevDesc:** Stylized olympic couldron • 8.36 g., 0.900 **Gold** 0.2419 oz. AGW, 21.6 • **Obv. Designer:** Elizabeth Jones • **Rev. Designer:** Marcel Jovine

Date	Mintage	MS63	MS65	Prf65
1988W	62,913	—	442	—
1988W	281,456	—	—	442

KM# 226 • ObvDesc: Capitol dome • **RevDesc:** Eagle atop of the canopy from the Old Senate Chamber • 8.36 g., 0.900 **Gold** 0.2419 oz. AGW, 21.6

Date	Mintage	MS63	MS65	Prf65
1989W	46,899	—	442	—
1989W	164,690	—	—	442

KM# 230 • ObvDesc: Eagle in flight towards Mount Rushmore • **RevDesc:** Legend at center • 8.36 g., 0.900 **Gold** 0.2419 oz. AGW, 21.6 • **Obv. Designer:** John Mercanti • **Rev. Designer:** Robert Lamb and William C. Cousins

Date	Mintage	MS63	MS65	Prf65
1991W	31,959	—	442	—
1991W	111,991	—	—	442

KM# 235 • ObvDesc: Sprinter, U.S. Flag in background • **RevDesc:** Heraldic eagle, olympic rings above • 8.36 g., 0.900 **Gold** 0.2419 oz. AGW, 21.6 • **Obv. Designer:** James C. Sharpe and T. James Ferrell • **Rev. Designer:** James M. Peed

Date	Mintage	MS63	MS65	Prf65
1992W	27,732	—	442	—
1992W	77,313	—	—	442

KM# 239 • ObvDesc: Columbus' profile left, at right, map of Western Hemisphere at left • **RevDesc:** Arms of Spain, and parchment map • 8.36 g., 0.900 **Gold** 0.2419 oz. AGW, 21.6 • **Obv. Designer:** T. James Ferrell • **Rev. Designer:** Thomas D. Rogers, Sr.

Date	Mintage	MS63	MS65	Prf65
1992W	24,329	—	442	—
1992W	79,730	—	—	442

KM# 242 • ObvDesc: Madison at left holding document • **RevDesc:** Eagle above legend, torch and laurel at sides • 8.36 g., 0.900 **Gold** 0.2419 oz. AGW, 21.6 • **Obv. Designer:** Scott R. Blazek • **Rev. Designer:** Joseph D. Peña

Date	Mintage	MS63	MS65	Prf65
1993W	22,266	—	442	—
1993W	78,651	—	—	442

KM# 245 • ObvDesc: Soldier with expression of victory • **RevDesc:** Morse code dot-dot-dot-dash for V, large in background; V for Victory • 8.36 g., 0.900 **Gold** 0.2419 oz. AGW, 21.6 • **Obv. Designer:** Charles J. Madsen and T. James Ferrell • **Rev. Designer:** Edward S. Fisher and T. James Ferrell

Date	Mintage	MS63	MS65	Prf65
1993W	23,089	—	442	—
1993W	65,461	—	—	442

KM# 248 • ObvDesc: World Cup trophy • **RevDesc:** World Cup 94 logo • 8.36 g., 0.900 **Gold** 0.2419 oz. AGW, 21.6 • **Obv. Designer:** William J. Krawczewicz • **Rev. Designer:** Dean McMullen

Date	Mintage	MS63	MS65	Prf65
1994W	22,464	—	442	—
1994W	89,619	—	—	442

KM# 256 • ObvDesc: Bugler on horseback right • **RevDesc:** Eagle on shield • 8.36 g., 0.900 **Gold** 0.2419 oz. AGW, 21.6

Date	Mintage	MS63	MS65	Prf65
1995W	55,246	—	—	442
1995W	12,735	—	950	—

KM# 261 • ObvDesc: Torch runner, Atlanta skyline and logo in background • **RevDesc:** Eagle advancing right • 8.36 g., 0.900 **Gold** 0.2419 oz. AGW, 21.6

Date	Mintage	MS63	MS65	Prf65
1995W	14,675	—	885	—
1995W	57,442	—	—	442

KM# 265 • ObvDesc: Atlanta Stadium and logo • **RevDesc:** Eagle advancing right • 8.36 g., 0.900 **Gold** 0.2419 oz. AGW, 21.6 • **Obv. Designer:** Marvel Jovine and William C. Cousins • **Rev. Designer:** Frank Gasparro

Date	Mintage	MS63	MS65	Prf65
1995W	10,579	—	2,500	—
1995W	43,124	—	—	442

KM# 270 • ObvDesc: Torch bearer lighting cauldron • **RevDesc:** Atlanta Olympics logo flanked by laurel • 8.36 g., 0.900 **Gold** 0.2419 oz. AGW, 21.6 • **Obv. Designer:** Frank Gasparro and T. James Ferrell • **Rev. Designer:** William J. Krawczewicz and Thomas D. Rogers, Sr.

Date	Mintage	MS63	MS65	Prf65
1996W	9,210	—	2,600	—
1996W	38,555	—	—	442

KM# 274 • ObvDesc: Flag bearer advancing • **RevDesc:** Atlanta Olympic logo flanked by laurel • 8.36 g., 0.900 **Gold** 0.2419 oz. AGW, 21.6 • **Obv. Designer:** Patricia Verani and John Mercanti • **Rev. Designer:** William J. Krawczewicz and Thomas D. Rogers, Sr.

Date	Mintage	MS63	MS65	Prf65
1996W	9,174	—	2,600	—
1996W	32,886	—	—	442

KM# 277 • ObvDesc: Smithson bust left • **RevDesc:** Sunburst museum logo • 8.36 g., 0.900 **Gold** 0.2419 oz. AGW, 21.6 • **Obv. Designer:** Alfred Maletsky • **Rev. Designer:** T. James Ferrell

Date	Mintage	MS63	MS65	Prf65
1996W	9,068	—	850	—
1996W	29,474	—	—	442

KM# 280 • ObvDesc: Robinson head right • **RevDesc:** Legend on baseball • 8.36 g., 0.900 **Gold** 0.2419 oz. AGW, 21.6 • **Obv. Designer:** William C. Cousins • **Rev. Designer:** James M. Peed

Date	Mintage	MS63	MS65	Prf65
1997W	5,202	—	2,900	—
1997W	24,072	—	—	590

KM# 282 • ObvDesc: Roosevelt bust right • **RevDesc:** Eagle shield • 8.36 g., 0.900 **Gold** 0.2419 oz. AGW, 21.6 • **Obv. Designer:** T. James Ferrell • **Rev. Designer:** James M. Peed and Thomas D. Rogers, Sr.

Date	Mintage	MS63	MS65	Prf65
1997W	11,894	—	1,275	—
1997W	29,474	—	—	442

KM# 300 • ObvDesc: Washington's head right • **RevDesc:** Eagle with wings outstretched • 8.36 g., 0.900 **Gold** 0.2419 oz. AGW, 21.6

Date	Mintage	MS63	MS65	Prf65
1999W	22,511	—	452	—
1999W	41,693	—	—	447

KM# 326 • ObvDesc: Column at right • **RevDesc:** First Capital building • 8.54 g., 0.900 **Gold** 0.2471 oz. AGW

Date	Mintage	MS63	MS65	Prf65
2001W	6,761	—	1,750	—
2001W	27,652	—	—	442

KM# 337 • ObvDesc: Salt Lake City Olympics logo • **RevDesc:** Stylized cauldron • 8.36 g., 0.900 **Gold** 0.2419 oz. AGW, 21.6

Date	Mintage	MS63	MS65	Prf65
2002W	10,585	—	452	—
2002W	32,877	—	—	442

KM# 395 • ObvDesc: Front entrance façade • **RevDesc:** Eagle as on 1860's $5. Gold • 8.36 g., 0.900 **Gold** 0.2419 oz. AGW • **Obv. Designer:** Charles Vickers and Joseph Menna • **Rev. Designer:** Christian Gobrecht

Date	Mintage	MS63	MS65	Prf65
2006S	16,230	—	442	—
2006S	41,517	—	—	442

KM# 406 • ObvDesc: Settler and Native American • **RevDesc:** Jamestown Memorial Church ruins • 8.36 g., 0.900 **Gold** 0.2419 oz. AGW • **Obv.**

Designer: John Mercanti • **Rev. Designer:** Susan Gamble and Norman Nemeth

Date	Mintage	MS63	MS65	Prf65
2007W	18,843	—	442	—
2007W	47,050	—	—	442

KM# 440 • **ObvDesc:** Two eagles on branch • **RevDesc:** Eagle with shield • 8.36 g., 0.900 **Gold** 0.2419 oz. AGW, 21.6 • **Obv. Designer:** Susan Gamble adn Phebe Hemphill • **Rev. Designer:** Don Everhart II

Date	Mintage	MS63	MS65	Prf65
2008W	13,467	—	457	—
2008W	59,269	—	—	442

KM# 505 • **ObvDesc:** 1861 Medal of Honor design for the Navy • **RevDesc:** Minerva standing with shield and Union flag, field artillery canon flanking • 8.36 g., 0.900 **Gold** 0.2419 oz. AGW, 21.1 • **Obv. Designer:** Joseph Menna • **Rev. Designer:** Joel Iskowitz and Michael Gaudioso

Date	Mintage	MS63	MS65	Prf65
2011S	18,012	—	—	500
2011S	8,251	—	585	—

KM# 508 • **ObvDesc:** Five Soldiers of different eras • **RevDesc:** Elements from the Army's emblem • 8.36 g., 0.900 **Gold** 0.2419 oz. AGW, 21.1 • **Obv. Designer:** Joel Iskowitz and Phebe Hemphill • **Rev. Designer:** Joseph Menna

Date	Mintage	MS63	MS65	Prf65
2011P	8,062	—	585	—
2011W	17,173	—	—	495

KM# 531 • **ObvDesc:** Naval battle scene from the War of 1812. American ship in foreground, damaged British ship in background • **RevDesc:** 15 stars and 15 stripes, opening words to the Star-Spangled Banner: O say can you see. • 8.36 g., 0.900 **Gold** 0.2419 oz. AGW, 21.1 • **Obv. Designer:** Donna Weaver • **Rev. Designer:** Joseph Menna

Date	Mintage	MS63	MS65	Prf65
2012	—	—	585	—
2012	—	—	—	600

KM# 555 • **ObvDesc:** Head facing at left • **RevDesc:** Lamp • 8.36 g., 0.900 **Gold** 0.2419 oz. AGW, 21.1

Date	Mintage	MS63	MS65	Prf65
2013P	5,658	—	—	—
2013S	15,843	—	—	—

KM# 578 • **ObvDesc:** Baseball glove • **RevDesc:** Baseball • 8.36 g., 0.900 **Gold** 0.2419 oz. AGW, 21.1

Date	Mintage	MS63	MS65	Prf65
2014W	—	—	—	—
2014W	—	—	—	—

$10 (EAGLE)

KM# 211 • **ObvDesc:** Male and female runner with torch • **RevDesc:** Heraldic eagle • 16.72 g., 0.900 **Gold** 0.4837 oz. AGW, 27 • **Obv. Designer:** James M. Peed and John Mercanti • **Rev. Designer:** John Mercanti

Date	Mintage	MS63	MS65	Prf65
1984W	75,886	—	883	—
1984W	381,085	—	—	893
1984P	33,309	—	—	893
1984D	34,533	—	—	893
1984S	48,551	—	—	893

KM# 312 • **ObvDesc:** Torch and partial facade • **RevDesc:** Stylized eagle within laurel wreath • 16.26 g., **Bi-Metallic** • **Obv. Designer:** John Mercanti • **Rev. Designer:** Thomas D. Rogers, Sr.

Date	Mintage	MS63	MS65	Prf65
2000W	6,683	—	4,500	—
2000W	27,167	—	—	1,300

KM# 350 • ObvDesc: Orvile and Wilbur Wright busts facing • **RevDesc:** Wright flyer and eagle • 16.72 g., 0.900 **Gold** 0.4837 oz. AGW • **Obv. Designer:** Donna Weaver • **Rev. Designer:** Norman Nemeth

Date	Mintage	MS63	MS65	Prf65
2003P	10,129	—	1,050	—
2003W	21,846	—	—	893

$20 (DOUBLE EAGLE)

KM# 464 • ObvDesc: Ultra high relief Liberty holding torch, walking forward • **RevDesc:** Eagle in flight left, sunrise in background • 31.11 g., 0.999 **Gold** 0.999 oz. AGW, 27

Date	Mintage	MS63	MS65	Prf65
2009	115,178	—	1,950	—

MODERN COMMEMORATIVE COIN SETS

Olympic, 1983-1984

Date	Value
1983 collectors 3 coin set: 1983 PDS uncirculated dollars; KM209.	104
1983 & 1984 3 coin set: 1983 and one 1984 uncirculated dollar and 1984W uncirculated gold $10; KM209, 210, 211.	952
1983S & 1984S 3 coin set: proof 1983 and 1984 dollar and 1984W gold $10; KM209, 210, 211.	956
1983 & 1984 6 coin set in a cherrywood box: 1983S and 1984S uncirculated and proof dollars, 1984W uncirculated and proof gold $10; KM209, 210, 211.	1,909
1983S & 1984S 2 coin set: proof dollars.	74.00
1984 collectors 3 coin set: 1984 PDS uncirculated dollars; KM210.	105

Statue of Liberty

Date	Value
1986 2 coin set: uncirculated silver dollar and clad half dollar; KM212, 214.	38.00
1986 2 coin set: proof silver dollar and clad half dollar; KM212, 214.	40.00
1986 3 coin set: uncirculated silver dollar, clad half dollar and gold $5; KM212, 214, 215.	480
1986 3 coin set: proof silver dollar, clad half dollar and gold $5; KM212, 214, 215.	483
1986 6 coin set: 1 each of the proof and uncirculated issues; KM212, 214, 215.	963

Constitution

Date	Value
1987 2 coin set: uncirculated silver dollar and gold $5; KM220, 221.	477
1987 2 coin set: proof silver dollar and gold $5; KM220, 221.	479
1987 4 coin set: silver dollar and $5 gold proof and uncirculated issues; KM220, 221.	958

Olympic, 1988

Date	Value
1988 2 coin set: uncirculated silver dollar and gold $5; KM222, 223.	477
1988 2 coin set: proof silver dollar and gold $5; KM222, 223.	479
1988 4 coin set: silver dollar and $5 gold proof and uncirculated issues; KM222, 223.	958

Congress

Date	Value
1989 2 coin set: uncirculated silver dollar and clad half dollar; KM224, 225.	42.00
1989 2 coin set: proof silver dollar and clad half dollar; KM224, 225.	44.00
1989 3 coin set: uncirculated silver dollar, clad half and gold $5; KM224, 225, 226.	485
1989 3 coin set: proof silver dollar, clad half and gold $5; KM224, 225, 226.	487
1989 6 coin set: 1 each of the proof and uncirculated issues; KM224, 225, 226.	973

Mt. Rushmore

Date	Value
1991 2 coin set: uncirculated half dollar and silver dollar; KM228, 229.	57.00
1991 2 coin set: proof half dollar and silver dollar; KM228, 229.	60.00
1991 3 coin set: uncirculated half dollar, silver dollar and gold $5; KM228, 229, 230.	500
1991 3 coin set: proof half dollar, silver dollar and gold $5; KM228, 229, 230.	502
1991 6 coin set: 1 each of proof and uncirculated issues; KM228, 229, 230.	1,004

Olympic, 1992

Date	Value
1992 2 coin set: uncirculated half dollar and silver dollar; KM233, 234.	46.00
1992 2 coin set: proof half dollar and silver dollar; KM233, 234.	47.00
1992 3 coin set: uncirculated half dollar, silver dollar and gold $5; KM233, 234, 235.	489
1992 3 coin set: proof half dollar, silver dollar and gold $5; KM233, 234, 235.	490
1992 6 coin set: 1 each of proof and uncirculated issues; KM233, 234, 235.	978

Columbus Quincentenary

Date	Value
1992 2 coin set: uncirculated half dollar and silver dollar; KM237, 238.	52.00
1992 2 coin set: proof half dollar and silver dollar; KM237, 238.	47.00
1992 3 coin set: uncirculated half dollar, silver dollar and gold $5; KM237, 238, 239.	495
1992 3 coin set: proof half dollar, silver dollar and gold $5; KM237, 238, 239.	489
1992 6 coin set: 1 each of proof and uncirculated issues; KM237, 238, 239.	985

Jefferson

Date	Value
1993 Jefferson: dollar, 1994 matte proof nickel and $2 note; KM249, 192.	109

Madison / Bill of Rights

Date	Value
1993 2 coin set: uncirculated half dollar and silver dollar; KM240, 241.	57.00
1993 2 coin set: proof half dollar and silver dollar; KM240, 241.	58.00
1993 3 coin set: uncirculated half dollar, silver dollar and gold $5; KM240, 241, 242.	499
1993 3 coin set: proof half dollar, silver dollar and gold $5; KM240, 241, 242.	500
1993 6 coin set: 1 each of proof and uncirculated issues; KM240, 241, 242.	999
1993 Coin and stamp set; KM#240 and 20c stamp	21.00

World War II

Date	Value
1993 2 coin set: uncirculated half dollar and silver dollar; KM243, 244.	54.00
1993 2 coin set: proof half dollar and silver dollar; KM243, 244.	57.00
1993 3 coin set: uncirculated half dollar, silver dollar and gold $5; KM243, 244, 245.	496
1993 3 coin set: proof half dollar, silver dollar and gold $5; KM243, 244, 245.	500
1993 6 coin set: 1 each of proof and uncirculated issues; KM243, 244, 245.	1,000

U.S. Veterans

Date	Value
1994 3 coin set: uncirculated POW, Vietnam, Women dollars; KM250, 251, 252.	202
1994 3 coin set: proof POW, Vietnam, Women dollars; KM250, 251, 252.	142

World Cup

Date	Value
1994 2 coin set: uncirculated half dollar and silver dollar; KM246, 247.	48.00
1994 2 coin set: proof half dollar and silver dollar; KM246, 247.	45.00
1994 3 coin set: uncirculated half dollar, silver dollar and gold $5; KM246, 247, 248.	490
1994 3 coin set: proof half dollar, silver dollar and gold $5; KM246, 247, 248.	487
1994 6 coin set: 1 each of proof and uncirculated issues; KM246, 247, 248.	983

Olympic, 1995-96

Date	Value
1995 4 coin set: uncirculated basketball half, $1 gymnast & blind runner, $5 torch runner; KM257, 259, 260, 261.	1,024
1995 4 coin set: proof basketball half, $1 gymnast & blind runner, $5 torch runner; KM257, 259, 260, 261.	533
1995P 2 coin set: proof $1 gymnast & blind runner; KM259, 260.	82.00
1995P 2 coin set: proof $1 track & field, cycling; KM263, 264.	84.00
1995-96 4 coin set: proof halves, basketball, baseball, swimming, soccer; KM257, 262, 267, 271.	75.00
1995 & 96 16 coins in cherry wood case: bu and proof silver dollars: blind runner, gymnast, cycling, track & field, wheelchair, tennis, rowing, high jump; KM259, 260, 263, 264, 268, 269, 272, 272A.	10,400
1995 & 96 16 coins in cherry wood case: proof half dollars: basketball, baseball, swimming, soccer, KM257, 262, 267, 271. Proof silver dollars: blind runner, gymnast, cycling, track & field, wheelchair, tennis, rowing, high jump, KM259, 260, 263, 264, 268, 269, 272, 272A. Proof $5 gold: torch runner, stadium, cauldron, flag bearer, KM 261, 265, 270, 274.	2,370
1995 & 96 32 coins in cherry wood case: bu & proof half dollars: basketball, baseball, swimming, soccer, KM257, 262, 267, 271. BU & proof silver dollars: blind runner, gymnast, cycling, track & field, wheelchair, tennis, rowing, high jump, KM259, 260, 263, 264, 268, 269, 272, 272A. BU & proof $5 gold: torch runner, stadium, cauldron, flag bearer, KM261, 265, 270, 274.	12,800
1996P 2 coin set: proof $1 wheelchair & tennis; KM268, 269.	154
1996P 2 coin set: proof $1 rowing & high jump; KM272, 272A.	105
1996 Young collector 4 coin set; Half dollars: KM#257, 262, 267, 271	205
1995 & 96 8 coins in cherry wood case: proof silver dollars: blind runner, gymnast, cycling, track & field, wheelchair, tennis, rowing, high jump; KM259, 260, 263, 264, 268, 269, 272, 272A.	425

Civil War

Date	Value
1995 2 coin set: uncirculated half and dollar; KM254, 255.	102
1995 2 coin set: proof half and dollar; KM254, 255.	88.00
1995 3 coin set: uncirculated half, dollar and gold $5; KM254, 255, 256.	1,055
1995 3 coin set: proof half, dollar and gold $5; KM254, 255, 256.	530
1995 6 coin set: 1 each of proof and uncirculated issues; KM254, 255, 256.	1,585
1995 Civil War Young Collectors set KM#245	37.50

Smithsonian

Date	Value
1996 2 coin set: proof dollar and $5 gold; KM276, 277.	495
1996 4 coin set: proof and B.U. ; KM276, 277.	1,465

Franklin Delano Roosevelt

Date	Value
1997W 2 coin set: uncirculated and proof; KM282.	3,500

Jackie Robinson

Date	Value
1997 2 coin set: proof dollar & $5 gold; KM279, 280.	680
1997 4 coin set: proof & BU; KM279, 280.	3,660
1997 legacy set.	650

Botanic Garden

Date	Value
1997 2 coin set: dollar, Jefferson nickel and $1 note; KM278, 192.	220

Black Patriots

Date	Value
1998S 2 coin set: uncirculated and proof; KM288.	220

Kennedy

Date	Value
1998 2 coin set: proof; KM287.	88.00
1998 2 coin collectors set: Robert Kennedy dollar and John Kennedy half dollar; KM287, 202b. Matte finished.	225

Dolley Madison

Date	Value
1999 2 coin set: proof and uncirculated silver dollars; KM298.	76.00

Yellowstone National Park

Date	Value
1999 2 coin set: proof and uncirculated silver dollars; KM299.	84.00

George Washington

Date	Value
1999 2 coin set: proof and uncirculated gold $5; KM300.	900

Millennium Coin & Currency

Date	Value
2000 2 coin set: uncirculated Sacagewea $1, silver Eagle & $1 note.	67.50

Leif Ericson

Date	Value
2000 2 coin set: proof and uncirculated silver dollars; KM313.	85.00

American Buffalo

Date	Value
2001 2 coin set: 90% silver unc. & proof $1.; KM325.	330
2001 coin & currency set 90% unc. dollar & replicas of 1899 $5 silver cert.; KM325.	180

Capitol Visitor Center

Date	Value
2001 3 coin set: proof half, silver dollar, gold $5; KM323, 324, 326.	495

Winter Olympics - Salt Lake City

Date	Value
2002 2 coin set: proof 90% silver dollar KM336 & $5.00 Gold KM337.	465
2002 4 coin set: 90% silver unc. & proof $1, KM336 & unc. & proof gold $5, KM337.	925

COMMEMORATIVE SETS

Thomas Alva Edison

Date	Value
2004 Uncirculated silver dollar and light bulb.	55.00

Lewis and Clark Bicentennial

Date	Value
2004 Coin and pouch set.	65.00
2004 coin and currency set: Uncirculated silver dollar, two 2005 nickels, replica 1901 $10 Bison note, silver plated peace medal, three stamps & two booklets.	58.00
2004 Westward Journey Nickel series coin and medal set: Proof Sacagawea dollar, two 2005 proof nickels and silver plated peace medal.	40.00

Chief Justice John Marshall

Date	Value
2005 Coin and Chronicles set: Uncirculated silver dollar, booklet and BEP intaglio portrait.	57.00

U.S. Marine Corps

Date	Value
2005 Uncirculated silver dollar and stamp set.	63.00

Benjamin Franklin Tercentennary

Date	Value
2006 Coin and Chronicles set: Uncirculated "Scientist" silver dollar, four stamps, Poor Richards Almanac and intaglio print.	49.00

Central High School Desegregation

Date	Value
2007 Little Rock Dollar and medal set, KM#418	47.80

American Bald Eagle

Date	Value
2008 Proof half dollar, dollar and $5 gold, KM438, KM439, KM440	490
2008 Bald Eagle young collector's set; Half Dollar, KM#438	23.00

Louis Braille

Date	Value
2009 Braille Education set, KM#455	43.50

AMERICAN EAGLE SILVER BULLION

SILVER DOLLAR

KM# 273 • ObvDesc: Liberty walking left • Rev-Desc: Eagle with shield • 31.11 g., 0.9993 Silver 0.9993 oz. ASW, 40.6 • Obv. Designer: Adolph A. Weinman • Rev. Designer: John Mercanti

Date	Mintage	MS65	Prf65
1986	5,393,005	34.80	—
1986S	1,446,778	—	48.00
1987	11,442,335	27.00	—
1987S	904,732	—	48.00
1988	5,004,646	27.00	—
1988S	557,370	—	48.00
1989	5,203,327	27.00	—
1989S	617,694	—	48.00
1990	5,840,110	27.00	—
1990S	695,510	—	48.00
1991	7,191,066	27.00	—
1991S	511,924	—	48.00
1992	5,540,068	27.00	—
1992S	498,543	—	48.00
1993	6,763,762	30.00	—
1993P	405,913	—	105
1994	4,227,319	44.00	—
1994P	372,168	—	198
1995W	4,672,051	41.00	—
1995	407,822	—	68.50
1995P 10th Anniversary	30,102	—	4,450
1996P	3,603,386	70.00	—
1996	498,293	—	82.00
1997P	4,295,004	39.50	—
1997	440,315	—	95.00
1998P	4,847,547	34.00	—
1998	450,728	—	71.50
1999P	7,408,640	28.80	—
1999	549,330	—	48.00
2000	9,239,132	28.80	—

Date	Mintage	MS65	Prf65
2000P	600,743	—	41.00
2001	9,001,711	26.80	—
2001W	746,398	—	38.00
2002W	10,539,026	26.80	—
2002	647,342	—	48.00
2003W	8,495,008	23.30	—
2003	747,831	—	48.00
2004	8,882,754	—	48.00
2004W	801,602	23.30	—
2005	8,891,025	23.30	—
2005W	816,663	—	38.00
2006	10,676,522	23.30	—
2006P Burnished Unc.	468,000	70.00	—
2006W	1,093,600	—	38.00
2006W Reverse Proof	Est. 250000	—	215
2006 20th Aniv. 3 pc. set	—	—	345
2007W	9,028,036	23.30	—
2007W Burnished Unc.	690,891	23.30	—
2007	821,759	—	38.00
2008W	20,583,000	23.30	—
2008 Burnished Unc.	Est. 550000	60.00	—
2008 Reverse of '07, U in United with rounded bottom.	Est. 47000	525	—

Date	Mintage	MS65	Prf65
2008W	713,353	—	38.00
2009	30,459,000	23.30	—
2010	34,764,500	23.30	—
2010	—	—	38.00
2011W	39,764,500	22.30	—
2011P Reverse Proof	100,000	—	280
2011 Burnished Unc.	100,000	45.00	—
2011S Burnished Unc.	—	265	—
2011W	850,000	—	45.00
2012	—	20.30	—
2012S Reverse Proof	—	—	110
2012	60,203	—	41.00
2012W Burnished Unc.	33,742,500	62.00	—
2013W	178,941	20.30	—
2013W Enhanced Finish	—	93.50	—
2013	—	—	42.00
2013 Enhanced Finish	—	26.00	—
2013W Enhanced Finish Reverse Proof	—	—	65.00
2014	—	20.30	—
2014	—	—	42.00

AMERICA THE BEAUTIFUL SILVER BULLION

SILVER QUARTER

KM# 489 • RevDesc: Park Headquarters and fountain • 155.55 g., 0.999 **Silver** 4.996 oz. ASW • **Rev. Designer:** Don Everhart II and Joseph Menna

Date	Mintage	MS65	MS69
2010	33,000	290	360
2010P Vapor Blast finish	27,000	250	375

KM# 490 • RevDesc: Old Faithful geyser and bison • 155.55 g., 0.999 **Silver** 4.996 oz. ASW • **Rev. Designer:** Don Everhart II

Date	Mintage	MS65	MS69
2010	33,000	275	360
2010P Vapor Blast finish	27,000	240	325

KM# 491 • RevDesc: El Capitan, largest monolith of granite in the world • 155.55 g., 0.999 **Silver** 4.996 oz. ASW • **Rev. Designer:** Joseph Menna and Phebe Hemphill

Date	Mintage	MS65	MS69
2010	33,000	275	385
2010P Vapor blast finish	27,000	225	260

KM# 492 • RevDesc: Grabarues above the Nankoweap Delta in Marble Canyon near the Colorado River • 155.55 g., 0.999 **Silver** 4.996 oz. ASW • **Rev. Designer:** Phebe Hemphill

Date	Mintage	MS65	MS69
2010	33,000	250	325
2010P Vapor blast finish	26,019	225	325

KM# 493 • RevDesc: Mt. Hood with Lost Lake in the foreground • 155.55 g., 0.999 **Silver** 4.996 oz. ASW • **Rev. Designer:** Phebe Hemphill

Date	Mintage	MS65	MS69
2010	33,000	275	360
2010P Vapor blast finish	25,318	200	260

KM# 513 • RevDesc: 72nd Pennsylvania Infantry Monumnet on the battle line of the Union Army at Cemetery Ridge • 155.55 g., 0.999 **Silver** 4.996 oz. ASW • **Rev. Designer:** Joel Iskowitz and Phebe Hemphill

Date	Mintage	MS65	MS69
2011	126,700	200	260
2011P Vapor blast finish	24,625	190	240

KM# 514 • RevDesc: Northeast slope of Mount Reynolds • 155.55 g., 0.999 **Silver** 4.996 oz. ASW • **Rev. Designer:** Barbara Fox and Charles L. Vickers

Date	Mintage	MS65	MS69
2011	126,700	200	260
2011P Vapor blast finish	20,503	190	240

KM# 515 • RevDesc: Roosevelt elk on a gravel river bar along the Hoh River, Mount Olympus in the background • 155.55 g., 0.999 **Silver** 4.996 oz. ASW • **Rev. Designer:** Susan Gambel and Michael Gaudioso

Date	Mintage	MS65	MS69
2011	85,900	200	260
2011P Vapor blast finish	17,988	190	240

KM# 516 • RevDesc: U.S.S. Cairo on the Yazoo River • 155.55 g., 0.999 **Silver** 4.996 oz. ASW • **Rev. Designer:** Thomas Cleveland and Joseph menna

Date	Mintage	MS65	MS69
2011	39,500	200	260
2011P Vapor blast finish	18,181	190	240

KM# 517 • RevDesc: Limestone Lincoln Bridge • 155.55 g., 0.999 **Silver** 4.996 oz. ASW • **Rev. Designer:** Donna Weaver and James Licaretz

Date	Mintage	MS65	MS69
2011	29,700	200	260
2011P Vapor blast finish	16,386	190	240

KM# 536 • RevDesc: Coquin tree frog and Puerto Rico parrot • 155.55 g., 0.999 **Silver** 4.996 oz. ASW

Date	Mintage	MS65	MS69
2012	21,900	200	260
2012P Vapor blast finish	15,271	190	240

KM# 537 • RevDesc: Two elevated kivas at Chetro Ketl complex • 155.52 g., 0.999 **Silver** 4.9951 oz. ASW

Date	Mintage	MS65	MS69
2012	20,000	200	260
2012P Vapor blast finish	12,679	190	240

KM# 538 • RevDesc: Bass Harbor Head Lighthouse • 155.52 g., 0.999 **Silver** 4.9951 oz. ASW

Date	Mintage	MS65	MS69
2012	25,400	200	260

Date	Mintage	MS65	MS69
2012P Vapor blast finish	13,196	190	240

KM# 539 • RevDesc: Volcano erupting • 155.52 g., 0.999 **Silver** 4.9951 oz. ASW

Date	Mintage	MS65	MS69
2012	20,000	200	260
2012P Vapor blast finish	13,789	190	240

KM# 540 • RevDesc: Dall sheep and Mount McKinley • 155.55 g., 0.999 **Silver** 4.9961 oz. ASW

Date	Mintage	MS65	MS69
2012	20,000	200	260
2012P Vapor blast finish	10,180	190	240

KM# 556 • RevDesc: Mountain vista • 155.55 g., 0.999 **Silver** 4.996 oz. ASW

Date	Mintage	MS65	MS69
2013	35,000	200	260
2013P Vapor blast finish	20,530	190	240

KM# 557 • RevDesc: Perry standing and Memorial column • 155.55 g., 0.999 **Silver** 4.996 oz. ASW

Date	Mintage	MS65	MS69
2013	30,000	200	260
2013P Vapor blast finsih	17,707	190	240

KM# 558 • RevDesc: Ancient weatherworn tree • 155.55 g., 0.999 **Silver** 4.996 oz. ASW

Date	Mintage	MS65	MS69
2013	30,000	190	240
2013P Vapor blast finish	17,792	200	260

KM# 559 • RevDesc: Fort McHenry and flag • 155.55 g., 0.999 **Silver** 4.996 oz. ASW

Date	Mintage	MS65	MS69
2013	30,000	200	260

Date	Mintage	MS65	MS69
2013 Vapor blast finish	19,802	190	240

KM# 560 • RevDesc: Presidential head sculpture on Mt. Rushmore • 155.55 g., 0.999 **Silver** 4.996 oz. ASW

Date	Mintage	MS65	MS69
2013	35,000	190	240
2013P Vapor blast finish	23,547	200	260

KM# 580 • 155.55 g. **Silver**

Date	Mintage	MS65	MS69
2014	29,500	200	260
2014P Vapor blast finish	24,705	190	240

KM# 581 • 155.55 g., 0.999 **Silver** 4.996 oz. ASW

Date	Mintage	MS65	MS69
2014	—	—	260
2014P Vapor blast finish	—	—	240

KM# 582 • 155.55 g., 0.999 **Silver** 4.996 oz. ASW

Date	Mintage	MS65	MS69
2014	—	200	260
2014P Vapor blast finish	—	190	240

KM# 583 • 155.55 g., 0.999 **Silver** 4.996 oz. ASW

Date	Mintage	MS65	MS69
2014	—	200	260
2014P Vapor blast finish	—	190	240

KM# 584 • 155.55 g., 0.999 **Silver** 4.996 oz. ASW

Date	Mintage	MS65	MS69
2014	—	200	260
2014P Vapor blast finish	—	190	240

AMERICAN EAGLE GOLD BULLION

GOLD $5

KM# 216 • 3.39 g., 0.9167 **Gold** 0.100 oz. AGW, 16.5 • **Obv. Designer:** Augustus Saint-Gaudens • **Rev. Designer:** Miley Busiek

Date	Mintage	MS65	Prf65
MCMLXXXVI 1986	912,609	165	—
MCMLXXXVII 1987	580,266	165	—
MCMLXXXVIII 1988	159,500	165	—
MCMLXXXVIII (1988)P	143,881	—	155
MCMLXXXIX 1989	264,790	165	—
MCMLXXXIX (1989)P	84,647	—	205
MCMXC 1990	210,210	170	—
MCMXC (1990)P	99,349	—	225
MCMXCI 1991	165,200	245	—
MCMXCI (1991)P	70,334	—	210
1992	209,300	140	—
1992P	64,874	—	185
1993	210,709	165	—
1993P	45,960	—	210
1994W	206,380	175	—
1994	62,849	—	147
1995	223,025	165	—
1995W	62,667	—	205
1996	401,964	149	—
1996W	57,047	—	147
1997	528,515	165	—
1997W	34,977	—	147

Date	Mintage	MS65	Prf65
1998	1,344,520	165	—
1998W	39,395	—	147
1999W	2,750,338	160	—
1999W	48,428	—	147
1999 Unfinished Proof die	Est. 6000	1,050	—

Note: The 1999 W issues are standard matte finished gold that were struck with unfinished proof dies.

Date	Mintage	MS65	Prf65
2000W	569,153	140	—
2000	49,971	—	147
2001	269,147	145	—
2001W	37,530	—	147
2002	230,027	175	—
2002W	40,864	—	147
2003W	245,029	175	—
2003	40,027	—	147
2004W	250,016	195	—
2004	35,131	—	225
2005W	300,043	145	—
2005	49,265	—	225
2006W	285,006	175	—
2006 Burnished Unc.	20,643	175	—
2006W	47,277	—	147
2007	190,010	175	—
2007W Burnished Unc.	22,501	190	—
2007W	58,553	—	147
2008W	305,000	145	—
2008 Burnished Unc.	12,657	325	—
2008W	Est. 29000	—	147
2009	27,000	143	—
2010	435,000	151	—
2010W	54,285	—	147
2011	350,000	185	—
2011W	42,697	—	147

2000W	569,153	140	—
2012W	—	149	—
2012W	20,740	—	225
2013W	—	165	—
2013	21,879	—	225

GOLD $10

KM# 217 • 8.48 g., 0.9167 **Gold** 0.250 oz. AGW, 22
• **Obv. Designer:** Augustus Saint-Gaudens • **Rev.**
Designer: Miley Busiek

Date	Mintage	MS65	Prf65
MCMLXXXVI 1986	726,031	550	—
MCMLXXXVII 1987	269,255	550	—
MCMLXXXVIII 1988	49,000	—	365
MCMLXXXVIII (1988)P	98,028	660	—
MCMLXXXIX 1989	81,789	660	—
MCMLXXXIX (1989)P	54,170	—	510
MCMXC 1990	41,000	—	495
MCMXC (1990)P	62,674	780	—
MCMXCI 1991	36,100	—	470
MCMXCI (1991)P	50,839	780	—
1992	59,546	—	355
1992P	46,269	605	—
1993	71,864	605	—
1993P	33,775	—	510
1994	72,650	605	—
1994W	47,172	—	385
1995	83,752	605	—
1995W	47,526	—	355
1996	60,318	605	—
1996W	38,219	—	345
1997	108,805	—	345
1997W	29,805	353	—
1998	309,829	—	345
1998W	29,503	353	—
1999	564,232	353	—
1999W	34,417	—	345
1999W Unfinished Proof die	Est. 6000	1,850	—

Note: The 1999 W issues are standard matte finished gold
that were struck with unfinished proof dies.

2000	128,964	333	—
2000W	36,036	—	345
2001	71,280	—	345
2001W	25,613	605	—
2002	62,027	—	345
2002W	29,242	605	—
2003	74,029	353	—
2003W	30,292	—	345
2004	72,014	—	345
2004W	28,839	353	—
2005	72,015	353	—
2005W	37,207	—	345
2006	60,004	353	—
2006W Burnished Unc.	15,188	—	345
2006W	36,127	600	—
2007	34,004	610	—
2007W Burnished Unc.	12,786	—	345
2007W	46,189	—	610
2008	Est. 58000	625	—
2008W Burnished Unc.	8,883	—	715
2008W	28,000	336	—

2000	128,964	333	—
2009	110,000	353	—
2010	86,000	353	—
2010W	44,507	—	345
2011	80,000	—	345
2011W	28,782	353	—
2012	—	353	—
2012W	13,375	—	345
2013W	12,570	722	—
2013	—	—	975

GOLD $25

KM# 218 • 16.97 g., 0.9167 **Gold** 0.500 oz. AGW,
27 • **Obv. Designer:** Augustus Saint-Gaudens •
Rev. Designer: Miley Busiek

Date	Mintage	MS65	Prf65
MCMLXXXVI 1986	599,566	1,065	—
MCMLXXXVII 1987	131,255	—	700
MCMLXXXVII (1987)P	143,398	1,320	—
MCMLXXXVIII 1988	45,000	—	730
MCMLXXXVIII (1988)P	76,528	2,050	—
MCMLXXXIX 1989	44,829	2,150	—
MCMLXXXIX (1989)P	44,798	—	1,015
MCMXC 1990	31,000	2,475	—
MCMXC (1990)P	51,636	—	1,000
MCMXCI 1991	24,100	—	1,015
MCMXCI (1991)P	53,125	3,650	—
1992	54,404	—	710
1992P	40,976	1,520	—
1993	73,324	—	770
1993P	31,130	1,050	—
1994	62,400	—	700
1994W	44,584	1,035	—
1995	53,474	—	700
1995W	45,388	1,700	—
1996	39,287	1,725	—
1996W	35,058	—	700
1997	79,605	—	700
1997W	26,344	1,050	—
1998	169,029	—	700
1998W	25,374	666	—
1999	263,013	666	—
1999W	30,427	—	720
2000	79,287	995	—
2000W	32,028	—	700
2001	48,047	—	700
2001W	23,240	1,550	—
2002	70,027	1,050	—
2002W	26,646	—	700
2003	79,029	—	700
2003W	28,270	666	—
2004	98,040	666	—
2004W	27,330	—	700
2005	80,023	—	700
2005W	34,311	666	—
2006	66,004	—	700
2006W Burnished Unc.	15,164	1,000	—
2006W	34,322	669	—
2007	47,002	1,115	—

BULLION COINS

Date	Mintage	MS65	Prf65
2007W Burnished Unc.	11,458	—	700
2007W	44,025	1,025	—
2008	61,000	1,550	—
2008W Burnished Unc.	15,683	—	860
2008W	27,800	669	—
2009	55,000	669	—
2010	81,000	666	—
2010W	44,527	—	700
2011	70,000	—	700
2011W	26,781	666	—
2012W	—	666	—
2013W	12,570	—	975
2013	—	666	—
2014	—	666	—
2014	—	—	975

GOLD $50

KM# 219 • 33.93 g., 0.9167 **Gold** 1.000 oz. AGW, 32.7 • **Obv. Designer:** Augustus Saint-Gaudens • **Rev. Designer:** Miley Busiek

Date	Mintage	MS65	Prf65
MCMLXXXVI -1986	1,362,650	1,273	—
MCMLXXXVI (1986)W	446,290	—	1,330
MCMLXXXVII -1987	1,045,500	1,273	—
MCMLXXXVII (1987)W	147,498	—	1,330
MCMLXXXVIII -1988	465,000	1,273	—
MCMLXXXVIII (1988)W	87,133	—	1,330
MCMLXXXIX -1989	415,790	1,273	—
MCMLXXXIX (1989)W	54,570	—	1,330
MCMXC -1990	373,219	1,273	—
MCMXC (1990)W	62,401	—	1,590
MCMXCI -1991	243,100	1,273	—
MCMXCI (1991)W	50,411	—	1,630
1992W	275,000	1,273	—
1992	44,826	—	1,295
1993W	480,192	1,273	—

Date	Mintage	MS65	Prf65
1993	34,369	—	1,745
1994W	221,663	1,273	—
1994	46,674	—	1,395
1995W	200,636	1,273	—
1995	46,368	—	1,395
1995W 10th Anniversary	—	—	—
1996W	189,148	1,273	—
1996	36,153	—	1,395
1997	664,508	1,273	—
1997W	28,034	—	1,395
1998	1,468,530	1,273	—
1998W	25,886	—	1,395
1999	1,505,026	1,273	—
1999W	31,427	—	1,595
1999W Die error	—	3,000	—

Note: The 1999 W issues are standard matte finished gold that were struck with unfinished proof dies.

Date	Mintage	MS65	Prf65
2000	433,319	1,273	—
2000W	33,007	—	1,295
2001	143,605	1,273	—
2001W	24,555	—	1,295
2002	222,029	1,273	—
2002W	27,499	—	1,295
2003	416,032	1,273	—
2003W	28,344	—	1,295
2004	417,149	1,273	—
2004W	28,215	—	1,295
2005W	356,555	1,273	—
2005	35,246	—	1,295
2006	237,510	1,273	—
2006W Burnished Unc.	45,912	1,340	—
2006W	47,000	—	1,295
2006W Reverse Proof	10,000	—	2,600
2007W	140,016	1,285	—
2007W Burnished Unc.	18,609	1,675	—
2007	51,810	—	1,295
2008W	710,000	1,273	—
2008W Burnished Unc.	11,908	2,200	—
2008W Reverse of '07	—	—	—
2008W	29,000	—	2,150
2009	122,000	1,273	—
2010W	1,125,000	1,273	—
2010	59,480	—	1,295
2011	857,000	1,273	—
2011 Burnished Unc.	8,729	2,350	—
2011W	48,306	—	1,295
2012W	—	1,273	—
2012 Burnished Unc.	5,829	2,800	—
2013W	24,753	1,380	—
2013	—	—	1,850

AMERICAN EAGLE PLATINUM BULLION

PLATINUM $10

KM# 283 • **RevDesc:** Eagle flying right over sunrise • 3.11 g., 0.9995 **Platinum** 0.0999 oz. APW, 17 • **Obv. Designer:** John Mercanti • **Rev. Designer:** Thomas D. Rogers Sr

Date	Mintage	MS65	Prf65
1997	70,250	156	180
1997W	36,996	—	—

Date	Mintage	MS65	Prf65
1998	39,525	156	—
1999	55,955	156	—
2000	34,027	156	—
2001	52,017	156	—
2002	23,005	156	—
2003	22,007	156	—
2004	15,010	156	—
2005	14,013	156	—
2006	11,001	425	—
2006W Burnished Unc.	—	156	—
2007	13,003	590	—
2007W Burnished Unc.	—	364	—
2008	17,000	156	—
2008 Burnished Unc.	—	310	—

KM# 289 • RevDesc: Eagle in flight over New England costal lighthouse • 3.11 g., 0.9995 **Platinum** 0.0999 oz. APW, 17 • **Obv. Designer:** John Mercanti

Date	Mintage	MS65	Prf65
1998W	19,847	—	180

KM# 301 • RevDesc: Eagle in flight over Southeastern Wetlands • 3.11 g., 0.9995 **Platinum** 0.0999 oz. APW, 17 • **Obv. Designer:** John Mercanti

Date	Mintage	MS65	Prf65
1999W	19,133	—	180

KM# 314 • RevDesc: Eagle in flight over Heartland • 3.11 g., 0.9995 **Platinum** 0.0999 oz. APW, 17 • **Obv. Designer:** John Mercanti

Date	Mintage	MS65	Prf65
2000W	15,651	—	180

KM# 327 • RevDesc: Eagle in flight over Southwestern cactus desert • 3.11 g., 0.9995 **Platinum** 0.0999 oz. APW, 17 • **Obv. Designer:** John Mercanti

Date	Mintage	MS65	Prf65
2001W	12,174	—	180

KM# 339 • RevDesc: Eagle fishing in America's Northwest • 3.11 g., 0.9995 **Platinum** 0.0999 oz. APW, 17 • **Obv. Designer:** John Mercanti

Date	Mintage	MS65	Prf65
2002W	12,365	—	180

KM# 351 • RevDesc: Eagle pearched on a Rocky Mountain Pine branch against a flag backdrop • 3.11 g., 0.9995 **Platinum** 0.0999 oz. APW, 17 • **Obv. Designer:** John Mercanti • **Rev. Designer:** Al Maletsky

Date	Mintage	MS65	Prf65
2003W	9,534	—	368

KM# 364 • RevDesc: Chester French, 1907. The sculpture is outside the N.Y. Customs House, now part of the Smithsonian's Museum of the American Indian • 3.11 g., 0.9995 **Platinum** 0.0999 oz. APW, 17 • **Obv. Designer:** John Mercanti

Date	Mintage	MS65	Prf65
2004W	7,161	—	445

KM# 377 • RevDesc: Eagle with cornucopiae • 3.11 g., 0.9995 **Platinum** 0.0999 oz. APW, 17 • **Obv. Designer:** John Mercanti • **Rev. Designer:** Donna Weaver

Date	Mintage	MS65	Prf65
2005W	8,104	—	265

KM# 389 • RevDesc: Liberty seated writing between two columns • 3.11 g., 0.9995 **Platinum** 0.0999 oz. APW, 17 • **Obv. Designer:** John Mercanti

Date	Mintage	MS65	Prf65
2006W	10,205	—	180

KM# 414 • RevDesc: Eagle with shield • 3.11 g., 0.9995 **Platinum** 0.0999 oz. APW, 17 • **Obv. Designer:** John Mercanti

Date	Mintage	MS65	Prf65
2007W	8,176	—	180

KM# 434 • RevDesc: Justice standing before eagle • 3.11 g., 0.9995 **Platinum** 0.0999 oz. APW, 17 • **Obv. Designer:** John Mercanti

Date	Mintage	MS65	Prf65
2008W	8,176	—	495

KM# 460 • 3.11 g., 0.9995 **Platinum** 0.0999 oz. APW, 17 • **Obv. Designer:** John Mercanti

Date	Mintage	MS65	Prf65
2009W	5,600	—	—

BULLION COINS

PLATINUM $25

KM# 284 • RevDesc: Eagle in flight over sunrise • 7.79 g., 0.9995 **Platinum** 0.2502 oz. APW, 22 • **Obv. Designer:** John Mercanti • **Rev. Designer:** Thomas D. Rogers Sr

Date	Mintage	MS65	Prf65
1997	27,100	364	—
1997W	18,628	—	368
1998	38,887	364	—
1999	39,734	364	—
2000	20,054	364	—
2001	21,815	364	—
2002	27,405	364	—
2003	25,207	364	—
2004	18,010	364	—
2005	12,013	364	—
2006	12,001	375	—
2006W Burnished Unc.	—	590	—
2007	8,402	364	—
2007W Burnished Unc.	—	590	—
2008	—	336	—
2008 Burnished Unc.	22,800	625	—

KM# 290 • RevDesc: Eagle in flight over New England costal lighthouse • 7.79 g., 0.9995 **Platinum** 0.2502 oz. APW, 22 • **Obv. Designer:** John Mercanti

Date	Mintage	MS65	Prf65
1998W	14,873	—	368

KM# 302 • RevDesc: Eagle in flight over South-eastern Wetlands • 7.79 g., 0.9995 **Platinum** 0.2502 oz. APW, 22 • **Obv. Designer:** John Mercanti

Date	Mintage	MS65	Prf65
1999W	13,507	—	368

KM# 315 • RevDesc: Eagle in flight over Heartland • 7.79 g., 0.9995 **Platinum** 0.2502 oz. APW, 22 • **Obv. Designer:** John Mercanti

Date	Mintage	MS65	Prf65
2000W	11,995	—	368

KM# 328 • RevDesc: Eagle in flight over Southwestern cactus desert • 7.79 g., 0.9995 **Platinum** 0.2502 oz. APW, 22 • **Obv. Designer:** John Mercanti

Date	Mintage	MS65	Prf65
2001W	8,847	—	368

KM# 340 • RevDesc: Eagle fishing in America's Northwest • 7.79 g., 0.9995 **Platinum** 0.2502 oz. APW, 22 • **Obv. Designer:** John Mercanti

Date	Mintage	MS65	Prf65
2002W	9,282	—	368

KM# 352 • RevDesc: Eagle pearched on a Rocky Mountain Pine branch against a flag backdrop. • 7.79 g., 0.9995 **Platinum** 0.2502 oz. APW, 22 • **Obv. Designer:** John Mercanti • **Rev. Designer:** Al Maletsky

Date	Mintage	MS65	Prf65
2003W	7,044	—	368

KM# 365 • RevDesc: Chester French, 1907. The sculpture is outside the N.Y. Customs House, now part of the Smithsonian's Museum of the American Indian • 7.79 g., 0.9995 **Platinum** 0.2502 oz. APW, 22 • **Obv. Designer:** John Mercanti

Date	Mintage	MS65	Prf65
2004W	5,193	—	1,000

KM# 378 • RevDesc: Eagle with cornucopiae • 7.79 g., 0.9995 **Platinum** 0.2502 oz. APW, 22 • **Obv. Designer:** John Mercanti • **Rev. Designer:** Donna Weaver

Date	Mintage	MS65	Prf65
2005W	6,592	—	610

KM# 390 • **RevDesc:** Liberty seated writing between two columns • 7.79 g., 0.9995 **Platinum** 0.2502 oz. APW, 22 • **Obv. Designer:** John Mercanti

Date	Mintage	MS65	Prf65
2006W	7,813	—	368

KM# 415 • **RevDesc:** Eagle with shield • 7.79 g., 0.9995 **Platinum** 0.2502 oz. APW, 22 • **Obv. Designer:** John Mercanti

Date	Mintage	MS65	Prf65
2007W Polished Freedom	6,017	—	368
2007W Frosted Freedom, Rare	—	—	—

KM# 435 • **RevDesc:** Justice holding scales, standing before eagle • 7.79 g., 0.9995 **Platinum** 0.2502 oz. APW, 22 • **Obv. Designer:** John Mercanti

Date	Mintage	MS65	Prf65
2008W	6,017	—	715

KM# 461 • 7.79 g., 0.9995 **Platinum** 0.2502 oz. APW, 22 • **Obv. Designer:** John Mercanti

Date	Mintage	MS65	Prf65
2009W	3,800	—	374

PLATINUM $50

KM# 285 • **RevDesc:** Eagle flying right over sunrise • 15.55 g., 0.9995 **Platinum** 0.4998 oz. APW, 27 • **Obv. Designer:** John Mercanti • **Rev. Designer:** Thomas D. Rogers Sr

Date	Mintage	MS65	Prf65
1997W	20,500	732	—
1997	15,432	—	730
1998	32,419	732	—
1999	32,309	732	—
2000	18,892	732	—
2001	12,815	732	—
2002	24,005	732	—
2003	17,409	732	—
2004	13,236	732	—
2005	9,013	732	—
2006W	9,602	844	—
2006 Burnished Unc.	—	844	—
2007W	7,001	732	—
2007 Burnished Unc.	—	844	—
2008	14,000	732	—
2008W Burnished Unc.	—	1,100	—

KM# 291 • **RevDesc:** Eagle in flight over New England costal lighthouse • 15.55 g., 0.9995 **Platinum** 0.4998 oz. APW, 27 • **Obv. Designer:** John Mercanti

Date	Mintage	MS65	Prf65
1998W	13,836	—	730

KM# 303 • **RevDesc:** Eagle in flight over Southeastern Wetlands • 15.55 g., 0.9995 **Platinum** 0.4998 oz. APW, 27 • **Obv. Designer:** John Mercanti

Date	Mintage	MS65	Prf65
1999W	11,103	—	730

KM# 316 • **RevDesc:** Eagle in flight over Heartland • 15.55 g., 0.9995 **Platinum** 0.4998 oz. APW, 27 • **Obv. Designer:** John Mercanti

Date	Mintage	MS65	Prf65
2000W	11,049	—	730

KM# 329 • **RevDesc:** Eagle in flight over Southwestern cactus desert • 15.55 g., 0.9995 **Platinum** 0.4998 oz. APW, 27 • **Obv. Designer:** John Mercanti

Date	Mintage	MS65	Prf65
2001W	8,254	—	730

KM# 341 • RevDesc: Eagle fishing in America's Northwest • 15.55 g., 0.9995 **Platinum** 0.4998 oz. APW, 27 • **Obv. Designer:** John Mercanti

Date	Mintage	MS65	Prf65
2002W	8,772	—	730

KM# 353 • RevDesc: Eagle pearched on a Rocky Mountain Pine branch against a flag backdrop • 15.55 g., 0.9995 **Platinum** 0.4998 oz. APW, 27 • **Obv. Designer:** John Mercanti • **Rev. Designer:** Al Maletsky

Date	Mintage	MS65	Prf65
2003W	7,131	—	730

KM# 366 • RevDesc: Chester French, 1907. The sculpture is outside the N.Y. Customs House, now part of the Smithsonian's Museum of the American Indian • 15.55 g., 0.9995 **Platinum** 0.4998 oz. APW, 27 • **Obv. Designer:** John Mercanti

Date	Mintage	MS65	Prf65
2004W	5,063	—	1,550

KM# 379 • RevDesc: Eagle with cornucopiae • 15.55 g., 0.9995 **Platinum** 0.4998 oz. APW, 27 • **Obv. Designer:** John Mercanti • **Rev. Designer:** Donna Weaver

Date	Mintage	MS65	Prf65
2005W	5,942	—	1,175

KM# 391 • RevDesc: Liberty seated writing between two columns • 15.55 g., 0.9995 **Platinum** 0.4998 oz. APW, 27 • **Obv. Designer:** John Mercanti

Date	Mintage	MS65	Prf65
2006W	7,649	—	730

KM# 416 • RevDesc: Eagle with shield • 15.55 g., 0.9995 **Platinum** 0.4998 oz. APW, 27 • **Obv. Designer:** John Mercanti

Date	Mintage	MS65	Prf65
2007W Reverse Proof	22,873	—	730
2007W Frosted Freedom, Rare	—	—	—

KM# 436 • RevDesc: Justice standing before eagle • 15.55 g., 0.9995 **Platinum** 0.4998 oz. APW, 27 • **Obv. Designer:** John Mercanti

Date	Mintage	MS65	Prf65
2008W	22,873	—	1,225

KM# 462 • 15.55 g., 0.9995 **Platinum** 0.4998 oz. APW, 27 • **Obv. Designer:** John Mercanti

Date	Mintage	MS65	Prf65
2009	3,600	—	—

PLATINUM $100

KM# 286 • ObvDesc: Statue of Liberty • **RevDesc:** Eagle in flight over sun rise • 31.11 g., 0.9995 **Platinum** 0.9995 oz. APW, 33 • **Obv. Designer:** John Mercanti • **Rev. Designer:** Thomas D. Rogers Sr

Date	Mintage	MS65	Prf65
1997W	15,885	—	1,363
1997	56,000	1,344	—
1998	133,002	1,344	—
1999	56,707	1,344	—
2000	10,003	1,344	—
2001	14,070	1,344	—
2002	11,502	1,344	—

Date	Mintage	MS65	Prf65
2003	8,007	1,344	—
2004	7,009	1,344	—
2005	6,310	1,344	—
2006	6,000	1,344	—
2006W Burnished Unc.	—	2,200	—
2007W	—	1,380	—
2007 Burnished Unc.	7,202	2,100	—
2008	21,800	1,350	—
2008W Burnished Unc.	—	2,500	—
2011	—	—	—

KM# 292 • RevDesc: Eagle in flight over New England costal lighthouse • 31.11 g., 0.9995 **Platinum** 0.9995 oz. APW, 33 • **Obv. Designer:** John Mercanti

Date	Mintage	MS65	Prf65
1998W	14,912	—	1,350

KM# 304 • RevDesc: Eagle in flight over South eastern Wetlands • 31.11 g., 0.9995 **Platinum** 0.9995 oz. APW, 33 • **Obv. Designer:** John Mercanti

Date	Mintage	MS65	Prf65
1999W	12,363	—	1,350

KM# 317 • RevDesc: Eagle in flight over Heartland • 31.11 g., 0.9995 **Platinum** 0.9995 oz. APW • **Obv. Designer:** John Mercanti

Date	Mintage	MS65	Prf65
2000W	12,453	—	1,350

KM# 330 • RevDesc: Eagle in flight over Southwestern cactus desert • 31.11 g., 0.9995 **Platinum** 0.9995 oz. APW, 33 • **Obv. Designer:** John Mercanti

Date	Mintage	MS65	Prf65
2001W	8,969	—	1,350

KM# 342 • RevDesc: Eagle fishing in America's Northwest • 31.11 g., 0.9995 **Platinum** 0.9995 oz. APW, 33 • **Obv. Designer:** John Mercanti

Date	Mintage	MS65	Prf65
2002W	9,834	—	1,350

KM# 354 • RevDesc: Eagle pearched on a Rocky Mountain Pine branch against a flag backdrop • 31.11 g., 0.9995 **Platinum** 0.9995 oz. APW, 33 • **Obv. Designer:** John Mercanti • **Rev. Designer:** Al Maletsky

Date	Mintage	MS65	Prf65
2003W	8,246	—	1,363

KM# 367 • RevDesc: Inspired by the sculpture "America" by Daniel Chester French, 1907. The sculpture is outside the N.Y. Customs House, now part of the Smithsonian's Museum of the American

Indian • 31.11 g., 0.9995 **Platinum** 0.9995 oz. APW, 33 • **Obv. Designer:** John Mercanti • **Rev. Designer:** Donna Weaver

Date	Mintage	MS65	Prf65
2004W	6,007	—	1,625

KM# 380 • **RevDesc:** Eagle with cornucopiae • 31.11 g., 0.9995 **Platinum** 0.9995 oz. APW, 33 • **Obv. Designer:** John Mercanti • **Rev. Designer:** Donna Weaver

Date	Mintage	MS65	Prf65
2005W	6,602	—	2,400

KM# 392 • **RevDesc:** Liberty seated writing between two columns • 31.11 g., 0.9995 **Platinum** 0.9995 oz. APW, 33 • **Obv. Designer:** John Mercanti

Date	Mintage	MS65	Prf65
2006W	9,152	—	1,350

KM# 417 • **RevDesc:** Eagle with shield • 31.11 g., 0.9995 **Platinum** 0.9995 oz. APW, 33 • **Obv. Designer:** John Mercanti

Date	Mintage	MS65	Prf65
2007W Freedom Frosted	8,363	—	1,375
2007W Freedom Polished	—	—	50,000

KM# 437 • **RevDesc:** Justice standing before eagle • 31.11 g., 0.9995 **Platinum** 0.9995 oz. APW, 33 • **Obv. Designer:** John Mercanti

Date	Mintage	MS65	Prf65
2008W	8,363	—	3,000

KM# 463 • **RevDesc:** Four portraits • 31.10 g., 0.9995 **Platinum** 0.9995 oz. APW, 33 • **Obv. Designer:** John Mercanti

Date	Mintage	MS65	Prf65
2009W Proof	4,900	—	2,260

KM# 488 • **RevDesc:** Statue of Justice holding scales • 31.11 g., 0.999 **Platinum** 0.999 oz. APW, 33 • **Obv. Designer:** John Mercanti

Date	Mintage	MS65	Prf65
2010W	—	—	2,175

KM# 518 • **RevDesc:** Female with dove, walking in field • 31.11 g., 0.9995 **Platinum** 0.9995 oz. APW, 33

Date	Mintage	MS65	Prf65
2011W	10,299	—	1,650

KM# 541 • RevDesc: Colonial soldier and flag • 31.11 g., 0.9995 **Platinum** 0.9995 oz. APW, 33

Date	Mintage	MS65	Prf65
2012	—	—	1,400

KM# 585 • RevDesc: Female and gears of industry • 31.11 g., 0.9995 **Platinum** 0.9995 oz. APW, 33

Date	Mintage	MS65	Prf65
2013	—	—	1,538

KM# 586 • 31.11 g., 0.9995 **Platinum** 0.9995 oz. APW, 33

Date	Mintage	MS65	Prf65
2014W	—	—	1,620

BISON BULLION COINAGE

GOLD $5

KM# 411 • ObvDesc: Indian Head right • **RevDesc:** Bison • 3.11 g., 0.9999 **Gold** 0.100 oz. AGW

Date	Mintage	MS65	Prf65
2008W	17,429	600	—
2008W	18,884	—	660

GOLD $10

KM# 412 • ObvDesc: Indian Head right • **RevDesc:** Bison • 7.79 g., 0.9999 **Gold** 0.2503 oz. AGW

Date	Mintage	MS65	Prf65
2008W	9,949	1,375	—
2008W	13,125	—	1,550

GOLD $25

KM# 413 • ObvDesc: Indian Head right • **Rev-**

Desc: Bison • 15.55 g., 0.999 **Gold** 0.4995 oz. AGW

Date	Mintage	MS65	Prf65
2008W	16,908	1,350	—
2008W	12,169	—	1,850

GOLD $50

KM# 393 • ObvDesc: Indian head right • **RevDesc:** Bison standing left on mound • 31.11 g., 0.9999 **Gold** 0.9999 oz. AGW, 32 • **Designer:** James E. Fraser

Date	Mintage	MS65	Prf65
2006	337,012	1,273	—
2006W Proof	246,267	—	1,435
2007	136,503	1,273	—
2007W Proof	58,998	—	1,435
2008	189,500	1,273	—
2008W Burnished	18,863	—	3,200
2008W Moy Family Chop, Proof	—	—	3,950
2009	200,000	1,273	—
2009W Proof	49,306	—	1,405
2010	209,000	1,273	—
2010W Proof	49,263	—	1,435
2011W	174,500	1,273	—
2011 Proof	28,693	—	1,435
2012	132,000	1,273	—
2012W Proof	19,765	—	2,000
2013W	—	1,273	—
2013 Reverse Proof	47,836	1,950	—
2014	—	1,273	—
2014	—	—	1,950

FIRST SPOUSE GOLD COINAGE

GOLD $10

KM# 407 • ObvDesc: Bust 3/4 facing • **RevDesc:** Martha Washington seated sewing • 15.55 g., 0.9999 **Gold** 0.500 oz. AGW, 26.5 • **Obv. Designer:** Joseph Menna • **Rev. Designer:** Susan Gamble and Don Everhart

Date	Mintage	MS65	Prf65
2007W	17,661	654	—
2007W	19,169	—	654

KM# 408 • ObvDesc: Bust 3/4 facing • **RevDesc:** Abigail Adams seated at desk writing to John during the Revolutionary War • 15.55 g., 0.9999 **Gold** 0.500 oz. AGW, 26.5 • **Obv. Designer:** Joseph Menna • **Rev. Designer:** Thomas Cleveland and Phebe Hemphill

Date	Mintage	MS65	Prf65
2007W	17,142	—	654
2007W	17,149	654	—

KM# 409 • ObvDesc: Bust design from coinage • **RevDesc:** Jefferson's tombstone • 15.55 g., 0.9999 **Gold** 0.500 oz. AGW, 26.5 • **Obv. Designer:** Robert Scot and Phebe Hemphill • **Rev. Designer:** Charles Vickers

Date	Mintage	MS65	Prf65
2007W	19,823	—	654
2007W	19,815	654	—

KM# 410 • ObvDesc: Bust 3/4 facing • **RevDesc:** Dolley standing before painting of Washington, which she saved from the White House • 15.55 g., 0.9999 **Gold** 0.500 oz. AGW, 26.5 • **Obv. Designer:** Don Everhart • **Rev. Designer:** Joel Iskowitz and Don Everhart

Date	Mintage	MS65	Prf65
2007W	11,813	654	—
2007W	17,661	—	654

KM# 430 • ObvDesc: Bust 3/4 facing right • **RevDesc:** Elizabeth standing before mirror • 15.55 g., 0.999 **Gold** 0.4995 oz. AGW, 26.5 • **Obv. Designer:** Joel Iskowitz and Don Everhart • **Rev. Designer:** Donna Weaver and Charles Vickers

Date	Mintage	MS65	Prf65
2008W	4,519	695	—
2008W	7,933	—	725

KM# 431 • ObvDesc: Bust 3/4 facing right • **RevDesc:** Lousia and son Charles before entrance • 15.55 g., 0.999 **Gold** 0.4995 oz. AGW, 26.5 • **Obv. Designer:** Susan Gamble and Phebe Hemphill • **Rev. Designer:** Joseph Menna

Date	Mintage	MS65	Prf65
2008W	4,223	735	—
2008W	7,454	—	765

KM# 432 • ObvDesc: Capped and draped bust left • **RevDesc:** Andrew Jackson on horseback right • 15.55 g., 0.999 **Gold** 0.4995 oz. AGW, 26.5 • **Obv. Designer:** John Reich • **Rev. Designer:** Justin Kunz and Don Everhart

Date	Mintage	MS65	Prf65
2008W	4,281	900	—
2008W	7,454	—	935

KM# 433 • ObvDesc: Seated Liberty with shiñed • **RevDesc:** Youthful van Buren seated under tree, family tavern in distance • 15.55 g., 0.999 **Gold** 0.4995 oz. AGW, 26.5 • **Obv. Designer:** Christian Gobrecht • **Rev. Designer:** Thomas Cleveland and James Licaretz

Date	Mintage	MS65	Prf65
2008W	3,443	995	—
2008W	6,187	—	1,035

KM# 456 • ObvDesc: Bust 3/4 left • **RevDesc:** Anna reading to her three children • 15.55 g., 0.999 **Gold** 0.4995 oz. AGW, 26.5 • **Obv. Designer:** Donna Weaver and Joseph Menna • **Rev. Designer:** Thomas Cleveland and Charles Vickers

Date	Mintage	MS65	Prf65
2009W	2,993	1,050	—
2009W	5,801	—	1,090

KM# 457 • ObvDesc: Bust facing • **RevDesc:** Letitia and two children playing outside of Cedar Grove Plantation • 15.55 g., 0.999 **Gold** 0.4995 oz. AGW, 26.5 • **Obv. Designer:** Phebe Hemphill • **Rev. Designer:** Susan Gamble and Norm Nemeth

Date	Mintage	MS65	Prf65
2009W	2,381	950	—
2009W	4,341	—	987

KM# 458 • ObvDesc: Bust facing • **RevDesc:** Julia and John Tyler dancing • 15.55 g., 0.999 **Gold** 0.4995 oz. AGW • **Designer:** Joel Iskowitz and Don Everhart • **Rev. Designer:** 26.5

Date	Mintage	MS65	Prf65
2009W	2,188	1,000	—
2009W	3,878	—	1,040

KM# 459 • ObvDesc: Bust 3/4 right • **RevDesc:** Sarah seated at desk as personal secretary to James Polk • 15.55 g., 0.999 **Gold** 0.4995 oz. AGW, 26.5 • **Designer:** Phebe Hemphill

Date	Mintage	MS65	Prf65
2009W	1,893	715	—
2009W	3,512	—	744

KM# 465 • ObvDesc: Bust 3/4 left • **RevDesc:** Margaret Taylor nurses wounded soldier during the Seminole War • 15.55 g., 0.999 **Gold** 0.4995 oz. AGW, 26.5 • **Obv. Designer:** Phebe Hemphill and Charles Vickers • **Rev. Designer:** Mary Beth Zeitz and James Licaretz

Date	Mintage	MS65	Prf65
2009W	3,430	734	—
2009W	4,787	—	734

KM# 481 • RevDesc: Abigail Filmore placing books on library shelf • 15.52 g., 0.999 **Gold** 0.4985 oz. AGW, 26.5 • **Obv. Designer:** Phebe Hemphill • **Rev. Designer:** Susan Gamble and Joseph Menna

Date	Mintage	MS65	Prf65
2010W	3,482	745	—
2010W	6,130	—	765

KM# 482 • RevDesc: Jane Pierce seated on porch • 15.52 g., 0.999 **Gold** 0.4985 oz. AGW, 26.5 • **Obv. Designer:** Donna Weaver and Don Everhart • **Rev. Designer:** Donna Weaver and Charles Vickers

Date	Mintage	MS65	Prf65
2010W	3,338	725	—
2010W	4,775	—	755

KM# 483 • RevDesc: Buchanan as clerk • 15.52 g., 0.999 **Gold** 0.4985 oz. AGW, 26.5 • **Obv. Designer:** Christian Gobrecht • **Rev. Designer:** Joseph Menna

Date	Mintage	MS65	Prf65
2010W	5,162	770	—
2010W	7,110	—	801

KM# 484 • RevDesc: Mary Lincoln visiting soldiers at hospital • 15.52 g., 0.999 **Gold** 0.4985 oz. AGW, 26.5 • **Obv. Designer:** Phebe Hemphill • **Rev. Designer:** Joel Iskowitz and Pheve Hemphill

Date	Mintage	MS65	Prf65
2010W	3,965	900	—
2010W	6,861	—	940

BULLION COINS

KM# 509 • **ObvDesc:** Bust of Eliza Johnson • 15.55 g., 0.999 **Gold** 0.4994 oz. AGW, 26.5

Date	Mintage	MS65	Prf65
2011W	2,915	735	—
2011W	3,907	—	765

KM# 510 • **ObvDesc:** Bust of Julia Grant • 15.55 g., 0.999 **Gold** 0.4995 oz. AGW, 26.5

Date	Mintage	MS65	Prf65
2011W	2,952	705	—
2011W	3,969	—	734

KM# 511 • **ObvDesc:** Bust of Lucy Hayes • 15.55 g., 0.999 **Gold** 0.4995 oz. AGW, 26.5

Date	Mintage	MS65	Prf65
2011W	2,263	1,429	—
2011W	3,885	—	1,486

KM# 512 • **ObvDesc:** Bust of Lucretia Garfield • 15.55 g., 0.999 **Gold** 0.4995 oz. AGW, 26.5

Date	Mintage	MS65	Prf65
2011W	2,498	1,150	—
2011W	3,652	—	1,196

KM# 532 • 15.55 g., 0.999 **Gold** 0.4995 oz. AGW, 26.5

Date	Mintage	MS65	Prf65
2012W	2,798	720	—
2012W	3,506	—	740

KM# 533 • **ObvDesc:** Frances Cleveland • 15.55 g., 0.999 **Gold** 0.4995 oz. AGW, 26.5

Date	Mintage	MS65	Prf65
2012W	2,454	695	—
2012W	3,158	—	695

KM# 534 • **ObvDesc:** Caroline Harrison • 15.55 g., 0.999 **Gold** 0.4995 oz. AGW, 26.5

Date	Mintage	MS65	Prf65
2012W	2,436	745	—
2012W	3,046	—	745

KM# 535 • **ObvDesc:** Frances Cleveland • 15.55 g., 0.999 **Gold** 0.4995 oz. AGW, 26.5

Date	Mintage	MS65	Prf65
2012W	2,425	1,050	—
2012W	3,104	—	1,075

KM# 561 • ObvDesc: Bust of Ida McKinley • 15.55 g., 0.999 **Gold** 0.4995 oz. AGW, 26.5

Date	Mintage	MS65	Prf65
2013W	—	755	—
2013W	—	—	755

KM# 565 • ObvDesc: Bust of Edith Wilson • 15.55 g., 0.999 **Gold** 0.4995 oz. AGW, 26.5

Date	Mintage	MS65	Prf65
2013W	—	755	—
2013W	—	—	755

KM# 562 • ObvDesc: Bust of Edith Roosevelt • 15.55 g., 0.999 **Gold** 0.4995 oz. AGW, 26.5

Date	Mintage	MS65	Prf65
2013W	—	750	—
2013W	—	—	750

KM# 563 • ObvDesc: Bust of Helen Taft • 15.55 g., 0.999 **Gold** 0.4995 oz. AGW, 26.5

Date	Mintage	MS65	Prf65
2013W	—	755	—
2013W	—	—	755

KM# 564 • ObvDesc: Bust of Ellen Wilson • 15.55 g., 0.999 **Gold** 0.4995 oz. AGW, 26.5

Date	Mintage	MS65	Prf65
2013W	—	755	—
2013W	—	—	755

CANADA
CONFEDERATION
CIRCULATION COINAGE
CENT

KM# 1   4.54 g., Bronze, **Obv:** Laureate head left **Rev:** Denomination and date within beaded circle, chain of leaves surrounds **Obv. Legend:** VICTORIA DEI GRATIA REGINA. CANADA **Rev. Legend:** ONE CENT **Edge:** plain

Date	Mintage	F12	VF20	XF40	AU50	MS60	MS63	MS65
1858	421,000	90.00	125	200	300	500	2,000	6,500
1859 Narrow 9	9,579,000	4.00	5.00	7.00	15.00	45.00	225	2,000
1859/8 Wide 9	Inc. above	45.00	60.00	125	225	350	1,800	—
1859 Double punched narrow 9 type I	Inc. above	250	350	550	850	1,300	5,000	—
1859 Double punched narrow 9 type II	Inc. above	75.00	125	175	300	550	3,000	—

KM# 7   5.67 g., Bronze, 25.5mm. **Obv:** Crowned head left within beaded circle **Obv. Designer:** Leonard C. Wyon **Rev:** Denomination and date within beaded circle, chain of leaves surrounds **Obv. Legend:** VICTORIA DEI GRATIA REGINA. CANADA **Edge:** Plain

Date	Mintage	F12	VF20	XF40	AU50	MS60	MS63	MS65
1876	4,000,000	4.00	6.00	9.00	27.00	45.00	225	2,200
1881	2,000,000	5.00	11.00	18.0 0	45.00	75.00	300	3,000
1882	4,000,000	3.50	6.00	7.50	23.00	40.00	225	2,400
1884	2,500,000	4.00	6.50	11.00	35.00	60.00	225	1,900
1886	1,500,000	7.00	13.00	20.00	55.00	95.00	450	5,500
1887	1,500,000	5.00	8.00	14.00	40.00	70.00	225	2,000
1888	4,000,000	4.00	5.00	7.50	22.00	40.00	175	1,200
1890	1,000,000	12.00	19.00	30.00	65.00	125	350	2,000
1891 Large date	1,452,000	11.00	17.00	35.00	80.00	150	450	3,000
1891 S.D.L.L.	Inc. above	125	175	250	500	1,000	4,000	—
1891 S.D.S.L.	Inc. above	85.00	125	175	250	400	1,400	9,000
1892	1,200,000	8.00	12.00	27.00	35.00	60.00	225	2,000
1893	2,000,000	4.00	5.00	9.50	27.00	45.00	200	1,400
1894	1,000,000	15.00	20.00	40.00	70.00	125	300	1,800
1895	1,200,000	9.50	13.00	16.00	35.00	60.00	225	1,400
1896	2,000,000	5.00	6.50	13.00	23.00	40.00	150	1,200
1897	1,500,000	5.00	6.50	9.00	27.00	45.00	200	1,400
1898	1,000,000	12.00	17.00	30.00	55.00	100	300	3,500
1899	2,400,000	3.50	5.00	12.00	26.00	45.00	150	1,000
1900	1,000,000	13.50	20.00	30.00	75.00	125	500	6,000
1900	2,600,000	3.50	5.00	7.50	18.50	30.00	95.00	500
1901	4,100,000	4.00	6.00	10.00	22.00	45.00	100	650

KM# 8 5.67 g., Bronze, 25.5mm. **Obv:** Kings bust right within beaded circle **Obv. Designer:** G. W. DeSaulles **Rev:** Denomin ation above date within circle, chain of leaves surrounds **Edge:** Plain

Date	Mintage	F12	VF20	XF40	AU50	MS60	MS63	MS65
1902	3,000,000	3.00	4.00	8.00	13.50	27.00	70.00	300
1903	4,000,000	3.00	4.00	8.00	15.00	30.00	90.00	450
1904	2,500,000	4.00	6.00	10.00	22.00	45.00	100	700
1905	2,000,000	6.00	9.00	13.00	27.00	55.00	125	700
1906	4,100,000	3.00	4.00	8.00	18.00	40.00	150	1,200
1907	2,400,000	3.00	5.00	10.00	19.50	40.00	150	1,400
1907H	800,000	20.00	30.00	50.00	90.00	175	550	—
1908	2,401,506	4.00	6.00	10.00	22.00	40.00	100	750
1908	—	PF60 85.00	PF63 175	PF65 700				
1909	3,973,339	2.50	4.00	7.00	15.00	30.00	100	850
1910	5,146,487	2.00	3.00	6.00	13.50	30.00	80.00	1,000

KM# 15 5.67 g., Bronze, 25.5mm. **Obv:** King's bust left **Obv. Designer:** E. B. MacKennal **Rev:** Denomination above date within beaded circle, chain of leaves surrounds **Edge:** Plain

Date	Mintage	F12	VF20	XF40	AU50	MS60	MS63	MS65
1911	4,663,486	1.50	2.25	3.50	13.50	25.00	65.00	350
1911	—	PF60 125	PF63 250	PF65 900				

KM# 2 5.67 g., Bronze, 25.5mm. **Obv:** King's bust left **Obv. Designer:** E. B. MacKennal **Rev:** Denomination above date within beaded circle, chain of leaves surrounds **Edge:** Plain

Date	Mintage	F12	VF20	XF40	AU50	MS60	MS63	MS65
1912	5,107,642	1.75	2.50	4.00	13.00	30.00	70.00	450
1913	5,735,405	1.75	2.50	5.00	13.00	27.00	90.00	800
1914	3,405,958	1.75	3.00	5.00	18.00	40.00	100	700
1915	4,932,134	1.50	2.50	5.00	13.00	35.00	90.00	700
1916	11,022,367	0.80	1.75	3.00	9.00	19.00	60.00	400
1917	11,899,254	0.80	1.75	2.50	5.00	16.00	50.00	450
1918	12,970,798	0.80	1.75	2.50	5.00	14.00	50.00	400
1919	11,279,634	0.80	1.75	2.50	5.00	14.00	50.00	400
1920	6,762,247	0.90	1.75	2.50	8.00	22.00	80.00	1,100

Dot below date

KM# 28 3.24 g., Bronze, 19.10mm. **Obv:** King's bust left **Obv. Designer:** E. B. MacKennal **Rev:** Denomination above date, leaves flank **Rev. Designer:** Fred Lewis **Edge:** Plain

Date	Mintage	F12	VF20	XF40	AU50	MS60	MS63	MS65
1920	15,483,923	0.45	0.90	1.75	5.00	15.00	50.00	650
1921	7,601,627	0.75	1.75	5.00	13.00	35.00	250	—
1922	1,243,635	16.00	25.00	45.00	100	200	1,200	—
1923	1,019,002	35.00	40.00	60.00	150	300	2,000	—
1924	1,593,195	7.00	12.00	20.00	55.00	125	850	—
1925	1,000,622	25.00	30.00	50.00	100	200	1,100	—
1926	2,143,372	5.00	7.00	16.00	45.00	90.00	600	—
1927	3,553,928	1.75	3.50	8.00	22.00	40.00	225	3,000
1928	9,144,860	0.30	0.65	1.50	8.00	20.00	90.00	2,200
1929	12,159,840	0.30	0.65	1.50	9.00	20.00	80.00	1,600
1930	2,538,613	2.50	4.50	9.00	27.00	50.00	225	2,200
1931	3,842,776	1.00	2.50	6.00	22.00	40.00	200	1,800
1932	21,316,190	0.20	0.50	1.50	5.00	16.00	60.00	1,000
1933	12,079,310	0.30	0.50	1.50	5.00	16.00	50.00	550
1934	7,042,358	0.30	0.75	1.50	5.00	16.00	60.00	900
1935	7,526,400	0.30	0.75	1.50	5.00	16.00	50.00	700
1936	8,768,769	0.30	0.75	1.50	5.00	14.00	45.00	250
1936 dot below date; Rare	678,823	—	—	—	—	—	—	250,000

Note: Only one possible business strike is known to exist. No other examples (or possible business strikes) have ever surfaced.

| 1936 dot below date, specimen, 3 known | | — | — | — | — | — | — | — |

Note: At the David Akers auction of the John Jay Pittman collection (Part 1, 10-97), a gem specimen realized $121,000. At the David Akers auction of the John Jay Pittman collection (Part 3, 10-99), a near choice specimen realized $115,000.

Maple leaf

KM# 32   3.24 g., Bronze, 19.10mm. **Obv:** Head left **Obv. Designer:** T. H. Paget **Rev:** Maple leaf divides date and denomination **Rev. Designer:** George E. Kruger-Gray **Edge:** Plain

Date	Mintage	F12	VF20	XF40	AU50	MS60	MS63	MS65
1937	10,040,231	0.45	0.65	0.90	1.50	2.50	12.00	55.00
1938	18,365,608	0.20	0.30	0.70	1.50	2.50	13.00	55.00
1939	21,600,319	0.20	0.30	0.65	1.25	2.00	8.00	35.00
1940	85,740,532	0.10	0.25	0.50	0.90	2.50	8.00	45.00
1941	56,336,011	0.10	0.25	0.50	2.25	8.00	50.00	450
1942	76,113,708	0.10	0.25	0.50	1.75	7.00	50.00	500
1943	89,111,969	0.10	0.25	0.45	1.25	3.50	22.00	225
1944	44,131,216	0.10	0.30	0.60	2.25	10.00	65.00	1,800
1945	77,268,591	0.10	0.20	0.35	0.90	2.50	20.00	450
1946	56,662,071	0.10	0.20	0.35	0.90	2.50	12.00	90.00
1947	31,093,901	0.10	0.20	0.35	0.90	2.50	9.00	50.00
1947 maple leaf	47,855,448	0.10	0.20	0.35	0.90	2.50	9.00	100

KM# 41   3.24 g., Bronze, 19.10mm. **Obv:** Modified legend **Obv. Designer:** T. H. Paget **Rev. Designer:** George E. Kruger-Gray **Edge:** Plain

Date	Mintage	F12	VF20	XF40	AU50	MS60	MS63	MS65
1948	25,767,779	0.15	0.25	0.70	1.25	4.00	27.00	450
1949	33,128,933	—	0.15	0.35	0.90	2.50	9.00	45.00
1950	60,444,992	—	0.15	0.25	0.65	1.75	9.00	50.00
1951	80,430,379	—	0.15	0.20	0.45	1.75	14.00	125
1952	67,631,736	—	0.15	0.20	0.45	1.25	9.00	50.00

No strap   With strap

KM# 49   3.24 g., Bronze, 19.10mm. **Obv:** Laureate bust right **Obv. Designer:** Mary Gillick **Rev:** Maple leaf divides date and denomination **Rev. Designer:** George E. Kruger-Gray

Date	Mintage	F12	VF20	XF40	AU50	MS60	MS63	MS65
1953	67,806,016	—	—	0.25	0.45	0.80	2.50	35.00
Note: Without strap								
1953	Inc. above	1.00	1.50	2.50	7.00	12.00	60.00	1,000
Note: With strap								
1954	22,181,760	—	0.10	0.40	0.90	1.75	6.00	125
Note: With strap								
1954 Prooflike only	Inc. above	—	—	—	—	550	800	1,800
Note: Without strap								
1955	56,403,193	—	—	0.15	0.20	0.45	3.00	35.00
Note: With strap								
1955	Inc. above	150	175	250	400	600	2,000	—
Note: Without strap								
1956	78,658,535	—	—	0.15	0.20	0.30	2.00	30.00
1957	100,601,792	—	—	—	—	0.10	1.00	27.00
1958	59,385,679	—	—	—	—	0.10	1.00	27.00
1959	83,615,343	—	—	—	—	—	0.60	18.00
1960	75,772,775	—	—	—	—	—	0.60	18.00
1961	139,598,404	—	—	—	—	—	0.60	18.00
1962	227,244,069	—	—	—	—	—	0.40	18.00
1963	279,076,334	—	—	—	—	—	0.40	15.00
1964	484,655,322	—	—	—	—	—	0.40	15.00

KM# 59.1 3.24 g., Bronze, 19.10mm. **Obv:** Queens bust right **Obv. Designer:** Arnold Machin **Rev:** Maple leaf divides date and denomination **Rev. Designer:** George E. Kruger-Gray **Edge:** Plain

Date	Mintage	F12	VF20	XF40	AU50	MS60	MS63	MS65
1965	304,441,082	0.10	0.20	0.40	0.70	1.00	5.00	60.00
Note: Small beads, pointed 5								
1965	Inc. above	—	—	—	—	—	0.40	15.00
Note: Small beads, blunt 5								
1965	Inc. above	3.00	4.50	7.00	12.50	18.00	45.00	250
Note: Large beads, pointed 5								
1965	Inc. above	—	—	—	—	—	0.40	15.00
Note: Large beads, blunt 5								
1966	184,151,087	—	—	—	—	—	0.40	18.00
1968	329,695,772	—	—	—	—	—	0.40	18.00
1969	335,240,929	—	—	—	—	—	0.40	18.00
1970	311,145,010	—	—	—	—	—	0.40	18.00
1971	298,228,936	—	—	—	—	—	0.40	18.00
1972	451,304,591	—	—	—	—	—	0.40	18.00
1973	457,059,852	—	—	—	—	—	0.40	18.00
1974	692,058,489	—	—	—	—	—	0.40	18.00
1975	642,318,000	—	—	—	—	—	0.40	18.00
1976	701,122,890	—	—	—	—	—	0.40	18.00
1977	453,762,670	—	—	—	—	—	0.40	18.00

KM# 65 3.24 g., Bronze, 19.10mm. **Subject:** Confederation Centennial **Obv:** Queen's bust right **Obv. Designer:** Arnold Machin **Rev:** Dove with wings spread, denomination above, two dates below **Rev. Designer:** Alex Colville

Date	Mintage	MS63	MS65
1967	345,140,645	0.40	18.00
1967	—	PF60 2.25 PF63 4.50	
Specimen		PF65 22.00	

KM# 59.2 3.24 g., Bronze, 19.10mm. **Obv:** Queen's bust right **Obv. Designer:** Arnold Machin **Rev:** Maple leaves **Rev. Designer:** George E. Kruger-Gray **Edge:** Plain **Note:** Thin planchet.

Date	Mintage	MS63	MS65
1978	911,170,647	0.30	18.00
1979	754,394,064	0.30	18.00

KM# 127 2.80 g., Bronze, 19.10mm. **Obv:** Queen's bust right **Obv. Designer:** Arnold Machin **Rev. Designer:** George E. Kruger-Gray **Edge:** Plain **Note:** Reduced weight.

Date	Mintage		MS63	MS65
1980	912,052,318		0.30	18.00
1981	1,209,468,500		0.30	22.00
1981	199,000	PF65	2.25	

KM# 132 2.50 g., Bronze, 19.10mm. **Obv:** Queen's bust right **Obv. Designer:** Arnold Machin **Rev:** Maple leaf divides date and denomination **Rev. Designer:** George E. Kruger-Gray **Edge:** Plain **Shape:** 10-sided **Note:** Reduced weight.

Date	Mintage		MS63	MS65
1982	911,001,000		0.30	22.00
1982	180,908	PF65	1.75	
1983	975,510,000		0.30	18.00
1983	168,000	PF65	1.75	
1984	838,225,000		0.30	22.00
1984	161,602	PF65	3.00	
1985	771,772,500		19.00	50.00
Note: Pointed 5				
1985	Inc. above		0.30	27.00
Note: Blunt 5				
1985	157,037	PF65	3.00	
Note: Blunt 5				
1986	740,335,000		0.30	22.00
1986	175,745	PF65	3.00	
1987	774,549,000		0.30	27.00
1987	179,004	PF65	3.00	
1988	482,676,752		0.30	35.00
1988	175,259	PF65	3.00	
1989	1,077,347,200		0.30	22.00
1989	170,928	PF65	3.00	

KM# 181 2.50 g., Bronze, 19.10mm. **Obv:** Crowned Queen's head right **Obv. Designer:** Dora dePedery-Hunt **Rev:** Maple leaf divides date and denomination **Rev. Designer:** George E. Kruger-Gray **Edge:** Plain

Date	Mintage		MS63	MS65
1990	218,035,000		0.30	22.00
1990	140,649	PF65	4.50	
1991	831,001,000		0.30	18.00
1991	131,888	PF65	7.00	
1993	752,034,000		0.30	18.00
1993	145,065	PF65	3.50	
1994	639,516,000		0.30	18.00
1994	146,424	PF65	4.50	
1995	624,983,000		0.30	18.00
1995	—	PF65	4.50	
1996	445,746,000		0.30	18.00
1996	—	PF65	7.00	

KM# 204 Bronze, 19.10mm. **Subject:** Confederation 125 **Obv:** Crowned Queen's head right **Obv. Designer:** Dora dePedery-Hunt **Rev:** Maple leaf divides date and denomination **Rev. Designer:** George E. Kruger-Gray

Date	Mintage		MS63	MS65
1992	147,061	PF65	3.00	
1992	673,512,000		0.30	18.00

KM# 289 2.25 g., Copper Plated Steel, 19.05mm. **Obv:** Crowned head right **Obv. Designer:** Dora dePédery-Hunt **Rev:** Maple twig design **Rev. Designer:** George E. Kruger-Gray **Edge:** Round and plain

Date	Mintage		MS63	MS65
1997	549,868,000		0.30	18.00
1997	—	PF65	5.00	
1998	999,578,000		0.30	22.00
1998	—	PF65	5.00	
1998 W PL	—		—	1.00
1999 P PL	—		13.00	—
1999	1,089,625,000		0.30	18.00
1999	—	PF65	8.00	
1999 W	—		—	—
2000	771,908,206		0.30	18.00
2000	—	PF65	5.00	
2000 W	—		2.50	—
2001	919,358,000		0.30	13.00
2001 P	—	PF65	5.00	
2003	92,219,775		0.20	18.00
2003 P	—	PF65	7.50	
2003 P	235,936,799		0.20	13.00

KM# 289a Bronze, 19.10mm.

Date	Mintage	MS63	MS65
1998	—	—	7.00
Note: In Specimen sets only			

KM# 309 5.67 g., 0.925 Copper Plated Silver, 0.1686 oz. **Subject:** 90th Anniversary Royal Canadian Mint - 1908-1998 **Obv. Designer:** Dora dePedery-Hunt **Rev. Designer:** G. W. DeSaulles

Date	Mintage	MS63	MS65
1908-1998	25,000	16.00	—
Note: Antique finish			
1908-1998 Proof	—	—	—

KM# 332 5.67 g., 0.925 Silver, 0.1686 oz. ASW **Subject:** 90th Anniversary Royal Canadian Mint - 1908-1998 **Obv:** Crowned Queen's head right, with "Canada" added to head **Obv. Designer:** Dora dePedery-Hunt **Rev:** Denomination above dates withn beaded circle, chain of leaves surrounds **Rev. Designer:** G. W. DeSaulles

Date	Mintage		MS63	MS65
1908-1998	—	PF65	16.00	
Note: Mirror finish				

KM# 445 2.25 g., Copper Plated Steel, 19.1mm. **Subject:** Elizabeth II Golden Jubilee **Obv:** Crowned head right, Jubilee commemorative dates 1952-2002 **Obv. Designer:** Dora dePédery-Hunt **Rev:** Denomination above maple leaves **Rev. Designer:** George E. Kruger-Gray **Edge:** Plain

Date	Mintage	MS63	MS65
1952-2002	716,366,000	0.20	13.00
1952-2002 P	114,212,000	0.45	13.00
1952-2002 P	32,642	PF65 5.00	

KM# 445a 0.925 Silver, **Subject:** Elizabeth II Golden Jubilee **Obv:** Crowned head right, Jubilee commemorative dates 1952-2002 **Obv. Designer:** Dora dePédery-Hunt **Rev:** Denomination above maple leaves **Rev. Designer:** George E. Kruger-Gray

Date	Mintage	MS63	MS65
1952-2002	21,537	PF65 3.00	

KM# 468 2.50 g., Copper, **Subject:** 50th Anniversary of the Coronation of Elizabeth II **Obv:** 1953 Effigy of the Queen, Jubilee commemorative dates 1953-2003 **Obv. Designer:** Mary Gillick

Date	Mintage	MS63	MS65
1953-2003	—	PF65 10.00	

KM# 490 2.25 g., Copper Plated Zinc, 19.05mm. **Obv:** New effigy of Queen Elizabeth II right **Obv. Designer:** Susanna Blunt **Rev:** Two maple leaves **Edge:** Plain

Date	Mintage	MS63	MS65
2003	56,877,144	0.25	—
2004	653,317,000	0.25	—
2004	—	PF65 7.00	
2005	759,658,000	0.25	—
2005	—	PF65 7.50	
2006	886,275,000	0.25	—
2006	—	PF65 7.00	

KM# 490a 2.25 g., Copper Plated Steel, 19.05mm. **Obv:** Bust right **Obv. Designer:** Susanna Blunt **Rev:** Two maple leaves **Rev. Designer:** G. E. Kruger-Gray

Date	Mintage	MS63	MS65
2003 P	591,257,000	0.20	13.00
2003 WP	Inc. above	0.20	13.00
2004 P	134,906,000	0.20	13.00
2005 P	30,525,000	0.20	13.00
2006 P	137,733,000	9.00	27.00
2006 (ml)	Inc. above	0.20	13.00
2007 (ml)	938,270,000	0.20	13.00
2007 (ml)	—	PF65 7.00	
2008 (ml)	787,625,000	0.20	13.00
2008 (ml)	—	PF65 7.00	
2009 (ml)	455,680,000	0.20	13.00
2009 (ml)	—	PF65 7.00	
2010 (ml)	—	0.20	13.00
2010 (ml)	—	PF65 7.00	
2011 (ml)	—	0.20	13.00

Date	Mintage	MS63	MS65
2011 (ml)	—	PF65 7.00	
2012 (ml)	—	0.20	13.00
2012 (ml)	—	PF65 4.50	

KM# 490b 2.25 g., Copper Plated Zinc, **Obv:** Head right **Rev:** Maple leaf, selectively gold plated **Note:** Bound into Annual Report.

Date	Mintage	MS63	MS65
2003	7,746	PF65 35.00	

KM# 1023 Copper, 19.1mm. **Obv:** George V bust left **Rev:** Value within wreath, dual dates below

Date	Mintage	MS63	MS65
1935-2010	—	PF65 10.00	

KM# 1153 5.67 g., Copper, 19.1mm. **Obv:** George V bust **Rev:** Value within wreath

Date	Mintage	MS63	MS65
1911-2011	6,000	PF65 10.00	

KM# 1342 Silver, 25.5mm. **Obv:** Edward VII crowned bust right **Rev:** Small leaves in wreath around value, country name and date

Date	Mintage	MS63	MS65
2012	—	PF65 20.00	

KM# 1343 Silver, 25.5mm. **Obv:** George V crowned bust left **Rev:** Small leaves in wreath around value and date

Date	Mintage	MS63	MS65
2012	—	PF65 20.00	

KM# 1344 0.925 Silver, 19.1mm. **Obv:** Elizabeth II bust right **Rev:** Two maple leaves

Date	Mintage	MS63	MS65
2012	—	PF65 20.00	

KM# 1345 0.925 Silver, 19.1mm. **Obv:** Elizabeth II Malouf bust right **Rev:** Dove in flight

Date	Mintage	MS63	MS65
2012	—	PF65 20.00	

KM# 1427 157.60 g., 0.999 Silver, 5.0619 oz. ASW 65mm. **Subject:** Farewell to the cent **Obv. Designer:** Susanna Blunt **Rev:** Two maple leaves **Rev. Designer:** G.E. Kruger-Gray

Date	Mintage	MS63	MS65
2012	Est. 1500	PF65 500	

KM# 1428 15.87 g., 0.999 Silver, 0.5097 oz. ASW **Ruler:** Elizabeth II 34mm. **Obv. Designer:** Susanna Blunt **Rev:** Two maple leaves selectively gilt **Rev. Designer:** G.E. Kruger-Gray **Mint:** Royal Canadian Mint

Date	Mintage	MS63	MS65
2013	Est. 3000	PF65 55.00	

3 CENTS

KM# 410 3.11 g., 0.925 Silver Gilt, 0.0925 oz. ASW 21.3mm. **Subject:** 1st Canadian Postage Stamp **Obv:** Crowned head right **Obv. Designer:** Dora dePédery-Hunt **Rev:** Partial stamp design **Rev. Designer:** Sandford Fleming **Edge:** Plain

Date	Mintage	MS63	MS65
2001	59,573	PF65 12.50	

5 CENTS

Round O's

KM# 2 1.16 g., 0.925 Silver, 0.0346 oz. ASW **Obv:** Head left **Rev:** Denomination and date within wreath, crown above **Obv. Legend:** VICTORIA DEI GRATIA REGINA. CANADA **Designer:** Leonard C. Wyon

Date	Mintage	F12	VF20	XF40	AU50	MS60	MS63	MS65
1858 Small date	1,500,000	30.00	45.00	80.00	150	250	550	800
1858 Large date over small date	Inc. above	225	350	550	1,300	1,800	3,500	17,000
1870	2,800,000	24.00	40.00	75.00	150	250	850	3,500
Note: Flat rim								
1870	Inc. above	24.00	40.00	75.00	150	250	600	2,800
Note: Wire rim								
1871	1,400,000	24.00	40.00	75.00	175	300	800	2,800
1872H	2,000,000	20.00	35.00	80.00	200	350	1,250	6,000
1874H Plain 4	800,000	45.00	90.00	150	300	450	1,000	5,500
1874H Crosslet 4	Inc. above	40.00	75.00	150	300	500	1,100	7,500
1875H Large date	1,000,000	500	800	1,400	3,000	5,000	15,000	—
1875H Small date	Inc. above	225	500	700	1,400	2,100	6,000	—
1880H	3,000,000	12.00	27.00	65.00	175	300	800	3,000
1881H	1,500,000	15.00	30.00	70.00	150	300	800	3,500
1882H	1,000,000	18.00	28.00	80.00	175	300	800	3,500
1883H	600,000	40.00	85.00	200	550	900	3,000	10,000
1884H	200,000	200	350	750	1,350	3,500	9,000	—
1885 Small 5	1,000,000	24.00	50.00	125	400	750	2,900	11,000
1885 Large 5	Inc. above	27.00	55.00	150	450	850	3,000	12,000
1885 Large 5 over small 5	Inc. above	125	200	500	—	4,000	—	—
1886 Small 6	1,700,000	15.00	30.00	60.00	225	400	1,300	5,500
1886 Large 6	Inc. above	18.00	40.00	70.00	225	425	1,500	6,000
1887	500,000	50.00	75.00	175	300	500	1,000	4,500
1888	1,000,000	16.00	24.00	50.00	100	175	450	2,000
1889	1,200,000	40.00	90.00	175	350	600	1,600	9,000
1890H	1,000,000	12.00	22.00	70.00	125	200	450	1,700
1891	1,800,000	9.00	15.00	30.00	90.00	150	400	2,000
1892	860,000	14.00	28.00	70.00	125	350	700	3,500
1893	1,700,000	9.00	14.00	30.00	100	175	500	1,800
1894	500,000	30.00	75.00	125	250	450	1,400	6,000
1896	1,500,000	9.00	14.00	35.00	100	175	450	2,000
1897	1,319,283	8.50	20.00	45.00	90.00	150	450	1,600
1898	580,717	20.00	40.00	90.00	200	350	950	4,500
1899	3,000,000	6.50	12.00	25.00	80.00	175	350	1,300
1900 Oval O's	1,800,000	6.50	12.00	25.00	75.00	125	400	1,500

CENT

Date	Mintage	F12	VF20	XF40	AU50	MS60	MS63	MS65
1900 Round 0's	Inc. above	40.00	60.00	150	300	450	1,000	4,500
1901	2,000,000	8.00	16.00	35.00	80.00	175	500	1,300

KM# 9 1.16 g., 0.925 Silver, 0.0346 oz. ASW 15.5mm. **Obv. Designer:** G. W. DeSaulles **Rev. Designer:** Leonard C. Wyon

Date	Mintage	F12	VF20	XF40	AU50	MS60	MS63	MS65
1902	2,120,000	3.00	5.00	9.00	19.50	45.00	65.00	200
1902	2,200,000	4.00	7.00	14.00	27.00	45.00	80.00	400
Note: Large broad H								
1902	Inc. above	17.00	30.00	50.00	85.00	125	225	750
Note: Small narrow H								

KM# 13 1.16 g., 0.925 Silver, 0.0346 oz. ASW 15.5mm. **Obv:** King's bust right **Rev:** Denomination and date within wreath, crown at top

Date	Mintage	F12	VF20	XF40	AU50	MS60	MS63	MS65
1903	1,000,000	9.00	22.00	45.00	100	200	450	1,100
1903H	2,640,000	4.50	10.00	22.00	65.00	125	400	2,900
1904	2,400,000	5.00	9.00	30.00	90.00	225	650	2,700
1905	2,600,000	4.00	10.00	20.00	50.00	125	300	1,100
1906	3,100,000	3.00	7.00	16.00	45.00	100	250	1,800
1907	5,200,000	3.00	5.00	12.00	30.00	70.00	175	650
1908	1,220,524	13.00	30.00	50.00	85.00	125	225	700
1909 Round leaves	1,983,725	8.00	13.00	40.00	95.00	250	700	2,200
1909 Pointed leaves	Inc. above	24.00	55.00	125	250	700	1,700	—
1910 Pointed leaves	3,850,325	3.00	6.00	12.00	27.00	65.00	125	500
1910 Round leaves	Inc. above	24.00	45.00	100	225	550	1,700	—

KM# 16 1.16 g., 0.925 Silver, 0.0346 oz. ASW **Obv:** King's bust left **Obv. Designer:** E. B. MacKennal **Rev:** Denomination and date within wreath, crown above **Rev. Designer:** Leonard C. Wyon

Date	Mintage	F12	VF20	XF40	AU50	MS60	MS63	MS65
1911	3,692,350	4.00	7.00	12.00	40.00	80.00	125	300

KM# 22 1.13 g., 0.925 Silver, 0.0336 oz. ASW 15.5mm. **Obv:** King's bust left **Obv. Designer:** E. B. MacKennal **Rev:** Denomination and date within wreath, crown above **Rev. Designer:** Leonard C. Wyon

Date	Mintage	F12	VF20	XF40	AU50	MS60	MS63	MS65
1912	5,863,170	3.00	6.00	10.00	30.00	70.00	200	1,100
1913	5,488,048	3.00	5.00	8.00	18.00	35.00	70.00	250
1914	4,202,179	3.00	6.00	10.00	30.00	65.00	200	1,100
1915	1,172,258	20.00	35.00	65.00	175	350	750	2,500
1916	2,481,675	7.00	12.00	27.00	65.00	125	300	1,500
1917	5,521,373	3.00	4.00	9.00	22.00	40.00	100	400
1918	6,052,298	3.00	4.00	8.00	18.00	40.00	85.00	400
1919	7,835,400	3.00	4.00	8.00	18.00	35.00	80.00	450

KM# 22a 1.17 g., 0.800 Silver, 0.030 oz. ASW 15.48mm. **Obv. Designer:** E. B. MacKennal **Rev. Designer:** Leonard C. Wyon

Date	Mintage	F12	VF20	XF40	AU50	MS60	MS63	MS65
1920	10,649,851	2.50	3.00	6.50	17.00	28.00	65.00	300
1921	2,582,495	6,000	7,000	9,000	12,500	16,000	28,000	—

Note: Approximately 460 known; balance remelted. Stack's A.G. Carter Jr. Sale (12-89) choice BU, finest known, realized $57,200

Far 6

KM# 29   4.60 g., Nickel, 21.2mm. **Obv:** King's bust left **Obv. Designer:** E. B. MacKennal **Rev:** Maple leaves divide denomination and date **Rev. Designer:** W. H. J. Blakemore

Date	Mintage	F12	VF20	XF40	AU50	MS60	MS63	MS65
1922	4,794,119	0.90	1.75	7.00	30.00	60.00	125	900
1923	2,502,279	1.25	5.50	16.00	60.00	150	350	—
1924	3,105,839	1.00	4.00	10.00	40.00	100	250	—
1925	201,921	90.00	125	300	700	1,600	5,000	—
1926 Near 6	938,162	7.00	16.00	75.00	225	450	1,600	—
1926 Far 6	Inc. above	175	300	600	1,100	2,000	6,000	—
1927	5,285,627	0.65	3.00	13.00	35.00	75.00	175	1,800
1928	4,577,712	0.65	3.00	13.00	35.00	65.00	125	1,000
1929	5,611,911	0.65	3.00	13.00	35.00	80.00	200	1,800
1930	3,704,673	1.25	3.00	15.00	45.00	100	250	—
1931	5,100,830	1.25	3.50	18.00	70.00	175	650	—
1932	3,198,566	1.00	3.50	16.00	50.00	150	500	—
1933	2,597,867	1.50	6.00	18.00	80.00	200	800	—
1934	3,827,304	1.00	3.00	16.00	50.00	150	500	—
1935	3,900,000	1.00	3.00	11.00	50.00	125	350	1,800
1936	4,400,450	0.65	1.75	9.00	30.00	60.00	150	1,100

KM# 33   4.50 g., Nickel, 21.2mm. **Obv:** Head left **Obv. Designer:** T. H. Paget **Rev:** Beaver on rock divides denomination and date **Rev. Designer:** George E. Kruger-Gray

Date	Mintage	F12	VF20	XF40	AU50	MS60	MS63	MS65
1937 Dot	4,593,263	0.30	1.25	2.50	5.00	12.00	24.00	27.00
1938	3,898,974	0.90	2.50	10.00	40.00	80.00	175	7,000
1939	5,661,123	0.35	1.25	5.00	22.00	55.00	90.00	500
1940	13,920,197	0.30	1.00	2.25	9.00	20.00	55.00	900
1941	8,681,785	0.30	1.00	3.00	13.00	28.00	70.00	2,000
1942 Round	6,847,544	0.30	1.00	2.50	9.00	20.00	50.00	500

KM# 39   Tombac Brass, 21.2mm. **Obv:** Head left **Obv. Designer:** T. H. Paget **Rev:** Beaver on rock divides denomination and date **Rev. Designer:** George E. Kruger-Gray **Shape:** 12-sided

Date	Mintage	F12	VF20	XF40	AU50	MS60	MS63	MS65
1942	3,396,234	0.65	1.25	1.75	2.50	4.00	16.00	175

KM# 40   Tombac Brass, 21.2mm. **Subject:** Victory **Obv:** Head left **Obv. Designer:** T. H. Paget **Rev:** Torch on "V" divides date **Rev. Designer:** Thomas Shingles

Date	Mintage	F12	VF20	XF40	AU50	MS60	MS63	MS65
1943	24,760,256	0.30	0.40	0.80	1.75	3.50	12.00	150
1944	8,000	—	80,000	—	—	—	—	—

Note: 1 known

KM# 40a 4.40 g., Chrome Plated Steel, 21.2mm. **Obv:** Head left **Rev:** Torch on "V" divides date

Date	Mintage	F12	VF20	XF40	AU50	MS60	MS63	MS65
1944	11,532,784	0.20	0.45	0.90	1.25	2.50	6.00	50.00
1945	18,893,216	0.20	0.40	0.80	1.25	2.50	6.00	80.00

Maple leaf

KM# 39a 4.50 g., Nickel, 21.2mm. **Obv:** Head left **Obv. Designer:** T. H. Paget **Rev:** Beaver on rock divides denomination and date **Rev. Designer:** George E. Kruger-Gray

Date	Mintage	F12	VF20	XF40	AU50	MS60	MS63	MS65
1946	6,952,684	0.25	0.50	2.00	8.00	16.00	40.00	1,100
1947	7,603,724	0.25	0.50	1.25	5.00	12.00	28.00	650
1947 Dot	Inc. above	22.00	35.00	75.00	125	200	400	1,800
1947 Maple leaf	9,595,124	0.25	0.45	1.25	5.00	12.00	25.00	225

KM# 42 4.54 g., Nickel, 21.2mm. **Obv:** Head left, modified legend **Obv. Designer:** T. H. Paget **Rev:** Beaver on rock divides date and denomination **Rev. Designer:** George E. Kruger-Gray

Date	Mintage	F12	VF20	XF40	AU50	MS60	MS63	MS65
1948	1,810,789	0.70	1.00	3.00	10.50	20.00	40.00	225
1949	13,037,090	0.25	0.45	1.00	3.50	7.00	16.00	125
1950	11,970,521	0.25	0.45	1.00	3.50	7.00	16.00	300

KM# 42a Chromium and Nickel Plated Steel, 21.2mm. **Obv:** Head left **Obv. Designer:** T. H. Paget **Rev:** Beaver on rock divides date and denomination **Rev. Designer:** George E. Kruger-Gray

Date	Mintage	F12	VF20	XF40	AU50	MS60	MS63	MS65
1951	4,313,410	0.20	0.45	0.80	1.75	3.50	10.00	125
Note: Low relief; Second "A" in GRATIA points between denticles								
1951	Inc. above	550	750	1,200	1,800	2,400	3,500	4,500
Note: High relief; Second "A" in GRATIA points to a denticle								
1952	10,891,148	0.20	0.45	0.80	1.75	3.50	8.00	90.00

KM# 48 4.55 g., Nickel, 21.2mm. **Subject:** Nickel Bicentennial **Obv:** Head left **Obv. Designer:** T. H. Paget **Rev:** Buildings with center tower divide dates and denomination **Rev. Designer:** Stephen Trenka **Shape:** 12-sided

Date	Mintage	F12	VF20	XF40	AU50	MS60	MS63	MS65
1951	9,028,507	0.25	0.30	0.45	0.90	1.75	8.00	125

KM# 50 Chromium and Nickel Plated Steel, 21.2mm. **Obv:** Laureate queen's bust, right **Obv. Designer:** Mary Gillick **Rev:** Beaver on rock divides date and denomination **Rev. Designer:** George E. Kruger-Gray **Shape:** 12-sided

Date	Mintage	F12	VF20	XF40	AU50	MS60	MS63	MS65
1953	16,635,552	0.20	0.40	0.90	1.75	3.00	7.00	60.00
Note: Without strap								
1953	Inc. above	250	350	550	900	1,500	3,500	—
Note: With strap, far leaf								

5 CENTS

Date	Mintage	F12	VF20	XF40	AU50	MS60	MS63	MS65
1953	Inc. above	450	650	900	1,100	1,300	3,500	—
Note: Without strap, near leaf								
1953	Inc. above	0.20	0.40	0.90	2.25	5.00	8.00	60.00
Note: With strap								
1954	6,998,662	0.25	0.50	1.00	2.50	6.00	12.00	80.00

KM# 50a   4.59 g., Nickel, 21.2mm. **Obv:** Laureate queen's bust right **Obv. Designer:** Mary Gillick **Rev:** Beaver on rock divides date and denomination **Rev. Designer:** George E. Kruger-Gray

Date	Mintage	F12	VF20	XF40	AU50	MS60	MS63	MS65
1955	5,355,028	0.15	0.40	0.75	1.75	3.50	6.50	70.00
1956	9,399,854	0.15	0.30	0.45	1.25	2.50	5.00	60.00
1957	7,387,703	0.15	0.25	0.30	0.65	1.25	3.50	45.00
1958	7,607,521	0.15	0.25	0.30	0.65	1.25	3.50	45.00
1959	11,552,523	—	0.15	0.20	0.25	0.45	1.75	45.00
1960	37,157,433	—	0.15	0.20	0.25	0.45	1.75	45.00
1961	47,889,051	—	0.15	0.20	0.25	0.40	1.25	45.00
1962	46,307,305	—	—	—	0.20	0.40	1.25	60.00

KM# 57   Nickel, 21.2mm. **Obv:** Laureate queen's bust right **Obv. Designer:** Mary Gillick **Rev:** Beaver on rock divides date and denomination **Rev. Designer:** George E. Kruger-Gray **Shape:** Round

Date	Mintage	F12	VF20	XF40	AU50	MS60	MS63	MS65
1963	43,970,320	—	—	—	0.15	0.30	0.80	100
1964	78,075,068	—	—	—	0.15	0.30	0.80	90.00
1964	—	20.00	21.00	24.00	30.00	40.00	125	—
Note: Extra water line								

KM# 60.1   4.54 g., Nickel, 21.2mm. **Obv:** Queen's bust right **Obv. Designer:** Arnold Machin **Rev:** Beaver on rock divides date and denomination **Rev. Designer:** George E. Kruger-Gray

Date	Mintage	MS63	MS65
1965	84,876,018	0.80	90.00
1966	27,976,648	0.80	300
1968	101,930,379	0.80	35.00
1969	27,830,229	0.80	50.00
1970	5,726,010	1.75	35.00
1971	27,312,609	0.80	35.00
1972	62,417,387	0.80	35.00
1973	53,507,435	0.80	27.00
1974	94,704,645	0.80	45.00
1975	138,882,000	0.80	35.00
1976	55,140,213	0.80	35.00
1977	89,120,791	0.80	45.00
1978	137,079,273	0.80	22.00

KM# 66   Nickel, 21.2mm. **Subject:** Confederation Centennial **Obv:** Queen's bust right **Obv. Designer:** Arnold Machin **Rev:** Snowshoe rabbit bounding left divides dates and denomination **Rev. Designer:** Alex Coville

Date	Mintage	MS63	MS65
1867-1967	36,876,574	**PF65** 2.00	

KM# 60.2   Nickel, 21.2mm. **Obv:** Queen's bust right **Obv. Designer:** Arnold Machin **Rev:** Beaver on rock divides date and denomination **Rev. Designer:** George E. Kruger-Gray

Date	Mintage	MS63	MS65
1979	186,295,825	0.60	22.00
1980	134,878,000	0.60	45.00
1981	99,107,900	0.60	175
1981	199,000	**PF65** 2.00	

KM# 60.2a   4.60 g., Copper-Nickel, 21.2mm. **Obv:** Queen's bust right **Obv. Designer:** Arnold Machin **Rev:** Beaver on rock divides date and denomination **Rev. Designer:** George E. Kruger-Gray

Date	Mintage	MS63	MS65
1982	64,924,400	0.60	90.00
1982	180,908	**PF65** 2.00	
1983	72,596,000	0.60	175
1983	168,000	**PF65** 2.00	
1984	84,088,000	0.60	100
1984	161,602	**PF65** 2.00	
1985	126,618,000	0.60	125
1985	157,037	**PF65** 2.00	

Date	Mintage	MS63	MS65
1986	156,104,000	0.60	125
1986	175,745	PF65 2.00	
1987	106,299,000	0.60	40.00
1987	179,004	PF65 2.00	
1988	75,025,000	0.60	100
1988	175,259	PF65 2.00	
1989	141,570,538	0.70	40.00
1989	170,928	PF65 2.00	

KM# 182 4.60 g., Copper-Nickel, 19.55mm. **Obv:** Crowned head right **Obv. Designer:** Dora dePedery-Hunt **Rev:** Beaver on rock divides dates and denomination **Rev. Designer:** George E. Kruger-Gray **Edge:** Plain

Date	Mintage	MS63	MS65
1990	42,537,000	0.60	55.00
1990	140,649	PF65 3.50	
1991	10,931,000	0.95	35.00
1991	131,888	PF65 7.00	
1993	86,877,000	0.60	40.00
1993	143,065	PF65 2.50	
1994	99,352,000	0.60	27.00
1994	146,424	PF65 3.00	
1995	78,528,000	0.60	55.00
1995	—	PF65 2.50	
1996 Far 6	36,686,000	1.75	225
1996 Near 6	Inc. above	0.90	27.00
1996	—	PF65 6.00	
1997	27,354,000	0.60	22.00
1997	—	PF65 5.00	
1998	156,873,000	0.60	22.00
1998 W PL	—	—	2.25
1998	—	PF65 5.00	
1999	124,861,000	0.60	18.00
1999 W	—	—	—
1999	—	PF65 9.00	
2000	108,514,000	0.60	22.00
2000 W PL	—	—	2.25
2000	—	PF65 5.00	
2001	30,035,000	1.25	65.00
2001 P	—	PF65 9.00	
2003	—	0.60	22.00

KM# 205 4.60 g., Copper-Nickel, 21.2mm. **Subject:** Confederation 125 **Obv:** Crowned head right **Obv. Designer:** Dora dePedery-Hunt **Rev:** Beaver on rock divides date and denomination **Rev. Designer:** George E. Kruger-Gray

Date	Mintage	MS63	MS65
1992	147,061	PF65 2.50	
1992	53,732,000	0.60	27.00

KM# 182a 5.35 g., 0.925 Silver, 0.1591 oz. ASW 21.2mm. **Obv:** Crowned head right **Obv. Designer:** Dora dePedery-Hunt **Rev:** Beaver on rock divides date and denomination **Rev. Designer:** George E. Kruger-Gray

Date	Mintage	MS63	MS65
1996	—	PF65 8.00	
1997	—	PF65 8.00	
1998	—	PF65 8.00	
1998 O	—	PF65 8.00	
1999	—	PF65 8.00	
2000	—	PF65 8.00	

Date	Mintage	MS63	MS65
2001	—	PF65 8.00	
2003	—	PF65 8.00	

KM# 182b 3.90 g., Nickel Plated Steel, 21.2mm. **Obv:** Crowned head right **Obv. Designer:** Dora dePedery-Hunt **Rev:** Beaver on rock divides date and denomination **Rev. Designer:** George E. Kruger-Gray **Edge:** Plain

Date	Mintage	MS63	MS65
1999 P PL	Est. 20000	—	13.00
2000 P	Est. 2300000	0.90	22.00
2001 P	136,650,000	0.50	22.00
2003 P	32,986,921	0.60	22.00

KM# 310 1.17 g., 0.925 Silver, 0.0347 oz. ASW **Subject:** 90th Anniversary Royal Canadian Mint **Obv:** Crowned head right **Obv. Designer:** Dora dePedery-Hunt **Rev:** Denomination and date within wreath, crown above **Rev. Designer:** W. H. J. Blackmore

Date	Mintage	MS63	MS65
1908-1998	25,000	12.00	—
1908-1998	25,000	PF65 12.00	

KM# 400 0.925 Silver, 21.2mm. **Subject:** First French-Canadian Regiment **Obv:** Crowned head right **Obv. Designer:** Dora dePedery-Hunt **Rev:** Regimental drums, sash and baton, denomination above, date at right **Rev. Designer:** R. C. M. Staff **Edge:** Plain

Date	Mintage	MS63	MS65
2000	—	PF65 7.00	

KM# 413 5.35 g., 0.925 Silver, 0.1591 oz. ASW 21.2mm. **Subject:** Royal Military College **Obv:** Crowned head right **Rev:** Marching cadets and arch **Rev. Designer:** Gerald T. Locklin **Edge:** Plain

Date	Mintage	MS63	MS65
2001	—	PF65 8.00	

5 CENTS

KM# 446 3.95 g., Nickel Plated Steel, 21.2mm. **Subject:** Elizabeth II Golden Jubilee **Obv:** Crowned head right, Jubilee commemorative dates 1952-2002 **Obv. Designer:** Dora dePedery-Hunt **Rev. Designer:** George E. Kruger-Gray **Note:** Magnetic.

Date	Mintage	MS63	MS65
1952-2002 P	135,960,000	0.45	22.00
1952-2002 P	32,642	PF65 10.00	

KM# 446a 5.35 g., 0.925 Silver, 0.1591 oz. ASW 21.2mm. **Subject:** Elizabeth II Golden Jubilee **Obv:** Queen, Jubilee commemorative dates 1952-2002

Date	Mintage	MS63	MS65
1952-2002	21,573	PF65 11.50	

KM# 453 5.35 g., 0.925 Silver, 0.1591 oz. ASW 21.2mm. **Subject:** Vimy Ridge - WWI **Obv:** Crowned head right **Rev:** Vimy Ridge Memorial, allegorical figure and dates 1917-2002 **Rev. Designer:** S. A. Allward

Date	Mintage	MS63	MS65
2002	—	PF65 11.50	

KM# 469 5.35 g., 0.925 Silver, 0.1591 oz. ASW 21.2mm. **Subject:** 50th Anniversary of the Coronation of Elizabeth II **Obv:** Crowned head right, Jubilee commemorative dates 1953-2003 **Obv. Designer:** Mary Gillick

Date	Mintage	MS63	MS65
1953-2003	21,573	PF65 11.50	

KM# 491 3.95 g., Nickel Plated Steel, 21.2mm. **Obv:** Bare head right **Obv. Designer:** Susanna Blunt **Rev:** Beaver divides date and denomination **Rev. Designer:** George E. Kruger-Gray **Note:** Magnetic.

Date	Mintage	MS63	MS65
2003 P	61,392,180	0.65	90.00
2004 P	132,097,000	0.45	18.00
2004 P	—	PF65 7.00	
2005 P	89,664,000	0.45	18.00
2005 P	—	PF65 9.00	
2006 P	139,308,000	0.50	18.00
2006 P	—	PF65 7.00	
2006 (ml)	184,874,000	0.45	18.00
2006 (ml)	—	PF65 2.50	
2007 (ml)	221,472,000	0.45	18.00
2007 (ml)	—	PF65 7.00	
2008 (ml)	278,530,000	0.45	18.00
2008 (ml)	—	PF65 7.00	
2009 (ml)	266,488,000	0.45	18.00
2009 (ml)	—	PF65 7.00	
2010 (ml)	—	0.45	18.00
2010 (ml)	—	PF65 7.00	
2011 (ml)	—	0.45	18.00
2011 (ml)	—	PF65 7.00	
2012 (ml)	—	0.45	18.00
2012 (ml)	—	PF65 3.50	
2013 (ml)	—	0.45	18.00
2013 (ml)	—	PF65 2.50	
2014	—	0.45	—
2014	—	PF63 1.50	PF65 2.50
2015	—	0.45	—
2015	—	PF63 1.50	PF65 2.50

KM# 491a 5.35 g., 0.925 Silver, 0.1591 oz. ASW 21.1mm. **Obv:** Crowned head right **Obv. Designer:** Susanna Blunt **Rev:** Beaver divides date and denomination **Edge:** Plain

Date	Mintage	MS63	MS65
2004	—	PF65 6.50	

KM# 506 5.35 g., 0.925 Silver, 0.1591 oz. ASW 21.3mm. **Obv:** Bare head right **Rev:** Victory " design of the KM-40 reverse **Edge:** Plain **Shape:** 12-sided

Date	Mintage	MS63	MS65
1944-2004	20,019	PF65 15.00	

KM# 627 3.95 g., Nickel Plated Steel, 21.2mm. **Subject:** 60th Anniversary, Victory in Europe 1945-2005 **Obv:** Head right **Rev:** Large V **Edge:** Plain

Date	Mintage	MS63	MS65
2005 P	59,269,192	0.65	18.00

KM# 758 5.30 g., 0.925 Silver, 0.1576 oz. ASW **Obv:** George VI head left **Rev:** Torch and large V

Date	Mintage	MS63	MS65
2005	42,792	PF65 35.00	

KM# 758a 5.30 g., 0.925 Silver selectively gold plated, 0.1576 oz. ASW **Obv:** George VI head left **Rev:** Torch and large V **Note:** Bound into Annual Report.

Date	Mintage	MS63	MS65
2005	6,065	PF65 40.00	

KM# 491b 4.60 g., Copper-Nickel, **Obv:** Bust right **Rev:** Beaver

Date	Mintage	MS63	MS65
2006	43,008,000	5.00	—

KM# 1024 Nickel, 21.2mm. **Obv:** George V bust left **Rev:** Denomination and 1935-2010 anniversary dates, two maple leaves below

Date	Mintage	MS63	MS65
1935-2010	—	PF65 15.00	

KM# 1154 1.56 g., 0.925 Silver, 0.0464 oz. ASW 15.5mm. **Obv:** George V bust **Rev:** Value within wreath

Date	Mintage	MS63	MS65
1911-2011	6,000	PF65 15.00	

10 CENTS

KM# 3 2.32 g., 0.925 Silver, 0.0691 oz. ASW 18.03mm. **Obv:** Head left **Rev:** Denomination and date within wreath, crown above **Obv. Legend:** VICTORIA DEI GRATIA REGINA. CANADA **Edge:** Reeded **Designer:** Leonard C. Wyon

Date	Mintage	F12	VF20	XF40	AU50	MS60	MS63	MS65
1858/5	Inc. below	1,400	2,100	4,000	8,000	12,000	—	—
1858	1,250,000	35.00	65.00	125	225	350	850	2,500
1870 Narrow 0	1,600,000	40.00	75.00	125	250	400	1,300	3,500
1870 Wide 0	Inc. above	65.00	125	225	400	600	2,100	6,500
1871	800,000	50.00	125	200	400	600	2,500	6,500
1871H	1,870,000	60.00	125	225	400	600	2,100	6,500
1872H	1,000,000	225	400	600	1,150	1,750	4,000	9,500
1874H	600,000	24.00	50.00	125	225	350	1,100	3,500
1875H	1,000,000	750	1,200	2,000	4,000	7,000	16,000	35,000
1880H	1,500,000	30.00	65.00	125	225	350	1,200	2,900
1881H	950,000	35.00	70.00	150	300	400	1,300	3,500
1882H	1,000,000	35.00	70.00	150	300	450	1,500	4,500
1883H	300,000	125	250	500	900	1,300	3,000	7,500
1884	150,000	500	950	1,700	3,500	6,000	20,000	45,000
1885	400,000	125	250	500	1,100	2,600	7,000	16,500
1886 Small 6	800,000	65.00	125	300	900	1,500	4,000	9,000
1886 Large 6	Inc. above	80.00	150	350	900	1,500	4,000	11,000
1887	350,000	125	225	450	1,050	1,700	4,000	9,500
1888	500,000	27.00	55.00	125	225	350	1,100	2,500
1889	600,000	1,200	2,000	4,000	8,500	13,000	35,000	85,000
1890H	450,000	45.00	90.00	200	350	500	1,100	2,800
1891 21 leaves	800,000	45.00	90.00	200	350	500	1,300	3,500
1891 22 leaves	Inc. above	45.00	90.00	200	350	500	1,200	3,500
1892/1	520,000	400	700	1,400	2,700	4,000	—	—
1892	Inc. above	35.00	75.00	150	300	450	1,200	3,500
1893 Flat-top 3	500,000	80.00	150	300	650	1,000	2,300	6,000
1893 Round-top 3	Inc. above	1,400	2,700	5,000	9,000	13,000	35,000	85,000
1894	500,000	80.00	150	250	450	750	1,800	4,000
1896	650,000	24.00	45.00	90.00	175	300	750	2,100
1898	720,000	24.00	45.00	90.00	175	300	750	2,100
1899 Small 9's	1,200,000	22.00	40.00	75.00	150	225	600	1,700
1899 Large 9's	Inc. above	45.00	85.00	150	300	500	1,200	3,500
1900	1,100,000	18.00	40.00	85.00	150	225	650	1,600
1901	1,200,000	24.00	50.00	100	150	250	850	1,800

KM# 10 2.32 g., 0.925 Silver, 0.0691 oz. ASW 18.03mm. **Obv:** Crowned bust right **Obv. Designer:** G. W. DeSaulles **Rev:** Denomination and date within wreath, crown above **Rev. Designer:** Leonard C. Wyon **Edge:** Reeded

Date	Mintage	F12	VF20	XF40	AU50	MS60	MS63	MS65
1902	720,000	18.00	35.00	100	200	450	1,200	4,500
1902H	1,100,000	9.00	20.00	45.00	90.00	150	350	1,100
1903	500,000	35.00	90.00	250	600	1,200	2,300	8,000
1903H	1,320,000	18.00	35.00	90.00	150	350	800	2,700
1904	1,000,000	27.50	50.00	125	225	400	1,000	3,500
1905	1,000,000	27.50	60.00	150	300	600	1,400	5,000
1906	1,700,000	13.00	35.00	80.00	150	350	900	2,600
1907	2,620,000	12.00	25.00	45.00	125	300	600	2,100
1908	776,666	27.50	60.00	150	200	300	600	1,300
1909	1,697,200	20.00	45.00	125	225	500	1,200	5,000
Note: Victorian leaves, similar to 1902-08 coins								
1909	Inc. above	30.00	60.00	150	350	750	1,800	5,500
Note: Broad leaves, similar to 1910-12 coins								
1910	4,468,331	9.00	20.00	40.00	80.00	150	400	1,200

KM# 17 2.32 g., 0.925 Silver, 0.0691 oz. ASW 23.5mm. **Obv:** Crowned bust left **Obv. Designer:** E. B. MacKennal **Rev:** Denomination and date within wreath, crown above **Rev. Designer:** Leonard C. Wyon **Edge:** Reeded

Date	Mintage	F12	VF20	XF40	AU50	MS60	MS63	MS65
1911	2,737,584	12.00	20.00	45.00	80.00	150	300	700

Small leaves

Large leaves

KM# 23 2.32 g., 0.925 Silver, 0.0691 oz. ASW 17.8mm. **Obv:** Crowned bust left **Obv. Designer:** E. B. MacKennal **Rev:** Denomination and date within wreath, crown above **Rev. Designer:** Leonard C. Wyon **Edge:** Reeded

Date	Mintage	F12	VF20	XF40	AU50	MS60	MS63	MS65
1912	3,235,557	5.00	10.00	35.00	90.00	250	650	1,900
1913	3,613,937	3.50	9.00	30.00	80.00	200	500	1,300
Note: Small leaves								
1913	Inc. above	225	450	1,200	3,000	8,000	27,500	—
Note: Large leaves								
1914	2,549,811	4.00	9.00	30.00	75.00	175	500	1,700
1915	688,057	16.00	40.00	125	225	500	950	2,600
1916	4,218,114	3.50	6.00	20.00	45.00	100	200	800
1917	5,011,988	3.50	4.00	12.00	40.00	70.00	125	400
1918	5,133,602	3.50	4.00	10.00	35.00	60.00	100	350
1919	7,877,722	3.50	4.00	10.00	35.00	60.00	100	250

KM# 23a 2.33 g., 0.800 Silver, 0.060 oz. ASW 17.9mm. **Obv:** Crowned bust left **Obv. Designer:** E. B. MacKennal **Rev:** Denomination and date within wreath, crown above **Edge:** Reeded

Date	Mintage	F12	VF20	XF40	AU50	MS60	MS63	MS65
1920	6,305,345	2.75	3.50	12.00	40.00	75.00	125	400
1921	2,469,562	2.75	6.00	20.00	50.00	90.00	225	900
1928	2,458,602	2.75	4.00	12.00	40.00	80.00	150	600
1929	3,253,888	3.00	3.50	12.00	40.00	75.00	125	400
1930	1,831,043	3.50	4.50	14.00	45.00	80.00	175	500
1931	2,067,421	3.50	4.00	12.00	40.00	70.00	125	400
1932	1,154,317	3.00	9.00	23.00	60.00	125	250	600
1933	672,368	5.00	12.00	35.00	90.00	200	400	1,300
1934	409,067	7.00	22.00	60.00	150	350	650	1,800
1935	384,056	7.00	19.00	60.00	150	350	600	1,600
1936	2,460,871	2.50	3.00	9.00	30.00	60.00	100	250
1936 Specimen	—	—	—	—	—	—	125,000	200,000

Note: Dot on reverse. Specimen, 4 known; David Akers sale of John Jay Pittman collection, Part 1, 10-97, a gem specimen realized $120,000

Maple leaf

KM# 34 2.33 g., 0.800 Silver, 0.060 oz. ASW 18.03mm. **Obv:** Head left **Obv. Designer:** T. H. Paget **Rev:** Bluenose sailing left, date at right, denomination below **Rev. Designer:** Emanuel Hahn **Edge:** Reeded

Date	Mintage	F12	VF20	XF40	AU50	MS60	MS63	MS65
1937	2,500,095	3.00	3.50	4.00	8.00	16.00	24.00	175
1938	4,197,323	3.00	4.50	10.00	30.00	60.00	100	800

Date	Mintage	F12	VF20	XF40	AU50	MS60	MS63	MS65
1939	5,501,748	3.00	3.50	6.00	22.00	50.00	85.00	500
1940	16,526,470	1.00	3.00	4.00	9.00	20.00	40.00	225
1941	8,716,386	1.00	3.00	7.00	22.00	50.00	100	500
1942	10,214,011	1.00	3.00	5.00	18.00	40.00	60.00	600
1943	21,143,229	1.00	3.00	4.00	9.00	20.00	35.00	225
1944	9,383,582	1.00	3.00	5.00	12.00	28.00	45.00	250
1945	10,979,570	1.00	3.00	4.00	9.00	20.00	35.00	225
1946	6,300,066	2.00	4.00	5.00	15.00	30.00	45.00	225
1947	4,431,926	2.00	3.00	7.00	18.00	40.00	60.00	400
1947	9,638,793	1.00	3.00	4.00	7.00	15.00	20.00	125

Note: Maple leaf

KM# 43 2.33 g., 0.800 Silver, 0.060 oz. ASW 18.03mm. **Obv:** Head left, modified legend **Obv. Designer:** T. H. Paget **Rev:** Bluenose sailing left, date at right, denomination below **Rev. Designer:** Emanuel Hahn

Date	Mintage	F12	VF20	XF40	AU50	MS60	MS63	MS65
1948	422,741	3.50	7.50	13.00	35.00	60.00	80.00	650
1949	11,336,172	1.00	2.00	2.50	6.00	12.00	18.00	150
1950	17,823,075	1.00	2.00	2.50	5.00	10.00	15.00	250
1951	15,079,265	—	1.00	2.50	4.00	7.00	12.00	175
1951	—	6.00	8.00	12.00	18.00	40.00	65.00	350
Note: Doubled die								
1952	10,474,455	—	1.00	2.50	4.00	6.00	10.00	90.00

KM# 51 2.31 g., 0.800 Silver, 0.0594 oz. ASW 18mm. **Obv:** Laureate bust right **Obv. Designer:** Mary Gllick **Rev:** Bluenose sailing left, date at right, denomination below **Rev. Designer:** Emanuel Hahn

Date	Mintage	F12	VF20	XF40	AU50	MS60	MS63	MS65
1953	Inc. above	1.00	2.00	3.00	3.50	4.00	8.00	125
Note: With straps								
1953	17,706,395	—	1.00	3.00	3.50	4.50	9.00	50.00
Note: Without straps								
1954	4,493,150	1.00	2.00	3.00	7.00	12.00	20.00	125
1955	12,237,294	—	1.00	2.00	3.00	4.50	8.00	55.00
1956	Inc. above	3.50	4.00	7.00	9.50	15.00	24.00	125
Note: Dot below date								
1956	16,732,844	—	—	1.00	2.00	3.00	6.00	45.00
1957	16,110,229	—	—	1.00	2.25	3.50	4.00	35.00
1958	10,621,236	—	—	1.00	2.25	3.50	4.00	35.00
1959	19,691,433	—	—	1.00	1.25	3.00	4.00	35.00
1960	45,446,835	—	—	1.00	1.25	3.00	4.00	45.00
1961	26,850,859	—	—	1.00	1.25	3.00	4.00	45.00
1962	41,864,335	—	—	1.00	1.25	2.00	2.50	22.00
1963	41,916,208	—	—	1.00	1.25	2.00	2.50	22.00
1964	49,518,549	—	—	1.00	1.25	2.00	2.50	22.00

KM# 61 2.33 g., 0.800 Silver, 0.060 oz. ASW 18.03mm. **Obv:** Young bust right **Obv. Designer:** Arnold Machin **Rev:** Bluenose sailing left, date at right, denomination below

Date	Mintage	MS63	MS65
1965	56,965,392	2.50	18.00
1966	34,567,898	2.50	27.00

KM# 67 2.33 g., 0.800 Silver, 0.060 oz. ASW 18.03mm. **Subject:** Confederation Centennial **Obv:** Bust right **Rev:** Atlantic mackeral left, denomination above, dates below **Rev. Designer:** Alex Colville

Date	Mintage	MS63	MS65
1867-1967	62,998,215	2.50	27.00
ND1867-1967	—	PF65 18.00	

KM# 67a 2.33 g., 0.500 Silver, 0.0375 oz. ASW 18.03mm. **Subject:** Confederation Centennial **Obv:** Young bust right **Rev:** Atlantic mackeral left, denomination above, dates below

Date	Mintage	MS63	MS65
1867-1967	Inc. above	2.00	27.00

Ottawa

KM# 72 2.33 g., 0.500 Silver, 0.0375 oz. ASW 18.03mm. **Obv:** Bust right **Obv. Designer:** Arnold Machin **Rev:** Bluenose sailing left, date at right, denomination below **Rev. Designer:** Emanuel Hahn **Note:** Ottawa Mint reeding has pointed deep areas in the edge reeding.

Date	Mintage	MS63	MS65
1968	70,460,000	1.50	18.00

Ottawa

KM# 72a Nickel, 18.03mm. **Obv:** Young bust right **Obv. Designer:** Arnold Machin **Rev:** Bluenose sailing left, date at right, denomination below **Rev. Designer:** Emanuel Hahn **Note:** Ottawa Mint reeding has pointed deep areas in the edge reeding.

Date	Mintage	MS63	MS65
1968	87,412,930	0.40	90.00

Philadelphia

KM# 73 2.33 g., Nickel, 18.03mm. **Obv:** Young bust right **Obv. Designer:** Arnold Machin **Rev:** Bluenose sailing left, date at right, denomination below **Rev. Designer:** Emanuel Hahn **Note:** Philadelphia Mint reeding has flat deep areas in the edge reeding.

Date	Mintage	MS63	MS65
1968	85,170,000	0.40	40.00
1969	—	—	—

Note: Large date, large ship, 10-20 known

KM# 77.1 2.07 g., Nickel, 18.03mm. **Obv:** Young bust right **Obv. Designer:** Arnold Machin **Rev:** Redesigned smaller Bluenose sailing left, date at right, denomination below **Rev. Designer:** Emanuel Hahn **Edge:** Reeded

Date	Mintage	MS63	MS65
1969	55,833,929	0.70	30.00
1970	5,249,296	1.25	27.00
1971	41,016,968	0.70	27.00
1972	60,169,387	0.70	30.00
1973	167,715,435	0.70	45.00
1974	201,566,565	0.70	45.00
1975	207,680,000	0.70	45.00
1976	95,018,533	0.70	45.00
1977	128,452,206	0.70	35.00
1978	170,366,431	0.70	45.00

KM# 77.2 2.07 g., Nickel, 18.03mm. **Obv:** Smaller young bust right **Obv. Designer:** Arnold Machin **Rev:** Redesigned smaller Bluenose sailing left, denomination below, date at right **Rev. Designer:** Emanuel Hahn **Edge:** Reeded

Date	Mintage		MS63	MS65
1979	237,321,321		0.60	30.00
1980	170,111,533		2.25	45.00
1981	123,912,900		0.60	85.00
1981	199,000	PF65	1.50	
1982	93,475,000		0.60	45.00
1982	180,908	PF65	1.50	
1983	111,065,000		0.60	45.00
1983	168,000	PF65	1.50	
1984	121,690,000		0.60	65.00
1984	161,602	PF65	2.00	
1985	143,025,000		0.60	40.00
1985	157,037	PF65	2.00	
1986	168,620,000		0.60	45.00
1986	175,745	PF65	2.00	
1987	147,309,000		0.60	40.00
1987	179,004	PF65	2.00	
1988	162,998,558		0.60	40.00
1988	175,259	PF65	2.00	
1989	199,104,414		0.70	35.00
1989	170,528	PF65	2.00	

KM# 183 2.14 g., Nickel, 18.03mm. **Obv:** Crowned head right **Obv. Designer:** Dora dePedery-Hunt **Rev:** Bluenose sailing left, date at right, denomination below **Rev. Designer:** Emanuel Hahn **Edge:** Reeded

Date	Mintage		MS63	MS65
1990	65,023,000		0.60	30.00
1990	140,649	PF65	2.50	
1991	50,397,000		0.90	27.00
1991	131,888	PF65	4.00	
1993	135,569,000		0.60	27.00
1993	143,065	PF65	2.00	
1994	145,800,000		0.60	30.00
1994	146,424	PF65	2.50	
1995	123,875,000		0.60	27.00
1995	—	PF65	2.50	
1996	51,814,000		0.60	30.00
1996	—	PF65	3.50	
1997	43,126,000		0.60	27.00
1997	—	PF65	3.50	
1998	203,514,000		0.60	30.00
1998	—	PF65	4.50	
1998 W PL	—	PF60	2.50	
1999	258,462,000		0.60	30.00
1999	—	PF65	6.00	
2000	159,125,000		0.50	30.00
2000	—	PF65	4.00	
2000 W PL	—	—		1.75

KM# 206 Nickel, 18.03mm. **Subject:** Confederation 125 **Obv:** Crowned head right **Rev:** Bluenose sailing left, date at right, denomination below

Date	Mintage	MS63	MS65
1867-1992	174,476,000	0.60	27.00
1867-1992	147,061	PF65 2.50	

KM# 183a 2.40 g., 0.925 Silver, 0.0714 oz. ASW 18.03mm. **Obv:** Crowned head right **Rev:** Bluenose sailing left, date at right, denomination below

Date	Mintage	MS63	MS65
1996	—	PF65 5.50	
1997	—	PF65 5.50	
1998	—	PF65 4.00	
1998 O	—	PF65 4.00	
1999	—	PF65 5.00	
2000	—	PF65 5.00	
2001	—	PF65 5.00	
2002	—	PF65 7.50	
2003	—	PF65 7.50	

KM# 299 2.40 g., 0.925 Silver, 0.0714 oz. ASW 18.03mm. **Subject:** John Cabot **Obv:** Crowned head right **Rev:** Ship with full sails divides dates, denomination below **Rev. Designer:** Donald H. Curley

Date	Mintage	MS63	MS65
1997	—	PF65 13.50	

KM# 311 2.32 g., 0.925 Silver, 0.069 oz. ASW 18.03mm. **Subject:** 90th Anniversary Royal Canadian Mint **Obv:** Crowned head right **Rev:** Denomination and date within wreath, crown above

Date	Mintage	MS63	MS65
1908-1998 Matte	—	PF65 10.00	
1908-1998	—	PF65 10.00	

KM# 183b 1.77 g., Nickel Plated Steel, 18.03mm. **Obv:** Crowned head right **Obv. Designer:** Dora dePedery-Hunt **Rev:** Bluenose sailing left, date at right, denomination below **Rev. Designer:** Emanuel Hahn **Edge:** Reeded

Date	Mintage	MS63	MS65
1999 P PL	Est. 20000	—	10.00
2000 P	Est. 200	1,000	2,000
2001 P	266,000,000	0.45	27.00
2003 P	162,398,000	0.55	18.00

KM# 409 2.40 g., 0.925 Silver, 0.0714 oz. ASW 18.03mm. **Subject:** First Canadian Credit Union **Obv:** Crowned head right **Rev:** Alphonse Desjardins'

house (founder of the first credit union in Canada), dates at right, denomination below **Edge:** Reeded

Date	Mintage	MS63	MS65
2000	—	PF65 7.00	

KM# 412 1.77 g., Nickel Plated Steel, 18mm. **Subject:** Year of the Volunteer **Obv:** Crowned head right **Rev:** Three portraits left and radiant sun **Edge:** Reeded

Date	Mintage	MS63	MS65
2001 P	224,714,000	0.65	27.00

KM# 412a 2.40 g., 0.925 Silver, 0.0714 oz. ASW 18mm. **Subject:** Year of the Volunteer **Obv:** Crowned head right **Rev:** Three portraits left above banner, radiant sun below **Edge:** Reeded

Date	Mintage	MS63	MS65
2001 P	40,634	PF65 7.00	

KM# 447 1.77 g., Nickel Plated Steel, 18mm. **Subject:** Elizabeth II Golden Jubilee **Obv:** Crowned head right, Jubilee commemorative dates 1952-2002

Date	Mintage	MS63	MS65
1952-2002 P	252,563,000	1.00	—
1952-2002	32,642	PF65 2.50	

KM# 447a 2.32 g., 0.925 Silver, 0.069 oz. ASW 18mm. **Subject:** Elizabeth II Golden Jubilee **Obv:** Crowned head right, Jubilee commemorative dates 1952-2002

Date	Mintage	MS63	MS65
2002	21,537	PF65 12.50	

KM# 470 2.32 g., 0.925 Silver, 0.069 oz. ASW **Subject:** 50th Anniversary of the Coronation of Elizabeth II **Obv:** Head right **Rev:** Bluenose sailing left

Date	Mintage	MS63	MS65
1953-2003	21,537	PF65 10.00	

KM# 492 1.77 g., Nickel Plated Steel, 18mm. **Obv:** Head right **Obv. Designer:** Susanna Blunt **Rev:** Bluenose sailing left

Date	Mintage	MS63	MS65
2003 P	—	0.90	18.00
2004 P	211,924,000	0.60	18.00
2004 P	—	PF65 5.50	
2005 P	212,175,000	0.60	18.00
2005 P	—	PF65 5.50	
2006 P	312,122,000	0.60	18.00
2006 P	—	PF65 4.00	
2007 (ml) Straight 7	304,110,000	0.60	18.00
2007 (ml) Curved 7, PL	Inc. above	—	0.90
2007 (ml)	—	PF65 3.50	
2008 (ml)	467,495,000	0.60	18.00
2008 (ml)	—	PF65 3.50	
2009 (ml)	370,700,000	0.60	18.00
2009 (ml)	—	PF65 3.50	
2010 (ml)	—	0.60	18.00

Date	Mintage	MS63	MS65
2010 (ml)	—	PF65 3.50	
2011 (ml)	—	0.60	18.00
2011 (ml)	—	PF65 3.50	
2012 (ml)	—	0.60	18.00
2012 (ml)	—	PF65 3.50	
2013 (ml)	—	0.60	—
2013 (ml)	—	PF65 2.50	
2014	—	0.60	—
2014	—	PF63 1.50	PF65 2.50
2015	—	0.60	—
2015	—	PF63 1.50	PF65 2.50

KM# 492a 2.40 g., 0.925 Silver, 0.0714 oz. ASW 18mm. **Obv:** Bare head right **Obv. Designer:** Susanna Blunt **Rev:** Sailboat **Edge:** Reeded

Date	Mintage	MS63	MS65
2004	—	PF65 6.00	

KM# 524 2.40 g., 0.925 Silver, 0.0714 oz. ASW 18mm. **Subject:** Golf, Championship of Canada, Centennial. **Obv:** Head right

Date	Mintage	MS63	MS65
2004	39,486	10.00	—

KM# 1025 2.40 g., 0.925 Silver, 0.0714 oz. ASW 18.03mm. **Obv:** George V bust left **Rev:** Value within wreath, dual dates below

Date	Mintage	MS63	MS65
1935-2010	—	PF65 20.00	

KM# 1155 2.40 g., 0.925 Silver, 0.0714 oz. ASW 18.03mm. **Obv:** George V bust **Rev:** Value within wreath

Date	Mintage	MS63	MS65
1911-2011	6,000	PF65 20.00	

20 CENTS

KM# 4 4.65 g., 0.925 Silver, 0.1382 oz. ASW **Obv:** Head left **Rev:** Denomination and date within wreath, crown above **Obv. Legend:** VICTORIA DEI GRATIA REGINA. CANADA

Date	Mintage	F12	VF20	XF40	AU50	MS60	MS63	MS65
1858	750,000	100	125	225	500	900	2,500	5,000

25 CENTS

KM# 5 5.81 g., 0.925 Silver, 0.1728 oz. ASW 23.88mm. **Obv:** Crowned head left **Obv. Designer:** Leonard C. Wyon **Rev:** Denomination and date within wreath, crown above **Obv. Legend:** VICTORIA DEI GRATIA REGINA / CANADA

Date	Mintage	F12	VF20	XF40	AU50	MS60	MS63	MS65
1870	900,000	45.00	85.00	200	450	750	2,000	5,500
1871	400,000	50.00	125	250	600	1,000	2,400	6,500
1871H	748,000	60.00	150	300	700	1,100	2,100	5,500
1872H	2,240,000	25.00	45.00	125	300	550	1,800	5,000
1872H	Inc. above	125	250	600	1,500	2,500	6,000	—
Note: Inverted "A" for "V" in Victoria								
1874H	1,600,000	25.00	45.00	125	250	450	1,400	4,000
1875H	1,000,000	700	1,700	3,000	8,500	20,000	35,000	—
1880H Narrow 0	400,000	125	300	600	1,150	1,700	3,500	8,500
1880H Wide 0	Inc. above	350	600	1,400	2,900	4,500	8,000	—
1880H Narrow/wide 0	Inc. above	225	600	950	1,850	2,800	10,000	18,000
1881H	820,000	55.00	125	300	750	1,300	4,000	9,500
1882H	600,000	65.00	125	300	750	1,200	3,000	8,000
1883H	960,000	40.00	85.00	200	400	600	1,700	4,500
1885	192,000	300	550	1,100	2,500	4,000	10,000	28,000
1886/3	540,000	200	400	750	1,550	2,400	4,500	—
1886	Inc. above	90.00	200	450	1,050	1,700	4,500	9,500
1887	100,000	300	550	1,200	3,000	7,500	12,500	—

Date	Mintage	F12	VF20	XF40	AU50	MS60	MS63	MS65
1888	400,000	55.00	90.00	200	450	750	2,200	5,000
1889	66,324	350	650	1,400	2,900	4,500	13,000	—
1890H	200,000	60.00	150	300	650	1,000	2,300	6,000
1891	120,000	225	400	750	1,250	1,800	3,500	8,500
1892	510,000	40.00	85.00	200	450	750	2,300	5,500
1893	100,000	300	550	1,000	1,450	2,000	3,000	8,000
1894	220,000	65.00	150	300	550	850	2,000	5,000
1899	415,580	25.00	60.00	150	350	600	1,500	4,500
1900	1,320,000	20.00	50.00	125	300	550	1,200	2,400
1901	640,000	24.00	65.00	200	350	650	1,400	2,600

KM# 11 5.81 g., 0.925 Silver, 0.1728 oz. ASW 23.4mm. **Obv:** Crowned bust right **Obv. Designer:** G. W. DeSaulles **Rev:** Denomination and date within wreath, crown above

Date	Mintage	F12	VF20	XF40	AU50	MS60	MS63	MS65
1902	464,000	35.00	85.00	250	450	1,000	2,500	7,500
1902H	800,000	22.50	65.00	125	225	350	650	2,100
1903	846,150	40.00	100	300	500	1,000	2,600	9,500
1904	400,000	75.00	200	500	950	2,250	7,000	—
1905	800,000	45.00	150	350	800	2,000	5,500	—
1906 Large crown	1,237,843	30.00	75.00	250	450	800	2,200	11,000
1906 Small crown, Rare	Inc. above	5,500	10,000	18,000	24,000	30,000	40,000	—
1907	2,088,000	22.50	65.00	175	300	600	1,600	5,000
1908	495,016	50.00	100	250	400	550	1,000	1,900
1909	1,335,929	40.00	100	250	450	850	2,000	8,000

KM# 11a 5.83 g., 0.925 Silver, 0.1734 oz. ASW **Obv:** Crowned bust right **Rev:** Denomination and date within wreath, crown above

Date	Mintage	F12	VF20	XF40	AU50	MS60	MS63	MS65
1910	3,577,569	22.50	50.00	100	200	350	850	3,500

KM# 18 5.83 g., 0.925 Silver, 0.1734 oz. ASW **Obv:** Crowned bust left **Obv. Designer:** E. B. MacKennal **Rev:** Denomination and date within wreath, crown above **Obv. Legend:** GEORGIVS V REX ET IND IMP

Date	Mintage	F12	VF20	XF40	AU50	MS60	MS63	MS65
1911	1,721,341	20.00	50.00	100	175	350	650	1,600

KM# 24 5.83 g., 0.925 Silver, 0.1734 oz. ASW 23.5mm. **Obv:** Crowned bust left **Obv. Designer:** E. B. MacKennal **Rev:** Denomination and date within wreath, crown above **Obv. Legend:** GEORGIVS V DEI GRA REX ET IND IMP

Date	Mintage	F12	VF20	XF40	AU50	MS60	MS63	MS65
1912	2,544,199	14.00	30.00	70.00	200	400	1,500	4,500
1913	2,213,595	14.00	30.00	65.00	175	350	1,250	4,000
1914	1,215,397	16.00	40.00	80.00	250	650	2,000	7,000
1915	242,382	70.00	225	600	1,500	3,500	8,000	25,000
1916	1,462,566	11.00	25.00	50.00	100	250	800	3,500
1917	3,365,644	9.00	18.00	40.00	65.00	150	300	900
1918	4,175,649	9.00	13.00	35.00	55.00	100	225	850
1919	5,852,262	9.00	13.00	35.00	50.00	125	225	950

Dot below wreath

KM# 24a 5.83 g., 0.800 Silver, 0.150 oz. ASW **Obv:** Crowned bust left **Obv. Designer:** E. B. MacKennal **Rev:** Denomination and date within wreath, crown below

Date	Mintage	F12	VF20	XF40	AU50	MS60	MS63	MS65
1920	1,975,278	9.00	18.00	40.00	90.00	200	500	1,600
1921	597,337	35.00	125	300	750	1,450	3,500	12,000
1927	468,096	65.00	125	250	650	1,000	2,100	7,000
1928	2,114,178	9.00	18.00	50.00	90.00	175	450	1,600
1929	2,690,562	9.00	18.00	45.00	90.00	150	400	1,200
1930	968,748	9.00	27.00	50.00	95.00	250	600	1,800
1931	537,815	10.00	30.00	65.00	100	250	650	2,300
1932	537,994	10.00	30.00	65.00	100	250	650	2,100
1933	421,282	10.00	35.00	85.00	125	250	450	1,300
1934	384,350	12.00	45.00	90.00	150	350	650	2,300
1935	537,772	10.00	35.00	65.00	125	200	350	1,200
1936	972,094	8.00	13.00	28.00	55.00	100	225	800
1936 Dot below wreath	153,322	95.00	225	450	750	1,050	2,400	9,500

Note: David Akers John Jay Pittman sale Part Three, 10-99, nearly Choice Unc. realized $6,900; considered a possible specimen example

Maple leaf after date

KM# 35 5.83 g., 0.800 Silver, 0.150 oz. ASW 23.5mm. **Obv:** Head left **Obv. Designer:** T. H. Paget **Rev:** Caribou left, denomination above, date at right **Rev. Designer:** Emanuel Hahn

Date	Mintage	F12	VF20	XF40	AU50	MS60	MS63	MS65
1937	2,690,176	5.00	7.00	7.50	13.00	20.00	40.00	250
1938	3,149,245	5.00	8.00	15.00	35.00	75.00	150	1,000
1939	3,532,495	5.00	8.00	11.00	27.00	60.00	125	400
1940	9,583,650	3.00	4.00	5.00	10.00	20.00	40.00	250
1941	6,654,672	3.00	4.00	6.00	10.00	23.00	45.00	250
1942	6,935,871	3.00	4.00	6.00	10.00	24.00	45.00	350
1943	13,559,575	3.00	4.00	6.00	10.00	23.00	45.00	350
1944	7,216,237	4.00	5.00	6.00	15.00	30.00	60.00	400
1945	5,296,495	3.00	4.00	6.00	10.00	23.00	50.00	350
1946	2,210,810	4.00	6.00	12.00	30.00	50.00	100	400
1947	1,524,554	4.00	6.00	12.00	35.00	60.00	100	1,000
1947 Dot after 7	Inc. above	90.00	125	225	300	450	900	8,500
1947 Maple leaf after 7	4,393,938	3.00	4.00	6.00	11.00	20.00	30.00	250

KM# 44 5.83 g., 0.800 Silver, 0.150 oz. ASW 23.5mm. **Obv:** Head left, modified legend **Obv. Designer:** T. H. Paget **Rev:** Caribou left, denomination above, date at right **Rev. Designer:** Emanuel Hahn

Date	Mintage	F12	VF20	XF40	AU50	MS60	MS63	MS65
1948	2,564,424	4.00	6.00	11.00	30.00	65.00	125	500
1949	7,988,830	3.00	4.00	8.00	10.50	14.00	30.00	500
1950	9,673,335	3.00	4.00	8.00	10.00	12.00	23.00	350
1951	8,290,719	3.00	4.00	7.00	9.00	10.00	18.00	350
1952	8,859,642	3.00	4.00	7.00	8.50	10.00	17.00	500

KM# 52   5.83 g.,   0.800 Silver, 0.150 oz. ASW 23.8mm.   **Obv:** Laureate bust right   **Obv. Designer:** Mary Gillick **Rev:** Caribou left, denomination above, date at right **Rev. Designer:** Emanuel Hahn

Date	Mintage	F12	VF20	XF40	AU50	MS60	MS63	MS65
1953 Without strap	10,546,769	—	3.00	4.00	6.00	8.00	14.00	100
1953 With strap	Inc. above	3.00	4.00	6.00	8.50	11.00	27.00	350
1954	2,318,891	4.00	5.00	10.00	18.00	30.00	55.00	450
1955	9,552,505	—	3.00	6.00	7.50	9.00	16.00	225
1956	11,269,353	—	—	3.00	5.50	8.00	12.00	100
1957	12,770,190	—	—	3.00	5.50	8.00	10.00	75.00
1958	9,336,910	—	—	3.00	5.50	8.00	10.00	65.00
1959	13,503,461	—	—	3.00	3.50	5.50	8.00	125
1960	22,835,327	—	—	3.00	3.50	5.50	8.00	75.00
1961	18,164,368	—	—	3.00	3.50	5.50	8.00	75.00
1962	29,559,266	—	—	3.00	3.50	5.50	8.00	65.00
1963	21,180,652	—	—	—	3.00	3.50	8.00	50.00
1964	36,479,343	—	—	—	3.00	3.50	8.00	45.00

KM# 62   5.83 g.,   0.800 Silver, 0.150 oz. ASW 23.8mm.   **Obv:** Young bust right   **Obv. Designer:** Arnold Machin **Rev:** Caribou left, denomination above, date at right **Rev. Designer:** Emanuel Hahn

Date	Mintage	MS63	MS65
1965	44,708,869	8.00	45.00
1966	25,626,315	8.00	45.00

KM# 68   5.83 g.,   0.800 Silver, 0.150 oz. ASW 23.8mm.   **Subject:** Confederation Centennial **Obv:** Young bust right **Rev:** Lynx striding left divides dates and denomination   **Rev. Designer:** Alex Colville

Date	Mintage	MS63	MS65
1867-1967	48,855,500	6.00	30.00

KM# 68a   5.83 g.,   0.500 Silver, 0.0937 oz. ASW 23.8mm.   **Subject:** Confederation Centennial **Obv:** Young bust right **Rev:** Lynx striding left divides dates and denomination

Date	Mintage	MS63	MS65
1867-1967	Inc. above	4.50	—

KM# 62a   5.83 g.,   0.500 Silver, 0.0937 oz. ASW 23.8mm.   **Obv:** Young bust right   **Obv. Designer:** Machin **Rev:** Caribou left, denomination above, date at right

Date	Mintage	MS63	MS65
1968	71,464,000	4.50	30.00

KM# 62b   5.06 g., Nickel, 23.8mm.   **Obv:** Young bust right   **Obv. Designer:** Machin **Rev:** Caribou left, denomination above, date at right

Date	Mintage	MS63	MS65
1968	88,686,931	0.80	45.00
1969	133,037,929	0.80	45.00
1970	10,302,010	2.00	45.00
1971	48,170,428	0.80	35.00
1972	43,743,387	0.80	35.00
1974	192,360,598	0.80	35.00
1975	141,148,000	0.80	45.00
1976	86,898,261	0.80	45.00
1977	99,634,555	0.80	30.00
1978	176,475,408	0.80	65.00

KM# 81.1 Nickel, 23.8mm. **Subject:** Royal Candian Mounted Police Centennial **Obv:** Young bust right **Rev:** Mountie divides dates, denomination above **Rev. Designer:** Paul Cedarberg **Note:** 120 beads.

Date	Mintage	MS63	MS65
1873-1973	134,958,587	1.25	35.00

KM# 81.2 Nickel, 23.8mm. **Subject:** RCMP Centennial **Obv:** Young bust right **Rev:** Mountie divides dates, denomination above **Note:** Large bust, 132 beads.

Date	Mintage	MS63	MS65
1873-1973	Inc. above	700	3,000

KM# 74 5.07 g., Nickel, 23.88mm. **Obv:** Small young bust right **Obv. Designer:** Machin **Rev. Designer:** Emanuel Hahn

Date	Mintage	MS63	MS65
1979	131,042,905	0.75	30.00
1980	76,178,000	1.00	125
1981	131,580,272	1.00	60.00
1981	—	PF65 2.00	
1982	171,926,000	1.00	60.00
1982	180,908	PF65 2.00	
1983	13,162,000	2.00	65.00
1983	168,000	PF65 3.00	
1984	121,668,000	1.00	60.00
1984	161,602	PF65 2.00	
1985	158,734,000	1.00	90.00
1985	157,037	PF65 2.00	
1986	132,220,000	1.00	65.00
1986	175,745	PF65 2.00	
1987	53,408,000	1.25	50.00
1987	179,004	PF65 2.00	
1988	80,368,473	0.95	60.00
1988	175,259	PF65 2.00	
1989	119,796,307	1.00	60.00
1989	170,928	PF65 2.50	

KM# 184 5.07 g., Nickel, 23.88mm. **Obv:** Crowned head right **Obv. Designer:** Dora dePedery-Hunt **Rev:** Caribou left, denomination above, date at right **Rev. Designer:** Emanuel Hahn

Date	Mintage	MS63	MS65
1990	31,258,000	0.90	50.00
1990	140,649	PF65 3.50	
1991	459,000	12.00	65.00
1991	131,888	PF65 20.00	
1993	73,758,000	0.70	60.00
1993	143,065	PF65 2.50	
1994	77,670,000	0.70	50.00
1994	146,424	PF65 2.50	
1995	89,210,000	0.70	35.00
1995	—	PF65 3.00	
1996	28,106,000	0.70	35.00

Date	Mintage	MS63	MS65
1996	—	PF65 6.00	
1997 PL	—	—	4.50
1997	—	PF65 6.00	
1998 W PL	—	—	10.00
1999 PL	258,888,000	—	5.00
1999	—	PF65 9.50	
2000 PL	434,087,000	—	5.00
2000	—	PF65 6.00	
2000 W PL	—	—	5.00
2001	8,415,000	4.50	30.00
2001	—	PF65 7.00	

KM# 184a 5.90 g., 0.925 Silver, 0.1755 oz. ASW 23.88mm. **Obv:** Crowned head right **Rev:** Caribou left, denomination above, date at right

Date	Mintage	MS63	MS65
1996	—	PF65 9.50	
1997	—	PF65 9.50	
1998	—	PF65 9.50	
1998 O	—	PF65 8.50	
1999	—	PF65 8.50	
2001	—	PF65 9.50	
2003	—	PF65 9.50	

KM# 184b 4.40 g., Nickel Plated Steel, 23.88mm. **Obv:** Crowned head right **Rev:** Caribou left, denomination above, date at right

Date	Mintage	MS63	MS65
1999 P	Est. 20000	—	14.00
2000 P	—	5,500	—
Note: 3-5 known			
2001 P	55,773,000	0.90	30.00
2001 P	—	PF65 5.00	
2002 P	156,105,000	0.90	30.00

KM# 207 Nickel, 23.8mm. **Subject:** Confederation 125 **Obv:** Crowned head right **Obv. Designer:** Dora dePedery-Hunt **Rev:** Caribou left, denomination above, date at right **Rev. Designer:** Emanuel Hahn

Date	Mintage	MS63	MS65
1867-1992	147,061	PF65 16.00	
1867-1992 PL	442,986	—	13.00

KM# 203 5.00 g., Nickel, 23.9mm. **Subject:** New Brunswick **Obv:** Crowned head right **Rev:** Covered bridge in Newton, denomination below **Series:** 125th Anniversary of Confederation **Rev. Designer:** Ronald Lambert

Date	Mintage	MS63	MS65
1992	12,174,000	1.00	50.00

KM# 203a   5.83 g., 0.925 Silver, 0.1734 oz. ASW 23.8mm. **Subject:** New Brunswick **Obv:** Crowned head right **Rev:** Covered bridge in Newton, denomination below **Series:** 125th Anniversary of Confederation

Date	Mintage	MS63	MS65
1992	149,579	PF65 8.50	

KM# 212   Nickel, 23.8mm. **Subject:** Northwest Territories **Obv:** Crowned head right **Series:** 125th Anniversary of Confederation **Rev. Designer:** Beth McEachen

Date	Mintage	MS63	MS65
1992	12,582,000	1.00	50.00

KM# 212a   5.83 g., 0.925 Silver, 0.1734 oz. ASW 23.8mm. **Subject:** Northwest Territories **Obv:** Crowned head right **Series:** 125th Anniversary of Confederation

Date	Mintage	MS63	MS65
1992	149,579	PF65 8.50	

KM#213   Nickel, 23.8mm. **Subject:** Newfoundland **Rev:** Fisherman rowing a dory, denomination below **Series:** 125th Anniversary of Confederation **Rev. Designer:** Christopher Newhook

Date	Mintage	MS63	MS65
1992	11,405,000	1.00	50.00

KM# 213a   5.83 g., 0.925 Silver, 0.1734 oz. ASW 23.8mm. **Subject:** Newfoundland **Rev:** Fisherman rowing a dory, denomination below **Series:** 125th Anniversary of Confederation

Date	Mintage	MS63	MS65
1992	149,579	PF65 8.50	

KM# 214   Nickel, 23.8mm. **Subject:** Manitoba **Obv:** Crowned head right **Series:** 125th Anniversary of Confederation **Rev. Designer:** Muriel Hope

Date	Mintage	MS63	MS65
1992	11,349,000	1.00	50.00

KM# 214a   5.83 g., 0.925 Silver, 0.1734 oz. ASW 23.8mm. **Subject:** Manitoba **Obv:** Crowned head right **Series:** 125th Anniversary of Confederation

Date	Mintage	MS63	MS65
1992	149,579	PF65 8.50	

KM# 220   Nickel, 23.8mm. **Subject:** Yukon **Obv:**
Crowned head right **Series:** 125th Anniversary of Confederation **Rev. Designer:** Libby Dulac

Date	Mintage	MS63	MS65
1992	10,388,000	1.00	50.00

KM# 220a   5.83 g., 0.925 Silver, 0.1734 oz. ASW 23.8mm. **Subject:** Yukon **Obv:** Crowned head right **Series:** 125th Anniversary of Confederation

Date	Mintage	MS63	MS65
1992	149,579	PF65 8.50	

KM# 221   Nickel, 23.8mm. **Subject:** Alberta **Obv:** Crowned head right **Rev:** Rock formations in the badlands near Drumhelter, denomination below **Series:** 125th Anniversary of Confederation **Rev. Designer:** Mel Heath

Date	Mintage	MS63	MS65
1992	12,133,000	1.00	50.00

KM# 221a   5.83 g., 0.925 Silver, 0.1734 oz. ASW 23.8mm. **Subject:** Alberta **Obv:** Crowned head right **Rev:** Rock formations in the badlands near Drumhelter, denomination below **Series:** 125th Anniversary of Confederation **Rev. Designer:** Mel Heath

Date	Mintage	MS63	MS65
1992	—	PF65 8.50	

KM# 222   Nickel, 23.8mm. **Subject:** Prince Edward Island **Obv:** Crowned head right **Series:** 125th Anniversary of Confederation **Rev. Designer:** Nigel Roe

Date	Mintage	MS63	MS65
1992	13,001,000	1.00	65.00

KM# 222a   5.83 g., 0.925 Silver, 0.1734 oz. ASW 23.8mm. **Subject:** Prince Edward Island **Obv:** Crowned head right **Series:** 125th Anniversary of Confederation **Rev. Designer:** Nigel Roe

Date	Mintage	MS63	MS65
1992	149,579	PF65 8.50	

KM# 223   Nickel, 23.8mm. **Subject:** Ontario **Obv:** Crowned head right **Rev:** Jack pine, denomination below **Series:** 125th Anniversary of Confederation **Rev. Designer:** Greg Salmela

Date	Mintage	MS63	MS65
1992	14,263,000	1.00	65.00

KM# 223a 5.83 g., 0.925 Silver, 0.1734 oz. ASW 23.8mm. **Subject:** Ontario **Obv:** Crowned head right **Rev:** Jack pine, denomination below **Series:** 125th Anniversary of Confederation **Rev. Designer:** Greg Salmela

Date	Mintage	MS63	MS65
1992	149,579	**PF65** 8.50	

KM# 231 5.03 g., Nickel, 23.8mm. **Subject:** Nova Scotia **Obv:** Crowned head right **Rev:** Lighthouse, denomination below **Series:** 125th Anniversary of Confederation **Rev. Designer:** Bruce Wood

Date	Mintage	MS63	MS65
1992	13,600,000	1.00	50.00

KM# 231a 5.83 g., 0.925 Silver, 0.1734 oz. ASW 23.8mm. **Subject:** Nova Scotia **Obv:** Crowned head right **Rev:** Lighthouse, denomination below **Series:** 125th Anniversary of Confederation **Rev. Designer:** Bruce Wood

Date	Mintage	MS63	MS65
1992	149,579	**PF65** 8.50	

KM# 232 Nickel, 23.8mm. **Subject:** British Columbia **Obv:** Crowned head right, dates below **Rev:** Large rock, whales, denomination below **Series:** 125th Anniversary of Confederation **Rev. Designer:** Carla Herrera Egan

Date	Mintage	MS63	MS65
1992	14,001,000	1.00	65.00

KM# 232a 5.83 g., 0.925 Silver, 0.1734 oz. ASW 23.8mm. **Subject:** British Columbia **Obv:** Crowned head right, dates below **Rev:** Large rock, whales, denomination below **Series:** 125th Anniversary of Confederation **Rev. Designer:** Carla Herrera Egan

Date	Mintage	MS63	MS65
1992	149,579	**PF65** 8.50	

KM# 233 Nickel, 23.8mm. **Subject:** Saskatchewan **Obv:** Crowned head right **Rev:** Buildings behind wall, grain stalks on right, denomination below **Series:** 125th Anniversary of Confederation **Rev. Designer:** Brian Cobb

Date	Mintage	MS63	MS65
1992	14,165,000	1.00	80.00

KM# 233a 5.83 g., 0.925 Silver, 0.1734 oz. ASW 23.8mm. **Subject:** Saskatchewan **Obv:** Crowned head right **Rev:** Buildings behind wall, grain stalks on right, denomination below **Series:** 125th Anniversary of Confederation **Rev. Designer:** Brian Cobb

Date	Mintage	MS63	MS65
1992	149,579	**PF65** 8.50	

KM# 234 Nickel, 23.8mm. **Subject:** Quebec **Obv:** Crowned head right **Rev:** Boats on water, large rocks in background, denomination below **Series:** 125th Anniversary of Confederation **Rev. Designer:** Romualdas Bukauskas

Date	Mintage	MS63	MS65
1992	13,607,000	1.00	65.00

KM# 234a 5.83 g., 0.925 Silver, 0.1734 oz. ASW 23.8mm. **Subject:** Quebec **Obv:** Crowned head right **Rev:** Boats on water, large rocks in background, denomination below **Series:** 125th Anniversary of Confederation **Rev. Designer:** Romualdas Bukauskas

Date	Mintage	MS63	MS65
1992	149,579	**PF65** 8.50	

KM# 312 0.925 Silver, 23.88mm. **Subject:** 90th Anniversary Royal Canadian Mint **Obv:** Crowned head right **Rev:** Denomination and date within wreath, crown above

Date	Mintage	MS63	MS65
1998 Matte	—	**PF65** 15.00	
1998	—	**PF65** 15.00	

KM# 342 5.07 g., Nickel, 23.8mm. **Subject:** January - A Country Unfolds **Obv:** Crowned head right **Rev:** Totem pole, portraits **Series:** Millennium **Rev. Designer:** P. Ka-Kin Poon

Date	Mintage	MS63	MS65
1999	12,181,200	1.00	35.00

KM# 342a 5.83 g., 0.925 Silver, 0.1734 oz. ASW 23.8mm. **Subject:** January **Obv:** Crowned head right **Rev:** Totem pole, portraits **Series:** Millennium **Rev. Designer:** P. Ka-kin Poon

Date	Mintage	MS63	MS65
1999	113,645	**PF65** 9.00	

KM# 343 5.09 g., Nickel, 23.8mm. **Subject:** February - Etched in Stone **Obv:** Crowned head right **Rev:** Native petroglyphs **Series:** Millennium **Rev. Designer:** L. Springer

Date	Mintage	MS63	MS65
1999	14,469,250	0.65	35.00

KM# 343a 5.83 g., 0.925 Silver, 0.1734 oz. ASW 23.8mm. **Subject:** February **Obv:** Crowned head right **Rev:** Native petroglyphs **Series:** Millennium **Rev. Designer:** L. Springer

Date	Mintage	MS63	MS65
1999	— PF65 9.00		

KM# 344 5.07 g., Nickel, 23.8mm. **Subject:** March - The Log Drive **Obv:** Crowned head right **Rev:** Lumberjack **Series:** Millennium **Rev. Designer:** M. Lavoie

Date	Mintage	MS63	MS65
1999	15,033,500	0.65	35.00

KM# 344a 5.83 g., 0.925 Silver, 0.1734 oz. ASW 23.8mm. **Subject:** March **Obv:** Crowned head right **Rev:** Lumberjack **Series:** Millennium **Rev. Designer:** M. Lavoie

Date	Mintage	MS63	MS65
1999	113,645 PF65 9.00		

KM# 345 5.07 g., Nickel, 23.8mm. **Subject:** April - Our Northern Heritage **Obv:** Crowned head right **Rev:** Owl, polar bear **Series:** Millennium **Rev. Designer:** Ken Ojnak Ashevac

Date	Mintage	MS63	MS65
1999	15,446,000	0.65	35.00

KM# 345a 5.83 g., 0.925 Silver, 0.1734 oz. ASW 23.8mm. **Subject:** April **Obv:** Crowned head right **Rev:** Owl, polar bear **Series:** Millennium **Rev. Designer:** Ken Ojnak Ashevac

Date	Mintage	MS63	MS65
1999	113,645 PF65 9.00		

KM# 346 5.07 g., Nickel, 23.8mm. **Subject:** May - The Voyageures **Obv:** Crowned head right **Rev:** Voyageurs in canoe **Series:** Millennium **Rev. Designer:** S. Mineok

Date	Mintage	MS63	MS65
1999	15,566,100	0.65	35.00

KM# 346a 5.83 g., 0.925 Silver, 0.1734 oz. ASW 23.8mm. **Subject:** May **Obv:** Crowned head right **Rev:** Voyageurs in canoe **Series:** Millennium **Rev. Designer:** S. Mineok

Date	Mintage	MS63	MS65
1999	113,645 PF65 9.00		

KM# 347 5.03 g., Nickel, 23.8mm. **Subject:** June - From Coast to Coast **Obv:** Crowned head right **Rev:** 19th-century locomotive **Series:** Millennium **Rev. Designer:** G. Ho **Edge:** Reeded

Date	Mintage	MS63	MS65
1999	20,432,750	0.65	35.00

KM# 347a 5.83 g., 0.925 Silver, 0.1734 oz. ASW 23.8mm. **Subject:** June **Obv:** Crowned head right **Rev:** 19th-century locomotive **Series:** Millennium **Rev. Designer:** G. Ho **Edge:** Reeded

Date	Mintage	MS63	MS65
1999	113,645 PF65 9.00		

KM# 348 5.07 g., Nickel, 23.8mm. **Subject:** July - A Nation of People **Obv:** Crowned head right **Rev:** 6 stylized portraits **Series:** Millennium **Rev. Designer:** M. H. Sarkany

Date	Mintage	MS63	MS65
1999	17,321,000	0.65	35.00

KM# 348a 5.83 g., 0.925 Silver, 0.1734 oz. ASW 23.8mm. **Subject:** July **Obv:** Crowned head right **Rev:** 6 stylized portraits **Series:** Millennium **Rev. Designer:** M.H. Sarkany

Date	Mintage	MS63	MS65
1999	113,645 PF65 9.00		

25 CENTS

25 CENTS

KM# 349 5.07 g., Nickel, 23.8mm. **Subject:** August - The Pioneer Spirit **Obv:** Crowned head right **Rev:** Hay harvesting **Series:** Millennium **Rev. Designer:** A. Botelho

Date	Mintage	MS63	MS65
1999	18,153,700	0.65	35.00

KM# 349a 5.83 g., 0.925 Silver, 0.1734 oz. ASW 23.8mm. **Subject:** August **Obv:** Crowned head right **Rev:** Hay harvesting **Series:** Millennium **Rev. Designer:** A. Botelho

Date	Mintage	MS63	MS65
1999	113,645	**PF65** 9.00	

KM# 350 5.07 g., Nickel, 23.8mm. **Subject:** September - Canada Through a Child's Eye **Obv:** Crowned head right **Rev:** Childlike artwork **Series:** Millennium **Rev. Designer:** Claudia Bertrand

Date	Mintage	MS63	MS65
1999	31,539,350	0.65	35.00

KM# 350a 5.83 g., 0.925 Silver, 0.1734 oz. ASW 23.8mm. **Subject:** September **Obv:** Crowned head right **Rev:** Childlike artwork **Series:** Millennium **Rev. Designer:** Claudia Bertrand

Date	Mintage	MS63	MS65
1999	113,645	**PF65** 9.00	

KM# 351 5.07 g., Nickel, 23.8mm. **Subject:** October - Tribute to the First Nations **Obv:** Crowned head right **Rev:** Aboriginal artwork **Series:** Millennium **Rev. Designer:** J. E. Read

Date	Mintage	MS63	MS65
1999	32,136,650	0.65	35.00

KM# 351a 5.83 g., 0.925 Silver, 0.1734 oz. ASW 23.8mm. **Subject:** October **Obv:** Crowned head right **Rev:** Aboriginal artwork **Series:** Millennium **Rev. Designer:** J.E. Read

Date	Mintage	MS63	MS65
1999	113,645	**PF65** 9.00	

KM# 352 5.07 g., Nickel, 23.8mm. **Subject:** November - The Airplane Opens the North **Obv:** Crowned head right **Rev:** Bush plane with landing skis **Series:** Millennium **Rev. Designer:** B. R. Brown

Date	Mintage	MS63	MS65
1999	27,162,800	0.65	35.00

KM# 352a 5.83 g., 0.925 Silver, 0.1734 oz. ASW 23.8mm. **Subject:** November **Obv:** Crowned head right **Rev:** Bush plane with landing skis **Series:** Millennium **Rev. Designer:** B.R. Brown

Date	Mintage	MS63	MS65
1999	113,645	**PF65** 9.00	

KM# 353 5.07 g., Nickel, 23.8mm. **Subject:** December - This is Canada **Obv:** Crowned head right **Rev:** Eclectic geometric design **Series:** Millennium **Rev. Designer:** J. L. P. Provencher

Date	Mintage	MS63	MS65
1999	43,339,200	0.65	35.00

KM# 353a 5.10 g., 0.925 Silver, 0.1517 oz. ASW 23.8mm. **Subject:** December **Obv:** Crowned head right **Rev:** Eclectic geometric design **Series:** Millennium **Rev. Designer:** J.L.P. Provencher

Date	Mintage	MS63	MS65
1999	113,645	**PF65** 9.00	

KM# 373 Nickel, 23.8mm. **Subject:** Health **Obv:** Crowned head right, denomination below **Rev:** Ribbon and caduceus, date above **Rev. Designer:** Anny Wassef

Date	Mintage	MS63	MS65
2000	35,470,900	0.65	35.00

KM# 373a 0.925 Silver, 23.8mm. **Subject:** Health **Obv:** Crowned head right, denomination below **Rev:** Ribbon and caduceus, date above **Rev. Designer:** Anny Wassef

Date	Mintage	MS63	MS65
2000	—	**PF65** 9.00	

KM# 374 5.10 g., Nickel, 23.85mm. **Subject:** Freedom **Obv:** Crowned head right, denomination below **Rev:** 2 children on maple leaf and rising sun, date above **Rev. Designer:** Kathy Vinish

Date	Mintage	MS63	MS65
2000	35,188,900	0.65	35.00

KM# 374a 0.925 Silver, 23.8mm. **Subject:** Freedom **Obv:** Crowned head right, denomination below **Rev:** 2 children on maple leaf and rising sun, date above **Rev. Designer:** Kathy Vinish

Date	Mintage	MS63	MS65
2000	—	PF65 9.00	

KM# 375 Nickel, 23.8mm. **Subject:** Family **Obv:** Crowned head right, denomination below **Rev:** Wreath of native carvings, date above **Rev. Designer:** Wade Stephen Baker

Date	Mintage	MS63	MS65
2000	35,107,700	0.65	35.00

KM# 375a 0.925 Silver, 23.8mm. **Subject:** Family **Obv:** Crowned head right, denomination below **Rev:** Wreath of native carvings, date above **Rev. Designer:** Wade Stephen Baker

Date	Mintage	MS63	MS65
2000	—	PF65 9.00	

KM# 376 5.08 g., Nickel, 23.8mm. **Subject:** Community **Obv:** Crowned head right, denomination below **Rev:** Map on globe, symbols surround, date above **Rev. Designer:** Michelle Thibodeau

Date	Mintage	MS63	MS65
2000	35,155,400	0.65	35.00

KM# 376a 0.925 Silver, 23.8mm. **Subject:** Community **Obv:** Crowned head right, denomination below **Rev:** Map on globe, symbols surround, date above **Rev. Designer:** Michelle Thibodeau

Date	Mintage	MS63	MS65
2000	—	PF65 9.00	

KM# 377 Nickel, 23.8mm. **Subject:** Harmony **Obv:** Crowned **Rev:** Maple leaf, date above **Rev. Designer:** Haver Demirer

Date	Mintage	MS63	MS65
2000	35,184,200	0.65	35.00

KM# 377a 0.925 Silver, 23.8mm. **Subject:** Harmony **Obv:** Crowned head right, denomination below **Rev:** Maple leaf **Rev. Designer:** Haver Demirer

Date	Mintage	MS63	MS65
2000	—	PF65 9.00	

KM# 378 Nickel, 23.8mm. **Subject:** Wisdom **Obv:** Crowned head right, denomination below **Rev:** Man with young child, date above **Rev. Designer:** Cezar Serbanescu

Date	Mintage	MS63	MS65
2000	35,123,950	0.65	35.00

KM# 378a 0.925 Silver, 23.8mm. **Subject:** Wisdom **Obv:** Crowned head right, denomination below **Rev:** Man with young child **Rev. Designer:** Cezar Serbanescu

Date	Mintage	MS63	MS65
2000	—	PF65 9.00	

KM# 379 Nickel, 23.8mm. **Subject:** Creativity **Obv:** Crowned head right, denomination below **Rev:** Canoe full of children, date above **Rev. Designer:** Kong Tat Hui

Date	Mintage	MS63	MS65
2000	35,316,770	0.65	35.00

KM# 379a 0.925 Silver, 23.8mm. **Subject:** Creativity **Obv:** Crowned head right, denomination below **Rev:** Canoe full of children **Rev. Designer:** Kong Tat Hui

Date	Mintage	MS63	MS65
2000	—	PF65 9.00	

KM# 380 Nickel, 23.8mm. **Subject:** Ingenuity **Obv:** Crowned head right, denomination below **Rev:** Crescent-shaped city views, date above **Rev. Designer:** John Jaciw

Date	Mintage	MS63	MS65
2000	36,078,360	0.65	35.00

KM# 380a 0.925 Silver, 23.8mm. **Subject:** Ingenuity **Obv:** Crowned head right, denomination below **Rev:** Crescent-shaped city views **Rev. Designer:** John Jaciw

Date	Mintage	MS63	MS65
2000	—	PF65 9.00	

KM# 381 Nickel, 23.8mm. **Subject:** Achievement **Obv:** Crowned head right, denomination below **Rev:** Rocket above jagged design, date above **Rev. Designer:** Daryl Dorosz

Date	Mintage	MS63	MS65
2000	35,312,750	0.65	35.00

KM# 381a 0.925 Silver, 23.8mm. **Subject:** Achievement **Obv:** Crowned head right, denomination below **Rev:** Rocket above jagged design **Rev. Designer:** Daryl Dorosz

Date	Mintage	MS63	MS65
2000	—	PF65 9.00	

KM# 382 Nickel, 23.8mm. **Subject:** Natural legacy **Obv:** Crowned head right, denomination below **Rev:** Environmental elements, date above **Rev. Designer:** Randy Trantau

Date	Mintage	MS63	MS65
2000	36,236,900	0.65	35.00

KM# 382a 0.925 Silver, 23.8mm. **Subject:** Natural legacy **Obv:** Crowned head right, denomination below **Rev:** Environmental elements **Rev. Designer:** Randy Trantau

Date	Mintage	MS63	MS65
2000	—	PF65 9.00	

KM# 383 Nickel, 23.8mm. **Subject:** Celebration **Obv:** Crowned head right, denomination below **Rev:** Fireworks, children behind flag, date above **Rev. Designer:** Laura Paxton

Date	Mintage	MS63	MS65
2000	35,144,100	0.65	35.00

KM# 383a 0.925 Silver, 23.8mm. **Subject:** Celebration **Obv:** Crowned head right, denomination below **Rev:** Fireworks, children behind flag **Rev. Designer:** Laura Paxton

Date	Mintage	MS63	MS65
2000	—	PF65 9.00	

KM# 384.1 Nickel, 23.8mm. **Subject:** Pride **Obv:** Crowned head right, denomination below **Rev:** Large ribbon 2 in red with 3 small red maple leaves on large maple leaf, date above **Rev. Designer:** Donald F. Warkentin **Edge:** Reeded **Note:** Colorized version.

Date	Mintage	MS63	MS65
2000 PL	49,399	—	18.00

KM# 384.2 Nickel, 23.8mm. **Subject:** Pride **Obv:** Crowned head right, denomination below **Rev:** Large ribbon 2 with three small maple leaves on large maple leaf, date above **Rev. Designer:** Donald F. Warkentin

Date	Mintage	MS63	MS65
2000	50,666,800	0.65	35.00

KM# 384.2a 0.925 Silver, 23.8mm. **Subject:** Pride **Obv:** Crowned head right, denomination below **Rev:** Ribbon 2 with 3 small maple leaves on large maple leaf **Rev. Designer:** Donald F. Warkentin

Date	Mintage	MS63	MS65
2000	—	PF65 9.00	

KM# 419 4.40 g., Nickel Plated Steel, 23.9mm. **Subject:** Canada Day **Obv:** Crowned head right **Rev:** Maple leaf at center, children holding hands below **Rev. Designer:** Silke Ware **Edge:** Reeded

Date	Mintage	MS63	MS65
2001 PL	96,352	—	13.00

KM# 448 4.40 g., Nickel Plated Steel, 23.9mm. **Subject:** Elizabeth II Golden Jubilee **Obv:** Crowned head right **Rev:** Caribou left

Date	Mintage	MS63	MS65
1952-2002 P	152,485,000	0.90	30.00
1952-2002 P	32,642	PF65 6.00	

KM# 448a 5.90 g., 0.925 Silver, 0.1755 oz. ASW 23.9mm. **Subject:** Elizabeth II Golden Jubilee **Obv:** Crowned head right, Jubilee commemorative dates 1952-2002

Date	Mintage	MS63	MS65
1952-2002	100,000	PF65 12.50	

KM# 451 4.40 g., Nickel Plated Steel, 23.9mm. **Rev:** Small human figures supporting large maple leaf

Date	Mintage	MS63	MS65
2002 P	30,627,000	0.90	22.00

KM# 451a 4.40 g., Nickel Plated Steel, 23.9mm. **Subject:** Canada Day **Obv:** Crowned head right **Rev:** Human figures supporting large red maple leaf **Edge:** Reeded

Date	Mintage	MS63	MS65
2002 P	49,901	6.00	—

KM# 471 5.90 g., 0.925 Silver, 0.1755 oz. ASW 23.9mm. **Subject:** 50th Anniversary of the Coronation of Elizabeth II **Obv:** 1953 Effigy of the Queen, Coronation Jubilee dates 1953-2003 **Obv. Designer:** Mary Gillick

Date	Mintage	MS63	MS65
1953-2003	21,537	PF65 11.00	

KM# 474 4.40 g., 0.925 Silver, 0.1309 oz. ASW 23.9mm. **Subject:** Canada Day **Obv:** Queen's head right **Rev:** Polar bear and red colored maple leaves

Date	Mintage	MS63	MS65
2003	63,511	PF65 11.00	

KM# 493 4.40 g., Nickel Plated Steel, 23.9mm. **Obv:** Bare head right **Obv. Designer:** Susanna Blunt **Rev:** Caribou left, denomination above, date at right

Date	Mintage	MS63	MS65
2003 P	66,861,633	0.90	22.00
2003 P W PL	—	—	3.50
2004 P	177,466,000	0.65	22.00
2004 P	—	PF65 5.00	
2005 P	206,346,000	0.90	22.00
2005 P	—	PF65 5.00	
2006 P	423,189,000	0.90	22.00
2006 P	—	PF65 5.00	
2006 (ml)		0.90	22.00

Date	Mintage	MS63	MS65
2007 (ml)	386,763,000	0.90	18.00
2007 (ml)	—	PF65 5.00	
2008 (ml)	387,222,000	0.90	18.00
2008 (ml)	—	PF65 5.00	
2009 (ml)	266,766,000	0.90	18.00
2009 (ml)	—	PF65 5.00	
2010 (ml)	—	0.90	18.00
2010 (ml)	—	PF65 5.00	
2011 (ml)	—	0.90	18.00
2011 (ml)	—	PF65 5.00	
2012 (ml)	—	0.90	18.00
2012 (ml)	—	PF65 5.00	
2013 (ml)	—	2.50	—
2013 (ml)	—	PF65 5.00	
2014	—	2.50	—
2014	—	PF63 4.00	
		PF65 5.00	
2015	—	2.50	—
2015	—	PF63 4.00	
		PF65 5.00	

KM# 493a 5.90 g., 0.925 Silver, 0.1755 oz. ASW 23.9mm. **Obv:** Bare head right **Obv. Designer:** Suanne Blunt **Rev:** Caribou **Edge:** Reeded

Date	Mintage	MS63	MS65
2004	—	PF65 6.50	

KM# 510 4.40 g., Nickel Plated Steel, 23.9mm. **Obv:** Bare head right **Rev:** Red poppy in center of maple leaf **Edge:** Reeded

Date	Mintage	MS63	MS65
2004	28,500,000	0.90	22.00

KM# 510a 5.90 g., 0.925 Silver, 0.1755 oz. ASW 23.9mm. **Obv:** Bare head right **Rev:** Poppy at center of maple leaf, selectively gold plated **Edge:** Reeded **Note:** Housed in Annual Report.

Date	Mintage	MS63	MS65
2004	12,677	PF65 20.00	

KM# 525 4.40 g., Nickel Plated Steel, 23.9mm. **Obv:** Bare head right **Rev:** Maple leaf, colorized

Date	Mintage	MS63	MS65
2004	16,028	8.00	—

25 CENTS

KM# 628 4.40 g., Nickel Plated Steel, 23.9mm.
Subject: First Settlement, Ile Ste Croix 1604-2004
Obv: Bare head right **Rev:** Sailing ship Bonne-
Renommee

Date	Mintage	MS63	MS65
2004 P	15,400,000	0.90	22.00

KM# 698 4.40 g., Nickel Plated Steel, 23.88mm.
Rev: Santa, colorized

Date	Mintage	MS63	MS65
2004 PL	62,777	—	30.00

KM# 699 4.40 g., Nickel Plated Steel, 23.9mm.
Rev: Moose head, humorous **Series:** Canada Day

Date	Mintage	MS63	MS65
2004 PL	44,752	—	13.00

KM# 529 4.40 g., Nickel Plated Steel, 23.9mm.
Subject: WWII, 60th Anniversary **Obv:** Head right
Rev: Three soldiers and flag

Date	Mintage	MS63	MS65
1945-2005 PL	3,500	—	70.00

KM# 530 4.40 g., Nickel Plated Steel, 23.9mm.
Subject: Alberta **Obv:** Head right **Rev:** Oil rig and
sunset

Date	Mintage	MS63	MS65
2005 P	20,640,000	0.90	22.00

KM# 531 4.40 g., Nickel Plated Steel, 23.9mm.
Subject: Canada Day **Obv:** Head right **Rev:**
Beaver, colorized

Date	Mintage	MS63	MS65
2005 P PL	58,370	—	13.00

KM# 532 4.40 g., Nickel Plated Steel, 23.9mm.
Subject: Saskatchewan **Obv:** Head right **Rev:** Bird
on fencepost

Date	Mintage	MS63	MS65
2005 P	19,290,000	0.90	22.00

KM# 533 4.40 g., Nickel Plated Steel, 23.9mm.
Obv: Head right **Rev:** Stuffed bear in Christmas
stocking, colorized

Date	Mintage	MS63	MS65
2005 P PL	72,831	—	16.00

KM# 535 4.40 g., Nickel Plated Steel, 23.9mm.
Subject: Year of the Veteran **Obv:** Head right **Rev:**
Conjoined busts of young and veteran left **Edge:**
Reeded

Date	Mintage	MS63	MS65
2005 P	29,390,000	0.90	22.00

KM# 534 4.40 g., Nickel Plated Steel, 23.9mm.
Subject: Toronto Maple Leafs **Obv:** Head right
Rev: Colorized team logo

Date	Mintage	MS63	MS65
2006 P PL	11,765	—	18.00

KM# 575 4.40 g., Nickel Plated Steel, 23.9mm.
Subject: Montreal Canadiens **Obv:** Head right
Rev: Colorized logo

Date	Mintage	MS63	MS65
2006 P PL	11,765	—	18.00

KM# 576 4.40 g., Nickel Plated Steel, 23.9mm.
Subject: Quebec Winter Carnival **Obv:** Head right
Rev: Snowman, colorized

Date	Mintage	MS63	MS65
2006 PL	8,200	—	18.00

KM# 629 4.40 g., Nickel Plated Steel, 23.9mm.
Obv: Head right **Rev:** Medal of Bravery (maple leaf
within wreath) **Edge:** Reeded

Date	Mintage	MS63	MS65
2006 (ml)	20,045,111	0.90	22.00

KM# 632 12.61 g., Nickel Plated Steel, 35mm.
Subject: Queen Elizabeth II 80th Birthday **Rev:**
Crown, colorized

Date	Mintage	MS63	MS65
1926-2006 Specimen	24,977	—	22.00

KM# 633 4.43 g., Nickel Plated Steel, 23.9mm.
Subject: Canada Day **Obv:** Crowned head right
Rev: Boy marching with flag, colorized

Date	Mintage	MS63	MS65
2006 P PL	30,328	—	13.00

KM# 634 4.43 g., Nickel Plated Steel, 23.88mm.
Subject: Breast Cancer **Rev:** Four ribbons, all
colorized **Note:** Sold housed in a bookmark.

Date	Mintage	MS63	MS65
2006 P	40,911	0.90	22.00

KM# 637 4.43 g., Nickel Plated Steel, 23.88mm.
Subject: Wedding **Rev:** Colorized bouquet of
flowers

Date	Mintage	MS63	MS65
2006 (ml)	10,318	5.00	—

KM# 642 4.43 g., Nickel Plated Steel, 23.88mm.
Subject: Ottawa Senators **Obv:** Head right **Rev:**
Logo

Date	Mintage	MS63	MS65
2006 P PL	11,765	—	18.00

KM# 644 4.43 g., Nickel Plated Steel, 23.88mm.
Subject: Calgary Flames **Obv:** Head right **Rev:**
Logo

Date	Mintage	MS63	MS65
2006 (ml)	1,082	12.50	—

KM# 645 4.43 g., Nickel Plated Steel, 23.88mm.
Subject: Edmonton Oilers **Obv:** Head right **Rev:**
Logo

Date	Mintage	MS63	MS65
2006 (ml)	2,214	12.50	—

KM# 647 4.43 g., Nickel Plated Steel, **Subject:**
Santa and Rudolph **Rev:** Colorized Santa in sled
lead by Rudolph

Date	Mintage	MS63	MS65
2006 P PL	99,258	—	16.00

KM# 638 4.43 g., Nickel Plated Steel, 23.88mm.
Subject: Birthday **Rev:** Colorized balloons

Date	Mintage	MS63	MS65
2007 (ml) PL	24,531	—	18.00

KM# 639 4.43 g., Nickel Plated Steel, 23.88mm.
Subject: Baby birth **Rev:** Colorized baby rattle
Edge: Reeded

Date	Mintage	MS63	MS65
2007 (ml) PL	30,090	—	18.00

KM# 640 4.43 g., Nickel Plated Steel, 23.88mm.
Subject: Oh Canada **Obv:** Head right **Rev:** Maple
leaf, colorized

Date	Mintage	MS63	MS65
2007 (ml) PL	23,582	—	13.00

KM# 641 4.43 g., Nickel Plated Steel, 23.88mm.
Subject: Congratulations **Obv:** Head right **Rev:**
Fireworks, colorized

Date	Mintage	MS63	MS65
2007 (ml) PL	9,671	—	18.00

KM# 643 4.43 g., Nickel Plated Steel, 23.88mm.
Subject: Vancouver Canucks **Obv:** Head right **Rev:**
Logo

Date	Mintage	MS63	MS65
2007 (ml) PL	1,526	—	18.00

KM# 682 4.43 g., Nickel Plated Steel, **Subject:**
Curling **Obv:** Head right

Date	Mintage	MS63	MS65
2007	22,400,000	0.90	18.00
2008 Mule	—	—	—

KM# 683 4.43 g., Nickel Plated Steel, **Subject:**
Ice Hockey **Obv:** Head right

Date	Mintage	MS63	MS65
2007	22,400,000	0.90	18.00
2008 Mule	—	—	—

KM# 684 4.43 g., Nickel Plated Steel, 23.8mm.
Subject: Paralympic Winter Games **Obv:** Head
right **Rev:** Wheelchair curling

Date	Mintage	MS63	MS65
2007	22,400,000	0.90	18.00
2008 Mule	—	—	—

KM# 685 4.43 g., Nickel Plated Steel, **Subject:** Biathlon **Obv:** Head right

Date	Mintage	MS63	MS65
2007	22,400,000	0.90	18.00
2008 Mule	—	—	—

KM# 686 4.43 g., Nickel Plated Steel, 23.8mm. **Subject:** Alpine Skiing **Obv:** Head right

Date	Mintage	MS63	MS65
2007	22,400,000	0.90	18.00
2008 Mule	—	22.00	—

KM# 701 4.43 g., Nickel Plated Steel, 23.88mm. **Subject:** Birthday **Rev:** Party hat, multicolor

Date	Mintage	MS63	MS65
2007	11,376	8.00	—

KM# 702 4.43 g., Nickel Plated Steel, 23.88mm. **Subject:** Congratulations **Rev:** Trophy, multicolor

Date	Mintage	MS63	MS65
2007 PL	—	—	18.00

KM# 703 4.43 g., Nickel Plated Steel, 23.88mm. **Subject:** Wedding **Rev:** Cake, multicolor

Date	Mintage	MS63	MS65
2007	—	8.00	—

KM# 704 4.43 g., Nickel Plated Steel, 23.88mm. **Subject:** Canada Day **Rev:** Mountie, colorized

Date	Mintage	MS63	MS65
2007 (ml) PL	27,743	—	18.00

KM# 705 4.43 g., Nickel Plated Steel, 23.88mm. **Subject:** Christmas **Rev:** Multicolor tree

Date	Mintage	MS63	MS65
2007 PL	66,267	—	18.00

KM# 706 12.61 g., Nickel Plated Steel, 35.0mm. **Subject:** Red-breasted Nuthatch **Obv:** Head right **Obv. Designer:** Susanna Blunt **Rev:** Nuthatch perched on pine branch multicolor **Obv. Legend:** ELIZABETH II - D • G • REGINA **Rev. Designer:** Arnold Nogy **Rev. Legend:** CANADA **Edge:** Plain

Date	Mintage	MS63	MS65
2007 (ml) Specimen	11,909	300	—

KM# 707 12.61 g., Nickel Plated Steel, 35mm. **Obv:** Elizabeth II **Rev:** Multicolor ruby-throated hummingbird and flower **Edge:** Plain

Date	Mintage	MS63	MS65
2007 Specimen	17,174	125	—

KM# 708 12.61 g., Nickel Plated Steel, 35mm. **Subject:** Queen's 60th Wedding Anniversary **Rev:** Royal carriage in color

Date	Mintage	MS63	MS65
1947-2007 PL, Specimen	15,235	—	22.00

KM# 713 4.40 g., Nickel Plated Steel, **Rev:** Toronto Maple Leaf logo, colorized

Date	Mintage	MS63	MS65
2007 (ml) PL	5,365	—	18.00

KM# 714 4.40 g., Nickel Plated Steel, **Rev:** Ottawa Senators logo, colorized

Date	Mintage	MS63	MS65
2007 (ml) PL	2,474	—	18.00

KM# 723 4.40 g., Nickel Plated Steel, **Rev:** Montreal Canadiens logo, colorized

Date	Mintage	MS63	MS65
2007 (ml) PL	4,091	—	18.00

KM# 760 4.43 g., Nickel Plated Steel, 23.88mm. **Subject:** Baby **Rev:** Multicolor blue teddy bear

Date	Mintage	MS63	MS65
2008 PL	29,639	—	20.00

KM# 761 4.43 g., Nickel Plated Steel, 23.88mm. **Subject:** Birthday **Rev:** Multicolor party hat

Date	Mintage	MS63	MS65
2008 PL	11,376	—	18.00

KM# 762 4.43 g., Nickel Plated Steel, 23.88mm. **Subject:** Congratulations **Rev:** Multicolor trophy

Date	Mintage	MS63	MS65
2008 PL	6,821	—	18.00

KM# 763 4.43 g., Nickel Plated Steel, 23.88mm. **Subject:** Wedding **Rev:** Multicolor wedding cake

Date	Mintage	MS63	MS65
2008 PL	7,407	—	18.00

KM# 764 4.43 g., Nickel Plated Steel, 23.88mm. **Subject:** Santa Claus **Rev:** Multicolor Santa

Date	Mintage	MS63	MS65
2008 PL	42,344	—	18.00

KM# 765 4.43 g., Nickel Plated Steel, 23.9mm. **Subject:** Vancouver Olympics **Rev:** Freestyle skiing

Date	Mintage	MS63	MS65
2008	—	0.90	18.00

KM# 766 4.43 g., Nickel Plated Steel, 23.8mm. **Subject:** Vancouver Olympics **Rev:** Figure skating

Date	Mintage	MS63	MS65
2008	—	0.90	18.00

KM# 768 4.43 g., Nickel Plated Steel, 23.88mm. **Subject:** Vancouver Olympics **Rev:** Snowboarding

Date	Mintage	MS63	MS65
2008	—	0.90	18.00

KM# 769 4.43 g., Nickel Plated Steel, 23.88mm. **Subject:** Vancouver Olympics **Rev:** Olympic mascot - Miga

Date	Mintage	MS63	MS65
2008 PL	—	—	0.90

KM# 770 4.43 g., Nickel Plated Steel, 23.88mm. **Subject:** Vancouver Olympics **Rev:** Olympic mascot - Quatchi

Date	Mintage	MS63	MS65
2008 PL	—	—	0.90

KM# 771 4.43 g., Nickel Plated Steel, 23.88mm. **Subject:** Vancouver Olympics **Rev:** Olympic mascot - Sumi

Date	Mintage	MS63	MS65
2008 PL	—	—	0.90

KM# 772 4.43 g., Nickel Plated Steel, 23.88mm. **Subject:** Oh Canada **Rev:** Multicolor red flag

Date	Mintage	MS63	MS65
2008 PL	—	—	18.00

KM# 773 12.61 g., Nickel Plated Steel, 35mm. **Obv:** Bust right **Obv. Designer:** Susanna Blunt **Rev:** Downy woodpecker in tree, multicolor **Rev. Designer:** Arnold Nogy **Edge:** Plain **Note:** Prev. KM#717.

Date	Mintage	MS63	MS65
2008 (ml) Specimen	14,282	—	175

KM# 774 12.61 g., Nickel Plated Steel, 35mm.
Obv: Bust right **Obv. Designer:** Susanna Blunt
Rev: Northern cardinal perched on branch -
multicolor **Rev. Designer:** Arnold Nogy **Edge:** Plain
Note: Prev. KM#718.

Date	Mintage	MS63	MS65
2008 (ml) Specimen	11,604	—	250

KM# 775 4.43 g., Nickel Plated Steel, 23.8mm.
Subject: End of WWI, 90th Anniversary **Rev:**
Multicolor poppy

Date	Mintage	MS63	MS65
1918-2008	10,167	—	8.00

KM# 776 12.61 g., Nickel Plated Steel, 35mm.
Subject: Anne of Green Gables **Rev:** Image of
young girl, multicolor **Rev. Designer:** Ben Stahl

Date	Mintage	MS63	MS65
1908-2008 Specimen	32,795	—	25.00

KM# 841 4.43 g., Nickel Plated Steel, 23.8mm.
Subject: Vancouver Olympics **Rev:** Bobsleigh

Date	Mintage	MS63	MS65
2008	—	0.90	18.00

KM# 1039 4.43 g., Nickel Plated Steel, 23.9mm.
Subject: Canada Day **Rev:** Colorized moose head

Date	Mintage	MS63	MS65
2008 PL	11,538	—	18.00

KM# 1041 4.43 g., Nickel Plated Steel, **Subject:**
WWI **Rev:** Three military men standing over tomb

Date	Mintage	MS63	MS65
2008 (ml)	10,167	—	12.50

KM# 840 4.43 g., Nickel Plated Steel, 23.8mm.
Subject: Valcouver 2010 Olympics **Rev:** Cross-
country skiing

Date	Mintage	MS63	MS65
2009	—	0.90	18.00

KM# 842 4.43 g., Nickel Plated Steel, 23.9mm.
Subject: Edmonton Olympics **Rev:** Speed skating

Date	Mintage	MS63	MS65
2009	—	0.90	18.00

KM# 885 4.40 g., Nickel Plated Steel, 23.88mm.
Subject: Canada Day **Rev:** Animals in boat with
flag **Rev. Legend:** Canada 25 cents

Date	Mintage	MS63	MS65
2009 PL	11,091	—	16.00

KM# 886 12.61 g., Nickel Plated Steel, 35mm.
Subject: Notre-Dame-Du-Saguenay **Obv:** Bust
right **Obv. Designer:** Susanna Blunt **Rev:** Color
photo of fjord and statue **Obv. Legend:** Elizabeth II
DG Regina **Rev. Legend:** Canada 25 cents

Date	Mintage	MS63	MS65
2009 Specimen	16,653	—	18.00

KM# 915 4.43 g., Nickel Plated Steel, 23.9mm.
Subject: Surprise Birthday **Obv:** Bust right **Obv.
Designer:** Susanna Blunt **Rev:** Colorized

Date	Mintage	MS63	MS65
2009 PL	9,663	—	13.00

KM# 916 4.43 g., Nickel Plated Steel, 23.9mm.
Subject: Share the Excitement **Obv:** Bust right
Obv. Designer: Susanna Blunt **Rev:** Colorized

Date	Mintage	MS63	MS65
2009 PL	4,126	—	12.50

KM# 917 4.43 g., Nickel Plated Steel, 23.9mm.
Subject: Share the Love **Obv:** Bust right **Obv.
Designer:** Susanna Blunt **Rev:** Two doves,
coolored

Date	Mintage	MS63	MS65
2009 PL	7,571	—	13.00

KM# 918 4.43 g., Nickel Plated Steel, 23.9mm.
Subject: Thank You **Obv:** Bust right **Obv.
Designer:** Susanna Blunt **Rev:** Colorized

Date	Mintage	MS63	MS65
2009 PL	4,415	—	13.00

KM# 933 4.40 g., Nickel Plated Steel, 23.9mm.
Rev: Santa Claus, multicolor

Date	Mintage	MS63	MS65
2009 PL	—	—	16.00

KM# 934 4.40 g., Nickel Plated Steel, 23.9mm.
Rev: Multicolor teddy bear, crescent moon

Date	Mintage	MS63	MS65
2009 PL	25,182	—	16.50

KM# 935 4.40 g., Nickel Plated Steel, 23.9mm.
Subject: Oh Canada **Rev:** Maple leaves, yellow
color

Date	Mintage	MS63	MS65
2009 PL	14,451	—	16.00

KM# 952 4.40 g., Nickel Plated Steel, 23.9mm.
Rev: Sledge hockey

Date	Mintage	MS63	MS65
2009	—	0.90	18.00

KM# 1063   Nickel Plated Steel, **Subject:** Men's Hockey **Rev:** Hockey player and maple leaf outline

Date	Mintage	MS63	MS65
2009	—	—	2.50

KM# 1063a   Nickel Plated Steel, **Subject:** Men's Hockey **Rev:** Hockey player and maple leaf outline in red

Date	Mintage	MS63	MS65
2009	—	2.25	35.00

KM# 1064   Nickel Plated Steel, 23.9mm. **Subject:** Women's Hockey **Rev:** Hockey player and maple leaf outline

Date	Mintage	MS63	MS65
2009	—	0.90	18.00

KM# 1064a   Nickel Plated Steel, **Subject:** Women's Hockey **Rev:** Hockey player and male leaf outline in red

Date	Mintage	MS63	MS65
2009	—	2.25	35.00

KM# 1065   Nickel Plated Steel, 23.9mm. **Subject:** Klassen - Female speed skater **Rev:** Skater and maple leaf outline

Date	Mintage	MS63	MS65
2009	—	0.90	18.00

KM# 1065a   Nickel Plated Steel, **Subject:** Klassen - female skater **Rev:** Skater and maple leaf outline in red

Date	Mintage	MS63	MS65
2009	—	2.25	35.00

KM# 880   4.40 g., Nickel Plated Steel, 23.88mm. **Subject:** Miga Mascot Vancouver Olympics **Rev:** Mica Mascot - color **Rev. Legend:** Vancouver 2010 25 cents

Date	Mintage	MS63	MS65
2010	14,654	—	3.00

KM# 881   4.40 g., Nickel Plated Steel, 23.88mm. **Subject:** Quatchi Mascot - Vancouver Olympics **Obv:** Bust right **Rev:** Quatchi Mascot color **Rev. Legend:** Vancouver 2010 25 cents

Date	Mintage	MS63	MS65
2010	15,310	—	3.00

KM# 882   4.40 g., Nickel Plated Steel, 23.88mm. **Subject:** Sumi Mascot **Rev:** Sumi Mascot color **Rev. Legend:** Vancouver 2010 25 cents

Date	Mintage	MS63	MS65
2010	15,333	—	3.00

KM# 953   4.40 g., Nickel Plated Steel, 23.9mm. **Rev:** Ice hockey

Date	Mintage	MS63	MS65
2010	—	—	3.00

KM# 953a   4.40 g., Nickel Plated Steel, 23.9mm. **Rev:** Ice Hockey - red enamel

Date	Mintage	MS63	MS65
2010	—	2.25	35.00

KM# 954   4.40 g., Nickel Plated Steel, 23.9mm. **Rev:** Curling

Date	Mintage	MS63	MS65
2010	—	—	3.00

KM# 954a   4.40 g., Nickel Plated Steel, 23.9mm. **Rev:** Curling red enamel

Date	Mintage	MS63	MS65
2010	—	—	8.00

KM# 955   4.40 g., Nickel Plated Steel, 23.9mm. **Rev:** Wheelchair curling

Date	Mintage	MS63	MS65
2010	—	—	3.00

KM# 955a   4.40 g., Nickel Plated Steel, 23.9mm. **Rev:** Wheelchair curling - red enamel

Date	Mintage	MS63	MS65
2010	—	—	8.00

KM# 956   4.40 g., Nickel Plated Steel, 23.9mm. **Rev:** Biathlon

Date	Mintage	MS63	MS65
2010	—	—	3.00

KM# 956a   4.40 g., Nickel Plated Steel, 23.9mm. **Rev:** Biathlon - red enamel

Date	Mintage	MS63	MS65
2010	—	—	8.00

KM# 957   4.40 g., Nickel Plated Steel, 23.9mm. **Rev:** Alpine skiing

Date	Mintage	MS63	MS65
2010	—	—	3.00

25 CENTS

KM# 957a 4.40 g., Nickel Plated Steel, 23.9mm.
Rev: Alpine skiing - red enamel

Date	Mintage	MS63	MS65
2010	—	—	8.00

KM# 958 4.40 g., Nickel Plated Steel, 23.9mm.
Rev: Snowboarding

Date	Mintage	MS63	MS65
2010	—	—	3.00

KM# 958a 4.40 g., Nickel Plated Steel, 23.9mm.
Rev: Snowboarding - red enamel

Date	Mintage	MS63	MS65
2010	—	—	8.00

KM# 959 23.90 g., Nickel Plated Steel, 23.9mm.
Rev: Free-style skiing

Date	Mintage	MS63	MS65
2010	—	—	3.00

KM# 959a 4.40 g., Nickel Plated Steel, 23.9mm.
Rev: Free-style skiing - red enamel

Date	Mintage	MS63	MS65
2010	—	—	8.00

KM# 960 4.40 g., Nickel Plated Steel, 23.9mm.
Rev: Alpine skiing

Date	Mintage	MS63	MS65
2010	—	—	3.00

KM# 960a 4.40 g., Nickel Plated Steel, 23.9mm.
Rev: Alpine skiing - red enamel

Date	Mintage	MS63	MS65
2010	—	—	8.00

KM# 988 4.40 g., Nickel Plated Steel, 23.88mm.
Rev: Blue baby carriage

Date	Mintage	MS63	MS65
2010	—	—	10.00

KM# 989 4.40 g., Nickel Plated Steel, 23.9mm.
Rev: Purple gift box

Date	Mintage	MS63	MS65
2010	—	—	10.00

KM# 991 4.40 g., Nickel Plated Steel, 23.9mm.
Rev: Three maple leaves

Date	Mintage	MS63	MS65
2010	—	—	12.50

KM# 992 4.40 g., Nickel Plated Steel, 23.9mm.
Rev: Three zinnias

Date	Mintage	MS63	MS65
2010	—	—	12.50

KM# 993 4.43 g., Nickel Plated Steel, 23.9mm.
Rev: Pink hearts and roses

Date	Mintage	MS63	MS65
2010	—	—	10.00

KM# 994 12.61 g., Nickel Plated Steel, 35mm.
Rev: Goldfinch, multicolor **Rev. Designer:** Arnold Nogy

Date	Mintage	MS63	MS65
2010 Specimen	Est. 14000	—	150

KM# 1001 12.61 g., Nickel Plated Steel, 35mm.
Subject: Blue Jay **Rev:** Multicolor blue jay on yellow maple leaves

Date	Mintage	MS63	MS65
2010 Specimen	Est. 14000	—	100

KM# 1006 0.50 g., 0.999 Gold, 0.0161 oz. AGW 11mm. **Rev:** Caribou head left

Date	Mintage	MS63	MS65
2010	15,000	PF65 80.00	

KM# 1021 Nickel Plated Steel, 23.9mm. **Rev:** Santa Claus in color

Date	Mintage	MS63	MS65
2010	—	—	15.00

KM# 1026 Silver, 23.8mm. **Obv:** George V bust left **Rev:** Value within wreath, dual dates below

Date	Mintage	MS63	MS65
1935-2010	—	PF65 25.00	

KM# 1028 4.40 g., Nickel Plated Steel, 23.9mm. **Rev:** Soldier standing, two red poppies, large maple leaf behind

Date	Mintage	MS63	MS65
2010	—	—	15.00

KM# 1110 12.61 g., Nickel Plated Steel, 35mm. **Subject:** Royal Wedding **Rev:** Colored portraits left of William and Katherine

Date	Mintage	MS63	MS65
2011 Specimen	—	—	18.00

KM# 1156 5.90 g., 0.925 Silver, 0.1755 oz. ASW 23.8mm. **Obv:** George V bust **Rev:** Value within wreath

Date	Mintage	MS63	MS65
1911-2011	6,000	PF65 25.00	

KM# 1079 12.61 g., Nickel Plated Steel, 35mm. **Rev:** Barn Swallow in color **Rev. Designer:** Arnold Nagy

Date	Mintage	MS63	MS65
2011 Specimen	Est. 14000	—	50.00

KM# 1080 4.43 g., Nickel Plated Steel, 23.88mm. **Subject:** Oh Canada! **Rev:** Maple leaf and circular legend

Date	Mintage	MS63	MS65
2011	—	—	2.50

KM# 1081 4.43 g., Nickel Plated Steel, 23.88mm. **Subject:** Wedding **Rev:** Two rings

Date	Mintage	MS63	MS65
2011	—	—	2.50

KM# 1082 4.43 g., Nickel Plated Steel, 23.88mm. **Subject:** Birthday **Rev:** Year in four baloons

Date	Mintage	MS63	MS65
2011	—	—	2.50

KM# 1083 4.43 g., Nickel Plated Steel, 23.88mm. **Subject:** New Baby! **Rev:** Baby's feet

Date	Mintage	MS63	MS65
2011	—	—	2.50

KM# 1084 4.43 g., Nickel Plated Steel, 23.88mm.
Rev: Tooth Fairy

Date	Mintage	MS63	MS65
2011	—	—	2.50

KM# 1113 12.61 g., Nickel Plated Steel, 35mm.
Rev: Fantasy Furry Woods creature in color

Date	Mintage	MS63	MS65
2011	—	—	22.00

KM# 1114 12.61 g., Nickel Plated Steel, 35mm.
Rev: Fantasy sea serpent in color

Date	Mintage	MS63	MS65
2011	—	—	22.00

KM# 1115 12.61 g., Nickel Plated Steel, 35mm.
Rev: Tulip and ladybug in color

Date	Mintage	MS63	MS65
2011	—	—	35.00

KM# 1116 12.61 g., Nickel Plated Steel, 35mm.
Rev: Black capped chickadee in color

Date	Mintage	MS63	MS65
2011 Specimen	—	—	50.00

KM# 1148 4.43 g., Nickel Plated Steel, 23.9mm.
Obv: Bust right **Rev:** Snowflake

Date	Mintage	MS63	MS65
2011	—	—	7.50

KM# 1168 4.40 g., Nickel Plated Steel, 23.9mm.
Obv: Bust right **Rev:** Stylized bison

Date	Mintage	MS63	MS65
2011	—	0.90	18.00

KM# 1168a 4.40 g., Nickel Plated Steel with color,
23.9mm. **Obv:** Bust right **Rev:** Stylized bison,
green circle in background

Date	Mintage	MS63	MS65
2011	—	—	9.50

KM# 1169 4.40 g., Nickel Plated Steel, 23.9mm.
Obv: Bust right **Rev:** Stylized falcon

Date	Mintage	MS63	MS65
2011	—	0.90	18.00

25 CENTS

KM# 1169a 4.40 g., Nickel Plated Steel with color, 23.9mm. **Obv:** Bust right **Rev:** Stylized falcon with yellow circle in background

Date	Mintage	MS63	MS65
2011	—	—	9.50

KM# 1170 4.40 g., Nickel Plated Steel, 23.9mm. **Obv:** Bust right **Rev:** Stylized orca whale

Date	Mintage	MS63	MS65
2011	—	0.90	18.00

KM# 1170a 4.40 g., Nickel Plated Steel with color, 23.9mm. **Obv:** Bust right **Rev:** Stylized orca whale with blue circle in background

Date	Mintage	MS63	MS65
2011	—	—	9.50

KM# 1171 0.50 g., 0.999 Gold, 0.0161 oz. AGW 11mm. **Obv:** Bust right **Rev:** Cougar head left

Date	Mintage	MS63	MS65
2011	—	PF65 80.00	

KM# 1172 12.61 g., Copper Plated Silver gold plated, 35mm. **Obv:** Bust right **Rev:** Wayne Greskey in hockey helmet left

Date	Mintage	MS63	MS65
2011 Specimen	—	—	35.00

KM# 1192 4.43 g., Nickel Plated Steel, 23.9mm. **Subject:** Canadian Broadcasting Company, 75th Anniversary **Obv:** Bust right **Rev:** Old-time radio microphone

Date	Mintage	MS63	MS65
2011	—	—	2.50

KM# 1193 12.61 g., Nickel Plated Steel, 35mm. **Subject:** Mythical Creature - Mishepishu **Obv:** Bust right **Rev:** Horned lizard in color

Date	Mintage	MS63	MS65
2011	—	—	22.00

KM# 1227 4.43 g., Nickel Plated Steel, 23.9mm. **Obv:** Bust right **Rev:** Tooth Fairy in flight

Date	Mintage	MS63	MS65
2012	—	—	13.00

KM# 1228 4.43 g., Nickel Plated Steel, 23.9mm. **Subject:** Baby **Rev:** Baby's mobile

Date	Mintage	MS63	MS65
2012 PL	—	—	13.00

KM# 1229 4.43 g., Nickel Plated Steel, 23.9mm. **Subject:** Wedding **Rev:** Two wedding rings with small feet

Date	Mintage	MS63	MS65
2012 PL	—	—	13.00

KM# 1230 4.43 g., Nickel Plated Steel, 23.9mm.
Subject: Birthday **Rev:** Cone with character face

Date	Mintage	MS63	MS65
2012	—	—	2.50

KM# 1231 4.43 g., Nickel Plated Steel, 23.9mm.
Subject: Oh, Canada ! **Rev:** Maple leaves with character faces

Date	Mintage	MS63	MS65
2012	—	—	2.50

KM# 1232 4.43 g., Nickel Plated Steel, 23.88mm.
Subject: Winnipeg Jets **Rev:** Jet superimposed on Maple leaf

Date	Mintage	MS63	MS65
2012	—	—	2.50

KM# 1233 12.51 g., Nickel Plated Steel, 35mm.
Subject: Titanic, 100th Anniversary **Obv:** Bust right **Rev:** Two views of Titanic, one at dockside, one nighttime at sea

Date	Mintage	MS63	MS65
2012	—	—	22.00

KM# 1247 12.61 g., Nickel Plated Steel, 35mm.
Subject: Coast Guard, 100th anniversary **Rev:** Rescue craft in rough seas

Date	Mintage	MS63	MS65
2012	—	—	22.00

KM# 1252 12.61 g., Nickel Plated Steel, 35mm.
Subject: Pachyrhinosaurus Lakusta **Note:** Skelton glows in the dark.

Date	Mintage	MS63	MS65
2012	—	—	100

KM# 1253 12.61 g., Nickel Plated Steel, 35mm.
Subject: Rose Breasted Grosbeak

Date	Mintage	MS63	MS65
2012	—	—	30.00

KM# 1265 12.61 g., Nickel Plated Steel, 35mm.
Subject: Aster and Bee

Date	Mintage	MS63	MS65
2012	—	—	22.00

KM# 1313 12.61 g., Copper-Nickel, 35mm.
Subject: Grey Cup, 100th Anniversary **Obv:** Bust right **Obv. Designer:** Susana Blunt **Rev:** B.C. Lions logo in color

Date	Mintage	MS63	MS65
2012	—	PF65 25.00	

KM# 1314 12.61 g., Copper-Nickel, 35mm.
Subject: Grey Cup, 100th Anniversary **Obv:** Bust right **Obv. Designer:** Susana Blunt **Rev:** Calgary Stampeeders logo in color

Date	Mintage	MS63	MS65
2012	—	PF65 22.00	

KM# 1315 12.61 g., Copper-Nickel, 35mm.
Subject: Grey Cup, 100th Anniversary **Obv:** Bust
right **Obv. Designer:** Susana Blunt **Rev:** Edmonton
Eskimos logo in color

Date	Mintage	MS63	MS65
2012	—	PF65 25.00	

KM# 1316 12.61 g., Copper-Nickel, **Ruler:**
Elizabeth II 35mm. **Subject:** Grey Cup, 100th
Anniversary **Obv:** Bust right **Obv. Designer:**
Susana Blunt **Rev:** Hamilton Tiger-Cats logo in
color **Mint:** Royal Canadian Mint

Date	Mintage	F12	VF20
2012	—	PF65 25.00	

KM# 1317 12.61 g., Copper-Nickel, 35mm.
Subject: Grey Cup, 100th Anniversary **Obv:** Bust
right **Obv. Designer:** Susana Blunt **Rev:** Montreal
Alouettes logo in color

Date	Mintage	MS63	MS65
2012	—	PF65 25.00	

KM# 1318 12.61 g., Copper-Nickel, 35mm.
Subject: Grey Cup, 100th Anniversary **Obv:**
Bust right **Obv. Designer:** Susana Blunt **Rev:**
Saskatchewan Roughriders logo in color

Date	Mintage	MS63	MS65
2012	—	PF65 25.00	

KM# 1319 12.61 g., Copper-Nickel, 35mm.
Subject: Grey Cup, 100th Anniversary **Obv:** Bust
right **Obv. Designer:** Susana Blunt **Rev:** Toronto
Argonauts logo in color

Date	Mintage	MS63	MS65
2012	—	PF65 25.00	

KM# 1320 12.61 g., Copper-Nickel, 35mm.
Subject: Grey Cup, 100th Anniversary **Obv:** Bust
right **Obv. Designer:** Susana Blunt **Rev:** Winnipeg
Blue Bombers logo in color

Date	Mintage	MS63	MS65
2012	—	PF65 25.00	

KM# 1321 12.61 g., Nickel Plated Steel, 35mm.
Subject: Calgary Stampeed **Rev:** Cowboy on
bucking horse in color

Date	Mintage	MS63	MS65
2012 Specimen	—	—	22.00

KM# 1322 4.43 g., Nickel Plated Steel, 23.9mm.
Subject: War of 1812 - Brock **Rev:** Porrait at right
Rev. Designer: Bonnie Ross

Date	Mintage	MS63	MS65
2012	—	0.90	18.00

KM# 1322a 4.43 g., Nickel Plated Steel, 23.9mm.
Subject: War of 1812 - Brock **Rev:** Portrait at right,
red maple leaf **Rev. Designer:** Bonnie Ross

Date	Mintage	MS63	MS65
2012	—	—	10.00

KM# 1324 4.43 g., Nickel Plated Steel, 23.9mm.
Subject: War of 1812 - Tecumseh **Rev:** Portrait at
right **Rev. Designer:** Bonnie Ross

Date	Mintage	MS63	MS65
2012	—	0.90	18.00

KM# 1324a 4.42 g., Nickel Plated Steel, 23.9mm.
Subject: War of 1812 - Tecumseh **Rev:** Portrait at
right, red maple leaf **Rev. Designer:** Bonnie Ross

Date	Mintage	MS63	MS65
2012	—	—	10.00

KM# 1326 12.61 g., Nickel Plated Steel, 35mm.
Rev: Evening Grosbeak in color

Date	Mintage	MS63	MS65
2012 Specimen	—	—	35.00

KM# 1341 12.16 g., Copper-Nickel, 35mm. **Subject:** Christmas Lenticular **Rev:** Santa Claus with bag of presents **Rev. Designer:** Tony Bianco

Date	Mintage	MS63	MS65
2012 Specimen	25,000	—	30.00

KM# 1351 Nickel Plated Steel, 35mm. **Subject:** Quetzalcoatlus **Rev:** Dinosaur in color and as glow-in-the-dark skelton

Date	Mintage	MS63	MS65
2013	—	—	35.00

KM# 1353 12.61 g., Copper-Nickel, 35mm. **Rev:** Purple cone flower and butterfly in color

Date	Mintage	MS63	MS65
2013 Specimen	17,500	—	30.00

KM# 1354 12.61 g., Copper-Nickel, 35mm. **Rev:** Male and female mallards in color **Rev. Designer:** Trevor Tennant

Date	Mintage	MS63	MS65
2013 Specimen	17,500	—	27.00

KM# 1368 4.43 g., Nickel Plated Steel, 23.9mm. **Subject:** Oh Canada **Rev:** Maple Leaf

Date	Mintage	MS63	MS65
2013	—	PF65 10.00	

KM# 1373 12.61 g., Nickel Plated Steel, 35mm. **Rev:** American Robin in color

Date	Mintage	MS63	MS65
2013 Specimen	—	—	27.00

KM# 1380 0.50 g., 0.9999 Gold, 0.0161 oz. AGW 11mm. **Rev:** Hummingbird in flight right **Rev. Designer:** Claudio D'Angelo

Date	Mintage	MS63	MS65
2013	Est. 10000	PF65 70.00	

KM# 1419 4.43 g., Nickel Plated Steel, 23.9mm. **Subject:** Birthday **Rev:** Birthday cake and candle

Date	Mintage	MS63	MS65
2013	—	PF65 20.00	

KM# 1420 4.43 g., Nickel Plated Steel, 23.9mm. **Rev:** Two Rings

Date	Mintage	MS63	MS65
2013	—	PF65 20.00	

KM# 1443 Copper-Nickel, 35mm. **Obv:** Bust right **Rev:** Barn owl in flight left, in color

Date	Mintage	MS63	MS65
2013	17,500	PF65 27.00	

KM# 1460 0.50 g., Nickel Plated Steel, 23.9mm. **Rev:** Baby carriage - William and Catherine names around **Rev. Designer:** Laurie McGaw

Date	Mintage	MS63	MS65
2013 Specimen	—	—	22.00

KM# 1465 12.61 g., Nickel Plated Steel, 35mm. **Rev:** Christmas wreath in color

Date	Mintage	MS63	MS65
2013	—	—	25.00

25 CENTS

KM# 1491 15.50 g., Copper-Nickel, 35mm.
Subject: Eastern Prickly Pear Cactus **Rev:** Partial
flower in color **Rev. Designer:** Claudio D'Angelo

Date	Mintage	MS63	MS65
2013	17,500	PF65 22.00	

KM# 1494 0.50 g., 0.999 Gold, 0.0161 oz. AGW
11mm. **Subject:** Rocky Mountain Bighorn Sheep
Rev: Head right

Date	Mintage	MS63	MS65
2013	10,000	PF65 80.00	

KM# 1572 12.61 g., Nickel Plated Steel, 35mm.
Obv: Bust right **Rev:** Montreal Canadians logo in
color

Date	Mintage	MS63	MS65
2014	—	—	10.00

KM# 1573 12.61 g., Nickel Plated Steel, 35mm.
Obv: Bust right **Rev:** Canucks logo in color

Date	Mintage	MS63	MS65
2014	—	—	10.00

KM# 1574 12.61 g., Nickel Plated Steel, 35mm.
Obv: Bust right **Rev:** Calgary Flames logo in color

Date	Mintage	MS63	MS65
2014	—	—	10.00

KM# 1575 12.61 g., Nickel Plated Steel, 35mm.
Obv: Bust right **Rev:** Winnipeg Jets logo in color

Date	Mintage	MS63	MS65
2014	—	—	10.00

KM# 1576 12.61 g., Nickel Plated Steel, 35mm.
Obv: Bust right **Rev:** Toronto Maple Leafs logo in
color

Date	Mintage	MS63	MS65
2014	—	—	10.00

KM# 1577 12.61 g., Nickel Plated Steel, 35mm.
Obv: Bust right **Rev:** Edmonton Oilers logo in color

Date	Mintage	MS63	MS65
2014	—	—	10.00

KM# 1578 12.61 g., Nickel Plated Steel, 35mm.
Obv: Bust right **Rev:** Senators logo in color

Date	Mintage	MS63	MS65
2014	—	—	10.00

KM# 1602 0.50 g., 0.999 Gold, 0.0161 oz. AGW
11mm. **Obv:** Bust right **Rev:** Chipmunk

Date	Mintage	MS63	MS65
2014	—	PF65 80.00	

KM# 1618 12.61 g., Nickel Plated Steel, 35mm.
Obv: Bust right **Rev:** Eastern Meadowlark in color

Date	Mintage	MS63	MS65
2014	—	—	35.00

KM# 1619 12.61 g., Nickel Plated Steel, 35mm.
Obv: Bust right **Rev:** Tikaalik creature in glow in the
dark format

Date	Mintage	MS63	MS65
2014	—	—	25.00

KM# 1630 12.61 g., Nickel Plated Steel, 35mm.
Obv: Bust right **Rev:** Pintail ducks in color

Date	Mintage	MS63	MS65
2014	—	—	25.00

KM# 1631 12.61 g., Nickel Plated Steel, **Ruler:**
Elizabeth II 35mm. **Subject:** Ghost of the Fairmont
Banff Springs hotel **Obv:** Bust right **Rev:** Female
head facing above roofline of hotel **Mint:** Royal
Canadian Mint

Date	Mintage	MS63	MS65
2014	15,000	35.00	—

KM# 1632 12.61 g., Nickel Plated Stainless Steel,
Ruler: Elizabeth II 35mm. **Obv:** Bust right **Rev:**
FIFA World Cup, Brazil design in color **Mint:** Royal
Canadian Mint

Date	Mintage	MS63	MS65
2014	—	35.00	—

KM# 1633 12.61 g., Nickel Plated Steel, **Ruler:**
Elizabeth II 35mm. **Obv:** Bust right **Rev:** Leopard
frog and water lily in color **Mint:** Royal Canadian
Mint

Date	Mintage	MS63	MS65
2014	—	35.00	—

KM# 1779 15.87 g., Copper-Nickel, **Ruler:**

Elizabeth II 35mm. **Obv:** Bust right **Rev:** Scarlet
Tanager in color **Rev. Designer:** Pierre Leduc
Mint: Royal Canadian Mint

Date	Mintage	MS63	MS65
2014	17,500	30.00	—

KM# 1810   0.50 g., 0.999 Gold, 0.0161 oz. AGW
Obv: Bust right **Rev:** Grizzly Bear head left

Date	Mintage	MS63	MS65
2015	10,000	PF65 80.00	

50 CENTS

KM# 6   11.62 g., 0.925 Silver, 0.3456 oz. ASW 29.72mm. **Obv:** VICTORIA DEI GRATIA REGINA. CANADA
Obv. Designer: Leonard C. Wyon **Rev:** Denomination and date within wreath, crown above **Edge:** Reeded

Date	Mintage	F12	VF20	XF40	AU50	MS60	MS63	MS65
1870	450,000	1,400	2,400	5,000	13,500	25,000	40,000	—
1870 LCW	Inc. above	75.00	175	400	1,150	3,500	9,000	16,000
1871	200,000	150	350	650	2,000	7,000	15,000	24,000
1871	45,000	225	450	1,100	2,800	8,500	22,000	40,000
1872	80,000	95.00	200	450	1,350	4,000	10,500	17,500
1872 Inverted A for V in Victoria	Inc. above	700	1,800	5,000	10,500	25,000	—	—
1881	150,000	125	225	550	2,100	5,500	14,000	23,000
1888	60,000	400	750	1,400	4,000	9,500	22,000	35,000
1890	20,000	1,900	3,500	6,000	14,000	30,000	65,000	—
1892	151,000	125	350	650	2,500	9,000	21,000	35,000
1894	29,036	900	1,500	2,500	7,000	14,000	35,000	60,000
1898	100,000	150	350	750	2,800	9,000	24,000	40,000
1899	50,000	350	700	1,600	5,000	14,000	30,000	—
1900	118,000	100	200	500	1,800	5,000	10,500	16,500
1901	80,000	150	300	750	2,000	7,000	16,000	26,000

Victorian leaves

KM# 12   11.62 g., 0.925 Silver, 0.3456 oz. ASW 29.72mm. **Obv:** Crowned bust right **Obv. Designer:** G. W.
DeSaulles **Rev:** Denomination and date within wreath, crown above **Edge:** Reeded

Date	Mintage	F12	VF20	XF40	AU50	MS60	MS63	MS65
1902	120,000	55.00	150	350	650	1,800	4,500	7,500
1903H	140,000	70.00	225	550	850	2,000	5,000	8,500
1904	60,000	350	750	1,500	2,700	5,000	14,500	25,000
1905	40,000	450	1,000	2,100	4,000	9,000	18,000	—
1906	350,000	45.00	150	400	800	1,800	4,500	7,500
1907	300,000	50.00	125	350	700	1,800	5,000	8,500
1908	128,119	90.00	250	550	850	1,400	2,700	4,500
1909	302,118	90.00	250	700	1,600	3,000	11,000	20,000
1910 Victoria leaves	649,521	65.00	175	500	1,050	2,200	7,000	12,000

Edwardian leaves

KM# 12a 11.62 g., 0.925 Silver, 0.3456 oz. ASW 29.72mm. **Obv:** Crowned bust right **Obv. Designer:** G. W. DeSaulles **Rev:** Denomination and date within wreath **Edge:** Reeded

Date	Mintage	F12	VF20	XF40	AU50	MS60	MS63	MS65
1910 Edwardian leaves	Inc. above	40.00	100	350	650	1,550	4,500	7,500

KM# 19 11.62 g., 0.925 Silver, 0.3456 oz. ASW 29.72mm. **Obv:** Crowned bust left **Obv. Designer:** E. B. MacKennal **Rev:** Denomination and date within wreath, crown above **Edge:** Reeded

Date	Mintage	F12	VF20	XF40	AU50	MS60	MS63	MS65
1911	209,972	100	350	750	1,100	1,950	4,000	10,000

KM# 25 11.62 g., 0.925 Silver, 0.3456 oz. ASW 29.72mm. **Obv:** Crowned bust left, modified legend **Obv. Designer:** E. B. MacKennal **Rev:** Denomination and date within wreath, crown above **Edge:** Reeded

Date	Mintage	F12	VF20	XF40	AU50	MS60	MS63	MS65
1912	285,867	40.00	150	350	650	1,500	4,000	12,000
1913	265,889	40.00	175	400	800	1,800	6,000	20,000
1914	160,128	100	300	750	1,800	4,000	10,000	—
1916	459,070	24.00	75.00	200	400	900	2,700	9,500
1917	752,213	22.00	50.00	150	300	650	1,600	3,500
1918	754,989	20.00	40.00	125	250	500	1,300	4,000
1919	1,113,429	20.00	40.00	125	225	500	1,300	4,000

KM# 25a 11.66 g., 0.800 Silver, 0.300 oz. ASW 29.72mm. **Obv:** Crowned bust left **Obv. Designer:** E. B. MacKennal **Rev:** Denomination and date within wreath, crown below **Edge:** Reeded

Date	Mintage	F12	VF20	XF40	AU50	MS60	MS63	MS65
1920	584,691	22.00	55.00	200	400	800	2,000	4,500
1921	—	40,000	50,000	55,000	60,000	65,000	125,000	—
Note: 75 to 100 known; David Akers John Jay Pittman sale, Part Three, 10-99, Gem Unc. realized $63,250								
1929	228,328	22.00	50.00	150	300	650	1,500	4,000
1931	57,581	45.00	100	300	600	1,100	2,200	5,500
1932	19,213	250	500	1,000	2,200	5,000	9,500	—
1934	39,539	50.00	100	300	550	900	1,800	4,500
1936	38,550	45.00	100	300	450	700	1,300	3,500

50 CENTS

KM# 36 11.66 g., 0.800 Silver, 0.300 oz. ASW 29.72mm. **Obv:** Head left **Obv. Designer:** T. H. Paget **Rev:** Crowned arms with supporters, denomination above, date below **Rev. Designer:** George E. Kruger-Gray **Edge:** Reeded

Date	Mintage	F12	VF20	XF40	AU50	MS60	MS63	MS65
1937	192,016	12.00	14.00	18.00	25.00	40.00	90.00	1,800
1938	192,018	15.00	20.00	40.00	85.00	175	450	4,500
1939	287,976	13.00	15.00	28.00	60.00	100	300	2,500
1940	1,996,566	—	5.00	14.00	19.00	35.00	75.00	1,000
1941	1,714,874	—	5.00	14.00	19.00	35.00	75.00	1,300
1942	1,974,164	—	5.00	14.00	19.00	35.00	75.00	1,300
1943	3,109,583	—	5.00	14.00	19.00	35.00	75.00	1,300
1944	2,460,205	—	5.00	14.00	19.00	35.00	75.00	1,300
1945	1,959,528	—	5.00	14.00	19.00	35.00	90.00	2,700
1946	950,235	5.00	13.00	18.00	35.00	75.00	175	3,500
1946 hoof in 6	Inc. above	40.00	60.00	225	600	1,650	4,500	—
1947 straight 7	424,885	5.00	13.00	20.00	45.00	90.00	250	—
1947 curved 7	Inc. above	5.00	13.00	29.00	65.00	125	350	3,500
1947 maple leaf, straight 7	38,433	40.00	50.00	100	150	250	400	3,500
1947 maple leaf, curved 7	Inc. above	1,950	2,300	3,000	4,000	6,000	13,000	—

KM# 45 11.66 g., 0.800 Silver, 0.300 oz. ASW 29.72mm. **Obv:** Head left, modified legend **Obv. Designer:** T. H. Paget **Rev:** Crowned arms with supporters, denomination above, date below **Rev. Designer:** George E. Kruger-Gray **Edge:** Reeded

Date	Mintage	F12	VF20	XF40	AU50	MS60	MS63	MS65
1948	37,784	125	150	175	225	300	450	2,200
1949	858,991	—	5.00	13.00	22.00	50.00	125	1,300
1949 hoof over 9	Inc. above	22.50	45.00	90.00	200	500	1,150	—
1950 no lines in 0	2,384,179	16.00	18.00	45.00	90.00	175	300	2,700
1950 lines in 0	Inc. above	—	5.00	12.00	14.50	16.00	45.00	900
1951	2,421,730	—	—	5.00	10.00	14.00	30.00	250
1952	2,596,465	—	—	5.00	10.00	14.00	22.00	150

KM# 53 11.66 g., 0.800 Silver, 0.300 oz. ASW 29.72mm. **Obv:** Laureate bust right **Obv. Designer:** Mary Gillick **Rev:** Crowned arms with supporters, denomination above, date below **Edge:** Reeded

Date	Mintage	F12	VF20	XF40	AU50	MS60	MS63	MS65
1953	1,630,429	—	—	5.00	9.50	13.00	22.50	225
Note: small date								
1953	Inc. above	—	5.00	12.00	15.00	27.00	50.00	800
Note: large date, straps								

Date	Mintage	F12	VF20	XF40	AU50	MS60	MS63	MS65
1953	Inc. above	5.00	12.00	20.00	45.00	90.00	225	3,500
Note: large date without straps								
1954	506,305	—	5.00	14.00	19.50	28.00	50.00	350
1955	753,511	—	5.00	12.00	15.00	18.00	30.00	250
1956	1,379,499	—	—	5.00	6.00	12.00	20.00	225
1957	2,171,689	—	—	5.00	6.00	12.00	13.00	150
1958	2,957,266	—	—	5.00	6.00	12.00	13.00	200

KM# 56 11.66 g., 0.800 Silver, 0.300 oz. ASW 29.7mm. **Obv:** Luareate bust right **Obv. Designer:** Mary Gillick **Rev:** Crown divides date above arms with supporters, denomination at right **Rev. Designer:** Thomas Shingles **Edge:** Reeded

Date	Mintage	MS63	MS65
1959	3,095,535	12.00	175
Note: horizontal shading			
1960	3,488,897	12.00	175
1961	3,584,417	12.00	100

KM# 63 11.66 g., 0.800 Silver, 0.300 oz. ASW 29.72mm. **Obv:** Young bust right **Obv. Designer:** Arnold Machin **Rev:** Crown divides date above arms with supporters, denomination at right **Rev. Designer:** Thomas Shingles **Edge:** Reeded

Date	Mintage	MS63	MS65
1965	12,629,974	12.00	80.00
1966	7,920,496	12.00	100

KM# 69 11.66 g., 0.800 Silver, 0.300 oz. ASW 29.72mm. **Subject:** Confederation Centennial **Obv:** Young bust right **Rev:** Seated wolf howling divides denomination at top, dates at bottom **Rev. Designer:** Alex Colville **Edge:** Reeded

Date	Mintage	MS63	MS65
1867-1967	4,211,392	PF65 14.00	
1867-1967	—	PF63 14.00	

KM# 75.1 8.10 g., Nickel, 27.13mm. **Obv:** Young bust right **Obv. Designer:** Arnold Machin **Rev:** Crown divides date above arms with supporters, denomination at right **Rev. Designer:** Thomas Shingles **Edge:** Reeded

Date	Mintage	MS63	MS65
1968	3,966,932	1.25	—
1969	7,113,929	1.25	65.00
1970	2,429,526	1.25	45.00
1971	2,166,444	1.25	65.00
1972	2,515,632	1.25	65.00
1973	2,546,096	1.25	—
1974	3,436,650	1.25	45.00
1975	3,710,000	1.25	90.00
1976	2,940,719	1.25	175

KM# 75.2 8.10 g., Nickel, 27.13mm. **Obv:** Small young bust right **Obv. Designer:** Arnold Machin **Rev:** Crown divides date above arms with supporters, denomination at right **Rev. Designer:** Thomas Shingles **Edge:** Reeded

Date	Mintage	MS63	MS65
1977	709,839	2.00	80.00

KM# 75.3 8.10 g., Nickel, 27.13mm. **Obv:** Young bust right **Obv. Designer:** Arnold Machin **Rev:** Crown divides date above arms with supporters, denomination at right, redesigned arms **Rev. Designer:** Thomas Shingles **Edge:** Reeded

Date	Mintage		MS63	MS65
1978	3,341,892		1.25	90.00
Note: square jewels				
1978	Inc. above		6.00	90.00
Note: round jewels				
1979	3,425,000		1.25	40.00
1980	1,574,000		1.25	40.00
Note: small beads				
1982	180,908	PF65	3.00	
Note: small beads				
1982	Inc. above		1.25	35.00
Note: large beads				
1983	1,177,000		1.25	60.00
1983	168,000	PF65	3.00	

KM# 185 8.10 g., Nickel, 27.13mm. **Obv:** Crowned head right **Obv. Designer:** Dora dePedery-Hunt **Rev:** Crown divides date above arms with supporters, denomination at right **Rev. Designer:** Thomas Shingles **Edge:** Reeded

Date	Mintage		MS63	MS65
1990	207,000		2.50	40.00
1990	140,649	PF65	5.00	
1991	490,000		1.25	27.00
1991	131,888	PF65	7.00	
1993	393,000		1.25	27.00
1993	143,065	PF65	4.00	
1994	987,000		1.25	27.00
1994	146,424	PF65	4.00	
1995	626,000		1.25	27.00
1995	—	PF65	4.00	
1996	—	PF65	7.00	
1996	458,000		1.25	27.00

KM# 208 8.10 g., Nickel, 27.1mm. **Subject:** Confederation 125 **Obv:** Crowned head right **Obv. Designer:** Dora dePedery-Hunt **Rev:** Crown divides date above arms with supporters, denomination at right **Rev. Designer:** Thomas Shingles **Edge:** Reeded

Date	Mintage		MS63	MS65
1992	445,000		2.50	40.00
1992	147,061	PF65	5.00	

KM# 261 9.34 g., 0.925 Silver, 0.2778 oz. ASW **Obv:** Crowned head right **Rev:** Atlantic Puffin, denomination and date at right **Rev. Designer:** Sheldon Beveridge

Date	Mintage		MS63	MS65
1995	—	PF65	13.00	

KM# 262 9.34 g., 0.925 Silver, 0.2778 oz. ASW **Obv:** Crowned head right **Rev:** Whooping crane left, denomination and date at right **Rev. Designer:** Stan Witten

Date	Mintage		MS63	MS65
1995	—	PF65	13.00	

KM# 263 9.34 g., 0.925 Silver, 0.2778 oz. ASW **Obv:** Crowned head right **Rev:** Gray Jays, denomination and date at right **Rev. Designer:** Sheldon Beveridge

Date	Mintage		MS63	MS65
1995	—	PF65	13.00	

KM# 264 9.34 g., 0.925 Silver, 0.2778 oz. ASW **Obv:** Crowned head right **Rev:** White-tailed ptarmigans, date and denomination at right **Rev. Designer:** Cosme Saffioti

Date	Mintage		MS63	MS65
1995	—	PF65	13.00	

KM# 185a 11.64 g., 0.925 Silver, 0.3461 oz. ASW **Obv:** Crowned head right **Obv. Designer:** Dora dePedery-Hunt **Rev:** Crown divides date above arms with supporters, denomination at right **Rev. Designer:** Thomas Shingles

Date	Mintage	MS63	MS65
1996	—	PF65 13.00	

KM# 283 9.34 g., 0.925 Silver, 0.2778 oz. ASW 27mm. **Obv:** Crowned head right **Rev:** Moose calf left, denomination and date at right **Rev. Designer:** Ago Aarand

Date	Mintage	MS63	MS65
1996	—	PF65 18.00	

KM# 284 9.34 g., 0.925 Silver, 0.2778 oz. ASW 27mm. **Obv:** Crowned head right **Rev:** Wood ducklings, date and denomination at right **Rev. Designer:** Sheldon Beveridge

Date	Mintage	MS63	MS65
1996	—	PF65 18.00	

KM# 285 9.34 g., 0.925 Silver, 0.2778 oz. ASW 27mm. **Obv:** Crowned head right **Rev:** Cougar kittens, date and denomination at right **Rev. Designer:** Stan Witten

Date	Mintage	MS63	MS65
1996	—	PF65 18.00	

KM# 286 9.34 g., 0.925 Silver, 0.2778 oz. ASW 27mm. **Obv:** Crowned head right **Rev:** Bear cubs standing, date and denomination at right **Rev. Designer:** Sheldon Beveridge

Date	Mintage	MS63	MS65
1996	—	PF65 18.00	

KM# 290 8.10 g., Nickel, 27.1mm. **Obv:** Crowned head right **Obv. Designer:** Dora dePedery-Hunt **Rev:** Redesigned arms **Rev. Designer:** Cathy Bursey-Sabourin **Edge:** Reeded

Date	Mintage	MS63	MS65
1997	387,000	1.25	30.00
1997	—	PF65 7.50	
1998	308,000	1.25	60.00
1998	—	PF65 13.00	
1998 W PL	—	—	3.50
1999	496,000	1.25	40.00
1999	—	PF65 9.00	
2000	559,000	1.25	35.00
2000	—	PF65 8.00	
2000 W	—	—	1.50
2001 P	—	1.50	30.00
2001 P	—	PF65 5.00	
2002	—	15.00	—
2002	—	PF63 15.00	
2003 P PL	—	—	10.00
2003 P	—	PF65 5.00	

KM# 290a 11.66 g., 0.925 Silver, 0.3469 oz. ASW 27.13mm. **Obv:** Crowned head right **Obv. Designer:** Dora dePedery-Hunt **Rev:** Redesigned arms **Rev. Designer:** Cathy Bursey-Sabourin **Edge:** Reeded

Date	Mintage	MS63	MS65
1997	—	PF65 10.00	
1998	—	PF65 13.00	
1999	—	PF65 13.00	
2000	—	PF65 12.00	
2001	—	PF65 9.00	
2003	—	PF65 13.00	

KM# 292 9.34 g., 0.925 Silver, 0.2778 oz. ASW 27mm. **Obv:** Crowned head right **Rev:** Duck Toling Retriever, date and denomination at right **Rev. Designer:** Stan Witten

Date	Mintage	MS63	MS65
1997	—	PF65 17.00	

KM# 293 9.34 g., 0.925 Silver, 0.2778 oz. ASW **Obv:** Crowned head right **Rev:** Labrador leaping

left, date and denomination at right **Rev. Designer:**
Sheldon Beveridge

Date	Mintage	MS63	MS65
1997	—	PF65 17.00	

KM# 294 9.34 g., 0.925 Silver, 0.2778 oz. ASW
Obv: Crowned head right **Rev:** Newfoundland right,
date and denomination at right **Rev. Designer:**
William Woodruff

Date	Mintage	MS63	MS65
1997	—	PF65 17.00	

KM# 295 9.34 g., 0.925 Silver, 0.2778 oz. ASW
27.1mm. **Obv:** Crowned head right **Rev:** Eskimo
dog leaping forward, date and denomination at right
Rev. Designer: Cosme Saffioti

Date	Mintage	MS63	MS65
1997	—	PF65 17.00	

KM# 313 11.66 g., 0.925 Silver, 0.3469 oz. ASW
Subject: 90th Anniversary Royal Canadian Mint
Obv: Crowned head right **Rev:** Denomination and
date within wreath, crown above **Rev. Designer:**
W. H. J. Blakemore

Date	Mintage	MS63	MS65
1908-1998 Matte	—	PF65 15.00	
1908-1998	—	PF65 15.00	

KM# 314 9.34 g., 0.925 Silver, 0.2778 oz. ASW
Subject: 110 Years Canadian Speed and Figure
Skating **Obv:** Crown ed head right **Rev:** Speed
skaters, dates below, denomination above **Rev.
Designer:** Sheldon Beveridge

Date	Mintage	MS63	MS65
1998	—	PF65 13.00	

KM# 315 9.34 g., 0.925 Silver, 0.2778 oz. ASW
Subject: 100 Years Canadian Ski Racing **Obv:**
Crowned head right **Rev:** Skiers, dates below,
denomination upper left **Rev. Designer:** Ago
Aarand

Date	Mintage	MS63	MS65
1998	—	PF65 13.00	

KM# 318 9.34 g., 0.925 Silver, 0.2778 oz. ASW
Obv: Crowned head right **Rev:** Killer Whales, date
and denomination at right **Rev. Designer:** William
Woodruff

Date	Mintage	MS63	MS65
1998	—	PF65 17.00	

KM# 319 9.34 g., 0.925 Silver, 0.2778 oz. ASW
27mm. **Obv:** Crowned head right **Rev:** Humpback
whale, date and denomination at right **Rev.
Designer:** Sheldon Beveridge

Date	Mintage	MS63	MS65
1998	—	PF65 17.00	

KM# 320 9.34 g., 0.925 Silver, 0.2778 oz. ASW
Obv: Crowned head right **Rev:** Beluga whales, date
and denomination at right **Rev. Designer:** Cosme
Saffioti

Date	Mintage	MS63	MS65
1998	—	PF65 17.00	

KM# 321 9.34 g., 0.925 Silver, 0.2778 oz. ASW 27mm. **Obv:** Crowned head right **Rev:** Blue whale, date and denomination at right **Rev. Designer:** Stan Witten

Date	Mintage	MS63	MS65
1998	—	PF65 17.00	

KM# 327 9.34 g., 0.925 Silver, 0.2778 oz. ASW **Subject:** 110 Years Canadian Soccer **Obv:** Crowned head right **Rev:** Soccer players, dates above, denomination at right **Rev. Designer:** Stan Witten

Date	Mintage	MS63	MS65
1998	—	PF65 13.00	

KM# 328 9.34 g., 0.925 Silver, 0.2778 oz. ASW **Subject:** 20 Years Canadian Auto Racing **Obv:** Crowned head right **Rev:** Race car divides date and denomination **Rev. Designer:** Cosme Saffioti

Date	Mintage	MS63	MS65
1998	—	PF65 13.00	

KM# 290b 6.90 g., Nickel Plated Steel, 27.13mm. **Obv:** Crowned head right **Obv. Designer:** Dora dePedery-Hunt **Rev:** Redesigned arms **Rev. Designer:** Cathy Bursey-Sabourin **Edge:** Reeded

Date	Mintage	MS63	MS65
1999 P	Est. 20000	—	10.00
2000 P	Est. 50	—	3,500

Note: Available only in RCM presentation coin clocks

Date	Mintage	MS63	MS65
2001 P	389,000	1.50	30.00
2003 P PL	—	—	10.00

KM# 333 9.34 g., 0.925 Silver, 0.2778 oz. ASW **Subject:** 1904 Canadian Open **Obv:** Crowned head right **Rev:** Golfers, date at right, denomination below **Rev. Designer:** William Woodruff

Date	Mintage	MS63	MS65
1999	—	PF65 15.00	

KM# 334 9.34 g., 0.925 Silver, 0.2778 oz. ASW **Subject:** First U.S.-Canadian Yacht Race **Obv:** Crowned head right **Rev:** Yachts, dates at left, denomination below **Rev. Designer:** Stan Witten

Date	Mintage	MS63	MS65
1999	—	PF65 13.00	

KM# 335 9.34 g., 0.925 Silver, 0.2778 oz. ASW **Obv:** Crowned head right **Rev:** Cymric cat, date below, denomination at bottom **Series:** Canadian Cats **Rev. Designer:** Susan Taylor

Date	Mintage	MS63	MS65
1999	—	PF65 22.00	

KM# 336 9.34 g., 0.925 Silver, 0.2778 oz. ASW **Obv:** Crowned head right **Rev:** Tonkinese cat, date below, denomination at bottom **Series:** Canadian Cats **Rev. Designer:** Susan Taylor

Date	Mintage	MS63	MS65
1999	—	PF65 22.00	

KM# 337 9.34 g., 0.925 Silver, 0.2778 oz. ASW **Obv:** Crowned head right **Rev:** Cougar, date and denomination below **Series:** Canadian Cats **Rev. Designer:** Susan Taylor

Date	Mintage	MS63	MS65
1999	—	PF65 22.00	

50 CENTS

KM# 338 9.34 g., 0.925 Silver, 0.2778 oz. ASW **Obv:** Crowned head right **Rev:** Lynx, date and denomination below **Series:** Canadian Cats **Rev. Designer:** Susan Taylor

Date	Mintage	MS63	MS65
1999	—	PF65 22.00	

KM# 371 9.36 g., 0.925 Silver, 0.2784 oz. ASW 27.1mm. **Subject:** Basketball **Obv:** Crowned head right **Rev:** Basketball players **Rev. Designer:** Sheldon Beveridge **Edge:** Reeded

Date	Mintage	MS63	MS65
1999	—	PF65 11.00	

KM# 372 9.36 g., 0.925 Silver, 0.2784 oz. ASW 27.1mm. **Obv:** Crowned head right **Rev:** Football players **Rev. Designer:** Cosme Saffioti **Edge:** Reeded

Date	Mintage	MS63	MS65
1999	—	PF65 12.00	

KM# 389 9.35 g., 0.925 Silver, 0.2781 oz. ASW **Obv:** Crowned head right **Rev:** Great horned owl, facing, date and denomination at right **Rev. Designer:** Susan Taylor

Date	Mintage	MS63	MS65
2000	—	PF65 18.00	

KM# 390 9.35 g., 0.925 Silver, 0.2781 oz. ASW **Obv:** Crowned head right **Rev:** Red-tailed hawk, dates and denomination at right

Date	Mintage	MS63	MS65
2000	—	PF65 18.00	

KM# 391 9.35 g., 0.925 Silver, 0.2781 oz. ASW **Obv:** Crowned head right **Rev:** Osprey, dates and denomination at right **Rev. Designer:** Susan Taylor

Date	Mintage	MS63	MS65
2000	—	PF65 18.00	

KM# 392 9.35 g., 0.925 Silver, 0.2781 oz. ASW **Obv:** Crowned head right **Rev:** Bald eagle, dates and denomination at right **Rev. Designer:** William Woodruff

Date	Mintage	MS63	MS65
2000	—	PF65 18.00	

KM# 393 9.35 g., 0.925 Silver, 0.2781 oz. ASW **Subject:** Steeplechase **Obv:** Crowned head right **Rev:** Steeplechase, dates and denomination below **Rev. Designer:** Susan Taylor

Date	Mintage	MS63	MS65
1840-2000	—	PF65 12.00	

KM# 394 9.35 g., 0.925 Silver, 0.2781 oz. ASW **Subject:** Bowling **Obv:** Crowned head right **Rev. Designer:** William Woodruff

Date	Mintage	MS63	MS65
2000	—	PF65 12.00	

KM# 385 9.35 g., 0.925 Silver, 0.2781 oz. ASW **Subject:** Ice Hockey **Obv:** Crowned head right **Rev:** 4 hockey players **Rev. Designer:** Stanley Witten

Date	Mintage	MS63	MS65
2000	—	PF65 12.00	

KM# 386 9.35 g., 0.925 Silver, 0.2781 oz. ASW **Subject:** Curling **Obv:** Crowned head right **Rev:** Motion study of curlers, dates and denomination below **Rev. Designer:** Cosme Saffioti

Date	Mintage	MS63	MS65
1910-2000	—	PF65 12.00	

KM# 420 9.30 g., 0.925 Silver, 0.2766 oz. ASW 27.13mm. **Obv:** Crowned head right **Rev:** Snowman and Chateau Frontenac **Series:** Festivals - Quebec **Rev. Designer:** Sylvie Daigneault **Edge:** Reeded

Date	Mintage	MS63	MS65
2001	58,123 PF65 12.00		

KM# 421 9.30 g., 0.925 Silver, 0.2766 oz. ASW 27.13mm. **Obv:** Crowned head right **Rev:** Dancer, dog sled and snowmobiles **Series:** Festivals - Nunavut **Rev. Designer:** John Mardon **Edge:** Reeded

Date	Mintage	MS63	MS65
2001	— PF65 12.00		

KM# 422 9.30 g., 0.925 Silver, 0.2766 oz. ASW 27.13mm. **Obv:** Crowned head right **Rev:** Sailor and musical people **Series:** Festivals - Newfoundland **Rev. Designer:** David Craig **Edge:** Reeded

Date	Mintage	MS63	MS65
2001	58,123 PF65 12.00		

KM# 423 9.30 g., 0.925 Silver, 0.2766 oz. ASW 27.13mm. **Obv:** Crowned head right **Rev:** Family, juggler and building **Series:** Festivals - Prince Edward Island **Rev. Designer:** Brenda Whiteway **Edge:** Reeded

Date	Mintage	MS63	MS65
2001	58,123 PF65 12.00		

KM# 424 9.30 g., 0.925 Silver, 0.2766 oz. ASW 27.13mm. **Obv:** Crowned head right **Rev:** Family scene **Series:** Folklore - The Sled **Rev. Designer:** Valentina Hotz-Entin **Edge:** Reeded

Date	Mintage	MS63	MS65
2001	28,979 PF65 12.00		

KM# 425 9.30 g., 0.925 Silver, 0.2766 oz. ASW 27.13mm. **Obv:** Crowned head right **Rev:** Woman shouting **Series:** Folklore - The Maiden's Cave **Rev. Designer:** Peter Kiss **Edge:** Reeded

Date	Mintage	MS63	MS65
2001	28,979 PF65 12.00		

KM# 426 9.30 g., 0.925 Silver, 0.2766 oz. ASW 27.13mm. **Obv:** Crowned head right **Rev:** Jumping children on seashore **Series:** Folklore - The Small Jumpers **Rev. Designer:** Miynki Tanobe **Edge:** Reeded

Date	Mintage	MS63	MS65
2001	28,979 PF65 12.00		

KM# 509 6.90 g., Nickel Plated Steel, 27.13mm. **Obv:** Crowned head right **Rev:** National arms **Edge:** Reeded

Date	Mintage	MS63	MS65
2001 P	—	1.50	—

KM# 459 9.30 g., 0.925 Silver, 0.2766 oz. ASW 27.13mm. **Obv:** Crowned head right **Rev:** The Shoemaker in Heaven **Series:** Folklore and Legends **Rev. Designer:** Francine Gravel

Date	Mintage	MS63	MS65
2002	19,267 PF65 11.00		

KM# 460 9.30 g., 0.925 Silver, 0.2766 oz. ASW 27.13mm. **Subject:** The Ghost Ship **Obv:** Crowned head right **Series:** Folklore and Legends **Rev. Designer:** Colette Boivin

Date	Mintage	MS63	MS65
2002	19,267 PF65 11.00		

KM# 461   9.30 g., 0.925 Silver, 0.2766 oz. ASW
27.13mm. **Subject:** The Pig That Wouldn't Get
Over the Stile **Obv:** Crowned head right **Series:**
Folklore and Legends   **Rev. Designer:** Laura
Jolicoeur

Date	Mintage	MS63	MS65
2002	19,267	PF65 11.00	

KM# 444   6.90 g., Nickel Plated Steel, 27.13mm.
Subject: Queen's Golden Jubilee **Obv:** Coronation
crowned head right and monogram **Rev:** Canadian
arms   **Rev. Designer:** Bursey Sabourin **Edge:**
Reeded

Date	Mintage	MS63	MS65
1952-2002 P	14,440,000	1.75	35.00

KM# 444a   9.30 g., 0.925 Silver, 0.2766 oz. ASW
27.13mm. **Subject:** Elizabeth II Golden Jubilee
Obv: Crowned head right, Jubilee commemorative
dates 1952-2002

Date	Mintage	MS63	MS65
1952-2002	100,000	PF65 17.50	

KM# 444b   9.30 g., 0.925 Silver 24 karat gold
plated, 0.2766 oz. ASW 27.13mm.   **Subject:**
Queen's Golden Jubilee **Obv:** Crowned head right
and monogram **Rev:** Canadian arms **Edge:** Reeded

Date	Mintage	MS63	MS65
1952-2002	32,642	PF65 35.00	

KM# 454   9.30 g., 0.925 Silver, 0.2766 oz. ASW
27.13mm. **Subject:** Nova Scotia Annapolis Valley
Apple Blossom Festival **Obv:** Crowned head right
Rev. Designer: Bonnie Ross

Date	Mintage	MS63	MS65
2002	59,998	PF65 9.50	

KM# 455   9.30 g., 0.925 Silver, 0.2766 oz.
ASW 27.13mm. **Subject:** Stratford Festival **Obv:**
Crowned head right **Rev:** Couple with building in
background **Rev. Designer:** Laurie McGaw

Date	Mintage	MS63	MS65
2002	59,998	PF65 9.50	

KM# 456   9.30 g., 0.925 Silver, 0.2766 oz. ASW
27.13mm. **Subject:** Folklorama **Obv:** Crowned
head right **Rev. Designer:** William Woodruff

Date	Mintage	MS63	MS65
2002	59,998	PF65 9.50	

KM# 457   9.30 g., 0.925 Silver, 0.2766 oz. ASW
27.13mm. **Subject:** Calgary Stampede **Obv:**
Crowned head right **Rev. Designer:** Stan Witten

Date	Mintage	MS63	MS65
2002	59,998	PF65 9.50	

KM# 458   9.30 g., 0.925 Silver, 0.2766 oz. ASW
27.13mm. **Subject:** Squamish Days Logger Sports
Obv: Crowned head right   **Rev. Designer:** Jose
Osio

Date	Mintage	MS63	MS65
2002	59,998	PF65 9.50	

KM# 472   11.62 g., 0.925 Silver, 0.3456 oz.
ASW 27.13mm. **Subject:** 50th Anniversary of the
Coronation of Elizabeth II **Obv:** Crowned head right,
Jubilee commemorative dates 1952-2002   **Obv.
Designer:** Mary Gillick

Date	Mintage	MS63	MS65
2003	30,000	PF65 15.00	

KM# 475   9.30 g.,   0.925 Silver, 0.2766 oz.
ASW 27.13mm. **Obv:** Crowned head right **Obv.
Designer:** Dora dePédery-Hunt **Rev:** Golden
daffodil   **Rev. Designer:** Christie Paquet, Stan
Witten

Date	Mintage	MS63	MS65
2003	36,293	PF65 25.00	

KM# 476   9.30 g., 0.925 Silver, 0.2766 oz. ASW
27.13mm. **Subject:** Yukon International Storytelling
Festival **Obv:** Crowned head right **Obv. Designer:**
Dora dePédery-Hunt   **Rev. Designer:** Ken
Anderson, Jose Oslo

Date	Mintage	MS63	MS65
2003	—	PF65 11.00	

KM# 477   9.30 g., 0.925 Silver, 0.2766 oz. ASW
27.13mm. **Subject:** Festival Acadien de Caraquet
Obv: Crowned head right **Obv. Designer:** Dora
dePédery-Hunt **Rev:** Sailboat and couple   **Rev.
Designer:** Susan Taylor, Hudson Design Group

Date	Mintage	MS63	MS65
2003	—	PF65 11.00	

KM# 478   9.30 g., 0.925 Silver, 0.2766 oz. ASW
27.13mm. **Subject:** Back to Batoche **Obv:** Crowned
head right **Obv. Designer:** Dora dePédery-Hunt
Rev. Designer: David Hannan, Stan Witten

Date	Mintage	MS63	MS65
2003	—	PF65 11.00	

KM# 479 9.30 g., 0.925 Silver, 0.2766 oz. ASW 27.13mm. **Subject:** Great Northern Arts Festival **Obv:** Crowned head right **Obv. Designer:** Dora dePédery-Hunt **Rev. Designer:** Dawn Oman, Susan Taylor

Date	Mintage	MS63	MS65
2003	—	PF65 11.00	

KM# 494 6.90 g., Nickel Plated Steel, 27.13mm. **Obv:** Crowned head right **Obv. Designer:** Susanna Blunt **Rev:** National arms **Rev. Designer:** Cathy Bursey-Sabourin **Edge:** Reeded

Date	Mintage	MS63	MS65
2003 P W PL	—	—	7.50
2003 P W	—	PF65 7.50	
2004 P	—	—	3.50
2004 P	—	PF65 7.50	
2005 P	200,000	2.00	22.00
2005 P	—	PF65 5.00	
2006 P	98,000	2.50	22.00
2006 P	—	PF65 5.00	
2007 (ml)	250,000	2.50	22.00
2007 (ml)	—	PF65 5.00	
2008 (ml)	211,000	2.00	22.00
2008 (ml)	—	PF65 5.00	
2009 (ml)	150,000	2.00	22.00
2009 (ml)	—	PF65 5.00	
2010 (ml)	—	2.00	22.00
2010 (ml)	—	PF65 5.00	
2011 (ml)	—	2.00	22.00
2011 (ml)	—	PF65 5.00	
2012 (ml)	—	2.00	22.00
2012 (ml)	—	PF65 5.00	
2013 (ml)	—	1.50	—
2013 (ml)	—	PF65 5.00	
2014	—	1.50	—
2014	—	PF63 4.00	
		PF65 5.00	
2015	—	1.50	—
2015	—	PF63 4.00	
		PF65 5.00	

KM# 494a 9.30 g., 0.925 Silver, 0.2766 oz. ASW 27.13mm. **Obv:** Crowned head right **Obv. Designer:** Susanna Blunt **Rev:** Canadian coat of arms **Edge:** Reeded

Date	Mintage	MS63	MS65
2004	—	PF65 11.00	

KM# 509 9.30 g., 0.925 Silver, 0.2766 oz. ASW 27.13mm. **Rev:** Day Lilly, gilt

Date	Mintage	MS63	MS65
2004	—	PF65 25.00	

KM# 526 1.27 g., 0.9999 Gold, 0.0408 oz. AGW 14mm. **Subject:** Moose **Obv:** Head right **Rev:** Moose head facing right

Date	Mintage	MS63	MS65
2004	—	PF65 85.00	

KM# 606 9.30 g., 0.925 Silver, 0.2766 oz. ASW 27.13mm. **Obv:** Head right **Obv. Designer:** Susanna Blunt **Rev:** Clouded Sulphur Butterfly, hologram **Rev. Designer:** Susan Taylor

Date	Mintage	MS63	MS65
2004	15,281	PF65 35.00	

KM# 712 9.30 g., 0.925 Silver, 0.2766 oz. ASW 27.13mm. **Rev:** Hologram of Tiger Swallowtail butterfly

Date	Mintage	MS63	MS65
2004	20,462	PF65 35.00	

KM# 536 9.30 g., 0.925 Silver with partial gold plating, 0.2766 oz. ASW 27.13mm. **Subject:** Golden rose **Obv:** Head right **Obv. Designer:** Susanna Blunt **Rev. Designer:** Christie Paquet

Date	Mintage	MS63	MS65
2005	17,418	PF65 30.00	

KM# 537 9.30 g., 0.925 Silver, 0.2766 oz. ASW 27.13mm. **Obv:** Head right **Obv. Designer:** Susanna Blunt **Rev:** Great Spangled Fritillary butterfly, hologram **Rev. Designer:** Jianping Yan

Date	Mintage	MS63	MS65
2005	20,000	PF65 35.00	

KM# 538   9.30 g., 0.925 Silver, 0.2766 oz. ASW 27.13mm.   **Subject:** Toronto Maple Leafs **Obv:** Head right **Obv. Designer:** Susanna Blunt **Rev:** Darryl Sittler

Date	Mintage	MS63	MS65
2005 Specimen	25,000	PF65 16.00	

KM# 539   9.30 g., 0.925 Silver, 0.2766 oz. ASW 27.13mm.   **Subject:** Toronto Maple Leafs **Obv:** Head right **Obv. Designer:** Susanna Blunt **Rev:** Dave Keon

Date	Mintage	MS63	MS65
2005 Specimen	25,000	PF65 16.00	

KM# 540   9.30 g., 0.925 Silver, 0.2766 oz. ASW 27.13mm.   **Subject:** Toronto Maple Leafs **Obv:** Head right **Obv. Designer:** Susanna Blunt **Rev:** Jonny Bover, goalie

Date	Mintage	MS63	MS65
2005 Specimen	25,000	PF65 16.00	

KM# 541   9.30 g., 0.925 Silver, 0.2766 oz. ASW 27.13mm.   **Subject:** Toronto Maple Leafs **Obv:** Head right **Obv. Designer:** Susanna Blunt **Rev:** Tim Horton

Date	Mintage	MS63	MS65
2005 Specimen	25,000	PF65 16.00	

KM# 543   9.30 g., 0.925 Silver, 0.2766 oz. ASW **Subject:** WWII - Battle of Britain **Obv:** Head right **Rev:** Fighter plane in sky

Date	Mintage	MS63	MS65
2005 Specimen	20,000	PF65 22.00	

KM# 544   9.30 g., 0.925 Silver, 0.2766 oz. ASW 27.13mm.   **Subject:** WWII - Battle of Scheldt **Obv:** Head right **Obv. Designer:** Susanna Blunt **Rev:** Four soldiers walking down road **Rev. Designer:** Peter Mossman

Date	Mintage	MS63	MS65
2005 Specimen	20,000	PF65 19.00	

KM# 545   9.30 g., 0.925 Silver, 0.2766 oz. ASW 27.13mm.   **Subject:** WWII - Battle of the Atlantic **Obv:** Head right **Obv. Designer:** Susanna Blunt **Rev:** Merchant ship sinking **Rev. Designer:** Peter Mossman

Date	Mintage	MS63	MS65
2005 Specimen	20,000	PF65 19.00	

KM# 546   9.30 g., 0.925 Silver, 0.2766 oz. ASW 27.13mm.   **Subject:** WWII - Conquest of Sicily **Obv:** Head right **Obv. Designer:** Susanna Blunt **Rev:** Tank among town ruins **Rev. Designer:** Peter Mossman

Date	Mintage	MS63	MS65
2005 Specimen	20,000	PF65 19.00	

KM# 547   9.30 g., 0.925 Silver, 0.2766 oz. ASW 27.13mm.   **Subject:** WWII - Liberation of the Netherlands **Obv:** Head right   **Obv. Designer:** Susanna Blunt **Rev:** Soldiers in parade, one holding flag **Rev. Designer:** Peter Mossman

Date	Mintage	MS63	MS65
2005 Specimen	20,000	PF65 19.00	

KM# 548   9.30 g., 0.925 Silver, 0.2766 oz. ASW 27.13mm.   **Subject:** WWII - Raid of Dieppe **Obv:** Head right **Obv. Designer:** Susanna Blunt **Rev:** Three soldiers exiting landing craft **Rev. Designer:** Peter Mossman

Date	Mintage	MS63	MS65
2005 Specimen	20,000	PF65 19.00	

KM# 577   9.30 g., 0.925 Silver, 0.2766 oz. ASW 27.13mm.   **Subject:** Montreal Canadiens **Obv:** Head right **Obv. Designer:** Susanna Blunt **Rev:** Guy LaFleur

Date	Mintage	MS63	MS65
2005 Specimen	25,000	PF65 17.50	

KM# 578   9.30 g., 0.925 Silver, 0.2766 oz. ASW 27.13mm.   **Subject:** Montreal Canadiens **Obv:** Head right **Obv. Designer:** Susanna Blunt **Rev:** Jaque Plante

Date	Mintage	MS63	MS65
2005 Specimen	25,000	PF65 17.50	

KM# 579   9.30 g., 0.925 Silver, 0.2766 oz. ASW 27.13mm.   **Subject:** Montreal Canadiens **Obv:** Head right **Obv. Designer:** Susanna Blunt **Rev:** Jean Beliveau

Date	Mintage	MS63	MS65
2005 Specimen	25,000	PF65 17.50	

KM# 580   9.30 g., 0.925 Silver, 0.2766 oz. ASW 27.13mm.   **Subject:** Montreal Canadiens **Obv:** Head right **Obv. Designer:** Susanna Blunt **Rev:** Maurice Richard

Date	Mintage	MS63	MS65
2005 Specimen	25,000	PF65 17.50	

KM# 599   9.30 g., 0.925 Silver, 0.2766 oz. ASW 27.13mm.   **Obv:** Head right   **Obv. Designer:** Susanna Blunt **Rev:** Monarch butterfly, colorized **Rev. Designer:** Susan Taylor

Date	Mintage	MS63	MS65
2005	20,000	PF65 40.00	

KM# 494b   6.90 g., Nickel Plated Steel partially gilt, 27.13mm. **Rev:** State Arms, gilt **Note:** Housed in Mint Annual Report

Date	Mintage	MS63	MS65
2006	—	—	15.00

KM# 648   9.30 g., 0.925 Silver partially gilt, 0.2766 oz. ASW **Subject:** Golden Daisy **Obv:** Head right

Date	Mintage	MS63	MS65
2006	18,190	PF65 30.00	

KM# 649 9.30 g., 0.925 Silver, 0.2766 oz. ASW 27.13mm. **Subject:** Short-tailed swallowtail **Obv:** Head right **Rev:** Colorized butterfly

Date	Mintage	MS63	MS65
2006	24,568	PF65 45.00	

KM# 650 9.30 g., 0.925 Silver, 0.2766 oz. ASW 27.13mm. **Obv:** Head right **Rev:** Butterfly, silvery blue hologram

Date	Mintage	MS63	MS65
2006	16,000	PF65 45.00	

KM# 651v9.30 g., 0.925 Silver, 0.2766 oz. ASW **Subject:** Cowboy **Obv:** Head right

Date	Mintage	MS63	MS65
2006	—	17.50	—

KM# 716 9.30 g., 0.925 Silver, 0.2766 oz. ASW **Rev:** Multicolor holiday ornaments

Date	Mintage	MS63	MS65
2006	16,989	17.50	—

KM# 715 9.30 g., 0.925 Silver with partial gold plating, 0.2766 oz. ASW 27.12mm. **Rev:** Forget-me-not flower

Date	Mintage	MS63	MS65
2007	22,882	PF65 55.00	

KM# 778 20.00 g., 0.925 Silver colorized green, 0.5948 oz. ASW 34.06mm. **Subject:** Milk delivery **Obv:** Bust right **Rev:** Cow head and milk can **Shape:** Triangle

Date	Mintage	MS63	MS65
2008	24,448	PF65 35.00	

KM# 779 9.30 g., 0.925 Silver, 0.2766 oz. ASW 35mm. **Rev:** Multicolor snowman

Date	Mintage	MS63	MS65
2008 PL	21,679	—	17.50

KM# 780 9.30 g., 0.925 Silver, 0.2766 oz. ASW 29.72mm. **Subject:** Ottawa Mint Centennial 1908-2008 **Obv:** Edward bust right **Rev:** Crowned value and dates within wreath

Date	Mintage	MS63	MS65
2008	3,248	PF65 20.00	

KM# 845 9.30 g., 0.925 Silver, 0.2766 oz. ASW 27.13mm. **Rev:** Calgary Flames lenticular design, old and new logos

Date	Mintage	MS63	MS65
2009	—	—	17.00

KM# 846 9.30 g., 0.925 Silver, 0.2766 oz. ASW 27.13mm. **Rev:** Edmonton Oiler's lenticular design, old and new logos

Date	Mintage	MS63	MS65
2009	—	—	17.00

KM# 847 9.30 g., 0.925 Silver, 0.2766 oz. ASW 27.13mm. **Rev:** Montreal Canadiens lenticular design, old and new logos

Date	Mintage	MS63	MS65
2009	—	—	17.00

KM# 848 9.30 g., 0.925 Silver, 0.2766 oz. ASW 27.13mm. **Rev:** Ottawa Senators lenticular design, old and new logos

Date	Mintage	MS63	MS65
2009	—	—	17.00

KM# 849 9.30 g., 0.925 Silver, 0.2766 oz. ASW 27.13mm. **Rev:** Toronto Maple Leafs lenticular design, old and new logos

Date	Mintage	MS63	MS65
2009	—	—	17.00

KM# 850 9.30 g., 0.925 Silver, 0.2766 oz. ASW 27.13mm. **Rev:** Vancouver Canucks lenticular design, old and new logos

Date	Mintage	MS63	MS65
2009	—	—	17.00

KM# 857 6.90 g., Nickel Plated Steel, 35mm. **Rev:** Calgary Flames lenticular old and new logos

Date	Mintage	MS63	MS65
2009	—	25.00	—

KM# 858 6.90 g., Nickel Plated Steel, 35mm. **Rev:** Edmonton Oilers lenticular old and new logos

Date	Mintage	MS63	MS65
2009	—	25.00	—

KM# 859 35.00 g., Nickel Plated Steel, 35mm. **Rev:** Montreal Canadians lenticular old and new logo

Date	Mintage	MS63	MS65
2009	—	25.00	—

KM# 860 6.90 g., Nickel Plated Steel, 35mm. **Rev:** Ottawa Senators lenticular old and new logos

Date	Mintage	MS63	MS65
2009	—	25.00	—

KM# 861 6.90 g., Nickel Plated Steel, 35mm. **Rev:** Toronto Maple Leafs lenticular old and new logos

Date	Mintage	MS63	MS65
2009	—	25.00	—

KM# 862 6.90 g., Nickel Plated Steel, 35mm. **Rev:** Vancouver Canucks lenticular old and new logos

Date	Mintage	MS63	MS65
2009	—	25.00	—

KM# 887 19.10 g., Copper-Nickel, 34.06mm. **Subject:** Six-string national guitar **Obv:** Bust right **Obv. Designer:** Susanna Blunt **Rev:** Hologram with 6 "strings **Obv. Legend:** Elizabeth II DG Regina **Rev. Legend:** 50 CENTS Canada **Shape:** Triangle

Date	Mintage	MS63	MS65
2009	13,602	PF65 35.00	

KM# 936 9.30 g., Nickel, **Rev:** Vancouver Canucks goalie jersey

Date	Mintage	MS63	MS65
2009	3,563	15.00	—

KM# 937 6.90 g., Nickel Plated Steel, 35mm. **Rev:** Calgary Flames player - colorized

Date	Mintage	MS63	MS65
2009	3,518	15.00	—

KM# 938 6.90 g., Nickel Plated Steel, 35mm. **Rev:** Edmonton Oilers player

Date	Mintage	MS63	MS65
2009	3,562	15.00	—

KM# 939 6.90 g., Nickel Plated Steel, 35mm. **Rev:** Toronto Maple Leafs player

Date	Mintage	MS63	MS65
2009	5,918	15.00	—

KM# 940 6.90 g., Nickel Plated Steel, 35mm. **Rev:** Montreal Canadiens player

Date	Mintage	MS63	MS65
2009	9,865	15.00	—

KM# 941 6.90 g., Nickel Plated Steel, 35mm. **Rev:** Ottawa Senators player

Date	Mintage	MS63	MS65
2009	3,293	15.00	—

KM# 1035 12.61 g., Brass Plated Steel, 35mm.
Subject: Christmas toy train **Rev:** movement from far to close

Date	Mintage	MS63	MS65
2009	19,103	—	26.00

KM# 961 6.90 g., Nickel Plated Steel, 35mm.
Rev: Bob sleigh

Date	Mintage	MS63	MS65
2010	—	12.00	—

KM# 961a 6.90 g., Nickel Plated Steel, 35mm.
Rev: Bob sleigh - red enamel

Date	Mintage	MS63	MS65
2010	—	12.00	—

KM# 962 6.90 g., Nickel Plated Steel, 35mm.
Rev: Speed skating

Date	Mintage	MS63	MS65
2010	—	12.00	—

KM# 962a 6.90 g., Nickel Plated Steel, 35mm.
Rev: Speed skating - red enamel

Date	Mintage	MS63	MS65
2010	—	12.00	—

KM# 963 6.90 g., Nickel Plated Steel, 35mm.
Rev: Migaand Quatchi in bob sleigh

Date	Mintage	MS63	MS65
2010	2,119	—	9.00

KM# 964 6.90 g., Nickel Plated Steel, 35mm.
Rev: Miga in hockey

Date	Mintage	MS63	MS65
2010	5,275	—	9.00

KM# 965 6.90 g., Nickel Plated Steel, 35mm.

Rev: Quatchi in ice hockey

Date	Mintage	MS63	MS65
2010	5,614	—	9.00

KM# 966 6.90 g., Nickel Plated Steel, 35mm.
Rev: Sumi Para Sledge

Date	Mintage	MS63	MS65
2010	3,707	—	9.00

KM# 967 6.90 g., Nickel Plated Steel, 35mm.
Rev: Miga and Quatchi Figure-skating **Edge:** Reeded

Date	Mintage	MS63	MS65
2010	2,981	—	9.00

KM# 968 6.90 g., Nickel Plated Steel, 35mm.
Rev: Free-style mascot

Date	Mintage	MS63	MS65
2010	2,114	—	9.00

KM# 969 6.90 g., Nickel Plated Steel, 35mm.
Rev: Skeleton mascot

Date	Mintage	MS63	MS65
2010	1,672	—	9.00

KM# 970 6.90 g., Nickel Plated Steel, 35mm.
Rev: Parallel giant slalom mascot

Date	Mintage	MS63	MS65
2010	1,730	—	9.00

KM# 971 6.90 g., Nickel Plated Steel, 35mm.
Rev: Alpine skiing mascot

Date	Mintage	MS63	MS65
2010	2,309	—	9.00

KM# 972 6.90 g., Nickel Plated Steel, 35mm.
Rev: Para Olympic alpine skiing mascott

Date	Mintage	MS63	MS65
2010	1,902	—	9.00

KM# 973 6.90 g., Nickel Plated Steel, 35mm.
Rev: Snowboard mascot

Date	Mintage	MS63	MS65
2010	2,090	—	9.00

KM# 974 6.90 g., Nickel Plated Steel, 35mm.
Rev: Speed-skating mascott

Date	Mintage	MS63	MS65
2010	1,825	—	9.00

KM# 986   12.61 g., Brass Plated Steel, 35mm. **Rev:** Dasplerosaurus Torosus - 3-D lenticular movement

Date	Mintage	MS63	MS65
2010	—	—	18.00

KM# 1015   12.61 g., Brass Plated Steel, 35mm. **Rev:** Sinosauropteryx

Date	Mintage	MS63	MS65
2010	—	—	18.00

KM# 1016   12.61 g., Brass Plated Steel, 35mm. **Rev:** Albertosaurus

Date	Mintage	MS63	MS65
2010	—	—	18.00

KM# 1043   Nickel Plated Steel, 34mm. **Rev:** Santa Claus transforms into Rudolf the red-nosed reindeer

Date	Mintage	MS63	MS65
2010	—	—	17.50

KM# 1157   11.62 g., 0.925 Silver, 0.3456 oz. ASW 29.72mm. **Obv:** George V bust **Rev:** Value within wreath

Date	Mintage	MS63	MS65
1911-2011	6,000	PF65 45.00	

KM# 1180   6.90 g., Nickel Plated Steel, 27.13mm. **Obv:** Bust right **Rev:** Winnipeg Jets Logo, jet over maple leaf **Edge:** Reeded

Date	Mintage	MS63	MS65
2011	—	—	13.00

KM# 1191   12.61 g., Copper Plated Steel, 35mm. **Obv:** Bust right **Rev:** Santa Claus checking list, and in sled over house

Date	Mintage	MS63	MS65
2011	—	—	24.00

KM# 1202   1.27 g., 0.9999 Gold, 0.0408 oz. AGW 13.92mm.   **Rev:** Wood Bison **Rev. Designer:** Corrine Hunt **Edge:** Reeded

Date	Mintage	MS63	MS65
2011	Est. 2500	PF65 100	

KM# 1204   1.27 g., 0.9999 Gold, 0.0408 oz. AGW 13.92mm. **Subject:** Boreal Forest **Rev:** Bird and tree **Rev. Designer:** Corrine Hunt **Edge:** Reeded

Date	Mintage	MS63	MS65
2011	Est. 2500	PF65 100	

KM# 1206   1.27 g., 0.9999 Gold, 0.0408 oz. AGW 13.92mm.   **Rev:** Peregrine Falcon perched on branch **Rev. Designer:** Corrine Hunt

Date	Mintage	MS63	MS65
2011	Est. 2500	PF65 100	

KM# 1208 1.27 g., 0.9999 Gold, 0.0408 oz. AGW 13.92mm. **Rev:** Orca Whale **Rev. Designer:** Corrine Hunt **Edge:** Reeded

Date	Mintage	MS63	MS65
2011	Est. 2500	PF65 100	

KM# 1234 12.61 g., Nickel Plated Steel, 35mm. **Subject:** Titanic, 100th Anniversary **Obv:** Bust right **Rev:** Titanic sailing forward towards iceberg, colored sea

Date	Mintage	MS63	MS65
2012	—	PF65 65.00	

KM# 1264 1.27 g., 0.999 Gold, 0.0408 oz. AGW **Ruler:** Elizabeth II 13.92mm. **Subject:** Gold Rush **Mint:** Royal Canadian Mint

Date	Mintage	MS63	MS65
2012	—	PF65 100	

KM# 1293 9.30 g., 0.925 Silver, 0.2766 oz. ASW 27.13mm. **Subject:** Elizabeth II Diamond Jubilee **Rev:** Crowned monogram within wreath in color

Date	Mintage	MS63	MS65
2012	—	—	18.00

KM# 1435 Silver Plated Copper-Nickel, 35mm. **Rev:** Canadian Tiger Swallowtail Butterfly in color **Rev. Designer:** Celia Godkin

Date	Mintage	MS63	MS65
2013	Est. 20000	PF65 30.00	

KM# 1444 12.51 g., Copper-Nickel, 35mm. **Subject:** 75th Anniversary of Superman **Rev:** Superman lenticular background - then and now **Rev. Designer:** Joe Shuster and Jim Lee, DC Comics

Date	Mintage	MS63	MS65
2013	—	PF65 30.00	

KM# 1493 1.27 g., 0.9999 Gold, 0.0408 oz. AGW 13.92mm. **Rev:** Starfish **Rev. Designer:** Emily Damstra

Date	Mintage	MS63	MS65
2013	10,000	PF65 130	

KM# 1496 1.27 g., 0.9999 Gold, 0.0408 oz. AGW 13.92mm. **Subject:** Louisbourg, 300th Anniversary **Rev:** Ship, fort gate and fish

Date	Mintage	MS63	MS65
2013	1,000	PF65 100	

KM# 1584 1.27 g., 0.999 Gold, 0.0408 oz. AGW 13.92mm. **Obv:** Bust right **Rev:** Beaver left from 5 Cent coin

Date	Mintage	MS63	MS65
2014	—	PF65 90.00	

50 CENTS

KM# 1585   Silver Plated, 35mm.   **Subject:** 100 Blessings of Good Fortune **Obv:** Bust right

Date	Mintage	MS63	MS65
2014	—	PF65 50.00	

KM# 1603   1.27 g., 0.999 Gold, 0.0408 oz. AGW 13.92mm. **Obv:** Bust right **Rev:** Osprey head

Date	Mintage	MS63	MS65
2014	—	PF65 100	

KM# 1634   1.27 g., 0.9999 Gold, 0.0408 oz. AGW **Ruler:** Elizabeth II 13.92mm. **Obv:** Bust right **Rev:** Sea horse **Mint:** Royal Canadian Mint

Date	Mintage	MS63	MS65
2014	—	PF63 120	PF65 130

KM# 1635   12.61 g., Nickel Plated Steel, **Ruler:** Elizabeth II 35mm. **Obv:** Bust right **Rev:** Canoe beached on island in color **Mint:** Royal Canadian Mint

Date	Mintage	MS63	MS65
2014 Proof	—	35.00	

KM# 1636   12.61 g., Silver Plated Copper-Nickel, **Ruler:** Elizabeth II 35mm. **Obv:** Bust right **Rev:** Empress of Ireland **Mint:** Royal Canadian Mint

Date	Mintage	MS63	MS65
2014	—	PF63 30.00	PF65 35.00

KM# 1752   1.24 g., 0.999 Gold, 0.0398 oz. AGW 13.92mm. **Subject:** Charlottetown **Obv:** Bust right **Rev:** Views within maple leaf

Date	Mintage	MS63	MS65
2014	—	PF65 100	

KM# 1775   13.70 g., Copper-Nickel, 35mm. **Obv:** Bust right **Rev:** Christmas Tree lenticular

Date	Mintage	MS63	MS65
2014	20,000	PF65 30.00	

KM# 1842   1.27 g., 0.9999 Gold, 0.0408 oz. AGW 13.92mm. **Obv:** Bust right **Rev:** Maple leaf above flag

Date	Mintage	MS63	MS65
2015	—	PF65 100	

DOLLAR

KM# 30   23.33 g., 0.800 Silver, 0.600 oz. ASW 36mm. **Subject:** Silver Jubilee **Obv:** Bust left **Obv. Designer:** Percy Metcalfe **Rev:** Voyager, date and denomination below **Rev. Designer:** Emanuel Hahn

Date	Mintage	F12	VF20	XF40	AU50	MS60	MS63	MS65
1935	428,707	23.00	27.00	30.00	35.00	40.00	65.00	300
1935 Specimen	—	—	—	—	—	—	1,800	6,000

KM# 31 23.33 g., 0.800 Silver, 0.600 oz. ASW 36mm. **Obv:** Crowned bust left **Obv. Designer:** E. B. MacKennal **Rev:** Voyageur, date and denomination below **Rev. Designer:** Emanuel Hahn

Date	Mintage	F12	VF20	XF40	AU50	MS60	MS63	MS65
1936	339,600	25.00	28.00	30.00	35.00	50.00	100	750
1936 Specimen	—	—	—	—	—	—	2,200	9,000

Pointed 7

KM# 37 23.33 g., 0.800 Silver, 0.600 oz. ASW 36mm. **Obv:** Head left **Obv. Designer:** T. H. Paget **Rev:** Voyageur, date and denomination below **Rev. Designer:** Emanuel Hahn

Date	Mintage	F12	VF20	XF40	AU50	MS60	MS63	MS65
1937	207,406	25.00	28.00	30.00	35.00	45.00	90.00	—
1937 Mirror Specimen	1,295	—	—	—	—	—	650	1,300
1937 Matte Specimen	—	—	—	—	—	—	225	450
1938	90,304	35.00	45.00	65.00	80.00	100	250	4,500
1938 Specimen	—	—	—	—	—	—	5,000	9,000
1945	38,391	125	175	225	250	350	750	13,000
1945 Specimen	—	—	—	—	—	—	1,300	5,000
1946	93,055	26.00	40.00	55.00	75.00	100	400	9,000
1946 Specimen	—	—	—	—	—	—	1,300	5,000
1947 Pointed 7	Inc. below	80.00	125	175	225	400	2,000	—
1947 Pointed 7, Specimen	—	—	—	—	—	—	2,700	5,000
1947 Blunt 7	65,595	60.00	90.00	125	150	175	400	7,000
1947 Blunt 7, Specimen	—	—	—	—	—	—	2,700	5,000
1947 Maple leaf	21,135	150	200	225	300	400	800	7,000
1947 Maple leaf, Specimen	—	—	—	—	—	—	2,200	6,000

KM# 38 23.33 g., 0.800 Silver, 0.600 oz. ASW 36mm. **Subject:** Royal Visit **Obv:** Head left **Obv. Designer:** T. H. Paget **Rev:** Tower at center of building, date and denomination below **Rev. Designer:** Emanuel Hahn

Date	Mintage	F12	VF20	XF40	AU50	MS60	MS63	MS65
1939	1,363,816	—	10.00	16.00	20.00	24.00	35.00	500
1939 Matte specimen	—	—	—	—	—	—	450	900
1939 Mirror specimen	—	—	—	—	—	—	650	1,300

KM# 46 23.33 g., 0.800 Silver, 0.600 oz. ASW 36mm. **Obv:** Head left, modified left legend **Obv. Designer:** T. H. Paget **Rev:** Voyageur, date and denomination below **Rev. Designer:** Emanuel Hahn

Date	Mintage	F12	VF20	XF40	AU50	MS60	MS63	MS65
1948	18,780	750	950	1,200	1,300	1,600	2,900	15,000
1948 Specimen	—	—	—	—	—	—	4,500	9,000
1950	261,002	10.00	20.00	24.00	25.00	30.00	60.00	250
Note: With 3 water lines								
1950 Specimen	—	—	—	—	—	—	1,000	1,800
Note: With 3 water lines								
1950 Matte Proof	—	PF65 18,000						
Note: With 4 water lines, 1 known								
1950	Inc. above	23.00	28.00	35.00	40.00	50.00	125	2,200
Note: Arnprior with 2-1/2 water lines								
1950 Specimen	—	—	—	—	—	—	1,300	3,000
Note: Arnprior with 2-1/2 water lines								
1951	416,395	—	10.00	18.00	22.00	25.00	40.00	650
Note: With 3 water lines								
1951 Specimen	—	—	—	—	—	—	900	1,800

KM# 47 23.33 g., 0.800 Silver, 0.600 oz. ASW 36mm. **Subject:** Newfoundland **Obv:** Head left **Obv. Designer:** T. H. Paget **Rev:** "The Matthew", John Cabot's ship, date and denomination below **Rev. Designer:** Thomas Shingles

Date	Mintage	F12	VF20	XF40	AU50	MS60	MS63	MS65
1949	672,218	10.00	21.00	23.00	27.00	30.00	35.00	90.00
1949 Specimen	—	—	—	—	—	—	700	1,800
1949	—	PF60 2,600						

KM# 54 23.33 g., 0.800 Silver, 0.600 oz. ASW 36mm. **Obv:** Laureate bust right **Obv. Designer:** Mary Gillick **Rev:** Voyageur, date and denomination below **Rev. Designer:** Emanuel Hahn **Note:** All genuine circulation strike 1955 Arnprior dollars have a die break running along the top of TI in the word GRATIA on the obverse.

Date	Mintage	F12	VF20	XF40	AU50	MS60	MS63	MS65
1953	1,074,578	—	—	—	10.00	23.00	30.00	500

Note: Without strap, wire rim

Date	Mintage	F12	VF20	XF40	AU50	MS60	MS63	MS65
1953 Specimen	Inc. above	—	—	—	—	—	800	2,200
Note: Without strap, wire rim								
1953	Inc. above	PF60 1,600						
Note: Without strap, wire rim								
1953	Inc. above	—	—	—	10.00	23.00	30.00	550
Note: With strap, flat rim								
1953 Specimen	—	—	—	—	—	—	900	2,300
Note: With strap, flat rim								
1954	246,606	17.00	18.00	20.00	25.00	29.00	50.00	1,300
1955	268,105	14.00	16.00	18.00	24.00	29.00	50.00	1,100
Note: With 3 water lines								
1955	Inc. above	85.00	90.00	100	125	150	250	2,900
Note: Arnprior with 1-1/2 water lines* and die break								
1956	209,092	20.00	22.00	24.00	26.00	35.00	80.00	3,500
1957	496,389	—	—	10.00	21.00	23.00	26.00	2,700
Note: With 3 water lines								
1957	Inc. above	20.00	22.00	24.00	26.00	28.00	50.00	3,000
Note: With 1 water line								
1959	1,443,502	—	—	10.00	16.00	20.00	24.00	2,000
1960	1,420,486	—	—	—	10.00	18.00	24.00	1,000
1961	1,262,231	—	—	—	10.00	12.00	24.00	1,800
1962	1,884,789	—	—	—	10.00	18.00	24.00	900
1963	4,179,981	—	—	—	10.00	12.00	24.00	1,300

KM# 55 23.33 g., 0.800 Silver, 0.600 oz. ASW 36mm. **Subject:** British Columbia **Obv:** Laureate bust right **Obv. Designer:** Mary Gillick **Rev:** Totem Pole, dates at left, denomination below **Rev. Designer:** Stephan Trenka

Date	Mintage	F12	VF20	XF40	AU50	MS60	MS63	MS65
1858-1958	3,039,630	—	10.00	18.00	21.00	23.00	26.00	450

KM# 58 23.33 g., 0.800 Silver, 0.600 oz. ASW 36mm. **Subject:** Charlottetown **Obv:** Laureate bust right **Rev:** Design at center, dates at outer edges, denomination below **Rev. Designer:** Dinko Voldanovic

Date	Mintage	F12	VF20	XF40	AU50	MS60	MS63	MS65
1864-1964	7,296,832	—	—	—	10.00	11.00	27.00	1,300
1864-1964 Specimen	—	—	—	—	—	—	225	450

DOLLAR

Small beads

KM# 64.1   23.33 g., 0.800 Silver, 0.600 oz. ASW 36mm.   **Obv:** Young bust right **Obv. Designer:** Arnold Machin **Rev:** Voyageur, date and denomination below **Rev. Designer:** Emanual Hahn

Date	Mintage	F12	VF20	XF40	AU50	MS60	MS63	MS65
1965	10,768,569	—	—	—	10.00	12.00	24.00	750
Note: Small beads, pointed 5								
1965	—	PF63 400						
Note: Small beads, pointed 5								
Specimen	—	—	—	—	—	—	250	900
Note: Small beads, pointed 5								
1965	Inc. above	—	—	—	10.00	12.00	24.00	1,400
1965	—	PF63 400						
Note: Small beads, blunt 5								
1965 Specimen	—	—	—	—	—	—	250	650
Note: Small beads, blunt 5								
1965	Inc. above	—	—	—	10.00	12.00	24.00	650

KM# 70   23.33 g., 0.800 Silver, 0.600 oz. ASW 36mm.   **Subject:** Confederation Centennial **Obv:** Young bust right **Obv. Designer:** Arnold Machin **Rev:** Goose left, dates below, denomination above **Rev. Designer:** Alex Colville

Date	Mintage	MS63	MS65
1867-1967	6,767,496	23.00	400
1867-1967 Specimen	—	30.00	45.00

KM# 76.1   15.64 g., Nickel, 32mm.   **Obv:** Young bust right **Obv. Designer:** Arnold Machin **Rev:** Voyageur, date and denomination below **Rev. Designer:** Emanuel Hahn

Date	Mintage	MS63	MS65
1968	5,579,714	2.50	45.00
1968 Prooflike	1,408,143	—	2.50
1968 Small island	—	10.00	100
1968 Prooflike	—	—	10.00
Note: Small island			
1968 No Island	—	12.00	65.00
1968 Prooflike	—	—	4.50
Note: No island			
1968	Prooflike	30.00	70.00
Note: Doubled die; exhibits extra water lines			
1969	4,809,313	2.50	225
1969 Prooflike	594,258	2.00	—
1965 Specimen	—	—	500
1972	2,676,041	3.50	225
1972 Prooflike	405,865	—	2.25

KM# 78   15.60 g., Nickel, 32mm.   **Subject:** Manitoba **Obv:** Young bust right **Rev:** Pasque flower divides dates and denomination **Rev. Designer:** Raymond Taylor

Date	Mintage	MS63	MS65
1870-1970	4,140,058	3.50	150
1870-1970 Prooflike	645,869	—	2.25
1870-1970 Specimen	—	—	40.00

KM# 79 15.70 g., Nickel, 32.1mm. **Subject:** British Columbia **Obv:** Young bust right **Rev:** Shield divides dates, denomination below, flowers above **Rev. Designer:** Thomas Shingles

Date	Mintage	MS63	MS65
1871-1971	4,260,781	3.50	175
1871-1971 Prooflike	468,729	—	2.25
1871-1971 Specimen	—	—	40.00

KM# 80 23.33 g., 0.500 Silver, 0.375 oz. ASW 36mm. **Subject:** British Columbia **Obv:** Young bust right **Rev:** Crowned arms with supporters divide dates, maple at top divides denomination, crowned lion atop crown on shield **Rev. Designer:** Patrick Brindley

Date	Mintage	MS63	MS65
1871-1971 Specimen	585,674	—	13.00

KM# 64.2a 23.33 g., 0.500 Silver, 0.375 oz. ASW 36mm. **Obv:** Smaller young bust right **Obv. Designer:** Arnold Machin **Rev:** Voyageur **Rev. Designer:** Emanuel Hahn

Date	Mintage	MS63	MS65
1972 Specimen	341,598	—	13.00
1972 Proof	Inc. above	—	—

Note: doesn't exist

KM# 82 Nickel, 32mm. **Subject:** Prince Edward Island **Obv:** Young bust right **Rev:** Building, inscription below divides dates, denomination above **Rev. Designer:** Terry Manning

Date	Mintage	MS63	MS65
1873-1973	3,196,452	3.00	65.00
1873-1973 (c) Prooflike	—	—	2.25

KM# 83 23.33 g., 0.500 Silver, 0.375 oz. ASW 36mm. **Obv:** Young bust right **Rev:** Mountie left, dates below, denomination at right **Rev. Designer:** Paul Cedarberg

Date	Mintage	MS63	MS65
1873-1973 Specimen	1,031,271	—	13.00
1873-1973 Specimen	—	20.00	—

Note: Dollar housed in special blue case with RCMP crest.

KM# 88 Nickel, 32mm. **Subject:** Winnipeg Centennial **Obv:** Young bust right **Rev:** Zeros frame pictures, dates below, denomination at bottom **Rev. Designer:** Paul Pederson and Patrick Brindley

Date	Mintage	MS63	MS65
1874-1974	2,799,363	3.50	90.00
1874-1974 (c) Prooflike	—	—	2.50

KM# 88a 23.33 g., 0.500 Silver, 0.375 oz. ASW 36mm. **Subject:** Winnipeg Centennial **Obv:** Young bust right **Rev:** Zeros frame pictures, dates below, denomination at bottom **Rev. Designer:** Paul Pederson and Patrick Brindley

Date	Mintage	MS63	MS65
1974-1974 Specimen	728,947	—	13.00

KM# 76.2 15.62 g., Nickel, 32mm. **Obv:** Smaller young bust right **Obv. Designer:** Arnold Machin **Rev:** Voyageur **Rev. Designer:** Emanuel Hahn

Date	Mintage	MS63	MS65
1975	3,256,000	2.50	90.00
1975 Prooflike	322,325	—	2.50

DOLLAR

Date	Mintage	MS63	MS65
1976	2,498,204	2.50	90.00
1976 Prooflike	274,106	—	2.50

KM# 76.3 Nickel, 32mm. **Obv:** Young bust right **Obv. Designer:** Arnold Machin **Rev:** Voyageur **Rev. Designer:** Emanuel Hahn **Note:** Only known in prooflike sets with 1976 obverse slightly modified.

Date	Mintage	MS63	MS65
1975	Inc. above	3.00	—

Note: mule with 1976 obv.

KM# 97 23.33 g., 0.500 Silver, 0.375 oz. ASW 36mm. **Subject:** Calgary **Obv:** Youmg bust right **Rev:** Figure on bucking horse, dates divided below, denomination above **Rev. Designer:** Donald D. Paterson

Date	Mintage	MS63	MS65
1875-1975 Specimen	930,956	—	13.00

KM# 106 23.33 g., 0.500 Silver, 0.375 oz. ASW 36mm. **Subject:** Parliament Library **Obv:** Young bust right **Rev:** Library building, dates below, denomination above **Rev. Designer:** Walter Ott and Patrick Brindley

Date	Mintage	MS63	MS65
1876-1976 Specimen	578,708	—	13.00
1876-1976	—	PF65 22.00	

Note: Blue VIP case

KM# 117 Nickel, 32mm. **Obv:** Young bust right **Obv. Designer:** Arnold Machin **Rev:** Voyageur modified **Rev. Designer:** Emanuel Hahn

Date	Mintage	MS63	MS65
1977	1,393,745	3.50	90.00
1977 Prooflike	—	—	2.50

KM# 118 23.33 g., 0.500 Silver, 0.375 oz. ASW 36mm. **Subject:** Silver Jubilee **Obv:** Young bust right, dates below **Rev:** Throne, denomination below **Rev. Designer:** Raymond Lee

Date	Mintage	MS63	MS65
1952-1977 Specimen	744,848	—	13.00
1952-1977 Specimen	—	—	30.00

Note: Red VIP case

KM# 120.1 15.50 g., Nickel, 32.1mm. **Obv:** Young bust right **Obv. Designer:** Arnold Machin **Rev:** Voyageur, date and denomination below **Rev. Designer:** Emanuel Hahn **Note:** Modified design.

Date	Mintage	MS63	MS65
1978	2,948,488	2.50	100
1979	2,954,842	2.50	175
1980	3,291,221	3.00	90.00
1981	2,778,900	3.00	125
1981	—	PF65 5.00	
1982	1,098,500	3.00	90.00
1982	180,908	PF65 5.00	
1983	2,267,525	4.00	100
1983	166,779	PF65 5.00	
1984	1,223,486	3.00	100
1984	161,602	PF65 6.00	
1985	3,104,092	3.50	—
1985	153,950	PF65 7.00	
1986	3,089,225	4.00	90.00
1986	176,224	PF65 7.00	
1987 PL	287,330	—	5.00
1987	175,686	PF65 7.50	

DOLLAR

KM# 121 23.33 g., 0.500 Silver, 0.375 oz. ASW 36mm. **Subject:** XI Commonwealth Games **Obv:** Young bust right **Rev:** Commonwealth games, logo at center **Rev. Designer:** Raymond Taylor

Date	Mintage	MS63	MS65
1978 Specimen	709,602	—	13.00

KM# 124 23.33 g., 0.500 Silver, 0.375 oz. ASW 36mm. **Subject:** Griffon **Obv:** Young bust right **Rev:** Ship, dates below, denomination above **Rev. Designer:** Walter Schluep

Date	Mintage	MS63	MS65
1979 Specimen	826,695	—	13.00

KM# 128 23.33 g., 0.500 Silver, 0.375 oz. ASW 36mm. **Subject:** Arctic Territories **Obv:** Young bust right **Rev:** Bear right, date below, denomination above **Rev. Designer:** Donald D. Paterson

Date	Mintage	MS63	MS65
1980 Specimen	539,617	—	18.00

KM# 130 23.33 g., 0.500 Silver, 0.375 oz. ASW 36mm. **Subject:** Transcontinental Railroad **Obv:** Young bust right **Rev:** Train engine and map, date below, denomination above **Rev. Designer:** Christopher Gorey

Date	Mintage	MS63	MS65
1981	699,494	—	10.00
1981	—	PF65 14.00	

KM# 133 23.33 g., 0.500 Silver, 0.375 oz. ASW 36mm. **Subject:** Regina **Obv:** Young bust right **Rev:** Cattle skull divides dates and denomination below **Rev. Designer:** Huntley Brown

Date	Mintage	MS63	MS65
1882-1982	144,930	—	10.00
1882-1982	—	PF65 14.00	

KM# 134 15.42 g., Nickel, 32mm. **Subject:** Constitution **Obv:** Young bust right **Rev:** Meeting of Government **Rev. Designer:** Ago Aarand

Date	Mintage	MS63	MS65
1867-1982	9,709,422	2.50	65.00

DOLLAR

KM# 138   23.33 g.,   0.500 Silver, 0.375 oz. ASW
36mm.   **Subject:** Edmonton University Games
Obv: Young bust right **Rev:** Athlete within game
logo, date and denomination below **Rev. Designer:**
Carola Tietz

Date	Mintage	MS63	MS65
1983	159,450	—	10.00
1983	—	PF65 14.00	

KM# 140   23.33 g.,   0.500 Silver, 0.375 oz. ASW
36mm.   **Subject:** Toronto Sesquicentennial **Obv:**
Young bust right **Rev. Designer:** D. J. Craig

Date	Mintage	MS63	MS65
1984	133,610	—	10.00
1984	—	PF65 14.00	

KM# 141   15.50 g., Nickel, 32mm.   **Subject:**
Jacques Cartier **Obv:** Young bust right **Rev:** Cross
with shield above figures **Rev. Designer:** Hector
Greville

Date	Mintage	MS63	MS65
1534-1984	7,009,323	3.50	90.00
1534-1984	—	PF65 6.00	

KM# 120.2   Nickel, 32.13mm.   **Obv:** Young bust
right **Rev:** Voyageur **Note:** Mule with New Zealand
50 cent, KM-37 obverse.

Date	Mintage	MS63	MS65
1985	—	10,000	—

KM# 143   23.33 g.,   0.500 Silver, 0.375 oz. ASW
36mm.   **Subject:** National Parks **Obv:** Young bust
right **Rev:** Moose right, dates above, denomination
below **Rev. Designer:** Karel Rohlicek

Date	Mintage	MS63	MS65
1885-1985	163,314	—	10.00
1885-1985	733,354	PF65 14.00	

KM# 149   23.33 g.,   0.500 Silver, 0.375 oz. ASW
36mm.   **Subject:** Vancouver **Obv:** Young bust right
Rev: Train left, dates divided below, denomination
above **Rev. Designer:** Elliot John Morrison

Date	Mintage	MS63	MS65
1886-1986	125,949	—	10.00
1886-1986	—	PF65 14.00	

KM# 154   23.33 g.,   0.500 Silver, 0.375 oz. ASW
36mm.   **Subject:** John Davis **Obv:** Young bust
right **Rev:** Ship "John Davis" with masts, rock in
background, dates below, denomination at bottom
Rev. Designer: Christopher Gorey

Date	Mintage	MS63	MS65
1587-1987	118,722	—	10.00
1587-1987	—	PF65 14.00	

KM# 157 7.00 g., Aureate-Bronze Plated Nickel, 26.5mm. **Obv:** Young bust right **Obv. Designer:** Arnold Machin **Rev:** Loon right, date and denomination below **Rev. Designer:** Robert R. Carmichael **Shape:** 11-sided

Date	Mintage	MS63	MS65
1987	205,405,000	2.25	35.00
1987	178,120	PF65 8.00	
1988	138,893,539	3.50	50.00
1988	175,259	PF65 6.50	
1989	184,773,902	4.00	65.00
1989	170,928	PF65 6.50	

KM# 161 23.33 g., 0.500 Silver, 0.375 oz. ASW 36mm. **Subject:** Ironworks **Obv:** Young bust right **Rev:** Ironworkers, date and denomination below **Rev. Designer:** Robert R. Carmichael

Date	Mintage	MS63	MS65
1988	106,872	—	11.00
1988	—	PF65 15.00	

KM# 168 23.33 g., 0.500 Silver, 0.375 oz. ASW 36mm. **Subject:** MacKenzie River **Obv:** Young bust right **Rev:** People in canoe, date above, denomination below **Rev. Designer:** John Mardon

Date	Mintage	MS63	MS65
1989	99,774	—	14.00
1989	—	PF65 17.50	

KM# 170 23.33 g., 0.500 Silver, 0.375 oz. ASW 36mm. **Subject:** Henry Kelsey **Obv:** Crowned head right **Rev:** Kelsey with natives, dates below, denomination above **Rev. Designer:** D. J. Craig

Date	Mintage	MS63	MS65
1690-1990	99,455	—	13.00
1690-1990	—	PF65 20.00	

KM# 186 7.00 g., Aureate-Bronze Plated Nickel, 26.5mm. **Obv:** Crowned head right **Obv. Designer:** Dora dePedery-Hunt **Rev:** Loon right, date and denomination **Rev. Designer:** Robert R. Carmichael **Shape:** 11-sided

Date	Mintage	MS63	MS65
1990	68,402,000	3.50	65.00
1990	140,649	PF65 7.00	
1991	23,156,000	3.50	65.00
1991	131,888	PF65 13.00	
1993	33,662,000	3.00	65.00
1993	143,065	PF65 6.00	
1994	16,232,530	3.50	35.00
1994	104,485	PF65 7.00	
1995	27,492,630	3.50	45.00
1995	101,560	PF65 7.00	
1996	17,101,000	3.50	35.00
1996	112,835	PF65 7.50	
1997 PL	—	—	13.00
1997	113,647	PF65 8.00	
1998 PL	—	—	6.00
1998 W Prooflike	—	—	10.00
1998	93,632	PF65 10.00	
1999 PL	—	—	6.00
1999	95,113	PF65 13.00	
2000 PL	—	—	6.00
2000 W Prooflike	—	—	9.00
2000	90,921	PF65 8.00	
2001 PL	—	—	6.00
2001	74,194	PF65 8.00	
2002	—	3.50	22.00
2002	65,315	PF65 10.00	
2003	—	3.50	22.00

Note: Mintage of 5,101,000 includes both KM186 and KM495 examples.

2003	—	PF65 12.00	

DOLLAR

KM# 179   23.33 g.,   0.500 Silver, 0.375 oz. ASW
36mm.   **Subject:** S.S. Frontenac **Obv:** Crowned
head right **Rev:** Ship,"Frontenac," date and
denomination below, **Rev. Designer:** D. J. Craig

Date	Mintage	MS63	MS65
1991	73,843	—	13.00
1991	195,424	PF65 23.00	

KM# 209   Aureate, 26.5mm. **Subject:** Loon right,
dates and denomination **Obv:** Crowned head right
Rev. Designer: Robert R. Carmichael

Date	Mintage	MS63	MS65
1867-1992	4,242,085	3.50	45.00
1867-1992	147,061	PF65 8.00	

KM# 210   25.18 g.,   0.925 Silver, 0.7487 oz.
ASW 36mm.   **Subject:** Stagecoach service **Obv:**
Crowned head right **Rev:** Stagecoach, date and
denomination below **Rev. Designer:** Karsten Smith

Date	Mintage	MS63	MS65
1992	78,160	—	18.00
1992	187,612	PF65 25.00	

KM# 218   Aureate, 26mm. **Subject:** Parliament
Obv: Crowned head right, dates below **Rev:**
Backs of three seated figures in front of building,
denomination below **Rev. Designer:** Rita Swanson

Date	Mintage	MS63	MS65
1867-1992	23,915,000	3.50	35.00
1867-1992	—	PF65 9.00	

KM# 235   25.18 g.,   0.925 Silver, 0.7487 oz.
ASW 36mm.   **Subject:** Stanley Cup hockey **Obv:**
Crowned head right **Rev:** Hockey players between
cups, dates below, denomination above **Rev.
Designer:** Stewart Sherwood

Date	Mintage	MS63	MS65
1993	88,150	—	20.00
1993	—	PF65 25.00	

KM# 248   7.00 g., Aureate-Bronze Plated Nickel,
26mm.   **Subject:** War Memorial **Obv:** Crowned
head right, date below **Rev:** Memorial, denomination
at right **Rev. Designer:** R. C. M. Staff

Date	Mintage	MS63	MS65
1994	20,004,830	2.25	35.00
1994	—	PF65 10.00	

KM# 251   25.18 g., 0.925 Silver, 0.7487 oz. ASW
36mm.   **Subject:** Last RCMP sled-dog patrol **Obv:**
Crowned head right **Rev:** Dogsled, denomination

divides dates below **Rev. Designer:** Ian Sparks

Date	Mintage	MS63	MS65
1969-1994	61,561	—	21.00
1969-1994	170,374	PF65 25.00	

KM# 258 7.00 g., Aureate Bronze, 26mm. **Subject:** Peacekeeping Monument in Ottawa **Obv:** Crowned head right, date below **Rev:** Monument, denomination above right **Rev. Designer:** J. K. Harmon, R. G. Henriquez and C. H. Oberlander **Note:** Mintage included with KM#186.

Date	Mintage	MS63	MS65
1995	18,502,750	2.25	35.00
1995	—	PF65 10.00	

KM# 259 25.18 g., 0.925 Silver, 0.7487 oz. ASW 36mm. **Subject:** Hudson Bay Company **Obv:** Crowned head right **Rev:** Explorers and ship, date and denomination below **Rev. Designer:** Vincent McIndoe

Date	Mintage	MS63	MS65
1995	61,819	—	18.00
1995	166,259	PF65 29.00	

KM# 274 25.18 g., 0.925 Silver, 0.7487 oz. ASW 36mm. **Subject:** McIntosh Apple **Obv:** Crowned head right **Rev:** Apple, dates and denomination below **Rev. Designer:** Roger Hill

Date	Mintage	MS63	MS65
1796-1996	58,834	—	18.00
1796-1996	133,779	PF65 25.00	

KM# 282 25.18 g., 0.925 Silver, 0.7487 oz. ASW 36mm. **Subject:** 25th Anniversary Hockey Victory **Obv:** Crowned head right **Rev:** The winning goal by Paul Aenderson. Based on a painting by Andre l'Archeveque, dates at right, denomination at bottom **Rev. Designer:** Walter Burden

Date	Mintage	MS63	MS65
1972-1997	155,252	—	20.00
1972-1997	184,965	PF65 29.00	

KM# 291 7.00 g., Aureate-Bronze Plated Nickel, 26mm. **Subject:** Loon Dollar 10th Anniversary **Obv:** Crowned head right **Rev:** Loon in flight left, dates above, denomination below **Rev. Designer:** Jean-Luc Grondin

Date	Mintage	MS63	MS65
1987-1997 Prooflike	—	—	22.00

KM# 296 25.18 g., 0.925 Silver, 0.7487 oz. ASW 36mm. **Subject:** Loon Dollar 10th Anniversary **Obv:** Crowned head right **Rev:** Loon in flight left, dates above, denomination below **Rev. Designer:** Jean-Luc Grondin

Date	Mintage	MS63	MS65
1987-1997	—	PF65 95.00	

DOLLAR

KM# 306   25.18 g., 0.925 Silver, 0.7487 oz. ASW
36mm. **Subject:** 120th Anniversary Royal Canadian
Mounted Police **Obv:** Crowned head right **Rev:**
Mountie on horseback, dates at left, denomination
above **Rev. Designer:** Adeline Halvorson **Note:**
Individually cased prooflikes, proofs or specimens
are from broken-up prooflike or specimen sets.

Date	Mintage	MS63	MS65
1873-1998	79,777	—	18.00
1873-1998	120,172	PF65 29.00	

KM# 355   25.18 g., 0.925 Silver, 0.7487 oz. ASW
36mm. **Subject:** International Year of Old Persons
Obv: Crowned head right **Rev:** Figures amid trees,
date and denomination below **Rev. Designer:** S.
Armstrong-Hodgson

Date	Mintage	MS63	MS65
1999	—	PF65 40.00	

KM# 356   25.18 g., 0.925 Silver, 0.7487 oz. ASW
36mm. **Subject:** Discovery of Queen Charlotte
Isle **Obv:** Crowned head right **Rev:** Ship and three
boats, dates at right, denomination below **Rev.
Designer:** D. J. Craig

Date	Mintage	MS63	MS65
1999	67,655	—	21.00
1999	126,435	PF65 30.00	

KM# 401   25.18 g., 0.925 Silver, 0.7487 oz.
ASW 36mm. **Subject:** Voyage of Discovery **Obv:**
Crowned head right **Rev:** Human and space shuttle,
date above, denomination below **Rev. Designer:**
D. F. Warkentine

Date	Mintage	MS63	MS65
2000	60,100	—	21.00
2000	114,130	PF65 29.00	

KM# 414   25.18 g., 0.925 Silver, 0.7487 oz. ASW
36mm. **Subject:** National Ballet **Obv:** Crowned
head right **Rev:** Ballet dancers **Rev. Designer:**
Scott McKowen **Edge:** Reeded

Date	Mintage	MS63	MS65
2001	—	PF65 29.00	
2001	65,000	—	21.00

KM# 434   25.18 g., 0.925 Silver, 0.7487 oz. ASW
36mm. **Obv:** Crowned head right **Rev:** Recycled
1911 pattern dollar design: denomination, country
name and dates in crowned wreath **Edge:** Reeded

Date	Mintage	MS63	MS65
1911-2001	24,996	PF65 55.00	

KM# 186a Gilt Aureate-Bronze Plated Nickel,
26.5mm. **Subject:** Olympic Win

Date	Mintage	MS63	MS65
2002	—	PF65 40.00	

DOLLAR

KM# 443 25.18 g., 0.925 Silver, 0.7487 oz. ASW 36mm. **Subject:** Queen's Golden Jubilee **Obv:** Crowned head right, with anniversary date at left **Obv. Designer:** Dora dePédery-Hunt **Rev:** Queen in her coach and a view of the coach, denomination below **Edge:** Reeded

Date	Mintage	MS63	MS65
1952-2002	65,140	—	21.00
1952-2002	29,688	PF65 29.00	

KM# 443a 25.18 g., 0.925 Silver Gilt, 0.7488 oz. 36mm. **Subject:** Queen's Golden Jubilee **Obv:** Crowned head right with anniversary date **Rev:** Queen in her coach and a view of the coach **Edge:** Reeded **Note:** Special 24 karat gold plated issue of KM#443.

Date	Mintage	MS63	MS65
2002	32,642	PF65 45.00	

KM# 462 7.00 g., Aureate-Bronze Plated Nickel, 26mm. **Obv:** Commemorative dates 1952-2002 **Obv. Designer:** Dora dePédery-Hunt **Rev:** Family of Loons

Date	Mintage	MS63	MS65
2002 Specimen	67,672	—	25.00

KM# 467 7.00 g., Aureate-Bronze Plated Nickel, **Subject:** Elizabeth II Golden Jubilee **Obv:** Crowned head right, Jubilee commemorative dates 1952-2002 **Obv. Designer:** Dora dePédery-Hunt

Date	Mintage	MS63	MS65
2002	2,302,000	2.50	—
2002	—	PF65 8.00	

KM# 467a Gold, **Subject:** 50th Anniversary, Accession to the Throne **Obv:** Crowned head right **Note:** Sold on the internet.

Date	Mintage	MS63	MS65
2002	1	PF65 55,500	

KM# 503 25.18 g., 0.925 Silver, 0.7487 oz. ASW 36mm. **Subject:** Queen Mother **Obv:** Crowned head right **Obv. Designer:** Dora de Pedery-Hunt **Rev:** Queen Mother facing

Date	Mintage	MS63	MS65
2002	9,994	PF65 225	

KM# 450 25.18 g., 0.9999 Silver, 0.8093 oz. ASW 36mm. **Subject:** Cobalt Mining Centennial **Obv:** Queens portrait right **Obv. Designer:** Dora dePédery-Hunt **Rev:** Mine tower and fox **Edge:** Reeded

Date	Mintage	MS63	MS65
2003	51,130	—	20.00
2003	88,536	PF65 30.00	

KM# 473 25.18 g., 0.9999 Silver, 0.8093 oz. ASW **Subject:** 50th Anniversary of the Coronation of Elizabeth II **Obv:** 1953 effigy of the Queen, Jubilee dates 1953-2003 **Obv. Designer:** Mary Gillick **Rev:** Voyageur, date and denomination below

Date	Mintage	MS63	MS65
1953-2003	21,537	PF65 45.00	

KM# 480 25.18 g., 0.9999 Silver, 0.8093 oz. ASW **Subject:** Coronation of Queen Elizabeth II **Obv:** Head right **Rev:** Voyaguers **Rev. Designer:** Emanuel Hahn

Date	Mintage	MS63	MS65
1953-2003	29,586	PF65 50.00	

KM# 495 7.00 g., Aureate-Bronze Plated Nickel, 26.5mm. **Obv:** Bare head right **Obv. Designer:** Susanna Blunt **Rev:** Loon right **Rev. Designer:** Robert R. Carmichael **Shape:** 11-sided

Date	Mintage	MS63	MS65
2003	5,102,000	3.50	22.00
Note: Mintage of 5,101,000 includes both KM 186 and 495 examples.			
2003 W Prooflike	—	—	7.50
2003	62,507	PF65 12.00	

KM# 480a Gold, **Subject:** 50th Anniversary of Coronation **Obv. Designer:** Mary Gilick **Rev:** Voyageur **Note:** Sold on the internet.

Date	Mintage	MS63	MS65
1953-2003	1	PF65 60,000	

DOLLAR

KM# 507 7.00 g., Aureate-Bronze Plated Nickel, 26.5mm. **Obv:** Bare head right, date below **Obv. Designer:** Susanna Blunt **Rev:** Loon **Edge:** Plain **Shape:** 11-sided

Date	Mintage	MS63	MS65
2004	25,105	PF65 40.00	

KM# 511 25.18 g., 0.9999 Silver, 0.8093 oz. ASW 36mm. **Obv:** Elizabeth II **Rev:** Poppy on maple leaf **Edge:** Reeded

Date	Mintage	MS63	MS65
2004	24,527	PF65 50.00	

KM# 512 25.18 g., 0.9999 Silver, 0.8093 oz. ASW 36mm. **Subject:** First French Settlement in America **Obv:** Crowned head right **Rev:** Sailing ship **Edge:** Reeded

Date	Mintage	MS63	MS65
2004	42,582	—	20.00
2004 Fleur-dis-lis privy mark	8,315	—	60.00
2004	106,974	PF65 30.00	

KM# 513 7.00 g., Aureate-Bronze Plated Nickel, 26.5mm. **Subject:** Olympics **Obv:** Bare head right **Rev:** Maple leaf, Olympic flame and rings above loon **Edge:** Plain **Shape:** 11-sided

Date	Mintage	MS63	MS65
2004	6,526,000	3.50	22.00

KM# 513a 9.31 g., 0.925 Silver, 0.2769 oz. ASW 26.5mm. **Subject:** Olympics **Obv:** Bare head right **Rev:** Multicolor maple leaf, Olympic flame and rings above loon **Edge:** Plain **Shape:** 11-sided

Date	Mintage	MS63	MS65
2004	19,994	PF65 50.00	

KM# 549 25.18 g., 0.925 Silver, 0.7487 oz. ASW 36.07mm. **Subject:** 40th Anniversary of National Flag **Obv:** Head right **Obv. Designer:** Susanna Blunt **Rev. Designer:** William Woodruff

Date	Mintage	MS63	MS65
2005	50,948	—	22.00
2005	95,431	PF65 35.00	

KM# 549a 25.18 g., 0.925 Silver partially gilt, 0.7487 oz. ASW 36.07mm. **Subject:** 40th Anniversary of National Flag **Obv:** Head right **Rev:** Flag partially gilt, fireworks, parliament tower

Date	Mintage	MS63	MS65
2005	62,562	—	65.00

KM# 549b 25.18 g., 0.925 Silver, 0.7488 oz. ASW 36.07mm. **Subject:** 40th Anniversary National Flag **Rev:** National flag, colorized

Date	Mintage	MS63	MS65
2005	4,898	PF65 225	

KM# 552 7.00 g., Aureate-Bronze Plated Nickel, 26.5mm. **Obv:** Head right **Rev:** Terry Fox walking left

Date	Mintage	MS63	MS65
2005	1,290,900	2.50	22.00

KM# 553 7.00 g., Aureate-Bronze Plated Nickel, **Subject:** Tuffed Puffin **Obv:** Head right **Obv. Designer:** Susanna Blunt

Date	Mintage	MS63	MS65
2005 PL	39,818	—	30.00

KM# 581 9.31 g., 0.925 Silver, 0.2769 oz. ASW **Subject:** Lullabies Loonie **Obv:** Head right **Obv. Designer:** Susanna Blunt **Rev:** Loon and moon, teddy bear in stars **Edge:** 11-sided **Shape:** 26.5

Date	Mintage	MS63	MS65
2006	18,103	—	35.00

KM# 582 7.00 g., Aureate-Bronze Plated Nickel, 26.5mm. **Subject:** Snowy owl **Obv:** Head right **Obv. Designer:** Susanna Blunt **Rev:** Snowy owl with year above

Date	Mintage	MS63	MS65
2006 Specimen	39,935	PF65 30.00	

KM# 583 25.18 g., 0.925 Silver, 0.7487 oz. ASW 36mm. **Obv:** Head right **Rev:** Victoria Cross

Date	Mintage	MS63	MS65
2006	27,254	—	25.00
2006	53,822	PF65 40.00	

KM# 583a 25.18 g., 0.925 Silver partially gilt, 0.7487 oz. ASW 36mm. **Obv:** Head right **Rev:** Victoria Cross gilt

Date	Mintage	MS63	MS65
2006	53,822	PF65 65.00	

KM# 630 7.00 g., Aureate Bronze, 26.5mm. **Obv:** Bust right **Rev:** Loon splashing in water

Date	Mintage	MS63	MS65
2006	—	2.25	22.00

KM# 630a 9.31 g., 0.925 Silver, 0.2769 oz. ASW 26.5mm. **Subject:** Olympic Games **Obv:** Crowned head right **Rev:** Loon in flight, color olympic logo above **Shape:** 11-sided

Date	Mintage	MS63	MS65
2006	19,956	30.00	—

KM# 654 7.00 g., 0.925 Silver, 0.2082 oz. ASW 26.5mm. **Obv:** Head right **Rev:** Snowflake, colorized **Shape:** 11-sided **Note:** Sold in a CD package.

Date	Mintage	MS63	MS65
2006 (ml)	34,014	35.00	—

KM# 655 7.00 g., 0.925 Silver, 0.2082 oz. ASW 26.5mm. **Subject:** Baby Rattle **Obv:** Head right **Rev:** Baby rattle **Shape:** 11-sided

Date	Mintage	MS63	MS65
2006	3,207	20.00	—

KM# 655a 7.00 g., 0.925 Silver, 0.2082 oz. ASW 26.5mm. **Obv:** Bust right **Rev:** Baby Rattle, partially gilt **Shape:** 11-sided

Date	Mintage	MS63	MS65
2006	1,911	15.00	—

KM# 656 28.18 g., 0.925 Silver, 0.8379 oz. ASW **Subject:** Medal of Bravery **Obv:** Head right

Date	Mintage	MS63	MS65
2006	8,343	PF65 50.00	

KM# 656a 28.18 g., 0.925 Silver with multicolor enamel, 0.8379 oz. ASW **Subject:** Medal of Bravery **Obv:** Head right **Rev:** Maple leaf within wreath. Colorized.

Date	Mintage	MS63	MS65
2006	4,999	PF65 125	

KM# 1287 7.00 g., Aureate Bronze, 26.5mm. **Rev:** Goose in flight

Date	Mintage	MS63	MS65
2006	—	PF65 20.00	

KM# 653 25.18 g., 0.925 Silver, 0.7487 oz. ASW 36.07mm. **Subject:** Thayendanegea **Obv:** Head right **Rev:** Bust 3/4 facing right

Date	Mintage	MS63	MS65
2007	16,378	—	23.00
2007	—	PF65 40.00	

KM# 653a 25.18 g., 0.925 Silver partially gilt, 0.7487 oz. ASW 36.07mm. **Subject:** Thayendanega **Rev:** Bust 3/4 right, partially gold plated

Date	Mintage	MS63	MS65
2007	60,000	PF65 60.00	

KM# 688 7.00 g., Aureate-Bronze Plated Nickel, 26.5mm. **Obv:** Head right **Rev:** Trumpeter Swan

Date	Mintage	MS63	MS65
2007 (ml)	40,000	—	30.00

KM# 700 7.00 g., 0.925 Silver, 0.2082 oz. ASW 26.5mm. **Rev:** Alphabet Letter Blocks **Shape:** 11-sided

Date	Mintage	MS63	MS65
2007	3,207	PF65 25.00	

KM# 719 25.18 g., 0.925 Silver, 0.7488 oz. ASW 36.07mm. **Subject:** Celebration of the Arts **Rev:** Book, TV set, musical instruments, film montage **Rev. Designer:** Friedrich Peter **Edge:** Reeded

Date	Mintage	MS63	MS65
2007	6,466	PF65 55.00	

KM# 720 25.18 g., 0.925 Silver, 0.7488 oz. ASW 36.07mm. **Obv:** Bust right **Rev:** Thayendanega multicolor

Date	Mintage	MS63	MS65
2007	4,760	PF65 120	

KM# A727 7.00 g., Aureate-Bronze Plated Nickel, 26.5mm. **Subject:** Vancouver Olympic Games **Rev:** Loon splashing in water, Olympics logo at right

Date	Mintage	MS63	MS65
2007 (ml)	19,973	3.00	—

KM# 724 7.00 g., Nickel, 26.5mm. **Rev:** Ottawa Senators, multicolor logo in circle

Date	Mintage	MS63	MS65
2008	1,633	—	18.00

KM# 725 7.00 g., Aureate-Bronze Plated Nickel, 26.5mm. **Obv:** Bust right **Rev:** Toronto Maple Leafs, multicolor logo in circle

Date	Mintage	MS63	MS65
2008	—	—	18.00

KM# 726 7.00 g., Aureate-Bronze Plated Nickel, 26.5mm. **Obv:** Bust left **Rev:** Vancouver Canucks, logo in center

Date	Mintage	MS63	MS65
2008	1,302	—	18.00

KM# 767 25.18 g., 0.925 Silver, 0.7488 oz. ASW 36.07mm. **Rev:** Poppy at center of large maple leaf

Date	Mintage	MS63	MS65
2008	—	PF65 100	

KM# 781 25.18 g., 0.925 Silver partially gilt, 0.7488 oz. ASW 36.07mm. **Subject:** Ottawa Mint Centennial 1908-2008 **Rev:** Maple leaf transforming into a common loon, gilt rim and 100 **Rev. Designer:** Jason Bowman

Date	Mintage	MS63	MS65
2008	15,000	PF65 100	

KM# 784 7.00 g., Aureate-Bronze Plated Nickel, 26.5mm. **Rev:** Common elder

Date	Mintage	MS63	MS65
2008 Specimen	21,227	—	40.00

KM# 785 25.18 g., 0.925 Silver, 0.7488 oz. ASW 36.07mm. **Subject:** Founding of Quebec 400th Anniversary **Rev:** Samuel de Champlain, ship and town view **Rev. Designer:** Susanne Duranceau

Date	Mintage	MS63	MS65
2008	35,000	—	25.00
2008	65,000	PF65 40.00	

KM# 785a 25.18 g., 0.925 Silver partially gilt., 0.7488 oz. ASW 36.07mm. **Subject:** Founding of Quebec 400th Anniversary **Rev:** Samuel de Champlain selectively gold plated, ship, town view **Rev. Designer:** Susanne Duranceau

Date	Mintage	MS63	MS65
2008	38,630	PF65 65.00	

KM# 787 7.00 g., Aureate-Bronze Plated Nickel, 26.5mm. **Subject:** Lucky Loonie **Rev:** Loon splashing and Olympic logo at right **Rev. Designer:** Steve Hepurn

Date	Mintage	MS63	MS65
2008	—	20.00	—

KM# 787a 9.31 g., 0.925 Silver, 0.2769 oz. ASW 26.5mm. **Rev:** Loon splashing with Olympic logo and maple leaf in color at right **Rev. Designer:** Steve Hepurn **Shape:** 11-sided

Date	Mintage	MS63	MS65
2008	52,987	PF65 35.00	

KM# 791 6.50 g., Nickel, 26.5mm. **Rev:** Edmonton Oilers

Date	Mintage	MS63	MS65
2008	—	25.00	—

KM# 792 6.50 g., Nickel, 26.5mm. **Rev:** Montreal Canadiens

Date	Mintage	MS63	MS65
2008	—	25.00	—

KM# 793 6.50 g., Nickel, 26.5mm. **Rev:** Ottawa Senators

Date	Mintage	MS63	MS65
2008	—	25.00	—

KM# 794 6.50 g., Nickel, 26.5mm. **Rev:** Toronto Maple Leafs

Date	Mintage	MS63	MS65
2008	—	25.00	—

KM# 795 6.50 g., Nickel, 26.5mm. **Rev:** Vancouver Canucks

Date	Mintage	MS63	MS65
2008	—	25.00	—

KM# 851 33.65 g., Nickel, 26.5mm. **Rev:** Calgary Flames Road Jersey

Date	Mintage	MS63	MS65
2009	382	25.00	—

DOLLAR

KM# 852 33.65 g., Nickel, 26.5mm. **Rev:** Edmonton Oilers Road Jersey

Date	Mintage	MS63	MS65
2009	472	25.00	—

KM# 853 33.65 g., Nickel, 26.5mm. **Rev:** Montreal Canadiens Road Jersey

Date	Mintage	MS63	MS65
2009	4,857	25.00	—

KM# 854 33.65 g., Nickel, 26.5mm. **Rev:** Ottawa Senators Road Jersey

Date	Mintage	MS63	MS65
2009	387	25.00	—

KM# 855 33.65 g., Nickel, 26.5mm. **Rev:** Toronto Maple Leafs Road Jersey

Date	Mintage	MS63	MS65
2009	1,328	25.00	—

KM# 856 33.65 g., Nickel, 26.5mm. **Rev:** Vancouver Canucks Road Jersey

Date	Mintage	MS63	MS65
2009	794	25.00	—

KM# 864 7.00 g., Aureate-Bronze Plated Nickel,

26.5mm. **Subject:** Montreal Canadiens, 100th Anniversary **Obv:** Bust right **Rev:** Montreal Canadiens logo and large 100 **Shape:** 11-sided

Date	Mintage	MS63	MS65
2009	—	2.25	22.00

KM# 865 25.17 g., 0.925 Silver, 0.7485 oz. ASW 36.07mm. **Subject:** Montreal Canadiens 100th Anniversary **Obv:** Bust right **Obv. Designer:** Susanna Blunt **Rev:** Montreal Canadiens logo partially gilt

Date	Mintage	MS63	MS65
2009 Proof in black case	15,000	PF65 75.00	
2009 Proof in acrillic stand	5,000	PF65 150	

KM# 889 25.18 g., 0.925 Silver, 0.7488 oz. ASW 36.07mm. **Subject:** 100th Anniversary of flight in Canada **Obv:** Bust right **Obv. Designer:** Susanna Blunt **Rev:** Silhouette with arms spread, 3 planes, plane cutout **Obv. Legend:** Elizabeth II DG Regina **Rev. Designer:** Jason Bouwman **Rev. Legend:** Canada Dollar 1909-2009

Date	Mintage	MS63	MS65
2009	13,074	—	30.00
2009	52,549	PF65 45.00	

KM# 889a 25.18 g., 0.925 Silver partially gilt, 0.7488 oz. ASW 36.07mm. **Obv:** Bust right **Rev:** Boy silouette with arms spread, 3 planes, plane shadow partially gilt

Date	Mintage	MS63	MS65
2009 (ml)	27,549	PF65 65.00	

KM# 914 7.00 g., Aureate-Bronze Plated Nickel, 26.5mm. **Obv:** Bust right **Obv. Designer:** Susanna Blunt **Rev:** Blue heron in flight

Date	Mintage	MS63	MS65
2009 Specimen	21,677	—	40.00

KM# 883 7.00 g., Aureate-Bronze Plated Nickel, 26.5mm. **Subject:** Lucky Loonie **Obv:** Bust right **Rev:** Canadian Olympic logo **Obv. Legend:** Elizabeth II DG Regina **Rev. Legend:** Canada Dollar

Date	Mintage	MS63	MS65
2010	12,000	2.50	22.00

KM# 883a 9.31 g., 0.925 Silver, 0.2769 oz. ASW 26.5mm. **Subject:** Lucky Loonie **Obv:** Bust right **Rev:** Canadian Olympic logo in color **Obv. Legend:** Elizabeth II DG Regina **Rev. Legend:** Vancouver 2010 Canada Dollar **Shape:** 11-sided

Date	Mintage	MS63	MS65
2010	40,000	PF65 55.00	

KM# 975 0.925 Silver, 36mm. **Rev:** Sun mask **Rev. Designer:** Xwa lack Tun

Date	Mintage	MS63	MS65
2010	1,278	PF65 200	

KM# 995 25.17 g., 0.925 Silver, 0.7485 oz. ASW 36.07mm. **Rev:** HMCS Sackville **Rev. Designer:** Yves Berube

Date	Mintage	MS63	MS65
2010	—	PF65 45.00	

KM# 995a 25.17 g., 0.925 Silver partially gilt, 0.7485 oz. ASW 36.07mm. **Subject:** Navy Centennial **Rev:** HMCS Sackville, sea waves in gilt

Date	Mintage	MS63	MS65
2010	—	PF65 70.00	

KM# 996 7.00 g., Aureate-Bronze Plated Nickel, 26.5mm. **Rev:** Northern Harrier Hawk

Date	Mintage	MS63	MS65
2010 Prooflike	35,000	—	30.00
2010 (ml)	—	PF65 50.00	

KM# 1017 7.00 g., Aureate-Bronze Plated Nickel, 26.5mm. **Rev:** Male and female sailors saluting, HMCS Halifax and anchor above

Date	Mintage	MS63	MS65
2010	—	5.00	—

KM# 1017a 7.00 g., Aureate Bronze gilt, 26.5mm. **Rev:** Male and female sailors saluting, HMCS Halifax in background and anchor above

Date	Mintage	MS63	MS65
2010	—	PF65 50.00	

KM# 1027 25.18 g., 0.925 Silver, 0.7488 oz. ASW 36.07mm. **Obv:** George V bust left **Rev:** Voyaguers, dual dates below

Date	Mintage	MS63	MS65
2010	7,500	PF65 70.00	

KM# 1046 Aureate-Bronze Plated Nickel, 26.5mm. **Subject:** Roughriders **Rev:** S logo **Shape:** 11-sided

Date	Mintage	MS63	MS65
2010 (ml)	—	2.25	22.00

KM# 1050   25.18 g., 0.925 Silver, 0.7488 oz. ASW 36.07mm. **Rev:** Red poppy in large field of poppies **Edge:** Reeded

Date	Mintage	MS63	MS65
2010	5,000	PF65 150	

KM# 1086   7.00 g., Aureate-Bronze Plated Nickel, 26.5mm. **Rev:** Great Grey Owl **Rev. Designer:** Arnold Nagy

Date	Mintage	MS63	MS65
2011 Prooflike	35,000	—	27.00

KM# 1087   25.18 g., 0.925 Silver, 0.7488 oz. ASW 36.07mm. **Subject:** Parks Canada, 100th Anniversary **Rev:** Female head looking downward into hands holding nature scene **Rev. Designer:** Luc Normandin

Date	Mintage	MS63	MS65
2011	—	PF65 50.00	
2011	25,000	—	45.00

KM# 1087a 25.18 g., 0.925 Silver partially gilt, 0.7488 oz. ASW 36.07mm. **Subject:** Parks Canada, 100th Anniversary **Rev:** Female head looking downward to hands holding nature scene, partially gilt **Rev. Designer:** Luc Normandin

Date	Mintage	MS63	MS65
2011	45,000	PF65 75.00	

KM# 1112   25.17 g., 0.925 Silver, 0.7485 oz. ASW 36.07mm. **Obv:** Crowned bust left of George V **Obv. Designer:** E. B. MacKennal **Rev:** Value and date within maple wreath **Rev. Designer:** W.H.J. Blakemore

Date	Mintage	MS63	MS65
2011	Est. 15000	PF65 50.00	

KM# 1166   7.00 g., Aureate-Bronze Plated Nickel, 26.5mm. **Subject:** Canada Parks **Obv:** Bust right **Rev:** Stylized animals

Date	Mintage	MS63	MS65
2011	—	2.50	22.00

KM# 1216   9.31 g., 0.925 Silver, 0.2769 oz. ASW 26.5mm. **Obv:** Bust right, SP/PA below **Rev:** Loon, 1987-2012 below **Shape:** 11-sided

Date	Mintage	MS63	MS65
2012 Specimen	—	PF65 30.00	

KM# 1222   7.00 g., Aureate-Bronze Plated Nickel, 26.5mm. **Obv:** Bust right **Rev:** Loon and two young, 1987-2012 dates

Date	Mintage	MS63	MS65
2012 Specimen	—	PF65 40.00	

KM# 1225 25.18 g., 0.925 Silver, 0.7488 oz. ASW 36.07mm. **Subject:** War of 1812, 200th Anniversary **Obv:** Bust right **Rev:** Two soldiers and guide on patrol

Date	Mintage	MS63	MS65
2012	—	PF65 50.00	
2012	—	50.00	—

KM# 1225a 25.18 g., 0.925 Silver partially gilt, 0.7488 oz. ASW 36.07mm. **Subject:** War of 1812, 200th Anniversary **Obv:** Bust right, gilt rim **Rev:** Two solders and guide, partially gilt

Date	Mintage	MS63	MS65
2012	—	PF65 65.00	

KM# 1244 23.17 g., 0.999 Silver, 0.7442 oz. ASW 36.07mm. **Subject:** Calgary Stampede

Date	Mintage	MS63	MS65
2012	10,000	PF65 55.00	

KM# 1254 7.89 g., 0.999 Silver, 0.2534 oz. ASW 26.5mm. **Subject:** Loonie, 25th Anniversary **Rev:** Two loons and large 25 **Shape:** 11-sided

Date	Mintage	MS63	MS65
1987-2012	15,000	PF65 35.00	

KM# 1255 6.27 g., Brass Plated Steel, 26.5mm. **Rev:** Loon with security feature above **Shape:** 11-sided

Date	Mintage	MS63	MS65
2012	—	2.25	22.00
2012	—	PF65 10.00	
2013	—	5.00	—
2013	—	PF65 7.50	
2014	—	5.00	—
2014	—	PF65 7.50	
2015	—	5.00	—
2015	—	PF65 7.50	

KM# 1256 6.27 g., Brass Plated Steel, 26.5mm. **Subject:** Lucky Loonie **Rev:** Loon and Olympic logo **Shape:** 11-sided

Date	Mintage	MS63	MS65
2012	—	2.50	22.00
2014	—	10.00	—

KM# 1256a 12.16 g., 0.999 Silver, 0.3906 oz. ASW 26.5mm. **Subject:** Lucky loonie **Rev:** Loon and olympic logo in color **Rev. Designer:** Emily S. Damstra **Shape:** 11-sided

Date	Mintage	MS63	MS65
2012	20,000	PF65 35.00	
2014	—	PF63 30.00	PF65 35.00

KM# 1274 31.39 g., 0.999 Silver, 1.0082 oz. ASW 38mm. **Subject:** Artistic Loonie **Rev:** Four Loons in color

Date	Mintage	MS63	MS65
2012	10,000	PF65 125	

KM# 1294 6.27 g., Brass Plated Steel, 26.5mm. **Subject:** Grey Cup, 100th Anniversary **Obv:** Bust right **Shape:** 11-sided

Date	Mintage	MS63	MS65
2012	—	2.50	22.00

DOLLAR

KM# 1295 25.18 g., 0.925 Silver, 0.7488 oz. ASW
36.07mm. **Subject:** Grey Cup, 100th Anniversary

Date	Mintage	MS63	MS65
2012	—	PF65 65.00	

KM# 1360 7.00 g., Bronze Plated Nickel, 26.5mm.
Rev: Blue wing teal standing on log **Rev. Designer:**
Glen Loates

Date	Mintage	MS63	MS65
2013	50,000	PF65 40.00	

KM# 1387 23.17 g., 0.999 Silver, 0.7442 oz.
ASW 36.07mm. **Subject:** Arctic Exploration -
100th Anniversary **Rev:** Three explorers and dog
sled team, Company Rose in background **Rev.
Designer:** Bonnie Ross

Date	Mintage	MS63	MS65
2013	Est. 40000	PF65 50.00	
2013	20,000	—	50.00

KM# 1387a 23.17 g., 0.999 Silver, 0.7442 oz.
ASW 36.07mm. **Subject:** Arctic Exploration -
100th Anniversary **Rev:** Map of North Pole, Arctic
Explorers, Selectively Gilt **Rev. Designer:** Bonnie
Ross

Date	Mintage	MS63	MS65
2013	—	PF65 125	

KM# 1388 23.17 g., 0.999 Silver, 0.7442 oz.
ASW 36.07mm. **Subject:** End of 7 Years War -
250th Anniversary **Rev:** Soldiers and Settlers **Rev.
Designer:** Tony Bianco

Date	Mintage	MS63	MS65
2013	Est. 10000	PF65 60.00	

KM# 1394 25.11 g., 0.925 Silver, 0.7467 oz. ASW
36.07mm. **Obv:** Elizabeth II, Mary Glick portrait

Date	Mintage	MS63	MS65
2013	—	PF65 65.00	

KM# 1464 23.17 g., 0.925 Silver, 0.6891 oz. ASW
36mm. **Subject:** Korean War Armistance, 60th
Anniversary **Rev:** Hercules slaying Hydra **Rev.
Designer:** Edward Carter Preston **Note:** Based on
the design of the Korean Service Medal

Date	Mintage	MS63	MS65
2013	10,000	PF65 60.00	

KM# 1586 25.18 g., 0.925 Silver, 0.7488 oz. ASW 36.07mm. **Subject:** WWI **Obv:** Bust right **Rev:** Soldier and woman kissing, soldiers boarding train

Date	Mintage	MS63	MS65
2014	—	50.00	—
2014	—	PF65 65.00	

KM# 1587 7.00 g., Aluminum-Bronze, 26.5mm. **Subject:** Lucky Loon **Obv:** Bust right **Rev:** Loon, Olympic logo at left

Date	Mintage	MS63	MS65
2014	—	5.00	—

KM# 1588 7.00 g., Aluminum-Bronze, 26.5mm. **Subject:** Baby loon **Obv:** Bust right **Rev:** Stork in flight left with baby bundle

Date	Mintage	MS63	MS65
2014	—	5.00	—

KM# 1589 7.00 g., Aluminum-Bronze, 26.5mm. **Subject:** Birthday Loon **Obv:** Bust right **Rev:** Party hats, decorations, presents

Date	Mintage	MS63	MS65
2014	—	—	—

KM# 1591 7.00 g., Aluminum-Bronze, **Subject:** Oh Canada Loonie **Obv:** Bust right **Rev:** Maple leaf

Date	Mintage	MS63	MS65
2014	—	5.00	—

KM# 1627 6.27 g., Brass Plated Nickel, 26.5mm. **Subject:** Wedding **Obv:** Bust right **Rev:** Two birds

Date	Mintage	MS63	MS65
2014	—	20.00	—

KM# 1628 6.27 g., Bronze Plated Nickel, 26.5mm. **Obv:** Bust right **Rev:** Ferruginous Hawk in flight right **Rev. Designer:** Trevor Tennant

Date	Mintage	MS63	MS65
2014 Specimen	50,000	50.00	—

KM# 1702 7.00 g., Brass Plated Steel, **Obv:** Bust right **Rev:** Two reindeer and Christmas tree

Date	Mintage	MS63	MS65
2014	—	—	—

KM# 1724 23.17 g., 0.999 Silver, 0.7442 oz. ASW 36.07mm. **Subject:** World War II **Obv:** Bust right **Rev:** 3 females working on plane interior

Date	Mintage	MS63	MS65
2014	7,500	PF65 75.00	

KM# 1725 23.17 g., 0.999 Silver, 0.7442 oz. ASW 36.07mm. **Obv:** Bust right **Rev:** WWI troops at

DOLLAR

station saying farewells

Date	Mintage	MS63	MS65
2014 Reverse Proof	—	PF65 85.00	

KM# 1725a 23.17 g., 0.999 Silver partially gilt, 0.7442 oz. ASW **Ruler:** Elizabeth II 36.07mm. **Obv:** Bust right **Rev:** Troops at train station saying farewell, gilt highlights **Mint:** Royal Canadian Mint

Date	Mintage	MS63	MS65
2014	—	PF65 100	

KM# 1839 23.17 g., 0.9999 Silver, 0.7449 oz. ASW 36mm. **Obv:** Bust right **Rev:** Flag above backpacker

Date	Mintage	MS63	MS65
2015	—	PF65 75.00	

KM# 1839a 23.17 g., 0.9999 Silver, 0.7449 oz. ASW 36mm. **Obv:** Bust right **Rev:** Color flag above backpacker

Date	Mintage	MS63	MS65
2015	—	PF65 75.00	

KM# 1840 7.00 g., Aluminum-Bronze, 26.5mm. **Obv:** Bust right **Rev:** Bluejay

Date	Mintage	MS63	MS65
2015	—	—	50.00

KM# 1847 7.00 g., Aureate Bronze, 26.5mm. **Obv:** Bust right **Rev:** Two swans

Date	Mintage	MS63	MS65
2015	—	—	15.00

KM# 1848 7.00 g., Aureate Bronze, 26.5mm. **Obv:** Bust right **Rev:** Three baloons

Date	Mintage	MS63	MS65
2015	—	—	15.00

KM# 1849 7.00 g., Aureate Bronze, 26.5mm. **Obv:** Bust right **Rev:** Fluttering Maple leaf

Date	Mintage	MS63	MS65
2015	—	—	15.00

KM# 1850 7.00 g., Aureate Bronze, 26.5mm. **Obv:** Bust right **Rev:** Bear doll

Date	Mintage	MS63	MS65
2015	—	—	15.00

DOLLAR (LOUIS)

KM# 652 1.50 g., 0.999 Gold, 0.0482 oz. AGW 14.1mm. **Subject:** Gold Louis **Obv:** Bust right **Obv. Designer:** Susanna Blunt **Rev:** Crowned double L monogram within wreath

Date	Mintage	MS63	MS65
2006	5,648	PF65 90.00	

KM# 756 1.56 g., 0.999 Gold, 0.0499 oz. AGW 14.1mm. **Obv:** Bust right **Obv. Designer:** Susanna Blunt **Rev:** Crown above two oval shields

Date	Mintage	MS63	MS65
2007	4,023	PF65 110	

KM# 834 1.56 g., 0.999 Gold, 0.0499 oz. AGW 14.1mm. **Obv:** Bust right **Obv. Designer:** Susanna Blunt **Rev:** Crowned double L monogram, three lis around

Date	Mintage	MS63	MS65
2008	3,793	PF65 100	

2 DOLLARS

KM# 270 7.30 g., Bi-Metallic Aluminum-Bronze center in Nickel ring, 28mm. **Obv:** Crowned head right within circle, date below **Obv. Designer:** Dora dePedery-Hunt **Rev:** Polar bear right within circle, denomination below **Rev. Designer:** Brent Townsend **Edge:** Segmented reeding

Date	Mintage	MS63	MS65
1996	375,483,000	5.00	45.00
1996	—	PF65 10.00	
1997	16,942,000	3.50	90.00
1998 PL	4,926,000	—	7.00
1998 W PL	Inc. above	—	7.00
1999 PL	25,130,000	—	7.00
2000 PL	29,847,000	—	5.00
2000 W PL	Inc. above	—	5.00
2001	27,008,000	5.00	30.00
2001	74,944	PF65 12.50	
2002	11,910,000	5.00	30.00
2002	65,315	PF65 12.50	
2003	7,123,697	5.00	35.00
2003	62,007	PF65 12.50	

KM# 270a 11.32 g., Bi-Metallic .916 Gold 6.2679g center in .999 Silver 5.0958g ring, 28mm. **Obv:** Crowned head right within circle, date below **Rev:** Polar bear right within circle, denomination below

Date	Mintage	MS63	MS65
1996	—	PF60 375	

KM# 270b 25.00 g., 0.925 Bi-Metallic Gold plated silver center on Silver planchet, 0.7435 oz. 28mm. **Obv:** Crowned head right within circle, date below **Rev:** Polar bear right within circle, denomination below **Edge:** 4.5mm thick

Date	Mintage	MS63	MS65
1996	10,000	PF60 55.00	
1998 Proof	—	—	—

KM# 270c 8.83 g., 0.925 Silver gold plated center, 0.2626 oz. ASW 28mm. **Obv:** Crowned head right within circle, date below **Rev:** Polar bear right within circle, denomination below **Note:** 1.9mm thick.

Date	Mintage	MS63	MS65
1996	10,000	PF65 12.00	
1997	—	PF65 10.00	
1998 O	—	PF65 12.00	
1999	—	PF65 12.00	
2000	—	PF65 12.00	
2001	—	PF65 12.00	

KM# 357 7.30 g., Bi-Metallic Aluminum-Bronze

center in Nickel ring, 28mm. **Subject:** Nunavut **Obv:** Crowned head right **Rev:** Inuit person with drum, denomination below **Rev. Designer:** G. Arnaktavyok **Edge:** Segmented reeding

Date	Mintage	MS63	MS65
1999	—	4.00	30.00

KM# 357a 8.52 g., 0.925 Silver gold plated center., 0.2534 oz. ASW 28mm. **Subject:** Nunavut **Obv:** Crowned head right **Rev:** Drum dancer **Edge:** Interrupted reeding

Date	Mintage	MS63	MS65
1999	39,873	PF65 15.00	

KM# 357b Gold Yellow gold center in White Gold ring, **Subject:** Nunavut **Obv:** Crowned head right **Rev:** Drum dancer

Date	Mintage	MS63	MS65
1999	4,298	PF60 400	

KM# 399 7.30 g., Bi-Metallic Aluminum-Bronze center in Nickel ring, 28mm. **Subject:** Knowledge **Obv:** Crowned head right within circle, denomination below **Rev:** Polar bear and 2 cubs right within circle, date above **Rev. Designer:** Tony Bianco **Edge:** Segmented reeding

Date	Mintage	MS63	MS65
2000 Specimen	1,500	5.00	30.00

KM# 399a 8.52 g., 0.925 Silver gold plated center., 0.2534 oz. ASW **Subject:** Knowledge **Obv:** Crowned head right within circle, denomination below **Rev:** Polar bear and 2 cubs within circle, date above

Date	Mintage	MS63	MS65
2000	39,768	PF65 15.00	

KM# 399b 6.31 g., 0.916 Gold Yellow gold center in White Gold ring, 0.1858 oz. AGW **Subject:** Knowledge **Obv:** Crowned head right within circle, denomination below **Rev:** Polar bear and two cubs right within circle, date above

Date	Mintage	MS63	MS65
2000	5,881	PF60 350	

KM# 449 7.30 g., Bi-Metallic Aluminum-Bronze center in Nickel ring, 28mm. **Subject:** Elizabeth II Golden Jubilee **Obv:** Crowned head right, jubilee commemorative dates below **Edge:** Segmented reeding

Date	Mintage	MS63	MS65
1952-2002	27,020,000	4.00	30.00

KM# 449a 8.83 g., 0.925 Silver gold plated center, 0.2626 oz. ASW 28mm. **Subject:** Elizabeth II Golden Jubilee **Obv:** Crowned head right, jubilee commemorative dates below

Date	Mintage	MS63	MS65
1952-2002	100,000	PF65 14.00	

KM# 270d 8.83 g., 0.925 Silver gold plated center, 0.2626 oz. ASW **Subject:** 100th Anniversary of the Cobalt Silver Strike **Obv:** Crowned head right, within circle, date below **Rev:** Polar bear right, within circle, denomination below

Date	Mintage	MS63	MS65
2003	100,000	PF65 25.00	

KM# 496 7.30 g., Bi-Metallic Aluminum-Bronze center in Nickel ring, 28mm. **Obv:** Head right **Obv. Designer:** Susanna Blunt **Rev:** Polar bear advancing right **Rev. Designer:** Brent Townsend **Edge:** Segmented reeding

Date	Mintage	MS63	MS65
2003	11,244,000	5.00	45.00
2003 W PL	71,142	—	5.00
2004	12,908,000	5.00	30.00
2004	—	PF65 12.50	
2005	38,317,000	5.00	30.00
2005	—	PF65 12.50	
2006 (ml)	35,319,000	5.00	30.00
2006 (ml)	—	PF65 12.50	
2007 (ml)	38,957,000	5.00	30.00
2007 (ml)	—	PF65 12.50	
2008 (ml)	18,400,000	5.00	30.00
2008 (ml)	—	PF65 12.50	
2009 (ml)	38,430,000	5.00	30.00
2009 (ml)	—	PF65 12.50	
2010 (ml)	—	5.00	30.00
2010 (ml)	—	PF65 12.50	
2011 (ml)	—	5.00	30.00
2011 (ml)	—	PF65 12.50	
2012 (ml)	—	9.00	45.00
2012 (ml)	—	PF65 12.50	

KM# 496a 10.84 g., 0.925 Bi-Metallic gold plated center, 0.3224 oz. 28mm. **Obv:** Head right **Obv. Designer:** Susanna Blunt **Rev:** Polar Bear **Edge:** Segmented reeding

Date	Mintage	MS63	MS65
2004	—	PF65 25.00	

KM# 835 8.80 g., 0.925 Silver, 0.2617 oz. ASW 27.95mm. **Rev:** Proud Polar Bear advancing right

Date	Mintage	MS63	MS65
2004	12,607	PF65 40.00	

KM# 631 7.30 g., Bi-Metallic Aluminum-Bronze center in Nickel ring, 28mm. **Subject:** 10th Anniversary of $2 coin **Obv:** Crowned head right **Edge:** Segmented reeding

Date	Mintage	MS63	MS65
2006 (ml)	5,005,000	5.00	30.00
2006 (ml)	—	PF65 40.00	

KM# 631a Bi-Metallic 24 Kt Gold center in 22 Kt Gold ring, **Subject:** 10th Anniversary of $2 coin **Obv:** Crowned head right **Rev:** Polar bear

Date	Mintage	MS63	MS65
2006	2,068	PF65 400	

KM# 836 7.30 g., Bi-Metallic Aluminum-Bronze center in Nickel ring, 28mm. **Subject:** $2 coin, 10th Anniversary **Rev:** Churchill" Polar Bear, northern lights **Edge:** Segmented reeding

Date	Mintage	MS63	MS65
2006 (ml)	31,636	5.00	—

KM# 837 7.30 g., Bi-Metallic Aluminum-Bronze center in Nickel ring, **Obv:** Bust left, date at top **Rev:** Polar Bear advancing right

Date	Mintage	MS63	MS65
2006 (ml)	—	7.50	—
2007 (ml)	38,957,000	7.50	—

KM# 796 8.83 g., 0.925 Silver gilt, 0.2626 oz. ASW 28.07mm. **Rev:** Bear, gold plated center

Date	Mintage	MS63	MS65
2008	—	25.00	—

KM# 1040 7.30 g., Bi-Metallic Aluminum-Bronze center in Nickel ring, 28mm. **Subject:** Quebec 400th Anniversary **Rev:** Lis and small sailing ship **Edge:** Segmented reeding

Date	Mintage	MS63	MS65
2008	—	5.00	30.00

KM# 1020 7.30 g., Bi-Metallic Aluminum-Bronze center in Nickel ring, 28mm. **Rev:** Two lynx cubs **Rev. Designer:** Christie Paquet **Edge:** Segmented reeding

Date	Mintage	MS63	MS65
2010 Speci-men	15,000	PF65 40.00	

KM# 1088 7.30 g., Bi-Metallic Aluminum-Bronze center in Nickel ring, 28mm. **Rev:** Elk Calf **Rev. Designer:** Christine Paquet **Edge:** Segmented reeding

Date	Mintage	MS63	MS65
2011 PL	—	—	40.00

KM# 1167 7.30 g., Bi-Metallic Aluminum-Bronze center in Nickel ring, 28mm. **Subject:** Canada Parks **Obv:** Bust right **Rev:** Stylized trees

Date	Mintage	MS63	MS65
2011	—	3.50	30.00

KM# 1257 6.92 g., Bi-Metallic Brass Plated Aluminum-Bronze center in Nickel Plated Steel ring, 28mm. **Rev:** Polar bear with security device above **Edge:** Lettered and segmented reeding

Date	Mintage	MS63	MS65
2012	—	3.50	30.00
2012	—	PF65 10.00	
2013	—	5.00	30.00
2013	—	PF65 10.00	
2014	—	7.50	—
2014	—	PF65 10.00	

Date	Mintage	MS63	MS65
2015	—	7.50	—
2015	—	PF65 10.00	

KM# 1258 6.92 g., Bi-Metallic Brass Plated Aluminum-Bronze center in Nickel Plated Steel ring, 28mm. **Subject:** H.M.S. Shannon **Obv. Designer:** Susana Blunt **Rev. Designer:** Christie Paquet **Edge:** Lettered and segmented reeding

Date	Mintage	MS63	MS65
2012	—	3.50	30.00

KM# 1263 7.30 g., Bi-Metallic Aluminum-Bronze center in Nickel Plated Steel ring, 28mm. **Rev:** Wolf cubs

Date	Mintage	MS63	MS65
2012 PL	—	—	40.00

KM# 1463 7.30 g., Bi-Metallic Aluminum-Bronze center in Nickel ring, 28mm. **Rev:** Two black bear cubs playing **Rev. Designer:** Glen Lontes

Date	Mintage	MS63	MS65
2013	17,500	PF65 50.00	

KM# 1638 6.92 g., Bi-Metallic, **Ruler:** Elizabeth II 28mm. **Obv:** Bust right **Rev:** Two baby rabbits **Mint:** Royal Canadian Mint

Date	Mintage	MS63	MS65
2014	—	7.50	

KM# 1711 7.30 g., Bi-Metallic Brass Plated Aluminum-Bronze center in Nickel Plated Steel ring, 28mm. **Obv:** Bust right **Rev:** WWII photo of child running after dad leaving for war

Date	Mintage	MS63	MS65
2014	—	10.00	—

3 DOLLARS

KM# 657 11.72 g., 0.925 Silver gilt, 0.3485 oz. ASW 27x27mm. **Rev:** Beaver within wreath **Shape:** Square

Date	Mintage	MS63	MS65
2006	19,963	PF65 225	

KM# 978 7.96 g., Silver Partially Gilt, 27mm. **Rev:** Return of the Tyee (giant salmon)

Date	Mintage	MS63	MS65
2010	15,000	PF63 40.00	PF65 50.00

KM# 1011 11.60 g., 0.925 Silver gilt, 0.345 oz. ASW 27x27mm. **Rev:** Barn Owl **Rev. Designer:** Jason Bouwman **Shape:** Square

Date	Mintage	MS63	MS65
2010	15,000	PF63 55.00	PF65 65.00

KM# 1051 11.60 g., 0.925 Silver gilt, 0.345 oz. ASW 27x27mm. **Subject:** Wildlife conservation **Rev:** Stylized polar bear and northern lights **Shape:** square

Date	Mintage	MS63	MS65
2010 Specimen	15,000	55.00	—

KM# 1089 11.60 g., 0.925 Silver gilt, 0.345 oz. ASW 27x27mm. **Rev:** Orca Whale **Rev. Designer:** Jason Bouwman **Shape:** Square

Date	Mintage	MS63	MS65
2011	15,000	PF63 55.00	PF65 65.00

KM# 1090 7.96 g., 0.999 Silver with red and yellow partial gilding, 0.2557 oz. ASW 27mm. **Obv:** Bust right **Rev:** Eskimo mother kneeling, child on back, partially gilt **Rev. Designer:** Andrew Oappik

Date	Mintage	MS63	MS65
2011	10,000	PF63 55.00	PF65 65.00

KM# 1117 7.96 g., 0.9999 Silver, 0.2559 oz. ASW 27mm. **Subject:** January birthstone, Garnet **Obv:** Bust left **Rev:** Birthstone at cener of artistic sunburst **Edge:** Reeded

Date	Mintage	MS63	MS65
2011	—	PF63 40.00	PF65 45.00

=

KM# 1118 7.96 g., 0.9999 Silver, 0.2559 oz. ASW 27mm. **Subject:** February birthstone, Amythest **Obv:** Bust right **Rev:** Birthstone at cener of artistic sunburst **Edge:** Reeded

Date	Mintage	MS63	MS65
2011	—	PF63 40.00	PF65 45.00

KM# 1119 7.96 g., 0.9999 Silver, 0.2559 oz. ASW 27mm. **Subject:** March birthstone, Aquamarine **Obv:** Bust right **Rev:** Birthstone at cener of artistic sunburst **Edge:** Reeded

Date	Mintage	MS63	MS65
2011	—	PF63 40.00	PF65 45.00

KM# 1120 7.96 g., 0.9999 Silver, 0.2559 oz. ASW 27mm. **Subject:** April birthstone, diamond **Obv:** Bust right **Rev:** Birthstone at cener of artistic sunburst **Edge:** Reeded

Date	Mintage	MS63	MS65
2011	—	PF63 40.00	PF65 45.00

KM# 1121 7.96 g., 0.9999 Silver, 0.2559 oz. ASW 27mm. **Subject:** May birthstone **Obv:** Bust right **Rev:** Birthstone at cener of artistic sunburst **Edge:** Reeded

Date	Mintage	MS63	MS65
2011	—	PF63 40.00	PF65 45.00

KM# 1122 7.96 g., 0.9999 Silver, 0.2559 oz. ASW 27mm. **Subject:** June birthstone, Alexandrite **Obv:** Bust right **Rev:** Birthstone at cener of artistic sunburst

Date	Mintage	MS63	MS65
2011	—	PF63 40.00	PF65 45.00

KM# 1123 7.96 g., 0.9999 Silver, 0.2559 oz. ASW 27mm. **Subject:** July birthstone, Ruby **Obv:** Bust right **Rev:** Birthstone at cener of artistic sunburst

Date	Mintage	MS63	MS65
2011	—	PF63 40.00	PF65 45.00

KM# 1124 7.96 g., 0.9999 Silver, 0.2559 oz. ASW 27mm. **Subject:** August birthstone, Priedot **Obv:** Bust right **Rev:** Birthstone at cener of artistic sunburst

Date	Mintage	MS63	MS65
2011	—	PF63 40.00	PF65 45.00

KM# 1125 7.96 g., 0.9999 Silver, 0.2559 oz. ASW 27mm. **Subject:** September birhtstone **Obv:** Bust right **Rev:** Birthstone at cener of artistic sunburst **Edge:** Reeded

Date	Mintage	MS63	MS65
2011	—	PF63 40.00	PF65 45.00

KM# 1126 7.96 g., 0.9999 Silver, 0.2559 oz. ASW 27mm. **Subject:** October birthstone **Obv:** Bust right **Rev:** Birthstone at cener of artistic sunburst

Date	Mintage	MS63	MS65
2011	—	PF63 40.00	PF65 45.00

KM# 1127 7.96 g., 0.9999 Silver, 0.2559 oz. ASW 27mm. **Subject:** November birthstone **Obv:** Bust right **Rev:** Birthstone at cener of artistic sunburst

Date	Mintage	MS63	MS65
2011	—	PF63 40.00	PF65 45.00

KM# 1128 7.96 g., 0.9999 Silver, 0.2559 oz. ASW 27mm. **Subject:** December birhtstone **Obv:** Bust right **Rev:** Birthstone at cener of artistic sunburst

Date	Mintage	MS63	MS65
2011	—	PF63 40.00	PF65 45.00

KM# 1151 11.80 g., 0.925 Silver gold plated, 0.3509 oz. ASW 27x27mm. **Obv:** Bust right **Rev:** Black footed ferret

Date	Mintage	MS63	MS65
2011	Est. 15000	PF63 55.00	PF65 65.00

KM# 1300 7.96 g., 0.9999 Silver, 0.2559 oz. ASW 27mm. **Subject:** January birthstone, Garnet **Obv:** Bust right **Obv. Designer:** Susana Blunt **Rev:** Birthstone at center of wreath **Rev. Designer:** Maurice Gervias

Date	Mintage	MS63	MS65
2013	—	PF65 50.00	

KM# 1301 7.96 g., 0.999 Silver, 0.2557 oz. ASW 27mm. **Subject:** February birthstone, Amythest **Obv:** Bust right **Obv. Designer:** Susana Blunt **Rev:** Birthstone at center of wreath **Rev. Designer:** Maurice Gervais

Date	Mintage	MS63	MS65
2013	—	PF65 65.00	

KM# 1302 7.96 g., 0.999 Silver, 0.2557 oz. ASW 27mm. **Subject:** March birthstone, Aquamarine **Obv:** Bust right **Obv. Designer:** Susana Blunt **Rev:** Birthstone at center of wreath **Rev. Designer:** Maurice Gervais

Date	Mintage	MS63	MS65
2013	—	PF65 50.00	

KM# 1303 7.96 g., 0.999 Silver, 0.2557 oz. ASW 27mm. **Subject:** April birthstone, Diamond **Obv:** Bust right **Obv. Designer:** Susana Blunt **Rev:** Birthstone at center of wreath **Rev. Designer:** Maurice Gervais

Date	Mintage	MS63	MS65
2013	—	PF65 50.00	

KM# 1304 7.96 g., 0.999 Silver, 0.2557 oz. ASW 27mm. **Subject:** May birthstone **Obv:** Bust right **Obv. Designer:** Susana Blunt **Rev:** Birthstone at center of wreath **Rev. Designer:** Maurice Gervais

Date	Mintage	MS63	MS65
2013	—	PF65 50.00	

KM# 1305 7.96 g., 0.999 Silver, 0.2557 oz. ASW 27mm. **Subject:** June birthstone, Alexandrite **Obv:** Bust right **Obv. Designer:** Susana Blunt **Rev:** Birthstone at center of wreath **Rev. Designer:** Maurice Gervais

Date	Mintage	MS63	MS65
2013	—	PF65 50.00	

KM# 1306 7.96 g., 0.999 Silver, 0.2557 oz. ASW 27mm. **Subject:** July birthstone - Ruby **Obv:** Bust right **Obv. Designer:** Susana Blunt **Rev:** Birthstone at center of wreath **Rev. Designer:** Maurice Gervais

Date	Mintage	MS63	MS65
2013	—	PF65 50.00	

KM# 1307 7.96 g., 0.999 Silver, 0.2557 oz. ASW 27mm. **Subject:** August birthstone - Priedot **Obv:** Bust right **Obv. Designer:** Susana Blunt **Rev:** Birthstone at center of wreath **Rev. Designer:** Maurice Gervais

Date	Mintage	MS63	MS65
2013	—	PF65 50.00	

KM# 1308 7.96 g., 0.999 Silver, 0.2557 oz. ASW 27mm. **Subject:** September birthstone **Obv:** Bust right **Obv. Designer:** Susana Blunt **Rev:** Birthstone at center of wreath **Rev. Designer:** Maruice Gervais

Date	Mintage	MS63	MS65
2013	—	PF65 50.00	

KM# 1309 7.96 g., 0.999 Silver, 0.2557 oz. ASW 27mm. **Subject:** October birthstone **Obv:** Bust right **Obv. Designer:** Susana Blunt **Rev:** Birthstone at center of wreath **Rev. Designer:** Maurice Gervais

Date	Mintage	MS63	MS65
2013	—	PF65 50.00	

KM# 1310 7.96 g., 0.999 Silver, 0.2557 oz. ASW 27mm. **Subject:** November birthstone **Obv:** Bust right **Obv. Designer:** Susana Blunt **Rev:** Birthstone at center of wreath **Rev. Designer:** Maurice Gervais

Date	Mintage	MS63	MS65
2013	—	PF65 50.00	

KM# 1311 7.96 g., 0.999 Silver, 0.2557 oz. ASW 27mm. **Subject:** December birthstone **Obv:** Bust right **Obv. Designer:** Susana Blunt **Rev:** Birthstone at center of wreath **Rev. Designer:** Maurice Gervais

Date	Mintage	MS63	MS65
2013	—	PF65 50.00	

KM# 1352 7.96 g., 0.9999 Silver, 0.2559 oz. ASW 27mm. **Rev:** Hummingbirds around crystal **Rev. Designer:** Yves Bérubé

Date	Mintage	MS63	MS65
2013	20,000	PF63 65.00	PF65 70.00

KM# 1367 7.96 g., 0.9999 Silver, 0.2559 oz. ASW 27mm. **Subject:** Animal Architects: Bee **Rev:** Bee and Hive in color **Rev. Designer:** Yves Berube

Date	Mintage	MS63	MS65
2013	Est. 10000	PF63 60.00	PF65 70.00

KM# 1451 7.96 g., 0.9999 Silver, 0.2559 oz. ASW 27mm. **Rev:** Large maple leaf and many small maple leaves **Rev. Designer:** Jose Osio

Date	Mintage	MS63	MS65
2013	10,000	PF63 50.00	PF65 60.00

KM# 1481 19.20 g., 0.950 Copper, 0.5864 oz. 35.75mm. **Subject:** Banknote Allegory **Rev:** Female seated **Rev. Designer:** Laurie McGaw

Date	Mintage	MS63	MS65
2013	15,000	PF63 35.00	PF65 40.00

KM# 1485 31.11 g., 0.999 Silver, 0.999 oz. ASW 38mm. **Rev:** Father and son seated, fishing from lake dock, dog at their side

Date	Mintage	MS63	MS65
2013	—	PF63 45.00	PF65 50.00

KM# 1492 7.96 g., 0.9999 Silver, 0.2559 oz. ASW 27mm. **Rev:** Hummingbird and morning glory - crystal insert **Rev. Designer:** Yves Berube

Date	Mintage	MS63	MS65
2013	20,000	PF63 50.00	PF65 60.00

KM# 1617 7.96 g., 0.999 Silver partially gilt with five crystal inserts, 0.2557 oz. ASW 27mm. **Subject:** Jewel of Life **Obv:** Bust right **Rev:** Tree and crystals **Rev. Designer:** Caroline Néron

Date	Mintage	MS63	MS65
2014	15,000	PF63 50.00	PF65 60.00

KM# 1639 7.96 g., Silver, **Ruler:** Elizabeth II 27mm. **Obv:** Bust right **Rev:** Caterpillar in color with Chrysalis in background **Rev. Designer:** Trevor Tennant **Mint:** Royal Canadian Mint

Date	Mintage	MS63	MS65
2014	10,000	PF63 40.00	PF65 45.00

KM# 1640 7.96 g., 0.9999 Silver partially gilt, 0.2559 oz. ASW **Ruler:** Elizabeth II 27mm. **Subject:** Jewel of Life **Obv:** Bust right **Rev:** Tree gilt with crystals **Mint:** Royal Canadian Mint

Date	Mintage	MS63	MS65
2014	1,500	PF63 60.00	PF65 70.00

KM# 1712 7.96 g., 0.9999 Silver, 0.2559 oz. ASW 27mm. **Obv:** Bust right **Rev:** WWII photo of child running after dad leaving for war

Date	Mintage	MS63	MS65
2014	15,000	PF65 80.00	

4 DOLLARS

KM# 728 15.87 g., 0.925 Silver, 0.472 oz. ASW 34mm. **Subject:** Dinosaur fossil **Obv:** Bust right **Rev:** Parasaurolophus, selective enameling

Date	Mintage	MS63	MS65
2007	14,946	PF63 115	PF65 125

KM# 797 15.87 g., 0.999 Silver, 0.5097 oz. ASW

34mm. **Subject:** Dinosaur fossil **Obv:** Bust right **Rev:** Triceratops, enameled **Rev. Designer:** Kerri Burnett

Date	Mintage	MS63	MS65
2008	13,046	PF63 65.00	PF65 75.00

KM# 890 15.87 g., 0.999 Silver, 0.5097 oz. ASW 34mm. **Subject:** Tyrannosaurus Rex **Obv:** Bust right **Obv. Designer:** Susanna Blunt **Rev:** T-Rex skeleton in selective aging **Obv. Legend:** Elizabeth II DG Regina **Rev. Designer:** Kerri Burnette **Rev. Legend:** Canada 4 Dollars

Date	Mintage	MS63	MS65
2009	13,572	PF63 50.00	PF65 60.00

KM# 942 15.87 g., 0.999 Silver, 0.5097 oz. ASW 34mm. **Rev:** Kids hanging stocking on fireplace mantle, Christmas tree on right

Date	Mintage	MS63	MS65
2009	6,011	PF63 40.00	PF65 45.00

KM# 1014 15.87 g., 0.999 Silver selectively plated, 0.5097 oz. ASW 34mm. **Rev:** Euoplocephalus **Rev. Designer:** Kerri Burnett

Date	Mintage	MS63	MS65
2010	Est. 13000	PF63 50.00	PF65 60.00

KM# 1022 15.87 g., 0.999 Silver selective plating, 0.5097 oz. ASW 34mm. **Rev:** Dromaeosaurus

Date	Mintage	MS63	MS65
2010	8,982	PF63 75.00	PF65 85.00

KM# 1129 15.87 g., 0.9999 Silver, 0.5102 oz. ASW 34mm. **Obv:** Bust right **Rev:** Baby's footprint **Edge:** Reeded

Date	Mintage	MS63	MS65
2011	Est. 10000	PF63 50.00	PF65 60.00

KM# 1323 7.96 g., 0.999 Silver, 0.2557 oz. ASW 27mm. **Subject:** War of 1812 - Brock **Rev:** Portrait at right, red maple leaf **Rev. Designer:** Bonnie Ross

Date	Mintage	MS63	MS65
2012	10,000	PF63 45.00	PF65 50.00

KM# 1325 7.96 g., 0.999 Silver, 0.2557 oz. ASW 27mm. **Subject:** War of 1812 - Tecumseh **Rev:** Portrait at right, red maple leaf **Rev. Designer:** Bonnie Ross

Date	Mintage	MS63	MS65
2012	10,000	PF63 45.00	PF65 50.00

KM# 1356 7.96 g., 0.9999 Silver, 0.2559 oz. ASW 27mm. **Subject:** War of 1812 - Salaberry **Rev:** Bust at right, red maple leaf **Rev. Designer:** Bonnie Ross

Date	Mintage	MS63	MS65
2013	10,000	PF63 45.00	PF65 50.00

KM# 1452 7.96 g., 0.999 Silver, 0.2557 oz. ASW 27mm. **Subject:** War of 1812 - Secord **Rev:** Bust at right, maple leaf in color

Date	Mintage	MS63	MS65
2013	Est. 10000	PF63 40.00	PF65 50.00

SOVEREIGN

KM# 14   7.99 g., 0.917 Gold, 0.2355 oz. AGW **Rev:** St. George slaying dragon, mint mark below horse's rear hooves

Date	Mintage	F12	VF20	XF40	AU50	MS60	MS63	MS65
1908C	636	1,800	2,500	3,500	4,000	4,500	5,500	8,000
1909C	16,273	288	350	400	450	650	2,200	7,000
1910C	28,012	288	350	400	450	650	2,700	9,500

KM# 20   7.99 g., 0.917 Gold, 0.2355 oz. AGW **Rev:** St. George slaying dragon, mint mark below horse's rear hooves

Date	Mintage	F12	VF20	XF40	AU50	MS60	MS63	MS65
1911C Specimen	—	—	—	—	—	—	3,000	8,000
1911C	256,946	—	288	350	400	450	500	550
1913C	3,715	650	800	1,050	1,400	1,800	3,500	—
1914C	14,871	288	400	450	500	650	1,150	3,500
1916C About 20 known	—	16,000	17,000	18,000	22,000	24,000	40,000	100,000
Note: Stacks' A.G. Carter Jr. Sale 12-89 Gem BU realized $82,500								
1917C	58,845	—	288	350	400	450	650	2,000
1918C	106,514	—	288	350	400	450	1,000	—
1919C	135,889	—	288	350	400	450	800	—

5 DOLLARS

KM# 26   8.36 g., 0.900 Gold, 0.2419 oz. AGW **Obv:** Crowned bust left **Obv. Designer:** E. B. MacKennal **Rev:** Arms within wreath, date and denomination below **Rev. Designer:** W. H. J. Blakemore

Date	Mintage	F12	VF20	XF40	AU50	MS60	MS63	MS65
1912	165,680	—	296	350	400	450	650	2,200
1913	98,832	—	296	350	400	450	800	2,800
1914	31,122	—	296	450	600	900	3,000	15,000

KM# 84   24.30 g., 0.925 Silver, 0.7227 oz. ASW 38mm. **Subject:** 1976 Montreal Olympics **Obv:** Young bust right, small maple below, date at right **Rev:** Sailboat "Kingston", date at left, denomination below **Rev. Designer:** Georges Huel **Note:** Series I.

Date	Mintage	MS63	MS65	Date	Mintage	MS63	MS65
1973	—	24.00	—	1973	165,203	PF60 24.00	

KM# 85 24.30 g., 0.925 Silver, 0.7227 oz. ASW 38mm. **Subject:** 1976 Montreal Olympics **Obv:** Young bust right, small maple leaf below, date at right **Rev:** North American map, denominaton below **Rev. Designer:** Georges Huel **Note:** Series I.

Date	Mintage	MS63	MS65
1973	—	24.00	—
1973	165,203	PF60 24.00	

KM# 89 24.30 g., 0.925 Silver, 0.7227 oz. ASW 38mm. **Subject:** 1976 Montreal Olympics **Obv:** Young bust right, small maple leaf below, date at right **Rev:** Olympic rings, denomination below **Rev. Designer:** Anthony Mann **Note:** Series II.

Date	Mintage	MS63	MS65
1974	—	24.00	—
1974	—	PF60 24.00	

KM# 90 24.30 g., 0.925 Silver, 0.7227 oz. ASW 38mm. **Subject:** 1976 Montreal Olympics **Obv:** Young bust right, small maple leaf below, date at right **Rev:** Athlete with torch, denomination below **Rev. Designer:** Anthony Mann **Note:** Series II.

Date	Mintage	MS63	MS65
1974	—	24.00	—
1974	—	PF60 24.00	

KM# 91 24.30 g., 0.925 Silver, 0.7227 oz. ASW 38mm. **Subject:** 1976 Montreal Olympics **Obv:** Young bust right, small maple leaf below, date at right **Rev:** Rower, denomination below **Rev. Designer:** Ken Danby **Note:** Series III.

Date	Mintage	MS63	MS65
1974	—	24.00	—
1974	104,684	PF60 24.00	

KM# 92 24.30 g., 0.925 Silver, 0.7227 oz. ASW 38mm. **Subject:** 1976 Montreal Olympics **Obv:** Young bust right, small maple leaf below, date at right **Rev:** Canoeing, denomination below **Rev. Designer:** Ken Danby **Note:** Series III.

Date	Mintage	MS63	MS65
1974	—	24.00	—
1974	104,684	PF60 24.00	

KM# 98 24.30 g., 0.925 Silver, 0.7227 oz. ASW 38mm. **Subject:** 1976 Montreal Olympics **Obv:** Young bust right, small maple leaf below, date at right **Rev:** Marathon, denomination below **Rev. Designer:** Leo Yerxa **Note:** Series IV.

Date	Mintage	MS63	MS65
1975	—	24.00	—
1975	—	PF60 24.00	

5 DOLLARS

KM# 99 24.30 g., 0.925 Silver, 0.7227 oz. ASW
38mm. **Subject:** Montreal 1976 - 21st Summer
Olympic Games **Obv:** Young bust right, small maple
leaf below, date at right **Rev:** Women's javelin
event, denomination below **Rev. Designer:** Leo
Yerxa **Note:** Series IV.

Date	Mintage	MS63	MS65
1975	—	24.00	—
1975	—	PF60 24.00	

KM# 100 24.30 g., 0.925 Silver, 0.7227 oz. ASW
38mm. **Subject:** 1976 Montreal Olympics **Obv:**
Young bust right, small maple leaf below, date at
right **Rev:** Swimmer, denomination below **Rev.
Designer:** Lynda Cooper **Note:** Series V.

Date	Mintage	MS63	MS65
1975	—	24.00	—
1975	—	PF60 24.00	

KM# 101 24.30 g., 0.925 Silver, 0.7227 oz. ASW
38mm. **Subject:** Montreal 1976 - 21st Summer
Olympic Games **Obv:** Young bust right, small
maple leaf below, date at right **Rev:** Platform Diver,
denomination below **Rev. Designer:** Lynda Cooper
Note: Series V.

Date	Mintage	MS63	MS65
1975	—	24.00	—
1975	—	PF60 24.00	

KM# 107 24.30 g., 0.925 Silver, 0.7227 oz. ASW
38mm. **Subject:** 1976 Montreal Olympics **Obv:**
Young bust right, small maple leaf below, date at
right **Rev:** Fencing, denomination below **Rev.
Designer:** Shigeo Fukada **Note:** Series VI.

Date	Mintage	MS63	MS65
1976	—	24.00	—
1976	—	PF60 24.00	

KM# 108 24.30 g., 0.925 Silver, 0.7227 oz. ASW
38mm. **Subject:** 1976 Montreal Olympics **Obv:**
Young bust right, small maple leaf below, date
at right **Rev:** Boxers, denomination below **Obv.
Legend:** Boxing **Rev. Designer:** Shigeo Fukada
Note: Series VI.

Date	Mintage	MS63	MS65
1976	—	24.00	—
1976	82,302	PF60 24.00	

KM# 109 24.30 g., 0.925 Silver, 0.7227 oz. ASW
38mm. **Subject:** 1976 Montreal Olympics **Obv:**
Young bust right, small maple leaf below, date at
right **Rev:** Olympic village, denomination below
Rev. Designer: Elliot John Morrison **Note:** Series
VII.

Date	Mintage	MS63	MS65
1976	—	24.00	—
1976	—	PF60 24.00	

KM# 110   24.30 g.,   0.925 Silver, 0.7227 oz. ASW
38mm.   **Subject:** 1976 Montreal Olympics **Obv:**
Young bust right, maple leaf below, date at right
Rev: Olympic flame, denomination below **Rev.
Designer:** Elliot John Morrison **Note:** Series VII.

Date	Mintage	MS63	MS65
1976	—	PF60 24.00	
1976	—	24.00	—

KM# 316   31.39 g.,   0.9999 Silver, 1.0091 oz. ASW
Subject: Dr. Norman Bethune **Obv:** Young bust
right **Rev:** Bethune and party, date at upper right
Rev. Designer: Harvey Chan

Date	Mintage	MS63	MS65
1998	—	PF60 40.00	

KM# 398   Copper-Nickel-Zinc, **Obv:** Young bust
right **Rev:** Viking ship under sail **Rev. Designer:**
Donald Curley **Note:** Sold in sets with Norway 20
kroner, KM#465.

Date	Mintage	MS63	MS65
1999	28,450	PF60 18.50	

KM# 435   16.86 g.,   0.925 Silver, 0.5014 oz.

ASW 28.4mm.   **Subject:** Guglielmo Marconi **Obv:**
Crowned head right **Rev:** Gold-plated cameo
portrait of Marconi **Rev. Designer:** Cosme Saffioti
Edge: Reeded **Note:** Only issued in two coin set with
British 2 pounds KM#1014a.

Date	Mintage	MS63	MS65
2001	15,011	PF63 22.00	PF65 30.00

KM# 519   8.36 g.,   0.900 Gold, 0.2419 oz. AGW
21.6mm.   **Obv:** Crowned head right **Rev:** National
arms **Edge:** Reeded

Date	Mintage	MS63	MS65
1912-2002	2,002	PF65 450	

KM# 603   31.11 g.,   0.9999 Silver, 0.9999 oz. ASW
Obv: Head right **Rev:** Loon splashing in the water,
hologram

Date	Mintage	MS63	MS65
2002 Satin Proof	30,000	PF65 50.00	

KM# 518   31.12 g.,   0.9999 Silver, 1.0004 oz.
ASW 38mm.   **Subject:** F.I.F.A. World Cup Soccer
, Germany 2006 **Obv:** Crowned head right,
denomination **Rev:** Goalie on knees **Edge:** Reeded

Date	Mintage	MS63	MS65
2003	21,542	PF63 35.00	PF65 40.00

KM# 514   31.12 g.,   0.9999 Silver, 1.0004 oz. ASW
38mm.   **Obv:** Crowned head right **Rev:** Moose
Edge: Reeded

Date	Mintage	MS63	MS65
2004	12,822	PF65 175	

KM# 527   31.12 g.,   0.9999 Silver, 1.0004 oz.
ASW **Subject:** Golf, Championship of Canada,
Centennial **Obv:** Head right

Date	Mintage	MS63	MS65
2004	18,750	PF63 25.00	PF65 30.00

KM# 554   31.12 g.,   0.9999 Silver, 1.0004 oz. ASW
Subject: Alberta **Obv. Designer:** Head right **Rev.
Designer:** Michelle Grant

Date	Mintage	MS63	MS65
2005	20,000	PF63 30.00	PF65 35.00

KM# 555   31.12 g.,   0.9999 Silver, 1.0004 oz. ASW
Subject: Saskatchewan **Obv:** Head right **Obv.
Designer:** Susanna Blunt **Rev. Designer:** Paulett
Sapergia

Date	Mintage	MS63	MS65
2005	20,000	PF63 30.00	PF65 35.00

KM# 556.1 31.12 g., 0.999 Silver, 0.9995 oz. ASW 38.02mm. **Subject:** 60th Anniversay Victory WWII - Veterans **Obv:** Bust right **Rev:** Large V and heads of sailor, soldier and aviator on large maple leaf **Edge:** Reeded

Date	Mintage	MS63	MS65
2005	25,000	32.00	—

KM# 556.2 31.12 g., 0.9999 Silver, 1.0004 oz. ASW 38.02mm. **Subject:** 60th Anniversary Victory WW II - Veterans **Obv:** Bust right **Rev:** Large V and heads of sailor, soldier and aviator on maple leaf with small maple leaf added at left and right **Edge:** Reeded

Date	Mintage	MS63	MS65
2005	10,000	125	—

KM# 557 31.12 g., 0.9999 Silver, 1.0004 oz. ASW 36mm. **Subject:** Walrus and calf **Obv:** Head right **Obv. Designer:** Susanna Blunt **Rev:** Two walrusus and calf **Rev. Designer:** Pierre Leduc

Date	Mintage	MS63	MS65
2005	5,519	PF63 40.00	PF65 45.00

KM# 558 31.12 g., 0.9999 Silver, 1.0004 oz. ASW 36mm. **Subject:** White tailed deer **Obv:** Head right **Obv. Designer:** Susanna Blunt **Rev:** Two deer standing **Rev. Designer:** Xerxes Irani

Date	Mintage	MS63	MS65
2005	6,439	PF63 40.00	PF65 45.00

KM# 585 31.12 g., 0.9999 Silver, 1.0004 oz. ASW 36mm. **Obv:** Head right **Obv. Designer:** Susanna Blunt **Rev:** Peregrine Falcon feeding young ones **Rev. Designer:** Dwayne Harty

Date	Mintage	MS63	MS65
2006	7,226	PF63 45.00	PF65 50.00

KM# 586 31.12 g., 0.9999 Silver, 1.0004 oz. ASW 36mm. **Subject:** Sable Island horses **Obv:** Head right **Obv. Designer:** Susanna Blunt **Rev:** Horse and foal standing **Rev. Designer:** Christie Paquet

Date	Mintage	MS63	MS65
2006	10,108	PF63 45.00	PF65 50.00

KM# 658 31.12 g., 0.9999 Silver, 1.0004 oz. ASW 36.07mm. **Subject:** Breast Cancer Awareness **Rev:** Colorized pink ribbon

Date	Mintage	MS63	MS65
2006	11,048	PF63 45.00	PF65 50.00

KM# 659 31.12 g., 0.9999 Silver, 1.0004 oz. ASW **Subject:** C.A.F. Snowbirds Acrobatic Jet Flying Team **Rev:** Image of fighter jets and piolt

Date	Mintage	MS63	MS65
2006	10,034	PF63 45.00	PF65 50.00

KM# 1036 31.12 g., 0.999 Silver, 0.9995 oz. ASW **Subject:** 80th Anniversary **Rev:** Two deer standing, one eating branch

Date	Mintage	MS63	MS65
2009	27,872	PF63 60.00	PF65 70.00

KM# 1130 8.50 g., 0.925 Silver with Niobium plated reverse center, 0.2528 oz. ASW 28mm. **Subject:** Summer - Buck Moon **Obv:** Bust right **Rev:** Buck against summer moon

Date	Mintage	MS63	MS65
2011	7,500	PF63 115	PF65 125

KM# 1131 8.50 g., 0.925 Silver with Niobium plated reverse center, 0.2528 oz. ASW 28mm. **Subject:** Fall Moon **Obv:** Bust right **Rev:** Native American hunter seated tracking prey before Harvest Moon

Date	Mintage	MS63	MS65
2011	7,500	PF63 115	PF65 125

KM# 1149 3.13 g., 0.9999 Gold, 0.1006 oz. AGW 16mm. **Subject:** Norman Bethune **Obv:** Bust right **Rev:** Half-length figure at right, looking left

Date	Mintage	MS63	MS65
2011	Est. 5000	PF65 300	

KM# 1132 8.50 g., 0.925 Silver with Niobium plated reverse center, 0.2528 oz. ASW 28mm. **Subject:** Winter Moon **Obv:** Bust right **Rev:** Wolf howling before Winter Moon

Date	Mintage	MS63	MS65
2012	7,500	PF63 115	PF65 125

KM# 1133 8.50 g., 0.925 Silver with Niobium plated reverse center., 0.2528 oz. ASW 28mm. **Subject:** Spring Moon **Rev:** Phlox blossoming against a Spring Moon, field in color

Date	Mintage	MS63	MS65
2012	—	PF63 115	PF65 125

KM# 1194 3.13 g., 0.999 Gold, 0.1005 oz. AGW 16mm. **Obv:** Bust right **Rev:** Royal Cypher, wreath below

Date	Mintage	MS63	MS65
2012	—	PF65 200	

KM# 1220 3.13 g., 0.9999 Gold, 0.1006 oz. AGW 16mm. **Subject:** Year of the Dragon **Obv:** Bust right **Rev:** Dragon forpart right

Date	Mintage	MS63	MS65
2012 Specimen	—	PF65 225	

KM# 1236   8.36 g., 0.900 Gold, 0.2419 oz. AGW
21.6mm. **Obv:** Bust right **Rev:** Crowned monogram
in wreath

Date	Mintage	MS63	MS65
1952-2012	—	PF65 500	

KM# 1248   31.12 g., 0.999 Silver, 0.9995 oz. ASW
36mm. **Subject:** Rick Hansen **Rev:** Wheelchair
bound athlete

Date	Mintage	MS63	MS65
2012	—	PF63 65.00	PF65 75.00

KM# 1281   3.13 g., 0.999 Gold, 0.1005 oz. AGW
16mm. **Subject:** Year of the Dragon

Date	Mintage	MS63	MS65
2012	—	PF65 200	

KM# 1332   31.11 g., 0.999 Silver, 0.999 oz. ASW
36mm. **Subject:** Georgia Pope **Rev:** Four female
soldiers

Date	Mintage	MS63	MS65
2012	—	PF63 70.00	PF65 75.00

KM# 1298   3.13 g., 0.999 Gold, 0.1005 oz. AGW
16mm. **Subject:** Year of the Snake

Date	Mintage	MS63	MS65
2013	—	PF65 225	

KM# 1395   3.13 g., 0.9999 Gold, 0.1006 oz. AGW
16mm. **Rev:** Beaver swimming with branch in
mouth **Rev. Designer:** Pierre Le Duc

Date	Mintage	MS63	MS65
2013	Est. 4000	PF65 280	

KM# 1401   3.13 g., 0.9999 Gold, 0.1006 oz. AGW
16mm. **Rev:** Polar Bear head   **Rev. Designer:**
Pierre Le Duc

Date	Mintage	MS63	MS65
2013	Est. 4000	PF65 275	

KM# 1426   23.17 g., 0.9999 Silver, 0.7449 oz.
ASW 36mm. **Subject:** Traditions: Hunting **Rev:**
Deer and hunter teaching child **Rev. Designer:**
Darleen Gait

Date	Mintage	MS63	MS65
2013	Est. 10000	PF63 60.00	PF65 70.00

KM# 1453   3.13 g., 0.999 Gold, 0.1005 oz. AGW
16mm. **Rev:** Caribou head **Rev. Designer:** Pierre
Leduc

Date	Mintage	MS63	MS65
2013	4,000	PF65 275	

KM# 1454 3.13 g., 0.999 Gold, 0.1005 oz. AGW
16mm. **Rev:** Wolf head **Rev. Designer:** Pierre Leduc

Date	Mintage	MS63	MS65
2013	4,000	PF65 275	

KM# 1461 23.17 g., 0.9999 Silver with selective
gold-plating, 0.7449 oz. ASW 36mm. **Subject:** Birth
of Prince George **Rev:** W and C crowned in gilt
center, Infant toys around **Rev. Designer:** Laurie
McCaw

Date	Mintage	MS63	MS65
2013	Est. 15000	PF63 65.00	PF65 75.00

KM# 1461a 23.17 g., 0.9999 Silver, 0.7449 oz.
ASW 36mm. **Subject:** Birth of Prince George **Rev:**
W and C crowned, infant toys around, gilt reverse
Rev. Designer: Laurie McCaw

Date	Mintage	MS63	MS65
2013	Est. 15000	PF63 65.00	PF65 75.00

KM# 1475 8.50 g., 0.9999 Silver with Niobium
plated reverse center., 0.2733 oz. ASW 28mm.
Subject: Father Ice **Rev. Designer:** Ulaayn
Pilurtuut

Date	Mintage	MS63	MS65
2013	6,500	PF63 130	PF65 140

KM# 1476 8.50 g., 0.9999 Silver with Niobium
plated reverse center, 0.2733 oz. ASW 28mm.
Subject: Mother Ice **Rev. Designer:** Ulaayu
Pilurtuut

Date	Mintage	MS63	MS65
2013	6,500	PF63 130	PF65 140

KM# 1497 7.80 g., 0.999 Gold, 0.2505 oz. AGW
20mm. **Subject:** US / Canada Devil's Brigade **Rev:**
Special Forces Emblem **Rev. Designer:** Ardell
Bourgeois

Date	Mintage	MS63	MS65
2013	2,000	PF65 650	

KM# 1498 23.17 g., 0.9999 Silver, 0.7449 oz.
ASW 36mm. **Subject:** US / Canada Devil's Brigade
Rev: Special Forces Emblem **Rev. Designer:**
Ardell Bourgeois

Date	Mintage	MS63	MS65
2013	20,000	PF63 70.00	PF65 80.00

KM# 1551 23.00 g., 0.9999 Silver, 0.7394 oz.
ASW 36mm. **Subject:** Banknote design

Date	Mintage	MS63	MS65
2013	—	PF65 75.00	

KM# 1731 23.17 g., 0.9999 Silver, 0.7449 oz.
ASW **Ruler:** Elizabeth II 36.07mm. **Subject:**
Banknote Design **Obv:** Bust right **Rev:** Lion on the
mountain **Mint:** Royal Canadian Mint

Date	Mintage	MS63	MS65
2014	8,500	PF65 100	

KM# 1559 23.00 g., 0.9999 Silver, 0.7394 oz.
ASW 36mm. **Obv:** Bust right **Rev:** St. George
slaying dragon

Date	Mintage	MS63	MS65
2014	8,500	PF63 65.00	PF65 75.00

KM# 1611 3.13 g., 0.999 Gold, 0.1005 oz. AGW
16mm. **Obv:** Bust right **Rev:** Grizzly bear

Date	Mintage	MS63	MS65
2014	4,000	PF65 280	

KM# 1615 23.17 g., 0.999 Silver, 0.7442 oz. ASW 36.07mm. **Subject:** Traditions of the Hunt - Seal Spearing **Obv:** Bust right **Rev:** Two men ready to spear seal **Rev. Designer:** Darlene Gait

Date	Mintage	MS63	MS65
2014	10,000	PF63 60.00	PF65 70.00

KM# 1641 31.12 g., 0.999 Silver, 0.9995 oz. ASW **Ruler:** Elizabeth II 36mm. **Obv:** Bust right **Rev:** WWI Troops and ship transports **Mint:** Royal Canadian Mint

Date	Mintage	MS63	MS65
2014	—	PF63 170	PF65 180

KM# 1642 3.13 g., 0.9999 Platinum, 0.1006 oz. APW **Ruler:** Elizabeth II 16mm. **Obv:** Bust right **Rev:** Nanabzohoo **Rev. Designer:** Cyril Assiniboine **Mint:** Royal Canadian Mint

Date	Mintage	MS63	MS65
2014	3,000	PF63 280	PF65 300

KM# 1643 3.13 g., 0.9999 Gold, 0.1006 oz. AGW **Ruler:** Elizabeth II 16mm. **Obv:** Bust right **Rev:** Nanabozhoo **Rev. Designer:** Cyril Assiniboine **Mint:** Royal Canadian Mint

Date	Mintage	MS63	MS65
2014	3,000	PF63 260	PF65 280

KM# 1644 31.39 g., 0.9999 Silver, 1.0091 oz. ASW **Ruler:** Elizabeth II **Obv:** Bust right **Rev:** Arctic Fox **Rev. Designer:** Maurice Gervais **Mint:** Royal Canadian Mint

Date	Mintage	MS63	MS65
2014	750	PF63 85.00	PF65 90.00

KM# 1645 3.13 g., 0.9999 Gold, 0.1006 oz. AGW **Ruler:** Elizabeth II 16mm. **Obv:** Bust right **Rev:** Canadian Goose **Rev. Designer:** Jean Charles Daumas **Mint:** Royal Canadian Mint

Date	Mintage	MS63	MS65
2014	4,000	PF63 275	PF65 290

KM# 1646 31.11 g., 0.9999 Silver, 1.0001 oz. ASW **Ruler:** Elizabeth II 38mm. **Obv:** Bust right **Rev:** Orca whale surfacing in color in maple leaf outline **Mint:** Royal Canadian Mint

Date	Mintage	MS63	MS65
2014	—	60.00	

KM# 1647 0.9999 Silver, **Ruler:** Elizabeth II 38mm. **Subject:** Alice Munro **Obv:** Bust right **Rev:** Female figure, hand writing in open book **Mint:** Royal Canadian Mint

Date	Mintage	MS63	MS65
2014	—	PF63 60.00	PF65 70.00

KM# 1648 3.14 g., 0.999 Gold, 0.1009 oz. AGW **Ruler:** Elizabeth II 16mm. **Obv:** Bust right **Rev:** Moose **Rev. Designer:** Trevor Tennant **Mint:** Royal Canadian Mint

Date	Mintage	MS63	MS65
2014	4,000	PF63 270	PF65 280

KM# 1728 3.11 g., 0.999 Gold, 0.0999 oz. AGW

16mm. **Obv:** Bust right **Rev:** Five Blessings

Date	Mintage	MS63	MS65
2014	2,000	PF65 280	

KM# 1730 3.14 g., 0.999 Gold, 0.1009 oz. AGW 16mm. **Obv:** Bust right **Rev:** Woolly Mammoth **Rev. Designer:** Michael Skrepnick

Date	Mintage	MS63	MS65
2014	3,000	PF65 280	

KM# 1740 3.13 g., 0.999 Gold, 0.1005 oz. AGW 16mm. **Obv:** Bust right **Rev:** Eagle head left **Rev. Designer:** Derek Wicks

Date	Mintage	MS63	MS65
2014	3,000	PF65 100	

KM# 1740a 3.13 g., 0.999 Platinum, 0.1005 oz. APW 16mm. **Obv:** Bust right **Rev:** Eagle head left **Rev. Designer:** Derek Wicks

Date	Mintage	MS63	MS65
2014	3,000	PF65 100	

KM# 1756 3.14 g., 0.999 Gold, 0.1009 oz. AGW 16mm. **Obv:** Bust right **Rev:** Cougar head

Date	Mintage	MS63	MS65
2014	—	PF65 100	

KM# 1756a 3.14 g., 0.999 Platinum, 0.1009 oz. APW 16mm. **Obv:** Bust right **Rev:** Cougar head

Date	Mintage	MS63	MS65
2014	—	PF65 100	

KM# 1767 9.00 g., 0.9999 Silver, 0.2893 oz. ASW 28mm. **Obv:** Bust right **Rev:** Pointsetta in purple niobium

Date	Mintage	MS63	MS65
2014	—	PF65 140	

KM# 1768 9.00 g., 0.9999 Silver, 0.2893 oz. ASW 28mm. **Obv:** Bust right **Rev:** Rose in golden color niobium

Date	Mintage	MS63	MS65
2014	6,000	PF65 140	

KM# 1774 9.00 g., 0.999 Silver, 0.2891 oz. ASW 28mm. **Obv:** Bust right **Rev:** Tulip in niobium **Rev. Designer:** Bert Liverance

Date	Mintage	MS63	MS65
2014	6,000	PF65 140	

KM# 1778 3.14 g., 0.999 Gold, 0.1009 oz. AGW **Ruler:** Elizabeth II 16mm. **Obv:** Bust right **Rev:** Bison **Mint:** Royal Canadian Mint

Date	Mintage	MS63	MS65
2014	2,000	PF65 280	

KM# 1790 3.14 g., 0.999 Gold, 0.1009 oz. AGW **Ruler:** Elizabeth II 16mm. **Obv:** Bust right by Mary Gilick **Rev:** Two maple leaves **Mint:** Royal Canadian Mint

Date	Mintage	MS63	MS65
2014	650	PF65 200	

KM# 1798 23.17 g., 0.999 Silver, 0.7442 oz. ASW **Ruler:** Elizabeth II 36.07mm. **Subject:** Traditions of Hunting **Obv:** Bust right **Rev:** Bow hunting of goose in flight **Rev. Designer:** Tim Whiskeychan **Mint:** Royal Canadian Mint

Date	Mintage	MS63	MS65
2014	10,000	PF65 70.00	

KM# 1799 23.17 g., 0.999 Silver, 0.7442 oz. ASW **Ruler:** Elizabeth II 36.07mm. **Subject:** Princess to Monarch **Obv:** Bust right **Rev:** Elizabeth II reviewing troops **Mint:** Royal Mint

Date	Mintage	MS63	MS65
2014	10,000	PF65 65.00	

KM# 1812   23.17 g.,   0.9999 Silver, 0.7449 oz.
ASW 36.07mm. **Obv:** Bust right **Rev:** Ram head
facing in color **Rev. Designer:** Simon Ng

Date	Mintage	MS63	MS65
2015	8,888	**PF65** 75.00	

KM# 1815   31.39 g.,   0.999 Silver, 1.0082 oz.
ASW 38mm. **Obv:** Bust right **Rev:** Polar bear
and cub advancing left **Rev. Designer:** Germaine
Arnaktauyok

Date	Mintage	MS63	MS65
2015	7,500	**PF65** 90.00	

KM# 1818   3.15 g.,   0.999 Gold, 0.1012 oz. AGW
Ruler: Elizabeth II 16mm. **Subject:** Year of the
Ram **Obv:** Bust right **Rev:** Ram head facing **Mint:**
Royal Canadian Mint

Date	Mintage	MS63	MS65
2015	2,888	**PF65** 280	

KM# 1819   23.17 g.,   0.9999 Silver, 0.7449 oz.
ASW **Ruler:** Elizabeth II 36.07mm. **Subject:** Art by
Cornelius Krieghoff **Obv:** Bust right **Rev:** Moccasin
Seller Crossing St. Lawrence at Quebec City **Mint:**
Royal Canadian Mint

Date	Mintage	MS63	MS65
2015	7,000	**PF65** 75.00	

KM# 1820   23.17 g.,   0.9999 Silver, 0.7449 oz.
ASW 36.07mm. **Subject:** Art by Cornelius Krieghoff
Obv: Bust right **Rev:** Hunter in Winter

Date	Mintage	MS63	MS65
2015	7,000	**PF65** 75.00	

KM# 1821   23.17 g.,   0.9999 Silver, 0.7449 oz.
ASW **Ruler:** Elizabeth II 36.07mm. **Subject:** Art by
Cornelius Krieghoff **Obv:** Bust right **Rev:** Wigwam
in Montagnais **Mint:** Royal Canadian Mint

Date	Mintage	MS63	MS65
2015	7,000	**7PF65** 75.00	

8 DOLLARS

KM# 515   28.80 g.,   0.925 Silver, 0.8565 oz. ASW
39mm. **Obv:** Head right **Obv. Designer:** Susanna
Blunt **Rev:** Grizzly bear walking left **Edge:** Reeded

Date	Mintage	MS63	MS65
2004	12,942	**PF65** 85.00	

KM# 597   32.15 g.,   0.9999 Silver partially gilt,
1.0335 oz. ASW **Subject:** Canadian Pacific Railway,
120th Anniversary **Obv:** Head right **Obv. Designer:**
Susanna Blunt **Rev:** Railway bridge, center is gilt

Date	Mintage	MS63	MS65
2005	9,892	**PF63** 60.00	**PF65** 65.00

KM# 598   32.15 g.,   0.9999 Silver partially gilt,
1.0335 oz. ASW **Subject:** Canadian Pacific Railway,
120th Anniversary **Obv:** Head right **Rev:** Railway
memorial to the Chinese workers, center gilt

Date	Mintage	MS63	MS65
2005	9,892	**PF63** 60.00	**PF65** 65.00

KM# 730   25.18 g.,   0.9999 Silver, 0.8095 oz. ASW
36.07mm. **Obv:** Queens's head at top in circle, three
Chinese characters **Rev:** Dragon and other creatures

Date	Mintage	MS63	MS65
2007	19,996	**PF63** 45.00	**PF65** 50.00

KM# 731   25.18 g.,   0.999 Silver, 0.8087 oz. ASW
36.1mm. **Rev:** Maple leaf, long life hologram

Date	Mintage	MS63	MS65
2007	15,000	**PF65** 55.00	

KM# 943 25.18 g., 0.925 Silver, 0.7488 oz. ASW 36.1mm. **Rev:** Hologram maple of wisdom at top left, crystal in center, dragons around

Date	Mintage	MS63	MS65
2009	7,273	**PF63** 85.00	**PF65** 90.00

KM# 1012 25.30 g., 0.925 Silver, 0.7524 oz. ASW 36.07mm. **Rev:** Horses around central maple leaf hologram **Rev. Designer:** Simon Ng

Date	Mintage	MS63	MS65
2010	8,888	**PF63** 90.00	**PF65** 100

10 DOLLARS

KM# 27 16.72 g., 0.900 Gold, 0.4838 oz. AGW 26.92mm. **Obv:** Crowned bust left **Obv. Designer:** E. B. MacKennal **Rev:** Arms within wreath, date and denomination below **Rev. Designer:** W. H. J. Blakemore

Date	Mintage	F12	VF20	XF40	AU50	MS60	MS63	MS65
1912	74,759	—	700	750	800	900	2,500	7,500
1912 Specimen	—	—	—	—	—	—	7,000	135,000
1913	149,232	—	700	750	800	900	3,000	13,000
1912 Specimen	—	—	—	—	—	—	—	—
1914	140,068	—	750	800	850	1,100	3,000	13,000
1914 Specimen	—	—	—	—	—	—	—	—

KM# 86.1 48.60 g., 0.925 Silver, 1.4453 oz. ASW 45mm. **Subject:** 1976 Montreal Olympics **Obv:** Young bust right, maple leaf below, date at right **Rev:** World map, denomination below **Rev. Designer:** Georges Huel **Note:** Series I.

Date	Mintage	MS63	MS65
1973	103,426	47.50	—
1973	165,203	**PF60** 47.50	

KM# 94   48.60 g., 0.925 Silver, 1.4453 oz. ASW
45mm.   Subject: 1976 Montreal Olympics Obv:
Young bust right, small maple leaf below, date at
right Rev: Temple of Zeus, denomination below
Rev. Designer: Anthony Mann Note: Series II.

Date	Mintage	MS63	MS65
1974	—	47.50	—
1974	104,684	PF60 47.50	

KM# 95   48.60 g., 0.925 Silver, 1.4453 oz. ASW
45mm.   Subject: 1976 Montreal Olympics Obv:
Young bust right, small maple leaf below, date at
right Rev: Cycling, denomination below   Rev.
Designer: Ken Danby Note: Series III.

Date	Mintage	MS63	MS65
1974	—	47.50	—
1974	—	PF60 47.50	

KM# 87   48.60 g., 0.925 Silver, 1.4453 oz. ASW
45mm.   Subject: 1976 Montreal Olympics Obv:
Young bust right, small maple leaf below, date at
right Rev: Montreal skyline, denomination below
Rev. Designer: Georges Huel Note: Series I.

Date	Mintage	MS63	MS65
1973	165,203	PF60 47.50	
1973	—	47.50	—

KM# 86.2   48.60 g., 0.925 Silver, 1.4453 oz. ASW
45mm.   Subject: 1976 Montreal Olympics Obv:
Young bust right, small maple leaf below, date at
right Rev: World map   Rev. Designer: Georges
Huel Note: Series I.

Date	Mintage	MS63	MS65
1974	320	325	—

Note: Error: mule

KM# 93   48.60 g., 0.925 Silver, 1.4453 oz. ASW
45mm.   Subject: 1976 Montreal Olympics Obv:
Young bust right, small maple leaf below, date at
right Rev: Head of Zeus, denomination below Rev.
Designer: Anthony Mann Note: Series II.

Date	Mintage	MS63	MS65
1974	104,684	PF60 47.50	
1974	—	47.50	—

KM# 96   48.60 g., 0.925 Silver, 1.4453 oz. ASW
45mm.   Subject: 1976 Montreal Olympics Obv:
Young bust right, small maple leaf below, date at
right Rev: Lacrosse, denomination below   Rev.
Designer: Ken Danby Note: Series III.

Date	Mintage	MS63	MS65
1974	—	47.50	—
1974	—	PF60 47.50	

KM# 102 48.60 g., 0.925 Silver, 1.4453 oz. ASW 45mm. **Subject:** 1976 Montreal Olympics **Obv:** Young bust right, small maple leaf below, date at right **Rev:** Men's hurdles, denomination below **Rev. Designer:** Leo Yerxa **Note:** Series IV.

Date	Mintage	MS63	MS65
1975	—	47.50	—
1975	—	PF60 47.50	

KM# 103 48.60 g., 0.925 Silver, 1.4453 oz. ASW 45mm. **Subject:** Montreal 1976 - 21st Summer Olympic Games **Obv:** Young bust right, small maple leaf below, date at right **Rev:** Women's shot put, denomination below **Rev. Designer:** Leo Yerxa **Note:** Series IV.

Date	Mintage	MS63	MS65
1975	—	47.50	—
1975	—	PF60 47.50	

KM# 104 48.60 g., 0.925 Silver, 1.4453 oz. ASW 45mm. **Subject:** 1976 Montreal Olympics **Obv:**

Young bust right, small maple leaf below, date at right **Rev:** Sailing, denomination below **Rev. Designer:** Lynda Cooper **Note:** Series V.

Date	Mintage	MS63	MS65
1975	—	47.50	—
1975	—	PF60 47.50	

KM# 105 48.60 g., 0.925 Silver, 1.4453 oz. ASW 45mm. **Subject:** 1976 Montreal Olympics **Obv:** Young bust right, small maple leaf below, date at right **Rev:** Canoeing, denomination below **Rev. Designer:** Lynda Cooper **Note:** Series V.

Date	Mintage	MS63	MS65
1975	—	47.50	—
1975	—	PF60 47.50	

KM# 111 48.60 g., 0.925 Silver, 1.4453 oz. ASW 45mm. **Subject:** 1976 Montreal Olympics **Obv:** Young bust right, small maple leaf below, date at right **Rev:** Football, denomination below **Rev. Designer:** Shigeo Fukada **Note:** Series VI.

Date	Mintage	MS63	MS65
1976	—	47.50	—
1976	—	PF60 47.50	

KM# 112   48.60 g., 0.925 Silver, 1.4453 oz. ASW 45mm. **Subject:** 1976 Montreal Olympics **Obv:** Young bust right, small maple leaf below, date at right **Rev:** Field hockey **Rev. Designer:** Shigeo Fukada **Note:** Series VI.

Date	Mintage	MS63	MS65
1976	—	47.50	—
1976	—	PF60 47.50	

KM# 113   48.60 g., 0.925 Silver, 1.4453 oz. ASW 45mm. **Subject:** 1976 Montreal Olympics **Obv:** Young bust right, small maple leaf below, date at right **Rev:** Olympic Stadium, denomination below **Rev. Designer:** Elliot John Morrison **Note:** Series VII.

Date	Mintage	MS63	MS65
1976	—	47.50	—
1976	—	PF60 47.50	

KM# 114   48.60 g., 0.925 Silver, 1.4453 oz. ASW 45mm. **Subject:** 1976 Montreal Olympics **Obv:** Young bust right, small maple leaf below, date at right **Rev:** Olympic Velodrome, denomination below **Rev. Designer:** Elliot John Morrison **Note:** Series VII.

Date	Mintage	MS63	MS65
1976	—	47.50	—
1976	—	PF60 47.50	

KM# 520   16.72 g., 0.900 Gold, 0.4838 oz. AGW 26.92mm. **Obv:** Crowned head right **Rev:** National arms **Edge:** Reeded

Date	Mintage	MS63	MS65
1912-2002	2,002	PF65 850	

KM# 559   25.18 g., 0.9999 Silver, 0.8093 oz. ASW 36mm. **Subject:** Pope John Paul II **Obv:** Head right

Date	Mintage	MS63	MS65
2005	24,716	PF63 40.00	PF65 45.00

KM# 757   25.18 g., 0.9999 Silver, 0.8093 oz. ASW **Subject:** Year of the Veteran **Rev:** Profile left of young and old veteran

Date	Mintage	MS63	MS65
2005	6,549	PF65 225	

KM# 661   25.18 g., 0.9999 Silver, 0.8093 oz. ASW **Subject:** National Historic Sites **Obv:** Head right **Rev:** Fortress of Louisbourg

Date	Mintage	MS63	MS65
2006	5,544	PF63 35.00	PF65 40.00

KM# 1010   15.87 g., 0.999 Silver, 0.5097 oz. ASW **Subject:** 75th Anniversary Canadian Bank Notes **Rev:** Female seated

Date	Mintage	MS63	MS65
2010	7,500	PF63 45.00	PF65 50.00

KM# 1096 27.78 g., 0.925 Silver, 0.8262 oz. ASW 40mm. **Obv:** Bust right **Rev:** Blue whale diving in sea

Date	Mintage	MS63	MS65
2010	10,000	PF63 75.00	PF65 85.00

KM# 1198 15.87 g., 0.999 Silver, 0.5097 oz. ASW 34mm. **Subject:** Highway of Heroes **Obv:** Bust right **Obv. Designer:** Susanna Blunt **Rev:** Citizens on Highway 401 overpass with signs and flags, large maple leaf in background, Memorial Cross medal at top left. **Rev. Designer:** Stan Witten and Major Carl Gauthier **Edge:** Reeded

Date	Mintage	MS63	MS65
2011	25,000	PF63 60.00	PF65 70.00

KM# 1199 15.87 g., 0.9999 Silver, 0.5102 oz. ASW 34mm. **Subject:** Winter Scene - Skating **Rev:** Three kids skating on pond, colored holly at left

Date	Mintage	MS63	MS65
2011	Est. 8000	PF63 35.00	PF65 40.00

KM# 1200 15.87 g., 0.9999 Silver, 0.5102 oz. ASW 34mm. **Subject:** Winter scene - Two houses **Rev:** Two houses in snowy lane, colored holly flanking

Date	Mintage	MS63	MS65
2011	—	PF63 35.00	PF65 40.00

KM# 1201 15.87 g., 0.9999 Silver, 0.5102 oz. ASW 34mm. **Obv:** Bust right **Rev:** Wood Bison **Rev. Designer:** Corrine Hunt

Date	Mintage	MS63	MS65
2011	Est. 10000	PF63 40.00	PF65 50.00

KM# 1203 15.87 g., 0.9999 Silver, 0.5102 oz. ASW 34mm. **Subject:** Boreal Forest **Rev:** Bird and tree **Rev. Designer:** Corrine Hunt

Date	Mintage	MS63	MS65
2011	Est. 10000	PF63 40.00	PF65 50.00

KM# 1205 15.87 g., 0.9999 Silver, 0.5102 oz. ASW 34mm. **Obv:** Bust right **Rev:** Peregrine Falcon perched on branch **Rev. Designer:** Corrine Hunt

Date	Mintage	MS63	MS65
2011	Est. 10000	PF63 40.00	PF65 50.00

KM# 1207 15.87 g., 0.9999 Silver, 0.5102 oz. ASW 34mm. **Obv:** Bust right **Rev:** Orca Whale **Rev. Designer:** Corrine Hunt

Date	Mintage	MS63	MS65
2011	Est. 10000	PF63 40.00	PF65 50.00

KM# 1221 15.87 g., 0.999 Silver, 0.5097 oz. ASW 34mm. **Subject:** Year of the Dragon **Obv:** Bust right **Rev:** Dragon forepart right

Date	Mintage	MS63	MS65
2012 Specimen	58,888	40.00	—

KM# 1235 25.18 g., 0.999 Silver, 0.8086 oz. ASW 36mm. **Obv:** Bust right **Rev:** Titanic sailing at right, map of Eastern Canada at left

Date	Mintage	MS63	MS65
2012	—	PF63 90.00 PF65 100	

KM# 1249 15.87 g., 0.999 Silver, 0.5097 oz. ASW 34mm. **Subject:** H.M.S. Shannon

Date	Mintage	MS63	MS65
2012	—	PF63 55.00 PF65 65.00	

KM# 1259 15.87 g., 0.999 Silver, 0.5097 oz. ASW 34mm. **Subject:** Praying Mantis

Date	Mintage	MS63	MS65
2012	7,500	PF63 40.00 PF65 45.00	

KM# 1282 7.77 g., 0.999 Gold, 0.2496 oz. AGW 20mm. **Subject:** Year of the Dragon

Date	Mintage	MS63	MS65
2012	—	PF65 450	

KM# 1346 15.55 g., 0.999 Silver, 0.4994 oz. ASW 34mm. **Rev:** Baby's feet

Date	Mintage	MS63	MS65
2012 Specimen	—	27.50	—
2013	—	27.50	—
2014	—	PF63 45.00 PF65 50.00	

KM# 1299 31.11 g., 0.999 Silver, 0.999 oz. ASW 34mm. **Subject:** Year of the Snake

Date	Mintage	MS63	MS65
2013	—	PF65 50.00	

KM# 1355 30.00 g., 0.999 Silver, 0.9636 oz. ASW 36.5mm. **Rev:** Male and female mallards in color **Rev. Designer:** Trevor Tennant

Date	Mintage	MS63	MS65
2013	—	PF63 75.00 PF65 85.00	

KM# 1357 15.87 g., 0.999 Silver, 0.5097 oz. ASW 34mm. **Subject:** Year of the Snake **Rev:** Circular coiled snake **Rev. Designer:** Simon Ng

Date	Mintage	MS63	MS65
2013	18,888	PF63 40.00 PF65 45.00	

KM# 1383 15.87 g., 0.999 Silver, 0.5097 oz. ASW 34mm. **Subject:** Ice Skating on Frozen Lake **Rev:** Winter Scene in Color **Rev. Designer:** Remi Clark

Date	Mintage	MS63	MS65
2013	Est. 8000	PF63 55.00 PF65 65.00	

KM# 1392 15.87 g., 0.999 Silver, 0.5097 oz. ASW 35mm. **Subject:** Oh Canada - R.C.M.P. **Rev:** Mountie on horseback

Date	Mintage	MS63	MS65
2013	—	PF63 32.00	PF65 40.00

KM# 1392a 15.87 g., 0.999 Silver partially gilt, 0.5097 oz. ASW 35mm. **Subject:** Oh Canada - R.C.M.P. **Rev:** Mountie on horseback within gilt border

Date	Mintage	MS63	MS65
2013	—	PF63 65.00	PF65 75.00

KM# 1393 15.87 g., 0.999 Silver, 0.5097 oz. ASW 34mm. **Rev:** Twelve Spotted Skimmer Dragonfly in color **Rev. Designer:** Celia Godkin

Date	Mintage	MS63	MS65
2013	Est. 10000	PF63 70.00	PF65 80.00

KM# 1396 15.87 g., 0.9999 Silver, 0.5102 oz. ASW 34mm. **Rev:** Bever Felling Tree **Rev. Designer:** Pierre Le Duc

Date	Mintage	MS63	MS65
2013	Est. 40000	PF63 35.00	PF65 40.00

KM# 1400 15.87 g., 0.999 Silver, 0.5097 oz. ASW 34mm. **Rev:** Stone formation at sea side **Rev. Designer:** Tony Bianco

Date	Mintage	MS63	MS65
2013	40,000	PF63 35.00	PF65 40.00

KM# 1402 15.57 g., 0.999 Silver, 0.5001 oz. ASW 34mm. **Rev:** Polar Bear walking right **Rev. Designer:** Tony Bianco

Date	Mintage	MS63	MS65
2013	—	PF63 35.00	PF65 40.00

KM# 1421 15.87 g., 0.9999 Silver, 0.5102 oz. ASW 34mm. **Rev:** Caribou

Date	Mintage	MS63	MS65
2013	Est. 40000	PF63 25.00	PF65 30.00

KM# 1422 15.87 g., 0.9999 Silver, 0.5102 oz. ASW 34mm. **Rev:** Niagra Falls

Date	Mintage	MS63	MS65
2013	Est. 40000	PF63 32.00	PF65 40.00

KM# 1423 15.57 g., 0.9999 Silver, 0.5005 oz. ASW 34mm. **Rev:** Summer lake swimming

Date	Mintage	MS63	MS65
2013	Est. 40000	PF63 32.00	PF65 40.00

KM# 1424 15.87 g., 0.9999 Silver, 0.5102 oz. ASW 34mm. **Rev:** Hand holding three Fall colored maple leaves **Rev. Designer:** Emily S. Damstra

Date	Mintage	MS63	MS65
2013	Est. 40000	PF63 32.00	PF65 40.00

KM# 1425 15.87 g., 0.9999 Silver, 0.5102 oz. ASW 34mm. **Rev:** Outdoor ice hockey rink

Date	Mintage	MS63	MS65
2013	Est. 40000	PF63 32.00	PF65 40.00

KM# 1442   15.87 g., 0.999 Silver, 0.5097 oz. ASW 34mm. **Obv:** Bust right **Obv. Designer:** Susana Blunt **Rev:** Dream catcher in color **Rev. Designer:** Darlene Gait **Edge:** Reeded

Date	Mintage	MS63	MS65
2013	10,000	PF63 70.00	PF65 80.00

KM# 1445   7.06 g., 0.999 Silver, 0.2268 oz. ASW 27mm.   **Subject:** 75th Anniversary of Superman **Rev:** Superman breaking chains **Rev. Legend:** Joe Shuster, DC Comics

Date	Mintage	MS63	MS65
2013	Est. 15000	PF63 40.00	PF65 45.00

KM# 1455   15.57 g., 0.999 Silver, 0.5001 oz. ASW 34mm.   **Rev:** Wolf standing right **Rev. Designer:** Pierre Leduc

Date	Mintage	MS63	MS65
2013	Est. 40000	PF63 35.00	PF65 40.00

KM# 1612a   15.87 g., 0.999 Silver partially gilt, 0.5097 oz. ASW **Ruler:**   Elizabeth II 34mm. **Subject:** Oh Canada **Obv:** Bust right **Rev:** Bear in gilt border **Mint:** Royal Canadian Mint

Date	Mintage	MS63	MS65
2014	—	PF63 55.00	PF65 65.00

KM# 1517   15.87 g., 0.9999 Silver, 0.5102 oz. ASW 34mm. **Subject:** Year of the Horse **Obv:** Bust right **Rev:** Horse head left **Rev. Designer:** Simon Ng

Date	Mintage	MS63	MS65
2014	58,888	PF63 35.00	PF65 40.00

KM# 1580   15.87 g., 0.999 Silver, 0.5097 oz. ASW 34mm. **Obv:** Bust right **Rev:** Igloo

Date	Mintage	MS63	MS65
2014	—	PF63 55.00	PF65 65.00

KM# 1580a   15.87 g.,   0.999 Silver partially gilt, 0.5097 oz. ASW **Ruler:**   Elizabeth II 35mm. **Subject:** Oh Canada **Obv:** Bust right **Rev:** Igloo in gilt border **Mint:** Royal Canadian Mint

Date	Mintage	MS63	MS65
2014	—	PF63 65.00	PF65 75.00

KM# 1590   15.87 g., 0.999 Silver, 0.5097 oz. ASW 34mm. **Obv:** Bust right **Rev:** Adult teaching child how to ice skate, in color

Date	Mintage	MS63	MS65
2014	—	PF63 50.00	PF65 60.00

KM# 1607   15.87 g., 0.999 Silver, 0.5097 oz. ASW 34mm. **Obv:** Bust right **Rev:** Pintail ducks in color **Rev. Designer:** Trevor Tennant

Date	Mintage	MS63	MS65
2014	10,000	35.00	—

10 DOLLARS

KM# 1612 15.87 g., 0.999 Silver, 0.5097 oz. ASW 34mm. **Obv:** Bust right **Rev:** Grizzly bear left **Rev. Designer:** Glen Loates

Date	Mintage	MS63	MS65
2014	40,000	PF63 35.00	PF65 40.00

KM# 1613 0.999 Silver, 34mm. **Subject:** World War I - Mobilization of a nation **Obv:** Bust right **Rev:** Soldier with gear walking up ship's gangway **Rev. Designer:** Maskull Lasserre

Date	Mintage	MS63	MS65
2014	40,000	PF63 40.00	PF65 45.00

KM# 1625.1 15.87 g., 0.999 Silver, 0.5097 oz. ASW 34mm. **Obv:** Bust right **Rev:** Downhill skiing **Rev. Designer:** Kendra Dixon

Date	Mintage	MS63	MS65
2014	40,000	PF63 35.00	PF65 40.00

KM# 1625.2 15.87 g., 0.999 Silver partially gilt, 0.5097 oz. ASW **Ruler:** Elizabeth II **Subject:** Oh Canada **Obv:** Bust right **Rev:** Skiing in gilt border **Mint:** Royal Canadian Mint

Date	Mintage	MS63	MS65
2014	—	PF63 60.00	PF65 75.00

KM# 1649 15.87 g., 0.999 Silver, 0.5097 oz. ASW **Ruler:** Elizabeth II 34mm. **Obv:** Bust right **Rev:** Moose **Rev. Designer:** Trevor Tennant **Mint:** Royal Canadian Mint

Date	Mintage	MS63	MS65
2014	40,000	PF63 35.00	PF65 40.00

KM# 1651 7.80 g., 0.999 Gold, 0.2505 oz. AGW **Ruler:** Elizabeth II 20mm. **Obv:** Bust right **Rev:** Arctic Fox **Rev. Designer:** Maurice Gervais **Mint:** Royal Canadian Mint

Date	Mintage	MS63	MS65
2014	2,000	PF63 640	PF65 650

KM# 1652 15.55 g., 0.9999 Silver, 0.4999 oz. ASW **Ruler:** Elizabeth II 34mm. **Subject:** D-Day, 70th Anniversary **Obv:** Head left of George VI **Rev:** Troops landing on Juno Beach in Normandy **Mint:** Royal Canadian Mint

Date	Mintage	MS63	MS65
2014	8,000	PF63 50.00	PF65 60.00

KM# 1653 15.87 g., 0.9999 Silver, 0.5102 oz. ASW **Ruler:** Elizabeth II 34mm. **Obv:** Bust right **Rev:** Green Darner Dragonfly **Mint:** Royal Canadian Mint

Date	Mintage	MS63	MS65
2014	10,000	PF63 75.00	PF65 85.00

KM# 1654 15.87 g., 0.9999 Silver, 0.5102 oz. ASW **Ruler:** Elizabeth II 34mm. **Subject:** Sainthood **Obv:** Bust right **Rev:** Pope John Paul II elevating host **Mint:** Royal Canadian Mint

Date	Mintage	MS63	MS65
2014	—	PF63 75.00	PF65 80.00

10 DOLLARS

10 DOLLARS

KM# 1713 15.87 g., 0.9999 Silver, 0.5102 oz. ASW 34mm. **Obv:** Bust right **Rev:** WWII photo of child running after dad leaving for war, with color highlights

Date	Mintage	MS63	MS65
2014	10,000	PF65 60.00	

KM# 1748 15.87 g., 0.999 Silver, 0.5097 oz. ASW 34mm. **Obv:** Bust right **Rev:** Superman lifting auto thus saving child

Date	Mintage	MS63	MS65
2014	10,000	PF65 60.00	

KM# 1787 15.87 g., Silver, **Ruler:** Elizabeth II 34mm. **Obv:** Bust right **Rev:** Harlequin Duck in color **Mint:** Royal Canadian Mint

Date	Mintage	MS63	MS65
2014	10,000	PF65 75.00	

KM# 1791 7.78 g., 0.999 Gold, 0.2499 oz. AGW **Ruler:** Elizabeth II 20mm. **Obv:** Bust right by Mary Gilick **Rev:** Two maple leaves **Mint:** Royal Canadian Mint

Date	Mintage	MS63	MS65
2014	650	PF65 475	

KM# 1794 15.87 g., 0.999 Silver, 0.5097 oz. ASW **Ruler:** Elizabeth II 34mm. **Subject:** Frist Nations Art **Obv:** Bust right **Rev:** Salmon hologram **Rev. Designer:** Darlene Gait **Mint:** Royal Canadian Mint

Date	Mintage	MS63	MS65
2014	10,000	PF65 75.00	

KM# 1800 7.80 g., 0.9999 Gold, 0.2508 oz. AGW **Ruler:** Elizabeth II 20mm. **Obv:** Gilick portrait of Elizabeth II right **Rev:** Two Maple leaves on twig **Rev. Designer:** Celia Godkin **Mint:** Royal Canadian Mint

Date	Mintage	MS63	MS65
2014 Reverse Proof	1,500	PF65 650	

KM# 1811 7.80 g., 0.999 Gold, 0.2505 oz. AGW 20mm. **Obv:** Bust right **Rev:** Polar Bear and cub **Rev. Designer:** Germane Arnaktaryok

Date	Mintage	MS63	MS65
2015	2,000	PF65 650	

KM# 1813 15.87 g., 0.9999 Silver, 0.5102 oz. ASW 34mm. **Obv:** Bust right **Rev:** Ram head, bamboo background **Rev. Designer:** Simon Ng

Date	Mintage	MS63	MS65
2015	22,888	PF65 40.00	

KM# 1826 15.87 g., 0.999 Silver, 0.5097 oz. ASW

Ruler: Elizabeth II 34mm. **Obv:** Bust right **Rev:** Calgary Flames logo **Mint:** Royal Canadian Mint

Date	Mintage	MS63	MS65
2015	5,000	PF65 75.00	

KM# 1827 15.87 g., 0.999 Silver, 0.5097 oz. ASW **Ruler:** Elizabeth II 34mm. **Obv:** Bust right **Rev:** Edmonton Oilers logo **Mint:** Royal Canadian Mint

Date	Mintage	MS63	MS65
2015	5,000	PF65 75.00	

KM# 1828 15.87 g., 0.999 Silver, 0.5097 oz. ASW **Ruler:** Elizabeth II 34mm. **Obv:** Bust right **Rev:** Montreal Canadiens logo **Mint:** Royal Canadian Mint

Date	Mintage	MS63	MS65
2015	—	PF65 75.00	

KM# 1829 15.87 g., 0.999 Silver, 0.5097 oz. ASW 34mm. **Obv:** Bust right **Rev:** Ottawa Senators logo

Date	Mintage	MS63	MS65
2015	5,000	PF65 75.00	

KM# 1830 15.87 g., 0.999 Silver, 0.5097 oz. ASW 34mm. **Obv:** Bust right **Rev:** Toronto Maple Leaves logo

Date	Mintage	MS63	MS65
2015	5,000	PF65 75.00	

KM# 1831 15.87 g., 0.999 Silver, 0.5097 oz. ASW 34mm. **Obv:** Bust right **Rev:** Vancouver Canucks logo

Date	Mintage	MS63	MS65
2015	5,000	PF65 75.00	

KM# 1832 15.87 g., 0.999 Silver, 0.5097 oz. ASW 34mm. **Obv:** Bust right **Rev:** Winnipeg Jets logo

Date	Mintage	MS63	MS65
2015	—	PF65 75.00	

KM# 1841 15.87 g., 0.9999 Silver, 0.5102 oz. ASW 34mm. **Obv:** Bust right **Rev:** Sir John A. McDonald standing selectively gilt

Date	Mintage	MS63	MS65
2015	—	PF65 85.00	

15 DOLLARS

KM# 215 33.63 g., 0.925 Silver, 1.0001 oz. ASW 39mm. **Subject:** 1992 Olympics **Obv:** Crowned head right, date at left, denomination below **Rev:** Coaching track **Rev. Designer:** Stewart Sherwood

Date	Mintage	MS63	MS65
1992	—	PF60 35.00	

KM# 216 33.63 g., 0.925 Silver, 1.0001 oz. ASW **Subject:** 1992 Olympics **Obv:** Crowned head right, date at left, denomination below **Rev:** High jump, rings, speed skating **Rev. Designer:** David Craig

Date	Mintage	MS63	MS65
1992	—	PF60 35.00	

KM# 304 33.63 g., 0.925 Silver with gold insert, 1.0001 oz. ASW 40mm. **Subject:** Year of the Tiger **Obv:** Crowned head right **Rev:** Tiger within octagon at center, animal figures surround **Rev. Designer:** Harvey Chan

Date	Mintage	MS63	MS65
1998	—	PF60 375	

KM# 331 33.63 g., 0.925 Silver with gold insert, 1.0001 oz. ASW **Subject:** Year of the Rabbitt **Obv:** Crowned head right **Rev:** Rabbit within octagon at center, animal figures surround **Rev. Designer:** Harvey Chan

Date	Mintage	MS63	MS65
1999	77,791	PF60 100	

KM# 387 33.63 g., 0.925 Silver with gold insert, 1.0001 oz. ASW **Subject:** Year of the Dragon **Obv:** Crowned head right **Rev. Designer:** Harvey Chan

Date	Mintage	MS63	MS65
2000	88,634	PF60 150	

KM# 415 33.63 g., 0.925 Silver with gold insert, 1.0001 oz. ASW 40mm. **Subject:** Year of the Snake **Obv:** Crowned head right **Rev:** Snake within circle of lunar calendar signs **Rev. Designer:** Harvey Chain **Edge:** Reeded

Date	Mintage	MS63	MS65
2001	—	PF63 75.00	PF65 85.00

KM# 463 33.63 g., 0.925 Silver with gold insert, 1.0001 oz. ASW **Subject:** Year of the Horse **Obv:** Crowned head right **Obv. Designer:** Dora dePédery-Hunt **Rev:** Horse in center with Chinese Lunar calendar around **Rev. Designer:** Harvey Chain

Date	Mintage	MS63	MS65
2002	59,395	PF63 75.00	PF65 85.00

KM# 481 33.63 g., 0.925 Silver with gold insert, 1.0001 oz. ASW 40mm. **Subject:** Year of the Sheep **Obv:** Crowned head right **Rev:** Sheep in center with Chinese Lunar calendar around **Rev. Designer:** Harvey Chain

Date	Mintage	MS63	MS65
2003	53,714	PF63 75.00	PF65 85.00

KM# 610 33.63 g., 0.925 Silver Gold octagon applique in center, 1.0001 oz. ASW **Subject:** Year of the Monkey **Obv:** Crowned head right **Rev:** Monkey in center with Chinese Lunar calendar around

Date	Mintage	MS63	MS65
2004	46,175	PF65 150	

KM# 560 33.63 g., 0.925 Silver with gold insert, 1.0001 oz. ASW **Subject:** Year of the Rooster **Obv:** Crowned head right **Rev:** Rooster in center with Chinese Lunar calendar around

Date	Mintage	MS63	MS65
2005	44,690	PF65 125	

KM# 587 33.63 g., 0.925 Silver with gold insert, 1.0001 oz. ASW **Subject:** Year of the Dog **Obv:** Crowned head left **Rev:** Dog in center with Chinese Lunar calendar around

Date	Mintage	MS63	MS65
2006	41,617	PF63 85.00	PF65 100

KM# 732 33.63 g., 0.925 Silver with gold insert, 1.0001 oz. ASW 40mm. **Subject:** Year of the Pig **Rev:** Pig at center of lunar characters

Date	Mintage	MS63	MS65
2007	48,888	PF63 90.00	PF65 100

KM# 801 33.63 g., 0.925 Silver with gold insert, 1.0001 oz. ASW 40mm. **Subject:** Year of the Rat **Rev:** Rat, gold octagonal insert at center

Date	Mintage	MS63	MS65
2008	48,888 **PF63** 80.00 **PF65** 90.00		

KM# 803 30.00 g., 0.925 Silver, 0.8922 oz. ASW 36.15mm. **Rev:** Queen Victoria's coinage portrait

Date	Mintage	MS63	MS65
2008	3,442	100	—

KM# 804 30.00 g., 0.925 Silver, 0.8922 oz. ASW 36.15mm. **Rev:** Edward VII coinage portrait **Rev. Designer:** G. W. DeSaulles

Date	Mintage	MS63	MS65
2008	6,261	100	—

KM# 805 20.00 g., 0.925 Silver, 0.5948 oz. ASW 36.15mm. **Rev:** George V coinage portrait

Date	Mintage	MS63	MS65
2008	—	100	—

KM# 806 31.56 g., 0.925 Silver, 0.9386 oz. ASW 49.8 x 28.6mm. **Rev:** Queen of Spades, multicolor playing card

Date	Mintage	MS63	MS65
2008	8,714 **PF63** 80.00 **PF65** 90.00		

KM# 807 31.56 g., 0.925 Silver, 0.9386 oz. ASW 28.6x49.8mm. **Rev:** Jack of Hearts, multicolor playing card

Date	Mintage	MS63	MS65
2008	11,362 **PF63** 75.00 **PF65** 85.00		

KM# 866 33.63 g., 0.925 Silver with gold insert, 1.0001 oz. ASW 40mm. **Subject:** Year of the Ox

Rev: Ox, octagon gold insert

Date	Mintage	MS63	MS65
2009	48,888	PF63 80.00	PF65 90.00

KM# 919   31.56 g., 0.925 Silver, 0.9386 oz. ASW
49.8 x 28.6mm. **Obv:** Bust right **Obv. Designer:**
Susanna Blunt **Rev:** Ten of spades, multicolor
Shape: rectangle

Date	Mintage	MS63	MS65
2009	5,921	PF63 140	PF65 150

KM# 920   31.56 g., 0.925 Silver, 0.9386 oz. ASW
49.8 x 28.6mm. **Obv:** Bust right **Obv. Designer:**
Susanna Blunt **Rev:** King of hearts, multicolor
Shape: Rectangle

Date	Mintage	MS63	MS65
2009	5,798	PF63 110	PF65 120

KM# 922   30.00 g., 0.925 Silver, 0.8922 oz.
ASW 36.15mm. **Obv:** Bust right **Obv. Designer:**
Susanna Blunt **Rev:** Paget portrait of George VI

Date	Mintage	MS63	MS65
2009 (ml) Prooflike	—	100	—

KM# 923   30.00 g.,   0.925 Silver, 0.8922 oz.
ASW 36.15mm. **Obv:** Bust right **Obv. Designer:**
Susanna Blunt **Rev:** Gillick portrait of Queen
Elizabeth II

Date	Mintage	MS63	MS65
2009 (ml) Prooflike	2,643	100	—

KM# 1038   31.39 g., 0.999 Silver, 1.0082 oz. ASW
38mm. **Subject:** Year of the tiger **Rev:** Tiger in
forest **Shape:** Scalloped

Date	Mintage	MS63	MS65
2009	10,268	PF63 75.00	PF65 85.00

KM# 980   34.00 g., 0.925 Silver, 1.0111 oz. ASW
40mm. **Rev:** Tiger in gold octagon insert, zodiac
animals around

Date	Mintage	MS63	MS65
2010	48,888	PF63 90.00	PF65 100

KM# 1032   0.999 Silver, **Subject:** Year of the tiger
Rev: Tiger walking tiger

Date	Mintage	MS63	MS65
2010	9,999	PF63 75.00	PF65 85.00

KM# 1055 31.11 g., 0.999 Silver, 0.999 oz. ASW
38mm. **Rev:** Rabbit seated on hind legs, head
turned left **Shape:** Scalloped

Date	Mintage	MS63	MS65
2011	19,888	PF63 75.00	PF65 85.00

KM# 1091 25.11 g., 0.925 Silver, 0.7468 oz.
ASW 36.15mm. **Rev:** Prince Charles bust **Rev.
Designer:** Laurie McGaw

Date	Mintage	MS63	MS65
2011 Prooflike	10,000	110	—

KM# 1092 25.11 g., 0.925 Silver, 0.7468 oz. ASW
36.15mm. **Rev:** Prince William **Rev. Designer:**
Laurie McGaw

Date	Mintage	MS63	MS65
2011 Prooflike	10,000	110	—

KM# 1093 25.18 g., 0.925 Silver, 0.7488 oz. ASW

36.15mm. **Rev:** Prince Harry bust 1/4 right **Rev.
Designer:** Laurie McGaw

Date	Mintage	MS63	MS65
2011 Prooflike	10,000	110	—

KM# 1094 31.39 g., 0.999 Silver, 1.0082 oz. ASW
38mm. **Rev:** Rabbit bounding left **Rev. Designer:**
Aries Cheung

Date	Mintage	MS63	MS65
2011	9,999	PF63 90.00	PF65 100

KM# 1152 31.39 g., 0.9999 Silver, 1.0091 oz.
ASW 38mm. **Obv:** Bust right **Rev:** Magpie, bird of
happyness in flight at top, lotus flowers at bottom,
maple leaf hologram at center

Date	Mintage	MS63	MS65
2011	—	PF63 90.00	PF65 100

KM# 1183 31.11 g., 0.999 Silver, 0.999 oz. ASW
36.5mm. **Subject:** Year of the Dragon **Obv:** Bust
right **Rev:** Dragon right

Date	Mintage	MS63	MS65
2012	—	PF63 65.00	PF65 75.00

KM# 1186   31.11 g., 0.999 Silver, 0.999 oz. ASW
36.5mm.   **Subject:** Year of the Dragon **Obv:** Bust
right **Rev:** Dragon left **Shape:** Scalloped

Date	Mintage	MS63	MS65
2012	—	**PF63** 65.00	**PF65** 75.00

KM# 1260   31.39 g., 0.999 Silver, 1.0082 oz. ASW
36.5mm.   **Subject:** Good Fortune **Rev:** Deer and
doe froclicking around central hologram

Date	Mintage	MS63	MS65
2012	—	**PF63** 65.00	**PF65** 75.00

KM# 1358   31.39 g., 0.999 Silver, 1.0082 oz. ASW
36.5mm.   **Subject:** Year of the Snake **Rev:** Snake
vertically between two Chinese characters   **Rev.
Designer:** Aries Cheung

Date	Mintage	MS63	MS65
2013	28,888	**PF65** 100	

KM# 1359   26.70 g.,   0.999 Silver, 0.8576 oz.
ASW 38mm.   **Subject:** Year of the Snake **Rev:**
Snake under maple leaves **Rev. Designer:** Three
Degrees Creative Group **Shape:** Scalloped

Date	Mintage	MS63	MS65
2013	28,888	**PF63** 65.00	**PF65** 75.00

KM# 1446   15.87 g., 0.999 Silver, 0.5097 oz. ASW
34mm.   **Subject:** 75th Anniversary of Superman
Obv: Superman in color flying forward

Date	Mintage	MS63	MS65
2013	15,000	**PF63** 60.00	**PF65** 70.00

KM# 1514   31.11 g., 0.9999 Silver, 0.9999 oz.
ASW 38mm.   **Subject:** Year of the Horse **Obv:** Bust
right **Rev:** Horse prancing left **Rev. Designer:** Aries
Cheung

Date	Mintage	MS63	MS65
2014	28,888	**PF63** 90.00	**PF65** 100

KM# 1516   26.70 g.,   0.999 (No Composition),
0.8576 oz. 38mm.   **Subject:** Year of the Horse **Obv:**
Bust right **Rev:** Horse forepart right **Rev. Designer:**
Three Degrees Creative Group **Shape:** Scalloped

Date	Mintage	MS63	MS65
2014	2,888	**PF63** 90.00	**PF65** 100

KM# 1656   31.11 g., 0.9999 Silver, 0.9999 oz.
ASW **Ruler:** Elizabeth II 38mm.   **Subject:** Year of
the Horse **Obv:** Bust right **Rev:** Horse **Mint:** Royal
Canadian Mint

Date	Mintage	MS63	MS65
2014	—	**PF65** 100	

KM# 1657 23.17 g., 0.999 Silver, 0.7442 oz. ASW **Ruler:** Elizabeth II **Subject:** Exploring Canada - Voyageurs **Obv:** Bust right **Rev. Designer:** John Mantha **Mint:** Royal Canadian Mint

Date	Mintage	MS63	MS65
2014	15,000	PF65 80.00	

KM# 1658 23.17 g., 0.999 Silver, 0.7442 oz. ASW **Ruler:** Elizabeth II 36.07mm. **Subject:** Exploring Canada - The Gold Rush **Obv:** Bust right **Rev. Designer:** John Mantha **Mint:** Royal Canadian Mint

Date	Mintage	MS63	MS65
2014	15,000	PF65 80.00	

KM# 1659 23.17 g., 0.999 Silver, 0.7442 oz. ASW **Ruler:** Elizabeth II 36.07mm. **Subject:** Exploring Canada - Arctic Expedition **Obv:** Bust right **Rev. Designer:** John Mantha **Mint:** Royal Canadian Mint

Date	Mintage	MS63	MS65
2014	15,000	PF65 80.00	

KM# 1660 23.17 g., 0.999 Silver, 0.7442 oz. ASW **Ruler:** Elizabeth II **Subject:** Exploring Canada - Vikings **Obv:** Bust right **Rev. Designer:** John Mantha **Mint:** Royal Canadian Mint

Date	Mintage	MS63	MS65
2014	15,000	PF65 80.00	

KM# 1661 23.17 g., 0.999 Silver, 0.7442 oz. ASW **Ruler:** Elizabeth II 36.07mm. **Subject:** Exploring Canada - West Coast Exploration **Obv:** Bust right **Rev. Designer:** John Mantha **Mint:** Royal Canadian Mint

Date	Mintage	MS63	MS65
2014	15,000	PF65 80.00	

KM# 1662 23.17 g., 0.999 Silver, 0.7442 oz. ASW **Ruler:** Elizabeth II 36.07mm. **Subject:** Exploring Canada - Wild River Exploration **Obv:** Bust right **Rev. Designer:** John Mantha **Mint:** Royal Canadian Mint

Date	Mintage	MS63	MS65
2014	15,000	PF65 80.00	

KM# 1663 23.17 g., 0.999 Silver, 0.7442 oz. ASW **Ruler:** Elizabeth II 36.07mm. **Subject:** Exploring Canada - Pioneering Map makers **Obv:** Bust right **Mint:** Royal Canadian Mint

Date	Mintage	MS63	MS65
2015	15,000	PF65 80.00	

KM# 1665 23.17 g., 0.999 Silver, 0.7442 oz. ASW **Ruler:** Elizabeth II 36.07mm. **Subject:** Exploring Canada - Scientific Exploration **Obv:** Bust right **Mint:** Royal Canadian Mint

Date	Mintage	MS63	MS65
2014	15,000	PF65 80.00	

KM# 1667 31.39 g., 0.999 Silver, 1.0082 oz. ASW **Ruler:** Elizabeth II 38mm. **Subject:** Maple of Longevity **Obv:** Bust right **Rev:** Two cranes, chrysanthemums, tortoise, maple leaf in hologram **Mint:** Royal Canadian Mint

Date	Mintage	MS63	MS65
2014	8,888	PF63 90.00	PF65 100

KM# 1749 23.17 g., 0.999 Silver, 0.7442 oz. ASW 36.07mm. **Obv:** Bust right **Rev:** Superman flying upward

Date	Mintage	MS63	MS65
2014	10,000	PF65 80.00	

KM# 1664 23.17 g., 0.999 Silver, 0.7442 oz. ASW **Ruler:** Elizabeth II 36.07mm. **Subject:** Exploring Canada - Building the Canadian Pacific Railway **Obv:** Bust right **Rev. Designer:** John Mantha **Mint:** Royal Canadian Mint

Date	Mintage	MS63	MS65
2015	15,000	PF65 80.00	

KM# 1666 23.17 g., 0.999 Silver, 0.7442 oz. ASW **Ruler:** Elizabeth II 36.07mm. **Subject:** Exploring Canada - Space Exploration **Obv:** Bust right **Rev. Designer:** John Mantha **Mint:** Royal Canadian Mint

Date	Mintage	MS63	MS65
2015	15,000	PF65 80.00	

15 DOLLARS

KM# 1814   31.39 g.,   0.999 Silver, 1.0082 oz.
ASW **Ruler:** Elizabeth II 38mm.   **Subject:** Year
of the Ram **Obv:** Bust right **Rev:** Stylized ram and
sun **Rev. Designer:** Aries Cheung **Mint:** Royal
Canadian Mint

Date	Mintage	MS63	MS65
2015	18,888	PF65 100	

KM# 1816   26.17 g.,   0.9999 Silver, 0.8413 oz.
ASW 38mm. **Obv:** Bust right **Rev:** Sheep head at
right **Shape:** Scalloped

Date	Mintage	MS63	MS65
2015	18,888	PF65 100	

20 DOLLARS

KM# 71   18.27 g.,   0.900 Gold, 0.5287 oz. AGW
27.05mm.   **Subject:** Centennial **Obv:** Crowned
head right **Rev:** Crowned and supported arms
Edge: Reeded

Date	Mintage	MS63	MS65
1967 Specimen	334,288	900	—

KM# 145   33.63 g.,   0.925 Silver, 1.0001 oz. ASW
40mm.   **Subject:** 1988 Calgary Olympics **Obv:**
Young bust right, maple leaf below, date at right
Rev: Downhill skier, denomination below   **Rev.
Designer:** Ian Stewart **Edge:** Lettered

Date	Mintage	MS63	MS65
1985	—	PF60 35.00	
1985	Inc. above	PF60 200	

Note: Plain edge

KM# 146   33.63 g.,   0.925 Silver, 1.0001 oz. ASW
40mm.   **Subject:** 1988 Calgary Olympics **Obv:**
Young bust right, small maple leaf below, date at
right **Rev:** Speed skater, denomination below   **Rev.
Designer:** Friedrich Peter **Edge:** Lettered

Date	Mintage	MS63	MS65
1985	—	PF60 35.00	
1985	Inc. above	PF60 200	

Note: Plain edge

KM# 147   33.63 g.,   0.925 Silver, 1.0001 oz. ASW

40mm. **Subject:** 1988 Calgary Olympics **Obv:** Young bust right, small maple leaf below, date at right **Rev:** Biathlon, denomination below **Rev. Designer:** John Mardon **Edge:** Lettered

Date	Mintage	MS63	MS65
1986	—	PF60 35.00	
1986	Inc. above	PF60 200	

Note: Plain edge

KM# 148 33.63 g., 0.925 Silver, 1.0001 oz. ASW 40mm. **Subject:** 1988 Calgary Olympics **Obv:** Young bust right, small maple leaf below, date at right **Rev:** Hockey, denomination below **Rev. Designer:** Ian Stewart **Edge:** Lettered

Date	Mintage	MS63	MS65
1986	—	PF60 35.00	
1986	Inc. above	PF60 200	

Note: Plain edge

KM# 150 33.63 g., 0.925 Silver, 1.0001 oz. ASW 40mm. **Subject:** Calgary 1988 - 15th Winter Olympic Games **Obv:** Young bust right, small maple leaf below, date at right **Rev:** Cross-country skier, denomination below **Rev. Designer:** Ian Stewart **Edge:** Lettered

Date	Mintage	MS63	MS65
1986	—	PF60 35.00	

KM# 151 33.63 g., 0.925 Silver, 1.0001 oz. ASW

40mm. **Subject:** 1988 Calgary Olympics **Obv:** Young bust right, small maple leaf below, date at right **Rev:** Free-style skier, denomination below **Rev. Designer:** Walter Ott **Edge:** Lettered

Date	Mintage	MS63	MS65
1986	—	PF60 35.00	
1986	Inc. above	PF60 200	

Note: Plain edge

KM# 155 34.11 g., 0.925 Silver, 1.0143 oz. ASW 40mm. **Subject:** Calgary 1988 - 15th Winter Olympic Games **Obv:** Young bust right, small maple leaf below, date at right **Rev:** Figure skating pairs event, denomination below **Rev. Designer:** Raymond Taylor **Edge:** Lettered

Date	Mintage	MS63	MS65
1987	—	PF60 35.00	

KM# 156 34.11 g., 0.925 Silver, 1.0143 oz. ASW 40mm. **Subject:** 1988 Calgary Olympics **Obv:** Young bust right, small maple leaf below, date at right **Rev:** Curling, denomination below **Rev. Designer:** Ian Stewart **Edge:** Lettered

Date	Mintage	MS63	MS65
1987	—	PF60 35.00	

KM# 159 34.11 g., 0.925 Silver, 1.0143 oz. ASW

20 DOLLARS

40mm. **Subject:** 1988 Calgary Olympics **Obv:**
Young bust right, small maple leaf below, date at
right **Rev:** Ski jumper, denomination below **Rev.
Designer:** Raymond Taylor **Edge:** Lettered

Date	Mintage	MS63	MS65
1987	—	PF60 35.00	

KM# 160   34.11 g.,   0.925 Silver, 1.0143 oz. ASW
40mm. **Subject:** 1988 Calgary Olympics **Obv:**
Young bust right, maple leaf below, date at right
Rev: Bobsled, denomination below **Rev. Designer:**
John Mardon **Edge:** Lettered

Date	Mintage	MS63	MS65
1987	—	PF60 35.00	

KM# 172   31.10 g., 0.925 Silver gold cameo insert,
0.925 oz. ASW 38mm. **Subject:** Aviation **Obv:**
Crowned head right, date below **Rev:** Lancaster,
Fauquier in cameo, denomination below   **Rev.
Designer:** Robert R. Carmichael

Date	Mintage	MS63	MS65
1990	—	PF60 125	

KM# 173   31.10 g., 0.925 Silver with Gold cameo
insert., 0.925 oz. ASW 38mm. **Subject:** Aviation
Obv: Crowned head right, date below **Rev:** Anson
and Harvard, Air Marshal Robert Leckie in cameo,
denomination below **Rev. Designer:** Geoff Bennett

Date	Mintage	MS63	MS65
1990	—	PF60 45.00	

KM# 196   31.10 g., 0.925 Silver gold cameo insert,
0.925 oz. ASW 38mm. **Subject:** Aviation **Obv:**
Crowned head right, date below **Rev:** Silver Dart,
John A. D. McCurdy and F. W. "Casey" Baldwin
in cameo, denomination below **Rev. Designer:**
George Velinger

Date	Mintage	MS63	MS65
1991	—	PF60 45.00	

KM# 197   31.10 g., 0.925 Silver gold cameo insert,
0.925 oz. ASW 38mm. **Subject:** Aviation **Obv:**
Crowned head right, date below **Rev:** de Haviland
Beaver, Philip C. Garratt in cameo, denomination
below **Rev. Designer:** Peter Massman

Date	Mintage	MS63	MS65
1991	—	PF60 45.00	

KM# 224   31.10 g.,   0.925 Silver gold cameo
insert, 0.925 oz. ASW 38mm. **Subject:** Aviation
Obv: Crowned head right, date below **Rev:**
Curtiss JN-4 Canick ("Jenny"), Sir Frank W. Baillie
in cameo, denomination below **Rev. Designer:**
George Velinger

Date	Mintage	MS63	MS65
1992	—	PF60 45.00	

20 DOLLARS

KM# 225 31.10 g., 0.925 Silver with Gold cameo insert., 0.925 oz. ASW 38mm. **Subject:** Aviation **Obv:** Crowned head right, date below **Rev:** de Haviland Gypsy Moth, Murton A. Seymour in cameo, denomination below **Rev. Designer:** John Mardon

Date	Mintage	MS63	MS65
1992	—	PF60 45.00	

KM# 236 31.10 g., 0.925 Silver with Gold cameo insert., 0.925 oz. ASW 38mm. **Subject:** Aviation **Obv:** Crowned head right, date below **Rev:** Fairchild 71C float plane, James A. Richardson, Sr. in cameo, denomination below **Rev. Designer:** Robert R. Carmichael

Date	Mintage	MS63	MS65
1993	—	PF60 45.00	

KM# 237 31.10 g., 0.925 Silver with Gold cameo insert., 0.925 oz. ASW 38mm. **Subject:** Aviation **Obv:** Crowned head right, date below **Rev:** Lockheed 14, Zebulon Lewis Leigh in cameo, denomination below **Rev. Designer:** Robert R. Carmichael

Date	Mintage	MS63	MS65
1993	—	PF60 45.00	

KM# 246 31.10 g., 0.925 Silver with Gold cameo insert., 0.925 oz. ASW 38mm. **Subject:** Aviation **Obv:** Crowned head right, date below **Rev:** Curtiss HS-2L seaplane, Stewart Graham in cameo, denomination below **Rev. Designer:** John Mardon

Date	Mintage	MS63	MS65
1994	—	PF60 45.00	

KM# 247 31.10 g., 0.925 Silver with Gold cameo insert., 0.925 oz. ASW 38mm. **Subject:** Aviation **Obv:** Crowned head right, date below **Rev:** Vickers Vedette, Wilfred T. Reid in cameo, denomination below **Rev. Designer:** Robert R. Carmichael

Date	Mintage	MS63	MS65
1994	—	PF60 45.00	

KM# 271 31.10 g., 0.925 Silver gold cameo insert, 0.925 oz. ASW 38mm. **Subject:** Aviation **Obv:** Crowned head right, date below **Rev:** C-FEA1 Fleet Cannuck, denomination below **Rev. Designer:** Robert Bradford

Date	Mintage	MS63	MS65
1995	17,438	PF60 45.00	

20 DOLLARS

KM# 272 31.10 g., 0.925 Silver gold cameo insert, 0.925 oz. ASW 38mm. **Subject:** Aviation **Obv:** Crowned head right, date below **Rev:** DHC-1 Chipmunk, denomination below **Rev. Designer:** Robert Bradford

Date	Mintage	MS63	MS65
1995	17,722	PF60 45.00	

KM# 276 31.10 g., 0.925 Silver gold cameo insert, 0.925 oz. ASW 38mm. **Subject:** Aviation **Obv:** Crowned head right, date below **Rev:** CF-100 Cannuck, denomination below **Rev. Designer:** Jim Bruce

Date	Mintage	MS63	MS65
1996	18,508	PF60 45.00	

KM# 277 31.10 g., 0.925 Silver gold cameo insert, 0.925 oz. ASW 38mm. **Subject:** Aviation **Obv:** Crowned head right, date below **Obv. Legend:** CF-105 Arrow, denomination below **Rev. Designer:** Jim Bruce

Date	Mintage	MS63	MS65
1996	—	PF60 100	

KM# 297 31.10 g., 0.925 Silver gold cameo insert, 0.925 oz. ASW 38mm. **Subject:** Aviation **Obv:** Crowned head right, date below **Rev:** Canadair F-86 Sabre, denomination below **Rev. Designer:** Ross Buckland

Date	Mintage	MS63	MS65
1997	14,389	PF60 45.00	

KM# 298 31.10 g., 0.925 Silver with Gold cameo insert., 0.925 oz. ASW 38mm. **Subject:** Aviation **Obv:** Crowned head right, date below **Rev:** Canadair CT-114 Tutor, denomination below **Rev. Designer:** Ross Buckland

Date	Mintage	MS63	MS65
1997	15,669	PF60 45.00	

KM# 329 31.10 g., 0.925 Silver gold cameo insert, 0.925 oz. ASW 38mm. **Subject:** Aviation **Obv:** Crowned head, right, date below **Rev:** CP-107 Argus, denomination below **Rev. Inscription:** Peter Mossman

Date	Mintage	MS63	MS65
1998	Est. 50000	PF60 50.00	

KM# 330 31.10 g., 0.925 Silver gold cameo insert, 0.925 oz. ASW 38mm. **Subject:** Aviation **Obv:** Crowned head right, date below **Rev:** CP-215 Waterbomber, denomination below **Rev. Designer:** Peter Mossman

Date	Mintage	MS63	MS65
1998	Est. 50000	PF60 75.00	

KM# 339 31.10 g., 0.925 Silver gold cameo insert, 0.925 oz. ASW 38mm. **Subject:** Aviation **Obv:** Crowned head right, date below **Rev:** DHC-6 Twin Otter, denomination below **Rev. Designer:** Neil Aird

Date	Mintage	MS63	MS65
1999	Est. 50000	PF60 95.00	

KM# 340 31.10 g., 0.925 Silver gold cameo insert, 0.925 oz. ASW 38mm. **Subject:** Aviation **Obv:** Crowned head right, date below **Rev:** DHC-8 Dash 8, denomination below

Date	Mintage	MS63	MS65
1999	50,000	PF60 100	

KM# 395 0.925 Silver, 38mm. **Subject:** First Canadian locomotive **Obv:** Crowned head right, date below **Rev:** Locomotive below multicolored cameo, denomination below

Date	Mintage	MS63	MS65
2000	—	PF60 50.00	

KM# 396 0.925 Silver, 38mm. **Subject:** First Canadian self-propelled car **Obv:** Crowned head right, date below **Rev:** Car below multicolored cameo, denomination below

Date	Mintage	MS63	MS65
2000	—	PF60 50.00	

KM# 397 0.925 Silver, 38mm. **Subject:** Bluenose sailboat **Obv:** Crowned head right, date below **Rev:** Bluenose sailing left below multicolored cameo, denomination below

Date	Mintage	MS63	MS65
2000	—	PF60 150	

KM# 411 31.10 g., 0.925 Silver, 0.925 oz. ASW 38mm. **Subject:** Transportation - Steam Locomotive **Obv:** Crowned head right **Obv. Designer:** Dora dePédery-Hunt **Rev:** First Canadian Steel Steam Locomotive and cameo hologram **Rev. Designer:** Don Curely **Edge:** Segmented reeding

Date	Mintage	MS63	MS65
2001	15,000	PF63 35.00	PF65 45.00

KM# 428 31.10 g., 0.925 Silver, 0.925 oz. ASW 38mm.   **Obv:** Crowned head right **Rev:** Russell touring car with hologram cameo **Series:** Transportation - Russell Touring Car   **Rev. Designer:** John Mardon **Edge:** Segmented reeding

Date	Mintage	MS63	MS65
2001	15,000	PF63 35.00	PF65 45.00

KM# 427 31.10 g., 0.925 Silver, 0.925 oz. ASW 38mm.   **Obv:** Crowned head right **Rev:** Sailship with hologram cameo **Series:** Transportation - The Marco Polo   **Rev. Designer:** J. Franklin Wright **Edge:** Segmented reeding

Date	Mintage	MS63	MS65
2001	15,000	PF63 35.00	PF65 45.00

KM# 464 31.10 g., 0.925 Silver, 0.925 oz. ASW **Obv:** Crowned head right **Obv. Designer:** Dora dePédery-Hunt **Rev:** Gray-Dort Model 25-SM with cameo hologram **Rev. Designer:** John Mardon

Date	Mintage	MS63	MS65
2002	15,000	PF63 35.00	PF65 45.00

KM# 465 31.10 g., 0.925 Silver, 0.925 oz. ASW **Obv:** Crowned head right **Obv. Designer:** Dora dePédery-Hunt **Rev:** Sailing ship William D. Lawrence **Rev. Designer:** Bonnie Ross

Date	Mintage	MS63	MS65
2002	15,000	PF63 35.00	PF65 45.00

KM# 482 31.39 g., 0.9999 Silver, 1.0091 oz. ASW 38mm. **Obv:** Crowned head right **Obv. Designer:** Dora dePédery-Hunt **Rev:** Niagara Falls hologram **Rev. Designer:** Gary Corcoran

Date	Mintage	MS63	MS65
2003	29,967	PF63 65.00	PF65 75.00

KM# 483 31.10 g., 0.925 Silver with selective gold plating, 0.925 oz. ASW **Subject:** The HMCS Bras d'or (FHE-400) **Obv:** Crowned head right **Obv. Designer:** Dora dePédery-Hunt **Rev:** Ship in water **Rev. Designer:** Donald Curley, Stan Witten

Date	Mintage	MS63	MS65
2003	15,000	PF63 35.00	PF65 45.00

KM# 484 31.10 g., 0.925 Silver with selective gold plating, 0.925 oz. ASW **Subject:** Canadian National FA-1 diesel-electric locomotive **Obv:** Crowned head right **Obv. Designer:** Dora dePédery-Hunt **Rev. Designer:** John Mardon, William Woodruff

Date	Mintage	MS63	MS65
2003	15,000	PF63 35.00	PF65 45.00

KM# 485 31.10 g., 0.925 Silver with selective gold plating, 0.925 oz. ASW **Obv:** Crowned head right **Obv. Designer:** Dora dePédery-Hunt **Rev:** The Bricklin SV-1 **Rev. Designer:** Brian Hughes, José Oslo

Date	Mintage	MS63	MS65
2003	15,000	PF63 35.00	PF65 45.00

KM# 523 31.39 g., 0.999 Silver, 1.0082 oz. ASW 38mm. **Obv:** Crowned head right **Obv. Designer:** Dora dePédery-Hunt **Rev:** Canadian Rockies, multicolor

Date	Mintage	MS63	MS65
2003	29,967	PF63 45.00	PF65 50.00

KM# 611 31.39 g., 0.9999 Silver, 1.0091 oz. ASW 38mm. **Obv:** Head right **Obv. Designer:** Susanna Blunt **Rev:** Iceberg, hologram

Date	Mintage	MS63	MS65
2004	24,879	PF63 40.00	PF65 45.00

KM# 838 31.39 g., 0.9999 Silver partially gilt, 1.0091 oz. ASW 38mm. **Rev:** Hopewell Rocks, gilt

Date	Mintage	MS63	MS65
2004	16,918	PF63 35.00	PF65 45.00

KM# 561 31.39 g., 0.9999 Silver, 1.0091 oz. ASW 38mm. **Obv:** Head right **Obv. Designer:** Susanna Blunt **Rev:** Three-masted sailing ship, hologram of the sea **Rev. Designer:** Bonnie Ross

Date	Mintage	MS63	MS65
2005	18,276	PF63 50.00	PF65 55.00

KM# 562 31.39 g., 0.9999 Silver, 1.0091 oz. ASW 38mm. **Subject:** Northwest Territories Diamonds **Obv:** Head right **Obv. Designer:** Susanna Blunt **Rev:** Multicolor diamond hologram on landscape **Rev. Designer:** José Oslo **Edge:** Reeded

Date	Mintage	MS63	MS65
2005	35,000	PF63 45.00	PF65 50.00

KM# 563 31.39 g., 0.9999 Silver, 1.0091 oz. ASW **Subject:** Mingan Archepelago **Obv:** Head right **Obv:** Designer: Susanna Blunt **Rev:** Cliffs with whale tail out of water **Rev. Designer:** Pierre Leduc

Date	Mintage	MS63	MS65
2005	—	PF63 40.00	PF65 45.00

KM# 564 31.39 g., 0.9999 Silver, 1.0091 oz. ASW **Subject:** Rainforests of the Pacific Northwest **Obv:** Head right **Rev:** Open winged bird **Designer:** Susanna Blunt

Date	Mintage	MS63	MS65
2005	—	PF63 40.00	PF65 45.00

KM# 565 31.39 g., 0.9999 Silver, 1.0091 oz. ASW 38mm. **Subject:** Toronto Island National Park **Obv:** Head right **Rev:** Toronto Island Lighthouse, Toronto skyline in background

Date	Mintage	MS63	MS65
2005	—	PF63 50.00	PF65 55.00

KM# 588 31.39 g., 0.9999 Silver, 1.0091 oz. ASW **Subject:** Georgian Bay National Park **Obv:** Head right **Rev:** Canoe and small trees on island

Date	Mintage	MS63	MS65
2006	—	PF63 50.00	PF65 60.00

KM# 589 31.10 g., 0.9999 Silver, 0.9998 oz. ASW 38mm. **Obv:** Head right **Rev:** Notre Dame Basilica, Montreal, as a hologram

Date	Mintage	MS63	MS65
2006	15,000	PF63 45.00	PF65 50.00

KM# 663 31.39 g.,   0.9999 Silver, 1.0091 oz.
ASW 38mm. **Subject:** Nahanni National Park **Obv:**
Head right **Rev:** Bear walking along sream, cliff in
background

Date	Mintage	MS63	MS65
2006	—	PF63 55.00	PF65 60.00

KM# 664 31.39 g., 0.9999 Silver, 1.0091 oz. ASW
38mm. **Subject:** Jasper National Park **Obv:** Head
right **Rev:** Cowboy on horseback in majestic scene

Date	Mintage	MS63	MS65
2006	—	PF63 55.00	PF65 60.00

KM# 665 31.10 g.,   0.9999 Silver, 0.9998 oz.
ASW 38mm. **Obv:** Head right **Rev:** Holographic
rendering of CN Tower

Date	Mintage	MS63	MS65
2006	15,000	PF63 55.00	PF65 60.00

KM# 666 31.10 g.,   0.9999 Silver, 0.9998 oz.
ASW **Obv:** Head right **Rev:** Holographic view of
Pengrowth Saddledome in Calgary

Date	Mintage	MS63	MS65
2006	15,000	PF63 50.00	PF65 55.00

KM# 667 31.39 g., 0.9999 Silver, 1.0091 oz. ASW
Subject: Tall Ship **Obv:** Head right **Rev:** Ketch and
holographic image of thunderstorm in sky

Date	Mintage	MS63	MS65
2006	10,299	PF63 55.00	PF65 60.00

KM# 734 31.10 g., 0.999 Silver, 0.9989 oz. ASW
38mm. **Rev:** Holiday sleigh ride

Date	Mintage	MS63	MS65
2007	6,804	PF63 65.00	PF65 70.00

KM# 735 31.10 g., 0.999 Silver, 0.9989 oz. ASW
38mm. **Rev:** Snowflake, aquamarine crystal

Date	Mintage	MS63	MS65
2007	4,989	PF65 175	

KM# 737 31.10 g., 0.999 Silver, 0.9989 oz. ASW
38mm. **Subject:** International Polar Year

Date	Mintage	MS63	MS65
2007	9,164	PF63 60.00	PF65 65.00

KM# 737a 27.78 g., 0.925 Silver, 0.8262 oz. ASW 40mm. **Subject:** International Polar Year **Rev:** Blue plasma coating

Date	Mintage	MS63	MS65
2007	3,005	**PF65** 250	

KM# 738 31.39 g., 0.9999 Silver, 1.0091 oz. ASW 38mm. **Subject:** Tall ships **Rev:** Brigantine in harbor, hologram

Date	Mintage	MS63	MS65
2007	16,000	**PF63** 55.00	**PF65** 60.00

KM# 839 31.39 g., 0.9999 Silver, 1.0091 oz. ASW **Rev:** Northern lights in hologram

Date	Mintage	MS63	MS65
2007	—	35.00	—

KM# 808 31.50 g., 0.925 Silver, 0.9368 oz. ASW

38mm. **Subject:** Agriculture trade **Rev:** Team of horses plowing

Date	Mintage	MS63	MS65
2008	5,802	**PF63** 65.00	**PF65** 70.00

KM# 809 31.11 g., 0.999 Silver, 0.999 oz. ASW 38mm. **Rev:** Royal Hudson Steam locomotive

Date	Mintage	MS63	MS65
2008	8,345	**PF63** 65.00	**PF65** 70.00

KM# 810 31.39 g., 0.999 Silver, 1.0082 oz. ASW 38mm. **Rev:** Green leaf and crystal raindrop **Rev. Designer:** Stanley Witten

Date	Mintage	MS63	MS65
2008	15,000	**PF63** 165	**PF65** 175

KM# 811 31.11 g., 0.999 Silver, 0.999 oz. ASW **Rev:** Snowflake, amethyst crystal

Date	Mintage	MS63	MS65
2008	7,172	**PF63** 90.00	**PF65** 95.00

KM# 813   31.11 g.,   0.999 Silver, 0.999 oz. ASW
38mm. **Rev:** Carolers around tree

Date	Mintage		MS63		MS65
2008	10,000	PF63 60.00		PF65 70.00	

KM# 872   31.11 g.,   0.999 Silver, 0.999 oz. ASW
38mm. **Rev:** Snowflake, sapphire crystal

Date	Mintage		MS63		MS65
2008	7,765	PF63 90.00		PF65 95.00	

KM# 870   27.78 g.,   0.925 Silver, 0.8262 oz.
ASW 40mm. **Rev:** Calgary Flames goalie mask
multicolor on goal net

Date	Mintage		MS63		MS65
2009	10,000	PF63 60.00		PF65 70.00	

KM# 871   27.78 g.,   0.925 Silver, 0.8262 oz.
ASW 40mm. **Rev:** Edmonton Oilers goalie mask,
multicolor on goal net

Date	Mintage		MS63		MS65
2009	10,000	PF63 60.00		PF65 70.00	

KM# 872A   27.78 g., 0.925 Silver, 0.8262 oz. ASW
40mm. **Rev:** Montreal Canadians goalie mask
multicolor

Date	Mintage		MS63		MS65
2009	10,000	PF63 60.00		PF65 70.00	

KM# 873   27.78 g.,   0.925 Silver, 0.8262 oz. ASW
40mm. **Rev:** Ottawa Senators goalie mask on goal
net

Date	Mintage		MS63		MS65
2009	10,000	PF63 60.00		PF65 70.00	

KM# 874   27.78 g.,   0.925 Silver, 0.8262 oz. ASW
40mm.   **Rev:** Toronto Maple Leafs goalie mask,
multicolor on goal net

Date	Mintage		MS63		MS65
2009	10,000	PF63 60.00		PF65 70.00	

KM# 875   27.78 g.,   0.925 Silver, 0.8262 oz. ASW
40mm.   **Rev:** Vancouver Canucks goalie mask,
multicolor on goal net

Date	Mintage		MS63		MS65
2009	10,000	PF63 60.00		PF65 70.00	

KM# 876   31.50 g., 0.925 Silver, 0.9368 oz. ASW
40mm. **Rev:** Summer moon mask

Date	Mintage	MS63	MS65
2009	2,834	**PF65** 225	

KM# 891   31.39 g., 0.999 Silver, 1.0082 oz. ASW
38mm. **Subject:** Great Canadian Locomotives -
Jubilee **Obv:** Bust right **Obv. Designer:** Susanna
Blunt **Rev:** Jubilee locomotive side view **Obv.
Legend:** Elizabeth II DG Regina **Rev. Legend:**
Canada 20 Dollars **Edge Lettering:** Jubilee

Date	Mintage	MS63	MS65
2009	6,036	**PF63** 65.00	**PF65** 70.00

KM# 892   31.39 g., 0.999 Silver, 1.0082 oz. ASW
38mm. **Subject:** Crystal raindrop **Obv:** Bust right
Rev: Maple leaf and rain drop - fall colors **Rev.
Designer:** Celia Godkin

Date	Mintage	MS63	MS65
2009	9,998	**PF63** 75.00	**PF65** 85.00

KM# 893   31.39 g., 0.999 Silver, 1.0082 oz. ASW
38mm. **Subject:** Coal mining trade **Obv:** Bust right
Obv. Designer: Susanna Blunt **Rev:** Miner pushing
cart with coal **Obv. Legend:** Elizabeth II DG Regina
Rev. Designer: John Marder **Rev. Legend:** Canada
20 Dollars

Date	Mintage	MS63	MS65
2009	10,000	**PF63** 65.00	**PF65** 75.00

KM# 944   31.11 g., 0.999 Silver, 0.999 oz. ASW
38mm. **Rev:** Snowflake - light blue crystal

Date	Mintage	MS63	MS65
2009	7,477	**PF63** 95.00	**PF65** 100

KM# 945   31.11 g., 0.999 Silver, 0.999 oz. ASW
38mm. **Rev:** Snowflake - light red crystal

Date	Mintage	MS63	MS65
2009	7,004	**PF63** 95.00	**PF65** 100

KM# 987   31.39 g., 0.9999 Silver, 1.0091 oz. ASW
38mm. **Rev:** Lotus Water Lilly in multicolor and
crystal **Rev. Designer:** Cladio D'Angelo

Date	Mintage	MS63	MS65
2010	10,000	**PF63** 110	**PF65** 120

KM# 1009   31.39 g., 0.999 Silver, 1.0082 oz. ASW
Subject: 75th Anniversary of Canadian Bank Notes
Rev: Female and farmer seated

Date	Mintage	MS63	MS65
2010	7,500	**PF63** 65.00	**PF65** 70.00

KM# 1013   31.39 g., 0.999 Silver, 1.0082 oz.
ASW 38mm.   **Rev:** Maple leaf and crystal   **Rev.**
Designer: Celia Godkin

Date	Mintage	MS63	MS65
2010	10,000	**PF63** 90.00	**PF65** 100

KM# 1018   31.39 g., 0.999 Silver, 1.0082 oz. ASW
38mm.   **Rev:** Steam Locomotive Selkirk

Date	Mintage	MS63	MS65
2010	10,000	**PF65** 80.00	

KM# 1048   31.11 g., 0.9999 Silver, 0.9999 oz.
ASW 38mm.   **Rev:** Snowflake, blue crystals

Date	Mintage	MS63	MS65
2010	7,500	**PF63** 85.00	**PF65** 95.00

KM# 1049   31.11 g., 0.9999 Silver, 0.9999 oz.
ASW 38mm.   **Rev:** Snowflake, tanzanite crystals

Date	Mintage	MS63	MS65
2010	7,500	**PF63** 85.00	**PF65** 95.00

KM# 1066   31.99 g., 0.999 Silver, 1.0275 oz. ASW
38mm.   **Rev:** Pinecone with ruby crystals   **Rev.**
Designer: Susan Taylor

Date	Mintage	MS63	MS65
2010	5,000	**PF63** 110	**PF65** 120

KM# 1067   31.99 g., 0.999 Silver, 1.0275 oz. ASW
38mm.   **Rev:** Pinecone with moonlight blue crystals
Rev. Designer: Susan Taylor

Date	Mintage	MS63	MS65
2010	5,000	**PF63** 110	**PF65** 120

KM# 1075   27.78 g., 0.925 Silver, 0.8262 oz. ASW
40mm.   **Subject:** Winter Scene **Rev:** Horse pulling
cut Christmas Tree   **Rev. Designer:** Rene Clark

Date	Mintage	MS63	MS65
2011	8,000	**PF63** 60.00	**PF65** 70.00

KM# 1111 31.39 g., 0.999 Silver, 1.0082 oz. ASW 40mm. **Subject:** Royal Wedding **Rev:** Portraits of Katherine and William facing each other, crystal insert

Date	Mintage	MS63	MS65
2011	—	PF63 70.00	PF65 80.00

KM# 1134 31.39 g., 0.9999 Silver, 1.0091 oz. ASW 38mm. **Subject:** Canadian Pacific's D-10 Steam Locomotive **Obv:** Bust right **Rev:** Steam locomotive right **Edge:** Lettered

Date	Mintage	MS63	MS65
2011	10,000	PF63 70.00	PF65 80.00

KM# 1135 31.39 g., 0.9999 Silver, 1.0091 oz. ASW 38mm. **Obv:** Bust right **Rev:** Tulip in color and Vienitian glass lady bug

Date	Mintage	MS63	MS65
2011	5,000		PF65 1,000

KM# 1145 31.39 g., 0.9999 Silver, 1.0091 oz. ASW 38mm. **Obv:** Bust right **Rev:** Wild rose in color, swarovski crystrals

Date	Mintage	MS63	MS65
2011	Est. 10000	PF63 125	PF65 135

KM# 1147 31.39 g., 0.9999 Silver, 1.0091 oz. ASW 38mm. **Obv:** Bust right **Rev:** Maple leaves, seeds in color, swarovski crystal drop

Date	Mintage	MS63	MS65
2011	—	PF63 100	PF65 110

KM# 1181 31.39 g., 0.999 Silver, 1.0082 oz. ASW 38mm. **Obv:** Bust right **Rev:** Winnipeg Jets Logo, jet over maple leaf

Date	Mintage	MS63	MS65
2011	15,000	PF63 85.00	PF65 95.00

KM# 1182 31.99 g., 0.9999 Silver, 1.0284 oz. ASW 38mm. **Obv:** Bust right **Rev:** Christmas tree with six crystals

Date	Mintage	MS63	MS65
2011	—	PF63 65.00	PF65 75.00

20 DOLLARS

KM# 1187 31.39 g.,   0.999 Silver, 1.0082 oz. ASW 38mm. **Obv:** Bust right **Rev:** Snowflake with emerald crystals

Date	Mintage	MS63	MS65
2011	15,000	PF63 75.00	PF65 85.00

KM# 1188 31.89 g., 0.999 Silver, 1.0243 oz. ASW 38mm. **Obv:** Bust right **Rev:** Snowflake with topaz crystals

Date	Mintage	MS63	MS65
2011	15,000	PF63 75.00	PF65 85.00

KM# 1189 31.89 g., 0.999 Silver, 1.0243 oz. ASW 38mm. **Obv:** Bust right **Rev:** Three snowflakes with three Hyacinth red crystals

Date	Mintage	MS63	MS65
2011	15,000	PF63 75.00	PF65 85.00

KM# 1190 31.89 g., 0.999 Silver, 1.0243 oz. ASW 38mm. **Obv:** Bust right **Rev:** Three snowflakes with three Montana blue crystals

Date	Mintage	MS63	MS65
2011	15,000	PF63 75.00	PF65 85.00

KM# 1137 31.39 g., 0.999 Silver, 1.0082 oz. ASW 38mm. **Subject:** Elizabeth II, 60th Anniversary of reign **Obv:** Bust right **Rev:** Crowned bust right with swarovski crystal insert **Edge:** Reeded

Date	Mintage	MS63	MS65
1952-2012	15,000	PF63 70.00	PF65 80.00

KM# 1177 27.78 g., 0.925 Silver, 0.8262 oz. ASW 38mm. **Obv:** Bust right **Rev:** Youthful busts right of

Elizabeth II and Prince Philip

Date	Mintage	MS63	MS65
1952-2012	—	PF63 75.00	PF65 85.00

KM# 1178   27.78 g., 0.925 Silver, 0.8262 oz. ASW 38mm. **Obv:** Bust right **Rev:** Royal cypher, wreath below

Date	Mintage	MS63	MS65
1952-2012	—	PF63 75.00	PF65 85.00

KM# 1238   30.75 g.,   0.9999 Silver, 0.9885 oz. ASW 36mm.   **Subject:** Elizabeth II, Diamond Jubilee **Obv:** Bust right **Rev:** Elizabeth II profile left, high releif **Rev. Designer:** Laurie McGaw

Date	Mintage	MS63	MS65
2012	7,500	PF63 65.00	PF65 75.00

KM# 1239   Silver, **Subject:** Royal visit to Canada **Obv:** Young portrait right **Rev:** Elizabeth II with Mountie and horse

Date	Mintage	MS63	MS65
1952-2012	25,000	PF63 25.00	PF65 30.00

KM# 1246   31.39 g., 0.999 Silver, 1.0082 oz. ASW 38mm. **Subject:** Coast Guard, 50th Anniversary

Date	Mintage	MS63	MS65
2012	7,500	PF63 90.00	PF65 100

KM# 1250 31.39 g., 0.999 Silver, 1.0082 oz. ASW 38mm. **Subject:** F.H. Varley

Date	Mintage	MS63	MS65
2012	7,000	PF63 65.00	PF65 75.00

KM# 1251 27.78 g., 0.925 Silver, 0.8262 oz. ASW 38mm. **Subject:** Arthur Lismer

Date	Mintage	MS63	MS65
2012	—	PF63 65.00	PF65 75.00

KM# 1266 31.10 g., 0.999 Silver, 0.9989 oz. ASW 38mm. **Subject:** Aster and bee

Date	Mintage	MS63	MS65
2012	—	PF63 90.00	PF65 100

KM# 1269 31.39 g., 0.999 Silver, 1.0082 oz. ASW 38mm. **Subject:** Sugar Maple Leaf **Rev:** Leaves in

color, crystal

Date	Mintage	MS63	MS65
2012	—	PF65 130	

KM# 1270 31.39 g., 0.999 Silver, 1.0082 oz. ASW 38mm. **Rev:** Rhododendron

Date	Mintage	MS63	MS65
2012	—	PF65 125	

KM# 1280 31.11 g., 0.999 Silver, 0.999 oz. ASW 38mm. **Subject:** Bateman Moose

Date	Mintage	MS63	MS65
2012	—	PF65 135	

KM# 1283 15.55 g., 0.999 Gold, 0.4994 oz. AGW 25mm. **Subject:** Year of the Dragon

Date	Mintage	MS63	MS65
2012	—	PF65 900	

KM# 1333 31.11 g., 0.999 Silver, 0.999 oz. ASW 38mm. **Rev:** Snowstorm

Date	Mintage	MS63	MS65
2012	—	PF63 45.00	PF65 50.00

20 DOLLARS

KM# 1334   28.02 g., 0.999 Silver, 0.900 oz. ASW
Subject: Christmas Play **Rev:** Three childred as the
Magi, crystal **Rev. Designer:** Jason Bouwman

Date	Mintage	MS63	MS65
2012	10,000	PF63 110	PF65 115

KM# 1335   27.78 g., 0.925 Silver, 0.8262 oz. ASW
38mm. **Subject:** Franklin Carmichael **Rev:** Snowy
Landscape

Date	Mintage	MS63	MS65
2012	—	PF63 70.00	PF65 75.00

KM# 1347   31.39 g., 0.999 Silver, 1.0082 oz. ASW
38mm. **Rev:** Blue flag iris in color with three crystals
Rev. Designer: Celia Godkin

Date	Mintage	MS63	MS65
2013	10,000	PF63 110	PF65 120

KM# 1361   31.39 g., 0.999 Silver, 1.0082 oz. ASW
35mm. **Rev:** Purple cone flower, butterfly in color
and high relief **Rev. Designer:** Maurice Gervais

Date	Mintage	MS63	MS65
2013	—	PF63 50.00	PF65 60.00

KM# 1363   31.39 g., 0.9999 Silver, 1.0091 oz.
ASW 38mm. **Subject:** Canadian Maple Canopy
- Spring **Rev:** Forest Canopy in Spring, Colorized
Rev. Designer: Emily Damstra

Date	Mintage	MS63	MS65
2013	Est. 7500	PF63 90.00	PF65 100

KM# 1374   31.40 g., 0.999 Silver, 1.0084 oz. ASW
38mm. **Subject:** Baseball **Rev:** Baseball Batter
Rev. Designer: Steve Hepburn

Date	Mintage	MS63	MS65
2013	Est. 7500	PF63 110	PF65 115

KM# 1375   31.39 g., 0.999 Silver, 1.0082 oz. ASW
38mm. **Subject:** Baseball **Rev:** Baseball Fielder
Rev. Designer: Steve Hepburn

Date	Mintage	MS63	MS65
2013	Est. 7500	PF63 110	PF65 115

KM# 1376   31.39 g., 0.999 Silver, 1.0082 oz. ASW
38mm. **Subject:** Baseball **Rev:** Baseball Pitcher
Rev. Designer: Steve Hepburn

Date	Mintage	MS63	MS65
2013	—	PF63 110	PF65 115

KM# 1377   31.39 g., 0.999 Silver, 1.0082 oz. ASW
38mm. **Subject:** Baseball **Rev:** Baseball Runner
Rev. Designer: Steve Hepburn

Date	Mintage	MS63	MS65
2013	Est. 7500	PF63 110	PF65 115

KM# 1381   31.11 g., 0.999 Silver, 0.999 oz. ASW
38mm. **Subject:** Snow Flake With Crystal

Date	Mintage	MS63	MS65
2013	—	PF63 110	PF65 120

KM# 1384   31.39 g., 0.999 Silver, 1.0082 oz. ASW

38mm. **Subject:** Frank Johnston - Painter **Rev:**
Painting: Guardian of the Gorge **Rev. Designer:**
F.H. Varley

Date	Mintage	MS63	MS65
2013	Est. 7000	PF63 80.00	PF65 90.00

KM# 1385   31.39 g., 0.999 Silver, 1.0082 oz.
ASW 38mm. **Subject:** Lauren S. Harris - Painter
Rev: Painting: Toronto Street, Winter Morning **Rev.
Designer:** F.H. Varley

Date	Mintage	MS63	MS65
2013	Est. 7000	PF63 80.00	PF65 90.00

KM# 1397   31.39 g., 0.9999 Silver, 1.0091 oz.
ASW 38mm. **Rev:** Beaver gnawing on tree **Rev.
Designer:** Glen Loates

Date	Mintage	MS63	MS65
2013	8,500	PF63 90.00	PF65 100

KM# 1404   28.20 g., 0.9999 Silver, 0.9066 oz.
ASW 40mm. **Rev:** Arctic Fox and Northern lights in
background **Rev. Designer:** Tivadar Bote

Date	Mintage	MS63	MS65
2013	—	PF63 75.00	PF65 85.00

KM# 1447   31.39 g., 0.999 Silver, 1.0082 oz.
ASW 38mm. **Rev:** Superman standing right, cape
blowing **Rev. Designer:** Jim Lee, DC Comics

Date	Mintage	MS63	MS65
2013	Est. 10000	PF63 100	PF65 110

KM# 1448 31.39 g., 0.999 Silver, 1.0082 oz. ASW 38mm. **Subject:** 75th Anniversary of Superman **Rev:** Superman flying forward, multi-color background hologram **Rev. Designer:** Jim Lee, DC Comics

Date	Mintage	MS63	MS65
2013	Est. 10000	PF63 120	PF65 130

KM# 1449 31.39 g., 0.999 Silver, 1.0082 oz. ASW 38mm. **Subject:** 75th Anniversary of Superman **Rev:** 'S' shield logo in color

Date	Mintage	MS63	MS65
2013	Est. 10000	PF63 110	PF65 120

KM# 1451a 7.96 g., 0.9999 Silver, 0.2559 oz. ASW 38mm. **Rev:** Red maple leaf in center of many small maple leaves **Rev. Designer:** Jose Osio

Date	Mintage	MS63	MS65
2013	Est. 10000	PF63 100	PF65 115

KM# 1459 31.39 g., 0.999 Silver, 1.0082 oz. ASW 38mm. **Rev:** Pronghorn Antelope with northern lights in the background **Rev. Designer:** Pierre Leduc

Date	Mintage	MS63	MS65
2013	Est. 8500	PF63 80.00	PF65 90.00

KM# 1466 31.39 g., 0.9999 Silver, 1.0091 oz. ASW 38mm. **Subject:** Birth of Prince George **Rev:** Baby sleeping in crib **Rev. Designer:** Laurie McGaw

Date	Mintage	MS63	MS65
2013	7,500	PF63 70.00	PF65 80.00

KM# 1467 31.39 g., 0.9999 Silver, 1.0091 oz. ASW 38mm. **Subject:** Birth of Prince George **Rev:** Parents hands holding baby's hand **Rev. Designer:** Laurie McGaw

Date	Mintage	MS63	MS65
2013	7,500	PF63 70.00	PF65 80.00

KM# 1468 31.39 g., 0.9999 Silver, 1.0091 oz. ASW 38mm. **Subject:** Birth of Prince George **Rev:** Mint Mascot Moose and Beaver Mountie plush dolls in crib with sleeping baby **Rev. Designer:** Laurie McGaw

Date	Mintage	MS63	MS65
2013	7,500	PF63 70.00	PF65 80.00

KM# 1470 31.39 g., 0.9999 Silver, 1.0091 oz. ASW 38mm. **Subject:** A.Y. Jackson, painter **Rev:** Detail of painting, Sant Tile de Caps

Date	Mintage	MS63	MS65
2013	7,000	PF63 90.00	PF65 100

20 DOLLARS

KM# 1471 31.39 g., 0.9999 Silver, 1.0091 oz. ASW 38mm. **Subject:** J.E.H. MacDonald, painter **Rev:** Detail of painting, Sumacs

Date	Mintage	MS63	MS65
2013	7,000	PF63 90.00	PF65 100

KM# 1474 31.39 g., 0.999 Silver, 1.0082 oz. ASW 38mm. **Subject:** Dinosaurs of Canada **Rev:** Bathygnathus advancing left **Rev. Designer:** Julius Cstonyi

Date	Mintage	MS63	MS65
2013	8,500	PF63 80.00	PF65 90.00

KM# 1479 31.39 g., 0.999 Silver, 1.0082 oz. ASW 38mm. **Rev:** Eagle in flight left

Date	Mintage	MS63	MS65
2013	—	PF63 80.00	PF65 90.00

KM# 1484 31.11 g., 0.999 Silver, 0.999 oz. ASW 38mm. **Subject:** Louisbourg Settlement **Rev:** Colonial sea-side scene **Rev. Designer:** John Horton

Date	Mintage	MS63	MS65
2013	8,500	PF63 80.00	PF65 90.00

KM# 1507 0.999 Silver, 38mm. **Subject:** Carlito Dalceggio, artist

Date	Mintage	MS63	MS65
2013	7,500	PF63 80.00	PF65 90.00

KM# 1510 31.39 g., 0.9999 Silver, 1.0091 oz. ASW 38mm. **Rev:** Two eagles standing on rock **Rev. Designer:** Claudio d'Angelo

Date	Mintage	MS63	MS65
2013	7,500	PF63 75.00	PF65 80.00

KM# 1513 31.39 g., 0.9999 Silver, 1.0091 oz. ASW 38mm. **Subject:** Northern Lights, the great Hare **Rev:** Hare seated watching hologram of Northern Lights **Rev. Designer:** Nathalie Bertin

Date	Mintage	MS63	MS65
2013	8,500	PF63 100	PF65 110

KM# 1553 31.39 g., 0.999 Silver, 1.0082 oz. ASW 38mm. **Subject:** Pond Hockey in color **Obv:** Bust right **Rev. Designer:** Richard D. Wolfe

Date	Mintage	MS63	MS65
2014	8,500	PF63 90.00	PF65 100

KM# 1556   31.39 g.,   0.9999 Silver, 1.0091 oz. ASW 38mm.   **Obv:** Bust right **Rev:** Polar bear walking on rocks in color   **Rev. Designer:** Glen Loates

Date	Mintage	MS63	MS65
2014	8,500	PF63 90.00	PF65 100

KM# 1558   31.39 g.,   0.999 Silver, 1.0082 oz. ASW 38mm.   **Obv:** Bust right **Rev:** Canadian UN Peacekeeper with binoculars, blue beret   **Rev. Designer:** Selvia Pecota

Date	Mintage	MS63	MS65
2014	8,500	PF65 115	

KM# 1565   31.39 g.,   0.9999 Silver, 1.0091 oz. ASW 38mm.   **Obv:** Bust right **Rev:** Lake Superior in blue color

Date	Mintage	MS63	MS65
2014	10,000	PF63 110	PF65 115

KM# 1566   31.39 g., 0.999 Silver, 1.0082 oz. ASW 38mm.   **Obv:** Bust right **Rev:** Lake Huron in color

Date	Mintage	MS63	MS65
2014	10,000	PF63 110	PF65 115

KM# 1567   31.39 g., 0.999 Silver, 1.0082 oz. ASW 38mm.   **Obv:** Bust right **Rev:** Lake Michigan in color

Date	Mintage	MS63	MS65
2014	10,000	PF63 110	PF65 115

KM# 1568   31.39 g., 0.999 Silver, 1.0082 oz. ASW 38mm.   **Obv:** Bust right **Rev:** Lake Erie in color

Date	Mintage	MS63	MS65
2014	10,000	PF63 110	PF65 115

KM# 1569   31.39 g., 0.999 Silver, 1.0082 oz. ASW 38mm.   **Obv:** Bust right **Rev:** Lake Ontario in color

Date	Mintage	MS63	MS65
2014	10,000	PF63 110	PF65 115

KM# 1570   31.39 g.,   0.9999 Silver, 1.0091 oz. ASW 38mm.   **Obv:** Bust right **Rev:** Caribou in color   **Rev. Designer:** Trevor Tennant

Date	Mintage	MS63	MS65
2014	8,500	PF63 90.00	PF65 100

KM# 1609   31.39 g., 0.999 Silver, 1.0082 oz. ASW 38mm.   **Obv:** Bust right **Rev:** Bison head facing

Rev. Designer: Doug Comeau

Date	Mintage	MS63	MS65
2014	7,500	PF63 90.00	PF65 100

KM# 1610 31.39 g., 0.999 Silver, 1.0082 oz. ASW 38mm. **Obv:** Bust right **Rev:** Bison pair advancing left **Rev. Designer:** Trevor Tennant

Date	Mintage	MS63	MS65
2014	7,500	PF63 90.00	PF65 100

KM# 1614 31.11 g., 0.999 Silver, 0.999 oz. ASW 40mm. **Obv:** Bust right **Rev:** Wolverine with northern lights in background **Rev. Designer:** Tivadar Bote

Date	Mintage	MS63	MS65
2014	8,500	PF63 80.00	PF65 90.00

KM# 1668 31.39 g., 0.999 Silver partially gilt, 1.0082 oz. ASW **Ruler:** Elizabeth II 38mm. **Obv:** Bust right **Rev:** Nanaboozhoo and the Thunderbird **Rev. Designer:** Cyrill Assinaboine **Mint:** Royal Canadian Mint

Date	Mintage	MS63	MS65
2014	8,500	PF63 110	PF65 115

KM# 1669 31.39 g., 0.9999 Silver, 1.0091 oz. ASW **Ruler:** Elizabeth II 38mm. **Obv:** Bust right **Rev:** Nanaboozhoo and Thunderbird nest **Rev. Designer:** Cyril Assiniboine **Mint:** Royal Canadian Mint

Date	Mintage	MS63	MS65
2014	8,500	PF63 85.00	PF65 90.00

KM# 1670 31.39 g., 0.999 Silver partially gilt, 1.0082 oz. ASW **Ruler:** Elizabeth II 40mm. **Subject:** Sacred Teachings - Love **Obv:** Bust right **Rev:** Figure with arms outstretched, Eagle with wings outstretched **Rev. Designer:** Nathalie Bertin **Mint:** Royal Canadian Mint

Date	Mintage	MS63	MS65
2014	7,000	PF65 110	

KM# 1671 31.39 g., 0.999 Silver partially gilt, 1.0082 oz. ASW **Ruler:** Elizabeth II 40mm. **Subject:** Sacred teachings - Respect **Obv:** Bust right **Rev:** Figure4 lying on back of bison advancing right **Rev. Designer:** Nathalie Bertin **Mint:** Royal Canadian Mint

Date	Mintage	MS63	MS65
2014	7,000	PF65 110	

KM# 1672 31.39 g., 0.999 Silver partially gilt, 1.0082 oz. ASW **Ruler:** Elizabeth II 40mm. **Subject:** Sacred teachings - Courage **Obv:** Bust right **Rev:** Bear and figure **Rev. Designer:** Nathalie Bertin **Mint:** Royal Canadian Mint

Date	Mintage	MS63	MS65
2014	7,000	PF65 110	

KM# 1673 31.39 g., 0.999 Silver partially gilt, 1.0082 oz. ASW **Ruler:** Elizabeth II 40mm. **Subject:** Sacred teachings - Honesty **Obv:** Bust right **Rev:** Large figure holding bird in hand, against evergreen branch background **Rev. Designer:** Nathalie Bertin **Mint:** Royal Canadian Mint

Date	Mintage	MS63	MS65
2014	7,000	PF65 110	

KM# 1674 31.39 g., 0.999 Silver partially gilt, 1.0082 oz. ASW **Ruler:** Elizabeth II 40mm. **Subject:** Sacred teachings - Widsom **Obv:** Bust right **Rev:** Beaver and figure **Rev. Designer:** Nathalie Bertin **Mint:** Royal Canadian Mint

Date	Mintage	MS63	MS65
2014	7,000	PF65 110	

KM# 1675 31.39 g., 0.999 Silver partially gilt, 1.0082 oz. ASW **Ruler:** Elizabeth II 40mm. **Subject:** Sacred Teachings - Humility **Obv:** Bust right **Rev:** Wolf and figure against leaf background **Rev. Designer:** Nathalie Bertin **Mint:** Royal Canadian Mint

Date	Mintage	MS63	MS65
2014	7,000	PF65 110	

20 DOLLARS

KM# 1676 31.39 g., 0.999 Silver partially gilt, 1.0082 oz. ASW **Ruler:** Elizabeth II 40mm. **Subject:** Sacred Teaching - Truth **Obv:** Bust right **Rev:** Turtle with figures in each segment of shell **Rev. Designer:** Nathalie Bertin **Mint:** Royal Canadian Mint

Date	Mintage	MS63	MS65
2014	7,000	PF65 110	

KM# 1677 31.39 g., 0.9999 Silver, 1.0091 oz. ASW **Ruler:** Elizabeth II 38mm. **Obv:** Bust right **Rev:** Floral colored glass from Craigdarroch Castle **Mint:** Royal Canadian Mint

Date	Mintage	MS63	MS65
2014	7,500	PF63 125	PF65 130

KM# 1678 31.39 g., 0.9999 Silver, 1.0091 oz. ASW **Ruler:** Elizabeth II 38mm. **Obv:** Bust right **Rev:** River rapids in color **Rev. Designer:** Robert Ross **Mint:** Royal Canadian Mint

Date	Mintage	MS63	MS65
2014	7,500	PF63 90.00	PF65 100

KM# 1680 31.39 g., 0.9999 Silver, 1.0091 oz. ASW **Ruler:** Elizabeth II 38mm. **Subject:** Royal Ontario Museum, 100th Anniversary **Obv:** Bust right **Rev:** Building façade, partially gilt **Mint:** Royal Canadian Mint

Date	Mintage	MS63	MS65
2014	8,500	PF63 110	PF65 115

KM# 1681 31.11 g., 0.9999 Silver, 0.9999 oz. ASW **Ruler:** Elizabeth II 38mm. **Subject:** Royal visit, 75th Anniversary **Obv:** Bust right **Rev:** George VI and Queen Mary on back of open platform railway car **Mint:** Royal Canadian Mint

Date	Mintage	MS63	MS65
2014 Antique patina	5,000	140	—

KM# 1682 31.11 g., 0.9999 Silver, 0.9999 oz. ASW **Ruler:** Elizabeth II 38mm. **Obv:** Bust right **Rev:** Howling wolf and northern lights hologram **Rev. Designer:** Nathalie Bertin **Mint:** Royal Canadian Mint

Date	Mintage	MS63	MS65
2014	8,500	PF63 105	PF65 110

KM# 1683 31.39 g., 0.9999 Silver, 1.0091 oz. ASW **Ruler:** Elizabeth II 38mm. **Obv:** Bust right **Rev:** Empress of India in color **Mint:** Royal Canadian Mint

Date	Mintage	MS63	MS65
2014	7,000	PF63 105	PF65 110

KM# 1684 31.39 g., 0.9999 Silver, 1.0091 oz. ASW **Ruler:** Elizabeth II 38mm. **Obv:** Bust right **Rev:** Baby beaver in color **Rev. Designer:** Glen Loates **Mint:** Royal Canadian Mint

Date	Mintage	MS63	MS65
2014	7,500	PF63 90.00	PF65 100

KM# 1685 31.60 g., 0.9999 Silver, 1.0159 oz. ASW **Ruler:** Elizabeth II 40mm. **Subject:** Royal Winnipeg Ballet, 75th Anniversary **Obv:** Bust right **Rev:** Six Ballerinas in circle with tutus in color **Mint:** Royal Canadian Mint

Date	Mintage	MS63	MS65
2014	7,500	PF63 90.00	PF65 100

KM# 1686 31.39 g., 0.9999 Silver partially gilt, 1.0091 oz. ASW **Ruler:** Elizabeth II 38mm. **Obv:** Bust right **Rev:** Nanaboozhoo and eagle in background **Mint:** Royal Canadian Mint

Date	Mintage	MS63	MS65
2014	8,500	PF63 110	PF65 115

KM# 1687 31.39 g., 0.9999 Silver, 1.0091 oz. ASW **Ruler:** Elizabeth II 38mm. **Obv:** Bust right **Rev:** Nanaboozhoo in color **Mint:** Royal Canadian Mint

Date	Mintage	MS63	MS65
2014	8,500	PF63 110	PF65 115

KM# 1709 31.39 g., 0.999 Silver, 1.0082 oz. ASW 38mm. **Obv:** Bust right **Rev:** Royal Family - Elizabeth II, Charles, William, George

Date	Mintage	MS63	MS65
2014	10,000	PF65 80.00	

KM# 1732 31.39 g., 0.999 Silver, 1.0082 oz. ASW 38mm. **Subject:** Autumn Falls **Obv:** Bust right **Rev:** Waterfall and maple leaves **Rev. Designer:** Tony Bianco

Date	Mintage	MS63	MS65
2014	7,500	PF65 100	

KM# 1734 31.39 g., 0.999 Silver, 1.0082 oz. ASW 38mm. **Obv:** Bust right **Rev:** Chickadee on branch with red crystal berries **Rev. Designer:** Steve Hepburn

Date	Mintage	MS63	MS65
2014	7,500	PF65 115	

KM# 1735 31.39 g., 0.999 Silver, 1.0082 oz. ASW 38mm. **Obv:** Bust right **Rev:** Bald Eagle in flight right with fish in talons

Date	Mintage	MS63	MS65
2014	8,500	PF65 100	

KM# 1736 31.39 g., 0.999 Silver partially gilt, 1.0082 oz. ASW 38mm. **Obv:** Bust right **Rev:** Bald Eagle gilt, in flight left with fish in talons

Date	Mintage	MS63	MS65
2014	8,500	PF65 115	

KM# 1737 31.39 g., 0.999 Silver, 1.0082 oz. ASW 38mm. **Obv:** Bust right **Rev:** Bald eagle in color, in flight right

Date	Mintage	MS63	MS65
2014	8,500	PF65 90.00	

KM# 1738 31.39 g., 0.999 Silver, 1.0082 oz. ASW

38mm. **Obv:** Bust right **Rev:** Totem Forest **Rev. Designer:** Emily Carr

Date	Mintage	MS63	MS65
2014	6,000	PF65 90.00	

KM# 1742   31.39 g., 0.999 Silver, 1.0082 oz. ASW **Ruler:** Elizabeth II 38mm. **Obv:** Bust right **Rev:** Stained glass window from Casa Loma **Mint:** Royal Canadian Mint

Date	Mintage	MS63	MS65
2014	7,500	PF65 100	

KM# 1743   31.39 g., 0.999 Silver, 1.0082 oz. ASW 38mm. **Obv:** Bust right **Rev:** White tail deer - Doe and two fawns

Date	Mintage	MS63	MS65
2014	7,500	PF65 80.00	

KM# 1744   31.39 g., 0.999 Silver, 1.0082 oz. ASW 38mm. **Obv:** Bust right **Rev:** Two white tail deer bucks locking antlers

Date	Mintage	MS63	MS65
2014	7,500	PF65 80.00	

KM# 1745   31.39 g., 0.999 Silver, 1.0082 oz. ASW 38mm. **Obv:** Bust right **Rev:** White tail deer portrait

Date	Mintage	MS63	MS65
2014	7,500	PF65 80.00	

KM# 1746   31.39 g., 0.999 Silver, 1.0082 oz. ASW 38mm. **Obv:** Bust right **Rev:** Two white tail deer bounding left over fallen tree trunk

Date	Mintage	MS63	MS65
2014	7,500	PF65 100	

KM# 1750   31.39 g., 0.999 Silver, 1.0082 oz. ASW 38mm. **Obv:** Bust right **Rev:** Superman breaking thru ice

Date	Mintage	MS63	MS65
2014	10,000	PF65 80.00	

KM# 1753   31.39 g., 0.999 Silver, 1.0082 oz. ASW 38mm. **Obv:** Bust right **Rev:** Cougar advancing left **Rev. Designer:** Glen Loates

Date	Mintage	MS63	MS65
2014	—	PF65 80.00	

KM# 1754   31.39 g., 0.999 Silver, 1.0082 oz. ASW 38mm. **Obv:** Bust right **Rev:** Cougar advancing, partially gilt

Date	Mintage	MS63	MS65
2014	—	PF65 80.00	

KM# 1755   31.39 g., 0.999 Silver, 1.0082 oz. ASW 38mm. **Obv:** Bust right **Rev:** Cougar in tree, fall colors

Date	Mintage	MS63	MS65
2014	—	PF65 100	

KM# 1759   31.39 g., 0.999 Silver, 1.0082 oz. ASW 38mm. **Obv:** Bust right **Rev:** Maple leaf canopy, autumn allure

Date	Mintage	MS63	MS65
2014	7,500	PF65 100	

KM# 1760 31.39 g., 0.999 Silver, 1.0082 oz. ASW 38mm. **Obv:** Bust right **Rev:** Maple leaf impressions, large green leaf in center

Date	Mintage	MS63	MS65
2014	7,500	PF65 100	

KM# 1763 31.39 g., 0.999 Silver, 1.0082 oz. ASW 38mm. **Obv:** Bust right **Rev:** Maple tree canopy, green leaves

Date	Mintage	MS63	MS65
2014	7,500	PF65 100	

KM# 1769 31.39 g., 0.999 Silver, 1.0082 oz. ASW 38mm. **Obv:** Bust right **Rev:** Xenoceratopis Foremostensis dinosaur **Rev. Designer:** Julius Csotonyi

Date	Mintage	MS63	MS65
2014	8,500	PF65 90.00	

KM# 1770 31.39 g., 0.9999 Silver, 1.0091 oz. ASW 38mm. **Obv:** Bust right **Rev:** Maple leaf cluster, glow in the dark **Rev. Designer:** Celia Godkin

Date	Mintage	MS63	MS65
2014	—	PF65 38.00	

KM# 1771 31.39 g., 0.999 Silver, 1.0082 oz. ASW **Ruler:** Elizabeth II 38mm. **Obv:** Bust right **Rev:** Red Trillum in color and crystal dew drops **Mint:** Royal Canadian Mint

Date	Mintage	MS63	MS65
2014	—	PF65 120	

KM# 1776 31.39 g., 0.9999 Silver, 1.0091 oz. ASW 38mm. **Obv:** Bust right **Rev:** Water Lilly & Venitian glass frog **Rev. Designer:** Maurice Gervais **Note:** Very high relief.

Date	Mintage	MS63	MS65
2014	12,500	PF65 150	

KM# 1780 31.39 g., 0.999 Silver, 1.0082 oz. ASW **Ruler:** Elizabeth II **Subject:** Canadian Space Agency **Obv:** Bust right **Rev:** Space walk and Canada arm **Mint:** Royal Canadian Mint

Date	Mintage	MS63	MS65
2014	—	PF65 120	

KM# 1781 31.39 g., 0.999 Silver, 1.0082 oz. ASW **Ruler:** Elizabeth II 38mm. **Subject:** Interconnections - Land **Obv:** Bust right **Rev:** Beaver hologram **Rev. Designer:** Andy Eveson **Mint:** Royal Canadian Mint

Date	Mintage	MS63	MS65
2014	7,500	PF65 115	

20 DOLLARS

KM# 1782 31.39 g., 0.999 Silver, 1.0082 oz. ASW **Ruler:** Elizabeth II 38mm. **Subject:** Interconnections - Air **Obv:** Bust right **Rev:** Thunderbird hologram **Rev. Designer:** Andy Eveson **Mint:** Royal Canadian Mint

Date	Mintage	MS63	MS65
2014	7,500	PF65 115	

KM# 1783 31.39 g., 0.999 Silver, 1.0082 oz. ASW **Ruler:** Elizabeth II 38mm. **Subject:** Interconnections - Sea **Obv:** Bust right **Rev:** Orca hologram **Rev. Designer:** Andy Everson **Mint:** Royal Canadian Mint

Date	Mintage	MS63	MS65
2014	7,500	PF65 115	

KM# 1788 31.39 g., 0.999 Silver, 1.0082 oz. ASW **Ruler:** Elizabeth II 38mm. **Subject:** Hockey Canada, 100th Anniversary **Obv:** Bust right **Rev:** Hockey player within red and black maple leaf **Mint:** Royal Canadian Mint

Date	Mintage	MS63	MS65
2014	—	PF65 120	

KM# 1795 31.39 g., 0.999 Silver, 1.0082 oz. ASW **Ruler:** Elizabeth II 38mm. **Obv:** Bust right **Rev:** Snowman and house, tree in Venetian glass **Mint:** Royal Canadian Mint

Date	Mintage	MS63	MS65
2014	10,000	PF65 150	

KM# 1796 31.83 g., 0.999 Silver, 1.0223 oz. ASW

Ruler: Elizabeth II 40mm. **Obv:** Bust right **Rev:** Red spotted purple butterfly **Rev. Designer:** Gelia Godkin **Mint:** Royal Canadian Mint

Date	Mintage	MS63	MS65
2014	10,000	PF65 100	

KM# 1822 31.39 g., 0.999 Silver, 1.0082 oz. ASW **Obv:** Bust right **Rev:** Family skating on ice pond

Date	Mintage	MS63	MS65
2015	7,500	PF65 75.00	

KM# 1823 31.39 g., 0.999 Silver, 1.0082 oz. ASW **Ruler:** Elizabeth II 38mm. **Obv:** Bust right **Rev:** Albertosaurus **Rev. Designer:** Julius Csotonyi **Mint:** Royal Canadian Mint

Date	Mintage	MS63	MS65
2015	8,500	PF65 90.00	

KM# 1825 31.39 g., 0.999 Silver, 1.0082 oz. ASW 38mm. **Obv:** Bust right **Rev:** Beaver at work in color **Rev. Designer:** John Mardon

Date	Mintage	MS63	MS65
2015	7,500	PF65 100	

KM# 1833 31.39 g., 0.999 Silver, 1.0082 oz. ASW 38mm. **Obv:** Bust right **Rev:** Mother and young burrowing owl in color

Date	Mintage	MS63	MS65
2015	7,500 **PF65** 100		

KM# 1844 31.39 g., 0.9999 Silver, 1.0091 oz. ASW **Obv:** Bust right **Rev:** UNESCO. Mt. Fuji and Rocky Mountains

Date	Mintage	MS63	MS65
2015	— **PF65** 75.00		

25 DOLLARS

KM# 742 27.78 g., 0.925 Silver, 0.8262 oz. ASW 40mm. **Subject:** Vancouver Olympics **Rev:** Alpine skiing, hologram

Date	Mintage	MS63	MS65
2007	45,000	**PF63** 45.00	**PF65** 50.00

KM# 743 27.78 g., 0.925 Silver, 0.8262 oz. ASW 40mm. **Subject:** Vancouver Olympics **Rev:** Athletics pride hologram

Date	Mintage	MS63	MS65
2007	45,000	**PF63** 60.00	**PF65** 65.00

KM# 744 27.75 g., 0.925 Silver, 0.8253 oz. ASW 40mm. **Subject:** Vancouver Olympics **Rev:** Biathleon hologram

Date	Mintage	MS63	MS65
2007	54,000	**PF63** 45.00	**PF65** 50.00

KM# 745 27.78 g., 0.925 Silver, 0.8262 oz. ASW 40mm. **Subject:** Vancouver Olympics **Rev:** Curling hologram

Date	Mintage	MS63	MS65
2007	—	**PF63** 45.00	**PF65** 50.00

KM# 746 27.78 g., 0.925 Silver, 0.8262 oz. ASW 40mm. **Subject:** Vancouver Olympics **Rev:** Hockey, hologram

Date	Mintage	MS63	MS65
2007	45,000	**PF63** 45.00	**PF65** 50.00

KM# 814 27.78 g., 0.925 Silver, 0.8262 oz. ASW 40mm. **Subject:** Vancouver Olympics **Rev:** Bobsleigh, hologram

Date	Mintage	MS63	MS65
2008	45,000	PF63 40.00	PF65 50.00

KM# 815 27.78 g., 0.925 Silver, 0.8262 oz. ASW 40mm. **Subject:** Vancouver Olympics **Rev:** Figure skating, hologram

Date	Mintage	MS63	MS65
2008	45,000	PF63 40.00	PF65 50.00

KM# 816 27.78 g., 0.925 Silver, 0.8262 oz. ASW 40mm. **Subject:** Vancouver Olympics **Rev:** Freestyle skating, hologram

Date	Mintage	MS63	MS65
2008	45,000	PF63 40.00	PF65 50.00

KM# 817 27.78 g., 0.925 Silver, 0.8262 oz. ASW 40mm. **Subject:** Vancouver Olympics **Rev:** Snowboarding, hologram

Date	Mintage	MS63	MS65
2008	45,000	PF63 40.00	PF65 50.00

KM# 818 27.78 g., 0.925 Silver, 0.8262 oz. ASW 40mm. **Subject:** Vancouver Olympics **Rev:** Home of the 2010 Olympics

Date	Mintage	MS63	MS65
2008	45,000	PF63 40.00	PF65 50.00

KM# 903 27.78 g., 0.925 Silver, 0.8262 oz. ASW 40mm. **Subject:** 2010 Vancouver Olympics **Obv:** Bust right **Obv. Designer:** Susanna Blunt **Rev:** Cross Country Skiing and hologram at left

Date	Mintage	MS63	MS65
2009	45,000	PF63 45.00	PF65 50.00

KM# 904 27.78 g., 0.925 Silver, 0.8262 oz. ASW 40mm. **Subject:** 2010 Vancouver Olympics **Obv:** Bust right **Obv. Designer:** Susanna Blunt **Rev:** Olympians holding torch, hologram at left

Date	Mintage	MS63	MS65
2009	45,000	**PF63** 45.00	**PF65** 50.00

KM# 905 27.78 g., 0.925 Silver, 0.8262 oz. ASW 40mm. **Subject:** 2010 Vancouver Olympics **Obv:** Bust right **Obv. Designer:** Susanna Blunt **Rev:** Sled, hologram at left

Date	Mintage	MS63	MS65
2009	45,000	**PF63** 45.00	**PF65** 50.00

KM# 906 27.78 g., 0.925 Silver, 0.8262 oz. ASW 40mm. **Subject:** 2010 Vancouver Olympics **Obv:** Bust right **Obv. Designer:** Susanna Blunt **Rev:** Ski Jumper, hologram at left

Date	Mintage	MS63	MS65
2009	45,000	**PF63** 45.00	**PF65** 50.00

KM# 907 27.78 g., 0.925 Silver, 0.8262 oz. ASW 40mm. **Subject:** 2010 Vancouver Olympics **Obv:** Bust right **Obv. Designer:** Susanna Blunt **Rev:** Speed Skaters, hologram at left

Date	Mintage	MS63	MS65
2009	45,000	**PF63** 45.00	**PF65** 50.00

KM# 1146 62.41 g., 0.9999 Silver selectively gilt, 2.0063 oz. ASW 60mm. **Obv:** Bust right **Rev:** Toronto map and skyline, partilly gilt **Edge:** Reeded

Date	Mintage	MS63	MS65
2011	Est. 7500	**PF63** 170	**PF65** 180

KM# 1173 31.39 g., 0.9999 Silver, 1.0091 oz. ASW 38mm. **Obv:** Bust right **Rev:** Wayne Greskey skating right, father's portrait in circle at right, 99 in hologram at lower right

Date	Mintage	MS63	MS65
2011	—	**PF63** 75.00	**PF65** 85.00

KM# 1330 31.11 g., 0.999 Silver, 0.999 oz. ASW 38mm. **Rev:** Grandmother Moon Mask **Rev. Designer:** Richard Cochrane

Date	Mintage	MS63	MS65
2012	—	**PF63** 70.00	**PF65** 75.00

KM# 1398 31.39 g., 0.9999 Silver, 1.0091 oz. ASW 38mm. **Rev:** Beaver with two kits **Rev. Designer:** Pierre Le Duc

Date	Mintage	MS63	MS65
2013	Est. 8500	PF63 80.00	PF65 90.00

KM# 1403 31.39 g., 0.999 Silver, 1.0082 oz. ASW 38mm. **Rev:** Polar Bear and two cubs **Rev. Designer:** Pierre Le Duc

Date	Mintage	MS63	MS65
2013	Est. 8500	PF63 80.00	PF65 90.00

KM# 1405 7.77 g., 0.999 Gold, 0.2496 oz. AGW 20mm. **Rev:** Arctic Fox with Northern lights in the background **Rev. Designer:** Tivadar Bote

Date	Mintage	MS63	MS65
2013	Est. 1500	PF65 650	

KM# 1456 31.39 g., 0.999 Silver, 1.0082 oz. ASW 38mm. **Rev:** Caribou mother and calf **Rev. Designer:** Pierre Leduc

Date	Mintage	MS63	MS65
2013	Est. 8500	PF63 80.00	PF65 90.00

KM# 1457 31.39 g., 0.999 Silver, 1.0082 oz. ASW 38mm. **Rev:** Wolf mother and two pups **Rev. Designer:** Pierre Leduc

Date	Mintage	MS63	MS65
2013	Est. 8500	PF63 80.00	PF65 90.00

KM# 1458 7.77 g., 0.999 Gold, 0.2496 oz. AGW 20mm. **Rev:** Pronghorn Antelope with northern lights in background **Rev. Designer:** Tony Bianco

Date	Mintage	MS63	MS65
2013	Est. 1500	PF65 650	

KM# 1482 31.11 g., 0.999 Silver, 0.999 oz. ASW 38mm. **Subject:** Banknote Allegory **Rev:** Female seated **Rev. Designer:** Laurie McGaw

Date	Mintage	MS63	MS65
2013 Proof	8,500	90.00	—

KM# 1483 7.80 g., 0.9999 Gold, 0.2508 oz. AGW 20mm. **Subject:** Banknote Allegory **Rev:** Seated female **Rev. Designer:** Laurie McGaw

Date	Mintage	MS63	MS65
2013	2,000	PF65 650	

KM# 1508 30.76 g., 0.9999 Silver, 0.9889 oz. ASW 36.15mm. **Subject:** Grandmother Moon Mask **Rev:** Mask carving **Rev. Designer:** Richard Cochrane

Date	Mintage	MS63	MS65
2013	6,000	PF63 140	PF65 150

KM# 1581 31.39 g., 0.999 Silver, 1.0082 oz. ASW 38mm. **Obv:** Bust right **Rev:** Igloo

Date	Mintage	MS63	MS65
2014	—	PF63 65.00	PF65 75.00

KM# 1608 7.97 g., 0.999 Gold, 0.256 oz. AGW 20mm. **Obv:** Bust right **Rev:** Wolverine with northern lights in background **Rev. Designer:** Tivadar Bote

Date	Mintage	MS63	MS65
2014	1,500	PF65 650	

KM# 1626 31.39 g., 0.999 Silver, 1.0082 oz. ASW 38mm. **Obv:** Bust right **Rev:** Downhill skiing **Rev. Designer:** Kendra Dixon

Date	Mintage	MS63	MS65
2014	—	PF63 80.00	PF65 90.00

KM# 1688 7.80 g., 0.9999 Gold, 0.2508 oz. AGW **Ruler:** Elizabeth II 20mm. **Subject:** Sainthood

Obv: Bust right **Rev:** Pope John Paul II elevating host **Rev. Designer:** Trevor Tennant **Mint:** Royal Canadian Mint

Date	Mintage	MS63	MS65
2014	1,500	PF63 640	PF65 650

KM# 1689 30.76 g., 0.9999 Silver, 0.9889 oz. ASW **Ruler:** Elizabeth II 36mm. **Subject:** Royal visit, 75th Anniversary **Obv:** Bust right **Rev:** George VI and Queen Mary in high relief left **Mint:** Royal Canadian Mint

Date	Mintage	MS63	MS65
2014	6,000	PF63 140	PF65 150

KM# 1690 30.76 g., 0.999 Silver, 0.988 oz. ASW **Ruler:** Elizabeth II 36.15mm. **Obv:** Bust right **Rev:** Matriarch Moon Mask **Rev. Designer:** Carol Young **Mint:** Royal Canadian Mint

Date	Mintage	MS63	MS65
2014	6,000	PF65 50.00	

KM# 1691 31.39 g., 0.999 Silver, 1.0082 oz. ASW **Ruler:** Elizabeth II 38mm. **Subject:** Under the Maple tree **Obv:** Bust right **Rev. Designer:** Claudio D'Angelo **Mint:** Royal Canadian Mint

Date	Mintage	MS63	MS65
2014	8,500	PF65 90.00	

KM# 1692 31.39 g., 0.9999 Silver, 1.0091 oz. ASW **Ruler:** Elizabeth II 38mm. **Obv:** Bust right **Rev:** Cowboy in the Rockies **Mint:** Royal Canadian Mint

Date	Mintage	MS63	MS65
2014	—	PF65 90.00	

KM# 1693 31.39 g., 0.9999 Silver, 1.0091 oz. ASW **Ruler:** Elizabeth II 38mm. **Obv:** Bust right **Rev:** Arctic fox and northern lights **Mint:** Royal Canadian Mint

Date	Mintage	MS63	MS65
2014	—	PF65 90.00	

KM# 1739 30.76 g., 0.999 Silver, 0.988 oz. ASW **Ruler:** Elizabeth II 36.15mm. **Obv:** Bust right **Rev:** Christmas ornament in color **Mint:** Royal Canadian Mint **Note:** Ultra high relief

Date	Mintage	MS63	MS65
2014	6,000	PF65 130	

KM# 1758 30.76 g., 0.999 Silver, 0.988 oz. ASW 36.15mm. **Obv:** Bust right **Rev:** Canadian lynx head

Date	Mintage	MS63	MS65
2014	6,000	PF65 80.00	

30 DOLLARS

KM# 590 31.50 g., 0.925 Silver, 0.9368 oz. ASW 38mm. **Subject:** Pacific Northwest Wood Carvings **Obv:** Head right **Rev:** Welcome figure totem pole

Date	Mintage	MS63	MS65
2006	9,904	PF63 65.00	PF65 75.00

KM# 668 31.50 g., 0.925 Silver, 0.9368 oz. ASW **Subject:** Canadarm and Col. C. Hadfield **Obv:** Head right **Rev:** Hologram of Canadarm

Date	Mintage	MS63	MS65
2006	9,357	PF63 85.00	PF65 90.00

30 DOLLARS

KM# 669 31.50 g., 0.925 Silver, 0.9368 oz. ASW 38mm. **Subject:** National War Memorial **Obv:** Head right **Rev:** Statue of three soldiers

Date	Mintage	MS63	MS65
2006	8,876	PF63 80.00	PF65 85.00

KM# 670 31.50 g., 0.925 Silver, 0.9368 oz. ASW 38mm. **Subject:** Beaumont Hamel, Newfoundland **Obv:** Head right **Rev:** Caribou statue on rock outcrop

Date	Mintage	MS63	MS65
2006	15,325	PF63 90.00	PF65 95.00

KM# 671 31.50 g., 0.925 Silver, 0.9368 oz. ASW 38mm. **Obv:** Head right **Rev:** Dog Sled Team in color

Date	Mintage	MS63	MS65
2006	7,384	PF63 80.00	PF65 85.00

KM# 739 31.50 g., 0.925 Silver, 0.9368 oz. ASW 40mm. **Rev:** Niagra Falls panoramic hologram

Date	Mintage	MS63	MS65
2007	7,384	PF63 75.00	PF65 85.00

KM# 741 31.50 g., 0.925 Silver, 0.9368 oz. ASW 40mm. **Rev:** War Memorial, Vimy Ridge

Date	Mintage	MS63	MS65
2007	5,335	PF65 85.00	

KM# 819 31.50 g., 0.925 Silver, 0.9368 oz. ASW 40mm. **Subject:** IMAX **Rev:** Youth reaching out to shark on large screen

Date	Mintage	MS63	MS65
2008	3,861	PF63 65.00	PF65 75.00

KM# 895 33.75 g., 0.925 Silver, 1.0037 oz. ASW 40mm. **Subject:** International year of astronomy **Obv:** Bust right **Obv. Designer:** Susanna Blunt **Rev:** Observatory with planets and colored sky **Obv. Legend:** Elizabeth II 30 Dollars DG Regina **Rev. Designer:** Colin Mayne **Rev. Legend:** Canada

Date	Mintage	MS63	MS65
2009	7,174	PF63 80.00	PF65 90.00

KM# 1623 62.70 g., 0.999 Silver, 2.0138 oz. ASW 54mm. **Subject:** Canada thru the eyes of Tim Barnard **Obv:** Bust right **Rev:** Multitude of designs

Date	Mintage	MS63	MS65
2014	5,000 PF65 250		

KM# 1723 62.67 g., 0.999 Silver, 2.0129 oz. ASW 54mm. **Subject:** Grand Trunk Railway **Obv:** Bust right **Rev:** Steam Train on Bridge **Rev. Designer:** Joel Kimmel

Date	Mintage	MS63	MS65
2014	5,000 PF65 200		

KM# 1727 62.67 g., 0.999 Silver, 2.0129 oz. ASW 54mm. **Obv:** Bust right **Rev:** Machine gun training **Rev. Designer:** Silvia Pecota

Date	Mintage	MS63	MS65
2014	5,000 PF65 175		

KM# 1765 62.67 g., 0.9999 Silver, 2.0147 oz. ASW 54mm. **Obv:** Bust right **Rev:** Four Aboriginies, Elk, Bear, Bison, Eagle and Wolf

Date	Mintage	MS63	MS65
2014	5,000 PF65 250		

50 DOLLARS

KM# 566 12.00 g., 0.5833 Gold, 0.225 oz. AGW 27mm. **Subject:** End of World War II, 60th Anniversary **Obv:** Head right **Rev:** Large V and three portraits

Date	Mintage	MS63	MS65
2005 Specimen	4,000 PF65 375		

50 DOLLARS

KM# 672　31.16 g., 0.9995 Palladium, 1.0013 oz.
APW **Subject:** Constellation in Spring sky position
Rev: Large Bear at top

Date	Mintage	MS63	MS65
2006	297	**PF65** 1,250	

KM# 673　31.16 g., 0.9995 Palladium, 1.0013
oz. APW **Subject:** Constellation in Summer sky
position **Rev:** Large Bear at left

Date	Mintage	MS63	MS65
2006	296	**PF65** 1,250	

KM# 674　31.16 g., 0.9995 Palladium, 1.0013 oz.
APW **Subject:** Constellation in Autumn sky position
Rev: Large Bear towards bottom

Date	Mintage	MS63	MS65
2006	296	**PF65** 1,250	

KM# 675　31.16 g., 0.9995 Palladium, 1.0013 oz.
APW **Subject:** Constellation in Winter sky position
Rev: Large Bear towards right

Date	Mintage	MS63	MS65
2006	293	**PF65** 1,250	

KM# 709　155.50 g., 0.9999 Silver, 4.9989 oz.
ASW **Subject:** Queen's 60th Wedding Anniversary
Rev: Coat of Arms and Mascots of Elizabeth and
Philip

Date	Mintage	MS63	MS65
2007	1,957	**PF65** 350	

KM# 783　156.77 g., 0.999 Silver, 5.0352 oz.
ASW 65mm. **Subject:** Ottawa Mint Centennial
1908-2008 **Rev:** Mint building facade **Note:** Photo
reduced.

Date	Mintage	MS63	MS65
2008	2,078	**PF65** 400	

KM# 896　156.77 g., 0.999 Silver, 5.0352 oz.

ASW 65.25mm. **Subject:** 150 Anniversary of the start of construction of the parliament buildings **Obv:** Bust right **Obv. Designer:** Susanna Blunt **Rev:** Incomplete west block, original architecture **Obv. Legend:** Elizabeth II Canada DG Regina **Rev. Legend:** 50 Dollars 1859-2009

Date	Mintage	MS63	MS65
2009	910 **PF65** 450		

KM# 1008 157.60 g., 0.999 Silver, 5.0619 oz. ASW 65.25mm. **Subject:** 75th Anniverary of Canadian Bank Notes **Rev:** Female seated speaking into microphone **Note:** Photo reduced.

Date	Mintage	MS63	MS65
2010	2,000 **PF65** 400		

KM# 1243 157.60 g., 0.999 Silver, 5.0619 oz. ASW 65mm. **Subject:** Calgary Stampede

Date	Mintage	MS63	MS65
2012	1,500 **PF65** 400		

KM# 1284 31.11 g., 0.999 Gold, 0.999 oz. AGW 30mm. **Subject:** Year of the Dragon

Date	Mintage	MS63	MS65
2012	— **PF65** 1,750		

KM# 1296 33.17 g., 1.000 Gold, 1.0664 oz. AGW 30mm. **Subject:** Diamond Jubilee **Obv:** Bust right **Obv. Designer:** Susana Blunt **Rev:** High relief bust left **Note:** Ultra high relief

Date	Mintage	MS63	MS65
2012	500	—	—

KM# 1399 155.55 g., 0.999 Silver, 4.996 oz. ASW 65mm. **Rev:** Beaver gnawing standing tree, two others with felled tree

Date	Mintage	MS63	MS65
2013	— **PF65** 450		

KM# 1417 155.55 g., 0.9999 Silver, 5.0005 oz. ASW 65.25mm. **Obv:** Four Seasons: Spring/Fall Scene **Rev:** Winter/Summer/Large Tree

Date	Mintage	MS63	MS65
2013	—	PF65 250	

KM# 1433 157.60 g., 0.999 Silver, 5.0619 oz. ASW 62.25mm. **Subject:** Coronation Anniversary **Rev:** Elizabeth II in Coronation robes - Loman image in the Victoria & Albert Museum

Date	Mintage	MS63	MS65
2013	Est. 1500	PF65 525	

KM# 1557 157.60 g., 0.999 Silver, 5.0619 oz. ASW 65mm. **Obv:** Bust right **Rev:** Beaver swimming with birch branch in mouth **Rev. Designer:** Emily Damstra

Date	Mintage	MS63	MS65
2014	1,500	PF65 520	

KM# 1429 157.60 g., 0.999 Silver, 5.0619 oz. ASW 65mm. **Subject:** War of 1812 - Naval Battle **Rev:** HMS Shannon and Chesapeak **Rev. Designer:** JOhn Horton

Date	Mintage	MS63	MS65
2013	Est. 1500	PF65 500	

50 DOLLARS

KM# 1729   31.10 g., 0.999 Gold, 0.9989 oz. AGW 30mm. **Obv:** Bust right **Rev:** Five Blessings with red highlights

Date	Mintage	MS63	MS65
2014	350	PF65 2,700	

KM# 1764   155.60 g., 0.999 Silver, 4.9976 oz. ASW **Obv:** Bust right **Rev:** 3 Maple leaves

Date	Mintage	MS63	MS65
2014	2,500	PF65 520	

KM# 1792   31.39 g., 0.999 Gold, 1.0082 oz. AGW **Ruler:** Elizabeth II 30mm. **Obv:** Bust right by Mary Gilick **Rev:** Two maple leaves **Mint:** Royal Canadian Mint

Date	Mintage	MS63	MS65
2014	650	PF65 1,400	

KM# 1843   7.80 g., 0.9999 Gold, 0.2508 oz. AGW **Obv:** Bust right **Rev:** UNESCO. Mt. Fuji and Rocky Mountains

Date	Mintage	MS63	MS65
2015	—	PF65 600	

75 DOLLARS

KM# 567   31.44 g., 0.4166 Gold, 0.4211 oz. AGW 36.07mm. **Subject:** Pope John Paul II **Obv:** Head right **Rev:** Pope giving blessing

Date	Mintage	MS63	MS65
2005	1,870	PF65 825	

KM# 747   12.00 g., 0.583 Gold, 0.2249 oz. AGW 27mm. **Subject:** Vancouver Olympics - Athletics Pride **Rev:** Athletics celebrating, holding flag aloft

Date	Mintage	MS63	MS65
2007	4,524	PF65 440	

KM# 748   12.00 g., 0.583 Gold, 0.2249 oz. AGW 27mm. **Obv:** Bust right **Obv. Designer:** Susanna Blunt **Rev:** Canada geese in flight left, multicolor

Date	Mintage	MS63	MS65
2007	4,418	PF65 440	

KM# 749   12.00 g., 0.583 Gold, 0.2249 oz. AGW 27mm. **Rev:** Mountie, multicolor

Date	Mintage	MS63	MS65
2007	6,687	PF65 440	

KM# 820   12.00 g., 0.583 Gold partially silver plated, 0.2249 oz. AGW 27mm. **Rev:** 2010 Olympic Inukshuk Stone man, partially silver plated

Date	Mintage	MS63	MS65
2008	—	PF65 420	

KM# 821   12.00 g., 0.583 Gold, 0.2249 oz. AGW 27mm. **Rev:** Four Host Nations mask emblems, colored **Rev. Designer:** Jody Broomfield

Date	Mintage	MS63	MS65
2008	8,000	PF65 440	

KM# 947   12.00 g., 0.583 Gold, 0.2249 oz. AGW 27mm. **Subject:** Vancouver Olympics **Rev:** Tent building at Olympic site, color

Date	Mintage	MS63	MS65
2008	8,000	PF63 430	PF65 440

KM# 908   12.00 g., 0.583 Gold, 0.2249 oz. AGW 27mm. **Subject:** 2010 Vancouver Olympics **Obv:**

Bust right **Obv. Designer:** Susana Blunt **Rev:** Multicolor moose

Date	Mintage	MS63	MS65
2009	4,075 **PF65** 440		

KM# 909 12.00 g., 0.583 Gold, 0.2249 oz. AGW 27mm. **Subject:** 2010 Vancouver Olympics **Obv:** Bust right **Obv. Designer:** Susanna Blunt **Rev:** Multicolor athletics and torch

Date	Mintage	MS63	MS65
2009	4,479 **PF65** 440		

KM# 910 12.00 g., 0.583 Gold, 0.2249 oz. AGW 27mm. **Subject:** 2010 Vancouver Olympics **Obv:** Bust right **Obv. Designer:** Susanna Blunt **Rev:** Wolf, multicolor

Date	Mintage	MS63	MS65
2009	4,161 **PF65** 440		

KM# 1002 12.00 g., 0.583 Gold, 0.2249 oz. AGW 27mm. **Rev:** Spring color maple leaves

Date	Mintage	MS63	MS65
2010	1,000 **PF65** 500		

KM# 1003 12.00 g., 0.583 Gold, 0.2249 oz. AGW 27mm. **Rev:** Summer color maple leaves

Date	Mintage	MS63	MS65
2010	1,000 **PF65** 500		

KM# 1004 12.00 g., 0.583 Gold, 0.2249 oz. AGW 27mm. **Rev:** Fall color maple leaves

Date	Mintage	MS63	MS65
2010	1,000 **PF65** 500		

KM# 1005 12.00 g., 0.583 Gold, 0.2249 oz. AGW 27mm. **Rev:** Winter color maple leaves

Date	Mintage	MS63	MS65
2010	1,000 **PF65** 500		

KM# 1378 7.77 g., 0.999 Gold, 0.2496 oz. AGW 20mm. **Subject:** Baseball **Rev:** Baseball Diamond and Crossed Bats **Rev. Designer:** Steve Hepburn

Date	Mintage	MS63	MS65
2013	— **PF65** 900		

KM# 1379 7.77 g., 0.999 Gold, 0.2496 oz. AGW 20mm. **Subject:** Baseball **Rev:** Baseball **Rev. Designer:** Steve Hepburn

Date	Mintage	MS63	MS65
2013	Est. 3500 **PF65** 900		

KM# 1450 12.00 g., 0.583 Gold, 0.2249 oz. AGW 27mm. **Subject:** 75th Anniversary of Superman **Rev:** Superman in color, jumping on rooftop, logo name above **Rev. Designer:** Joe Schuster, DC Comics

Date	Mintage	MS63	MS65
2013	Est. 2000 **PF65** 750		

100 DOLLARS

KM# 115 13.34 g., 0.583 Gold, 0.250 oz. AGW 27mm. **Subject:** 1976 Montreal Olympics **Obv:** Young bust right, maple leaf below, date at right, beaded borders **Rev:** Past and present Olympic figures, denomination at right **Rev. Designer:** Dora dePedery-Hunt

Date	Mintage	MS63	MS65
1976	650,000	475	—

KM# 116 16.97 g., 0.917 Gold, 0.5002 oz. AGW 25mm. **Subject:** 1976 Montreal Olympics **Obv:** Young bust right, maple leaf below, date at right, plain borders **Rev:** Past and present Olympic figures, denomination at right **Rev. Designer:** Dora dePedery-Hunt

Date	Mintage	MS63	MS65
1976	— PF60 950		

KM# 119 16.97 g., 0.917 Gold, 0.5002 oz. AGW **Subject:** Queen's silver jubilee **Obv:** Young bust right **Rev:** Bouquet of provincial flowers, denomination below **Rev. Designer:** Raymond Lee

Date	Mintage	MS63	MS65
1952-1977	180,396 PF60 950		

KM# 122 16.97 g., 0.917 Gold, 0.5002 oz. AGW **Subject:** Canadian unification **Obv:** Young bust right, denomination at left, date upper right **Rev:** Geese (representing the provinces) in flight formation **Rev. Designer:** Roger Savage

Date	Mintage	MS63	MS65
1978	— PF60 950		

KM# 126 16.97 g., 0.917 Gold, 0.5002 oz. AGW **Subject:** International Year of the Child **Obv:** Young bust right **Rev:** Children with hands joined divide denomination and date **Rev. Designer:** Carola Tietz

Date	Mintage	MS63	MS65
1979	— PF60 950		

KM# 129 16.97 g., 0.917 Gold, 0.5002 oz. AGW **Subject:** Arctic Territories **Obv:** Young bust right, denomination at left, date above right **Rev:** Kayaker **Rev. Designer:** Arnaldo Marchetti

Date	Mintage	MS63	MS65
1980	— PF60 950		

KM# 131 16.97 g., 0.917 Gold, 0.5002 oz. AGW **Subject:** National anthem **Obv:** Young bust right, denomination at left, date above right **Rev:** Music score on map **Rev. Designer:** Roger Savage

Date	Mintage	MS63	MS65
1981	102,000 PF60 950		

KM# 137 16.97 g., 0.917 Gold, 0.5002 oz. AGW **Subject:** New Constitution **Obv:** Young bust right, denomination at left **Rev:** Open book, maple leaf on right page, date below **Rev. Designer:** Friedrich Peter

Date	Mintage	MS63	MS65
1982	121,708 PF60 950		

KM# 139 16.97 g.,   0.917 Gold, 0.5002 oz. AGW **Subject:** 400th Anniversary of St. John's, Newfoundland **Obv:** Young bust right **Rev:** Anchor divides building and ship, denomination below, dates above **Rev. Designer:** John Jaciw

Date	Mintage	MS63	MS65
1583-1983	—	PF60 950	

KM# 142 16.97 g., 0.917 Gold, 0.5002 oz. AGW **Subject:** Jacques Cartier **Obv:** Young bust right **Rev:** Cartier head on right facing left, ship on left, date lower right, denomination above **Rev. Designer:** Carola Tietz

Date	Mintage	MS63	MS65
1534-1984	—	PF60 950	

KM# 144 16.97 g., 0.917 Gold, 0.5002 oz. AGW **Subject:** National Parks **Obv:** Young bust right **Rev:** Bighorn sheep, denomination divides dates below **Rev. Designer:** Hector Greville

Date	Mintage	MS63	MS65
1885-1985	—	PF60 950	

KM# 152 16.97 g.,   0.917 Gold, 0.5002 oz. AGW **Subject:** Peace **Obv:** Young bust right **Rev:** Maple leaves and letters intertwined, date at right, denomination below **Rev. Designer:** Dora dePedery-Hunt

Date	Mintage	MS63	MS65
1986	—	PF60 950	

KM# 158 13.34 g., 0.583 Gold, 0.250 oz. AGW **Subject:** 1988 Calgary Olympics **Obv:** Young bust right, maple leaf below, date at right **Rev:** Torch and logo, denomination below **Rev. Designer:** Friedrich Peter **Edge Lettering:** In English and French

Date	Mintage	MS63	MS65
1987 Proof, plain edge	Inc. above	PF60 475	
1987 Proof, letter edge	142,750	PF60 475	

KM# 162 13.34 g., 0.583 Gold, 0.250 oz. AGW **Subject:** Bowhead Whales, balaera mysticetus **Rev:** Whales left, date below, within circle, denomination below **Rev. Designer:** Robert R. Carmichael

Date	Mintage	MS63	MS65
1988	—	PF60 475	

KM# 169 13.34 g., 0.583 Gold, 0.250 oz. AGW **Subject:** Sainte-Marie **Obv:** Young bust right **Rev:** Huron Indian, Missionary and Mission building, denomination below, dates above **Rev. Designer:** D. J. Craig

Date	Mintage	MS63	MS65
1639-1989	—	PF60 475	

KM# 171 13.34 g., 0.583 Gold, 0.250 oz. AGW **Subject:** International Literacy Year **Obv:** Crowned head right, date below **Rev:** Woman with children, denomination below **Rev. Designer:** John Mardon

Date	Mintage	MS63	MS65
1990	—	PF60 475	

KM# 180 13.34 g., 0.583 Gold, 0.250 oz. AGW **Subject:** S.S. Empress of India **Obv:** Crowned head right, date below **Rev:** Ship,"SS Empress", denomination below **Rev. Designer:** Karsten Smith

Date	Mintage	MS63	MS65
1991	—	PF60 475	

KM# 211 13.34 g., 0.583 Gold, 0.250 oz. AGW **Subject:** Montreal **Obv:** Crowned head right, date below **Rev:** Half figure in foreground with paper, buildings in back, denomination below **Rev. Designer:** Stewart Sherwood

Date	Mintage	MS63	MS65
1992	—	PF60 475	

KM# 245 13.34 g., 0.583 Gold, 0.250 oz. AGW **Subject:** Antique Automobiles **Obv:** Crowned head right, date below **Rev:** German Bene Victoria; Simmonds Steam Carriage; French Panhard-Levassor's Daimler; American Duryea; Canadian Featherston Haugh in center, denomination below **Rev. Designer:** John Mardon

Date	Mintage	MS63	MS65
1993	—	PF60 475	

KM# 249 13.34 g., 0.583 Gold, 0.250 oz. AGW **Subject:** World War II Home Front **Obv:** Crowned head right, date below **Rev:** Kneeling figure working on plane, denomination below **Rev. Designer:** Paraskeva Clark

Date	Mintage	MS63	MS65
1994	16,201	PF60 475	

KM# 260 13.34 g., 0.583 Gold, 0.250 oz. AGW **Subject:** Louisbourg **Obv:** Crowned head right, date below **Rev:** Ship and buildings, dates and denomination above **Rev. Designer:** Lewis Parker

Date	Mintage	MS63	MS65
1995	16,916	PF60 475	

KM# 273 13.34 g., 0.583 Gold, 0.250 oz. AGW **Subject:** Klondike Gold Rush Centennial **Obv:** Crowned head right, date below **Rev:** Scene of Kate Carmack panning for gold, dates above, denomination lower left **Rev. Designer:** John Mantha

Date	Mintage	MS63	MS65
1896-1996	17,973	PF60 450	

KM# 287 13.34 g., 0.583 Gold, 0.250 oz. AGW **Subject:** Alexander Graham Bell **Obv:** Crowned head right, date below **Rev:** A. G. Bell head right, globe and telephone, denomination upper right **Rev. Designer:** Donald H. Carley

Date	Mintage	MS63	MS65
1997	14,775	PF60 475	

KM# 307 13.34 g., 0.583 Gold, 0.250 oz. AGW **Subject:** Discovery of Insulin **Obv:** Crowned head right, date below **Rev:** Nobel prize award figurine, dates at left, denomination at right **Rev. Designer:** Robert R. Carmichael

Date	Mintage	MS63	MS65
1998	11,220	PF60 475	

KM# 341 13.34 g., 0.583 Gold, 0.250 oz. AGW
Subject: 50th Anniversary Newfoundland Unity
With Canada **Obv:** Crowned head right, date below
Rev: Two designs at front, mountains in back,
denomination below **Rev. Designer:** Jackie Gale-
Vaillancourt

Date	Mintage	MS63	MS65
1999	10,242	PF60 475	

KM# 402 13.34 g., 0.583 Gold, 0.250 oz. AGW
27mm. **Subject:** McClure's Arctic expedition
Obv: Crowned head right, date below **Rev:** Six
men pulling supply sled to an icebound ship,
denomination below **Rev. Designer:** John Mardon
Edge: Reeded

Date	Mintage	MS63	MS65
2000	—	PF60 475	

KM# 416 13.34 g., 0.583 Gold alloyed with
5.5579 g of .999 Silver, .1787 oz ASW, 0.250 oz.
AGW 27mm. **Subject:** Library of Parliament
Obv: Crowned head right **Obv. Designer:** Dora
dePedery-Hunt **Rev:** Statue in domed building **Rev.
Designer:** Robert R. Carmichael **Edge:** Reeded

Date	Mintage	MS63	MS65
2001	—	PF65 475	

KM# 452 13.34 g., 0.583 Gold, 0.250 oz. AGW
27mm. **Subject:** Discovery of Oil in Alberta **Obv:**
Crowned head right **Rev:** Oil well with black oil spill on
ground **Rev. Designer:** John Marden **Edge:** Reeded

Date	Mintage	MS63	MS65
2002	9,994	PF65 475	

KM# 486 13.34 g., 0.583 Gold, 0.250 oz. AGW
Subject: 100th Anniversary of the Discovery of
Marquis Wheat **Obv:** Head right

Date	Mintage	MS63	MS65
2003	9,993	PF65 475	

KM# 528 12.00 g., 0.583 Gold, 0.2249 oz. AGW
Subject: St. Lawrence Seaway, 50th Anniversary
Obv: Head right

Date	Mintage	MS63	MS65
2004	7,454	PF65 425	

KM# 593 12.00 g., 0.5833 Gold, 0.225 oz. AGW
Subject: 130th Anniversary, Supreme Court **Obv:**
Head right

Date	Mintage	MS63	MS65
2005	5,092	PF65 425	

KM# 591 12.00 g., 0.5833 Gold, 0.225 oz. AGW
Subject: 75th Anniversary, Hockey Classic between
Royal Military College and U.S. Military Academy
Obv: Head right

Date	Mintage	MS63	MS65
2006	5,439	PF65 425	

KM# 689 12.00 g., 0.5833 Gold, 0.225 oz. AGW
27mm. **Subject:** 140th Anniversary Dominion **Obv:**
Head right

Date	Mintage	MS63	MS65
2007	4,453	PF65 425	

KM# 823 12.00 g., 0.583 Gold, 0.2249 oz. AGW
27mm. **Rev:** Fraser River

Date	Mintage	MS63	MS65
2008	3,089	PF65 425	

KM# 898   12.00 g.,   0.583 Gold, 0.2249 oz. AGW 27mm. **Subject:** 10th Anniversary of Nunavut **Obv:** Bust right   **Obv. Designer:** Susanna Blunt   **Rev:** Inuit dancer with 3 faces behind **Obv. Legend:** Elizabeth II DG Regina **Rev. Legend:** Canada 100 Dollars 1999-2009

Date	Mintage	MS63	MS65
2009	2,309	PF65 425	

KM# 997   12.00 g.,   0.583 Gold, 0.2249 oz. AGW 27mm. **Rev:** Henry Hudson, Map of Hudson's Bay **Rev. Designer:** John Mantha

Date	Mintage	MS63	MS65
2010	Est. 5000	PF65 425	

KM# 1073   12.00 g.,   0.583 Gold, 0.2249 oz. AGW 27mm. **Subject:** Canadian Railroads, 175th Anniversary **Rev:** Early steam locomotive

Date	Mintage	MS63	MS65
2011	3,000	PF65 425	

KM# 1389   12.00 g.,   0.5833 Gold, 0.225 oz. AGW 27mm. **Subject:** Arctic Exploration - 100th Anniversary **Rev:** Map of the North Pole, Explorers **Rev. Designer:** Bonnie Ross

Date	Mintage	MS63	MS65
2013	—	PF65 600	

KM# 1441   31.60 g.,   0.999 Silver, 1.0149 oz. ASW 40mm. **Rev:** Three bison advancing left **Rev. Designer:** Claudio d'Angelo

Date	Mintage	MS63	MS65
2013 Matte Proof	Est. 50000	PF63 100	

KM# 1582   13.34 g.,   0.999 Gold, 0.4284 oz. AGW

27mm. **Subject:** Charlottetown Quebec, 1864 **Obv:** Bust right **Rev:** Building views

Date	Mintage	MS63	MS65
2014	—	PF65 475	

KM# 1694   12.00 g.,   0.583 Gold, 0.2249 oz. AGW **Ruler:** Elizabeth II 27mm. **Obv:** Bust right **Rev:** Quebec & Charlottetown **Mint:** Royal Canadian Mint

Date	Mintage	MS63	MS65
2014	2,500	PF65 425	

KM# 1751   12.00 g.,   0.583 Gold, 0.2249 oz. AGW 27mm. **Obv:** Bust right **Rev:** Superman chest, black/red logo

Date	Mintage	MS63	MS65
2014	2,000	PF65 750	

KM# 1761   311.50 g.,   0.999 Silver, 10.0049 oz. ASW 76.25mm. **Obv:** Bust right **Rev:** Majestic Maple Leaves - Large maple leaf and maple tree branch **Rev. Designer:** Pierre Leduc

Date	Mintage	MS63	MS65
2014	2,000	PF65 900	

KM# 1845   12.00 g., 0.583 Gold, 0.2249 oz. AGW **Obv:** Bust right **Rev:** Sir John A. McDonald and Canadian Pacific locomotive

Date	Mintage	MS63	MS65
2015	—	PF65 350	

125 DOLLARS

KM# 1696 500.00 g., 0.9999 Silver, 16.0738 oz. ASW **Ruler:** Elizabeth II 85mm. **Obv:** Bust right **Rev:** Wolf head howling **Rev. Designer:** Pierre LeDuc **Mint:** Royal Canadian Mint

Date	Mintage	MS63	MS65
2014	1,000	PF65 1,100	

KM# 1824 500.00 g., 0.999 Silver, 16.0593 oz. ASW 85.35mm. **Obv:** Bust right **Rev:** Three horses galloping forwards, maple leaves **Rev. Designer:** Michael Grant

Date	Mintage	MS63	MS65
2015	1,000	PF65 1,100	

150 DOLLARS

KM# 388 13.61 g., 0.750 Gold, 0.3282 oz. AGW **Subject:** Year of the Dragon **Obv:** Crowned head right **Rev. Designer:** Harvey Chan

Date	Mintage	MS63	MS65
2000	—	PF60 625	

KM# 417 13.61 g., 0.750 Gold, 0.3282 oz. AGW 28mm. **Subject:** Year of the Snake **Obv:** Crowned head right **Obv. Designer:** Dora dePedery-Hunt **Rev:** Multicolor snake hologram **Edge:** Reeded

Date	Mintage	MS63	MS65
2001	—	PF65 625	

KM# 604 13.61 g., 0.750 Gold, 0.3282 oz. AGW **Obv:** Head right **Rev:** Stylized horse left

Date	Mintage	MS63	MS65
2002	6,843	PF65 625	

KM# 487 13.61 g., 0.750 Gold, 0.3282 oz. AGW 28mm. **Subject:** Year of the Ram **Obv:** Crowned head right **Rev:** Stylized ram left, hologram **Rev. Designer:** Harvey Chan

Date	Mintage	MS63	MS65
2003	3,927	PF65 625	

KM# 614 13.61 g., 0.750 Gold, 0.3282 oz. AGW **Obv:** Head right **Rev:** Year of the Monkey, hologram

Date	Mintage	MS63	MS65
2004	3,392	PF65 625	

KM# 568 13.61 g., 0.750 Gold, 0.3282 oz. AGW **Subject:** Year of the Rooster **Obv:** Head right **Rev:** Rooster left, hologram

Date	Mintage	MS63	MS65
2005	3,731	PF65 625	

KM# 592 13.61 g., 0.750 Gold, 0.3282 oz. AGW 28mm. **Subject:** Year of the Dog, hologram **Obv:** Head right **Rev:** Stylized dog left

Date	Mintage	MS63	MS65
2006	2,604	PF65 625	

KM# 733 11.84 g., 0.750 Gold, 0.2855 oz. AGW 28mm. **Subject:** Year of the Pig **Obv:** Head right **Rev:** Pig in center with Chinese lunar calendar around, hologram

Date	Mintage	MS63	MS65
2007	826	PF65 675	

KM# 802 11.84 g., 0.750 Gold, 0.2855 oz. AGW 28mm. **Subject:** Year of the Rat **Rev:** Rat, hologram

Date	Mintage	MS63	MS65
2008	582	PF65 675	

KM# 867 11.84 g., 0.750 Gold, 0.2855 oz. AGW 28mm. **Subject:** Year of the Ox **Rev:** Ox, hologram

Date	Mintage	MS63	MS65
2009	486	PF65 550	

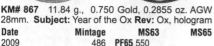

KM# 899 10.40 g., 0.999 Gold, 0.334 oz. AGW 22.5mm. **Subject:** Blessings of wealth **Obv:** Bust right **Obv. Designer:** Susanna Blunt **Rev:** Three goldfish surround peony, clouds **Obv. Legend:** Elizabeth II, DG Regina, Fine Gold 99999 or PUR **Rev. Designer:** Harvey Chan **Rev. Legend:** Canada 150 Dollars (Chinese symbols of good fortune) **Edge:** Scalloped

Date	Mintage	MS63	MS65
2009	1,273	PF65 650	

KM# 979 11.84 g., 0.750 Gold, 0.2855 oz. AGW 28mm. **Subject:** Year of the Tiger **Rev:** Tiger in hologram

Date	Mintage	MS63	MS65
2010	1,507	PF65 550	

KM# 1030 10.40 g., 0.9999 Gold, 0.3343 oz. AGW **Subject:** Blessing of Wealth **Shape:** Scalloped

Date	Mintage	MS63	MS65
2010	1,388	PF65 650	

KM# 1031 13.61 g., 0.750 Gold, 0.3282 oz. AGW 28mm. **Subject:** Year of the Tiger **Rev:** Tiger walking

Date	Mintage	MS63	MS65
2010	2,500	PF65 600	

KM# 1053 13.61 g., 0.750 Gold, 0.3282 oz. AGW 28mm. **Subject:** Year of the rabbit **Rev:** Rabbit hologram

Date	Mintage	MS63	MS65
2011	—	PF65 600	

KM# 1184 13.61 g., 0.750 Gold, 0.3282 oz. AGW 28mm. **Subject:** Year of the Dragon **Obv:** Bust right **Rev:** Dragon left

Date	Mintage	MS63	MS65
2012	—	PF65 650	

KM# 1262 10.40 g., 0.999 Gold, 0.334 oz. AGW 22.5mm. **Subject:** Good Fortune Panda **Shape:** Scalloped

Date	Mintage	MS63	MS65
2012	—	PF65 650	

KM# 1362 11.84 g., 0.750 Gold, 0.2855 oz. AGW 28mm. **Subject:** Year of the Snake **Rev:** Snake vertical between two Chinese characters **Rev. Designer:** Aries Cheung

Date	Mintage	MS63	MS65
2013	2,500	PF65 700	

150 DOLLARS

KM# 1418 15.59 g., Gold, 25mm.   **Subject:** Baseball **Rev:** Base runner with hands raised **Rev. Designer:** Steve Hepburn

Date	Mintage	MS63	MS65
2013	Est. 3500	PF65 1,550	

KM# 1437 10.40 g., 0.999 Gold, 0.334 oz. AGW 22.5mm. **Subject:** Blessings of Peace **Rev:** Clouds, phoenix and feathers **Rev. Designer:** Aries Cheung **Shape:** Scalloped

Date	Mintage	MS63	MS65
2013	Est. 888	PF65 700	

KM# 1515 11.84 g., 0.750 Gold, 0.2855 oz. AGW 28mm. **Subject:** Year of the Horse **Obv:** Bust right **Rev:** Horse prancing left   **Rev. Designer:** Aries Cheung

Date	Mintage	MS63	MS65
2014	2,500	PF65 700	

KM# 1695 10.40 g., 0.999 Gold, 0.334 oz. AGW **Ruler:** Elizabeth II 22.5mm. **Obv:** Bust right **Rev:** Two egrets **Rev. Designer:** Charles Vinh **Mint:** Royal Canadian Mint

Date	Mintage	MS63	MS65
2014	888	PF65 700	

KM# 1772 10.40 g., 0.999 Gold, 0.334 oz. AGW **Ruler:** Elizabeth II 22.5mm. **Subject:** Blessings of Longevity **Obv:** Bust right **Rev:** Two Cranes left **Shape:** Scallop **Mint:** Royal Canadian Mint

Date	Mintage	MS63	MS65
2014	888	PF65 1,000	

175 DOLLARS

KM# 217 16.97 g., 0.917 Gold, 0.5003 oz. AGW

Subject: 1992 Olympics **Obv:** Crowned head right, date at left, denomination below **Rev:** Passing the torch **Rev. Designer:** Stewart Sherwood **Edge:** Lettered

Date	Mintage	MS63	MS65
1992	—	PF60 950	

200 DOLLARS

KM# 178 17.14 g., 0.9166 Gold, 0.505 oz. AGW 29mm. **Subject:** Canadian flag silver jubilee **Obv:** Crowned head right, date below **Rev:** People with flag, denomination above **Rev. Designer:** Stewart Sherwood

Date	Mintage	MS63	MS65
1990	—	PF60 975	

KM# 202 17.14 g., 0.9166 Gold, 0.505 oz. AGW 29mm. **Subject:** Hockey **Obv:** Crowned head right **Rev:** Hockey players, denomination above **Rev. Designer:** Stewart Sherwood

Date	Mintage	MS63	MS65
1991	10,215	PF60 975	

KM# 230 17.14 g., 0.9166 Gold, 0.505 oz. AGW 29mm. **Subject:** Niagara Falls **Obv:** Crowned head right **Rev:** Niagara Falls, denomination above **Rev. Designer:** John Mardon

Date	Mintage	MS63	MS65
1992	—	PF60 975	

KM# 244 17.14 g., 0.9166 Gold, 0.505 oz. AGW 29mm. **Subject:** Mounted police **Obv:** Crowned head right, date below **Rev:** Mountie with children, denomination above **Rev. Designer:** Stewart Sherwood

Date	Mintage	MS63	MS65
1993	10,807	PF60 975	

KM# 250 17.14 g., 0.9166 Gold, 0.505 oz. AGW 29mm. **Subject:** Interpretation of 1908 novel by Lucy Maud Montgomery, 1874-1942, Anne of Green Gables **Obv:** Crowned head right **Rev:** Figure sitting in window, denomination above **Rev. Designer:** Phoebe Gilman

Date	Mintage	MS63	MS65
1994	10,655	**PF60** 975	

KM# 265 17.14 g., 0.9166 Gold, 0.505 oz. AGW 29mm. **Subject:** Maple-syrup production **Obv:** Crowned head right, date below **Rev:** Maple syrup making, denomination at right **Rev. Designer:** J. D. Mantha

Date	Mintage	MS63	MS65
1995	—	**PF60** 975	

KM# 275 17.14 g., 0.9166 Gold, 0.505 oz. AGW 29mm. **Subject:** Transcontinental Canadian Railway **Obv:** Crowned head right, date below **Rev:** Train going through mountains, denomination below **Rev. Designer:** Suzanne Duranceau

Date	Mintage	MS63	MS65
1996	—	**PF60** 975	

KM# 288 17.14 g., 0.9166 Gold, 0.505 oz. AGW 29mm. **Subject:** Haida mask **Obv:** Crowned head right, date below **Rev:** Haida mask **Rev. Designer:** Robert Davidson

Date	Mintage	MS63	MS65
1997	11,610	**PF60** 975	

KM# 317 17.14 g., 0.9166 Gold, 0.505 oz. AGW 29mm. **Subject:** Legendary white buffalo **Obv:** Crowned head right, date below **Rev:** Buffalo **Rev. Designer:** Alex Janvler

Date	Mintage	MS63	MS65
1998	—	**PF60** 975	

KM# 358 17.14 g., 0.9166 Gold, 0.505 oz. AGW 29mm. **Subject:** Mikmaq butterfly **Obv:** Crowned head right **Rev:** Butterfly within design **Rev. Designer:** Alan Syliboy

Date	Mintage	MS63	MS65
1999	—	**PF60** 975	

KM# 403 17.14 g., 0.9166 Gold, 0.505 oz. AGW 29mm. **Subject:** Motherhood **Obv:** Crowned head right, date above, denomination at right **Rev:** Inuit mother with infant **Rev. Designer:** Germaine Arnaktauyak **Edge:** Reeded

Date	Mintage	MS63	MS65
2000	—	**PF60** 975	

KM# 418 17.14 g., 0.9166 Gold, 0.505 oz. AGW 29mm. **Subject:** Cornelius D. Krieghoff's "The Habitant farm" **Obv:** Queens head right **Edge:** Reeded

Date	Mintage	MS63	MS65
2001	—	**PF65** 975	

KM# 466   17.14 g., 0.9166 Gold, 0.505 oz. AGW
29mm.   **Subject:** Thomas Thompson "The Jack
Pine" (1916-17) **Obv:** Crowned head right

Date	Mintage	MS63	MS65
2002	5,264	**PF65** 975	

KM# 488   17.14 g.,   0.9166 Gold, 0.505 oz.
AGW **Subject:** Fitzgerald's "Houses" (1929) **Obv:**
Crowned head right **Rev:** House with trees

Date	Mintage	MS63	MS65
2003	4,118	**PF65** 975	

KM# 516   16.00 g., 0.9166 Gold, 0.4715 oz. AGW
29mm.   **Subject:** Fragments **Obv:** Crowned head
right **Rev:** Fragmented face **Edge:** Reeded

Date	Mintage	MS63	MS65
2004	3,917	**PF65** 900	

KM# 569   16.00 g., 0.9166 Gold, 0.4715 oz. AGW
Subject: Fur traders **Obv:** Head right **Rev:** Men in
canoe riding wave

Date	Mintage	MS63	MS65
2005	3,669	**PF65** 900	

KM# 594   16.00 g.,   0.9166 Gold, 0.4715 oz.
AGW **Subject:** Timber trade **Obv:** Head right **Rev:**
Lumberjacks felling tree

Date	Mintage	MS63	MS65
2006	3,218	**PF65** 900	

KM# 691   16.00 g., 0.9166 Gold, 0.4715 oz. AGW
29mm.   **Subject:** Fishing Trade **Obv:** Head right
Rev: Two fishermen hauling in net

Date	Mintage	MS63	MS65
2007	2,137	**PF65** 900	

KM# 824   16.00 g., 0.917 Gold, 0.4717 oz. AGW
29mm.   **Subject:** Commerce **Rev:** Horse drawn
plow

Date	Mintage	MS63	MS65
2008	1,951	**PF65** 900	

KM# 894   16.00 g., 0.916 Gold, 0.4712 oz. AGW
29mm.   **Subject:** Coal mining trade **Obv:** Bust right
Obv. Designer: Susanna Blunt **Rev:** Miner pushing
cart with black coal **Obv. Legend:** Elizabeth II DG
Regina **Rev. Designer:** John Marder **Rev. Legend:**
Canada 200 Dollars

Date	Mintage	MS63	MS65
2009	2,241	**PF65** 900	

KM# 1000   16.00 g., 0.916 Gold, 0.4712 oz. AGW
29mm.   **Subject:** Petroleum and Oil Trade **Rev:** Oil
tank car and well head

Date	Mintage	MS63	MS65
2010	Est. 4000	**PF65** 900	

KM# 1060   16.00 g., 0.9167 Gold, 0.4716 oz.
AGW 29mm.   **Rev:** Olympic athletics with medal,
flag and flowers

Date	Mintage	MS63	MS65
2010	—	**PF65** 900	

200 DOLLARS

KM# 1074   16.00 g.,   0.9167 Gold, 0.4716 oz.
AGW 29mm.   Rev: SS Beaver - Seam Sail ship
Rev. Designer: John Mardon

Date	Mintage	MS63	MS65
2011	2,800 **PF65** 900		

KM# 1143   16.00 g.,   0.9167 Gold, 0.4716 oz.
AGW 27mm.   Subject: Wedding, Prince William
and Katherine Middleton Obv: Bust right Rev:
Half-length figures facing, swarovski crystal Edge:
Reeded

Date	Mintage	MS63	MS65
2011	2,000 **PF65** 900		

KM# 1174   16.00 g., 0.916 Gold, 0.4712 oz. AGW
29mm.   Obv: Bust right Rev: Wayne Greskey
skating right, father's portrait in circle at right, 99 in
color at lower right Rev. Designer: Glen Green

Date	Mintage	MS63	MS65
2011	999 **PF65** 900		

KM# 1219   16.00 g.,   0.9167 Gold, 0.4716 oz.
AGW 29mm.   Obv: Bust right Rev: Prospector
panning for gold in stream

Date	Mintage	MS63	MS65
2012	— **PF65** 900		

KM# 1223   16.00 g.,   0.9167 Gold, 0.4716 oz.
AGW 29mm. Obv: Bust right Rev: Vikings and ship

Date	Mintage	MS63	MS65
2012	— **PF65** 900		

KM# 1279   31.11 g., 0.999 Gold, 0.999 oz. AGW
30mm. Subject: Bateman Moose

Date	Mintage	MS63	MS65
2012	— **PF65** 1,850		

KM# 1331   33.33 g.,   0.999 Gold, 1.0705 oz.
AGW 30mm. Rev: Grandmother Moon Mask Rev.
Designer: Richard Cochrane

Date	Mintage	MS63	MS65
2012	500 **PF65** 3,000		

KM# 1390   15.43 g., 0.999 Gold, 0.4956 oz. AGW
29mm.   Subject: Explorer Jacques Cartier Rev.
Designer: Laurie McGaw

Date	Mintage	MS63	MS65
2013	Est. 2000 **PF65** 1,200		

KM# 1480   31.11 g., 0.999 Gold, 0.999 oz. AGW 30mm. **Rev:** Eagle in nest with two chicks **Rev. Designer:** Claudio d'Angelo

Date	Mintage	MS63	MS65
2013 Proof	350	2,750	—

KM# 1500   33.33 g., 0.9999 Gold, 1.0715 oz. AGW 30mm. **Subject:** Grandmother Moon Mask **Rev:** Mask carving **Rev. Designer:** Richard Cochrane

Date	Mintage	MS63	MS65
2013	500	PF65 3,000	

KM# 1583   16.00 g., 0.9167 Gold, 0.4716 oz. AGW 29mm. **Obv:** Bust right **Rev:** Indian and Samuel de Champlain standing next to canoes

Date	Mintage	MS63	MS65
2014	—	PF65 900	

KM# 1616   31.11 g., 0.999 Gold, 0.999 oz. AGW 30mm. **Obv:** Bust right **Rev:** Howling wolf **Rev. Designer:** Pierre Leduc

Date	Mintage	MS63	MS65
2014	2,000	PF65 2,800	

KM# 1697   33.17 g., 0.999 Gold, 1.0654 oz. AGW **Ruler:** Elizabeth II 30mm. **Obv:** Bust right **Rev:** Matriarch Moon Mask **Rev. Designer:** Carol Young **Mint:** Royal Canadian Mint

Date	Mintage	MS63	MS65
2014	500	PF65 3,000	

KM# 1698   33.17 g., 0.9999 Gold, 1.0663 oz. AGW **Ruler:** Elizabeth II 30mm. **Subject:** Royal Visit, 75th Anniversary **Obv:** Bust right **Rev:** George VI and Elizabeth busts left in high relief **Mint:** Royal Canadian Mint

Date	Mintage	MS63	MS65
2014	500	PF65 3,000	

KM# 1710   31.16 g., 0.999 Gold, 1.0008 oz. AGW 30mm. **Obv:** Bust right **Rev:** Royal Family - Elizabeth II, Charles, William, George

Date	Mintage	MS63	MS65
2014	350	PF65 2,800	

KM# 1741   33.17 g., 1.000 Gold, 1.0664 oz. AGW 30mm. **Subject:** Royal Visit, 75th Anniversary **Obv:** Conjoined busts left of George V and Elizabeth in high relief

Date	Mintage	MS63	MS65
2014	—	PF65 3,000	

KM# 1757   33.17 g., 1.000 Gold, 1.0664 oz. AGW 30mm. **Obv:** Bust right **Rev:** Canadian lynx head

Rev. Designer: Pierre Leduc

Date	Mintage	MS63	MS65
2014	500	PF65 3,000	

KM# 1784 15.43 g., 0.999 Gold, 0.4956 oz. AGW **Ruler:** Elizabeth II 29mm. **Subject:** Interconnections - Land **Obv:** Bust right **Rev:** Beaver hologram **Rev. Designer:** Andy Everson **Mint:** Royal Canadian Mint

Date	Mintage	MS63	MS65
2014	1,500	PF65 1,300	

KM# 1785 15.43 g., 0.999 Gold, 0.4956 oz. AGW **Ruler:** Elizabeth II 29mm. **Subject:** Interconnections - Air **Obv:** Bust right **Rev:** Thunderbird hologram **Rev. Designer:** Andy Everson **Mint:** Royal Canadian Mint

Date	Mintage	MS63	MS65
2014	1,500	PF65 1,300	

KM# 1786 15.43 g., 0.999 Gold, 0.4956 oz. AGW **Ruler:** Elizabeth II 29mm. **Subject:** Interconnections - Sea **Obv:** Bust right **Rev:** Orca hologram **Rev. Designer:** Andy Everson **Mint:** Royal Canadian Mint

Date	Mintage	MS63	MS65
2014	1,500	PF65 1,300	

KM# 1846 15.43 g., 0.9999 Gold, 0.496 oz. AGW **Obv:** Bust right **Rev:** Henry Hudson

Date	Mintage	MS63	MS65
2015	—	PF65 500	

250 DOLLARS

KM# 677 45.00 g., 0.5833 Gold, 0.8439 oz. AGW 40mm. **Rev:** Dog Sled Team

Date	Mintage	MS63	MS65
2006	953	PF65 1,625	

KM# 751 1000.00 g., 0.9999 Silver, 32.1475 oz. ASW 101.6mm. **Subject:** Vancouver Olympics, 2010 **Rev:** Early Canada motif **Note:** Illustration reduced.

Date	Mintage	MS63	MS65
2007	2,500	PF65 1,250	

KM# 833 1000.00 g., 0.999 Silver, 32.1186 oz. ASW 101.6mm. **Subject:** Vancouver Olympics 2010 **Rev:** Towards confederation **Note:** Illustration reduced.

Date	Mintage	MS63	MS65
2008	2,500	PF65 1,350	

KM# 913   1000.00 g.,   0.9999 Silver, 32.1475 oz. ASW 101.5mm. **Obv:** Bust right **Obv. Designer:** Susanna Blunt **Rev:** Mask with fish - Surviving the flood **Note:** Illustration reduced.

Date	Mintage	MS63	MS65
2009	815	**PF65** 1,350	

KM# 949   1000.00 g.,   0.999 Silver, 32.1186 oz. ASW 101.6mm. **Rev:** Modern Canada

Date	Mintage	MS63	MS65
2009	905	**PF65** 1,350	

KM# 981   1000.00 g.,   0.999 Silver, 32.1186 oz. ASW 101.6mm. **Rev:** Eagle head

Date	Mintage	MS63	MS65
2010 Antique Patina	500	1,350	—
2010	500	**PF65** 1,400	

KM# 981a   1000.00 g.,   0.999 Silver, 32.1186 oz. ASW 101.6mm. **Rev:** Eagle head, blue enamel

Date	Mintage	MS63	MS65
2010	500	**PF65** 1,400	

KM# 1044   1000.00 g.,   0.999 Silver, 32.1186 oz. ASW 101.6mm. **Subject:** Baniff, 125th Anniversary of resort founding **Rev:** Features of Baniff

Date	Mintage	MS63	MS65
2010	750	**PF65** 1,650	

KM# 1285   1000.00 g.,   0.999 Silver, 32.1186 oz. ASW 101mm. **Subject:** Olympic views

Date	Mintage	MS63	MS65
2010	—	**PF65** 1,350	

KM# 1150   1000.00 g.,   0.9999 Silver, 32.1475 oz. ASW 100mm. **Rev:** Lacrosse

Date	Mintage	MS63	MS65
2011	—	**PF65** 1,350	

KM# 1185 1000.00 g., 0.999 Silver, 32.1186 oz.
ASW 101.6mm. **Subject:** Year of the Dragon **Obv:**
Bust left **Rev:** Dragon left

Date	Mintage	MS63	MS65
2012	—	PF65 1,550	

KM# 1277 1000.00 g., 0.999 Silver, 32.1186 oz.
ASW 101mm. **Subject:** Bateman Moose

Date	Mintage	MS63	MS65
2012	—	PF65 1,650	

KM# 1340 1000.00 g., 0.9999 Silver, 32.1475
oz. ASW 102mm. **Subject:** War of 1812, Battle of

Queenstown Heights **Rev:** Battle scene

Date	Mintage	MS63	MS65
2012	7,000	PF65 2,250	

KM# 1366 1000.00 g., 0.9999 Silver, 32.1475 oz.
ASW **Subject:** Year of the Snake **Rev:** Snake under
maple leaves **Rev. Designer:** Three Degrees
Creative Group

Date	Mintage	MS63	MS65
2013	Est. 888	PF65 2,250	

KM# 1369 1000.00 g., 0.999 Silver, 32.1186
oz. ASW **Subject:** End of 7 Years War **Rev:** Map
of North America with Arms of France and Great
Britain **Rev. Designer:** Luc Normandin

Date	Mintage	MS63	MS65
2013	Est. 500	PF65 2,250	

KM# 1371 1000.00 g., 0.999 Silver, 32.1186
oz. ASW 101mm. **Subject:** Arctic Coastline **Rev.
Designer:** W. David Ward

Date	Mintage	MS63	MS65
2013	Est. 750	PF65 2,250	

KM# 1438   1000.00 g., 0.9999 Silver, 32.1475 oz.
ASW 102.1mm. **Rev:** Two maple leaves - gilt **Rev.
Designer:** Emily Damstra

Date	Mintage	MS63	MS65
2013	Est. 600	PF65 2,300	

KM# 1477   1000.00 g., 0.9999 Silver, 32.1475 oz.
ASW 102.1mm. **Subject:** Battle of Chateauguay
Rev: Henri Julien's painting of the battle

Date	Mintage	MS63	MS65
2013	500	PF65 2,250	

KM# 1502   1000.00 g., 0.9999 Silver, 32.1475 oz.

ASW 102.1mm. **Rev:** Two caribou advancing left
Rev. Designer: Trevor Tennant

Date	Mintage	MS63	MS65
2013	500	PF65 2,500	

KM# 1518   1000.00 g., 0.9999 Silver, 32.1475
oz. ASW 102.1mm. **Subject:** Year of the Horse
Obv: Bust right **Rev:** Horse rearing up left **Rev.
Designer:** Three Degrees Creative Group

Date	Mintage	MS63	MS65
2014	388	PF65 2,250	

KM# 1579   1000.00 g., 0.9999 Silver, 32.1475 oz.
ASW 101mm. **Subject:** Year of the Horse **Obv:**
Bust right

Date	Mintage	MS63	MS65
2014	—	PF65 1,350	

KM# 1605   1000.00 g., 0.9999 Silver, 32.1475 oz.
ASW 101mm. **Obv:** Bust right **Rev:** Snowy owl,
yellow eyes

Date	Mintage	MS63	MS65
2014	—	PF65 1,650	

KM# 1622 62.34 g., 0.999 Gold, 2.0023 oz. AGW 42mm. **Subject:** Canada thru the eyes of Tim Barnard **Obv:** Bust right **Rev:** Multitude of designs

Date	Mintage	MS63	MS65
2014	300	PF65 5,200	

KM# 1701 62.34 g., 0.9999 Gold, 2.0041 oz. AGW 42mm. **Obv:** Bust right **Rev:** Machine Gunner Training

Date	Mintage	MS63	MS65
2014	200	PF65 5,200	

KM# 1722 62.34 g., 0.999 Gold, 2.0023 oz. AGW 42mm. **Subject:** Grand Trunk Railway **Obv:** Bust right **Rev:** Steam Train on Bridge **Rev. Designer:** Joel Kimmel

Date	Mintage	MS63	MS65
2014	300	PF65 5,200	

KM# 1747 31.16 g., 0.999 Silver, 1.0008 oz. ASW 30mm. **Obv:** Bust right **Rev:** White tail deer doe and two fawns

Date	Mintage	MS63	MS65
2014	350	PF65 30.00	

KM# 1762 1000.00 g., 0.999 Silver, 32.1186 oz. ASW 102.1mm. **Obv:** Bust right **Rev:** 2 Maple leaves - one red and one green, rays in background

Date	Mintage	MS63	MS65
2014	600	PF65 2,300	

KM# 1817 1000.00 g., 0.999 Silver, 32.1186 oz. ASW **Ruler:** Elizabeth II 102mm. **Subject:** Year of the Ram **Obv:** Bust right **Rev:** Sheep head at right, red tree, gilt chinese character **Mint:** Royal Canadian Mint

Date	Mintage	MS63	MS65
2015	388	PF65 2,300	

KM# **1834** 60.08 g., 0.9999 Gold, 1.9314 oz. AGW 38mm. **Obv:** Bust right **Rev:** Tulip in glass

Date	Mintage	MS63	MS65
2015	100	PF65 4,700	

KM# **1835** 60.08 g., 0.9999 Gold, 1.9314 oz. AGW 38mm. **Obv:** Bust right **Rev:** Water Lilly in glass

Date	Mintage	MS63	MS65
2015	100	PF65 4,700	

KM# **1836** 60.08 g., 0.9999 Gold, 1.9314 oz. AGW 38mm. **Obv:** Bust right **Rev:** Aster in glass

Date	Mintage	MS63	MS65
2015	100	PF65 4,700	

KM# **1837** 60.08 g., 0.9999 Gold, 1.9314 oz. AGW 38mm. **Obv:** Bust right **Rev:** Purple Coneflower in glass

Date	Mintage	MS63	MS65
2015	100	PF65 4,700	

300 DOLLARS

KM# **501** 60.00 g., 0.5833 Gold, 1.1252 oz. AGW 50mm. **Obv:** Triple cameo portraits of Queen Elizabeth II by Gillick, Machin and de Pedery-Hunt, each in 14K gold, rose in center **Rev:** Dates "1952-2002" and denomination in legend, rose in center **Note:** Housed in anodized gold-colored aluminum box with cherrywood stained siding

Date	Mintage	MS63	MS65
1952-2002	999	PF65 2,150	

KM# **517** 60.00 g., 0.5833 Gold, 1.1252 oz. AGW 50mm. **Obv:** Four coinage portraits of Elizabeth II **Rev:** Canadian arms above value **Edge:** Plain

Date	Mintage	MS63	MS65
2004	998	PF65 2,150	

KM# **570.1** 45.00 g., 0.5833 Gold, 0.8439 oz. AGW 40mm. **Subject:** Standard Time - 4 AM Pacific **Obv:** Head right **Rev:** Roman numeral clock with world inside

Date	Mintage	MS63	MS65
2005	200	PF65 1,650	

KM# **570.2** 45.00 g., 0.583 Gold, 0.8435 oz. AGW 40mm. **Subject:** Standard Time - Mountian 5 AM **Obv:** Head right **Rev:** Roman numeral clock with world inside.

Date	Mintage	MS63	MS65
2005	200	PF65 1,650	

KM# **570.3** 45.00 g., 0.583 Gold, 0.8435 oz. AGW 40mm. **Subject:** Standard Time - Central 6 PM **Obv:** Head right **Rev:** Roman numeral clock with world inside

Date	Mintage	MS63	MS65
2005	200	PF65 1,650	

KM# **570.4** 45.00 g., 0.583 Gold, 0.8435 oz. AGW 40mm. **Subject:** Standard Time - Eastern 7 AM **Obv:** Head right **Rev:** Roman numeral clock with world inside

Date	Mintage	MS63	MS65
2005	200	PF65 1,650	

KM# **570.5** 45.00 g., 0.583 Gold, 0.8435 oz. AGW 40mm. **Subject:** Standard Time - Atlantic 8 AM **Obv:** Head right **Rev:** Roman numeral clock with world inside

Date	Mintage	MS63	MS65
2005	200	PF65 1,650	

KM# **570.6** 45.00 g., 0.583 Gold, 0.8435 oz. AGW 40mm. **Subject:** Standard Time - Newfoundland 8:30 **Obv:** Head right **Rev:** Roman numeral clock with world inside

Date	Mintage	MS63	MS65
2005	200	PF65 1,650	

KM# **596** 60.00 g., 0.5833 Gold, 1.1252 oz. AGW 50mm. **Subject:** Shinplaster **Obv:** Head right **Rev:** Britannia bust, spear over shoulder

Date	Mintage	MS63	MS65
2005	994	PF65 2,150	

KM# **600** 60.00 g., 0.5833 Gold, 1.1252 oz. AGW 40mm. **Subject:** Welcome Figure Totem Pole **Obv:** Head right **Rev:** Men with totem pole

Date	Mintage	MS63	MS65
2005	948	PF65 2,150	

KM# 595 60.00 g., 0.5833 Gold, 1.1252 oz. AGW 50mm. **Subject:** Shinplaster **Obv:** Head right **Rev:** Seated Britannia with shield

Date	Mintage	MS63	MS65
2006	940	PF65 2,150	

KM# 678 45.00 g., 0.5833 Gold, 0.8439 oz. AGW 40mm. **Rev:** Hologram of Canadarm, Col. C. Hadfield in spacewalk

Date	Mintage	MS63	MS65
2006	581	PF65 1,650	

KM# 679 60.00 g., 0.5833 Gold, 1.1252 oz. AGW 50mm. **Subject:** Queen Elizabeth's 80th Birthday **Rev:** State Crown, colorized

Date	Mintage	MS63	MS65
2006	996	PF65 2,150	

KM# 680 60.00 g., 0.5833 Gold, 1.1252 oz. AGW 50mm. **Subject:** Crystal Snowflake

Date	Mintage	MS63	MS65
2006	998	PF65 2,150	

KM# 692 60.00 g., 0.5833 Gold, 1.1252 oz. AGW 50mm. **Subject:** Shinplaster **Rev:** 1923 25 cent bank note

Date	Mintage	MS63	MS65
2007	778	PF65 2,150	

KM# 740 45.00 g., 0.583 Gold, 0.8435 oz. AGW 40mm. **Rev:** Canadian Rockies panoramic hologram

Date	Mintage	MS63	MS65
2007	511	PF65 1,650	

KM# 752 60.00 g., 0.583 Gold, 1.1246 oz. AGW 50mm. **Subject:** Vancouver Olympics **Rev:** Olympic ideals, classic figures and torch

Date	Mintage	MS63	MS65
2007	953	PF65 2,150	

KM# 825 45.00 g., 0.583 Gold, 0.8435 oz. AGW 50mm. **Rev:** Alberta Coat of Arms

Date	Mintage	MS63	MS65
2008	344	PF65 1,750	

KM# 826 60.00 g., 0.583 Gold, 1.1246 oz. AGW 50mm. **Rev:** Newfoundland and Labrador Coat of Arms

Date	Mintage	MS63	MS65
2008	472	PF65 2,150	

KM# 827 45.00 g., 0.583 Gold, 0.8435 oz. AGW 40mm. **Subject:** Canadian achievements IMAX **Rev:** Kid in audience reaching out to shark on big screen

Date	Mintage	MS63	MS65
2008	—	PF65 1,650	

KM# 828   60.00 g.,   0.583 Gold, 1.1246 oz. AGW 50mm. **Rev:** Four seasons moon mask in color, blue design in border

Date	Mintage	MS63	MS65
2008	544	PF65 3,800	

KM# 830   60.00 g.,   0.583 Gold, 1.1246 oz. AGW 50mm. **Subject:** Vancouver Olympics **Rev:** Olympic competition, athletics and torch

Date	Mintage	MS63	MS65
2008	334	PF65 2,250	

KM# 877   60.00 g.,   0.583 Gold, 1.1246 oz. AGW 50mm. **Rev:** Summer moon mask, enameled

Date	Mintage	MS63	MS65
2009	—	PF65 2,250	

KM# 900   60.00 g.,   0.583 Gold, 1.1246 oz. AGW 50mm. **Subject:** Yukon Coat of Arms **Obv:** Bust right **Obv. Designer:** Susanna Blunt **Rev:** Yukon Coat of Arms **Obv. Legend:** Elizabeth II DG Regina **Rev. Legend:** Canada 300 Dollars

Date	Mintage	MS63	MS65
2009	325	PF65 2,150	

KM# 911   60.00 g.,   0.583 Gold, 1.1246 oz. AGW 50mm. **Subject:** 2010 Vancouver Olympics **Obv:** Bust right **Obv. Designer:** Susanna Blunt **Rev:** Athletics with torch - Olympic firendship

Date	Mintage	MS63	MS65
2009	880	PF65 2,150	

KM# 999   54.00 g., 0.583 Gold, 1.0122 oz. AGW
50mm. **Rev:** British Columbia Arms

Date	Mintage	MS63	MS65
2010	500	**PF65** 1,900	

KM# 1047   60.00 g., 0.583 Gold, 1.1246 oz. AGW
50mm. **Rev:** Snowflake, white crystals

Date	Mintage	MS63	MS65
2010	750	**PF65** 2,150	

KM# 1078   60.00 g., 0.583 Gold, 1.1246 oz. AGW
50mm. **Rev:** New Brunswick Coat of arms

Date	Mintage	MS63	MS65
2010	500	**PF65** 2,150	

KM# 1095   60.00 g., 0.9167 Gold, 1.7684 oz.
AGW 50mm. **Rev:** Manitoba Coat of arms

Date	Mintage	MS63	MS65
2011	500	**PF65** 3,300	

KM# 1215   60.00 g., 0.917 Gold, 1.7689 oz. AGW
50mm. **Obv:** Bust right **Rev:** Arms of Nova Scotia

Date	Mintage	MS63	MS65
2011	—	**PF65** 3,300	

KM# 1195   45.00 g., 0.583 Gold, 0.8435 oz. AGW
40mm. **Subject:** Elizabeth II, Diamond Jubilee
Obv: Bust right **Rev:** Youthful bust with crown right,
insert crystal at right

Date	Mintage	MS63	MS65
1952-2012	—	**PF65** 1,600	

300 DOLLARS

KM# 1224   60.00 g., 0.9167 Gold, 1.7684 oz. AGW 50mm. **Obv:** Bust right **Rev:** Shield of Quebec

Date	Mintage	MS63	MS65
2012	—	PF65 3,300	

KM# 1242   16.00 g., 0.916 Gold, 0.4712 oz. AGW 29mm. **Subject:** Calgary Stampede

Date	Mintage	MS63	MS65
2012	—	PF65 900	

KM# 1278   31.11 g., 0.999 Platinum, 0.9992 oz. APW 30mm. **Subject:** Bateman Moose

Date	Mintage	MS63	MS65
2012	—	PF65 1,750	

KM# 1338   60.00 g., 0.917 Gold, 1.7689 oz. AGW 50mm. **Subject:** Nunavut Province **Rev:** Provincial Arms

Date	Mintage	MS63	MS65
2012	—	PF65 4,000	

KM# 1430   31.16 g., 0.9995 Platinum, 1.0013 oz. APW 30mm. **Subject:** War of 1812 - Naval Battle **Rev:** HMS Shannon and Chesapeake **Rev. Designer:** John Horton

Date	Mintage	MS63	MS65
2013	Est. 250	PF65 3,000	

KM# 1571   60.00 g., 0.917 Gold, 1.7689 oz. AGW 50mm. **Obv:** Bust right **Rev:** Arms of Ontario

Date	Mintage	MS63	MS65
2013	3,300	PF65 4,000	

KM# 1592   60.00 g., 0.999 Gold, 1.9271 oz. AGW 50mm. **Obv:** Bust right **Rev:** Saskashawan coat of arms

Date	Mintage	MS63	MS65
2014	—	PF65 3,300	

KM# 1699   60.00 g., 0.583 Gold, 1.1246 oz. AGW **Ruler:** Elizabeth II 50mm. **Obv:** Bust right **Rev:** National Arms of Canada **Mint:** Royal Canadian Mint

Date	Mintage	MS63	MS65
2014	500	PF65 2,700	

350 DOLLARS

KM# 308 38.05 g., 0.9999 Gold, 1.2232 oz. AGW **Subject:** Flowers of Canada's Coat of Arms **Obv:** Crowned head right, date behind, denomination at bottom **Rev:** Flowers **Rev. Designer:** Pierre Leduc

Date	Mintage	MS63	MS65
1998	—	PF60 2,350	

KM# 370 38.05 g., 0.9999 Gold, 1.2232 oz. AGW **Rev:** Lady's slipper **Rev. Designer:** Henry Purdy

Date	Mintage	MS63	MS65
1999	1,990	PF60 2,350	

KM# 404 38.05 g., 0.9999 Gold, 1.2232 oz. AGW 34mm. **Obv:** Crowned head right **Rev:** Three Pacific Dogwood flowers **Rev. Designer:** Caren Heine **Edge:** Reeded

Date	Mintage	MS63	MS65
2000	1,506	PF60 2,350	

KM# 433 38.05 g., 0.9999 Gold, 1.2232 oz. AGW 34mm. **Subject:** The Mayflower Flower **Obv:** Crowned head right **Rev:** Two flowers **Rev. Designer:** Bonnie Ross **Edge:** Reeded

Date	Mintage	MS63	MS65
2001	1,988	PF65 2,350	

KM# 502 38.05 g., 0.9999 Gold, 1.2232 oz. AGW 34mm. **Subject:** The Wild Rose **Obv:** Crowned head right **Obv. Designer:** Dora de Pedery-Hunt **Rev:** Wild rose plant **Rev. Designer:** Dr. Andreas Kare Hellum

Date	Mintage	MS63	MS65
2002	2,001	PF65 2,350	

KM# 504 38.05 g., 0.9999 Gold, 1.2232 oz. AGW 34mm. **Subject:** The White Trillium **Obv:** Crowned head right **Obv. Designer:** Dora de Pedery-Hunt **Rev:** White Trillium

Date	Mintage	MS63	MS65
2003	1,865	PF65 2,350	

KM# 601 38.05 g., 0.9999 Gold, 1.2232 oz. AGW **Subject:** Western Red Lilly **Obv:** Head right **Rev:** Western Red Lilies

Date	Mintage	MS63	MS65
2005	1,634	PF65 2,350	

KM# 626 38.05 g., 0.9999 Gold, 1.2232 oz. AGW 34mm. **Subject:** Iris Vericolor **Obv:** Crowned head right **Rev:** Iris

Date	Mintage	MS63	MS65
2006	1,995	PF65 2,350	

KM# 754 35.00 g., 0.9999 Gold, 1.1252 oz. AGW 34mm. **Rev:** Purple violet

Date	Mintage	MS63	MS65
2007	1,392	PF65 2,200	

KM# 832 35.00 g., 0.9999 Gold, 1.1252 oz. AGW 34mm. **Rev:** Purple saxifrage

Date	Mintage	MS63	MS65
2008	1,313	PF65 2,200	

KM# 901 35.00 g., 1.000 Gold, 1.1253 oz. AGW 34mm. **Subject:** Pitcher plant **Obv:** Bust right **Obv. Designer:** Susana Blunt **Rev:** Cluster of pitcher flowers **Obv. Legend:** Elizabeth II Canada DG Regina Fine Gold 350 Dollars or PUR 99999 **Rev. Legend:** Julie Wilson

Date	Mintage	MS63	MS65
2009	1,003	PF65 2,200	

KM# 1019 35.00 g., 0.999 Gold, 1.1242 oz. AGW 34mm. **Rev:** Praire Crocus **Rev. Designer:** Celia Godkin

Date	Mintage	MS63	MS65
2010	Est. 1400	PF65 2,200	

KM# 1136 35.00 g., 0.9999 Gold, 1.1252 oz. AGW 34mm. **Obv:** Bust right **Rev:** Mountain Avens in bloom **Edge:** Reeded

Date	Mintage	MS63	MS65
2011	1,300	PF65 2,200	

KM# 1327 35.00 g., 0.999 Gold, 1.1242 oz. AGW 34mm. **Subject:** War of 1812 - Sir Issac Brock

Rev: Putti crowning funeral urn, design of 1816 Half-penny token

Date	Mintage	MS63	MS65
2012	1,000	PF65 2,800	

KM# 1499 35.00 g., 0.9999 Gold, 1.1252 oz. AGW 34mm. **Rev:** Polar Bear **Rev. Designer:** Glen Loates

Date	Mintage	MS63	MS65
2013	600	PF65 2,800	

KM# 1793 35.00 g., 0.999 Gold, 1.1242 oz. AGW **Ruler:** Elizabeth II 34mm. **Obv:** Bust right **Rev:** Moose advancing left **Rev. Designer:** Claudio D'Angelo **Mint:** Royal Canadian Mint

Date	Mintage	MS63	MS65
2014	600	PF65 2,800	

500 DOLLARS

KM# 710 156.50 g., 0.9999 Gold, 5.0311 oz. AGW 60mm. **Subject:** Queen's 60th Wedding **Rev:** Coat of Arms and Mascots of Elizabeth and Philip

Date	Mintage	MS63	MS65
2007	198	9,150	—

KM# 782 155.76 g., 0.999 Gold, 5.0028 oz. AGW 60mm. **Subject:** Ottawa Mint Centennial 1908-2008 **Rev:** Mint building facade **Note:** Illustration reduced.

Date	Mintage	MS63	MS65
2008	248	9,150	—

KM# 897 156.05 g., 0.999 Gold, 5.0121 oz. AGW 60mm. **Subject:** 150th Anniversary of the start of construction of the Parliament Buildings **Obv:** Bust right **Rev:** Incomplete west block, original architecture **Rev. Legend:** 500 Dollars 1859-2009

Date	Mintage	MS63	MS65
2009	77	PF65 9,150	

KM# 1007 156.50 g., 0.999 Gold, 5.0266 oz. AGW 60mm. **Subject:** 75th Anniversary of Canadian Bank Notes **Rev:** Abundance seated under tree

Date	Mintage	MS63	MS65
2010	200	PF65 9,150	

KM# 1179 156.50 g., 0.9999 Gold, 5.0311 oz. AGW 60mm. **Obv:** Crowned bust of George V **Rev:** Arms of Canada, dual dates and denomination below **Edge:** Serially numbered

Date	Mintage	MS63	MS65
1912-2012	200	PF65 9,150	

KM# 1431 156.05 g., 0.999 Gold, 5.0121 oz. AGW 60mm. **Subject:** War of 1812 - Naval Battle **Rev:** HMS Shannon and Chesapeake **Rev. Designer:** John Horton

Date	Mintage	MS63	MS65
2013	Est. 200	PF65 12,000	

KM# 1495 156.00 g., 0.9999 Gold, 5.015 oz. AGW 60.15mm. **Subject:** Aboriginal art **Rev:** Artic animals, aboriginal in canoe **Rev. Designer:** Raymond Weizineau

Date	Mintage	MS63	MS65
2013	1,000	PF65 12,000	

KM# 1707 500.00 g., 0.999 Gold, 16.0593 oz. AGW 85.35mm. **Obv:** Bust right **Rev:** Howling Wolf

Date	Mintage	MS63	MS65
2014	25	PF65 32,000	

KM# 1733 156.05 g., 0.999 Gold, 5.0121 oz. AGW 60mm. **Obv:** Bust right **Rev:** Legend of the Spirit Bear

Date	Mintage	MS63	MS65
2014	50	PF65 12,000	

KM# 1766 5000.00 g., 0.999 Silver, 160.5929 oz. ASW 180mm. **Obv:** Bust right **Rev:** Four Aboriginies, Elk, Bear, Bison, Eagle and Wolf

Date	Mintage	MS63	MS65
2014	150	PF65 10,500	

1000 DOLLARS

KM# 1721 311.50 g., 0.9999 Gold, 10.0139 oz. AGW 76.1mm. **Obv:** Bust right **Rev:** WWI troops on ship's stern with last sight of land in distance

Date	Mintage	MS63	MS65
2014	40	PF65 21,000	

2500 DOLLARS

KM# 681 1000.00 g., 0.9999 Gold, 32.1475 oz. AGW 101.6mm. **Subject:** Kilo **Rev:** Common Characters, Early Canada

Date	Mintage	MS63	MS65
2007	20	57,000	—

KM# 1288 1000.00 g., 0.999 Gold, 32.1186 oz. AGW 101mm. **Subject:** Old town view

Date	Mintage	MS63	MS65
2008	—	PF65 57,000	

KM# 902 1000.00 g., 0.999 Silver, 32.1186 oz. ASW 101.6mm. **Subject:** Modern Canada **Obv:** Bust right **Obv. Designer:** Susanna Blunt **Rev:** Canadian landscape with modern elements **Series:** History and Culture Collection **Obv. Legend:** Vancouver 2010, 2500 Dollars, Elizabeth II

Date	Mintage	MS63	MS65
2009	2,500	PF65 1,250	

KM# 902a 1000.00 g., 0.999 Gold, 32.1186 oz. AGW 101.6mm. **Subject:** Modern Canada **Obv:** Bust right **Obv. Designer:** Susana Blunt **Rev:** Canadian landscape with modern elements **Series:** History and Culture Collection **Obv. Legend:** Vancouver 2010, 2500 Dollars, Elizabeth II

Date	Mintage	MS63	MS65
2009	50	PF65 57,000	

KM# 912 1000.00 g., 0.9999 Gold, 32.1475 oz. AGW 101mm. **Obv:** Bust right **Obv. Designer:** Susanna Blunt **Rev:** Mask with fish - Surviving the flood

Date	Mintage	MS63	MS65
2009	40	PF65 58,000	

KM# 984 1000.00 g., 0.999 Gold, 32.1186 oz. AGW 101mm.

Date	Mintage	MS63	MS65
2010	20	PF65 60,000	

KM# 1045 1000.00 g., 0.9999 Gold, 32.1475 oz. AGW 101mm. **Subject:** Baniff, 125th Anniversary **Rev:** Highlights of Baniff

Date	Mintage	MS63	MS65
2010	—	PF65 60,000	

2500 DOLLARS

KM# 1286 1000.00 g., 0.999 Gold, 32.1186 oz. AGW 101mm. **Subject:** Olympic views

Date	Mintage	MS63	MS65
2010	—	PF65 60,000	

KM# 1197 1000.00 g., 0.9999 Gold, 32.1475 oz. AGW 101mm. **Obv:** Bust right **Rev:** Early lacrosse game

Date	Mintage	MS63	MS65
2011	35	PF65 60,000	

KM# 1276 1000.00 g., 0.999 Gold, 32.1186 oz. AGW 101mm. **Subject:** Bateman Moose

Date	Mintage	MS63	MS65
2012	—	PF65 58,000	

KM# 1339 1000.00 g., 0.9999 Gold, 32.1475 oz. AGW 101mm. **Subject:** War of 1812, Battle of Queenston Heights **Rev:** Battle scene

Date	Mintage	MS63	MS65
2012	20	PF65 69,000	

KM# 1364 1000.00 g., 0.9999 Gold, 32.1475 oz. AGW 101.6mm. **Subject:** Year of the Snake **Rev:** Snake under maple leaves **Rev. Designer:** Three Degrees Creative Group

Date	Mintage	MS63	MS65
2013	Est. 25	PF65 69,000	

KM# 1372 1000.00 g., 0.999 Gold, 32.1186 oz. AGW 101.6mm. **Subject:** Arctic Coastline **Rev. Designer:** W. David Ward

Date	Mintage	MS63	MS65
2013	Est. 20	PF65 69,000	

KM# 1478 1000.00 g., 0.9999 Gold, 32.1475 oz. AGW 101mm. **Subject:** Battle of Chateauguay and Crysler's Farm

Date	Mintage	MS63	MS65
2013	20	PF65 69,000	

KM# 1501 1000.00 g., 0.9999 Gold, 32.1475 oz. AGW 101.6mm. **Rev:** Two caribou advancing left **Rev. Designer:** Trevor Tennant

Date	Mintage	MS63	MS65
2013	20	PF65 69,000	

KM# 1519 1000.00 g., 0.9999 Gold, 32.1475 oz. AGW 101.6mm. **Subject:** Year of the Horse **Obv:** Bust right **Rev:** Horse rearing up left **Rev. Designer:** Three Degrees Creative Group

Date	Mintage	MS63	MS65
2014	18	PF65 69,000	

KM# 1606   1000.00 g., 0.9999 Gold, 32.1475 oz. AGW 101mm. **Obv:** Bust right **Rev:** Snowy owl, colored eyes

Date	Mintage	MS63	MS65
2014	—	PF65 60,000	

KM# 1370   1000.00 g., 0.999 Gold, 32.1186 oz. AGW 102mm.   **Rev:** Map of North America and Arms of France and Great Britain. **Series:** End of 7 Years War - 250th Anniversary   **Rev. Designer:** Luc Normandin

Date	Mintage	MS63	MS65
2013	Est. 20	PF65 69,000	

SILVER BULLION COINAGE

DOLLAR

KM# 617   1.56 g., 0.9999 Silver, 0.050 oz. ASW 16mm. **Obv:** Crowned head right **Rev:** Holographic Maple leaf **Edge:** Reeded

Date	Mintage	MS63	MS65
2003	—	PF65 4.50	

KM# 621   1.56 g., 0.9999 Silver, 0.050 oz. ASW 17mm. **Obv:** Crowned head right **Rev:** Maple leaf **Edge:** Reeded

Date	Mintage	MS63	MS65
2004 Mint logo privy mark	13,859	PF63 3.50	PF65 4.50

KM# 1708   1000.00 g., 0.999 Gold, 32.1186 oz. AGW 101.6mm. **Obv:** Bust right **Rev:** War of 1812 - Battle of Lundy's Lane   **Rev. Designer:** Bonnie Ross

Date	Mintage	MS63	MS65
2014	10	PF65 69,000	

KM# 718 15.55 g., 0.999 Silver, 0.4994 oz. ASW 32mm. **Obv:** Bust right **Rev:** Grey Wolf standing with moon in background **Rev. Designer:** William Woodruff **Edge:** Reeded

Date	Mintage	MS63	MS65
2005	106,800	40.00	—
2006	—	40.00	—
2007	—	40.00	—

KM# 1489 1.000 Silver **Rev:** Maple leaf tilted left **Note:** Thick planchet.

Date	Mintage	MS63	MS65
2010	—	PF63 65.00	PF65 75.00

KM# 1406 1.55 g., 0.9999 Silver, 0.0498 oz. ASW 17mm. **Obv. Designer:** Arnold Machin **Rev:** Three Maple Leaves **Rev. Designer:** Arnold Nogy

Date	Mintage	MS63	MS65
2013	—	PF63 18.00	PF65 20.00

KM# 1593 1.56 g., 0.9999 Silver Partially gilt, 0.050 oz. ASW 16mm. **Obv:** Bust right **Rev:** Two maple leaves, one gilt

Date	Mintage	MS63	MS65
2014	—	5.00	—

KM# 1805 1.63 g., 0.9999 Silver, 0.0524 oz. ASW 16mm. **Obv: Bust right Rev:** Maple Leaf

Date	Mintage	MS63	MS65
2015	9,999	PF65 15.00	

2 DOLLARS

KM# 618 3.11 g., 0.9999 Silver, 0.100 oz. ASW 20.1mm. **Obv:** Crowned head right **Rev:** Holographic Maple leaf **Edge:** Reeded

Date	Mintage	MS63	MS65
2003	—	PF65 7.50	

KM# 622 3.11 g., 0.9999 Silver, 0.100 oz. ASW 21mm. **Obv:** Crowned head right **Rev:** Maple leaf **Edge:** Reeded

Date	Mintage	MS63	MS65
2004 Mint logo privy mark	13,859	PF63 6.50	PF65 7.50

KM# 571 3.11 g., 0.9999 Silver, 0.100 oz. ASW 21mm. **Obv:** Head right **Rev:** Lynx

Date	Mintage	MS63	MS65
2005	—	PF63 6.50	PF65 7.50

KM# 1407 3.11 g., 0.999 Silver, 0.0999 oz. ASW **Obv. Designer:** Arnold Machin **Rev:** Three Maple Leaves **Rev. Designer:** Arnold Nogy

Date	Mintage	MS63	MS65
2013	—	PF63 25.00	PF65 30.00

KM# 1594 3.11 g., 0.9999 Silver partially gilt, 0.100 oz. ASW 20.1mm. **Obv:** Bust right **Rev:** Two maple leaves, one gilt

Date	Mintage	MS63	MS65
2014	—	10.00	—

KM# 1806 3.23 g., 0.9999 Silver, 0.1038 oz. ASW 20mm. **Obv:** Bust right **Rev:** Maple Leaf

Date	Mintage	MS63	MS65
2015	9,999	PF65 30.00	

3 DOLLARS

KM# 619 7.78 g., 0.9999 Silver, 0.250 oz. ASW 26.9mm. **Obv:** Crowned head right **Rev:** Holographic Maple leaf **Edge:** Reeded

Date	Mintage	MS63	MS65
2003	—	PF65 15.00	

BULLION COINS

KM# 623   7.78 g.,   0.9999 Silver, 0.250 oz. ASW
27mm.   **Obv:** Crowned head right **Rev:** Maple leaf
Edge: Reeded

Date	Mintage	MS63	MS65
2004 Mint logo privy mark	13,859	PF63 11.00	PF65 12.50

KM# 1415   7.77 g.,   0.999 Silver, 0.2496 oz. ASW
27mm.   **Rev:** Fox

Date	Mintage	MS63	MS65
2004	—	PF63 30.00	PF65 35.00

KM# 572   7.78 g.,   0.9999 Silver, 0.250 oz. ASW
27mm.   **Obv:** Head right **Rev:** Lynx

Date	Mintage	MS63	MS65
2005	—	PF63 11.00	PF65 12.50

KM# 1408   7.78 g.,   0.9999 Silver, 0.250 oz. ASW
27mm.   **Obv. Designer:** Arnold Machin **Rev:** Three
Maple Leaves **Rev. Designer:** Arnold Nogy

Date	Mintage	MS63	MS65
2012	—	PF63 35.00	PF65 40.00

KM# 1595   7.77 g.,   0.9999 Silver partially gilt,
0.2498 oz. ASW 27mm.   **Obv:** Bust right **Rev:** Two
maple leaves, one gilt

Date	Mintage	MS63	MS65
2014	—	15.00	—

KM# 1807   7.96 g.,   0.9999 Silver, 0.2559 oz. ASW
Obv: Bust right **Rev:** Maple Leaf

Date	Mintage	MS63	MS65
2015	9,999	PF65 75.00	

4 DOLLARS

KM# 620   15.55 g.,   0.9999 Silver, 0.4999 oz.
ASW 33.9mm.   **Obv:** Crowned head right **Rev:**
Holographic Maple leaf **Edge:** Reeded

Date	Mintage	MS63	MS65
2003	—	PF63 22.00	PF65 25.00

KM# 624   15.55 g., 0.9999 Silver, 0.4999 oz. ASW
34mm.   **Obv:** Crowned head right **Rev:** Maple leaf
Edge: Reeded

Date	Mintage	MS63	MS65
2004 Mint logo privy mark	13,859	PF65 22.50	
Reverse Proof			

KM# 573   15.55 g.,   0.9999 Silver, 0.4999 oz. ASW
34mm.   **Obv:** Head right **Rev:** Lynx

Date	Mintage	MS63	MS65
2005	—	PF63 20.00	PF65 22.50

KM# 1409 15.55 g.,   0.9999 Silver, 0.4999 oz.
ASW 33.9mm.   **Obv. Designer:** Arnold Machin
Rev: Three maple leaves **Rev. Designer:** Arnold
Nogy

Date	Mintage	MS63	MS65
2013	—	PF63 35.00	PF65 40.00

KM# 1596 15.55 g.,   0.9999 Silver partially gilt,
0.4999 oz. ASW 34mm.   **Obv:** Bust right **Rev:** Two
maple leaves, one gilt

Date	Mintage	MS63	MS65
2014	—	22.50	—

KM# 1808 15.87 g.,   0.9999 Silver, 0.5102 oz.
ASW 34mm.   **Obv:** Bust right **Rev:** Maple Leaf

Date	Mintage	MS63	MS65
2015	9,999	PF65 100	

5 DOLLARS

KM# 163 31.10 g.,   0.9999 Silver, 0.9998 oz. ASW
Obv: Young bust right, denomination and date
below **Obv. Designer:** Arnold Machin **Rev:** Maple
leaf flanked by 9999

Date	Mintage	MS63	MS65
1988	1,155,931	35.00	—
1989	—	PF60 40.00	
1989	3,332,200	35.00	—

KM# 187 31.10 g.,   0.9999 Silver, 0.9998 oz. ASW
Obv: Crowned head right, date and denomination
below **Obv. Designer:** Dora de Pedery-Hunt **Rev:**
Maple leaf flanked by 9999

Date		Mintage	MS63	MS65
1990		1,708,800	35.00	—
1991		644,300	35.00	—
1992		343,800	35.00	—
1993		889,946	35.00	—
1994		1,133,900	35.00	—
1995		326,244	35.00	—
1996		250,445	42.50	—
1997		100,970	35.00	—
1998	90th Anniversary R.C.M. privy mark	13,025	35.00	—
1998	R.C.M.P. privy mark	25,000	35.00	—
1998	Tiger privy mark	25,000	35.00	—
1998	Titanic privy mark	26,000	85.00	—
1998		591,359	35.00	—
1999	Rabbit privy mark	25,000	35.00	—
1999		1,229,442	35.00	—
1999	Y2K privy mark	9,999	37.50	—
2000	Dragon privy mark	25,000	35.00	—
2000	Expo Hanover privy mark	—	45.00	—
2000		403,652	35.00	—
2001		398,563	35.00	—
2001	Reverse proof, Snake privy mark	25,000	PF63 35.00 PF65 45.00	
2002		576,196	35.00	—
2002	Reverse proof, Horse privy mark	25,000	PF63 35.00 PF65 45.00	
2003		—	35.00	—
2003	Reverse proof, sheep privy mark	25,000	PF63 35.00 PF65 45.00	

KM# 363 31.10 g., 0.9999 Silver, 0.9998 oz. ASW

Obv: Crowned head right, date and denomination below **Rev:** Maple leaf flanked by 9999

Date	Mintage	MS63	MS65
1999/2000 Fireworks privy mark	298,775	35.00	—

KM# 436 31.10 g., 0.9999 Silver, 0.9999 oz. ASW 38mm. **Obv:** Crowned head right, date and denomination below **Rev:** Three maple leaves in autumn colors, 9999 flanks **Rev. Designer:** Debbie Adams **Edge:** Reeded

Date	Mintage	MS63	MS65
2001	49,709	PF63 30.00	PF65 40.00

KM# 437 31.10 g., 0.9999 Silver, 0.9999 oz. ASW 38mm. **Obv:** Crowned head right, date and denomination below **Rev:** Radiant maple leaf hologram **Edge:** Reeded

Date	Mintage	MS63	MS65
2001 Good fortune privy mark	29,906	75.00	—

KM# 505 31.10 g., 0.9999 Silver, 0.9999 oz. ASW 38mm. **Obv:** Crowned head right, date and

denomination below **Rev:** Two maple leaves in spring color (green) **Edge:** Reeded

Date	Mintage	MS63	MS65
2002	29,509	37.50	—

KM# 521 31.10 g., 0.9999 Silver, 0.9999 oz. ASW **Obv:** Head right **Rev:** Maple leaf, summer colors **Rev. Designer:** Stan Witten

Date	Mintage	MS63	MS65
2003	29,416	37.50	—

KM# 508 31.10 g., 0.9999 Silver, 0.9999 oz. ASW 38mm. **Obv:** Crowned head right, date and denomination below **Obv. Designer:** Dora de Pedery-Hunt **Rev:** Holographic Maple leaf flanked by 9999 **Edge:** Reeded

Date	Mintage	MS63	MS65
2003	—	PF63 35.00	PF65 37.50

KM# 522 31.11 g., 0.9999 Silver, 0.9999 oz. ASW **Obv:** Head right **Rev:** Maple leaf, winter color **Rev. Designer:** Stan Witten

Date	Mintage	MS63	MS65
2004	26,763	35.00	—

KM# 607 31.12 g., 0.9999 Silver, 1.0004 oz. ASW **Obv:** Head right **Rev:** Maple leaf, winter colors

Date	Mintage	MS63	MS65
2004	—	37.50	—

KM# 625 31.10 g., 0.9999 Silver, 0.9999 oz. ASW 38mm. **Obv:** Bust right **Obv. Designer:** Susanna Blunt **Rev:** Maple leaf **Edge:** Reeded

Date	Mintage	MS63	MS65
2004 Mint logo privy mark Specimen	13,859	PF65 37.50	
2004 Monkey privy mark Specimen	25,000	PF65 37.50	
2004 D-Day privy mark Specimen	11,698	PF65 37.50	
2004 Desjardins privy mark	15,000	37.50	—
2004 Capricorn privy Mark Reverse proof	5,000	PF65 37.50	
2004 Aquarius privy mark Reverse proof	5,000	PF65 37.50	
2004 Pisces privy mark Reverse proof	5,000	PF65 37.50	
2004 Aries privy mark Reverse proof	5,000	PF65 37.50	
2004 Taurus privy mark Reverse proof	5,000	PF65 37.50	
2004 Gemini privy mark Reverse proof	5,000	PF65 37.50	
2004 Cancer privy mark Reverse proof	5,000	PF65 37.50	
2004 Leo privy mark Reverse proof	5,000	PF65 37.50	
2004 Virgo privy mark Reverse proof	5,000	PF65 37.50	
2004 Libra privy mark Reverse proof	5,000	PF65 37.50	
2004 Scorpio privy mark Reverse proof	5,000	PF65 37.50	
2004 Sagittarius privy mark Reverse proof	5,000	PF65 50.00	
2005	—	35.00	—
2005 Tulip privy mark Reverse proof	3,500	PF65 50.00	
2005 Tank privy mark Reverse proof	7,000	PF65 60.00	
2005 USS Missouri privy mark Reverse proof	7,000	PF65 60.00	
2005 Rooster privy mark Reverse proof	15,000	PF65 50.00	
2006	—	35.00	—
2006 Dog privy mark Reverse proof	—	PF65 50.00	
2007	—	35.00	—
2007 F12 privy mark Reverse proof	—	PF65 130	
2007 Pig privy mark Reverse proof	—	PF65 50.00	
2008	—	35.00	—
2008 F12 privy mark Reverse proof	—	PF65 130	
2008 Rat privy mark Reverse proof	—	PF65 50.00	
2009	—	35.00	—
2009 Brandenberg Gate privy mark Reverse proof	—	PF65 50.00	
2009 Tower Bridge privy mark Reverse proof	—	PF65 50.00	
2009 Ox Privy mark Reverse proof	—	PF65 50.00	
2010	—	35.00	—
2010 Fabulous 15 privy mark Reverse proof	—	PF65 50.00	
2011	—	35.00	—
2012	—	35.00	—
2012 Dragon privy mark Reverse proof	—	PF65 50.00	
2012 Titanic privy mark Reverse proof	—	PF65 50.00	
2012 Pisa privy mark	—	35.00	—

Date	Mintage	MS63	MS65
2012 Fabulous 15 privy mark Reverse proof	—	PF65 75.00	
2013	—	35.00	—
2014	—	35.00	—
2014 World Money Fair Berlin privy mark Reverse proof	—	PF65 50.00	

KM# 550 31.10 g., 0.9999 Silver, 0.9999 oz. ASW 38mm. **Obv:** Head right **Rev:** Big Leaf Maple and seed pod, color **Rev. Designer:** Stan Witten

Date	Mintage	MS63	MS65
2005	21,233	35.00	—

KM# 574 31.10 g., 0.9999 Silver, 0.9999 oz. ASW 38mm. **Obv:** Head right **Rev:** Lynx

Date	Mintage	MS63	MS65
2005	—	PF63 35.00	PF65 37.50

KM# 924 31.11 g., 0.9999 Silver, 0.9999 oz. ASW **Rev:** Maple Leaf, laser engraved **Rev. Designer:** Joan Nguyen

Date	Mintage	MS63	MS65
2005	25,000	PF63 50.00	PF65 60.00

BULLION COINS

KM# 660 31.10 g., 0.999 Silver, 0.999 oz. ASW **Obv:** Bust right **Obv. Designer:** Susanna Blunt **Rev:** Silver maple, colorized **Rev. Designer:** Stan Witten

Date	Mintage	MS63	MS65
2006	14,157	37.50	—

KM# 625a 31.11 g., 0.9999 Silver, 0.9999 oz. ASW 38mm. **Rev:** Maple leaf, gilt

Date	Mintage	MS63	MS65
2007	—	75.00	—
2008	—	75.00	—
2009	—	75.00	—
2009 Tower Bridge Privy Mark	—	75.00	—
2010	—	75.00	—

KM# 729 31.11 g., 0.999 Silver, 0.999 oz. ASW 38mm. **Obv:** Bust right **Rev:** Maple leaf orange multicolor

Date	Mintage	MS63	MS65
2007	—	PF63 40.00	PF65 45.00

KM# 925 31.11 g., 0.999 Silver, 0.999 oz. ASW **Obv:** Bust right **Obv. Designer:** Susanna Blunt **Rev:** Sugar maple, colorized **Rev. Designer:** Stan Witten

Date	Mintage	MS63	MS65
2007	11,495	37.50	—

KM# 928 31.39 g., 0.999 Silver, 1.0082 oz. ASW 38mm. **Rev:** Orange sugar maple leaf **Rev. Designer:** Stan Witten

Date	Mintage	MS63	MS65
2007 Specimen	20,000	100	—

KM# 798 31.11 g., 0.999 Silver, 0.999 oz. ASW 38mm. **Subject:** Maple Leaf 20th Anniversary **Rev:** Maple Leaf, selective gold plating

Date	Mintage	MS63	MS65
2008	10,000	PF63 65.00	PF65 75.00

KM# 799 31.11 g., 0.999 Silver, 0.999 oz. ASW 38mm. **Subject:** Breast Cancer Awareness **Rev:** Multicolor, green maple leaf and pink ribbon

Date	Mintage	MS63	MS65
2008	11,048	85.00	—

KM# 800 31.11 g., 0.999 Silver, 0.999 oz. ASW 38mm. **Subject:** Vancouver Olympics **Obv:** Bust right **Obv. Designer:** Susanna Blunt **Rev:** Maple leaf, Olympic logo at left, turtle

Date	Mintage	MS63	MS65
2008	—	37.50	—
2009	—	37.50	—
2010	—	37.50	—

KM# 800a 31.11 g., 0.9999 Silver partially gilt, 0.9999 oz. ASW 38mm. **Rev:** Maple leaf gilt, olympic logo at left

Date	Mintage	MS63	MS65
2008	—	50.00	—

KM# 1056 31.11 g., 0.9999 Silver, 0.9999 oz. ASW 38mm. **Rev:** Maple leaf in brown color, card diamond

Date	Mintage	MS63	MS65
2008	—	50.00	—

KM# 1057 31.11 g., 0.9999 Silver, 0.9999 oz. ASW 38mm. **Rev:** Maple Leaf in green color, card heart

Date	Mintage	MS63	MS65
2008	—	50.00	—

KM# 1058 31.11 g., 0.9999 Silver, 0.9999 oz. ASW 38mm. **Rev:** Maple leaf in green color, card club

Date	Mintage	MS63	MS65
2008	—	50.00	—

KM# 1059 31.11 g., 0.9999 Silver, 0.9999 oz. ASW 38mm. **Rev:** Maple Leaf in red color, card spade

Date	Mintage	MS63	MS65
2008	—	50.00	—

KM# 863 31.11 g., 0.9999 Silver, 0.9999 oz. ASW 38mm. **Subject:** Vancouver Olympics **Rev:** Thunderbird Totem **Rev. Designer:** Rick Harry

Date	Mintage	MS63	MS65
2009	—	50.00	—

KM# 863a 31.11 g., 0.9999 Silver partially gilt, 0.9999 oz. ASW 38mm. **Rev:** Thunderbird, gilt

Date	Mintage	MS63	MS65
2009	—	60.00	—

BULLION COINS

KM# 1061   31.11 g.,   0.9999 Silver, 0.9999 oz. ASW 38mm. **Rev:** Maple leaf in red color, support our troops yellow ribbon

Date	Mintage	MS63	MS65
2009	—	70.00	—

KM# 998   31.12 g.,   0.999 Silver, 0.9995 oz. ASW 38mm. **Rev:** Olympic Hockey

Date	Mintage	MS63	MS65
2010	—	PF63 38.00	PF65 42.00

KM# 998a   31.11 g.,   0.9999 Silver partially gilt, 0.9999 oz. ASW 38mm. **Rev:** Hockey player, gilt maple leaves flanking

Date	Mintage	MS63	MS65
2010	—	50.00	—

KM# 1077   31.39 g.,   0.999 Silver, 1.0082 oz. ASW 34mm. **Rev:** Maple leaf on 45 degree angle left **Note:** Piedfort.

Date	Mintage	MS63	MS65
2010 Reverse Proof	9,000	PF65 80.00	

KM# 1289   31.11 g.,   0.9999 Silver, 0.9999 oz. ASW 38mm. **Rev:** Maple leaf in green with crystal

Date	Mintage	MS63	MS65
2010	—	65.00	—

KM# 1290   31.11 g.,   0.999 Silver, 0.999 oz. ASW 38mm. **Rev:** Maple leaf in red with crystal

Date	Mintage	MS63	MS65
2010	—	65.00	—

KM# 1291   31.11 g.,   0.9999 Silver, 0.9999 oz. ASW 38mm. **Rev:** Maple leaf in dark green with crystal

Date	Mintage	MS63	MS65
2010	—	65.00	—

KM# 1292   31.11 g.,   0.9999 Silver, 0.9999 oz.

ASW 38mm. **Rev:** Maple leaf in color with crystal

Date	Mintage	MS63	MS65
2010	—	65.00	—

KM# 1052 31.11 g., 0.9999 Silver, 0.9999 oz. ASW 38mm. **Rev:** Wolf standing with moonlight in background

Date	Mintage	MS63	MS65
2011	1,000,000	42.00	—

KM# 1109 31.11 g., 0.999 Silver, 0.999 oz. ASW 38mm. **Rev:** Grizzly Bear walking right

Date	Mintage	MS63	MS65
2011	1,000,000	40.00	—

KM# 1164 31.11 g., 0.999 Silver, 0.999 oz. ASW 38mm. **Obv. Designer:** Susanna Blunt **Rev:** Cougar **Rev. Designer:** William Woodruff

Date	Mintage	MS63	MS65
2012	1,000,000	40.00	—

KM# 1241 31.14 g., 0.9999 Silver, 1.0009 oz. ASW 38mm. **Obv:** Bust right **Obv. Designer:** Susana Blunt **Rev:** Moose left **Rev. Designer:** William Woodruff **Edge:** Reeded

Date	Mintage	MS63	MS65
2012	1,000,000	42.00	—

KM# 1297 31.11 g., 0.999 Silver, 0.999 oz. ASW 38mm. **Obv:** Bust right **Rev:** Antelope

Date	Mintage	MS63	MS65
2013	—	42.00	—

KM# 1382 31.11 g., 0.999 Silver, 0.999 oz. ASW 38mm. **Subject:** Silver Maple Leaf - 25th Anniversary **Rev:** Maple leaf and gilt shadow of maple leaf **Rev. Designer:** Jean-Louis Sirois

Date	Mintage	MS63	MS65
2013	Est. 10000	PF63 100	PF65 110

BULLION COINS

KM# 1410 31.11 g., 0.9999 Silver, 0.9999 oz. ASW 38mm. **Obv. Designer:** Arnold Machin **Rev:** Three maple leaves **Rev. Designer:** Arnold Nogy

Date	Mintage	MS63	MS65
2013	—	45.00	—

KM# 1597 31.10 g., 0.9999 Silver partially gilt, 0.9999 oz. ASW 38mm. **Obv:** Bust right **Rev:** Two maple leaves, one gilt

Date	Mintage	MS63	MS65
2014	—	40.00	—

KM# 1601 31.11 g., 0.9999 Silver, 0.9999 oz. ASW 38mm. **Obv:** Bust right, rays in field **Rev:** Maple leaf, rays in field

Date	Mintage	MS63	MS65
2014	—	50.00	—

KM# 1604 31.11 g., 0.9999 Silver, 0.9999 oz. ASW 38mm. **Obv:** Bust right **Rev:** Peregrine falcon in flight left

Date	Mintage	MS63	MS65
2014 Matte fields	—	40.00	—
2014	—	PF63 45.00	PF65 50.00

KM# 1719 31.39 g., 0.999 Silver, 1.0082 oz. ASW **Ruler:** Elizabeth II 38mm. **Obv:** Bust right **Rev:** Eagle in flight left with fish **Mint:** Royal Canadian Mint

Date	Mintage	MS63	MS65
2014	7,500	65.00	

KM# 1809 31.39 g., 0.9999 Silver, 1.0091 oz. ASW 38mm. **Obv:** Bust right **Rev:** Maple leaf in red color

Date	Mintage	MS63	MS65
2015	9,999	PF65 125	

10 DOLLARS

KM# 1158 31.11 g., 0.9999 Silver, 0.9999 oz. ASW 38mm. **Obv:** Bust right **Rev:** Branch with three maple leaves

Date	Mintage	MS63	MS65
2011	—	PF63 45.00	PF65 50.00

KM# 1268 31.11 g., 0.999 Silver, 0.999 oz. ASW 38mm. **Subject:** Maple Leaf Forever

Date	Mintage	MS63	MS65
2012	—	PF63 40.00	PF65 50.00

KM# 1473 15.87 g., 0.9999 Silver, 0.5102 oz. ASW 34mm. **Rev:** Two maple leaves **Rev. Designer:** Piere Ledec

Date	Mintage	MS63	MS65
2013	5,000	PF63 35.00	PF65 40.00

KM# 1650 15.57 g., 0.9999 Silver, 0.5005 oz. ASW **Ruler:** Elizabeth II 34mm. **Obv:** Bust right **Rev:** Goose in water about to take flight **Mint:** Royal Canadian Mint

Date	Mintage	MS63	MS65
2014	—	40.00	

KM# 1655 15.87 g., 0.9999 Silver, 0.5102 oz. ASW **Ruler:** Elizabeth II 34mm. **Obv:** Bust right **Rev:** Three silver maple leaves **Mint:** Royal Canadian Mint

Date	Mintage	MS63	MS65
2014	50,000	40.00	

20 DOLLARS

KM# 1062 7.96 g., 0.9999 Silver, 0.2559 oz. ASW 27mm. **Rev:** Five Maple leaves at left

Date	Mintage	MS63	MS65
2011	200,000	25.00	—

KM# 1176 7.96 g., 0.9999 Silver, 0.2559 oz. ASW 27mm. **Obv:** Bust right **Rev:** Canoe and reflection **Rev. Designer:** Jason Bouwman **Edge:** Reeded

Date	Mintage	MS63	MS65
2011	200,000	30.00	—

KM# 1226 7.96 g., 0.9999 Silver, 0.2559 oz. ASW 27mm. **Obv:** Bust right **Rev:** Waterline view of polar bear swimming **Edge:** Reeded

Date	Mintage	MS63	MS65
2012	250,000	25.00	—

KM# 1237 7.96 g., 0.9999 Silver, 0.2559 oz. ASW 27mm. **Subject:** Commemorating the end of the Canadian Cent **Obv:** Bust right **Rev:** Maple leaves floating on water

Date	Mintage	MS63	MS65
2012	—	20.00	—

KM# 1337 7.96 g., 0.999 Silver, 0.2557 oz. ASW 27mm. **Rev:** Reindeer

Date	Mintage	MS63	MS65
2012	—	27.50	—

KM# 1350 15.50 g., 0.9999 Silver, 0.4983 oz. ASW **Ruler:** Elizabeth II 34mm. **Obv:** Bust right **Rev:** Elizabeth II bust at left wearing hat **Mint:** Royal Canadian Mint

Date	Mintage	MS63	MS65
2012	—	25.00	—

KM# 1365 7.96 g., 0.999 Silver, 0.2557 oz. ASW
27mm. **Subject:** Year of the Snake **Rev:** Snake in
Tree

Date	Mintage	MS63	MS65
2013	Est. 128888	PF63 25.00	PF65 30.00

KM# 1511 7.96 g., 0.999 Silver, 0.2557 oz. ASW
27mm. **Rev:** Wolf **Rev. Designer:** Glen Loates

Date	Mintage	MS63	MS65
2013	250,000	25.00	—

KM# 1512 7.70 g., 0.9999 Silver, 0.2475 oz. ASW
27mm. **Rev:** Iceberg and whale **Rev. Designer:**
Emily Damstra

Date	Mintage	MS63	MS65
2013	225,000	25.00	—

KM# 1554 7.96 g., 0.999 Silver, 0.2557 oz. ASW
27mm. **Rev:** Santa **Rev. Designer:** Jesse Koreck

Date	Mintage	MS63	MS65
2013	225,000	20.00	—

KM# 1561 7.96 g., 0.999 Silver, 0.2557 oz. ASW
Obv: Bust right **Rev:** Goose in flight right **Rev.
Designer:** Trevor Tennant

Date	Mintage	MS63	MS65
2014	225,000	20.00	—

KM# 1562 7.96 g., 0.999 Silver, 0.2557 oz. ASW
27mm. **Obv:** Bust right **Rev:** Bobcat

Date	Mintage	MS63	MS65
2014	225,000	20.00	—

KM# 1563 7.96 g., 0.999 Silver, 0.2557 oz. ASW
27mm. **Obv:** Bust right **Rev:** Summertime

Date	Mintage	MS63	MS65
2014	225,000	20.00	—

KM# 1564 7.96 g., 0.999 Silver, 0.2557 oz. ASW
27mm. **Obv:** Bust right **Rev:** Holiday Candles

Date	Mintage	MS63	MS65
2014	225,000	20.00	—

KM# 1714 7.96 g., 0.9999 Silver, 0.2559 oz.
ASW 27mm. **Obv:** Bust right **Rev:** Bobcat jumping
forward

Date	Mintage	MS63	MS65
2014	—	25.00	—

KM# 1715 7.96 g., 0.9999 Silver, 0.2559 oz. ASW
27mm. **Obv:** Bust right **Rev:** Summertime - Boy
jumping into lake

Date	Mintage	MS63	MS65
2014	—	25.00	—

25 DOLLARS

KM# 1838 7.96 g., 0.9999 Silver, 0.2559 oz. ASW
27mm. **Obv:** Bust right **Rev:** Canadian flag in color
Rev. Designer: Julius Csotonyi

Date	Mintage	MS63	MS65
2015	—	—	25.00

50 DOLLARS

KM# 326 311.04 g., 0.9999 Silver, 9.999 oz. ASW
Subject: 10th Anniversary Silver Maple Leaf **Obv:**
Crowned head right **Rev:** Maple leaf flanked by 9999
Edge: 10th ANNIVERSARY 10e ANNIVERSAIRE

Date	Mintage	MS63	MS65
1998	—	PF60 350	

KM# 1509 157.60 g., 0.9999 Silver, 5.0664
oz. ASW 65mm. **Subject:** Maple Leaf Bullion,
25th Anniversary **Rev:** Three maple leaves **Rev.
Designer:** Arnold Nogy

Date	Mintage	MS63	MS65
2013	2,500	PF65 500	

KM# 1624 157.60 g., 0.999 Silver, 5.0619 oz.
ASW 65.25mm. **Obv:** Bust right **Rev:** Three maple
leaves **Rev. Designer:** Luc Normandin

Date	Mintage	MS63	MS65
2014	2,500	PF65 520	

KM# 1637 15.57 g., 0.9999 Silver, 0.5005 oz.
ASW **Ruler:** Elizabeth II **Obv:** Bust right **Rev:**
Grizzly bear in stream **Mint:** Royal Canadian Mint

Date	Mintage	MS63	MS65
2014	100,000	55.00	—

KM# 1717 15.87 g., 0.9999 Silver, 0.5102 oz.
ASW 34mm. **Obv:** Bust right **Rev:** Snowy Owl in
flight forward **Rev. Designer:** Trevor Tennant

Date	Mintage	MS63	MS65
2014	—	60.00	—

KM# 1718 15.87 g., 0.9999 Silver, 0.5102 oz.
ASW 34mm. **Obv:** Bust right **Rev:** Polar Bear at
stream

Date	Mintage	MS63	MS65
2014	—	60.00	—

100 DOLLARS

KM# 1555 31.60 g., 0.9999 Silver, 1.0159 oz.
ASW 40mm. **Obv:** Bust right **Rev:** Bear eating
salmon in river **Rev. Designer:** Claudio D'Angelo

Date	Mintage	MS63	MS65
2014	50,000	100	—

KM# 1620 31.60 g., 0.999 Silver, 1.0149 oz. ASW
40mm. **Obv:** Bust right **Rev:** Eagle in flight **Rev.
Designer:** Claudio D'Angelo

Date	Mintage	MS63	MS65
2014 Matte Proof	50,000	PF63 115	

KM# 1621 31.60 g., 0.999 Silver, 1.0149 oz. ASW
40mm. **Obv:** Bust right **Rev:** Two big horn sheep
butting heads **Rev. Designer:** Claudio D'Angelo

Date	Mintage	MS63	MS65
2014 Matte Proof	45,000	PF63 115	

250 DOLLARS

KM# 676 1000.00 g., 0.9999 Silver, 32.1475 oz.
ASW **Subject:** Kilo

Date	Mintage	MS63	MS65
2006	—	1,350	—

KM# 1160 1000.00 g., 0.9999 Silver, 32.1475 oz.
ASW 101mm. **Obv:** Bust right **Obv. Designer:**
Susana Blunt **Rev:** Three maple leaves on branch
Rev. Designer: Debbie Adams

Date	Mintage	MS63	MS65
2011	999	PF65 2,000	

KM# 1272 1000.00 g., 0.999 Silver, 32.1186 oz.
ASW 101mm. **Subject:** Maple Leaf Forever

Date	Mintage	MS63	MS65
2012	—	PF65 1,450	

KM# 1472 1000.00 g., 0.999 Silver Partially
gilt, 32.1186 oz. ASW 102.1mm. **Rev:** Two maple
leaves, gilt **Rev. Designer:** Emily Damstra

Date	Mintage	MS63	MS65
2013	600	PF65 2,300	

BULLION COINS

500 DOLLARS

KM# 1245 5000.00 g., 0.9999 Silver, 160.7375 oz. ASW 180mm. **Subject:** Haida sculpture

Date	Mintage	MS63	MS65
2012	100	PF65 7,500	

GOLD BULLION COINAGE

50 CENTS

KM# 542 1.27 g., 0.999 Gold, 0.0408 oz. AGW 13.92mm. **Rev:** Voyagers with northern lights above **Rev. Designer:** Emanuel Hahn

Date	Mintage	MS63	MS65
2005	—	PF65 100	

KM# 717 1.24 g., 0.999 Gold, 0.0398 oz. AGW 13.9mm. **Rev:** Wolf

Date	Mintage	MS63	MS65
2006	—	PF63 90.00	PF65 100

KM# 926 1.24 g., 0.999 Gold, 0.0398 oz. AGW 13.9mm. **Rev:** Cowboy and bronco rider

Date	Mintage	MS63	MS65
2006	—	PF63 90.00	PF65 100

KM# 927 1.24 g., 0.999 Gold, 0.0398 oz. AGW 13.9mm. **Subject:** Gold Louis

Date	Mintage	MS63	MS65
2007	—	PF63 90.00	PF65 100

KM# 777 1.24 g., 0.999 Gold, 0.0398 oz. AGW 13.9mm. **Subject:** DeHavilland beaver

Date	Mintage	MS63	MS65
2008	20,000	PF63 90.00	PF65 100

KM# 888 1.27 g., 0.999 Gold, 0.0408 oz. AGW 13.92mm. **Subject:** Red maple **Obv:** Bust right **Obv. Designer:** Susanna Blunt **Rev:** Two maple leaves **Obv. Legend:** Elizabeth II 50 cents **Rev. Legend:** Canada, Fine gold 1/25 oz or PUR 9999

Date	Mintage	MS63	MS65
2009	150,000	PF63 75.00	PF65 90.00

KM# 985 1.24 g., 0.999 Gold, 0.0398 oz. AGW 13.92mm. **Subject:** RCMP **Obv:** Bust right **Rev:** Mountie on horseback **Rev. Designer:** Janet Griffin-Scott

Date	Mintage	MS63	MS65
2010	Est. 14000	PF63 90.00	PF65 100

KM# 1085 1.27 g., 0.999 Gold, 0.0408 oz. AGW 13.92mm. **Rev:** Geese in flight left **Rev. Designer:** Emily Damstra

Date	Mintage	MS63	MS65
2011	10,000	PF63 80.00	PF65 90.00

KM# 1214 1.27 g., 1.000 Gold, 0.0408 oz. AGW 13.92mm. **Obv:** Bust right **Rev:** Three maple leaves, 2007-2012 above

Date	Mintage	MS63	MS65
2012	—	PF63 80.00	PF65 90.00

KM# 1218 1.27 g., 0.9999 Gold, 0.0408 oz. AGW 13.92mm. **Obv:** Bust right **Rev:** Schooner sailing left

Date	Mintage	MS63	MS65
2012	—	PF65 90.00	

KM# 1348 1.27 g., 0.9999 Gold, 0.0408 oz. AGW 13.92mm. **Rev:** Bald eagle head left **Rev.**

Designer: Trevor Tennant

Date	Mintage	MS63	MS65
2013	10,000	**PF63** 120 **PF65** 130	

KM# 1349 1.27 g., 0.9999 Gold, 0.0408 oz. AGW 13.92mm. **Subject:** Inuit Art by Joanassie Nowkawalk

Date	Mintage	MS63	MS65
2013	10,000	**PF63** 120 **PF65** 130	

DOLLAR

KM# 238 1.56 g., 0.9999 Gold, 0.050 oz. AGW **Obv:** Crowned head right, denomination and date below **Rev:** Maple leaf flanked by 9999

Date	Mintage	MS63	MS65
1993	37,080	76.00	—
1994	78,860	76.00	—
1995	85,920	76.00	—
1996	56,520	76.00	—
1997	59,720	76.00	—
1998	44,260	76.00	—
1999 oval "20 YEARS ANS" privy mark	—	79.00	—
2000 oval "2000" privy mark	—	79.00	—
2001	—	79.00	—

KM# 365 1.56 g., 0.9999 Gold, 0.050 oz. AGW **Obv:** Crowned head right **Rev:** Maple leaf hologram

Date	Mintage	MS63	MS65
1999	500	115	—

KM# 438 1.58 g., 0.999 Gold, 0.0508 oz. AGW 14.1mm. **Subject:** Holographic Maple Leaves **Obv:** Crowned head right **Rev:** Three maple leaves multicolor hologram **Edge:** Reeded

Date	Mintage	MS63	MS65
2001	600	85.00	—

KM# 1416 1.55 g., 0.9999 Gold, 0.0498 oz. AGW 14mm. **Obv:** Bust right **Obv. Designer:** Susanna Blunt **Rev:** Maple Leaf

Date	Mintage	MS63	MS65
2009	—	**PF63** 115 **PF65** 125	

KM# 1490 1.000 Gold, **Rev:** Maple leaf tilted left **Note:** Thick planchet.

Date	Mintage	MS63	MS65
2010 Proof	—	—	—

KM# 1138 1.56 g., 0.9999 Gold, 0.0502 oz. AGW 14mm. **Obv:** Bust right **Rev:** Maple leaf

Date	Mintage	MS63	MS65
1911-2011	—	100	—

KM# 1213 1.58 g., 1.000 Gold, 0.0508 oz. AGW 14.1mm. **Obv:** Bust right **Rev:** Three maple leaves, 2007-2012 above

Date	Mintage	MS63	MS65
2012	—	**PF63** 100 **PF65** 110	

KM# 1411 1.55 g., 0.999 Gold, 0.0498 oz. AGW **Obv. Designer:** Susanna Blunt **Rev:** Two maple leaves **Rev. Designer:** Claudio D'Angelo

Date	Mintage	MS63	MS65
2013	—	**PF63** 115 **PF65** 125	

KM# 1506 1.58 g., 0.9999 Gold, 0.0508 oz. AGW 14.1mm. **Rev:** Two maple leaves **Rev. Designer:** Claudio d'Angelo

Date	Mintage	MS63	MS65
2013 Reverse proof	—	**PF65** 150	

KM# 1703 1.58 g., 0.9999 Gold, 0.0508 oz. AGW 14.1mm. **Obv:** Bust right **Rev:** 3 Sugar Maple Leaves **Rev. Designer:** Pierre Leduc

Date	Mintage	MS63	MS65
2014	600	**PF65** 175	

KM# 1789 1.24 g., 0.999 Gold, 0.0398 oz. AGW **Ruler:** Elizabeth II 14.1mm. **Obv:** Bust right by Mary Glick **Rev:** Two maple leaves **Mint:** Royal Canadian Mint

Date	Mintage	MS63	MS65
2014	650	**PF65** 100	

KM# 1801 1.58 g., 0.9999 Gold, 0.0508 oz. AGW 14.1mm. **Obv:** Bust right **Rev:** Silver maple leaf drifting downward **Rev. Designer:** Lilyane Coulombe **Note:** Edge numbered.

Date	Mintage	MS63	MS65
2015	600	**PF65** 125	

2 DOLLARS

KM# 256 2.07 g., 0.9999 Gold, 0.0667 oz. AGW **Obv:** Crowned head right, denomination and date below **Rev:** Maple leaf flanked by 9999

Date	Mintage	MS63	MS65
1994	5,493	140	—

5 DOLLARS

KM# 135 3.12 g., 0.9999 Gold, 0.1003 oz. AGW **Obv:** Young bust right, date and denomination below **Obv. Designer:** Arnold Machin **Rev:** Maple leaf flanked by 9999

Date	Mintage	MS63	MS65
1982	246,000	140	—
1983	304,000	140	—
1984	262,000	140	—
1985	398,000	140	—
1986	529,516	140	—
1987	459,000	140	—

Date	Mintage	MS63	MS65
1988	506,500	140	—
1989	16,992	PF60 200	
1989	539,000	140	—

KM# 188 3.12 g., 0.9999 Gold, 0.1003 oz. AGW **Obv:** Elizabeth II effigy **Obv. Designer:** Dora dePedery-Hunt **Rev:** Maple leaf

Date	Mintage	MS63	MS65
1990	476,000	140	—
1991	322,000	140	—
1992	384,000	140	—
1993	248,630	140	—
1994	313,150	140	—
1995	294,890	140	—
1996	179,220	140	—
1997	188,540	140	—
1998	301,940	140	—
1999 oval "20 Years ANS" privy mark	—	146	—
2000 oval "2000" privy mark	—	146	—
2001	—	140	—

KM# 366 3.12 g., 0.9999 Gold, 0.1003 oz. AGW **Rev:** Maple leaf hologram

Date	Mintage	MS63	MS65
1999	500	210	—

KM# 439 3.13 g., 0.9999 Gold, 0.1007 oz. AGW 16mm. **Subject:** Holographic Maple Leaves **Obv:** Crowned head right **Rev:** Three maple leaves multicolor hologram **Edge:** Reeded

Date	Mintage	MS63	MS65
2001	600	200	—

KM# 929 3.13 g., 0.999 Gold, 0.1005 oz. AGW 16mm. **Obv. Designer:** Susan Blunt **Rev:** Maple leaf **Rev. Designer:** Walter Ott

Date	Mintage	MS63	MS65
2007	—	PF65 200	
2008	—	PF65 200	
2009	—	PF65 200	
2010	—	PF65 200	
2011	—	PF65 200	

KM# 1139 3.13 g., 0.999 Gold, 0.1005 oz. AGW 16mm. **Obv:** Bust right **Rev:** Maple leaf

Date	Mintage	MS63	MS65
1911-2011	—	225	—

KM# 1212 3.13 g., 1.000 Gold, 0.1006 oz. AGW 16mm. **Obv:** Bust right **Rev:** Three maple leaves, 2007-2012 above

Date	Mintage	MS63	MS65
2012	—	PF65 200	

KM# 1267 3.13 g., 0.999 Gold, 0.1005 oz. AGW 16mm. **Subject:** Maple Leaf Forever

Date	Mintage	MS63	MS65
2012	—	PF65 200	

KM# 1412 3.11 g., 0.9999 Gold, 0.100 oz. AGW 16mm. **Obv. Designer:** Susanna Blunt **Rev:** Two maple leaves **Rev. Designer:** Claudia D'Angelo

Date	Mintage	MS63	MS65
2013	—	PF65 250	

KM# 1505 3.13 g., 0.9999 Gold, 0.1006 oz. AGW 16mm. **Rev:** Two maple leaves **Rev. Designer:** Claudio d'Angelo

Date	Mintage	MS63	MS65
2013 Reverse Proof	—	PF65 225	

KM# 1598 3.11 g., 0.9999 Gold, 0.100 oz. AGW 16mm. **Obv:** Bust right **Rev:** Three maple leaves

Date	Mintage	MS63	MS65
2014	—	PF65 200	

KM# 1704 3.13 g., 0.9999 Gold, 0.1006 oz. AGW 16mm. **Obv:** Bust right **Rev:** 3 Sugar Maple Leaves **Rev. Designer:** Pierre Leduc

Date	Mintage	MS63	MS65
2014	600	PF65 400	

KM# 1802 3.14 g., 0.9999 Gold, 0.1009 oz. AGW 16mm. **Obv:** Bust right **Rev:** Silver maple leaf drifting downward **Rev. Designer:** Lilyane Coulombe **Note:** Edge numbered.

Date	Mintage	MS63	MS65
2015	600	PF65 250	

10 DOLLARS

KM# 136 7.79 g., 0.9999 Gold, 0.2503 oz. AGW **Obv:** Young bust right, date and denomination below **Obv. Designer:** Arnold Machin **Rev:** Maple leaf flanked by 9999

Date	Mintage	MS63	MS65
1982	184,000	336	—
1983	308,800	336	—
1984	242,400	336	—
1985	620,000	336	—
1986	915,200	336	—
1987	376,000	336	—
1988	436,000	336	—
1989	—	PF60 500	
1989	328,800	336	—

KM# 189 7.79 g., 0.9999 Gold, 0.2503 oz. AGW **Obv:** Crowned head right, date and denomination below **Obv. Designer:** Dora dePedery-Hunt **Rev:** Maple leaf flanked by 9999

Date	Mintage	MS63	MS65
1990	253,600	336	—
1991	166,400	336	—
1992	179,600	336	—
1993	158,452	336	—
1994	148,792	336	—
1995	127,596	336	—
1996	89,148	336	—

Date	Mintage	MS63	MS65
1997	98,104	336	—
1998	85,472	336	—
1999 oval "20 Years ANS" privy mark	—	352	—
2000 oval "2000" privy mark	—	352	—
2001	—	352	—

KM# 367 7.79 g., 0.9999 Gold, 0.2503 oz. AGW **Rev:** Maple leaf hologram

Date	Mintage	MS63	MS65
1999	—	485	—

KM# 440 7.80 g., 0.9999 Gold, 0.2507 oz. AGW 20mm. **Subject:** Holographic Maples Leaves **Obv:** Crowned head right **Rev:** Three maple leaves multicolor hologram **Edge:** Reeded

Date	Mintage	MS63	MS65
2001	15,000	475	—

KM# 1140 7.80 g., 0.9999 Gold, 0.2507 oz. AGW 20mm. **Obv:** Bust right **Rev:** Maple leaf

Date	Mintage	MS63	MS65
1911-2011	—	485	—

KM# 1312 6.22 g., 0.999 Gold, 0.1998 oz. AGW **Obv:** Bust right **Rev:** Maple leaf **Note:** Piedfort

Date	Mintage	MS63	MS65
2011	—	400	—

KM# 1211 7.80 g., 1.000 Gold, 0.2507 oz. AGW 20mm. **Obv:** Bust right **Rev:** Three maple leaves, 2007-2012 above

Date	Mintage	MS63	MS65
2012	—	PF65 475	

KM# 1275 7.77 g., 0.9999 Gold, 0.2498 oz. AGW 20mm. **Subject:** War of 1812

Date	Mintage	MS63	MS65
2012	—	PF65 500	

KM# 1413 7.77 g., 0.9999 Gold, 0.2498 oz. AGW 20mm. **Obv. Designer:** Susanna Blunt **Rev:** Two maple leaves **Rev. Designer:** Claudio D'Angelo

Date	Mintage	MS63	MS65
2013	—	PF65 500	

KM# 1504 7.77 g., 0.999 Gold, 0.2496 oz. AGW 20mm. **Rev:** Two maple leaves **Rev. Designer:** Claudio d'Angelo

Date	Mintage	MS63	MS65
2013 Reverse proof	600	PF65 400	

KM# 1599 7.77 g., 0.9999 Gold, 0.2498 oz. AGW 20mm. **Obv:** Bust right **Rev:** Three maple leaves

Date	Mintage	MS63	MS65
2014	—	PF65 475	

KM# 1705 7.80 g., 0.9999 Gold, 0.2508 oz. AGW 20mm. **Obv:** Bust right **Rev:** 3 Sugar Maple Leaves **Rev. Designer:** Pierre Leduc

Date	Mintage	MS63	MS65
2014	600	PF65 800	

KM# 1803 7.80 g., 0.9999 Gold, 0.2508 oz. AGW 20mm. **Obv:** Bust right **Rev:** Silver maple leaf drifting downward **Rev. Designer:** Lilyane Coulombe **Note:** Edge numbered.

Date	Mintage	MS63	MS65
2015	600	PF65 750	

20 DOLLARS

KM# 153 15.55 g., 0.9999 Gold, 0.4999 oz. AGW 32mm. **Obv:** Young bust right, date and denomination below **Obv. Designer:** Arnold Machin **Rev:** Maple leaf flanked by 9999

Date	Mintage	MS63	MS65
1986	529,200	654	—
1987	332,800	654	—
1988	538,400	654	—
1989	—	PF60 935	
1989	259,200	654	—

KM# 190 15.55 g., 0.9999 Gold, 0.4999 oz. AGW **Obv:** Crowned head right, date and denomination below **Obv. Designer:** Dora dePedery-Hunt **Rev:** Maple leaf flanked by 9999

Date	Mintage	MS63	MS65
1990	174,400	654	—
1991	96,200	654	—
1992	108,000	654	—

Date	Mintage	MS63	MS65
1993	99,492	654	—
1994	104,766	654	—
1995	103,162	654	—
1996	66,246	654	—
1997	63,354	654	—
1998	65,366	654	—
1999 oval "20 Years ANS" privy mark	—	684	—
2000 oval "2000" privy mark	—	684	—
2001	—	684	—

KM# 368   15.55 g., 0.9999 Gold, 0.4999 oz. AGW **Rev:** Maple leaf hologram

Date	Mintage	MS63	MS65
1999	500	935	—

KM# 441   15.58 g., 0.9999 Gold, 0.501 oz. AGW 25mm. **Subject:** Holographic Maples Leaves **Obv:** Crowned head right **Rev:** Three maple leaves multicolor hologram **Edge:** Reeded

Date	Mintage	MS63	MS65
2001	600	925	—

50 DOLLARS

KM# 125.1   31.10 g., 0.999 Gold, 0.999 oz. AGW **Obv:** Young bust right, denomination and date below **Rev:** Maple leaf flanked by .999

Date	Mintage	MS63	MS65
1979	1,000,000	1,270	—
1980	1,251,500	1,270	—
1981	863,000	1,270	—
1982	883,000	1,270	—

KM# 125.2   31.10 g., 0.9999 Gold, 0.9999 oz. AGW **Obv:** Young bust right, date and denomination below **Rev:** Maple leaf flanked by .9999

Date	Mintage	MS63	MS65
1983	843,000	1,271	—
1984	1,067,500	1,271	—
1985	1,908,000	1,271	—
1986	779,115	1,271	—
1987	978,000	1,271	—
1988	826,500	1,271	—
1989	17,781	PF60 1,900	
1989	856,000	1,271	—

KM# 191   31.10 g., 0.9999 Gold, 0.9999 oz. AGW **Obv:** Crowned head right, date and denomination

below **Obv. Designer:** Dora dePedery-Hunt **Rev:** Maple leaf flanked by .9999

Date	Mintage	MS63	MS65
1990	815,000	1,271	—
1991	290,000	1,271	—
1992	368,900	1,271	—
1993	321,413	1,271	—
1994	180,357	1,271	—
1995	208,729	1,271	—
1996	143,682	1,271	—
1997	478,211	1,271	—
1998	593,704	1,271	—
1999 oval "20 Years ANS" privy mark	—	1,307	—
2000 oval "2000" privy mark	—	1,307	—
2000 oval fireworks privy mark	—	1,307	—
2001	—	1,307	—

KM# 305   31.10 g., 0.9999 Gold, 0.9999 oz. AGW **Obv:** Crowned head denomination below, within circle, dates below **Rev:** Mountie at gallop right, within circle **Rev. Designer:** Ago Aarand **Shape:** 10-sided

Date	Mintage	MS63	MS65
1997	12,913	1,850	—

KM# 369   31.10 g., 0.9999 Gold, 0.9999 oz. AGW **Obv:** Crowned head right, date and denomination below **Rev:** Maple leaf hologram flanked by 9999, with fireworks privy mark

Date	Mintage	MS63	MS65
2000	500	1,850	—

KM# 442   31.15 g., 0.9999 Gold, 1.0014 oz. AGW 30mm. **Subject:** Holographic Maples Leaves **Obv:** Crowned head right **Rev:** Three maple leaves multicolor hologram **Edge:** Reeded

Date	Mintage	MS63	MS65
2001	600	1,850	—

KM# 1042 31.11 g., 0.999 Gold, 0.999 oz. AGW 30mm. **Rev:** Vancouver logo and maple leaf **Edge:** Reeded

Date	Mintage	MS63	MS65
2008 P	—	1,850	—

KM# 1042a 31.11 g., 0.9999 Gold, 0.9999 oz. AGW 30mm. **Rev:** Maple leaf in red enamel, olympic logo at left

Date	Mintage	MS63	MS65
2008	—	1,850	—

KM# 1037 31.11 g., 0.9999 Gold, 0.9999 oz. AGW 30mm. **Rev:** Thunderbird **Edge:** Reeded

Date	Mintage	MS63	MS65
2009	—	1,850	—

KM# 1037a 31.11 g., 0.9999 Gold, 0.9999 oz. AGW 30mm. **Rev:** Thunderbird, stars in red enamel highlights

Date	Mintage	MS63	MS65
2009	—	1,850	—

KM# 1029 31.11 g., 0.9999 Gold, 0.9999 oz. AGW 30mm. **Rev:** Hockey player flanked by maple leaves

Date	Mintage	MS63	MS65
2010	—	1,850	—

KM# 1029a 31.11 g., 0.9999 Gold, 0.9999 oz. AGW 30mm. **Rev:** Hockey player, red enameled maple leaves flanking

Date	Mintage	MS63	MS65
2010	—	1,850	—

KM# 1141 31.11 g., 0.9999 Gold, 0.9999 oz. AGW 30mm. **Obv:** Bust right **Rev:** Maple leaf

Date	Mintage	MS63	MS65
1911-2011	—	1,850	—

KM# 1210 31.11 g., 1.000 Gold, 1.000 oz. AGW 30mm. **Obv:** Bust right **Rev:** Three maple leaves, 2007-2012 above

Date	Mintage	MS63	MS65
2012	—	PF65 1,850	

KM# 1414 31.10 g., 0.9999 Gold, 0.9999 oz. AGW 30mm. **Obv. Designer:** Susanna Blunt **Rev:** Two Maple Leaves **Rev. Designer:** Claudio D'Angelo

Date	Mintage	MS63	MS65
2013	—	1,800	—

KM# 1488   31.11 g.,   0.9999 Gold, 0.9999 oz.
AGW 30mm.   **Rev:** Maple Leaf, security feature
added

Date	Mintage	MS63	MS65
2013	—	1,259	—
2014	—	1,259	—

KM# 1503   31.11 g.,   0.9999 Gold, 0.99 oz. AGW
30mm.   **Rev:** Two maple leaves   **Rev. Designer:**
Claudio d'Angelo

Date	Mintage		
2013 Reverse Proof	600	PF65	1,800

KM# 1600   31.11 g.,   0.9999 Gold, 0.9999 oz.
AGW 30mm.   **Obv:** Bust right **Rev:** Three maple
leaves

Date	Mintage	MS63	MS65
2014	—	PF65 1,500	

KM# 1706   31.10 g.,   0.9999 Gold, 0.9998 oz.
AGW 30mm.   **Obv:** Bust right **Rev:** 3 Sugar Maple
Leaves   **Rev. Designer:** Pierre Leduc

Date	Mintage	MS63	MS65
2014	600	PF65 1,600	

KM# 1804   31.16 g.,   0.9999 Gold, 1.0017 oz.
AGW 30mm.   **Obv:** Bust right **Rev:** Silver maple
leaf drifting downward   **Rev. Designer:** Lilyane
Coulombe **Note:** Edge numbered.

Date	Mintage	MS63	MS65
2015	600	PF65 1,400	

200 DOLLARS

KM# 750   31.11 g.,   1.000 Gold, 1.000 oz. AGW
30mm.   **Rev:** Three maple leaves

Date	Mintage	MS63	MS65
2007 Proof, T/E privy mark	500	PF65 1,850	

KM# 786   31.11 g.,   1.000 Gold, 1.000 oz. AGW
30mm.   **Obv:** Bust right on lathe-work background
Rev: Two maple leaves on lathe-work background

Date	Mintage	MS63	MS65
2008	—	PF65 1,850	

KM# 1162   31.11 g.,   1.000 Gold, 1.000 oz. AGW
30mm.   **Rev:** Maple leaf with lathe background

Date	Mintage	MS63	MS65
2009	—	PF65 1,850	

KM# 1163   31.11 g.,   0.999 Gold, 0.999 oz. AGW
30mm.   **Subject:** Celebrating win **Rev:** Three
athletics with hands raised

Date	Mintage	MS63	MS65
2010	—	PF65 1,850	

KM# 1165   31.11 g.,   1.000 Gold, 1.000 oz. AGW
30mm.   **Obv. Designer:** Susanna Blunt **Rev:**
Mountie on horseback, lathe backgound   **Rev.
Designer:** Ago Aarand

Date	Mintage	MS63	MS65
2011	—	1,850	—

KM# 1487   31.11 g.,   0.9999 Gold, 0.9999 oz.
AGW 30mm.   **Rev:** Three maple leaves, engine
turned background

Date	Mintage	MS63	MS65
2012	—	PF65 1,800	

500 DOLLARS

KM# 1328 155.55 g., 0.9999 Gold, 5.0005 oz. AGW 55mm. **Rev:** Three Maple Leaves

Date	Mintage	MS63	MS65
2012	—	PF65 10,000	

2500 DOLLARS

KM# 1161 1000.00 g., 0.9999 Gold, 32.1475 oz. AGW 101mm. **Rev:** Three maple leaves on branch

Date	Mintage	MS63	MS65
2011	—	PF65 56,000	

KM# 1271 1000.00 g., 0.999 Gold, 32.1186 oz. AGW 101mm. **Subject:** Maple Leaf Forever

Date	Mintage	MS63	MS65
2012	—	PF65 56,000	

KM# 1486 1000.00 g., 0.9999 Gold, 32.1475 oz. AGW 101mm. **Rev:** Three maple leaves

Date	Mintage	MS63	MS65
2012	—	PF65 69,000	

100,000 DOLLARS

KM# 1209 10000.00 g., 1.000 Gold, 321.504 oz. AGW **Obv:** Bust right **Rev:** Bill Reid's sculpture: Spirit of Haida Gwaii **Note:** The sculpture is at the Canadian Embassy in Washington, D.C.

Date	Mintage	MS63	MS65
2011	—	PF65 565,000	

1,000,000 DOLLARS

KM# 755 100000.00 g., 0.9999 Gold, 3214.7508 oz. AGW **Obv:** Bust right **Rev:** Three maple leaves **Note:** Cast

Date	Mintage	MS63	MS65
2007	10	5,630,000	—

BULLION COINS

PLATINUM BULLION COINAGE

DOLLAR

KM# 239 1.56 g., 0.9995 Platinum, 0.050 oz. APW **Obv:** Crowned head right, date and denomination below **Rev:** Maple leaf flanked by 9995

Date	Mintage	MS63	MS65
1993	2,120	77.00	—
1994	4,260	77.00	—
1995	460	150	—
1996	1,640	77.00	—
1997	1,340	77.00	—
1998	2,000	77.00	—
1999	2,000	77.00	—

2 DOLLARS

KM# 257 2.07 g., 0.9995 Platinum, 0.0666 oz. APW **Obv:** Crowned head right, date and denomination below **Rev:** Maple leaf flanked by 9995

Date	Mintage	MS63	MS65
1994	1,470	240	—

5 DOLLARS

KM# 164 3.12 g., 0.9995 Platinum, 0.1003 oz. APW **Obv:** Young bust right, date and denomination below **Obv. Designer:** Arnold Machin **Rev:** Maple leaf flanked by 9995

Date	Mintage	MS63	MS65
1988	74,000	140	—
1989	11,999	PF60 250	
1989	18,000	140	—

KM# 192 3.12 g., 0.9995 Platinum, 0.1003 oz. APW **Obv. Designer:** dePedery-Hunt **Rev:** Maple leaf

Date	Mintage	MS63	MS65
1990	9,000	140	—
1991	13,000	140	—
1992	16,000	140	—
1993	14,020	140	—
1994	19,190	140	—
1995	8,940	140	—
1996	8,820	140	—
1997	7,050	140	—
1998	5,710	140	—
1999	2,000	140	—

10 DOLLARS

KM# 165 7.79 g., 0.9995 Platinum, 0.2502 oz. APW **Obv:** Young bust right, date and denomination below **Obv. Designer:** Machin **Rev:** Maple leaf flanked by 9995

Date	Mintage	MS63	MS65
1988	93,600	334	—
1989	1,999	PF60 550	
1989	3,200	334	—

KM# 193 7.79 g., 0.9995 Platinum, 0.2502 oz. APW **Obv. Designer:** dePedery-Hunt **Rev:** Maple leaf

Date	Mintage	MS63	MS65
1990	1,600	334	—
1991	7,200	334	—
1992	11,600	334	—
1993	8,048	334	—
1994	9,456	334	—
1995	6,524	334	—
1996	6,160	334	—
1997	4,552	334	—
1998	3,816	334	—
1999	2,000	334	—

20 DOLLARS

KM# 166 15.55 g., 0.9995 Platinum, 0.4998 oz. APW **Obv:** Young bust right, denomination and date below **Obv. Designer:** Machin **Rev:** Maple leaf flanked by 9995

Date	Mintage	MS63	MS65
1988	23,600	644	—
1989	1,999	PF60 1,000	
1989	4,800	644	—

KM# 194 15.55 g., 0.9995 Platinum, 0.4998 oz. APW **Obv. Designer:** dePedery-Hunt **Rev:** Maple leaf

Date	Mintage	MS63	MS65
1990	2,600	644	—
1991	5,600	644	—
1992	12,800	644	—
1993	6,022	644	—
1994	6,710	644	—
1995	6,308	644	—
1996	5,490	644	—
1997	3,990	644	—
1998	5,486	644	—
1999	500	679	—

30 DOLLARS

KM# 174 3.11 g., 0.999 Platinum, 0.0999 oz. APW **Obv:** Crowned head right **Rev:** Polar bear swimming, denomination below **Rev. Designer:** Robert Bateman

Date	Mintage	MS63	MS65
1990	—	PF60 210	

KM# 198 3.11 g., 0.999 Platinum, 0.0999 oz. APW **Obv:** Crowned head right **Rev:** Snowy owl, denomination below **Rev. Designer:** Glen Loates

Date	Mintage	MS63	MS65
1991	—	PF60 210	

KM# 226 3.11 g., 0.999 Platinum, 0.0999 oz. APW **Obv:** Crowned head right **Rev:** Cougar head and shoulders, denomination below **Rev. Designer:** George McLean

Date	Mintage	MS63	MS65
1992	—	PF60 210	

KM# 240 3.11 g., 0.999 Platinum, 0.0999 oz. APW **Obv:** Crowned head right **Rev:** Arctic fox, denomination below **Rev. Designer:** Claude D'Angelo

Date	Mintage	MS63	MS65
1993	—	PF60 210	

KM# 252 3.11 g., 0.999 Platinum, 0.0999 oz. APW **Obv:** Crowned head right, date below **Rev:** Sea otter, denomination below **Rev. Designer:** Ron S. Parker

Date	Mintage	MS63	MS65
1994	1,500	PF60 210	

KM# 266 3.11 g., 0.999 Platinum, 0.0999 oz.

APW Obv: Crowned head right, date below **Rev:** Canadian lynx, denomination below **Rev. Designer:** Michael Dumas

Date	Mintage	MS63	MS65
1995	—	PF60 210	

KM# 278 3.11 g., 0.999 Platinum, 0.0999 oz. APW **Obv:** Crowned head right, date below **Rev:** Falcon portrait, denomination below **Rev. Designer:** Dwayne Harty

Date	Mintage	MS63	MS65
1996	—	PF60 210	

KM# 300 3.11 g., 0.9995 Platinum, 0.0999 oz. APW **Obv:** Crowned head right, date below **Rev:** Bison head, denomination below **Rev. Designer:** Chris Bacon

Date	Mintage	MS63	MS65
1997	—	PF60 210	

KM# 322 3.11 g., 0.999 Platinum, 0.0999 oz. APW **Obv:** Crowned head right, date below **Rev:** Grey wolf **Rev. Designer:** Kerr Burnett

Date	Mintage	MS63	MS65
1998	—	PF60 210	

KM# 359 3.11 g., 0.9995 Platinum, 0.0999 oz. APW **Obv:** Crowned head right, date below **Rev:** Musk ox **Rev. Designer:** Mark Hobson

Date	Mintage	MS63	MS65
1999	1,500	PF60 210	

KM# 405 3.11 g., 0.9995 Platinum, 0.0999 oz. APW 16mm. **Obv:** Crowned head right, date below **Rev:** Pronghorn antelope head, denomination below **Rev. Designer:** Mark Hobson **Edge:** Reeded

Date	Mintage	MS63	MS65
2000	—	PF60 210	

KM# 429 3.11 g., 0.9995 Platinum, 0.0999 oz. APW 16mm. **Obv:** Crowned head right **Rev:** Harlequin duck's head **Rev. Designer:** Cosme Saffioti and Susan Taylor **Edge:** Reeded

Date	Mintage	MS63	MS65
2001	448	PF65 200	

KM# 1097 3.11 g., 0.9995 Platinum, 0.0999 oz. APW 16mm. **Rev:** Great Blue Heron

Date	Mintage	MS63	MS65
2002	344	PF65 200	

KM# 1101   3.11 g.,   0.9995 Platinum, 0.0999 oz.
APW 16mm. **Rev:** Atlantic Walrus

Date	Mintage		MS65
2003	365	PF65 250	

KM# 1105   3.11 g.,   0.9995 Platinum, 0.0999 oz.
APW 16mm. **Rev:** Grizzly Bear

Date	Mintage		MS65
2004	380	PF65 250	

50 DOLLARS

KM# 167   31.10 g.,   0.9995 Platinum, 0.9995 oz.
APW **Obv:** Young bust right, denomination and date below **Obv. Designer:** Machin **Rev:** Maple leaf flanked by 9995

Date	Mintage	MS63	MS65
1988	37,500	1,229	—
1989	—	PF60 1,900	
1989	10,000	1,229	—

KM# 195   31.10 g.,   0.9995 Platinum, 0.9995 oz.
APW **Obv. Designer:** dePedery-Hunt **Rev:** Maple leaf

Date	Mintage	MS63	MS65
1990	15,100	1,229	—
1991	31,900	1,229	—
1992	40,500	1,229	—
1993	17,666	1,229	—
1994	36,245	1,229	—
1995	25,829	1,229	—
1996	62,273	1,229	—
1997	25,480	1,229	—
1998	10,403	1,229	—
1999	1,300	1,300	—

75 DOLLARS

KM# 175   7.78 g.,   0.999 Platinum, 0.2498 oz.
APW **Obv:** Crowned head right **Rev:** Polar bear resting, denomination below   **Rev. Designer:** Robert Bateman

Date	Mintage		MS65
1990	—	PF60 520	

KM# 199   7.78 g.,   0.999 Platinum, 0.2498 oz.
APW **Obv:** Crowned head right **Rev:** Snowy owls perched on branch, denomination below   **Rev. Designer:** Glen Loates

Date	Mintage		MS65
1991	—	PF60 520	

KM# 227   7.78 g.,   0.999 Platinum, 0.2498 oz.
APW **Obv:** Crowned head right **Rev:** Cougar prowling, denomination below   **Rev. Designer:** George McLean

Date	Mintage		MS65
1992	—	PF60 520	

KM# 241   7.78 g.,   0.999 Platinum, 0.2498 oz.
APW **Obv:** Crowned head right **Rev:** Two Arctic foxes, denomination below **Rev. Designer:** Claude D'Angelo

Date	Mintage		MS65
1993	—	PF60 520	

KM# 253   7.78 g.,   0.999 Platinum, 0.2498 oz.
APW **Obv:** Crowned head right, date below **Rev:** Sea otter eating urchin, denomination below **Rev. Designer:** Ron S. Parker

Date	Mintage		MS65
1994	1,500	PF60 520	

KM# 267   7.78 g.,   0.999 Platinum, 0.2498 oz.
APW **Obv:** Crowned head right, date below **Rev:** Two lynx kittens, denomination below **Rev. Designer:** Michael Dumas

Date	Mintage		MS65
1995	1,500	PF60 520	

KM# 279 7.78 g., 0.999 Platinum, 0.2498 oz. APW **Obv:** Crowned head right, date below **Rev:** Peregrine falcon, denomination below **Rev. Designer:** Dwayne Harty

Date	Mintage	MS63	MS65
1996	1,500	PF60 520	

KM# 301 7.78 g., 0.999 Platinum, 0.2498 oz. APW **Obv:** Crowned head right, date below **Rev:** Two bison calves, denomination below **Rev. Designer:** Chris Bacon

Date	Mintage	MS63	MS65
1997	1,500	PF60 520	

KM# 323 7.78 g., 0.999 Platinum, 0.2498 oz. APW **Obv:** Crowned head right, date below **Rev:** Gray wolf **Rev. Designer:** Kerr Burnett

Date	Mintage	MS63	MS65
1998	1,000	PF60 520	

KM# 360 7.78 g., 0.999 Platinum, 0.2498 oz. APW **Obv:** Crowned head right, date below **Rev:** Musk ox **Rev. Designer:** Mark Hobson

Date	Mintage	MS63	MS65
1999	—	PF60 520	

KM# 406 7.78 g., 0.999 Platinum, 0.2498 oz. APW 20mm. **Obv:** Crowned head right **Rev:** Standing pronghorn antelope, denomination below **Rev. Designer:** Mark Hobson **Edge:** Reeded

Date	Mintage	MS63	MS65
2000	—	PF60 520	

KM# 430 7.78 g., 0.9995 Platinum, 0.2499 oz. APW 20mm. **Obv:** Crowned head right **Rev:** Harlequin duck in flight **Rev. Designer:** Cosme Saffioti and Susan Taylor **Edge:** Reeded

Date	Mintage	MS63	MS65
2001	448	PF65 500	

KM# 1098 7.77 g., 0.9995 Platinum, 0.2497 oz. APW 20mm. **Rev:** Great Blue Heron

Date	Mintage	MS63	MS65
2002	344	PF65 525	

KM# 1102 7.77 g., 0.9995 Platinum, 0.2497 oz. APW 20mm. **Rev:** Atlantic Walrus

Date	Mintage	MS63	MS65
2003	365	PF65 550	

KM# 1106 7.77 g., 0.9995 Platinum, 0.2497 oz. APW 20mm. **Rev:** Grizzly Bear

Date	Mintage	MS63	MS65
2004	380	PF65 550	

150 DOLLARS

KM# 176 15.55 g., 0.999 Platinum, 0.4995 oz. APW **Obv:** Crowned head right **Rev:** Polar bear walking, denomination below **Rev. Designer:** Robert Bateman

Date	Mintage	MS63	MS65
1990	—	PF60 1,000	

KM# 200 15.55 g., 0.999 Platinum, 0.4995 oz. APW **Obv:** Crowned head right **Rev:** Snowy owl flying, denomination below **Rev. Designer:** Glen Loates

Date	Mintage	MS63	MS65
1991	—	PF60 1,000	

KM# 228 15.55 g., 0.999 Platinum, 0.4995 oz. APW **Obv:** Crowned head right **Rev:** Cougar mother and cub, denomination below **Rev. Designer:** George McLean

Date	Mintage	MS63	MS65
1992	—	PF60 1,000	

KM# 242 15.55 g., 0.999 Platinum, 0.4995 oz. APW **Obv:** Crowned head right **Rev:** Arctic fox by lake, denomination below **Rev. Designer:** Claude D'Angelo

Date	Mintage	MS63	MS65
1993	—	PF60 1,000	

KM# 254 15.55 g., 0.999 Platinum, 0.4995 oz. APW **Obv:** Crowned head right, date below **Rev:** Sea otter mother carrying pup, denomination below **Rev. Designer:** Ron S. Parker

Date	Mintage	MS63	MS65
1994	—	PF60 1,000	

KM# 268 15.55 g., 0.999 Platinum, 0.4995 oz. APW **Obv:** Crowned head right, date below **Rev:** Prowling lynx, denomination below **Rev. Designer:** Michael Dumas

Date	Mintage	MS63	MS65
1995	—	PF60 1,000	

KM# 280 15.55 g., 0.999 Platinum, 0.4995 oz. APW **Obv:** Crowned head right, date below **Rev:** Peregrine falcon on branch, denomination below **Rev. Designer:** Dwayne Harty

Date	Mintage	MS63	MS65
1996	100	PF60 1,000	

KM# 302 15.55 g., 0.999 Platinum, 0.4995 oz. APW **Obv:** Crowned head right, date below **Rev:** Bison bull, denomination below **Rev. Designer:** Chris Bacon

Date	Mintage	MS63	MS65
1997	—	PF60 1,000	

KM# 324 15.55 g., 0.999 Platinum, 0.4995 oz. APW **Obv:** Crowned head right, date below **Rev:** Two gray wolf cubs, denomination below **Rev. Designer:** Kerr Burnett

Date	Mintage	MS63	MS65
1998	—	PF60 1,000	

KM# 361 15.55 g., 0.999 Platinum, 0.4995 oz. APW **Obv:** Crowned head right **Rev:** Musk ox, denomination below **Rev. Designer:** Mark Hobson

Date	Mintage	MS63	MS65
1999	—	PF60 1,000	

KM# 407 15.55 g., 0.999 Platinum, 0.4994 oz. APW 25mm. **Obv:** Crowned head right **Rev:** Two pronghorn antelope, denomination below **Rev. Designer:** Mark Hobson **Edge:** Reeded

Date	Mintage	MS63	MS65
2000	—	PF60 1,000	

KM# 431 15.55 g., 0.9995 Platinum, 0.4997 oz. APW 25mm. **Obv:** Crowned head right **Rev:** Two harlequin ducks **Rev. Designer:** Cosme Saffioti and Susan Taylor **Edge:** Reeded

Date	Mintage	MS63	MS65
2001	448	PF65 1,000	

KM# 1099 15.55 g., 0.9995 Platinum, 0.4997 oz. APW 25mm. **Rev:** Great Blue Heron

Date	Mintage	MS63	MS65
2002	344	PF65 1,000	

KM# 1103 15.55 g., 0.9995 Platinum, 0.4997 oz. APW 25mm. **Rev:** Atlantic Walrus

Date	Mintage	MS63	MS65
2003	365	PF65 1,000	

KM# 1107 15.55 g., 0.9995 Platinum, 0.4997 oz. APW 25mm. **Rev:** Grizzly Bear

Date	Mintage	MS63	MS65
2004	380	PF65 1,000	

300 DOLLARS

KM# 177 31.10 g., 0.999 Platinum, 0.999 oz. APW **Obv:** Crowned head right **Rev:** Polar bear mother and cub, denomination below **Rev. Designer:** Robert Bateman

Date	Mintage	MS63	MS65
1990	—	PF60 1,950	

KM# 201 31.10 g., 0.999 Platinum, 0.999 oz. APW **Obv:** Crowned head right **Rev:** Snowy owl with chicks, denomination below **Rev. Designer:** Glen Loates

Date	Mintage	MS63	MS65
1991	—	PF60 1,950	

KM# 229 31.10 g., 0.999 Platinum, 0.999 oz. APW **Obv:** Crowned head right **Rev:** Cougar resting in tree, denomination below **Rev. Designer:** George McLean

Date	Mintage	MS63	MS65
1992	—	PF60 1,950	

KM# 243 31.10 g., 0.999 Platinum, 0.999 oz. APW **Obv:** Crowned head right **Rev:** Mother fox and three kits, denomination below **Rev. Designer:** Claude D'Angelo

Date	Mintage	MS63	MS65
1993	—	PF60 1,950	

KM# 255 31.10 g., 0.999 Platinum, 0.999 oz. APW **Obv:** Crowned head right, date below **Rev:** Two otters swimming, denomination below **Rev. Designer:** Ron S. Parker

Date	Mintage	MS63	MS65
1994	—	PF60 1,950	

KM# 269 31.10 g., 0.999 Platinum, 0.999 oz. APW **Obv:** Crowned head right, date below **Rev:** Female lynx and three kittens, denomination below **Rev. Designer:** Michael Dumas

Date	Mintage	MS63	MS65
1995	1,500	PF60 1,950	

KM# 281 31.10 g., 0.999 Platinum, 0.999 oz. APW **Obv:** Crowned head right, date below **Rev:** Peregrine falcon feeding nestlings, denomination below **Rev. Designer:** Dwayne Harty

Date	Mintage	MS63	MS65
1996	1,500	PF60 1,950	

KM# 303 31.10 g., 0.999 Platinum, 0.999 oz. APW **Obv:** Crowned head right, date below **Rev:** Bison family, denomination below **Rev. Designer:** Chris Bacon

Date	Mintage	MS63	MS65
1997	1,500	PF60 1,950	

KM# 325 31.10 g., 0.999 Platinum, 0.999 oz. APW **Obv:** Crowned head right, date below **Rev:** Gray wolf and two cubs, denomination below **Rev. Designer:** Kerr Burnett

Date	Mintage	MS63	MS65
1998	—	PF60 1,950	

KM# 362 31.10 g., 0.999 Platinum, 0.999 oz. APW **Obv:** Crowned head right, date below **Rev:** Musk ox **Rev. Designer:** Mark Hobson

Date	Mintage	MS63	MS65
1999	—	PF60 1,950	

KM# 408 31.10 g., 0.999 Platinum, 0.999 oz. APW 30mm. **Obv:** Crowned head right, date below **Rev:** Four pronghorn antelope, denomination below **Rev. Designer:** Mark Hobson **Edge:** Reeded

Date	Mintage	MS63	MS65
2000	—	PF60 1,950	

KM# 432 31.10 g., 0.9995 Platinum, 0.9995 oz. APW 30mm. **Obv:** Crowned head right **Rev:** Two standing harlequin ducks **Rev. Designer:** Cosme Saffioti and Susan Taylor **Edge:** Reeded

Date	Mintage	MS63	MS65
2001	448	PF65 1,900	

KM# 1100 31.11 g., 0.9995 Platinum, 0.9995 oz. APW 30mm. **Rev:** Great Blue Heron

Date	Mintage	MS63	MS65
2002	344	PF65 1,950	

KM# 1104 31.11 g., 0.9995 Platinum, 0.9995 oz. APW 30mm. **Rev:** Atlantic Walrus

Date	Mintage	MS63	MS65
2003	365	PF65 1,950	

KM# 1108 31.11 g., 0.9995 Platinum, 0.9995 oz. APW 30mm. **Rev:** Grizzly Bear

Date	Mintage	MS63	MS65
2004	380	PF65 1,950	

KM# 753 31.11 g., 0.9999 Platinum, 0.9999 oz. APW **Rev:** Wooly mammoth

Date	Mintage	MS63	MS65
2007	400	PF65 3,200	

KM# 831 31.11 g., 0.999 Platinum, 0.999 oz. APW 30mm. **Rev:** Saber Tooth Scimitar cat

Date	Mintage	MS63	MS65
2008	200	PF65 3,500	

KM# 951 31.16 g., 0.999 Platinum, 1.0008 oz. APW 30mm. **Rev:** Steppe Bison

Date	Mintage	MS63	MS65
2009	200	PF65 3,500	

KM# 1159 31.11 g., 0.999 Platinum, 0.999 oz. APW 30mm. **Rev:** Ground Sloth

Date	Mintage	MS63	MS65
2010	200	PF65 1,900	

KM# 1175 31.11 g., 0.9995 Platinum, 0.9995 oz. APW 30mm. **Obv:** Bust right **Rev:** Cougar head left

Date	Mintage	MS63	MS65
2011	200	PF65 1,950	

KM# 1273 31.11 g., 0.999 Platinum, 0.999 oz. APW 30mm. **Subject:** Maple Leaf Forever

Date	Mintage	MS63	MS65
2012	—	PF65 1,950	

KM# 1386 31.11 g., 0.999 Platinum, 0.999

oz. APW 30mm. **Subject:** Maple Leaf - 25th Anniversary **Rev:** Maple Leaf - Gilt Shadow **Rev. Designer:** John Louis Sirois

Date	Mintage	MS63	MS65
2013	Est. 250	PF65 3,000	

KM# 1391 31.11 g., 0.999 Platinum, 0.9992 oz. APW 30mm. **Rev:** Two Bald Eagles at Nest

Date	Mintage	MS63	MS65
2013	—	PF65 2,250	

KM# 1552 31.16 g., 0.9995 Platinum, 1.0013 oz. APW 30mm. **Obv:** Bust right **Rev:** Two bison with heads butting **Rev. Designer:** Claudio D'Angelo

Date	Mintage	MS63	MS65
2014	200	PF65 3,000	

KM# 1560 31.16 g., 0.9995 Platinum, 1.0013 oz. APW 30mm. **Obv:** Bust right **Rev:** Bighorn Sheep **Rev. Designer:** Emily Damstra

Date	Mintage	MS63	MS65
2014	250	PF65 3,000	

CUSTOM PROOF-LIKE SETS (CPL)

Date	Sets Sold	Issue Price	Mkt Val
1971 KM59.1 (2 pcs.), 60.1, 62b, 75.1, 77.1 ,79	33,517	6.50	5.00
1971 KM59.1 (2 pcs.), 60.1, 62b, 75.1, 77.1	38,198	6.50	5.00
1973 KM59.1 (2 pcs.), 60.1, 75.1, 77.1, 81.1 obv. 120 beads, 82	35,676	6.50	6.50
1973 KM59.1 (2 pcs.), 60.1, 75.1, 77.1, 81.1 obv. 132 beads, 82	Inc. above	6.50	200
1974 KM59.1 (2 pcs.), 60.1, 62b-75.1, 88	44,296	8.00	5.00
1975 KM59.1 (2 pcs.), 60.1, 62b-75.1, 76.2, 77.1	36,851	8.00	5.00

Date	Sets Sold	Issue Price	Mkt Val
1976 KM59.1 (2 pcs.), 60.1, 62b-75.1, 76.2, 77.1	28,162	8.00	5.50
1977 KM59.1 (2 pcs.), 60.1, 62b-75.2, 77.1, 117	44,198	8.15	7.50
1978 KM59.1 (2 pcs.), 60.1, 62b-75.3, 77.1, 120.1	41,000	—	5.00
1979 KM59.2 (2 pcs.), 60.2, 74, 75.3, 77.2, 120.1	31,174	10.75	5.00
1980 KM60.2, 74, 75.3, 77.2, 120.1, 127 (2 pcs.)	41,447	10.75	6.00

MINT SETS

Date	Sets Sold	Issue Price	Mkt Val
1973 KM84, 85, 86.1, 87; Olympic Commemoratives, Series I	Inc. above	45.00	135
1974 KM89, 90, 93, 94; Olympic Commemoratives, Series II	Inc. above	48.00	135
1974 KM91-92, 95-96; Olympic Commemorative, Series III	Inc. above	48.00	135
1975 KM98, 99, 102, 103; Olympic Commemoratives, Series IV	Inc. above	48.00	135
1975 KM100, 101, 104, 105; Olympic Commemoratives, Series V	Inc. above	60.00	135
1976 KM107, 108, 111, 112; Olympic Commemoratives, Series VI	Inc. above	60.00	135
1976 KM109, 110, 113, 114; Olympic Commemoratives, Series VII	Inc. above	60.00	135
2001 KM438-442	600	1,996	2,950

Elizabeth II Golden Jubilee

Date	Sets Sold	Issue Price	Mkt Val
2002 KM#443, 444a,445,446a-449a, 467	100,000	60.00	125
2002 Double-dated 1952-2002, KM#444-449, 467	135,000	11.75	16.00
2002 KM#444-449, 467, Oh! Canada! 135th Birthday Gift set.	—	17.00	16.00
2002 KM#444-449, 467, Tiny Treasures Uncirculated Gift Set	—	17.00	16.00
2003 KM#289, 182b, 183b, 184b, 290, 186, 270	135,000	12.00	16.00
2003 KM490-496	75,000	13.25	20.00
2003 KM289, 182-184, 290, 186, 270, Oh! Canada!	—	17.75	16.00
2003 KM289, 182-184, 290, 186, 270, Tiny Treasures Uncirculated Gift Set	—	17.75	16.00

OLYMPIC COMMEMORATIVES (OCP)

Date	Sets Sold	Issue Price	Mkt Val
1973 KM84-87, Series I	Inc. above	78.50	135
1974 KM89-90, 93-94, Series II	Inc. above	88.50	135
1974 KM91-92, 95-96, Series III	Inc. above	88.50	135

SETS

Date	Sets Sold	Issue Price	Mkt Val
1975 KM98-99, 102-103, Series IV	Inc. above	88.50	135
1975 KM100-101, 104-105, Series V	Inc. above	88.50	135
1976 KM107-108, 111-112, Series VI	Inc. above	88.50	135
1976 KM109-110, 113-114, Series VII	Inc. above	88.50	135

PROOF SETS

Date	Sets Sold	Issue Price	Mkt Val
1981 KM60.2, 74, 75.3, 77.2, 120.1, 127, 130	199,000	36.00	30.00
1982 KM60.2a, 74, 75.3, 77.2, 120.1, 132, 133	180,908	36.00	37.50
1983 KM60.2a, 74, 75.3, 77.2, 120.1, 132, 138	166,779	36.00	27.50
1984 KM60.2a, 74, 75.3, 77.2, 120.1, 132, 140	161,602	30.00	27.50
1985 KM60.2a, 74, 75.3, 77.2, 120.1, 132, 143	157,037	30.00	30.00
1986 KM60.2a, 74, 75.3, 77.2, 120.1, 132, 149	175,745	30.00	29.00
1987 KM60.2a, 74, 75.3, 77.2, 120.1, 132, 154	179,004	34.00	30.00
1988 KM60.2a, 74, 75.3, 77.2, 132, 157, 161	175,259	37.50	34.00
1989 KM60.2a, 74, 75.3, 77.2, 132, 157, 168	170,928	40.00	34.00
1989 KM125.2, 135-136, 153	6,823	1,190	2,900
1989 KM164-167	1,995	1,700	3,750
1989 KM125.2, 163, 167	2,550	1,530	3,500
1989 KM135, 163, 164	9,979	165	475
1990 KM170, 181, 182, 183, 184, 185, 186	158,068	41.00	42.50
1990 KM174-177	2,629	1,720	3,700
1991 KM179, 181, 182, 183, 184, 185, 186	14,629	—	80.00
1991 KM198-201	873	1,760	3,700
1992 KM203a, 212a-214a, 218, 220a-223a, 231a-234a	84,397	—	92.50
1992 KM204-210	147,061	42.75	65.00
1992 KM226-229	3,500	1,680	3,700
1993 KM240-243	3,500	1,329	3,700
1994 KM181-186, 248	47,303	47.50	30.00
1994 KM181-186, 251	99,121	43.00	45.00
1994 KM252-255	1,500	915	3,700
1995 KM181-186, 259	Inc. above	37.45	52.00
1995 KM181-185, 258, 259	50,000	49.45	52.00
1995 KM261-264	Inc. above	42.00	95.00
1995 KM266-269	682	1,555	3,700
1995 KM261-262	Inc. above	22.00	48.00
1995 KM263-264	Inc. above	22.00	46.00
1996 KM278-281	423	1,555	3,700
1996 KM181, 182a, 183a, 184a, 185a, 186, 274	Inc. above	49.00	60.00
1996 KM283-286	Inc. above	44.45	80.00
1997 KM182a, 183a, 184a, 270c, 282, 289, 290	Inc. above	60.00	75.00
1997 KM292-295	Inc. above	44.45	68.00
1997 KM300-303	Inc. above	1,530	3,700
1998 KM182a, 183a, 184a, 186, 270b, 289, 290a, 306	Inc. above	59.45	80.00
1998 KM309-313	25,000	73.50	55.00
1998 KM316 w/China Y-727	61,000	72.50	40.00

Date	Sets Sold	Issue Price	Mkt Val
1998 KM318-321	Inc. above	44.45	68.00
1998 KM322-325	1,000	1,552	3,700
1998 KM310-313, 332	25,000	73.50	68.00
1999 KM182a-184a, 186, 270c, 289, 290a,	Inc. above	59.45	55.00
1999 KM335-338	Inc. above	39.95	140
1999 KM342a-353a	Inc. above	99.45	115
1999 KM359-362	Inc. above	1,425	3,700
2000 KM373a-383a, 384.2a	—	101	110
2000 KM389-392	—	44.00	80.00
2000 KM405-408	600	1,416	3,700
2001 KM429, 430, 431, 432	—	—	3,600

Canadian Folklore and Legends Collection

Date	Sets Sold	Issue Price	Mkt Val
2002 KM#459-461	—	57.50	35.00
2002 KM#519, 520	—	750	1,125

50th Anniversary of the Coronation of Elizabeth II

Date	Sets Sold	Issue Price	Value
2003 KM#468-473	30,000	75.00	100

100th Anniversary of the Cobalt Silver Strike

Date	Sets Sold	Issue Price	Value
2003 KM#182a,183a,184a, 186, 270d, 289, 290a, 450	100,000	62.50	125
2004 KM#490, 491a-494a, 495, 496a, 512	—	—	115
2004 KM#621-625	25,000	—	100
1993 KM181, 182, 183, 184, 185, 186, 235	143,065	42.75	40.00

PROOF-LIKE DOLLARS

Date	Sets Sold	Issue Price	Mkt Val
1951 KM46, Canoe	—	—	200
1951 KM46, Arnprior	—	—	1,300
1952 KM46, water lines	—	—	1,150
1952 KM46, without water lines	—	—	200
1953 KM54, Canoe w/ shoulder fold	1,200	—	500
1954 KM54, Canoe	5,300	1.25	175
1955 KM54, Canoe	7,950	1.25	125
1955 KM54, Arnprior	Inc. above	1.25	225
1956 KM54, Canoe	10,212	1.25	95.00
1957 KM54, Canoe	16,241	1.25	50.00
1958 KM55, British Columbia	33,237	1.25	30.00
1959 KM54, Canoe	45,160	1.25	24.00
1960 KM54, Canoe	82,728	1.25	22.00
1961 KM54, Canoe	120,928	1.25	22.00
1962 KM54, Canoe	248,901	1.25	22.00
1963 KM54, Canoe	963,525	1.25	22.00
1964 KM58, Charlotte-town	2,862,441	1.25	22.00
1965 KM64.1, Canoe	2,904,352	—	22.00
1966 KM64.1, Canoe	672,514	—	22.00
1967 KM70, Confedera-tion	1,036,176	—	22.00

PROOF-LIKE SETS (PL)

Date	Sets Sold	Issue Price	Mkt Val
1953 KM49 w/o shoulder fold, 50-54	1,200	2.20	2,000
1954 KM49-54	3,000	2.50	650
1954 KM49 w/o shoulder fold, 50-54	Inc. above	2.50	1,600
1955 KM49, 50a, 51-54	6,300	2.50	400
1955 KM49, 50a, 51-54, Arnprior	Inc. above	2.50	500
1956 KM49, 50a, 51-54	6,500	2.50	200
1957 KM49, 50a, 51-54	11,862	2.50	150
1958 KM49, 50a, 51-53, 55	18,259	2.50	125
1959 KM49, 50a, 51, 52, 54, 56	31,577	2.50	60.00
1960 KM49, 50a, 51, 52, 54, 56	64,097	3.00	45.00
1961 KM49, 50a, 51, 52, 54, 56	98,373	3.00	45.00
1962 KM49, 50a, 51, 52, 54, 56	200,950	3.00	40.00
1963 KM49, 51, 52, 54, 56, 57	673,006	3.00	35.00
1964 KM49, 51, 52, 56-58	1,653,162	3.00	35.00
1965 KM59.1-60.1, 61-63, 64.1	2,904,352	4.00	35.00
1966 KM59.1-60.1, 61-63, 64.1	672,514	4.00	35.00
1967 KM65-70 (pliofilm flat pack)	961,887	4.00	35.00
1967 KM65-70 Specimen Quality and Silver Medal (red box)	70,583	12.00	55.00
1967 KM65-71 Specimen Quality (black box)	337,688	40.00	850
1968 KM59.1-60.1, 62b, 72a, 75.1-76.1	521,641	4.00	2.25
1969 KM59.1-60.1, 62b, 75.1-77.1	326,203	4.00	3.00
1970 KM59.1-60.1, 62b, 75.1, 77.1, 78	349,120	4.00	3.50
1971 KM59.1-60.1, 62b, 75.1, 77.1, 79	253,311	4.00	3.00
1972 KM59.1-60.1, 62b-77.1	224,275	4.00	3.00
1973 KM59.1-60.1, 62b-75.1 obv. 120 beads, 77.1, 81.1, 82	243,695	4.00	4.00
1973 KM59.1-60.1, 62b-75.1 obv. 132 beads, 77.1, 81.2, 82	Inc. above	4.00	250
1974 KM59.1-60.1, 62b-75.1, 77.1, 88	213,589	5.00	3.00
1975 KM59.1, 60.1, 62b-75.1, 76.2, 77.1	197,372	5.00	3.50
1975 KM59.1, 60.1, 62b-75.1, 76.3, 77.1	Inc. above	5.00	5.00
1976 KM59.1, 60.1, 62b-75.1, 76.2, 77.1	171,737	5.15	3.00
1977 KM59.1, 60.1, 62b, 75.2, 77.1, 117.1	225,307	5.15	3.00
1978 KM59.1-60.1, 62b, 75.3, 77.1, 120.1	260,000	5.25	4.25
1979 KM59.2-60.2, 74, 75.3, 77.2, 120.1	187,624	6.25	4.25
1980 KM60.2, 74, 75.3, 77.2, 120.1, 127	410,842	6.50	4.50
1981 KM60.2, 74, 75.3, 77.2, 120.1, 123	186,250	5.00	4.00
1982 KM60.2, 74, 75.3, 77.2, 120.1, 123	203,287	6.00	4.00
1983 KM60.2a, 74, 75.3, 77.2, 120.1, 132	190,838	5.00	5.00
1983 KM60.2a, 74, 75.3, 77.2, 120.1, 132; set in folder packaged by British Royal Mint Coin Club	Inc. above	—	10.00
1984 KM60.2a, 74, 75.3, 77.2, 120.1, 132	181,249	5.25	5.00
1985 KM60.2a, 74, 75.3, 77.2, 120.1, 132	173,924	5.25	24.00
1986 KM60.2a, 74, 75.3, 77.2, 120.1, 132	167,338	5.25	6.50
1987 KM60.2a, 74, 75.3, 77.2, 120.1, 132	212,136	5.25	7.00
1988 KM60.2a, 74, 75.3, 77.2, 132, 157	182,048	6.05	5.50
1989 KM60.2a, 74, 75.3, 77.2, 132, 157	173,622	6.60	8.00
1990 KM181-186	170,791	7.40	8.00
1991 KM181-186	147,814	7.40	25.00
1992 KM204-209	217,597	8.25	17.50
1993 KM181-186	171,680	8.25	5.00
1994 KM181-185, 258	141,676	8.50	5.50
1994 KM181-185, 258 (Oh Canada holder)	18,794	—	8.50
1995 KM181-186	143,892	6.95	5.50
1995 KM181-186 (Oh Canada holder)	50,927	14.65	8.50
1995 KM181-186 (Baby Gift holder)	36,443	—	9.00
1996 KM181-186	116,736	—	27.00
1996 KM181-186 (Baby Gift holder)	29,747	—	14.00
1996 KM181a-185a, 186	Inc. above	8.95	65.00
1996 KM181a-185a, 186 (Oh Canada holder)	Inc. above	14.65	12.00
1996 KM181a-185a, 186 (Baby Gift holder)	Inc. above	—	12.00
1997 KM182a-184a, 209, 270, 289-290	Inc. above	10.45	8.00
1997 KM182a-184a, 270, 289-291 (Oh Canada holder)	Inc. above	16.45	30.00
1997 KM182a-184a, 209, 270, 289-290 (Baby Gift holder)	Inc. above	18.50	25.00
1998 KM182-184, 186, 270, 289-290	Inc. above	10.45	25.00
1998 KM182-184, 186, 270, 289-290 (Oh Canada holder)	Inc. above	16.45	25.00
1998 KM182-184, 186, 270, 289-290 (Tiny Treasures holder)	Inc. above	16.45	25.00
1999 KM342-353	Inc. above	16.95	10.00
2000 KM373-384	—	16.95	10.00

SPECIMEN SETS (SS)

Date	Sets Sold	Issue Price	Mkt Val
1858 KM1-4, Reeded edge	Inc. above	—	12,000
1858 KM1-4, Plain edge	Inc. above	—	10,000
1858 KM1-4; Double Set	Inc. above	—	20,000
1858 KM1 (overdate), 2-4; Double Set	Inc. above	—	20,000
1870 KM2, 3, 5, 6 (reeded edges)	100	—	40,000

SETS

Date	Sets Sold	Issue Price	Mkt Val
1870 KM2, 3, 5, 6; Double Set (plain edges)	Inc. above	—	80,000
1872 KM2, 3, 5, 6	Inc. above	—	12,500
1875 KM2 (Large date), 3, 5	Inc. above	—	100,000
1880 KM2, 3, 5 (Narrow 0)	Inc. above	—	55,000
1881 KM7, 2, 3, 5, 6	Inc. above	—	35,000
1892 KM3, 5	Inc. above	—	10,000
1902 KM8-12	100	—	60,000
1902 KM9 (Large H), 10, 11	Inc. above	—	40,000
1903 KM10, 12, 13	Inc. above	—	7,000
1908 KM8, 10-13	1,000	—	3,500
1911 KM15-19	1,000	—	5,500
1921 KM22a-25a, 28	Inc. above	—	225,000
1922 KM28, 29	Inc. above	—	2,500
1923 KM28, 29	Inc. above	—	5,000
1924 KM28, 29	Inc. above	—	4,000
1925 KM28, 29	Inc. above	—	7,000
1926 KM28, 29 (Near 6)	Inc. above	—	5,000
1927 KM24a, 28, 29	Inc. above	—	8,000
1928 KM23a, 24a, 28, 29	Inc. above	—	12,000
1929 KM23a,-25a, 28, 29	Inc. above	—	35,000
1930 KM23a, 24a. 28, 29	Inc. above	—	35,000
1931 KM23a-25a, 28, 29	Inc. above	—	60,000
1932 KM23a-25a, 28, 29	Inc. above	—	20,000
1934 KM23-25, 28, 29	Inc. above	—	50,000
1936 KM23a-25a, 28, 29	Inc. above	—	12,000
1936 KM23a(dot), 24a(dot), 25a, 28(dot), 29, 30	Inc. above	—	550,000
1937 KM32-37, Matte Finish	1,025	—	1,600
1937 KM32-35, Mirror Fields	Inc. above	—	1,200
1937 KM32-37, Mirror Fields	75	—	3,000
1938 KM32-37	Inc. above	—	40,000
1939 KM32-35, 38, Matte Finish	Inc. above	—	—
1939 KM32-35, 38, Mirror Fields	Inc. above	—	12,000
1942 KM32, 33	Inc. above	—	1,000
1943 KM32, 40	Inc. above	—	1,000
1944 KM32, 34-37, 40a	3	—	20,000
1944 KM32, 40a	Inc. above	—	1,000
1945 KM32, 34-37, 40a	6	—	12,500
1945 KM32, 40a	Inc. above	—	1,000
1946 KM32, 34-37, 39a	15	—	9,000
1947 KM32, 34-36(7 curved), 37(7 pointed),	Inc. above	—	12,500
1947 KM32, 34-36(7 curved), 37(blunt 7), 39a	Inc. above	—	14,000
1947 KM32, 34-36(7 curved right), 37, 39a	Inc. above	—	10,000
1949 KM41-45, 47	20	—	8,000
1949 KM47 (Proof)	Inc. above	—	2,600
1950 KM41-46	12	—	5,500
1950 KM41-45, 46 (Arnprior)	Inc. above	—	7,000
1951 KM41, 48, 42a, 43-46 (w/water lines)	12	—	6,500
1952 KM41, 42a, 43-46 (water lines)	2,317	—	6,500
1952 KM41, 42a, 43-46 (w/o water lines)	Inc. above	—	6,500
1953 KM49 w/o straps, 50-54	28	—	6,500

Date	Sets Sold	Issue Price	Mkt Val
1953 KM49 w/ straps, 50-54	Inc. above	—	6,500
1964 KM49, 51, 52, 56-58	Inc. above	—	2,400
1965 KM59.1-60.1, 61-63, 64.1	Inc. above	—	2,400
1971 KM59.1-60.1, 62b-75.1, 77.1, 79 (2 pcs.); Double Dollar Prestige Sets	66,860	12.00	14.50
1972 KM59.1,-60.1, 62b-75.1, 76.1 (2 pcs.)	36,349	12.00	18.00
1973 KM59.1-60.1, 75.1, 77.1, 81.1, 82, 83	119,819	12.00	16.00
1973 KM59.1-60.1, 75.1, 77.1, 81.2, 82, 83	Inc. above	—	1,600
1974 KM59.1-60.1, 62b-75.1, 77.1, 88, 88a	85,230	15.00	12.50
1975 KM59.1-60.1, 62b-75.1, 76.2, 77.1, 97	97,263	15.00	12.50
1976 KM59.1-60, 62b-75.1, 76.2, 77.1, 106	87,744	16.00	14.00
1977 KM59.1-60.1, 62b, 75.2, 77.1, 117.1, 118	142,577	16.50	14.50
1978 KM59.1-60.1, 62b, 75.3, 77.1, 120.1, 121	147,000	16.50	10.00
1979 KM59.2-60.2, 74, 75.3, 77.2, 120, 124	155,698	18.50	15.50
1980 KM60.2, 74-75.3, 77.2, 120, 127, 128	162,875	30.50	25.00
1981 KM60.2, 74, 75.3, 77.2, 120.1, 127; Regular Specimen Sets	71,300	10.00	5.50
1982 KM60.2a, 74, 75.3, 77.2, 120.1, 132	62,298	11.50	100
1983 KM60.2a, 74, 75.3, 77.2, 120.1, 132	60,329	12.75	9.00
1984 KM60.2a, 74, 75.3, 77.2, 120.1, 132	60,400	10.00	5.50
1985 KM60.2a, 74, 75.3, 77.2, 120.1, 132	61,553	10.00	23.50
1986 KM60.2a, 74, 75.3, 77.2, 120.1, 132	67,152	10.00	9.00
1987 KM60.2a, 74, 75.3, 77.2, 120.1, 132	75,194	11.00	7.50
1988 KM60.2a, 74, 75.3, 77.2, 132, 157	70,205	12.30	7.50
1989 KM60.2a, 74, 75.3, 77.2, 132, 157	75,306	14.50	9.50
1990 KM181-186	76,611	15.50	8.50
1991 KM181-186	68,552	15.50	17.50
1992 KM204-209	78,328	16.25	17.50
1993 KM181-186; Regular Specimen Sets Resumed	77,351	16.25	13.00
1994 KM181-186	77,349	16.50	9.50
1995 KM181-186	Inc. above	13.95	9.50
1996 KM181a-185a, 186	Inc. above	18.95	35.00
1997 KM182a-184a, 270, 289-291	Inc. above	19.95	47.50
1998 KM182-184, 186, 270, 289, 290	Inc. above	19.95	18.00
1999 KM182-184, 186, 270, 289a, 290	Inc. above	19.95	20.00

Elizabeth II Golden Jubilee

Date	Sets Sold	Issue Price	Value
2002 KM#444-449,462	75,000	30.00	65.00
2003 KM#(uncertain), 270, 289, 290	75,000	30.00	50.00
1948 KM41-46	30	—	10,000
1911/12 KM15-20, 26-27	5	—	75,000

V.I.P. SPECIMEN SETS (VS)

Date	Sets Sold	Issue Price	Mkt Val
1969	4	—	2,000
1970 KM59.1-60.1, 74.1-75.1, 77.1, 78	100	—	525
1971 KM59.1-60.1, 74.1-75.1, 77.1, 79(2 pcs.)	69	—	525
1972 KM59.1-60.1, 74.1-75.1, 76.1, (2 pcs.), 77.1	25	—	650

Date	Sets Sold	Issue Price	Mkt Val
1973 KM59.1-60.1, 75.1, 77.1, 81.1, 82, 83	26	—	650
1974 KM59.1-60.1, 74.1-75.1, 77.1, 88, 88a	72	—	525
1975 KM59.1-60.1, 74.1-75.1, 76.2, 77.1, 97	94	—	525
1976 KM59.1-60.1, 74.1-75.1, 76.2, 77.1, 106	Inc. above	—	525

NEW BRUNSWICK
PROVINCE
STERLING COINAGE

KM# 1 HALFPENNY TOKEN
Copper, **Obv.** Crowned head left **Rev:** Three masted ship **Obv. Legend:** VICTORIA DEI GRATIA REGINA **Rev. Legend:** NEW BRUNSWICK

Date	Mintage	VG8	F12	VF20	XF40	AU50	MS60	MS63	MS65
1843	480,000	4.00	7.50	15.00	45.00	200	300	400	—
1843	—	PF60 750							

KM# 3 HALFPENNY TOKEN
Copper, **Obv.** Head left **Rev:** Three masted ship **Obv. Legend:** VICTORIA DEI GRATIA REGINA **Rev. Legend:** NEW BRUNSWICK

Date	Mintage	VG8	F12	VF20	XF40	AU50	MS60	MS63	MS65
1854	864,000	4.00	7.50	15.00	45.00	200	300	400	—

KM# 3a HALFPENNY TOKEN
Bronze, **Obv.** Head left **Rev:** Three masted ship **Obv. Legend:** VICTORIA DEI GRATIA REGINA **Rev. Legend:** NEW BRUNSWICK

Date	Mintage	VG8	F12	VF20	XF40	AU50	MS60	MS63	MS65
1854	—	PF60 400							

KM# 2 1 PENNY TOKEN
Copper, **Obv.** Crowned head left **Rev:** Three masted ship **Obv. Legend:** VICTORIA DEI GRATIA REGINA **Rev. Legend:** NEW BRUNSWICK

Date	Mintage	VG8	F12	VF20	XF40	AU50	MS60	MS63	MS65
1843	480,000	5.00	9.50	23.00	65.00	175	250	350	—
1843	—	PF60 800							

KM# 4   1 PENNY TOKEN
Copper, **Obv.** Head left **Rev:** Three masted ship **Obv. Legend:** VICTORIA DEI GRATIA REGINA **Rev. Legend:** NEW BRUNSWICK

Date	Mintage	VG8	F12	VF20	XF40	AU50	MS60	MS63	MS65
1854	432,000	3.75	7.50	22.00	65.00	200	300	400	—

DECIMAL COINAGE

KM# 5   HALF CENT
Bronze, **Obv.** Laureate bust left **Rev:** Crown and date within beaded circle, wreath surrounds **Obv. Legend:** VICTORIA D:G: BRITT: REG: F:D:

Date	Mintage	VG8	F12	VF20	XF40	AU50	MS60	MS63	MS65
1861	222,800	125	175	225	350	500	650	1,500	—
1861	—	PF60 2,200							

KM# 6   CENT
Bronze, **Obv.** Laureate bust left **Rev:** Crown and date within beaded circle, wreath surrounds **Obv. Legend:** VICTORIA D:G: BRITT: REG: F:D: **Rev. Legend:** NEW BRUNSWICK

Date	Mintage	VG8	F12	VF20	XF40	AU50	MS60	MS63	MS65
1861	1,000,000	3.50	6.00	9.00	14.00	60.00	100	450	—
1861	—	PF60 450							
1864 short 6	1,000,000	3.50	6.00	9.00	20.00	75.00	125	550	—
1864 long 6	Inc. above	4.00	6.50	13.00	24.00	100	175	650	—

KM# 7   5 CENTS
1.16 g., 0.925 Silver, 0.0346 oz. ASW **Obv.** Laureate head left **Rev:** Denomination and date within wreath, crown above **Obv. Legend:** VICTORIA D: G: REG: / NEW BRUNSWICK

Date	Mintage	VG8	F12	VF20	XF40	AU50	MS60	MS63	MS65
1862	100,000	65.00	100	225	500	1,000	1,700	3,200	—
1862	—	PF60 3,500							
1864 small 6	100,000	65.00	100	225	1,000	1,500	2,200	4,900	—
1864 large 6	Inc. above	75.00	125	300	600	1,600	2,500	5,000	—

KM# 8 10 CENTS
2.32 g., 0.925 Silver, 0.0691 oz. ASW **Obv.** Laureate head left **Rev:** Denomination and date within wreath, crown above **Obv. Legend:** VICTORIA D: G: REG: / NEW BRUNSWICK

Date	Mintage	VG8	F12	VF20	XF40	AU50	MS60	MS63	MS65
1862	150,000	65.00	100	225	450	950	1,600	3,000	—
1862 recut 2	Inc. above	95.00	175	350	750	1,800	2,900	6,700	—
1862	—	PF60 2,850							
1864	100,000	65.00	100	225	450	1,600	2,700	6,300	—

KM# 9 20 CENTS
4.65 g., 0.925 Silver, 0.1382 oz. ASW **Obv.** Laureate head left **Rev:** Denomination and date within wreath, crown above **Obv. Legend:** VICTORIA D: G: REG: / NEW BRUNSWICK

Date	Mintage	VG8	F12	VF20	XF40	AU50	MS60	MS63	MS65
1862	150,000	29.00	50.00	100	225	625	1,050	4,400	—
1862	—	PF60 2,850							
1864	150,000	29.00	50.00	100	225	825	1,600	4,600	—

NEWFOUNDLAND
PROVINCE

CIRCULATION COINAGE

KM# 1 LARGE CENT
Bronze, **Obv.** Laureate bust left **Rev:** Crown and date within circle, florals surround **Obv. Legend:** VICTORIA D:G: BRITT: REG:F:D: **Rev. Legend:** NEWFOUNDLAND

Date	Mintage	VG8	F12	VF20	XF40	AU50	MS60	MS63	MS65
1865	240,000	3.50	5.50	12.00	30.00	100	175	900	—
1872H	200,000	2.50	4.00	7.00	17.00	60.00	125	250	—
1872 H	—	PF60 800							
1873	200,025	4.00	6.50	20.00	40.00	200	500	1,600	—
1873	—	PF60 3,000							
1876H	200,000	3.50	7.00	15.00	60.00	200	500	1,600	—
1876H Proof, reported not confirmed	—	—	—	—	—	—	—	—	—
1880 round 0, even date	400,000	3.00	3.50	7.00	20.00	80.00	200	500	—
1880 round and low 0	Inc. above	4.50	12.00	20.00	50.00	300	900	2,600	—
1880 oval 0	Inc. above	200	300	500	950	1,850	3,000	6,000	—
1880 oval 0 Proof	—	PF60 2,500							
1885	40,000	27.50	50.00	75.00	125	450	900	2,400	—
1885	—	PF60 2,500							
1888	50,000	30.00	55.00	80.00	175	650	1,350	4,800	—
1890	200,000	3.00	6.00	15.00	45.00	150	300	1,200	—
1894	200,000	3.00	5.00	10.00	25.00	125	300	1,200	—
1894	—	PF60 1,500							
1896	200,000	3.00	3.50	7.00	27.00	90.00	175	500	—
1896	—	PF60 1,500							

KM# 9 LARGE CENT
Bronze, **Obv.** Crowned bust right **Obv. Designer:** G.W. DeSaulles **Rev:** Crown and date within center circle, wreath surrounds, denomination above **Rev. Designer:** Horace Morehen

Date	Mintage	VG8	F12	VF20	XF40	AU50	MS60	MS63	MS65
1904H	100,000	10.00	18.00	30.00	75.00	175	400	1,300	—
1904 H	—	PF60 6,000							
1907	200,000	3.00	5.00	11.00	35.00	125	250	1,000	—
1909	200,000	3.00	5.00	9.00	27.50	65.00	125	250	—
1909	—	PF60 600							

KM# 16 LARGE CENT
Bronze, **Obv.** Crowned bust left **Obv. Designer:** E.B. MacKennal **Rev:** Crown and date within center circle, wreath surrounds, denomination above **Rev. Designer:** Horace Morehen

Date	Mintage	VG8	F12	VF20	XF40	AU50	MS60	MS63	MS65
1913	400,000	1.50	2.50	3.50	9.00	30.00	60.00	125	—
1917C	702,350	1.50	2.50	3.50	8.00	30.00	100	400	—
1917 C	—	PF60 950							
1919C	300,000	1.50	2.50	4.00	14.00	50.00	225	750	—
1919 C	—	PF60 2,500							
1920C	302,184	1.50	2.50	6.00	24.00	90.00	350	1,900	—
1929	300,000	1.50	2.50	3.50	7.00	30.00	85.00	175	—
1929 C	—	PF60 3,000							
1936	300,000	1.50	2.00	2.50	5.00	18.00	40.00	100	—

KM# 18 SMALL CENT
3.20 g., Bronze, 19mm. **Obv.** Crowned head left **Obv. Designer:** Percy Metcalfe **Rev:** Pitcher plant divides date, denomination below **Rev. Designer:** Walter J. Newman

Date	Mintage	VG8	F12	VF20	XF40	AU50	MS60	MS63	MS65
1938	500,000	0.45	0.95	1.25	3.50	9.00	24.00	70.00	—
1938	—	PF60 6,000							
1940	300,000	1.25	2.25	4.50	14.00	40.00	95.00	600	—
1940 Re-engraved date	Inc. above	45.00	60.00	85.00	150	300	650	2,400	—
1940	—	PF60 2,500							
1941C	827,662	0.45	0.70	0.95	2.50	9.00	29.00	200	—
1941C Re-engraved date	Inc. above	16.00	24.00	40.00	95.00	175	400	2,000	—
1942	1,996,889	0.45	0.70	0.95	2.50	13.50	40.00	250	—
1943C	1,239,732	0.45	0.70	0.95	2.50	9.00	22.50	100	—
1944C	1,328,776	1.50	2.50	9.00	35.00	100	300	2,000	—
1947C	313,772	1.25	1.75	4.00	19.00	45.00	100	350	—
1947 C	—	PF60 3,000							

KM# 2 5 CENTS
1.18 g., 0.925 Silver, 0.035 oz. ASW **Obv.** Laureate head left **Rev:** Denomination and date within ornamental circle **Obv. Legend:** VICTORIA D: G: REG: / NEWFOUNDLAND **Edge:** Reeded

Date	Mintage	VG8	F12	VF20	XF40	AU50	MS60	MS63	MS65
1865	80,000	35.00	50.00	150	300	800	1,800	3,000	—
1865	—	PF60 4,000							
1870	40,000	65.00	125	225	500	1,500	2,500	3,500	—
1870	—	PF60 4,000							
1872H	40,000	40.00	70.00	125	175	700	1,250	2,400	—
1873	44,260	125	200	450	1,100	4,500	6,000	—	—
1873H	Inc. above	950	1,400	2,000	3,700	9,500	16,000	22,000	—
1873	—	PF60 10,000							
1876H	20,000	125	200	350	650	1,000	1,350	2,750	—
1880	40,000	45.00	65.00	150	300	1,100	2,250	2,400	—
1880	—	PF60 5,000							
1881	40,000	45.00	65.00	150	300	1,100	1,900	2,500	—
1881	—	PF60 5,000							
1882H	60,000	23.00	45.00	90.00	200	650	1,800	3,000	—
1882 H	—	PF60 2,000							
1885	16,000	130	210	335	750	1,550	2,400	4,500	—
1885	—	PF60 7,500							
1888	40,000	40.00	75.00	225	350	1,600	4,000	8,000	—
1888	—	PF60 7,500							
1890	160,000	11.00	21.00	45.00	125	700	1,300	2,000	—
1890	—	PF60 5,000							
1894	160,000	10.00	19.00	30.00	100	500	1,100	2,500	—
1894	—	PF60 5,000							
1896	400,000	4.00	8.00	20.00	50.00	450	900	2,700	—
1896	—	PF60 5,000							

KM# 7 5 CENTS
1.18 g., 0.925 Silver, 0.035 oz. ASW **Obv.** Crowned bust right **Rev:** Denomination and date within circle **Designer:** G.W. DeSaulles

Date	Mintage	VG8	F12	VF20	XF40	AU50	MS60	MS63	MS65
1903	100,000	5.00	11.00	29.00	70.00	175	450	1,700	—
1903	—	PF60 3,000							
1904H	100,000	4.00	7.00	19.00	45.00	90.00	225	450	—
1904 H	—	PF60 1,800							
1908	400,000	4.00	7.00	18.00	45.00	100	250	1,100	—

KM# 13 5 CENTS
1.18 g., 0.925 Silver, 0.035 oz. ASW **Obv.** Crowned bust left **Obv. Designer:** E.B. MacKennal **Rev:** Denomination and date within circle **Rev. Designer:** G.W. DeSaulles

Date	Mintage	VG8	F12	VF20	XF40	AU50	MS60	MS63	MS65
1912	300,000	2.00	3.00	6.00	24.00	55.00	125	250	—
1912	—	PF60 2,400							
1917C	300,319	2.00	5.00	8.00	27.00	100	350	1,200	—
1917 C	—	PF60 2,400							
1919C	100,844	6.00	11.00	27.00	100	450	1,200	3,500	—
1919 C	—	PF60 2,400							
1929	300,000	2.00	3.00	4.00	14.00	65.00	175	400	—

KM# 19   5 CENTS

1.18 g.,   0.925 Silver, 0.035 oz. ASW **Obv.**   Crowned head left   **Obv. Designer:** Percy Metcalfe **Rev:** Denomination and date within circle **Rev. Designer:** G.W. DeSaulles

Date	Mintage	VG8	F12	VF20	XF40	AU50	MS60	MS63	MS65
1938	100,000	1.50	2.50	3.00	11.00	30.00	100	300	—
1938	—	PF60 1,600							
1940C	200,000	1.50	2.50	3.00	11.00	30.00	100	350	
1940 C	—	PF60 3,200							
1941C	621,641	1.00	1.75	2.50	4.00	9.00	22.00	35.00	—
1942C	298,348	1.00	1.75	2.50	5.00	13.50	28.00	60.00	—
1943C	351,666	1.00	1.50	2.50	5.00	10.50	22.00	45.00	—

KM# 19a   5 CENTS

1.17 g.,   0.800 Silver, 0.030 oz. ASW 15.67mm. **Obv.** Crowned head left **Obv. Designer:** Percy Metcalfe **Rev:** Denomination and date within circle **Rev. Designer:** G.W. DeSaulles **Edge:** Reeded

Date	Mintage	VG8	F12	VF20	XF40	AU50	MS60	MS63	MS65
1944C	286,504	1.50	1.75	2.50	9.00	22.00	70.00	150	—
1945C	203,828	1.50	1.75	2.50	4.00	9.00	22.50	35.00	—
1946 C	2,041	PF60 3,000							
1946C Prooflike	—	—	—	—	—	—	—	4,000	—
1946 C	—	PF60 3,500							
1947C	38,400	3.00	5.00	8.00	30.00	45.00	100	250	—
1947C Prooflike	—	—	—	—	—	—	—	2,100	—

KM# 3   10 CENTS

2.36 g.,   0.925 Silver, 0.0701 oz. ASW **Obv.** Laureate head left **Rev:** Denomination and date within ornamental circle **Obv. Legend:** VICTORIA D: G: REG: / NEWFOUNDLAND

Date	Mintage	VG8	F12	VF20	XF40	AU50	MS60	MS63	MS65
1865	80,000	27.00	45.00	75.00	250	650	1,100	2,250	—
1865 Proof, plain edge	—	PF60 5,500							
1870	30,000	150	250	450	750	1,250	2,500	5,000	—
1870	—	PF60 10,000							
1872H	40,000	22.00	35.00	80.00	200	500	800	1,700	—
1873 flat 3	23,614	55.00	70.00	250	650	2,000	4,000	5,000	—
1873 round 3	Inc. above	55.00	70.00	250	650	2,000	4,000	5,000	—
1873	—	PF60 12,000							
1876H	10,000	55.00	70.00	225	350	850	1,400	2,500	—
1880	10,000	55.00	100	250	400	800	1,800	3,000	—
1880	—	PF60 7,500							
1882H	20,000	30.00	55.00	150	700	1,150	2,800	4,000	—
1882 H	—	PF60 3,000							
1885	8,000	70.00	130	300	800	1,100	2,200	4,500	—
1885	—	PF60 8,000							
1888	30,000	35.00	70.00	200	700	2,000	4,000	5,000	—
1888	—	PF60 8,000							
1890	100,000	9.00	19.00	35.00	150	550	1,100	3,500	—
1890	—	PF60 5,000							
1894	100,000	8.50	12.00	25.00	125	550	1,200	3,000	—
1894	—	PF60 5,000							
1896	230,000	5.00	10.00	25.00	90.00	600	1,200	3,500	—
1896	—	PF60 5,000							

KM# 8   10 CENTS
2.36 g., 0.925 Silver, 0.0701 oz. ASW **Obv.** Crowned bust right **Rev:** Denomination and date within circle
Designer: G.W. DeSaulles

Date	Mintage	VG8	F12	VF20	XF40	AU50	MS60	MS63	MS65
1903	100,000	11.00	30.00	90.00	250	650	2,400	5,500	—
1903	—	PF60 3,750							
1904H	100,000	6.00	14.00	35.00	100	200	350	600	—
1904 H	—	PF60 2,250							

KM# 14   10 CENTS
2.36 g., 0.925 Silver, 0.0701 oz. ASW **Obv.** Crowned bust left **Obv. Designer:** E.B. MacKennal **Rev.**
Designer: G.W. DeSaulles

Date	Mintage	VG8	F12	VF20	XF40	AU50	MS60	MS63	MS65
1912	150,000	4.00	5.50	14.00	45.00	100	225	350	—
1917C	250,805	3.50	5.00	14.00	45.00	175	450	1,350	—
1919C	54,342	4.00	11.00	22.00	70.00	125	250	350	—

KM# 20   10 CENTS
2.36 g., 0.925 Silver, 0.0701 oz. ASW **Obv.** Crowned head left **Obv. Designer:** Percy Metcalfe **Rev:**
Denomination and date within circle **Rev. Designer:** G.W. DeSaulles

Date	Mintage	VG8	F12	VF20	XF40	AU50	MS60	MS63	MS65
1938	100,000	3.50	4.00	4.50	18.00	100	200	800	—
1938	—	PF60 3,200							
1940	100,000	3.00	3.50	4.50	14.00	45.00	100	400	
1940	—	PF60 4,000							
1941C	483,630	1.00	3.00	3.50	7.00	18.00	50.00	125	—
1942C	293,736	1.00	3.00	3.50	7.00	22.00	70.00	200	—
1943C	104,706	1.00	3.00	3.50	9.00	30.00	250	800	—
1944C	151,471	1.00	3.50	11.00	27.00	65.00	350	1,300	—

KM# 20a   10 CENTS
2.33 g., 0.800 Silver, 0.060 oz. ASW **Obv.** Crowned head left **Obv. Designer:** Percy Metcalfe **Rev. Designer:**
G.W. DeSaulles

Date	Mintage	VG8	F12	VF20	XF40	AU50	MS60	MS63	MS65
1945C	175,833	1.00	2.50	3.00	7.00	22.00	100	400	—
1946 C	—	PF60 1,200							
1946C	38,400	3.50	4.50	9.00	30.00	60.00	125	300	—
1947C	61,988	3.00	3.50	7.00	20.00	45.00	100	350	—

KM# 4   20 CENTS
4.71 g., 0.925 Silver, 0.1402 oz. ASW 23.19mm. **Obv.** Laureate head left **Rev:** Denomination and date within
ornamental circle

Date	Mintage	VG8	F12	VF20	XF40	AU50	MS60	MS63	MS65
1865	100,000	16.00	30.00	60.00	225	550	950	2,600	—
1865 Proof, plain edge	—	PF60 6,500							

Date	Mintage	VG8	F12	VF20	XF40	AU50	MS60	MS63	MS65
1865 Proof, reeded edge	—	PF60 10,000							
1870	50,000	21.00	45.00	100	250	750	1,250	2,600	—
1870 Proof, plain edge	—	PF60 6,500							
1870 Proof, reeded edge	—	PF60 6,500							
1872H	90,000	12.00	25.00	60.00	150	400	750	1,800	—
1873	45,797	21.00	65.00	175	550	2,700	5,500	8,000	—
1873	—	PF60 12,000							
1876H	50,000	25.00	50.00	80.00	300	800	1,350	2,700	—
1880	30,000	27.00	55.00	100	350	1,000	2,000	3,000	—
Note: No longer recognized as 1880/70 overdate									
1880	—	PF60 8,000							
1881	60,000	12.00	25.00	80.00	300	750	1,200	2,900	—
1881	—	PF60 8,000							
1882H	100,000	9.00	19.00	50.00	175	1,150	2,250	3,500	—
1882 H	—	PF60 3,500							
1885	40,000	14.00	30.00	80.00	300	1,350	2,900	4,500	—
1885	—	PF60 10,000							
1888	75,000	12.00	25.00	70.00	225	800	1,400	4,500	—
1888	—	PF60 10,000							
1890	100,000	9.00	15.00	45.00	225	800	1,400	3,500	—
1890	—	PF60 6,500							
1894	100,000	12.00	24.00	50.00	175	600	1,200	3,500	—

KM# 10   20 CENTS
4.71 g., 0.925 Silver, 0.1402 oz. ASW **Obv.** Crowned bust right **Obv. Designer:** G.W. DeSaulles **Rev:** Denomination and date within circle **Rev. Designer:** W.H.J. Blakemore

Date	Mintage	VG8	F12	VF20	XF40	AU50	MS60	MS63	MS65
1904H	75,000	13.00	35.00	65.00	300	900	2,700	7,000	—
1904 H	—	PF60 2,400							

KM# 15   20 CENTS
4.71 g., 0.925 Silver, 0.1402 oz. ASW **Obv.** Crowned bust left **Obv. Designer:** E.B. MacKennal **Rev:** Denomination and date within circle **Rev. Designer:** W.H.J. Blakemore

Date	Mintage	VG8	F12	VF20	XF40	AU50	MS60	MS63	MS65
1912	350,000	5.50	8.00	18.00	65.00	175	300	750	—
1912	—	PF60 2,500							

KM# 17   25 CENTS
5.83 g., 0.925 Silver, 0.1734 oz. ASW **Obv.** Crowned bust left **Obv. Designer:** E.B. MacKennal **Rev:** Denomination and date within circle **Rev. Designer:** W.H.J. Blakemore

Date	Mintage	VG8	F12	VF20	XF40	AU50	MS60	MS63	MS65
1917C	464,779	7.00	8.00	10.00	18.00	50.00	200	400	—
1917 C	—	PF60 3,000							
1919C	163,939	7.00	8.00	15.00	35.00	125	450	2,000	—
1919 C	—	PF60 3,000							

KM# 6 50 CENTS

11.78 g., 0.925 Silver, 0.3504 oz. ASW 29.85mm. **Obv.** Laureate head left **Rev:** Denomination and date within ornamental circle **Obv. Legend:** VICTORIA DEI GRATIA REGINA NEWFOUNDLAND

Date	Mintage	VG8	F12	VF20	XF40	AU50	MS60	MS63	MS65
1870	50,000	26.00	50.00	150	600	1,800	3,500	8,500	—
1870 Proof, plain edge	—	PF60 25,000							
1870 Proof, reeded edge	—	PF60 25,000							
1872H	48,000	18.00	35.00	90.00	400	950	1,600	4,000	—
1873	37,675	40.00	75.00	200	650	2,700	9,500	13,000	—
1873	—	PF60 40,000							
1874	80,000	25.00	45.00	125	550	2,700	13,000	17,500	—
1874	—	PF60 40,000							
1876H	28,000	35.00	85.00	150	450	1,350	2,250	5,500	—
1880	24,000	45.00	95.00	250	900	3,000	6,500	16,000	—
1880	—	PF60 40,000							
1881	50,000	20.00	35.00	135	400	1,800	3,500	8,000	—
1881	—	PF60 40,000							
1882H	100,000	12.00	30.00	95.00	350	950	1,600	5,500	—
1882 H	—	PF60 8,000							
1885	40,000	30.00	60.00	175	650	1,700	2,800	7,500	—
1885	—	PF60 40,000							
1888	20,000	50.00	90.00	250	1,350	4,500	11,000	13,000	—
1888	—	PF60 40,000							
1894	40,000	12.00	28.00	75.00	300	1,350	4,000	8,000	—
1896	60,000	8.50	16.00	65.00	300	1,350	3,000	8,500	—
1896	—	PF60 25,000							
1898	76,607	8.50	13.00	60.00	200	1,050	3,500	6,500	—
1899 wide 9's	150,000	8.50	13.00	60.00	200	1,350	2,800	7,500	—
1899 narrow 9's	Inc. above	8.50	13.00	45.00	150	900	2,600	7,000	—
1900	150,000	8.50	13.00	45.00	175	800	2,600	5,500	—

KM# 11 50 CENTS

11.78 g., 0.925 Silver, 0.3503 oz. ASW 30mm. **Obv.** Crowned bust right **Obv. Designer:** G.W. DeSaulles **Rev. Designer:** W.H.J. Blakemore

Date	Mintage	VG8	F12	VF20	XF40	AU50	MS60	MS63	MS65
1904H	140,000	14.00	16.00	20.00	60.00	175	350	1,000	—
1904 H	—	PF60 2,900							
1907	100,000	14.00	16.00	25.00	75.00	225	400	1,200	—
1908	160,000	14.00	16.00	20.00	60.00	125	300	800	—
1909	200,000	14.00	16.00	22.00	60.00	150	350	1,000	—

KM# 12   50 CENTS
11.78 g., 0.925 Silver, 0.3503 oz. ASW 30mm. **Obv.** Crowned bust left **Obv. Designer:** E.B. MacKennal
Rev: Denomination and date within circle **Rev. Designer:** W.H.J. Blakemore

Date	Mintage	VG8	F12	VF20	XF40	AU50	MS60	MS63	MS65
1911	200,000	13.50	15.00	15.00	45.00	100	300	750	—
1917C	375,560	13.00	14.00	15.00	40.00	80.00	175	500	—
1917 C	—	PF60 3,250							
1918C	294,824	13.00	14.00	15.00	40.00	80.00	175	500	—
1919C	306,267	13.00	14.00	15.00	40.00	100	300	1,200	—
1919 C	—	PF60 3,250							

KM# 5   2 DOLLARS
3.33 g., 0.917 Gold, 0.0981 oz. AGW **Obv.** Laureate head left **Rev:** Denomination and date within circle **Obv.
Legend:** VICTORIA D: G: REG: / NEWFOUNDLAND

Date	Mintage	F12	VF20	XF40	AU50	MS60	MS63
1865	10,000	150	225	300	400	1,100	8,500
1865 plain edge,	Est. 10	—	—	—	—	—	—
Specimen-63, 15,000.							
1870	10,000	150	225	300	450	1,500	7,500
1870 reeded edge,	—	—	—	—	—	—	—
Specimen-63 20,000.							
1872	6,050	220	400	500	900	2,200	9,000
1872 Specimen-63 12,500.	Est. 10	—	—	—	—	—	—
1880	2,500	800	1,000	1,200	2,300	3,000	14,500
1880/70	—	—	—	—	—	—	—

Note: Specimen. Bowers and Merena Norweb sale 11-96, specimen 64 realized $70,400.

1881	10,000	150	200	250	350	1,600	2,500
1881 Specimen; Rare	—	—	—	—	—	—	—
1882H	25,000	150	200	250	300	700	2,200
1882H Specimen 4,250.	—	—	—	—	—	—	—
1885	10,000	150	200	250	300	850	2,750
1885 Specimen	—	—	—	—	—	—	—

Note: Bowers and Merena Norweb sale 11-96, specimen 66 realized $44,000

1888	25,000	150	175	200	250	600	2,000
1888 Specimen; Rare	—	—	—	—	—	—	—

NOVA SCOTIA
PROVINCE

KM# 1 HALFPENNY TOKEN
Copper, **Obv.** Laureate head left **Rev:** Thistle **Obv. Legend:** PROVINCE OF NOVA SCOTIA

Date	Mintage	VG8	F12	VF20	XF40	AU50	MS60	MS63	MS65
1823	400,000	3.00	6.00	13.00	60.00	150	275	—	—
1823 without hyphen	Inc. above	5.00	10.00	35.00	125	225	325	—	—
1824	118,636	6.00	12.00	27.00	65.00	250	450	—	—
1832	800,000	3.00	5.00	13.50	40.00	125	225	—	—

KM# 1a HALFPENNY TOKEN
Copper, **Obv.** Laureate head left, draped collar **Rev:** Thistle **Obv. Legend:** PROVINCE OF NOVA SCOTIA

Date	Mintage	VG8	F12	VF20	XF40	AU50	MS60	MS63	MS65
1382 1382 (error)	—	500	700	1,650	—	—	—	—	—
1832 (imitation)	—	3.00	9.00	27.00	75.00	95.00	125	200	—
1832/1382	—	10.00	15.00	50.00	150				

KM# 3 HALFPENNY TOKEN
Copper, **Obv.** Head left **Rev:** Thistle **Obv. Legend:** PROVINCE OF NOVA SCOTIA

Date	Mintage	VG8	F12	VF20	XF40	AU50	MS60	MS63	MS65
1840 small 0	300,000	3.50	10.00	25.00	65.00	125	185	—	—
1840 large 0	Inc. above	4.00	10.00	40.00	125	185	250	—	—
1840 medium 0	Inc. above	3.50	9.00	25.00	65.00	125	185	—	—
1843	300,000	3.00	6.00	24.00	65.00	125	185	—	—

KM# 5 HALFPENNY TOKEN
Copper

Date	Mintage	VG8	F12	VF20	XF40	AU50	MS60	MS63
1856 without LCW	720,000	3.00	4.00	7.50	23.00	85.00	175	—
1856 without LCW, Proof	—	PF60 600						
1856 without LCW, inverted A for V in PROVINCE, Proof	—	PF60 600						

KM# 5a HALFPENNY TOKEN
Bronze

Date	Mintage	VG8	F12	VF20	XF40	AU50	MS60	MS63	MS65
1856 with LCW, Proof	—	PF60 600							

KM# 2 1 PENNY TOKEN
Copper, **Obv.** Laureate head left **Rev:** Thistle **Obv. Legend:** PROVINCE OF NOVA SCOTIA

Date	Mintage	VG8	F12	VF20	XF40	AU50	MS60	MS63	MS65
1824	217,776	4.00	10.00	26.00	85.00	240	400	—	—
1832	200,000	4.00	8.00	15.00	55.00	190	350	—	—

KM# 2a 1 PENNY TOKEN
Copper, **Obv.** Laureate head left **Rev:** Thistle **Obv. Legend:** PROVINCE OF NOVA SCOTIA

Date	Mintage	VG8	F12	VF20	XF40	AU50	MS60	MS63	MS65
1832 (imitation)	—	3.75	7.50	22.50	85.00	—	—	—	—

KM# 4 1 PENNY TOKEN
Copper, 32mm. **Obv.** Head left **Rev:** Thistle **Obv. Legend:** PROVINCE OF NOVA SCOTIA

Date	Mintage	VG8	F12	VF20	XF40	AU50	MS60	MS63	MS65
1840	150,000	3.50	9.00	23.00	65.00	250	450	—	—
1843/0	150,000	45.00	75.00	250	—	—	—	—	—
1843	Inc. above	4.00	12.00	24.00	65.00	250	450	—	—

KM# 6 1 PENNY TOKEN
Copper, **Obv.** Crowned head left **Rev:** Plant **Obv. Legend:** VICTORIA D: G: BRITANNIA R: REG: F: D: **Rev. Legend:** PROVINCE OF NOVA SCOTIA

Date	Mintage	VG8	F12	VF20	XF40	AU50	MS60	MS63	MS65
1856 without LCW	360,000	4.00	7.50	13.00	35.00	150	300	—	—
1856 with LCW	Inc. above	2.50	5.00	12.00	35.00	200	350	—	—

KM# 6a 1 PENNY TOKEN
Bronze, **Obv.** Crowned head left **Rev:** Plant **Obv. Legend:** VICTORIA D: G: BRITANNIA R: REG: F: D: **Rev. Legend:** PROVINCE OF NOVA SCOTIA

Date	Mintage	VG8	F12	VF20	XF40	AU50	MS60	MS63	MS65
1856	—	PF60 400							

DECIMAL COINAGE

KM# 7 HALF CENT
Bronze, **Obv.** Laureate bust left **Rev:** Crown and date within beaded circle, wreath of roses surrounds **Obv. Legend:** VICTORIA D:G: BRITT: REG:F:D: **Rev. Legend:** NOVA SCOTIA

Date	Mintage	VG8	F12	VF20	XF40	AU50	MS60	MS63	MS65
1861	400,000	5.00	7.00	8.00	13.00	35.00	60.00	300	—
1864	400,000	5.00	7.00	8.00	13.00	30.00	55.00	250	—
1864	—	**PF60** 300							

KM# 8.2 CENT
Bronze, **Obv.** Laureate bust left **Rev:** Crown and date within beaded circle, wreath of roses surrounds **Obv. Legend:** VICTORIA D:G: BRITT: REG:F:D: **Rev. Legend:** NOVA SCOTIA **Note:** Prev. KM#8. Small rosebud right of SCOTIA. The Royal Mint report records mintage of 1 million for 1862, which is considered incorrect.

Date	Mintage	VG8	F12	VF20	XF40	AU50	MS60	MS63	MS65
1861	800,000	3.00	4.50	5.00	11.00	60.00	125	400	—
1862	Est. 1000000	45.00	75.00	150	300	650	1,300	—	—
1864	800,000	3.00	4.50	5.00	16.00	75.00	150	450	—

PRINCE EDWARD ISLAND
PROVINCE

CUT & COUNTERMARKED COINAGE

KM# 1 SHILLING
Silver, **Note:** Countermark on center plug of Spanish or Spanish Colonial 8 Reales.

Date	Mintage	VG8	F12	VF20	XF40	AU50	MS60	MS63	MS65
ND	1,000	2,500	4,500	7,500	—	—	—	—	—

KM# 3 5 SHILLING
Silver, **Note:** Countermark on holed Lima 8 Reales, KM#106.2.

Date	Mintage	VG8	F12	VF20	XF40	AU50	MS60	MS63	MS65
ND1809-11	1,000	2,500	4,500	7,500	—	—	—	—	—

KM# 2.1 5 SHILLING
Silver, **Note:** Countermark on holed Mexico City 8 Reales, KM#109.

Date	Mintage	VG8	F12	VF20	XF40	AU50	MS60	MS63	MS65
1791-1808	—	1,500	2,250	3,750	—	—	—	—	—

KM# 2.2   5 SHILLING
Silver, **Note:** Countermark on holed Mexico City 8 Reales, KM#110.

Date	Mintage	VG8	F12	VF20	XF40	AU50	MS60	MS63	MS65
ND1808-11	—	1,500	2,250	3,750	—	—	—	—	—

DECIMAL COINAGE

KM# 4   CENT
Bronze, **Obv.** Crowned head left within beaded circle **Rev:** Trees within beaded circle **Obv. Legend:** VICTORIA QUEEN **Rev. Legend:** PRINCE EDWARD ISLAND

Date	Mintage	VG8	F12	VF20	XF40	AU50	MS60	MS63	MS65
1871	2,000,000	2.50	4.00	6.50	20.00	50.00	100	185	—
1871	—	PF60 2,000							

MEXICO

The United States of Mexico, located immediately south of the United States has an area of 759,529 sq. mi. (1,967,183 sq. km.) and an estimated population of 100 million. Capital: Mexico City. The economy is based on agriculture, manufacturing and mining. Oil, cotton, silver, coffee, and shrimp are exported.

Mexico was the site of highly advanced Indian civilizations 1,500 years before conquistador Hernando Cortes conquered the wealthy Aztec empire of Montezuma, 1519-21, and founded a Spanish colony, which lasted for nearly 300 years. During the Spanish period, Mexico, then called New Spain, stretched from Guatemala to the present states of Wyoming and California, its present northern boundary having been established by the secession of Texas during 1836 and the war of 1846-48 with the United States.

Independence from Spain was declared by Father Miguel Hidalgo on Sept. 16, 1810, (Mexican Independence Day) and was achieved by General Agustin de Iturbide in1821. Iturbide became emperor in 1822 but was deposed when a republic was established a year later. For more than fifty years following the birth of the republic, the political scene of Mexico was characterized by turmoil, which saw two emperors (including the unfortunate Maximilian), several dictators and an average of one new government every nine months passing swiftly from obscurity to oblivion. The land, social, economic and labor reforms promulgated by the Reform Constitution of Feb. 5, 1917 established the basis for sustained economic development and participative democracy that have made Mexico one of the most politically stable countries of modern Latin America.

SPANISH COLONY

COB COINAGE

KM# 24 1/2 REAL
1.69 g., 0.931 Silver, 0.0506 oz. ASW **Ruler:** Philip V **Obv.** Legend around crowned PHILIPVS monogram **Rev:** Legend around cross, lions and castles **Mint:** Mexico City **Note:** Mint mark M, Mo. For this series completeness of date is a stronger determining factor of price than grade. The values listed below reflect a range for examples with an average amount of date visible.

Date	Mintage	G4	VG8	F12	VF20	XF40
ND(1701-28)	—	—	25.00	40.00	65.00	—
Date off flan						
1701 L	—	—	125	200	300	—
1702 L	—	—	125	200	300	—
1703 L	—	—	125	200	300	—
1704 L	—	—	125	200	300	—
1705 L	—	—	125	200	300	—
1706 J	—	—	125	200	300	—
1707 J	—	—	125	200	300	—
1708 J	—	—	125	200	285	—
1709 J	—	—	125	200	285	—
1710 J	—	—	125	200	285	—
1711 J	—	—	125	200	285	—
1712 J	—	—	125	200	285	—
1713 J	—	—	125	200	285	—
1714 J	—	—	125	200	285	—
1715 J	—	—	125	200	285	—
1716 J	—	—	125	200	285	—
1717 J	—	—	125	200	285	—
1718/7	—	—	—	—	—	—
1718 J	—	—	125	200	285	—
1719 J	—	—	125	200	285	—
1720 J	—	—	125	200	285	—
1721 J	—	—	125	200	285	—
1722 J	—	—	125	200	285	—
1723 J	—	—	125	200	285	—
1724 J	—	—	125	200	285	—
1724 D	—	—	125	200	285	—
1725 D	—	—	125	200	285	—
1726 D	—	—	125	200	285	—
1727 D	—	—	125	200	285	—
1728 D	—	—	125	200	285	—

KM# 25 1/2 REAL
1.69 g., 0.931 Silver, 0.0506 oz. ASW **Ruler:** Luis I **Obv.** Legend around crowned LVDOVICVS monogram **Rev:** Legend around cross, lions and castles **Note:** Mint mark M, Mo.

Date	Mintage	G4	VG8	F12	VF20	XF40
ND(1724-25)	—	—	125	200	250	—
Date off flan						
1724 D Rare	—	—	—	—	—	—
1725 D Rare	—	—	—	—	—	—

KM# 24a 1/2 REAL
1.69 g., 0.916 Silver, 0.0498 oz. ASW **Ruler:** Philip V **Obv.** Legend around crowned PHILIPVS monogram **Rev:** Legend around cross, lions and castles **Mint:** Mexico City **Note:** Mint mark M, Mo.

Date	Mintage	G4	VG8	F12	VF20	XF40
ND(1729-33)	—	—	25.00	40.00	65.00	—
Date off flan						
1729 R	—	—	90.00	120	150	—
1730 F Rare	—	—	—	—	—	—
1730 R	—	—	90.00	120	150	—
1731 F	—	—	90.00	120	150	—
1732/1 F	—	—	90.00	120	150	—
1732 F	—	—	90.00	120	150	—
1733/2 F	—	—	90.00	120	150	—
1733 F	—	—	90.00	120	150	—

KM# 30 REAL
3.38 g., 0.931 Silver, 0.1012 oz. ASW **Ruler:** Philip V **Obv.** Legend and date around crowned arms **Rev:** Lions and castles in angles of cross **Obv. Legend:** PHILIPVS V DEI G **Mint:** Mexico City **Note:** Mint mark M, Mo. For this series completeness of date is a stronger determining factor of price than grade. The values listed below reflect a range for examples with an average amount of date visible.

Date	Mintage	VG8	F12	VF20	XF40
ND(1701-28) Date	—	35.00	55.00	75.00	—
off flan					
1701 L	—	165	275	400	—
1702 L	—	165	275	400	—
1703 L	—	165	275	400	—
1704 L	—	165	275	400	—
1705 L	—	165	275	400	—

Date	Mintage	VG8	F12	VF20	XF40
1706 J	—	165	275	400	—
1707 J	—	165	275	400	—
1708 J	—	165	275	400	—
1709 J	—	165	275	400	—
1710 J	—	165	275	400	—
1711 J	—	165	275	400	—
1712 J	—	165	275	400	—
1713 J	—	165	275	400	—
1714 J	—	165	275	400	—
1715 J	—	150	275	400	—
1716 J	—	150	275	400	—
1717 J	—	150	275	400	—
1718 J	—	150	275	400	—
1719 J	—	150	275	400	—
1720/19 J Rare	—	—	—	—	—
1720 J	—	150	275	400	—
1721 J	—	150	275	400	—
1722 J	—	150	275	400	—
1723 J	—	150	275	400	—
1726 D	—	150	275	400	—
1727 D	—	150	275	400	—
1728 D	—	150	275	400	—

KM# A31   REAL
3.38 g., 0.931 Silver, 0.1013 oz. ASW **Ruler:** Luis I **Mint:** Mexico City **Note:** A significant portion of the legend must be visibile for proper attribution. Mint mark M, Mo.

Date	Mintage	G4	VG8	F12	VF20	XF40
1724 D Rare	—	—	—	—	—	—
1725 D Rare	—	—	—	—	—	—

KM# 30a   REAL
3.38 g., 0.916 Silver, 0.0995 oz. ASW **Ruler:** Philip V **Obv.** Legend and date around crowned arms **Rev:** Lions and castles in angles of cross **Obv. Legend:** PHILIPVS V DEI G **Mint:** Mexico City **Note:** Mint mark M, Mo.

Date	Mintage	G4	VG8	F12	VF20	XF40
ND(1729-32) Date off flan	—	—	30.00	50.00	70.00	—
1729 R	—	—	90.00	125	175	—
1730 R	—	—	90.00	125	175	—
1730 F	—	—	90.00	125	175	—
1730 G	—	—	90.00	125	175	—
1731 F	—	—	90.00	125	175	—
1732 F	—	—	90.00	125	175	—

KM# 35   2 REALES
6.77 g., 0.931 Silver, 0.2026 oz. ASW **Ruler:** Philip V **Obv.** Legend and date around crowned arms **Rev:** Lions and castles in angles of cross **Obv. Legend:** PHILIPVS V DEI G **Mint:** Mexico City **Note:** Mint mark M, Mo. For this series completeness of date is a stronger determining factor of price than grade. The values listed below reflect a range for examples with an average amount of date visible.

Date	Mintage	G4	VG8	F12	VF20	XF40
ND(1701-28) Date off flan	—	—	45.00	65.00	90.00	—
1701 L	—	—	175	300	450	—
1702 L	—	—	175	300	450	—
1703 L	—	—	175	300	450	—
1704 L	—	—	175	300	450	—
1705 L	—	—	175	300	450	—
1706 J	—	—	175	300	450	—
1707 J	—	—	175	300	450	—
1708 J	—	—	175	300	450	—
1710 J	—	—	175	300	450	—
1711 J	—	—	175	300	450	—
1712 J	—	—	175	300	450	—
1713 J	—	—	175	300	450	—

Date	Mintage	G4	VG8	F12	VF20	XF40
1714 J	—	—	185	325	475	—
1715 J	—	—	185	325	475	—
1716 J	—	—	185	325	475	—
1717 J	—	—	185	325	475	—
1718 J	—	—	185	325	475	—
1719 J	—	—	185	325	475	—
1720 J	—	—	185	325	475	—
1721 J	—	—	185	325	475	—
1722 J	—	—	185	325	475	—
1723 J	—	—	185	325	475	—
1724 J	—	—	185	325	475	—
1725 D Rare	—	—	—	—	—	—
1726 D	—	—	185	325	475	—
1727 D	—	—	185	325	475	—
1728 D	—	—	185	325	475	—

KM# 35a   2 REALES
6.77 g., 0.916 Silver, 0.1994 oz. ASW **Ruler:** Philip V **Obv.** Legend and date around crowned arms **Rev:** Lions and castles in angles of cross **Obv. Legend:** PHILIPVS V DEI G **Mint:** Mexico City **Note:** Mint mark M, Mo.

Date	Mintage	VG8	F12	VF20	XF40
ND(1729-32) Date off flan	—	40.00	60.00	90.00	—
1729 R	—	125	175	225	—
1730 G/R Rare	—	—	—	—	—
1730 G Rare	—	—	—	—	—
1730 R	—	125	175	225	—
1731 F	—	125	175	225	—
1731/0 F Requires Confirmation	—	—	—	—	—
1732 F	—	125	175	225	—
1733 F Rare	—	—	—	—	—

KM# 40   4 REALES
13.54 g., 0.931 Silver, 0.4053 oz. ASW **Ruler:** Philip V **Obv.** Legend and date around crowned arms **Rev:** Lions and castles in angles of cross **Obv. Legend:** PHILIPVS V DEI G **Mint:** Mexico City **Note:** Mint mark M, Mo. For this series completeness of date is a stronger determining factor of price than grade. The values listed below reflect a range for examples with an average amount of date visible.

Date	Mintage	G4	VG8	F12	VF20	XF40
ND (1701-28) Date off flan	—	—	50.00	75.00	100	—
1701 L	—	—	225	475	800	—
1702 L	—	—	225	475	800	—
1703 L	—	—	225	475	800	—
1704 L	—	—	225	475	800	—
1705 L	—	—	225	475	800	—

Date	Mintage	G4	VG8	F12	VF20	XF40
1706 J	—	—	225	475	800	—
1707 J	—	—	225	475	800	—
1708 J	—	—	225	475	800	—
1709 J	—	—	225	475	800	—
1710 J	—	—	225	475	800	—
1711 J	—	—	200	425	700	—
1712 J	—	—	200	425	700	—
1713 J	—	—	200	425	700	—
1714 J	—	—	200	425	700	—
1715 J Rare	—	—	—	—	—	—
1716 J	—	—	250	600	1,000	—
1717 J	—	—	250	600	1,000	—
1718 J	—	—	250	600	1,000	—
1719 J	—	—	250	600	1,000	—
1720 J	—	—	250	600	1,000	—
1721 J	—	—	250	600	1,000	—
1722 J	—	—	250	600	1,000	—
1723 J	—	—	250	600	1,000	—
1726 D	—	—	250	600	1,000	—
1727 D	—	—	250	600	1,000	—
1728 D	—	—	250	600	1,000	—

KM# 41 4 REALES
13.54 g., 0.916 Silver, 0.3988 oz. ASW **Ruler:** Philip V **Obv.** Legend and date around crowned arms **Rev:** Lions and castles in angles of cross, legend around **Obv. Legend:** PHILIPVS V DEI G **Mint:** Mexico City **Note:** Klippe. Similar to KM#40a. Mint mark M, Mo.

Date	Mintage	G4	VG8	F12	VF20	XF40
1733 MF	—	—	450	600	750	—
1734 MF Rare	—	—	—	—	—	—
1734/3 MF	—	—	450	600	750	—

KM# 42 4 REALES
13.54 g., 0.931 Silver, 0.4053 oz. ASW **Ruler:** Luis I **Obv.** Legend around crowned arms **Rev:** Lions and castles in angles of cross, legend around **Obv. Legend:** LVDOVICVS I DEI G **Mint:** Mexico City **Note:** A significant portion of the legend must be visible for proper attribution. Mint mark M, Mo.

Date	Mintage	G4	VG8	F12	VF20	XF40
1724 D Rare	—	—	—	—	—	—
1725 D Rare	—	—	—	—	—	—

KM# 40a 4 REALES
13.54 g., 0.916 Silver, 0.3988 oz. ASW **Ruler:** Philip V **Obv.** Legend and date around crowned arms **Rev:** Lions and castles in angles of cross **Obv. Legend:** PHILIPVS V DEI G **Mint:** Mexico City **Note:** Mint mark M, Mo.

Date	Mintage	VG8	F12	VF20	XF40
ND(1729-33) Date off flan	—	50.00	75.00	100	—
1729 R	—	150	250	350	—
1730 R	—	150	250	350	—
1730 F/G	—	150	250	375	—
1730 G	—	150	250	350	—
1731/0 F	—	150	250	375	—
1731 F	—	150	250	350	—
1732/1 F	—	150	250	350	—
1732 F	—	150	250	350	—
1733/2 F Rare	—	—	—	—	—
1733 F Rare	—	—	—	—	—

KM# 46 8 REALES
27.07 g., 0.931 Silver, 0.8103 oz. ASW **Ruler:** Charles II **Obv.** Legend and date around crowned arms **Rev:** Legend around cross, lions and castles **Obv. Legend:** CAROLVS II DEI G **Note:** Struck at Mexico City Mint, mint mark M, Mo.

Date	Mintage	G4	VG8	F12	VF20	XF40
ND(1667-1701) Date off flan	—	—	90.00	110	150	—
1667/6 Rare	—	—	—	—	—	—
1667 G	—	—	600	900	1,500	—
1668 G	—	—	600	900	1,500	—
1669 G	—	—	600	900	1,500	—
1670 G	—	—	600	900	1,500	—
1671 G	—	—	700	1,000	1,700	—
1672 G	—	—	700	1,000	1,700	—
1673 G	—	—	700	1,000	1,700	—
1674 G	—	—	600	900	1,500	—
1675 G	—	—	600	900	1,500	—
1676/5 G	—	—	400	600	900	—
1676 G	—	—	400	600	900	—
1677 G	—	—	400	600	900	—
1678 L	—	—	400	600	900	—
1679 L	—	—	400	600	900	—

Date	Mintage	G4	VG8	F12	VF20	XF40
1680 L	—	—	300	400	600	—
1681 L	—	—	600	400	600	—
1682 L Rare	—	—	—	—	—	—
1683 L Rare	—	—	—	—	—	—
1684 L	—	—	600	900	1,500	—
1685 L	—	—	600	900	1,500	—
1686 L Rare	—	—	—	—	—	—
1687 L	—	—	700	1,000	1,700	—
1688 L	—	—	700	1,000	1,700	—
1689 L	—	—	600	900	1,500	—
1690 L Rare	—	—	—	—	—	—
1691 L Rare	—	—	—	—	—	—
1692 L Rare	—	—	—	—	—	—
1693 L Rare	—	—	—	—	—	—
1694 L Rare	—	—	—	—	—	—
1695 L	—	—	600	900	1,500	—
1697 L Rare	—	—	—	—	—	—
1698 L Rare	—	—	—	—	—	—
1699 L	—	—	600	900	1,500	—
1700 L	—	—	700	1,000	1,700	—
1701 L Rare	—	—	—	—	—	—

Date	Mintage	G4	VG8	F12	VF20	XF40
1711 J	—	—	200	1,100	2,000	—
1712 J	—	—	200	1,100	2,000	—
1713 J	—	—	200	1,100	2,000	—
1714 J	—	—	200	1,100	2,000	—
1715 J	—	—	200	1,200	2,250	—
1716 J	—	—	575	2,300	4,500	—
1717 J	—	—	575	2,300	4,500	—
1718/7 J	—	—	575	2,300	4,500	—
1718 J	—	—	525	2,000	4,000	—
1719 J	—	—	525	2,000	4,000	—
1720 J	—	—	525	2,000	4,000	—
1721 J	—	—	525	2,000	4,000	—
1722 J	—	—	525	2,000	4,000	—
1723 J	—	—	525	2,000	4,000	—
1724 D	—	—	525	2,000	4,000	—
1725 D	—	—	525	2,000	4,000	—
1726 D	—	—	525	2,000	4,000	—
1727 D	—	—	525	2,000	4,000	—
1728 D	—	—	600	2,400	5,000	—

KM# 49 8 REALES
27.07 g., 0.931 Silver, 0.8103 oz. ASW **Ruler:** Luis I **Obv.** Legend and date around crowned arms **Rev:** Lions and castles in angles of cross, legend around **Obv. Legend:** LVDOVICVS I DEI G **Rev. Legend:** INDIARVM * REX HISPANIARV ... **Mint:** Mexico City **Note:** A significant portion of the legend must be visible for proper attribution. Mint mark M, Mo.

Date	Mintage	VG8	F12	VF20	XF40
ND(1724-25) Date off flan; Rare	—	—	—	—	—
1724 D Rare	—	—	—	—	—
1725 D Rare	—	—	—	—	—

KM# 47 8 REALES
27.07 g., 0.931 Silver, 0.8103 oz. ASW **Ruler:** Philip V **Obv.** Legend and date around crowned arms **Rev:** Lions and castles in angles of cross, legend around **Obv. Legend:** PHILIPVS V DEI G **Mint:** Mexico City **Note:** Mint mark M, Mo. For this series completeness of date is a stronger determining factor of price than grade. The values listed below reflect a range for examples with an average amount of date visible.

Date	Mintage	G4	VG8	F12	VF20	XF40
ND(1701-28) Date off flan	—	—	70.00	90.00	120	—
1701 L Rare	—	—	—	—	—	—
1702 L Rare	—	—	—	—	—	—
1703 L Rare	—	—	—	—	—	—
1704 L Rare	—	—	—	—	—	—
1705 L Rare	—	—	—	—	—	—
1706 J Rare	—	—	—	—	—	—
1707 J Rare	—	—	—	—	—	—
1708 J Rare	—	—	—	—	—	—
1709 J Rare	—	—	—	—	—	—
1710 J Rare	—	—	—	—	—	—

KM# 47a 8 REALES
27.07 g., 0.916 Silver, 0.7972 oz. ASW **Ruler:** Philip V **Obv.** Legend and date around crowned arms **Rev:** Lions and castles in angles of cross, legend around **Obv. Legend:** PHILIPVS V DEI G **Mint:** Mexico City **Note:** Mint mark M, Mo.

Date	Mintage	VG8	F12	VF20	XF40
ND(1729-33) Date off flan	—	70.00	100	125	—
1729 R	—	150	225	350	—
1730 G/R	—	150	225	350	—
1730 R	—	150	225	350	—
1730 G	—	150	225	350	—
1730 F Requires Confirmation	—	—	—	—	—
1731/0 F	—	150	225	350	—
1731/0 F/G Rare	—	—	—	—	—
1731 F	—	135	210	325	—
1732/1 F	—	135	210	325	—
1732 F	—	135	210	350	—
1733/2 F	—	200	300	400	—
1733 F	—	200	300	400	—

KM# 48 8 REALES

0.92 g., Silver, **Ruler:** Philip V **Obv.** Legend around crowned arms **Rev:** Lions and castles in angles of cross, legend around **Mint:** Mexico City **Note:** Klippe. Similar to KM#47a. Mint mark M, Mo.

Date	Mintage	G4	VG8	F12	VF20	XF40
ND(1733-34) Date off flan	—	—	200	350	500	—
1733 F	—	—	550	750	1,150	—
1733 MF	—	—	450	600	750	—
1734/3 MF	—	—	500	750	1,000	—
1734 MF	—	—	500	750	1,000	—

KM# 50 ESCUDO

3.38 g., 0.917 Gold, 0.0996 oz. AGW **Ruler:** Charles II **Obv.** Legend and date around crowned arms **Rev:** Lions and castles in angles of cross, legend around **Obv. Legend:** CAROLVS II DEI G **Mint:** Mexico City

Date	Mintage	F12	VF20	XF40	MS60
ND(1679-1701) Date off flan	—	1,200	1,500	2,000	—
1679 MXo L Rare	—	—	—	—	—
1690 MXo L	—	3,000	4,000	5,000	—
1695 MXo L	—	3,000	4,000	5,000	—
1697 MXo L	—	3,000	4,000	5,000	—
1698 MXo L	—	3,000	4,000	5,000	—
1699 MXo L	—	3,000	4,000	5,000	—
1700 MXo L	—	3,000	4,000	5,000	—
1701/0 MXo L Rare	—	—	—	—	—

KM# 51.1 ESCUDO

3.38 g., 0.917 Gold, 0.0996 oz. AGW **Ruler:** Philip V **Obv.** Legend and date around crowned arms **Rev:** Lions and castles in angles of cross, legend around **Obv. Legend:** PHILIPVS V DEI G **Mint:** Mexico City

Date	Mintage	F12	VF20	XF40	MS60
ND(1702-13) Date off flan	—	1,000	1,350	1,500	—
1702 MXo L Rare	—	—	—	—	—
1703/2 MXo L Rare	—	—	—	—	—
1704 MXo L Rare	—	—	—	—	—
1707 MXo J Rare	—	—	—	—	—
1708 MXo J Rare	—	—	—	—	—
1709 MXo J Rare	—	—	—	—	—
1710 MXo J Rare	—	—	—	—	—
1711 MXo J	—	1,500	2,500	3,500	—
1712 MXo J	—	1,500	2,500	3,500	—
1713 MXo J	—	1,500	2,500	3,500	—

KM# 51.2 ESCUDO

3.38 g., 0.917 Gold, 0.0996 oz. AGW **Ruler:** Philip V **Obv.** Legend and date around crowned arms **Rev:** Lions and castles in angles of cross, legend around **Obv. Legend:** PHILIPVS V DEI G **Mint:** Mexico City

Date	Mintage	F12	VF20	XF40	MS60
1712 Mo J	—	2,000	3,000	4,000	—
1714 Mo J	—	1,400	2,000	3,000	—
1714 Mo J J's 1's (J7J4J) Rare	—	—	—	—	—
1715 Mo J	—	2,000	3,000	4,000	—
1727 Mo J Rare	—	—	—	—	—
1728 Mo J Rare	—	—	—	—	—
1731 F Rare	—	—	—	—	—

Note: Die-struck counterfeits of 1731 F exist

KM# 52 2 ESCUDOS

6.77 g., 0.917 Gold, 0.1996 oz. AGW **Ruler:** Philip V **Obv.** Legend and date around crowned arms **Rev:** Legend around cross **Obv. Legend:** CAROLVS II DEI G **Mint:** Mexico City

Date	Mintage	F12	VF20	XF40	MS60
ND(1679-1701) Date off flan	—	1,300	1,750	2,500	—
1680 MXo L	—	4,000	5,000	6,000	—
1681 MXo L	—	4,000	5,000	6,000	—
1695 MXo L	—	4,000	5,000	6,000	—
1698 MXo L	—	4,000	5,000	6,000	—
1701 MXo L Rare	—	—	—	—	—

KM# 53.1 2 ESCUDOS

6.77 g., 0.917 Gold, 0.1996 oz. AGW **Ruler:** Philip V **Obv.** Legend and date around crowned arms **Rev:** Legend around cross **Obv. Legend:** PHILIPVS V DEI G **Mint:** Mexico City

Date	Mintage	F12	VF20	XF40	MS60
ND(1704-13) Date off flan	—	1,250	1,500	2,000	—

Date	Mintage	F12	VF20	XF40	MS60
1704 MXo L Rare	—	—	—	—	—
1708 MXo J Rare	—	—	—	—	—
1710 MXo J Rare	—	—	—	—	—
1711 MXo J	—	2,500	3,500	4,500	—
1712 MXo J	—	2,500	3,500	4,500	—
1713 MXo J	—	2,500	3,500	4,500	—

KM# 53.2 2 ESCUDOS
6.77 g.,   0.917 Gold, 0.1996 oz. AGW **Ruler:** Philip V **Obv.** Legend and date around crowned arms **Rev:** Legend around cross **Obv. Legend:** PHILIPVS V DEI G **Mint:** Mexico City **Note:** Struck counterfeits exist for 1731.

Date	Mintage	F12	VF20	XF40	MS60
ND(1714-31) Date off flan	—	1,500	1,750	2,500	—
1714 Mo J	—	—	2,500	3,500	—
1715 Mo J	—	—	3,000	4,000	—
1717 Mo J Rare	—	—	—	—	—
1722 Mo J Rare	—	—	—	—	—
1729 Mo R Rare	—	—	—	—	—
1731 Mo F Rare	—	—	—	—	—

KM# A54 2 ESCUDOS
6.77 g., 0.917 Gold, 0.1996 oz. AGW **Ruler:** Luis I **Obv.** Legend and date around crowned arms **Rev:** Legend around cross **Obv. Legend:** LVDOVICVS I DEI G **Mint:** Mexico City **Note:** A significant portion of the legend must be visible for proper attribution.

Date	Mintage	F12	VF20	XF40	MS60
ND Mo D Rare	—	—	—	—	—

KM# 54   4 ESCUDOS
13.54 g.,   0.917 Gold, 0.3992 oz. AGW **Ruler:** Charles II **Obv.** Legend and date around crowned arms **Rev:** Legend around cross **Obv. Legend:** CAROLVS II DEI G **Mint:** Mexico City

Date	Mintage	F12	VF20	XF40	MS60
ND(1679-1701) Date off flan	—	2,500	3,500	4,750	—
1680 MXo L Rare	—	—	—	—	—
1681 MXo L	—	4,500	6,000	7,500	—
1683 MXo L	—	4,500	6,000	7,500	—
1693 MXo L	—	4,500	6,000	7,500	—
1694 MXo L	—	4,500	6,000	7,500	—
1695 MXo L	—	4,500	6,000	7,500	—
1696 MXo L	—	4,500	6,000	7,500	—
1697 MXo L	—	4,500	6,000	7,500	—

Date	Mintage	F12	VF20	XF40	MS60
1698 MXo L	—	4,500	6,000	7,500	—
1699/8/7 MXo L	—	4,500	6,000	7,500	—
1701 MXo L Rare	—	—	—	—	—

KM# 55.1 4 ESCUDOS
13.54 g.,   0.917 Gold, 0.3992 oz. AGW **Ruler:** Philip V **Obv.** Legend and date around crowned arms **Rev:** Legend around cross **Obv. Legend:** PHILIPVS V DEI G **Mint:** Mexico City

Date	Mintage	F12	VF20	XF40	MS60
ND(1705-13) Date off flan	—	2,500	3,000	4,000	—
1705 MXo J Rare	—	—	—	—	—
1706 MXo L Rare	—	—	—	—	—
1711 MXo J	—	3,500	4,750	6,000	—
1712 MXo J	—	3,500	4,750	6,000	—
1713 MXo J	—	3,500	4,750	6,000	—

KM# 55.2 4 ESCUDOS
13.54 g.,   0.917 Gold, 0.3992 oz. AGW **Ruler:** Philip V **Obv.** Legend and date around crowned arms **Rev:** Legend around cross **Obv. Legend:** PHILIPVS V DEI G **Mint:** Mexico City

Date	Mintage	F12	VF20	XF40	MS60
ND(1714-20) Date off flan	—	2,500	3,500	4,500	—
1714 Mo J	—	—	5,500	7,000	—
1715 Mo J	—	—	5,500	7,000	—
1720 Mo J Rare	—	—	—	—	—

KM# 57.1 8 ESCUDOS
27.07 g.,   0.917 Gold, 0.7981 oz. AGW **Ruler:** Philip V **Obv.** Legend and date around crowned arms **Rev:** Legend around cross **Obv. Legend:** PHILIPVS V DEI G **Mint:** Mexico City

Date	Mintage	F12	VF20	XF40	MS60
ND(1701-13) Date off flan	—	2,500	3,500	4,500	—
1701 MXo L Rare	—	—	—	—	—
1703 MXo L Rare	—	—	—	—	—
1706 MXo J Rare	—	—	—	—	—
1708 MXo J Rare	—	—	—	—	—
1709 MXo J Rare	—	—	—	—	—
1710 MXo J Rare	—	—	—	—	—
1711 MXo J	—	3,500	4,500	6,000	—
1712 MXo J	—	3,500	4,500	6,000	—
1713 MXo J	—	3,500	4,500	6,000	—

KM# 57.2 8 ESCUDOS
27.07 g., 0.917 Gold, 0.7981 oz. AGW **Ruler:** Philip V **Obv.** Legend and date around crowned arms **Rev:** Legend around cross **Obv. Legend:** PHILIPVS V DEI G **Mint:** Mexico City

Date	Mintage	F12	VF20	XF40	MS60
ND(1714-32) Mo Date off flan	—	2,750	3,750	5,000	—
1714 Mo J	—	4,000	5,500	7,500	—
1714 Mo Date over GRAT on obverse	—	6,000	7,500	9,000	—
1715 Mo J	—	5,000	6,500	8,000	—
1717/6 Mo J Rare	—	—	—	—	—
1720/19 Mo J Rare	—	—	—	—	—
1723 Mo J Rare	—	—	—	—	—
1727/6 Mo D Rare	—	—	—	—	—
1728/7 Mo D Rare	—	—	—	—	—
1729 Mo R Rare	—	—	—	—	—
1730 Mo R Rare	—	—	—	—	—
1730 Mo F Rare	—	—	—	—	—
1731 Mo F Rare	—	—	—	—	—
1732 Mo F Rare	—	—	—	—	—

KM# 57.3 8 ESCUDOS
27.07 g., 0.917 Gold, 0.7981 oz. AGW **Ruler:** Philip V **Obv.** Date around crowned arms **Rev:** Legend and date around cross **Obv. Legend:** PHILIPVS V DEI G **Mint:** Mexico City

Date	Mintage	F12	VF20	XF40	MS60
1714 Mo J Date on reverse	—	6,000	7,500	9,000	—

KM# 58 8 ESCUDOS
27.07 g., 0.917 Gold, 0.7981 oz. AGW **Ruler:** Luis I **Obv.** Legend and date around crowned arms **Rev:** Legend around cross **Obv. Legend:** LVDOVICVS I DEI G **Mint:** Mexico City **Note:** A significant portion of the legend must be visible for proper attribution.

Date	Mintage	VG8	F12	VF20	XF40	MS60
ND(1724-25) Mo D Rare	—	—	—	—	—	—

Struck on specially prepared round planchets using well centered dies in excellent condition to prove the quality of the minting to the Viceroy or even to the King.

KM# R24 1/2 REAL
1.69 g., 0.931 Silver, 0.0506 oz. ASW **Ruler:** Philip V **Mint:** Mexico City **Note:** Normally found holed. Mint mark Mo.

Date	Mintage	G4	VG8	F12	VF20	XF40
1715Mo J	—	—	250	400	575	750
1719Mo J	—	—	250	400	575	750
1721Mo J	—	—	250	400	575	750
1722Mo J	—	—	250	400	575	750
1726Mo D	—	—	250	400	575	750
1727Mo D	—	—	250	400	575	750

KM# R25 1/2 REAL
1.69 g., 0.931 Silver, 0.0506 oz. ASW **Ruler:** Luis I **Obv.** Legend around crowned LVDOVICVS monogram **Rev:** Lions and castles in angles of cross, legend around **Mint:** Mexico City **Note:** Mint mark Mo.

Date	Mintage	VG8	F12	VF20	XF40
1724Mo D Rare	—	—	—	—	—

KM# R24a 1/2 REAL
1.69 g., 0.917 Silver, 0.0499 oz. ASW **Ruler:** Philip V **Mint:** Mexico City **Note:** Normally found holed. Mint mark Mo.

Date	Mintage	G4	VG8	F12	VF20	XF40
1730Mo D	—	—	250	400	575	750

KM# R30 REAL
3.38 g., 0.931 Silver, 0.1013 oz. ASW **Ruler:** Philip V **Obv. Legend:** PHILIPVS V DEI G **Mint:** Mexico City **Note:** Mint mark Mo.

Date	Mintage	VG8	F12	VF20	XF40
1715Mo J Rare	—	—	—	—	—
1716Mo J Rare	—	—	—	—	—
1718Mo J Rare	—	—	—	—	—

KM# R35 2 REALES
6.77 g., 0.931 Silver, 0.2025 oz. ASW **Ruler:** Philip V **Obv. Legend:** PHILIPVS V DEI G **Mint:** Mexico City **Note:** Mint mark Mo.

Date	Mintage	VG8	F12	VF20	XF40
1715Mo J Rare	—	—	—	—	—

KM# R35a 2 REALES
6.77 g., 0.917 Silver, 0.1995 oz. ASW **Ruler:** Philip V **Mint:** Mexico City **Note:** Mint mark Mo.

Date	Mintage	VG8	F12	VF20	XF40
1730Mo R Rare	—	—	—	—	—

KM# R40 4 REALES
13.53 g., 0.931 Silver, 0.4051 oz. ASW **Ruler:** Philip V **Obv. Legend:** PHILIPVS V DEI G **Mint:** Mexico City **Note:** Mint mark Mo.

Date	Mintage	VG8	F12	VF20	XF40
1716Mo J Rare	—	—	—	—	—

Date	Mintage	VG8	F12	VF20	XF40
1719Mo J Rare	—	—	—	—	—
1721Mo J Rare	—	—	—	—	—
1722Mo J Rare	—	—	—	—	—
1723Mo J Rare	—	—	—	—	—

KM# R47　8 REALES
27.07 g., 0.931 Silver, 0.8102 oz. ASW **Ruler:** Philip V **Obv. Legend:** PHILIPVS V DEI G **Mint:** Mexico City **Note:** Struck at Mexico City Mint, mint mark Mo.

Date	Mintage	VG8	F12	VF20	XF40
1702Mo L Rare	—	—	—	—	—
1703Mo L Rare	—	—	—	—	—
1705Mo J Rare	—	—	—	—	—
1706Mo J Rare	—	—	—	—	—
1709Mo J Rare	—	—	—	—	—
1711Mo J Rare	—	—	—	—	—
1714Mo J Rare	—	—	—	—	—
1715Mo J Rare	—	—	—	—	—
1716Mo J Rare	—	—	—	—	—
1717Mo J Rare	—	—	—	—	—
1719Mo J Rare	—	—	—	—	—
1721Mo J Rare	—	—	—	—	—
1722Mo J Rare	—	—	—	—	—
1723Mo J Rare	—	—	—	—	—
1724Mo D Rare	—	—	—	—	—
1725Mo D Rare	—	—	—	—	—
1726/5Mo D Rare	—	—	—	—	—
1726Mo D Rare	—	—	—	—	—
1727Mo D Rare	—	—	—	—	—

KM# R49　8 REALES
27.07 g., 0.931 Silver, 0.8102 oz. ASW **Ruler:** Luis I **Note:** Mint mark Mo.

Date	Mintage	G4	VG8	F12	VF20	XF40
1724 D Rare	—	—	—	—	—	—
1725 D Rare	—	—	—	—	—	—

KM# R47a　8 REALES
27.07 g., 0.917 Silver, 0.798 oz. ASW **Ruler:** Philip V **Mint:** Mexico City **Note:** Mint mark Mo.

Date	Mintage	VG8	F12	VF20	XF40
1729Mo R Rare	—	—	—	—	—
1730Mo R/D Rare	—	—	—	—	—
1730Mo G Rare	—	—	—	—	—

KM# R51.2　ESCUDO
3.38 g., 0.917 Gold, 0.0998 oz. AGW **Ruler:** Philip V **Mint:** Mexico City

Date	Mintage	VG8	F12	VF20	XF40
1714Mo J Rare	—	—	—	—	—
1715Mo J Rare	—	—	—	—	—

KM# R53.1　2 ESCUDOS
6.77 g., 0.917 Gold, 0.1995 oz. AGW **Ruler:** Philip V **Mint:** Mexico City

Date	Mintage	VG8	F12	VF20	XF40
1711MXo J Rare	—	—	—	—	—
1712MXo J Rare	—	—	—	—	—

KM# R55.1　4 ESCUDOS
13.53 g., 0.917 Gold, 0.399 oz. AGW **Ruler:** Philip V **Mint:** Mexico City **Note:** Mint mark M, Mo.

Date	Mintage	G4	VG8	F12	VF20	XF40
1711 Rare	—	—	—	—	—	—

KM# R55.2　4 ESCUDOS
13.53 g., 0.917 Gold, 0.399 oz. AGW **Ruler:** Philip V **Mint:** Mexico City **Note:** Mint mark M, Mo.

Date	Mintage	G4	VG8	F12	VF20	XF40
1714 Rare	—	—	—	—	—	—

KM# R57.1　8 ESCUDOS
27.07 g., 0.917 Gold, 0.798 oz. AGW **Ruler:** Philip V **Mint:** Mexico City

Date	Mintage	VG8	F12	VF20	XF40
1702MXo L Rare	—	—	—	—	—
1711MXo J Rare	—	—	—	—	—
1712MXo J Rare	—	—	—	—	—
1713MXo J Rare	—	—	—	—	—

KM# R57.3　8 ESCUDOS
27.07 g., 0.917 Gold, 0.798 oz. AGW **Ruler:** Philip V **Mint:** Mexico City

Date	Mintage	VG8	F12	VF20	XF40
1714Mo J Rare	—	—	—	—	—
1715Mo J Rare	—	—	—	—	—
1717Mo J Rare	—	—	—	—	—
1718Mo J Rare	—	—	—	—	—
1723Mo J Rare	—	—	—	—	—

MILLED COINAGE

KM# 59　1/8 PILON (1/16 REAL)
Copper, **Ruler:** Ferdinand VII **Obv.** Crowned monogram **Rev:** Castles and lions in wreath **Mint:** Mexico City **Note:** Mint mark Mo.

Date	Mintage	VG8	F12	VF20	XF40	MS60
1814	—	12.00	25.00	55.00	145	—
1815	—	12.00	25.00	55.00	145	—

KM# 63 1/4 TLACO (1/8 REAL)
Copper, **Ruler:** Ferdinand VII **Obv.** Crowned monogram flanked by value and mint mark **Rev:** Arms without shield within wreath **Obv. Legend:** FERDIN. VII... **Mint:** Mexico City **Note:** Mint mark Mo.

Date	Mintage	VG8	F12	VF20	XF40	MS60
1814	—	14.00	30.00	60.00	180	—
1815	—	14.00	30.00	60.00	180	—
1816	—	14.00	30.00	60.00	180	—

KM# 62 1/4 REAL
0.85 g., 0.896 Silver, 0.0244 oz. ASW **Ruler:** Charles IV **Obv.** Crowned rampant lion, left **Rev:** Castle **Mint:** Mexico City **Note:** Mint mark Mo.

Date	Mintage	VG8	F12	VF20	XF40	MS60
1796	—	35.00	65.00	125	200	—
1797	—	35.00	65.00	125	200	—
1798	—	35.00	65.00	125	200	—
1799/8	—	35.00	65.00	125	200	—
1799	—	35.00	65.00	125	200	—
1800	—	35.00	65.00	125	200	—
1801/0	—	10.00	20.00	40.00	70.00	—
1801	—	10.00	20.00	40.00	70.00	—
1802	—	10.00	20.00	40.00	70.00	—
1803	—	10.00	20.00	40.00	70.00	—
1804	—	10.00	20.00	40.00	75.00	—
1805/4	—	12.50	25.00	55.00	85.00	—
1805	—	10.00	22.00	50.00	75.00	—
1806	—	10.00	22.00	50.00	80.00	—
1807/797	—	15.00	30.00	55.00	85.00	—
1807	—	12.50	25.00	50.00	80.00	—
1808	—	12.50	25.00	50.00	80.00	—
1809/8	—	12.50	25.00	50.00	80.00	—
1809	—	12.50	25.00	50.00	80.00	—
1810	—	12.50	25.00	50.00	75.00	—
1811	—	12.50	25.00	50.00	75.00	—
1812	—	12.50	25.00	50.00	75.00	—
1813	—	10.00	20.00	40.00	70.00	—
1815	—	12.50	22.00	50.00	70.00	—
1816	—	10.00	20.00	40.00	70.00	—

KM# 64 2/4 SENAL (1/4 REAL)
Copper, **Ruler:** Ferdinand VII **Obv.** Legend around crowned monogram flanked by mint mark and value **Rev:** Arms without shield within wreath **Obv. Legend:** FERDIN. VII... **Mint:** Mexico City **Note:** Mint mark Mo.

Date	Mintage	VG8	F12	VF20	XF40	MS60
1814	—	14.00	30.00	60.00	180	—
1815/4	—	18.00	36.00	70.00	200	—
1815	—	14.00	30.00	60.00	180	—
1816	—	14.00	30.00	60.00	180	—
1821	—	25.00	48.00	90.00	240	—

KM# 65 1/2 REAL
1.69 g., 0.917 Silver, 0.0499 oz. ASW **Ruler:** Philip V **Obv.** Crowned shield flanked by M F, rosettes and small cross **Rev:** Crowned globes flanked by crowned pillars with banner, date below **Obv. Legend:** PHILIP • V • D • G • HISPAN • ET IND • REX **Mint:** Mexico City **Note:** Mint mark M, Mo, MX.

Date	Mintage	VG8	F12	VF20	XF40
1732 Rare	—	—	—	—	—
1732 F	—	500	800	1,200	2,000
1733 MF (MX)	—	400	600	1,000	1,500
1733 F	—	200	325	550	800
1733/2 MF	—	300	400	600	800
1733 MF	—	300	400	600	800
1734/3 MF	—	20.00	50.00	100	150
1734 MF	—	20.00	50.00	100	150
1735/4 MF	—	20.00	50.00	100	150
1735 MF	—	20.00	50.00	100	150
1736/5 MF	—	20.00	50.00	100	150
1736 MF	—	20.00	50.00	100	150
1737/6 MF	—	20.00	50.00	100	150
1737 MF	—	20.00	50.00	100	150
1738/7 MF	—	20.00	50.00	100	150
1738 MF	—	20.00	50.00	100	150
1739 MF	—	20.00	50.00	100	150
1740/30 MF	—	20.00	50.00	100	150
1740 MF	—	20.00	50.00	100	150
1741 MF	—	20.00	50.00	100	150

KM# 66 1/2 REAL
1.69 g., 0.917 Silver, 0.0498 oz. ASW **Ruler:** Philip V **Obv.** Crowned shield flanked by stars **Rev:** Crowned globes flanked by crowned pillars with banner, date below **Obv. Legend:** PHS • V • D • G • HISP • ET IND • R **Mint:** Mexico City **Note:** Mint mark M, Mo.

Date	Mintage	VG8	F12	VF20	XF40	MS60
1742 M	—	15.00	40.00	75.00	125	—
1743 M	—	15.00	40.00	75.00	125	—
1744/3 M	—	15.00	40.00	75.00	125	—
1744 M	—	15.00	40.00	75.00	125	—
1745 M Rare	—	—	—	—	—	—
Note: Legend variation: PHS. V. D. G. HISP. EST IND. R						
1745 M	—	15.00	40.00	75.00	125	—
1746/5 M	—	15.00	40.00	75.00	125	—
1746 M	—	15.00	40.00	75.00	125	—
1747 M	—	15.00	40.00	75.00	125	—

KM# 67.1 1/2 REAL
1.69 g., 0.917 Silver, 0.0498 oz. ASW **Ruler:** Ferdinand VI **Obv.** Royal crown **Obv. Legend:** FRD • VI • D • G • HIPS • ET IND • R **Mint:** Mexico City **Note:** Mint mark M, Mo.

Date	Mintage	VG8	F12	VF20	XF40	MS60
1747/6 M	—	15.00	40.00	75.00	125	—
1747 M	—	15.00	40.00	75.00	125	—
1748/7 M	—	15.00	40.00	75.00	125	—
1748 M	—	15.00	40.00	75.00	125	—
1749 M	—	15.00	40.00	75.00	125	—
1750 M	—	15.00	40.00	75.00	125	—

Date	Mintage	VG8	F12	VF20	XF40	MS60
1751 M	—	15.00	40.00	75.00	125	—
1752 M	—	15.00	40.00	75.00	125	—
1753 M	—	15.00	40.00	75.00	125	—
1754 M	—	15.00	40.00	75.00	125	—
1755/6 M	—	15.00	40.00	75.00	125	—
1755 M	—	15.00	40.00	75.00	125	—
1756/5 M	—	15.00	40.00	75.00	125	—
1756 M	—	15.00	40.00	75.00	125	—
1757/6 M	—	15.00	40.00	75.00	125	—
1757 M	—	15.00	40.00	75.00	125	—

KM# 67.2   1/2 REAL
1.69 g., 0.917 Silver, 0.0499 oz. ASW **Ruler:** Ferdinand VI **Obv.** Different crown **Mint:** Mexico City **Note:** Mint mark M, Mo.

Date	Mintage	VG8	F12	VF20	XF40	MS60
1757 M	—	15.00	40.00	75.00	125	—
1758/7 M	—	15.00	40.00	75.00	125	—
1758 M	—	15.00	40.00	75.00	125	—
1759 M	—	15.00	40.00	75.00	125	—
1760/59 M	—	15.00	40.00	75.00	125	—
1760 M	—	15.00	40.00	75.00	125	—

KM# 68   1/2 REAL
1.69 g., 0.917 Silver, 0.0498 oz. ASW **Ruler:** Charles III **Obv.** Crowned shield flanked by stars **Rev:** Crowned globes flanked by crowned pillars with banner, date below **Obv. Legend:** CAR • III • D • G • HISP • ET IND • R **Mint:** Mexico City **Note:** Mint mark M, Mo.

Date	Mintage	VG8	F12	VF20	XF40	MS60
1760/59 M	—	15.00	40.00	75.00	125	—
1760 M	—	15.00	40.00	75.00	125	—
1761 M	—	15.00	40.00	75.00	125	—
1762 M	—	15.00	40.00	75.00	125	—
1763/2 M	—	15.00	40.00	75.00	125	—
1763 M	—	15.00	40.00	75.00	125	—
1764 M	—	15.00	40.00	75.00	125	—
1765/4 M	—	15.00	40.00	75.00	125	—
1765 M	—	15.00	40.00	75.00	125	—
1766 M	—	15.00	40.00	75.00	125	—
1767 M	—	15.00	40.00	75.00	125	—
1768/6 M	—	15.00	40.00	75.00	125	—
1768 M	—	15.00	40.00	75.00	125	—
1769 M	—	15.00	40.00	75.00	125	—
1770 M	—	15.00	40.00	75.00	125	—
1770 F	—	15.00	40.00	75.00	125	—
1771 F	—	15.00	40.00	75.00	125	—

KM# 69.1   1/2 REAL
1.69 g., 0.903 Silver, 0.0491 oz. ASW **Ruler:** Charles III **Rev:** Inverted FM and mint mark **Obv. Legend:** CAROLUS • III • DEI • GRATIA **Mint:** Mexico City **Note:** Mint mark Mo.

Date	Mintage	VG8	F12	VF20	XF40	MS60
1772 Mo FM	—	12.00	35.00	60.00	100	—
1773 Mo FM	—	10.00	25.00	50.00	90.00	—

KM# 69.2   1/2 REAL
1.69 g., 0.903 Silver, 0.0491 oz. ASW **Ruler:** Charles III **Obv.** Armored bust of Charles III, right

Rev: Crown above shield flanked by pillars with banner, normal initials and mint mark **Obv. Legend:** CAROLUS • III • DEI • GRATIA **Mint:** Mexico City **Note:** Mint mark Mo.

Date	Mintage	VG8	F12	VF20	XF40
1772 Mo FF	—	15.00	40.00	70.00	110
1773 Mo FM	—	12.00	35.00	60.00	100
1773 Mo FM CAROLS (error)	—	75.00	150	250	400
1774 Mo FM	—	10.00	25.00	50.00	90.00
1775 Mo FM	—	10.00	25.00	50.00	90.00
1776 Mo FM	—	20.00	40.00	70.00	110
1777/6 Mo FM	—	10.00	25.00	50.00	90.00
1777 Mo FM	—	10.00	25.00	50.00	90.00
1778 Mo FF	—	10.00	25.00	50.00	90.00
1779 Mo FF	—	10.00	25.00	50.00	90.00
1780/79 Mo FF	—	10.00	25.00	50.00	90.00
1780 Mo FF	—	10.00	25.00	50.00	90.00
1781 Mo FF	—	10.00	25.00	50.00	90.00
1782/1 Mo FF	—	10.00	25.00	50.00	90.00
1782 Mo FF	—	10.00	25.00	50.00	90.00
1783 Mo FF	—	10.00	25.00	50.00	90.00
1783 Mo FM	—	10.00	25.00	50.00	90.00
1784 Mo FF	—	10.00	25.00	50.00	90.00
1784 Mo FM	—	10.00	25.00	50.00	90.00

KM# 69.2a   1/2 REAL
1.69 g., 0.896 Silver, 0.0487 oz. ASW **Ruler:** Charles III **Rev:** Normal initials and mint mark **Note:** Mint mark M, Mo.

Date	Mintage	VG8	F12	VF20	XF40	MS60
1785/4 FM	—	10.00	25.00	50.00	90.00	—
1785 FM	—	10.00	25.00	50.00	90.00	—
1786 FM	—	10.00	25.00	50.00	90.00	—
1787 FM	—	10.00	25.00	50.00	90.00	—
1788 FM	—	10.00	25.00	50.00	90.00	—
1789 FM	—	12.00	35.00	60.00	100	—

KM# 70   1/2 REAL
1.69 g., 0.896 Silver, 0.0487 oz. ASW **Ruler:** Charles IV **Obv.** Armored bust of Charles IV, right **Rev:** Crown above shield flanked by pillars with banner **Obv. Legend:** CAROLUS • IV •... **Mint:** Mexico City **Note:** Mint mark M, Mo.

Date	Mintage	VG8	F12	VF20	XF40	MS60
1789 FM	—	12.00	35.00	60.00	100	—
1790 FM	—	12.00	35.00	60.00	100	—

KM# 71   1/2 REAL
1.69 g., 0.896 Silver, 0.0487 oz. ASW **Ruler:** Charles IV **Obv.** Armored bust of Charles IIII, right **Rev:** Crown above shield flanked by pillars with banner **Obv. Legend:** CAROLUS • IIII •... **Mint:** Mexico City **Note:** Mint mark M, Mo.

Date	Mintage	VG8	F12	VF20	XF40	MS60
1790 FM	—	12.00	35.00	60.00	100	—

KM# 72 1/2 REAL
1.69 g., 0.903 Silver, 0.0491 oz. ASW **Ruler:** Charles IV **Obv.** Armored bust of Charles IIII, right **Rev:** Crowned shield flanked by pillars with banner **Obv. Legend:** CAROLUS • IIII • ... **Rev. Legend:** IND • R • ... **Mint:** Mexico City **Note:** Mint mark Mo.

Date	Mintage	VG8	F12	VF20	XF40	MS60
1792 FM	—	10.00	20.00	55.00	85.00	—
1793 FM	—	10.00	20.00	55.00	85.00	—
1794/3 FM	—	10.00	20.00	55.00	85.00	—
1794 FM	—	10.00	20.00	55.00	85.00	—
1795 FM	—	10.00	20.00	55.00	85.00	—
1796 FM	—	10.00	20.00	55.00	85.00	—
1797 FM	—	10.00	20.00	55.00	85.00	—
1798/7 FM	—	10.00	20.00	55.00	85.00	—
1798 FM	—	10.00	20.00	55.00	85.00	—
1799 FM	—	10.00	20.00	55.00	85.00	—
1800/799 FM	—	10.00	20.00	55.00	85.00	—
1800 FM	—	10.00	20.00	55.00	85.00	—
1801 FM	—	8.00	17.00	33.00	85.00	—
1801 FT	—	4.00	11.00	25.00	50.00	—
1802 FT	—	4.00	11.00	25.00	50.00	—
1803 FT	—	6.00	13.00	27.50	55.00	—
1804 TH	—	4.00	11.00	25.00	50.00	—
1805 TH	—	4.00	11.00	25.00	50.00	—
1806 TH	—	4.00	11.00	25.00	50.00	—
1807/6 TH	—	6.00	13.00	27.50	55.00	—
1807 TH	—	4.00	11.00	25.00	50.00	—
1808/7 TH	—	6.00	13.00	27.50	55.00	—
1808 TH	—	4.00	11.00	25.00	50.00	—

KM# 73 1/2 REAL
1.69 g., 0.8958 Silver, 0.0487 oz. ASW **Ruler:** Ferdinand VII **Obv.** Armored laureate bust right **Rev:** Crowned shield flanked by pillars **Obv. Legend:** FERDIN • VII... **Rev. Legend:** IND • R... **Mint:** Mexico City **Note:** Mint mark Mo.

Date	Mintage	VG8	F12	VF20	XF40	MS60
1808 TH	—	4.00	9.00	22.50	40.00	—
1809 TH	—	4.00	9.00	22.50	40.00	—
1810 TH	—	6.00	11.00	25.00	50.00	—
1810 HJ	—	4.00	9.00	22.50	40.00	—
1811 HJ	—	4.00	9.00	22.50	40.00	—
1812/1 HJ	—	8.00	17.00	38.50	85.00	—
1812 HJ	—	4.00	9.00	22.50	40.00	—
1812 JJ	—	13.00	27.50	49.50	105	—
1813/2 JJ	—	13.00	27.50	49.50	105	—
1813 TH	—	4.00	9.00	22.50	40.00	—
1813 JJ	—	7.00	13.00	27.50	80.00	—
1813 HJ	—	8.00	17.00	38.50	95.00	—
1814/3 JJ	—	8.00	17.00	38.50	95.00	—
1814 JJ	—	6.00	11.00	25.00	50.00	—

KM# 74 1/2 REAL
1.69 g., 0.903 Silver, 0.0491 oz. ASW **Ruler:** Ferdinand VII **Obv.** Draped laureate bust right **Rev:** Crowned shield flanked by pillars **Obv. Legend:** FERDIN • VII... **Rev. Legend:** IND • R... **Mint:** Mexico City **Note:** Mint mark Mo.

Date	Mintage	VG8	F12	VF20	XF40	MS60
1815 JJ	—	4.00	9.00	22.50	45.00	—
1816 JJ	—	4.00	9.00	22.50	45.00	—
1817/6 JJ	—	13.00	27.50	55.00	125	—
1817 JJ	—	4.00	9.00	30.75	50.00	—
1818/7 JJ	—	4.00	9.00	27.50	55.00	—
1818 JJ	—	4.00	9.00	27.50	55.00	—
1819/8 JJ	—	7.00	13.00	38.50	95.00	—
1819 JJ	—	4.00	9.00	22.50	45.00	—
1820 JJ	—	4.00	9.00	27.50	55.00	—
1821 JJ	—	4.00	9.00	22.50	45.00	—

KM# 75.1 REAL
3.38 g., 0.917 Silver, 0.0998 oz. ASW **Ruler:** Philip V **Obv.** Crowned shield flanked by MF I ** **Rev:** Crowned globes flanked by crowned pillars with banner, date below **Obv. Legend:** PHILIP • V • D • G • HISPAN • ET IND • REX **Mint:** Mexico City **Note:** Mint mark M, Mo, (MX).

Date	Mintage	VG8	F12	VF20	XF40	MS60
1732 Rare	—	—	—	—	—	—
1732 F	—	—	—	—	—	—
1733 F (MX)	—	150	350	425	750	—
1733 MF (MX)	—	150	350	425	750	—
1733 F Rare	—	—	—	—	—	—
1733 MF	—	100	200	300	500	—
1734/3 MF	—	35.00	60.00	125	175	—
1734 MF	—	35.00	60.00	125	175	—
1735 MF	—	35.00	60.00	125	175	—
1736 MF	—	35.00	60.00	125	175	—
1737 MF	—	35.00	60.00	125	175	—
1738 MF	—	35.00	60.00	125	175	—
1739 MF	—	35.00	60.00	125	175	—
1740 MF	—	35.00	60.00	125	175	—
1741 MF	—	35.00	60.00	125	175	—

KM# 75.2 REAL
3.38 g., 0.917 Silver, 0.0998 oz. ASW **Ruler:** Philip V **Obv. Legend:** PHS • V • D • G • HISP • ET • IND • R **Note:** Mint mark M, Mo.

Date	Mintage	VG8	F12	VF20	XF40	MS60
1742 M	—	35.00	60.00	110	165	—
1743 M	—	35.00	60.00	110	165	—
1744/3 M	—	35.00	60.00	110	165	—
1744 M	—	35.00	60.00	110	165	—
1745 M	—	35.00	60.00	110	165	—
1746/5 M	—	35.00	60.00	110	165	—
1746 M	—	35.00	60.00	110	165	—
1747 M	—	35.00	60.00	110	165	—

KM# 76.1 REAL
3.38 g., 0.917 Silver, 0.0996 oz. ASW **Ruler:**

Ferdinand VI **Obv.** Crowned shield flanked by R I **Rev:** Crowned globes flanked by crowned pillars with banner, date below **Obv. Legend:** FRD • VI • D • G • HISP • ET IND • R **Mint:** Mexico City **Note:** Mint mark M, Mo.

Date	Mintage	VG8	F12	VF20	XF40	MS60
1747 M	—	30.00	50.00	100	150	—
1748/7 M	—	30.00	50.00	100	150	—
1748 M	—	30.00	50.00	100	150	—
1749 M	—	30.00	50.00	100	150	—
1750/40 M	—	30.00	50.00	100	150	—
1750 M	—	30.00	50.00	100	150	—
1751 M	—	30.00	50.00	100	150	—
1752 M	—	30.00	50.00	100	150	—
1753 M	—	30.00	50.00	100	150	—
1754 M	—	30.00	50.00	100	150	—
1755/4 M	—	30.00	50.00	100	150	—
1755 M	—	30.00	50.00	100	150	—
1756 M	—	30.00	50.00	100	150	—
1757 M	—	30.00	50.00	100	150	—
1758/5 M	—	30.00	50.00	100	150	—
1758 M	—	30.00	50.00	100	150	—

KM# 76.2 REAL
3.38 g., 0.917 Silver, 0.0998 oz. ASW **Ruler:** Ferdinand VI **Obv.** Royal and Imperial crowns **Note:** Mint mark M, Mo.

Date	Mintage	VG8	F12	VF20	XF40	MS60
1757 M	—	30.00	50.00	100	150	—
1758/7 M	—	30.00	50.00	100	150	—
1758 M	—	30.00	50.00	100	150	—
1759 M	—	30.00	50.00	100	150	—
1760 M	—	30.00	50.00	100	150	—

KM# 77 REAL
3.38 g., 0.917 Silver, 0.0996 oz. ASW **Ruler:** Charles III **Obv.** Crowned shield flanked by R I **Rev:** Crowned globes flanked by crowned pillars with banner, date below **Obv. Legend:** CAR • III • D • G • HISP • ET IND • R **Mint:** Mexico City **Note:** Mint mark M, Mo.

Date	Mintage	VG8	F12	VF20	XF40	MS60
1760 M	—	30.00	50.00	100	150	—
1761/0 M	—	30.00	50.00	100	150	—
1761 M	—	30.00	50.00	100	150	—
1762 M	—	30.00	50.00	100	150	—
1763/2 M	—	30.00	50.00	100	150	—
1763 M	—	30.00	50.00	100	150	—
1764 M	—	30.00	50.00	100	150	—
1765 M	—	30.00	50.00	100	150	—
1766 M	—	30.00	50.00	100	150	—
1767 M	—	30.00	50.00	100	150	—
1768 M	—	30.00	50.00	100	150	—
1769 M	—	30.00	50.00	100	150	—
1769/70 M	—	30.00	50.00	100	150	—
1770 M	—	30.00	50.00	100	150	—
1770 F	—	30.00	50.00	100	200	—
1771 F	—	30.00	50.00	100	200	—

KM# 78.1 REAL
3.38 g., 0.903 Silver, 0.0982 oz. ASW **Ruler:** Charles III **Rev:** Inverted FM and mint mark **Obv. Legend:** CAROLUS • III • DEI • GRATIA **Note:** Mint mark M, Mo.

Date	Mintage	VG8	F12	VF20	XF40	MS60
1772 FM	—	25.00	40.00	80.00	125	—

Date	Mintage	VG8	F12	VF20	XF40	MS60
1773 FM	—	25.00	40.00	80.00	125	—

KM# 78.2 REAL
3.38 g., 0.903 Silver, 0.0981 oz. ASW **Ruler:** Charles III **Obv.** Armored bust of Charles III, right **Obv. Legend:** CAROLUS • III • DEI • GRATIA **Rev. Legend:** Crowned shield flanked by pillars with banner, normal initials and mint mark **Mint:** Mexico City **Note:** Mint mark M, Mo.

Date	Mintage	VG8	F12	VF20	XF40	MS60
1774 FM	—	20.00	35.00	65.00	100	—
1775/4 FM	—	20.00	35.00	65.00	100	—
1775 FM	—	20.00	35.00	65.00	100	—
1776 FM	—	20.00	35.00	65.00	100	—
1777 FM	—	20.00	35.00	65.00	100	—
1778 FF/M	—	20.00	35.00	65.00	100	—
1778 FF	—	20.00	35.00	65.00	100	—
1779 FF	—	20.00	35.00	65.00	100	—
1780 FF	—	20.00	35.00	65.00	100	—
1780 F F/M	—	20.00	35.00	65.00	100	—
1781 FF	—	20.00	35.00	65.00	100	—
1782 FF	—	20.00	35.00	65.00	100	—
1783 FF	—	20.00	35.00	65.00	100	—
1784 FF	—	20.00	35.00	65.00	100	—

KM# 78.2a REAL
3.38 g., 0.896 Silver, 0.0975 oz. ASW **Ruler:** Charles III **Rev:** Normal initials and mint mark **Note:** Mint mark M, Mo.

Date	Mintage	VG8	F12	VF20	XF40	MS60
1785 FF	—	20.00	35.00	65.00	100	—
1785 FM	—	20.00	35.00	65.00	100	—
1786 FM	—	20.00	35.00	65.00	100	—
1787 FF	—	20.00	35.00	65.00	125	—
1787 FM	—	20.00	35.00	65.00	100	—
1788 FF	—	50.00	100	200	—	—
1788 FM	—	20.00	35.00	65.00	100	—
1789 FM	—	20.00	35.00	65.00	100	—

KM# 79 REAL
3.38 g., 0.903 Silver, 0.0981 oz. ASW **Ruler:** Charles IV **Obv.** Armored bust of Charles III, right **Rev:** Crown above shield flanked by pillars with banner **Obv. Legend:** CAROLUS • IV • ... **Mint:** Mexico City **Note:** Mint mark M, Mo.

Date	Mintage	VG8	F12	VF20	XF40	MS60
1789 FM	—	20.00	35.00	65.00	150	—
1790 FM	—	20.00	35.00	65.00	150	—

KM# 80 REAL
3.38 g., 0.903 Silver, 0.0981 oz. ASW **Ruler:** Charles IV **Obv.** Armored bust of Charles IIII, right **Rev:** Crowned shield flanked by pillars with banner **Obv. Legend:** CAROLUS • IIII • ... **Mint:** Mexico City **Note:** Mint mark M, Mo.

Date	Mintage	VG8	F12	VF20	XF40	MS60
1790 FM	—	20.00	35.00	70.00	165	—

KM# 81 REAL
3.38 g., 0.896 Silver, 0.0975 oz. ASW **Ruler:**
Charles IV **Obv.** Armored bust of Charles IIII, right
Rev: Crowned shield flanked by pillars with banner
Obv. Legend: CAROLUS • IIII • ... **Rev. Legend:**
IND • REX ... **Mint:** Mexico City **Note:** Mint mark
Mo.

Date	Mintage	VG8	F12	VF20	XF40	MS60
1792 FM	—	15.00	30.00	60.00	90.00	—
1793 FM	—	15.00	30.00	60.00	150	—
1794 FM	—	25.00	50.00	100	250	—
1795 FM	—	15.00	30.00	60.00	150	—
1796 FM	—	15.00	30.00	60.00	90.00	—
1797/6 FM	—	15.00	30.00	60.00	90.00	—
1797 FM	—	15.00	30.00	60.00	90.00	—
1798/7 FM	—	15.00	30.00	60.00	90.00	—
1798 FM	—	15.00	30.00	60.00	90.00	—
1799 FM	—	15.00	30.00	60.00	90.00	—
1800 FM	—	15.00	30.00	60.00	90.00	—
1801 FT/M	—	6.00	11.00	27.50	65.00	—
1801 FM	—	9.00	17.00	30.75	65.00	—
1801 FT	—	6.00	11.00	27.50	65.00	—
1802 FM	—	6.00	11.00	27.50	65.00	—
1802 FT	—	6.00	11.00	27.50	65.00	—
1802/1 FT	—	6.00	11.00	27.50	65.00	—
1802 FT/M	—	6.00	11.00	27.50	65.00	—
1803 FT	—	6.00	11.00	27.50	65.00	—
1804 TH	—	6.00	11.00	27.50	65.00	—
1805 TH	—	6.00	11.00	27.50	65.00	—
1806 TH	—	6.00	11.00	27.50	65.00	—
1807/6 TH	—	6.00	11.00	27.50	65.00	—
1807 TH	—	6.00	11.00	27.50	65.00	—
1808/7 TH	—	6.00	11.00	27.50	65.00	—
1808 FM	—	6.00	11.00	27.50	65.00	—

KM# 82 REAL
3.38 g., 0.903 Silver, 0.0981 oz. ASW **Ruler:**
Ferdinand VII **Obv.** Armored laureate bust right
Rev: Crowned shield flanked by pillars **Obv.**
Legend: FERDIN • VII... **Rev. Legend:** IND • REX...
Mint: Mexico City **Note:** Mint mark Mo.

Date	Mintage	VG8	F12	VF20	XF40	MS60
1809 TH	—	10.00	18.00	32.00	95.00	—
1810/09 TH	—	10.00	18.00	32.00	95.00	—
1810 TH	—	10.00	18.00	32.00	95.00	—
1811 TH	—	27.50	38.50	65.00	250	—
1811 HJ	—	10.00	18.00	32.00	95.00	—
1812 HJ	—	6.00	12.00	32.00	85.00	—
1812 JJ	—	12.00	22.50	45.00	135	—
1813 HJ	—	12.00	22.50	45.00	135	—
1813 JJ	—	55.00	110	165	250	—
1814 HJ	—	17.00	33.00	165	155	—
1814 JJ	—	55.00	110	195	300	—

KM# 83 REAL
3.38 g., 0.903 Silver, 0.0981 oz. ASW **Ruler:**
Ferdinand VII **Obv.** Draped laureate bust right **Rev:**
Crowned shield flanked by pillars **Obv. Legend:**
FERDIN.VII... **Rev. Legend:** IND.REX... **Mint:**
Mexico City **Note:** Mint mark Mo.

Date	Mintage	VG8	F12	VF20	XF40	MS60
1814 JJ	—	27.50	55.00	110	350	—
1815 HJ	—	17.00	33.00	65.00	150	—
1815 JJ	—	12.00	22.50	45.00	125	—
1816 JJ	—	6.00	12.00	27.50	75.00	—
1817 JJ	—	6.00	12.00	27.50	75.00	—
1818 JJ	—	33.00	65.00	140	500	—
1819 JJ	—	6.00	12.00	27.50	75.00	—
1820 JJ	—	6.00	12.00	27.50	75.00	—
1821/0 JJ	—	10.00	18.00	33.00	115	—
1821 JJ	—	6.00	12.00	27.50	55.00	—

KM# 84 2 REALES
6.77 g., 0.917 Silver, 0.1995 oz. ASW **Ruler:**
Philip V **Obv.** Crowned shield flanked by M F 2
Rev: Crowned globes flanked by crowned pillars
with banner, date below **Obv. Legend:** PHILIP • V
• D • G • HISPAN • ET IND • REX **Rev. Legend:**
VTRAQUE VNUM **Mint:** Mexico City **Note:** Mint
mark M, Mo, (MX).

Date	Mintage	VG8	F12	VF20	XF40	MS60
1732 Rare	—	—	—	—	—	—
1732 F	—	800	1,300	1,750	2,750	—
1733 F	—	600	800	1,350	2,250	—
1733 MF (MX)	—	350	600	1,000	1,650	—
1733 MF	—	600	900	1,500	2,500	—
1734/3 MF	—	45.00	75.00	135	200	—
1734 MF	—	45.00	75.00	135	200	—
1735/3 MF	—	45.00	75.00	135	200	—
1735/4 MF	—	45.00	75.00	135	200	—
1735 MF	—	45.00	75.00	135	200	—
1736/3 MF	—	45.00	75.00	135	200	—
1736/4 MF	—	45.00	75.00	135	200	—
1736/5 MF	—	45.00	75.00	135	200	—
1736 MF	—	45.00	75.00	135	200	—
1737/3 MF	—	45.00	75.00	135	200	—
1737 MF	—	45.00	75.00	135	200	—
1738/7 MF	—	45.00	75.00	135	200	—
1738 MF	—	45.00	75.00	135	200	—
1739 MF	—	45.00	75.00	135	200	—
1740/30 MF	—	45.00	75.00	135	200	—
1740 MF	—	45.00	75.00	135	200	—
1741 MF	—	45.00	75.00	135	200	—

KM# 85 2 REALES
6.77 g.,   0.917 Silver, 0.1996 oz. ASW **Ruler:**
Philip V **Obv.** Crowned shield flanked by R 2 **Rev:**
Crowned globes flanked by crowned pillars with
banner, date below **Obv. Legend:** PHS • V • D •
G • HISP • ET IND • R * **Rev. Legend:** VTRA QUE
VNUM **Mint:** Mexico City **Note:** Mint mark M, Mo.

Date	Mintage	F12	VF20	XF40	MS60
1742 M	—	70.00	125	185	—
1743/2 M	—	70.00	125	185	—
1743 M	—	70.00	125	185	—
1744/3 M	—	70.00	125	185	—
1744 M	—	70.00	125	185	—
1745/4 M	—	70.00	125	185	—
1745 M	—	70.00	125	185	—
1745 M HIP Rare	—	—	—	—	—
1746/5 M	—	70.00	125	185	—
1746 M	—	70.00	125	185	—
1747 M	—	70.00	125	185	—
1750 M Rare	—	—	—	—	—

Note: Posthumous mule.

KM# 86.1 2 REALES
6.77 g.,   0.917 Silver, 0.1995 oz. ASW **Ruler:**
Ferdinand VI **Obv.** Crowned shield flanked by R
2 **Rev:** Crowned globes flanked by crowned pillars
with banner, date below **Obv. Legend:** FRD • VI • D
• G • HISP • ET IND • R **Rev. Legend:** VTRA QUE
VNUM **Mint:** Mexico City **Note:** Mint mark M, Mo.

Date	Mintage	VG8	F12	VF20	XF40	MS60
1747 M	—	35.00	60.00	110	175	—
1748/7 M	—	35.00	60.00	110	175	—
1748 M	—	35.00	60.00	110	175	—
1749 M	—	35.00	60.00	110	175	—
1750 M	—	35.00	60.00	110	175	—
1751/41 M	—	35.00	60.00	110	175	—
1751 M	—	35.00	60.00	110	175	—
1752 M	—	35.00	60.00	110	175	—
1753/2 M	—	35.00	60.00	110	175	—
1753 M	—	35.00	60.00	110	175	—
1754 M	—	35.00	60.00	110	175	—
1755/4 M	—	35.00	60.00	110	175	—
1755 M	—	35.00	60.00	110	175	—
1756/55 M	—	35.00	60.00	110	175	—
1756 M	—	35.00	60.00	110	175	—
1757/6 M	—	35.00	60.00	110	175	—
1757 M	—	35.00	60.00	110	175	—

KM# 86.2 2 REALES
6.77 g.,   0.917 Silver, 0.1995 oz. ASW **Ruler:**
Ferdinand VI **Obv.** Royal and Imperial crowns
Note: Mint mark M, Mo.

Date	Mintage	VG8	F12	VF20	XF40	MS60
1757 M	—	35.00	60.00	110	175	—
1758 M	—	35.00	60.00	110	175	—
1759/8 M	—	35.00	60.00	110	175	—
1759 M	—	35.00	60.00	110	175	—
1760 M	—	35.00	60.00	110	175	—

KM# 87 2 REALES
6.77 g.,   0.917 Silver, 0.1996 oz. ASW **Ruler:**
Charles III **Obv.** Crowned shield flanked by R 2
Rev: Crowned globes flanked by crowned pillars
with banner, date below **Obv. Legend:** CAR • III • D
• G • HISP • ET IND • R **Rev. Legend:** VTRA QUE
VNUM **Mint:** Mexico City **Note:** Mint mark M, Mo.

Date	Mintage	VG8	F12	VF20	XF40	MS60
1760 M	—	35.00	60.00	110	175	—
1761 M	—	35.00	60.00	110	175	—
1762/1 M	—	35.00	60.00	110	175	—
1762 M	—	35.00	60.00	110	175	—
1763/2 M	—	35.00	60.00	110	175	—
1763 M	—	35.00	60.00	110	175	—
1764 M	—	35.00	60.00	110	175	—
1765 M	—	35.00	60.00	110	175	—
1766 M	—	35.00	60.00	110	175	—
1767 M	—	35.00	60.00	110	175	—
1768/6 M	—	35.00	60.00	110	175	—
1768 M	—	35.00	60.00	110	175	—
1769 M	—	35.00	60.00	110	175	—
1770 M	—	350	550	—	—	—
1770 F Rare	—	—	—	—	—	—
1771 F	—	35.00	60.00	110	175	—

KM# 88.1 2 REALES
6.77 g.,   0.903 Silver, 0.1965 oz. ASW **Ruler:**
Charles III **Obv.** Armored bust of Charles III, right
Rev: Inverted FM and mint mark **Obv. Legend:**
CAROLUS • III • DEI • GRATIA **Note:** Mint mark
M, Mo.

Date	Mintage	VG8	F12	VF20	XF40	MS60
1772 FM	—	30.00	50.00	100	150	—
1773 FM	—	30.00	50.00	100	150	—

KM# 88.2 2 REALES
6.77 g.,   0.903 Silver, 0.1965 oz. ASW **Ruler:** Charles III **Obv.** Armored bust of Charles III, right **Rev:** Crowned shield flanked by pillars with banner, normal initials and mint mark **Obv. Legend:** CAROLUS • III • DEI • GRATIA • **Rev. Legend:** • HISPAN • ET IND • REX • ... **Mint:** Mexico City **Note:** Mint mark M, Mo.

Date	Mintage	VG8	F12	VF20	XF40	MS60
1773 FM	—	25.00	40.00	80.00	125	—
1774 FM	—	25.00	40.00	80.00	125	—
1775 FM	—	25.00	40.00	80.00	125	—
1776 FM	—	25.00	40.00	80.00	125	—
1777 FM	—	25.00	40.00	80.00	125	—
1778/7 FF	—	25.00	40.00	80.00	125	—
1778 FF	—	25.00	40.00	80.00	125	—
1778 F F/M	—	25.00	40.00	80.00	125	—
1779/8 FF	—	25.00	40.00	80.00	125	—
1779 FF	—	25.00	40.00	80.00	125	—
1780 FF	—	25.00	40.00	80.00	125	—
1781 FF	—	25.00	40.00	80.00	125	—
1782/1 FF	—	25.00	40.00	80.00	125	—
1782 FF	—	25.00	40.00	80.00	125	—
1783 FF	—	25.00	40.00	80.00	125	—
1784 FF	—	25.00	40.00	80.00	125	—
1784 FF DEI GRTIA (error)	—	100	150	250	600	—
1784 FM	—	70.00	120	225	575	—

KM# 88.2a 2 REALES
6.77 g.,   0.896 Silver, 0.1949 oz. ASW **Ruler:** Charles III **Obv.** Armored bust of Charles III, right **Rev:** Crowned shield flanked by pillars with banner **Mint:** Mexico City **Note:** Mint mark Mo.

Date	Mintage	VG8	F12	VF20	XF40
1785 Mo FM	—	25.00	40.00	80.00	125
1786 Mo FF	—	200	350	550	950
1786 Mo FM	—	25.00	40.00	80.00	125
1787 Mo FM	—	25.00	40.00	80.00	125
1788/98 Mo FM	—	25.00	40.00	80.00	125
1788 Mo FM	—	25.00	40.00	80.00	125
1789 Mo FM	—	25.00	40.00	80.00	150

KM# 89 2 REALES
6.77 g.,   0.903 Silver, 0.1965 oz. ASW **Ruler:** Charles IV **Obv.** Armored bust of Charles IV, right **Rev:** Crowned shield flanked by pillars with banner **Obv. Legend:** CAROLUS • IV • DEI • GRATIA • **Rev. Legend:** • HISPAN • ET IND • REX • ... **Mint:** Mexico City **Note:** Mint mark M, Mo.

Date	Mintage	VG8	F12	VF20	XF40	MS60
1789 FM	—	25.00	40.00	75.00	200	—
1790 FM	—	25.00	40.00	75.00	200	—

KM# 90 2 REALES
6.77 g.,   0.903 Silver, 0.1965 oz. ASW **Ruler:** Charles IV **Obv.** Armored bust of Charles IIII, right **Rev:** Crowned shield flanked by pillars with banner **Obv. Legend:** CAROLUS • IIII • DEI • GRATIA • **Rev. Legend:** • HISPAN • ET IND REX • ... **Mint:** Mexico City **Note:** Mint mark M, Mo.

Date	Mintage	VG8	F12	VF20	XF40	MS60
1790 FM	—	25.00	40.00	80.00	200	—

KM# 91 2 REALES
6.77 g.,   0.896 Silver, 0.1949 oz. ASW **Ruler:** Charles IV **Obv.** Armored bust of Charles IIII, right **Rev:** Crowned shield flanked by pillars with banner **Obv. Legend:** CAROLUS • IIII • DEI • GRATIA • **Rev. Legend:** • HISPAN • ET IND REX • ... **Mint:** Mexico City **Note:** Mint mark Mo.

Date	Mintage	VG8	F12	VF20	XF40	MS60
1792 FM	—	20.00	35.00	60.00	200	—
1793 FM	—	20.00	35.00	60.00	200	—
1794/3 FM	—	50.00	100	200	450	—
1794 FM	—	40.00	75.00	150	400	—
1795 FM	—	20.00	35.00	70.00	100	—
1796 FM	—	20.00	35.00	70.00	100	—
1797 FM	—	20.00	35.00	70.00	100	—
1798 FM	—	20.00	35.00	70.00	100	—
1799/8 FM	—	20.00	35.00	70.00	100	—
1799 FM	—	20.00	35.00	70.00	100	—
1800 FM	—	20.00	35.00	70.00	100	—
1801 FT/M	—	8.00	18.00	36.00	100	—
1801 FT	—	8.00	18.00	36.00	100	—
1801 FM	—	25.00	48.00	90.00	300	—
1802 FT	—	8.00	18.00	36.00	100	—
1803 FT	—	8.00	18.00	36.00	100	—
1804/3 TH	—	8.00	18.00	36.00	100	—
1804 TH	—	8.00	18.00	36.00	100	—
1805 TH	—	8.00	18.00	36.00	100	—
1806/5 TH	—	8.00	18.00	38.50	110	—
1806 TH	—	8.00	18.00	36.00	100	—
1807/5 TH	—	8.00	18.00	38.50	110	—
1807/6 TH	—	18.00	36.00	70.00	240	—
1807 TH	—	8.00	18.00	36.00	100	—
1808/7 TH	—	8.00	18.00	38.50	110	—
1808 TH	—	8.00	18.00	36.00	100	—

SPANISH COLONIAL - MILLED COINAGE

KM# 92 2 REALES
6.77 g., 0.903 Silver, 0.1965 oz. ASW **Ruler:** Ferdinand VII **Obv.** Armored laureate bust right **Rev:** Crowned shield flanked by pillars **Obv. Legend:** FERDIN • VII... **Rev. Legend:** IND • REX... **Mint:** Mexico City **Note:** Mint mark Mo.

Date	Mintage	VG8	F12	VF20	XF40	MS60
1809 TH	—	15.00	30.00	75.00	200	—
181/00 TH	—	15.00	30.00	75.00	200	—
1810 TH	—	15.00	30.00	75.00	200	—
181/00 HJ/TH	—	15.00	30.00	75.00	200	—
181/00 HJ	—	15.00	30.00	75.00	200	—
1810 HJ	—	15.00	30.00	75.00	200	—
1811 TH	—	150	250	350	750	—
1811/0 HJ/TH	—	40.00	80.00	150	300	—
1811 HJ/TH	—	40.00	80.00	150	300	—
1811 HJ	—	15.00	30.00	75.00	200	—

KM# 93 2 REALES
6.77 g., 0.903 Silver, 0.1965 oz. ASW **Ruler:** Ferdinand VII **Obv.** Draped laureate bust right **Rev:** Crowned shield flanked by pillars **Obv. Legend:** FERDIN • VII... **Rev. Legend:** IND • REX... **Mint:** Mexico City **Note:** Mint mark Mo.

Date	Mintage	VG8	F12	VF20	XF40	MS60
1812 TH	—	60.00	125	250	550	—
1812 HJ	—	40.00	100	200	500	—
1812 JJ	—	10.00	20.00	60.00	200	—
1813 TH	—	15.00	30.00	100	400	—
1813 JJ	—	20.00	60.00	125	350	—
1813 HJ	—	40.00	100	200	500	—
1814/2 JJ	—	15.00	30.00	100	400	—
1814/3 JJ	—	15.00	30.00	100	400	—
1814 JJ	—	15.00	30.00	100	400	—
1815 JJ	—	7.00	15.00	30.00	85.00	—
1816 JJ	—	7.00	15.00	30.00	85.00	—
1817 JJ	—	7.00	15.00	30.00	85.00	—
1818 JJ	—	7.00	15.00	30.00	85.00	—
1819/8 JJ	—	7.00	15.00	30.00	85.00	—
1819 JJ	—	7.00	15.00	30.00	85.00	—
1820 JJ	—	175	—	—	—	—
1821/0 JJ	—	8.00	16.00	32.00	90.00	—
1821 JJ	—	7.00	15.00	30.00	85.00	—

KM# 94 4 REALES
13.53 g., 0.917 Silver, 0.399 oz. ASW **Ruler:** Philip V **Obv.** Crowned shield flanked by F 4 **Rev:** Crowned globes flanked by crowned pillars with banner, date below **Obv. Legend:** PHILLIP • V • D • G • HISPAN • ET IND • REX **Rev. Legend:** VTRAQUE VNUM **Mint:** Mexico City **Note:** Mint mark M, Mo, MX.

Date	Mintage	VG8	F12	VF20	XF40
1732 Rare; Specimen	—	—	—	—	—
1732 F	—	2,000	3,000	5,000	10,000
1733/2 F	—	1,500	2,000	4,000	6,500
1733 MF	—	1,100	1,650	2,250	4,250
1733 MF (MX)	—	1,500	2,200	3,250	5,500
1733 MX/XM	—	1,500	2,200	3,250	5,500
1734/3 MF	—	150	300	600	1,200
1734 MF	—	150	300	600	1,200
1735/4 MF	—	125	200	300	600
1735 MF	—	125	200	300	600
1736 MF	—	125	200	300	600
1737 MF	—	125	200	300	600
1738/7 MF	—	125	200	300	600
1738 MF	—	125	200	300	600
1739 MF	—	125	200	300	600
1740/30 MF	—	125	200	325	625
1740 MF	—	125	200	300	600
1741 MF	—	125	200	300	600
1742/1 MF	—	125	200	300	600
1742/32 MF	—	125	200	300	600
1742 MF	—	110	185	300	600
1743 MF	—	110	185	300	600
1744/3 MF	—	125	200	325	625
1744 MF	—	110	185	300	600
1745 MF	—	110	185	300	600
1746 MF	—	110	185	300	600
1747 MF	—	150	275	400	650

KM# 95 4 REALES
13.54 g., 0.917 Silver, 0.3992 oz. ASW **Ruler:** Ferdinand VI **Obv.** Crowned shield flanked by M F 4 **Rev:** Crowned globes flanked by crowned pillars with banner, date below **Obv. Legend:** FERDND • VI • D • G • HISPAN • ET IND • REX **Rev. Legend:** ...QUE VNUM **Mint:** Mexico City **Note:** Struck at Mexico City Mint, mint mark M, Mo.

Date	Mintage	VG8	F12	VF20	XF40	MS60
1747 MF	—	125	175	300	550	—
1748/7 MF	—	125	175	300	550	—
1748 MF	—	125	175	250	500	—
1749 MF	—	150	225	350	650	—
1750/40 MF	—	125	175	250	500	—
1751/41 MF	—	125	175	250	500	—
1751 MF	—	125	175	250	500	—
1752 MF	—	125	175	250	500	—
1753 MF	—	125	175	300	550	—
1754 MF	—	250	375	500	850	—
1755 MM	—	125	175	250	500	—
1756 MM	—	125	175	300	550	—
1757 MM	—	125	175	300	550	—
1758 MM	—	125	175	250	500	—
1759 MM	—	125	175	250	500	—
1760/59 MM	—	125	175	350	600	—
1760 MM	—	125	175	350	600	—

KM# 96 4 REALES
13.54 g., 0.917 Silver, 0.3992 oz. ASW **Ruler:** Charles III **Obv.** Crowned shield flanked by F M 4 **Rev:** Crowned globes flanked by crowned pillars with banner, date below **Obv. Legend:** CAROLVS • III • D • G • HISPAN • ET IND • REX **Rev. Legend:** ...AQUE VNUM **Mint:** Mexico City **Note:** Mint mark M, Mo.

Date	Mintage	VG8	F12	VF20	XF40
1760 MM	—	125	175	250	900
1761 MM	—	125	175	250	900
1761 MM Cross between H and I	—	125	175	250	900
1762 MM	—	125	175	250	500
1763/1 MM	—	125	175	300	600
1763 MM	—	125	175	300	600
1764 MM	—	400	600	1,000	2,000
1764 MF	—	350	500	1,000	2,000
1765 MF	—	350	500	1,000	2,000
1766 MF	—	250	350	550	1,250
1767 MF	—	125	175	300	600
1768 MF	—	125	175	250	500
1769 MF	—	125	175	250	500
1770 MF	—	125	175	250	500
1771 MF	—	125	200	325	700

KM# 97.1 4 REALES
13.53 g., 0.903 Silver, 0.3929 oz. ASW **Ruler:** Charles III **Obv.** Armored bust of Charles III, right **Rev:** Crowned shield flanked by pillars with banner, inverted FM and mint mark **Obv. Legend:** CAROLUS • III • DEI • GRATIA • **Rev. Legend:** • HISPAN • ET IND REX • ... **Mint:** Mexico City **Note:** Mint mark M, Mo.

Date	Mintage	VG8	F12	VF20	XF40	MS60
1772 FM	—	100	125	250	500	—
1773 FM	—	100	175	300	650	—

KM# 97.2 4 REALES
13.54 g., 0.903 Silver, 0.3931 oz. ASW **Ruler:** Charles III **Obv.** Armored bust of Charles III, right **Rev:** Crowned shield flanked by pillars with banner, normal initials and mint mark **Obv. Legend:** CAROLUS • III • DEI • GRATIA • **Rev. Legend:** • HISPAN • ET IND REX • ... **Mint:** Mexico City **Note:** Mint mark M, Mo.

Date	Mintage	VG8	F12	VF20	XF40	MS60
1774 FM	—	70.00	100	200	500	—
1775 FM	—	70.00	100	200	500	—
1776 FM	—	70.00	100	200	500	—
1777 FM	—	70.00	100	200	500	—
1778 FF	—	70.00	100	200	500	—
1779 FF	—	70.00	100	200	500	—
1780 FF	—	70.00	100	200	500	—
1781 FF	—	70.00	100	200	500	—
1782 FF	—	70.00	100	200	500	—
1783 FF	—	70.00	100	200	500	—
1784 FF	—	70.00	100	200	500	—
1784 FM	—	100	200	350	600	—

KM# 97.2a 4 REALES
13.54 g., 0.896 Silver, 0.3899 oz. ASW **Ruler:** Charles III **Obv.** Armored bust of Charles III, right **Rev:** Crowned shield flanked by pillars with banner, normal initials and mint mark **Obv. Legend:** CAROLUS • III • DEI • GRATIA • **Rev. Legend:** • HISPAN • ET IND REX • ... **Note:** Mint mark M, Mo.

Date	Mintage	VG8	F12	VF20	XF40	MS60
1785 FM	—	100	200	350	600	—
1786 FM	—	70.00	100	200	500	—
1787 FM	—	70.00	100	200	500	—
1788 FM	—	70.00	100	200	500	—
1789 FM	—	70.00	100	200	500	—

KM# 98 4 REALES
13.54 g., 0.903 Silver, 0.3931 oz. ASW **Ruler:** Charles IV **Obv.** Armored bust of Charles III, right **Rev:** Crowned shield flanked by pillars with banner

Obv. Legend: CAROLUS • IV • DEI • GRATIA • **Rev. Legend:** • HISPAN • ET IND REX • ... **Mint:** Mexico City **Note:** Mintint mark M, Mo, using old bust punch.

Date	Mintage	VG8	F12	VF20	XF40	MS60
1789 FM	—	75.00	125	250	550	—
1790 FM	—	70.00	100	200	500	—

KM# 99   4 REALES
13.54 g., 0.903 Silver, 0.3931 oz. ASW **Ruler:** Charles IV **Obv.** Armored bust of Charles III, right **Rev:** Crowned shield flanked by pillars with banner **Obv. Legend:** CAROLUS • IIII • DEI • GRATIA • **Rev. Legend:** • HISPAN • ET IND • REX • ... **Mint:** Mexico City **Note:** Mint mark M, Mo, using old bust punch.

Date	Mintage	VG8	F12	VF20	XF40	MS60
1790 FM	—	75.00	125	250	550	—

KM# 100   4 REALES
13.53 g., 0.896 Silver, 0.3899 oz. ASW **Ruler:** Charles IV 26.5mm. **Obv.** Armored bust of Charles IIII, right **Rev:** Crowned shield flanked by pillars with banner **Obv. Legend:** CAROLUS • IIII • DEI • GRATIA • **Rev. Legend:** • HISPAN • ET IND • REX • ... **Mint:** Mexico City **Note:** Mint mark Mo.

Date	Mintage	VG8	F12	VF20	XF40	MS60
1792 FM	—	65.00	95.00	165	450	—
1793 FM	—	85.00	140	220	550	—
1794/3 FM	—	65.00	95.00	165	450	—
1794 FM	—	65.00	95.00	165	450	—
1795 FM	—	65.00	95.00	165	450	—
1796 FM	—	165	275	450	875	—
1797 FM	—	75.00	130	220	550	—
1798/7 FM	—	65.00	95.00	165	450	—
1798 FM	—	65.00	95.00	165	450	—
1799 FM	—	65.00	95.00	165	450	—
1800 FM	—	65.00	95.00	165	450	—
1801 FM	—	38.50	70.00	165	475	—
1801 FT	—	65.00	130	220	575	—
1802 FT	—	220	325	550	1,100	—
1803 FT	—	85.00	150	250	625	—
1803 FM	—	220	325	550	1,100	—
1804 TH	—	44.00	85.00	195	525	—
1805 TH	—	38.50	70.00	165	475	—
1806 TH	—	38.50	70.00	165	475	—
1807 TH	—	38.50	70.00	165	475	—

Date	Mintage	VG8	F12	VF20	XF40	MS60
1808/7 TH	—	44.00	85.00	195	525	—
1808 TH	—	44.00	85.00	195	525	—

KM# 101   4 REALES
13.54 g., 0.903 Silver, 0.3931 oz. ASW **Ruler:** Ferdinand VII **Obv.** Armored laureate bust right **Rev:** Crowned shield flanked by pillars **Obv. Legend:** FERDIN • VII... **Rev. Legend:** IND • REX... **Mint:** Mexico City **Note:** Mint mark Mo.

Date	Mintage	VG8	F12	VF20	XF40	MS60
1809 HJ	—	75.00	135	250	775	—
1810 HJ	—	75.00	135	250	775	—
1811 HJ	—	75.00	135	250	775	—
1812 HJ	—	400	650	900	1,850	—

KM# 102   4 REALES
13.54 g., 0.903 Silver, 0.3931 oz. ASW **Ruler:** Ferdinand VII **Obv.** Draped laureate bust right **Rev:** Crowned shield flanked by pillars **Obv. Legend:** FERDIN • VII... **Rev. Legend:** IND • REX... **Mint:** Mexico City **Note:** Mint mark Mo.

Date	Mintage	VG8	F12	VF20	XF40	MS60
1816 JJ	—	150	200	325	800	—
1817 JJ	—	250	400	500	1,000	—
1818/7 JJ	—	250	400	500	1,000	—
1819 JJ	—	175	250	325	800	—
1820 JJ	—	175	250	325	800	—
1821 JJ	—	75.00	135	250	700	—

KM# 103   8 REALES
27.07 g., 0.917 Silver, 0.798 oz. ASW **Ruler:** Philip V **Obv.** Crowned shield flanked by M F 8 **Rev:**

Crowned globes flanked by crowned pillars with banner, date below **Obv. Legend:** PHILIP • V • D • G • HISPAN • ET IND • REX **Rev. Legend:** ...VNUM **Mint:** Mexico City **Note:** Mint mark M, Mo, MX.

Date	Mintage	VG8	F12	VF20	XF40
1732 F	—	2,750	4,750	8,500	18,000
1733/2 F (MX)	—	3,000	5,250	9,500	—
1733 F	—	2,000	3,000	5,500	11,000
1733 MF Large crown; Rare	—	—	—	—	—
1733 F (MX) Rare	—	—	—	—	—

Note: Bonhams Patterson sale 7-96 VF 1733 F (MX) realized $11,710

Date	Mintage	VG8	F12	VF20	XF40
1733 MF (MX) Rare	—	—	—	—	—
1733 MF Small crown	—	700	1,500	2,250	4,200
1734/3 MF	—	125	175	275	700
1734 MF	—	125	175	250	550
1735 MF	—	125	175	250	550
1736/5 MF	—	125	175	275	700
1736 MF Small planchet	—	125	175	250	550
1736 MF	—	125	175	250	550
1737 MF	—	100	150	250	475
1738/6 MF	—	100	150	250	475
1738/7 MF	—	100	150	250	475
1738 MF	—	100	150	250	475
1739/6 MF 9 over inverted 6	—	100	150	250	475
1739 MF	—	100	150	250	475
1740/30 MF	—	100	150	275	600
1740/39 MF	—	100	150	275	600
1740 MF	—	100	150	250	475
1741/31 MF	—	100	150	250	475
1741 MF	—	100	150	250	475
1742/32 MF	—	100	150	250	600
1742/1 MF	—	100	150	250	475
1742 MF	—	100	150	250	475
1743/2 MF	—	100	150	250	475
1743 MF	—	100	150	250	475
1744/34 MF	—	100	150	250	475
1744/3 MF	—	100	150	250	475
1744 MF	—	100	150	250	475
1745/4 MF	—	100	150	250	500
1745 MF	—	100	150	250	475
1746/5 MF	—	100	150	275	700
1746 MF	—	100	150	250	475
1747 MF	—	100	150	250	475

Rev: Crowned globes flanked by crowned pillars with banner, date below **Obv. Legend:** FERDND • VI • D • G • HISPAN • ET IND • REX **Rev. Legend:** ...VNUM M **Mint:** Mexico City **Note:** Mint mark M, Mo.

Date	Mintage	VG8	F12	VF20	XF40	MS60
1747 MF	—	100	140	200	350	—
1748/7 MF	—	100	140	200	550	—
1748 MF	—	100	140	200	350	—
1749 MF	—	100	140	200	350	—
1749/8 MF	—	100	140	200	350	—
1750 MF	—	100	140	200	350	—
1751/0 MF	—	100	140	200	350	—
1751 MF	—	100	140	200	350	—
1752/1 MF	—	100	140	200	350	—
1752 MF	—	100	140	200	350	—
1753/2 MF	—	100	140	200	350	—
1753 MF	—	100	140	200	350	—
1754/3 MF	—	100	140	200	400	—
1754 MF	—	100	140	200	350	—
1754 MM/MF	—	300	700	1,500	4,200	—
1754 MM	—	300	700	1,500	4,200	—

KM# 104.2 8 REALES
27.07 g., 0.917 Silver, 0.798 oz. ASW **Ruler:** Ferdinand VI **Obv.** Crowned shield flanked by M M 8 **Rev:** Imperial crown on left pillar **Obv. Legend:** FERDND • VI • D • G • HISPAN • ET IND • REX **Rev. Legend:** ...VNUM M **Mint:** Mexico City **Note:** Mint mark M, Mo.

Date	Mintage	VG8	F12	VF20	XF40	MS60
1754 MM	—	100	140	200	450	—
1754 MM/MF	—	100	140	250	600	—
1754 MF	—	150	285	550	1,150	—
1755/4 MM	—	100	140	200	400	—
1755 MM	—	100	140	200	350	—
1756/5 MM	—	100	140	200	350	—
1756 MM	—	100	140	200	350	—
1757/6 MM	—	100	140	200	350	—
1757 MM	—	100	140	200	400	—
1758 MM	—	100	140	200	350	—
1759 MM	—	100	140	200	350	—
1760/59 MM	—	100	140	200	350	—
1760 MM	—	100	140	200	350	—

KM# 104.1 8 REALES
27.07 g., 0.917 Silver, 0.798 oz. ASW **Ruler:** Ferdinand VI **Obv.** Crowned shield flaned by M F 8

KM# 105 8 REALES
27.07 g.,   0.917 Silver, 0.798 oz. ASW **Ruler:**
Charles III **Obv.** Crowned shield flanked by M M 8
Rev: Crowned globes flanked by crowned pillars with
banner, date below **Obv. Legend:** CAROLUS • III •
D • G • HISPAN • ET IND • REX **Rev. Legend:** ...E
VNUM M **Mint:** Mexico City **Note:** Mint mark M, Mo.

Date	Mintage	VG8	F12	VF20	XF40	MS60
1760/59 MM	—	450	700	—	—	—
Note: CAROLUS. III/Ferdin. Vi						
1760 MM	—	100	140	200	400	—
Note: CAROLUS. III/FERDIN. VI. recut die						
1760 MM	—	100	140	200	350	—
1761/50 MM	—	100	140	200	400	—
Note: Tip of cross between I and S in legend						
1761/51 MM	—	100	140	200	400	—
Note: Tip of cross between I and S in legend						
1761/0 MM	—	100	140	200	400	—
Note: Tip of cross between H and I in legend						
1761 MM	—	100	140	200	325	—
Note: Cross under I in legend						
1761 MM	—	100	140	200	325	—
Note: Tip of cross between H and I in legend						
1761 MM	—	100	140	200	400	—
Note: Tip of cross between I and S in legend						
1762/1 MM	—	100	140	200	550	—
Note: Tip of cross between H and I in legend						
1762/1 MM	—	100	140	200	550	—
1762 MM	—	100	140	200	325	—
Note: Tip of cross between H and I in legend						
1762 MM	—	100	140	200	300	—
Note: Tip of cross between I and S in legend						
1762 MF	—	500	750	1,250	2,750	—
1763/2 MM	—	300	450	750	1,600	—
1763 MM	—	450	650	1,150	2,700	—
1763/1 MF	—	100	140	200	300	—
1763/2 MF	—	100	140	200	300	—
1763 MF	—	100	140	200	300	—
1764 MF	—	100	140	200	325	—
Note: CAR/CRA						
1764 MF	—	100	140	200	300	—
1765 MF	—	100	140	200	300	—
1766/5 MF	—	100	150	200	700	—
1766 MF	—	100	140	200	300	—
1767/6 MF	—	100	140	200	300	—
1767 MF	—	100	140	200	300	—
1768/7 MF	—	100	165	250	725	—
1768 MF	—	100	140	200	300	—
1769 MF	—	100	140	200	300	—
1770/60 MF	—	100	185	300	775	—
1770 MF	—	100	140	200	300	—
1770/60 FM	—	100	185	300	775	—
1770/69 FM	—	100	185	300	775	—
1770 FM/F	—	100	140	200	300	—
1770 FM	—	100	140	200	300	—
1771/0 FM	—	100	140	200	300	—
1771 FM	—	100	140	200	300	—

KM# 106.1 8 REALES
27.07 g.,   0.903 Silver, 0.7858 oz. ASW **Ruler:**
Charles III **Obv.** Armored bust of Charles III,
right **Rev:** Crowned shield flanked by pillars with
banner, Assayer initials and mint mark inverted from
remainder of legend **Obv. Legend:** CAROLUS • III
• DEI • GRATIA • **Rev. Legend:** • HISPAN • ET IND
• REX • ... **Mint:** Mexico City **Note:** Mint mark M,
Mo. Mintmark and assayer initials bottom facing rim.

Date	Mintage	VG8	F12	VF20	XF40	MS60
1772 FM	—	100	150	225	425	—
1772 MF	—	150	350	750	1,500	—
1773 FM	—	75.00	100	160	290	—

KM# 106.2 8 REALES
27.07 g.,   0.903 Silver, 0.7858 oz. ASW **Ruler:**
Charles III **Obv.** Armored bust of Charles III,
right **Rev:** Crowned shield flanked by pillars with
banner, normal initials and mint mark **Obv. Legend:**
CAROLUS • III • DEI • GRATIA • **Rev. Legend:** •
HISPAN • ET IND • REX • ... **Note:** Mint mark M, Mo.

Date	Mintage	VG8	F12	VF20	XF40	MS60
1773 FM	—	75.00	100	150	270	—
1774 FM	—	75.00	100	150	270	—
1775 FM	—	75.00	100	150	270	—
1776 FM	—	100	150	225	425	—
1776 FF	—	75.00	100	150	270	—
1777/6 FM	—	75.00	100	150	270	—
1777 FM	—	75.00	100	150	270	—
1777 FF	—	75.00	100	150	270	—
1778 FM	—					—
Note: Superior Casterline sale 5-89 VF realized $17,600						
1778/7 FF	—	75.00	100	150	270	—
1778 FF	—	75.00	100	150	270	—
1779 FF	—	75.00	100	150	270	—
1780 FF	—	75.00	100	150	270	—
1781 FF	—	75.00	100	150	270	—
1782 FF	—	75.00	100	150	270	—
1783 FF	—	75.00	100	150	270	—
1783 FM	—	4,000	6,000	9,000	—	—
1784 FF	—	150	300	600	1,500	—
1784 FM	—	75.00	100	150	270	—

KM# 106.2a 8 REALES
27.07 g., 0.896 Silver, 0.7797 oz. ASW **Ruler:**
Charles III **Obv.** Armored bust of Charles III,
right **Rev:** Crowned shield flanked by pillars with
banner, normal initials and mint mark **Obv. Legend:**
CAROLUS • III • DEI • GRATIA • **Rev. Legend:** •
HISPAN • ET IND • REX • ... **Note:** Mint mark M, Mo.

Date	Mintage	VG8	F12	VF20	XF40	MS60
1785 FM	—	75.00	100	140	200	—
1786/5 FM	—	75.00	100	200	400	—
1786 FM	—	75.00	100	140	200	—
1787/6 FM	—	100	250	450	1,200	—
1787 FM	—	75.00	100	140	200	—
1788 FM	—	75.00	100	140	200	—
1789 FM	—	75.00	100	150	225	—

KM# 107 8 REALES
27.07 g., 0.903 Silver, 0.7858 oz. ASW **Ruler:**
Charles IV **Obv.** Armored bust of Charles III, right
Rev: Crowned shield flanked by pillars with banner
Obv. Legend: CAROLUS • IV • DEI • GRATIA • **Rev.
Legend:** • HISPAN • ET IND • REX • ... **Mint:** Mexico
City **Note:** Mint mark M, Mo, using old bust punch.

Date	Mintage	VG8	F12	VF20	XF40	MS60
1789 FM	—	75.00	100	160	300	—
1790 FM	—	75.00	100	150	270	—

KM# 108 8 REALES
27.07 g., 0.903 Silver, 0.7858 oz. ASW **Ruler:**
Charles IV **Obv.** Armored bust of Charles III, right

Rev: Crowned shield flanked by pillars with banner
Obv. Legend: CAROLUS • IIII • DEI • GRATIA •
Rev. Legend: • HISPAN • ET IND • REX • ... **Mint:**
Mexico City **Note:** Mint mark M, Mo, using old
portait punch.

Date	Mintage	VG8	F12	VF20	XF40	MS60
1790 FM	—	75.00	100	150	270	—

KM# 109 8 REALES
27.07 g., 0.896 Silver, 0.7797 oz. ASW **Ruler:**
Charles IV **Obv.** Armored bust of Charles IIII, right
Rev: Crowned shield flanked by pillars with banner
Obv. Inscription: CAROLUS • IIII • DEI • GRATIA •
Rev. Legend: • HISPAN • ET IND • REX • ... **Mint:**
Mexico City **Note:** Mint mark Mo.

Date	Mintage	VG8	F12	VF20	XF40	MS60
1791 FM	—	60.00	90.00	135	210	—
1792 FM	—	60.00	90.00	135	210	—
1793 FM	—	60.00	90.00	135	210	—
1794 FM	—	60.00	90.00	135	210	—
1795/4 FM	—	60.00	90.00	135	210	—
1795 FM	—	60.00	90.00	135	210	—
1796 FM	—	60.00	90.00	135	210	—
1797 FM	—	60.00	90.00	135	210	—
1798 FM	—	60.00	90.00	135	210	—
1799 FM	—	60.00	90.00	135	210	—
1800/700 FM	—	60.00	90.00	135	210	—
1800 FM	—	60.00	90.00	135	210	—
1801/0 FT/FM	—	60.00	90.00	135	210	—
1801/791 FM	—	46.25	80.00	130	400	—
1801/0 FM	—	46.25	80.00	130	400	—
1801 FM	—	27.50	55.00	135	400	—
1801 FT/M	—	46.25	80.00	150	425	—
1801 FT	—	27.50	46.25	65.00	170	—
1802/1 FT	—	46.25	80.00	150	425	—
1802 FT	—	27.50	46.25	65.00	170	—
1802 FT/M	—	27.50	46.25	65.00	170	—
1803 FT	—	27.50	46.25	65.00	180	—
1803 FT/M	—	27.50	46.25	65.00	170	—
1803 TH	—	100	200	325	725	—
1804/3 TH	—	46.25	80.00	150	425	—
1804 TH	—	27.50	46.25	65.00	170	—
Note: CARLUS (error)						
1805/4 TH	—	55.00	110	175	450	—
1805 TH	—	27.50	46.25	65.00	170	—
Note: Narrow date						
1805 TH	—	27.50	46.25	65.00	170	—
Note: Wide date						
1806 TH	—	27.50	46.25	65.00	170	—
1807/6 TH	—	200	325	475	1,100	—
1807 TH	—	27.50	46.25	65.00	170	—
1808/7 TH	—	27.50	46.25	65.00	170	—
1808 TH	—	27.50	46.25	65.00	170	—

KM# 110 8 REALES
27.07 g., 0.896 Silver, 0.7797 oz. ASW **Ruler:** Ferdinand VII **Obv.** Armored laureate bust right **Rev:** Crowned shield flanked by pillars **Obv. Legend:** FERDIN • VII... **Rev. Legend:** IND • REX... **Mint:** Mexico City **Note:** Mint mark Mo.

Date	Mintage	VG8	F12	VF20	XF40	MS60
1808 TH	—	33.00	55.00	100	240	—
1809/8 TH	—	33.00	55.00	100	240	—
1809 TH	—	27.50	47.50	70.00	200	—
1809 HJ	—	33.00	55.00	100	240	—
1809 HJ/TH	—	27.50	47.50	70.00	200	—
1810/09 HJ	—	33.00	55.00	100	240	—
1810 TH	—	100	200	400	950	—
1810 HJ/TH	—	33.00	55.00	100	240	—
1810 HJ	—	33.00	55.00	100	240	—
1811/0 HJ	—	27.50	47.50	70.00	200	—
1811 HJ	—	27.50	47.50	70.00	200	—
1811 HJ/TH	—	27.50	45.00	65.00	170	—

KM# 111 8 REALES
27.07 g., 0.903 Silver, 0.7859 oz. ASW **Ruler:** Ferdinand VII **Obv.** Draped laureate bust right **Rev:** Crowned shield flanked by pillars **Obv. Legend:** FERDIN • VII... **Rev. Legend:** IND • REX... **Mint:** Mexico City **Note:** Mint mark Mo.

Date	Mintage	VG8	F12	VF20	XF40	MS60
1811 HJ	—	27.50	55.00	80.00	210	—
1812 HJ	—	65.00	100	170	425	—
1812 JJ/HJ	—	27.50	45.00	65.00	170	—
1812 JJ	—	27.50	45.00	65.00	170	—
1813 HJ	—	65.00	100	170	425	—
1813 JJ	—	27.50	45.00	65.00	170	—
1814/3 HJ	—	1,550	3,300	6,600	—	—
1814/3 JJ	—	27.50	45.00	65.00	170	—
1814 JJ	—	27.50	45.00	65.00	170	—
1815/4 JJ	—	27.50	45.00	65.00	170	—
1815 JJ	—	27.50	45.00	65.00	170	—
1816/5 JJ	—	27.50	45.00	65.00	150	—
1816 JJ	—	27.50	45.00	65.00	150	—
1817 JJ	—	27.50	45.00	65.00	150	—
1818 JJ	—	27.50	45.00	65.00	150	—

Date	Mintage	VG8	F12	VF20	XF40	MS60
1819 JJ	—	27.50	45.00	65.00	150	—
1820 JJ	—	27.50	45.00	65.00	150	—
1821 JJ	—	27.50	45.00	65.00	150	—

KM# 112 1/2 ESCUDO
1.69 g., 0.875 Gold, 0.0476 oz. AGW **Ruler:** Ferdinand VII **Obv.** Laureate head right **Rev:** Crowned oval shield **Obv. Legend:** FERD • VII • D • G • HISP • ET IND **Mint:** Mexico City **Note:** Mint mark Mo.

Date	Mintage	VG8	F12	VF20	XF40	MS60
1814 JJ	—	100	150	225	375	550
1815/4 JJ	—	150	200	250	400	875
1815 JJ	—	150	200	250	400	—
1816 JJ	—	100	150	225	375	550
1817 JJ	—	150	200	250	400	—
1818 JJ	—	150	200	250	400	—
1819 JJ	—	150	200	250	400	—
1820 JJ	—	200	300	400	550	—

KM# 113 ESCUDO
3.38 g., 0.917 Gold, 0.0998 oz. AGW **Ruler:** Philip V **Obv.** Armored bust right **Rev:** Crowned shield flanked by M F I **Obv. Legend:** PHILIP • V • D • G • HISPAN • ET IND • REX **Mint:** Mexico City

Date	Mintage	VG8	F12	VF20	XF40
1732 F	—	1,000	2,000	3,000	4,000
1733/2 F	—	1,000	2,000	3,000	4,000
1734/3 MF	—	200	300	400	850
1735/4 MF	—	200	300	400	850
1735 MF	—	200	300	400	850
1736/5 MF	—	200	300	400	850
1736 MF	—	200	300	400	850
1737 MF	—	200	300	600	1,200
1738/7 MF	—	200	300	600	1,200
1738 MF	—	200	300	600	1,200
1739 MF	—	200	300	600	1,200
1740/30 MF	—	200	300	600	1,200
1741 MF	—	200	300	600	1,200
1742 MF	—	200	300	600	1,200
1743/2 MF	—	200	300	450	800
1743 MF	—	200	300	400	700
1744/3 MF	—	200	300	400	700
1744 MF	—	200	300	400	700
1745 MF	—	200	300	400	700
1746/5 MF	—	200	300	400	700
1747 MF Rare	—	—	—	—	—

KM# 114 ESCUDO
3.38 g., 0.917 Gold, 0.0998 oz. AGW **Ruler:** Ferdinand VI **Obv.** Armored bust right **Rev:** Crowned shield flanked by M F I **Obv. Legend:** FERD • VI • D • G • HISPAN • ET IND • REX **Mint:**

Mexico City **Note:** Mint mark M, Mo.

Date	Mintage	VG8	F12	VF20	XF40	MS60
1747 MF	—	1,650	3,000	5,000	7,500	—

KM# 115.1 ESCUDO
3.38 g., 0.917 Gold, 0.0998 oz. AGW **Ruler:** Ferdinand VI **Obv.** Short armored bust right **Rev:** Crowned shield **Obv. Legend:** FERD • VI • D • G • HISPAN • ET IND • REX **Mint:** Mexico City **Note:** Mint mark M, Mo.

Date	Mintage	VG8	F12	VF20	XF40	MS60
1748 MF	—	250	350	550	950	—
1749 MF	—	300	450	700	1,150	—
1750 MF	—	200	300	400	800	—
1751 MF	—	200	300	400	800	—

KM# 115.2 ESCUDO
3.38 g., 0.917 Gold, 0.0998 oz. AGW **Ruler:** Ferdinand VI **Obv.** Short armored bust right **Rev:** Without 1 S flanking crowned shield **Obv. Legend:** FERD • VI • D • G • HISPAN • ET IND • REX **Mint:** Mexico City

Date	Mintage	VG8	F12	VF20	XF40	MS60
1752 MF	—	200	300	375	750	—
1753/2 MF	—	200	300	400	800	—
1753 MF	—	200	300	400	800	—
1754 MF	—	200	300	400	800	—
1755 MM	—	200	300	400	800	—
1756 MM	—	200	300	400	800	—

KM# A116 ESCUDO
3.38 g., 0.917 Gold, 0.0998 oz. AGW **Ruler:** Ferdinand VI **Obv.** Armored bust right **Rev:** Crowned shield **Obv. Legend:** FERDIND • VI • D • G • HISPAN • ETIND • REX **Rev. Legend:** M • NOMINA MAGNA SEQUOR • M **Mint:** Mexico City

Date	Mintage	VG8	F12	VF20	XF40	MS60
1757 MM	—	200	300	400	800	—
1759 MM	—	200	300	400	800	—

KM# 116 ESCUDO
3.38 g., 0.917 Gold, 0.0998 oz. AGW **Ruler:** Charles III **Obv.** Armored bust right **Rev:** Crowned shield **Obv. Legend:** CAROLVS • III • D • G • HISPAN • ET IND • REX **Rev. Legend:** M • NOMINA MAGNA SEQUOR • M • **Mint:** Mexico City **Note:** Mint mark M, Mo.

Date	Mintage	VG8	F12	VF20	XF40	MS60
1760 MM	—	400	800	1,500	2,500	—
1761/0 MM	—	400	800	1,500	2,500	—
1761 MM	—	400	800	1,500	2,500	—

KM# 117 ESCUDO
3.38 g., 0.917 Gold, 0.0998 oz. AGW **Ruler:** Charles III **Obv.** Large armored bust right **Rev:** Crowned shield **Obv. Legend:** CAR • III • D • G • HISP • ET IND • R **Rev. Legend:** IN • UTROQ • FELIX • **Mint:** Mexico City **Note:** Mint mark M, Mo.

Date	Mintage	VG8	F12	VF20	XF40	MS60
1762 MM	—	250	375	600	1,000	—
1763 MM	—	275	425	700	1,100	—
1764 MM	—	250	375	600	1,000	—
1765 MF	—	250	375	600	1,000	—
1766 MF	—	250	375	600	1,000	—
1767 MF	—	250	375	600	1,000	—
1768 MF	—	250	375	600	1,000	—
1769 MF	—	250	375	600	1,000	—
1770 MF	—	250	375	600	1,000	—
1771 MF	—	250	375	600	1,000	—

KM# 118.1 ESCUDO
3.38 g., 0.901 Gold, 0.098 oz. AGW **Ruler:** Charles III **Obv.** Large armored bust right **Rev:** Crowned shield flanked by 1 S within order chain **Obv. Legend:** CAROL • III • D • G • HISPAN • ET IND • R **Rev. Legend:** FELIX • A • D • ... **Mint:** Mexico City **Note:** Mint mark M, Mo.

Date	Mintage	VG8	F12	VF20	XF40	MS60
1772 MF	—	175	250	350	475	—
1772 FM	—	175	250	275	475	—
1773 FM	—	175	250	275	475	—

KM# 118.2 ESCUDO
3.38 g., 0.901 Gold, 0.098 oz. AGW **Ruler:** Charles III **Obv.** Large armored bust right **Rev:** crowned shield in order chain, initials and mint mark inverted **Obv. Legend:** CAROL • III • D • G • HISPAN • ET IND • R **Rev. Legend:** FELIX • A • D • ... **Mint:** Mexico City **Note:** Mint mark M, Mo.

Date	Mintage	VG8	F12	VF20	XF40	MS60
1773 FM	—	175	250	350	475	—
1774 FM	—	175	250	350	475	—
1775 FM	—	175	250	350	475	—
1776 FM	—	225	300	400	575	—
1777 FM	—	175	250	350	475	—
1778 FF	—	175	250	350	475	—
1779 FF	—	175	250	350	475	—
1780 FF	—	175	250	350	475	—
1781 FF	—	175	250	350	475	—

Date	Mintage	VG8	F12	VF20	XF40	MS60
1782 FF	—	175	250	350	475	—
1783/2 FF	—	175	250	350	475	—
1783 FF	—	175	250	350	475	—
1784/3 FF	—	175	250	350	475	—
1784/3 FM/F	—	175	250	350	475	—

Date	Mintage	VG8	F12	VF20	XF40	MS60
1794 FM	—	150	225	300	375	—
1795 FM	—	150	225	300	375	—
1796 FM	—	150	225	300	375	—
1797 FM	—	150	225	300	375	—
1798 FM	—	150	225	300	375	—
1799 FM	—	150	225	300	375	—
1800 FM	—	150	225	300	375	—
1801 FM	—	155	185	265	375	—
1801 FT	—	155	185	265	375	700
1802 FT	—	155	185	265	375	—
1803 FT	—	155	185	265	375	—
1804/3 TH	—	155	185	265	375	800
1804 TH	—	155	185	265	375	800
1805 TH	—	155	185	265	375	—
1806/5 TH	—	155	185	265	375	—
1806 TH	—	155	185	265	375	—
1807 TH	—	155	185	265	375	—
1808 TH	—	155	185	265	375	—

KM# 118.2a ESCUDO
3.38 g., 0.875 Gold, 0.0951 oz. AGW **Ruler:** Charles III **Obv.** Large armored bust right **Rev:** Crowned shield in order chain, initials and mint mark inverted **Obv. Legend:** CAROL • III • D • G • HISPAN • ET IND • R • **Rev. Legend:** FELIX • A • D • ... **Mint:** Mexico City **Note:** Mint mark M, Mo.

Date	Mintage	VG8	F12	VF20	XF40	MS60
1785 FM	—	175	250	350	475	—
1786 FM	—	175	250	350	475	—
1787 FM	—	175	250	350	475	—
1788 FM	—	175	250	350	475	—

KM# 118.1a ESCUDO
3.38 g., 0.875 Gold, 0.0952 oz. AGW **Ruler:** Charles III **Obv.** Large armored bust right **Rev:** Crowned shield in order chain, initial letters and mint mark upright **Obv. Legend:** CAROL • III • D • G • HISPAN • ET IND • R **Rev. Legend:** FELIX • A • D • ... **Mint:** Mexico City **Note:** Mint mark M, Mo.

Date	Mintage	VG8	F12	VF20	XF40	MS60
1788 FM	—	175	250	350	475	—

KM# 119 ESCUDO
3.38 g., 0.875 Gold, 0.0952 oz. AGW **Ruler:** Charles IV **Obv.** Armored bust of Charles III, right **Rev:** Crowned shield in order chain, initial letters and mint mark upright **Obv. Legend:** CAROL • IV • D • G • ... **Rev. Legend:** FELIX • A • D • ... **Mint:** Mexico City **Note:** Mint mark M, Mo, using old portrait punch.

Date	Mintage	VG8	F12	VF20	XF40	MS60
1789 FM	—	300	550	1,000	2,000	—
1790 FM	—	300	550	1,000	2,000	—

KM# 120 ESCUDO
3.38 g., 0.875 Gold, 0.0952 oz. AGW **Ruler:** Charles IV **Obv.** Armored bust right **Rev:** Crowned shield in order chain, initial letters and mint mark upright **Obv. Legend:** CAROL • IIII • D • G • ... **Rev. Legend:** FELIX • A • D • ... **Mint:** Mexico City **Note:** Mint mark Mo.

Date	Mintage	VG8	F12	VF20	XF40	MS60
1792 MF	—	150	225	300	375	—
1793 FM	—	150	225	300	375	—

KM# 121 ESCUDO
3.38 g., 0.875 Gold, 0.0952 oz. AGW **Ruler:** Ferdinand VII **Obv.** Armored bust right **Rev:** Crowned shield divides designed wreath **Obv. Legend:** FERDIN • VII... **Rev. Legend:** FELIX • A • D, initial letters and mint mark upright **Mint:** Mexico City **Note:** Mint mark Mo.

Date	Mintage	VG8	F12	VF20	XF40	MS60
1809 HJ/TH	—	150	180	235	400	750
1809 HJ	—	150	180	235	400	750
1811/0 HJ	—	150	180	235	400	—
1812 HJ	—	165	250	300	500	—

KM# 122 ESCUDO
3.38 g., 0.875 Gold, 0.0952 oz. AGW **Ruler:** Ferdinand VII **Obv.** Laureate head right **Rev:** Crowned shield divides designed wreath, initial letters and mint mark upright **Obv. Legend:** FERDIN • VII • D • G... **Rev. Legend:** FELIX • A • D... **Mint:** Mexico City **Note:** Mint mark Mo.

Date	Mintage	VG8	F12	VF20	XF40	MS60
1814 HJ	—	165	250	300	500	900
1815 HJ	—	165	250	300	500	900
1815 JJ	—	165	250	300	500	900
1816 JJ	—	180	275	325	550	950
1817 JJ	—	165	250	300	500	900
1818 JJ	—	165	250	300	500	900
1819 JJ	—	165	250	300	500	900
1820 JJ	—	165	250	300	500	900

KM# 124 2 ESCUDOS
6.77 g., 0.917 Gold, 0.1995 oz. AGW **Ruler:** Philip V **Obv.** Armored bust right **Rev:** Crowned shield flanked by M F 2 **Obv. Legend:** PHILIP • V • D • G • HISPAN • ET IND • REX **Rev. Legend:** INITIUM SAPIENTIAE TIMOR DOMINI **Mint:** Mexico City

Date	Mintage	VG8	F12	VF20	XF40	MS60
1732 F	—	1,000	1,500	2,000	3,000	—
1733 F	—	750	1,000	1,500	2,500	—
1734/3 MF	—	400	500	900	1,400	—
1735 MF	—	400	500	900	1,400	—
1736/5 MF	—	400	500	900	1,400	—
1736 MF	—	400	500	900	1,400	—
1737 MF	—	400	500	900	1,400	—
1738/7 MF	—	400	500	900	1,400	—
1739 MF	—	400	500	900	1,400	—
1740/30 MF	—	400	500	900	1,400	—
1741 MF	—	400	500	900	1,400	—
1742 MF	—	400	500	900	1,400	—
1743 MF	—	400	500	900	1,400	—
1744/2 MF	—	400	500	900	1,400	—
1744 MF	—	400	500	900	1,400	—
1745 MF	—	400	500	900	1,400	—
1746/5 MF	—	400	500	900	1,400	—
1747 MF	—	400	500	900	1,400	—

KM# 125 2 ESCUDOS
6.77 g., 0.917 Gold, 0.1995 oz. AGW **Ruler:** Ferdinand VI **Obv.** Large armored bust right **Rev:** Crowned shield flanked by M F 2 **Obv. Legend:** FERD • VI • D • G • ... **Rev. Legend:** INITIUM... **Mint:** Mexico City

Date	Mintage	VG8	F12	VF20	XF40	MS60
1747 MF	—	3,000	5,500	9,000	15,000	—

KM# 126.1 2 ESCUDOS
6.77 g., 0.917 Gold, 0.1995 oz. AGW **Ruler:** Ferdinand VI **Obv.** Head right **Rev:** Crowned shield **Obv. Legend:** FERD • VI • D • G • ... **Rev. Legend:** NOMINA MAGNA SEQUOR **Mint:** Mexico City **Note:** Mint mark M, Mo.

Date	Mintage	VG8	F12	VF20	XF40	MS60
1748 MF	—	450	750	1,500	3,000	—
1749/8 MF	—	450	750	1,500	3,000	—
1750 MF	—	400	700	1,400	2,850	—
1751 MF	—	400	700	1,400	2,850	—

KM# 126.2 2 ESCUDOS
6.77 g., 0.917 Gold, 0.1995 oz. AGW **Ruler:** Ferdinand VI **Obv.** Head right **Rev:** Without 2 S by crowned shield **Obv. Legend:** FERD • VI • D • G • ... **Rev. Legend:** NOMINA MAGNA SEQUOR **Mint:** Mexico City **Note:** Mint mark M, Mo.

Date	Mintage	VG8	F12	VF20	XF40	MS60
1752 MF	—	400	700	1,400	2,850	—
1753 MF	—	400	700	1,400	2,850	—
1754 MF	—	600	850	1,750	3,500	—
1755 MM	—	400	700	1,400	2,850	—
1756 MM	—	600	850	1,750	3,500	—

KM# 127 2 ESCUDOS
6.77 g., 0.917 Gold, 0.1995 oz. AGW **Ruler:** Ferdinand VI **Obv.** Armored bust right **Rev:** Without 2 S by crowned shield **Obv. Legend:** FERDIND • VI • D • G • ... **Rev. Legend:** NOMINA MAGNA SEQUOR **Mint:** Mexico City **Note:** Mint mark M, Mo.

Date	Mintage	VG8	F12	VF20	XF40	MS60
1757 MM	—	450	750	1,500	3,000	—
1759 MM	—	450	750	1,500	3,000	—

KM# 128 2 ESCUDOS
6.77 g., 0.917 Gold, 0.1995 oz. AGW **Ruler:** Charles III **Obv.** Armored bust right **Rev:** Without 2 S by crowned shield **Obv. Legend:** CAROLVS • III • D • G • ... **Rev. Legend:** NOMINA MAGNA SEQUOR **Mint:** Mexico City **Note:** Mint mark M, Mo.

Date	Mintage	VG8	F12	VF20	XF40	MS60
1760 MM	—	550	1,000	2,000	4,000	—
1761 MM	—	550	1,000	2,000	4,000	—

KM# 129 2 ESCUDOS
6.77 g., 0.917 Gold, 0.1995 oz. AGW **Ruler:** Charles III **Obv.** Large armored bust right **Rev:** Without 2 S by crowned shield **Obv. Legend:** CAROLUS • III • D • G • ... **Rev. Legend:** IN • UTROQ • FELIX • AUSPICE • DEO **Mint:** Mexico City **Note:** Mint mark M, Mo.

Date	Mintage	VG8	F12	VF20	XF40	MS60
1762 MF	—	500	900	1,850	3,750	—
1763 MF	—	500	900	1,850	3,750	—
1764/3 MF	—	500	900	1,850	3,750	—
1765 MF	—	500	900	1,850	3,750	—
1766 MF	—	500	900	1,850	3,750	—
1767 MF	—	500	900	1,850	3,750	—
1768 MF	—	500	900	1,850	3,750	—

Date	Mintage	VG8	F12	VF20	XF40	MS60
1769 MF	—	500	900	1,850	3,750	—
1770 MF	—	500	900	1,850	3,750	—
1771 MF	—	500	900	1,850	3,750	—

KM# 130.1 2 ESCUDOS
6.77 g., 0.901 Gold, 0.196 oz. AGW **Ruler:** Charles III **Obv.** Older, armored bust right **Rev:** Crowned shield in order chain, initials and mint mark upright **Obv. Legend:** CAROLUS • III • D • G • ... **Rev. Legend:** IN • UTROQ • FELIX • AUSPICE • DEO **Mint:** Mexico City **Note:** Mint mark M, Mo.

Date	Mintage	VG8	F12	VF20	XF40	MS60
1772 FM	—	300	400	550	1,000	—
1773 FM	—	300	400	550	1,000	—

KM# 130.2 2 ESCUDOS
6.77 g., 0.901 Gold, 0.196 oz. AGW **Ruler:** Charles III **Obv.** Older, armored bust right **Rev:** Crowned shield in order chain, initials and mint mark inverted **Obv. Legend:** CAROLUS • III • D • G • ... **Rev. Legend:** IN • UTROQ • FELIX • AUSPICE • DEO **Mint:** Mexico City **Note:** Mint mark M, Mo.

Date	Mintage	VG8	F12	VF20	XF40	MS60
1773 FM	—	300	400	550	1,000	—
1774 FM	—	300	400	550	1,000	—
1775 FM	—	300	400	550	1,000	—
1776 FM	—	350	500	675	1,000	—
1777 FM	—	300	400	500	900	—
1778 FF	—	300	400	500	900	—
1779 FF	—	300	400	500	900	—
1780 FF	—	300	400	500	900	—
1781 FM/M	—	300	400	500	900	—
1781 FF	—	300	400	500	900	—
1782 FF	—	300	400	500	900	—
1783 FF	—	300	400	500	900	—
1784 FF	—	300	400	500	900	—
1784 FM/F	—	300	400	500	900	—

KM# 130.2a 2 ESCUDOS
6.77 g., 0.875 Gold, 0.1904 oz. AGW **Ruler:** Charles III **Obv.** Older, armored bust right **Rev:** Crowned shield in order chain, initials and mint mark inverted **Obv. Legend:** CAROLUS • III • D • G • ... **Rev. Legend:** IN • UTROQ • FELIX • AUSPICE • DEO **Mint:** Mexico City **Note:** Mint mark M, Mo.

Date	Mintage	VG8	F12	VF20	XF40	MS60
1785 FM	—	300	400	500	900	—
1786 FM	—	300	400	500	900	—
1787 FM	—	300	400	500	900	—
1788 FM	—	300	400	500	900	—

KM# 130.1a 2 ESCUDOS
6.77 g., 0.875 Gold, 0.1904 oz. AGW **Ruler:** Charles III **Obv.** Older, armored bust right **Rev:** Crowned shield in order chain, initials and mint mark upright **Obv. Legend:** CAROLUS • III • D • G • ... **Rev. Legend:** IN • UTROQ • FELIX • AUSPICE • DEO **Mint:** Mexico City **Note:** Mint mark M, Mo.

Date	Mintage	VG8	F12	VF20	XF40	MS60
1788 FM	—	300	400	500	900	—

KM# 131 2 ESCUDOS
6.77 g., 0.875 Gold, 0.1904 oz. AGW **Ruler:** Charles IV **Obv.** Armored bust of Charles III, right **Rev:** Crowned shield in order chain, initials and mint mark upright **Obv. Legend:** CAROL • IV • D • G • ... **Rev. Legend:** IN • UTROQ • FELIX • AUSPICE • DEO **Mint:** Mexico City **Note:** Mint mark M, Mo, using old portrait punch.

Date	Mintage	VG8	F12	VF20	XF40	MS60
1789 FM	—	650	1,200	2,000	3,500	—
1790 FM	—	650	1,200	2,000	3,500	—

KM# 132 2 ESCUDOS
6.77 g., 0.875 Gold, 0.1904 oz. AGW **Ruler:** Charles IV **Obv.** Armored bust of Charles IIII, right **Rev:** Crowned shield flanked by 2 S in order chain **Obv. Legend:** CAROL • IIII • D • G • ... **Rev. Legend:** IN • UTROQ • FELIX • AUSPICE • DEO; initials and mint mark upright **Mint:** Mexico City **Note:** Mint mark Mo.

Date	Mintage	VG8	F12	VF20	XF40	MS60
1791 FM Mo	—	300	400	600	950	—
over inverted Mo						
1792 FM	—	250	350	450	575	—
1793 FM	—	250	350	450	575	—
1794 FM	—	250	350	450	575	—
1795 FM	—	250	350	450	575	—
1796 FM	—	250	350	450	575	—
1797 FM	—	250	350	450	575	—
1798 FM	—	250	350	450	575	—
1799 FM	—	250	350	450	575	—
1800 FM	—	250	350	450	575	—
1801 FT	—	300	350	425	600	—
1802 FT	—	300	350	425	600	1,000
1803 FT	—	300	350	425	600	—
1804 TH	—	300	350	425	600	—
1805 TH	—	300	350	425	600	—
1806/5 TH	—	300	350	425	600	—
1807 TH	—	300	350	425	600	—
1808 TH	—	300	350	425	600	1,500

KM# 134 2 ESCUDOS
6.77 g., 0.875 Gold, 0.1904 oz. AGW **Ruler:** Ferdinand VII **Obv.** Laureate head right **Rev:** Crowned shield divides designed wreath, initials and mint mark upright **Obv. Legend:** FERDIN • VII • D • G... **Rev. Legend:** IN • UTROQ • FELIX • AUSPICE • DEO **Mint:** Mexico City **Note:** Mint mark Mo.

Date	Mintage	VG8	F12	VF20	XF40	MS60
1814 Mo HJ	—	300	450	750	1,250	—
1815 JJ	—	300	450	750	1,250	—
1816 JJ	—	300	450	750	1,250	—
1817 JJ	—	300	450	750	1,250	—
1818 JJ	—	300	450	750	1,250	3,750

Date	Mintage	VG8	F12	VF20	XF40	MS60
1819 JJ	—	300	450	750	1,250	—
1820 JJ	—	300	450	750	1,250	—
1821 JJ	—	300	450	750	1,250	—

KM# 135 4 ESCUDOS
13.53 g., 0.917 Gold, 0.399 oz. AGW **Ruler:** Philip V **Obv.** Armored bust right **Rev:** Crowned shield flanked by F 4 **Obv. Legend:** PHILIP • V • D • G • HISPAN • ET IND • REX **Rev. Legend:** INITIUM SAPIENTIAE TIMOR DOMINI **Mint:** Mexico City

Date	Mintage	VG8	F12	VF20	XF40	MS60
1732 Rare	—	—	—	—	—	—
1732 F Rare	—	—	—	—	—	—
1733 F Rare	—	—	—	—	—	—
1734/3 F	—	1,200	1,800	3,350	5,400	—
1734 MF	—	1,000	1,600	3,000	5,100	—
1735 MF	—	1,000	1,600	3,000	5,400	—
1736 MF	—	1,000	1,600	3,000	5,400	—
1737 MF	—	900	1,500	2,900	4,800	—
1738/7 MF	—	900	1,500	2,900	4,800	—
1738 MF	—	900	1,500	2,900	4,800	—
1739 MF	—	900	1,500	2,900	4,800	—
1740/30 MF	—	900	1,500	2,900	4,800	—
1740 MF	—	900	1,500	2,900	4,800	—
1741 MF	—	900	1,500	2,900	4,800	—
1742/32 MF	—	900	1,500	2,900	4,800	—
1743 MF	—	900	1,500	2,900	4,800	—
1744 MD	—	900	1,500	2,900	4,800	—
1745 MF	—	900	1,500	2,900	4,800	—
1746 MF	—	900	1,500	2,900	4,800	—
1747 MF	—	900	1,500	2,900	4,800	—
1746/5 MF	—	900	1,500	2,900	4,800	—

KM# 136 4 ESCUDOS
13.53 g., 0.917 Gold, 0.399 oz. AGW **Ruler:** Ferdinand VI **Obv.** Large, armored bust right **Rev:** Crowned shield flanked by F 4 **Obv. Legend:** FERDND • VI • D • G • ... **Rev. Legend:** INITIUM SAPIENTIAE TIMOR DOMINI **Mint:** Mexico City **Note:** Mint mark M, Mo.

Date	Mintage	VG8	F12	VF20	XF40
1747 MF	—	7,500	13,500	20,000	30,000

KM# 137 4 ESCUDOS
13.53 g., 0.917 Gold, 0.399 oz. AGW **Ruler:** Ferdinand VI **Obv.** Armored bust right **Rev:** Crowned shield flanked by 4 S **Obv. Legend:** FERDND • VI • D • G • ... **Rev. Legend:** NOMINA MAGNA SEQUOR **Mint:** Mexico City **Note:** Mint mark M, Mo.

Date	Mintage	VG8	F12	VF20	XF40	MS60
1748 MF	—	1,500	3,000	5,000	8,000	—
1749 MF	—	1,500	3,000	5,000	8,000	—
1750/48 MF	—	1,500	3,000	5,000	8,000	—
1750 MF	—	1,500	3,000	5,000	8,000	—
1751 MF	—	1,500	3,000	5,000	8,000	—

KM# 138 4 ESCUDOS
13.53 g., 0.917 Gold, 0.399 oz. AGW **Ruler:** Ferdinand VI **Obv.** Small, armored bust right **Rev:** Crowned shield, without value **Obv. Legend:** FERDND • VI • D • G • ... **Rev. Legend:** NOMINA MAGNA... **Mint:** Mexico City **Note:** Mint mark M, Mo.

Date	Mintage	VG8	F12	VF20	XF40	MS60
1752 MF	—	1,000	2,000	3,500	6,000	—
1753 MF	—	1,000	2,000	3,500	6,000	—
1754 MF	—	1,000	2,000	3,500	6,000	—
1755 MM	—	1,000	2,000	3,500	6,000	—
1756 MM	—	1,000	2,000	3,500	6,000	—

KM# 139 4 ESCUDOS
13.53 g., 0.917 Gold, 0.399 oz. AGW **Ruler:** Ferdinand VI **Obv.** Armored bust right **Rev:** Crowned shield, without value **Obv. Legend:** FERDND • VI • D • G • ... **Rev. Legend:** NOMINA MAGNA... **Mint:** Mexico City **Note:** Mint mark M, Mo.

Date	Mintage	VG8	F12	VF20	XF40	MS60
1757 MM	—	1,250	2,500	4,000	6,500	—
1759 MM	—	1,250	2,500	4,000	6,500	—

SPANISH COLONIAL • MILLED COINAGE

KM# 140   4 ESCUDOS
13.53 g.,   0.917 Gold, 0.399 oz. AGW **Ruler:**
Charles III **Obv.** Armored bust right **Rev:** Crowned
shield, without value **Obv. Legend:** CAROLVS • III •
D • G • ... **Rev. Legend:** NOMINA MAGNA SEQUOR
Mint: Mexico City **Note:** Mint mark M, Mo.

Date	Mintage	VG8	F12	VF20	XF40	MS60
1760 MM	—	3,500	6,500	10,000	20,000	—
1761 MM	—	3,500	6,500	10,000	20,000	—

KM# 141   4 ESCUDOS
13.53 g.,   0.917 Gold, 0.399 oz. AGW **Ruler:**
Charles III **Obv.** Large, armored bust right **Rev:**
Crowned shield in order chain, without value **Obv.
Legend:** CAROLUS • III • D • G • ... **Rev. Legend:** IN
• UTROQ • FELIX • AUSPICE • DEO **Mint:** Mexico
City **Note:** Mint mark M, Mo.

Date	Mintage	VG8	F12	VF20	XF40	MS60
1762 MF	—	2,500	4,500	7,500	15,000	—
1763 MF	—	2,500	4,500	7,500	15,000	—
1764 MF	—	2,500	4,500	7,500	15,000	—
1765 MF	—	2,500	4,500	7,500	15,000	—
1766/5 MF	—	2,500	4,500	7,500	15,000	—
1767 MF	—	2,500	4,500	7,500	15,000	—
1768 MF	—	2,500	4,500	7,500	15,000	—
1769 MF	—	2,500	4,500	7,500	15,000	—
1770 MF	—	2,500	4,500	7,500	15,000	—
1771 MF	—	2,500	4,500	7,500	15,000	—

KM# 142.1   4 ESCUDOS
13.53 g.,   0.901 Gold, 0.392 oz. AGW **Ruler:**
Charles III **Obv.** Large, armored bust right **Rev:**
Crowned shield in order chain, initials and mint
mark upright **Obv. Legend:** CAROL • III • D • G •
... **Rev. Legend:** IN • UTROQ • FELIX • AUSPICE
• DEO **Mint:** Mexico City **Note:** Mint mark M, Mo.

Date	Mintage	VG8	F12	VF20	XF40	MS60
1772 FM	—	600	975	1,500	3,000	—
1773 FM	—	600	975	1,500	3,000	—

KM# 142.2   4 ESCUDOS
13.53 g., 0.901 Gold, 0.392 oz. AGW **Ruler:** Charles
III **Obv.** Large, armored bust right **Rev:** Crowned
shield flanked by 4 S in order chain, initials and mint
mark inverted **Obv. Legend:** CAROL • III • D • G •
... **Rev. Legend:** IN • UTROQ • FELIX • AUSPICE •
DEO **Mint:** Mexico City **Note:** Mint mark M, Mo.

Date	Mintage	VG8	F12	VF20	XF40	MS60
1773 FM	—	525	725	1,100	2,200	—
1774 FM	—	525	725	1,100	2,200	—
1775 FM	—	525	725	1,100	2,200	—
1776 FM	—	525	725	1,100	2,200	—
1777 FM	—	525	725	1,100	2,200	—
1778 FF	—	525	725	1,100	2,200	—
1779 FF	—	525	725	1,100	2,200	—
1780 FF	—	525	725	1,100	2,200	—
1781 FF	—	525	725	1,100	2,200	—
1782 FF	—	525	725	1,100	2,200	—
1783 FF	—	525	725	1,100	2,200	—
1784 FF	—	525	725	1,100	2,200	—
1784/3 FM/F	—	525	725	1,100	2,200	—

KM# 142.2a   4 ESCUDOS
13.53 g.,   0.875 Gold, 0.3807 oz. AGW **Ruler:**
Charles III **Obv.** Large, armored bust right **Rev:**
Crowned shield in order chain, initials and mint
mark inverted **Obv. Legend:** CAROL • III • D • G •
... **Rev. Legend:** IN • UTROQ • FELIX • AUSPICE
• DEO **Mint:** Mexico City **Note:** Mint mark M, Mo.

Date	Mintage	VG8	F12	VF20	XF40	MS60
1785 FM	—	525	725	1,100	2,200	—
1786 FM/F	—	525	725	1,100	2,200	—
1786 FM	—	525	725	1,100	2,200	—
1787 FM	—	525	725	1,100	2,200	—
1788 FM	—	525	725	1,100	2,200	—

KM# 142.1a   4 ESCUDOS
13.53 g.,   0.875 Gold, 0.3807 oz. AGW **Ruler:**
Charles III **Obv.** Large, armored bust right **Rev:**
Crowned shield in order chain, initials and mint
mark upright **Obv. Legend:** CAROL • III • D • G •
... **Rev. Legend:** IN • UTROQ • FELIX • AUSPICE
• DEO **Mint:** Mexico City **Note:** Mint mark M, Mo.

Date	Mintage	VG8	F12	VF20	XF40	MS60
1788 FM	—	600	975	1,500	3,000	—

KM# 143.1   4 ESCUDOS
13.53 g.,   0.875 Gold, 0.3807 oz. AGW **Ruler:**
Charles IV **Obv.** Armored bust of Charles III, right
Rev: Crowned shield in order chain, initials and mint
mark upright **Obv. Legend:** CAROL • IV • D • G •
... **Rev. Legend:** IN • UTROQ • FELIX • AUSPICE
• DEO **Mint:** Mexico City **Note:** Mint mark M, Mo,
using old portrait punch.

Date	Mintage	VG8	F12	VF20	XF40	MS60
1789 FM	—	550	750	1,100	2,150	—
1790 FM	—	550	750	1,100	2,150	—

KM# 143.2 4 ESCUDOS

13.53 g., 0.875 Gold, 0.3807 oz. AGW **Ruler:** Charles IV **Obv.** Armored bust of Charles III, right **Rev:** Crowned shield in order chain, initials and mint mark upright **Obv. Legend:** CAROL • IIII • D • G • ... **Rev. Legend:** IN • UTROQ • FELIX • AUSPICE • DEO **Mint:** Mexico City **Note:** Mint mark M, Mo, using old portrait punch.

Date	Mintage	VG8	F12	VF20	XF40	MS60
1790 FM	—	600	1,000	1,800	3,000	—

KM# 144 4 ESCUDOS

13.53 g., 0.875 Gold, 0.3807 oz. AGW **Ruler:** Charles IV **Obv.** Armored bust of Charles IIII, right **Rev:** Crowned shield flanked by 4 S in order chain **Obv. Legend:** CAROL • IIII • D • G • ... **Rev. Legend:** IN • UTROQ • FELIX • AUSPICE • DEO; initials and mint mark upright **Mint:** Mexico City **Note:** Mint mark Mo.

Date	Mintage	VG8	F12	VF20	XF40	MS60
1792 FM	—	525	600	750	1,500	—
1793 FM	—	525	600	750	1,500	—
1794/3 FM	—	525	600	750	1,500	—
1795 FM	—	525	600	750	1,500	—
1796 FM	—	525	600	750	1,500	—
1797 FM	—	525	600	750	1,500	—
1798/7 FM	—	525	600	750	1,500	—
1798 FM	—	525	600	750	1,500	—
1799 FM	—	525	600	750	1,500	—
1800 FM	—	525	600	750	1,500	—
1801 FM	—	600	650	800	1,500	—
1801 FT	—	600	650	800	1,500	—
1802 FT	—	600	700	800	1,650	—
1803 FT	—	600	650	800	1,500	—
1803/2	—	600	750	900	1,500	—
1804/3 TH	—	600	650	800	1,500	—
1804 TH	—	600	650	800	1,500	—
1805 TH	—	600	650	800	1,500	—
1806/5 TH	—	600	650	800	1,500	—
1807 TH	—	600	700	900	1,650	—
1808/0 TH	—	600	650	800	1,500	—
1808 TH	—	600	650	800	1,500	—

KM# 145 4 ESCUDOS

13.53 g., 0.875 Gold, 0.3807 oz. AGW **Ruler:** Ferdinand VII **Obv.** Armored bust right **Rev:** Crowned shield divides designed wreath, initials and mint mark upright **Obv. Legend:** FERDIN • VII D • G... **Rev. Legend:** IN • UTROQ • FELIX • AUSPICE • DEO **Mint:** Mexico City **Note:** Mint mark Mo.

Date	Mintage	VG8	F12	VF20	XF40	MS60
1810 HJ	—	650	750	1,150	2,500	—
1811 HJ	—	650	750	1,150	2,500	—
1812 HJ	—	650	750	1,150	2,500	—

KM# 146 4 ESCUDOS

13.53 g., 0.875 Gold, 0.3807 oz. AGW **Ruler:** Ferdinand VII **Obv.** Laureate head right **Rev:** Crowned shield divides designed wreath **Obv. Legend:** FERDIN • VII D • G... **Rev. Legend:** IN • UTROQ • FELIX • AUSPICE • DEO; initials and mint mark upright **Mint:** Mexico City **Note:** Mint mark Mo.

Date	Mintage	VG8	F12	VF20	XF40	MS60
1814 HJ	—	675	800	1,250	2,700	—
1815 HJ	—	675	800	1,250	2,700	—
1815 JJ	—	675	800	1,250	2,700	—
1816 JJ	—	675	800	1,250	2,700	—
1817 JJ	—	675	800	1,250	2,700	—
1818 JJ	—	675	800	1,250	2,700	—
1819 JJ	—	675	800	1,250	2,700	—
1820 JJ	—	675	800	1,250	2,700	—

KM# 148 8 ESCUDOS

27.07 g., 0.917 Gold, 0.798 oz. AGW **Ruler:** Philip V **Obv.** Large, armored bust right **Rev:** Crowned shield flanked by M F 8 in order chain **Obv. Legend:** PHILIP • V • D • G • HISPAN • ET IND • REX **Rev. Legend:** INITIUM SAPIENTIAE TIMOR DOMINI **Mint:** Mexico City **Note:** Mint mark M, Mo.

Date	Mintage	VG8	F12	VF20	XF40	MS60
1732 Rare	—	—	—	—	—	—
1732 F Rare	—	—	—	—	—	—
1733 F Rare	—	—	—	—	—	—
Note: Heritage World Coin Auctions #3004, 1-09, MS64 realized $54,625						
1734 MF	—	1,500	2,000	3,300	5,800	—
1734 MF/F	—	1,500	2,000	3,300	5,800	—
1735 MF	—	1,500	1,800	3,000	5,400	—
1736 MF	—	1,500	1,800	3,000	5,400	—
1737 MF	—	1,500	1,800	3,000	5,400	—
1738/7 MF	—	1,500	1,800	3,000	5,400	—
1738 MF	—	1,500	1,800	3,000	5,400	—

Date	Mintage	VG8	F12	VF20	XF40	MS60
1739 MF	—	1,500	1,800	3,000	5,400	—
1740 MF	—	1,500	1,800	3,000	5,400	—
1740/30 MF	—	1,500	1,800	3,000	5,400	—
1741 MF	—	1,500	1,800	3,000	5,400	—
1742 MF	—	1,500	1,800	3,000	5,400	—
1743 MF	—	1,500	1,800	3,000	5,400	—
1744 MF	—	1,500	1,800	3,000	5,400	—
1744/3 MF	—	1,500	1,800	3,000	5,400	—
1745 MF	—	1,500	1,800	3,000	5,400	—
1745/4 MF	—	1,500	1,800	3,000	5,400	—
1746 MF	—	1,500	1,800	3,000	5,400	—
1746/5 MF	—	1,500	1,800	3,000	5,400	—
1747 MF	—	1,500	2,100	3,400	6,000	—

KM# 149 8 ESCUDOS
27.07 g., 0.917 Gold, 0.798 oz. AGW **Ruler:**
Ferdinand VI **Obv.** Large, armored bust right **Rev:**
Crowned shield flanked by M F 8 in order chain
Obv. Legend: FERDND • VI • D • G • ... **Rev.**
Legend: INITIUM SAPIENTIAE TIMOR DOMINI
Mint: Mexico City **Note:** Mint mark M, Mo.

Date	Mintage	VG8	F12	VF20	XF40	MS60
1747 MF	—	9,000	15,000	22,000	35,000	—

KM# 150 8 ESCUDOS
27.07 g., 0.917 Gold, 0.798 oz. AGW **Ruler:**
Ferdinand VI **Obv.** Small, armored bust right **Rev:**
Crowned shield flanked by 8 S in order chain **Obv.**
Legend: FERDND • VI • D • G • ... **Rev. Legend:**
NOMINA MAGNA SEQUOR **Mint:** Mexico City
Note: Mint mark M, Mo.

Date	Mintage	VG8	F12	VF20	XF40	MS60
1748 MF	—	1,500	2,400	4,200	7,200	—
1749/8 MF	—	1,500	2,400	4,200	7,200	—
1749 MF	—	1,500	2,400	4,200	7,200	—
1750 MF	—	1,500	2,400	4,200	7,200	—
1751/0 MF	—	1,800	2,400	4,200	7,200	—
1751 MF	—	1,500	2,400	4,200	7,200	—

KM# 151 8 ESCUDOS
27.07 g., 0.917 Gold, 0.798 oz. AGW **Ruler:**
Ferdinand VI **Obv.** Armored bust right **Rev:**
Crowned shield in order chain **Obv. Legend:**
FERDND • VI • D • G • ... **Rev. Legend:** NOMINA
MAGNA SEQUOR **Mint:** Mexico City **Note:** Mint
mark M, Mo.

Date	Mintage	VG8	F12	VF20	XF40	MS60
1752 MF	—	1,500	2,400	4,200	7,200	—
1753 MF	—	1,500	2,400	4,200	7,200	—
1754 MF	—	1,500	2,400	4,200	7,200	—
1755 MM	—	1,500	2,400	4,200	7,200	—
1756 MM	—	1,500	2,400	4,200	7,200	—

KM# 152 8 ESCUDOS
27.07 g., 0.917 Gold, 0.798 oz. AGW **Ruler:**
Ferdinand VI **Obv.** Armored bust right **Rev:**
Crowned shield in order chain **Obv. Legend:**
FERDND • VI • D • G • ... **Rev. Legend:** NOMINA
MAGNA SEQUOR **Mint:** Mexico City **Note:** Mint
mark M, Mo.

Date	Mintage	VG8	F12	VF20	XF40	MS60
1757 MM	—	1,500	2,400	4,200	7,200	—
1758 MM	—	1,500	2,400	4,200	7,200	—
1759 MM	—	1,500	2,400	4,200	7,200	—

KM# 153 8 ESCUDOS
27.07 g., 0.917 Gold, 0.798 oz. AGW **Ruler:**
Charles III **Obv.** Armored bust right **Rev:** Crowned
shield in order chain **Obv. Legend:** CAROLVS • III •
D • G • ... **Rev. Legend:** NOMINA MAGNA SEQUOR
Mint: Mexico City **Note:** Mint mark M, Mo.

Date	Mintage	VG8	F12	VF20	XF40	MS60
1760 MM	—	2,100	3,600	6,000	11,000	—
1761/0 MM	—	2,400	4,200	6,600	12,000	—
1761 MM	—	2,400	4,200	6,600	12,000	—

KM# 154 8 ESCUDOS
27.07 g.,   0.917 Gold, 0.798 oz. AGW **Ruler:**
Charles III **Obv.** Armored bust right **Rev:** Crowned
shield in order chain **Obv. Legend:** CAROLVS • III •
D • G • ... **Rev. Legend:** NOMINA MAGNA SEQUOR
Mint: Mexico City **Note:** Mint mark M, Mo.

Date	Mintage	VG8	F12	VF20	XF40	MS60
1761 MM	—	2,100	3,600	6,300	11,500	—

KM# 155 8 ESCUDOS
27.07 g.,   0.917 Gold, 0.798 oz. AGW **Ruler:**
Charles III **Obv.** Large, armored bust right **Rev:**
Crowned shield in order chain **Obv. Legend:**
CAROLVS • III • D • G • ... **Rev. Legend:** IN •
UTROQ • FELIX • AUSPICE • DEO • **Mint:** Mexico
City **Note:** Mint mark M, Mo.

Date	Mintage	VG8	F12	VF20	XF40
1762 MM	—	2,000	3,450	5,600	10,500
1763 MM	—	2,000	3,450	5,600	10,500
1764 MF	—	2,200	3,750	6,300	11,500
1764/2 MF	—	2,200	3,750	6,300	11,500
1764 MM	—	2,200	3,750	6,300	11,500
1765/4 MF	—	2,200	3,750	6,300	11,500
1765/4 MM	—	2,200	3,750	6,300	11,500
1765 MF	—	2,200	3,750	6,300	11,500
1765 MM	—	1,900	3,150	5,000	9,400
1766 MF	—	1,900	3,150	5,000	9,400
1767/6 MF	—	1,900	3,150	5,000	9,400
1767 MF	—	1,900	3,150	5,000	9,400
1768/7 MF	—	1,900	3,150	5,000	9,400
1768 MF	—	1,900	3,150	5,000	9,400
1769 MF	—	1,900	3,150	5,000	9,400
1770 MF	—	1,900	3,150	5,000	9,400
1771 MF	—	2,200	3,750	6,300	11,500

KM# 156.1 8 ESCUDOS
27.07 g.,   0.901 Gold, 0.7841 oz. AGW **Ruler:**
Charles III **Obv.** Large, armored bust right **Rev:**
Crowned shield flanked by 8 S in order chain, initials
and mint mark upright **Obv. Legend:** CAROL • III •
D • G • ... **Rev. Legend:** ... AUSPICE • DEO • **Mint:**
Mexico City **Note:** Mint mark M, Mo.

Date	Mintage	VG8	F12	VF20	XF40	MS60
1772 FM	—	1,100	1,500	2,000	2,750	—
1773 FM	—	1,100	1,500	2,000	2,750	—

KM# 156.2 8 ESCUDOS
27.07 g.,   0.901 Gold, 0.7841 oz. AGW **Ruler:**
Charles III **Obv.** Large, armored bust right **Rev:**
Crowned shield flanked by 8 S in order chain, initials
and mint mark inverted **Obv. Legend:** CAROL • III •
D • G • ... **Rev. Legend:** ... AUSPICE • DEO • **Mint:**
Mexico City **Note:** Mint mark M, Mo.

Date	Mintage	VG8	F12	VF20	XF40	MS60
1773 FM	—	1,100	1,350	1,800	2,400	—
1774 FM	—	1,100	1,350	1,800	2,400	—
1775 FM	—	1,100	1,350	1,800	2,400	—
1776 FM	—	1,500	1,850	2,250	3,000	—
1777/6 FM	—	1,100	1,350	1,500	2,400	—
1777 FM	—	1,100	1,350	1,500	2,400	—
1778 FF	—	1,100	1,350	1,500	2,400	—
1779 FF	—	1,100	1,350	1,500	2,400	—
1780 FF	—	1,100	1,350	1,500	2,400	—
1781 FF	—	1,100	1,350	1,500	2,400	—
1782 FF	—	1,100	1,350	1,500	2,400	—
1783 FF	—	1,100	1,350	1,500	2,400	—
1784 FF	—	1,100	1,350	1,500	2,400	—
1784 FM/F	—	1,100	1,350	1,500	2,400	—
1784 FM	—	1,100	1,350	1,500	2,400	—
1785 FM	—	1,100	1,350	1,500	2,400	—

KM# 156.2a 8 ESCUDOS
27.07 g., 0.875 Gold, 0.7615 oz. AGW **Ruler:**
Charles III **Obv.** Large, armored bust right **Rev:**
Crowned shield flanked by 8 S in order chain, initials
and mint mark inverted **Obv. Legend:** CAROL • III •
D • G • ... **Rev. Legend:** ... AUSPICE • DEO • **Mint:**
Mexico City **Note:** Mint mark M, Mo.

Date	Mintage	VG8	F12	VF20	XF40	MS60
1786 FM	—	1,100	1,350	1,800	2,400	—
1787 FM	—	1,100	1,350	1,800	2,400	—
1788 FM	—	1,100	1,350	1,800	2,400	—

KM# 156.1a 8 ESCUDOS
27.07 g., 0.875 Gold, 0.7615 oz. AGW **Ruler:**
Charles III **Obv.** Large, armored bust right **Rev:**
Crowned shield flanked by 8 S in order chain, initials
and mint mark upright **Obv. Legend:** CAROL • III •
D • G • ... **Rev. Legend:** ... AUSPICE • DEO • **Mint:**
Mexico City **Note:** Mint mark M, Mo.

Date	Mintage	VG8	F12	VF20	XF40	MS60
1788 FM	—	1,100	1,300	1,500	2,400	—

KM# 157 8 ESCUDOS
27.07 g., 0.875 Gold, 0.7615 oz. AGW **Ruler:**
Charles IV **Obv.** Armored bust of Charles III, right
Rev: Crowned shield flanked by 8 S in order chain
Obv. Legend: CAROL • IV • D • G • ... **Rev. Legend:**
IN • UTROQ • ... **Mint:** Mexico City **Note:** Mint mark
M, Mo, using old portrait punch.

Date	Mintage	VG8	F12	VF20	XF40	MS60
1789 FM	—	1,100	1,500	2,000	2,750	—
1790 FM	—	1,100	1,500	2,000	2,750	—

KM# 158 8 ESCUDOS
27.07 g., 0.875 Gold, 0.7615 oz. AGW **Ruler:**
Charles IV **Obv.** Armored bust of Charles III,
right **Rev:** Crowned shield flanked by 8 S in order
chain **Obv. Legend:** CAROL • IIII • D • G • ... **Rev.
Legend:** IN • UTROQ • ... **Mint:** Mexico City **Note:**
Mint mark M, Mo, using old portrait punch.

Date	Mintage	VG8	F12	VF20	XF40	MS60
1790 FM	—	1,100	1,500	2,000	2,750	—

KM# 159 8 ESCUDOS
27.07 g., 0.875 Gold, 0.7615 oz. AGW **Ruler:**
Charles IV **Obv.** Armored bust right **Rev:** Crowned
shield flanked by 8 S in order chain **Obv. Legend:**
CAROL • IIII • D • G • ... **Rev. Legend:** IN • UTROQ
• .. **Mint:** Mexico City **Note:** Mint mark Mo.

Date	Mintage	VG8	F12	VF20	XF40	MS60
1791 FM	—	1,100	1,250	1,500	2,000	—
1792 FM	—	1,100	1,250	1,500	2,000	—
1793 FM	—	1,100	1,250	1,500	2,000	—
1794 FM	—	1,100	1,250	1,500	2,000	—
1795 FM	—	1,100	1,250	1,500	2,000	—
1796/5 FM	—	1,100	1,250	1,500	2,000	—
1796 FM	—	1,100	1,250	1,500	2,000	—
1797 FM EPLIX	—	1,100	1,250	1,500	2,000	—
1797 FM	—	1,100	1,250	1,500	2,000	—
1798 FM	—	1,100	1,250	1,500	2,000	—
1799 FM	—	1,100	1,250	1,500	2,000	—
1800 FM	—	1,100	1,250	1,500	2,000	—
1801/0 FT	—	1,225	1,275	1,375	1,950	—
1801 FM	—	1,225	1,275	1,350	1,700	—
1801 FT	—	1,225	1,275	1,350	1,700	—
1802 FT	—	1,225	1,275	1,350	1,700	—
1803 FT	—	1,225	1,275	1,350	1,700	—
1804/3 TH	—	1,225	1,275	1,375	1,950	—
1804 TH	—	1,225	1,275	1,350	1,700	5,300
1805 TH	—	1,225	1,275	1,350	1,700	—
1806 TH	—	1,225	1,275	1,350	1,700	5,300

SPANISH COLONIAL - MILLED COINAGE

Date	Mintage	VG8	F12	VF20	XF40	MS60
1807 TH Mo over inverted Mo	—	1,225	1,275	1,375	1,950	—
1807/6 TH	—	1,225	1,275	1,375	1,950	—
1808/7 TH	—	1,225	1,275	1,350	2,100	—
1807 TH	—	1,225	1,275	1,450	1,700	—
1808 TH	—	1,225	1,275	1,450	2,100	—

KM# 160 8 ESCUDOS
27.07 g., 0.875 Gold, 0.7615 oz. AGW **Ruler:**
Ferdinand VII **Obv.** Armored bust right **Rev:**
Crowned shield divides designed wreath **Obv.
Legend:** FERDIN • VII • D • G... **Rev. Legend:**
IN UTROQ • FELIX **Mint:** Mexico City **Note:** Mint
mark Mo.

Date	Mintage	VG8	F12	VF20	XF40	MS60
1808 TH	—	1,225	1,250	1,400	2,250	—
1809 HJ	—	1,225	1,250	1,400	2,250	—
1810 HJ	—	1,225	1,250	1,400	2,250	—
1811/0 HJ	—	1,225	1,250	1,400	2,250	—
1811 HJ H/T	—	1,225	1,250	1,400	2,250	—
1811 HJ	—	1,225	1,250	1,400	2,250	—
1811 JJ	—	1,225	1,250	1,400	2,250	—
1812 JJ	—	1,225	1,250	1,400	2,250	—

KM# 161 8 ESCUDOS
27.07 g., 0.875 Gold, 0.7615 oz. AGW **Ruler:**
Ferdinand VII **Obv.** Laureate head right **Rev:**
Crowned shield divides designed wreath **Obv.
Legend:** FERDIN • VII • D • G... **Rev. Legend:**
IN UTROQ • FELIX **Mint:** Mexico City **Note:** Mint
mark Mo.

Date	Mintage	VG8	F12	VF20	XF40	MS60
1814 JJ	—	1,225	1,275	1,400	2,000	—
1815/4 JJ	—	1,225	1,275	1,400	2,150	—
1815/4 HJ	—	1,225	1,275	1,400	2,150	—
1815 JJ	—	1,225	1,275	1,400	2,000	—
1815 HJ	—	1,225	1,275	1,400	2,000	—
1816 JJ	—	1,225	1,275	1,400	2,000	—
1817 JJ	—	1,225	1,275	1,400	2,150	—
1818/7 JJ	—	1,225	1,275	1,400	2,100	—
1818 JJ	—	1,225	1,275	1,400	2,100	—
1819 JJ	—	1,225	1,275	1,400	2,100	—
1820 JJ	—	1,225	1,275	1,400	2,100	—
1821 JJ	—	1,225	1,275	1,400	2,250	—

PROCLAMATION MEDALLIC COINAGE

KM# Q22 1/2 REAL
1.60 g., Silver, **Issuer:** Mexico City **Obv.** Crowned
shield flanked by crowned pillars with banner
Rev: Legend, date within wreath **Obv. Legend:** A
CARLOS IV REY DE ESPANA Y DE LAS YNDIAS
Rev. Legend: PROCLAMADO EN MEXICO ANO
DE 1789

Date	Mintage	F12	VF20	XF40	MS60	MS63
1789	—	40.00	70.00	120	—	—

KM# Q22a 1/2 REAL
Bronze, **Issuer:** Mexico City **Obv.** Crowned
shield flanked by crowned pillars with banner
Rev: Legend, date within wreath **Obv. Legend:** A
CARLOS IV REY DE ESPANA Y DE LAS YNDIAS
Rev. Legend: PROCLAMADO EN MEXICO ANO
DE 1789

Date	Mintage	F12	VF20	XF40	MS60	MS63
1789	—	45.00	90.00	150	—	—

KM# Q23 1/2 REAL
Silver, **Issuer:** Mexico City **Obv.** Crowned arms
in double-lined circle **Obv. Legend:** A CARLOS IV
REY DE ESPANA Y DE LAS YNDIAS **Rev. Legend:**
PROCLAMADO EN MEXICO ANO DE 1789

Date	Mintage	F12	VF20	XF40	MS60	MS63
1789	—	40.00	70.00	120	—	—

KM# Q23a 1/2 REAL
Bronze, **Issuer:** Mexico City **Obv.** Crowned arms
in double-lined circle **Obv. Legend:** A CARLOS IV
REY DE ESPANA Y DE LAS YNDIAS **Rev. Legend:**
PROCLAMADO EN MEXICO ANO DE 1789

Date	Mintage	F12	VF20	XF40	MS60	MS63
1789	—	45.00	90.00	150	—	—

KM# Q24 REAL
Silver, **Issuer:** Mexico City **Obv.** Crowned shield
flanked by crowned pillars with banner **Rev:**
Legend, date, value within wreath **Obv. Legend:** A
CARLOS IV REY DE ESPANA Y DE LAS YNDIAS
Rev. Legend: PROCLAMADO EN MEXICO ANO
DE 1789

Date	Mintage	F12	VF20	XF40	MS60	MS63
1789	—	40.00	70.00	120	—	—

KM# Q24a REAL
Bronze, **Issuer:** Mexico City **Obv.** Crowned
shield flanked by crowned pillars with banner **Rev:**
Legend, date, value within wreath **Obv. Legend:** A
CARLOS IV REY DE ESPANA Y DE LAS YNDIAS
Rev. Legend: PROCLAMADO EN MEXICO ANO
DE 1789

Date	Mintage	F12	VF20	XF40	MS60	MS63
1789	—	45.00	90.00	150	—	—

KM# Q-A24 REAL
Silver, **Issuer:** Mexico City **Obv.** Crowned arms in double-lined circle **Obv. Legend:** A CARLOS IV REY DE ESPANA Y DE LAS YNDIAS **Rev. Legend:** PROCLAMADO EN MEXICO ANO DE 1789

Date	Mintage	F12	VF20	XF40	MS60	MS63
1789	—	40.00	70.00	120	—	—

KM# Q-A24a REAL
Copper, **Issuer:** Mexico City **Obv.** Crowned arms in double-lined circle **Obv. Legend:** A CARLOS IV REY DE ESPANA Y DE LAS YNDIAS **Rev. Legend:** PROCLAMADO EN MEXICO ANO DE 1789

Date	Mintage	F12	VF20	XF40	MS60	MS63
1789	—	45.00	90.00	150	—	—

KM# Q8 REAL
Silver, **Issuer:** Chiapa **Obv.** Crowned shield flanked by pillars **Rev:** Legend within wreath **Obv. Legend:** FERNANDO. VII. REY DE ESPAÑA. Y DE SUS IND. **Rev. Legend:** PROCLA/MADO ENCUID•R•DE/ CHIAPA•/•A1808•

Date	Mintage	F12	VF20	XF40	MS60	MS63
1808	—	25.00	40.00	70.00	125	—

KM# Q25 2 REALES
6.70 g., Silver, **Issuer:** Mexico City **Obv.** Crowned shield flanked by crowned pillars with banner **Rev:** Legend, date, value within wreath **Obv. Legend:** A CARLOS IV REY DE ESPANA Y DE LAS YNDIAS **Rev. Legend:** PROCLAMADO EN MEXICO ANO DE 1789

Date	Mintage	F12	VF20	XF40	MS60	MS63
1789	—	70.00	125	225	—	—

KM# Q25a 2 REALES
6.70 g., Bronze, **Issuer:** Mexico City **Obv.** Crowned shield flanked by crowned pillars with banner **Rev:** Legend, date, value within wreath **Obv. Legend:** A CARLOS IV REY DE ESPANA Y DE LAS YNDIAS **Rev. Legend:** PROCLAMADO EN MEXICO ANO DE 1789

Date	Mintage	F12	VF20	XF40	MS60	MS63
1789	—	60.00	115	180	—	—

KM# Q10 2 REALES
Silver, **Issuer:** Chiapa **Obv.** Crowned shield flanked by pillars **Rev:** Legend, date within wreath **Obv. Legend:** FERNANDO VII REY DE ESPANA Y DE SUS INDIAS

Date	Mintage	F12	VF20	XF40	MS60	MS63
1808	—	45.00	70.00	100	175	—

KM# Q64 2 REALES
Silver, **Issuer:** Queretaro **Obv.** Crowned shield flanked by pillars **Rev:** Legend, date within wreath **Obv. Legend:** FERNANDO VII REY DE ESPANA

Date	Mintage	F12	VF20	XF40	MS60	MS63
1808	—	25.00	45.00	90.00	150	—

KM# Q27 4 REALES
13.60 g., Silver, **Issuer:** Mexico City **Obv.** Crowned shield flanked by crowned pillars with banner **Rev:** Legend date, value within wreath **Obv. Legend:** A CARLOS IV REY DE ESPANA Y DE LAS YNDIAS **Rev. Legend:** PROCLAMADO EN MEXICO ANO DE 1789

Date	Mintage	F12	VF20	XF40	MS60	MS63
1789	—	200	375	675	1,150	—

KM# Q27a 4 REALES
13.60 g., Bronze, **Issuer:** Mexico City **Obv.** Crowned shield flanked by crowned pillars with banner **Obv. Legend:** A CARLOS IV REY DE ESPANA Y DE LAS YNDIAS **Rev. Legend:** PROCLAMADO EN MEXICO ANO DE 1789

Date	Mintage	F12	VF20	XF40	MS60	MS63
1789	—	140	250	450	—	—

KM# Q-A66 4 REALES
Silver, **Issuer:** Queretaro **Obv.** Crowned shield flanked by pillars **Rev:** Legend, date within wreath **Obv. Legend:** FERNANDO VII REY DE ESPANA

Date	Mintage	F12	VF20	XF40	MS60	MS63
1808	—	100	160	295	475	—

KM# Q28 8 REALES
27.00 g., Silver, **Issuer:** Mexico City **Obv.** Crowned shield flanked by crowned pillars with banner **Rev:** Legend, date, value within wreath **Obv. Legend:** A CARLOS IV REY DE ESPANA Y DE LAS YNDIAS **Rev. Legend:** PROCLAMADO EN MEXICO ANO DE 1789

Date	Mintage	F12	VF20	XF40	MS60	MS63
1789	—	400	700	1,200	2,000	—

KM# Q28a 8 REALES
27.00 g., Bronze, **Issuer:** Mexico City **Obv.** Crowned shield flanked by crowned pillars with banner **Rev:** Legend, date, value within wreath **Obv. Legend:** A CARLOS IV REY DE ESPANA Y DE LAS YNDIAS **Rev. Legend:** PROCLAMADO EN MEXICO ANO DE 1789

Date	Mintage	F12	VF20	XF40	MS60	MS63
1789	—	140	250	450	—	—

KM# Q68 8 REALES
Silver, **Issuer:** Queretaro **Obv.** Crowned shield flanked by pillars **Rev:** Legend, date within wreath **Obv. Legend:** FERNANDO VII REY DE ESPANA

Date	Mintage	F12	VF20	XF40	MS60	MS63
1808	—	220	425	575	950	—

WAR OF INDEPENDENCE
CHIHUAHUA

The Chihuahua Mint was established by a decree of October 8, 1810 as a temporary mint. Their first coins were cast 8 Reales using Mexico City coins as patterns and obliterating/changing the mint mark and moneyer initials. Two c/m were placed on the obverse - on the left, a T designating receipt by the Royal Treasurer, crowned pillars of Hercules on the right with pomegranate beneath, the comptrollers symbol.

In 1814, standard dies were made available, thus machine struck 8 Reales were produced until 1822. Only the one denomination was made at Chihuahua.

Mint mark: CA.

ROYALIST COINAGE

KM# 123 8 REALES
Cast Silver, **Ruler:** Ferdinand VII **Obv.** Armored bust right **Rev:** Crowned shield flanked by pillars **Obv. Legend:** FERDIN• VII • DEI • GRATIA **Mint:** Chihuahua **Countermark:** T at left, pillars at right, pomegranate below

CM	Date	Host Date	G4	VG8	F12	VF20	XF40
CA RP	1810 Rare		—	—	—	—	—
CA RP		1811	45.00	70.00	120	200	—
CA RP		1812	40.00	65.00	90.00	175	—
CA RP		1813	35.00	50.00	70.00	120	—

KM# 111.1 8 REALES
27.07 g., 0.903 Silver, 0.7859 oz. ASW **Ruler:** Ferdinand VII **Obv.** Draped bust right **Rev:** Crowned shield flanked by pillars **Obv. Legend:** FERDIN • VII • DEI • GRATIA

Date	Mintage	VG8	F12	VF20	XF40	MS60
1815 RP	—	220	300	525	750	—
1816 RP	—	90.00	140	225	425	—
1817 RP	—	110	165	280	425	—
1818 RP	—	110	165	280	425	—
1819/8 RP	—	140	195	375	525	—
1819 RP	—	140	195	375	525	—
1820 RP	—	220	300	525	750	—
1821 RP	—	220	300	525	750	—
1822 RP	—	450	650	1,200	1,650	—

Note: KM#111.1 is normally found struck over earlier cast 8 Reales, KM#123 and Monclova (MVA) 1812 cast countermark 8 Reales, KM#202 and Zacatecas 8 Reales, KM#190

DURANGO

The Durango mint was authorized as a temporary mint on the same day as the Chihuahua Mint, October 8, 1810. The mint opened in 1811 and made coins of 6 denominations between 1811 and 1822.

Mint mark: D.

ROYALIST COINAGE

KM# 60 1/8 REAL
Copper, **Ruler:** Ferdinand VII **Obv.** Crowned monogram **Rev:** EN DURANGO, value, date **Mint:** Durango

Date	Mintage	VG8	F12	VF20	XF40	MS60
1812 D	—	40.00	75.00	125	250	—
1813 D	—	65.00	135	185	375	—
1814 D Rare	—	—	—	—	—	—

KM# 61 1/8 REAL
Copper, **Ruler:** Ferdinand VII **Obv.** Crowned monogram **Rev:** Value within spray, date below **Rev. Legend:** ENDURANGO. **Mint:** Durango

Date	Mintage	VG8	F12	VF20	XF40	MS60
1814 D	—	18.00	32.50	55.00	95.00	—
1815 D	—	18.00	35.00	60.00	100	—
1816 D	—	18.00	35.00	60.00	100	—
1817 D	—	15.00	30.00	50.00	95.00	—
1818 D	—	15.00	30.00	50.00	95.00	—
1818 D	—	45.00	80.00	125	225	—

Note: OCTAVO DD REAL, error

KM# 74.1 1/2 REAL
1.69 g., 0.903 Silver, 0.0491 oz. ASW **Ruler:** Ferdinand VII **Obv.** Draped laureate bust right **Rev:** Crowned shield flanked by pillars **Mint:** Durango

Date	Mintage	VG8	F12	VF20	XF40	MS60
1813 D RM	—	275	500	825	2,050	—
1814 D MZ	—	275	500	825	2,050	—
1816 D MZ	—	275	500	825	2,050	—

KM# 83.1 REAL
3.38 g., 0.903 Silver, 0.0981 oz. ASW **Ruler:** Ferdinand VII **Obv.** Draped laureate bust right **Rev:** Crowned shield flanked by pillars **Obv. Legend:** FERDIN • VII... **Rev. Legend:** IND • REX... **Mint:** Durango

Date	Mintage	VG8	F12	VF20	XF40	MS60
1813 D RM	—	275	500	725	1,800	—
1814 D MZ	—	275	500	725	1,800	—
1815 D MZ	—	275	500	725	1,800	—

KM# 92.2 2 REALES
6.77 g., 0.903 Silver, 0.1965 oz. ASW **Ruler:** Ferdinand VII **Obv.** Armored bust right **Rev:** Crowned shield flanked by pillars **Rev. Legend:** MON PROV DE DURANGO... **Mint:** Durango

Date	Mintage	VG8	F12	VF20	XF40	MS60
1811 D RM	—	700	800	1,550	3,200	—

KM# 92.3 2 REALES
6.77 g., 0.903 Silver, 0.1965 oz. ASW **Ruler:** Ferdinand VII **Obv.** Armored bust right **Rev:** Crowned shield flanked by pillars **Rev. Legend:** HISPAN ET IND REX...

Date	Mintage	VG8	F12	VF20	XF40	MS60
1812 RM	—	425	650	1,250	2,750	—

KM# 93.1 2 REALES
6.77 g., 0.903 Silver, 0.1965 oz. ASW **Ruler:** Ferdinand VII **Obv.** Draped laureate bust right **Rev:** Crowned shield flanked by pillars **Obv. Legend:** FERDIN • VII... **Rev. Legend:** IND • REX... **Mint:** Durango

Date	Mintage	VG8	F12	VF20	XF40	MS60
1812 D RM	—	375	600	1,150	2,550	—
1813 D RM	—	475	925	1,550	4,250	—
1813 D MZ	—	475	925	1,550	4,250	—
1814 D MZ	—	475	925	1,550	4,250	—
1815 D MZ	—	475	925	1,550	4,250	—
1816 D MZ	—	475	925	1,550	4,250	—
1817 D MZ	—	475	925	1,550	4,250	—

KM# 102.1 4 REALES
13.54 g., 0.903 Silver, 0.3931 oz. ASW **Ruler:** Ferdinand VII **Obv.** Draped laureate bust right **Rev:** Crowned shield flanked by pillars **Obv. Legend:** FERDIN • VII... **Rev. Legend:** IND • REX... **Mint:** Durango

Date	Mintage	VG8	F12	VF20	XF40	MS60
1814 D MZ	—	850	1,550	2,550	6,900	—
1816 D MZ	—	700	1,400	2,150	6,200	—
1817 D MZ	—	700	1,400	2,150	6,200	—

KM# 110.1 8 REALES
27.07 g., 0.903 Silver, 0.7859 oz. ASW **Ruler:** Ferdinand VII **Obv.** Armored bust right **Rev:** Crowned shield flanked by pillars **Obv. Legend:** FERD • VII... **Rev. Legend:** DURANGO • 8R R • M... **Mint:** Durango

Date	Mintage	VG8	F12	VF20	XF40	MS60
1811 D RM	—	2,800	5,500	9,000	—	—
1812 D RM	—	450	825	1,250	4,400	—
1814 D MZ	—	450	825	1,250	4,400	—

KM# 111.2 8 REALES
27.07 g., 0.903 Silver, 0.7859 oz. ASW **Ruler:**
Ferdinand VII **Obv.** Draped laureate bust right **Rev:**
Crowned shield flanked by pillars **Obv. Legend:**
FERDIN • VII... **Rev. Legend:** IND • REX... **Mint:**
Durango

Date	Mintage	VG8	F12	VF20	XF40
1812 D RM	—	175	245	375	1,150
1813 D RM	—	210	280	450	1,250
1813 D MZ	—	175	245	375	1,100
1814/2 D MZ	—	210	280	425	1,100
1814 D MZ	—	210	280	425	1,100
1815 D MZ	—	105	175	325	875
1816 D MZ	—	70.00	105	175	500
1817 D MZ	—	42.00	70.00	125	375
1818 D MZ	—	70.00	105	175	525
1818 D RM	—	70.00	105	175	500
1818 D CG/RM	—	140	175	210	525
1818 D CG	—	70.00	105	175	500
1819 D CG/RM	—	70.00	140	210	450
1819 D CG	—	42.00	85.00	140	375
1820 D CG	—	42.00	85.00	140	375
1821 D CG	—	42.00	55.00	110	325
1822 D CG	—	42.00	70.00	125	375

Note: Occasionally these are found struck over cast
Chihuahua 8 reales and are very rare in general,
specimens dated prior to 1816 are rather crudely
struck

GUADALAJARA

The Guadalajara Mint made its first coins in 1812
and the mint operated until April 30, 1815. It was to
reopen in 1818 and continue operations until 1822. It
was the only Royalist mint to strike gold coins, both
4 and 8 Escudos. In addition to these it struck the
standard 5 denominations in silver.

Mint mark: GA.

ROYALIST COINAGE

KM# 74.2 1/2 REAL
1.69 g., 0.903 Silver, 0.0491 oz. ASW **Ruler:**
Ferdinand VII **Obv.** Draped laureate bust right
Rev: Crowned shield flanked by pillars **Obv.**
Legend: FERDIN • VII... **Rev. Legend:** IND... **Mint:**
Guadalajara

Date	Mintage	VG8	F12	VF20	XF40
1812 GA MR Rare	—	—	—	—	—
1814 GA MR	—	60.00	145	290	425
1815 GA MR	—	290	500	725	1,450

KM# 83.2 REAL
3.38 g., 0.903 Silver, 0.0981 oz. ASW **Ruler:**
Ferdinand VII **Obv.** Draped laureate bust right **Rev:**
Crowned shield flanked by pillars **Obv. Legend:**
FERDIN • VII... **Rev. Legend:** IND • REX... **Mint:**
Guadalajara

Date	Mintage	VG8	F12	VF20	XF40	MS60
1813 GA MR	—	425	725	1,150	—	—
1814 GA MR	—	215	290	500	925	—
1815 GA MR	—	425	725	1,150	—	—

KM# 93.2 2 REALES
6.77 g., 0.903 Silver, 0.1965 oz. ASW **Ruler:**
Ferdinand VII **Obv.** Draped laureate bust right **Rev:**
Crowned shield flanked by pillars **Obv. Legend:**
FERDIN • VII... **Rev. Legend:** IND • REX... **Mint:**
Guadalajara

Date	Mintage	VG8	F12	VF20	XF40	MS60
1812 GA MR	—	350	600	950	3,000	—
1814/2 GA MR	—	90.00	150	300	775	—
1814 GA MR	—	90.00	150	300	775	—
1815/4 GA MR	—	500	875	1,300	4,300	—
1815 GA MR	—	475	850	1,200	4,200	—
1821 GA FS	—	240	300	425	1,150	—

KM# 102.2 4 REALES
13.54 g., 0.903 Silver, 0.3931 oz. ASW **Ruler:**
Ferdinand VII **Obv.** Draped laureate bust right **Rev:**
Crowned shield flanked by pillars **Obv. Legend:**
FERDIN • VII... **Rev. Legend:** IND • REX... **Mint:**
Guadalajara

Date	Mintage	VG8	F12	VF20	XF40	MS60
1814 GA MR	—	65.00	105	245	425	—
1815 GA MR	—	130	245	500	825	—

KM# 102.3   4 REALES
13.54 g.,   0.903 Silver, 0.3931 oz. ASW **Ruler:**
Ferdinand VII **Obv.** Draped laureate bust right **Rev:**
Crowned shield flanked by pillars **Obv. Legend:**
FERDIN • VII... **Rev. Legend:** IND • REX... **Mint:**
Guadalajara

Date	Mintage	VG8	F12	VF20	XF40	MS60
1814 GA MR	—	85.00	165	325	650	—

KM# 102.4   4 REALES
13.54 g.,   0.903 Silver, 0.3931 oz. ASW **Ruler:**
Ferdinand VII **Obv.** Draped laureate bust right **Rev:**
Crowned shield flanked by pillars **Obv. Legend:**
FERDIN • VII... **Rev. Legend:** IND • REX... **Mint:**
Guadalajara

Date	Mintage	VG8	F12	VF20	XF40	MS60
1814 GA MR	—	100	195	425	750	—

KM# 111.3   8 REALES
27.07 g.,   0.903 Silver, 0.7859 oz. ASW **Ruler:**
Ferdinand VII **Obv.** Draped laureate bust right **Rev:**
Crowned shield flanked by pillars **Obv. Legend:**
FERDIN • VII... **Rev. Legend:** IND • REX... **Mint:**
Guadalajara

Date	Mintage	VG8	F12	VF20	XF40
1812 GA MR	—	2,700	4,500	6,500	9,500
1813/2 GA MR	—	110	180	270	725
1813 GA MR	—	110	180	270	725
1814 GA MR	—	36.00	65.00	110	325
Note: Several bust varieties exist for the 1814 issue					
1815 GA MR	—	230	300	550	1,150
1818 GA FS	—	55.00	90.00	140	350
1821/18 GA FS	—	55.00	90.00	140	350

Date	Mintage	VG8	F12	VF20	XF40
1821 GA FS	—	45.00	65.00	110	300
1821/2 GA FS	—	55.00	90.00	140	350
1822/1 GA FS	—	55.00	90.00	140	350
1822 GA FS	—	45.00	80.00	115	300
Note: Die varieties exist. Early dates are also encountered struck over other types					

KM# 147   4 ESCUDOS
13.54 g.,   0.875 Gold, 0.3809 oz. AGW **Ruler:**
Ferdinand VII **Obv.** Uniformed bust right **Rev:**
Crowned shield divides designed wreath **Mint:**
Guadalajara

Date	Mintage	F12	VF20	XF40	MS60
1812 GA MR Rare	—	—	—	—	—

KM# 162   8 ESCUDOS
27.07 g.,   0.875 Gold, 0.7615 oz. AGW **Ruler:**
Ferdinand VII **Obv.** Large uniformed bust right
Rev: Crowned shield divides designed wreath **Obv.
Legend:** FERDIN • VII • D • G... **Rev. Legend:**
UTROQ • FELIX... **Mint:** Guadalajara

Date	Mintage	VG8	F12	VF20	XF40
1812 GA MR Rare	—	—	—	—	—
1813 GA MR	—	6,000	9,000	15,000	25,000
Note: Heritage Long Beach sale 5-08, Choice AU realized $37,500. American Numismatic Rarities Eliasberg sale 4-05, VF-30 realized $23,000.					

KM# 163   8 ESCUDOS
27.07 g.,   0.875 Gold, 0.7615 oz. AGW **Ruler:**
Ferdinand VII **Obv.** Small uniformed bust right
Rev: Crowned shield divides designed wreath **Obv.
Legend:** FERDIN • VII... **Rev. Legend:** UTROQ •
FELIX... **Mint:** Guadalajara

Date	Mintage	VG8	F12	VF20	XF40
1813 GA MR	—	10,000	16,000	30,000	45,000

Note: Spink America Gerber sale 6-96 VF or better realized $46,200

KM# 161.1 8 ESCUDOS
27.07 g., 0.875 Gold, 0.7615 oz. AGW **Ruler:** Ferdinand VII **Obv.** Laureate head right **Rev:** Crowned shield divides designed wreath **Obv. Legend:** FERDIN • VII • D • G... **Rev. Legend:** UTROQ • FELIX... **Mint:** Guadalajara

Date	Mintage	VG8	F12	VF20	XF40
1821 GA FS	—	2,000	4,000	10,000	17,000

Note: American Numismatic Rarities Eliasberg sale 4-05, AU-55 realized $20,700.

KM# 164 8 ESCUDOS
27.07 g., 0.875 Gold, 0.7615 oz. AGW **Ruler:** Ferdinand VII **Obv.** Draped laureate bust right **Rev:** Crowned shield flanked by pillars **Mint:** Guadalajara

Date	Mintage	VG8	F12	VF20	XF40
1821 GA FS	—	5,500	8,000	14,500	23,500

GUANAJUATO

The Guanajuato Mint was authorized December 24, 1812 and started production shortly thereafter; closing for unknown reasons on May 15, 1813. The mint was reopened in April, 1821 by the insurgents, who struck coins of the old royal Spanish design to pay their army, even after independence, well into 1822.

Only the 2 and 8 Reales coins were made.
Mint mark: Go.

KM# 93.3 2 REALES
6.77 g., 0.903 Silver, 0.1965 oz. ASW **Ruler:** Ferdinand VII **Obv.** Draped laureate bust right **Rev:** Crowned shield flanked bu pillars **Obv. Legend:** FERDIN • VII... **Rev. Legend:** IND • REX... **Mint:** Guanajuato

Date	Mintage	VG8	F12	VF20	XF40	MS60
1821 Go JM	—	50.00	95.00	145	265	—
1822 Go JM	—	43.25	70.00	110	210	—

KM# 111.4 8 REALES
27.07 g., 0.903 Silver, 0.7859 oz. ASW **Ruler:** Ferdinand VII **Obv.** Draped laureate bust right **Rev:** Crowned shield flanked by pillars **Obv. Legend:** FERDIN • VII... **Rev. Legend:** IND • REX... **Mint:** Guanajuato

Date	Mintage	VG8	F12	VF20	XF40	MS60
1812 Go JJ	—	3,700	6,500	—	—	—
1813 Go JJ	—	180	250	400	875	—
1821 Go JM	—	36.00	70.00	110	290	—
1822 Go JM	—	30.00	50.00	85.00	265	—

NUEVA GALICIA

(Later became Jalisco State)

In early colonial times, Nueva Galicia was an extensive province which substantially combined later provinces of Zacatecas and Jalisco. These are states of Mexico today although the name was revived during the War of Independence. The only issue was 2 Reales of rather enigmatic origin. No decrees or other authorization to strike this coin has yet been located or reported.

INSURGENT COINAGE

KM# 218 2 REALES
0.903 Silver, **Obv.** N. G. in center, date **Rev:** 2R in center **Obv. Legend:** PROVYCIONAL... **Rev. Legend:** ... A. JUNIANA...

Date	Mintage	G4	VG8	F12	VF20	XF40
1813	—	1,250	3,150	5,600	—	—

Note: Excellent struck counterfeits exist

NUEVA VISCAYA

(Later became Durango State)

This 8 Reales, intended for the province of Nueva Viscaya, was minted in the newly-opened Durango Mint during February and March of 1811, before the regular coinage of Durango was started.

ROYALIST COINAGE

KM# 181 8 REALES
27.07 g., 0.903 Silver, 0.7859 oz. ASW **Ruler:**
Ferdinand VII **Obv.** Crowned shield within sprays
Rev: Crowned shield flanked by pillars **Obv.**
Legend: MON • PROV • DE NUEV • VIZCAYA

Date	Mintage	G4	VG8	F12	VF20	XF40
1811 RM	—	1,250	2,800	3,550	6,900	—

Note: Several varieties exist.

OAXACA

The city of Oaxaca was in the midst of a coin
shortage when it became apparent the city would
be taken by the Insurgents. Royalist forces under Lt.
Gen. Saravia had coins made. They were cast in a
blacksmith shop. 1/2, 1, and 8 Reales were made
only briefly in 1812 before the Royalists surrendered
the city.

ROYALIST COINAGE

KM# 166 1/2 REAL
0.903 Silver, **Ruler:** Ferdinand VII **Obv.** Cross
separating castle, lion, Fo, 7o **Rev:** Legend around
shield **Rev. Legend:** PROV • D • OAXACA

Date	Mintage	G4	VG8	F12	VF20	XF40
1812	—	1,250	1,900	3,150	4,400	—

KM# 167 REAL
0.903 Silver, **Ruler:** Ferdinand VII **Obv.** Cross
separating castle, lion, Fo, 7o **Rev:** Legend around
shield **Rev. Legend:** PROV • D • OAXACA

Date	Mintage	G4	VG8	F12	VF20	XF40
1812	—	450	825	1,500	3,150	—

KM# 168 8 REALES
0.903 Silver, **Obv.** Cross separating castle, lion,
Fo, 7o **Rev:** Shield, authorization mark above **Obv.**
Legend: OAXACA 1812... **Note:** These issues
usually display a second mark 'O' between the
crowned pillars on the obverse. Varieties of large
and small lion in shield also exist.

Date	Mintage	G4	VG8	F12	VF20	XF40
1812 A	—	1,500	2,100	3,500	5,700	—
1812 B	—	1,500	2,100	3,500	5,700	—
1812 C	—	1,500	2,100	3,500	5,700	—
1812 D	—	1,500	2,100	3,500	5,700	—
1812 K	—	1,500	2,100	3,500	5,700	—
1812 L	—	1,500	2,100	3,500	5,700	—
1812 Mo	—	1,500	2,100	3,500	5,700	—
1812 N	—	1,500	2,100	3,500	5,700	—
1812 O	—	1,500	2,100	3,500	5,700	—
1812 R	—	1,500	2,100	3,500	5,700	—
1812 V	—	1,500	2,100	3,500	5,700	—
1812 Z	—	1,500	2,100	3,500	5,700	—

INSURGENT COINAGE

Oaxaca was the hub of Insurgent activity in
the south where coinage started in July 1811 and
continued until October 1814. The Oaxaca issues
represent episodic strikings, usually under dire cir-
cumstances by various individuals. Coins were com-
monly made of copper due to urgency and were in-
tended to be redeemed at face value in gold or silver
once silver was available to the Insurgents. Some
were later made in silver, but most appear to be of
more recent origin, to satisfy collectors.

KM# 219 1/2 REAL
Struck Copper, **Obv.** Bow, arrow, SUD **Rev:**
Morelos monogram Mo, date

Date	Mintage	G4	VG8	F12	VF20	XF40
1811	—	6.75	11.50	20.00	35.00	—
1812	—	6.75	11.50	20.00	35.00	—
1813	—	5.50	9.00	17.50	30.00	—
1814	—	9.00	16.50	25.00	40.00	—

Note: Uniface strikes exist of #219

KM# 220.1 1/2 REAL
Struck Silver, **Obv.** Bow, arrow, SUD **Rev:** Morelos monogram Mo, date

Date	Mintage	G4	VG8	F12	VF20	XF40
1811	—	—	—	—	—	—
1812	—	—	—	—	—	—
1813	—	—	—	—	—	—

KM# 220.2 1/2 REAL
Struck Silver, **Obv.** Bow, arrow, SUD **Rev:** Morelos monogram Mo, date

Date	Mintage	G4	VG8	F12	VF20	XF40
1811	—	—	—	—	—	—
1812	—	—	—	—	—	—
1813	—	33.00	65.00	130	200	—

Note: Use caution as silver specimens appear questionable and may be considered spurious

KM# 221 1/2 REAL
Struck Silver, **Obv.** Bow, arrow **Rev:** Lion **Obv. Legend:** PROVICIONAL DE OAXACA **Rev. Legend:** AMERICA MORELOS

Date	Mintage	G4	VG8	F12	VF20	XF40
1812	—	46.25	80.00	130	200	—
1813	—	46.25	80.00	130	200	—

KM# 221a 1/2 REAL
Struck Copper, **Obv.** Bow, arrow **Rev:** Lion **Obv. Legend:** PROVICIONAL DE OAXACA **Rev. Legend:** AMERICA MORELOS

Date	Mintage	G4	VG8	F12	VF20	XF40
1812	—	36.25	55.00	90.00	130	—
1813	—	27.50	46.25	80.00	115	—

KM# 243 1/2 REAL
Struck Copper, **Obv.** Bow, T.C., SUD **Rev:** Morelos monogram, value, date

Date	Mintage	G4	VG8	F12	VF20	XF40
1813	—	49.50	90.00	170	265	—

KM# A222 1/2 REAL
Struck Copper, **Obv.** Similar to KM#220 **Rev:** Similar to KM#221 but with 1/2 at left of lion **Rev. Legend:** AMERICA MORELOS

Date	Mintage	G4	VG8	F12	VF20	XF40
1813	—	36.25	55.00	90.00	130	—

KM# 222 REAL
Struck Copper, **Obv.** Bow, arrow, SUD **Rev:** Morelos monogram, 1 R., date

Date	Mintage	G4	VG8	F12	VF20	XF40
1811	—	6.00	12.00	25.00	50.00	—
1812	—	5.00	10.00	18.00	39.50	—
1813	—	5.00	10.00	18.00	39.50	—

KM# 222a REAL
Struck Silver, **Obv.** Bow, arrow, SUD **Rev:** Morelos monogram, 1 R., date

Date	Mintage	G4	VG8	F12	VF20	XF40
1812	—	—	—	—	—	—
1813	—	—	—	—	—	—

KM# 223 REAL
Cast Silver, **Obv.** Bow, arrow, SUD with floral ornaments **Rev:** Morelos monogram, 1 R., date

Date	Mintage	G4	VG8	F12	VF20	XF40
1812	—	—	—	—	—	—
1813	—	36.25	80.00	150	210	—

Note: Use caution as many silver specimens appear questionable and may be considered spurious

KM# 224 REAL
Struck Copper, **Obv.** Bow, arrow/SUD **Rev:** Lion **Rev. Legend:** AMERICA MORELOS

Date	Mintage	G4	VG8	F12	VF20	XF40
1813	—	36.25	55.00	100	145	—

KM# 225 REAL
Silver, **Obv.** Bow, arrow/SUD **Rev:** Lion **Rev. Legend:** AMERICA MORELOS

Date	Mintage	G4	VG8	F12	VF20	XF40
1813 Rare	—	—	—	—	—	—

KM# 244 REAL
Struck Copper, **Obv.** Bow, T.C., SUD **Rev:** Morelos monogram, value, date

Date	Mintage	G4	VG8	F12	VF20	XF40
1813	—	18.00	33.00	65.00	110	—

KM# 226.1 2 REALES
Struck Copper, **Obv.** Bow, arrow/SUD **Rev:** Morelos monogram, .2.R., date

Date	Mintage	G4	VG8	F12	VF20	XF40
1811	—	17.00	33.00	70.00	130	—
1811 inverted 2	—	20.00	39.50	80.00	155	—
1812	—	3.00	5.00	8.00	16.00	—
1813	—	4.00	7.00	11.00	20.00	—
1814	—	18.00	37.00	85.00	155	—

KM# 226.1a　2 REALES
Struck Silver, **Obv.** Bow, arrow/SUD **Rev:** Morelos monogram, .2.R., date

Date	Mintage	G4	VG8	F12	VF20	XF40
1812	—	215	350	600	900	—

KM# 229　2 REALES
Cast Silver, **Obv.** Bow, arrow, SUD **Rev:** Morelos monogram, value, date in center with ornamentation around

Date	Mintage	G4	VG8	F12	VF20	XF40
1812 Filled in D in SUD	—	80.00	130	200	300	—

Note: Use caution as many silver specimens appear questionable and may be considered spurious

Date	Mintage	G4	VG8	F12	VF20	XF40
1812	—	80.00	130	200	300	—

KM# 227　2 REALES
Struck Silver, **Obv.** Bow, arrow **Rev:** Morelos monogram, value, date **Obv. Legend:** SUD-OXA

Date	Mintage	G4	VG8	F12	VF20	XF40
1813	—	80.00	130	265	400	—
1814	—	80.00	130	265	400	—

KM# 245　2 REALES
Struck Copper, **Obv.** Bow, T.C., SUD **Rev:** Morelos monogram, value, date

Date	Mintage	G4	VG8	F12	VF20	XF40
1813	—	12.00	30.00	46.25	65.00	—

KM# 226.2　2 REALES
Struck Silver, **Obv.** Three large stars added **Rev:** Morelos monogram, .2.R., date

Date	Mintage	G4	VG8	F12	VF20	XF40
1814	—	13.00	27.50	55.00	80.00	—

KM# 228　2 REALES
Struck Silver, **Obv.** Bow, arrow **Rev:** Morelos monogram, value, date **Obv. Legend:** SUD. OAXACA

Date	Mintage	G4	VG8	F12	VF20	XF40
1814	—	80.00	130	265	425	—

KM# 246　2 REALES
Struck Copper, **Obv.** Bow, T.C., SUD **Rev:** Morelos monogram, value, date

Date	Mintage	G4	VG8	F12	VF20	XF40
1814	—	33.00	70.00	145	250	—

KM# 234　8 REALES
Copper, **Obv.** Bow, arrow, SUD in floral ornamentation **Rev:** Morelos monogram, .8.R., date surrounded by ornate flowery fields

Date	Mintage	G4	VG8	F12	VF20	XF40
1811	—	115	190	225	350	—
1812	—	10.00	15.00	25.00	50.00	—
1813	—	10.00	15.00	25.00	50.00	—
1814	—	19.00	27.50	47.00	95.00	—

KM# 234a　8 REALES
Struck Silver, **Obv.** Bow, arrow, SUD in floral ornamentation **Rev:** Morelos monogram, .8.R., date surrounded by ornate flowery fields

Date	Mintage	G4	VG8	F12	VF20	XF40
1811	—	—	—	3,150	5,000	—
1812	—	—	—	1,500	2,500	—

KM# 235　8 REALES
Cast Silver, **Obv.** Bow, arrow, SUD in floral ornamentation **Rev:** Morelos monogram, value, date surrounded by ornate flowery fields

Date	Mintage	G4	VG8	F12	VF20	XF40
1811	—	—	—	—	—	—
1812	—	115	190	300	525	—
1813	—	90.00	150	265	450	—
1814	—	—	—	—	—	—

Note: Most silver specimens available in today's market are considered spurious

KM# 233.1 8 REALES
Copper, **Obv.** Bow, arrow, SUD **Rev:** Morelos
monogram, 8.R., date, plain fields

Date	Mintage	G4	VG8	F12	VF20	XF40
1812	—	27.50	55.00	115	170	—

KM# 233.2 8 REALES
Copper, **Obv.** Bow, arrow, SUD **Rev:** Morelos
monogram, 8 R, date, plain fields

Date	Mintage	G4	VG8	F12	VF20	XF40
1812	—	15.00	20.00	31.25	37.50	—
1813	—	15.00	20.00	31.25	37.50	—
1814	—	25.00	31.25	37.50	50.00	—

Note: Similar to KM#233.4 but lines below bow slant left

KM# 236 8 REALES
0.903 Struck Silver, **Obv.** M monogram **Rev:** Lion
shield with or without bow above **Obv. Legend:**
PROV • D • OAXACA

Date	Mintage	G4	VG8	F12	VF20	XF40
1812 Rare	—	—	—	—	—	—

KM# 242 8 REALES
Copper, **Obv.** Legend around bow, arrow/SUD
Obv. Legend: MONEDA PROVI • CIONAL PS • ES
• **Rev. Legend:** FABRICADO EN HUAUTLA

Date	Mintage	G4	VG8	F12	VF20	XF40
1812	—	1,250	1,900	2,500	—	—

KM# 233.1a 8 REALES
Struck Silver, **Obv.** Bow, arrow, SUD **Rev:** Morelos
monogram, 8.R., date, plain fields

Date	Mintage	G4	VG8	F12	VF20	XF40
1812	—	150	225	375	700	—

KM# 233.5a 8 REALES
Silver, **Obv.** 8 dots below bow, SUD, plain fields
Rev: Morelos monogram, 8.R., date

Date	Mintage	G4	VG8	F12	VF20	XF40
1812	—	—	—	1,500	2,500	—

KM# 233.3 8 REALES
Struck Copper, **Obv.** Bow, arrow, SUD, with left
slant lines below bow **Rev:** Morelos monogram,
8.R., date, plain fields

Date	Mintage	G4	VG8	F12	VF20	XF40
1813	—	19.00	34.50	55.00	95.00	—

KM# 233.4 8 REALES
Struck Copper, **Obv.** Bow, arrow, SUD, with right
slant lines below bow **Rev:** Morelos monogram,
8.R., date, plain fields

Date	Mintage	G4	VG8	F12	VF20	XF40
1813	—	19.00	34.50	55.00	95.00	—

KM# 237 8 REALES
0.925 Silver, **Obv.** M monogram, without legend
Rev: Lion shield with or without bow above

Date	Mintage	G4	VG8	F12	VF20	XF40
1813 Rare	—	—	—	—	—	—

KM# 238 8 REALES
0.903 Struck Silver, **Obv.** Bow/M/SUD **Rev:**
PROV. DE. ... arms

Date	Mintage	G4	VG8	F12	VF20	XF40
1813 Rare	—	—	—	—	—	—

WAR OF INDEPENDENCE

KM# 248 8 REALES
Struck Copper, **Obv.** Bow, T.C., SUD **Rev:** Morelos monogram, value, date

Date	Mintage	G4	VG8	F12	VF20	XF40
1813	—	18.00	37.50	75.00	145	—

KM# 249 8 REALES
Cast Silver, **Obv.** Bow, T.C., SUD **Rev:** Morelos monogram, value, date

Date	Mintage	G4	VG8	F12	VF20	XF40
1813	—	—	—	—	—	—

Note: Use caution as many silver specimens appear questionable and may be considered spurious

KM# 233.2a 8 REALES
Silver, **Obv.** bow, arrow, SUD **Rev:** Morelos monogram, 8R, date, plain fields

Date	Mintage	G4	VG8	F12	VF20	XF40
1813	—	—	—	1,500	2,500	—

KM# 239 8 REALES
Cast Silver, **Obv.** Bow, arrow **Rev:** Morelos monogram **Obv. Legend:** SUD-OXA

Date	Mintage	G4	VG8	F12	VF20	XF40
1814 Rare	—	—	—	—	—	—

KM# 240 8 REALES
Copper, **Obv.** Bow, arrow **Rev:** Morelos monogram, 8.R., date **Obv. Legend:** SUD-OXA

Date	Mintage	G4	VG8	F12	VF20	XF40
1814	—	55.00	105	225	375	—

KM# 241 8 REALES
Copper, **Obv.** Bow, arrow **Rev:** Morelos monogram, 8.R., date **Obv. Legend:** SUD-OAXACA

Date	Mintage	G4	VG8	F12	VF20	XF40
1814	—	125	250	450	700	—

PUEBLA

INSURGENT COINAGE

KM# 250 1/2 REAL
Copper, **Obv.** Osorno monogram, ZACATLAN, date **Rev:** Crossed arrows, wreath, value

Date	Mintage	G4	VG8	F12	VF20	XF40
1813 Rare	—	—	—	—	—	—

KM# 251 REAL
Copper, **Obv.** Osorno monogram, ZACATLAN, date **Rev:** Crossed arrows, wreath, value

Date	Mintage	G4	VG8	F12	VF20	XF40
1813	—	140	210	300	625	—

KM# 252 2 REALES
Copper, **Obv.** Osorno monogram, ZACATLAN, date **Rev:** Crossed arrows, wreath, value

Date	Mintage	G4	VG8	F12	VF20	XF40
1813	—	170	240	375	700	—

REAL DEL CATORCE

(City in San Luis Potosi)

Real del Catorce is an important mining center in the Province of San Luis Potosi. In 1811 an 8 Reales coin was issued under very primitive conditions while the city was still in Royalist hands. Few survive.

ROYALIST COINAGE

KM# 169 8 REALES
0.903 Silver, **Ruler:** Ferdinand VII **Obv. Legend:**
EL R • D • CATORC • POR FERNA • VII **Rev.**
Legend: MONEDA • PROVISIONAL • VALE • 8R

Date	Mintage	VG8	F12	VF20	XF40	MS60
1811	—	8,400	18,000	42,000	78,000	—

Note: Spink America Gerber Sale 6-96 VF or XF realized $63,800

SAN FERNANDO DE BEXAR

TOKEN COINAGE

KM# Tn1 1/2 REAL (JOLA)
Copper, **Ruler:** Ferdinand VII **Note:** Prev. KM#170.

Date	Mintage	G4	VG8	F12	VF20	XF40
1818	8,000	—	—	—	28,000	37,000

KM# Tn2 1/2 REAL (JOLA)
Copper, **Ruler:** Ferdinand VII **Note:** Prev. KM#171.

Date	Mintage	G4	VG8	F12	VF20	XF40
1818	Inc. above	—	—	—	25,000	35,000

SAN LUIS POTOSI

Sierra de Pinos

ROYALIST COINAGE

KM# A172 1/4 REAL
Copper, **Ruler:** Ferdinand VII

Date	Mintage	G4	VG8	F12	VF20	XF40
1814	—	125	190	325	500	—

KM# A172a 1/4 REAL
Silver, **Ruler:** Ferdinand VII

Date	Mintage	G4	VG8	F12	VF20	XF40
1814 Rare	—	—	—	—	—	—

SOMBRERETE

(Under Royalist Vargas)

The Sombrerete Mint opened on October 8, 1810 in an area that boasted some of the richest mines in Mexico. The mint operated only until July 16, 1811, only to reopen in 1812 and finally close for good at the end of the year. Mines Administrator Fernando Vargas, was also in charge of the coining, all coins bear his name.

ROYALIST COINAGE

KM# 172 1/2 REAL
0.903 Silver, **Ruler:** Ferdinand VII **Obv.** Legend around crowned globes **Rev:** Legend above lys in oval, sprays, date below **Obv. Legend:** FERDIN • VII • SOMBRERETE... **Rev. Legend:** VARGAS

Date	Mintage	G4	VG8	F12	VF20	XF40
1811	—	55.00	85.00	180	325	—
1812	—	60.00	110	210	350	—

KM# 173 REAL
0.903 Silver, **Ruler:** Ferdinand VII **Obv.** Legend around crowned globes **Rev:** Legend above lys in oval with denomination flanking, sprays, date below **Obv. Legend:** FERDIN • VII • SOMBRERETE... **Rev. Legend:** VARGAS

Date	Mintage	G4	VG8	F12	VF20	XF40
1811	—	55.00	85.00	180	325	—

Note: For 1811, denomination reads as '1R' or 'R1'

1812	—	60.00	110	210	350	—

KM# 174 2 REALES
0.903 Silver, **Ruler:** Ferdinand VII **Obv.** Royal arms **Rev:** 1811, S between crowned pillars **Obv. Legend:** R • CAXA • DE • SOMBRERETE **Countermark:** VARGAS

CM Date	Host Date	G4	VG8	F12	VF20	XF40
SE	1811	120	300	550	900	—

KM# 175 4 REALES
0.903 Silver, **Ruler:** Ferdinand VII **Obv.** Crowned Royal arms **Rev:** Large legend **Obv. Legend:** R • CAXA • DE • SOMBRERETE **Rev. Legend:** VARGAS / 1812 **Note:** Prev. KM#172.

Date	Mintage	G4	VG8	F12	VF20	XF40
1812	—	60.00	120	240	600	—

KM# 176   8 REALES
0.903 Silver, **Ruler:** Ferdinand VII **Obv.** Royal arms **Rev:** Several countermarks between crowned pillars **Obv. Legend:** R • CAXA • DE SOMBRERETE **Countermark:** VARGAS, date, S

CM Date	Host Date	G4	VG8	F12	VF20	XF40
	1810	1,200	2,100	3,300	5,400	10,500
	1811	270	400	550	725	—

KM# 177   8 REALES
0.903 Silver, **Ruler:** Ferdinand VII **Obv.** Crowned Royal arms **Obv. Legend:** R • CAXA • DE SOMBRETE **Rev. Legend:** VARGAS / date /3, S between crowned pillars

Date	Mintage	G4	VG8	F12	VF20	XF40
1811	—	170	240	475	950	—
1812	—	150	220	450	925	—

VALLADOLID MICHOACAN

ROYALIST COINAGE

KM# 178   8 REALES
0.903 Silver, **Ruler:** Ferdinand VII **Obv.** Royal arms in wreath, value at sides **Rev. Legend:** PROVISIONAL / DE VALLADOLID / 1813

Date	Mintage	G4	VG8	F12	VF20	XF40
1813 Rare	—	—	—	—	—	—

KM# 179   8 REALES
0.903 Silver, **Ruler:** Ferdinand VII **Obv.** Draped laureate bust right **Rev:** Crowned shield flanked by pillars, P. D. V. in legend **Obv. Legend:** FERDIN • VII •... **Rev. Legend:** REX • P • D • V...

Date	Mintage	G4	VG8	F12	VF20	XF40
1813 Rare	—	—	—	—	—	—

Note: Spink America Gerber sale 6-96 good realized $23,100

VERACRUZ

In Zongolica, in the province of Veracruz, 2 priests and a lawyer decided to raise an army to fight for independence. Due to isolation from other Insurgent forces, they decided to make their own coins. Records show that they intended to mint coins of 1/2, 1, 2, 4, and 8 Reales, but specimens are extant of only the three higher denominations.

INSURGENT COINAGE

KM# 253   2 REALES
0.903 Silver, **Obv.** Bow and arrow **Rev:** Value, crossed palm branch, sword, date **Obv. Legend:** VIVA FERNANDO VII Y AMERICA **Rev. Legend:** ZONGOLICA

Date	Mintage	G4	VG8	F12	VF20	XF40
1812	—	120	240	425	775	—

KM# 255 8 REALES
0.903 Silver, **Obv.** Bow and arrow **Rev:** Value, crossed palm branch, sword, date **Obv. Legend:** VIVA FERNANDO VII Y AMERICA **Rev. Legend:** ZONGOLICA **Note:** Similar to 2 Reales, KM#253.

Date	Mintage	G4	VG8	F12	VF20	XF40
1812 Rare	—	—	—	—	—	—

Note: Spink America Gerber sale 6-96 VF to XF realized $57,200

ZACATECAS

The city of Zacatecas, in a rich mining region has provided silver for the world since mid-1500. On November 14, 1810 a mint began production for the Royalist cause. Zacatecas was the most prolific during the War of Independence. Four of the 5 standard silver denominations were made here, 4 Reales were not. The first, a local type showing mountains of silver on the coins were made only in 1810 and 1811. Some 1811 coins were made by the Insurgents who took the city on April 15, 1811, later retaken by the Royalists on May 21, 1811. Zacatecas struck the standard Ferdinand VII bust type until 1822.

Mint marks: Z, ZS, Zs.

ROYALIST COINAGE

KM# 180 1/2 REAL
0.903 Silver, **Ruler:** Ferdinand VII **Obv.** Crowned shield flanked by pillars **Rev:** Mountain within beaded circle **Obv. Legend:** FERDIN • VII... **Mint:** Zacatecas **Note:** Mint marks: Z, ZS, Zs.

Date	Mintage	G4	VG8	F12	VF20	XF40
1810	—	90.00	150	240	475	—
1811	—	36.00	60.00	110	240	—

Note: Date aligned with legend

KM# 181 1/2 REAL
0.903 Silver, **Ruler:** Ferdinand VII **Obv.** Crowned shield flanked by pillars **Rev:** Mountain within beaded circle **Rev. Legend:** MONEDA PROVISIONAL DE ZACATECAS **Mint:** Zacatecas **Note:** Mint marks: Z, ZS, Zs.

Date	Mintage	G4	VG8	F12	VF20	XF40
1811	—	36.00	60.00	110	240	—

KM# 182 1/2 REAL
0.903 Silver, **Ruler:** Ferdinand VII **Obv.** Provincial bust right **Rev:** Crowned shield flanked by pillars **Obv. Legend:** FERDIN • VII **Rev. Legend:** MONEDA PROVISIONAL DE ZACATECAS **Mint:** Zacatecas **Note:** Mint marks: Z, ZS, Zs.

Date	Mintage	G4	VG8	F12	VF20	XF40
1811	—	36.00	48.00	80.00	170	—
1812	—	30.00	42.00	70.00	150	—

KM# 73.1 1/2 REAL
1.69 g., 0.903 Silver, 0.0491 oz. ASW **Ruler:** Ferdinand VII **Obv.** Armored laureate bust right **Rev:** Crowned shield flanked by pillars **Legend:** FERDIN • VII... **Rev. Legend:** IND... **Mint:** Zacatecas **Note:** Mint marks: Z, ZS, Zs.

Date	Mintage	G4	VG8	F12	VF20	XF40
1813 AG	—	25.00	48.00	70.00	130	—
1813 FP	—	30.00	55.00	100	220	—
1814 AG	—	18.00	36.00	70.00	130	—
1815 AG	—	15.00	30.00	48.00	85.00	—
1816 AG	—	12.00	18.00	30.00	65.00	—
1817 AG	—	12.00	18.00	30.00	65.00	—
1818 AG	—	12.00	18.00	30.00	65.00	—
1819 AG	—	12.00	18.00	30.00	65.00	—

KM# 74.3 1/2 REAL
1.69 g., 0.903 Silver, 0.0491 oz. ASW **Ruler:** Ferdinand VII **Obv.** Draped laureate bust right **Rev:** Crowned shield flanked by pillars **Obv. Legend:** FERDIN • VII... **Rev. Legend:** IND... **Mint:** Zacatecas **Note:** Mint marks: Z, ZS, Zs.

Date	Mintage	VG8	F12	VF20	XF40	MS60
1819 AG	—	10.00	14.00	30.00	60.00	—
1820 AG	—	10.00	14.00	30.00	60.00	—
1820 RG	—	6.00	12.00	25.00	55.00	—
1821 AG	—	180	300	550	1,000	—
1821 RG	—	6.00	12.00	25.00	55.00	—

KM# 183 REAL
0.903 Silver, **Ruler:** Ferdinand VII **Obv.** Crowned shield flanked by pillars **Rev:** Mountain within beaded circle **Mint:** Zacatecas **Note:** Mint marks: Z, ZS, Zs.

Date	Mintage	G4	VG8	F12	VF20	XF40
1810	—	120	180	350	600	—
1811	—	25.00	48.00	90.00	180	—

Note: Date aligned with legend

KM# 184 REAL
0.903 Silver, **Ruler:** Ferdinand VII **Obv.** Crowned shield flanked by pillars **Rev:** Mountain within beaded circle **Rev. Legend:** MONEDA PROVISIONAL DE ZACATECAS **Mint:** Zacatecas **Note:** Mint marks: Z, ZS, Zs.

Date	Mintage	G4	VG8	F12	VF20	XF40
1811	—	18.00	36.00	70.00	160	—

KM# 185 REAL
0.903 Silver, **Ruler:** Ferdinand VII **Obv.** Provincial bust right **Rev:** Crowned shield flanked by pillars **Obv. Legend:** FERDIN • VII... **Rev. Legend:** MONEDA PROVISIONAL DE ZACATECAS **Mint:** Zacatecas **Note:** Mint marks: Z, ZS, Zs.

Date	Mintage	G4	VG8	F12	VF20	XF40
1811	—	60.00	100	155	265	—
1812	—	48.00	85.00	130	235	—

KM# 82.1 REAL
3.38 g.,   0.903 Silver, 0.0981 oz. ASW **Ruler:** Ferdinand VII **Obv.** Armored laureate bust right **Rev:** Crowned shield flanked by pillars **Obv. Legend:** FERDIN • VII... **Rev. Legend:** IND • REX... **Mint:** Zacatecas **Note:** Mint marks: Z, ZS, Zs.

Date	Mintage	G4	VG8	F12	VF20	XF40
1813 FP	—	60.00	120	180	300	—
1814 FP	—	25.00	42.00	60.00	100	—
1814 AG	—	25.00	42.00	60.00	100	—
1815 AG	—	25.00	42.00	60.00	100	—
1816 AG	—	14.00	25.00	36.00	80.00	—
1817 AG	—	10.00	15.00	25.00	55.00	—
1818 AG	—	10.00	15.00	25.00	55.00	—
1819 AG	—	7.00	13.00	22.50	42.00	—

KM# 83.3 REAL
3.38 g.,   0.903 Silver, 0.0981 oz. ASW **Ruler:** Ferdinand VII **Obv.** Draped laureate bust right **Rev:** Crowned shield flanked by pillars **Obv. Legend:** FERDIN • VII... **Rev. Legend:** REX • Z... **Mint:** Zacatecas **Note:** Mint marks: Z, ZS, Zs.

Date	Mintage	VG8	F12	VF20	XF40	MS60
1820 AG	—	7.00	14.00	25.00	70.00	—
1820 RG	—	7.00	14.00	25.00	70.00	—
1821 AG	—	22.50	36.00	55.00	110	—
1821 AZ	—	14.00	25.00	48.00	100	—
1821 RG	—	8.00	15.00	30.00	80.00	—
1822 AZ	—	8.00	15.00	30.00	80.00	—
1822 RG	—	22.50	36.00	55.00	110	—

KM# 186 2 REALES
0.903 Silver, **Ruler:** Ferdinand VII **Obv.** Crowned shield flanked by pillars **Rev:** Mountain within beaded circle **Obv. Legend:** FERDIN • VII... **Rev. Legend:** MONEDA • PROVISION... **Mint:** Zacatecas **Note:** Mint marks: Z, ZS, Zs.

Date	Mintage	G4	VG8	F12	VF20	XF40
1810 Rare	—	—	—	—	—	—
1811	—	36.00	60.00	100	175	—

Note: Date aligned with legend

KM# 187 2 REALES
0.903 Silver, **Ruler:** Ferdinand VII **Obv.** Crowned shield flanked by pillars **Rev:** Mountain above L. V. O within beaded circle **Rev. Legend:** MONEDA PROVISIONAL DE ZACATECAS **Mint:** Zacatecas **Note:** Mint marks: Z, ZS, Zs.

Date	Mintage	G4	VG8	F12	VF20	XF40
1811	—	22.50	43.25	85.00	145	—

KM# 188 2 REALES
0.903 Silver, **Ruler:** Ferdinand VII **Obv.** Armored bust right **Rev:** Crowned shield flanked by pillars **Obv. Legend:** FERDIN • VII... **Rev. Legend:** MONEDA PROVISIONAL DE ZACATECAS **Mint:** Zacatecas **Note:** Mint marks: Z, ZS, Zs.

Date	Mintage	G4	VG8	F12	VF20	XF40
1811	—	46.25	85.00	180	300	—
1812	—	39.50	80.00	170	265	—

KM# 92.1 2 REALES

6.77 g., 0.903 Silver, 0.1965 oz. ASW **Ruler:** Ferdinand VII **Obv.** Large armored bust right **Rev:** Crowned shield flanked by pillars **Obv. Legend:** FERDIN • VII **Rev. Inscription:** MONEDA • PROVISION... **Mint:** Zacatecas **Note:** Mint marks: Z, ZS, Zs.

Date	Mintage	G4	VG8	F12	VF20	XF40
1813 FP	—	42.00	60.00	90.00	150	—
1814 FP	—	42.00	60.00	90.00	150	—
1814 AG	—	42.00	60.00	90.00	150	—
1815 AG	—	9.00	18.00	36.00	65.00	—
1816 AG	—	9.00	18.00	36.00	65.00	—
1817 AG	—	9.00	18.00	36.00	65.00	—
1818 AG	—	9.00	18.00	36.00	65.00	—

KM# 93.4 2 REALES

6.77 g., 0.903 Silver, 0.1965 oz. ASW **Ruler:** Ferdinand VII **Obv.** Draped laureate bust right **Rev:** Crowned shield flanked by pillars **Obv. Legend:** FERDIN • VII **Rev. Legend:** IND • REX... **Mint:** Zacatecas **Note:** Mint marks: Z, ZS, Zs.

Date	Mintage	VG8	F12	VF20	XF40	MS60
1818 AG	—	9.00	18.00	36.00	65.00	—
1819 AG	—	12.00	25.00	48.00	100	—
1819 AG	—	12.00	25.00	48.00	100	—
Note: Reversed 'S' in HISPAN						
1820 AG	—	12.00	25.00	48.00	100	—
1820 RG	—	12.00	25.00	48.00	100	—
1821 AG	—	12.00	25.00	48.00	100	—
1821 AZ/RG	—	12.00	25.00	48.00	100	—
1821 AZ	—	12.00	25.00	48.00	100	—
1821 RG	—	12.00	25.00	48.00	100	—
1822 AG	—	12.00	25.00	48.00	100	—
1822 RG	—	12.00	25.00	48.00	100	—

KM# A92 2 REALES

6.77 g., 0.903 Silver, 0.1965 oz. ASW **Ruler:** Ferdinand VII **Obv.** Small armored bust right **Rev:** Crowned shield flanked by pillars **Obv. Legend:** FERDIN • VII **Rev. Legend:** IND • REX... **Mint:** Zacatecas **Note:** Mint marks: Z, ZS, Zs.

Date	Mintage	G4	VG8	F12	VF20	XF40
1819 AG	—	55.00	120	240	475	—

KM# 189 8 REALES

0.903 Silver, **Ruler:** Ferdinand VII **Obv.** Crowned shield flanked by pillars **Rev:** Mountain above L.V.O. within beaded circle **Rev. Legend:** MONEDA.PROVISION... **Mint:** Zacatecas **Note:** Mint Zacatecas.

Date	Mintage	G4	VG8	F12	VF20	XF40
1810	—	350	600	900	1,500	—
1811	—	120	180	270	425	—
Note: Date aligned with legend. Also exists with incomplete date						

KM# 190 8 REALES

0.903 Silver, **Ruler:** Ferdinand VII **Obv.** Crowned shield flanked by pillars **Rev:** Mountain above L. V. O within beaded circle **Obv. Legend:** FERDIN • VII • DEI... **Rev. Legend:** MONEDA PROVISIONAL DE ZACATECAS **Mint:** Zacatecas

Date	Mintage	G4	VG8	F12	VF20	XF40
1811	—	80.00	120	160	425	775
Note: Date aligned with legend						
1811 Error	—	—	—	—	3,600	6,000
FERDIN • VI						

KM# 191 8 REALES
0.903 Silver, **Ruler:** Ferdinand VII **Obv.** Armored bust right **Rev:** Crowned shield flanked by pillars **Obv. Legend:** FERDIN • VII • 8 •R • DEI... **Rev. Legend:** MONEDA PROVISIONAL DE ZACATECAS **Mint:** Zacatecas

Date	Mintage	G4	VG8	F12	VF20	XF40
1811	—	55.00	90.00	175	325	—
1812	—	60.00	100	190	350	—

KM# 192 8 REALES
0.903 Silver, **Ruler:** Ferdinand VII **Obv.** Draped laureate bust right **Rev:** Crowned shield flanked by pillars **Obv. Legend:** FERDIN • VII • DEI... **Rev. Legend:** MONEDA PROVISIONAL DE ZACATECAS **Mint:** Zacatecas

Date	Mintage	G4	VG8	F12	VF20	XF40
1812	—	90.00	180	325	550	—

KM# 111.5 8 REALES
27.07 g., 0.903 Silver, 0.7859 oz. ASW **Ruler:** Ferdinand VII **Obv.** Draped laureate bust right **Rev:** Crowned shield flanked by pillars **Obv. Legend:** FERDIN • VII • DEI • GRATIA **Rev. Legend:** HISPAN • ET IND • REX **Mint:** Zacatecas **Note:** Mint mark: Zs. Several bust types exist for the 1821 issues.

Date	Mintage	VG8	F12	VF20	XF40	MS60
1813 FP	—	90.00	150	210	325	—
1814 FP	—	180	300	425	550	—
1814 AG	—	120	180	240	350	—
1814 AG	—	150	210	270	400	—
Note: D over horizontal D in IND						
1814 AG/FP	—	120	180	240	350	—
1815 AG	—	60.00	120	180	300	—
1816 AG	—	42.00	60.00	80.00	150	—
1817 AG	—	42.00	60.00	80.00	150	—
1818 AG	—	36.00	48.00	60.00	120	—
1819 AG	—	36.00	48.00	60.00	120	—
1819 AG 'GRATIA' error	—	120	240	350	475	—
1820 AG 18/11 error	—	120	240	350	475	—
1820 AG	—	36.00	48.00	60.00	120	600
1820 RG	—	36.00	48.00	60.00	120	—

Date	Mintage	VG8	F12	VF20	XF40	MS60
1821/81 RG	—	90.00	180	270	350	—
1821 RG	—	18.00	30.00	42.00	80.00	—
1821 AZ/RG	—	60.00	120	180	240	—
1821 AZ	—	60.00	120	180	240	—
1822 RG	—	48.00	70.00	120	210	775

KM# 111.6 8 REALES
27.07 g., 0.903 Silver, 0.7859 oz. ASW **Ruler:** Ferdinand VII **Obv.** Draped laureate bust right **Rev:** Crowned shield flanked by pillars **Obv. Legend:** FERDIN • VII • DEI • GRATIA **Rev. Legend:** HISAV • ET IND • REX **Mint:** Zacatecas

Date	Mintage	VG8	F12	VF20	XF40	MS60
1821 Zs	—	190	375	650	900	—

ROYALIST COUNTERMARKED COINAGE

LCM - LA COMANDANCIA MILITAR
Crown and Flag
This countermark exists in 15 various sizes.

KM# 193.1 2 REALES
0.903 Silver,   **Countermark:** LCM **Note:** Countermark on Mexico KM#92.

CM Date	Host Date	G4	VG8	F12	VF20	XF40
ND TH	1809	100	200	300	550	—

KM# 193.2   2 REALES
0.903   Silver,   **Countermark:** LCM   **Note:**
Countermark on Mexico KM#186.

CM Date	Host Date	G4	VG8	F12	VF20	XF40
ND	1811	100	200	300	550	—

KM# 194.1   8 REALES
Cast Silver,   **Countermark:** LCM   **Note:**
Countermark on Chihuahua KM#123.

CM Date	Host Date	G4	VG8	F12	VF20	XF40
ND RP	1811	120	240	350	600	—
ND RP	1812	120	240	350	600	—

KM# 194.2   8 REALES
0.903   Silver,   **Countermark:** LCM   **Note:**
Countermark on Chihuahua KM#111.1 struck over KM#123.

CM Date	Host Date	G4	VG8	F12	VF20	XF40
ND	1815 RP	240	325	475	725	—
ND	1817 RP	150	210	270	425	—
ND	1820 RP	150	210	270	425	—
ND	1821 RP	150	210	270	425	—

KM# 194.3   8 REALES
0.903   Silver,   **Countermark:** LCM   **Note:**
Countermark on Durango KM#111.2.

CM Date	Host Date	G4	VG8	F12	VF20	XF40
ND	1812 RM	85.00	150	240	350	—
ND	1821 CG	85.00	150	240	350	—

KM# 194.4   8 REALES
0.903   Silver,   **Countermark:** LCM   **Note:**
Countermark on Guadalajara KM#111.3.

CM Date	Host Date	G4	VG8	F12	VF20	XF40
ND MR	1813	180	270	350	600	—

KM# 194.5   8 REALES
0.903   Silver,   **Countermark:** LCM   **Note:**
Countermark on Guanajuato KM#111.4.

CM Date	Host Date	G4	VG8	F12	VF20	XF40
ND JJ	1813	270	425	575	850	—

KM# 194.6   8 REALES
0.903   Silver,   **Countermark:** LCM   **Note:**
Countermark on Nueva Viscaya KM#165.

CM Date	Host Date	G4	VG8	F12	VF20	XF40
ND RM	1811 Rare	—	—	—	—	—

KM# 194.7   8 REALES
0.903   Silver,   **Countermark:** LCM   **Note:**
Countermark on Mexico KM#111.

CM Date	Host Date	G4	VG8	F12	VF20	XF40
ND HJ	1811	150	270	425	775	—
ND JJ	1812	130	160	240	425	—
ND JJ	1817	60.00	80.00	100	210	—
ND JJ	1818	60.00	80.00	100	210	—
ND JJ	1820	—	—	—	—	—

KM# 194.8   8 REALES
0.903   Silver,   **Countermark:** LCM   **Note:**
Countermark on Sombrerete KM#176.

CM Date	Host Date	G4	VG8	F12	VF20	XF40
ND	1811 Rare	—	—	—	—	—
ND	1812 Rare	—	—	—	—	—

KM# 194.9 8 REALES
0.903 Silver,   **Countermark:** LCM **Note:** Countermark on Zacatecas KM#190.

CM Date	Host Date	G4	VG8	F12	VF20	XF40
ND	1811	270	425	600	—	—

KM# 194.10 8 REALES
0.903 Silver,   **Countermark:** LCM **Note:** Countermark on Zacatecas KM#111.5.

CM Date	Host Date	G4	VG8	F12	VF20	XF40
ND FP	1813	—	—	—	—	—
ND AG	1814	—	—	—	—	—
ND RG	1822	—	—	—	—	—

LCV - LAS CAJAS DE VERACRUZ
The Royal Treasury of the City of Veracruz

KM# 195 7 REALES
Silver,   **Countermark:** LCV **Note:** Countermark and 7 on underweight 8 Reales.

CM Date	Host Date	G4	VG8	F12	VF20	XF40
ND	ND Rare	—	—	—	—	—

Note: Most examples are counterfeit

KM# 196 7-1/4 REALES
Silver,   **Countermark:** LCV **Note:** Countermark and 7-1/4 on underweight 8 Reales.

CM Date	Host Date	G4	VG8	F12	VF20	XF40
ND	ND Rare	—	—	—	—	—

Note: Most examples are counterfeit

KM# 197 7-1/2 REALES
Silver,   **Countermark:** LCV **Note:** Countermark and 7-1/2 on underweight 8 Reales.

CM Date	Host Date	G4	VG8	F12	VF20	XF40
ND	ND Rare	—	—	—	—	—

Note: Most examples are counterfeit

KM# 198 7-3/4 REALES
Silver,   **Countermark:** LCV **Note:** Countermark and 7-3/4 on underweight 8 Reales.

CM Date	Host Date	G4	VG8	F12	VF20	XF40
ND	ND	350	450	550	850	—

Note: Many examples are counterfeit

KM# A198 8 REALES
Cast Silver,   **Countermark:** LCV **Note:** Countermark on Chihuahua KM#123.

CM Date	Host Date	G4	VG8	F12	VF20	XF40
ND RP	1811	180	300	475	725	—

KM# 199 8 REALES
Silver, **Countermark:** LCV **Note:** Countermark on Zacatecas KM#191.

CM Date	Host Date	G4	VG8	F12	VF20	XF40
ND	1811	210	270	325	450	—
ND	1812	210	270	325	450	—

MS (MONOGRAM) - MANUEL SALCEDO

KM# 200 8 REALES
Silver, **Countermark:** MS monogram **Note:** Countermark on Mexico KM#110.

CM Date	Host Date	G4	VG8	F12	VF20	XF40
ND TH	1809	180	300	475	725	—
ND HJ	1810	180	300	475	725	—
ND HJ	1811	180	300	475	725	—

MVA - MONCLOVA

KM# 202.3 8 REALES
Silver, **Countermark:** MVA/1812 **Note:** Countermark on cast Mexico KM#110.

CM Date	Host Date	G4	VG8	F12	VF20	XF40
1812 HJ	1809	120	180	300	450	—
1812 TH	1809	120	180	300	450	—
1812 HJ	1810	120	180	300	450	—

KM# 201 8 REALES
Silver, **Countermark:** MVA/1811 **Note:** Countermark on Chihuahua KM#111.1; struck over cast Mexico KM#110.

CM Date	Host Date	G4	VG8	F12	VF20	XF40
ND	1809	300	550	850	1,200	—
ND	1816 RP	300	550	850	1,200	—
ND	1821 RP	300	550	850	1,200	—

KM# 202.1 8 REALES
Silver, **Countermark:** MVA/1812 **Note:** Countermark on Chihuahua KM#111.1; struck over cast Mexico KM#109.

CM Date	Host Date	G4	VG8	F12	VF20	XF40
1812	1810	150	210	300	450	—

KM# 202.2 8 REALES
Silver, **Countermark:** MVA/1812 **Note:** Countermark on cast Mexico KM#109.

CM Date	Host Date	G4	VG8	F12	VF20	XF40
1812 FM	1798	120	180	300	450	—
1812 FT	1802	120	180	300	450	—

KM# 202.5 8 REALES
Silver, **Countermark:** MVA/1812 **Note:** Countermark on Zacatecas KM#189.

CM Date	Host Date	G4	VG8	F12	VF20	XF40
1812	1813	350	425	550	850	—

INSURGENT COINAGE

AMERICAN CONGRESS

KM# 216 REAL
0.903 Silver, **Obv.** Eagle on cactus **Rev:** F. 7 on spread mantle **Obv. Legend:** CONGRESO AMERICANO **Rev. Legend:** DEPOSIT D.L. AUCTORI J **Mint:** Mexico City

Date	Mintage	G4	VG8	F12	VF20	XF40
ND(1813)	—	42.00	90.00	150	270	—

KM# 217 REAL
0.903 Silver, **Obv.** Eagle on cactus **Rev:** F. 7 on spread mantle **Obv. Legend:** CONGR. AMER. **Rev. Legend:** DEPOS. D. L. AUT. D. **Mint:** Mexico City

Date	Mintage	G4	VG8	F12	VF20	XF40
ND(1813)	—	42.00	90.00	150	270	—

NATIONAL CONGRESS

KM# 209 1/2 REAL
Struck Copper, **Obv.** Eagle on bridge **Rev:** Value, bow quiver, etc **Obv. Legend:** VICE FERD. VII DEI GRATIA ET **Rev. Legend:** S. P. CONG. NAT. IND.

Date	Mintage	G4	VG8	F12	VF20	XF40
1811	—	55.00	100	180	300	—
1812	—	33.00	70.00	120	210	—
1813	—	33.00	70.00	120	210	—
1814	—	55.00	100	180	300	—

KM# 210 1/2 REAL
0.903 Silver, **Obv.** Eagle on bridge **Rev:** Value, bow quiver, etc **Obv. Legend:** VICE FERD. VII DEI GRATIA ET **Rev. Legend:** S. P. CONG. NAT. IND.

Date	Mintage	G4	VG8	F12	VF20	XF40
1812	—	33.00	70.00	120	210	—
1813	—	55.00	110	210	325	—

Note: 1812 exists with the date reading inwards and outwards

KM# 211 REAL
0.903 Silver, **Obv.** Eagle on bridge **Rev:** Value, bow quiver, etc **Obv. Legend:** VICE FERD. VII DEI GRATIA ET **Rev. Legend:** S. P. CONG. NAT. IND.

Date	Mintage	G4	VG8	F12	VF20	XF40
1812	—	27.50	55.00	95.00	180	—
1813	—	27.50	55.00	95.00	180	—

Note: 1812 exists with the date reading either inward or outward

KM# 212 2 REALES
Struck Copper, **Obv.** Eagle on bridge **Rev:** Value,

bow quiver, etc **Obv. Legend:** VICE FERD. VII DEI GRATIA ET **Rev. Legend:** S. P. CONG. NAT. IND.

Date	Mintage	G4	VG8	F12	VF20	XF40
1812	—	120	180	270	425	—
1813	—	27.50	60.00	90.00	180	—
1814	—	39.00	90.00	130	220	—

KM# 213 2 REALES
0.903 Silver, **Obv.** Eagle on bridge in shield, denomination at sides **Rev:** Canon, quiver, arm, etc **Obv. Legend:** VICE FERD. VII DEI GRATIA ET

Date	Mintage	G4	VG8	F12	VF20	XF40
1813	—	95.00	200	350	500	—

Note: These dies were believed to be intended for the striking of 2 Escudos

KM# A213 2 REALES
Struck Silver, **Obv.** Eagle on bridge **Rev:** Value, bow, quiver, etc **Obv. Legend:** VICE FERD. VII DEI GRATIA ET **Rev. Legend:** S. P. CONG. NAT. IND.

Date	Mintage	G4	VG8	F12	VF20	XF40
1813	—	1,050	1,950	3,300	5,500	—

KM# 214 4 REALES
0.903 Silver, **Obv.** Eagle on bridge **Rev:** Value, bow, quiver, etc **Obv. Legend:** VICE FERD. VII DEI GRATIA ET **Rev. Legend:** S. P. CONG. NAT. IND. **Mint:** Mexico City

Date	Mintage	G4	VG8	F12	VF20	XF40
1813	—	650	1,300	2,700	5,200	—

KM# 215.1 8 REALES
0.903 Silver, **Obv.** Small crowned eagle **Rev:** Value, bow, quiver, etc **Obv. Legend:** VICE FERD. VII DEI GRATIA ET **Rev. Legend:** S. P. CONG. NAT. IND. **Mint:** Mexico City

Date	Mintage	G4	VG8	F12	VF20	XF40
1812Mo	—	650	1,250	2,600	4,950	—

KM# 215.2 8 REALES
0.903 Silver, **Obv.** Large crowned eagle **Rev:** Value, bow, quiver, etc **Obv. Legend:** VICE FERD. VII DEI GRATIA ET **Rev. Legend:** S. P. CONG. NAT. IND. **Mint:** Mexico City

Date	Mintage	G4	VG8	F12	VF20	XF40
1813Mo	—	650	1,250	2,600	4,950	—

SUPREME NATIONAL CONGRESS OF AMERICA

PDV - Provisional de Valladolid
VTIL - Util = useful
(Refer to Multiple countermarks)

KM# 203 1/2 REAL
Struck Copper, **Obv.** Eagle on bridge **Rev:** Value, bow, quiver, etc **Obv. Legend:** FERDIN. VII DEI GRATIA **Rev. Legend:** S. P. CONG. NAT. IND. GUV.T.

Date	Mintage	G4	VG8	F12	VF20	XF40
1811	—	34.50	55.00	80.00	150	—
1812	—	34.50	55.00	80.00	150	—
1813	—	34.50	55.00	80.00	150	—
1814	—	34.50	55.00	80.00	150	—

KM# 204 REAL
Struck Copper, **Obv.** Eagle on bridge **Rev:** Value, bow, quiver **Obv. Legend:** FERDIN. VII DEI GRATIA **Rev. Legend:** S. P. CONG. NAT. IND. GUV.T.

Date	Mintage	G4	VG8	F12	VF20	XF40
1811	—	55.00	95.00	155	250	—

KM# 205 2 REALES
Struck Copper, **Obv.** Eagle on bridge **Rev:** Value, bow, quiver, etc **Obv. Legend:** FERDIN. VII DEI GRATIA

Date	Mintage	G4	VG8	F12	VF20	XF40
1812	—	280	400	600	950	—

KM# 206 8 REALES
Cast Silver, **Obv.** Eagle on bridge **Rev:** Value, bow, quiver, etc **Obv. Legend:** FERDIN. VII DEI GRATIA

Date	Mintage	G4	VG8	F12	VF20	XF40
1811	—	190	325	450	700	—
1812	—	190	325	475	700	—

KM# 207 8 REALES
Struck Silver, **Obv.** Eagle on bridge **Rev:** Value, bow, quiver, etc **Obv. Legend:** FERDIN. VII DEI GRATIA

Date	Mintage	G4	VG8	F12	VF20	XF40
1811	—	—	—	—	—	—

Note: Ira & Larry Goldberg Millennia Sale 5-08, QU-55 realized $55,000.

Date	Mintage	G4	VG8	F12	VF20	XF40
1812	—	625	1,250	1,900	3,150	—

KM# 208 8 REALES
Struck Copper, **Obv.** Eagle on bridge **Rev:** Bow, sword and quiver **Obv. Legend:** FERDIN. VII... **Rev. Legend:** PROVICIONAL POR LA SUPREMA JUNTA DE AMERICA

Date	Mintage	G4	VG8	F12	VF20	XF40
1811	—	125	190	280	600	—
1812	—	125	190	280	600	—

INSURGENT COUNTERMARKED COINAGE

CONGRESS OF CHILPANZINGO

Type A: Hand holding bow and arrow between quiver with arrows, sword and bow.

Type B: Crowned eagle on bridge.
Congress of Chilpanzingo

KM# 256.1 1/2 REAL
Silver, **Countermark:** Type A hand holding bow and arrow between quiver with arrows, sword and bow **Note:** Countermark on cast Mexico City KM#72.

CM Date	Host Date	G4	VG8	F12	VF20	XF40
ND	1812	50.00	85.00	110	170	—

KM# 256.2 1/2 REAL
Silver, **Countermark:** Type A hand holding bow and arrow between quiver with arrows, sword and bow **Note:** Countermark on Zacatecas KM#181.

CM Date	Host Date	G4	VG8	F12	VF20	XF40
ND	1811	60.00	90.00	120	180	—

KM# A257 REAL
Cast Silver, **Countermark:** Type A hand holding bow and arrow between quiver with arrows, sword and bow **Note:** Countermark on cast Mexico City KM#81.

CM Date	Host Date	G4	VG8	F12	VF20	XF40
ND	1803	22.50	36.00	60.00	100	—

KM# 257.1 2 REALES
Silver, **Mint:** (no Mint Information) **Countermark:** Type B crowned eagle on bridge **Note:** Countermark on 1/4 cut of 8 Reales.

CM Date	Host Date	G4	VG8	F12	VF20	XF40
	Unique	—	—	—	—	—

KM# 257.2 2 REALES
Silver, **Countermark:** Type B crowned eagle on bridge **Note:** Countermark on Zacatecas KM#186.

CM Date	Host Date	G4	VG8	F12	VF20	XF40
ND	1811 Unique	—	—	—	—	—

KM# 270.6 8 REALES
Silver, **Mint:** (no Mint Information) **Countermark:** Eagle on cactus; star to left; NORTE below. **Note:** Countermark on Sombrerete KM# 177.

CM Date	Host Date	G4	VG8	F12	VF20	XF40
ND	1812	1,250	1,600	2,000	—	—

CONGRESS OF CHILPANZINGO

KM# 258.1 8 REALES
Silver, **Countermark:** Type A hand holding bow and arrow between quiver with arrows, sword and bow **Note:** Countermark on cast Mexico City KM#109.

CM Date	Host Date	G4	VG8	F12	VF20	XF40
ND	1805	55.00	80.00	100	180	—

Note: A countermark appears on coins dated 1805 TH

KM# 258.2 8 REALES
Silver, **Countermark:** Type A hand holding bow and arrow between quiver with arrows, sword and bow **Note:** Countermark on cast Mexico City KM#110.

CM Date	Host Date	G4	VG8	F12	VF20	XF40
ND HJ	1810	60.00	90.00	120	210	—

KM# 258.3 8 REALES
Silver, **Countermark:** Type A hand holding bow and arrow between quiver with arrows, sword and bow **Note:** Countermark on cast Mexico City KM#111.

CM Date	Host Date	G4	VG8	F12	VF20	XF40
ND HJ	1812	120	150	210	325	—
ND HJ	1811	55.00	80.00	100	180	—

KM# 259.1 8 REALES
Silver, **Countermark:** Type B crowned eagle on bridge **Note:** Countermark on Chihuahua KM#111.1.

CM Date	Host Date	G4	VG8	F12	VF20	XF40
ND RP	1816	240	300	350	475	—

KM# 259.2 8 REALES
Silver, **Countermark:** Type B crowned eagle on bridge **Note:** Countermark on cast Mexico City KM#111.

CM Date	Host Date	G4	VG8	F12	VF20	XF40
ND HJ	1811	155	180	210	300	—

KM# 259.3 8 REALES
Silver, **Countermark:** Type B crowned eagle on bridge **Note:** Countermark on Valladolid KM#178.

CM Date	Host Date	G4	VG8	F12	VF20	XF40
ND	1813	1,250	2,500	3,750	6,300	—

KM# 259.4 8 REALES
Silver, **Countermark:** Type B crowned eagle on bridge **Note:** Countermark on Zacatecas KM#190.

CM Date	Host Date	G4	VG8	F12	VF20	XF40
ND	1810	500	625	750	975	—

DON JOSE MARIA DE LINARES

KM# 263.1 8 REALES
Silver, **Countermark:** LINA/RES* **Note:** Countermark on Mexico City KM#110.

CM Date	Host Date	G4	VG8	F12	VF20	XF40
ND TH	1808	325	375	475	700	—

KM# 263.2 8 REALES
Silver, **Countermark:** LINA/RES * **Note:** Countermark on Zacatecas KM#190.

CM Date	Host Date	G4	VG8	F12	VF20	XF40
ND	1811	375	475	575	825	—

KM# 263.3 8 REALES
Silver, **Countermark:** LINA/RES* **Note:** Countermark on Zacatecas KM#191.

CM Date	Host Date	G4	VG8	F12	VF20	XF40
ND	1812	325	375	475	700	—

KM# 263.4 8 REALES
Silver, **Issuer:** Don Jose Maria De Linares **Note:** Countermark on Zacatecas KM#190.

CM Date	Host Date	F12	VF20	XF40	MS60	MS63
ND	1811	—	—	—	—	—

KM# 263.5 8 REALES
Silver, **Issuer:** Don Jose Maria De Linares **Note:** Countermark on Zacatecas KM#192.

CM Date	Host Date	F12	VF20	XF40	MS60	MS63
ND	1812	—	—	—	—	—

ENSAIE

KM# 260.3 8 REALES
Silver, **Countermark:** Eagle over ENSAIE, crude sling below **Note:** Countermark on Zacatecas KM#190.

CM Date	Host Date	G4	VG8	F12	VF20	XF40
ND	1810	—	—	—	—	—
ND	1811	120	180	240	400	—

WAR OF INDEPENDENCE

KM# 260.4 8 REALES
Silver, **Countermark:** Eagle over ENSAIE, crude sling below **Note:** Countermark on Zacatecas KM#191.

CM Date	Host Date	G4	VG8	F12	VF20	XF40
ND	1810	600	850	1,100	1,500	—
ND	1811	300	350	450	650	—
ND	1812	240	300	350	550	—

KM# 260.1 8 REALES
Silver, **Countermark:** Eagle over ENSAIE, crude sling below **Note:** Countermark on Mexico City KM#110.

CM Date	Host Date	G4	VG8	F12	VF20	XF40
ND HJ	1811	180	240	325	450	—

KM# 260.2 8 REALES
Silver, **Countermark:** Eagle over ENSAIE, crude sling below **Note:** Countermark on Zacatecas KM#189.

CM Date	Host Date	G4	VG8	F12	VF20	XF40
ND	1811	240	475	725	1,000	—

GENERAL VICENTE GUERRERO

The countermark of an eagle facing left within a pearled oval has been attributed by some authors as that of General Vicente Guerrero, a leader of the insurgents in the south, 1816-1821.

KM# 276 1/2 REAL
Silver, **Countermark:** Eagle **Note:** Countermark on Mexico City KM#72.

CM Date	Host Date	G4	VG8	F12	VF20	XF40
ND	ND	48.00	70.00	95.00	210	—

KM# 277 REAL
Silver, **Countermark:** Eagle **Note:** Countermark on Mexico City KM#78.

CM Date	Host Date	G4	VG8	F12	VF20	XF40
ND FM	1772	43.75	65.00	95.00	205	—

KM# 278.1 2 REALES
Silver, **Countermark:** Eagle **Note:** Countermark on Mexico City KM#88.

CM Date	Host Date	G4	VG8	F12	VF20	XF40
ND FM	1784	40.00	60.00	100	225	—
ND	1798	40.00	60.00	100	225	—

KM# 278.2 2 REALES
Silver, **Countermark:** Eagle **Note:** Countermark on Mexico City KM#91.

CM Date	Host Date	G4	VG8	F12	VF20	XF40
ND PJ	1807	36.00	60.00	95.00	240	—

KM# 279 8 REALES
Silver, **Countermark:** Eagle **Note:** Countermark on Zacatecas KM#191.

CM Date	Host Date	G4	VG8	F12	VF20	XF40
ND	1811	120	180	240	425	—

JOSE MARIA LICEAGA

J.M.L. with banner on cross, crossed olive branches.

(J.M.L./V., D.s, S.M., S.Y.S.L., Ve, A.P., s.r.a., Sea, P.G., S., S.M., El)

KM# A260 1/2 REAL
Silver, **Countermark:** JML/SM with banner on cross, crossed olive branches **Note:** Countermark on cast Mexico City 1/2 Real.

CM Date	Host Date	G4	VG8	F12	VF20	XF40
ND	ND	125	190	250	375	—

KM# 261.1 2 REALES

Silver, **Countermark:** J.M.L./Ve with banner on cross, crossed olive branches **Note:** Countermark on 1/4 cut of 8 Reales.

CM Date	Host Date	G4	VG8	F12	VF20	XF40
ND	ND	210	270	400	—	—

KM# 261.2 2 REALES
Silver, **Countermark:** J.M.L./V with banner on cross, crossed olive branchs **Note:** Countermark on Zacatecas KM#186.

CM Date	Host Date	G4	VG8	F12	VF20	XF40
ND	1811	250	280	325	400	—

KM# 261.3 2 REALES
Silver, **Countermark:** J.M.L./DS with banner on cross, crossed olive branches **Note:** Countermark on Zacatecas KM#186.

CM Date	Host Date	G4	VG8	F12	VF20	XF40
ND	1811	250	295	350	450	—

KM# 261.4 2 REALES
Silver, **Countermark:** J.M.L./S.M. with banner on cross, crossed olive branches **Note:** Countermark on Zacatecas KM#186.

CM Date	Host Date	G4	VG8	F12	VF20	XF40
ND	1811	250	295	350	450	—

KM# 261.5 2 REALES
Silver, **Countermark:** J.M.L./S.Y. with banner on cross, crossed olive branches **Note:** Countermark on Zacatecas KM#186.

CM Date	Host Date	G4	VG8	F12	VF20	XF40
ND	1811	250	295	350	450	—

KM# 261.6 2 REALES
Silver, **Countermark:** J.M.L./V. with banner on cross, crossed olive branches **Note:** Countermark on Zacatecas KM#187.

CM Date	Host Date	G4	VG8	F12	VF20	XF40
ND	1811	250	280	325	400	—

KM# 261.7 2 REALES
Silver, **Countermark:** J.M.L./DS with banner on cross, crossed olive branches **Note:** Countermark on Zacatecas KM#187.

CM Date	Host Date	G4	VG8	F12	VF20	XF40
ND	1811	250	295	350	450	—

KM# 261.8 2 REALES
Silver, **Countermark:** J.M.L./S.M. with banner on cross, crossed olive branches **Note:** Countermark on Zacatecas KM#187.

CM Date	Host Date	G4	VG8	F12	VF20	XF40
ND	1811	240	280	325	425	—

KM# 261.9 2 REALES
Silver, **Countermark:** J.M.L./S.Y. with banner on cross, crossed olive branches **Note:** Countermark on Zacatecas KM#187.

CM Date	Host Date	G4	VG8	F12	VF20	XF40
ND	1811	240	280	325	425	—

KM# 262.1 8 REALES
Silver, **Countermark:** J.M.L./D.S. with banner on cross, crossed olive branches **Note:** Countermark on Zacatecas KM#190.

CM Date	Host Date	G4	VG8	F12	VF20	XF40
ND	1811	325	400	525	775	—

KM# 262.2 8 REALES
Silver, **Countermark:** J.M.L./E with banner on cross, crossed olive branches **Note:** Countermark on Zacatecas KM#190.

CM Date	Host Date	G4	VG8	F12	VF20	XF40
ND	1811	280	375	500	750	—

KM# 262.3 8 REALES
Silver, **Countermark:** J.M.L./P.G. with banner on cross, crossed olive branches **Note:** Countermark on Durango KM#111.2.

CM Date	Host Date	G4	VG8	F12	VF20	XF40
ND RM	1813	250	350	475	725	—

KM# 262.4 8 REALES
Silver, **Countermark:** J.M.L./S.F. with banner on cross, crossed olive branches **Note:** Countermark on Zacatecas KM#190.

CM Date	Host Date	G4	VG8	F12	VF20	XF40
ND	1811	250	350	475	725	—

KM# 262.5 8 REALES
Silver, **Countermark:** J.M.L./S.M. with banner on cross, crossed olive branches **Note:** Countermark

WAR OF INDEPENDENCE

on Zacatecas KM#190.

CM Date	Host Date	G4	VG8	F12	VF20	XF40
ND	1811	250	350	475	700	—

KM# 262.6 8 REALES
Silver, **Countermark:** J.M.L./V.E. with banner on cross, cross olive branches **Note:** Countermark on Zacatecas KM#190.

CM Date	Host Date	G4	VG8	F12	VF20	XF40
ND	1811	250	350	475	700	—

KM# 262.10 8 REALES
Silver, **Countermark:** J.M.L./S.M. **Note:** Countermark on Zacatecas KM#190.

CM Date	Host Date	G4	VG8	F12	VF20	XF40
ND	1811	—	—	—	—	—

KM# 262.7 8 REALES
Silver, **Countermark:** J.M.L./D.S. **Note:** Countermark on Zacatecas KM#190.

CM Date	Host Date	G4	VG8	F12	VF20	XF40
ND	1811	—	—	—	—	—

KM# 262.8 8 REALES
Silver, **Note:** Countermark on Zacatecas KM#190.

Date	Mintage	G4	VG8	F12	VF20	XF40
1811	—	—	—	—	—	—

KM# 262.9 8 REALES
Silver, **Countermark:** J.M.L./S.F. **Note:** Countermark on Zacatecas KM#190.

CM Date	Host Date	G4	VG8	F12	VF20	XF40
ND	1811	—	—	—	—	—

KM# 262.11 8 REALES
Silver, **Countermark:** J.M.L./V.E. **Note:** Countermark on Zacatecas KM#190.

CM Date	Host Date	G4	VG8	F12	VF20	XF40
ND	1811	—	—	—	—	—

KM# 262.12 8 REALES
Silver, **Mint:** (no Mint Information) **Countermark:** J.M.L. / P.G. **Note:** Countermark on Guanajuato 8 Reales, KM#111.4.

CM Date	Host Date	G4	VG8	F12	VF20	XF40
ND	1813	190	325	575	—	—

L.V.S. - LABOR VINCIT SEMPER
Some authorities believe L.V.S. is for La Villa de Sombrerete.

KM# 264.1 8 REALES
Cast Silver, **Countermark:** L.V.S. **Note:** Countermark on Chihuahua KM#123.

CM Date	Host Date	G4	VG8	F12	VF20	XF40
ND RP	1811	350	450	575	750	—
ND RP	1812	250	325	375	500	—

KM# 264.2 8 REALES
Silver, **Countermark:** L.V.S. **Note:** Countermark on Chihuahua KM#111.1 overstruck on KM#123.

CM Date	Host Date	G4	VG8	F12	VF20	XF40
ND RP	1816	325	375	400	525	—
ND RP	1817	325	375	400	525	—
ND RP	1818	325	375	400	525	—
ND RP	1819	500	575	625	875	—
ND RP	1820	575	625	700	450	—

KM# 264.3 8 REALES
Silver, **Countermark:** L.V.S. **Note:** Countermark on Guadalajara KM#111.3.

CM Date	Host Date	G4	VG8	F12	VF20	XF40
ND	1817	230	275	325	450	—

KM# 264.4 8 REALES
Silver, **Countermark:** L.V.S. **Note:** Countermark on Nueva Vizcaya KM#165.

CM Date	Host Date	G4	VG8	F12	VF20	XF40
ND RM	1811	1,250	3,450	5,800	9,100	—

KM# 264.5   8 REALES
Silver,   **Countermark:** L.V.S. **Note:** Countermark on Sombrerete KM#177.

CM Date	Host Date	G4	VG8	F12	VF20	XF40
ND	1811	375	450	575	825	—
ND	1812	375	450	575	825	—

KM# 264.6   8 REALES
Silver,   **Countermark:** L.V.S. **Note:** Countermark on Zacatecas KM#190.

CM Date	Host Date	G4	VG8	F12	VF20	XF40
ND	1811	450	500	575	825	—

KM# 264.7   8 REALES
Silver,   **Countermark:** L.V.S. **Note:** Countermark on Zacatecas KM#192.

CM Date	Host Date	G4	VG8	F12	VF20	XF40
ND	1813	450	500	575	825	—

KM# 264.8   8 REALES
Cast Silver, **Issuer:** Labor Vincit Semper **Note:** Countermark on Zacatecas KM#190.

CM Date	Host Date	F12	VF20	XF40	MS60	MS63
ND	1811	—	—	—	—	—

MORELOS
Morelos monogram

Type A: Stars above and below monogram in circle.

Type B: Dots above and below monogram in oval.

Type C: Monogram in rectangle.
Note: Many specimens of Type C available in to-days market are considered spurious.

KM# A265   2 REALES
Copper,   **Countermark:** Type A stars above and below monogram in circle **Note:** Countermark on Oaxaca Sud, KM#226.1.

CM Date	Host Date	G4	VG8	F12	VF20	XF40
ND	1812	—	—	—	—	—

KM# 265.1   8 REALES
Silver,   **Countermark:** Type A star above and below monogram in circle **Note:** Countermark on Mexico City KM#109.

CM Date	Host Date	G4	VG8	F12	VF20	XF40
ND FM	1797	55.00	65.00	75.00	120	—
ND FM	1798	55.00	65.00	75.00	120	—
ND FM	1800	55.00	65.00	75.00	120	—
ND TH	1807	55.00	65.00	75.00	120	—

KM# 265.2   8 REALES
Silver,   **Countermark:** Type A stars above and below monogram in circle **Note:** Countermark on Mexico City KM#110.

CM Date	Host Date	G4	VG8	F12	VF20	XF40
ND TH	1809	70.00	95.00	150	250	—
ND HJ	1811	70.00	95.00	150	250	—

KM# 265.3   8 REALES
Silver,   **Countermark:** Type A stars above and below monogram in circle **Note:** Countermark on Mexico City KM#111.

CM Date	Host Date	G4	VG8	F12	VF20	XF40
ND JJ	1812	65.00	75.00	95.00	155	—

KM# 265.4 8 REALES
Copper, **Countermark:** Type A stars above and below monogram in circle **Note:** Countermark on Oaxaca Sud KM#233.2.

CM Date	Host Date	G4	VG8	F12	VF20	XF40
ND	1812	25.00	35.75	48.75	80.00	—
ND	1813	25.00	35.75	48.75	80.00	—
ND	1814	25.00	35.75	48.75	80.00	—

KM# 265.5 8 REALES
Cast Silver, **Countermark:** Type A stars above and below monogram in circle **Note:** Countermark on Supreme National Congress KM#206.

CM Date	Host Date	G4	VG8	F12	VF20	XF40
ND	1811	250	325	475	750	—

KM# 265.6 8 REALES
Silver, **Countermark:** Type A stars above and below monogram in circle **Note:** Countermark on Zacatecas KM#190.

CM Date	Host Date	G4	VG8	F12	VF20	XF40
ND	1811	450	750	1,100	—	—

KM# 265.7 8 REALES
Silver, **Countermark:** Type A stars above and below monogram in circle **Note:** Countermark on Zacatecas KM#191.

CM Date	Host Date	G4	VG8	F12	VF20	XF40
ND	1811	240	300	450	725	—

KM# 265.8 8 REALES
Silver, **Issuer:** Morelos **Note:** Countermark on Zacatecas KM#190.

CM Date	Host Date	F12	VF20	XF40	MS60	MS63
ND	1811	—	—	—	—	—

KM# 266.1 8 REALES
Silver, **Countermark:** Type B dots above and below monogram in oval **Note:** Countermark on Guatamala 8 Reales, C#67.

CM Date	Host Date	G4	VG8	F12	VF20	XF40
ND M	1810 Rare	—	—	—	—	—

KM# 266.2 8 REALES
Silver, **Countermark:** Type B dots above and below monogram in oval **Note:** Countermark on Mexico City KM#110.

CM Date	Host Date	G4	VG8	F12	VF20	XF40
ND TH	1809	55.00	70.00	80.00	125	—

KM# 267.1 8 REALES
Silver, **Countermark:** Type C monogram in rectangle **Note:** Countermark on Zacatecas KM#189. Many specimens of Type C available in today's market are considered spurious.

CM Date	Host Date	G4	VG8	F12	VF20	XF40
ND	1811	375	450	575	950	—

KM# 267.2 8 REALES
Silver, **Countermark:** Type C: monogram in rectangle **Note:** Countermark Type C on Zacatecas KM#190. Many specimens of Type C available in today's market are considered spurious.

CM Date	Host Date	G4	VG8	F12	VF20	XF40
ND	1811	375	450	575	950	—

NORTE

Issued by the Supreme National Congress and the Army of the North.

Countermark:
Eagle on cactus; star to left; NORTE below.

KM# 268 1/2 REAL
Silver, **Countermark:** Eagle on cactus; star to left; NORTE below **Note:** Countermark on Zacatecas KM#180.

CM Date	Host Date	G4	VG8	F12	VF20	XF40
ND	1811	275	325	425	550	—

KM# 269 2 REALES
Silver, **Countermark:** Eagle on cactus; star to left; NORTE below **Note:** Countermark on Zacatecas KM#187.

CM Date	Host Date	G4	VG8	F12	VF20	XF40
ND	1811	250	300	350	500	—

KM# A269 2 REALES
Silver, **Countermark:** Eagle on cactus; star to left; NORTE below **Note:** Countermark on Zacatecas KM#188.

CM Date	Host Date	G4	VG8	F12	VF20	XF40
ND	1812	—	—	—	—	—

KM# B269 4 REALES
Silver, **Countermark:** Eagle on cactus; star to left; NORTE below **Note:** Countermark on Sombrerete KM#175.

CM Date	Host Date	G4	VG8	F12	VF20	XF40
ND	1812	110	165	220	325	—

KM# 270.4 8 REALES
Silver, **Countermark:** Eagle on cactus; star to left; NORTE below **Note:** Countermark on Zacatecas KM#191.

CM Date	Host Date	G4	VG8	F12	VF20	XF40
ND	1811	220	325	450	600	—
ND	1811	220	325	450	600	—
ND	1812	220	325	450	600	—

KM# 270.1 8 REALES
Silver, **Countermark:** Eagle on cactus; star to left; NORTE below **Note:** Countermark on Chihuahua KM#111.1.

CM Date	Host Date	G4	VG8	F12	VF20	XF40
ND RP	1813	275	375	500	600	—

KM# 270.2 8 REALES
Silver, **Countermark:** Eagle on cactus; star to left; NORTE below **Note:** Countermark on Guanajuato KM#111.4.

CM Date	Host Date	G4	VG8	F12	VF20	XF40
ND JM	1813	450	625	800	975	—

KM# 270.3 8 REALES
Silver, **Countermark:** Eagle on cactus; star to left; NORTE below **Note:** Countermark on Zacatecas KM#190.

CM Date	Host Date	G4	VG8	F12	VF20	XF40
ND	1811	350	450	575	775	—

KM# 270.4 8 REALES
Silver, **Countermark:** Eagle on cactus; star to left; NORTE below **Note:** Countermark on Zacatecas KM#191.

CM Date	Host Date	G4	VG8	F12	VF20	XF40
ND	1811	220	325	450	600	—
ND	1811	220	325	450	600	—
ND	1812	220	325	450	600	—

KM# 270.5 8 REALES
Silver, **Countermark:** Eagle on cactus; star to left; NORTE below **Note:** Countermark on Zacatecas KM#190.

CM Date	Host Date	G4	VG8	F12	VF20	XF40
ND	1811	—	—	—	—	—

KM# 270.6 8 REALES
Silver, **Mint:** (no Mint Information) **Countermark:** Eagle on cactus; star to left; NORTE below. **Note:** Countermark on Sombrerete KM# 177.

CM Date	Host Date	G4	VG8	F12	VF20	XF40
ND	1812	1,250	1,600	2,000	—	—

OSORNO

Countermark: Osorno monogram.
(Jose Francisco Osorno)

KM# 271.1 1/2 REAL
Silver,   **Countermark:** Osorno monogram **Note:** Countermark on Mexico City KM#72.

CM Date	Host Date	G4	VG8	F12	VF20	XF40
ND FM	1798	80.00	120	180	270	—
ND FT	1802	80.00	120	180	270	—
ND	1806	80.00	120	180	270	—

KM# 271.2 1/2 REAL
Silver,   **Countermark:** Osorno monogram **Note:** Countermark on Mexico City KM#73.

CM Date	Host Date	G4	VG8	F12	VF20	XF40
ND TH	1809	80.00	120	180	270	—

KM# 272.1 REAL
Silver,   **Countermark:** Osorno monogram **Note:** Countermark on Mexico City KM#81.

CM Date	Host Date	G4	VG8	F12	VF20	XF40
ND FT	1803	80.00	120	180	300	—

KM# 272.2 REAL
Silver,   **Countermark:** Osorno monogram **Note:** Countermark on Potosi KM#70.

CM Date	Host Date	G4	VG8	F12	VF20	XF40
ND	ND	90.00	140	210	325	—

KM# 272.3 REAL
Silver,   **Countermark:** Osorno monogram **Note:** Countermark on Guatemala KM#54.

CM Date	Host Date	G4	VG8	F12	VF20	XF40
ND	1804	90.00	140	210	325	—

KM# A272.1 2 REALES
Silver,   **Countermark:** Osorno monogram **Note:** Countermark on Mexico City KM#88.2.

CM Date	Host Date	G4	VG8	F12	VF20	XF40
ND FM	1788	90.00	150	210	325	—

KM# A272.2 2 REALES
Silver,   **Countermark:** Osorno monogram **Note:** Countermark on Mexico City KM#91.

CM Date	Host Date	G4	VG8	F12	VF20	XF40
ND TH	1808	90.00	150	210	325	—

KM# A272.3 2 REALES
Silver,   **Countermark:** Osorno monogram **Note:** Countermark on Mexico City KM#92.

CM Date	Host Date	G4	VG8	F12	VF20	XF40
ND TH	1809	90.00	150	210	325	—

KM# A272.4 2 REALES
Silver,   **Countermark:** Osorno monogram **Note:** Countermark on Zacatlian KM#252.

CM Date	Host Date	G4	VG8	F12	VF20	XF40
ND	1813	180	240	425	600	—

KM# 273.1 4 REALES
Silver,   **Countermark:** Osorno monogram **Note:** Countermark on Mexico City KM#97.2.

CM Date	Host Date	G4	VG8	F12	VF20	XF40
ND FF	1782	100	180	240	350	—

KM# 273.2 4 REALES
Silver,   **Countermark:** Osorno monogram **Note:** Countermark on Mexico City KM#100.

CM Date	Host Date	G4	VG8	F12	VF20	XF40
ND FM	1799	100	180	240	350	—

KM# 274.1 8 REALES
Silver,   **Countermark:** Osorno monogram **Note:** Countermark on Lima 8 Reales, C#101.

CM Date	Host Date	G4	VG8	F12	VF20	XF40
ND JP	1811	240	270	300	425	—

KM# 274.2 8 REALES
Silver, **Countermark:** Osorno monogram **Note:** Countermark on Mexico City KM#110.

CM Date	Host Date	G4	VG8	F12	VF20	XF40
ND TH	1809	150	180	270	450	—
ND HJ	1810	150	180	270	450	—
ND HJ	1811	150	180	270	450	—

VILLA / GRAN

(Julian Villagran)

KM# 298 2 REALES
Cast Silver, **Countermark:** VILLA/GRAN **Note:** Countermark on cast Mexico City KM#91.

CM Date	Host Date	G4	VG8	F12	VF20	XF40
ND FM	1799	180	240	300	425	—
ND FT	1802	180	240	300	425	—

KM# 275 8 REALES
Cast Silver, **Countermark:** VILLA/GRAN **Note:** Countermark on cast Mexico City KM#109.

CM Date	Host Date	G4	VG8	F12	VF20	XF40
ND FM	1796	240	300	425	600	—
ND TH	1806	240	300	425	600	—

ZMY

KM# 286 8 REALES
Silver, **Countermark:** ZMY **Note:** Countermark on Zacatecas KM#191.

CM Date	Host Date	G4	VG8	F12	VF20	XF40
ND	1812	120	180	240	425	—

MULTIPLE COUNTERMARKS

Many combinations of Royalist and Insurgent countermarks are usually found on the cast copies produced by Chihuahua and Mexico City and on the other crude provisional issues of this period. Struck Mexico City coins were used to make molds for casting necessity issues and countermarked afterwards to show issuing authority. Some were marked again by either both or separate opposing friendly forces to authorize circulation in their areas of occupation. Some countermarks are only obtainable with companion markings.

KM# 289 2 REALES
Silver, **Countermark:** C.M.S. (Comandancia Militar Suriana) and eagle with S.C.M. (Soberano Congreso Mexicano) **Note:** Countermark on Mexico City KM#91.

CM Date	Host Date	G4	VG8	F12	VF20	XF40
ND	ND	—	—	—	—	—

KM# 295 2 REALES
Silver, **Countermark:** M.d.S. and eagle with S.C.M **Note:** Countermark on Mexico City KM#91.

CM Date	Host Date	G4	VG8	F12	VF20	XF40
ND	ND	180	300	550	—	—

KM# 296 2 REALES
Silver,   **Countermark:** Osorno monogram and VILLA/GRAN **Note:** Countermark on cast Mexico City KM#110.

CM Date	Host Date	G4	VG8	F12	VF20	XF40
ND TH	1809	—	—	—	—	—

KM# A286 2 REALES
Silver, **Countermark:** J.M.L./D.S. AND VTIL **Note:** Countermark on Zacatecas KM#186.

CM Date	Host Date	G4	VG8	F12	VF20	XF40
ND	1811	90.00	150	210	325	—

KM# B286 2 REALES
Silver, **Countermark:** J.M.L./V.E. and VTIL **Note:** Countermark on Zacatecas KM#186.

CM Date	Host Date	G4	VG8	F12	VF20	XF40
ND	1810	90.00	150	210	325	—
ND	1811	90.00	150	210	325	—

KM# 285.2 8 REALES
Silver,   **Countermark:** Chilpanzingo Type A and Morelos monogram Type A **Note:** Countermark on cast Mexico City KM#110.

CM Date	Host Date	G4	VG8	F12	VF20	XF40
ND HJ	1810	42.00	55.00	70.00	180	—
ND HJ	1811	42.00	55.00	70.00	180	—

KM# C286 8 REALES
Silver,   **Countermark:** Chilpanzingo Type A, Morelos Type A and LVS monogram on cast Mexico City KM#110

CM Date	Host Date	G4	VG8	F12	VF20	XF40
ND HJ	1809	60.00	90.00	150	400	—

KM# A298 8 REALES
Silver,   **Countermark:** S.J.N.G and VTIL on Zacatecas KM#191

CM Date	Host Date	G4	VG8	F12	VF20	XF40
ND	ND	42.00	60.00	90.00	240	—

KM# A297 8 REALES
Silver,   **Countermark:** Chilpanzingo Type B and ENSAIE **Note:** Countermark on Zacatecas KM#189.

CM Date	Host Date	G4	VG8	F12	VF20	XF40
ND	ND	210	300	425	—	—

KM# 297 8 REALES
Silver,   **Countermark:** Chilpanzingo Type A and LVA **Note:** Countermark on Mexico City KM#109.

CM Date	Host Date	G4	VG8	F12	VF20	XF40
ND TH	1805	55.00	90.00	175	350	—

KM# 281 8 REALES
Silver,   **Countermark:** Chilpanzingo Type A and script LVS **Note:** Countermark on cast Mexico City KM#110.

CM Date	Host Date	G4	VG8	F12	VF20	XF40
ND HJ	1809	55.00	80.00	160	350	—

KM# 288.2 8 REALES
Silver, **Countermark:** Chilpanzingo Type B
Note: Countermark on Zacatecas KM#190. Prev.
KM#288.

CM Date	Host Date	G4	VG8	F12	VF20	XF40
ND	1811	—	—	—	—	—

KM# 290.2 8 REALES
Silver, **Countermark:** ENSAIE and VTIL **Note:**
Countermark on Zacatecas KM#190. Prev. KM#290.

CM Date	Host Date	G4	VG8	F12	VF20	XF40
ND	1811	125	220	350	475	—

KM# 291 8 REALES
Silver, **Countermark:** J.M.L./D.S. and VTIL **Note:**
Countermark on Mexico City KM#110.

CM Date	Host Date	G4	VG8	F12	VF20	XF40
ND HJ	1810	105	190	325	575	—

KM# 282 8 REALES
Silver, **Countermark:** L.C.M and Morelos
monogram Type A **Note:** Countermark on cast
Mexico City KM#109.

CM Date	Host Date	G4	VG8	F12	VF20	XF40
ND FM	1792	—	—	—	—	—

KM# 283 8 REALES
Silver, **Countermark:** Morelos Type A and C **Note:**
Countermark on cast Mexico City KM#109.

CM Date	Host Date	G4	VG8	F12	VF20	XF40
ND TH	1806	—	—	—	—	—

KM# 285.1 8 REALES
Silver, **Countermark:** Chilpanzingo Type A and
Morelos monogram Type A **Note:** Countermark on
struck Mexico City KM#110.

CM Date	Host Date	G4	VG8	F12	VF20	XF40
ND TH	1809	55.00	80.00	170	375	—

KM# 285.3 8 REALES
Silver, **Countermark:** Chilpanzingo Type A and
Morelos monogram Type A **Note:** Countermark on
cast Mexico City KM#111.

CM Date	Host Date	G4	VG8	F12	VF20	XF40
ND HJ	1811	95.00	150	220	450	—

KM# A290 8 REALES
Silver, **Countermark:** ENSAIE and J.M.L. **Note:**
Countermark on Zacatecas KM#190.

CM Date	Host Date	G4	VG8	F12	VF20	XF40
ND	1811	125	220	350	600	—

KM# 294 8 REALES
Silver, **Countermark:** Script LVA and Morelos
monogram Type A **Note:** Countermark on cast
Mexico City KM#110.

CM Date	Host Date	G4	VG8	F12	VF20	XF40
ND HJ	ND	55.00	95.00	170	375	—

KM# 280.1 8 REALES
Silver, **Countermark:** Chilpanzingo Type B and
Crown and flag **Note:** Countermark on Zacatecas
KM#189.

CM Date	Host Date	G4	VG8	F12	VF20	XF40
ND	1811	—	—	—	—	—

KM# 288.1 8 REALES
Silver, **Countermark:** Chilpanzingo Type B and
S.J.N.G **Note:** Countermark on Zacatecas KM#189.

CM Date	Host Date	G4	VG8	F12	VF20	XF40
ND	1811	—	—	—	—	—

WAR OF INDEPENDENCE

KM# 290.1 8 REALES
Silver, **Countermark:** ENSAIE and VTIL **Note:** Countermark on Zacatecas KM#189.

CM Date	Host Date	G4	VG8	F12	VF20	XF40
ND	1811	125	220	350	600	—

KM# 284 8 REALES
Silver, **Countermark:** Chilpanzingo Type A and Morelos monogram Type A **Note:** Countermark on cast Mexico City KM#109.

CM Date	Host Date	G4	VG8	F12	VF20	XF40
ND TH	1806	43.75	65.00	125	280	—
ND TH	1807	43.75	65.00	125	280	—

KM# 280.2 8 REALES
Silver, **Countermark:** Chilpanzingo Type B and crown and flag **Note:** Countermark on Zacatecas KM#190.

CM Date	Host Date	G4	VG8	F12	VF20	XF40
ND	1811	—	—	—	—	—

KM# 287 8 REALES
Silver, **Countermark:** Chilpanzingo Type B and P.D.V **Note:** Countermark on Valladolid KM#178.

CM Date	Host Date	G4	VG8	F12	VF20	XF40
ND	1813	—	—	—	—	—

EMPIRE OF ITURBIDE
MILLED COINAGE

KM# 299 1/8 REAL
Copper, **Ruler:** Augustin I Iturbide **Obv.** Crowned shield within sprays **Rev:** Inscription, date **Rev. Inscription:** DE LA PROVINCIA DE NUEVA VISCAYA **Mint:** Durango

Date	Mintage	G4	VG8	F12	VF20	XF40
1821D	—	22.50	50.00	85.00	150	—
1822D	—	7.50	13.50	28.50	60.00	—
1823D	—	9.00	13.50	26.50	55.00	—

KM# 300 1/4 REAL
Copper, **Ruler:** Augustin I Iturbide **Obv.** Crowned shield within sprays **Rev:** Inscription, date **Rev. Inscription:** DE LA PROVINCIA DE NUEVA VISCAYA **Mint:** Durango

Date	Mintage	G4	VG8	F12	VF20	XF40
1822D	—	160	275	400	550	—

KM# 301 1/2 REAL
0.903 Silver, **Ruler:** Augustin I Iturbide **Obv.** Head right **Rev:** Crowned eagle **Obv. Legend:** AUGUSTINUS DEI... **Rev. Legend:** I • M • E • X • I... **Mint:** Mexico City

Date	Mintage	F12	VF20	XF40	MS60	MS63
1822Mo JM	—	22.50	55.00	110	375	700
1823Mo JM	—	17.00	42.00	85.00	325	—

KM# 302 REAL
0.903 Silver, **Ruler:** Augustin I Iturbide **Obv.** Head right **Rev:** Crowned eagle **Obv. Legend:** AUGUSTINUS DEI... **Rev. Legend:** MEX • I • IMPERATOR... **Mint:** Mexico City

Date	Mintage	VG8	F12	VF20	XF40	MS60
1822 Mo JM	—	100	175	350	550	1,150

KM# 303 2 REALES
6.77 g., 0.903 Silver, 0.1965 oz. ASW **Ruler:** Augustin I Iturbide **Obv.** Head right **Rev:** Crowned eagle **Obv. Legend:** AUGUSTINUS DEI... **Rev. Legend:** MEX • I • IMPERATOR... **Mint:** Mexico City

Date	Mintage	F12	VF20	XF40	MS60	MS63
1822Mo JM	—	60.00	120	350	1,000	—
1823Mo JM	—	40.00	80.00	250	850	1,600

KM# 304 8 REALES
27.07 g., 0.903 Silver, 0.7858 oz. ASW **Ruler:** Augustin I Iturbide **Obv.** Head right **Rev:** Crowned eagle **Obv. Legend:** AUGUST.... **Rev. Legend:** ...MEX • I • IMPERATOR... **Mint:** Mexico City

Date	Mintage	F12	VF20	XF40	MS60
1822Mo JM	—	75.00	150	375	1,300
1822Mo JM Proof, 3 known	—	—	—	—	—

Note: Ponterio & Associates Sale #86, 04-97, choice AU Proof realized $12,650

KM# 305 8 REALES
0.903 Silver, **Ruler:** Augustin I Iturbide **Obv.** Bust similar to 8 Escudos, KM#131 **Rev:** Crowned eagle **Mint:** Mexico City

Date	Mintage	VF20	XF40	MS60	MS63
1822Mo JM Rare	—	—	—	—	—

KM# 306.1 8 REALES
0.903 Silver, **Ruler:** Augustin I Iturbide **Obv.** Head right **Rev:** Crowned eagle, 8 R.J.M. at upper left of eagle **Obv. Legend:** AUGUST... **Rev. Legend:** MEX • I • IMPERATOR... **Mint:** Mexico City **Note:** Type I.

Date	Mintage	F12	VF20	XF40	MS60	MS63
1822Mo JM	—	100	200	475	1,800	—

KM# 306.2 8 REALES
0.903 Silver, **Ruler:** Augustin I Iturbide **Obv.** Head right **Rev:** Cross on crown **Mint:** Mexico City **Note:** Type I.

Date	Mintage	F12	VF20	XF40	MS60	MS63
1822Mo JM	—	650	1,100	—	—	—

KM# 307 8 REALES
0.903 Silver, **Ruler:** Augustin I Iturbide **Obv.** Head right **Rev:** Crowned eagle **Mint:** Mexico City **Note:** Type II.

Date	Mintage	F12	VF20	XF40	MS60	MS63
1822Mo JM	—	150	350	850	3,750	—

KM# 308 8 REALES
0.903 Silver, **Ruler:** Augustin I Iturbide **Obv.** Head right, continuous legend with long smooth truncation **Rev:** Crowned eagle **Obv. Legend:** AUGUSTINUS DEI... **Mint:** Mexico City **Note:** Type III.

Date	Mintage	F12	VF20	XF40	MS60	MS63
1822Mo JM	—	175	500	1,150	3,750	—

Note: Variety with long, straight truncation is valued at $5,000 in uncirculated condition

KM# 309 8 REALES
0.903 Silver, **Ruler:** Augustin I Iturbide **Obv.** Head right **Rev:** Crowned eagle **Obv. Legend:** AUGUSTINUS DEI... **Rev. Legend:** MEX • I • IMPERATOR... **Mint:** Mexico City **Note:** Type IV.

Date	Mintage	F12	VF20	XF40	MS60	MS63
1822Mo JM	—	50.00	120	300	1,300	—

KM# 310   8 REALES

0.903 Silver, **Ruler:** Augustin I Iturbide **Obv.** Head right, continuous legend with short irregular truncation **Rev:** Crowned eagle, 8 R • J • M • below eagle **Obv. Legend:** AUGUSTINUS DEI... **Rev. Legend:** MEX • I • IMPERATOR... **Mint:** Mexico City **Note:** Type V.

Date	Mintage	F12	VF20	XF40	MS60	MS63
1822Mo JM	—	50.00	120	300	1,500	—
1823Mo JM	—	50.00	120	300	1,500	—

KM# 311   8 REALES

0.903 Silver, **Ruler:** Augustin I Iturbide **Obv.** Head right, long truncation **Rev:** Crowned eagle **Mint:** Mexico City **Note:** Type VI.

Date	Mintage	VF20	XF40	MS60	MS63
1822Mo JM Rare	—	—	—	—	—

KM# 312   4 SCUDOS

13.53 g., 0.875 Gold, 0.3807 oz. AGW **Ruler:** Augustin I Iturbide **Obv.** Head right **Rev:** Crowned eagle within ornate shield **Obv. Legend:** AUGUSTINUS DEI... **Rev. Legend:** CONSTITUT • 4 • S • I • M... **Mint:** Mexico City

Date	Mintage	F12	VF20	XF40	MS60
1823Mo JM	—	1,350	2,750	6,250	12,000

KM# 313.1   8 SCUDOS

27.07 g., 0.875 Gold, 0.7615 oz. AGW **Ruler:** Augustin I Iturbide **Obv.** Head right **Rev:** Crowned eagle **Obv. Legend:** AUGUSTINUS • DEI • PROVIDENTIA **Rev. Legend:** CONSTITUT • 8 • S • I • M... **Mint:** Mexico City

Date	Mintage	F12	VF20	XF40	MS60	MS63
1822Mo JM	—	1,500	3,500	6,500	12,000	15,000

Note: American Numismatic Rarities Eliasberg sale 4-05, MS-62 realized $20,700. Superior Casterline sale 5-89 choice AU realized $11,000

KM# 313.2   8 SCUDOS

0.875 Gold, **Ruler:** Augustin I Iturbide **Obv.** Head right, error in legend **Rev:** Crowned eagle **Obv. Legend:** AUGSTINUS • DEI... **Rev. Legend:** CONSTITUT • 8 • S • I • M... **Mint:** Mexico City

Date	Mintage	F12	VF20	XF40	MS60	MS63
1822Mo JM	—	1,350	3,650	6,750	12,500	16,000

KM# 314   8 SCUDOS

0.875 Gold, **Ruler:** Augustin I Iturbide **Obv.** Head right **Rev:** Crowned eagle within ornate shield **Obv. Legend:** AUGUSTINUS DEI... **Rev. Legend:** CONSTITUT • 8 • S • I • M... **Mint:** Mexico City

Date	Mintage	F12	VF20	XF40	MS60	MS63
1823Mo JM	—	1,300	2,700	6,000	11,000	—

REPUBLIC
FIRST

MINT MARKS
A, AS - Alamos
CE - Real de Catorce
CA,CH - Chihuahua
C, Cn, Gn(error) - Culiacan
D, Do - Durango
EoMo - Estado de Mexico
Ga - Guadalajara
GC - Guadalupe y Calvo
G, Go - Guanajuato
H, Ho - Hermosillo
M, Mo - Mexico City
O, OA - Oaxaca
SLP, PI, P, I/P - San Luis Potosi
Z, Zs – Zacatecas

ASSAYERS' INITIALS
ALAMOS MINT

PG	1862-68	Pascual Gaxiola
DL, L	1866-79	Domingo Larraguibel
AM	1872-74	Antonio Moreno
ML, L	1878-95	Manuel Larraguibel

REAL DE CATORCE MINT

ML	1863	Mariano Cristobal Ramirez

CHIHUAHUA MINT

MR	1831-34	Mariano Cristobal Ramirez
AM	1833-39	Jose Antonio Mucharraz
MJ	1832	Jose Mariano Jimenez
RG	1839-56	Rodrigo Garcia
JC	1856-65	Joaquin Campa
BA	1858	Bruno Arriada
FP	1866	Francisco Potts
JC	1866-1868	Jose Maria Gomez del Campo
MM, M	1868-95	Manuel Merino
AV	1873-80	Antonio Valero
EA	1877	Eduardo Avila
JM	1877	Jacobo Mucharraz
GR	1877	Guadalupe Rocha
MG	1880-82	Manuel Gameros

CULIACAN MINT

CE	1846-70	Clemente Espinosa de los Monteros
C	1870	???
PV	1860-61	Pablo Viruega
MP, P	1871-76	Manuel Onofre Parodi
GP	1876	Celso Gaxiola & Manuel Onofre Parodi
CG, G	1876-78	Celso Gaxiola
JD, D	1878-82	Juan Dominguez
AM, M	1882-1899	Antonio Moreno
F	1870	Fernando Ferrari
JQ, Q	1899-1903	Jesus S. Quiroz

DURANGO MINT

RL	1825-1832	???
RM	1830-48	Ramon Mascarenas
OMC	1840	Octavio Martinez de Castro
CM	1848-76	Clemente Moron
JMR	1849-52	Jose Maria Ramirez
CP, P	1853-64, 1867-73	Carlos Leon de la Pena
LT	1864-65	???
JMP, P	1877	Carlos Miguel de la Palma
PE, E	1878	Pedro Espejo
TB, B	1878-80	Trinidad Barrera

JP	1880-94	J. Miguel Palma
MC, C,	1882-90	Manuel M. Canseco or Melchor Calderon
JB	1885	Jocobo Blanco
ND, D	1892-95	Norberto Dominguez

ESTADO DE MEXICO MINT

L	1828-30	Luis Valazquez de la Cadena
F	1828-30	Francisco Parodi

GUADALAJARA MINT

FS	1818-35	Francisco Suarez
JM	1830-32	???
JG	1836-39, 1842-67	Juan de Dios Guzman
MC	1839-46	Manuel Cueras
JM	1867-69	Jesus P. Manzano
IC, C	1869-77	Ignacio Canizo y Soto
MC	1874-75	Manuel Contreras
JA, A	1877-81	Julio Arancivia
FS, S	1880-82	Fernando Sayago
TB, B	1883-84	Trinidad Barrera
AH, H	1884-85	Antonio Hernandez y Prado
JS, S	1885-95	Jose S. Schiafino

GUADALUPE Y CALVO MINT

MP	1844-52	Manuel Onofre Parodi

GUANAJUATO MINT

JJ	1825-26	Jose Mariano Jimenez
MJ, MR, JM, PG, PJ, PF		???
PM	1841-48, 1853-61	Patrick Murphy
YF	1862-68	Yldefonso Flores
YE	1862-63	Ynocencio Espinoza
FR	1870-78	Faustino Ramirez
SB, RR		???
RS	1891-1900	Rosendo Sandoval

HERMOSILLO MINT

PP	1835-36	Pedro Peimbert
FM	1871-76	Florencio Monteverde
MP	1866	Manuel Onofre Parodi
PR	1866-75	Pablo Rubio
R	1874-75	Pablo Rubio
GR	1877	Guadalupe Rocha
AF, F	1876-77	Alejandro Fourcade
JA, A	1877-83	Jesus Acosta
FM, M	1883-86	Fernando Mendez
FG, G	1886-95	Fausto Gaxiola

MEXICO CITY MINT
Because of the great number of assayers for this mint (Mexico City is a much larger mint than any of the others) there is much confusion as to which initial stands for which assayer at any one time. Therefore we feel that it would be of no value to list the assayers.

OAXACA MINT

AE	1859-91	Agustin Endner
E	1889-90	Agustin Endner
FR	1861-64	Francisco de la Rosa
EN	1890	Eduardo Navarro Luna
N	1890	Eduardo Navarro Luna

POTOSI MINT

JS	1827-42	Juan Sanabria
AM	1838, 1843-49	Jose Antonio Mucharraz
PS	1842-43, 1848-49, 1857-61, 1867-70	Pompaso Sanabria
S	1869-70	Pomposo Sanabria
MC	1849-59	Mariano Catano
RO	1859-65	Romualdo Obregon

MH, H	1870-85	Manuel Herrera Razo
O	1870-73	Juan R. Ochoa
CA, G	1867-70	Carlos Aguirre Gomez
BE, E	1879-81	Blas Escontria
LC, C	1885-86	Luis Cuevas
MR, R	1886-93	Mariano Reyes

ZACATECAS MINT

A	1825-29	Adalco
Z	1825-26	Mariano Zaldivar
V	1824-31	Jose Mariano Vela
O	1829-67	Manuel Ochoa
M	1831-67	Manuel Miner
VL	1860-66	Vicente Larranaga
JS	1867-68, 1876-86	J.S. de Santa Ana
YH	1868-74	Ygnacio Hierro
JA	1874-76	Juan H. Acuna
FZ	18861905	Francisco de P. Zarate

DIE VARIETIES

Similar basic designs were utilized by all the Mexican mints, but many variations are noticeable, particularly in the eagle, cactus and sprays.

1835 Durango, 8 Escudos
Illustration enlarged.
A large winged eagle was portrayed on the earlier coinage of the new republic.

1849 Mexico City, 8 Escudos
Illustration enlarged.
The later eagle featured undersized wings.

1844 Durango, 8 Escudos
Illustration enlarged.
The early renditions of the hand held Liberty cap over open book were massive in the gold escudo series.

1864 Durango, 8 Escudos
Illustration enlarged.
A finer, more petite style was adopted later on in the gold escudo series.

PROFILE EAGLE COINAGE

The first coins of the Republic were of the distinctive Profile Eagle style, sometimes called the "Hooked Eagle". They were struck in the Mexico City in 1823 in denominations of eight reales and eight escudos. In 1824, they were produced at the Durango and Guanajuato mints in addition to Mexico City. Denominations included the one half, one, two and eight reales. no gold escudos of this design were struck n 1824. In 1825, only the eight reales were struck briefly at the Guanajuato mint.

Note: For a more extensive examination of Profile Eagle Coinage, please refer to Hookneck - El Aguila de Perfil by Clyde Hubbard and David O Harrow.

KM# 369   1/2 REAL
1.69 g., 0.903 Silver, 0.0491 oz. ASW **Obv.** Full breast Profile eagle **Rev:** Cap and rays **Mint:** Mexico City **Note:** Die varieties exist.

Date	Mintage	F12	VF20	XF40	MS60	MS63
1824Mo JM	—	45.00	75.00	175	750	—

FIRST REPUBLIC

KM# 371.1 REAL
3.38 g., 0.903 Silver, 0.0981 oz. ASW **Obv.** Thin Profile eagle **Rev:** Superscript S reversed **Mint:** Durango

Date	Mintage	F12	VF20	XF40	MS60	MS63
1824Do RL	—	5,500	9,500	13,000	—	—

KM# 371.2 REAL
3.38 g., 0.903 Silver, 0.0981 oz. ASW **Obv.** Thin Profile eagle **Rev:** Superscript S normal **Mint:** Durango

Date	Mintage	VF20	XF40	MS60	MS63
1824Do RL 3 known	—	—	—	—	—

Mint mark: Do

KM# 373.1 2 REALES
6.76 g., 0.903 Silver, 0.1963 oz. ASW **Obv.** Profile eagle, snake in beak **Rev:** Radiant cap **Obv. Legend:** REPUBLICA • MEXICANA **Mint:** Durango **Note:** Die varieties exist.

Date	Mintage	F12	VF20	XF40	MS60	MS63
1824Do RL	—	60.00	135	850	2,200	—

KM# 373.2 2 REALES
6.76 g., 0.903 Silver, 0.1963 oz. ASW **Obv.** Profile eagle, snake in beak **Rev:** Radiant cap **Obv. Legend:** Thin profile **Rev. Legend:** Type 1, dot before 2R in legend **Mint:** Durango

Date	Mintage	F12	VF20	XF40	MS60	MS63
1824D RL	—	120	250	1,000	3,000	—

KM# 373.3 2 REALES
6.76 g., 0.903 Silver, 0.1963 oz. ASW **Obv.** Profile eagle, snake in beak **Rev:** Radiant cap **Obv. Legend:** Thin profile **Rev. Legend:** Type II, no dot before 2R in legend **Mint:** Durango

Date	Mintage	F12	VF20	XF40	MS60	MS63
1824D RL	—	120	250	1,000	3,000	—

KM# 373.4 2 REALES
6.76 g., 0.903 Silver, 0.1963 oz. ASW **Obv.** Profile eagle, snake in beak **Rev:** Radiant cap **Obv. Legend:** REPUBLICA • MEXICANA **Mint:** Mexico City **Note:** Varieties exist.

Date	Mintage	F12	VF20	XF40	MS60	MS63
1824Mo JM	—	40.00	90.00	450	2,000	—

Note: No coins are known with visible feather details on the eagle's breast

KM# A376.1 8 REALES
27.07 g., 0.903 Silver, 0.7859 oz. ASW **Obv.** Full breast profile eagle, snake in beak **Rev:** Radiant cap **Obv. Legend:** REPUBLICA MEXICANA. **Mint:** Guanajuato

Date	Mintage	F12	VF20	XF40	MS60	MS63
1824Go JM	—	250	400	1,100	3,500	—
1825/4Go JJ	—	600	1,200	2,750	7,000	—
1825Go JJ	—	500	750	1,400	5,500	—

KM# A376.2 8 REALES
27.07 g., 0.903 Silver, 0.7859 oz. ASW **Obv.** Full breast profile eagle, snake in beak **Rev:** Radiant cap **Obv. Legend:** REPUBLICA MEXICANA **Edge:** Standard or Republic **Mint:** Mexico City

Date	Mintage	F12	VF20	XF40	MS60	MS63
1823Mo JM	—	150	300	800	4,500	—
1824Mo JM	—	125	250	700	4,000	—

FIRST REPUBLIC

KM# A376.3 8 REALES
27.07 g., 0.903 Silver, 0.7859 oz. ASW **Obv.** Full breast profile eagle, snake in beak **Rev:** Radiant cap **Edge:** Colonial or circle and rectangle **Mint:** Mexico City

Date	Mintage	VF20	XF40	MS60	MS63
1823Mo JM Rare	—	—	—	—	—

The Round-Topped Three

KM# A376.4 8 REALES
27.07 g., 0.903 Silver, 0.7859 oz. ASW **Obv.** Full breast profile eagle, snake in beak **Rev:** Radiant cap, round topped three **Edge:** Standard or Republic **Mint:** Mexico City

Date	Mintage	F12	VF20	XF40	MS60	MS63
1823Mo JM	—	2,000	4,000	6,000	8,000	—

Note: Many die varieties exist; Illustrations of one of the die differences is the size of the snake loop at the eagle's beak; This difference is not apparent except on the 1824 Mo 8 Reales

KM# A376.5 8 REALES
27.07 g., 0.903 Silver, 0.7859 oz. ASW **Obv.** Full breast profile eagle, snake in beak, REPULICA (error) **Rev:** Radiant cap **Mint:** Mexico City

Date	Mintage	F12	VF20	XF40	MS60
1824Mo JM	—	6,000	9,000	11,000	—

Note: Legible Libertads on the cap are not as prevalent on the Mexico City 8 Reales as on the Durango 8 Reales; They are much more numerous than on the Guanajuato 8 Reales

Typical Submissive
Snake Obverse

Typical Folded
Snake Obverse

Typical Folded
Snake Obverse

NOTE: Legible Libertads on the Cap are common on Durango eight reales.

Med. Libertad	Small Libertad	Large Libertad
Cap Reverse	Cap Reverse	Cap Reverse

NOTE: The three styles of obverses and the three styles of reverses were combined   to make six distinct varieties of coins.

KM# 376.1 8 REALES
27.07 g., 0.903 Silver, 0.7859 oz. ASW **Obv.** Thin profile eagle, defiant snake **Rev:** Radiant cap, medium Libertad **Mint:** Durango

Date	Mintage	F12	VF20	XF40	MS60	MS63
1824Do RL	—	500	1,200	5,400	10,500	—

Note: Five die varieties are known, all are rare. Ira & Larry Goldberg Millennia Sale 5-08, MS-64 realized $25,000.

KM# 376.2 8 REALES
27.07 g., 0.903 Silver, 0.7859 oz. ASW **Obv.** Thin profile eagle, defiant snake **Rev:** Radiant cap, small Libertad **Obv. Legend:** REPUBLICA MEXICANA **Mint:** Durango

Date	Mintage	F12	VF20	XF40	MS60	MS63
1824Do RL	—	300	500	1,900	5,300	—

Note: Eleven die varieties are known, some are rare

KM# 376.3 8 REALES
27.07 g., 0.903 Silver, 0.7859 oz. ASW **Obv.** Thin profile eagle, submissive snake **Rev:** Radiant cap, small Libertad **Obv. Legend:** REPUBLICA • MEXICANA **Mint:** Durango

Date	Mintage	F12	VF20	XF40	MS60	MS63
1824Do RL	—	200	400	1,500	4,150	—

Note: Seven die varieties are known, some are rare

KM# 376.4 8 REALES
27.07 g., 0.903 Silver, 0.7859 oz. ASW **Obv.** Thin profile eagle, submissive snake **Rev:** Radiant cap, large Libertad **Mint:** Durango

Date	Mintage	F12	VF20	XF40	MS60	MS63
1824Do RL	—	200	400	1,500	4,150	—

Note: Twelve die varieties known, some are rare

KM# 376.5 8 REALES
27.07 g., 0.903 Silver, 0.7859 oz. ASW **Obv.** Thin profile eagle, folded snake **Rev:** Radiant cap, small Libertad **Mint:** Durango

Date	Mintage	F12	VF20	XF40	MS60	MS63
1824Do RL	—	200	400	1,450	3,750	—

Note: Only one die variety is known

KM# 376.6 8 REALES
27.07 g., 0.903 Silver, 0.7859 oz. ASW **Obv.** Thin profile eagle, folded snake **Rev:** Radiant cap, large Libertad **Mint:** Durango

Date	Mintage	F12	VF20	XF40	MS60	MS63
1824Do RL	—	200	450	1,800	4,500	—

Note: Eleven die varieties known, some are rare

Type I Obverse/Reverse

NOTE: The cap on the reverse of the curved tail Type I points to the "A" of LIBERTAD.

KM# 382.1 8 ESCUDOS
27.07 g., 0.875 Gold, 0.7615 oz. AGW **Obv.** Profile eagle, snake's tail curved **Rev:** Open book, hand holding stick with cap, cap points to "A" of LIBERTAD **Obv. Legend:** REPUBLICA MEXICANA **Rev. Legend:** LIBERTAD EN... **Mint:** Mexico City

Date	Mintage	F12	VF20	XF40	MS60
1823Mo JM	—	7,000	10,000	20,000	35,000

Note: American Numismatic Rarities Eliasberg sale 4-05, MS-61 realized $55,200.

Type II Obverse/Reverse

NOTE: The cap on the reverse of the looped tail Type II points to the "T" of LIBERTAD.

KM# 382.2 8 ESCUDOS
27.07 g., 0.875 Gold, 0.7615 oz. AGW **Obv.** Profile eagle, snake's tail looped **Rev:** Open book, hand holding stick with cap, cap points to "T" of LIBERTAD **Obv. Legend:** REPUBLICA MEXICANA **Rev. Legend:** LIBERTAD EN... **Mint:** Mexico City

Date	Mintage	F12	VF20	XF40	MS60
1823Mo JM	—	6,000	9,000	18,000	35,000

Note: The quality of the strikes of Type I coins is almost always superior to that of the Type II; Details of the eagle feathers, cactus and lettering on the open book are better on most Type I coins but the Type II coins are scarcer; Type I coins outnumber Type II coins by about two to one

STATE COINAGE

KM# 316   1/16 REAL (MEDIO OCTAVO)
4.75 g., Copper, 21mm. **Obv.** Bow, quiver and flag
Rev: Seated figure, left, cap on pole **Obv. Legend:**
DEPARTAMENTO DE JALISCO **Edge:** Oblique
reeding **Mint:** Guadalajara

Date	Mintage	G4	VG8	F12	VF20	XF40
1860	—	5.00	12.00	27.50	85.00	—

KM# 317   1/16 REAL (MEDIO OCTAVO)
4.75 g., Copper, 21mm. **Obv. Legend:** ESTADO
LIBRE DE JALISCO **Edge:** Oblique reeding **Mint:**
Guadalajara

Date	Mintage	G4	VG8	F12	VF20	XF40
1861	—	4.00	9.00	20.00	48.75	—

KM# 320   1/8 REAL (OCTAVO REAL)
Copper, **Obv.** Facing eagle, snake in beak, value at
lower left **Rev:** Radiant Libertad above date within
wreath **Rev. Legend:** LIBERTAD **Edge:** Oblique
reeding **Mint:** Durango **Note:** Size varies 17-18mm.
Weight varies 2.5-4 g. These pieces were frequently
struck over 1/8 Real, dated 1821-23 of Nueva
Vizcaya. All known examples struck over these
coins are believed to be contemporary counterfeits.

Date	Mintage	G4	VG8	F12	VF20	XF40
1824D	—	8.00	19.00	55.00	130	—
1828D	—	225	375	600	1,500	—

KM# 338   1/8 REAL (OCTAVO REAL)
4.00 g., Brass, 21mm. **Obv.** Monument **Rev:**
Floating angel holding radiant cap **Obv. Legend:**
ESTo LIBe FEDo DE ZACATECAS **Edge:** Oblique
reeding **Mint:** Zacatecas

Date	Mintage	G4	VG8	F12	VF20
1825	—	5.00	8.00	18.00	37.50
1827	—	5.00	8.00	18.00	37.50
1827	—	18.00	30.00	60.00	150
Note: Inverted A for V in OCTAVO					
1827	—	22.50	37.50	75.00	180
Note: OCTAVA (error)					
1827 Inverted 1	—	18.00	30.00	60.00	150
1829 Rare	—	—	—	—	—
1830	—	4.00	8.00	12.00	30.00
1831	—	7.00	10.00	20.00	41.25
1832	—	4.00	8.00	12.00	30.00
1833	—	4.00	8.00	12.00	30.00
1835	—	5.00	9.00	15.00	37.50
1846	—	5.00	9.00	15.00	37.50

Date	Mintage	G4	VG8	F12	VF20
1851	—	55.00	105	175	325
1852	—	5.00	9.00	15.00	37.50
1858	—	4.00	8.00	12.00	30.00
1859	—	4.00	8.00	12.00	30.00
1862	—	4.00	8.00	12.00	30.00
1863 Reversed 6 in date	—	4.00	8.00	12.00	30.00

KM# 321   1/8 REAL (OCTAVO REAL)
3.30 g., Copper, **Obv.** Child holding bow, right,
small tree **Rev:** Radiant cap **Rev. Legend:** OCTo.
DE. R. DE DO **Edge:** Oblique reeding **Mint:**
Durango **Note:** Size varies 18-19mm.

Date	Mintage	G4	VG8	F12	VF20	XF40
1828D	—	11.00	27.50	60.00	175	—

KM# 329   1/8 REAL (OCTAVO REAL)
4.80 g., Copper, 21mm. **Obv.** Bow, quiver and flag
Rev: Seated figure, left, cap on pole **Obv. Legend:**
ESTADO LIBRE DE JALISCO **Edge:** Oblique
reeding **Mint:** Guadalajara

Date	Mintage	G4	VG8	F12	VF20	XF40
1828	—	5.00	8.00	12.00	33.75	—
1831	—	95.00	150	280	425	—
1832/28	—	7.00	10.00	17.00	41.25	—
1832	—	7.00	9.00	15.00	37.50	—
1833	—	5.00	8.00	14.00	35.25	—
1834	—	55.00	120	225	350	—

KM# 335   1/8 REAL (OCTAVO REAL)
Copper, **Obv. Legend:** ESTADO DE OCCIDENTE
Edge: Oblique reeding **Mint:** Alamos **Note:** Size
varies: 17-18mm, weight varies: 2-3 g. The C before
date on reverse may be a mint mark standing for
Concepcion de Alamos.

Date	Mintage	G4	VG8	F12	VF20
1828 Reverse S	—	55.00	100	180	—
1829	—	45.00	90.00	165	—

KM# 326   1/8 REAL (OCTAVO REAL)
3.50 g., Copper, 21mm. **Obv.** Seated figure
Rev: Cap within center wreath of stylized rays,
date below **Obv. Legend:** ESTADO LIBRE DE
GUANAJUATO **Edge:** Ornamented with incuse
dots **Mint:** Guanajuato

Date	Mintage	G4	VG8	F12	VF20	XF40
1829	—	5.00	8.00	15.00	39.75	—
1829	—	6.00	10.00	19.00	42.75	—
Note: Error with GUANJUATO						
1830	—	12.00	20.00	42.75	100	—

KM# 336 1/8 REAL (OCTAVO REAL)
Copper, 21mm. **Obv.** Value above divides wreath, open book within **Rev:** Seated figure **Obv. Legend:** ESTADO LIBRE DE SAN LUIS POTOSI **Edge:** Oblique reeding **Mint:** San Luis Potosi **Note:** Weight varies (1829-31) 4.5-5.5 g; (1859) 4-4.5 g.

Date	Mintage	G4	VG8	F12	VF20	XF40
1829	—	9.00	17.00	39.75	95.00	—
1830	—	13.00	22.50	45.00	105	—
1831	—	9.00	14.00	27.50	70.00	—
1859	—	8.00	12.00	25.00	70.00	—
1865/1	—	—	—	—	—	—

Note: Requires Confirmation

KM# 318 1/8 REAL (OCTAVO REAL)
3.54 g., Copper, 20mm. **Obv. Legend:** ESTADO SOBERANO DE CHIHUAHUA **Edge:** Plain **Mint:** Chihuahua

Date	Mintage	G4	VG8	F12	VF20	XF40
1833	—	525	1,150	—	—	—
1834	—	525	1,150	—	—	—
1835/3	—	525	1,150	—	—	—

KM# 322 1/8 REAL (OCTAVO REAL)
3.50 g., Copper, 20mm. **Obv.** Profile eagle, snake in beak **Rev:** Value and date within circle and wreath **Obv. Legend:** ESTADO DE DURANGO **Mint:** Durango

Date	Mintage	G4	VG8	F12	VF20	XF40
1833	—	525	—	—	—	—

KM# 339 1/8 REAL (OCTAVO REAL)
4.00 g., Copper, 21mm. **Obv.** Monument **Rev:** Floating angel holding radiant cap **Obv. Legend:** DEPARTAMENTO DE ZACATECAS **Edge:** Oblique reeding **Mint:** Zacatecas

Date	Mintage	G4	VG8	F12	VF20	XF40
1836	—	8.00	13.00	27.50	60.00	—
1845	—	11.00	19.00	33.75	75.00	—
1846	—	13.00	15.00	30.00	70.00	—

KM# 323 1/8 REAL (OCTAVO REAL)

3.50 g., Copper, **Obv.** Facing eagle, snake in beak **Rev:** Value and date within circle and wreath **Obv. Legend:** REPUBLICA MEXICANA **Mint:** Durango **Note:** Size varies: 19-23mm.

Date	Mintage	G4	VG8	F12	VF20	XF40
1842/33	—	19.00	33.75	65.00	175	—
1842	—	13.00	22.50	48.75	150	—

KM# 324 1/8 REAL (OCTAVO REAL)
Copper, 19mm. **Obv.** Facing eagle, snake in beak **Rev:** Value within circle **Obv. Legend:** REPUBLICA MEXICANA **Rev. Legend:** DEPARTAMENTO DE DURANGO **Edge:** Ornamented with arc and dot pattern **Mint:** Durango **Note:** Weight varies: 3.5-3.8 g.

Date	Mintage	G4	VG8	F12	VF20	XF40
1845	—	33.75	85.00	175	375	—
1846 Rare	—	—	—	—	—	—
1847	—	5.00	11.00	27.50	55.00	—

KM# 325 1/8 REAL (OCTAVO REAL)
Copper, 19mm. **Obv.** Facing eagle, snake in beak **Rev:** Value within circle **Obv. Legend:** REPUBLICA MEXICANA **Rev. Legend:** ESTADO DE DURANGO **Edge:** Ornamented with arc and dot pattern **Mint:** Durango **Note:** Weight varies: 3.5-3.8 g.

Date	Mintage	G4	VG8	F12	VF20	XF40
1851	—	5.00	12.00	19.00	50.00	—
1852/1	—	5.00	10.00	17.00	50.00	—
1852	—	5.00	8.00	12.00	45.00	—
1854	—	11.00	20.00	42.75	95.00	—

KM# 319 1/8 REAL (OCTAVO REAL)
3.54 g., Copper, 20mm. **Obv.** Standing figure facing holding bow and arrow **Rev:** Date and value within wreath **Obv. Legend:** ESTADO DE CHIHUAHUA **Edge:** Plain **Mint:** Chihuahua

Date	Mintage	G4	VG8	F12	VF20	XF40
1855	—	8.00	13.00	37.50	115	—

KM# 327 1/8 REAL (OCTAVO REAL)
7.20 g., Brass, 29mm. **Obv.** Facing eagle, snake in beak **Rev:** Oval arms within sprays below

radiant cap **Obv. Legend:** ESTADO LIBRE DE GUANAJUATO **Edge:** Plain **Mint:** Guanajuato

Date	Mintage	G4	VG8	F12	VF20	XF40
1856	—	11.00	18.00	30.00	115	—

KM# 328 1/8 REAL (OCTAVO REAL)
Brass, 25mm. **Obv.** Facing eagle, snake in beak **Rev:** Oval arms within sprays below radiant cap **Obv. Legend:** ESTADO LIBRE DE GUANAJUATO **Edge:** Plain **Mint:** Guanajuato **Note:** Weight varies: 7.1-7.2 g.

Date	Mintage	G4	VG8	F12	VF20	XF40
1856	—	6.00	11.00	19.00	55.00	—
1857	—	5.00	9.00	15.00	45.00	—

KM# 330 1/8 REAL (OCTAVO REAL)
9.50 g., Copper, 28mm. **Rev:** Seated figure, left, cap on pole **Obv. Legend:** ESTADO LIBRE DE JALISCO **Edge:** Oblique reeding **Mint:** Guadalajara

Date	Mintage	G4	VG8	F12	VF20	XF40
1856	—	5.00	9.00	14.00	27.50	—
1857	—	5.00	9.00	14.00	27.50	—
1858	—	5.00	9.00	14.00	27.50	—
1861	—	115	205	300	450	—
1862/1	—	6.00	11.00	15.00	33.75	—
1862	—	6.00	11.00	15.00	33.75	—

KM# 328a 1/8 REAL (OCTAVO REAL)
Copper, 25mm. **Obv.** Facing eagle, snake in beak **Rev:** Oval arms within sprays below radiant cap **Obv. Legend:** ESTADO LIBRE DE GUANAJUATO **Edge:** Plain **Mint:** Guanajuato **Note:** Weight varies: 7.1-7.2 g.

Date	Mintage	G4	VG8	F12	VF20	XF40
1857	—	11.00	25.00	48.75	85.00	—

KM# 331 1/8 REAL (OCTAVO REAL)
9.50 g., Copper, 28mm. **Obv.** Bow, quiver and flag **Obv. Legend:** DEPARTAMENTO DE JALISCO **Edge:** Oblique reeding **Mint:** Guadalajara

Date	Mintage	G4	VG8	F12	VF20	XF40
1858	—	6.00	11.00	20.00	42.75	—

Date	Mintage	G4	VG8	F12	VF20	XF40
1859	—	5.00	9.00	12.00	30.00	—
1860/59	—	5.00	9.00	14.00	33.75	—
1860	—	5.00	9.00	14.00	33.75	—
1862	—	6.00	12.00	27.50	55.00	—

KM# 337 1/8 REAL (OCTAVO REAL)
6.70 g., Copper, 28mm. **Obv. Legend:** ESTO LIBE Y SOBO DE SONORA **Edge:** Reeded **Mint:** Hermosillo

Date	Mintage	G4	VG8	F12	VF20	XF40
1859 Rare	—	—	—	—	—	—

KM# 366 1/4 REAL (UN QUARTO/UNA QUARTILLA)
8.00 g., Brass, **Obv.** Monument **Rev:** Floating angel with radiant cap on tip of arrow **Obv. Legend:** ESTO LIBE FEDO DE ZACATECAS **Edge:** Oblique reeding **Mint:** Zacatecas **Note:** Size varies: 28-29mm.

Date	Mintage	G4	VG8	F12	VF20	XF40
1824 Rare	—	—	—	—	—	—
1825	—	4.00	8.00	15.00	30.00	—
1826	—	115	195	325	500	—
1827/17	—	4.00	8.00	14.00	30.00	—
1829	—	4.00	8.00	14.00	30.00	—
1830	—	4.00	8.00	13.00	30.00	—
1831	—	60.00	130	210	325	—
1832	—	4.00	8.00	14.00	30.00	—
1833	—	4.00	8.00	14.00	30.00	—
1834 Rare	—	—	—	—	—	—
1835	—	4.00	8.00	14.00	30.00	—
1846	—	4.00	8.00	13.00	30.00	—
1847	—	4.00	8.00	13.00	30.00	—
1852	—	4.00	8.00	13.00	30.00	—
1853	—	4.00	8.00	13.00	30.00	—
1855	—	7.00	15.00	37.50	100	—
1858	—	4.00	8.00	14.00	30.00	—
1859	—	4.00	8.00	13.00	30.00	—
1860	—	115	190	300	475	—
1862/57	—	4.00	8.00	13.00	30.00	—
1862/59/7	—	12.00	27.50	55.00	115	—
1862	—	4.00	8.00	12.00	30.00	—
1863/2	—	4.00	8.00	12.00	30.00	—
1863	—	4.00	8.00	12.00	30.00	—
1864	—	6.00	17.00	37.50	90.00	—

KM# 351 1/4 REAL (UN QUARTO/UNA QUARTILLA)
7.00 g., Copper, 27mm. **Obv.** Seated figure with head right **Rev:** Cap within radiant wreath **Obv. Legend:** ESTADO LIBRE DE GUANAJUATO **Edge:** Ornamented with incuse dots **Mint:** Guanajuato

Date	Mintage	G4	VG8	F12	VF20	XF40
1828	—	6.00	12.00	27.50	60.00	—
1828	—	6.00	14.00	30.00	65.00	—

Note: Error with GUANJUATO

Date	Mintage	G4	VG8	F12	VF20	XF40
1829	—	8.00	18.00	33.75	70.00	—

KM# 353 1/4 REAL (UN QUARTO/UNA QUARTILLA)
9.35 g., Copper, 28mm. **Obv.** Oblique reeding **Rev:** Seated figure, left, cap on pole **Obv. Legend:** ESTADO LIBRE DE JALISCO **Mint:** Guadalajara

Date	Mintage	G4	VG8	F12	VF20	XF40
1828	—	6.00	11.00	22.50	55.00	—
1829/8	—	5.00	9.00	20.00	49.50	—
1829	—	5.00	9.00	20.00	49.50	—
1830/20	—	5.00	8.00	15.00	42.75	—
1830/29	—	5.00	8.00	15.00	42.75	—
1830	—	5.00	8.00	15.00	42.75	—
1831 Rare	—	—	—	—	—	—
1832/20	—	5.00	8.00	15.00	42.75	—
1832/28	—	5.00	8.00	15.00	42.75	—
1832	—	4.00	8.00	14.00	41.25	—
1833/2	—	5.00	8.00	14.00	41.25	—
1834	—	4.00	8.00	14.00	41.25	—
1835/3	—	5.00	8.00	14.00	41.25	—
1835	—	4.00	8.00	14.00	41.25	—
1836 Rare	—	—	—	—	—	—

KM# 359 1/4 REAL (UN QUARTO/UNA QUARTILLA)
Copper, **Obv.** Value above divides wreath, open book within **Rev:** Seated figure with cap on tip of arrow **Obv. Legend:** ESTADO LIBRE DE SAN LUIS POTOSI **Rev. Legend:** MEXICO LIBRE **Edge:** Oblique reeding **Mint:** San Luis Potosi **Note:** Size varies: 25-31mm, weight varies: (1828-32) 9-10 g.; (1859-60) 8-9 g.

Date	Mintage	G4	VG8	F12	VF20
1828	—	3.00	6.00	14.00	27.50
1829	—	5.00	8.00	14.00	30.00
1830	—	3.00	6.00	12.00	25.00
1832	—	6.00	9.00	15.00	33.75
1859 Large LIBRE	—	4.00	6.00	12.00	27.50
1859 Small LIBRE	—	4.00	6.00	12.00	27.50
1860	—	4.00	6.00	12.00	27.50

KM# 364 1/4 REAL (UN QUARTO/UNA QUARTILLA)
Copper, **Obv.** Arrow divides quivers **Rev:** Stylized radiant cap **Obv. Legend:** EST. D. SONORA UNA CUART **Edge:** Oblique reeding **Mint:** Hermosillo **Note:** Size varies: 21-22mm. Weight varies: 2.3-5.5 g.

Date	Mintage	G4	VG8	F12	VF20
1831 L.S. Rare	—	—	—	—	—
1832 L.S.	—	4.00	8.00	22.50	75.00
1833/2 L.S.	—	3.00	6.00	19.00	55.00
1833 L.S.	—	3.00	6.00	19.00	55.00
1834 L.S.	—	3.00	6.00	19.00	55.00
1835/3 L.S.	—	4.00	8.00	22.50	60.00
1835 L.S.	—	3.00	6.00	19.00	55.00
1836 L.S.	—	3.00	6.00	19.00	55.00

KM# 340 1/4 REAL (UN QUARTO/UNA QUARTILLA)
Copper, 27mm. **Obv.** Child facing, holding bow and arrow **Rev:** Value and date within palm wreath **Obv. Legend:** ESTADO SOBERANO DE CHIHUAHUA **Edge:** Herringbone pattern **Mint:** Chihuahua

Date	Mintage	G4	VG8	F12	VF20
1833	—	11.00	25.00	55.00	130
1834	—	10.00	20.00	42.00	85.00
1835	—	8.00	15.00	33.00	75.00
1835 Plain edge	—	8.00	12.00	18.00	75.00

KM# 354 1/4 REAL (UN QUARTO/UNA QUARTILLA)
9.35 g., Copper, 28mm. **Obv. Legend:** DEPARTAMENTO DE JALISCO **Edge:** Oblique reeding **Mint:** Guadalajara

Date	Mintage	G4	VG8	F12	VF20	XF40
1836	—	180	300	525	—	—

KM# 367 1/4 REAL (UN QUARTO/UNA QUARTILLA)
8.00 g., Brass, **Obv.** Monument **Rev:** Floating angel with radiant cap on tip of arrow **Obv. Legend:** DEPARTAMENTO DE ZACATECAS **Edge:** Oblique reeding **Mint:** Zacatecas **Note:** Size varies: 28-29mm.

Date	Mintage	G4	VG8	F12	VF20	XF40
1836	—	6.00	13.00	20.00	37.50	—

Date	Mintage	G4	VG8	F12	VF20	XF40
1845 Rare	—	—	—	—	—	—
1846	—	5.00	10.00	14.00	30.00	—

KM# 345 1/4 REAL (UN QUARTO/UNA QUARTILLA)

7.00 g., Copper, 27mm. **Obv.** Facing eagle, snake in beak **Rev:** Value and date within circle, DURANGO above in wreath **Obv. Legend:** REPUBLICA MEXICANA **Mint:** Durango

Date	Mintage	G4	VG8	F12	VF20	XF40
1845 Rare	—	—	—	—	—	—

KM# 341 1/4 REAL (UN QUARTO/UNA QUARTILLA)

7.08 g., Copper, 27mm. **Obv.** Stylized figure facing, holding bow and arrow **Rev:** Value and date within designed wreath **Obv. Legend:** ESTADO LIBRE DE CHIHUAHUA **Edge:** Plain **Mint:** Chihuahua

Date	Mintage	G4	VG8	F12	VF20	XF40
1846	—	5.00	9.00	18.00	55.00	—
Note: With fraction bar						
1846	—	8.00	13.00	22.50	70.00	—
Note: Without fraction bar						

KM# 363 1/4 REAL (UN QUARTO/UNA QUARTILLA)

Copper, 27mm. **Obv.** Head left within wreath **Rev:** Value and date within wreath **Obv. Legend:** ESTADO LIBRE Y SOBERANO DE SINALOA **Edge:** Reeded **Mint:** Culiacan

Date	Mintage	G4	VG8	F12	VF20	XF40
1847	—	5.00	8.00	18.00	35.25	—
1848	—	5.00	8.00	17.00	33.00	—
1859	—	5.00	7.00	11.00	25.00	—
1861	—	2.75	5.00	6.00	15.00	—
1862	—	2.75	5.00	6.00	17.00	—
1863	—	4.00	6.00	8.00	17.00	—
1864/3	—	4.00	6.00	8.00	17.00	—
1864	—	2.75	5.00	7.00	15.00	—
1865	—	5.00	8.00	13.00	27.50	—
1866/5	7,401,000	4.00	5.00	8.00	17.00	—
1866	Inc. above	2.75	5.00	6.00	15.00	—

KM# 363a 1/4 REAL (UN QUARTO/UNA QUARTILLA)

7.00 g., Brass, 27mm. **Obv.** Head left within wreath **Rev:** Value and date within wreath **Obv. Legend:** ESTADO LIBRE Y SOBERANO DE SINALOA **Edge:** Reeded **Mint:** Culiacan

Date	Mintage	G4	VG8	F12	VF20	XF40
1847	—	8.00	15.00	27.50	60.00	—

KM# 342 1/4 REAL (UN QUARTO/UNA QUARTILLA)

7.08 g., Copper, 27mm. **Obv.** Stylized figure facing, holding bow and arrow **Rev:** Value and date within designed wreath **Obv. Legend:** ESTADO DE CHIHUAHUA **Edge:** Plain **Mint:** Chihuahua

Date	Mintage	G4	VG8	F12	VF20	XF40
1855	—	4.00	9.00	20.00	60.00	—
1856	—	4.00	9.00	20.00	60.00	—

KM# 343 1/4 REAL (UN QUARTO/UNA QUARTILLA)

7.08 g., Copper, 27mm. **Obv.** Stylized figure facing, holding bow and arrow **Rev:** Value and date within designed wreath **Obv. Legend:** DEPARTAMENTO DE CHIHUAHUA **Edge:** Plain **Mint:** Chihuahua

Date	Mintage	G4	VG8	F12	VF20
1855	—	5.00	9.00	20.00	55.00
1855 DE (reversed D)	—	7.00	13.00	27.50	60.00

KM# 352 1/4 REAL (UN QUARTO/UNA QUARTILLA)

14.00 g., Copper, 32mm. **Obv.** Facing eagle, snake in beak **Rev:** Oval arms within sprays below radiant cap **Obv. Legend:** EST. LIB. DE GUANAXUATO **Rev. Legend:** OMNIA VINCIT LABOR **Edge:** Plain **Mint:** Guanajuato

Date	Mintage	G4	VG8	F12	VF20	XF40
1856	—	11.00	27.50	55.00	105	—
1857	—	10.00	20.00	41.25	75.00	—

KM# 352a 1/4 REAL (UN QUARTO/UNA QUARTILLA)
14.00 g., Brass, 32mm. **Obv.** Facing eagle, snake in beak **Rev:** Oval arms within sprays below radiant cap **Obv. Legend:** EST. LIB. DE GUANAXUATO **Rev. Legend:** OMNIA VINCIT LABOR **Edge:** Plain **Mint:** Guanajuato

Date	Mintage	G4	VG8	F12	VF20	XF40
1856	—	5.00	10.00	20.00	45.00	—
1857	—	5.00	10.00	20.00	45.00	—

KM# 346 1/4 REAL (UN QUARTO/UNA QUARTILLA)
7.50 g., Copper, 27mm. **Obv.** Facing eagle, snake in beak **Rev:** Date, value **Obv. Legend:** REPUBLICA MEXICANA **Rev. Legend:** DURANGO **Edge:** Ornamented with arc and dot pattern **Mint:** Durango

Date	Mintage	G4	VG8	F12	VF20	XF40
1858 Rare	—	—	—	—	—	—

KM# 347 1/4 REAL (UN QUARTO/UNA QUARTILLA)
7.50 g., Copper, 27mm. **Obv.** Facing eagle, snake in beak **Rev:** Radiant cap above value and date within stylized sprays **Obv. Legend:** ESTADO DE DURANGO **Rev. Legend:** CONSTITUCION **Edge:** Ornamented with arc and dot pattern **Mint:** Durango **Note:** Brass examples have been reported, but not confirmed.

Date	Mintage	G4	VG8	F12	VF20	XF40
1858	—	6.00	13.00	33.00	75.00	—

KM# 355 1/4 REAL (UN QUARTO/UNA QUARTILLA)
19.00 g., Copper, 32mm. **Obv.** Bow, quiver and flag **Rev:** Seated figure, left, cap on pole **Obv. Legend:** ESTADO LIBRE DE JALISCO **Edge:** Oblique reeding **Mint:** Guadalajara

Date	Mintage	G4	VG8	F12	VF20	XF40
1858	—	5.00	9.00	17.00	37.50	—
1861	—	6.00	12.00	25.00	49.50	—
1862	—	5.00	9.00	17.00	37.50	—

KM# 356 1/4 REAL (UN QUARTO/UNA QUARTILLA)
19.00 g., Copper, 32mm. **Obv.** Bow, quiver and flag **Rev:** Seated figure, left, cap on pole **Obv. Legend:** DEPARTAMENTO DE JALISCO **Edge:** Oblique reeding **Mint:** Guadalajara

Date	Mintage	G4	VG8	F12	VF20	XF40
1858	—	5.00	9.00	14.00	30.00	—
1859/8	—	5.00	9.00	14.00	30.00	—
1859	—	5.00	9.00	14.00	30.00	—
1860	—	5.00	9.00	14.00	30.00	—

KM# 365 1/4 REAL (UN QUARTO/UNA QUARTILLA)
14.30 g., Copper, 32mm. **Obv.** Facing eagle, snake in beak **Rev:** Seated figure, left, cap on pole **Obv. Legend:** ESTO. LIBE. Y SOBO. DE SONORA **Edge:** Reeded **Mint:** Hermosillo

Date	Mintage	G4	VG8	F12	VF20	XF40
1859	—	5.00	12.00	18.00	45.00	—
1861/59	—	6.00	15.00	25.00	55.00	—
1861	—	5.00	12.00	18.00	45.00	—
1862	—	5.00	12.00	18.00	45.00	—
1863/2	—	12.00	27.50	55.00	130	—

KM# 344 1/4 REAL (UN QUARTO/UNA QUARTILLA)
Copper, 28mm. **Obv.** Seated figure, right **Rev:** Value and date within wreath **Obv. Legend:** E. CHIHA LIBERTAD **Edge:** Plain **Mint:** Chihuahua **Note:** Weight varies 11-11.5 g.

Date	Mintage	G4	VG8	F12	VF20	XF40
1860	—	3.00	6.00	17.00	37.50	—
1861	—	3.00	6.00	17.00	37.50	—
1865/1	—	4.00	8.00	20.00	45.00	—
1865	—	9.00	20.00	42.75	100	—

Date	Mintage	G4	VG8	F12	VF20	XF40
1866/5	—	8.00	14.00	37.50	90.00	—
1866	—	3.00	6.00	17.00	37.50	—
Note: Coin rotation						
1866	—	3.00	6.00	17.00	37.50	—
Note: Medal rotation						

KM# 348   1/4 REAL (UN QUARTO/UNA QUARTILLA)

Copper, 27mm. **Obv.** Facing eagle, snake in beak **Rev:** Value and date within circular legend and wreath **Obv. Legend:** DEPARTAMENTO DE DURANGO **Rev. Legend:** LIBERTAD EN EL ORDEN **Edge:** Ornamented with arc and dot pattern **Mint:** Durango **Note:** Weight varies: 7-7.5 g.

Date	Mintage	G4	VG8	F12	VF20	XF40
1860	—	4.00	11.00	25.00	65.00	—
1866	—	5.00	12.00	27.50	70.00	—

KM# 360   1/4 REAL (UN QUARTO/UNA QUARTILLA)

Copper, **Obv.** Value above divides wreath, open book within **Rev:** Seated figure with cap on tip of arrow **Obv. Legend:** ESTADO LIBRE DE SAN LUIS POTOSI **Rev. Legend:** REPUBLICA MEXICANA **Edge:** Oblique reeding **Mint:** San Luis Potosi **Note:** Size varies: 25-31mm.

Date	Mintage	G4	VG8	F12	VF20	XF40
1862	1,367	4.00	6.00	12.00	25.00	—
1862 LIBR	Inc. above	6.00	9.00	14.00	27.50	—

KM# 349   1/4 REAL (UN QUARTO/UNA QUARTILLA)

7.00 g., Copper, **Obv.** Facing eagle, snake in beak **Rev:** Value and date above sprays **Obv. Legend:** ESTADO DE DURANGO **Rev. Legend:** INDEPENDENCIA Y LIBERTAD **Edge:** Ornamented with arc and dot pattern **Mint:** Durango **Note:** Size varies: 26-27mm.

Date	Mintage	G4	VG8	F12	VF20	XF40
1866	—	6.00	14.00	37.50	85.00	—

KM# 361   1/4 REAL (UN QUARTO/UNA QUARTILLA)

Copper, **Rev:** Radiant cap and value within wrath, date below **Obv. Legend:** ESTADO LIBRE Y SOBERANO DE S.L. POTOSI **Rev. Legend:** LIBERTAD Y REFORMA **Edge:** Reeded or plain **Mint:** San Luis Potosi **Note:** Size varies: 27-28mm. Weight varies: 9-10 g.

Date	Mintage	G4	VG8	F12	VF20	XF40
1867	3,177,000	4.00	6.00	11.00	25.00	—
1867 AFG	Inc. above	4.00	6.00	11.00	25.00	—
Note: AFG" are the coin designer/engraver initials						

KM# 362   1/4 REAL (UN QUARTO/UNA QUARTILLA)

Copper, **Obv. Legend:** ESTADO LIBRE Y SOBERANO DE S.L. POTOSI **Rev. Legend:** LIBERTAD Y REFORMA **Edge:** Plain **Mint:** San Luis Potosi

Date	Mintage	G4	VG8	F12	VF20	XF40
1867	Inc. above	4.00	6.00	11.00	25.00	—
1867 AFG	Inc. above	4.00	6.00	11.00	25.00	—
Note: AFG" are the coin designer/engraver initials						

KM# 350   1/4 REAL (UN QUARTO/UNA QUARTILLA)

7.50 g., Copper, 27mm. **Obv.** Facing eagle, snake in beak **Rev:** Date and circular legend, value within **Obv. Legend:** ESTADO DE DURANGO **Rev. Legend:** SUFRAGIO LIBRE **Edge:** Ornamented with arc and dot pattern **Mint:** Durango **Note:** Brass examples have been reported, but not confirmed.

Date	Mintage	G4	VG8	F12	VF20	XF40
1872	—	3.00	6.00	14.00	30.00	—

FEDERAL COINAGE

KM# 315   1/16 REAL (MEDIO OCTAVO)

1.75 g., Copper, 17mm. **Obv. Legend:** REPUBLICA MEXICANA **Edge:** Ornamented with small incuse rectangles **Mint:** Mexico City

Date	Mintage	VG8	F12	VF20	XF40	MS60
1831	—	10.00	20.00	50.00	100	—
1832/1	—	12.00	22.00	55.00	125	—
1832	—	10.00	20.00	50.00	100	—
1833	—	10.00	20.00	50.00	100	—

KM# 315a   1/16 REAL (MEDIO OCTAVO)

1.75 g., Brass, 17mm. **Obv. Legend:** REPUBLICA MEXICANA **Edge:** Ornamented with small incuse rectangles **Mint:** Mexico City

Date	Mintage	VG8	F12	VF20	XF40	MS60
1832	—	13.50	22.50	65.00	175	650

Date	Mintage	VG8	F12	VF20	XF40	MS60
1833	—	10.00	17.50	50.00	150	—
1835	—	400	800	1,250	2,500	—

KM# 332 1/8 REAL (OCTAVO REAL)
7.00 g., Copper, 27mm. **Obv. Legend:** REPUBLICA MEXICANA **Edge:** Ornamented with small incuse rectangles **Mint:** Mexico City

Date	Mintage	VG8	F12	VF20	XF40	MS60
1829	—	450	900	1,500	2,500	—

KM# 333 1/8 REAL (OCTAVO REAL)
3.50 g., Copper, 21mm. **Obv.** Facing eagle, snake in beak **Rev:** Value and date within wreath **Obv. Legend:** REPUBLICA MEXICANA **Edge:** Ornamented with small incuse rectangles **Mint:** Mexico City

Date	Mintage	G4	VG8	F12	VF20	XF40
1829	—	7.50	12.00	25.00	55.00	—
1830	—	1.00	2.00	6.00	20.00	—
1831	—	1.50	3.50	7.00	20.00	—
1832	—	1.50	3.50	7.00	25.00	—
1833/2	—	1.50	3.50	7.00	25.00	—
1833	—	1.50	2.75	6.00	20.00	—
1834	—	1.50	2.75	6.00	20.00	—
1835	—	1.50	2.75	6.00	20.00	—
1835/4	—	1.75	3.50	7.00	25.00	—

KM# 334 1/8 REAL (OCTAVO REAL)
14.00 g., Copper, **Obv.** Seated figure, right **Rev:** Value and date within wreath **Obv. Legend:** LIBERTAD **Edge:** Lettered (1841-42); Plain (1850-61) **Edge Lettering:** REPUBLICA MEXICANA **Mint:** Mexico City **Note:** Size varies: 29-30mm.

Date	Mintage	G4	VG8	F12	VF20	XF40
1841	—	6.00	15.00	30.00	75.00	—
1842	—	2.50	5.00	10.00	30.00	—
1850	—	12.50	20.00	30.00	80.00	175
1861	—	5.00	12.00	25.00	70.00	—

KM# 357 1/4 REAL (UN QUARTO/UNA QUARTILLA)

14.00 g., Copper, 33mm. **Obv.** Facing eagle, snake in beak **Rev:** Value and date within wreath **Obv. Legend:** REPUBLICA MEXICANA **Edge:** Ornamented with small incuse rectangles **Mint:** Mexico City

Date	Mintage	VG8	F12	VF20	XF40	MS60
1829	—	12.00	36.00	90.00	275	—

KM# 358 1/4 REAL (UN QUARTO/UNA QUARTILLA)
7.00 g., Copper, 27mm. **Obv.** Facing eagle, snake in beak **Rev:** Value and date within wreath **Obv. Legend:** REPUBLICA MEXICANA **Edge:** Ornamented with small incuse rectangles **Mint:** Mexico City **Note:** Reduced size.

Date	Mintage	VG8	F12	VF20	XF40	MS60
1829	—	12.00	25.00	50.00	180	—
1830	—	1.50	2.75	5.00	12.00	—
1831	—	1.50	2.75	5.00	12.00	—
1832	—	5.50	10.00	20.00	42.00	—
1833	—	1.50	2.75	5.00	12.00	—
1834/3	—	1.75	3.00	6.00	14.00	—
1834	—	1.50	2.75	5.00	12.00	—
1835	—	1.50	2.75	5.00	12.00	—
1836/5	—	1.75	3.00	6.00	14.00	—
1836	—	1.50	2.75	5.00	12.00	—
1837	—	6.50	13.50	22.50	55.00	—

KM# 358a.1 1/4 REAL (UN QUARTO/UNA QUARTILLA)
7.00 g., Brass, 27mm. **Obv. Legend:** REPUBLICA MEXICANA **Edge:** Ornamented with small incuse rectangles **Mint:** Mexico City **Note:** Reduced size.

CM Date	Host Date	VG8	F12	VF20	XF40	MS60
	1831	8.00	13.50	27.50	60.00	—

KM# 358a.2 1/4 REAL (UN QUARTO/UNA QUARTILLA)
7.00 g., Brass, 27mm. **Obv. Legend:** REPUBLICA MEXICANA **Edge:** Ornamented with small incuse rectangles **Mint:** Mexico City **Note:** Without countermark.

Date	Mintage	VG8	F12	VF20	XF40	MS60
1831	—	—	—	—	—	—

KM# 368 1/4 REAL (UN QUARTO/UNA QUARTILLA)
0.85 g., 0.903 Silver, 0.0245 oz. ASW **Obv.** Head left **Rev:** Value **Mint:** Chihuahua **Note:** Mint mark CA.

Date	Mintage	VG8	F12	VF20	XF40	MS60
1843 CA RG	—	75.00	125	300	550	—

KM# 368.1 1/4 REAL (UN QUARTO/UNA QUARTILLA)
0.85 g., 0.903 Silver, 0.0245 oz. ASW **Mint:** Culiacan **Note:** Mint mark C.

Date	Mintage	VG8	F12	VF20	XF40	MS60
1855 C LR	—	50.00	100	225	525	—

KM# 368.2 1/4 REAL (UN QUARTO/UNA QUARTILLA)
0.85 g., 0.903 Silver, 0.0245 oz. ASW **Mint:** Durango **Note:** Struck at Durango Mint, mint mark Do.

Date	Mintage	VG8	F12	VF20	XF40	MS60
1842 Do LR	—	12.00	20.00	40.00	140	—
1843 Do	—	20.00	40.00	90.00	220	—

KM# 368.3 1/4 REAL (UN QUARTO/UNA QUARTILLA)
0.85 g., 0.903 Silver, 0.0245 oz. ASW **Mint:** Guadalajara **Note:** Mint mark Ga.

Date	Mintage	VG8	F12	VF20	XF40
1842 Ga JG	—	3.00	7.00	10.00	25.00
1843/2 Ga JG	—	—	—	—	—
1843 Ga JG	—	7.00	11.00	15.00	36.00
1843 Ga MC	—	5.00	8.00	11.00	30.00
1844 Ga MC	—	5.00	8.00	11.00	30.00
1844 Ga LR	—	3.00	6.00	12.00	25.00
1845 Ga LR	—	10.00	25.00	48.00	90.00
1846 Ga LR	—	12.00	30.00	48.00	70.00
1847 Ga LR	—	10.00	25.00	48.00	70.00
1848 Ga LR Rare	—	—	—	—	—
1850 Ga LR Rare	—	—	—	—	—
1851 Ga LR	—	7.00	12.00	25.00	60.00
1852 Ga LR	—	60.00	120	160	240
1854/3 Ga LR	—	60.00	120	160	240
1854 Ga LR	—	12.00	25.00	60.00	120
1855 Ga LR	—	12.00	25.00	60.00	120
1857 Ga LR	—	12.00	25.00	60.00	120
1862 Ga LR	—	12.00	25.00	60.00	120

KM# 368.4 1/4 REAL (UN QUARTO/UNA QUARTILLA)
0.85 g., 0.903 Silver, 0.0245 oz. ASW **Mint:** Guadalupe y Calvo **Note:** Mint mark GC.

Date	Mintage	VG8	F12	VF20	XF40	MS60
1844 GC LR	—	50.00	75.00	200	500	—

KM# 368.5 1/4 REAL (UN QUARTO/UNA QUARTILLA)
0.85 g., 0.903 Silver, 0.0245 oz. ASW **Mint:** Guanajuato **Note:** Mint mark Go.

Date	Mintage	VG8	F12	VF20	XF40	MS60
1842 Go PM	—	5.00	15.00	35.00	90.00	—
1842 Go LR	—	2.00	4.00	8.00	18.00	—
1843/2 Go LR	—	4.00	6.00	10.00	25.00	—
1843 Go LR	—	2.00	4.00	8.00	18.00	—
1844/3 Go LR	—	—	—	—	—	—
1844 Go LR	—	10.00	25.00	60.00	150	—
1845 Go LR	—	8.00	17.00	40.00	95.00	—
1846/5 Go LR	—	—	—	—	—	—
1846 Go LR	—	6.00	15.00	30.00	70.00	—
1847 Go LR	—	2.00	4.00	8.00	18.00	—
1848/7 Go LR	—	2.00	4.00	8.00	18.00	—
1848 Go LR	—	2.00	4.00	8.00	18.00	—
1849/7 Go LR	—	8.00	15.00	30.00	70.00	—
1849 Go LR	—	2.00	4.00	8.00	18.00	—
1850 Go LR	—	2.00	4.00	8.00	15.00	—
1851 Go LR	—	2.00	4.00	8.00	18.00	—
1852 Go LR	—	2.00	4.00	8.00	18.00	—
1853 Go LR	—	2.00	4.00	8.00	18.00	—
1855 Go LR	—	4.00	8.00	15.00	36.00	—
1856/4 Go LR	—	20.00	40.00	60.00	120	—
1856 Go LR	—	5.00	10.00	20.00	42.00	—
1862/1 Go LR	—	3.00	5.00	10.00	25.00	—
1862 Go LR	—	2.00	4.00	8.00	18.00	—
1863 Go	—	2.00	4.00	8.00	18.00	—

KM# 368.6 1/4 REAL (UN QUARTO/UNA QUARTILLA)
0.85 g., 0.903 Silver, 0.0245 oz. ASW **Mint:** Mexico City **Note:** Mint mark Mo.

Date	Mintage	VG8	F12	VF20	XF40
1842 Mo LR	—	2.00	4.00	8.00	18.00
1843 Mo LR	—	2.00	4.00	8.00	18.00
1844/3 Mo LR	—	20.00	30.00	75.00	150
1844 Mo LR	—	4.00	6.00	10.00	25.00
1845 Mo LR	—	6.00	15.00	35.00	85.00
1846 Mo LR	—	10.00	20.00	35.00	80.00
1850 Mo LR Rare	—	—	—	—	—
1858 Mo LR	—	4.00	8.00	15.00	36.00
1859 Mo LR	—	4.00	6.00	10.00	25.00
1860 Mo LR	—	4.00	6.00	10.00	25.00
1861 Mo LR	—	4.00	6.00	10.00	25.00
1862 Mo LR	—	4.00	6.00	10.00	25.00
1863/53 Mo LR	—	4.00	6.00	10.00	25.00
1863 Mo LR	—	4.00	6.00	10.00	25.00

KM# 368.7 1/4 REAL (UN QUARTO/UNA QUARTILLA)
0.85 g., 0.903 Silver, 0.0245 oz. ASW **Mint:** San Luis Potosi **Note:** Mint mark SLP, PI, P, I/P.

Date	Mintage	VG8	F12	VF20	XF40
1842 S.L.Pi	—	2.00	5.00	10.00	25.00
1843/2 S.L.Pi	—	4.00	6.00	10.00	25.00
1843 S.L.Pi	—	2.00	4.00	8.00	25.00
1844 S.L.Pi	—	2.00	4.00	8.00	25.00
1845/3 S.L.Pi	—	4.00	6.00	10.00	30.00
1845/4 S.L.Pi	—	4.00	6.00	10.00	30.00
1845 S.L.Pi	—	2.00	4.00	8.00	25.00
1847/5 S.L.Pi	—	4.00	9.00	20.00	48.00
1847 S.L.Pi	—	3.00	6.00	12.00	30.00
1851/47 S.L.Pi	—	10.00	20.00	35.00	70.00
1854 S.L.Pi	—	125	200	275	475
1856 S.L.Pi	—	10.00	20.00	35.00	70.00
1857 S.L.Pi	—	30.00	60.00	100	210
1862/57 S.L.Pi	—	10.00	20.00	40.00	100

KM# 368.8 1/4 REAL (UN QUARTO/UNA QUARTILLA)
0.85 g., 0.903 Silver, 0.0245 oz. ASW **Mint:** Zacatecas **Note:** Mint mark Zs.

Date	Mintage	VG8	F12	VF20	XF40	MS60
1842/1 Zs LR	—	4.00	8.00	15.00	36.00	—
1842 Zs LR	—	4.00	8.00	15.00	36.00	—

KM# 370 1/2 REAL
1.69 g., 0.903 Silver, 0.0491 oz. ASW **Obv.** Hooked-neck eagle **Mint:** Alamos

Date	Mintage	VF20	XF40	MS60	MS63
1862A PG Rare	—	—	—	—	—

KM# 370.1 1/2 REAL
1.69 g., 0.903 Silver, 0.0491 oz. ASW **Obv.** Facing eagle **Mint:** Chihuahua

Date	Mintage	F12	VF20	XF40	MS60	MS63
1844Ca RG	—	75.00	125	195	325	—
1845Ca RG	—	75.00	125	165	300	—

KM# 370.2 1/2 REAL
1.69 g., 0.903 Silver, 0.0491 oz. ASW **Obv.** Facing eagle, snake in beak **Rev:** Radiant cap **Obv. Legend:** REPUBLICA MEXICANA **Mint:** Culiacan **Note:** Mint mark C.

Date	Mintage	F12	VF20	XF40	MS60
1846 CE	—	30.00	50.00	85.00	165

Date	Mintage	F12	VF20	XF40	MS60
1848/7 CE	—	15.00	25.00	49.50	100
1849/8 CE	—	15.00	25.00	49.50	100
1849 CE	—	—	—	—	—
1852 CE	—	12.50	20.00	44.00	90.00
1853/1 CE	—	12.50	20.00	44.00	90.00
1854 CE	—	20.00	35.00	55.00	110
1856 CE	—	12.50	20.00	44.00	90.00
1857/6 CE	—	20.00	35.00	55.00	110
1857 CE	—	15.00	25.00	49.50	100
1858 CE Error 1 for 1/2	—	12.50	20.00	44.00	90.00
1860/59 PV	—	20.00	35.00	55.00	110
1860 PV	—	12.50	20.00	44.00	90.00
1861 PV	—	12.50	20.00	44.00	90.00
1863 CE Error 1 for 1/2	—	15.00	25.00	49.50	100
1867 CE	—	12.50	20.00	44.00	90.00
1869 6/5 CE Error 1 for 1/2	—	12.50	20.00	44.00	90.00

KM# 370.3 1/2 REAL
1.69 g., 0.903 Silver, 0.0491 oz. ASW **Obv.** Facing eagle, snake in beak **Mint:** Durango **Note:** Mint mark D, Do.

Date	Mintage	F12	VF20	XF40	MS60
1832 RM	—	125	225	375	650
1832 RM/L	—	—	—	—	—
1833/2 RM/L	—	75.00	100	165	250
1833/1 RM/L	—	12.50	20.00	44.00	90.00
1833 RM	—	25.00	40.00	85.00	165
1834/1 RM	—	25.00	40.00	85.00	165
1834 RM	—	12.50	20.00	44.00	90.00
1837/1 RM	—	12.50	30.00	65.00	220
1837/4 RM	—	12.50	30.00	65.00	220
1837/6 RM	—	12.50	30.00	65.00	220
1841/33 RM	—	15.00	30.00	65.00	275
1842/32 RM	—	12.50	20.00	44.00	90.00
1842 RM	—	12.50	20.00	44.00	90.00
1842 RM 8R Error	—	12.50	20.00	44.00	90.00
1842 1/2 RM 8R Error	—	12.50	20.00	44.00	90.00
1843/33 RM	—	15.00	25.00	55.00	110
1843 RM	—	15.00	25.00	55.00	110
1845/31 RM	—	12.50	20.00	44.00	90.00
1845/34 RM	—	12.50	20.00	44.00	90.00
1845/35 RM	—	12.50	20.00	44.00	90.00
1845 RM	—	15.00	25.00	55.00	110
1846 RM	—	30.00	50.00	90.00	220
1848/5 RM	—	35.00	55.00	120	275
1848/36 RM	—	25.00	40.00	85.00	220
1849 JMR	—	25.00	40.00	85.00	220
1850 RM Rare	—	—	—	—	—
1850 JMR	—	25.00	40.00	85.00	220
1851 JMR	—	20.00	35.00	55.00	110
1852/1 JMR	—	65.00	125	275	650
1852 JMR	—	30.00	50.00	90.00	220
1853 CP	—	12.50	20.00	44.00	90.00
1854 CP	—	25.00	40.00	85.00	220
1855 CP	—	25.00	40.00	65.00	165
1856/5 CP	—	20.00	35.00	55.00	110
1857 CP	—	20.00	35.00	55.00	110
1858/7 CP	—	20.00	35.00	55.00	110
1859 CP	—	20.00	35.00	55.00	110
1860/59 CP	—	40.00	65.00	150	325
1861 CP	—	125	250	450	775

Date	Mintage	F12	VF20	XF40	MS60
1862 CP	—	25.00	40.00	65.00	140
1864 LT	—	100	300	550	1,100
1869 CP	—	40.00	65.00	140	300

KM# 370.4 1/2 REAL
1.69 g., 0.903 Silver, 0.0491 oz. ASW **Obv.** Facing eagle, snake in beak **Mint:** Estado de Mexico

Date	Mintage	F12	VF20	XF40	MS60	MS63
1829EoMo LF	—	175	300	550	1,650	—

KM# 370.5 1/2 REAL
1.69 g., 0.903 Silver, 0.0491 oz. ASW **Obv.** Facing eagle, snake in beak **Mint:** Guadalajara

Date	Mintage	F12	VF20	XF40	MS60
1825Ga FS	—	25.00	40.00	85.00	220
1826Ga FS	—	10.00	15.00	38.50	90.00
1828/7Ga FS	—	12.50	20.00	40.00	90.00
1829Ga FS	—	7.50	15.00	33.00	75.00
1830/29Ga FS	—	40.00	60.00	110	220
1831Ga LP	—	350	—	—	—
1832Ga FS	—	10.00	20.00	38.50	90.00
1834/3Ga FS	—	65.00	100	195	275
1834Ga FS	—	10.00	20.00	38.50	90.00
1835/4/3Ga FS/LP	—	15.00	25.00	44.00	100
1837/6Ga JG	—	100	250	550	1,100
1838/7Ga JG	—	15.00	25.00	44.00	100
1839/8Ga JG/FS	—	35.00	75.00	165	275
1839Ga MC	—	10.00	20.00	38.50	90.00
1840/39Ga MC/JG	—	—	—	—	—
1840Ga MC	—	15.00	25.00	44.00	100
1841Ga MC	—	20.00	35.00	55.00	110
1842/1Ga JG	—	15.00	25.00	44.00	100
1842Ga JG	—	10.00	20.00	38.50	90.00
1843/2Ga JG	—	15.00	30.00	55.00	110
1843Ga JG	—	10.00	20.00	38.50	90.00
1843Ga MC/JG	—	10.00	20.00	38.50	90.00
1843Ga MC	—	10.00	20.00	38.50	90.00
1844Ga MC	—	10.00	20.00	38.50	90.00
1845Ga MC	—	10.00	20.00	38.50	90.00
1845Ga JG	—	10.00	20.00	38.50	90.00
1846Ga MC	—	10.00	20.00	38.50	90.00
1846Ga JG	—	10.00	20.00	38.50	90.00
1847Ga JG	—	10.00	20.00	38.50	90.00
1848/7Ga JG	—	10.00	20.00	38.50	90.00
1849Ga JG	—	10.00	20.00	38.50	90.00
1850/49Ga JG	—	—	—	—	—
1850Ga JG	—	10.00	20.00	38.50	90.00
1851/0Ga JG	—	10.00	20.00	38.50	90.00
1852Ga JG	—	10.00	20.00	38.50	90.00
1853Ga JG	—	10.00	20.00	38.50	90.00
1854Ga JG	—	10.00	20.00	38.50	90.00
1855/4Ga JG	—	10.00	20.00	38.50	90.00
1855Ga JG	—	10.00	20.00	38.50	90.00
1856Ga JG	—	10.00	20.00	38.50	90.00
1857Ga JG	—	10.00	20.00	38.50	90.00
1858/7Ga JG	—	10.00	20.00	38.50	90.00
1858Ga JG	—	10.00	20.00	38.50	90.00
1859/7Ga JG	—	10.00	20.00	38.50	90.00
1860/59Ga JG	—	10.00	20.00	38.50	90.00
1861Ga JG	—	5.00	12.50	27.50	65.00
1862/1Ga JG	—	15.00	25.00	44.00	100

KM# 370.6 1/2 REAL
1.69 g., 0.903 Silver, 0.0491 oz. ASW **Obv.** Facing eagle, snake in beak **Mint:** Guadalupe y Calvo

Date	Mintage	F12	VF20	XF40	MS60	MS63
1844GC MP	—	50.00	100	165	425	—
1845GC MP	—	25.00	50.00	110	240	—
1846GC MP	—	25.00	50.00	110	240	—
1847GC MP	—	25.00	50.00	110	350	—
1848GC MP	—	20.00	40.00	85.00	180	—
1849GC MP	—	25.00	50.00	110	240	—

Date	Mintage	F12	VF20	XF40	MS60	MS63
1850GC MP	—	30.00	60.00	140	300	—
1851GC MP	—	25.00	50.00	110	240	—

KM# 370.7 1/2 REAL
1.69 g., 0.903 Silver, 0.0491 oz. ASW **Obv.** Facing eagle, snake in beak **Mint:** Guanajuato **Note:** Varieties exist.

Date	Mintage	F12	VF20	XF40	MS60
1826Go MJ	—	125	250	450	1,100
1827/6Go MJ	—	7.50	15.00	33.00	85.00
1828/7Go MJ	—	7.50	15.00	33.00	85.00
1828Go MJ	—	—	—	—	—
Note: Denomination 2/1					
1828Go JG	—	—	—	—	—
1828Go MR	—	50.00	100	165	275
1829/8Go MJ	—	5.00	10.00	27.50	55.00
1829Go MJ	—	5.00	10.00	27.50	55.00
1829Go MJ	—	5.00	10.00	27.50	55.00
Note: Reversed N in MEXICANA					
1830Go MJ	—	5.00	10.00	27.50	55.00
1831/29Go MJ	—	15.00	30.00	65.00	165
1831Go MJ	—	10.00	20.00	44.00	90.00
1832/1Go MJ	—	7.50	15.00	33.00	85.00
1832Go MJ	—	7.50	15.00	33.00	85.00
1833Go MJ Round top 3	—	10.00	20.00	44.00	90.00
1833Go MJ Flat top 3	—	10.00	20.00	44.00	90.00
1834Go PJ	—	5.00	10.00	27.50	55.00
1835Go PJ	—	5.00	10.00	27.50	55.00
1836/5Go PJ	—	7.50	15.00	33.00	85.00
1836Go PJ	—	5.00	10.00	27.50	55.00
1837Go PJ	—	5.00	10.00	27.50	55.00
1838/7Go PJ	—	5.00	10.00	27.50	55.00
1839Go PJ	—	5.00	10.00	27.50	55.00
1839Go PJ	—	5.00	10.00	27.50	55.00
Note: Error: REPUBLIGA					
1840/39Go PJ	—	7.50	10.00	27.50	85.00
1840Go PJ Straight J	—	5.00	10.00	27.50	55.00
1840Go PJ Curved J	—	5.00	10.00	27.50	55.00
1841/31Go PJ	—	5.00	10.00	27.50	55.00
1841Go PJ	—	5.00	10.00	27.50	55.00
1842/1Go PJ	—	5.00	10.00	27.50	55.00
1842/1Go PM	—	5.00	10.00	27.50	55.00
1842Go PM/J	—	5.00	10.00	27.50	55.00
1842Go PJ	—	5.00	10.00	27.50	55.00
1842Go PM	—	5.00	10.00	27.50	55.00
1843/33Go PM 1/2 over 8	—	5.00	10.00	27.50	55.00
1843Go PM	—	5.00	10.00	27.50	55.00
Note: Convex wings					
1843Go PM	—	5.00	10.00	27.50	55.00
Note: Concave wings					
1844/3Go PM	—	10.00	20.00	44.00	100
1845/4Go PM	—	5.00	10.00	27.50	55.00
1845Go PM	—	5.00	10.00	27.50	55.00
1846/4Go PM	—	5.00	10.00	27.50	55.00
1846/5Go PM	—	5.00	10.00	27.50	55.00
1846Go PM	—	5.00	10.00	27.50	55.00
1847/6Go PM	—	7.50	15.00	33.00	65.00
1847Go PM	—	7.50	15.00	33.00	65.00
1848/35Go PM	—	5.00	10.00	27.50	55.00
1848Go PM	—	5.00	10.00	27.50	55.00
1848Go PF/M	—	5.00	10.00	27.50	55.00
1849/39Go PF	—	5.00	10.00	27.50	55.00
1849Go PF	—	5.00	10.00	27.50	55.00
1849Go PF	—	5.00	10.00	27.50	55.00
Note: Error: MEXCANA					
1850Go PF	—	5.00	10.00	27.50	55.00
1851Go PF	—	5.00	10.00	27.50	55.00

Date	Mintage	F12	VF20	XF40	MS60
1852/1Go PF	—	5.00	10.00	27.50	55.00
1852Go PF	—	2.50	7.50	19.00	44.00
1853Go PF/R	—	5.00	10.00	27.50	55.00
1853Go PF	—	5.00	10.00	27.50	55.00
1854Go PF	—	5.00	10.00	27.50	55.00
1855Go PF	—	5.00	10.00	27.50	55.00
1856/4Go PF	—	5.00	10.00	27.50	55.00
1856/5Go PF	—	5.00	10.00	27.50	55.00
1856Go PF	—	5.00	10.00	27.50	55.00
1857/6Go PF	—	5.00	10.00	27.50	55.00
1857Go PF	—	5.00	10.00	27.50	55.00
1858/7Go PF	—	7.50	15.00	33.00	65.00
1858Go PF	—	5.00	10.00	27.50	55.00
1859Go PF	—	5.00	10.00	27.50	55.00
1860Go PF Small 1/2	—	5.00	10.00	27.50	55.00
1860Go PF Large 1/2	—	5.00	10.00	27.50	55.00
1860/59Go PF	—	5.00	10.00	27.50	55.00
1861Go PF Small 1/2	—	5.00	10.00	27.50	55.00
1861Go PF Large 1/2	—	5.00	10.00	27.50	55.00
1862/1Go YE	—	5.00	10.00	27.50	55.00
1862Go YE	—	2.50	7.50	19.00	44.00
1862Go YF	—	5.00	10.00	27.50	55.00
1867Go YF	—	2.50	7.50	19.00	44.00
1868Go YF	—	2.50	7.50	19.00	44.00

KM# 370.8 1/2 REAL
1.69 g., 0.903 Silver, 0.0491 oz. ASW **Obv.** Facing eagle, snake in beak **Mint:** Hermosillo

Date	Mintage	F12	VF20	XF40	MS60
1839Ho PP Unique	—	—	—	—	—
1862Ho FM	—	500	650	1,100	—
1867Ho PR/FM Inverted 6, and 7/1	—	100	175	275	600

KM# 370.9 1/2 REAL
1.69 g., 0.903 Silver, 0.0491 oz. ASW **Obv.** Facing eagle, snake in beak **Mint:** Mexico City

Date	Mintage	F12	VF20	XF40	MS60
1825Mo JM Short top 5	—	10.00	20.00	44.00	90.00
1825Mo JM Long top 5	—	10.00	20.00	44.00	90.00
1826/5Mo JM	—	10.00	20.00	44.00	90.00
1826Mo JM	—	5.00	10.00	22.50	65.00
1827/6Mo JM	—	5.00	10.00	22.50	65.00
1827Mo JM	—	5.00	10.00	22.50	65.00
1828/7Mo JM	—	7.50	15.00	27.50	95.00
1828Mo JM	—	10.00	20.00	44.00	100
1829Mo JM	—	7.50	15.00	27.50	85.00
1830Mo JM	—	5.00	10.00	22.50	65.00
1831Mo JM	—	5.00	10.00	22.50	65.00
1832Mo JM	—	7.50	12.50	30.25	65.00
1833Mo MJ	—	7.50	12.50	30.25	65.00
1834Mo ML	—	5.00	10.00	22.50	65.00
1835Mo ML	—	5.00	10.00	22.50	65.00
1836/5Mo ML/MF	—	7.50	15.00	27.50	70.00
1836Mo ML	—	7.50	15.00	27.50	70.00
1838Mo ML	—	5.00	10.00	22.50	65.00
1839/8Mo ML	—	5.00	10.00	27.50	70.00
1839Mo ML	—	5.00	10.00	22.50	55.00
1840Mo ML	—	5.00	10.00	22.50	55.00
1841Mo ML	—	5.00	10.00	22.50	55.00
1842Mo ML	—	15.00	35.00	90.00	220

Date	Mintage	F12	VF20	XF40	MS60
1842Mo MM	—	5.00	10.00	22.50	55.00
1843Mo MM	—	10.00	20.00	44.00	90.00
1844Mo MF	—	5.00	10.00	22.50	55.00
1845/4Mo MF	—	5.00	10.00	27.50	65.00
1845Mo MF	—	5.00	10.00	22.50	55.00
1846Mo MF	—	5.00	10.00	22.50	55.00
1847Mo RC	—	10.00	20.00	44.00	90.00
1847Mo RC R/M	—	10.00	20.00	44.00	90.00
1848/7Mo GC/RC	—	5.00	10.00	22.50	55.00
1849Mo GC	—	5.00	10.00	22.50	55.00
1850Mo GC	—	5.00	10.00	22.50	55.00
1851Mo GC	—	5.00	10.00	22.50	55.00
1852Mo GC	—	5.00	10.00	22.50	55.00
1853Mo GC	—	5.00	10.00	22.50	55.00
1854Mo GC	—	5.00	10.00	22.50	55.00
1855Mo GC	—	5.00	10.00	22.50	55.00
1855Mo GF/GC	—	7.50	12.50	27.50	70.00
1856/5Mo GF	—	7.50	12.50	27.50	70.00
1857Mo GF	—	5.00	10.00	22.50	55.00
1858Mo FH	—	3.00	5.00	14.00	44.00
1858Mo FH F/G	—	5.00	10.00	22.50	55.00
1858/9Mo FH	—	5.00	10.00	22.50	55.00
1859Mo FH/GC	—	5.00	10.00	22.50	55.00
1859Mo FH	—	3.00	6.00	17.00	55.00
1860Mo FH/GC	—	5.00	10.00	22.50	55.00
1860Mo FH	—	3.00	6.00	17.00	55.00
1860Mo TH	—	25.00	50.00	110	220
1860/59Mo FH	—	7.50	12.50	27.50	70.00
1861Mo CH	—	3.00	6.00	17.00	49.50
1862/52Mo CH	—	5.00	10.00	22.50	55.00
1862Mo CH	—	3.00	6.00	17.00	49.50
1863/55Mo TH/GC	—	5.00	10.00	22.50	55.00
1863Mo CH/GC	—	5.00	10.00	22.50	55.00
1863Mo CH	—	3.00	6.00	17.00	49.50

KM# 370.10 1/2 REAL
1.69 g., 0.903 Silver, 0.0491 oz. ASW **Obv.** Facing eagle, snake in beak **Mint:** San Luis Potosi

Date	Mintage	F12	VF20	XF40	MS60
1831Pi JS	—	7.50	12.50	27.50	70.00
1841/36Pi JS	—	20.00	40.00	85.00	140
1842/1Pi PS	—	20.00	40.00	85.00	140
1842/1Pi PS P/J	—	60.00	80.00	165	325
1842Pi PS/PJ	—	50.00	75.00	140	275
1842 PS	—	60.00	80.00	165	325
1842Pi JS	—	20.00	40.00	85.00	140
1843/2Pi PS	—	17.50	25.00	44.00	90.00
1843Pi PS	—	15.00	25.00	38.50	75.00
1843Pi AM	—	10.00	15.00	27.50	65.00
1844Pi AM	—	10.00	15.00	33.00	70.00
1845Pi AM	—	250	375	550	1,650
1846/5Pi AM	—	40.00	75.00	140	220
1847/6Pi AM	—	15.00	25.00	44.00	90.00
1848Pi AM	—	15.00	25.00	44.00	90.00
1849Pi MC/AM	—	15.00	25.00	44.00	90.00
1849Pi MC	—	12.50	20.00	38.50	75.00
1850/49Pi MC	—	—	—	—	—
1850Pi MC	—	10.00	15.00	27.50	65.00
1850P MC	—	—	—	—	—
1851Pi MC	—	10.00	15.00	27.50	65.00
1852Pi MC	—	10.00	20.00	33.00	70.00
1853Pi MC	—	7.50	12.50	22.50	65.00
1854Pi MC	—	7.50	12.50	22.50	65.00
1855Pi MC	—	15.00	20.00	38.50	75.00

Date	Mintage	F12	VF20	XF40	MS60
1856Pi MC	—	15.00	25.00	55.00	110
1856PI (no I)	—	—	—	—	—
1857Pi MC	—	7.50	12.50	22.50	65.00
1857Pi PS	—	10.00	15.00	33.00	70.00
1858Pi MC	—	12.50	20.00	38.50	75.00
1858Pi PS	—	12.50	20.00	38.50	75.00
1859Pi MC Rare	—	—	—	—	—
1860/59Pi PS	—	125	200	650	—
1861Pi RO	—	10.00	15.00	33.00	65.00
1862/1Pi RO	—	15.00	25.00	55.00	140
1862Pi RO	—	15.00	25.00	55.00	140
1863/2Pi RO	—	15.00	25.00	49.50	110

KM# 370.11 1/2 REAL
1.69 g., 0.903 Silver, 0.0491 oz. ASW **Obv.** Facing eagle, snake in beak **Mint:** Zacatecas **Note:** Mint mark Z, Zs.

Date	Mintage	F12	VF20	XF40	MS60
1826 AZ	—	5.00	10.00	22.50	65.00
1826 AO	—	5.00	10.00	22.50	65.00
1827 AO	—	5.00	10.00	22.50	65.00
1828/7 AO	—	5.00	10.00	22.50	65.00
1829 AO	—	5.00	10.00	22.50	65.00
1830 OV	—	5.00	10.00	22.50	65.00
1831 OV	—	25.00	50.00	85.00	165
1831 OM	—	5.00	10.00	22.50	65.00
1832 OM	—	5.00	10.00	22.50	65.00
1833 OM	—	5.00	10.00	22.50	65.00
1834 OM	—	5.00	10.00	22.50	65.00
1835/4 OM	—	5.00	10.00	22.50	65.00
1835 OM	—	5.00	10.00	22.50	65.00
1836 OM	—	5.00	10.00	22.50	65.00
1837 OM	—	10.00	20.00	44.00	90.00
1838 OM	—	5.00	10.00	22.50	65.00
1839 OM	—	7.50	15.00	33.00	70.00
1840 OM	—	10.00	25.00	49.50	100
1841 OM	—	10.00	25.00	49.50	100
1842/1 OM	—	5.00	10.00	22.50	65.00
1842 OM	—	5.00	10.00	22.50	65.00
1843 OM	—	40.00	75.00	125	275
1844 OM	—	5.00	10.00	22.50	65.00
1845 OM	—	5.00	10.00	22.50	65.00
1846 OM	—	7.50	15.00	33.00	70.00
1847 OM	—	5.00	10.00	22.50	55.00
1848 OM	—	5.00	10.00	22.50	55.00
1849 OM	—	5.00	10.00	22.50	55.00
1850 OM	—	5.00	10.00	22.50	55.00
1851 OM	—	5.00	10.00	22.50	55.00
1852 OM	—	5.00	10.00	22.50	55.00
1853 OM	—	5.00	10.00	22.50	55.00
1854/3 OM	—	5.00	10.00	22.50	55.00
1854 OM	—	5.00	10.00	22.50	55.00
1855/3 OM	—	7.50	15.00	33.00	70.00
1855 OM	—	5.00	10.00	22.50	55.00
1856 OM	—	5.00	10.00	22.50	55.00
1857 MO	—	5.00	10.00	22.50	55.00
1858 MO	—	5.00	10.00	22.50	55.00
1859 MO	—	6.00	8.50	19.00	38.50
1859 VL	—	6.00	8.50	19.00	44.00
1860/50 VL Inverted A for V	—	5.00	10.00	22.50	55.00
1860/59 VL Inverted A for V	—	5.00	10.00	22.50	55.00

Date	Mintage	F12	VF20	XF40	MS60
1860 MO	—	5.00	10.00	22.50	55.00
1860 VL	—	5.00	10.00	22.50	55.00
1861/0 VL	—	7.50	15.00	33.00	70.00
Inverted A for V					
1861 VL Inverted	—	5.00	10.00	22.50	55.00
A for V					
1862 VL Inverted	—	5.00	10.00	22.50	55.00
A for V					
1863/1 VL	—	7.50	15.00	33.00	70.00
Inverted A for V					
1863 VL Inverted	—	5.00	10.00	22.50	55.00
A for V					
1869 YH	—	5.00	10.00	22.50	55.00

KM# 372 REAL
3.38 g., 0.903 Silver, 0.0981 oz. ASW **Obv.** Facing
eagle, snake in beak **Mint:** Chihuahua

Date	Mintage	F12	VF20	XF40	MS60	MS63
1844Ca RG	—	600	1,200	1,800	3,300	—
1845Ca RG	—	600	1,200	1,800	3,300	—
1855Ca RG	—	120	180	270	575	—

KM# 372.1 REAL
3.38 g., 0.903 Silver, 0.0981 oz. ASW **Obv.** Facing
eagle, snake in beak **Mint:** Culiacan

Date	Mintage	F12	VF20	XF40	MS60
1846C CE	—	14.00	27.50	44.00	120
1848C CE	—	14.00	27.50	44.00	120
1850C CE	—	14.00	27.50	44.00	120
1851/0C CE	—	14.00	27.50	44.00	120
1852/1C CE	—	8.00	17.00	33.00	110
1853/2C CE	—	8.00	17.00	33.00	110
1854C CE	—	8.00	17.00	33.00	110
1856C CE	—	44.00	70.00	110	250
1857/4C CE	—	11.00	22.50	38.50	110
1857/6C CE	—	11.00	22.50	38.50	110
1858C CE	—	6.00	8.00	17.00	110
1859C CE	—	—	—	—	—
1860/9C PV/N	—	7.00	11.00	19.00	130
1860C PV	—	6.00	8.00	17.00	110
1861C PV	—	6.00	8.00	17.00	110
1863C CE	—	—	—	1,800	2,500
Note: 3 known					
1869C CE	—	6.00	8.00	17.00	110

KM# 372.2 REAL
3.38 g., 0.903 Silver, 0.0981 oz. ASW **Obv.** Facing
eagle, snake in beak **Mint:** Durango

Date	Mintage	F12	VF20	XF40	MS60
1832/1Do RM	—	6.00	11.00	22.50	100
1832Do RM/RL	—	11.00	17.00	33.00	110
1832Do RM	—	6.00	11.00	22.50	110
1834/24Do RM/RL	—	17.00	27.50	55.00	165
1834/3Do RM/RL	—	17.00	27.50	55.00	165
1834Do RM	—	11.00	22.50	44.00	120
1836/4Do RM	—	6.00	8.00	17.00	110
1836Do RM	—	6.00	8.00	17.00	110
1837Do RM 3/2	—	14.00	22.50	44.00	120
1837Do RM	—	14.00	22.50	44.00	120
1841Do RM	—	8.00	17.00	33.00	110
1842/32Do RM	—	11.00	22.50	44.00	120
1842Do RM	—	8.00	17.00	33.00	110
1843/37Do RM	—	11.00	22.50	44.00	120
1843Do RM	—	6.00	8.00	17.00	110
1844/34Do RM	—	17.00	27.50	49.50	140
1845Do RM	—	6.00	8.00	17.00	110
1846Do RM	—	8.00	17.00	33.00	110
1847Do RM	—	11.00	17.00	38.50	110
1848/31Do RM	—	11.00	17.00	38.50	110
1848/33Do RM	—	11.00	17.00	38.50	110
1848/5Do RM	—	11.00	17.00	38.50	110
1848Do RM	—	8.00	14.00	22.50	110

Date	Mintage	F12	VF20	XF40	MS60
1849/8Do CM	—	11.00	17.00	33.00	110
1850Do JMR	—	22.50	44.00	85.00	195
1851Do JMR	—	22.50	44.00	85.00	195
1852Do JMR	—	22.50	44.00	85.00	195
1853Do CP	—	14.00	22.50	38.50	110
1854/1Do CP	—	11.00	17.00	27.50	110
1854Do CP	—	8.00	14.00	22.50	110
1855Do CP	—	11.00	17.00	27.50	110
1856Do CP	—	14.00	22.50	38.50	110
1857Do CP	—	14.00	22.50	38.50	110
1858Do CP	—	14.00	22.50	38.50	110
1859Do CP	—	8.00	14.00	22.50	110
1860/59Do CP	—	11.00	17.00	27.50	110
1861Do CP	—	17.00	27.50	44.00	120
1862/1Do CP	—	250	325	500	1,400
1864Do LT	—	17.00	27.50	44.00	120

KM# 372.3 REAL
3.38 g., 0.903 Silver, 0.0981 oz. ASW **Obv.** Facing
eagle, snake in beak **Mint:** Estado de Mexico

Date	Mintage	F12	VF20	XF40	MS60	MS63
1828EoMo LF	—	240	350	550	1,900	—

KM# 372.4 REAL
3.38 g., 0.903 Silver, 0.0981 oz. ASW **Obv.** Facing
eagle, snake in beak **Mint:** Guadalajara

Date	Mintage	F12	VF20	XF40	MS60
1826Ga FS	—	17.00	33.00	55.00	140
1828/7Ga FS	—	17.00	33.00	55.00	140
1829/8/7Ga FS	—	—	—	—	—
1829Ga FS	—	17.00	33.00	55.00	140
1830Ga FS	—	275	475	650	—
1831Ga LP	—	17.00	33.00	55.00	140
1831Ga LP/FS	—	325	500	650	—
1832Ga FS	—	275	375	550	—
1833/2Ga G FS	—	110	165	300	600
1833Ga FS	—	85.00	140	250	550
1834/3Ga FS	—	85.00	140	250	550
1835Ga FS	—	—	—	—	—
1837/6Ga JG/FS	—	14.00	22.50	38.50	110
1838/7Ga JG/FS	—	110	220	450	—
1839Ga JG	—	275	375	550	—
1840Ga JG	—	14.00	22.50	38.50	110
1840Ga MC	—	8.00	14.00	27.50	75.00
1841Ga MC	—	55.00	85.00	140	275
1842/0Ga JG/MC	—	11.00	17.00	33.00	110
1842Ga JG	—	8.00	14.00	22.50	110
1843Ga JG	—	165	220	325	825
1843Ga MC	—	6.00	8.00	17.00	110
1844Ga MC	—	8.00	14.00	22.50	110
1845Ga MC	—	11.00	17.00	27.50	110
1845Ga JG	—	6.00	8.00	22.50	110
1846Ga JG	—	14.00	22.50	38.50	110
1847/6Ga JG	—	11.00	17.00	27.50	110
1847Ga JG	—	11.00	17.00	27.50	110
1848Ga JG	—	450	600	775	—
1849Ga JG	—	8.00	14.00	22.50	110
1850Ga JG	—	195	300	450	—
1851Ga JG	—	11.00	17.00	27.50	110
1852Ga JG	—	11.00	17.00	27.50	110
1853/2Ga JG	—	11.00	17.00	27.50	110
1854Ga JG	—	11.00	17.00	27.50	110
1855Ga JG	—	17.00	27.50	44.00	110
1856Ga JG	—	8.00	14.00	22.50	110
1857/6Ga JG	—	14.00	22.50	38.50	110
1858/7Ga JG	—	17.00	27.50	44.00	120
1859/8Ga JG	—	27.50	55.00	85.00	165
1860/59Ga JG	—	33.00	65.00	100	250
1861/0Ga JG	—	22.50	33.00	55.00	140
1861Ga JG	—	27.50	55.00	110	275
1862Ga JG	—	8.00	14.00	22.50	110

KM# 372.5 REAL
3.38 g., 0.903 Silver, 0.0981 oz. ASW **Obv.** Facing eagle, snake in beak **Rev:** Radiant cap **Obv. Legend:** REPUBLICA MEXICANA **Mint:** Guadalupe y Calvo

Date	Mintage	F12	VF20	XF40	MS60	MS63
1844GC MP	—	40.00	60.00	110	325	—
1845GC MP	—	40.00	60.00	110	325	—
1846GC MP	—	40.00	60.00	110	325	—
1847GC MP	—	40.00	60.00	110	325	—
1848GC MP	—	40.00	60.00	110	325	—
1849/7GC MP	—	40.00	60.00	110	325	—
1849/8GC MP	—	40.00	60.00	110	325	—
1849GC MP	—	40.00	60.00	110	325	—
1850GC MP	—	40.00	60.00	110	325	—
1851GC MP	—	40.00	60.00	110	325	—

KM# 372.6 REAL
3.38 g., 0.903 Silver, 0.0981 oz. ASW **Obv.** Facing eagle, snake in beak **Mint:** Guanajuato

Date	Mintage	F12	VF20	XF40	MS60
1826/5Go JJ	—	6.00	8.00	17.00	95.00
1826Go MJ	—	4.00	7.00	17.00	95.00
1827Go MJ	—	4.00	7.00	17.00	70.00
1827Go JM	—	11.00	17.00	27.50	85.00
1828/7Go MR	—	4.00	7.00	17.00	95.00
1828Go MJ	—	4.00	7.00	17.00	95.00
Note: Straight J, small 8					
1828Go MJ	—	4.00	7.00	17.00	95.00
Note: Full J, large 8					
1828/6G MR/JJ	—	4.00	7.00	17.00	95.00
1828G MR/JJ	—	4.00	7.00	17.00	95.00
1828Go MR	—	4.00	7.00	17.00	95.00
1829/8Go MG	—	4.00	7.00	17.00	95.00
Small eagle					
1829Go MJ	—	4.00	7.00	17.00	95.00
Small eagle					
1829Go MJ	—	4.00	7.00	17.00	95.00
Large eagle					
1830Go MJ	—	4.00	7.00	17.00	95.00
Small initials					
1830Go MJ	—	4.00	7.00	17.00	95.00
Medium initials					
1830Go MJ	—	4.00	7.00	17.00	95.00
Large initials					
1830Go MJ	—	4.00	7.00	17.00	95.00
Note: Reversed N in MEXICANA					
1830 MJ 3/2	—	4.00	7.00	17.00	95.00
1831/0Go MJ	—	4.00	7.00	17.00	95.00
Note: Reversed N in MEXICANA					
1831Go MJ	—	4.00	7.00	17.00	95.00
1832/1Go MJ	—	17.00	33.00	55.00	140
1832Go MJ	—	17.00	33.00	55.00	140
1833Go MJ Top of 3 round	—	4.00	7.00	17.00	95.00
1833Go MJ Top of 3 flat	—	4.00	7.00	17.00	95.00
1834Go PJ	—	4.00	7.00	17.00	95.00
1835Go PJ	—	8.00	14.00	22.50	95.00
1836Go PJ	—	4.00	7.00	17.00	95.00
1837Go PJ	—	17.00	33.00	55.00	140
1838/7Go PJ	—	11.00	22.50	38.50	95.00
1839Go PJ	—	4.00	7.00	17.00	95.00
1840/39Go PJ	—	4.00	7.00	17.00	95.00
1840Go PJ	—	4.00	7.00	17.00	95.00

Date	Mintage	F12	VF20	XF40	MS60
1841/31Go PJ	—	11.00	22.50	38.50	95.00
1841Go PJ	—	4.00	7.00	17.00	95.00
1842Go PJ	—	4.00	7.00	17.00	95.00
1842Go PM	—	4.00	7.00	17.00	95.00
1843Go PM Convex wings	—	4.00	7.00	17.00	95.00
1843Go PM Concave wings	—	4.00	7.00	17.00	95.00
1844Go PM	—	4.00	7.00	17.00	95.00
1845/4Go PM	—	4.00	7.00	17.00	95.00
1845Go PM	—	4.00	7.00	17.00	95.00
1846/5Go PM	—	8.00	14.00	22.50	95.00
1846Go PM	—	4.00	7.00	17.00	95.00
1847/6Go PM	—	4.00	7.00	17.00	95.00
1847Go PM	—	4.00	7.00	17.00	95.00
1848Go PM	—	4.00	7.00	17.00	95.00
1849Go PF	—	11.00	22.50	38.50	95.00
1850Go PF	—	4.00	7.00	17.00	95.00
1851Go PF	—	11.00	22.50	38.50	110
1853/2Go PF	—	8.00	14.00	22.50	85.00
1853Go PF	—	4.00	7.00	17.00	85.00
1853Go PF/M 5/4	—	8.00	14.00	22.50	85.00
1854/3Go PF	—	4.00	7.00	17.00	85.00
1854Go PF Large eagle	—	4.00	7.00	17.00	85.00
1854Go PF Small eagle	—	4.00	7.00	17.00	85.00
1855/3Go PF	—	4.00	7.00	17.00	85.00
1855/4Go PF	—	4.00	7.00	17.00	85.00
1855Go PF	—	4.00	7.00	17.00	85.00
1856/5Go PF	—	4.00	7.00	17.00	85.00
1856Go PF	—	4.00	7.00	17.00	85.00
1857/6Go PF	—	4.00	7.00	17.00	85.00
1857Go PF	—	4.00	7.00	17.00	85.00
1858Go PF	—	4.00	7.00	17.00	85.00
1859Go PF	—	4.00	7.00	17.00	85.00
1860/50Go PF	—	4.00	7.00	17.00	85.00
1860Go PF	—	4.00	7.00	17.00	85.00
1861Go PF	—	4.00	7.00	17.00	85.00
1862Go YE	—	4.00	7.00	17.00	85.00
1862/1Go YF	—	8.00	14.00	22.50	85.00
1862Go YF	—	4.00	7.00	17.00	85.00
1867Go YF	—	4.00	7.00	17.00	85.00
1868/7Go YF	—	4.00	7.00	17.00	85.00

KM# 372.7 REAL
3.38 g., 0.903 Silver, 0.0981 oz. ASW **Obv.** Facing eagle, snake in beak **Mint:** Hermosillo

Date	Mintage	F12	VF20	XF40	MS60	MS63
1867Ho PR	—	46.25	90.00	145	300	—
Note: Small 7/1						
1867Ho PR	—	46.25	90.00	145	300	—
Note: Large 7/ small 7						
1868Ho PR	—	46.25	90.00	145	300	—

KM# 372.8 REAL
3.38 g., 0.903 Silver, 0.0981 oz. ASW **Obv.** Facing eagle, snake in beak **Mint:** Mexico City

Date	Mintage	F12	VF20	XF40	MS60
1825Mo JM	—	11.00	22.50	44.00	140
1826Mo JM	—	8.00	17.00	33.00	125
1827/6Mo JM	—	8.00	17.00	33.00	95.00
1827Mo JM	—	6.00	11.00	22.50	90.00
1828Mo JM	—	8.00	17.00	33.00	120
1830/29Mo JM	—	6.00	11.00	22.50	120
1830Mo JM	—	6.00	14.00	27.50	120
1831Mo JM	—	110	220	325	875
1832Mo JM	—	6.00	11.00	22.50	120
1833/2Mo MJ	—	6.00	11.00	22.50	120
1850Mo GC	—	6.00	11.00	22.50	120
1852Mo GC	—	300	475	625	—
1854Mo GC	—	11.00	22.50	44.00	120

Date	Mintage	F12	VF20	XF40	MS60
1855Mo GF	—	6.00	11.00	22.50	100
1856Mo GF	—	110	220	450	1,100
1857Mo GF	—	6.00	11.00	22.50	100
1858Mo FH	—	6.00	11.00	22.50	100
1859Mo FH	—	6.00	11.00	22.50	100
1861Mo CH	—	6.00	11.00	22.50	100
1862Mo CH	—	6.00	11.00	22.50	100
1863/2Mo CH	—	8.00	14.00	27.50	100

KM# 372.9 REAL
3.38 g., 0.903 Silver, 0.0981 oz. ASW **Obv.** Facing eagle, snake in beak **Mint:** San Luis Potosi

Date	Mintage	F12	VF20	XF40	MS60
1831Pi JS	—	6.00	11.00	22.50	140
1837Pi JS	—	650	825	1,100	—
1838/7Pi JS	—	275	325	425	—
1838Pi JS	—	22.50	38.50	65.00	140
1840/39Pi JS	—	8.00	17.00	33.00	140
1840Pi JS	—	8.00	17.00	33.00	140
1841Pi JS	—	8.00	17.00	33.00	140
1842Pi JS	—	17.00	33.00	60.00	165
1842Pi PS	—	6.00	11.00	22.50	140
1843Pi PS	—	14.00	22.50	38.50	140
1843Pi AM	—	44.00	65.00	90.00	165
1844Pi AM	—	44.00	65.00	90.00	165
1845Pi AM	—	8.00	17.00	33.00	140
1846/5Pi AM	—	8.00	17.00	33.00	140
1847/6Pi AM	—	8.00	17.00	33.00	140
1847Pi AM	—	8.00	17.00	33.00	140
1848/7Pi AM	—	8.00	17.00	33.00	140
1849Pi PS	—	8.00	17.00	33.00	140
1849/8Pi SP	—	65.00	110	165	—
1849Pi SP	—	17.00	27.50	44.00	140
1850Pi MC	—	6.00	11.00	22.50	140
1851/0Pi MC	—	8.00	17.00	33.00	140
1851Pi MC	—	8.00	17.00	33.00	140
1852/1/0Pi MC	—	11.00	22.50	38.50	140
1852Pi MC	—	8.00	17.00	33.00	140
1853/1Pi MC	—	14.00	22.50	38.50	140
1853Pi MC	—	11.00	22.50	38.50	140
1854/2Pi MO	—	33.00	65.00	110	—
1854/3Pi MC	—	22.50	44.00	65.00	165
1855Pi MC	—	17.00	27.50	49.50	140
1855/4Pi MC	—	22.50	44.00	65.00	165
1856Pi MC	—	17.00	27.50	49.50	140
1857Pi PS	—	22.50	38.50	60.00	150
1857Pi MC	—	22.50	44.00	65.00	165
1858Pi MC	—	14.00	22.50	38.50	140
1859Pi PS	—	11.00	17.00	33.00	140
1860/59Pi PS	—	11.00	17.00	33.00	140
1861Pi PS	—	8.00	14.00	22.50	140
1861Pi RO	—	14.00	22.50	38.50	140
1862/1Pi RO	—	14.00	22.50	38.50	100
1862Pi RO	—	8.00	14.00	22.50	140

KM# 372.10 REAL
3.38 g., 0.903 Silver, 0.0981 oz. ASW **Obv.** Facing eagle, snake in beak **Mint:** Zacatecas

Date	Mintage	F12	VF20	XF40	MS60
1826Zs AZ	—	6.00	14.00	38.50	130
1826Zs AO	—	6.00	14.00	38.50	130
1827Zs AO	—	6.00	14.00	38.50	130
1828/7Zs AO	—	6.00	14.00	38.50	130
1828Zs AO	—	6.00	14.00	38.50	130
1828Zs AO Inverted V for A	—	6.00	14.00	38.50	130
1829Zs AO	—	6.00	14.00	38.50	130
1830Zs ZsOV	—	6.00	14.00	38.50	130
1830Zs ZOV	—	6.00	14.00	38.50	130
1831Zs OV	—	6.00	14.00	38.50	130
1831Zs OM	—	6.00	14.00	33.00	130

Date	Mintage	F12	VF20	XF40	MS60
1832Zs OM	—	6.00	14.00	33.00	130
1833/2Zs OM	—	6.00	14.00	33.00	130
1833/2Zs OM/V	—	6.00	14.00	33.00	130
1833Zs OM	—	6.00	14.00	33.00	130
1834/3Zs OM	—	6.00	14.00	33.00	130
1834Zs OM	—	6.00	14.00	33.00	130
1835/4Zs OM	—	22.50	38.50	65.00	165
1835Zs OM	—	4.00	9.00	22.50	70.00
1836/5Zs OM	—	4.00	9.00	22.50	95.00
1836Zs OM	—	4.00	9.00	22.50	95.00
1837Zs OM	—	4.00	9.00	22.50	95.00
1838Zs OM	—	4.00	9.00	22.50	95.00
1839Zs OM	—	4.00	9.00	22.50	95.00
1840Zs OM	—	4.00	9.00	22.50	95.00
1841Zs OM	—	22.50	44.00	65.00	165
1842/1Zs OM	—	4.00	9.00	22.50	95.00
1842Zs OM	—	4.00	9.00	22.50	95.00
1843Zs OM	—	4.00	9.00	22.50	95.00
1844Zs OM	—	4.00	9.00	22.50	95.00
1845/4Zs OM	—	6.00	14.00	33.00	110
1845Zs OM	—	4.00	9.00	22.50	95.00
1846Zs OM	—	4.00	9.00	22.50	95.00
Note: Old font and obverse					
1846Zs OM	—	4.00	9.00	22.50	95.00
Note: New font and obverse					
1847Zs OM	—	4.00	9.00	22.50	95.00
1848Zs OM	—	4.00	9.00	22.50	95.00
1849Zs OM	—	11.00	27.50	55.00	140
1850Zs OM	—	4.00	7.00	17.00	95.00
1851Zs OM	—	4.00	7.00	17.00	95.00
1852Zs OM	—	4.00	7.00	17.00	95.00
1853Zs OM	—	4.00	7.00	17.00	95.00
1854/2Zs OM	—	4.00	7.00	17.00	95.00
1854/3Zs OM	—	4.00	7.00	17.00	95.00
1854Zs OM	—	4.00	7.00	17.00	95.00
1855/4Zs OM	—	4.00	7.00	17.00	95.00
1855Zs OM	—	4.00	7.00	17.00	95.00
1855Zs MO	—	4.00	7.00	17.00	95.00
1856Zs MO	—	4.00	7.00	17.00	95.00
1856Zs MO/OM	—	4.00	7.00	17.00	95.00
1857Zs MO	—	4.00	7.00	17.00	95.00
1858Zs MO	—	4.00	7.00	17.00	95.00
1859Zs MO	—	4.00	7.00	17.00	85.00
1860 MO	—	275	—	—	—
1860Zs VL	—	4.00	7.00	17.00	85.00
1860Zs VL Inverted A for V	—	4.00	7.00	17.00	85.00
1861Zs VL	—	4.00	7.00	17.00	85.00
1861Zs VL Inverted A for V	—	4.00	7.00	17.00	85.00
1862Zs VL	—	6.00	14.00	33.00	110
1868Zs JS	—	27.50	49.50	100	195
1869Zs YH	—	4.00	9.00	22.50	85.00

KM# 374 2 REALES
6.76 g., 0.903 Silver, 0.1963 oz. ASW **Obv.** Facing eagle, snake in beak **Edge:** Reeded **Mint:** Alamos

Date	Mintage	F12	VF20	XF40	MS60	MS63
1872A AM	15,000	70.00	145	290	700	—

KM# 374.1 2 REALES
6.76 g., 0.903 Silver, 0.1963 oz. ASW **Obv.** Facing eagle, snake in beak **Edge:** Reeded **Mint:** Real de Catorce

Date	Mintage	F12	VF20	XF40	MS60	MS63
1863Ce ML	—	145	230	375	800	—

KM# 374.2 2 REALES
6.76 g., 0.903 Silver, 0.1963 oz. ASW **Obv.** Facing eagle, snake in beak **Edge:** Reeded **Mint:** Chihuahua

Date	Mintage	F12	VF20	XF40	MS60
1832Ca MR	—	34.50	70.00	115	230
1833Ca MR	—	34.50	70.00	145	575
1834Ca MR	—	40.25	85.00	145	575
1834Ca AM	—	40.25	85.00	145	575
1835Ca AM	—	40.25	85.00	145	575
1836Ca AM	—	22.50	46.00	90.00	230
1844Ca AM Rare	—	—	—	—	—
1844Ca RG Unique	—	—	—	—	—
1845Ca RG	—	22.50	46.00	90.00	230
1855Ca RG	—	22.50	46.00	90.00	230

KM# 374.3 2 REALES
6.76 g., 0.903 Silver, 0.1963 oz. ASW **Obv.** Facing eagle, snake in beak **Edge:** Reeded **Mint:** Culiacan

Date	Mintage	F12	VF20	XF40	MS60
1846/1146C CE	—	30.00	60.00	115	260
1847C CE	—	14.00	22.50	46.00	230
1848C CE	—	14.00	22.50	46.00	230
1850C CE	—	30.00	60.00	85.00	230
1851C CE	—	14.00	22.50	46.00	230
1852/1C CE	—	14.00	22.50	46.00	230
1853/2C CE	—	14.00	22.50	46.00	230
1854C CE	—	17.00	34.50	60.00	230
1856C CE	—	22.50	40.25	80.00	230
1857C CE	—	14.00	22.50	46.00	230
1860C PV	—	14.00	22.50	46.00	230
1861C PV	—	14.00	22.50	46.00	230
1869C CE	—	14.00	22.50	46.00	230

KM# 374.4 2 REALES
6.76 g., 0.903 Silver, 0.1963 oz. ASW **Obv.** Facing eagle, snake in beak **Edge:** Reeded **Mint:** Durango

Date	Mintage	F12	VF20	XF40	MS60
1826Do RL	—	22.50	46.00	70.00	230
1832Do RM	—	22.50	46.00	70.00	230
Note: Style of pre-1832					
1832Do RM	—	22.50	46.00	70.00	230
Note: Style of post-1832					
1834/2Do RM	—	22.50	46.00	70.00	230
1834/3Do RM	—	22.50	46.00	70.00	230
1835/4Do RM/RL	—	230	350	575	—
1841/31Do RM	—	60.00	85.00	145	290
1841Do RM	—	60.00	85.00	145	290
1842/32Do RM	—	14.00	22.50	46.00	230
1843Do RM/RL	—	14.00	22.50	46.00	230
1844Do RM	—	40.25	60.00	90.00	230
1845/34Do RM/RL	—	14.00	22.50	46.00	230
1846/36Do RM	—	115	175	230	400
1848/36Do RM	—	14.00	22.50	46.00	230
1848/37Do RM	—	14.00	22.50	46.00	230
1848/7Do RM	—	14.00	22.50	46.00	230
1848Do RM	—	14.00	22.50	46.00	230
1849Do CM/RM	—	14.00	22.50	46.00	230
1849Do CM	—	14.00	22.50	46.00	230
1851Do JMR/RL	—	14.00	22.50	46.00	230
1852Do JMR	—	14.00	22.50	46.00	230
1854Do CP/CR	—	34.50	60.00	90.00	230
1855Do CP	—	290	400	575	—
1856Do CP	—	115	175	290	575
1858Do CP	—	14.00	22.50	46.00	230

Date	Mintage	F12	VF20	XF40	MS60
1859/8Do CP	—	14.00	22.50	46.00	230
1861Do CP	—	14.00	22.50	46.00	230

KM# 374.5 2 REALES
6.76 g., 0.903 Silver, 0.1963 oz. ASW **Obv.** Facing eagle, snake in beak **Edge:** Reeded **Mint:** Estado de Mexico

Date	Mintage	F12	VF20	XF40	MS60	MS63
1828EoMo LF	—	375	600	1,050	2,900	—

KM# 374.6 2 REALES
6.76 g., 0.903 Silver, 0.1963 oz. ASW **Obv.** Facing eagle, snake in beak **Edge:** Reeded **Mint:** Guadalajara

Date	Mintage	F12	VF20	XF40	MS60
1825Ga FS	—	22.50	46.00	90.00	230
1826Ga FS	—	22.50	46.00	90.00	230
1828/7Ga FS	—	115	175	260	450
1829Ga FS Rare	—	—	—	—	—
1832/0Ga FS/LP	—	115	175	260	400
1832Ga FS	—	14.00	22.50	46.00	230
1833/2Ga FS/LP	—	14.00	22.50	46.00	230
1834/27Ga FS Rare	—	—	—	—	—
1834Ga FS	—	14.00	22.50	46.00	230
1835Ga FS	—	2,400	—	—	—
1837Ga JG	—	14.00	22.50	46.00	230
1838Ga JG	—	14.00	22.50	46.00	230
1840/30Ga MC	—	14.00	22.50	46.00	230
1841Ga MC	—	34.50	60.00	230	575
1842/32Ga JG/MC	—	40.25	60.00	115	230
1842Ga JG	—	22.50	46.00	90.00	230
1843Ga JG	—	14.00	22.50	46.00	230
1843Ga MC/JG	—	14.00	22.50	46.00	230
1844Ga MC	—	14.00	22.50	46.00	230
1845/3Ga MC/JG	—	14.00	22.50	46.00	230
1845/4Ga MC/JG	—	14.00	22.50	46.00	230
1845Ga JG	—	14.00	22.50	46.00	230
1846Ga JG	—	14.00	22.50	46.00	230
1847/6Ga JG	—	30.00	46.00	90.00	230
1848/7Ga JG	—	14.00	22.50	46.00	230
1849Ga JG	—	14.00	22.50	46.00	230
1850/40Ga JG	—	14.00	22.50	46.00	230
1851Ga JG	—	290	400	575	—
1852Ga JG	—	14.00	22.50	46.00	230
1853/1Ga JG	—	14.00	22.50	46.00	230
1854/3Ga JG	—	290	400	575	—
1855Ga JG	—	40.25	60.00	90.00	230
1856Ga JG	—	14.00	22.50	46.00	230
1857Ga JG	—	290	400	575	—
1859/8Ga JG	—	14.00	22.50	46.00	230
1859Ga JG	—	14.00	22.50	46.00	230
1862/1Ga JG	—	14.00	22.50	46.00	230

KM# 374.7 2 REALES
6.76 g., 0.903 Silver, 0.1963 oz. ASW **Obv.** Facing eagle, snake in beak **Edge:** Reeded **Mint:** Guadalupe y Calvo

Date	Mintage	F12	VF20	XF40	MS60	MS63
1844GC MP	—	46.00	70.00	145	325	—
1845GC MP	—	46.00	70.00	145	325	—
1846GC MP	—	60.00	115	175	350	—

Date	Mintage	F12	VF20	XF40	MS60	MS63
1847GC MP	—	40.25	60.00	115	290	—
1848GC MP	—	60.00	115	175	350	—
1849GC MP	—	60.00	115	175	350	—
1850GC MP	—	145	290	—	—	—
1851/0GC MP	—	60.00	115	175	350	—
1851GC MP	—	60.00	115	175	350	—

KM# 374.8   2 REALES
6.76 g., 0.903 Silver, 0.1963 oz. ASW **Obv.** Facing eagle, snake in beak **Edge:** Reeded **Mint:** Guanajuato **Note:** Varieties exist.

Date	Mintage	F12	VF20	XF40	MS60
1825Go JJ	—	9.00	17.00	34.50	175
1826/5Go JJ	—	9.00	17.00	34.50	175
1826Go JJ	—	9.00	12.00	30.00	175
1826Go MJ	—	9.00	12.00	30.00	175
1827/6Go MJ	—	9.00	12.00	30.00	175
1827Go MJ	—	9.00	12.00	30.00	175
1828/7Go MR	—	9.00	17.00	34.50	175
1828Go MJ	—	9.00	12.00	22.50	175
1828Go JM	—	9.00	12.00	22.50	175
1829Go MJ	—	9.00	12.00	22.50	175
1831Go MJ	—	9.00	12.00	22.50	175
1832Go MJ	—	9.00	12.00	22.50	175
1833Go MJ	—	9.00	12.00	22.50	175
1834Go PJ	—	9.00	12.00	22.50	175
1835/4Go PJ	—	9.00	17.00	34.50	175
1835Go PJ	—	9.00	12.00	22.50	175
1836Go PJ	—	9.00	12.00	22.50	175
1837/6Go PJ	—	9.00	12.00	22.50	175
1837Go PJ	—	9.00	12.00	22.50	175
1838/7Go PJ	—	9.00	12.00	22.50	175
1838Go PJ	—	9.00	12.00	22.50	175
1839/8Go PJ	—	9.00	17.00	34.50	175
1839Go PJ	—	9.00	12.00	22.50	175
1840Go PJ	—	9.00	12.00	22.50	175
1841Go PJ	—	9.00	12.00	22.50	175
1842Go PJ	—	9.00	12.00	22.50	175
1842Go PM/PJ	—	9.00	12.00	22.50	175
1842Go PM	—	9.00	12.00	22.50	175
1843/2Go PM	—	9.00	12.00	22.50	175

Note: Concave wings, thin rays, small letters

| 1843Go PM | — | 9.00 | 12.00 | 22.50 | 175 |

Note: Convex wings, thick rays, large letters

1844Go PM	—	9.00	12.00	22.50	175
1845/4Go PM	—	9.00	12.00	22.50	175
1845Go PM	—	9.00	12.00	22.50	175
1846/5Go PM	—	12.00	17.00	40.25	175
1846Go PM	—	9.00	12.00	22.50	175
1847Go PM	—	9.00	12.00	22.50	175
1848/7Go PM	—	9.00	17.00	34.50	175
1848Go PM	—	9.00	17.00	34.50	175
1848Go PF	—	115	175	290	575
1849/8Go PF/PM	—	9.00	12.00	22.50	175
1849Go PF	—	9.00	12.00	22.50	175
1850/40Go PF	—	9.00	12.00	22.50	175
1850Go PF	—	9.00	12.00	22.50	175
1851Go PF	—	9.00	12.00	22.50	175
1852/1Go PF	—	9.00	12.00	22.50	175
1852Go PF	—	9.00	12.00	22.50	175
1853Go PF	—	9.00	12.00	22.50	175
1854/3Go PF	—	9.00	12.00	22.50	175
1854Go PF	—	9.00	12.00	22.50	175

Note: Old font and obverse

| 1854Go PF | — | 9.00 | 12.00 | 22.50 | 175 |

Note: New font and obverse

| 1855Go PF | — | 9.00 | 12.00 | 22.50 | 175 |
| 1855Go PF | — | 9.00 | 12.00 | 22.50 | 175 |

Note: Star in G of mint mark

| 1856/5Go PF | — | 12.00 | 17.00 | 40.25 | 175 |
| 1856Go PF | — | 12.00 | 17.00 | 30.00 | 175 |

Date	Mintage	F12	VF20	XF40	MS60
1857/6Go PF	—	9.00	12.00	22.50	175
1857Go PF	—	9.00	12.00	22.50	175
1858/7Go PF	—	9.00	12.00	22.50	175
1858Go PF	—	9.00	12.00	22.50	175
1859/7Go PF	—	9.00	12.00	22.50	175
1859Go PF	—	9.00	12.00	22.50	175
1860/7Go PF	—	9.00	12.00	22.50	175
1860/50Go PF	—	9.00	12.00	22.50	175
1860/59Go PF	—	9.00	12.00	22.50	175
1860Go PF	—	9.00	12.00	22.50	175
1861/51Go PF	—	9.00	12.00	22.50	175
1861/57Go PF	—	9.00	12.00	22.50	175
1861/0Go PF	—	9.00	12.00	22.50	175
1861Go PF	—	9.00	12.00	22.50	175
1862/1Go YE	—	9.00	12.00	22.50	145
1862Go YE	—	9.00	12.00	22.50	145
1862/57Go YE	—	9.00	12.00	22.50	145
1862Go YE/PF	—	9.00	12.00	22.50	145
1862/57Go YF/E	—	9.00	12.00	22.50	145
1862/57Go YF	—	9.00	12.00	22.50	145
1862Go YF	—	9.00	12.00	22.50	145
1863/52Go YF/PE	—	9.00	12.00	22.50	145
1863/52Go YF	—	9.00	12.00	22.50	145
1863Go YF	—	9.00	12.00	22.50	145
1867/57Go YF	—	9.00	12.00	22.50	145
1868/57Go YF	—	12.00	17.00	30.00	145

KM# 374.9   2 REALES
6.76 g., 0.903 Silver, 0.1963 oz. ASW **Obv.** Facing eagle, snake in beak **Edge:** Reeded **Mint:** Hermosillo

Date	Mintage	F12	VF20	XF40	MS60
1861Ho FM	—	230	350	450	750
1862/52Ho FM/C. CE	—	290	400	625	—
1867/1Ho PR/FM	—	85.00	175	290	575

KM# 374.10   2 REALES
6.76 g., 0.903 Silver, 0.1963 oz. ASW **Obv.** Facing eagle, snake in beak **Rev:** Radiant cap **Obv. Legend:** REPUBLICA MEXICANA. **Edge:** Reeded **Mint:** Mexico City **Note:** Varieties exist.

Date	Mintage	F12	VF20	XF40	MS60
1825Mo JM	—	12.00	17.00	34.50	200
1826Mo JM	—	12.00	17.00	34.50	200
1827Mo JM	—	12.00	17.00	34.50	200
1828Mo JM	—	12.00	17.00	34.50	200
1829/8Mo JM	—	12.00	17.00	34.50	200
1829Mo JM	—	12.00	17.00	34.50	200
1830Mo JM	—	46.00	70.00	145	290
1831Mo JM	—	12.00	17.00	34.50	200
1832Mo JM	—	115	230	450	—
1833/2Mo MJ/JM	—	12.00	17.00	34.50	200
1834Mo ML	—	60.00	115	230	450
1836Mo MF	—	12.00	17.00	34.50	200
1837Mo ML	—	12.00	17.00	34.50	200
1840/7Mo ML	—	175	260	400	—
1840Mo ML	—	175	260	400	—
1841Mo ML	—	17.00	46.00	115	290
1842 ML Rare	—	—	—	—	—
1847Mo RC Narrow date	—	12.00	17.00	34.50	200

Date	Mintage	F12	VF20	XF40	MS60
1847Mo RC Wide date	—	12.00	17.00	34.50	200
1848Mo GC	—	12.00	17.00	34.50	200
1849Mo GC	—	12.00	17.00	34.50	200
1850Mo GC	—	12.00	17.00	34.50	200
1851Mo GC	—	46.00	70.00	145	290
1852Mo GC	—	12.00	17.00	34.50	200
1853Mo GC	—	12.00	17.00	34.50	200
1854/44Mo GC	—	12.00	17.00	34.50	200
1855Mo GC	—	12.00	17.00	34.50	200
1855Mo GF/GC	—	12.00	17.00	34.50	200
1855Mo GF	—	12.00	17.00	34.50	200
1856/5Mo GF/GC	—	12.00	17.00	34.50	200
1857Mo GF	—	12.00	17.00	34.50	200
1858Mo FH	—	9.00	14.00	30.00	175
1858Mo FH/GF	—	9.00	14.00	30.00	175
1859Mo FH	—	9.00	14.00	30.00	175
1860Mo FH	—	9.00	14.00	30.00	175
1860Mo TH	—	9.00	14.00	30.00	175
1861Mo CH	—	9.00	14.00	30.00	175
1862Mo CH	—	9.00	14.00	30.00	175
1863Mo CH	—	9.00	14.00	30.00	175
1863Mo TH	—	9.00	14.00	30.00	175
1867Mo CH	—	9.00	14.00	30.00	175
1868Mo CH	—	12.00	17.00	34.50	175
1868Mo PH	—	9.00	14.00	30.00	175

KM# 374.11 2 REALES
6.76 g., 0.903 Silver, 0.1963 oz. ASW **Obv.** Facing eagle, snake in beak **Edge:** Reeded **Mint:** San Luis Potosi

Date	Mintage	F12	VF20	XF40	MS60	MS63
1829Pi JS	—	12.00	17.00	34.50	230	—
1830/20Pi JS	—	22.50	34.50	70.00	230	—
1837Pi JS	—	12.00	17.00	34.50	230	—
1841Pi JS	—	12.00	17.00	34.50	230	—
1842/1Pi JS	—	12.00	17.00	34.50	230	—
1842Pi JS	—	12.00	17.00	34.50	230	—
1842Pi PS	—	22.50	40.25	70.00	230	—
1843Pi PS	—	14.00	22.50	46.00	230	—
1843Pi AM	—	12.00	17.00	34.50	230	—
1844Pi AM	—	12.00	17.00	34.50	230	—
1845Pi AM	—	12.00	17.00	34.50	230	—
1846Pi AM	—	12.00	17.00	34.50	230	—
1849Pi MC	—	12.00	17.00	34.50	230	—
1850Pi MC	—	12.00	17.00	34.50	230	—
1856Pi MC	—	46.00	70.00	145	290	—
1857Pi MC	—	—	—	—	—	—
1858Pi MC	—	14.00	22.50	46.00	230	—
1859Pi MC	—	60.00	80.00	115	230	—
1861Pi PS	—	12.00	17.00	34.50	230	—
1862Pi RO	—	14.00	22.50	46.00	230	—
1863Pi RO	—	115	290	400	575	—
1868Pi PS	—	12.00	17.00	34.50	230	—
1869/8Pi PS	—	12.00	17.00	34.50	230	—
1869Pi PS	—	12.00	17.00	34.50	230	—

KM# 374.12 2 REALES
6.76 g., 0.903 Silver, 0.1963 oz. ASW **Obv.** Facing eagle, snake in beak **Edge:** Reeded **Mint:** Zacatecas **Note:** Varieties exist.

Date	Mintage	F12	VF20	XF40	MS60
1825Zs AZ	—	12.00	17.00	34.50	175
1826Zs AV	—	9.00	12.00	30.00	175
Note: A is inverted V					
1826Zs AZ	—	9.00	12.00	30.00	175
Note: A is inverted V					
1826Zs AO	—	12.00	17.00	34.50	175
1827Zs AO	—	7.00	9.00	14.00	175
Note: A is inverted V					
1827Zs AO	—	7.00	9.00	14.00	175

Date	Mintage	F12	VF20	XF40	MS60
1828/7Zs AO	—	17.00	34.50	70.00	200
1828Zs AO	—	9.00	12.00	30.00	115
1828Zs AO	—	9.00	12.00	30.00	175
Note: A is inverted V					
1829Zs AO	—	9.00	12.00	30.00	175
1829Zs OV	—	9.00	12.00	30.00	175
1830Zs OV	—	9.00	12.00	30.00	175
1831Zs OV	—	9.00	12.00	30.00	175
1831Zs OM/OV	—	9.00	12.00	30.00	175
1831Zs OM	—	9.00	12.00	30.00	175
1832/1Zs OM	—	17.00	34.50	70.00	175
1832Zs OM	—	9.00	12.00	30.00	175
1833/27Zs OM	—	9.00	12.00	30.00	175
1833/2Zs OM	—	9.00	12.00	30.00	175
1833Zs OM	—	9.00	12.00	30.00	175
1834Zs OM	—	46.00	70.00	145	230
1835Zs OM	—	9.00	12.00	30.00	175
1836Zs OM	—	9.00	12.00	30.00	175
1837Zs OM	—	9.00	12.00	30.00	175
1838Zs OM	—	17.00	34.50	70.00	175
1839Zs OM	—	9.00	12.00	22.50	175
1840Zs OM	—	9.00	12.00	22.50	175
1841/0Zs OM	—	9.00	12.00	22.50	175
1841Zs OM	—	9.00	12.00	22.50	175
1842Zs OM Narrow date	—	9.00	12.00	22.50	175
1842Zs OM Wide date	—	9.00	12.00	22.50	175
1843Zs OM	—	9.00	12.00	22.50	175
1844Zs OM	—	9.00	12.00	22.50	175
1845Zs OM	—	9.00	12.00	22.50	175
Note: Small letters with leaves					
1845Zs OM	—	9.00	12.00	22.50	175
Note: Large letters with leaves					
1846Zs OM	—	9.00	12.00	22.50	175
1847Zs OM	—	9.00	12.00	22.50	175
1848Zs OM	—	9.00	12.00	22.50	175
1849Zs OM	—	9.00	12.00	22.50	175
1850Zs OM	—	9.00	12.00	22.50	175
1851Zs OM	—	9.00	12.00	22.50	175
1852Zs OM	—	9.00	12.00	22.50	175
1853Zs OM	—	9.00	12.00	22.50	175
1854/3Zs OM	—	9.00	12.00	22.50	175
1854Zs OM	—	9.00	12.00	22.50	175
1855/4Zs OM	—	9.00	12.00	22.50	175
1855Zs OM	—	9.00	12.00	22.50	175
1855Zs MO	—	9.00	12.00	22.50	175
1856/5Zs MO	—	9.00	12.00	22.50	175
1856Zs MO	—	9.00	12.00	22.50	175
1857Zs MO	—	9.00	12.00	22.50	175
1858Zs MO	—	9.00	12.00	22.50	175
1859Zs MO	—	9.00	12.00	22.50	175
1860/59Zs MO	—	9.00	12.00	22.50	175
1860Zs MO	—	9.00	12.00	22.50	115
1860Zs VL	—	9.00	12.00	22.50	175
1861Zs VL	—	9.00	12.00	22.50	175
1862Zs VL	—	9.00	12.00	22.50	115
1863Zs MO	—	14.00	22.50	46.00	175
1863Zs VL	—	9.00	12.00	22.50	175
1864Zs MO	—	9.00	12.00	22.50	175
1864Zs VL	—	9.00	12.00	22.50	175
1865Zs MO	—	9.00	12.00	22.50	175
1867Zs JS	—	9.00	12.00	22.50	175
1868Zs JS	—	12.00	17.00	40.25	175
1868Zs YH	—	9.00	12.00	22.50	175
1869Zs YH	—	9.00	12.00	22.50	175
1870Zs YH	—	9.00	12.00	22.50	175

KM# 375   4 REALES
13.54 g., 0.903 Silver, 0.3931 oz. ASW **Obv.** Facing eagle, snake in beak **Rev:** Radiant cap **Obv. Legend:** REPUBLICA MEXICANA. **Mint:** Real de Catorce

Date	Mintage	F12	VF20	XF40	MS60
1863Ce ML Large C	—	250	625	1,050	—
1863Ce ML Small C	—	280	825	1,900	—

KM# 375.1   4 REALES
13.54 g.,   0.903 Silver, 0.3931 oz. ASW **Obv.** Facing eagle, snake in beak **Mint:** Culiacan

Date	Mintage	F12	VF20	XF40	MS60
1846C CE	—	500	700	1,200	—
1850C CE	—	95.00	155	325	—
1852C CE	—	250	375	625	—
1857C CE Rare	—	—	—	—	—
1858C CE	—	125	250	450	—
1860C PV	—	31.25	65.00	155	—

KM# 375.2   4 REALES
13.54 g.,   0.903 Silver, 0.3931 oz. ASW **Obv.** Facing eagle, snake in beak **Mint:** Guadalajara

Date	Mintage	F12	VF20	XF40	MS60
1843Ga MC	—	25.00	50.00	100	—
1844/3Ga MC	—	37.50	75.00	155	—
1844Ga MC	—	25.00	50.00	100	—
1845Ga MC	—	25.00	50.00	100	—
1845Ga JG	—	25.00	50.00	100	—
1846Ga JG	—	25.00	50.00	100	—
1847Ga JG	—	50.00	100	190	—
1848/7Ga JG	—	50.00	100	190	—
1849Ga JG	—	50.00	100	190	—
1850Ga JG	—	80.00	155	325	—
1852Ga JG Rare	—	—	—	—	—
1854Ga JG Rare	—	—	—	—	—
1855Ga JG	—	125	250	500	—
1856Ga JG Rare	—	—	—	—	—
1857/6Ga JG	—	80.00	155	325	—
1858Ga JG	—	155	325	575	—
1859/8Ga JG	—	155	325	575	—
1860Ga JG	—	1,050	1,800	—	—
1863/2Ga JG	—	190	375	1,550	—
1863Ga JG	—	190	375	1,550	—

KM# 375.3   4 REALES
13.54 g.,   0.903 Silver, 0.3931 oz. ASW **Obv.** Facing eagle, snake in beak **Mint:** Guadalupe y Calvo

Date	Mintage	F12	VF20	XF40	MS60	MS63
1844GC MP	—	3,750	6,300	—	—	—

Date	Mintage	F12	VF20	XF40	MS60	MS63
1845GC MP	—	8,100	10,000	—	—	—
1846GC MP	—	2,150	3,500	—	—	—
1847GC MP	—	1,900	3,150	—	—	—
1849GC MP	—	3,750	5,000	—	—	—
1850GC MP	—	1,900	3,150	—	—	—

KM# 375.4   4 REALES
13.54 g.,   0.903 Silver, 0.3931 oz. ASW **Obv.** Facing eagle, snake in beak **Rev:** Radiant cap **Obv. Legend:** REPUBLICA MEXICANA **Mint:** Guanajuato **Note:** Varieties exist. Some 1862 dates appear to be 1869 because of weak dies.

Date	Mintage	F12	VF20	XF40	MS60
1835Go PJ	—	16.00	31.25	75.00	—
1836/5Go PJ	—	19.00	37.50	95.00	—
1836Go PJ	—	19.00	37.50	95.00	—
1837Go PJ	—	16.00	31.25	75.00	—
1838/7Go PJ	—	19.00	37.50	95.00	—
1838Go PJ	—	16.00	37.50	95.00	—
1839Go PJ	—	16.00	31.25	75.00	—
1840/30Go PJ	—	25.00	65.00	125	—
1840 PJ	—	25.00	65.00	125	—
1841/30 PJ	—	250	400	750	—
1841/31Go PJ	—	190	325	575	—
1842Go PJ Rare	—	—	—	—	—
1842Go PM	—	19.00	37.50	95.00	—
1843/2Go PM	—	16.00	31.25	75.00	—
Note: Eagle with convex wings, thick rays					
1843Go PM	—	16.00	31.25	75.00	—
Note: Eagle with concave wings, thin rays					
1844/3Go PM	—	19.00	37.50	95.00	—
1844Go PM	—	25.00	65.00	125	—
1845/4Go PM	—	25.00	65.00	125	—
1845Go PM	—	25.00	65.00	125	—
1846/5Go PM	—	19.00	37.50	95.00	—
1846Go PM	—	19.00	37.50	95.00	—
1847/6Go PM	—	19.00	37.50	95.00	—
1847Go PM	—	19.00	37.50	95.00	—
1848/7Go PM	—	25.00	65.00	125	—
1848Go PM	—	25.00	65.00	125	—
1849Go PF	—	25.00	65.00	125	—
1850Go PF	—	16.00	31.25	75.00	—
1851Go PF	—	16.00	31.25	75.00	—
1852Go PF	—	19.00	37.50	95.00	—
1852Go PF 5/4	—	25.00	65.00	125	—
1853Go PF	—	19.00	37.50	95.00	—
1854Go PF	—	19.00	37.50	95.00	—
Note: Large eagle					
1854Go PF	—	19.00	37.50	95.00	—
Note: Small eagle					
1855/4Go PF	—	19.00	37.50	95.00	—
1855Go PF	—	16.00	31.25	75.00	—
1856Go PF	—	16.00	31.25	75.00	—
1857Go PF	—	25.00	65.00	125	—
1858Go PF	—	25.00	65.00	125	—
1859Go PF	—	25.00	65.00	125	—
1860/59Go PF	—	19.00	37.50	95.00	—
1860Go PF	—	19.00	37.50	95.00	—

Date	Mintage	F12	VF20	XF40	MS60
1861/51Go PF	—	19.00	37.50	95.00	—
1861Go PF	—	25.00	65.00	125	—
1862/1Go YE	—	19.00	37.50	95.00	—
1862/1Go YF	—	19.00	37.50	95.00	—
1862Go YE/PF	—	19.00	37.50	95.00	—
1862Go YE	—	19.00	37.50	95.00	—
1862Go YF	—	19.00	37.50	95.00	—
1863/53Go YF	—	19.00	37.50	95.00	—
1863Go YF/PF	—	19.00	37.50	95.00	—
186/53Go YF	—	19.00	37.50	95.00	—
1863Go YF	—	19.00	37.50	95.00	—
1867/57Go YF/PF	—	19.00	37.50	95.00	—
1868/58Go YF/PF	—	19.00	37.50	95.00	—
1870Go FR	—	19.00	37.50	95.00	—

KM# 375.5 4 REALES
13.54 g., 0.903 Silver, 0.3931 oz. ASW **Obv.** Facing eagle, snake in beak **Mint:** Hermosillo

Date	Mintage	F12	VF20	XF40	MS60
1861Ho FM	—	250	450	625	—
1867/1Ho PR/FM	—	190	350	500	—

KM# 375.6 4 REALES
13.54 g., 0.903 Silver, 0.3931 oz. ASW **Obv.** Facing eagle, snake in beak **Mint:** Mexico City

Date	Mintage	F12	VF20	XF40	MS60
1827/6Mo JM	—	250	500	1,000	—
1850Mo GC Rare	—	—	—	—	—
1852Mo GC Rare	—	—	—	—	—
1854Mo GC Rare	—	—	—	—	—
1855Mo GF/GC	—	65.00	125	250	—
1855Mo GF	—	125	250	450	—
1856Mo GF/GC	—	65.00	155	500	—
1856Mo GF Rare	—	—	—	—	—
1859Mo FH	—	25.00	65.00	190	—
1861Mo CH	—	19.00	43.75	155	—
1862Mo CH	—	25.00	65.00	190	—
1863/2Mo CH	—	25.00	65.00	190	—
1863Mo CH	—	95.00	190	375	—
1867Mo CH	—	25.00	65.00	190	—
1868Mo CH/PH	—	37.50	95.00	190	—
1868Mo CH	—	25.00	65.00	190	—
1868Mo PH	—	37.50	95.00	250	—

KM# 375.7 4 REALES
13.54 g., 0.903 Silver, 0.3931 oz. ASW **Obv.** Facing eagle, snake in beak **Rev:** Radiant cap **Obv. Legend:** REPUBLICA MEXICANA. **Mint:** Oaxaca

Date	Mintage	F12	VF20	XF40	MS60	MS63
1861O FR	—	280	575	950	—	—
Note: Ornamental edge						
1861O FR	—	375	700	1,050	—	—
Note: Herringbone edge						
1861O FR	—	250	500	875	—	—
Note: Obliquely reeded edge						

KM# 375.8 4 REALES
13.54 g., 0.903 Silver, 0.3931 oz. ASW **Obv.** Facing eagle, snake in beak **Mint:** San Luis Potosi

Date	Mintage	F12	VF20	XF40	MS60
1837Pi JS	—	250	450	—	—
1838Pi JS	—	190	325	500	—
1842Pi PS	—	65.00	125	250	—
1843/2Pi PS	—	65.00	125	250	—
1843/2Pi PS	—	65.00	125	250	—
Note: 3 cut from 8 punch					
1843Pi AM	—	37.50	95.00	190	—
1843Pi PS	—	65.00	125	250	—
1844Pi AM	—	37.50	95.00	190	—
1845/4Pi AM	—	25.00	65.00	125	—
1845Pi AM	—	25.00	65.00	125	—
1846Pi AM	—	25.00	65.00	125	—
1847Pi AM	—	95.00	190	325	—
1848Pi AM Rare	—	—	—	—	—
1849Pi MC/AM	—	25.00	65.00	125	—
1849Pi MC	—	25.00	65.00	125	—
1849Pi PS	—	25.00	65.00	125	—
1850Pi MC	—	25.00	65.00	125	—
1851Pi MC	—	25.00	65.00	125	—
1852Pi MC	—	25.00	65.00	125	—
1853Pi MC	—	25.00	65.00	125	—
1854Pi MC	—	125	250	500	—
1855Pi MC	—	220	375	950	—
1856Pi MC	—	325	500	875	—
1857Pi MC Rare	—	—	—	—	—
1857Pi PS Rare	—	—	—	—	—
1858Pi MC	—	125	250	500	—
1859Pi MC	—	2,500	3,750	—	—
1860Pi PS	—	375	575	875	—
1861Pi PS	—	190	375	750	—
1861/0Pi PS	—	375	750	—	—
1861Pi RO/PS	—	37.50	95.00	190	—
1861Pi RO	—	65.00	125	250	—
1862Pi RO	—	37.50	95.00	190	—
1863Pi RO	—	37.50	95.00	190	—
1864Pi RO	—	3,150	4,400	—	—
1868Pi PS	—	37.50	95.00	190	—
1869/8Pi PS	—	37.50	95.00	190	—
1869Pi PS	—	37.50	95.00	190	—

KM# 375.9 4 REALES
13.54 g., 0.903 Silver, 0.3931 oz. ASW **Obv.** Facing eagle, snake in beak **Mint:** Zacatecas

Date	Mintage	F12	VF20	XF40	MS60
1830Zs OM	—	25.00	65.00	125	—
1831Zs OM	—	19.00	37.50	95.00	—
1832/1Zs OM	—	25.00	65.00	125	—
1832Zs OM	—	25.00	65.00	125	—
1833/2Zs OM	—	25.00	65.00	125	—
1833/27Zs OM	—	19.00	37.50	95.00	—
1833Zs OM	—	19.00	37.50	95.00	—
1834/3Zs OM	—	25.00	65.00	125	—
1834Zs OM	—	19.00	37.50	95.00	—
1835Zs OM	—	19.00	37.50	95.00	—
1836Zs OM	—	19.00	37.50	95.00	—
1837/5Zs OM	—	25.00	65.00	125	—
1837/6Zs OM	—	25.00	65.00	125	—
1837Zs OM	—	25.00	65.00	125	—
1838/7Zs OM	—	19.00	37.50	95.00	—
1839Zs OM	—	325	475	625	—

Date	Mintage	F12	VF20	XF40	MS60
1840Zs OM	—	625	1,650	—	—
1841Zs OM	—	19.00	37.50	95.00	—
1842Zs OM Small letters	—	19.00	50.00	105	—
1842Zs OM Large letters	—	19.00	37.50	95.00	—
1843Zs OM	—	19.00	37.50	95.00	—
1844Zs OM	—	25.00	65.00	125	—
1845Zs OM	—	25.00	65.00	125	—
1846/5Zs OM	—	31.25	75.00	155	—
1846Zs OM	—	25.00	65.00	125	—
1847Zs OM	—	19.00	37.50	95.00	—
1848/6Zs OM	—	65.00	95.00	155	—
1848Zs OM	—	25.00	65.00	125	—
1849Zs OM	—	25.00	65.00	125	—
1850Zs OM	—	25.00	65.00	125	—
1851Zs OM	—	19.00	37.50	95.00	—
1852Zs OM	—	19.00	37.50	95.00	—
1853Zs OM	—	25.00	65.00	125	—
1854/3Zs OM	—	37.50	95.00	190	—
1855/4Zs OM	—	25.00	65.00	125	—
1855Zs OM	—	19.00	37.50	95.00	—
1856Zs OM	—	19.00	37.50	95.00	—
1856Zs MO	—	25.00	65.00	125	—
1857/5Zs MO	—	25.00	65.00	125	—
1857Zs O/M	—	25.00	65.00	125	—
1857Zs MO	—	19.00	37.50	95.00	—
1858Zs MO	—	25.00	65.00	125	—
1859Zs MO	—	19.00	37.50	95.00	—
1860/59Zs MO	—	25.00	65.00	125	—
1860Zs MO	—	19.00	37.50	95.00	—
1860Zs VL	—	25.00	65.00	125	—
1861/0Zs VL	—	25.00	65.00	125	—
1861Zs VL	—	19.00	37.50	95.00	—
1861Zs VL 6/5	—	25.00	65.00	125	—
1862/1Zs VL	—	25.00	65.00	125	—
1862Zs VL	—	25.00	65.00	125	—
1863Zs VL	—	25.00	65.00	125	—
1863Zs MO	—	25.00	65.00	125	—
1864Zs VL	—	19.00	37.50	95.00	—
1868Zs JS	—	25.00	65.00	125	—
1868Zs YH	—	19.00	37.50	95.00	—
1869Zs YH	—	19.00	37.50	95.00	—
1870Zs YH	—	19.00	37.50	95.00	—

Date	Mintage	F12	VF20	XF40	MS60
1866 DL Rare	—	—	—	—	—
1867 DL	—	1,250	2,350	—	—
1868 DL	—	65.00	110	210	650
1869/8 DL	—	65.00	110	210	—
1869 DL	—	65.00	100	170	650
1870 DL	—	45.00	75.00	170	650
1871 DL	—	33.00	49.50	110	450
1872 AM/DL	—	38.50	65.00	145	650
1872 AM	—	38.50	65.00	145	550
1873 AM	509,000	30.00	38.50	80.00	350
1874/3As DL	—	38.50	65.00	145	550
1874 DL	—	30.00	38.50	80.00	350
1875A DL 7/7	—	55.00	100	170	650
1875A DL	—	30.25	38.50	80.00	350
1875As DL	—	45.00	75.00	155	550
1876 DL	—	30.00	38.50	80.00	350
1877 DL	515,000	30.00	38.50	80.00	350
1878 DL	513,000	30.00	38.50	80.00	350
1879 DL	—	33.00	50.00	110	400
1879 ML	—	44.00	75.00	175	750
1880 ML	—	27.50	30.00	50.00	325
1881 ML	966,000	27.50	30.00	50.00	325
1882 ML	480,000	27.50	30.00	50.00	325
1883 ML	464,000	27.50	30.00	50.00	325
1884 ML	—	27.50	30.00	50.00	325
1885 ML	280,000	27.50	30.00	50.00	325
1886 ML	857,000	27.50	30.00	45.50	270
1886/0As/Cn ML/JD	Inc. above	30.00	33.00	60.00	350
1887 ML	650,000	27.50	30.00	45.50	270
1888/7 ML	508,000	44.00	75.00	145	850
1888 ML	Inc. above	27.50	30.00	45.50	270
1889 ML	427,000	27.50	30.00	45.50	270
1890 ML	450,000	27.50	30.00	45.50	270
1891 ML	533,000	27.50	30.00	45.50	270
1892/0 ML	—	33.00	44.00	90.00	350
1892 ML	465,000	27.50	30.00	45.50	270
1893 ML	734,000	27.50	30.00	42.50	230
1894 ML	725,000	27.50	30.00	42.50	230
1895 ML	477,000	27.50	30.00	42.50	230

KM# 377   8 REALES
27.07 g.,   0.903 Silver, 0.7859 oz. ASW   **Obv.** Facing eagle, snake in beak **Rev:** Radiant cap **Obv. Legend:** REPUBLICA MEXICANA. **Mint:** Alamos **Note:** Mint mark A, As. Varieties exist.

Date	Mintage	F12	VF20	XF40	MS60
1864 PG	—	825	1,400	2,600	—
1865/4 PG Rare	—	—	—	—	—
1865 PG	—	550	825	1,300	—
1866/5 PG Rare	—	—	—	—	—
1866 PG	—	1,400	2,500	—	—

KM# 377.1   8 REALES
27.07 g.,   0.903 Silver, 0.7859 oz. ASW   **Obv.** Facing eagle, snake in beak **Rev:** Radiant cap **Obv. Legend:** REPUBLICA MEXICANA. **Mint:** Real de Catorce

Date	Mintage	F12	VF20	XF40	MS60
1863Ce ME	—	575	975	2,200	7,500
1863Ce /PI ML/MC	—	575	1,050	2,450	8,000

KM# 377.2 8 REALES
27.07 g., 0.903 Silver, 0.7859 oz. ASW **Obv.**
Facing eagle, snake in beak **Rev:** Radiant cap
Obv. Legend: REPUBLICA MEXICANA. **Mint:**
Chihuahua **Note:** Varieties exist.

Date	Mintage	F12	VF20	XF40	MS60
1831Ca MR	—	1,100	1,950	2,950	6,500
1832Ca MR	—	140	220	400	1,200
1833Ca MR	—	275	600	1,300	—
1834Ca MR	—	325	650	1,500	—
1834Ca AM	—	375	550	900	—
1835Ca AM	—	165	275	625	1,800
1836Ca AM	—	110	220	400	1,200
1837Ca AM	—	600	1,250	—	—
1838Ca AM	—	110	220	400	1,200
1839Ca RG	—	825	1,400	3,250	—
1840Ca RG	—	325	550	1,050	3,000
Note: 1 dot after date					
1840Ca RG	—	325	550	1,050	3,000
Note: 3 dots after date					
1841Ca RG	—	65.00	120	210	650
1842Ca RG	—	38.50	55.00	110	350
1843Ca RG	—	55.00	100	175	550
1844/1Ca RG	—	49.50	90.00	145	450
1844Ca RG	—	38.50	55.00	110	350
1845Ca RG	—	38.50	55.00	110	350
1846Ca RG	—	44.00	75.00	145	550
1847Ca RG	—	55.00	100	175	550
1848Ca RG	—	49.50	90.00	175	550
1849Ca RG	—	44.00	75.00	145	450
1850/40Ca RG	—	55.00	100	175	550
1850Ca RG	—	44.00	75.00	145	450
1851/41Ca RG	—	120	230	400	1,050
1851Ca RG	—	175	285	525	1,550
1852/42Ca RG	—	175	285	525	1,550
1852Ca RG	—	175	285	525	1,550
1853/43Ca RG	—	175	285	525	1,550
1853Ca RG	—	175	285	450	1,450
1854/44Ca RG	—	120	230	400	1,050
1854Ca RG	—	65.00	120	210	650
1855/45Ca RG	—	120	230	450	1,350
1855Ca RG	—	65.00	120	210	650
1856/45Ca RG	—	325	500	975	2,500
1856/5Ca RG	—	450	775	1,950	7,000
1857Ca JC/RG	—	55.00	100	175	550
1857Ca JC	—	65.00	120	210	550
1858Ca JC	—	49.50	90.00	175	550

Date	Mintage	F12	VF20	XF40	MS60
1858Ca BA	—	2,200	3,850	—	—
1859Ca JC	—	55.00	100	175	550
1860Ca JC	—	33.00	55.00	130	400
1861Ca JC	—	30.00	38.50	85.00	300
1862Ca JC	—	30.00	38.50	85.00	300
1863Ca JC	—	33.00	49.50	110	350
1864Ca JC	—	33.00	49.50	110	350
1865Ca JC	—	120	230	450	1,250
1865Ca FP	—	1,400	2,350	4,250	—
1866Ca JC	—	825	1,250	2,950	—
1866Ca FP	—	1,100	2,200	4,250	10,000
1866Ca JG	—	925	1,800	3,600	8,500
1867Ca JG	—	110	220	450	1,200
1868Ca JG	—	85.00	165	325	800
1868Ca MM	—	70.00	140	260	700
1869Ca MM	—	33.00	49.50	100	325
1870Ca MM	—	33.00	49.50	100	325
1871/0Ca MM	—	30.00	38.50	85.00	300
1871Ca MM	—	30.00	38.50	85.00	300
1871Ca MM	—	33.00	49.50	100	325
Note: Known with first M over inverted M and second M over inverted M					
1873/5Ca MM	—	33.00	49.50	100	325
1873Ca MM	—	33.00	49.50	100	325
1873Ca MM/T	—	30.00	38.50	85.00	300
1874Ca MM	—	27.50	30.00	50.00	260
1875Ca MM	—	27.50	30.00	50.00	260
1876Ca MM	—	27.50	30.00	50.00	260
1877Ca EA E/G	—	33.00	55.00	125	450
1877Ca EA	472,000	33.00	55.00	125	450
1877Ca GR	Inc. above	38.50	60.00	100	350
1877Ca JM	Inc. above	27.50	30.00	50.00	260
1877Ca AV	Inc. above	120	230	450	1,550
1878Ca AV	439,000	27.50	30.00	45.50	220
1879Ca AV	—	27.50	30.00	45.50	220
1880Ca AV	—	220	375	775	2,500
1880Ca PM	—	550	875	1,650	5,000
1880Ca MG	—	27.50	30.00	45.50	260
Note: Normal initials					
1880Ca MG	—	27.50	30.00	45.50	260
Note: Tall initials					
1880Ca MM	—	27.50	30.00	45.50	260
1881Ca MG	1,085,000	27.50	29.50	41.50	220
1882Ca MG	779,000	27.50	29.50	41.50	220
1882Ca MM	Inc. above	27.50	29.50	41.50	220
1882Ca MM	Inc. above	33.00	60.00	145	400
Note: Second M over sideways M					
1883Ca MM	818,000	—	—	—	—
Note: Sideways M					
1883/2Ca MM/G	—	27.50	30.00	50.00	230
1883Ca MM	Inc. above	27.50	29.50	41.50	220
1884/3Ca MM	—	27.50	30.00	50.00	220
1884Ca MM	—	27.50	29.50	41.50	220
1885/4Ca MM	1,345,000	30.00	38.50	85.00	300
1885/6Ca MM	Inc. above	30.00	38.50	85.00	300
1885Ca MM	Inc. above	27.50	29.50	41.50	220
1886Ca MM	2,483,000	27.50	29.50	41.50	220
1887Ca MM	2,625,000	27.50	29.50	41.50	220
1888/7Ca MM	2,434,000	30.00	38.50	100	325
1888Ca MM	Inc. above	27.50	29.50	41.50	220
1889Ca MM	2,681,000	27.50	29.50	41.50	220
1890/89Ca MM	—	30.00	38.50	85.00	300
1890Ca MM	2,137,000	27.50	29.50	41.50	220
1891/0Ca MM	2,268,000	30.00	38.50	85.00	300
1891Ca MM	Inc. above	27.50	29.50	41.50	230
1892Ca MM	2,527,000	27.50	29.50	41.50	220
1893Ca MM	2,632,000	27.50	29.50	41.50	220
1894Ca MM	2,642,000	27.50	29.50	41.50	220
1895Ca MM	1,112,000	27.50	29.50	41.50	220

KM# 377.3 8 REALES
27.07 g.,   0.903 Silver, 0.7859 oz. ASW **Obv.**
Facing eagle, snake in beak **Rev:** Radiant cap **Obv.**
Legend: REPUBLICA MEXICANA **Mint:** Culiacan
Note: Mint mark C, Cn. Varieties exist.

Date	Mintage	F12	VF20	XF40	MS60	MS63
1846 CE	—	165	325	1,050	3,000	—
1846 CE	—	195	425	1,150	3,300	—
Note: Dot after G						
1846 CE	—	140	290	975	2,900	—
Note: No dot after G						
1847 CE	—	450	775	1,950	—	—
1848 CE	—	140	275	575	2,000	—
1849 CE	—	85.00	140	260	800	—
C/G						
1849 CE	—	85.00	140	260	800	—
1850 CE	—	85.00	140	260	800	—
1851 CE	—	140	275	575	2,000	—
1852/1 CE	—	110	165	325	1,000	—
1852 CE	—	110	220	400	1,200	—
1853/0 CE	—	220	375	900	2,600	—
1853/2/0	—	220	450	975	2,800	—
1853 CE	—	110	195	400	1,200	—
Note: Thick rays						
1853 CE	—	220	375	850	—	—
Note: Error: MEXIGANA						
1854 CE	—	825	1,400	—	—	—
1854 CE	—	195	375	975	2,400	—
Note: Large eagle and hat						
1855/6 CE	—	55.00	75.00	145	450	—
1855 CE	—	38.50	55.00	110	350	—
1856 CE	—	65.00	120	240	750	—
1857 CE	—	33.00	49.50	110	350	—
1858 CE	—	44.00	55.00	110	350	—
1859 CE	—	33.00	49.50	110	350	—
1860/9 PV/	—	65.00	90.00	145	450	—
CV						
1860/9	—	65.00	90.00	145	450	—
PV/E						
1860 CE	—	38.50	55.00	110	350	—
1860/9 PV	—	55.00	75.00	130	400	—
1860 PV	—	55.00	75.00	130	400	—
1861/0 CE	—	65.00	100	170	550	—
1861 PV/	—	95.00	150	275	750	—
CE						
1861 CE	—	33.00	49.50	90.00	350	—
1862 CE	—	33.00	49.50	90.00	350	—
1863/2 CE	—	44.00	65.00	110	450	—
1863 CE	—	33.00	44.00	90.00	350	—
1864 CE	—	44.00	75.00	145	650	—
1865 CE	—	150	230	425	1,350	—
1866 CE	—	450	825	1,650	4,500	—
1867 CE	—	150	230	450	1,450	—
1868/7 CE	—	44.00	55.00	110	350	—
1868/8	—	65.00	120	210	650	—
1868 CE	—	44.00	55.00	110	350	—

Date	Mintage	F12	VF20	XF40	MS60	MS63
1869 CE	—	44.00	55.00	110	400	—
1870 CE	—	65.00	120	210	750	—
1873 MP	—	65.00	120	210	650	—
1874/3 MP	—	44.00	55.00	110	350	—
1874C MP	—	33.00	44.00	70.00	290	—
1874CN	—	150	230	400	1,250	—
MP						
1875 MP	—	27.50	30.00	41.50	230	—
1876 GP	—	27.50	30.00	50.00	240	—
1876 CG	—	27.50	30.00	41.50	230	—
1877 CG	339,000	27.50	30.00	41.50	230	—
1877Gn	—	85.00	150	275	850	—
CG Error						
1877 JA	Inc. above	49.50	95.00	175	550	—
1878/7 CG	483,000	49.50	95.00	175	550	—
1878 CG	Inc. above	30.00	38.50	60.00	290	—
1878 JD/	—	38.50	49.50	80.00	350	—
CG						
1878 JD	Inc. above	30.00	35.00	50.00	290	—
1878 JD	Inc. above	33.00	44.00	65.00	350	—
Note: D over retrograde D						
1879 JD	—	27.50	30.00	50.00	300	—
1880/70 JD	—	30.00	35.00	50.00	240	—
1880 JD	—	27.50	30.00	41.50	280	—
1881/0 JD	1,032,000	30.25	33.00	50.00	240	—
1881C JD	Inc. above	27.50	30.00	41.50	230	—
1881Cn JD	Inc. above	55.00	75.00	130	350	—
1882 JD	397,000	27.50	30.00	41.50	230	—
1882 AM	Inc. above	27.50	30.00	41.50	230	—
1883 AM	333,000	27.50	30.00	41.50	290	—
1884 AM	—	27.50	30.00	41.50	230	—
1885/6 AM	227,000	33.00	44.00	70.00	290	—
1885C AM	Inc. above	49.50	90.00	210	750	—
1885Cn	Inc. above	27.50	30.00	41.50	230	—
AM						
1885Gn	Inc. above	38.50	65.00	145	600	—
AM Error						
1886 AM	571,000	27.50	30.00	41.50	230	—
1887 AM	732,000	27.50	30.00	41.50	230	—
1888 AM	768,000	27.50	30.00	41.50	230	—
1889 AM	1,075,000	27.50	30.00	41.50	230	520
1890 AM	874,000	27.50	29.50	39.00	220	—
1891 AM	777,000	27.50	29.50	39.00	220	—
1892 AM	681,000	27.50	29.50	39.00	220	—
1893 AM	1,144,000	27.50	29.50	39.00	220	—
1894 AM	2,118,000	27.50	29.50	39.00	220	—
1895 AM	1,834,000	27.50	29.50	39.00	220	—
1896 AM	2,134,000	27.50	29.50	39.00	220	—
1897 AM	1,580,000	27.50	29.50	39.00	220	—

KM# 377.4 8 REALES
27.07 g.,   0.903 Silver, 0.7859 oz. ASW **Obv.**
Facing eagle, snake in beak **Mint:** Durango **Note:**
Varieties exist.

Date	Mintage	F12	VF20	XF40	MS60
1825Do RL	—	44.00	85.00	210	800

Date	Mintage	F12	VF20	XF40	MS60
1826Do RL	—	55.00	105	275	1,000
1827/6Do RL	—	49.50	75.00	125	450
1827/8Do RL	—	175	325	650	—
1827Do RL	—	44.00	65.00	130	450
1828/7Do RL	—	49.50	75.00	130	450
1828Do RL	—	38.50	65.00	115	400
1829Do RL	—	38.50	65.00	115	400
1830Do RM	—	38.50	65.00	130	450
Note: B on eagle's claw					
1831Do RM	—	33.00	44.00	90.00	350
Note: B on eagle's claw					
1832Do RM	—	49.50	75.00	170	650
Note: Mexican dies, B on eagle's claw					
1832/1Do RM/RL	—	38.50	49.50	110	375
Note: French dies, REPUB MEX spaced					
1833/2Do RM/RL	—	33.00	49.50	110	375
1833Do RM	—	30.00	44.00	90.00	350
1834/3/2Do RM/RL	—	33.00	49.50	110	375
1834Do RM	—	30.00	38.50	80.00	350
1835/4Do RM/RL	—	33.00	49.50	100	350
1835Do RM	—	33.00	49.50	100	350
Note: Mexican dies, REPUBMEX not spaced					
1836/1Do RM	—	33.00	49.50	100	350
1836/4Do RM	—	33.00	49.50	100	350
1836/5/4Do RM/RL	—	95.00	175	350	1,050
1836Do RM	—	33.00	44.00	85.00	350
1836Do RM	—	33.00	44.00	85.00	350
Note: M on snake					
1837/1Do RM	—	33.00	44.00	85.00	350
1837Do RM	—	33.00	44.00	85.00	350
1838/1Do RM	—	33.00	44.00	90.00	375
1838/7Do RM	—	33.00	44.00	90.00	375
1838Do RM	—	33.00	44.00	85.00	350
1839/1Do RM/RL	—	33.00	44.00	85.00	350
1839/1Do RM	—	33.00	44.00	85.00	350
1839Do RM	—	33.00	44.00	85.00	350
1840/38/31Do RM	—	33.00	44.00	85.00	350
1840/39Do RM	—	33.00	44.00	85.00	350
1840Do RM	—	33.00	44.00	85.00	350
1841/31Do RM	—	85.00	150	375	950
1841/39Do RM/L	—	38.50	65.00	125	450
1841/39Do RM	—	38.50	65.00	125	450
1842/31Do RM	—	150	285	525	1,550
Note: B below cactus					
1842/31Do RM	—	55.00	100	175	550
1842/32Do RM	—	55.00	100	175	550
1842Do RM	—	33.00	44.00	85.00	350
Note: Eagle of 1832-41					
1842Do RM	—	33.00	44.00	85.00	350
Note: Pre-1832 eagle resumed					
1842Do RM	—	55.00	100	175	550
1843/33Do RM	—	65.00	110	210	550
1843Do RM	—	65.00	110	210	550
1844/34Do RM	—	120	230	400	1,050
1844/35Do RM	—	120	230	400	1,050
1844/43Do RM	—	75.00	145	300	900
1845/31Do RM	—	120	230	400	1,050
1845/34Do RM	—	49.50	95.00	175	550
1845/35Do RM	—	49.50	95.00	175	550
1845Do RM	—	33.00	44.00	85.00	350
1846/31Do RM	—	33.00	44.00	85.00	350
1846/36Do RM	—	33.00	44.00	85.00	350
1846Do RM	—	33.00	44.00	85.00	350
1847Do RM	—	38.50	65.00	115	400
1848/7Do RM	—	150	285	525	1,550
1848/7Do CM/RM	—	120	230	450	1,450
1848Do CM/RM	—	120	230	450	1,450
1848Do RM	—	120	230	400	1,250
1848Do CM	—	65.00	120	275	850
1849/39Do CM	—	120	230	450	1,450
1849Do CM	—	85.00	150	350	1,150
1849Do JMR/CM	—	230	450	575	1,650
Oval 0					
1849Do JMR	—	230	350	575	1,650
Oval 0					
1849Do JMR	—	230	450	775	2,000
Round 0					
1850Do JMR	—	120	175	350	1,050
1851/0Do JMR	—	85.00	150	300	1,000
1851Do JMR	—	120	175	350	1,050
1852Do CP/JMR	—	500	900	1,950	—
1852Do CP	—	825	1,350	2,950	—
1852Do JMR	—	205	285	500	1,350
1853Do CP/JMR	—	150	270	450	1,250
1853Do CP	—	230	375	775	2,400
1854Do CP	—	38.50	49.50	100	650
1855Do CP	—	65.00	120	240	750
Note: Eagle type of 1854					
1855Do CP	—	65.00	120	240	750
Note: Eagle type of 1856					
1856Do CP	—	65.00	120	240	750
1857Do CP	—	49.50	85.00	175	550
1858/7Do CP	—	38.50	49.50	105	375
1858Do CP	—	33.00	44.00	90.00	375
1859Do CP	—	33.00	44.00	90.00	375
1860/59Do CP	—	44.00	65.00	145	450
1860Do CP	—	33.00	44.00	90.00	375
1861/0Do CP	—	33.00	44.00	90.00	375
1861Do CP	—	33.00	44.00	80.00	290
1862/1Do CP	—	38.50	49.50	90.00	290
1862Do CP	—	33.00	44.00	90.00	400
1863/1Do CP	—	44.00	75.00	130	450
1863/2Do CP	—	38.50	65.00	110	400
1863/53Do CP	—	44.00	75.00	130	450
1863Do CP	—	38.50	65.00	110	400
1864Do CP	—	120	175	350	1,050
1864Do LT	—	38.50	55.00	115	400
1864Do LT/T	—	38.50	55.00	115	400
1864Do LT/CP	—	65.00	120	240	750
1865Do LT Rare	—	—	—	—	—
1866/4Do CM	—	3,050	6,100	—	—
1866Do CM	—	1,950	3,600	7,200	17,000
1867Do CM	—	3,850			
1867/6Do CP	—	220	450	775	2,400
1867Do CP	—	195	325	650	2,000
1867Do CP/CM	—	140	275	525	1,800
1867Do CP/LT	—	220	450	850	2,500
1868Do CP	—	38.50	55.00	115	400
1869Do CP	—	33.00	44.00	80.00	300
1870/69Do CP	—	33.00	44.00	80.00	290
1870/9Do CP	—	33.00	44.00	80.00	290
1870Do CP	—	33.00	44.00	80.00	290
1873Do CP	—	150	260	425	1,250
1873Do CM	—	44.00	65.00	145	450
1874/3Do CM	—	27.50	30.00	45.50	290
1874Do CM	—	27.50	30.00	45.50	290
1874Do JH	—	1,250	1,950	3,600	—
1875Do CM	—	27.50	30.00	45.50	290
1875Do JH	—	100	175	350	950
1876Do CM	—	27.50	30.00	45.50	290
1877Do CM	431,000	1,600	2,750	—	—
1877Do CP	Inc. above	27.50	30.00	45.50	290
1877Do JMP	Inc. above	825	1,400	2,600	—
1878Do PE	409,000	30.00	38.50	65.00	290
1878Do TB	Inc. above	27.50	30.00	45.50	290
1879Do TB	—	27.50	30.00	45.50	290

Date	Mintage	F12	VF20	XF40	MS60
1880/70Do TB	—	75.00	120	240	750
1880/70Do TB/JP	—	175	285	500	1,350
1880/70Do JP	—	30.00	38.50	65.00	290
1880Do TB	—	175	285	500	1,350
1880Do JP	—	27.50	30.00	45.50	290
1881Do JP	928,000	27.50	30.00	45.50	290
1882Do JP	414,000	27.50	30.00	45.50	290
1882Do MC/JP	Inc. above	44.00	75.00	145	450
1882Do MC	Inc. above	38.50	65.00	110	350
1883/73Do MC	452,000	30.00	38.50	65.00	290
1883Do MC	Inc. above	27.50	30.00	45.50	290
1884/3Do MC	—	30.00	38.50	65.00	290
1884Do MC	—	27.50	30.00	45.50	290
1885Do MC M/J	—	30.00	38.50	65.00	290
1885Do JB	Inc. above	38.50	49.50	80.00	300
1885Do MC	547,000	27.50	29.50	41.50	290
1886/5Do MC	—	30.00	38.50	65.00	240
1886/3Do MC	955,000	30.00	38.50	65.00	240
1886Do MC	Inc. above	27.50	29.50	41.50	220
1887Do MC	1,004,000	27.50	29.50	41.50	220
1888/7Do MC	—	85.00	150	350	950
1888Do MC	996,000	27.50	29.50	41.50	220
1889Do MC	874,000	27.50	29.50	41.50	220
1890Do MC	1,119,000	27.50	29.50	41.50	220
1890Do JP	Inc. above	27.50	29.50	41.50	220
1891Do JP	1,487,000	27.50	29.50	41.50	220
1892Do JP	1,597,000	27.50	29.50	41.50	220
1892Do ND	Inc. above	38.50	65.00	145	450
1893Do ND	1,617,000	27.50	29.50	41.50	220
1894Do ND	1,537,000	27.50	29.50	41.50	220
1895/3Do ND	761,000	30.00	38.50	65.00	240
1895Do ND	Inc. above	27.50	29.50	41.50	220
1895Do ND/P	—	30.00	38.50	65.00	240

KM# 377.5 8 REALES
27.07 g., 0.903 Silver, 0.7859 oz. ASW **Obv.** Facing eagle, snake in beak **Rev:** Radiant cap **Mint:** Estado de Mexico

Date	Mintage	F12	VF20	XF40	MS60
1828EoMo LF/LP	—	375	925	2,850	—
1828EoMo LF	—	375	925	2,850	9,600
1829EoMo LF	—	325	825	2,400	7,700
1830/20EoMo LF	—	1,400	3,050	5,900	—
1830EoMo LF	—	1,100	2,200	4,250	10,500

KM# 377.6 8 REALES
27.07 g., 0.903 Silver, 0.7859 oz. ASW **Obv.** Facing eagle, snake in beak **Rev:** Radiant cap **Obv. Legend:** REPUBLICA MEXICANA. **Mint:** Guadalajara **Note:** Varieties exist.

Date	Mintage	F12	VF20	XF40	MS60
1825Ga FS	—	165	300	625	2,000
1826/5Ga FS	—	140	275	575	2,000
1826Ga FS	—	140	275	575	2,000
1827/87Ga FS	—	140	275	575	2,000
1827Ga FS	—	140	275	575	2,000
1287Ga FS Error	—	9,400	10,500	—	—
1828Ga FS	—	220	425	725	2,400
1829/8Ga FS	—	220	425	725	2,400
1829Ga FS	—	195	350	625	1,900
1830/29Ga FS	—	110	195	400	1,200
1830Ga FS	—	110	195	400	1,200
1830 LP/FS	—	875	1,600	—	—

Note: The 1830 LP/FS is currently only known with a Philippine countermark

Date	Mintage	F12	VF20	XF40	MS60
1831Ga LP	—	220	450	775	2,400
1831Ga FS/LP	—	325	550	975	3,000
1831Ga FS	—	140	300	525	—
1832/1Ga FS	—	65.00	120	240	650
1832/1Ga FS/LP	—	65.00	120	240	650
1832Ga FS/LP	—	95.00	175	375	1,150
1832Ga FS	—	38.50	65.00	145	500
1833/2/1Ga FS/LP	—	60.00	95.00	175	550
1833/2Ga FS	—	38.50	65.00	145	500
1834/2Ga FS	—	75.00	150	275	750
1834/3Ga FS	—	75.00	150	275	750
1834/0Ga FS	—	65.00	120	210	650
1834Ga FS	—	65.00	120	210	650
1835Ga FS	—	38.50	65.00	145	500
1836/5Ga FS	—	205	375	—	—
1836/1Ga JG/FS	—	55.00	100	175	550
1836Ga FS	—	325	500	975	—
1836Ga JG/FS	—	38.50	65.00	145	500
1836Ga JG	—	38.50	65.00	145	500
1837/6Ga JG/FS	—	65.00	120	240	650
1837/6Ga JG	—	60.00	110	220	600
1837Ga JG	—	55.00	100	175	550
1838/7Ga JG	—	120	205	400	1,150
1838Ga JG	—	120	175	375	1,050
1839Ga MC	—	120	230	450	1,250
1839Ga MC/JG	—	120	230	400	1,150
1839Ga JG	—	75.00	150	275	750
1840/30Ga MC	—	65.00	95.00	210	600
1840Ga MC	—	44.00	75.00	175	550
1841Ga MC	—	44.00	75.00	175	550
1842/1Ga JG/MG	—	120	175	350	950
1842/1Ga JG/MC	—	120	175	350	950
1842Ga JG	—	38.50	65.00	145	500
1842Ga JG/MG	—	38.50	65.00	145	500
1843/2Ga MC/JG	—	38.50	65.00	145	500

Date	Mintage	F12	VF20	XF40	MS60
1843Ga MC/JG	—	38.50	65.00	145	500
1843Ga JG	—	450	650	1,150	3,600
1843Ga MC	—	65.00	120	210	650
1844Ga MC	—	65.00	120	210	650
1845Ga MC	—	95.00	175	400	1,450
1845Ga JG	—	550	925	1,650	3,700
1846Ga JG	—	55.00	100	210	650
1847Ga JG	—	120	175	300	850
1848/7Ga JG	—	70.00	105	175	550
1848Ga JG	—	65.00	95.00	145	500
1849Ga JG	—	110	150	240	700
1849/39Ga JG	—	275	550	—	—
1850Ga JG	—	65.00	120	210	650
1851Ga JG	—	140	220	450	1,300
1852Ga JG	—	110	165	325	900
1853/2Ga JG	—	140	195	325	950
1853Ga JG	—	110	150	240	650
1854/3Ga JG	—	85.00	110	175	550
1854Ga JG	—	65.00	95.00	155	500
1855/4Ga JG	—	65.00	120	210	600
1855Ga JG	—	38.50	65.00	145	500
1856/4Ga JG	—	75.00	150	240	650
1856/5Ga 56	—	75.00	150	240	650
1856Ga JG	—	65.00	120	210	600
1857Ga JG	—	65.00	120	300	950
1858Ga JG	—	120	175	400	1,050
1859/7Ga JG	—	38.50	65.00	155	500
1859/8Ga JG	—	38.50	65.00	145	450
1859Ga JG	—	33.00	55.00	115	400
1860Ga JG	—	375	825	1,550	4,500
Without dot					
1860Ga JG	—	2,200	3,600	5,900	—
Note: Dot in loop of snake's tail, base alloy					
1861Ga JG	—	2,400	6,300	—	—
1862Ga JG	—	925	1,500	3,600	9,000
1863/52Ga JG	—	—	—	—	—
1863/59Ga JG	—	60.00	65.00	125	325
1863/2Ga JG	—	44.00	65.00	130	400
1863/4Ga JG	—	55.00	95.00	210	550
1863Ga JG	—	38.50	60.00	110	350
1863Ga FV Rare	—	—	—	—	—
1867Ga JM Rare	—	—	—	—	—
1868/7Ga JM	—	65.00	95.00	175	450
1868Ga JM	—	65.00	95.00	175	450
1869Ga JM	—	65.00	95.00	175	450
1869Ga IC	—	95.00	150	275	800
1870/60Ga IC	—	75.00	110	210	600
1870Ga IC	—	75.00	110	210	600
1873Ga IC	—	27.50	38.50	80.00	300
1874Ga IC	—	27.50	29.50	41.50	220
1874Ga MC	—	38.50	65.00	145	450
1875Ga IC	—	30.00	44.00	90.00	300
1875Ga MC	—	27.50	29.50	41.50	290
1876Ga IC	559,000	30.00	44.00	80.00	290
1876Ga MC	Inc. above	150	205	350	800
1877Ga IC	928,000	27.50	30.00	45.50	290
1877/6Ga JA	—	27.50	30.00	45.50	290
1877Ga JA	Inc. above	27.50	30.00	45.50	290
1878Ga JA	764,000	27.50	30.00	45.50	290
1879Ga JA	—	27.50	30.00	45.50	290
1880/70Ga FS	—	30.00	38.50	80.00	300
1880Ga JA	—	27.50	30.00	45.50	290
1880Ga FS	—	27.50	30.00	45.50	290
1881Ga FS	1,300,000	27.50	30.00	45.50	290
1882/1Ga FS	537,000	30.00	38.50	80.00	300
1882Ga FS	Inc. above	27.50	30.00	45.50	290
1882Ga TB/FS	Inc. above	65.00	120	240	650
1882Ga TB	Inc. above	65.00	120	240	650
1883Ga TB	561,000	30.00	38.50	65.00	300

Date	Mintage	F12	VF20	XF40	MS60
1884Ga TB	—	27.50	29.50	41.50	290
1884Ga AH	—	27.50	29.50	41.50	290
1885Ga AH	443,000	27.50	29.50	41.50	290
1885Ga JS	Inc. above	27.50	29.50	145	450
1886Ga JS/H	—	27.50	29.50	41.50	290
1886Ga JS	1,038,999	27.50	29.50	41.50	290
1887Ga JS	878,000	27.50	29.50	41.50	290
1888Ga JS	1,159,000	27.50	29.50	41.50	290
1889Ga JS	1,583,000	27.50	29.50	41.50	290
1890Ga JS	1,658,000	27.50	29.50	41.50	260
1891Ga JS	1,507,000	27.50	29.50	41.50	260
1892/1Ga JS	1,627,000	30.00	38.50	80.00	290
1892Ga JS	Inc. above	27.50	29.50	41.50	260
1893Ga JS	1,952,000	27.50	29.50	41.50	260
1894Ga JS	2,045,999	27.50	29.50	41.50	260
1895/3Ga JS	—	27.50	33.00	60.00	270
1895Ga JS	1,146,000	27.50	29.50	41.50	260

KM# 377.7 8 REALES
27.07 g., 0.903 Silver, 0.7859 oz. ASW **Obv.**
Facing eagle, snake in beak **Rev:** Radiant cap
Obv. Legend: REPUBLICA MEXICANA. **Mint:**
Guadalupe y Calvo

Date	Mintage	F12	VF20	XF40	MS60	MS63
1844GC MP	—	425	600	1,450	3,850	—
1844GC MP	—	500	725	1,700	4,300	—
Note: Error, reversed S in Ds, Gs						
1845GC MP	—	155	240	450	1,350	—
Note: Eagle's tail square						
1845GC MP	—	215	425	950	2,300	—
Note: Eagle's tail round						
1846GC MP	—	215	425	1,050	3,200	—
Note: Eagle's tail square						
1846GC MP	—	155	240	500	1,450	—
Note: Eagle's tail round						
1847GC MP	—	180	300	575	1,500	—
1848GC MP	—	215	350	725	1,750	—
1849GC MP	—	215	350	750	1,900	—
1850GC MP	—	215	350	825	2,100	—
1851GC MP	—	350	600	1,300	3,050	—
1852GC MP	—	425	725	1,800	4,800	—

KM# 377.8 8 REALES

27.07 g.,   0.903 Silver, 0.7859 oz. ASW **Obv.**
Facing eagle, snake in beak **Rev:** Radiant cap
Obv. Legend: REPUBLICA MEXICANA. **Mint:**
Guanajuato **Note:** Varieties exist.

Date	Mintage	F12	VF20	XF40	MS60
1825Go JJ	—	55.00	90.00	210	650
1825G JJ	—	1,400	1,800	—	—
Note: Error mint mark G					
1826Go JJ	—	55.00	100	240	750
Note: Straight J's					
1826Go JJ	—	44.00	75.00	175	550
Note: Full J's					
1826Go MJ	—	275	500	1,100	—
1827Go MJ	—	55.00	95.00	175	550
1827Go MJ/JJ	—	—	—	—	—
1827Go MR	—	120	230	450	1,250
1828Go MJ	—	—	—	—	—
Note: Error mint mark Goo					
1828Go MJ	—	44.00	75.00	175	550
1828/7Go MR	—	165	325	775	2,400
1828Go MR	—	165	325	775	2,400
1829Go MJ	—	33.00	49.50	85.00	375
1830Go MJ	—	33.00	44.00	85.00	375
Note: Oblong beading and narrow J					
1830Go MJ	—	33.00	44.00	85.00	375
Note: Regular beading and wide J					
1831Go MJ	—	27.50	33.00	65.00	350
Note: Colon after date					
1831Go MJ	—	27.50	33.00	65.00	350
Note: 2 stars after date					
1832Go MJ	—	27.50	33.00	65.00	300
1832Go MJ	—	33.00	49.50	100	400
Note: 1 of date over inverted 1					
1833Go MJ/1	—	33.00	49.50	100	400
1833Go MJ	—	27.50	33.00	65.00	350
1833Go JM	—	450	825	1,650	5,000
1834Go PJ	—	27.50	33.00	65.00	350
1835Go PJ	—	27.50	33.00	65.00	350
Note: Star on cap					
1835Go PJ	—	27.50	33.00	65.00	350
Note: Dot on cap					
1836Go PJ	—	27.50	33.00	65.00	350
1837Go PJ	—	27.50	33.00	65.00	350
1838Go PJ	—	27.50	33.00	65.00	350
1839Go PJ/JJ	—	27.50	33.00	65.00	350
1839Go PJ	—	27.50	33.00	65.00	350
1840/30Go PJ	—	33.00	44.00	80.00	350
1840Go PJ	—	27.50	33.00	60.00	290
1841/31Go PJ	—	27.50	33.00	60.00	290
1841Go PJ	—	27.50	33.00	60.00	290
1842/1Go PM	—	33.00	44.00	80.00	290
1842/31Go PM/PJ	—	38.50	49.50	90.00	350
1842/1Go PJ	—	33.00	44.00	80.00	290
1842Go PJ	—	33.00	44.00	80.00	290
1842Go PM/PJ	—	27.50	33.00	60.00	290
1842Go PM	—	27.50	33.00	60.00	290
1843Go PM	—	27.50	33.00	60.00	290
Note: Dot after date					
1843Go PM	—	27.50	33.00	60.00	290
Note: Triangle of dots after date					
1844Go PM	—	27.50	33.00	60.00	290
1845Go PM	—	27.50	33.00	60.00	290
1846/5Go PM	—	33.00	44.00	80.00	350
Note: Eagle type of 1845					
1846Go PM	—	33.00	44.00	80.00	350
Note: Eagle type of 1845					
1846Go PM	—	30.25	38.50	65.00	300
Note: Eagle type of 1847					
1847Go PM	—	27.50	33.00	60.00	290
Narrow date					

Date	Mintage	F12	VF20	XF40	MS60
1847Go PM	—	27.50	33.00	60.00	290
Wide date					
1848/7Go PM	—	27.50	49.50	100	350
1848Go PM	—	33.00	49.50	100	350
1848Go PF	—	27.50	33.00	60.00	290
1849Go PF	—	27.50	33.00	60.00	290
1850Go PF	—	27.50	33.00	60.00	290
1851/0Go PF	—	33.00	44.00	80.00	350
1851Go PF	—	27.50	33.00	60.00	290
1852/1Go PF	—	33.00	44.00	80.00	350
1852Go PF	—	27.50	33.00	60.00	290
1853/2Go PF	—	33.00	44.00	80.00	350
1853Go PF	—	27.50	33.00	60.00	290
1854Go PF	—	27.50	33.00	60.00	290
1855Go PF	—	27.50	33.00	60.00	290
Large letters					
1855Go PF	—	27.50	33.00	60.00	290
Small letters					
1856/5Go PF	—	33.00	44.00	80.00	350
1856Go PF	—	27.50	33.00	60.00	290
1857/5Go PF	—	33.00	44.00	80.00	350
1857/6Go PF	—	33.00	49.50	105	450
1857Go PF	—	27.50	30.00	41.50	220
1858/7Go PI	—	27.50	33.00	60.00	290
Narrow date					
1858Go PF Wide date	—	27.50	33.00	60.00	290
1859/7Go PF	—	27.50	33.00	60.00	290
1859/8Go PF	—	33.00	44.00	80.00	350
1859Go PF	—	27.50	33.00	60.00	290
1860/50Go PF	—	33.00	44.00	80.00	350
1860/59Go PF	—	27.50	30.00	45.50	230
1860Go PF	—	27.50	30.00	41.50	220
1861/51Go PF	—	27.50	33.00	50.00	240
Note: Narrow and wide dates exist					
1861/0Go PF	—	27.50	30.00	41.50	220
1861Go PF	—	27.50	30.00	41.50	220
186/52Go YE	—	30.00	33.00	50.00	240
1862Go YE/PF	—	27.50	30.00	41.50	220
186/52Go YF	—	30.00	33.00	50.00	240
1862Go YE	—	27.50	30.00	41.50	220
1862Go YF	—	27.50	30.00	41.50	220
1862Go YF/PF	—	27.50	30.00	41.50	220
1863/53Go YF	—	27.50	30.00	45.50	220
1863/54Go YF	—	30.00	33.00	50.00	240
1863Go YE Rare	—	—	—	—	—
1863Go YF	—	27.50	30.00	41.50	220
1867/57Go YF	—	30.00	33.00	50.00	240
1867Go YF	—	27.50	30.00	41.50	220
1868/58Go YF	—	30.00	33.00	50.00	240
1868/7Go YF	—	30.00	33.00	50.00	240
1868Go YF	—	27.50	30.00	41.50	220
1870/60Go FR	—	33.00	44.00	80.00	350
1870Go YF	—	2,000	3,300	6,500	15,000
1870Go FR/YF	—	33.00	49.50	105	450
1870Go FR	—	27.50	30.00	41.50	220
1873Go FR	—	27.50	30.00	41.50	220
1874/3Go FR	—	30.00	33.00	50.00	230
1874Go FR	—	30.00	38.50	60.00	240
1875/3Go FR	—	30.00	33.00	50.00	230
1875/6Go FR	—	30.00	33.00	50.00	230
1875Go FR	—	27.50	30.00	41.50	220
Note: Small circle with dot on eagle					
1876/5Go FR	—	30.00	33.00	50.00	230
1876Go FR	—	27.50	30.00	41.50	220
1877Go FR	—	27.50	30.00	41.50	220
Narrow date					
1877Go FR Wide date	2,477,000	27.50	30.00	41.50	220
1878/7Go FR	2,273,000	30.00	33.00	50.00	220

Date	Mintage	F12	VF20	XF40	MS60
1878/7Go SM S/F	—	30.00	33.00	50.00	220
1878/7Go SM	—	30.00	33.00	50.00	220
1878Go FR	Inc. above	27.50	30.00	41.50	220
1878Go SM S/F	—	30.25	33.00	45.50	220
1878Go SM	—	27.50	30.00	41.50	220
1879/7Go SM	—	30.00	33.00	50.00	220
1879/8Go SM	—	30.00	33.00	50.00	220
1879/8Go SM/FR	—	30.00	33.00	50.00	220
1879Go SM	—	27.50	30.00	41.50	220
1879Go SM/FR	—	30.00	33.00	50.00	220
1880/70Go SB	—	30.00	33.00	50.00	220
1880Go SB/SM	—	27.50	30.00	41.50	220
1880Go SB	—	27.50	30.00	41.50	220
1881/71Go SB	3,974,000	30.00	33.00	50.00	220
1881/0Go SB	Inc. above	30.00	33.00	50.00	220
1881Go SB	Inc. above	27.50	30.00	41.50	220
1882Go SB	2,015,000	27.50	30.00	41.50	220
1883Go SB	2,100,000	49.50	95.00	175	550
1883Go BR	Inc. above	27.50	30.00	41.50	220
1883Go BR/SR	—	27.50	30.00	41.50	220
1883Go BR/SB	Inc. above	27.50	30.00	41.50	220
1884/73Go BR	—	33.00	44.00	65.00	240
1884/74Go BR	—	33.00	44.00	65.00	240
1884/3Go BR	—	33.00	44.00	90.00	350
1884Go BR	—	27.50	30.00	41.50	220
1884/74Go RR	—	65.00	120	240	750
1884Go RR	—	38.50	65.00	145	550
1885/75Go RR/BR	—	30.00	33.00	400	220
1885/75Go RR	2,363,000	30.00	33.00	50.00	220
1885Go RR	Inc. above	27.50	30.00	41.50	220
1886/75Go RR/BR	—	30.00	33.00	45.50	220
1886/75Go RR	4,127,000	30.00	33.00	45.50	220
1886/76Go RR/BR	—	27.50	30.00	41.50	220
1886/76Go RR	Inc. above	27.50	30.00	41.50	220
1886/5Go RR/BR	Inc. above	27.50	30.00	41.50	220
1886Go RR	Inc. above	27.50	30.00	41.50	220
1887Go RR	4,205,000	27.50	30.00	41.50	220
1888Go RR	3,985,000	27.50	30.00	41.50	220
1889Go RR	3,646,000	27.50	30.00	41.50	220
1890Go RR	3,615,000	27.50	30.00	41.50	220
1891Go RS/R	—	27.50	30.00	41.50	220
1891Go RS	3,197,000	27.50	30.00	41.50	220
1892/0Go/A RS	—	27.50	30.00	41.50	220
1892/0Go RS	—	27.50	30.00	41.50	220
1892Go RS	3,672,000	27.50	30.00	41.50	220
1892Go/A RS	—	27.50	30.00	41.50	220
1893Go RS	3,854,000	27.50	30.00	41.50	220
1894Go RS	4,127,000	27.50	30.00	41.50	220
1895/1Go RS	3,768,000	30.00	33.00	41.50	220
1895/3Go RS	Inc. above	30.00	33.00	45.50	220
1895Go RS	Inc. above	27.50	30.00	41.50	220
1896/1Go/As RS/ML	5,229,000	30.00	33.00	45.50	220
1896/1Go RS	Inc. above	27.50	30.00	41.50	220
1896Go/Ga RS	Inc. above	—	—	—	—
1896Go RS	Inc. above	27.50	29.50	39.00	220
1897Go RS	4,344,000	27.50	29.50	39.00	220

KM# 377.9 8 REALES
27.07 g., 0.903 Silver, 0.7859 oz. ASW **Obv.** Facing eagle, snake in beak **Rev:** Radiant cap **Mint:** Hermosillo **Note:** Varieties exist.

Date	Mintage	F12	VF20	XF40	MS60
1835Ho PP Rare	—	—	—	—	—
1836Ho PP Rare	—	—	—	—	—
1839Ho PR Unique	—	—	—	—	—
1861Ho FM	—	4,950	8,300	—	—
Note: Reeded edge					
1862Ho FM Rare	—	—	—	—	—
Note: Plain edge, snakes tail left, long ray over *8R					
1862Ho FM	—	1,700	2,950	—	—
Note: Plain edge, snake's tail left					
1862Ho FM	—	1,800	3,050	—	—
Note: Reeded edge, snakes tail right					
1863Ho FM	—	165	325	1,050	—
1864Ho FM	—	925	1,800	3,600	—
1864Ho PR/FM	—	1,300	2,400	—	—
1864Ho PR	—	725	1,400	2,800	6,700
1865Ho FM	—	275	550	1,250	3,700
1866Ho FM	—	1,250	2,350	4,550	11,000
1866Ho MP	—	1,050	1,950	3,900	9,300
1867Ho PR	—	110	195	350	1,000
1868Ho PR	—	33.00	49.50	100	400
1869Ho PR	—	55.00	75.00	175	550
1870Ho PR	—	120	205	375	1,150
1871/0Ho PR	—	65.00	95.00	175	550
1871Ho PR	—	44.00	65.00	130	450
1872/1Ho PR	—	49.50	75.00	130	450
1872Ho PR	—	44.00	65.00	110	400
1873Ho PR	351,000	44.00	65.00	125	350
1874Ho PR	—	30.00	35.00	65.00	290
1875Ho PR	—	30.00	35.00	65.00	290
1876Ho AF	—	30.00	35.00	65.00	290
1877Ho AF	410,000	33.00	44.00	80.00	350
1877Ho GR	Inc. above	120	175	300	850
1877Ho JA	Inc. above	38.50	65.00	125	400
1878Ho JA	451,000	30.00	35.00	65.00	280
1879Ho JA	—	30.00	35.00	65.00	280
1880Ho JA	—	30.00	35.00	65.00	280
1881Ho JA	586,000	30.00	35.00	65.00	280
1882Ho JA	240,000	38.50	55.00	100	290
Note: O above H					
1882Ho JA	Inc. above	38.50	55.00	100	290
Note: O after H					
1883/2Ho JA	204,000	230	400	675	2,050
1883/2Ho FM/JA	Inc. above	38.50	55.00	110	350
1883Ho FM/JA	—	40.00	60.00	125	375
1883Ho FM	Inc. above	33.00	44.00	90.00	290
1883Ho JA	Inc. above	325	500	1,050	3,050
1884/3Ho FM	—	33.00	38.50	80.00	290
1884Ho FM	—	30.00	35.00	65.00	280
1885Ho FM	132,000	30.00	35.00	65.00	280
1886Ho FM	225,000	33.00	44.00	70.00	290
1886Ho FG	Inc. above	33.00	44.00	70.00	290

Date	Mintage	F12	VF20	XF40	MS60
1887/6Ho FG	—	33.00	49.50	100	350
1887Ho FG	150,000	33.00	49.50	100	350
1888Ho FG	364,000	27.50	33.00	50.00	260
1889Ho FG	490,000	27.50	33.00	50.00	260
1890Ho FG	565,000	27.50	33.00	50.00	260
1891Ho FG	738,000	27.50	33.00	50.00	260
1892Ho FG	643,000	27.50	33.00	50.00	260
1893Ho FG	518,000	27.50	33.00	50.00	260
1894Ho FG	504,000	27.50	33.00	50.00	260
1895Ho FG	320,000	27.50	33.00	50.00	260

KM# 377.10 8 REALES

27.07 g.,   0.903 Silver, 0.7859 oz. ASW **Obv.** Facing eagle, snake in beak **Rev:** Radiant cap **Obv. Legend:** REPUBLICA MEXICANA. **Mint:** Mexico City **Note:** Varieties exist. 1874 CP is a die struck counterfeit.

Date	Mintage	F12	VF20	XF40	MS60
1824Mo JM Round tail	—	95.00	150	350	1,050
1824Mo JM Square tail	—	95.00	150	350	1,050
1825Mo JM	—	38.50	55.00	110	450
1826/5Mo JM	—	38.50	55.00	110	450
1826Mo JM	—	33.00	44.00	85.00	375
1827Mo JM	—	38.50	49.50	90.00	400
Note: Medal alignment					
1827Mo JM	—	38.50	49.50	90.00	400
Note: Coin alignment					
1828Mo JM	—	44.00	75.00	145	550
1829Mo JM	—	33.00	45.00	130	475
1830/20Mo JM	—	49.50	85.00	210	650
1830Mo JM	—	44.00	65.00	130	475
1831Mo JM	—	44.00	65.00	145	525
1832/1Mo JM	—	38.50	55.00	100	400
1832Mo JM	—	33.00	44.00	85.00	375
1833Mo MJ	—	38.50	55.00	115	450
1833Mo ML	—	500	725	1,250	4,000
1834/3Mo ML	—	38.50	49.50	90.00	400
1834Mo ML	—	33.00	44.00	85.00	375
1835Mo ML Narrow date	—	33.00	44.00	85.00	375
1835Mo ML Wide date	—	33.00	44.00	85.00	375
1836Mo ML	—	65.00	120	210	700
1836Mo ML/ MF	—	65.00	120	210	700

Date	Mintage	F12	VF20	XF40	MS60
1836Mo MF	—	44.00	65.00	130	475
1836Mo MF/ ML	—	49.50	75.00	145	525
1837/6Mo ML	—	44.00	65.00	115	450
1837/6Mo MM	—	44.00	65.00	115	450
1837/6Mo MM/ ML	—	44.00	65.00	115	450
1837/6Mo MM/ MF	—	44.00	65.00	115	450
1837Mo ML	—	44.00	65.00	115	450
1837Mo MM	—	95.00	150	240	700
1838Mo MM	—	44.00	65.00	115	450
1838Mo ML	—	33.00	49.50	90.00	400
1838Mo ML/ MM	—	33.00	49.50	90.00	400
1839Mo ML Narow date	—	30.00	38.50	80.00	375
1839Mo ML Wide date	—	30.00	38.50	80.00	375
1840Mo ML	—	30.00	38.50	80.00	375
1841Mo ML	—	30.00	38.50	70.00	350
1842Mo ML	—	30.00	38.50	70.00	350
1842Mo MM	—	30.00	38.50	70.00	350
1843Mo MM	—	30.00	38.50	70.00	350
1844Mo MF/ MM	—	—	—	—	—
1844Mo MF	—	30.00	38.50	70.00	350
1845/4Mo MF	—	30.00	38.50	70.00	350
1845Mo MF	—	30.00	38.50	70.00	350
1846/5Mo MF	—	30.00	38.50	80.00	375
1846Mo MF	—	30.00	38.50	80.00	375
1847/6Mo MF	—	2,200	3,900	—	—
1847Mo MF	—	1,650	3,050	6,500	15,000
1847Mo RC	—	33.00	44.00	85.00	375
1847Mo RC/ MF	—	30.00	38.50	70.00	350
1848Mo GC	—	30.00	38.50	70.00	350
1849/8Mo GC	—	33.00	49.50	90.00	400
1849Mo GC	—	30.00	38.50	70.00	350
1850/40Mo GC	—	38.50	65.00	145	525
1850/49Mo GC	—	38.50	65.00	145	525
1850Mo GC	—	33.00	55.00	110	450
1851Mo GC	—	33.00	55.00	90.00	400
1852Mo GC	—	33.00	55.00	110	450
1853Mo GC	—	30.00	38.50	80.00	350
1854Mo GC	—	27.50	30.00	50.00	290
1855Mo GC	—	33.00	49.50	100	400
1855Mo GF	—	27.50	30.00	50.00	290
1855Mo GF/ GC	—	27.50	30.00	50.00	290
1856/4Mo GF	—	30.00	38.50	70.00	325
1856/5Mo GF	—	30.00	38.50	70.00	325
1856Mo GF	—	27.50	30.00	50.00	290
1857Mo GF	—	27.50	30.00	50.00	290
1858Mo FH Narrow date	—	27.50	30.00	50.00	290
1858/7Mo FH/ GF	—	27.50	30.00	50.00	290
1858Mo FH Wide date	—	27.50	30.00	50.00	290
1859Mo FH	—	27.50	30.00	50.00	290
1859/8Mo FH	—	38.50	65.00	145	525
1860/59Mo FH	—	30.00	33.00	50.00	290
1860Mo FH	—	27.50	30.00	50.00	290
1860Mo TH	—	27.50	30.00	65.00	325
1861Mo TH	—	27.50	30.00	65.00	325
1861Mo CH	—	27.50	30.00	41.50	220
1862Mo CH	—	27.50	30.00	41.50	220
1863Mo CH	—	27.50	30.00	41.50	220

Date	Mintage	F12	VF20	XF40	MS60
1863Mo CH/TH	—	27.50	30.00	41.50	220
1863Mo TH	—	27.50	30.00	41.50	220
1867Mo CH	—	27.50	30.00	41.50	220
1867Mo CH/TH	—	33.00	60.00	105	400
1868Mo CH	—	27.50	30.00	41.50	220
1868Mo PH	—	27.50	30.00	41.50	220
1868Mo CH/PH	—	27.50	30.00	41.50	220
1868Mo PH Narrow date	—	27.50	30.00	41.50	220
1868Mo PH Wide date	—	27.50	30.00	41.50	220
1869Mo CH	—	27.50	30.00	41.50	220
1873Mo MH	—	27.50	30.00	41.50	220
1873Mo MH/HH	—	27.50	30.00	45.50	230
1874/69Mo MH	—	33.00	60.00	105	400
1874Mo MH	—	27.50	30.00	45.50	230
1874Mo BH/MH	—	27.50	30.00	45.50	230
1874Mo BH	—	27.50	30.00	45.50	230
1875Mo BH	—	27.50	30.00	41.50	220
1876/4Mo BH	—	27.50	30.00	45.50	230
1876/5Mo BH	—	27.50	30.00	45.50	230
1876Mo BH	—	27.50	30.00	41.50	220
1877Mo MH	898,000	27.50	30.00	41.50	220
1877Mo MH/BH	Inc. above	27.50	30.00	45.50	230
1878Mo MH	2,154,000	27.50	30.00	41.50	220
1879/8Mo MH	—	27.50	30.00	41.50	230
1879Mo MH	—	27.50	30.00	41.50	220
1880/79Mo MH	—	30.00	33.00	50.00	240
1880Mo MH	—	27.50	30.00	41.50	220
1881Mo MH	5,712,000	27.50	30.00	41.50	220
1882/1Mo MH	2,746,000	27.50	30.00	41.50	220
1882Mo MH	Inc. above	27.50	30.00	41.50	220
1883/2Mo MH	2,726,000	27.50	30.00	45.50	230
1883Mo MH Narrow date	Inc. above	27.50	30.00	41.50	220
1883Mo MH Wide date	—	27.50	30.00	41.50	220
1884/3Mo MH	—	30.00	33.00	50.00	240
1884Mo MH	—	27.50	30.00	41.50	220
1885Mo MH	3,649,000	27.50	30.00	41.50	220
1886Mo MH	7,558,000	27.50	29.50	39.00	220
1887Mo MH	7,681,000	27.50	29.50	39.00	220
1888Mo MH Narrow date	7,179,000	27.50	29.50	39.00	220
1888Mo MH Wide date	—	27.50	29.50	39.00	220
1889Mo MH	7,332,000	27.50	30.00	41.50	220
1890Mo MH Narrow date	7,412,000	27.50	29.50	39.00	220
1890Mo AM Wide date	—	27.50	29.50	39.00	220
1890Mo AM	Inc. above	27.50	29.50	39.00	220
1891Mo AM	8,076,000	27.50	29.50	39.00	220
1892Mo AM	9,392,000	27.50	29.50	39.00	220
1893Mo AM	10,773,000	27.50	29.50	39.00	220
1894Mo AM	12,394,000	27.50	29.50	39.00	220
1895Mo AM	10,474,000	27.50	29.50	39.00	220
1895Mo AB	Inc. above	27.50	29.50	39.00	220
1896Mo AB	9,327,000	27.50	29.50	39.00	220
1896Mo AM	Inc. above	27.50	29.50	39.00	220
1897Mo AM	8,621,000	27.50	29.50	39.00	220

KM# 377.11   8 REALES
27.07 g., 0.903 Silver, 0.7859 oz. ASW **Obv.** Facing eagle, snake in beak **Rev:** Radiant cap **Mint:** Oaxaca **Note:** Mint mark O, Oa. Varieties exist.

Date	Mintage	F12	VF20	XF40	MS60
1858O AE	—	2,750	4,400	—	—
1858Oa AE Unique	—	—	—	—	—
1859 AE	—	550	1,000	2,300	—
Note: A in O of mint mark					
1860 AE	—	220	500	1,050	—
Note: A in O of mint mark					
1861O FR	—	140	275	725	2,700
1861Oa FR	—	165	375	975	—
1862O FR	—	55.00	100	275	800
1862Oa FR	—	85.00	150	350	950
1863O FR	—	45.00	75.00	145	550
1863O AE	—	45.00	75.00	145	550
1863Oa AE	—	120	175	350	950
Note: A in O of mint mark					
1863Oa AE	—	1,100	1,950	3,600	—
Note: A above O in mint mark					
1864 FR	—	38.50	65.00	110	450
1865 AE	—	2,050	3,300	—	—
1867 AE	—	55.00	100	210	850
1868 AE	—	55.00	100	210	850
1869 AE	—	45.00	75.00	145	550
1873 AE	—	220	325	725	2,700
1874 FR	142,000	32.00	44.00	80.00	450
1875/4 AE	131,000	38.50	65.00	110	450
1875 AE	Inc. above	32.00	44.00	65.00	300
1876 AE	140,000	33.00	49.50	85.00	450
1877 AE	139,000	33.00	44.00	80.00	450
1878 AE	125,000	33.00	44.00	80.00	450
1879 AE	153,000	33.00	44.00	80.00	450
1880 AE	143,000	32.00	44.00	70.00	350
1881 AE	134,000	33.00	49.50	90.00	350
1882 AE	100,000	33.00	49.50	90.00	350
1883 AE	122,000	32.00	44.00	70.00	350
1884 AE	142,000	32.00	44.00	80.00	350
1885 AE	158,000	32.00	38.50	65.00	300
1886 AE	120,000	32.00	44.00	70.00	350
1887/6 AE	115,000	38.50	65.00	115	450
1887 AE	Inc. above	30.00	38.50	65.00	300
1888 AE	145,000	30.00	38.50	65.00	300
1889 AE	150,000	33.00	45.00	90.00	400
1890 AE	181,000	33.00	45.00	90.00	400
1891 EN	160,000	30.00	38.50	65.00	300
1892 EN	120,000	30.00	38.50	65.00	300
1893 EN	66,000	60.00	95.00	165	650

KM# 377.12   8 REALES
27.07 g.,   0.903 Silver, 0.7859 oz. ASW **Obv.**
Facing eagle, snake in beak **Rev:** Radiant cap **Obv.**
Legend: REPUBLICA MEXICANA **Mint:** San Luis
Potosi **Note:** Varieties exist.

Date	Mintage	F12	VF20	XF40	MS60
1827Pi JS	—	4,200	—	—	—
Note: Heritage World Coin Auction #3004, 1-09, MS63 realized $63,250					
1827Pi SA	—	6,600	9,900	—	—
1828/7Pi JS	—	300	475	850	2,700
1828Pi JS	—	250	425	725	2,400
1829Pi JS	—	49.50	85.00	175	550
1830Pi JS	—	44.00	65.00	145	450
Note: Varities with low cap or centered cap					
1831/0Pi JS	—	49.50	95.00	275	750
1831Pi JS	—	38.50	49.50	110	450
1832/22Pi JS	—	38.50	49.50	100	375
18/032Pi JS	—	55.00	100	240	650
1832Pi JS	—	38.50	49.50	100	375
1833/2Pi JS	—	44.00	60.00	115	550
1833Pi JS Narrow date	—	33.00	44.00	80.00	350
Note: Planchet diameter 37.5 mm					
1833Pi JS Wide date	—	33.00	44.00	80.00	350
Note: Planchet diameter 38.5 mm					
1834/3Pi JS	—	49.50	85.00	175	650
1834Pi JS	—	30.00	38.50	80.00	350
Note: Varieties with low cap or centered cap					
1835/4Pi JS	—	75.00	150	350	1,050
1835Pi JS	—	33.00	44.00	100	400
Note: Denomination as 8R					
1835Pi JS	—	30.00	38.50	80.00	350
Note: Denomination as 8Rs					
1836Pi JS	—	33.00	44.00	85.00	350
1837Pi JS	—	44.00	65.00	125	450
1838Pi JS	—	33.00	44.00	85.00	350
1839Pi JS	—	33.00	55.00	105	350
Note: Varieties with small low cap or large high cap					
1840Pi JS	—	33.00	44.00	90.00	350
184/31Pi JS	—	38.50	55.00	125	450
1841Pi JS	—	38.50	55.00	125	450
1841iP JS Error	—	230	400	725	—
1842/1Pi JS	—	55.00	85.00	175	650
1842/1Pi JS/PS	—	49.50	70.00	130	450
1842Pi JS	—	44.00	65.00	115	400
Note: Eagle type of 1843					
1842Pi PS	—	44.00	65.00	115	400
1842Pi PS/JS	—	44.00	65.00	115	400
Note: Eagle type of 1841					
1843/2Pi PS Round-top 3	—	65.00	95.00	210	650
1843Pi PS Flat-top 3	—	75.00	120	275	1,000
1843Pi AM Round-top 3	—	33.00	44.00	85.00	350
1843Pi AM Flat-top 3	—	33.00	44.00	85.00	350

Date	Mintage	F12	VF20	XF40	MS60
1844Pi AM	—	33.00	44.00	85.00	350
1845/4Pi AM	—	49.50	70.00	170	550
1845Pi AM	—	38.50	65.00	145	500
1846/5Pi AM	—	55.00	85.00	175	650
1846Pi AM	—	30.00	38.50	80.00	350
1847Pi AM	—	44.00	65.00	125	400
1848/7Pi AM	—	44.00	75.00	145	450
1848Pi AM	—	44.00	65.00	125	400
1849/8Pi PS/AM	—	1,050	1,950	—	—
1849Pi PS	—	1,050	1,950	—	—
1849Pi MC/PS	—	75.00	150	350	1,050
1849Pi AM	—	2,050	3,600	6,500	—
1849Pi MC	—	75.00	150	350	1,050
1850Pi MC	—	55.00	100	210	650
185/41Pi MC	—	95.00	175	375	1,150
1851Pi MC	—	95.00	175	375	1,150
1852Pi MC	—	95.00	150	275	850
1853Pi MC	—	175	325	525	1,750
1854Pi MC	—	120	175	350	1,050
1855Pi MC	—	120	175	350	1,050
1856Pi MC	—	85.00	120	275	850
1857Pi MC	—	450	775	1,650	—
1857Pi PS/MC	—	165	275	575	2,000
1857Pi PS	—	140	220	450	1,300
1858Pi MC/PS	—	275	450	850	2,400
1858Pi MC	—	275	450	850	2,400
1858Pi PS	—	725	1,250	2,300	—
1859/8Pi MC/PS	—	4,000	6,300	—	—
1859Pi MC/PS	—	1,000	1,950	—	—
1859Pi MC	—	2,200	3,850	6,500	—
1859Pi PS/MC	—	875	1,650	3,250	—
1860Pi FC Rare	—	—	—	—	—
1860Pi FE Rare	—	—	—	—	—
1860Pi MC	—	1,950	3,050	7,800	—
1860Pi PS/FE	—	550	1,100	—	—
1860Pi RO Rare	—	—	—	—	—
Note: Spink America Gerber sale 6-96 cleaned VF or better realized $33,000					
1860Pi PS	—	450	650	1,150	3,500
1861Pi PS	—	44.00	75.00	130	400
1861Pi RO	—	38.50	49.50	85.00	300
1862/1Pi RO	—	33.00	38.50	80.00	300
1862Pi RO	—	30.00	35.00	70.00	280
Note: Round O/M					
1862Pi RO	—	30.00	35.00	70.00	280
Note: Oval O in RO					
1862Pi RO	—	33.00	44.00	80.00	300
Note: Round O in RO, 6 is an inverted 9					
1863/2Pi RO	—	38.50	49.50	100	350
1863Pi RO/MO/ FC	—	33.00	44.00	80.00	350
1863/5Pi RO	—	33.00	38.50	70.00	350
1863Pi RO	—	30.25	33.00	65.00	300
1863	—	38.50	49.50	85.00	300
Note: 6 over inverted 6					
1863Pi FC	—	3,050	5,200	—	—
1864Pi RO Rare	—	—	—	—	—
1867Pi CA	—	325	550	—	—
1867Pi LR	—	275	450	850	—
1867Pi PS/CA	—	925	—	—	—
1867Pi PS	—	44.00	75.00	175	600
1868/7Pi PS	—	44.00	75.00	175	550
1868Pi PS	—	33.00	44.00	80.00	300
1869/8Pi PS	—	33.00	38.50	70.00	300
1869Pi PS	—	30.00	35.00	70.00	300
1870/69Pi PS	—	825	1,600	4,550	—
1870Pi PS	—	725	1,400	3,250	—
1873Pi MH	—	30.00	38.50	70.00	350
1874/3Pi MH	—	38.50	65.00	170	550
1874Pi MH	—	27.50	29.50	41.50	280

Date	Mintage	F12	VF20	XF40	MS60
1875Pi MH	—	27.50	29.50	41.50	260
1876/5Pi MH	—	30.00	38.50	70.00	350
1876Pi MH	—	27.50	29.50	41.50	260
1877/6Pi MH	—	195	375	725	—
1877Pi MH	1,018,000	27.50	29.50	41.50	280
1878Pi MH	1,046,000	30.00	44.00	145	500
1879/8Pi MH	—	30.00	35.00	50.00	290
1879Pi MH	—	27.50	29.50	41.50	260
1879Pi BE	—	38.50	65.00	110	350
1879Pi MH	—	44.00	65.00	145	450
1880Pi MR	—	285	425	1,000	—
1880/70Pi MH/R	—	27.50	29.50	41.50	260
1880Pi MH/R	—	27.50	29.50	41.50	260
1880Pi MH	—	27.50	29.50	41.50	260
1881/71Pi MH/R	—	27.50	29.50	41.50	260
1881Pi MH/R	—	27.50	29.50	41.50	260
1881Pi MH	2,100,000	27.50	29.50	41.50	260
1882/1Pi MH	1,602,000	30.00	35.00	50.00	290
1882Pi MH	Inc. above	27.50	29.50	41.50	260
1883/2Pi MH	—	30.00	35.00	50.00	290
1883Pi MH	1,545,000	27.50	29.50	41.50	260
1884/3Pi MH	—	30.00	35.00	50.00	290
1884Pi MH/MM	—	27.50	30.00	41.50	230
1884Pi MH	—	27.50	29.50	39.00	220
1885/4Pi MH	1,736,000	30.00	35.00	50.00	290
1885/8Pi MH	Inc. above	30.00	35.00	50.00	290
1885Pi MH	Inc. above	27.50	29.50	39.00	220
1885Pi LC	Inc. above	27.50	33.00	45.50	260
1886Pi LC	3,347,000	27.50	29.50	39.00	220
1886Pi MR	Inc. above	27.50	29.50	39.00	220
1887Pi MR	2,922,000	27.50	29.50	39.00	220
1888/7Pi MR	—	30.00	35.00	50.00	290
1888Pi MR	2,438,000	27.50	29.50	39.00	220
1889Pi MR	2,103,000	27.50	29.50	39.00	220
1890Pi MR	1,562,000	27.50	29.50	39.00	220
1891Pi MR	1,184,000	27.50	29.50	39.00	220
1892Pi MR	1,336,000	27.50	29.50	39.00	220
1893Pi MR	530,000	27.50	29.50	39.00	220

KM# 377.13 8 REALES
27.07 g.,   0.903 Silver, 0.7859 oz. ASW **Obv.**
Facing eagle, snake in beak **Rev:** Radiant cap
Obv. Legend: REPUBLICA MEXICANA. **Mint:**
Zacatecas **Note:** Varieties exist.

Date	Mintage	F12	VF20	XF40	MS60
1825Zs AZ	—	38.50	49.50	100	400
1826/5Zs AZ	—	38.50	60.00	125	450
1826Zs AZ	—	110	220	525	1,600
1826Zs AV	—	195	375	775	3,000
1826/5Zs AO/AZ	—	325	650	1,300	4,000
1826Zs AO	—	220	375	975	4,000
1827Zs AO/AZ	—	49.50	65.00	175	550
1827Zs AO	—	38.50	60.00	125	450
1828Zs AO	—	30.00	35.00	70.00	375
Note: Wide and narrow date varieties exist					
1829Zs AO	—	30.00	35.00	70.00	375

Date	Mintage	F12	VF20	XF40	MS60
1829Zs OV	—	65.00	110	210	650
1830Zs OM	—	—	—	—	—
1830Zs OV	—	30.00	35.00	70.00	375
1831Zs OV	—	38.50	65.00	130	450
1831Zs OM	—	30.00	38.50	85.00	375
1832/1Zs OM	—	33.00	38.50	70.00	375
1832Zs OM	—	30.00	35.00	65.00	350
1833/2Zs OM	—	33.00	44.00	70.00	375
1833Zs OM/MM	—	30.00	38.50	65.00	350
1833Zs OM	—	30.00	35.00	60.00	350
1834Zs OM	—	30.00	35.00	60.00	350
Note: Known with large, medium and small "34" in date					
1835Zs OM	—	30.00	35.00	65.00	350
1836/4Zs OM	—	33.00	44.00	80.00	375
1836/5Zs OM	—	33.00	44.00	80.00	375
1836Zs OM	—	30.00	35.00	60.00	350
1837Zs OM	—	30.00	35.00	60.00	350
1838/7Zs OM	—	33.00	44.00	70.00	375
1838Zs OM	—	30.00	35.00	60.00	350
1839Zs OM	—	30.00	35.00	60.00	350
1840Zs OM	—	30.00	35.00	60.00	350
1841Zs OM	—	30.00	35.00	60.00	350
1842Zs OM	—	30.00	35.00	60.00	350
Note: Eagle type of 1841					
1842Zs OM	—	30.00	35.00	60.00	350
Note: Eagle type of 1843					
1843Zs OM	—	30.00	35.00	60.00	350
1844Zs OM	—	30.00	35.00	60.00	350
1845Zs OM	—	30.00	35.00	60.00	350
1846Zs OM	—	30.00	35.00	60.00	350
1847Zs OM	—	30.00	35.00	60.00	350
1848/7Zs OM	—	33.00	44.00	70.00	375
1848Zs OM	—	30.00	35.00	60.00	350
1849Zs OM	—	30.00	35.00	60.00	350
1850Zs OM	—	30.00	35.00	60.00	350
1851Zs OM	—	30.00	35.00	60.00	350
1852Zs OM	—	30.00	35.00	60.00	350
1853Zs OM	—	44.00	60.00	110	450
1854/3Zs OM	—	33.00	44.00	90.00	400
1854Zs OM	—	30.00	38.50	70.00	375
1855Zs OM	—	33.00	44.00	90.00	400
1855Zs MO	—	44.00	75.00	130	450
1856/5Zs MO	—	33.00	44.00	70.00	375
1856Zs MO	—	30.00	35.00	60.00	350
1857/5Zs MO	—	33.00	44.00	70.00	375
1857Zs MO	—	30.00	35.00	60.00	350
1858/7Zs MO	—	30.00	35.00	60.00	350
1858Zs MO	—	30.00	35.00	60.00	350
1859/8Zs MO	—	30.00	35.00	60.00	350
1859Zs MO	—	30.00	35.00	60.00	350
1859Zs VL/MO	—	38.50	65.00	110	400
1859Zs VL	—	33.00	55.00	90.00	375
1860/50Zs MO	—	27.50	29.50	41.50	220
1860/59Zs MO	—	27.50	29.50	41.50	220
1860Zs MO	—	27.50	29.50	41.50	220
1860Zs VL/MO	—	27.50	29.50	41.50	220
1860Zs VL	—	27.50	29.50	41.50	220
1861/0Zs VL/MO	—	27.50	29.50	41.50	220
1861Zs VL	—	27.50	29.50	41.50	220
1861/0Zs VL	—	27.50	29.50	41.50	220
1862/1Zs VL	—	27.50	29.50	60.00	260
1862Zs VL	—	27.50	29.50	41.50	220
1863Zs VL	—	27.50	29.50	41.50	220
1863Zs MO	—	27.50	29.50	41.50	220
1864/3Zs VL	—	27.50	29.50	60.00	260
1864Zs VL	—	27.50	29.50	41.50	220
1864Zs MO	—	27.50	35.00	60.00	260
1865/4Zs MO	—	220	500	1,050	3,100
1865Zs MO	—	165	325	775	2,500

Date	Mintage	F12	VF20	XF40	MS60
1866Zs VL	—	—	—	—	—
Note: Contemporary counterfeit					
1867Zs JS Rare	—	—	—	—	—
1868Zs JS	—	27.50	29.50	41.50	220
1868Zs YH	—	27.50	29.50	41.50	220
1869Zs YH	—	27.50	29.50	41.50	220
1870Zs YH Rare	—	—	—	—	—
1873Zs YH	—	27.50	29.50	41.50	220
1874Zs YH	—	27.50	29.50	41.50	220
1874Zs JA/YA	—	27.50	29.50	41.50	220
1874Zs JA	—	27.50	29.50	41.50	220
1875Zs JA	—	27.50	29.50	41.50	220
1876Zs JA	—	27.50	29.50	41.50	220
1876Zs JS	—	27.50	29.50	41.50	220
1877Zs JS	2,700,000	27.50	29.50	41.50	220
1878Zs JS	2,310,000	27.50	29.50	41.50	220
1879/8Zs JS	—	30.00	35.00	60.00	260
1879Zs JS	—	27.50	29.50	41.50	220
1880Zs JS	—	27.50	29.50	41.50	220
1881Zs JS	5,592,000	27.50	29.50	41.50	220
1882/1Zs JS	2,485,000	30.00	35.00	60.00	260
1882Zs JS Straight J	Inc. above	27.50	29.50	41.50	220
1882Zs JS Full J	Inc. above	27.50	29.50	41.50	220
1883/2Zs JS	2,563,000	30.00	35.00	60.00	260
1883Zs JS	Inc. above	27.50	29.50	41.50	220
1884Zs JS	—	27.50	29.50	41.50	220
1885Zs JS	2,252,000	27.50	29.50	41.50	220
1886/5Zs JS	5,303,000	30.00	35.00	60.00	260
1886/8Zs JS	Inc. above	30.00	35.00	60.00	260
1886Zs JS	Inc. above	27.50	29.50	41.50	220
1886Zs FZ	Inc. above	27.50	29.50	41.50	220
1887Zs FZ	4,733,000	27.50	29.50	41.50	220
1887Z FZ	Inc. above	33.00	44.00	80.00	260
1888/7Zs FZ	5,132,000	27.50	30.00	45.50	230
1888Zs FZ	Inc. above	27.50	29.50	41.50	220
1889Zs FZ	4,344,000	27.50	29.50	41.50	220
1890Zs FZ	3,887,000	27.50	29.50	41.50	220
1891Zs FZ	4,114,000	27.50	29.50	41.50	220
1892/1Zs FZ	4,238,000	27.50	30.00	45.50	230
1892Zs FZ Narrow date	Inc. above	27.50	29.50	41.50	220
1892Zs FZ Wide date	—	27.50	29.50	41.50	220
1893Zs FZ	3,872,000	27.50	29.50	41.50	220
1894Zs FZ	3,081,000	27.50	29.50	41.50	220
1895Zs FZ	4,718,000	27.50	29.50	41.50	220
1896Zs FZ	4,226,000	27.50	29.50	41.50	220
1897Zs FZ	4,877,000	27.50	29.50	41.50	220

KM# 378   1/2 ESCUDO
1.69 g., 0.875 Gold, 0.0475 oz. AGW **Obv.** Facing eagle, snake in beak **Rev:** Hand holding cap on stick, open book **Obv. Legend:** REPUBLICA MEXICANA **Rev. Legend:** LIBERTAD... **Mint:** Culiacan

Date	Mintage	VG8	F12	VF20	XF40	MS60
1848 C CE	—	85.00	95.00	125	215	375
1853 C CE	—	85.00	95.00	125	215	—
1854 C CE Revised eagle	—	85.00	95.00	125	215	—
Note: Dates 1854-1870 of this type display the revised eagle						
1856 C CE	—	95.00	155	215	325	—
1857 C CE	—	85.00	95.00	125	215	300
1859 C CE	—	85.00	95.00	125	215	—
1860 C CE	—	85.00	95.00	125	215	300
1862 C CE	—	85.00	95.00	125	185	—
1863 C CE	—	85.00	95.00	125	185	375
1866 C CE	—	85.00	95.00	125	185	—
1867 C CE	—	85.00	95.00	125	185	325
1870 C CE	—	125	215	350	575	1,850

KM# 378.1   1/2 ESCUDO
1.69 g., 0.875 Gold, 0.0475 oz. AGW **Obv.** Facing eagle, snake in beak **Rev:** Hand holding cap on stick, open book **Mint:** Durango

Date	Mintage	VG8	F12	VF20	XF40	MS60
1833 Do RM/RL	—	85.00	95.00	125	215	—
1834/1 Do RM	—	85.00	95.00	125	215	900
1834/3 Do RM	—	85.00	95.00	125	215	—
1835/2 Do RM	—	85.00	95.00	125	215	—
1835/3 Do RM	—	85.00	95.00	125	215	—
1835/4 Do RM	—	85.00	95.00	125	215	—
1836/5/4 Do RM/L	—	90.00	105	155	245	575
1836/4 Do RM	—	85.00	95.00	125	215	—
1837 Do RM	—	85.00	95.00	125	215	—
1838 Do RM	—	90.00	105	155	245	—
1843 Do RM	—	90.00	105	155	245	—
1844/33 Do RM	—	90.00	105	155	245	—
1844/33 Do R/RL	—	115	185	350	575	—
1845 Do CM	—	90.00	105	155	245	—
1846 Do RM	—	90.00	105	155	245	—
1848 Do RM	—	90.00	105	155	245	—
1850/33 Do JMR	—	90.00	105	155	245	600
1851 Do JMR	—	90.00	105	155	275	—
1852 Do JMR	—	90.00	105	155	245	—
1853/33 Do CP	—	125	215	375	625	—
1853 Do CP	—	95.00	120	215	325	675
1854 Do CP	—	85.00	95.00	125	215	—
1855 Do CP	—	85.00	95.00	125	215	—
1859 Do CP	—	85.00	95.00	125	215	—
1861 Do CP	—	85.00	95.00	125	215	—
1862 Do CP	—	85.00	95.00	125	215	—
1864 Do LT	—	125	185	325	500	—

KM# 378.2   1/2 ESCUDO
1.69 g., 0.875 Gold, 0.0475 oz. AGW **Obv.** Facing eagle, snake in beak **Rev:** Hand holding cap on stick, open book **Obv. Legend:** REPUBLICA MEXICANA **Rev. Legend:** LIBERTAD... **Mint:** Guadalajara

Date	Mintage	VG8	F12	VF20	XF40	MS60
1825 Ga FS	—	90.00	105	155	245	600
1829 Ga FS	—	90.00	105	155	245	—
1831 Ga FS	—	90.00	105	155	245	—
1834 Ga FS	—	100	125	200	450	2,500
1835 Ga FS	—	90.00	105	155	245	—
1837 Ga JG	—	90.00	105	155	245	—
1838 Ga JG	—	90.00	105	155	245	—
1839 Ga JG	—	—	—	—	—	—
1840 Ga MC Unique	—	—	—	—	—	—
Note: Ponterio & Associates Sale 157, 1-11, AU realized $12,000						

FIRST REPUBLIC

Date	Mintage	VG8	F12	VF20	XF40	MS60
1842 Ga JG	—	—	—	—	—	—
1847 Ga JG	—	90.00	105	155	245	—
1850 Ga JG	—	90.00	115	185	300	—
1852 Ga JG	—	85.00	115	125	215	—
1859 Ga JG	—	90.00	105	155	245	—
1861 Ga JG	—	85.00	100	125	215	600

KM# 378.3 1/2 ESCUDO
1.69 g., 0.875 Gold, 0.0475 oz. AGW **Obv.** Facing eagle, snake in beak **Rev:** Hand holding cap on stick, open book **Obv. Legend:** REPUBLICA MEXICANA. **Rev. Legend:** LIBERTAD... **Mint:** Guadalupe y Calvo

Date	Mintage	VG8	F12	VF20	XF40	MS60
1846 GC MP	—	95.00	125	155	245	—
1847 GC MP	—	95.00	125	155	245	600
1848/7 GC MP	—	95.00	125	155	275	800
1850 GC MP	—	95.00	125	155	245	—
1851 GC MP	—	95.00	125	155	245	—
Revised eagle

KM# 378.4 1/2 ESCUDO
1.69 g., 0.875 Gold, 0.0475 oz. AGW **Obv.** Facing eagle, snake in beak **Rev:** Hand holding cap on stick, open book **Mint:** Guanajuato

Date	Mintage	VG8	F12	VF20	XF40	MS60
1845 Go PM	—	75.00	90.00	115	185	—
1849 Go PF	—	75.00	95.00	145	245	775
1851/41 Go PF	—	75.00	90.00	115	185	—
1851 Go PF	—	75.00	90.00	115	185	—
1852 Go PF	—	75.00	90.00	115	185	—
1852 Go PF/FF	—	—	—	—	—	—
1853 Go PF	—	75.00	90.00	115	185	—
1855 Go PF	—	75.00	95.00	130	215	—
1857 Go PF	—	75.00	90.00	115	185	—
1858/7 Go PF	—	75.00	90.00	115	185	—
1859 Go PF	—	75.00	90.00	115	185	450
1860 Go PF	—	75.00	90.00	115	185	—
1861 Go PF	—	75.00	90.00	115	185	—
1862/1 Go YE	—	75.00	90.00	150	220	—
1863 Go PF	—	75.00	95.00	130	215	—
1863 Go YF	—	75.00	90.00	115	185	—

KM# 378.5 1/2 ESCUDO
1.69 g., 0.875 Gold, 0.0475 oz. AGW **Obv.** Facing eagle, snake in beak **Rev:** Hand holding cap on stick, open book **Obv. Legend:** REPUBLICA MEXICANA. **Rev. Legend:** LIBERTAD... **Mint:** Mexico City

Date	Mintage	VG8	F12	VF20	XF40	MS60
1825/1 Mo JM	—	90.00	120	180	270	—
1825/4 Mo JM	—	90.00	120	180	270	—
1825 Mo JM	—	75.00	90.00	125	210	450
1827/6 Mo JM	—	75.00	90.00	125	210	—
1827 Mo JM	—	75.00	90.00	125	210	450
1829 Mo JM	—	75.00	90.00	125	210	—
1831/0 Mo JM	—	75.00	90.00	125	210	—
1831 Mo JM	—	75.00	85.00	110	180	—
1832 Mo	—	75.00	85.00	110	180	—
1833 Mo MJ	—	75.00	90.00	140	240	575
Note: Olive and oak branches reversed

Date	Mintage	VG8	F12	VF20	XF40	MS60
1834 Mo ML	—	75.00	85.00	120	210	500
1835 Mo ML	—	75.00	85.00	125	210	500
1838 Mo ML	—	70.00	90.00	140	240	—
1839 Mo ML	—	75.00	90.00	140	240	—
1840 Mo ML	—	75.00	85.00	110	180	—
1841 Mo ML	—	75.00	85.00	110	180	—
1842 Mo ML	—	75.00	85.00	125	210	—
1842 Mo MM	—	75.00	85.00	125	210	—
1843 Mo MM	—	75.00	85.00	110	180	400
1844 Mo MF	—	75.00	85.00	110	180	325
1845 Mo MF	—	75.00	85.00	110	180	350
1846/5 Mo MF	—	75.00	85.00	110	180	—
1846 Mo MF	—	75.00	85.00	110	180	—
1848 Mo GC	—	75.00	90.00	140	240	575
1850 Mo GC	—	75.00	85.00	110	180	—
1851 Mo GC	—	75.00	85.00	110	180	—
1852 Mo GC	—	75.00	85.00	110	180	350
1853 Mo GC	—	80.00	100	150	270	800
1854 Mo GC	—	75.00	85.00	110	180	600
1855 Mo GF	—	75.00	85.00	120	210	450
1856/4 Mo GF	—	75.00	85.00	110	180	350
1857 Mo GF	—	75.00	85.00	110	180	—
1858/7 Mo FH/GF	—	75.00	90.00	120	210	—
1858 Mo FH	—	75.00	85.00	110	180	—
1859 Mo FH	—	75.00	85.00	110	180	—
1860/59 Mo FH	—	75.00	85.00	110	180	325
1861 Mo CH/FH	—	75.00	85.00	125	210	—
1862 Mo CH	—	75.00	85.00	110	180	270
1863/57 Mo CH/GF	—	75.00	85.00	110	180	325
1868/58 Mo PH	—	75.00	85.00	125	210	—
1869/59 Mo CH	—	75.00	85.00	125	210	—

KM# 378.6 1/2 ESCUDO
1.69 g., 0.875 Gold, 0.0475 oz. AGW **Obv.** Facing eagle, snake in beak **Rev:** Hand holding cap on stick, open book **Obv. Legend:** REPUBLICA MEXICANA. **Rev. Legend:** LIBERTAD... **Mint:** Zacatecas

Date	Mintage	VG8	F12	VF20	XF40	MS60
1860 Zs VL	—	85.00	95.00	125	215	350
1862/1 Zs VL	—	85.00	95.00	125	215	350
1862 Zs VL	—	75.00	90.00	115	185	325

KM# 379 ESCUDO
3.38 g., 0.875 Gold, 0.0951 oz. AGW **Obv.** Facing eagle, snake in beak **Rev:** Hand holding cap on stick, open book **Mint:** Culiacan

Date	Mintage	VG8	F12	VF20	XF40	MS60
1846 C CE	—	170	190	290	475	—
1847 C CE	—	150	160	200	260	—
1848 C CE	—	150	160	200	260	850
1849/8 C CE	—	155	190	230	325	—
1850 C CE	—	150	160	200	260	—
1851 C CE	—	155	190	230	325	—
1853/1 C CE	—	155	190	230	325	—
1854 C CE	—	150	160	200	260	—

Date	Mintage	VG8	F12	VF20	XF40	MS60
1856/5/4	—	155	190	230	325	—
C CE						
1856 C CE	—	150	160	200	260	—
1857/1 C CE	—	155	190	230	325	—
1857 C CE	—	150	160	200	260	—
1861 C PV	—	150	160	200	260	—
1862 C CE	—	150	160	200	260	—
1863 C CE	—	150	160	200	260	—
1866 C CE	—	150	160	200	260	—
1870 C CE	—	150	160	200	260	—

KM# 379.1 ESCUDO
3.38 g., 0.875 Gold, 0.0951 oz. AGW **Obv.** Facing eagle, snake in beak **Rev:** Hand holding cap on stick, open book **Obv. Legend:** REPUBLICA MEXICANA. **Rev. Legend:** LIBERTAD... **Mint:** Durango

Date	Mintage	VG8	F12	VF20	XF40
1832 Do R.L.	—	—	—	—	—
1833/2 Do RM/R.L.	—	170	220	290	400
1834 Do RM	—	155	190	230	350
1835 Do RM	—	—	—	—	—
1836 Do RM/RL	—	155	190	230	350
1838 Do RM	—	155	190	230	350
1846/38 Do RM	—	170	220	290	400
1850 Do JMR	—	170	220	260	375
1851/31 Do JMR	—	170	220	290	400
1851 Do JMR	—	170	220	260	375
1853 Do CP	—	170	220	260	375
1854/34 Do CP	—	170	220	260	375
1854/44 Do CP/RP	—	170	220	260	375
1855 Do CP	—	170	220	260	375
1859 Do CP	—	170	220	260	375
1861 Do CP	—	170	220	260	375
1864 Do LT/CP	—	—	—	—	—
Rare					

KM# 379.2 ESCUDO
3.38 g., 0.875 Gold, 0.0951 oz. AGW **Obv.** Facing eagle, snake in beak **Rev:** Hand holding cap on stick, open book **Obv. Legend:** REPUBLICA MEXICANA. **Mint:** Guadalajara

Date	Mintage	VG8	F12	VF20	XF40	MS60
1825 Ga FS	—	155	180	200	290	—
1826 Ga FS	—	155	180	200	290	—
1829 Ga FS	—	—	—	—	—	—
1831 Ga FS	—	155	180	200	290	—
1834 Ga FS	—	155	180	200	290	—
1835 Ga JG	—	155	180	200	290	—
1842 Ga JG/	—	155	180	200	290	—
MC						
1843 Ga MC	—	155	180	200	290	—
1847 Ga JG	—	155	180	200	290	—
1848/7 Ga JG	—	155	180	200	290	—
1849 Ga JG	—	155	180	200	290	—
1850/40 Ga JG	—	160	220	325	450	—
1850 Ga JG	—	155	180	200	290	—
1852/1 Ga JG	—	155	180	200	290	1,150

Date	Mintage	VG8	F12	VF20	XF40	MS60
1856 Ga JG	—	155	180	200	290	—
1857 Ga JG	—	155	180	200	290	—
1859/7 Ga JG	—	155	180	200	290	—
1860/59 Ga JG	—	160	190	260	375	—
1860 Ga	—	155	180	200	290	—

KM# 379.3 ESCUDO
3.38 g., 0.875 Gold, 0.0951 oz. AGW **Obv.** Facing eagle, snake in beak **Rev:** Hand holding cap on stick, open book **Obv. Legend:** REPUBLICA MEXICANA. **Mint:** Guadalupe y Calvo

Date	Mintage	VG8	F12	VF20	XF40	MS60
1844 GC MP	—	170	190	260	350	—
1845 GC MP	—	170	190	260	350	—
1846 GC MP	—	170	190	260	350	—
1847 GC MP	—	170	190	260	350	—
1848 GC MP	—	170	190	260	350	—
1849 GC MP	—	170	190	260	350	—
1850 GC MP	—	200	250	350	650	2,400
1851 GC MP	—	170	190	260	350	—
Revised eagle						

KM# 379.4 ESCUDO
3.38 g., 0.875 Gold, 0.0951 oz. AGW **Obv.** Facing eagle, snake in beak **Rev:** Hand holding cap on stick, open book **Mint:** Guanajuato

Date	Mintage	VG8	F12	VF20	XF40	MS60
1845 Go PM	—	155	165	200	290	—
1849 Go PF	—	155	165	200	290	—
1851 Go PF	—	155	165	200	290	—
1853 Go PF	—	155	165	200	290	—
1860 Go PF	—	170	220	290	400	—
1862 Go YE	—	155	165	200	290	725

KM# 379.5 ESCUDO
3.38 g., 0.875 Gold, 0.0951 oz. AGW **Obv.** Facing eagle, snake in beak **Rev:** Hand holding cap on stick, open book **Obv. Legend:** REPUBLICA MEXICANA. **Mint:** Mexico City

Date	Mintage	VG8	F12	VF20	XF40	MS60
1825 Mo JM/	—	150	155	170	230	475
FM						
1825 Mo JM	—	150	155	170	230	—
1827/6 Mo JM	—	150	155	170	230	—
1827 Mo JM	—	150	155	170	230	—
1830/29 Mo	—	150	155	170	230	—
JM						
1831 Mo JM	—	150	160	200	260	650
1832 Mo JM	—	150	160	200	260	—
1833 Mo MJ	—	150	155	170	230	—
1834 Mo ML	—	150	160	200	260	—
1841 Mo ML	—	150	160	200	260	—
1843 Mo MM	—	150	160	200	260	1,050
1845 Mo MF	—	150	155	170	230	—
1846/5 Mo MF	—	150	155	170	230	—
1848 Mo GC	—	150	160	200	260	—
1850 Mo GC	—	150	160	200	260	—
1856/4 Mo GF	—	150	155	170	230	—
1856/5 Mo GF	—	150	155	170	230	—

Date	Mintage	VG8	F12	VF20	XF40	MS60
1856 Mo GF	—	150	155	170	230	—
1858 Mo FH	—	150	160	200	260	—
1859 Mo FH	—	150	160	200	260	900
1860 Mo TH	—	150	160	200	260	—
1861 Mo CH	—	150	160	200	260	1,200
1862 Mo CH	—	150	160	200	260	—
1863 Mo TH	—	150	155	170	230	475
1869 Mo CH	—	150	160	200	260	775

KM# 379.6 ESCUDO
3.38 g., 0.875 Gold, 0.0951 oz. AGW **Obv.** Facing eagle, snake in beak **Rev:** Hand holding cap on stick, open book **Mint:** Zacatecas **Note:** Struck at Zacatecas Mint, mint mark Zs.

Date	Mintage	VG8	F12	VF20	XF40
1853 Zs OM	—	200	220	290	400
1860/59 Zs VL V is inverted A	—	170	190	290	475
1860 Zs VL	—	170	190	230	290
1862 Zs VL	—	170	190	230	290

KM# 380 2 ESCUDOS
6.77 g., 0.875 Gold, 0.1905 oz. AGW **Obv.** Facing eagle, snake in beak **Rev:** Hand holding cap on stick, open book **Obv. Legend:** REPUBLICA MEXICANA. **Mint:** Culiacan

Date	Mintage	VG8	F12	VF20	XF40	MS60
1846 C CE	—	325	350	400	525	—
1847 C CE	—	325	350	400	525	—
1848 C CE	—	325	350	400	525	—
1852 C CE	—	325	350	400	525	—
1854 C CE	—	325	350	425	575	—
1856/4 C CE	—	325	350	425	575	—
1857 C CE	—	325	350	400	525	—

KM# 380.1 2 ESCUDOS
6.77 g., 0.875 Gold, 0.1905 oz. AGW **Obv.** Facing eagle, snake in beak **Rev:** Hand holding cap on stick, open book **Obv. Legend:** REPUBLICA MEXICANA. **Rev. Legend:** LIBERTAD... **Mint:** Durango

Date	Mintage	VG8	F12	VF20	XF40
1833 Do RM	—	550	700	975	1,600
1837/4 Do RM	—	—	—	—	—
1837 Do RM	—	—	—	—	—
1844 Do RM	—	500	625	850	1,350

KM# 380.2 2 ESCUDOS
6.77 g., 0.875 Gold, 0.1905 oz. AGW **Obv.** Facing eagle, snake in beak **Rev:** Hand holding cap on stick, open book **Obv. Legend:** REPUBLICA MEXICANA. **Rev. Legend:** LIBERTAD... **Mint:** Estado de Mexico

Date	Mintage	VG8	F12	VF20	XF40
1828 EoMo LF	—	1,000	1,350	2,200	3,700

KM# 380.3 2 ESCUDOS
6.77 g., 0.875 Gold, 0.1905 oz. AGW **Obv.** Facing eagle, snake in beak **Rev:** Hand holding cap on stick, open book **Obv. Legend:** REPUBLICA MEXICANA. **Rev. Legend:** LIBERTAD... **Mint:** Guadalajara

Date	Mintage	VG8	F12	VF20	XF40	MS60
1835 Ga FS	—	325	350	400	525	—
1836/5 Ga JG	—	350	400	600	725	—
1839/5 Ga JG	—	—	—	—	—	—
1839 Ga JG	—	325	325	375	475	—
1840 Ga MC	—	325	325	375	475	—
1841 Ga MC	—	325	350	425	600	—
1847/6 Ga JG	—	325	350	400	475	—
1848/7 Ga JG	—	325	350	400	475	—
1850/40 Ga JG	—	325	325	375	475	—
1851 Ga JG	—	325	325	375	475	—
1852 Ga JG	—	325	350	400	525	—
1853 Ga JG	—	325	325	375	475	—
1854/2 Ga JG	—	—	—	—	—	—
1858 Ga JG	—	325	325	375	475	—
1859/8 Ga JG	—	325	350	400	475	—
1859 Ga JG	—	325	350	400	475	—
1860/50 Ga JG	—	325	350	400	475	—
1860 Ga JG	—	325	350	400	475	950
1861/59 Ga JG	—	325	325	375	475	—
1861/0 Ga JG	—	325	325	375	475	—
1863/2 Ga JG	—	325	350	400	475	975
1863/1 Ga JG	—	325	325	375	475	—
1870 Ga IC	—	325	325	375	475	—

KM# 380.4 2 ESCUDOS
6.77 g., 0.875 Gold, 0.1905 oz. AGW **Obv.** Facing eagle, snake in beak **Rev:** Hand holding cap on stick, open book **Mint:** Guadalupe y Calvo

Date	Mintage	VG8	F12	VF20	XF40	MS60
1844 GC MP	—	450	700	1,300	2,500	—
1845 GC MP	—	1,050	1,650	2,500	3,700	—
1846 GC MP	—	1,050	1,650	2,500	3,700	—
1847 GC MP	—	750	1,350	2,500	3,700	—
1848 GC MP	—	350	400	575	825	—
1849 GC MP	—	1,050	1,650	—	—	—
1850 GC MP	—	450	700	1,300	2,500	—

KM# 380.5 2 ESCUDOS
6.77 g., 0.875 Gold, 0.1905 oz. AGW **Obv.** Facing eagle, snake in beak **Rev:** Hand holding cap on stick, open book **Mint:** Guanajuato

Date	Mintage	VG8	F12	VF20	XF40
1845 Go PM	—	325	350	425	600
1849 Go PF	—	325	350	425	600
1853 Go PF	—	350	500	900	1,350
1856 Go PF	—	—	—	—	—
1859 Go PF	—	350	500	900	1,350
1860/59 Go PF	—	—	—	—	—
1860 Go PF	—	325	350	425	600
1862 Go YE	—	325	350	425	600

KM# 380.6 2 ESCUDOS
6.77 g., 0.875 Gold, 0.1905 oz. AGW **Obv.** Facing eagle, snake in beak **Rev:** Hand holding cap on stick, open book **Mint:** Hermosillo

Date	Mintage	VG8	F12	VF20	XF40	MS60
1861 Ho FM	—	750	1,350	1,950	2,800	—

KM# 380.7 2 ESCUDOS
6.77 g., 0.875 Gold, 0.1905 oz. AGW **Obv.** Facing eagle, snake in beak **Rev:** Hand holding cap on stick, open book **Obv. Legend:** REPUBLICA MEXICANA **Rev. Legend:** LIBERTAD... **Mint:** Mexico City

Date	Mintage	VG8	F12	VF20	XF40	MS60
1825 Mo JM	—	315	325	375	475	—
1827/6 Mo JM	—	315	325	375	475	—
1827 Mo JM	—	315	325	375	475	—
1830/29 Mo JM	—	315	325	375	475	—
1831 Mo JM	—	315	325	375	475	—
1833 Mo ML	—	315	325	375	475	—
1841 Mo ML	—	315	325	375	475	—
1844 Mo MF	—	315	325	375	475	—
1845 Mo MF	—	315	325	375	475	—
1846 Mo MF	—	315	400	600	850	—
1848 Mo GC	—	315	325	375	475	—
1850 Mo GC	—	315	325	375	475	—
1856/5 Mo GF	—	315	325	375	475	—
1856 Mo GF	—	315	325	375	475	—
1858 Mo FH	—	315	325	375	475	—
1859 Mo FH	—	315	325	375	475	—
1861 Mo TH	—	315	325	375	475	—
1861 Mo CH	—	315	325	375	475	—
1862 Mo CH	—	315	325	375	475	—
1863 Mo TH	—	315	325	375	475	950
1868 Mo PH	—	315	325	375	475	—
1869 Mo CH	—	315	325	375	475	—

KM# 380.8 2 ESCUDOS
6.77 g., 0.875 Gold, 0.1905 oz. AGW **Obv.** Facing eagle, snake in beak **Rev:** Hand holding cap on stick, open book **Obv. Legend:** REPUBLICA MEXICANA. **Rev. Legend:** LA LIBERTAD... **Mint:** Zacatecas

Date	Mintage	VG8	F12	VF20	XF40	MS60
1860 Zs VL	—	350	500	850	1,600	—
1862 Zs VL	—	475	750	1,100	1,600	—
1864 Zs MO	—	350	500	850	1,600	—

KM# 381 4 ESCUDOS
13.54 g., 0.875 Gold, 0.3809 oz. AGW **Obv.** Facing eagle, snake in beak **Rev:** Hand holding cap on stick, open book **Obv. Legend:** REPUBLICA MEXICANA. **Rev. Legend:** LA LIBERTAD... **Mint:** Culiacan

Date	Mintage	VG8	F12	VF20	XF40	MS60
1846 C CE	—	1,650	2,350	—	—	—
1847 C CE	—	750	1,050	1,250	2,050	—
1848 C CE	—	900	1,300	1,700	2,650	—

KM# 381.1 4 ESCUDOS
13.54 g., 0.875 Gold, 0.3809 oz. AGW **Obv.** Facing eagle, snake in beak **Rev:** Hand holding cap on stick, open book **Obv. Legend:** REPUBLICA MEXICANA. **Rev. Legend:** LA LIBERTAD.... **Mint:** Durango

Date	Mintage	VG8	F12	VF20	XF40
1832 Do RM/LR Rare	—	—	—	—	—
1832 Do RM	—	900	1,300	1,700	2,650
1833 Do RM/RL Rare	—	—	—	—	—
1852 Do JMR Rare	—	—	—	—	—

KM# 381.2 4 ESCUDOS
13.54 g., 0.875 Gold, 0.3809 oz. AGW **Obv.** Facing eagle, snake in beak **Rev:** Hand holding cap on stick, open book **Obv. Legend:** REPUBLICA MEXICANA. **Rev. Legend:** LA LIBERTAD... **Mint:** Guadalajara

Date	Mintage	VG8	F12	VF20	XF40	MS60
1844 Ga MC	—	875	1,200	1,450	2,150	—
1844 Ga JG	—	750	1,050	1,250	1,850	—

KM# 381.3 4 ESCUDOS
13.54 g.,   0.875 Gold, 0.3809 oz. AGW   **Obv.**
Facing eagle, snake in beak **Rev:** Hand holding
cap on stick, open book **Obv. Legend:** REPUBLICA
MEXICANA **Rev. Legend:** LA LIBERTAD... **Mint:**
Guadalupe y Calvo

Date	Mintage	VG8	F12	VF20	XF40	MS60
1844 GC MP	—	750	1,050	1,250	1,850	—
1845 GC MP	—	700	875	1,100	1,450	—
1846 GC MP	—	750	1,050	1,250	1,850	—
1848 GC MP	—	750	1,050	1,250	1,850	—
1850 GC MP	—	825	1,100	1,450	2,150	—

KM# 381.4 4 ESCUDOS
13.54 g.,   0.875 Gold, 0.3809 oz. AGW   **Obv.**
Facing eagle, snake in beak **Rev:** Hand holding
cap on stick, open book **Obv. Legend:** REPUBLICA
MEXICANA. **Rev. Legend:** LA LIBERTAD... **Mint:**
Guanajuato

Date	Mintage	VG8	F12	VF20	XF40	MS60
1829/8 Go MJ	—	625	700	800	1,250	—
1829 Go JM	—	625	700	800	1,250	—
1829 Go MJ	—	625	700	800	1,250	—
1831 Go MJ	—	625	700	800	1,250	—
1832 Go MJ	—	625	700	800	1,250	—
1833 Go MJ	—	625	725	850	1,350	—
1834 Go PJ	—	650	900	1,050	1,450	—
1835 Go PJ	—	650	900	1,050	1,450	—
1836 Go PJ	—	625	725	850	1,350	—
1837 Go PJ	—	625	725	850	1,350	3,500
1838 Go PJ	—	625	725	850	1,350	—
1839 Go PJ	—	650	900	1,050	1,450	—
1840 Go PJ	—	625	725	900	1,450	—
1841 Go PJ	—	650	900	1,050	1,450	—
1845 Go PM	—	625	725	850	1,350	—
1847/5 Go YE	—	650	900	1,050	1,450	—
1847 Go PM	—	650	900	1,050	1,450	—
1849 Go PF	—	650	900	1,050	1,450	—
1851 Go PF	—	650	900	1,050	1,450	—
1852 Go PF	—	625	725	850	1,350	—
1855 Go PF	—	625	725	850	1,350	—
1857/5 Go PF	—	625	725	850	1,350	—
1858/7 Go PF	—	625	725	850	1,350	—
1858 Go PF	—	625	725	850	1,350	—
1859/7 Go PF	—	650	900	1,050	1,450	—
1860 Go PF	—	650	950	1,150	1,700	—
1862 Go YE	—	625	725	850	1,350	—
1863 Go YF	—	625	725	850	1,350	—

KM# 381.5 4 ESCUDOS
13.54 g.,   0.875 Gold, 0.3809 oz. AGW   **Obv.**
Facing eagle, snake in beak **Rev:** Hand holding cap
on stick, open book **Mint:** Hermosillo

Date	Mintage	VG8	F12	VF20	XF40	MS60
1861 Ho FM	—	1,400	2,000	3,250	5,000	—

KM# 381.6 4 ESCUDOS
13.54 g.,   0.875 Gold, 0.3809 oz. AGW   **Obv.**
Facing eagle, snake in beak **Rev:** Hand holding
cap on stick, open book **Obv. Legend:** REPUBLICA
MEXICANA. **Rev. Legend:** LA LIBERTAD... **Mint:**
Mexico City

Date	Mintage	VG8	F12	VF20	XF40	MS60
1825 Mo JM	—	625	725	875	1,400	—
1827/6 Mo JM	—	625	725	850	1,350	—
1829 Mo JM	—	625	775	1,050	1,450	—
1831 Mo JM	—	625	775	1,050	1,450	—
1832 Mo JM	—	650	950	1,150	1,700	—
1844 Mo MF	—	625	775	1,050	1,450	—
1850 Mo GC	—	625	775	1,050	1,450	—
1856 Mo GF	—	625	725	850	1,350	—
1857/6 Mo GF	—	625	725	850	1,350	—
1857 Mo GF	—	625	725	850	1,350	—
1858 Mo FH	—	625	775	1,050	1,450	—
1859/8 Mo FH	—	625	775	1,050	1,450	—
1861 Mo CH	—	750	1,300	1,650	2,300	—
1863 Mo CH	—	625	775	1,050	1,450	2,500
1868 Mo PH	—	625	725	850	1,350	—
1869 Mo CH	—	625	725	850	1,350	1,950

KM# 381.7 4 ESCUDOS
13.54 g.,   0.875 Gold, 0.3809 oz. AGW   **Obv.**
Facing eagle, snake in beak **Rev:** Hand holding
cap on stick, open book **Obv. Legend:** REPUBLICA
MEXICANA. **Rev. Legend:** LA LIBERTAD EN LA
LEY... **Mint:** Oaxaca **Note:** Mint mark O, Oa.

Date	Mintage	VG8	F12	VF20	XF40	MS60
1861 O FR	—	2,000	3,250	5,000	9,000	—

KM# 381.8 4 ESCUDOS
13.54 g.,   0.875 Gold, 0.3809 oz. AGW **Obv.** Facing eagle, snake in beak **Rev:** Hand holding cap on stick, open book **Obv. Legend:** REPUBLICA MEXICANA. **Rev. Legend:** LA LIBERTAD... **Mint:** Zacatecas

Date	Mintage	VG8	F12	VF20	XF40
1860 Zs VL Rare	—	—	—	—	—
1862 Zs VL	—	1,000	1,650	2,850	4,800

Note: American Numismatic Rarities Eliasberg sale 4-05, MS-64 realized $18,400.

KM# 383 8 ESCUDOS
27.07 g.,   0.875 Gold, 0.7615 oz. AGW **Obv.** Facing eagle, snake in beak **Rev:** Hand holding cap on stick, open book **Obv. Legend:** REPUBLICA MEXICANA **Rev. Legend:** LA LIBERTAD... **Mint:** Alamos

Date	Mintage	F12	VF20	XF40	MS60
1864A PG	—	1,400	2,050	3,000	—
1866A DL	—	—	—	9,000	—
1868/7A DL	—	2,500	4,400	6,600	—
1869A DL	—	—	5,000	7,200	—
1870A DL	—	—	3,150	6,000	—
1872A AM Rare	—	—	—	—	—

KM# 383.1 8 ESCUDOS
27.07 g.,   0.875 Gold, 0.7615 oz. AGW **Obv.** Facing eagle, snake in beak **Rev:** Hand holding cap on stick, open book **Obv. Legend:** REPUBLICA MEXICANA **Rev. Legend:** LA LIBERTAD.... **Mint:** Chihuahua

Date	Mintage	F12	VF20	XF40	MS60
1841Ca RG	—	1,300	1,600	1,950	2,700
1842Ca RG	—	1,250	1,400	1,650	2,350
1843Ca RG	—	1,250	1,400	1,650	2,350
1844Ca RG	—	1,250	1,400	1,650	2,350
1845Ca RG	—	1,250	1,400	1,650	2,350
1846Ca RG	—	1,450	2,300	2,300	3,000
1847Ca RG	—	1,950	4,150	—	—
1848Ca RG	—	1,250	1,400	1,650	2,350
1849Ca RG	—	1,250	1,400	1,650	2,350
1850/40Ca RG	—	1,250	1,400	1,650	2,350
1851/41Ca RG	—	1,250	1,400	1,650	2,350
1852/42Ca RG	—	1,250	1,400	1,650	2,350
1853/43Ca RG	—	1,250	1,400	1,650	2,350

Date	Mintage	F12	VF20	XF40	MS60
1854/44Ca RG	—	1,250	1,400	1,650	2,350
1855/43Ca RG	—	1,250	1,400	1,650	2,350
1856/46Ca RG	—	1,250	1,450	1,950	2,700
1857Ca JC/RG	—	1,250	1,300	1,400	2,050
1858Ca JC	—	1,250	1,300	1,400	2,050
1858Ca BA/RG	—	1,250	1,300	1,400	2,050
1859Ca JC/RG	—	1,250	1,300	1,400	2,050
1860Ca JC/RG	—	1,250	1,400	1,650	2,350
1861Ca JC	—	1,250	1,300	1,400	2,050
1862Ca JC	—	1,250	1,300	1,400	2,050
1863Ca JC	—	1,400	1,950	2,600	3,350
1864Ca JC	—	1,300	1,600	1,950	2,700
1865Ca JC	—	1,600	2,700	3,550	4,950
1866Ca JC	—	1,250	1,300	1,650	2,350
1866Ca FP	—	1,450	2,300	2,900	3,650
1866Ca JG	—	1,250	1,400	1,650	2,350
1867Ca JG	—	1,250	1,300	1,400	2,050
1868Ca JG	—	1,250	1,300	1,400	2,050
Concave wings					
1869Ca MM	—	1,250	1,300	1,400	2,050
Regular eagle					
1870/60Ca MM	—	1,250	1,300	1,400	2,050
1871/61Ca MM	—	1,250	1,300	1,400	2,050

KM# 383.2 8 ESCUDOS
27.07 g., 0.875 Gold, 0.7615 oz. AGW **Obv.** Facing eagle, snake in beak **Rev:** Hand holding cap on stick, open book **Obv. Legend:** REPUBLICA MEXICANA. **Rev. Legend:** LA LIBERTAD... **Mint:** Culiacan

Date	Mintage	F12	VF20	XF40	MS60
1846C CE	—	1,250	1,400	1,650	2,700
1847C CE	—	1,250	1,300	1,400	2,050
1848C CE	—	1,250	1,400	1,650	2,700
1849C CE	—	1,250	1,300	1,400	2,050
1850C CE	—	1,250	1,300	1,400	2,050
1851C CE	—	1,250	1,300	1,400	2,050
1852C CE	—	1,250	1,300	1,400	2,050
1853/1C CE	—	1,250	1,300	1,350	1,950
1854C CE	—	1,250	1,300	1,350	1,950
1855/4C CE	—	1,250	1,250	1,650	2,700
1855C CE	—	1,250	1,300	1,400	2,050
1856C CE	—	1,250	1,300	1,350	1,950
1857C CE	—	1,250	1,300	1,350	1,950
1857C CE	—	—	—	—	—
Note: Without periods after C's					
1858C CE	—	1,250	1,300	1,350	1,950
1859C CE	—	1,250	1,300	1,350	1,950
1860/58C CE	—	1,250	1,300	1,400	2,050
1860C CE	—	1,250	1,300	1,400	2,050
1860C PV	—	1,250	1,300	1,350	1,950
1861C PV	—	1,250	1,300	1,400	2,050
1861C CE	—	1,250	1,300	1,400	2,050
1862C CE	—	1,250	1,300	1,400	2,050
1863C CE	—	1,250	1,300	1,400	2,050
1864C CE	—	1,250	1,300	1,350	1,950
1865C CE	—	1,250	1,300	1,350	1,950
1866/5C CE	—	1,250	1,300	1,350	1,950

Date	Mintage	F12	VF20	XF40	MS60
1866C CE	—	1,250	1,300	1,350	1,950
1867C CB Error	—	1,250	1,300	1,350	1,950
1867C CE/CB	—	1,250	1,300	1,350	1,950
1868C CB Error	—	1,250	1,300	1,350	1,950
1869C CE	—	1,250	1,300	1,350	1,950
1870C CE	—	1,250	1,300	1,400	2,050

Date	F12	VF20	XF40	MS60	MS63
1857Do CP	1,250	1,300	1,400	2,050	—
Note: Mexican style eagle					
1858Do CP	1,250	1,400	1,550	2,550	—
1859Do CP	1,250	1,300	1,400	2,050	—
1860/59Do CP	1,250	1,600	1,950	3,250	—
1861/0Do CP	1,250	1,450	1,650	2,700	—
1862/52Do CP	1,250	1,300	1,400	2,050	—
1862/1Do CP	1,250	1,300	1,400	2,050	—
1862Do CP	1,250	1,300	1,400	2,050	—
1863/53Do CP	1,250	1,300	1,400	2,050	—
1864Do LT	1,250	1,300	1,400	2,050	3,000
1865/4Do LT	1,400	1,950	2,450	4,000	—
1866/4Do CM	2,300	3,400	3,550	—	—
1866Do CM	1,250	1,450	1,650	2,700	—
1867/56Do CP	1,250	1,450	1,650	2,700	—
1867/4Do CP	1,250	1,300	1,400	2,050	—
1868/4Do CP/LT					
1869Do CP	1,450	2,300	2,600	4,000	—
1870Do CP	1,250	1,450	1,650	2,700	—

KM# 383.3 8 ESCUDOS
27.07 g., 0.875 Gold, 0.7615 oz. AGW **Obv.** Facing eagle, snake in beak **Rev:** Hand holding cap on stick, open book **Obv. Legend:** REPUBLICA MEXICANA **Rev. Legend:** LA LIBERTAD.... **Mint:** Durango

Date	F12	VF20	XF40	MS60	MS63
1832Do RM	1,250	1,300	2,900	4,300	—
1833Do RM/RL	1,250	1,300	1,400	2,050	—
1834Do RM	1,250	1,300	1,400	2,050	—
1835Do RM	1,250	1,300	1,400	2,050	—
1836Do RM/RL	1,250	1,300	1,400	2,050	—
1836Do RM	1,250	1,300	1,400	2,050	—
Note: M on snake					
1837Do RM	1,250	1,300	1,400	2,050	—
1838/6Do RM	1,250	1,300	1,400	2,050	—
1838Do RM	1,250	1,300	1,400	2,050	—
1839Do RM	1,250	1,300	1,400	2,050	2,600
1840/30Do RM/RL	1,250	1,450	1,650	2,700	—
1841/30Do RM	1,300	1,600	1,400	3,000	—
1841/0Do RM	1,250	1,300	1,350	2,050	—
1841/31Do RM	1,250	1,300	1,400	2,050	—
1841/34Do RM	1,250	1,300	1,400	2,050	—
1841Do RM/RL	1,250	1,300	1,400	2,050	—
1842/32Do RM	1,250	1,300	1,400	2,050	—
1843/33Do RM	1,300	1,600	1,950	3,000	—
1843/1Do RM	1,250	1,300	1,400	2,050	—
1843Do RM	1,250	1,300	1,400	2,050	—
1844/34Do RM/RL	1,400	1,950	2,300	3,650	—
1844Do RM	1,300	1,650	1,950	3,000	—
1845/36Do RM	1,250	1,450	1,650	2,700	—
1845Do RM	1,250	1,450	1,650	2,700	—
1846Do RM	1,250	1,300	1,400	2,050	—
1847/37Do RM	1,250	1,300	1,400	2,050	—
1848/37Do RM	—	—	—	—	—
1848/38Do CM	1,250	1,300	1,400	2,050	—
1849/39Do CM	1,250	1,300	1,400	2,050	—
1849Do J.M.R. Rare	—	—	—	—	—
1850Do .JMR.	1,250	1,600	1,950	3,000	—
1851Do JMR	1,250	1,600	1,950	3,000	—
1852/1Do JMR	1,250	1,650	1,950	3,000	—
1852Do CP	1,250	1,650	1,950	3,000	—
1853Do CP	1,250	1,650	1,950	3,000	—
1854Do CP	1,250	1,450	1,650	2,700	—
1855/4Do CP	1,250	1,300	1,400	2,050	—
1855Do CP	1,250	1,300	1,400	2,050	—
1856Do CP	1,250	1,400	1,550	2,550	—
1857Do CP	1,250	1,300	1,400	2,050	—
Note: French style eagle, 1832-57					

KM# 383.4 8 ESCUDOS
27.07 g., 0.875 Gold, 0.7615 oz. AGW **Obv.** Facing eagle, snake in beak **Rev:** Hand holding cap on stick, open book **Obv. Legend:** REPUBLICA MEXICANA **Rev. Legend:** LA LIBERTAD... **Mint:** Estado de Mexico

Date	Mintage	F12	VF20	XF40
1828EoMo LF Rare	—	—	—	—
1829EoMo LF	—	4,850	7,600	11,500

KM# 383.5 8 ESCUDOS
27.07 g., 0.875 Gold, 0.7615 oz. AGW **Obv.** Facing eagle, snake in beak **Rev:** Hand holding cap on stick, open book **Obv. Legend:** REPUBLICA MEXICANA **Rev. Legend:** LA LIBERTAD... **Mint:** Guadalajara

Date	Mintage	F12	VF20	XF40	MS60
1825Ga FS	—	1,400	1,800	1,950	2,700
1826Ga FS	—	1,400	1,800	1,950	2,700
1830Ga FS	—	1,400	1,800	1,950	2,700
1836Ga FS	—	1,600	2,700	2,900	4,300
1836Ga JG	—	1,950	4,150	4,800	—
1837Ga JG	—	1,950	4,150	4,800	—
1840Ga MC Rare	—	—	—	—	—

Date	Mintage	F12	VF20	XF40	MS60
1841/31Ga MC	—	1,950	4,150	—	—
1841Ga MC	—	1,750	2,900	3,100	—
1842Ga JG Rare	—	—	4,850	6,900	—
1843Ga MC	—	—	4,150	8,900	—
1845Ga MC Rare	—	—	—	—	—
1847Ga JG	—	3,250	—	—	—
1849Ga JG	—	1,400	1,800	1,950	2,700
1850Ga JG	—	1,300	1,700	1,800	2,550
1851Ga JG	—	1,950	4,150	4,800	—
1852/1Ga JG	—	1,400	1,800	1,950	2,700
1855Ga JG	—	1,950	4,150	4,800	—
1856Ga JG	—	1,300	1,700	1,800	2,550
1857Ga JG	—	1,300	1,700	1,800	2,550
1861/0Ga JG	—	1,400	1,800	1,950	2,700
1861Ga JG	—	1,250	1,500	1,900	2,700
1863/1Ga JG	—	1,400	1,800	1,950	2,700
1866Ga JG	—	1,300	1,700	1,800	2,550

KM# 383.6   8 ESCUDOS
27.07 g.,   0.875 Gold, 0.7615 oz. AGW **Obv.**
Facing eagle, snake in beak **Rev:** Hand holding
cap on stick, open book **Obv. Legend:** REPUBLICA
MEXICANA **Rev. Legend:** LA LIBERTAD... **Mint:**
Guadalupe y Calvo

Date	Mintage	F12	VF20	XF40	MS60	MS63
1844GC MP	—	1,300	1,600	1,950	3,000	—
1845GC MP	—	1,300	1,600	1,950	3,000	—
Note: Eagle's tail square						
1845GC MP	—	1,300	1,600	1,950	3,000	—
Note: Eagle's tail round						
1846GC MP	—	1,250	1,450	1,650	2,700	—
Note: Eagle's tail square						
1846GC MP	—	1,250	1,450	1,650	2,700	—
Note: Eagle's tail round						
1847GC MP	—	1,250	1,450	1,650	2,700	—
1848GC MP	—	1,300	1,600	1,950	3,000	—
1849GC MP	—	1,300	1,600	1,950	3,000	—
1850GC MP	—	1,250	1,450	1,650	2,700	—
1851GC MP	—	1,250	1,450	1,650	2,700	—
1852GC MP	—	1,300	1,600	1,950	3,000	—

KM# 383.7   8 ESCUDOS
27.07 g.,   0.875 Gold, 0.7615 oz. AGW **Obv.**
Facing eagle, snake in beak **Rev:** Hand holding
cap on stick, open book **Obv. Legend:** REPUBLICA
MEXICANA **Rev. Legend:** LA LIBERTAD... **Mint:**
Guanajuato

Date	Mintage	F12	VF20	XF40	MS60	MS63
1828Go MJ	—	1,600	3,050	3,200	4,300	—
1829Go MJ	—	1,450	2,700	2,900	4,000	—
1830Go MJ	—	1,250	1,300	1,350	1,700	—
1831Go MJ	—	1,450	2,700	2,900	4,000	—
1832Go MJ	—	1,300	1,950	2,300	3,650	—
1833Go MJ	—	1,250	1,300	1,350	1,700	—
1834Go PJ	—	1,250	1,300	1,350	1,700	—
1835Go PJ	—	1,250	1,300	1,350	1,700	—
1836Go PJ	—	1,250	1,450	1,550	2,050	—
1837Go PJ	—	1,250	1,450	1,550	2,050	—
1838/7Go PJ	—	1,250	1,300	1,350	1,700	—
1838Go PJ	—	1,250	1,300	1,400	1,950	—
1839/8Go PJ	—	1,250	1,300	1,350	1,700	—
1839Go PJ	—	1,250	1,300	1,400	1,950	—
Note: Regular eagle						
1840Go PJ	—	1,250	1,300	1,350	1,700	—
Note: Concave wings						
1841Go PJ	—	1,250	1,300	1,350	1,700	—
1842Go PJ	—	1,250	1,300	1,350	1,550	—
1842Go PM	—	1,250	1,300	1,350	1,700	—
1843Go PM	—	1,250	1,300	1,350	1,700	—
Note: Small eagle						
1844/3Go PM	—	1,250	1,450	1,550	2,050	—
1844Go PM	—	1,250	1,300	1,350	1,700	—
1845Go PM	—	1,250	1,300	1,350	1,700	—
1846/5Go PM	—	1,250	1,300	1,400	1,950	—
1846Go PM	—	1,250	1,300	1,350	1,700	—
1847Go PM	—	1,250	1,450	1,550	2,050	—
1848/7Go PM	—	1,250	1,300	1,350	1,700	—
1848Go PM	—	1,250	1,300	1,350	1,700	—
1848Go PF	—	1,250	1,300	1,350	1,700	—
1849Go PF	—	1,250	1,300	1,350	1,650	—
1850Go PF	—	1,250	1,300	1,350	1,650	—
1851Go PF	—	1,250	1,300	1,350	1,700	—
1852Go PF	—	1,250	1,300	1,350	1,700	—
1853Go PF	—	1,250	1,300	1,350	1,700	—
1854Go PF	—	1,250	1,300	1,350	1,700	—
Note: Eagle of 1853						
1854Go PF	—	1,250	1,300	1,350	1,700	—
Note: Eagle of 1855						
1855/4Go PF	—	1,250	1,300	1,350	1,700	—
1855Go PF	—	1,250	1,300	1,350	1,700	—
1856Go PF	—	1,250	1,300	1,350	1,700	—
1857Go PF	—	1,250	1,300	1,350	1,700	—
1858Go PF	—	1,250	1,300	1,350	1,700	—
1859Go PF	—	1,250	1,300	1,350	1,550	—
1860/50Go PF	—	1,250	1,300	1,350	1,850	—
1860/59Go PF	—	1,250	1,300	1,350	1,850	—
1860Go PF	—	1,250	1,300	1,350	1,850	—
1861/0Go PF	—	1,250	1,300	1,350	1,500	—
1861Go PF	—	1,250	1,300	1,350	1,500	—
1862/1Go YE	—	1,250	1,300	1,350	1,700	—
1862Go YE	—	1,250	1,300	1,350	1,650	—
1862Go YF	—	—	—	—	—	—
1863/53Go YF	—	1,250	1,300	1,350	1,700	3,650
1863Go PF	—	1,250	1,300	1,350	1,700	—
1867/57Go YF/PF	—	1,250	1,300	1,350	1,700	—
1867Go YF	—	1,250	1,300	1,350	1,650	—
1868/58Go YF	—	1,250	1,300	1,350	1,700	2,700
1870Go FR	—	1,250	1,300	1,350	1,550	—

KM# 383.8 8 ESCUDOS
27.07 g., 0.875 Gold, 0.7615 oz. AGW **Obv.**
Facing eagle, snake in beak **Rev:** Hand holding
cap on stick, open book **Obv. Legend:** REPUBLICA
MEXICANA. **Rev. Legend:** LA LIBERTAD... **Mint:**
Hermosillo

Date	Mintage	F12	VF20	XF40	MS60	MS63
1863Ho FM	—	1,300	1,500	1,650	3,000	—
1864Ho FM	—	1,450	2,300	2,600	4,000	—
1864Ho PR/FM	—	1,300	1,500	1,650	3,000	—
1865Ho FM/PR	—	1,400	1,650	1,950	3,650	—
1867/57Ho PR	—	1,300	1,500	1,650	3,000	—
1868Ho PR	—	1,400	1,650	1,950	3,650	—
1868Ho PR/FM	—	1,400	1,650	1,950	3,650	—
1869Ho PR/FM	—	1,300	1,500	1,650	3,000	—
1869Ho PR	—	1,300	1,500	1,650	3,000	—
1870Ho PR	—	1,400	1,650	1,950	4,000	7,600
1871/0Ho PR	—	1,400	1,650	1,950	3,650	—
1871Ho PR	—	1,400	1,650	1,950	3,650	—
1872/1Ho PR	—	1,450	2,300	2,600	4,000	—
1873Ho PR	—	1,300	1,500	1,650	3,000	—

KM# 383.9 8 ESCUDOS
27.07 g., 0.875 Gold, 0.7615 oz. AGW **Obv.**
Facing eagle, snake in beak **Rev:** Hand holding
cap on stick, open book **Obv. Legend:** REPUBLICA
MEXICANA **Rev. Legend:** LA LIBERTAD... **Mint:**
Mexico City **Note:** Formerly reported 1825/3 JM is
merely a reworked 5.

Date	Mintage	F12	VF20	XF40	MS60	MS63
1824Mo JM	—	1,400	1,750	1,950	3,000	—
Note: Large book reverse						
1825Mo JM	—	1,250	1,300	1,350	1,700	3,000
Note: Small book reverse						
1826/5Mo JM	—	1,600	2,850	3,200	4,300	—
1827/6Mo JM	—	1,250	1,300	1,350	1,700	—
1827Mo JM	—	1,250	1,300	1,350	1,700	—
1828Mo JM	—	1,250	1,300	1,350	1,700	—
1829Mo JM	—	1,250	1,300	1,350	1,700	—
1830Mo JM	—	1,250	1,300	1,350	1,700	—

Date	Mintage	F12	VF20	XF40	MS60	MS63
1831Mo JM	—	1,250	1,300	1,350	1,700	—
1832/1Mo JM	—	1,250	1,300	1,350	1,700	—
1832Mo JM	—	1,250	1,300	1,350	1,700	—
1833Mo MJ	—	1,300	1,600	1,700	2,350	—
1833Mo ML	—	1,250	1,300	1,350	1,700	—
1834Mo ML	—	1,300	1,600	1,700	2,350	—
1835/4Mo ML	—	1,400	1,750	1,950	3,000	—
1836Mo ML	—	1,250	1,300	1,250	1,700	—
1836Mo MF	—	1,300	1,600	1,900	3,000	—
1837/6Mo ML	—	1,250	1,300	1,350	1,700	—
1838Mo ML	—	1,250	1,300	1,350	1,700	—
1839Mo ML	—	1,250	1,300	1,350	1,700	—
1840Mo ML	—	1,250	1,300	1,350	1,700	—
1841Mo ML	—	1,250	1,300	1,350	1,700	—
1842/1Mo ML	—	—	—	—	—	—
1842Mo ML	—	1,250	1,300	1,350	1,700	—
1842Mo MM	—	—	—	—	—	—
1843Mo MM	—	1,250	1,300	1,350	1,700	—
1844Mo MF	—	1,250	1,300	1,350	1,700	—
1845Mo MF	—	1,250	1,300	1,350	1,700	—
1846Mo MF	—	1,400	1,750	1,950	3,000	—
1847Mo MF	—	1,950	3,750	—	—	—
1847Mo RC	—	1,250	1,400	1,550	2,050	—
1848Mo GC	—	1,250	1,300	1,350	1,700	—
1849Mo GC	—	1,250	1,300	1,350	1,700	—
1850Mo GC	—	1,250	1,300	1,350	1,700	3,000
1851Mo GC	—	1,250	1,300	1,350	1,700	—
1852Mo GC	—	1,250	1,300	1,350	1,700	—
1853Mo GC	—	1,250	1,300	1,350	1,700	—
1854/44Mo GC	—	1,250	1,300	1,350	1,700	—
1854/3Mo GC	—	1,250	1,300	1,350	1,700	—
1855Mo GF	—	1,250	1,300	1,350	1,700	—
1856/5Mo GF	—	1,250	1,300	1,350	1,650	—
1856Mo GF	—	1,250	1,300	1,350	1,650	—
1857Mo GF	—	1,250	1,300	1,350	1,650	—
1858Mo FH	—	1,250	1,300	1,350	1,650	—
1859Mo FH	—	1,300	1,600	1,700	2,350	—
1860Mo FH	—	1,250	1,300	1,350	1,650	—
1860Mo TH	—	1,250	1,300	1,350	1,650	—
1861/51Mo CH	—	1,250	1,300	1,350	1,650	—
1862Mo CH	—	1,250	1,300	1,350	1,650	—
1863/53Mo CH	—	1,250	1,300	1,350	1,650	6,600
1863/53Mo TH	—	1,250	1,300	1,350	1,650	—
1867Mo CH	—	1,250	1,300	1,350	1,650	—
1868Mo CH	—	1,250	1,300	1,350	1,650	—
1868Mo PH	—	1,250	1,300	1,350	1,650	—
1869Mo CH	—	1,250	1,300	1,350	1,650	—

KM# 383.10 8 ESCUDOS
27.07 g., 0.875 Gold, 0.7615 oz. AGW **Obv.**
Facing eagle, snake in beak **Rev:** Hand holding
cap on stick, open book **Obv. Legend:** REPUBLICA
MEXICANA **Rev. Legend:** LA LIBERTAD... **Mint:**
Oaxaca

Date	Mintage	F12	VF20	XF40	MS60	MS63
1858Oa AE	—	3,200	4,800	5,500	8,600	—
1859O AE	—	1,950	4,150	5,100	7,600	—
1860O AE	—	1,950	4,150	5,100	7,600	—
1861O FR	—	1,400	1,750	1,950	4,000	—
1862O FR	—	1,400	1,750	1,950	4,000	—
1863O FR	—	1,400	1,750	1,950	4,000	—
1864O FR	—	1,400	1,750	1,950	4,000	—
1867O AE	—	1,400	1,750	1,950	4,000	—
1868O AE	—	1,400	1,750	1,950	4,000	—
1869O AE	—	1,400	1,750	1,950	4,000	—

KM# 383.11 8 ESCUDOS
27.07 g.,   0.875 Gold, 0.7615 oz. AGW   **Obv.**
Facing eagle, snake in beak **Rev:** Hand holding
cap on stick, open book **Obv. Legend:** REPUBLICA
MEXICANA **Rev. Legend:** LA LIBERTAD... **Mint:**
Zacatecas

Date	Mintage	F12	VF20	XF40	MS60	MS63
1858Zs MO	—	1,300	1,600	1,650	3,000	—
1859Zs MO	—	1,250	1,300	1,350	1,700	—
1860/59Zs VL/MO	—	3,200	4,800	5,500	—	—
1860/9Zs MO	—	1,300	1,600	1,650	3,000	—
1860Zs MO	—	1,250	1,300	1,400	1,850	—
1861/0Zs VL	—	1,250	1,300	1,400	1,850	—
1861Zs VL	—	1,250	1,300	1,400	1,850	4,300
1862Zs VL	—	1,250	1,300	1,400	1,900	—
1863Zs VL	—	1,250	1,300	1,400	1,950	—
1863Zs MO	—	1,250	1,300	1,400	1,850	—
1864Zs MO	—	1,600	1,950	2,300	4,950	—
1865Zs MO	—	1,600	1,950	2,400	5,300	—
1868Zs JS	—	1,250	1,400	1,550	2,050	—
1868Zs YH	—	1,250	1,400	1,550	2,050	—
1869Zs YH	—	1,250	1,400	1,550	2,050	—
1870Zs YH	—	1,250	1,400	1,550	2,050	—
1871Zs YH	—	1,250	1,400	1,550	2,050	—

EMPIRE OF MAXIMILIAN

RULER
Maximilian, Emperor, 1864-1867

MINT MARKS
Refer To Republic Coinage

MONETARY SYSTEM
100 Centavos = 1 Peso (8 Reales)

MILLED COINAGE

KM# 384   CENTAVO
Copper, **Ruler:** Maximilian **Obv.** Crowned facing
eagle, snake in beak **Rev:** Value and date within
wreath **Obv. Legend:** IMPERIO MEXICANO **Edge:**
Coarsely reeded **Mint:** Mexico City

Date	Mintage	F12	VF20	XF40	MS60	MS63
1864M	—	50.00	100	250	1,250	1,850

KM# 385   5 CENTAVOS
1.35 g.,   0.903 Silver, 0.0393 oz. ASW **Ruler:**
Maximilian **Mint:** Guanajuato

Date	Mintage	F12	VF20	XF40	MS60	MS63
1864G	90,000	17.50	35.00	85.00	320	—
1865G	—	20.00	30.00	65.00	300	—
1866G	—	75.00	150	300	2,000	—

KM# 385.1   5 CENTAVOS
1.35 g.,   0.903 Silver, 0.0393 oz. ASW **Ruler:**
Maximilian **Mint:** Mexico City

Date	Mintage	F12	VF20	XF40	MS60	MS63
1864M	—	12.50	20.00	55.00	300	—
1866/4M	—	25.00	40.00	75.00	425	—
1866M	—	20.00	35.00	65.00	400	—

KM# 385.2   5 CENTAVOS
1.35 g.,   0.903 Silver, 0.0393 oz. ASW **Ruler:**
Maximilian **Mint:** San Luis Potosi

Date	Mintage	F12	VF20	XF40	MS60	MS63
1864P	—	150	400	1,500	2,500	—

KM# 385.3   5 CENTAVOS
1.35 g.,   0.903 Silver, 0.0393 oz. ASW **Ruler:**
Maximilian **Obv.** Crowned facing eagle, snake
in beak **Rev:** Value and date within wreath **Obv.
Legend:** IMPERIO MEXICANO **Mint:** Zacatecas

Date	Mintage	F12	VF20	XF40	MS60	MS63
1865Z	—	25.00	45.00	150	450	650

KM# 386   10 CENTAVOS
2.71 g.,   0.903 Silver, 0.0786 oz. ASW **Ruler:**
Maximilian **Obv.** Crowned facing eagle, snake
in beak **Rev:** Value and date within wreath **Obv.
Legend:** IMPERIO MEXICANO **Mint:** Guanajuato

Date	Mintage	F12	VF20	XF40	MS60	MS63
1864G	45,000	20.00	45.00	90.00	325	—
1865G	—	30.00	60.00	110	375	—

KM# 386.1 10 CENTAVOS
2.71 g., 0.903 Silver, 0.0786 oz. ASW **Ruler:** Maximilian **Obv.** Crowned facing eagle, snake in beak **Rev:** Value and date within wreath **Obv. Legend:** IMPERIO MEXICANO **Mint:** Mexico City **Note:** Struck at Mexico City Mint, mint mark M.

Date	Mintage	F12	VF20	XF40	MS60	MS63
1864M	—	15.00	25.00	55.00	285	—
1866/4M	—	25.00	35.00	70.00	320	—
1866/5M	—	25.00	40.00	85.00	375	—
1866M	—	25.00	35.00	75.00	375	—

KM# 386.2 10 CENTAVOS
2.71 g., 0.903 Silver, 0.0786 oz. ASW **Ruler:** Maximilian **Mint:** San Luis Potosi

Date	Mintage	F12	VF20	XF40	MS60	MS63
1864P	—	70.00	150	300	700	—

KM# 386.3 10 CENTAVOS
2.71 g., 0.903 Silver, 0.0786 oz. ASW **Ruler:** Maximilian **Mint:** Zacatecas

Date	Mintage	F12	VF20	XF40	MS60	MS63
1865Z	—	22.50	55.00	165	525	750

KM# 387 50 CENTAVOS
13.54 g., 0.903 Silver, 0.393 oz. ASW **Ruler:** Maximilian **Obv.** Head right, with beard **Rev:** Crowned oval shield **Obv. Legend:** MAXIMILIANO EMPERADOR **Rev. Legend:** IMPERIO MEXICANO **Designer:** S. Navalon **Mint:** Mexico City

Date	Mintage	F12	VF20	XF40	MS60	MS63
1866Mo	31,000	40.00	95.00	225	850	2,250

KM# 388 PESO
27.07 g., 0.903 Silver, 0.7859 oz. ASW **Ruler:** Maximilian **Obv.** Head right, with beard **Rev:** Crowned arms with supporters **Obv. Legend:** MAXIMILIANO EMPERADOR **Rev. Legend:** IMPERIO MEXICANO **Designer:** S. Navalon **Mint:** Guanajuato

Date	Mintage	F12	VF20	XF40	MS60	MS63
1866Go	—	375	575	1,200	3,750	—

KM# 388.1 PESO
27.07 g., 0.903 Silver, 0.7859 oz. ASW **Ruler:** Maximilian **Obv.** Head right, with beard **Rev:** Crowned arms with supporters **Obv. Legend:** MAXIMILIANO EMPERADOR **Rev. Legend:** IMPERIO MEXICANO **Designer:** S. Navalon **Mint:** Mexico City

Date	Mintage	F12	VF20	XF40	MS60	MS63
1866Mo	2,148,000	36.00	55.00	175	400	—
1867Mo	1,238,000	48.00	80.00	240	450	—

KM# 388.2 PESO
27.07 g., 0.903 Silver, 0.7859 oz. ASW **Ruler:** Maximilian **Obv.** Head right, with beard **Rev:** Crowned arms with supporters **Obv. Legend:** MAXIMILIANO EMPERADOR **Rev. Legend:** IMPERIO MEXICANO **Designer:** S. Navalon **Mint:** San Luis Potosi

Date	Mintage	F12	VF20	XF40	MS60	MS63
1866Pi	—	55.00	110	350	800	—

KM# 389 20 PESOS
33.84 g., 0.875 Gold, 0.952 oz. AGW **Ruler:** Maximilian **Obv.** Head right, with beard **Rev:** Crowned arms with supporters **Obv. Legend:** MAXIMILIANO EMPERADOR **Rev. Legend:** IMPERIO MEXICANO **Designer:** S. Navalon **Mint:** Mexico City

Date	Mintage	F12	VF20	XF40	MS60	MS63
1866Mo	8,274	1,650	2,000	3,200	5,000	—

REPUBLIC
SECOND

DECIMAL COINAGE

KM# 390 CENTAVO
Copper, 25mm. **Obv.** Seated Liberty **Rev:** Thick wreath. **Mint:** Mexico City

Date	Mintage	F12	VF20	XF40	MS60	MS63
1863Mo	—	13.50	32.50	75.00	500	—
Note: Round-top 3, reeded edge						
1863Mo	—	13.50	32.50	75.00	500	—
Note: Round-top 3, plain edge						
1863Mo	—	10.00	30.00	70.00	500	—
Note: Flat-top 3, reeded edge						

KM# 390.1 CENTAVO
Copper, 26.5mm. **Obv.** Seated liberty **Rev:** Value and date within wreath **Obv. Legend:** LIBERTAD V REFORMA. **Mint:** San Luis Potosi

Date	Mintage	F12	VF20	XF40	MS60	MS63
1863SLP	1,024,999	15.00	32.50	75.00	425	—

KM# 391 CENTAVO
Copper, **Obv.** Facing eagle, snake in beak **Rev:** Value and date within wreath **Edge:** Reeded. **Mint:** Alamos

Date	Mintage	F12	VF20	XF40	MS60	MS63
1875As Rare	—	—	—	—	—	—
1876As	50,000	100	200	300	650	—
1880As	—	25.00	50.00	200	500	—
1881As	—	30.00	60.00	125	350	—

KM# 391.1 CENTAVO
Copper, **Obv.** Facing eagle, snake in beak **Rev:** Value and date within wreath **Obv. Legend:** REPUBLICA MEXICANA **Edge:** Plain **Mint:** Culiacan

Date	Mintage	F12	VF20	XF40	MS60	MS63
1874Cn	266,000	12.50	17.50	35.00	250	—
1875/4Cn	153,000	15.00	20.00	45.00	250	—
1875Cn	Inc. above	10.00	15.00	25.00	250	—
1876Cn	154,000	5.00	8.00	15.00	200	—
1877/6Cn	993,000	7.50	11.50	17.50	200	—
1877Cn	Inc. above	6.00	9.00	15.00	200	—
1880Cn	142,000	7.50	10.00	12.50	200	—
1881Cn	167,000	7.50	10.00	25.00	200	—
1897Cn	300,000	2.50	5.00	12.00	50.00	—
Note: Large N in mint mark						
1897Cn	Inc. above	2.50	5.00	9.00	45.00	—
Note: Small N in mint mark						

KM# 391.2 CENTAVO
Copper, **Obv.** Facing eagle, snake in beak **Rev:** Value and date within wreath **Mint:** Durango

Date	Mintage	F12	VF20	XF40	MS60	MS63
1879Do	110,000	10.00	35.00	60.00	200	—
1880Do	69,000	40.00	90.00	175	500	—
1891Do	—	8.00	25.00	50.00	200	—
1891Do/Mo	—	8.00	25.00	50.00	200	—

KM# 391.3 CENTAVO
Copper, **Obv.** Facing eagle, snake in beak **Rev:** Value and date within wreath **Obv. Legend:** REPUBLICA MEXICANA **Mint:** Guadalajara

Date	Mintage	F12	VF20	XF40	MS60
1872Ga	263,000	15.00	30.00	60.00	225
1873Ga	333,000	6.00	9.00	25.00	200
1874Ga	76,000	15.00	25.00	50.00	200
1875Ga	—	10.00	15.00	30.00	200
1876Ga	303,000	3.00	6.00	17.50	200
1877Ga	108,000	4.00	6.00	20.00	200
1878Ga	543,000	4.00	6.00	15.00	200
1881/71Ga	975,000	7.00	9.00	20.00	—
1881Ga	Inc. above	7.00	9.00	20.00	200
1889Ga/Mo	—	3.50	5.00	25.00	200
1890Ga	—	4.00	7.50	20.00	200

KM# 391.4 CENTAVO
Copper, **Obv.** Facing eagle, snake in beak **Rev:** Value and date within wreath **Mint:** Guanajuato

Date	Mintage	F12	VF20	XF40	MS60	MS63
1874Go	—	20.00	40.00	80.00	250	—
1875Go	190,000	11.50	20.00	60.00	200	—
1876Go	—	125	200	350	750	—
1877Go Rare	—	—	—	—	—	—
1878Go	576,000	8.00	11.00	30.00	200	—
1880Go	890,000	6.00	10.00	25.00	200	—

KM# 391.5 CENTAVO
Copper, **Obv.** Facing eagle, snake in beak **Rev:** Value and date within wreath **Obv. Inscription:** REPUBLICA MEXICANA **Mint:** Hermosillo

Date	Mintage	F12	VF20	XF40	MS60
1875Ho	3,500	450	—	—	—
1876Ho	8,508	50.00	100	225	500
1880Ho Short H, round O	102,000	7.50	15.00	50.00	200
1880Ho Tall H, oval O	Inc. above	7.50	15.00	50.00	200
1881Ho	459,000	5.00	10.00	50.00	200

KM# 391.6 CENTAVO
7.40 g., Copper, **Obv.** Facing eagle, snake in beak
Rev: Value and date within wreath **Obv. Legend:**
REPUBLICA MEXICANA **Mint:** Mexico City **Note:**
Varieties exist.

Date	Mintage	F12	VF20	XF40	MS60
1869Mo	1,874,000	7.50	25.00	60.00	200
1870/69Mo	1,200,000	10.00	25.00	60.00	225
1870Mo	Inc. above	8.00	20.00	50.00	200
1871Mo	918,000	8.00	15.00	40.00	200
1872/1Mo	1,625,000	6.50	10.00	30.00	200
1872Mo	Inc. above	6.00	9.00	25.00	200
1873Mo	1,605,000	4.00	7.50	20.00	200
1874/3Mo	1,700,000	5.00	7.00	15.00	100
1874Mo	Inc. above	3.00	5.50	15.00	100
1874Mo	Inc. above	5.00	10.00	25.00	200
1875Mo	1,495,000	6.00	8.00	30.00	100
1876Mo	1,600,000	3.00	5.50	12.50	100
1877Mo	1,270,000	3.00	5.50	13.50	100
1878/5Mo	1,900,000	7.50	11.00	22.50	125
1878/6Mo	Inc. above	7.50	11.00	22.50	125
1878/7Mo	Inc. above	7.50	11.00	20.00	125
1878Mo	Inc. above	6.00	9.00	13.50	100
1879/8Mo	1,505,000	4.50	6.50	13.50	100
1879Mo	Inc. above	3.00	5.50	12.50	75.00
1880/70Mo	1,130,000	5.50	7.50	15.00	100
1880/72Mo	Inc. above	20.00	50.00	100	250
1880/79Mo	Inc. above	15.00	35.00	75.00	175
1880Mo	Inc. above	4.25	6.00	12.50	75.00
1881Mo	1,060,000	4.50	7.00	15.00	75.00
1886Mo	12,687,000	1.50	2.00	10.00	40.00
1887Mo	7,292,000	1.50	2.00	10.00	35.00
1888/78Mo	9,984,000	2.50	3.00	10.00	30.00
1888/7Mo	Inc. above	2.50	3.00	10.00	30.00
1888Mo	Inc. above	1.50	2.00	10.00	30.00
1889Mo	19,970,000	2.00	3.00	10.00	30.00
1890/89Mo	18,726,000	2.50	3.00	12.00	40.00
1890/990Mo	Inc. above	2.50	3.00	12.00	40.00
1890Mo	Inc. above	1.50	2.00	10.00	30.00
1891Mo	14,544,000	1.50	2.00	10.00	30.00
1892Mo	12,908,000	1.50	2.00	10.00	30.00
1893/2Mo	5,078,000	2.50	3.00	12.00	35.00
1893Mo	Inc. above	1.50	2.00	10.00	30.00
1894/3Mo	1,896,000	3.00	6.00	15.00	50.00
1894Mo	Inc. above	2.00	3.00	12.00	35.00
1895/3Mo	3,453,000	3.00	4.50	12.50	35.00
1895/85Mo	Inc. above	3.00	6.00	15.00	50.00
1895Mo	Inc. above	2.00	3.00	10.00	30.00
1896Mo	3,075,000	2.00	3.00	10.00	30.00
1897Mo	4,150,000	1.50	2.00	10.00	30.00

KM# 391.7 CENTAVO

Copper, **Obv.** Facing eagle, snake in beak **Rev:**
Value and date within wreath **Obv. Legend:**
REPUBLICA MEXICANA **Mint:** Oaxaca

Date	Mintage	F12	VF20	XF40	MS60	MS63
1872Oa	16,000	300	500	1,200	—	—
1873Oa	11,000	350	600	—	—	—
1874Oa	4,835	450	—	—	—	—
1875Oa	2,860	500	—	—	—	—

KM# 391.8 CENTAVO
Copper, **Obv.** Facing eagle, snake in beak **Rev:**
Value and date within wreath **Obv. Legend:**
REPUBLICA MEXICANA **Mint:** San Luis Potosi

Date	Mintage	F12	VF20	XF40	MS60	MS63
1871Pi Rare	—	—	—	—	—	—
1877Pi	249,000	15.00	50.00	200	—	—
1878Pi	751,000	12.50	25.00	50.00	200	—
1878	—	—	—	—	—	—
Note: Pp error mintmark - rare						
1891Pi/Mo	—	10.00	50.00	150	300	—
1891Pi	—	8.00	25.00	125	250	—

KM# 391.9 CENTAVO
Copper, **Obv.** Facing eagle, snake in beak **Rev:**
Value and date within wreath **Mint:** Zacatecas
Note: Struck at Zacatecas Mint, mint mark Zs.

Date	Mintage	F12	VF20	XF40	MS60	MS63
1872Zs	55,000	22.50	30.00	100	300	—
1873Zs	1,460,000	4.00	8.00	25.00	150	—
1874/3Zs	685,000	5.50	11.00	30.00	250	—
1874Zs	Inc. above	4.00	8.00	25.00	200	—
1875/4Zs	200,000	8.50	17.00	45.00	250	—
1875Zs	Inc. above	7.00	14.00	35.00	200	—
1876Zs	—	5.00	10.00	25.00	200	—
1877Zs	—	50.00	125	300	750	—
1878Zs	—	4.50	9.00	25.00	200	—
1880Zs	100,000	5.00	10.00	30.00	200	—
1881Zs	1,200,000	4.25	8.00	25.00	150	—

KM# 392 CENTAVO
Copper-Nickel, **Obv.** Crossed bow and quiver
above date **Rev:** Value within wreath **Obv. Legend:**
REPUBLICA MEXICANA **Mint:** Mexico City

Date	Mintage	F12	VF20	XF40	MS60	MS63
1882Mo	99,955,000	7.50	12.50	17.50	35.00	—
1883Mo	Inc. above	0.50	0.75	1.50	2.50	4.00

KM# 393 CENTAVO
Copper, **Obv.** Facing eagle, snake in beak **Rev:**

Value and date within wreath **Obv. Legend:** REPUBLICA MEXICANA **Mint:** Mexico City **Note:** Varieties exist.

Date	Mintage	F12	VF20	XF40	MS60	MS63
1898Mo	1,529,000	4.00	6.00	15.00	50.00	—

KM# 394.1 CENTAVO
2.61 g., Copper, **Obv.** Facing eagle, snake in beak **Rev:** Value below date within wreath **Obv. Legend:** REPUBLICA MEXICANA **Mint:** Mexico City **Note:** Reduced size. Varieties exist.

Date	Mintage	F12	VF20	XF40	MS60
1899M	51,000	150	175	300	800
1900M Wide date	4,010,000	2.50	4.00	8.00	28.00
1900M Narrow date	Inc. above	2.50	4.00	8.00	28.00
1901M	1,494,000	3.00	8.00	25.00	100
1902/899M	2,090,000	30.00	75.00	200	600
1902M	Inc. above	2.25	4.00	10.00	40.00
1903M	8,400,000	1.50	3.00	7.00	20.00
1904/3M	10,250,000	1.50	10.00	20.00	55.00
1904M	Inc. above	1.50	3.00	8.00	25.00
1905M	3,643,000	2.25	4.00	10.00	40.00

KM# 394 CENTAVO
Copper, **Obv.** National arms **Rev:** Value below date within wreath **Mint:** Culiacan **Note:** Reduced size. Varieties exist.

Date	Mintage	F12	VF20	XF40	MS60	MS63
1901C	220,000	15.00	22.50	60.00	150	—
1902C	320,000	15.00	22.50	50.00	90.00	—
1903C	536,000	7.50	12.50	20.00	50.00	—
1904/3C	148,000	35.00	50.00	150	350	—
1905C	110,000	100	150	300	600	—

KM# 395 2 CENTAVOS
Copper-Nickel, **Obv.** Crossed bow and quiver above date **Rev:** Value within wreath **Obv. Legend:** REPUBLICA MEXICANA **Mint:** Mexico City

Date	Mintage	F12	VF20	XF40	MS60	MS63
1882	50,023,000	2.00	3.00	7.50	15.00	—
1883/2	Inc. above	2.00	3.00	7.50	15.00	—
1883	Inc. above	0.50	0.75	1.00	2.50	—

KM# 396 5 CENTAVOS
1.35 g., 0.903 Silver, 0.0393 oz. ASW **Obv.** Facing eagle, snake in beak **Rev:** Value within wreath **Obv. Legend:** REPUBLICA MEXICANA **Mint:** Chihuahua

Date	Mintage	F12	VF20	XF40	MS60	MS63
1868Ca	—	40.00	65.00	125	450	—
1869Ca	30,000	25.00	40.00	100	400	—
1870/69Ca	—	35.00	55.00	120	425	—

Date	Mintage	F12	VF20	XF40	MS60	MS63
1870Ca	35,000	30.00	50.00	100	400	—

KM# 396.1 5 CENTAVOS
1.35 g., 0.903 Silver, 0.0393 oz. ASW **Obv.** Facing eagle, snake in beak **Rev:** Value within wreath **Mint:** San Luis Potosi

Date	Mintage	F12	VF20	XF40	MS60	MS63
1863SLP	—	37.50	135	350	1,200	—

KM# 397 5 CENTAVOS
1.35 g., 0.903 Silver, 0.0393 oz. ASW **Obv.** Facing eagle, snake in beak **Rev:** Radiant cap **Obv. Legend:** REPUBLICA MEXICANA **Mint:** Mexico City **Note:** Varieties exist.

Date	Mintage	F12	VF20	XF40	MS60	MS63
1867Mo	—	20.00	45.00	110	400	—
1867/3Mo	—	22.50	50.00	125	425	—
1868/7Mo	—	22.50	50.00	150	500	—
1868Mo	—	18.50	42.50	100	400	—

KM# 397.1 5 CENTAVOS
1.35 g., 0.903 Silver, 0.0393 oz. ASW **Obv.** Facing eagle, snake in beak **Rev:** Radiant cap **Mint:** San Luis Potosi

Date	Mintage	F12	VF20	XF40	MS60	MS63
1868P	Inc. above	20.00	45.00	100	400	—
1868/7P	34,000	25.00	50.00	125	450	—
1869P	14,000	150	300	600	—	—

KM# 398 5 CENTAVOS
1.35 g., 0.903 Silver, 0.0393 oz. ASW **Obv.** Facing eagle, snake in beak **Rev:** Value within 1/2 wreath **Mint:** Alamos

Date	Mintage	F12	VF20	XF40	MS60	MS63
1874As DL	—	10.00	20.00	40.00	150	—
1875As DL	—	10.00	20.00	40.00	150	—
1876As L	—	22.00	45.00	70.00	160	—
1878As L	—	250	350	650	950	—
Note: Mule, gold peso reverse						
1879As L	—	40.00	65.00	120	275	—
Note: Mule, gold peso obverse						
1880As L	12,000	55.00	85.00	165	325	—
Note: Mule, gold peso obverse						
1886As L	43,000	12.00	25.00	50.00	165	—
1886As L	Inc. above	55.00	85.00	165	300	—
Note: Mule, gold peso obverse						
1887As L	20,000	25.00	50.00	75.00	165	—
1888As L	32,000	12.00	25.00	50.00	125	—
1889As L	16,000	25.00	50.00	100	200	—
1890As L	30,000	25.00	50.00	85.00	175	—
1891As L	8,000	65.00	125	200	400	—
1892As L	13,000	20.00	40.00	60.00	125	—
1893As L	24,000	10.00	20.00	45.00	90.00	—
1895As L	20,000	10.00	20.00	45.00	90.00	—

KM# 398.1 5 CENTAVOS
1.35 g., 0.903 Silver, 0.0393 oz. ASW **Obv.** Facing

eagle, snake in beak **Rev:** Value within 1/2 wreath
Mint: Chihuahua **Note:** Mint mark: *Ca or Ch*.

Date	Mintage	F12	VF20	XF40	MS60
1871* M	14,000	20.00	40.00	100	250
1873* M Crude date	—	100	150	250	500
1874* M Crude date	—	25.00	50.00	75.00	150
1886* M	25,000	7.50	15.00	30.00	100
1887* M	37,000	7.50	15.00	30.00	100
1887* Ca/MoM	Inc. above	10.00	20.00	40.00	125
1888* M	145,000	1.50	3.00	6.00	25.00
1889* M	44,000	5.00	10.00	20.00	50.00
1890* M	102,000	1.50	3.00	6.00	25.00
1891* M	164,000	1.50	3.00	6.00	25.00
1892* M	85,000	1.50	3.00	6.00	25.00
1892* M/U	—	2.00	4.00	7.50	30.00
1892* M 9/ inverted 9	Inc. above	2.00	4.00	7.50	30.00
1893* M	133,000	1.50	3.00	6.00	25.00
1894* M	108,000	1.50	3.00	6.00	25.00
1895* M	74,000	2.00	4.00	7.50	30.00

KM# 398.2 5 CENTAVOS
1.35 g., 0.903 Silver, 0.0393 oz. ASW **Obv.** Facing
eagle, snake in beak **Rev:** Value within 1/2 wreath
Mint: Culiacan

Date	Mintage	F12	VF20	XF40	MS60
1871Cn P	—	125	200	350	—
1873Cn P	4,992	50.00	100	200	400
1874Cn P	—	25.00	50.00	100	200
1875Cn P Rare	—	—	—	—	—
1876Cn P	—	25.00	50.00	100	200
1886Cn M	10,000	25.00	50.00	100	200
1887Cn M	10,000	25.00	50.00	100	200
1888Cn M	119,000	1.50	3.00	6.00	30.00
1889Cn M	66,000	4.00	7.50	15.00	50.00
189/80Cn M	—	2.00	4.00	8.00	40.00
1890Cn M	180,000	1.50	3.00	6.00	25.00
1890/9Cn M	—	2.00	4.00	8.00	40.00
1890Cn D Error	Inc. above	175	275	400	—
1891Cn M	87,000	2.00	4.00	7.50	25.00
1894Cn M	24,000	4.00	7.50	15.00	40.00
1896Cn M	16,000	7.50	12.50	25.00	75.00
1897Cn M	223,000	1.50	2.50	5.00	20.00

KM# 398.3 5 CENTAVOS
1.35 g., 0.903 Silver, 0.0393 oz. ASW **Obv.** Facing
eagle, snake in beak **Rev:** Value within 1/2 wreath
Mint: Durango

Date	Mintage	F12	VF20	XF40	MS60	MS63
1874Do M	—	100	150	225	500	—
1877Do P	4,795	75.00	125	225	450	—
1878/7Do E/P	4,300	200	300	450	—	—
1879Do B	—	125	200	350	—	—
1880Do B Rare	—	—	—	—	—	—
1881Do P	3,020	300	500	800	—	—
1887Do C	42,000	5.00	8.00	17.50	60.00	—
1888/9Do C	91,000	6.00	10.00	20.00	70.00	—
1888Do C	Inc. above	4.00	7.50	15.00	55.00	125
1889Do C	49,000	3.50	6.00	12.50	50.00	—
1890Do C	136,000	4.00	7.50	15.00	55.00	—
1890Do P	Inc. above	5.00	8.00	17.50	60.00	—

Date	Mintage	F12	VF20	XF40	MS60	MS63
1891/0Do P	48,000	3.50	6.00	12.50	50.00	—
1891Do P	Inc. above	3.00	5.00	10.00	45.00	—
1894Do D	38,000	3.50	6.00	12.50	50.00	—

KM# 398.4 5 CENTAVOS
1.35 g., 0.903 Silver, 0.0393 oz. ASW **Obv.** Facing
eagle, snake in beak **Rev:** Value within 1/2 wreath
Mint: Guadalajara

Date	Mintage	F12	VF20	XF40	MS60
1877Ga A	—	15.00	30.00	60.00	150
1881Ga S	156,000	4.00	7.50	15.00	60.00
1886Ga S	87,000	2.00	4.00	7.50	25.00
1888Ga S Large G	262,000	2.00	4.00	10.00	30.00
1888Ga S Small G	Inc. above	2.00	4.00	10.00	30.00
1889Ga S	178,000	1.50	3.00	7.50	25.00
1890Ga S	68,000	4.00	7.50	12.50	35.00
1891Ga S	50,000	4.00	6.50	10.00	35.00
1892Ga S	78,000	2.00	4.00	7.50	25.00
1893Ga S	44,000	4.00	7.50	15.00	45.00

KM# 398.5 5 CENTAVOS
1.35 g., 0.903 Silver, 0.0393 oz. ASW **Obv.** Facing
eagle, snake in beak **Rev:** Value within 1/2 wreath
Obv. Legend: REPUBLICA MEXICANA **Mint:**
Guanajuato

Date	Mintage	F12	VF20	XF40	MS60	MS63
1869Go S	80,000	15.00	30.00	75.00	175	—
1871Go S	100,000	5.00	10.00	25.00	75.00	—
1872Go S	30,000	30.00	60.00	125	250	—
1873Go S	40,000	30.00	60.00	125	250	—
1874Go S	—	7.00	12.00	25.00	75.00	—
1875Go S	—	8.00	15.00	30.00	75.00	—
1876Go S	—	8.00	15.00	30.00	75.00	—
1877Go S	—	7.00	12.00	20.00	75.00	—
1878/7Go S	20,000	8.00	15.00	25.00	75.00	—
1879Go S	—	8.00	15.00	25.00	75.00	—
1880Go S	55,000	15.00	30.00	60.00	200	—
1881/0Go S	160,000	5.00	8.00	17.50	60.00	150
1881Go S	Inc. above	4.00	6.00	12.00	45.00	110
1886Go R	230,000	1.50	3.00	6.00	30.00	75.00
1887Go R/S	—	1.50	3.00	6.00	30.00	75.00
1887Go R	230,000	1.50	2.50	5.00	30.00	75.00
1888Go R	320,000	1.50	2.50	5.00	20.00	60.00
1889Go R/S	—	4.00	6.00	12.00	45.00	110
1889Go R	60,000	4.00	6.00	12.00	45.00	110
1890/5Go R/S	—	1.50	3.00	6.00	30.00	75.00
1890Go R	250,000	1.50	2.50	5.00	20.00	60.00
1891/0Go R	168,000	1.80	3.00	6.00	30.00	75.00
1891Go R	Inc. above	1.50	2.50	5.00	20.00	60.00
1892Go R	138,000	1.50	3.00	6.00	25.00	65.00
1893Go R	200,000	1.25	2.50	5.00	20.00	60.00
1894Go R	200,000	1.25	2.50	5.00	20.00	60.00
1896Go R	525,000	1.25	2.00	4.00	15.00	50.00
1896Go R/S	—	1.50	3.00	6.00	25.00	65.00
1897Go R	596,000	1.50	2.00	4.00	15.00	50.00
1898Go R	—	—	—	—	—	—

KM# 398.6 5 CENTAVOS
1.35 g., 0.903 Silver, 0.0393 oz. ASW **Obv.** Facing
eagle, snake in beak **Rev:** Value within 1/2 wreath
Mint: Hermosillo

Date	Mintage	F12	VF20	XF40	MS60
1874/69Ho R	—	125	225	350	—
1874Ho R	—	100	200	325	—
1878/7Ho A	22,000	—	—	—	—
Rare					
1878Ho A	Inc. above	20.00	40.00	80.00	175
1878Ho A	Inc. above	40.00	80.00	150	300
Note: Mule, gold peso obverse					
1880Ho A	43,000	7.50	15.00	30.00	75.00
1886Ho G	44,000	5.00	10.00	20.00	75.00
1887Ho G	20,000	5.00	10.00	20.00	75.00
1888Ho G	12,000	7.50	15.00	30.00	85.00
1889Ho G	67,000	3.00	6.00	12.50	40.00
1890Ho G	50,000	3.00	6.00	12.50	40.00
1891Ho G	46,000	3.00	6.00	12.50	40.00
1893Ho G	84,000	2.50	5.00	10.00	30.00
1894Ho G	68,000	2.00	4.00	10.00	30.00

KM# 398.7 5 CENTAVOS
1.35 g., 0.903 Silver, 0.0393 oz. ASW **Obv.** Facing
eagle, snake in beak **Rev:** Value within 1/2 wreath
Obv. Legend: REPUBLICA MEXICANA **Mint:**
Mexico City **Note:** Mint mark Mo. Varieties exist.

Date	Mintage	F12	VF20	XF40	MS60
1869/8Mo C	40,000	8.00	15.00	40.00	120
1870Mo C	140,000	4.00	7.00	20.00	60.00
1871Mo C	103,000	9.00	20.00	40.00	100
1871Mo M	Inc. above	7.50	12.50	25.00	60.00
1872Mo M	266,000	5.00	8.00	20.00	55.00
1873Mo M	20,000	40.00	60.00	100	225
1874/69Mo M	—	7.50	15.00	30.00	75.00
1874Mo M	—	4.00	7.00	17.50	50.00
1874/3Mo B	—	5.00	8.00	22.50	55.00
1874Mo B	—	5.00	8.00	22.50	55.00
1875Mo B	—	4.00	7.00	15.00	50.00
1875Mo B/M	—	6.00	9.00	17.50	60.00
1876/5Mo B	—	4.00	7.00	15.00	50.00
1876Mo B	—	4.00	7.00	12.50	50.00
1877/6Mo M	80,000	4.00	7.00	15.00	60.00
1877Mo M	Inc. above	4.00	7.00	12.50	60.00
1878/7Mo M	100,000	4.00	7.00	15.00	55.00
1878Mo M	Inc. above	2.50	5.00	12.50	45.00
1879/8Mo M	—	8.00	12.50	22.50	55.00
1879Mo M	—	4.50	7.00	15.00	50.00
1879Mo M 9/	—	10.00	15.00	25.00	75.00
inverted 9					
1880/76Mo M/B	—	5.00	7.50	15.00	50.00
1880/76Mo M	—	5.00	7.50	15.00	50.00
1880Mo M	—	4.00	6.00	12.00	40.00
1881/0Mo M	180,000	4.00	6.00	10.00	35.00
1881Mo M	Inc. above	3.00	4.50	9.00	35.00
1886/0Mo M	398,000	2.00	2.75	7.50	25.00
1886/1Mo M	Inc. above	2.00	2.75	7.50	25.00
1886Mo M	Inc. above	1.75	2.25	6.00	20.00
1887Mo m	720,000	1.75	2.00	5.00	20.00
1887Mo M/m	Inc. above	1.75	2.00	6.00	20.00
1888/7Mo M	1,360,000	2.25	2.50	6.00	20.00

Date	Mintage	F12	VF20	XF40	MS60
1888Mo M	Inc. above	1.75	2.00	5.00	20.00
1889/8Mo M	1,242,000	2.25	2.50	6.00	20.00
1889Mo M	Inc. above	1.75	2.00	5.00	20.00
1890/00Mo M	1,694,000	1.75	2.75	6.00	20.00
1890Mo M	Inc. above	1.50	2.00	5.00	20.00
1891Mo M	1,030,000	1.75	2.00	5.00	20.00
1892Mo M	1,400,000	1.75	2.00	5.00	20.00
1892Mo M 9/	Inc. above	2.00	2.75	7.50	20.00
inverted 9					
1893Mo M	220,000	1.75	2.00	5.00	15.00
1894Mo M	320,000	1.75	2.00	5.00	15.00
1895Mo M	78,000	3.00	5.00	8.00	25.00
1896Mo B	80,000	1.75	2.00	5.00	20.00
1897Mo B	160,000	1.75	2.00	5.00	15.00

KM# 398.8 5 CENTAVOS
1.35 g., 0.903 Silver, 0.0393 oz. ASW **Obv.** Facing
eagle, snake in beak **Rev:** Value within 1/2 wreath
Obv. Legend: REPUBLICA MEXICANA **Mint:**
Oaxaca

Date	Mintage	F12	VF20	XF40	MS60
1890Oa E Rare	48,000	—	—	—	—
1890Oa N	Inc. above	65.00	125	200	350

KM# 398.9 5 CENTAVOS
1.35 g., 0.903 Silver, 0.0393 oz. ASW **Obv.** Facing
eagle, snake in beak **Rev:** Value within 1/2 wreath
Mint: San Luis Potosi **Note:** Varieties exist.

Date	Mintage	F12	VF20	XF40	MS60
1869Pi S	—	375	500	625	—
1870Pi G/MoC	20,000	190	325	500	—
1870Pi O	Inc. above	250	375	575	—
1871Pi O Rare	5,400	—	—	—	—
1872Pi O	—	75.00	100	175	400
1873Pi Rare	5,000	—	—	—	—
1874Pi H	—	30.00	50.00	100	225
1875Pi H	—	7.50	12.50	30.00	75.00
1876Pi H	—	10.00	20.00	45.00	100
1877Pi H	—	7.50	12.50	20.00	60.00
1878/7Pi H Rare	—	—	—	—	—
1878Pi H	—	60.00	90.00	150	300
1879 H	—	200	400	—	—
1880Pi H Rare	6,200	—	—	—	—
1881Pi H Rare	4,500	—	—	—	—
1886Pi R	33,000	12.50	25.00	50.00	125
1887/0Pi R	169,000	4.00	7.50	15.00	45.00
1887Pi R	Inc. above	3.00	5.00	10.00	32.00
1888Pi R	210,000	2.00	4.00	9.00	30.00
1889/7Pi R	197,000	2.50	5.00	10.00	32.00
1889Pi R	Inc. above	2.00	4.00	9.00	30.00
1890Pi R	221,000	2.00	3.00	6.00	25.00
1891/89Pi R/B	176,000	2.00	4.00	8.00	25.00
1891/0Pi R/B	—	2.00	4.00	8.00	25.00
1891Pi R	Inc. above	2.00	3.00	6.00	25.00
1892/89Pi R	182,000	2.00	4.00	8.00	25.00
1892/0Pi R	Inc. above	2.00	4.00	8.00	25.00
1892Pi R	Inc. above	2.00	3.00	6.00	20.00
1893Pi R	41,000	5.00	10.00	20.00	60.00

KM# 398.10 5 CENTAVOS
1.35 g., 0.903 Silver, 0.0393 oz. ASW **Obv.** Facing

eagle, snake in beak **Rev:** Value within 1/2 wreath **Mint:** Zacatecas

Date	Mintage	F12	VF20	XF40	MS60
1870Zs H	40,000	12.50	25.00	50.00	125
1871Zs H	40,000	12.50	25.00	50.00	125
1872Zs H	40,000	12.50	25.00	50.00	125
1873/2Zs H	20,000	35.00	65.00	125	275
1873Zs H	Inc. above	25.00	50.00	100	250
1874Zs H	—	7.50	12.50	25.00	75.00
1874Zs A	—	40.00	75.00	150	300
1875Zs A	—	7.50	12.50	25.00	75.00
1876Zs A	—	50.00	75.00	150	500
1876/5Zs S	—	15.00	30.00	60.00	150
1876Zs S	—	12.50	25.00	50.00	125
1877Zs S	—	3.00	6.00	12.00	40.00
1878Zs S	60,000	3.00	6.00	12.00	40.00
1879/8Zs S	—	3.00	6.00	15.00	50.00
1879Zs S	—	3.00	6.00	12.00	40.00
1880/79Zs S	130,000	6.00	10.00	20.00	60.00
1880Zs S	Inc. above	5.00	8.00	16.00	45.00
1881Zs S	210,000	2.50	5.00	10.00	35.00
1886/4Zs S	360,000	6.00	10.00	20.00	60.00
1886Zs S	Inc. above	2.00	3.00	6.00	20.00
1886Zs Z	Inc. above	5.00	10.00	25.00	65.00
1887Zs Z	400,000	2.00	3.00	6.00	25.00
1888/7Zs Z	500,000	2.00	3.00	6.00	25.00
1888Zs Z	Inc. above	2.00	3.00	6.00	25.00
1889Zs Z	520,000	2.00	3.00	6.00	25.00
1889Zs Z 9/ inverted 9	Inc. above	2.00	3.00	6.00	25.00
1889Zs Z/MoM	Inc. above	2.00	3.00	6.00	25.00
1890Zs Z	580,000	1.75	2.50	5.00	20.00
1890Zs Z/MoM	Inc. above	2.00	3.00	6.00	25.00
1890Zs ZsZ 9/8	—	2.00	3.00	6.00	25.00
1890Zs ZsZ 0/9 Z/M	—	2.00	3.00	6.00	25.00
1891Zs Z	420,000	1.75	2.50	5.00	20.00
1892Zs Z	346,000	1.75	2.50	5.00	20.00
1893Zs Z	258,000	1.75	2.50	5.00	20.00
1894Zs ZoZ Error	Inc. above	2.00	4.00	8.00	30.00
1894Zs Z	228,000	1.75	2.50	5.00	20.00
1895Zs Z	260,000	1.75	2.50	5.00	20.00
1895/4Zs ZsZ	—	2.00	3.00	6.00	25.00
1896Zs Z	200,000	1.75	2.50	5.00	20.00
1896Zs 6/ inverted 6	Inc. above	2.00	3.00	6.00	25.00
1897/6Zs Z	200,000	2.00	3.00	6.00	25.00
1897Zs Z	Inc. above	1.75	2.50	5.00	20.00

KM# 399 5 CENTAVOS
Copper-Nickel, **Obv.** Crossed bow and quiver above date **Rev:** Value within wreath **Obv. Legend:** REPUBLICA MEXICANA **Mint:** Mexico City

Date	Mintage	F12	VF20	XF40	MS60	MS63
1882	Inc. above	0.50	1.00	2.50	7.50	—
1883	Inc. above	25.00	50.00	80.00	250	—

KM# 400 5 CENTAVOS
1.35 g., 0.9027 Silver, 0.0393 oz. ASW 14mm.

Obv. Facing eagle, snake in beak **Rev:** Value within 1/2 wreath **Obv. Legend:** REPUBLICA MEXICANA **Mint:** Culiacan **Note:** Varieties exist.

Date	Mintage	F12	VF20	XF40	MS60	MS63
1898Cn M	44,000	2.00	5.00	10.00	25.00	—
1899Cn M	111,000	7.00	10.00	25.00	60.00	—
1899Cn Q	Inc. above	2.00	3.00	5.00	18.00	—
1900/800Cn Q	239,000	4.00	6.00	15.00	36.00	—
1900Cn Q	Inc. above	2.00	4.00	7.00	20.00	—
Note: Round Q, single tail						
1900Cn Q	Inc. above	2.00	4.00	7.00	20.00	—
Note: Narrow C, oval Q Cn						
1901Cn Q	148,000	2.00	4.00	7.00	25.00	30.00
1902Cn Q	262,000	2.00	4.00	7.00	20.00	25.00
Note: Narrow C, heavy serifs						
1902Cn Q	Inc. above	2.00	4.00	7.00	20.00	25.00
Note: Wide C, light serifs						
1903/1Cn Q	331,000	2.50	4.00	7.00	20.00	25.00
1903Cn Q	Inc. above	2.00	3.00	5.00	18.00	23.00
1903Cn V	Inc. above	2.00	3.00	5.00	18.00	23.00
1904Cn H	352,000	2.00	2.75	6.00	20.00	25.00
1904Cn H/C	—	2.00	3.00	6.00	20.00	25.00

KM# 400.1 5 CENTAVOS
1.35 g., 0.9027 Silver, 0.0393 oz. ASW **Obv.** Facing eagle, snake in beak **Rev:** Value within 1/2 wreath **Mint:** Guanajuato **Note:** Varieties exist.

Date	Mintage	F12	VF20	XF40	MS60	MS63
1898Go R	180,000	7.50	15.00	30.00	75.00	—
Note: Mule, gold peso obverse						
1899Go R	260,000	1.75	2.50	4.50	15.00	—
1900Go R	200,000	1.75	2.50	4.50	15.00	—

KM# 400.2 5 CENTAVOS
1.35 g., 0.9027 Silver, 0.0393 oz. ASW 15mm. **Obv.** Facing eagle, snake in beak **Rev:** Value within 1/2 wreath **Edge:** Reeded **Mint:** Mexico City

Date	Mintage	F12	VF20	XF40	MS60	MS63
1898Mo M	80,000	2.50	5.00	8.00	30.00	—
1899Mo M	168,000	2.00	3.00	5.00	18.00	—
1900/800 Mo M	300,000	5.00	8.00	12.00	36.00	—
1900Mo M	Inc. above	2.00	3.00	5.00	18.00	—
1901Mo M	100,000	2.00	3.00	8.00	23.00	25.00
1902/1Mo MoM	—	2.00	4.00	10.00	23.00	25.00
1902Mo M	144,000	1.50	2.50	7.00	18.00	20.00
1903Mo M	500,000	1.50	2.50	6.00	15.00	18.00
1904/804 Mo M	1,090,000	2.00	4.00	7.00	18.00	18.00
1904Mo M	Inc. above	2.00	4.00	7.00	15.00	20.00
1905Mo M	344,000	2.00	4.00	8.00	18.00	20.00

KM# 400.3 5 CENTAVOS
1.35 g., 0.9027 Silver, 0.0393 oz. ASW **Obv.** Facing eagle, snake in beak **Rev:** Value within 1/2 wreath **Mint:** Zacatecas

Date	Mintage	F12	VF20	XF40	MS60	MS63
1898Zs Z	100,000	2.00	2.75	5.00	15.00	—
1899Zs Z	50,000	2.50	4.00	8.00	25.00	—
1900Zs Z	55,000	2.00	3.00	6.00	20.00	—
1901Zs Z	40,000	2.50	5.00	11.00	30.00	35.00
1902/1Zs Z	34,000	2.50	5.00	11.00	28.00	30.00
1902Zs Z	Inc. above	2.00	5.00	11.00	35.00	40.00
1903Zs Z	217,000	1.50	2.50	7.00	18.00	22.00
1904Zs Z	191,000	2.00	3.00	7.00	18.00	22.00

Date	Mintage	F12	VF20	XF40	MS60	MS63
1904Zs M	Inc. above	4.00	10.00	18.00	60.00	75.00
1905Zs M	46,000	10.00	25.00	50.00	200	250
1905Zs M	Inc. above	75.00	125	250	600	900
Repullica; Rare						

KM# 401.1 10 CENTAVOS
2.71 g., 0.903 Silver, 0.0786 oz. ASW **Obv.** Facing eagle, snake in beak **Rev:** Value within wreath **Mint:** Chihuahua **Note:** Previous KM#401.

Date	Mintage	F12	VF20	XF40	MS60	MS63
1868/7Ca	—	30.00	60.00	150	550	—
1868Ca	—	30.00	60.00	150	550	—
1869Ca	15,000	25.00	50.00	125	600	—
1870Ca	17,000	22.50	45.00	100	550	—

KM# 401.2 10 CENTAVOS
2.71 g., 0.903 Silver, 0.0786 oz. ASW **Obv.** Facing eagle, snake in beak **Rev:** Value and date within wreath **Obv. Legend:** REPUBLICA MEXICANA **Mint:** San Luis Potosi

Date	Mintage	F12	VF20	XF40	MS60	MS63
1863SLP	—	75.00	150	275	900	—

KM# 402 10 CENTAVOS
2.71 g., 0.903 Silver, 0.0786 oz. ASW **Obv.** Facing eagle, snake in beak **Rev:** Radiant cap **Mint:** Mexico City

Date	Mintage	F12	VF20	XF40	MS60	MS63
1867/3Mo	—	50.00	100	200	550	—
1867Mo	—	20.00	50.00	150	450	—
1868/7Mo	—	20.00	50.00	175	500	—
1868Mo	—	20.00	55.00	175	500	—

KM# 402.1 10 CENTAVOS
2.71 g., 0.903 Silver, 0.0786 oz. ASW **Obv.** Facing eagle, snake in beak **Rev:** Radiant cap **Obv. Legend:** REPUBLICA MEXICANA **Mint:** San Luis Potosi

Date	Mintage	F12	VF20	XF40	MS60	MS63
1868/7P	38,000	50.00	95.00	200	675	—
1868P	Inc. above	25.00	45.00	125	575	—
1869/7P	4,900	60.00	130	275	825	—

KM# 403 10 CENTAVOS
2.71 g., 0.903 Silver, 0.0786 oz. ASW **Obv.** Facing eagle, snake in beak **Rev:** Value within 1/2 wreath **Mint:** Alamos **Note:** Varieties exist.

Date	Mintage	F12	VF20	XF40	MS60	MS63
1874As DL	—	20.00	40.00	80.00	175	—
1875As L	—	5.00	10.00	25.00	90.00	—
1876As L	—	10.00	18.00	40.00	110	—
1878As L	—	5.00	10.00	30.00	100	—
1878/7As L	—	10.00	18.00	45.00	120	—
1879As L	—	10.00	18.00	40.00	110	—
1880As L	13,000	10.00	18.00	40.00	110	—
1882As L	22,000	10.00	18.00	40.00	110	—
1883As L	8,520	25.00	50.00	100	225	—
1884As L	—	7.50	12.50	35.00	100	—
1885As L	15,000	7.50	12.50	35.00	100	—

Date	Mintage	F12	VF20	XF40	MS60	MS63
1886As L	45,000	7.50	12.50	35.00	100	—
1887As L	15,000	7.50	12.50	35.00	100	—
1888As L	38,000	7.50	12.50	35.00	100	—
1889As L	20,000	7.50	12.50	35.00	100	—
1890As L	40,000	7.50	12.50	35.00	100	—
1891As L	38,000	7.50	12.50	35.00	100	—
1892As L	57,000	5.00	10.00	25.00	90.00	—
1893As L	70,000	10.00	18.00	40.00	110	—

Note: An 1891 As L over 1889 HoG exists which was evidently produced at the Alamos Mint using dies sent from the Hermosillo Mint

KM# 403.1 10 CENTAVOS
2.71 g., 0.903 Silver, 0.0786 oz. ASW **Obv.** Facing eagle, snake in beak **Rev:** Value within 1/2 wreath **Mint:** Chihuahua **Note:** Mint mark CH, Ca. Varieties exist.

Date	Mintage	F12	VF20	XF40	MS60
1871 M	8,150	15.00	30.00	60.00	150
1873 M Crude date	—	35.00	75.00	125	175
1874 M	—	10.00	17.50	35.00	100
1880/70 G	7,620	20.00	40.00	80.00	175
1880 G/g	Inc. above	15.00	25.00	50.00	125
1881 Rare	340	—	—	—	—
1883 M	9,000	10.00	20.00	40.00	125
1884/73	—	5.00	30.00	60.00	150
1884 M	—	10.00	20.00	40.00	125
1886 M	45,000	7.50	12.50	30.00	100
1887/3 M/G	96,000	5.00	10.00	20.00	75.00
1887 M/G	—	4.00	6.00	12.00	75.00
1887 M	Inc. above	4.00	6.00	12.00	75.00
1888 M/G	—	4.00	6.00	12.00	75.00
1888 M	299,000	3.00	5.00	9.00	75.00
1888 Ca/Mo	Inc. above	3.00	5.00	9.00	75.00
1889 M	Inc. above	4.00	6.00	12.00	75.00
Note: Small 89 (5 Centavo font)					
1889/8 M	115,000	4.00	6.00	12.00	75.00
1890/80 M	140,000	4.00	6.00	12.00	75.00
1890/89 M	Inc. above	4.00	6.00	12.00	75.00
1890 M	Inc. above	3.00	5.00	11.00	75.00
1891 M	163,000	3.00	5.00	11.00	75.00
1892 M 9/ inverted 9	Inc. above	4.00	6.00	12.00	75.00
1892 M	169,000	3.00	5.00	11.00	75.00
1893 M	246,000	3.00	5.00	11.00	75.00
1894 M	163,000	3.00	5.00	11.00	75.00
1895 M	127,000	3.00	5.00	11.00	75.00

KM# 403.2 10 CENTAVOS
2.71 g., 0.903 Silver, 0.0786 oz. ASW **Obv.** Facing eagle, snake in beak **Rev:** Value within 1/2 wreath **Mint:** Culiacan

Date	Mintage	F12	VF20	XF40	MS60
1871Cn P Rare	—	—	—	—	—
1873Cn P	8,732	20.00	50.00	100	225
1881Cn D	9,440	75.00	175	325	500
1882Cn D	12,000	75.00	125	200	400
1885Cn M	18,000	25.00	50.00	100	200
Note: Mule, gold 2-1/2 peso obverse					
1886Cn M	13,000	50.00	100	150	300
Note: Mule, gold 2-1/2 peso obverse					
1887Cn M	11,000	20.00	40.00	75.00	175
1888Cn M	56,000	5.00	10.00	25.00	125
1889Cn M	42,000	5.00	10.00	20.00	75.00
1890Cn M	132,000	4.00	6.00	12.00	75.00
1891Cn M	84,000	5.00	10.00	20.00	75.00
1892/1Cn M	37,000	5.00	9.00	17.00	75.00
1892Cn M	Inc. above	4.00	7.00	14.00	75.00
1894Cn M	43,000	4.00	7.00	14.00	75.00
1895Cn M	23,000	4.00	7.00	14.00	60.00
1896Cn M	121,000	3.00	5.00	9.00	50.00

KM# 403.3 10 CENTAVOS
2.71 g., 0.903 Silver, 0.0786 oz. ASW **Obv.** Facing eagle, snake in beak **Rev:** Value within 1/2 wreath **Mint:** Durango

Date	Mintage	F12	VF20	XF40	MS60
1878Do E	2,500	100	175	300	600
1879Do B Rare	—	—	—	—	—
1880/70Do B Rare	—	—	—	—	—
1880/79Do B Rare	—	—	—	—	—
1884Do C	—	30.00	60.00	100	225
1886Do C	13,000	75.00	150	300	500
1887Do C	81,000	5.00	9.00	17.00	100
1888Do C	31,000	7.00	13.00	32.00	100
1889Do C	55,000	5.00	9.00	17.00	100
1890Do C	50,000	5.00	9.00	17.00	100
1891Do P	139,000	3.00	5.00	10.00	80.00
1892Do P	212,000	3.00	5.00	10.00	80.00
1892Do D	Inc. above	3.00	5.00	10.00	80.00
1893Do D	258,000	3.00	5.00	10.00	80.00
1893Do D/C	Inc. above	4.00	6.00	12.00	80.00
1894Do D	184,000	2.50	4.00	8.00	80.00
1894Do D/C	Inc. above	3.00	5.00	10.00	80.00
1895Do D	142,000	2.50	4.00	8.00	80.00

KM# 403.4 10 CENTAVOS
2.71 g., 0.903 Silver, 0.0786 oz. ASW **Obv.** Facing eagle, snake in beak **Rev:** Value within 1/2 wreath **Mint:** Guadalajara **Note:** Varieties exist.

Date	Mintage	F12	VF20	XF40	MS60
1871Ga C	4,734	75.00	125	200	500
1873/1Ga C	25,000	10.00	15.00	35.00	150
1873Ga C	Inc. above	10.00	15.00	35.00	150
1874Ga C	—	10.00	15.00	35.00	150
1877Ga A	—	10.00	15.00	30.00	150
1881Ga S	115,000	6.00	11.00	27.50	150
1883Ga B	90,000	5.00	9.00	17.00	90.00
1884Ga B	—	6.00	11.00	22.50	90.00
1884Ga H	—	4.00	6.00	12.00	90.00
1884Ga B/S	—	7.00	14.00	27.50	90.00
1885Ga H	93,000	4.00	6.00	12.00	90.00
1886Ga S	151,000	4.00	5.00	11.00	90.00
1887Ga S	162,000	2.50	4.00	8.00	90.00
1888Ga S	225,000	2.50	4.00	8.00	90.00
1888Ga GaS/HoG	Inc. above	2.50	4.00	8.00	90.00
1889Ga S	310,000	2.50	4.00	8.00	40.00
1890Ga S	303,000	2.50	4.00	8.00	40.00
1891Ga S	199,000	6.00	11.00	22.50	45.00
1892Ga S	329,000	2.50	4.00	8.00	40.00
1893Ga S	225,000	2.50	4.00	8.00	40.00
1894Ga S	243,000	4.00	7.00	14.00	40.00
1895Ga S	80,000	2.50	4.00	8.00	40.00

KM# 403.5 10 CENTAVOS
2.71 g., 0.903 Silver, 0.0786 oz. ASW **Obv.** Facing eagle, snake in beak **Rev:** Value within 1/2 wreath **Mint:** Guanajuato **Note:** Varieties exist.

Date	Mintage	F12	VF20	XF40	MS60
1869Go S	7,000	20.00	40.00	80.00	200
1871/0Go S	60,000	15.00	25.00	50.00	125
1872Go S	60,000	15.00	25.00	50.00	125
1873Go S	50,000	15.00	25.00	50.00	125
1874Go S	—	15.00	25.00	50.00	125
1875Go S	—	250	350	500	800
1876Go S	—	10.00	20.00	40.00	100
1877Go S	—	80.00	120	200	400
1878/7Go S	10,000	10.00	20.00	45.00	110
1878Go S	Inc. above	7.50	12.00	20.00	75.00
1879Go S	—	7.50	12.00	20.00	75.00
1880Go S	—	100	200	300	450
1881/71Go S	100,000	4.00	6.00	12.00	75.00
1881/0Go S	Inc. above	5.00	6.00	12.00	75.00
1881Go S	Inc. above	4.00	6.00	12.00	75.00

Date	Mintage	F12	VF20	XF40	MS60
1882/1Go S	40,000	4.00	7.00	14.00	75.00
1883Go B	—	4.00	6.00	12.00	75.00
1884Go B	—	2.50	4.00	8.00	75.00
1884Go S	—	7.00	14.00	27.50	90.00
1885Go R	100,000	2.50	4.00	8.00	75.00
1886Go R	95,000	4.00	6.00	12.00	75.00
1887Go R	330,000		6.00	12.00	75.00
1888Go R	270,000	2.50	4.00	8.00	75.00
1889Go R	205,000	3.00	5.00	10.00	75.00
1889Go GoR/HoG	Inc. above	4.00	6.00	12.00	75.00
1890Go R	270,000	2.50	4.00	8.00	35.00
1890Go GoR/Cn M	Inc. above	2.50	4.00	8.00	35.00
1891Go R	523,000	2.50	4.00	8.00	35.00
1891Go R/G	—	2.50	4.00	8.00	35.00
1891Go GoR/HoG	Inc. above	2.50	4.00	8.00	35.00
1892Go R	440,000	2.50	4.00	8.00	35.00
1893/1Go R	389,000	4.00	6.00	12.00	35.00
1893Go R	Inc. above	2.50	4.00	8.00	35.00
1894Go R	400,000	2.50	4.00	7.00	35.00
1895Go R	355,000	2.50	4.00	7.00	35.00
1896Go R	190,000	2.50	4.00	7.00	35.00
1897Go R	205,000	2.50	4.00	7.00	35.00

KM# 403.6 10 CENTAVOS
2.71 g., 0.903 Silver, 0.0786 oz. ASW **Obv.** Facing eagle, snake in beak **Rev:** Value within 1/2 wreath **Mint:** Hermosillo

Date	Mintage	F12	VF20	XF40	MS60
1874Ho R	—	30.00	60.00	100	200
1876Ho F	3,140	200	300	450	750
1878Ho A	—	6.00	11.00	17.00	85.00
1879Ho A	—	25.00	50.00	90.00	175
1880Ho A	—	5.00	8.00	16.00	85.00
1881Ho A	28,000	5.00	9.00	19.00	85.00
1882/1Ho A	25,000	6.00	11.00	22.50	85.00
1882/1Ho a	Inc. above	7.00	14.00	27.50	85.00
1882Ho A	Inc. above	5.00	9.00	19.00	85.00
1883Ho	7,000	65.00	100	200	400
1884/3Ho M	—	10.00	20.00	40.00	90.00
1884Ho A	—	35.00	75.00	150	300
1884/3Ho M	—	7.50	15.00	30.00	85.00
1884Ho M	—	7.50	15.00	30.00	85.00
1885Ho M	21,000	12.50	25.00	50.00	100
1886Ho M Rare	10,000	—	—	—	—
1886Ho G	Inc. above	7.50	12.50	25.00	85.00
1887Ho G	—	25.00	50.00	75.00	150
1888Ho G	25,000	7.00	14.00	27.50	85.00
1889Ho G	42,000	5.00	8.00	14.00	85.00
1890Ho G	48,000	5.00	8.00	14.00	85.00
1891/80Ho G	136,000	5.00	8.00	14.00	85.00
1891/0Ho G	Inc. above	5.00	8.00	14.00	85.00
1891Ho G	Inc. above	5.00	8.00	14.00	85.00
1892Ho G	67,000	5.00	8.00	14.00	85.00
1893Ho G	67,000	5.00	8.00	14.00	85.00

KM# 403.7 10 CENTAVOS
2.71 g., 0.902 Silver, 0.0785 oz. ASW **Obv.** Facing eagle, snake in beak **Rev:** Value within 1/2 wreath **Obv. Legend:** REPUBLICA MEXICANA **Mint:** Mexico City **Note:** Varieties exist.

Date	Mintage	F12	VF20	XF40	MS60
1869/8Mo C	30,000	10.00	20.00	40.00	100

Date	Mintage	F12	VF20	XF40	MS60
1869Mo C	Inc. above	8.00	17.50	35.00	90.00
1870Mo C	110,000	5.00	9.00	17.00	50.00
1871Mo C	84,000	50.00	75.00	125	250
1871Mo M	Inc. above	12.00	17.50	45.00	125
1872/69Mo M	198,000	10.00	20.00	35.00	100
1872Mo M	Inc. above	5.00	9.00	17.00	65.00
1873Mo M	40,000	10.00	15.00	30.00	75.00
1874Mo M	—	6.00	11.00	22.50	65.00
1874Mo M/C	—	6.00	11.00	22.50	65.00
1874/64Mo B	—	6.00	11.00	22.50	65.00
1874Mo B/M	—	20.00	40.00	60.00	125
1874Mo B	—	6.00	11.00	17.00	65.00
1875Mo B	—	20.00	40.00	60.00	125
1876/5Mo B	—	5.00	7.00	12.00	65.00
1876/5Mo B/M	—	5.00	7.00	12.00	65.00
1877/6Mo M	—	5.00	7.00	12.00	65.00
1877/6Mo M/B	—	5.00	7.00	12.00	65.00
1877Mo M	—	5.00	7.00	12.00	65.00
1878/7Mo M	100,000	5.00	7.00	12.00	65.00
1878Mo M	Inc. above	5.00	7.00	12.00	65.00
1879/69Mo M	—	5.00	7.00	12.00	65.00
1879Mo M/C	—	5.00	7.00	12.00	65.00
1880/79Mo M	—	5.00	7.00	12.00	65.00
1881/0Mo M	510,000	5.00	7.00	12.00	35.00
1881Mo M	Inc. above	5.00	7.00	12.00	35.00
1882/1Mo M	550,000	5.00	7.00	12.00	35.00
1882Mo M	Inc. above	5.00	7.00	12.00	35.00
1883/2Mo M	250,000	5.00	7.00	12.00	35.00
1884Mo M	—	5.00	7.00	12.00	35.00
1885Mo M	470,000	5.00	7.00	12.00	35.00
1886Mo M	603,000	5.00	7.00	12.00	35.00
1887/6Mo M	—	5.00	7.00	12.00	35.00
1887Mo M	580,000	5.00	7.00	12.00	35.00
1888/7Mo MoM	710,000	5.00	7.00	12.00	35.00
1888Mo MoM	Inc. above	5.00	7.00	12.00	35.00
1888Mo MOM	Inc. above	5.00	7.00	12.00	35.00
1889/8Mo M	622,000	5.00	7.00	12.00	35.00
1889Mo M	Inc. above	5.00	7.00	12.00	35.00
1890/89Mo M	815,000	5.00	7.00	12.00	35.00
1890Mo M	Inc. above	5.00	7.00	12.00	35.00
1891Mo M	859,000	3.00	5.00	10.00	25.00
1892Mo M	1,030,000	3.00	5.00	10.00	25.00
1893Mo M	310,000	3.00	5.00	10.00	25.00
1893Mo M/C	Inc. above	3.00	5.00	10.00	25.00
1893Mo Mo/ Ho M/G	—	3.00	5.00	10.00	25.00
1894/3Mo M	—	6.00	11.00	22.50	60.00
1894Mo M	350,000	6.00	11.00	22.50	60.00
1895Mo M	320,000	3.00	5.00	10.00	25.00
1896Mo B/G	340,000	3.00	5.00	10.00	25.00
1896Mo M	Inc. above	35.00	70.00	100	150
1897Mo M	170,000	3.00	5.00	8.00	22.00

KM# 403.8 10 CENTAVOS
2.71 g., 0.903 Silver, 0.0786 oz. ASW **Obv.** Facing eagle, snake in beak **Rev:** Value within 1/2 wreath **Mint:** Oaxaca

Date	Mintage	F12	VF20	XF40	MS60
1889Oa E	21,000	225	425	650	—
1890Oa N Rare	Inc. above	—	—	—	—
1890Oa E	31,000	125	175	275	550

KM# 403.9 10 CENTAVOS
2.71 g., 0.903 Silver, 0.0786 oz. ASW **Obv.** Facing eagle, snake in beak **Rev:** Value within 1/2 wreath **Mint:** San Luis Potosi **Note:** Varieties exist.

Date	Mintage	F12	VF20	XF40	MS60
1869/8Pi S Rare	4,000	—	—	—	—
1870/69Pi O Rare	18,000	—	—	—	—
1870Pi G	Inc. above	125	200	325	600
1871Pi O	21,000	50.00	100	150	300
1872Pi O	16,000	150	225	350	650
1873Pi O Rare	4,750	—	—	—	—
1874Pi H	—	25.00	50.00	100	200
1875Pi H	—	75.00	125	200	400
1876Pi H	—	75.00	125	200	400
1877Pi H	—	75.00	125	200	400
1878Pi H	—	250	500	750	—
1879Pi H	—	—	—	—	—
1880Pi H	—	150	250	350	—
1881Pi H	7,600	250	350	500	—
1882Pi H Rare	4,000	—	—	—	—
1883Pi H	—	125	200	300	500
1884Pi H	—	25.00	50.00	100	200
1885Pi H	51,000	25.00	50.00	100	200
1885Pi C Rare	Inc. above	—	—	—	—
1886Pi C	52,000	15.00	30.00	60.00	150
1886Pi R	Inc. above	6.00	11.00	22.50	65.00
1887Pi R	118,000	4.00	7.00	14.00	50.00
1888Pi R	136,000	4.00	7.00	14.00	50.00
1889/8Pi R/G	—	9.00	14.00	22.50	60.00
1889/7Pi R	131,000	9.00	14.00	22.50	60.00
1890Pi R/G	—	4.00	6.00	12.00	40.00
1890Pi R	204,000	3.00	5.00	11.00	40.00
1891/89Pi R	163,000	4.00	7.00	14.00	40.00
1891Pi R	Inc. above	3.00	6.00	10.00	30.00
1892/0Pi R/G	—	4.00	6.00	12.00	40.00
1892/0Pi R	200,000	4.00	6.00	12.00	40.00
1892Pi R	Inc. above	3.00	4.00	7.00	40.00
1892Pi R/G	—	4.00	6.00	12.00	40.00
1893Pi R	48,000	9.00	11.00	20.00	60.00
1893Pi R/G	—	3.00	11.00	20.00	60.00

KM# 403.10 10 CENTAVOS
2.71 g., 0.903 Silver, 0.0786 oz. ASW **Obv.** Facing eagle, snake in beak **Rev:** Value within 1/2 wreath **Obv. Legend:** REPUBLICA MEXICANA **Mint:** Zacatecas **Note:** Varieties exist.

Date	Mintage	F12	VF20	XF40	MS60
1870Zs H	20,000	100	150	200	400
1871Zs H	Inc. above	—	—	—	—
1871/0Zs H	10,000	—	—	—	—
1872Zs H	10,000	150	200	275	500
1873Zs H	10,000	250	350	600	—
1874/3Zs H	—	50.00	75.00	150	300
1874Zs A	—	200	300	500	—
1875Zs A	—	6.00	11.00	27.50	100
1876Zs A	—	6.00	11.00	27.50	100
1876Zs S	—	100	200	300	500
1877Zs S Small S	—	7.50	12.50	25.00	100
1877Zs Regular S over small S	—	7.50	12.50	25.00	100
1877Zs S Regular S	—	7.50	12.50	25.00	100
1878Zs S	Inc. above	6.00	11.00	22.50	80.00
1878/7Zs S	30,000	6.00	11.00	22.50	80.00
1879Zs S	—	6.00	11.00	22.50	80.00
1880Zs S	—	6.00	11.00	22.50	80.00
1881/0Zs S	120,000	5.00	8.00	15.00	50.00
1881Zs S	Inc. above	5.00	8.00	15.00	50.00
1882/1Zs S	64,000	12.50	25.00	50.00	125
1882Zs S	Inc. above	12.50	25.00	50.00	125
1883/73Zs S	102,000	4.00	6.00	12.00	50.00
1883Zs S	Inc. above	4.00	6.00	12.00	50.00
1884/3Zs S	—	4.00	6.00	12.00	50.00

Date	Mintage	F12	VF20	XF40	MS60
1884Zs S	—	4.00	6.00	12.00	50.00
1885Zs S Small S Inc. above		4.00	6.00	12.00	50.00
in mint mark					
1885Zs S	297,000	3.00	5.00	9.00	50.00
1885Zs Z	Inc. above	5.00	10.00	19.00	65.00
Note: Without assayers initials, error					
1886Zs S	274,000	3.00	5.00	9.00	30.00
1886Zs Z	Inc. above	12.50	25.00	50.00	125
1887Zs Z Z Error	Inc. above	5.00	11.00	27.50	100
1887Zs ZsZ	233,000	3.00	5.00	9.00	30.00
1888Zs Z Z Error	Inc. above	5.00	11.00	27.50	100
1888Zs ZsZ	270,000	3.00	5.00	9.00	30.00
1889/7Zs Z/S	240,000	6.00	9.00	15.00	40.00
1889Zs ZS	Inc. above	3.00	6.00	12.00	30.00
1889Zs Z/G	—	3.00	6.00	12.00	30.00
1889Zs Z	Inc. above	3.00	5.00	9.00	30.00
1890Zs Z Z Error	Inc. above	5.00	11.00	27.50	100
1890Zs ZsZ	410,000	4.00	6.00	11.00	30.00
1891Zs ZsZ	Inc. above	4.00	6.00	11.00	30.00
Double s					
1891Zs Z	1,105,000	3.00	5.00	9.00	30.00
1892Zs Z	1,102,000	3.00	5.00	9.00	30.00
1892Zs Z/G	—	4.00	6.00	11.00	30.00
1893/2Zs Z	—	4.00	6.00	12.00	40.00
1893Zs Z	1,010,999	3.00	5.00	9.00	25.00
1894Zs Z	892,000	3.00	5.00	9.00	30.00
1895Zs Z 9/5	—	4.00	6.00	12.00	30.00
1895Zs Z	920,000	3.00	5.00	9.00	30.00
1896/5Z S/O Z/G	—	4.00	6.00	12.00	30.00
1896/5Zs Z/G	—	3.00	5.00	9.00	30.00
1896/5Zs Z/G	—	3.00	5.00	9.00	30.00
1896/5Zs ZsZ	700,000	3.00	5.00	9.00	30.00
1896Zs ZsZ	Inc. above	3.00	5.00	9.00	30.00
1896Zs Z Z Error	Inc. above	5.00	11.00	27.50	100
1897/6Zs Z Z	Inc. above	5.00	11.00	27.50	100
Error					
1897/6Zs ZsZ	900,000	4.00	7.00	12.00	30.00
1897Zs Z	Inc. above	3.00	5.00	9.00	30.00

KM# 404   10 CENTAVOS

2.71 g., 0.903 Silver, 0.0786 oz. ASW **Obv.** Facing eagle, snake in beak **Rev:** Value within 1/2 wreath **Obv. Legend:** REPUBLICA MEXICANA **Mint:** Culiacan **Note:** Varieties exist.

Date	Mintage	F12	VF20	XF40	MS60	MS63
1898Cn M	9,870	50.00	100	200	500	—
1899Cn	Inc. above	5.00	7.50	25.00	100	—
Q Oval Q,						
double tail						
1899Cn Q	80,000	5.00	7.50	25.00	100	—
Round Q,						
single tail						
1900Cn Q	180,000	3.75	4.25	9.50	30.00	—
1901Cn Q	235,000	2.75	3.25	7.00	25.00	28.00
1902Cn Q	186,000	2.75	3.25	7.00	25.00	28.00
1903Cn Q	256,000	2.75	3.25	7.00	25.00	28.00
1903Cn V	Inc. above	2.75	3.25	7.00	25.00	28.00
1904Cn H	307,000	2.75	3.25	7.00	25.00	28.00

KM# 404.1   10 CENTAVOS

2.71 g., 0.903 Silver, 0.0786 oz. ASW **Obv.** Facing eagle, snake in beak **Rev:** Value within 1/2 wreath **Mint:** Guanajuato

Date	Mintage	F12	VF20	XF40	MS60	MS63
1898Go R	435,000	3.00	4.50	9.00	20.00	—
1899Go R	270,000	3.00	4.50	9.00	25.00	—
1900Go R	130,000	7.50	12.50	25.00	60.00	—

KM# 404.2   10 CENTAVOS

2.71 g., 0.903 Silver, 0.0786 oz. ASW **Obv.** Facing eagle, snake in beak **Rev:** Value within 1/2 wreath **Obv. Legend:** REPUBLICA MEXICANA **Mint:** Mexico City

Date	Mintage	F12	VF20	XF40	MS60	MS63
1898Mo M	130,000	3.75	6.00	10.00	27.50	—
1899Mo M	190,000	3.75	6.00	10.00	27.50	—
1900Mo M	311,000	3.75	6.00	10.00	27.50	—
1901Mo M	80,000	2.75	3.50	8.00	27.00	30.00
1902Mo M	181,000	2.75	3.50	8.00	25.00	28.00
1903Mo M	581,000	2.75	3.50	8.00	22.00	25.00
1904Mo	Inc.	3.00	7.00	14.00	35.00	40.00
MM (Error)	above					
1904Mo M	1,266,000	2.75	3.50	6.00	22.00	25.00
1905Mo M	266,000	3.00	5.00	10.00	25.00	28.00

KM# 404.3   10 CENTAVOS

2.71 g., 0.902 Silver, 0.0785 oz. ASW **Obv.** Facing eagle, snake in beak **Rev:** Value within 1/2 wreath **Mint:** Zacatecas

Date	Mintage	F12	VF20	XF40	MS60	MS63
1898Zs Z	240,000	3.75	6.00	15.00	30.00	—
1899Zs Z	105,000	3.75	6.00	18.00	35.00	—
1900Zs Z	219,000	10.00	14.00	27.50	60.00	—
1901Zs Z	70,000	3.00	7.00	18.00	45.00	60.00
1902Zs Z	120,000	3.00	7.00	14.00	30.00	35.00
1903Zs Z	228,000	2.75	4.00	12.00	25.00	28.00
1904Zs Z	368,000	2.75	4.00	12.00	25.00	28.00
1904Zs M	Inc. above	2.75	4.00	15.00	60.00	85.00
1905Zs M	66,000	10.00	27.50	70.00	200	275

KM# 405   20 CENTAVOS

5.42 g., 0.903 Silver, 0.1572 oz. ASW **Obv.** Facing eagle, snake in beak **Rev:** Value within 1/2 wreath **Mint:** Culiacan

Date	Mintage	F12	VF20	XF40	MS60	MS63
1898Cn M	114,000	5.50	11.50	36.00	145	—
1899Cn M	44,000	12.00	20.00	45.00	225	—
1899Cn Q	Inc. above	20.00	35.00	100	250	—
1900Cn Q	68,000	6.50	12.50	35.00	140	—
1901Cn Q	185,000	6.00	12.00	25.00	130	150
1902/802Cn Q	98,000	6.00	12.00	25.00	130	150
1902Cn Q	Inc. above	6.00	12.00	25.00	130	150
1903Cn Q	93,000	6.00	12.00	25.00	130	150
1904Cn H	258,000	6.00	12.00	25.00	130	150

KM# 405.1   20 CENTAVOS

5.42 g., 0.9027 Silver, 0.1572 oz. ASW **Obv.** Facing eagle, snake in beak **Rev:** Value within 1/2 wreath **Obv. Legend:** REPUBLICA MEXICANA **Mint:** Guanajuato

Date	Mintage	F12	VF20	XF40	MS60	MS63
1898Go R	135,000	7.00	12.00	25.00	115	—
1899Go R	215,000	7.00	12.00	25.00	115	—
1900/800Go R	38,000	12.00	22.00	65.00	265	—

KM# 405.2 20 CENTAVOS
5.42 g., 0.903 Silver, 0.1572 oz. ASW **Obv.** Facing eagle, snake in beak **Rev:** Value within 1/2 wreath **Mint:** Mexico City **Note:** Varieties exist.

Date	Mintage	F12	VF20	XF40	MS60	MS63
1898Mo M	150,000	7.50	12.00	25.00	140	—
1899Mo M	425,000	7.50	12.00	25.00	140	—
1900/800Mo M	295,000	7.50	12.00	25.00	140	—
1901Mo M	110,000	6.00	12.00	25.00	110	125
1902Mo M	120,000	6.00	12.00	25.00	110	125
1903Mo M	213,000	6.00	12.00	25.00	110	125
1904Mo M	276,000	6.00	12.00	25.00	110	125
1905Mo M	117,000	6.00	20.00	45.00	160	190

KM# 405.3 20 CENTAVOS
5.42 g., 0.9027 Silver, 0.1572 oz. ASW **Obv.** Facing eagle, snake in beak **Rev:** Value within 1/2 wreath **Obv. Legend:** REPUBLICA MEXICANA **Mint:** Zacatecas

Date	Mintage	F12	VF20	XF40	MS60	MS63
1898Zs Z	195,000	8.00	14.00	30.00	115	—
1899Zs Z	210,000	8.00	14.00	30.00	115	—
1900/800Zs Z	97,000	8.00	14.00	50.00	215	—
1901Zs Z	Inc. above	6.00	12.00	25.00	130	150
1901/0Zs Z	130,000	50.00	75.00	175	500	600
1902Zs Z	105,000	6.00	12.00	50.00	400	550
1903Zs Z	143,000	6.00	12.00	25.00	130	150
1904Zs Z	246,000	6.00	12.00	25.00	130	150
1904Zs M	Inc. above	6.00	15.00	40.00	300	350
1904/804Zs	—	20.00	50.00	125	350	500
1905Zs M	59,000	12.00	85.00		125	1,100	1,400

KM# 406 25 CENTAVOS
6.77 g., 0.903 Silver, 0.1965 oz. ASW **Obv.** Facing eagle, snake in beak **Rev:** Radiant cap above scales **Mint:** Alamos **Note:** Mint mark A, As.

Date	Mintage	F12	VF20	XF40	MS60	MS63
1874 L	—	20.00	40.00	90.00	200	—
1875 L	—	15.00	30.00	70.00	200	—
1876 L	—	30.00	50.00	100	200	—
1877 L	11,000	200	300	500	—	—
1877.	Inc. above	10.00	25.00	60.00	200	—
1878 L	25,000	10.00	25.00	60.00	200	—
1879 L	—	10.00	25.00	60.00	200	—
1880 L	—	10.00	25.00	60.00	200	—
1880. L	—	10.00	25.00	60.00	200	—

Date	Mintage	F12	VF20	XF40	MS60	MS63
1881 L	8,800	500	700	—	—	—
1882 L	7,777	15.00	35.00	80.00	200	—
1883 L	28,000	10.00	25.00	60.00	200	—
1884 L	—	10.00	25.00	60.00	200	—
1885 L	—	20.00	40.00	90.00	200	—
1886 L	46,000	15.00	30.00	70.00	200	—
1887 L	12,000	12.50	27.50	65.00	200	—
1888 L	20,000	12.50	27.50	65.00	200	—
1889 L	14,000	12.50	27.50	65.00	200	—
1890 L	23,000	10.00	25.00	60.00	200	—

KM# 406.1 25 CENTAVOS
6.77 g., 0.903 Silver, 0.1965 oz. ASW **Obv.** Facing eagle, snake in beak **Rev:** Radiant cap above scales **Mint:** Chihuahua **Note:** Mint mark CA, CH, Ca.

Date	Mintage	F12	VF20	XF40	MS60
1871 M	18,000	25.00	50.00	100	200
1872 M Very crude date	24,000	50.00	100	150	300
1883 M	12,000	10.00	25.00	50.00	175
1885/3 M	35,000	10.00	25.00	50.00	175
1885 M	Inc. above	10.00	25.00	50.00	175
1886 M	22,000	10.00	25.00	50.00	175
1887/6 M	26,000	10.00	15.00	30.00	175
1887 M	Inc. above	10.00	15.00	30.00	175
1888 M	14,000	10.00	25.00	50.00	175
1889 M	50,000	10.00	15.00	30.00	175

KM# 406.2 25 CENTAVOS
6.77 g., 0.903 Silver, 0.1965 oz. ASW **Obv.** Facing eagle, snake in beak **Rev:** Radiant cap above scales **Mint:** Culiacan

Date	Mintage	F12	VF20	XF40	MS60
1871Cn P	—	250	500	750	—
1872Cn P	2,780	300	550	800	—
1873Cn P	20,000	100	150	250	500
1874Cn P	—	20.00	50.00	125	250
1875Cn P	—	250	500	750	—
1876Cn P Rare	—	—	—	—	—
1878/7Cn D/S	—	100	150	250	500
1878Cn Cn/Go D/S	—	100	150	250	500
1878Cn D	—	100	150	250	500
1879Cn D	—	15.00	35.00	70.00	175
1880Cn D	—	250	500	750	—
1881/0Cn D	18,000	15.00	30.00	60.00	175
1882Cn D	—	200	350	600	—
1882Cn M Rare	—	—	—	—	—
1883Cn M	15,000	50.00	100	150	300
1884Cn M	—	20.00	40.00	80.00	175
1885/4Cn M	19,000	20.00	40.00	80.00	175
1886Cn M	22,000	12.50	20.00	50.00	175
1887Cn M	32,000	12.50	20.00	50.00	175
1888Cn M	86,000	8.00	15.00	30.00	175
1888Cn M Cn/Mo	—	—	—	—	—
1889Cn M	50,000	10.00	25.00	50.00	175
1890Cn M 9/8	—	9.00	17.50	40.00	175
1890Cn M	91,000	9.00	17.50	40.00	175
1892/0Cn M	16,000	20.00	40.00	80.00	200
1892Cn M	Inc. above	20.00	40.00	80.00	200

KM# 406.3 25 CENTAVOS
6.77 g., 0.903 Silver, 0.1965 oz. ASW **Obv.** Facing eagle, snake in beak **Rev:** Radiant cap above scales **Mint:** Durango

Date	Mintage	F12	VF20	XF40	MS60
1873Do P Rare	892	—	—	—	—
1877Do P	—	25.00	50.00	100	200
1878/7Do E	—	250	500	750	—
1878Do B Rare	—	—	—	—	—
1879Do B	—	50.00	75.00	125	250
1880Do B Rare	—	—	—	—	—

Date	Mintage	F12	VF20	XF40	MS60
1882Do C	17,000	25.00	50.00	100	225
1884/3Do C	—	25.00	50.00	100	200
1885Do C	15,000	20.00	40.00	80.00	200
1885Do C/S	—	20.00	40.00	80.00	200
1886Do C	33,000	15.00	30.00	60.00	200
1887Do C	27,000	10.00	20.00	50.00	200
1888Do C	25,000	10.00	20.00	50.00	200
1889Do C	29,000	10.00	20.00	50.00	200
1890Do C	68,000	8.00	15.00	40.00	200

KM# 406.4 25 CENTAVOS
6.77 g., 0.903 Silver, 0.1965 oz. ASW **Obv.** Facing eagle, snake in beak **Rev:** Radiant cap above scales **Mint:** Guadalajara

Date	Mintage	F12	VF20	XF40	MS60
1880Ga A	38,000	25.00	50.00	100	200
1881/0Ga S	39,000	25.00	50.00	100	200
1881Ga S	Inc. above	25.00	50.00	100	200
1882Ga S	18,000	25.00	50.00	100	200
1883/2Ga B/S	—	50.00	100	150	300
1884Ga B	—	20.00	40.00	80.00	150
1889Ga S	30,000	20.00	40.00	80.00	150

KM# 406.5 25 CENTAVOS
6.77 g., 0.903 Silver, 0.1965 oz. ASW **Obv.** Facing eagle, snake in beak **Rev:** Radiant cap above scales **Mint:** Guanajuato **Note:** Varieties exist.

Date	Mintage	F12	VF20	XF40	MS60
1870Go S	128,000	10.00	20.00	50.00	125
1871Go S	172,000	10.00	20.00	50.00	125
1872/1Go S	178,000	10.00	20.00	50.00	125
1872Go S	Inc. above	10.00	20.00	50.00	125
1873Go S	120,000	10.00	20.00	50.00	125
1874Go S	—	15.00	30.00	60.00	150
1875/4Go S	—	15.00	30.00	60.00	150
1875Go S	—	10.00	20.00	50.00	125
1876Go S	—	20.00	40.00	80.00	175
1877Go S	124,000	10.00	20.00	50.00	125
1878Go S	146,000	10.00	20.00	50.00	125
1879Go S	—	10.00	20.00	50.00	125
1880Go S	—	20.00	40.00	80.00	175
1881Go S	408,000	9.00	17.50	45.00	125
1882Go S	204,000	9.00	17.50	45.00	125
1883Go B	168,000	9.00	17.50	45.00	125
1884/69Go B	—	9.00	17.50	45.00	125
1884/3Go B	—	9.00	17.50	45.00	125
1884/3Go B/R	—	9.00	17.50	45.00	125
1884Go B	—	9.00	17.50	45.00	125
1885/65Go R	300,000	9.00	17.50	45.00	125
1885/69Go R	Inc. above	9.00	17.50	45.00	125
1885Go R	Inc. above	9.00	17.50	45.00	125
1886/65Go R	—	9.00	17.50	45.00	125
1886/66Go R	322,000	9.00	17.50	45.00	125
1886/69Go R/S	Inc. above	9.00	17.50	45.00	125
1886/5/69Go R	Inc. above	9.00	15.00	45.00	125
1886Go R	Inc. above	9.00	15.00	45.00	125
1887Go R	254,000	9.00	15.00	45.00	125
1887Go/Cn R/D	Inc. above	9.00	15.00	45.00	125
1888Go R	312,000	8.00	15.00	45.00	125
1889/8Go R RS inverted B	—	—	—	—	—
1889/8Go R	304,000	8.00	15.00	45.00	125
1889/8Go/Cn R/D	Inc. above	8.00	15.00	45.00	125
1889Go R	Inc. above	8.00	15.00	45.00	125
1890Go R	236,000	8.00	15.00	45.00	125

KM# 406.6 25 CENTAVOS
6.77 g., 0.903 Silver, 0.1965 oz. ASW **Obv.** Facing eagle, snake in beak **Rev:** Radiant cap above scales **Mint:** Hermosillo **Note:** Varieties exist.

Date	Mintage	F12	VF20	XF40	MS60
1874/64Ho R	Inc. above	10.00	20.00	40.00	125
1874/69Ho R	—	10.00	20.00	40.00	125
1874Ho R	23,000	10.00	20.00	40.00	125
1875Ho R Rare	—	—	—	—	—
1876/4Ho F/R	34,000	10.00	20.00	50.00	150
1876Ho F/R	Inc. above	10.00	25.00	60.00	150
1876Ho F	Inc. above	10.00	25.00	55.00	135
1877Ho F	—	10.00	20.00	50.00	125
1878Ho A	23,000	10.00	20.00	50.00	125
1879Ho A	—	10.00	20.00	50.00	125
1880Ho A	—	15.00	30.00	60.00	125
1881Ho A	19,000	15.00	30.00	60.00	125
1882Ho A	8,120	20.00	40.00	80.00	150
1883Ho M	2,000	100	200	300	600
1884Ho M	—	12.50	25.00	50.00	150
1885Ho M	—	10.00	20.00	50.00	125
1886Ho G	6,400	30.00	60.00	125	250
1887Ho G	12,000	10.00	20.00	40.00	125
1888Ho G	20,000	10.00	20.00	40.00	125
1889Ho G	28,000	10.00	20.00	40.00	125
1890/80Ho G	18,000	25.00	50.00	100	125
1890Ho G	Inc. above	25.00	50.00	100	125

KM# 406.7 25 CENTAVOS
6.77 g., 0.9027 Silver, 0.1964 oz. ASW **Obv.** Facing eagle, snake in beak **Rev:** Radiant cap above scales **Obv. Legend:** REPUBLICA MEXICANA **Mint:** Mexico City **Note:** Varieties exist.

Date	Mintage	F12	VF20	XF40	MS60
1869Mo C	76,000	10.00	25.00	50.00	125
1870/69Mo C	—	6.50	12.00	30.00	125
1870/9Mo C	136,000	6.50	12.00	30.00	125
1870Mo C	Inc. above	6.50	12.00	30.00	125
1871Mo M	138,000	6.50	12.00	30.00	125
1872Mo M	220,000	6.50	12.00	30.00	125
1873/1Mo M	48,000	10.00	25.00	50.00	125
1873Mo M	Inc. above	10.00	25.00	50.00	125
1874/69Mo B/M	—	10.00	25.00	50.00	125
1874/3Mo M	—	10.00	25.00	50.00	125
1874/3Mo B	—	10.00	25.00	50.00	125
1874/3Mo B/M	—	10.00	25.00	50.00	125
1874Mo M	—	6.50	12.00	30.00	125
1874Mo B/M	—	10.00	25.00	50.00	125
1875Mo B	—	6.50	12.00	30.00	125
1876/5Mo B	—	8.00	15.00	40.00	125
1876Mo B	—	6.50	12.00	30.00	125
1877Mo M	56,000	10.00	25.00	50.00	125
1878/1Mo M	120,000	10.00	25.00	50.00	125

Date	Mintage	F12	VF20	XF40	MS60
1878/7Mo M	Inc. above	10.00	25.00	50.00	125
1878Mo M	Inc. above	6.50	12.00	30.00	125
1879Mo M	—	10.00	20.00	40.00	125
1880Mo M	—	8.00	15.00	35.00	125
1881/0Mo M	300,000	10.00	25.00	50.00	125
1881Mo M	Inc. above	10.00	25.00	50.00	125
1882Mo M	212,000	8.00	15.00	35.00	125
1883Mo M	108,000	8.00	15.00	35.00	125
1884/3Mo M	—	10.00	25.00	50.00	125
1884Mo M	—	10.00	20.00	40.00	125
1885Mo M	216,000	10.00	20.00	40.00	125
1886/5Mo M	436,000	8.00	15.00	35.00	125
1886Mo M	Inc. above	8.00	15.00	35.00	125
1887Mo M	376,000	8.00	15.00	35.00	125
1888Mo M	192,000	8.00	15.00	35.00	125
1889Mo M	132,000	8.00	15.00	35.00	125
1890Mo M	60,000	10.00	20.00	40.00	125

KM# 406.8 25 CENTAVOS
6.77 g., 0.903 Silver, 0.1965 oz. ASW **Obv.** Facing eagle, snake in beak **Rev:** Radiant cap above scales **Mint:** San Luis Potosi **Note:** Varieties exist.

Date	Mintage	F12	VF20	XF40	MS60
1869Pi S	—	25.00	75.00	150	300
1870Pi G	50,000	10.00	30.00	75.00	150
1870Pi O	Inc. above	15.00	35.00	85.00	175
1871Pi O	30,000	10.00	30.00	75.00	150
1872Pi O	46,000	10.00	30.00	75.00	150
1873Pi O	13,000	15.00	40.00	90.00	175
1874Pi H	—	15.00	40.00	90.00	200
1875Pi H	—	10.00	20.00	60.00	150
1876/5Pi H	—	15.00	30.00	80.00	175
1876Pi H	—	10.00	25.00	65.00	150
1877Pi H	19,000	10.00	25.00	65.00	150
1878Pi H	—	15.00	30.00	60.00	150
1879/8Pi H	—	10.00	25.00	60.00	150
1879Pi H	—	10.00	25.00	60.00	150
1879Pi E	—	100	200	300	600
1880Pi H	—	20.00	40.00	100	200
1880Pi H/M	—	20.00	40.00	100	200
1881Pi H	50,000	20.00	40.00	80.00	175
1881Pi E Rare	Inc. above	—	—	—	—
1882Pi H	20,000	10.00	20.00	60.00	150
1883Pi H	17,000	10.00	25.00	65.00	150
1884Pi H	—	10.00	25.00	65.00	150
1885/4Pi H	—	10.00	20.00	60.00	150
1885Pi H	43,000	10.00	20.00	60.00	150
1886Pi C	78,000	10.00	25.00	65.00	150
1886Pi R	Inc. above	9.00	20.00	50.00	150
1886Pi R 6/inverted 6	Inc. above	9.00	20.00	50.00	150
1887Pi/ZsR	92,000	9.00	20.00	50.00	150
1887Pi/ZsB	Inc. above	100	150	300	500
1887Pi R	—	9.00	20.00	50.00	150
1888Pi R	106,000	9.00	20.00	50.00	150
1888Pi/ZsR	Inc. above	10.00	20.00	50.00	150
1888Pi R/B	Inc. above	10.00	20.00	50.00	150
1889Pi R	115,000	8.00	15.00	40.00	150
1889Pi/ZsR	Inc. above	10.00	20.00	50.00	150
1889Pi R/B	Inc. above	10.00	20.00	50.00	150
1890Pi R	64,000	10.00	20.00	50.00	150
1890Pi/ZsR/B	Inc. above	8.00	15.00	40.00	150
1890Pi R/B	Inc. above	10.00	20.00	50.00	150

KM# 406.9 25 CENTAVOS
6.77 g., 0.903 Silver, 0.1965 oz. ASW **Obv.** Facing eagle, snake in beak **Rev:** Radiant cap above scales **Mint:** Zacatecas **Note:** Varieties exist.

Date	Mintage	F12	VF20	XF40	MS60
1870Zs H	152,000	8.00	15.00	50.00	125
1871Zs H	250,000	8.00	15.00	50.00	125
1872Zs H	260,000	8.00	15.00	50.00	125
1872Zs/Cn H	—	—	—	—	—
1872Zs H	—	—	—	—	—
1873Zs H	132,000	8.00	15.00	50.00	125
1874Zs H	—	10.00	20.00	60.00	125
1874Zs A	—	10.00	20.00	60.00	125
1875Zs A	—	9.00	20.00	60.00	125
1876Zs A	—	8.00	15.00	50.00	125
1876Zs S	—	8.00	15.00	50.00	125
1877Zs S	350,000	8.00	15.00	50.00	125
1878Zs S	252,000	8.00	15.00	50.00	125
1878/7Zs S	—	9.00	20.00	60.00	125
1878/1Zs S	—	9.00	20.00	60.00	125
1879Zs S	—	8.00	15.00	50.00	125
1880Zs S	—	8.00	15.00	50.00	125
1881/0Zs S	570,000	8.00	15.00	50.00	125
1881Zs S	Inc. above	8.00	15.00	50.00	125
1882/1Zs S	300,000	10.00	17.50	55.00	125
1882Zs S	Inc. above	8.00	15.00	50.00	125
1883/2Zs S	193,000	10.00	17.50	55.00	125
1883Zs S	Inc. above	8.00	15.00	50.00	125
1884/3Zs S	—	10.00	17.50	55.00	125
1884Zs S	—	8.00	15.00	50.00	125
1885Zs S	309,000	8.00	15.00	50.00	125
1886/2Zs S	—	10.00	17.50	55.00	125
1886/5Zs S	613,000	8.00	15.00	50.00	125
1886Zs S	Inc. above	8.00	15.00	50.00	125
1886Zs Z	Inc. above	8.00	15.00	55.00	125
1887Zs Z	389,000	8.00	15.00	50.00	125
1888Zs Z	408,000	8.00	15.00	50.00	125
1889Zs Z	400,000	8.00	15.00	50.00	125
1890Zs Z	269,000	8.00	15.00	50.00	125

KM# 407 50 CENTAVOS
13.54 g., 0.903 Silver, 0.393 oz. ASW **Obv.** Facing eagle, snake in beak **Rev:** Radiant cap above scales **Mint:** Alamos **Note:** Mint mark A, As.

Date	Mintage	F12	VF20	XF40	MS60	MS63
1875 L	—	14.00	27.50	75.00	400	—
1876/5 L	—	27.50	50.00	125	450	—
1876 L	—	14.00	27.50	75.00	400	—
1876. L	—	14.00	27.50	75.00	400	—
1877 L	26,000	17.00	32.00	90.00	450	—
1878 L	—	14.00	27.50	75.00	400	—
1879 L	—	27.50	52.00	125	450	—
1880 L	57,000	14.00	27.50	75.00	400	—
1881 L	18,000	17.00	32.00	85.00	450	—
1884 L	6,286	65.00	120	250	650	—
1885As/HoL	21,000	17.00	37.00	95.00	450	—
1888 L	—	4,000	5,000	7,000	—	—

KM# 407.1 50 CENTAVOS
13.54 g., 0.903 Silver, 0.393 oz. ASW **Obv.** Facing eagle, snake in beak **Rev:** Radiant cap above scales **Mint:** Chihuahua **Note:** Mint mark Ca, CHa.

Date	Mintage	F12	VF20	XF40	MS60	MS63
1883 M	12,000	32.00	62.00	130	500	—
1884 M	—	27.50	52.00	130	500	—
1885 M	13,000	17.00	37.00	95.00	400	—
1886 M	18,000	22.50	42.00	105	450	—
1887 M	26,000	27.50	67.00	155	500	—

KM# 407.2 50 CENTAVOS
13.54 g., 0.903 Silver, 0.393 oz. ASW **Obv.** Facing eagle, snake in beak **Rev:** Radiant cap above scales **Obv. Legend:** REPUBLICA MEXICANA **Mint:** Culiacan

Date	Mintage	F12	VF20	XF40	MS60
1871Cn P	—	400	550	750	1,500
1873Cn P	—	400	550	750	1,500
1874Cn P	—	200	300	500	1,000
1875/4Cn P	—	22.50	42.00	80.00	450
1875Cn P	—	14.00	27.50	55.00	450
1876Cn P	—	17.00	32.00	65.00	450
1877/6Cn G	—	17.00	32.00	65.00	450
1877Cn G	—	14.00	27.50	55.00	450
1878Cn G	18,000	22.50	42.00	80.00	450
1878Cn/Mo D	Inc. above	32.00	62.00	105	450
1878Cn D	Inc. above	17.00	37.00	80.00	450
1879Cn D	—	14.00	27.50	55.00	450
1879Cn D/G	—	14.00	27.50	55.00	450
1880/8Cn D	—	17.00	32.00	65.00	450
1880Cn D	—	17.00	32.00	65.00	450
1881/0Cn D	188,000	17.00	32.00	65.00	450
1881Cn D	Inc. above	17.00	32.00	65.00	450
1881Cn G	Inc. above	125	175	275	550
1882Cn D	—	175	300	500	2,000
1882Gn G	—	100	250	300	1,000
1883 D	19,000	27.50	82.00	110	500
1885Cn M/M/G	—	32.00	62.00	110	500
1885/3Cn M/H	9,254	32.00	62.00	110	500
1886Cn M/G	7,030	50.00	100	300	1,500
1886Cn M	Inc. above	42.00	82.00	160	800
1887Cn M	76,000	22.50	42.00	110	450
1888Cn M	—	4,000	6,000	—	—
1892Cn M	8,200	42.00	82.00	155	650

KM# 407.3 50 CENTAVOS
13.54 g., 0.903 Silver, 0.393 oz. ASW **Obv.** Facing eagle, snake in beak **Rev:** Radiant cap above scales **Obv. Legend:** REPUBLICA MEXICANA **Mint:** Durango

Date	Mintage	F12	VF20	XF40	MS60
1871Do P Rare	591	—	—	—	—
1873Do P	4,010	150	250	500	1,250
1873Do M/P	Inc. above	150	250	500	1,250
1874Do M	—	22.50	42.00	180	750
1875Do M	—	22.50	42.00	85.00	350
1875Do H	—	150	250	450	1,000
1876/5Do M	—	37.00	72.00	155	500

Date	Mintage	F12	VF20	XF40	MS60
1876Do M	—	37.00	72.00	155	500
1877Do P	2,000	32.00	47.00	155	1,250
1878Do B Rare	—	—	—	—	—
1879Do B Rare	—	—	—	—	—
1880Do P	—	32.00	62.00	130	500
1881Do P	10,000	42.00	82.00	155	550
1882Do C	8,957	32.00	77.00	205	800
1884/2Do C	—	22.50	52.00	130	600
1884Do C	—	—	—	—	—
1885Do B	—	17.00	42.00	110	500
1885Do B/P	—	17.00	42.00	110	500
1886Do C	16,000	17.00	42.00	110	500
1887Do C	—	17.00	42.00	110	500
1887Do/Mo C	28,000	17.00	42.00	110	500

KM# 407.4 50 CENTAVOS
13.54 g., 0.903 Silver, 0.393 oz. ASW **Obv.** Facing eagle, snake in beak **Rev:** Radiant cap above scales **Mint:** Guanajuato **Note:** Struck at Guanajuato Mint, mtn mark Go. Varieties exist.

Date	Mintage	F12	VF20	XF40	MS60
1869Go S	—	17.00	37.00	80.00	550
1870Go S	166,000	14.00	27.50	55.00	450
1871Go S	148,000	14.00	27.50	55.00	450
1872/1Go S	144,000	17.00	32.00	65.00	500
1872Go S	Inc. above	14.00	27.50	55.00	450
1873Go S	50,000	14.00	27.50	55.00	450
1874Go S	—	14.00	27.50	55.00	450
1875Go S	—	17.00	37.00	80.00	450
1876/5Go S	—	14.00	27.50	55.00	450
1877Go S	76,000	14.00	27.50	65.00	450
1878Go S	37,000	17.00	32.00	80.00	550
1879/8Go S	—	17.00	32.00	65.00	500
1879Go S	—	14.00	27.50	55.00	450
1880Go S	—	14.00	27.50	55.00	450
1881/79Go S	32,000	17.00	32.00	65.00	500
1881Go S	Inc. above	14.00	27.50	55.00	450
1882Go S	18,000	14.00	27.50	55.00	450
1883/2Go B/S	—	17.00	32.00	65.00	500
1883Go B	—	14.00	27.50	55.00	450
1883Go S Rare	—	—	—	—	—
1884Go B/S	—	17.00	32.00	65.00	500
1885/4Go R/B	—	17.00	32.00	65.00	500
1885Go R	53,000	14.00	27.50	55.00	450
1886/5Go R/B	59,000	17.00	32.00	65.00	500
1886/5Go R/S	Inc. above	22.50	42.00	80.00	500
1886Go R	Inc. above	22.50	42.00	80.00	450
1887Go R	18,000	22.50	42.00	80.00	550
1888Go R 1 known; Rare	—	—	—	—	—

KM# 407.5 50 CENTAVOS
13.54 g., 0.903 Silver, 0.393 oz. ASW **Obv.** Facing eagle, snake in beak **Rev:** Radiant cap above scales **Mint:** Hermosillo **Note:** With and without dot after 50 of denomination, in medal and coin alignment.

Date	Mintage	F12	VF20	XF40	MS60	MS63
1874Ho R	—	22.50	42.00	110	600	—
1875/4Ho R	—	22.50	52.00	135	600	—
1875Ho R	—	22.50	52.00	135	600	—
1876/5Ho F/R	—	17.00	37.00	110	550	—
1876Ho F	—	17.00	37.00	110	550	—
1877Ho F	—	52.00	77.00	160	650	—
1880/70Ho A	—	17.00	37.00	110	550	—
1880Ho A	—	17.00	37.00	110	550	—
1881Ho A	13,000	17.00	37.00	110	550	—
1882Ho A	—	75.00	150	250	750	—
1888Ho G	—	2,000	3,000	6,000	—	—
1894Ho G	59,000	17.00	32.00	110	450	—
1895Ho G	8,000	250	350	700	1,500	—

KM# 407.6 50 CENTAVOS
13.54 g., 0.9027 Silver, 0.3928 oz. ASW **Obv.** Facing eagle, snake in beak **Rev:** Radiant cap above scales **Obv. Legend:** REPUBLICA MEXICANA **Mint:** Mexico City

Date	Mintage	F12	VF20	XF40	MS60
1869Mo C	46,000	17.00	37.00	100	600
1870Mo C	52,000	17.00	32.00	95.00	550
1871Mo C	14,000	42.00	77.00	155	650
1871Mo M/C	Inc. above	37.00	77.00	155	600
1872/1Mo M	60,000	37.00	77.00	155	550
1872Mo M	Inc. above	37.00	77.00	155	550
1873Mo M	6,000	37.00	77.00	155	600
1874/3Mo M	—	200	400	600	1,250
1874/2Mo B	—	17.00	32.00	80.00	500
1874/2Mo B/M	—	17.00	32.00	80.00	500
1874/3Mo B/M	—	17.00	32.00	80.00	500
1874Mo B	—	17.00	32.00	80.00	500
1875Mo B	—	17.00	32.00	80.00	550
1876Mo B	—	14.00	27.50	80.00	500
1876/5Mo B	—	17.00	32.00	80.00	500
1877Mo M	—	17.00	32.00	95.00	500
1877/2Mo M	—	22.50	42.00	105	550
1878Mo M	Inc. above	17.00	37.00	105	550
1878/7Mo M	8,000	27.50	52.00	130	600
1879Mo M	—	27.50	52.00	130	550
1880Mo M	—	100	150	250	750
1881Mo M	16,000	27.50	52.00	130	600
1881/0Mo M	—	32.00	52.00	130	600
1882/1Mo M	2,000	32.00	62.00	155	750
1883/2Mo M	4,000	150	225	350	1,000
1884Mo M	—	150	225	350	1,000
1885Mo M	12,000	32.00	62.00	155	600
1886/5Mo M	66,000	17.00	37.00	95.00	475
1886Mo M	Inc. above	14.00	27.50	80.00	450
1887Mo M	Inc. above	17.00	37.00	80.00	475
1887/6Mo M	88,000	17.00	37.00	95.00	475
1888Mo M	—	3,000	4,000	6,000	—

KM# 407.7 50 CENTAVOS
13.54 g., 0.903 Silver, 0.393 oz. ASW **Obv.** Facing eagle, snake in beak **Rev:** Radiant cap above scales **Mint:** San Luis Potosi

Date	Mintage	F12	VF20	XF40	MS60
1870Pi G	Inc. above	22.50	42.00	105	450
1870/780Pi G	50,000	27.50	47.00	115	500
1870Pi O	Inc. above	22.50	42.00	105	450
1871Pi O	—	17.00	32.00	85.00	400
1871Pi O/G	64,000	17.00	32.00	85.00	400
1872Pi O	52,000	17.00	32.00	85.00	400
1872Pi O/G	Inc. above	17.00	32.00	85.00	400
1873Pi O	32,000	22.50	42.00	105	450
1873Pi H	Inc. above	27.50	52.00	130	550
1874Pi H/O	—	17.00	32.00	85.00	400
1875/3Pi H	—	17.00	32.00	85.00	400
1875Pi H	—	17.00	32.00	85.00	400
1876Pi H	—	32.00	62.00	155	700
1877Pi H	34,000	22.50	42.00	105	450
1878Pi H	9,700	22.50	42.00	105	450
1879/7Pi H	—	17.00	37.00	95.00	450

Date	Mintage	F12	VF20	XF40	MS60
1879Pi H	—	17.00	37.00	95.00	400
1880Pi H	—	22.50	42.00	105	450
1881Pi H	28,000	22.50	42.00	105	450
1882Pi H	22,000	17.00	32.00	85.00	400
1883Pi H 8/8	29,000	50.00	100	200	750
1883Pi H	Inc. above	17.00	32.00	85.00	400
1884Pi H	—	50.00	100	175	600
1885/3Pi H	—	22.50	42.00	105	450
1885/0Pi H	45,000	22.50	42.00	105	450
1885/4Pi H	Inc. above	22.50	42.00	105	450
1885Pi H	Inc. above	27.50	52.00	130	450
1885Pi C	Inc. above	17.00	32.00	85.00	400
1886/1Pi R	92,000	50.00	100	175	600
1886/1Pi C	—	27.50	42.00	105	450
1886Pi C	Inc. above	17.00	32.00	85.00	400
1886Pi R	Inc. above	17.00	32.00	85.00	400
1887Pi R	32,000	17.00	32.00	95.00	450

KM# 407.8 50 CENTAVOS
13.54 g., 0.903 Silver, 0.393 oz. ASW **Obv.** Facing eagle, snake in beak **Rev:** Radiant cap above scales **Mint:** Zacatecas **Note:** Varieties exist.

Date	Mintage	F12	VF20	XF40	MS60
1870Zs H	86,000	14.00	27.50	65.00	450
1871Zs H	146,000	14.00	27.50	55.00	400
1872Zs H	132,000	14.00	27.50	55.00	400
1873Zs H	56,000	14.00	27.50	55.00	400
1874Zs A Rare	—	—	—	—	—
1874Zs H	—	14.00	27.50	55.00	400
1875Zs A	—	14.00	27.50	55.00	400
1876Zs S	—	100	200	350	750
1876/5Zs A	—	17.00	32.00	65.00	450
1876Zs A	—	17.00	32.00	65.00	450
1877Zs S	100,000	14.00	27.50	55.00	400
1878/7Zs S	254,000	17.00	32.00	65.00	450
1878Zs S	Inc. above	17.00	32.00	65.00	400
1879Zs S	—	14.00	27.50	55.00	400
1880Zs S	—	14.00	27.50	55.00	400
1881Zs S	201,000	14.00	27.50	55.00	400
1882/1Zs S	2,000	60.00	110	260	660
1882Zs S	Inc. above	60.00	110	260	660
1883Zs S	Inc. above	27.50	52.00	105	450
1883Zs/Za S	31,000	32.00	62.00	105	450
1884/3Zs S	—	17.00	32.00	65.00	450
1884Zs S	—	14.00	27.50	55.00	400
1885Zs S	Inc. above	27.50	52.00	130	450
1885/4Zs S	2,000	27.50	52.00	130	450
1886Zs Z	2,000	150	275	400	1,000
1887Zs Z	63,000	32.00	62.00	130	450

KM# 408 PESO
27.07 g., 0.903 Silver, 0.786 oz. ASW **Obv.** Facing eagle, snake in beak **Rev:** Radiant cap above scales **Mint:** Chihuahua

Date	Mintage	F12	VF20	XF40	MS60
1872CH P/M	747,000	750	1,500	3,500	—
1872CH P	Inc. above	350	700	1,500	—
1872/1CH M	Inc. above	35.00	55.00	100	525
1872CH M	Inc. above	27.50	38.50	70.00	325

Date	Mintage	F12	VF20	XF40	MS60
1873CH M	320,000	30.00	44.00	85.00	350
1873CH M/P	Inc. above	35.00	55.00	100	450

KM# 408.1 PESO
27.07 g., 0.903 Silver, 0.786 oz. ASW **Obv.** Facing eagle, snake in beak **Rev:** Radiant cap above scales **Mint:** Culiacan

Date	Mintage	F12	VF20	XF40	MS60
1870Cn E	—	49.50	95.00	185	650
1871/11Cn P	478,000	33.00	55.00	125	575
1871Cn P	Inc. above	27.50	49.50	95.00	400
1872/1Cn P	—	27.50	49.50	95.00	400
1872Cn P	209,000	27.50	49.50	95.00	400
1873Cn P Narrow date	527,000	27.50	49.50	95.00	400
1873Cn P Wide date	Inc. above	27.50	49.50	95.00	400

KM# 408.2 PESO
27.07 g., 0.9027 Silver, 0.7857 oz. ASW **Obv.** Facing eagle, snake in beak **Rev:** Radiant cap above scales **Obv. Legend:** REPUBLICA MEXICANA **Mint:** Durango

Date	Mintage	F12	VF20	XF40	MS60
1870Do P	—	60.00	115	215	575
1871Do P	427,000	35.00	65.00	100	400
1872Do P	296,000	30.00	50.00	100	450
1872Do PT	Inc. above	110	195	300	1,100
1873Do P	203,000	35.00	60.00	115	450

KM# 408.3 PESO
27.07 g., 0.903 Silver, 0.786 oz. ASW **Obv.** Facing eagle, snake in beak **Rev:** Radiant cap above scales **Obv. Legend:** REPUBLICA MEXICANA **Mint:** Guadalajara

Date	Mintage	F12	VF20	XF40	MS60
1870Ga C	—	850	1,100	—	—
1871Ga C	829,000	37.00	85.00	175	775
1872Ga C	485,000	50.00	110	220	850
1873/2Ga C	277,000	50.00	110	220	900
1873Ga C	Inc. above	37.00	85.00	175	775

KM# 408.4 PESO
27.07 g., 0.9027 Silver, 0.7857 oz. ASW **Obv.** Facing eagle, snake in beak **Rev:** Radiant cap above scales **Obv. Legend:** REPUBLICA MEXICANA **Mint:** Guanajuato

Date	Mintage	F12	VF20	XF40	MS60
1871/0Go S	3,946,000	35.00	60.00	115	450
1871/3Go S	Inc. above	26.00	44.00	90.00	350
1871Go S	Inc. above	14.00	27.50	55.00	285
1872Go S	4,067,000	14.00	27.50	55.00	325
1873/2Go S	1,560,000	26.00	33.00	65.00	325
1873Go S	Inc. above	14.00	27.50	60.00	325
1873Go/Mo/S/M	Inc. above	14.00	27.50	60.00	325

KM# 408.5 PESO
27.07 g., 0.903 Silver, 0.786 oz. ASW **Obv.** Facing eagle, snake in beak **Rev:** Radiant cap above scales **Mint:** Mexico City

Date	Mintage	F12	VF20	XF40	MS60
1869Mo C	—	50.00	90.00	180	775
1870Mo M/C	Inc. above	30.00	47.25	100	400
1870/69Mo C	5,115,000	27.50	42.00	85.00	350
1870Mo C	Inc. above	26.00	36.00	65.00	325
1870Mo M	Inc. above	30.00	47.25	100	400
1871/0Mo M	6,974,000	27.50	42.00	85.00	350
1871Mo M	Inc. above	26.00	36.00	65.00	325
1872/1Mo M	—	27.50	41.50	80.00	350
1872/1Mo M/C	4,801,000	27.50	41.50	80.00	350
1872Mo M	Inc. above	26.00	36.00	65.00	325
1873Mo M	1,765,000	26.00	36.00	65.00	325

Note: The 1869 C with large LEY on the scroll is a pattern

KM# 408.6 PESO
27.07 g., 0.903 Silver, 0.786 oz. ASW **Obv.** Facing eagle, snake in beak **Rev:** Radiant cap above scales **Obv. Legend:** REPUBLICA MEXICANA **Mint:** Oaxaca

Date	Mintage	F12	VF20	XF40	MS60
1869Oa E	—	300	450	725	2,600
1870Oa E Small A	Inc. above	26.00	44.00	100	525
1870OA E Large A	Inc. above	110	165	350	1,150
1871/69Oa E	140,000	42.00	65.00	160	725
1871Oa E Small A	Inc. above	27.50	44.00	85.00	400
1871Oa E Large A	Inc. above	27.50	44.00	100	525
1872Oa E Small A	180,000	27.50	44.00	100	525
1872Oa E Large A	Inc. above	60.00	110	240	575
1873Oa E	105,000	27.50	44.00	100	450

KM# 408.7 PESO
27.07 g., 0.903 Silver, 0.786 oz. ASW **Obv.** Facing eagle, snake in beak **Rev:** Radiant cap above scales **Mint:** San Luis Potosi **Note:** Varieties exist.

Date	Mintage	F12	VF20	XF40	MS60
1870Pi S	1,967,000	220	375	600	1,300
1870Pi S/A	Inc. above	220	375	650	1,550
1870Pi G	Inc. above	37.00	55.00	100	725
1870Pi H	Inc. above	—	—	—	—
Note: Contemporary counterfeits					
1870Pi O/G	Inc. above	37.00	55.00	100	725
1870Pi O	Inc. above	30.00	44.00	130	525
1871/69Pi O	2,103,000	90.00	120	265	650
1871Pi O/G	Inc. above	27.50	44.00	85.00	650
1871Pi O	—	27.50	44.00	85.00	650
1872Pi O	1,873,000	27.50	44.00	85.00	650
1873Pi H	Inc. above	27.50	44.00	85.00	650
1873Pi O	893,000	27.50	44.00	85.00	650

KM# 408.8 PESO
27.07 g., 0.903 Silver, 0.786 oz. ASW **Obv.** Facing eagle, snake in beak **Rev:** Radiant cap above scales **Mint:** Zacatecas **Note:** Varieties exist.

Date	Mintage	F12	VF20	XF40	MS60
1870Zs H	4,519,000	27.00	47.00	65.00	285
1871Zs H	4,459,000	26.00	36.00	65.00	285
1872Zs H	4,039,000	26.00	36.00	65.00	285
1873/1Zs H	Inc. above	26.00	36.00	65.00	285
1873Zs H	1,782,000	26.00	36.00	65.00	285

KM# 409 PESO
27.07 g., 0.903 Silver, 0.786 oz. ASW 39mm. **Obv.** Facing eagle, snake in beak **Rev:** Radiant cap **Mint:** Culiacan

Date	Mintage	F12	VF20	XF40	MS60
1898Cn/ MoAM	Inc. above	28.00	40.00	110	185
1898Cn AM	1,720,000	28.00	30.00	55.00	120
1899Cn AM	1,722,000	32.50	55.00	110	215
1899Cn JQ	Inc. above	28.00	30.00	70.00	155
1901Cn JQ	1,473,000	28.00	30.00	65.00	160
1902Cn JQ	1,194,000	28.00	30.00	75.00	240
1903Cn JQ	1,514,000	28.00	30.00	55.00	160
1903Cn FV	Inc. above	40.00	80.00	175	425
1904Cn MH	1,554,000	28.00	30.00	44.00	145
1904Cn RP	Inc. above	80.00	160	265	650
1905Cn RP	598,000	40.00	80.00	175	475

KM# 409.1 PESO
27.07 g., 0.903 Silver, 0.786 oz. ASW 39mm. **Obv.** Facing eagle, snake in beak **Rev:** Radiant cap **Mint:** Guanajuato **Note:** Varieties exist.

Date	Mintage	F12	VF20	XF40	MS60
1898Go/ MoRS	Inc. above	27.50	35.00	70.00	150
1898Go RS	4,256,000	14.00	26.00	47.00	100
1899Go RS	3,207,000	14.00	26.00	42.00	95.00
1900Go RS	1,489,000	32.50	55.00	120	300

KM# 409.2 PESO
27.07 g., 0.9027 Silver, 0.7857 oz. ASW 39mm. **Obv.** Facing eagle, snake in beak **Rev:** Radiant cap **Obv. Legend:** REPUBLICA MEXICANA **Mint:** Mexico City **Note:** Varieties exist.

Date	Mintage	F12	VF20	XF40	MS60
1898Mo AM	10,250,000	28.00	30.00	35.00	75.00
Note: Restrike (1949) - reverse with 134 beads					
1898Mo AM	10,156,000	28.00	30.00	35.00	85.00
Note: Original strike - reverse with 139 beads					

Date	Mintage	F12	VF20	XF40	MS60
1899Mo AM	7,930,000	28.00	30.00	37.00	95.00
1900Mo AM	8,226,000	28.00	30.00	37.00	95.00
1901Mo AM	14,505,000	28.00	30.00	37.00	80.00
1902/1Mo AM	16,224,000	240	475	875	1,800
1902Mo AM	Inc. above	28.00	30.00	37.00	130
1903Mo AM	22,396,000	28.00	30.00	37.00	130
1903Mo MA (Error)	Inc. above	1,500	2,500	3,850	9,000
1904Mo AM	14,935,000	28.00	30.00	37.00	130
1905Mo AM	3,557,000	28.00	40.00	100	240
1908Mo AM	7,575,000	28.00	30.00	37.00	115
1908Mo GV	Inc. above	28.00	30.00	37.00	80.00
1909Mo GV	2,924,000	28.00	30.00	37.00	80.00

KM# 409.3 PESO
27.07 g., 0.903 Silver, 0.786 oz. ASW 39mm. **Obv.** Facing eagle, snake in beak **Rev:** Radiant cap **Mint:** Zacatecas **Note:** Mint mark Zs. Varieties exist.

Date	Mintage	F12	VF20	XF40	MS60
1898Zs FZ	5,714,000	27.50	32.50	49.50	130
1899Zs FZ	5,618,000	27.50	32.50	49.50	140
1900Zs FZ	5,357,000	27.50	32.50	49.50	140
1901Zs FZ	Inc. above	28.00	30.00	36.00	110
1901Zs AZ	5,706,000	4,000	6,000	11,000	—
1902Zs FZ	7,134,000	28.00	30.00	36.00	110
1903/2Zs FZ	3,080,000	28.00	30.00	90.00	240
1903Zs FZ	Inc. above	28.00	30.00	37.00	125
1904Zs FZ	2,423,000	28.00	30.00	50.00	160
1904Zs FM	Inc. above	28.00	30.00	45.00	145
1905Zs FM	995,000	32.00	65.00	110	290

KM# 410 PESO
1.69 g., 0.875 Gold, 0.0476 oz. AGW **Obv.** Facing eagle, snake in beak **Rev:** Value within 1/2 wreath **Obv. Legend:** REPUBLICA MEXICANA **Mint:** Alamos

Date	Mintage	F12	VF20	XF40	MS60
1888AsL/MoM Rare	—	—	—	—	—
1888As L Rare	—	—	—	—	—

KM# 410.1 PESO
1.69 g., 0.875 Gold, 0.0476 oz. AGW **Obv.** Facing eagle, snake in beak **Rev:** Value within 1/2 wreath **Obv. Legend:** REPUBLICA MEXICANA **Mint:** Chihuahua

Date	Mintage	F12	VF20	XF40	MS60
1888Ca/MoM Rare	104	—	—	—	—

KM# 410.2 PESO
1.69 g., 0.875 Gold, 0.0476 oz. AGW **Obv.** Facing eagle, snake in beak **Rev:** Value within 1/2 wreath **Obv. Legend:** REPUBLICA MEXICANA **Mint:** Culiacan

Date	Mintage	F12	VF20	XF40	MS60	MS63
1873Cn P	1,221	105	125	165	250	—
1875Cn P	—	115	150	165	250	—
1878Cn G	248	130	200	240	500	—
1879Cn D	—	130	175	215	475	—
1881/0Cn D	338	130	175	215	475	—
1882Cn D	340	130	175	215	475	—
1883Cn D	—	130	175	215	475	—
1884Cn M	—	130	175	215	475	—
1886/4Cn M	277	130	175	240	500	—
1888/7Cn M	2,586	130	175	215	450	—
1888Cn M	Inc. above	95.00	125	165	265	—
1889Cn M Rare	—	—	—	—	—	—
1891/89Cn M	969	105	125	165	275	—
1892Cn M	780	105	125	165	275	—
1893Cn M	498	115	150	165	275	—
1894Cn M	493	110	150	165	275	—
1895Cn M	1,143	95.00	125	165	250	350
1896/5Cn M	1,028	95.00	125	165	250	350
1897Cn M	785	95.00	125	165	250	350
1898Cn M	3,521	95.00	125	165	225	325
1898Cn/MoM	Inc. above	95.00	125	165	250	350
1899Cn Q	2,000	95.00	125	165	225	325
1901Cn Q	Inc. above	90.00	110	150	225	325
1901/0Cn Q	2,350	90.00	110	150	225	325
1902Cn Q	2,480	90.00	110	150	225	325
1902Cn/MoQ/C	Inc. above	90.00	110	150	225	325
1904Cn H	3,614	90.00	110	150	225	325
1904Cn/Mo/ H	Inc. above	90.00	110	150	250	350
1905Cn P	1,000	—	—	—	—	—

Note: Requires Confirmation

KM# 410.3 PESO
1.69 g., 0.875 Gold, 0.0476 oz. AGW **Obv.** Facing eagle, snake in beak **Rev:** Value within 1/2 wreath **Obv. Legend:** REPUBLICA MEXICANA **Mint:** Guanajuato

Date	Mintage	F12	VF20	XF40	MS60	MS63
1870Go S	—	130	150	165	265	—
1871Go S	500	130	200	240	475	—
1888Go R	210	165	225	265	550	—
1890Go R	1,916	100	125	165	265	—
1892Go R	533	130	175	190	350	—
1894Go R	180	195	225	265	550	—
1895Go R	676	130	175	190	325	—
1896/5Go R	4,671	85.00	125	165	250	—
1897/6Go R	4,280	85.00	125	165	250	—
1897Go R	Inc. above	85.00	125	165	250	—
1898Go R	5,193	85.00	125	165	250	750

Note: Regular obverse

Date	Mintage	F12	VF20	XF40	MS60	MS63
1898Go R	Inc. above	100	125	165	250	750

Note: Mule, 5 Centavos obverse, normal reverse

Date	Mintage	F12	VF20	XF40	MS60	MS63
1899Go R	2,748	85.00	125	165	250	—
1900/800Go R	864	100	150	165	285	—

KM# 410.4 PESO
1.69 g., 0.875 Gold, 0.0476 oz. AGW **Obv.** Facing eagle, snake in beak **Rev:** Value within 1/2 wreath **Obv. Legend:** REPUBLICA MEXICANA **Mint:** Hermosillo

Date	Mintage	F12	VF20	XF40	MS60	MS63
1875Ho R Rare	310	—	—	—	—	—
1876Ho F Rare	—	—	—	—	—	—
1888Ho G/ MoM Rare	—	—	—	—	—	—

KM# 410.5 PESO
1.69 g., 0.875 Gold, 0.0476 oz. AGW **Obv.** Facing eagle, snake in beak **Rev:** Value within 1/2 wreath **Obv. Legend:** REPUBLICA MEXICANA **Mint:** Mexico City

Date	Mintage	F12	VF20	XF40	MS60	MS63
1870Mo C	2,540	85.00	95.00	110	185	250
1871Mo M/C	1,000	95.00	120	165	250	250
1872Mo M/C	3,000	85.00	95.00	110	185	300
1873/1Mo M	2,900	85.00	95.00	115	200	250
1873Mo M	Inc. above	85.00	95.00	110	185	250
1874Mo M	—	85.00	95.00	110	185	250
1875Mo B/M	—	85.00	95.00	110	185	250
1876/5Mo B/M	—	85.00	95.00	110	185	250
1877Mo M	—	85.00	95.00	110	185	250
1878Mo M	2,000	85.00	95.00	110	185	250
1879Mo M	—	85.00	95.00	110	185	250
1880/70Mo M	—	85.00	95.00	110	185	250
1881/71Mo M	1,000	85.00	95.00	110	185	250
1882/72Mo M	—	85.00	95.00	110	185	250
1883/72Mo M	1,000	85.00	95.00	110	185	250
1884Mo M	—	85.00	95.00	110	185	250
1885/71Mo M	—	85.00	95.00	110	185	250
1885Mo M	—	85.00	95.00	110	185	250
1886Mo M	1,700	85.00	95.00	110	185	250
1887Mo M	2,200	85.00	95.00	110	185	250
1888Mo M	1,000	85.00	95.00	110	185	250
1889Mo M	500	125	170	215	285	—
1890Mo M	570	125	170	215	285	—
1891Mo M	746	125	170	215	285	—
1892/0Mo M	2,895	85.00	95.00	110	185	250
1893Mo M	5,917	85.00	95.00	110	185	250
1894/3MMo	—	85.00	95.00	110	185	250
1894Mo M	6,244	85.00	95.00	110	185	250
1895Mo M	8,994	85.00	95.00	110	185	250
1895Mo B	Inc. above	85.00	95.00	110	185	250
1896Mo B	7,166	85.00	95.00	110	185	250
1896Mo M	Inc. above	85.00	95.00	110	185	250
1897Mo M	5,131	85.00	95.00	110	185	250
1898/7Mo M	5,368	85.00	95.00	110	185	250

Date	Mintage	F12	VF20	XF40	MS60	MS63
1899Mo M	9,515	85.00	95.00	110	185	250
1900/800Mo M	9,301	85.00	95.00	110	185	250
1900/880Mo M	Inc. above	85.00	95.00	110	185	250
1900/890Mo M	Inc. above	85.00	95.00	110	185	250
1900Mo M	Inc. above	85.00	95.00	110	185	250
1901Mo M Small date	Inc. above	90.00	100	115	205	270
1901/801Mo M Large date	8,293	90.00	100	115	205	270
1902Mo M Large date	11,000	90.00	100	115	205	270
1902Mo M Small date	Inc. above	90.00	100	115	205	270
1903Mo M Large date	10,000	90.00	100	115	205	270
1903Mo M Small date	Inc. above	90.00	100	145	220	325
1904Mo M	9,845	90.00	100	115	205	270
1905Mo M	3,429	90.00	100	115	205	270

KM# 410.6 PESO
1.69 g., 0.875 Gold, 0.0476 oz. AGW **Obv.** Facing eagle, snake in beak **Rev:** Value within 1/2 wreath **Obv. Legend:** REPUBLICA MEXICANA **Mint:** Zacatecas

Date	Mintage	F12	VF20	XF40	MS60	MS63
1872Zs H	2,024	155	175	190	295	—
1875/3Zs A	—	155	175	215	350	—
1878Zs S	—	155	175	190	295	—
1888Zs Z	280	205	250	350	725	—
1889Zs Z	492	180	200	240	475	—
1890Zs Z	738	180	200	240	475	—

KM# 411 2-1/2 PESOS
4.23 g., 0.875 Gold, 0.119 oz. AGW **Obv.** Facing eagle, snake in beak **Rev:** Value within 1/2 wreath **Obv. Legend:** REPUBLICA MEXICANA **Mint:** Alamos

Date	Mintage	F12	VF20	XF40	MS60	MS63
1888As/ MoL Rare	—	—	—	—	—	—

KM# 411.1 2-1/2 PESOS
4.23 g., 0.875 Gold, 0.119 oz. AGW **Obv.** Facing eagle, snake in beak **Rev:** Value within 1/2 wreath **Mint:** Culiacan

Date	Mintage	F12	VF20	XF40	MS60	MS63
1893Cn M	141	1,500	2,000	2,500	3,500	—

KM# 411.2 2-1/2 PESOS
4.23 g., 0.875 Gold, 0.119 oz. AGW **Obv.** Facing eagle, snake in beak **Rev:** Value within 1/2 wreath **Mint:** Durango

Date	Mintage	F12	VF20	XF40	MS60	MS63
1888Do C Rare	—	—	—	—	—	—

KM# 411.3 2-1/2 PESOS
4.23 g., 0.875 Gold, 0.119 oz. AGW **Obv.** Facing eagle, snake in beak **Rev:** Value within 1/2 wreath **Obv. Legend:** REPUBLICA MEXICANA **Mint:** Guanajuato

Date	Mintage	F12	VF20	XF40	MS60	MS63
1871Go S	600	1,250	2,000	2,500	3,250	—
1888Go/MoR	110	1,750	2,250	2,750	3,500	—

KM# 411.4 2-1/2 PESOS
4.23 g., 0.875 Gold, 0.119 oz. AGW **Obv.** Facing eagle, snake in beak **Rev:** Value within 1/2 wreath **Obv. Legend:** REPUBLICA MEXICANA **Mint:** Hermosillo

Date	Mintage	F12	VF20	XF40	MS60	MS63
1874Ho R Rare	—	—	—	—	—	—
1888Ho G Rare	—	—	—	—	—	—

KM# 411.5 2-1/2 PESOS
4.23 g., 0.875 Gold, 0.119 oz. AGW **Obv.** Facing eagle, snake in beak **Rev:** Value within 1/2 wreath **Mint:** Mexico City

Date	Mintage	F12	VF20	XF40	MS60	MS63
1870Mo C	820	215	300	400	800	—
1872Mo M/C	800	215	300	400	800	—
1873/2Mo M	—	250	400	800	1,400	—
1874Mo M	—	250	400	800	1,400	—
1874Mo B/M	—	250	400	800	1,400	—
1875Mo B	—	250	400	800	1,400	—
1876Mo B	—	300	550	1,050	1,900	—
1877Mo M	—	250	400	800	1,400	—
1878Mo M	400	250	400	800	1,400	—
1879Mo M	—	250	400	800	1,400	—
1880/79Mo M	—	250	400	800	1,400	—
1881Mo M	400	250	400	800	1,400	—
1882Mo M	—	275	450	900	1,550	2,000
1883/73Mo M	400	250	400	800	1,400	—
1884Mo M	—	300	550	1,050	1,650	—
1885Mo M	—	450	900	1,800	3,050	—
1886Mo M	400	250	400	800	1,400	—
1887Mo M	400	250	400	800	1,400	—
1888Mo M	540	250	400	800	1,400	—
1889Mo M	240	200	350	575	1,000	—
1890Mo M	420	250	400	800	1,400	—
1891Mo M	188	250	400	800	1,400	—
1892Mo M	240	250	400	800	1,400	—

KM# 411.6 2-1/2 PESOS
4.23 g., 0.875 Gold, 0.119 oz. AGW **Obv.** Facing

eagle, snake in beak **Rev:** Value within 1/2 wreath **Obv. Legend:** REPUBLICA MEXICANA **Mint:** Zacatecas

Date	Mintage	F12	VF20	XF40	MS60	MS63
1872Zs H	1,300	250	400	550	1,250	—
1873Zs H	—	225	375	525	950	—
1875/3Zs A	—	250	400	800	1,400	—
1877Zs S	—	250	400	800	1,400	—
1878Zs S	300	250	400	800	1,400	—
1888Zs/MoS	80	350	550	1,050	1,850	—
1889Zs/Mo Z	184	300	500	1,000	1,650	—
1890Zs Z	326	250	400	800	1,400	—

KM# 412 5 PESOS
8.46 g., 0.875 Gold, 0.238 oz. AGW **Obv.** Facing eagle, snake in beak **Rev:** Radiant cap above scales **Obv. Legend:** REPUBLICA MEXICANA **Mint:** Alamos

Date	Mintage	F12	VF20	XF40	MS60	MS63
1875As L	—	—	—	—	—	—
1878As L	383	900	1,700	3,000	4,500	—

KM# 412.1 5 PESOS
8.46 g., 0.875 Gold, 0.238 oz. AGW **Obv.** Facing eagle, snake in beak **Rev:** Radiant cap above scales **Obv. Legend:** REPUBLICA MEXICANA **Mint:** Chihuahua

Date	Mintage	F12	VF20	XF40	MS60	MS63
1888Ca M Rare	120	—	—	—	—	—

KM# 412.2 5 PESOS
8.46 g., 0.875 Gold, 0.238 oz. AGW **Obv.** Facing eagle, snake in beak **Rev:** Radiant cap above scales **Obv. Legend:** REPUBLICA MEXICANA **Mint:** Culiacan

Date	Mintage	F12	VF20	XF40	MS60	MS63
1873Cn P	—	450	750	1,200	2,200	—
1874Cn P	—	—	—	—	—	—
1875Cn P	—	450	650	1,000	1,950	—
1876Cn P	—	450	650	1,000	1,950	—
1877Cn G	—	450	650	1,000	1,950	—
1882Cn Rare	174	—	—	—	—	—
1888Cn M	—	650	1,150	1,450	2,200	—
1890Cn M	435	475	650	950	1,800	—
1891Cn M	1,390	450	550	750	1,200	—
1894Cn M	484	475	650	950	1,800	—
1895Cn M	142	650	900	1,500	2,700	—
1900Cn Q	1,536	450	500	675	1,100	—
1903Cn Q	1,000	450	475	550	1,000	—

KM# 412.3 5 PESOS
8.46 g., 0.875 Gold, 0.238 oz. AGW **Obv.** Facing eagle, snake in beak **Rev:** Radiant cap above scales **Obv. Legend:** REPUBLICA MEXICANA **Mint:** Durango

Date	Mintage	F12	VF20	XF40	MS60	MS63
1873/2Do P	—	750	1,250	1,850	3,000	—
1877Do P	—	750	1,250	1,850	3,000	—
1878Do E	—	750	1,250	1,850	3,000	—
1879Do B	—	750	1,250	1,850	3,000	—
1879/7Do B	—	750	1,250	1,850	3,000	—

KM# 412.4 5 PESOS
8.46 g., 0.875 Gold, 0.238 oz. AGW **Obv.** Facing eagle, snake in beak **Rev:** Radiant cap above scales **Obv. Legend:** REPUBLICA MEXICANA **Mint:** Guanajuato

Date	Mintage	F12	VF20	XF40	MS60
1871Go S	1,600	550	950	1,450	2,450
1887Go R	140	750	1,350	1,750	3,200
1888Go R Rare	65	—	—	—	—
1893Go R Rare	16	—	—	—	—

KM# 412.5 5 PESOS
8.46 g., 0.875 Gold, 0.238 oz. AGW **Obv.** Facing eagle, snake in beak **Rev:** Radiant cap above scales **Obv. Legend:** REPUBLICA MEXICANA **Mint:** Hermosillo

Date	Mintage	F12	VF20	XF40	MS60
1874Ho R	—	1,950	2,700	3,200	4,700
1877Ho R	990	800	1,150	1,800	2,800
1877Ho A	Inc. above	700	1,350	1,950	2,950
1888Ho G Rare	—	—	—	—	—

KM# 412.6 5 PESOS
8.46 g., 0.875 Gold, 0.238 oz. AGW **Obv.** Facing eagle, snake in beak **Rev:** Radiant cap above scales **Obv. Legend:** REPUBLICA MEXICANA **Mint:** Mexico City

Date	Mintage	F12	VF20	XF40	MS60	MS63
1870Mo C	550	475	550	750	1,650	—
1871/69Mo M	1,600	475	525	600	850	—

Date	Mintage	F12	VF20	XF40	MS60	MS63
1871Mo M	Inc. above	475	525	600	850	—
1872Mo M	1,600	475	525	600	850	—
1873/2Mo M	—	475	550	700	1,000	—
1874Mo M	—	475	550	700	1,000	—
1875/3Mo B/M	—	475	550	700	1,100	—
1875Mo B	—	475	550	700	1,100	—
1876/5Mo B/M	—	475	550	700	1,150	—
1877Mo M	—	475	600	900	1,800	—
1878/7Mo M	400	475	550	700	1,400	—
1878Mo M	Inc. above	475	550	700	1,400	—
1879/8Mo M	—	475	550	700	1,400	—
1880Mo M	—	475	550	700	1,400	—
1881Mo M	—	475	550	700	1,400	—
1882Mo M	200	475	600	900	1,800	—
1883Mo M	200	475	600	900	1,800	—
1884Mo M	—	475	600	900	1,800	—
1886Mo M	200	475	600	900	1,800	—
1887Mo M	200	475	600	900	1,800	—
1888Mo M	250	475	550	700	1,800	—
1889Mo M	190	475	600	900	1,800	—
1890Mo M	149	475	600	900	1,800	—
1891Mo M	156	475	600	900	1,800	—
1892Mo M	214	475	600	900	1,800	—
1893Mo M	1,058	450	550	650	950	—
1897Mo M	370	475	550	700	1,150	—
1898Mo M	376	475	550	700	1,150	—
1901Mo M	1,071	450	475	500	850	1,300
1902Mo M	1,478	450	475	500	850	1,300
1903Mo M	1,162	450	475	500	850	1,300
1904Mo M	1,415	450	475	500	850	1,300
1905Mo M	563	450	500	600	1,550	2,050

KM# 412.7 5 PESOS
8.46 g., 0.875 Gold, 0.238 oz. AGW **Obv.** Facing eagle, snake in beak **Rev:** Radiant cap above scales **Obv. Legend:** REPUBLICA MEXICANA **Mint:** Zacatecas

Date	Mintage	F12	VF20	XF40	MS60	MS63
1874Zs A	—	475	650	900	1,650	—
1875Zs A	—	450	550	650	1,150	—
1877Zs S/A	—	450	550	700	1,150	—
1878/7Zs S/A	—	450	550	700	1,150	—
1883Zs S	—	425	450	600	900	—
1888Zs Z	70	1,150	1,650	2,150	3,150	—
1889Zs Z	373	425	450	650	1,000	—
1892Zs Z	1,229	425	450	600	900	1,400

KM# 413 10 PESOS
16.92 g., 0.875 Gold, 0.476 oz. AGW **Obv.** Facing eagle, snake in beak **Rev:** Radiant cap above

scales **Obv. Legend:** REPUBLICA MEXICANA
Mint: Alamos

Date	Mintage	F12	VF20	XF40	MS60
1874As DL Rare	—	—	—	—	—
1875As L	642	950	1,500	2,750	3,850
1878As L	977	900	1,250	2,250	3,350
1879As L	1,078	900	1,250	2,250	3,350
1880As L	2,629	900	1,250	2,250	3,350
1881As L	2,574	900	1,250	2,250	3,350
1882As L	3,403	900	1,250	2,250	3,350
1883As L	3,597	900	1,250	2,250	3,350
1884As L Rare	—	—	—	—	—
1885As L	4,562	900	1,250	2,250	3,350
1886As L	4,643	900	1,250	2,250	3,350
1887As L	3,667	900	1,250	2,250	3,350
1888As L	4,521	900	1,250	2,250	3,350
1889As L	5,615	900	1,250	2,250	3,350
1890As L	4,920	900	1,250	2,250	3,350
1891As L	568	900	1,250	2,250	3,350
1892As L	—	—	—	—	—
1893As L	817	900	1,250	2,250	3,350
1894/3As L	1,658	—	—	—	—
1894As L	Inc. above	900	1,250	2,250	3,350
1895As L	1,237	900	1,250	2,250	3,350

KM# 413.1 10 PESOS
16.92 g., 0.875 Gold, 0.476 oz. AGW **Obv.** Facing
eagle, snake in beak **Rev:** Radiant cap above
scales **Obv. Legend:** REPUBLICA MEXICANA
Mint: Chihuahua

Date	Mintage	F12	VF20	XF40	MS60	MS63
1888Ca M	175	—	—	7,500	—	—

KM# 413.2 10 PESOS
16.92 g., 0.875 Gold, 0.476 oz. AGW **Obv.** Facing
eagle, snake in beak **Rev:** Radiant cap above
scales **Obv. Legend:** REPUBLICA MEXICANA
Mint: Culiacan

Date	Mintage	F12	VF20	XF40	MS60
1881Cn D	—	875	900	1,300	2,050
1882Cn D	874	875	900	1,300	2,050
1882Cn E	Inc. above	875	900	1,300	2,050
1883Cn D	221	—	—	—	—
1883Cn M	Inc. above	875	900	1,300	2,050
1884Cn D	—	875	900	1,300	2,050
1884Cn M	—	875	900	1,300	2,050
1885Cn M	1,235	875	900	1,300	2,050
1886Cn M	981	875	900	1,300	2,050
1887Cn M	2,289	875	900	1,300	2,050
1888Cn M	767	875	900	1,300	2,050
1889Cn M	859	875	900	1,300	2,050

Date	Mintage	F12	VF20	XF40	MS60
1890Cn M	1,427	875	900	1,300	2,050
1891Cn M	670	875	900	1,300	2,050
1892Cn M	379	875	900	1,300	2,050
1893Cn M	1,806	875	900	1,300	2,050
1895Cn M	179	900	1,300	1,800	2,800
1903Cn Q	774	875	950	1,100	2,100

KM# 413.3 10 PESOS
16.92 g., 0.875 Gold, 0.476 oz. AGW **Obv.** Facing
eagle, snake in beak **Rev:** Radiant cap above
scales **Obv. Legend:** REPUBLICA MEXICANA
Mint: Durango

Date	Mintage	F12	VF20	XF40	MS60	MS63
1872Do P	1,755	875	950	1,100	1,550	—
1873/2Do P	1,091	875	950	1,150	1,650	—
1873/2Do M/P	Inc. above	875	950	1,200	1,750	—
1874Do M	—	875	950	1,200	1,750	—
1875Do M	—	875	950	1,200	1,750	—
1876Do M	—	900	1,050	1,550	2,300	—
1877Do P	—	875	950	1,200	1,750	—
1878Do E	582	875	950	1,200	1,750	—
1879/8Do B	—	875	950	1,200	1,750	—
1879Do B	—	875	950	1,200	1,750	—
1880Do P	2,030	875	950	1,200	1,750	4,050
1881/79Do P	2,617	875	950	1,200	1,750	—
1882Do P Rare	1,528	—	—	—	—	—
1882Do C	Inc. above	875	950	1,200	1,750	—
1883Do C	793	900	1,050	1,550	2,300	—
1884Do C	108	900	1,050	1,550	2,300	—

KM# 413.4 10 PESOS
16.92 g., 0.875 Gold, 0.476 oz. AGW **Obv.** Facing
eagle, snake in beak **Rev:** Radiant cap above
scales **Obv. Legend:** REPUBLICA MEXICANA
Mint: Guadalajara

Date	Mintage	F12	VF20	XF40	MS60	MS63
1870Ga C	490	875	1,100	1,250	2,100	—
1871Ga C	1,910	875	1,100	1,500	2,600	—
1872Ga C	780	900	1,250	2,250	2,850	—
1873Ga C	422	900	1,250	2,250	3,350	—
1874/3Ga C	477	900	1,250	2,250	3,350	—
1875Ga C	710	900	1,250	2,250	3,350	—
1878Ga A	183	925	1,450	2,750	3,850	—
1879Ga A	200	925	1,450	2,750	3,850	—
1880Ga S	404	900	1,250	2,250	3,350	—
1881Ga S	239	925	1,450	2,750	3,850	—
1891Ga S	196	925	1,450	2,750	3,850	—

KM# 413.5 10 PESOS
16.92 g., 0.875 Gold, 0.476 oz. AGW **Obv.** Facing eagle, snake in beak **Rev:** Radiant cap above scales **Obv. Legend:** REPUBLICA MEXICANA **Mint:** Guanajuato

Date	Mintage	F12	VF20	XF40	MS60
1872Go S	1,400	2,000	4,000	6,500	10,000
1887Go R Rare	80	—	—	—	—
Note: Stack's Rio Grande Sale 6-93, P/L AU realized, $12,650					
1888Go R Rare	68	—	—	—	—

KM# 413.6 10 PESOS
16.92 g., 0.875 Gold, 0.476 oz. AGW **Obv.** Facing eagle, snake in beak **Rev:** Radiant cap above scales **Obv. Legend:** REPUBLICA MEXICANA **Mint:** Hermosillo

Date	Mintage	F12	VF20	XF40	MS60
1874Ho R Rare	—	—	—	—	—
1876Ho F Rare	357	—	—	—	—
1878Ho A	814	1,750	3,000	3,500	5,500
1879Ho A	—	1,000	2,000	2,500	4,000
1880Ho A	—	1,000	2,000	2,500	4,000
1881Ho A Rare	—	—	—	—	—
Note: American Numismatic Rarities Eliasberg sale 4-05, MS-62 realized $34,500.					

KM# 413.7 10 PESOS
16.92 g., 0.875 Gold, 0.476 oz. AGW **Obv.** Facing eagle, snake in beak **Rev:** Radiant cap above scales **Obv. Legend:** REPUBLICA MEXICANA **Mint:** Mexico City

Date	Mintage	F12	VF20	XF40	MS60	MS63
1870Mo C	480	875	1,200	1,500	2,300	—
1872/1Mo M/C	2,100	875	900	1,200	1,650	—
1873Mo M	—	875	900	1,250	1,750	—
1874/3Mo M	—	875	900	1,250	1,750	—
1875Mo B/M	—	875	900	1,250	1,750	—
1876Mo B Rare	—	—	—	—	—	—
1878Mo M	300	875	900	1,250	1,750	—

Date	Mintage	F12	VF20	XF40	MS60	MS63
1879Mo M	—	—	—	—	—	—
1881Mo M	100	900	1,300	1,900	2,800	—
1882Mo M	—	875	900	1,250	1,750	—
1883Mo M	100	900	1,300	1,900	2,800	—
1884Mo M	—	900	1,300	1,900	2,800	—
1885Mo M	—	875	900	1,250	1,750	—
1886Mo M	100	900	1,300	1,900	2,800	—
1887Mo M	100	900	1,300	1,950	3,050	—
1888Mo M	144	875	1,050	1,500	2,300	—
1889Mo M	88	900	1,300	1,900	2,800	—
1890Mo M	137	900	1,300	1,900	2,800	—
1891Mo M	133	900	1,300	1,900	2,800	—
1892Mo M	45	900	1,300	1,900	2,800	—
1893Mo M	1,361	875	900	1,200	1,650	—
1897Mo M	239	875	900	1,250	1,750	—
1898/7Mo M	244	875	925	1,300	2,050	—
1900Mo M	733	875	900	1,250	1,750	—
1901Mo M	562	875	900	950	1,600	—
1902Mo M	719	875	900	950	1,600	2,800
1903Mo M	713	875	900	950	1,600	2,800
1904Mo M	694	875	900	950	1,600	—
1905Mo M	401	875	900	1,100	1,800	—

KM# 413.8 10 PESOS
16.92 g., 0.875 Gold, 0.476 oz. AGW **Obv.** Facing eagle, snake in beak **Rev:** Radiant cap above scales **Obv. Legend:** REPUBLICA MEXICANA **Mint:** Oaxaca

Date	Mintage	F12	VF20	XF40	MS60	MS63
1870Oa E	4,614	850	900	1,200	1,900	—
1871Oa E	2,705	850	900	1,250	1,950	—
1872Oa E	5,897	850	900	1,150	1,800	—
1873Oa E	3,537	850	900	1,150	1,800	—
1874Oa E	2,205	875	950	1,500	2,150	—
1875Oa E	312	875	1,050	1,700	2,550	—
1876Oa E	766	875	1,050	1,700	2,550	—
1877Oa E	463	875	1,050	1,700	2,550	—
1878Oa E	229	875	1,050	1,700	2,550	—
1879Oa E	210	875	1,050	1,700	2,550	—
1880Oa E	238	875	1,050	1,700	2,550	—
1881Oa E	961	875	950	1,500	2,300	—
1882Oa E	170	900	1,300	1,800	2,800	—
1883Oa E	111	900	1,300	1,800	2,800	—
1884Oa E	325	875	1,050	1,700	2,550	—
1885Oa E	370	875	1,050	1,700	2,550	—
1886Oa E	400	875	1,050	1,700	2,550	—
1887Oa E	—	1,000	1,550	2,550	4,300	—
1888Oa E	—	—	—	—	—	—

KM# 413.9 10 PESOS
16.92 g., 0.875 Gold, 0.476 oz. AGW **Obv.** Facing eagle, snake in beak **Rev:** Radiant cap above scales **Obv. Legend:** REPUBLICA MEXICANA **Mint:** Zacatecas

Date	Mintage	F12	VF20	XF40	MS60	MS63
1871Zs H	2,000	850	900	1,100	1,550	—
1872Zs H	3,092	850	900	1,050	1,450	—
1873Zs H	936	875	925	1,250	1,750	—
1874Zs H	—	875	925	1,250	1,750	—
1875/3Zs A	—	875	950	1,300	2,050	—
1876/5Zs S	—	875	950	1,300	2,050	—
1877Zs S/H	506	875	950	1,300	2,050	—
1878Zs S	711	875	950	1,300	2,050	—
1879/8Zs S	—	900	1,050	1,700	2,550	—
1879Zs S	—	900	1,050	1,700	2,550	—
1880Zs S	2,089	875	925	1,250	1,750	—
1881Zs S	736	875	950	1,300	2,050	—
1882/1Zs Z	—	875	950	1,300	2,050	2,800
1882Zs S	1,599	875	925	1,250	1,750	—
1883/2Zs S	256	875	950	1,300	2,050	—
1884/3Zs S	—	875	925	1,250	1,900	—
1884Zs S	—	875	925	1,250	1,900	—
1885Zs S	1,588	875	925	1,250	1,750	—
1886Zs S	5,364	875	925	1,250	1,750	—
1887Zs Z	2,330	875	925	1,250	1,750	—
1888Zs Z	4,810	875	925	1,250	1,750	—
1889Zs Z	6,154	850	875	1,050	1,550	—
1890Zs Z	1,321	850	925	1,250	1,750	—
1891Zs Z	1,930	850	925	1,250	1,750	3,550
1892Zs Z	1,882	850	925	1,250	1,750	—
1893Zs Z	2,899	850	925	1,250	1,750	—
1894Zs Z	2,501	850	925	1,250	1,750	—
1895Zs Z	1,217	850	925	1,250	1,750	—

KM# 414 20 PESOS
33.84 g., 0.875 Gold, 0.952 oz. AGW **Obv.** Facing eagle, snake in beak **Rev:** Radiant cap above scales **Mint:** Alamos

Date	Mintage	F12	VF20	XF40	MS60	MS63
1876As L Rare	276	—	—	—	—	—
1877As L Rare	166	—	—	—	—	—
1878As L	—	—	—	—	—	—
1888As L Rare	—	—	—	—	—	—

KM# 414.1 20 PESOS
33.84 g., 0.875 Gold, 0.952 oz. AGW **Obv.** Facing eagle, snake in beak **Rev:** Radiant cap above scales **Mint:** Chihuahua **Note:** Mint mark CH, Ca.

Date	Mintage	F12	VF20	XF40	MS60	MS63
1872CH M	995	1,163	1,750	1,850	3,500	—
1873CH M	950	1,163	1,750	1,850	3,500	—
1874CH M	1,116	1,163	1,750	1,850	3,500	—
1875CH M	750	1,163	1,750	1,850	3,500	—
1876CH M	600	1,163	1,800	2,000	3,750	—
1877CH Rare	55	—	—	—	—	—
1882CH M	1,758	1,163	1,750	1,850	3,500	—
1883CH M	161	1,750	1,850	2,500	4,000	—
1884CH M	496	1,163	1,750	1,850	3,500	—
1885CH M	122	1,750	1,850	2,500	4,000	—
1887Ca M	550	1,163	1,750	1,850	3,500	—
1888Ca M	351	1,163	1,750	1,850	3,500	—
1889Ca M	464	1,163	1,750	1,850	3,500	—
1890Ca M	1,209	1,163	1,750	1,850	3,500	—
1891Ca M	2,004	1,163	1,750	1,800	3,250	—
1893Ca M	418	1,163	1,750	1,850	3,500	—
1895Ca M	133	1,750	1,850	2,500	4,000	—

KM# 414.2 20 PESOS
33.84 g., 0.875 Gold, 0.952 oz. AGW **Obv.** Facing eagle, snake in beak **Rev:** Radiant cap above scales **Obv. Legend:** REPUBLICA MEXICANA **Mint:** Culiacan

Date	Mintage	F12	VF20	XF40	MS60
1870Cn E	3,749	1,163	1,750	1,850	2,950
1871Cn P	3,046	1,163	1,750	1,850	2,950
1872Cn P	972	1,163	1,750	1,850	2,950
1873Cn P	1,317	1,163	1,750	1,850	2,950
1874Cn P	—	1,163	1,750	1,850	2,950
1875Cn P	—	1,750	2,000	2,750	3,500
1876Cn P	—	1,163	1,750	1,850	2,950
1876Cn G	—	1,163	1,750	1,850	2,950
1877Cn G	167	1,750	1,850	2,200	3,200
1878Cn Rare	842	—	—	—	—
1881/0Cn D	2,039				
1881Cn D	Inc. above	1,163	1,750	1,850	2,950
1882/1Cn D	736	1,163	1,750	1,850	2,950
1883Cn M	1,836	1,163	1,750	1,850	2,950
1884Cn M	—	1,163	1,750	1,850	2,950
1885Cn M	544	1,163	1,750	1,850	2,950
1886Cn M	882	1,163	1,750	1,850	2,950
1887Cn M	837	1,163	1,750	1,850	2,950
1888Cn M	473	1,163	1,750	1,850	2,950
1889Cn M	1,376	1,163	1,750	1,850	2,950
1890Cn M	—	1,750	2,450	4,600	11,500
1891Cn M	237	1,163	1,800	2,000	3,200
1892Cn M	526	1,163	1,750	1,850	2,950
1893Cn M	2,062	1,163	1,750	1,850	2,950
1894Cn M	4,516	1,163	1,750	1,850	2,950
1895Cn M	3,193	1,163	1,750	1,850	2,950
1896Cn M	4,072	1,163	1,750	1,850	2,950
1897/6Cn M	959	1,163	1,750	1,850	2,950
1897Cn M	Inc. above	1,163	1,750	1,850	2,950
1898Cn M	1,660	1,163	1,750	1,850	2,950
1899Cn M	1,243	1,163	1,750	1,850	2,950
1899Cn Q	Inc. above	1,163	1,800	2,000	3,200
1900Cn Q	1,558	1,163	1,750	1,850	2,950
1901Cn Q	1,496	1,163	1,750	1,850	2,950
1901/0Cn Q	Inc. above				
1902Cn Q	1,059	1,163	1,750	1,850	2,950
1903Cn Q	1,121	1,163	1,750	1,850	2,950
1904Cn H	4,646	1,163	1,750	1,700	2,950
1905Cn P	1,738	1,163	1,750	1,850	3,150

KM# 414.3   20 PESOS
33.84 g., 0.875 Gold, 0.952 oz. AGW **Obv.** Facing eagle, snake in beak **Rev:** Radiant cap above scales **Obv. Legend:** REPUBLICA MEXICANA **Mint:** Durango

Date	Mintage	F12	VF20	XF40	MS60
1870Do P	416	1,800	2,100	2,950	3,600
1871Do P	Inc. above	1,800	2,100	2,950	3,600
1871/0Do P	1,073	1,800	2,400	3,250	3,900
1872/1Do PT	—	2,000	3,750	6,100	9,300
1876Do M	—	1,800	2,100	2,950	3,600
1877Do P	94	2,000	2,950	3,900	4,500
1878Do Rare	258	—	—	—	—

KM# 414.4   20 PESOS
33.84 g., 0.875 Gold, 0.952 oz. AGW **Obv.** Facing eagle, snake in beak **Rev:** Radiant cap above scales **Obv. Legend:** REPUBLICA MEXICANA **Mint:** Guanajuato

Date	Mintage	F12	VF20	XF40	MS60	MS63
1870Go S	3,250	1,163	1,700	1,750	2,300	—
1871Go S	20,000	1,163	1,700	1,750	2,300	2,950
1872Go S	18,000	1,163	1,700	1,750	2,300	—
1873Go S	7,000	1,163	1,700	1,750	2,300	—
1874Go S	—	1,163	1,700	1,750	2,300	—
1875Go S	—	1,163	1,700	1,750	2,300	—
1876Go S	—	1,163	1,700	1,750	2,300	—
1876Go M/S	—	—	—	—	—	—
1877Go M/S Rare	15,000	—	—	—	—	—
1877Go R	Inc. above	1,163	1,700	1,750	2,300	—
1877Go S Rare	Inc. above	—	—	—	—	—
1878/7Go M/S	13,000	1,500	2,150	2,900	3,900	—
1878Go M	Inc. above	1,500	2,150	2,900	3,900	—
1878Go S	Inc. above	1,163	1,700	1,750	2,300	—
1879Go S	8,202	1,163	1,700	1,750	3,300	—
1880Go S	7,375	1,163	1,700	1,750	2,300	—
1881Go S	4,909	1,163	1,700	1,750	2,300	—
1882Go S	4,020	1,163	1,700	1,750	2,300	—
1883/2Go B	3,705	1,163	1,700	1,950	3,200	—
1883Go B	Inc. above	1,163	1,700	1,750	2,300	—
1884Go B	1,798	1,163	1,700	1,750	2,300	—
1885Go R	2,660	1,163	1,700	1,750	2,300	—
1886Go R	1,090	1,500	1,750	1,950	3,550	—
1887Go R	1,009	1,500	1,750	1,950	3,550	—
1888Go R	1,011	1,500	1,750	1,950	3,550	—
1889Go R	956	1,500	1,750	1,950	3,550	—
1890Go R	879	1,500	1,750	1,950	3,550	—
1891Go R	818	1,500	1,750	1,950	3,550	—
1892Go R	730	1,500	1,750	1,950	3,550	—
1893Go R	3,343	1,163	1,700	1,850	2,700	—
1894/3Go R	6,734	1,163	1,700	1,750	2,300	—
1894Go R	Inc. above	1,163	1,700	1,750	2,300	—

Date	Mintage	F12	VF20	XF40	MS60	MS63
1895/3Go R	7,118	1,163	1,700	1,750	2,300	—
1895Go R	Inc. above	1,163	1,700	1,750	2,300	—
1896Go R	9,219	1,163	1,700	1,750	2,300	7,200
1897/6Go R	6,781	1,163	1,700	1,750	2,300	—
1897Go R	Inc. above	1,163	1,700	1,750	2,300	—
1898Go R	7,710	1,163	1,700	1,750	2,300	—
1899Go R	8,527	1,163	1,700	1,750	2,300	—
1900Go R	4,512	1,163	1,750	1,950	3,350	—

KM# 414.5   20 PESOS
33.84 g., 0.875 Gold, 0.952 oz. AGW **Obv.** Facing eagle, snake in beak **Rev:** Radiant cap above scales **Obv. Legend:** REPUBLICA MEXICANA **Mint:** Hermosillo

Date	Mintage	F12	VF20	XF40	MS60
1874Ho R Rare	—	—	—	—	—

Note: Stack's Bowers & Ponterio Sale 161, 8-11, AU55 realized $6,500.

1875Ho R Rare	—	—	—	—	—
1876Ho F Rare	—	—	—	—	—
1888Ho g Rare	—	—	—	—	—

KM# 414.6   20 PESOS
33.84 g., 0.875 Gold, 0.952 oz. AGW **Obv.** Facing eagle, snake in beak **Rev:** Radiant cap above scales **Obv. Legend:** REPUBLICA MEXICANA **Mint:** Mexico City

Date	Mintage	F12	VF20	XF40	MS60
1870Mo C	14,000	1,163	1,750	1,850	2,450
1871Mo M	21,000	1,163	1,750	1,850	2,450
1872/1Mo M	11,000	1,163	1,750	1,850	2,550
1872Mo M	Inc. above	1,163	1,750	1,850	2,450
1873Mo M	5,600	1,163	1,750	1,850	2,450
1874/2Mo M	—	1,163	1,750	1,850	2,450
1874/2Mo B	—	1,163	1,750	1,950	2,550
1875Mo B	—	1,163	1,750	1,950	2,500
1876Mo B	—	1,163	1,750	1,950	2,500
1876Mo M	—	—	—	—	—

Note: Requires Confirmation

1877Mo M	2,000	1,163	1,800	2,200	3,000
1878Mo M	7,000	1,163	1,750	1,850	2,500
1879Mo M	—	1,163	1,750	1,850	2,700
1880Mo M	—	1,163	1,750	1,850	2,700
1881/0Mo M	11,000	1,163	1,750	1,850	2,450

Date	Mintage	F12	VF20	XF40	MS60
1881Mo M	Inc. above	1,163	1,750	1,850	2,450
1882/1Mo M	5,800	1,163	1,750	1,850	2,450
1882Mo M	Inc. above	1,163	1,750	1,850	2,450
1883/1Mo M	4,000	1,163	1,750	1,850	2,450
1883Mo M	Inc. above	1,163	1,750	1,850	2,450
1884/3Mo M	—	1,163	1,750	1,850	2,500
1884Mo M	—	1,163	1,750	1,850	2,500
1885Mo M	6,000	1,163	1,750	1,850	2,700
1886Mo M	10,000	1,163	1,750	1,850	2,450
1887Mo M	12,000	1,163	1,800	2,600	3,500
1888Mo M	7,300	1,163	1,750	1,850	2,450
1889Mo M	6,477	1,163	1,800	2,750	5,000
1890Mo M	7,852	1,163	1,750	1,850	2,500
1891/0Mo M	8,725	1,163	1,750	1,850	2,500
1891Mo M	Inc. above	1,163	1,750	1,850	2,500
1892Mo M	11,000	1,163	1,750	1,850	2,450
1893Mo M	15,000	1,163	1,750	1,850	2,450
1894Mo M	14,000	1,163	1,750	1,850	2,450
1895Mo M	13,000	1,163	1,750	1,850	2,450
1896Mo B	14,000	1,163	1,750	1,850	2,450
1897/6Mo M	12,000	1,163	1,750	1,850	2,450
1897Mo M	Inc. above	1,163	1,750	1,850	2,450
1898Mo M	20,000	1,163	1,750	1,850	2,450
1899Mo M	23,000	1,163	1,750	1,850	2,450
1900Mo M	21,000	1,163	1,750	1,850	2,450
1901Mo M	29,000	1,163	1,750	1,850	2,450
1902Mo M	38,000	1,163	1,750	1,850	2,450
1903/2Mo M	31,000	1,163	1,750	1,850	2,450
1903Mo M	Inc. above	1,163	1,750	1,850	2,450
1904Mo M	52,000	1,163	1,750	1,850	2,450
1905Mo M	9,757	1,163	1,750	1,850	2,450

KM# 414.7 20 PESOS
33.84 g., 0.875 Gold, 0.952 oz. AGW **Obv.** Facing eagle, snake in beak **Rev:** Radiant cap above scales **Obv. Legend:** REPUBLICA MEXICANA **Mint:** Oaxaca

Date	Mintage	F12	VF20	XF40	MS60	MS63
1870Oa E	1,131	1,800	2,500	3,600	6,800	—
1871Oa E	1,591	1,800	2,500	3,600	6,800	—
1872Oa E	255	1,800	2,200	4,200	9,300	—
1888Oa E	170	2,450	3,950	6,800	—	—

KM# 414.8 20 PESOS
33.84 g., 0.875 Gold, 0.952 oz. AGW **Obv.** Facing eagle, snake in beak **Rev:** Radiant cap above scales **Mint:** Zacatecas

Date	Mintage	F12	VF20	XF40	MS60
1871Zs H	1,000	3,850	6,900	9,200	12,000
1875Zs A	—	4,350	6,400	9,800	12,500
1878Zs S	441	4,350	6,400	9,800	12,500
1888Zs Z Rare	50	—	—	—	—
1889Zs Z	640	3,900	5,900	9,200	12,000

ESTADOS UNIDOS
DECIMAL COINAGE
100 CENTAVOS = 1 PESO

KM# 415 CENTAVO
3.00 g., Bronze, 20mm. **Obv.** National arms **Rev:** Value below date within wreath **Mint:** Mexico City **Note:** Mint mark Mo.

Date	Mintage	F12	VF20	XF40	MS60	MS63
1905 Narrow date	6,040,000	4.00	6.50	14.00	90.00	—
1905 Wide date	—	4.00	6.50	14.00	90.00	—
1906 Narrow date	Est. 67505000	0.50	0.75	1.25	14.00	25.00

Note: 50,000,000 pcs. were struck at the Birmingham Mint

Date	Mintage	F12	VF20	XF40	MS60	MS63
1906 Wide date	Inc. above	0.75	1.50	2.50	22.00	—
1910 Narrow date	8,700,000	2.00	3.00	6.50	85.00	100
1910 Wide date	—	2.00	3.00	6.50	85.00	100
1911 Narrow date	16,450,000	0.60	1.00	2.75	22.50	—
1911 Wide date	Inc. above	0.75	1.00	4.00	35.00	—
1912	12,650,000	1.00	1.35	3.25	35.00	—
1913	12,850,000	0.75	1.25	3.00	35.00	—
1914 Narrow date	17,350,000	0.75	1.00	3.00	15.00	20.00
1914 Wide date	Inc. above	0.75	1.00	3.00	15.00	20.00
1915	2,277,000	11.00	25.00	67.50	250	—
1916	500,000	45.00	80.00	170	1,200	—
1920	1,433,000	22.00	50.00	115	400	—
1921	3,470,000	5.50	15.50	47.00	275	—
1922	1,880,000	9.00	17.00	50.00	250	—
1923	4,800,000	0.75	1.25	1.75	13.50	—
1924/3	2,000,000	65.00	170	275	525	—
1924	Inc. above	4.50	11.00	22.00	250	300
1925	1,550,000	4.50	10.00	25.00	220	—
1926	5,000,000	1.00	2.00	4.00	20.00	28.00
1927/6	6,000,000	30.00	45.00	70.00	175	—
1927	Inc. above	0.75	1.25	4.50	32.00	45.00
1928	5,000,000	0.75	1.00	3.25	16.50	25.00
1929	4,500,000	0.75	1.00	1.75	17.00	25.00
1930	7,000,000	0.75	1.00	2.50	20.00	—
1933	10,000,000	0.25	0.35	1.75	16.50	22.00
1934	7,500,000	0.25	0.95	3.25	40.00	—
1935	12,400,000	0.15	0.25	0.40	11.50	15.00
1936	20,100,000	0.15	0.20	0.30	9.00	—
1937	20,000,000	0.15	0.25	0.35	4.00	6.00

Date	Mintage	F12	VF20	XF40	MS60	MS63
1938	10,000,000	0.10	0.15	0.30	2.00	3.00
1939	30,000,000	0.10	0.20	0.30	1.00	2.50
1940	10,000,000	0.20	0.30	0.60	5.50	8.50
1941	15,800,000	0.15	0.25	0.35	2.00	3.00
1942	30,400,000	0.15	0.20	0.30	1.25	2.00
1943	4,310,000	0.30	0.50	0.75	9.00	12.50
1944	5,645,000	0.15	0.25	0.50	6.00	8.50
1945	26,375,000	0.10	0.15	0.25	1.00	1.75
1946	42,135,000	—	0.15	0.20	0.60	1.50
1947	13,445,000	—	0.10	0.15	0.80	1.50
1948	20,040,000	0.10	0.15	0.30	1.10	2.25
1949	6,235,000	0.10	0.15	0.30	1.25	3.00

Note: Varieties exist

KM# 416 CENTAVO
1.50 g., Bronze, 16mm. **Obv.** National arms **Rev:** Value below date within wreath **Mint:** Mexico City **Note:** Zapata issue. Struck at Mexico City Mint, mint mark Mo. Reduced size. Weight varies 1.39-1.5g.

Date	Mintage	F12	VF20	XF40	MS60	MS63
1915	179,000	18.00	30.00	60.00	85.00	—

KM# 417 CENTAVO
2.00 g., Brass, 16mm. **Obv.** National arms, eagle left **Rev:** Oat sprigs **Mint:** Mexico City **Note:** Mint mark Mo.

Date	Mintage	F12	VF20	XF40	MS60	MS63
1950	12,815,000	—	0.15	0.35	1.65	2.25
1951	25,740,000	—	0.15	0.35	0.65	1.25
1952	24,610,000	—	0.10	0.25	0.40	0.85
1953	21,160,000	—	0.10	0.25	0.40	0.85
1954	25,675,000	—	0.10	0.15	0.85	1.50
1955	9,820,000	—	0.15	0.25	0.85	1.75
1956	11,285,000	—	0.15	0.25	0.80	1.75
1957	9,805,000	—	0.15	0.25	0.85	1.50
1958	12,155,000	—	0.10	0.25	0.45	0.75
1959	11,875,000	—	0.15	0.25	0.75	1.50
1960	10,360,000	—	0.10	0.15	0.40	0.65
1961	6,385,000	—	0.10	0.15	0.45	0.85
1962	4,850,000	—	0.10	0.15	0.55	0.90
1963	7,775,000	—	0.10	0.15	0.25	0.45
1964	4,280,000	—	0.10	0.15	0.20	0.30
1965	2,255,000	—	0.10	0.15	0.25	0.40
1966	1,760,000	—	0.10	0.25	0.60	1.00
1967	1,290,000	—	0.10	0.15	0.40	0.75
1968	1,000,000	—	0.10	0.20	0.85	1.45
1969	1,000,000	—	0.10	0.15	0.65	0.85

KM# 418 CENTAVO
1.50 g., Brass, 13mm. **Obv.** National arms, eagle left **Rev:** Oat sprigs **Mint:** Mexico City **Note:** Reduced size.

Date	Mintage	F12	VF20	XF40	MS60	MS63
1970Mo	1,000,000	—	0.20	0.40	1.45	2.25
1972Mo	1,000,000	—	0.20	0.45	2.50	4.00

Date	Mintage	F12	VF20	XF40	MS60	MS63
1972/2Mo	—	—	0.50	1.25	3.50	5.00
1973Mo	1,000,000	—	1.65	2.75	9.00	17.50

KM# 419 2 CENTAVOS
6.00 g., Bronze, 25mm. **Obv.** National arms **Rev:** Value below date within wreath **Mint:** Mexico City **Note:** Mint mark Mo.

Date	Mintage	F12	VF20	XF40	MS60	MS63
1905	50,000	150	300	500	1,200	1,350
1906 Inverted 6	9,998,000	30.00	55.00	120	375	—
1906 Wide date	Inc. above	5.00	11.00	28.00	95.00	110
1906 Narrow date	Inc. above	6.50	14.00	30.00	95.00	—

Note: 5,000,000 pieces were struck at the Birmingham Mint

1920	1,325,000	6.50	17.50	75.00	350	—
1921	4,275,000	2.50	4.75	15.00	100	—
1922	—	225	550	1,750	5,500	—
1924	750,000	8.50	27.50	75.00	450	—
1925	3,650,000	2.50	3.50	7.50	35.00	40.00
1926	4,750,000	1.00	2.25	5.50	40.00	—
1927	7,250,000	0.60	1.00	4.50	22.00	35.00
1928	3,250,000	0.75	1.50	4.75	25.00	35.00
1929	250,000	85.00	225	550	1,200	—
1935	1,250,000	4.25	9.25	65.00	225	275
1939	5,000,000	0.60	0.90	2.25	20.00	30.00
1941	3,550,000	0.45	0.60	1.25	18.00	28.00

KM# 420 2 CENTAVOS
3.00 g., Bronze, 20mm. **Obv.** National arms **Rev:** Value below date within wreath **Mint:** Mexico City **Note:** Zapata issue. Mint mark Mo. Reduced size. Weight varies 3-3.03g.

Date	Mintage	F12	VF20	XF40	MS60	MS63
1915	487,000	7.50	9.00	17.50	75.00	—

KM# 421 5 CENTAVOS
5.00 g., Nickel, 20mm. **Obv.** National arms **Rev:** Value and date within beaded circle **Mint:** Mexico City **Note:** Mint mark Mo. Varieties exist.

Date	Mintage	F12	VF20	XF40	MS60	MS63
1905	1,420,000	7.00	10.00	28.00	325	375
1906/5	10,615,000	13.00	30.00	70.00	375	—
1906	Inc. above	0.75	1.35	3.25	55.00	75.00
1907	4,000,000	1.25	4.00	35.00	350	450
1909	2,052,000	3.25	10.00	50.00	360	—

Date	Mintage	F12	VF20	XF40	MS60	MS63
1910	6,181,000	1.30	3.50	9.00	85.00	125
1911 Narrow date	4,487,000	1.00	3.00	7.00	95.00	135
1911 Wide date	Inc. above	2.50	5.00	9.00	110	170
1912 Small mint mark	420,000	90.00	100	230	725	—
1912 Large mint mark	Inc. above	70.00	95.00	200	575	—
1913	2,035,000	1.75	4.25	30.00	200	300

Note: Wide and narrow dates exist for 1913

Date	Mintage	F12	VF20	XF40	MS60	MS63
1914	2,000,000	1.00	2.00	5.00	75.00	110

Note: 5,000,000 pieces appear to have been struck at the Birmingham Mint in 1914 and all of 1909-1911. The Mexican Mint report does not mention receiving the 1914 dated coins

KM# 422 5 CENTAVOS
9.00 g., Bronze, 28mm. **Obv.** National arms **Rev:** Value below date within wreath **Mint:** Mexico City

Date	Mintage	F12	VF20	XF40	MS60	MS63
1914Mo	2,500,000	10.00	23.00	65.00	300	—
1915Mo	11,424,000	3.00	5.00	35.00	165	265
1916Mo	2,860,000	15.00	35.00	175	650	—
1917Mo	800,000	75.00	225	400	900	—
1918Mo	1,332,000	35.00	90.00	250	675	—
1919Mo	400,000	115	225	360	950	—
1920Mo	5,920,000	3.00	8.00	45.00	265	350
1921Mo	2,080,000	10.00	24.00	75.00	275	—
1924Mo	780,000	40.00	95.00	275	700	—
1925Mo	4,040,000	5.50	11.00	47.50	225	—
1926Mo	3,160,000	5.50	11.00	48.00	325	—
1927Mo	3,600,000	4.00	7.00	35.00	250	350
1928Mo Large date	1,740,000	11.00	18.00	65.00	250	325
1928Mo Small date	Inc. above	30.00	45.00	100	385	—
1929Mo	2,400,000	5.50	12.00	50.00	200	—
1930Mo	2,600,000	5.00	8.00	27.50	225	—

Note: Large oval O in date

1930Mo	Inc. above	65.00	125	250	565	—

Note: Small square O in date

1931Mo	—	475	750	1,450	4,000	—
1933Mo	8,000,000	1.50	2.25	3.50	27.50	45.00
1934Mo	10,000,000	1.25	1.75	2.75	25.00	50.00
1935Mo	21,980,000	0.75	1.20	2.50	22.50	40.00

KM# 423 5 CENTAVOS
4.00 g., Copper-Nickel, 20.5mm. **Obv.** National arms, eagle left **Rev:** Value and date within circle **Mint:** Mexico City

Date	Mintage	F12	VF20	XF40	MS60	MS63
1936M	46,700,000	—	0.65	1.25	7.50	8.50
1937M	49,060,000	—	0.50	1.00	7.00	8.00
1938M	3,340,000	—	4.00	10.00	80.00	200
1940M	22,800,000	—	0.75	1.25	8.00	10.00
1942M	7,100,000	—	1.50	3.00	35.00	50.00

KM# 424 5 CENTAVOS
6.50 g., Bronze, 25.5mm. **Obv.** National arms, eagle left **Rev:** Head left **Mint:** Mexico City

Date	Mintage	F12	VF20	XF40	MS60	MS63
1942Mo	900,000	—	25.00	75.00	375	550
1943Mo	54,660,000	—	0.50	0.75	2.50	3.50
1944Mo	53,463,000	—	0.25	0.35	0.75	1.00
1945Mo	44,262,000	—	0.25	0.35	0.75	1.25
1946Mo	49,054,000	—	0.50	1.00	2.00	3.00
1951Mo	50,758,000	—	0.75	0.90	3.00	5.00
1952Mo	17,674,000	—	1.50	2.50	9.50	11.50
1953Mo	31,568,000	—	1.25	2.00	6.00	9.00
1954Mo	58,680,000	—	0.40	1.00	2.75	4.00
1955Mo	31,114,000	—	2.00	3.00	11.00	14.00

KM# 425 5 CENTAVOS
4.00 g., Copper-Nickel, 20.5mm. **Obv.** National arms, eagle left **Rev:** Bust right flanked by date and value **Mint:** Mexico City

Date	Mintage	F12	VF20	XF40	MS60	MS63
1950Mo	5,700,000	—	0.75	1.50	6.00	7.00

Note: 5,600,000 pieces struck at Connecticut melted

KM# 426 5 CENTAVOS
4.00 g., Brass, 20.4mm. **Obv.** National arms, eagle left **Rev:** Bust right **Mint:** Mexico City

Date	Mintage	VF20	XF40	MS60	MS63
1954Mo Dot	—	10.00	50.00	300	375
1954Mo Without dot	—	15.00	35.00	275	325

Date	Mintage	VF20	XF40	MS60	MS63
1955Mo	12,136,000	0.75	1.50	9.00	12.50
1956Mo	60,216,000	0.20	0.30	0.75	1.25
1957Mo	55,288,000	0.15	0.20	0.90	1.50
1958Mo	104,624,000	0.15	0.20	0.60	1.00
1959Mo	106,000,000	0.15	0.25	0.75	1.25
1960Mo	99,144,000	0.10	0.15	0.50	0.75
1961Mo	61,136,000	0.10	0.15	0.50	0.75
1962Mo	47,232,000	0.10	0.15	0.25	0.35
1963Mo	156,680,000	—	0.15	0.25	0.40
1964Mo	71,168,000	—	0.15	0.20	0.40
1965Mo	155,720,000	—	0.15	0.25	0.35
1966Mo	124,944,000	—	0.15	0.40	0.65
1967Mo	118,816,000	—	0.15	0.25	0.40
1968Mo	189,588,000	—	0.15	0.50	0.75
1969Mo	210,492,000	—	0.15	0.55	0.80

KM# 426a 5 CENTAVOS
Copper-Nickel, 20.5mm. **Obv.** National arms, eagle left **Rev:** Bust right **Mint:** Mexico City

Date	Mintage	F12	VF20	XF40	MS60	MS63
1960Mo	—	—	250	300	375	—
1962Mo	19	—	250	300	375	—
1965Mo	—	—	250	300	375	—

KM# 427 5 CENTAVOS
2.75 g., Brass, 18mm. **Obv.** National arms, eagle left **Rev:** Bust right **Note:** Due to some minor alloy variations this type is often encountered with a bronze-color toning. Reduced size.

Date	Mintage	VF20	XF40	MS60	MS63
1970Mo	163,368,000	0.10	0.15	0.35	0.45
1971Mo	198,844,000	0.10	0.15	0.25	0.30
1972Mo	225,000,000	0.10	0.15	0.25	0.30
1973Mo Flat top 3	595,070,000	0.10	0.15	0.25	0.40
1973Mo Round top 3	Inc. above	0.10	0.15	0.20	0.30
1974Mo	401,584,000	0.10	0.15	0.30	0.40
1975Mo	342,308,000	0.10	0.15	0.25	0.35
1976Mo	367,524,000	0.10	0.15	0.40	0.60

KM# 428 10 CENTAVOS
2.50 g., 0.800 Silver, 0.0643 oz. ASW 18mm. **Obv.** National arms **Rev:** Value and date within 3/4 wreath with Liberty cap above **Mint:** Mexico City **Note:** Mint mark Mo.

Date	Mintage	F12	VF20	XF40	MS60	MS63
1905	3,920,000	2.50	6.00	8.00	40.00	50.00
1906	8,410,000	2.50	5.50	7.50	27.00	40.00
1907/6	5,950,000	15.00	50.00	135	325	375
1907	Inc. above	2.50	5.50	6.25	35.00	50.00
1909	2,620,000	2.75	8.50	13.00	80.00	110
1910/00	3,450,000	3.00	10.00	40.00	75.00	85.00
1910	Inc. above	2.50	7.00	15.00	25.00	40.00
1911 Narrow date	2,550,000	3.00	11.00	17.00	88.00	125
1911 Wide date	Inc. above	2.50	7.50	10.00	45.00	65.00

Date	Mintage	F12	VF20	XF40	MS60	MS63
1912	1,350,000	3.00	10.00	18.00	130	175
1912 Low 2	Inc. above	3.00	10.00	18.00	115	155
1913/2	1,990,000	3.00	10.00	25.00	40.00	70.00
1913	Inc. above	2.50	7.00	10.00	33.00	45.00
1914	3,110,000	2.50	5.50	7.00	15.00	25.00

Note: Wide and narrow dates exist for 1914

KM# 429 10 CENTAVOS
1.81 g., 0.800 Silver, 0.0466 oz. ASW 15mm. **Obv.** National arms **Rev:** Value and date within 3/4 wreath with Liberty cap above **Mint:** Mexico City **Note:** Mint mark Mo. Reduced size.

Date	Mintage	F12	VF20	XF40	MS60	MS63
1919	8,360,000	3.00	10.00	15.00	95.00	125

KM# 430 10 CENTAVOS
12.00 g., Bronze, 30.5mm. **Obv.** National arms **Rev:** Value below date within wreath **Mint:** Mexico City **Note:** Mint mark Mo.

Date	Mintage	F12	VF20	XF40	MS60	MS63
1919	1,232,000	7.00	25.00	85.00	475	550
1920	6,612,000	5.00	15.00	50.00	400	475
1921	2,255,000	10.00	35.00	95.00	650	800
1935	5,970,000	4.50	14.00	35.00	125	200

KM# 431 10 CENTAVOS
1.66 g., 0.720 Silver, 0.0384 oz. ASW 15mm. **Obv.** National arms **Rev:** Value and date within wreath with Liberty cap above **Mint:** Mexico City **Note:** Mint mark Mo.

Date	Mintage	F12	VF20	XF40	MS60	MS63
1925/15	5,350,000	10.00	30.00	75.00	125	175
1925/3	Inc. above	8.00	20.00	40.00	125	175
1925	Inc. above	1.00	2.00	5.00	40.00	50.00
1926/16	2,650,000	10.00	30.00	75.00	125	175
1926	Inc. above	1.80	3.50	7.50	65.00	95.00
1927	2,810,000	1.00	2.25	3.00	17.50	25.00
1928	5,270,000	1.00	2.00	2.75	13.50	20.00
1930	2,000,000	1.75	3.75	5.00	18.75	28.00
1933	5,000,000	1.00	1.50	3.00	10.00	17.00
1934	8,000,000	1.00	1.75	2.50	8.00	16.00
1935	3,500,000	1.50	2.75	5.00	11.00	18.00

KM# 432 10 CENTAVOS
5.50 g., Copper-Nickel, 23.5mm. **Obv.** National arms, eagle left **Rev:** Value and date within circle **Mint:** Mexico City **Note:** Mint mark Mo.

Date	Mintage	F12	VF20	XF40	MS60	MS63
1936	33,030,000	—	0.75	2.50	10.00	12.00
1937	3,000,000	2.00	10.00	50.00	215	250
1938	3,650,000	1.25	2.00	7.00	70.00	85.00
1939	6,920,000	—	1.00	3.50	27.50	35.00
1940	12,300,000	—	0.40	1.25	5.00	7.00
1942	14,380,000	—	0.60	1.50	7.00	10.00
1945	9,558,000	—	0.40	0.70	3.50	5.00
1946	46,230,000	—	0.40	0.60	2.50	4.00

KM# 433 10 CENTAVOS
5.50 g., Bronze, 23.5mm. **Obv.** National arms, eagle left **Rev:** Bust left **Mint:** Mexico City **Note:** Mint mark Mo.

Date	Mintage	F12	VF20	XF40	MS60	MS63
1955	1,818,000	—	0.75	3.25	23.00	35.00
1956	5,255,000	—	0.75	3.25	23.00	32.00
1957	11,925,000	—	0.20	0.40	5.50	9.00
1959	26,140,000	—	0.30	0.45	0.75	1.25
1966	5,873,000	—	0.15	0.25	0.60	1.75
1967	32,318,000	—	0.10	0.15	0.30	0.40

Sharp stem

KM# 434.1 10 CENTAVOS
1.50 g., Copper-Nickel, **Obv.** National arms, eagle left **Rev:** Upright ear of corn **Edge:** Reeded **Mint:** Mexico City **Note:** Variety I- Sharp stem and wide date

Date	Mintage	VF20	XF40	MS60	MS63
1974Mo	6,000,000	—	0.35	0.75	1.00
1975Mo	5,550,000	0.10	0.35	0.75	1.00
1976Mo	7,680,000	0.10	0.20	0.30	0.40
1977Mo	144,650,000	1.25	2.25	3.50	5.50
1978Mo	271,870,000	—	1.00	1.50	2.25
1979Mo	375,660,000	—	0.50	1.00	1.75
1980/79Mo	21,290,000	2.45	3.75	7.00	9.00
1980Mo	Inc. above	1.50	2.00	4.50	6.50

Blunt stem

KM# 434.2 10 CENTAVOS
1.50 g., Copper-Nickel, **Obv.** National arms, eagle left **Rev:** Upright ear of corn **Edge:** Reeded **Mint:** Mexico City **Note:** Variety II- Blunt stem and narrow date

Date	Mintage	F12	VF20	XF40	MS60	MS63
1974Mo	Inc. above	—	—	0.10	0.20	0.30
1977Mo	Inc. above	—	0.15	0.50	1.25	2.25
1978Mo	Inc. above	—	—	0.10	0.30	0.40
1979Mo	Inc. above	—	0.15	0.35	0.85	1.50
1980Mo	Inc. above	—	—	0.10	0.20	0.30

KM# 434.3 10 CENTAVOS
1.50 g., Copper-Nickel, **Obv.** National arms, eagle left **Rev:** Upright ear of corn **Edge:** Reeded **Mint:** Mexico City **Note:** Variety III- Blunt stem and wide date

Date	Mintage	F12	VF20	XF40	MS60	MS63
1980/79Mo	—	—	—	2.50	7.00	9.00

KM# 434.4 10 CENTAVOS
1.50 g., Copper-Nickel, **Obv.** National arms, eagle left **Rev:** Upright ear of corn **Edge:** Reeded **Mint:** Mexico City **Note:** Variety IV- Sharp stem and narrow date

Date	Mintage	F12	VF20	XF40	MS60	MS63
1974Mo	—	—	—	—	1.50	2.50
1979Mo	—	—	—	—	1.50	2.50

KM# 435 20 CENTAVOS
5.00 g., 0.800 Silver, 0.1286 oz. ASW 22mm. **Obv.** National arms **Rev:** Value and date within wreath with Liberty cap above **Mint:** Mexico City **Note:** Mint mark Mo.

Date	Mintage	F12	VF20	XF40	MS60	MS63
1905	2,565,000	5.00	12.00	25.00	175	195
1906	6,860,000	4.75	9.00	16.50	60.00	85.00
1907 Straight 7	4,000,000	5.00	11.50	22.00	75.00	125
1907 Curved 7	5,435,000	4.50	7.50	15.00	70.00	120
1908	350,000	50.00	95.00	250	1,800	—
1910	1,135,000	5.00	11.00	16.00	90.00	110
1911	1,150,000	12.00	15.00	40.00	145	175
1912	625,000	20.00	40.00	70.00	350	400
1913	1,000,000	5.00	14.50	30.00	100	125
1914	1,500,000	5.00	10.00	22.50	65.00	80.00

KM# 436 20 CENTAVOS
3.63 g., 0.800 Silver, 0.0932 oz. ASW 19mm. **Obv.**

National arms **Rev:** Value and date within wreath with Liberty cap above **Mint:** Mexico City **Note:** Mint mark Mo. Reduced size.

Date	Mintage	F12	VF20	XF40	MS60	MS63
1919	4,155,000	10.00	30.00	65.00	200	275

KM# 437   20 CENTAVOS
15.00 g., Bronze, 32.5mm. **Obv.** National arms **Rev:** Value below date within wreath **Mint:** Mexico City **Note:** Mint mark Mo.

Date	Mintage	F12	VF20	XF40	MS60	MS63
1920	4,835,000	12.00	45.00	155	650	775
1935	20,000,000	2.00	6.00	10.00	95.00	145

KM# 438   20 CENTAVOS
3.33 g., 0.720 Silver, 0.0772 oz. ASW 19mm. **Obv.** National arms **Rev:** Value and date within wreath with Liberty cap above **Mint:** Mexico City **Note:** Mint mark Mo.

Date	Mintage	F12	VF20	XF40	MS60	MS63
1920	3,710,000	3.00	9.00	20.00	175	220
1921	6,160,000	3.00	7.00	14.00	100	150
1925	1,450,000	4.00	12.00	20.00	155	165
1926/5	1,465,000	7.00	20.00	70.00	350	375
1926	Inc. above	2.75	5.00	11.00	90.00	110
1927	1,405,000	2.75	5.00	12.00	95.00	115
1928	3,630,000	2.75	6.00	8.00	19.00	27.50
1930	1,000,000	2.75	8.00	12.00	30.00	42.00
1933	2,500,000	2.75	3.00	5.00	12.00	16.00
1934	2,500,000	2.75	3.00	6.00	13.00	20.00
1935	2,460,000	2.75	3.00	6.00	13.00	20.00
1937	10,000,000	1.00	2.75	3.00	6.00	9.00
1939	8,800,000	1.00	2.75	3.00	6.00	9.00
1940	3,000,000	1.00	2.75	3.00	5.00	9.00
1941	5,740,000	1.00	2.25	3.00	5.00	8.00
1942	12,460,000	1.00	2.25	3.00	5.00	8.00
1943	3,955,000	1.00	3.00	4.00	5.00	9.00

KM# 439   20 CENTAVOS
10.00 g., Bronze, 28.5mm. **Obv.** National arms, eagle left **Rev:** Liberty cap divides value above Pyramid of the Sun at Teotihuacán, volcanos Ixtaccihuatl and Popocatepet in background **Edge:**

Plain **Mint:** Mexico City **Note:** Mint mark Mo.

Date	Mintage	F12	VF20	XF40	MS60	MS63
1943	46,350,000	—	1.25	3.00	20.00	28.00
1944	83,650,000	—	0.40	0.65	8.00	12.00
1945	26,801,000	—	1.25	3.50	9.50	15.00
1946	25,695,000	—	1.10	2.25	6.00	9.00
1951	11,385,000	0.50	3.00	8.75	100	120
1952	6,560,000	0.50	3.00	5.00	25.00	35.00
1953	26,948,000	—	0.35	0.80	9.00	15.00
1954	40,108,000	—	0.35	0.80	9.00	15.00
1955	16,950,000	0.50	2.75	7.00	60.00	75.00

KM# 440   20 CENTAVOS
10.00 g., Bronze, 28.5mm. **Obv.** National arms, eagle left **Rev:** Liberty cap divides value above Pyramid of the Sun at Teotihuacán, volcanos Ixtaccihuatl and Popocatepet in background **Edge:** Plain **Mint:** Mexico City **Note:** Mint mark Mo.

Date	Mintage	F12	VF20	XF40	MS60	MS63
1955 Inc. KM#439	Inc. above	—	0.75	1.75	17.00	22.00
1956	22,431,000	—	0.30	0.35	3.00	5.00
1957	13,455,000	—	0.45	1.25	9.00	13.00
1959	6,017,000	0.75	4.50	9.00	75.00	100
1960	39,756,000	—	0.15	0.25	0.75	1.00
1963	14,869,000	—	0.25	0.35	0.80	1.00
1964	28,654,000	—	0.25	0.40	0.90	1.25
1965	74,162,000	—	0.20	0.35	0.80	1.00
1966	43,745,000	—	0.15	0.25	0.75	1.00
1967	46,487,000	—	0.20	0.50	1.00	1.25
1968	15,477,000	—	0.30	0.55	1.35	1.65
1969	63,647,000	—	0.20	0.35	0.80	1.00
1970	76,287,000	—	0.15	0.20	0.90	1.30
1971	49,892,000	—	0.30	0.50	1.25	2.00

KM# 441   20 CENTAVOS
10.00 g., Bronze, 28.5mm. **Obv.** National arms, eagle left **Rev:** Liberty cap divides value above Pyramid of the Sun at Teotihuacán, volcanos Ixtaccihuatl and Popocatepet in background **Edge:** Plain **Mint:** Mexico City

Date	Mintage	VF20	XF40	MS60	MS63
1971Mo Inc. KM#440	Inc. above	0.20	0.35	1.85	2.50
1973Mo	78,398,000	0.25	0.35	0.95	1.65
1974Mo	34,200,000	0.20	0.35	1.25	2.00

KM# 442 20 CENTAVOS
3.00 g., Copper-Nickel, 20mm. **Obv.** National arms, eagle left **Rev:** Bust 3/4 facing flanked by value and date **Edge:** Reeded **Mint:** Mexico City

Date	Mintage	VF20	XF40	MS60	MS63
1974Mo	112,000,000	0.10	0.15	0.25	0.30
1975Mo	611,000,000	0.10	0.15	0.30	0.35
1976Mo	394,000,000	0.10	0.15	0.35	0.45
1977Mo	394,350,000	0.10	0.15	0.40	0.45
1978Mo	527,950,000	0.10	0.15	0.25	0.30
1979Mo	524,615,000	0.10	0.15	0.25	0.30
1979Mo	—	1.25	2.00	4.00	8.00

Note: Doubled die obv. small letters

1979Mo	—	1.25	2.00	4.00	8.00

Note: Doubled die obv. large letters

1980Mo	326,500,000	0.15	0.20	0.30	0.40
1981Mo Open 8	106,205,000	0.30	0.50	1.00	2.00
1981Mo Closed 8, high date	248,500,000	0.30	0.50	1.00	2.00
1981Mo Closed 8, low date	—	1.00	1.50	3.50	4.25
1981/1982Mo	—	40.00	75.00	175	195

Note: The 1981/1982 overdate is often mistaken as 1982/1981

1982Mo	286,855,000	0.40	0.60	0.90	1.10
1983Mo Round top 3	100,930,000	0.25	0.40	1.75	2.25
1983Mo Flat top 3	Inc. above	0.25	0.50	1.25	1.75
1983 Mo	998	PF63 45.00			

KM# 491 20 CENTAVOS
3.00 g., Bronze, 20mm. **Subject:** Olmec Culture **Obv.** National arms, eagle left **Rev:** Mask 3/4 right with value below

Date	Mintage	VF20	XF40	MS60	MS63
1983 Mo	53	PF63 185			
1983 Mo	260,000,000	0.20	0.25	1.25	1.75
1984 Mo	180,320,000	0.20	0.35	1.85	2.25

KM# 443 25 CENTAVOS
3.33 g., 0.300 Silver, 0.0321 oz. ASW 21.5mm. **Obv.** National arms, eagle left **Rev:** Scale below Liberty cap **Edge:** Reeded **Mint:** Mexico City **Note:** Mint mark Mo.

Date	Mintage	F12	VF20	XF40	MS60	MS63
1950	77,060,000	—	1.25	1.50	2.00	2.50
1951	41,172,000	—	1.25	1.50	2.00	2.50
1952	29,264,000	—	1.25	1.50	2.25	2.75
1953	38,144,000	—	1.25	1.25	2.00	2.50

KM# 444 25 CENTAVOS
5.50 g., Copper-Nickel, 23mm. **Obv.** National arms, eagle left **Rev:** Bust 3/4 facing **Edge:** Reeded **Mint:** Mexico City

Date	Mintage	F12	VF20	XF40	MS60	MS63
1964Mo	20,686,000	—	—	0.15	0.20	0.30
1966Mo Closed beak	180,000	—	0.75	1.25	3.00	4.50
1966Mo Open beak	Inc. above	—	2.00	4.00	12.00	15.00

KM# 445 50 CENTAVOS
12.50 g., 0.800 Silver, 0.3215 oz. ASW 30mm. **Obv.** National arms **Rev:** Value and date within 3/4 wreath with Liberty cap above **Mint:** Mexico City **Note:** Mint mark Mo.

Date	Mintage	F12	VF20	XF40	MS60	MS63
1905	2,446,000	12.50	20.00	35.00	175	250
1906 Open 9	16,966,000	6.00	12.00	15.00	55.00	85.00
1906 Closed 9	Inc. above	6.00	11.50	14.00	48.00	70.00
1907 Straight 7	18,920,000	6.00	11.50	14.00	36.00	42.00
1907 Curved 7	14,841,000	6.00	11.50	14.00	36.00	45.50
1908	488,000	25.00	80.00	190	550	675
1912	3,736,000	12.00	22.50	20.00	55.00	85.00
1913/07	10,510,000	15.00	40.00	90.00	250	300
1913/2	Inc. above	12.00	20.00	27.50	75.00	100
1913	Inc. above	6.00	11.50	13.00	33.00	42.00
1914	7,710,000	6.00	14.00	20.00	42.00	65.00
1916 Narrow date	480,000	20.00	60.00	85.00	250	350
1916 Wide date	Inc. above	20.00	60.00	85.00	250	350
1917	37,112,000	6.00	12.00	14.00	27.50	33.00
1918	1,320,000	20.00	70.00	135	300	400

KM# 446 50 CENTAVOS
9.06 g., 0.800 Silver, 0.2331 oz. ASW   27mm.
Obv. National arms **Rev:** Value and date within 3/4 wreath with Liberty cap above **Mint:** Mexico City **Note:** Mint mark Mo. Reduced size.

Date	Mintage	F12	VF20	XF40	MS60	MS63
1918/7	2,760,000	175	525	700	1,450	—
1918	Inc. above	9.00	20.00	70.00	350	450
1919	29,670,000	4.00	12.00	25.00	150	180

KM# 447 50 CENTAVOS
8.33 g., 0.720 Silver, 0.1929 oz. ASW   27mm.
Obv. National arms **Rev:** Value and date within 3/4 wreath with Liberty cap above **Edge Lettering:** INDEPENDENCIA Y LIBERTAD **Mint:** Mexico City **Note:** Mint mark Mo.

Date	Mintage	F12	VF20	XF40	MS60	MS63
1919	10,200,000	3.00	12.00	22.00	100	130
1920	27,166,000	3.00	9.00	17.00	75.00	90.00
1921	21,864,000	3.00	9.00	17.00	95.00	120
1925	3,280,000	7.00	17.50	35.00	145	185
1937	20,000,000	3.00	7.00	9.00	13.00	18.00
1938	100,000	15.00	50.00	95.00	245	350
1939	10,440,000	3.00	7.00	9.00	16.00	25.00
1942	800,000	3.00	7.00	10.00	18.00	22.00
1943	41,512,000	3.00	7.00	9.00	12.00	15.00
1944	55,806,000	3.00	7.00	9.00	12.00	15.00
1945	56,766,000	3.00	7.00	9.00	12.00	15.00

KM# 448 50 CENTAVOS
7.97 g., 0.420 Silver, 0.1077 oz. ASW   27mm.
Obv. National arms **Rev:** Value and date within 3/4 wreath with Liberty cap above **Mint:** Mexico City **Note:** Mint mark Mo.

Date	Mintage	F12	VF20	XF40	MS60	MS63
1935	70,800,000	4.00	4.25	5.00	9.00	12.00

KM# 449 50 CENTAVOS
6.66 g., 0.300 Silver, 0.0642 oz. ASW 26mm. **Obv.** National arms, eagle left **Rev:** Head with head covering right **Mint:** Mexico City **Note:** Mint mark Mo.

Date	Mintage	F12	VF20	XF40	MS60	MS63
1950	13,570,000	—	2.50	2.75	5.00	8.00
1951	3,650,000	—	3.00	4.00	6.00	9.00

KM# 450 50 CENTAVOS
14.00 g., Bronze, 33mm. **Obv.** National arms, eagle left **Rev:** Head with headdress left **Edge:** Reeded **Mint:** Mexico City **Note:** Mint mark Mo.

Date	Mintage	F12	VF20	XF40	MS60	MS63
1955	3,502,000	—	1.50	3.00	4.00	8.00
1956	34,643,000	—	0.75	1.50	7.00	9.00
1957	9,675,000	—	1.00	2.00	6.50	8.00
1959	4,540,000	—	0.50	0.75	2.00	3.50

KM# 451 50 CENTAVOS
6.50 g., Copper-Nickel, 25mm. **Obv.** National arms, eagle left **Rev:** Head with headdress left **Edge:** Reeded **Mint:** Mexico City

Date	Mintage	F12	VF20	XF40	MS60	MS63
1964Mo	43,806,000	—	0.15	0.20	0.40	0.60
1965Mo	14,326,000	—	0.20	0.25	0.45	0.65
1966Mo	1,726,000	—	0.20	0.40	1.50	2.00
1967Mo	55,144,000	—	0.20	0.30	0.75	1.25
1968Mo	80,438,000	—	0.15	0.30	0.65	1.00
1969Mo	87,640,000	—	0.20	0.35	0.80	1.25

KM# 452 50 CENTAVOS
6.50 g., Copper-Nickel, 25mm. **Obv.** National arms, eagle left **Rev:** Head with headdress left **Edge:** Reeded **Mint:** Mexico City **Note:** Coins dated 1975 and 1976 exist with and without dots in centers of three circles on plumage on reverse. Edge varieties exist.

Date	Mintage	VF20	XF40	MS60	MS63
1970Mo	76,236,000	0.15	0.20	0.80	1.35
1971Mo	125,288,000	0.15	0.20	0.90	1.45
1972Mo	16,000,000	1.25	2.00	3.50	5.50
1975Mo Dots	177,958,000	0.65	1.75	3.50	6.00
1975Mo No dots	Inc. above	0.15	0.20	0.75	1.25
1976Mo Dots	37,480,000	0.75	1.50	5.00	7.00
1976Mo No dots	Inc. above	0.15	0.20	0.50	0.90

Date	Mintage	VF20	XF40	MS60	MS63
1977Mo	12,410,000	6.50	10.00	32.50	45.00
1978Mo	85,400,000	0.15	0.25	0.50	1.20
1979Mo Round 2nd 9 in date	229,000,000	0.15	0.25	0.50	1.00
1979Mo Square 9's in date	Inc. above	0.20	0.40	1.60	2.25
1980Mo Narrow date, square 9	89,978,000	0.45	0.75	1.75	2.50
1980Mo Wide date, round 9	178,188,000	0.20	0.25	1.00	2.25
1981Mo Rectangular 9, narrow date	142,212,000	0.50	0.75	1.75	2.50
1981Mo Round 9, wide date	Inc. above	0.30	0.50	1.25	1.75
1982Mo	45,474,000	0.20	0.40	1.95	1.75
1983Mo	90,318,000	0.50	0.75	1.75	2.50
1983 Mo	998	PF63 45.00			

KM# 492   50 CENTAVOS
4.40 g., Stainless Steel, 22mm. **Subject:** Palenque Culture **Obv.** National arms, eagle left **Rev:** Head with headdress 3/4 left

Date	Mintage	VF20	XF40	MS60	MS63	MS65
1983 Mo	99,540,000	—	0.30	1.50	2.50	—
1983 Mo	53	PF63 195				

KM# 453   PESO
27.07 g., 0.903 Silver, 0.7859 oz. ASW 39mm. **Subject:** Caballito **Obv.** National arms **Rev:** Horse and rider facing left among sun rays **Designer:** Charles Pillet **Mint:** Mexico City **Note:** Mint mark Mo.

Date	Mintage	F12	VF20	XF40	MS60	MS63
1910	3,814,000	14.00	45.00	50.00	200	275
1911	1,227,000	14.00	45.00	75.00	200	300
Note: Long lower left ray on reverse						
1911	Inc. above	50.00	145	250	750	950
Note: Short lower left ray on reverse						

Date	Mintage	F12	VF20	XF40	MS60	MS63
1912	322,000	35.00	100	210	365	500
1913/2	2,880,000	14.00	45.00	75.00	300	450
1913	Inc. above	14.00	45.00	70.00	200	300
Note: 1913 coins exist with even and unevenly spaced date						
1914	120,000	300	700	1,200	4,000	—

KM# 454   PESO
18.13 g., 0.800 Silver, 0.4663 oz. ASW 34mm. **Obv.** National arms **Rev:** Value and date within 3/4 wreath with Liberty cap above **Mint:** Mexico City **Note:** Mint mark Mo.

Date	Mintage	F12	VF20	XF40	MS60	MS63
1918/7	—	250	350	—	—	—
1918	3,050,000	20.00	45.00	150	1,350	2,500
1919	6,151,000	18.00	30.00	125	950	1,750

KM# 455   PESO
16.66 g., 0.720 Silver, 0.3857 oz. ASW 34mm. **Obv.** National arms **Rev:** Value and date within 3/4 wreath with Liberty cap above **Edge Lettering:** INDEPENDENCIA Y LIBERTAD **Mint:** Mexico City **Note:** Mint mark Mo.

Date	Mintage	F12	VF20	XF40	MS60	MS63
1920/10	8,830,000	18.00	50.00	90.00	325	—
1920	Inc. above	7.00	15.00	35.00	195	350
1921	5,480,000	7.00	15.00	35.00	195	275
1922	33,620,000	—	7.00	15.00	20.00	35.00
1923	35,280,000	—	7.00	15.00	20.00	35.00
1924	33,060,000	—	7.00	15.00	20.00	35.00
1925	9,160,000	—	7.00	15.00	60.00	85.00
1926	28,840,000	—	7.00	15.00	25.00	40.00
1927	5,060,000	7.00	15.00	16.00	70.00	90.00
1932 Open 9	50,770,000	—	—	7.00	14.00	16.00
1932 Closed 9	Inc. above	—	—	7.00	14.00	16.00
1933/2	43,920,000	15.00	20.00	35.00	100	—
1933	Inc. above	—	7.00	15.00	16.50	18.00
1934	22,070,000	—	—	7.00	15.00	22.00
1935	8,050,000	—	7.00	15.00	16.00	24.00
1938	30,000,000	—	—	7.00	15.00	16.50
1940	20,000,000	—	—	7.00	15.00	16.50
1943	47,662,000	—	—	7.00	15.00	16.50
1944	39,522,000	—	—	7.00	15.00	16.50
1945	37,300,000	—	—	7.00	15.00	16.50

KM# 456 PESO
14.00 g., 0.500 Silver, 0.2251 oz. ASW   32mm.
Obv. National arms, eagle left **Rev:** Head with
headcovering right **Edge:** Reeded **Mint:** Mexico
City **Note:** Mint mark Mo.

Date	Mintage	F12	VF20	XF40	MS60	MS63
1947	61,460,000	—	—	4.00	8.00	10.00
1948	22,915,000	—	—	4.00	8.00	10.00
1949	—		PF63	4,500		
1949	4,000,000	350	650	1,300	1,700	2,700

Note: Not released for circulation

KM# 457 PESO
13.33 g., 0.300 Silver, 0.1286 oz. ASW   32mm.
Obv. National arms, eagle left **Rev:** Armored bust
3/4 left **Mint:** Mexico City **Note:** Mint mark Mo.

Date	Mintage	F12	VF20	XF40	MS60	MS63
1950	3,287,000	—	5.00	6.00	10.00	15.00

KM# 458 PESO
16.00 g., 0.100 Silver, 0.0514 oz. ASW   34.5mm.
Subject: 100th Anniversary of Constitution **Obv.**
National arms, eagle left within wreath **Obv.**
Designer: Manuel L. Negrete **Rev:** Head left **Edge**
Lettering: INDEPENDENCIA Y LIBERTAD **Mint:**
Mexico City **Note:** Mint mark Mo.

Date	Mintage	F12	VF20	XF40	MS60	MS63
1957	500,000	—	4.00	6.00	12.50	16.50

KM# 459 PESO
16.00 g., 0.100 Silver, 0.0514 oz. ASW   34.5mm.
Obv. National arms, eagle left within wreath **Rev:**
Armored bust right within wreath **Edge Lettering:**
INDEPENDENCIA Y LIBERTAD **Mint:** Mexico City
Note: Mint mark Mo.

Date	Mintage	F12	VF20	XF40	MS60	MS63
1957	28,273,000	—	1.00	2.00	3.00	10.00
1958	41,899,000	—	—	1.00	2.00	3.00
1959	27,369,000	—	1.00	2.00	5.50	8.00
1960	26,259,000	—	1.00	2.00	3.50	6.00
1961	52,601,000	—	—	1.00	2.50	5.00
1962	61,094,000	—	—	1.00	2.00	4.00
1963	26,394,000	—	—	1.00	2.00	2.50
1964	15,615,000	—	—	1.00	2.00	2.50
1965	5,004,000	—	—	1.00	2.00	2.50
1966	30,998,000	—	—	1.00	2.00	2.25
1967	9,308,000	—	—	1.00	2.75	4.50

Tall date

KM# 460 PESO
9.00 g., Copper-Nickel, 29mm. **Obv.** National
arms, eagle left **Rev:** Head left **Edge:** Reeded **Mint:**
Mexico City

Date	Mintage	VF20	XF40	MS60	MS63
1970Mo Narrow date	102,715,000	0.25	0.35	0.65	0.80
1970Mo Wide date	Inc. above	1.25	2.50	7.50	10.00
1971Mo	426,222,000	0.20	0.25	0.55	0.75
1972Mo	120,000,000	0.20	0.25	0.40	0.65
1974Mo	63,700,000	0.20	0.25	0.65	0.90
1975Mo Tall narrow date	205,979,000	0.25	0.45	1.00	1.35
1975Mo Short wide date	Inc. above	0.30	0.40	0.75	1.00
1976Mo	94,489,000	0.15	0.20	0.50	0.75
1977Mo Thick date close to rim	94,364,000	0.25	0.45	1.00	1.25

Date	Mintage	VF20	XF40	MS60	MS63
1977Mo Thin date, space between sideburns and collar	Inc. above	1.00	2.50	8.50	16.50
1978Mo Closed 8	208,300,000	0.20	0.30	1.00	1.50
1978Mo Open 8	55,140,000	1.00	2.50	14.00	20.00
1979Mo Thin date	117,884,000	0.20	0.30	1.15	1.50
1979Mo Thick date	Inc. above	0.20	0.30	1.25	1.75
1980Mo Closed 8	318,800,000	0.25	0.35	1.00	1.25
1980Mo Open 8	23,865,000	0.75	1.50	8.00	15.00
1981Mo Closed 8	413,349,000	0.20	0.30	0.75	0.90
1981Mo Open 8	58,616,000	0.50	1.25	6.50	9.00
1982Mo Closed 8	235,000,000	0.25	0.75	2.25	2.50
1982Mo Open 8	—	0.75	1.50	8.00	15.00
1983Mo Wide date	100,000,000	0.30	0.45	3.00	3.50
1983Mo Narrow date	Inc. above	0.30	0.45	3.00	4.50
1983 Mo	1,051,000		PF63 38.00		

KM# 496 PESO
5.70 g., Stainless Steel, 24.5mm. **Obv.** National arms, eagle left **Rev:** Armored bust right

Date	Mintage	VF20	XF40	MS60	MS63
1984 Mo	722,802,000	0.10	0.25	0.65	1.45
1985 Mo	985,000,000	0.10	0.25	0.50	1.25
1986 Mo	740,000,000	0.10	0.25	0.50	1.25
1987 Mo	250,000,000	0.10	0.25	0.50	1.25
1987 Mo Proof; 2 known	—		PF63 1,000		

KM# 461 2 PESOS
1.67 g., 0.900 Gold, 0.0482 oz. AGW 13mm. **Obv.** National arms **Rev:** Date above value within wreath **Mint:** Mexico City **Note:** Mint mark Mo.

Date	Mintage	F12	VF20	XF40	MS60
1919	1,670,000	—	59.00	100	110
1920/10	—	59.00	100	105	145
1920	4,282,000	—	59.00	100	105
1944	10,000	59.00	100	110	130
1945	Est. 140000	—	—	—	71.00
1946	168,000	59.00	100	110	165
1947	25,000	59.00	100	110	145
1948 No specimens known	45,000	—	—	—	—

Note: During 1951-1972 a total of 4,590,493 pieces were restruck, most likely dated 1945. In 1996 matte restrikes were produced. An additional 260,000 pieces dated 1945 were struck during 2000-2013

KM# 462 2 PESOS
26.67 g., 0.900 Silver, 0.7716 oz. ASW 39mm. **Subject:** Centennial of Independence **Obv.** National arms, eagle left within wreath **Rev:** Winged Victory **Designer:** Emilio del Moral **Mint:** Mexico City **Note:** Mint mark Mo.

Date	Mintage	F12	VF20	XF40	MS60	MS63
1921	1,278,000	30.00	45.00	75.00	450	700

KM# 463 2-1/2 PESOS
2.08 g., 0.900 Gold, 0.0603 oz. AGW 15.5mm. **Obv.** National arms **Rev:** Miguel Hidalgo y Costilla **Mint:** Mexico City **Note:** Mint mark Mo.

Date	Mintage	F12	VF20	XF40	MS60	MS63
1918	1,704,000	—	74.00	110	130	—
1919	984,000	—	74.00	110	130	—
1920/10	607,000	—	74.00	110	180	—
1920	Inc. above	—	74.00	110	125	—
1944	20,000	—	74.00	115	145	—
1945	Est. 180000	—	—	—	87.00	—
1946	163,000	—	74.00	115	145	—
1947	24,000	230	300	425	750	—
1948	63,000	—	74.00	115	145	—

Note: During 1951-1972 a total of 5,025,087 pieces were restruck, most likely dated 1945. In 1996 matte restrikes were produced. An additional 539,000 pieces dated 1945 were struck during 2000-2013

KM# 464 5 PESOS
4.17 g., 0.900 Gold, 0.1206 oz. AGW 19mm. **Obv.** National arms **Rev:** Miguel Hidalgo y Costilla **Mint:** Mexico City **Note:** Mint mark Mo.

Date	Mintage	F12	VF20	XF40	MS60	MS63
1905	18,000	220	230	325	700	—
1906	4,638,000	—	—	147	200	—
1907/6	—	—	—	—	—	—
1907	1,088,000	—	—	147	200	—
1910	100,000	—	—	147	220	—
1918/7	609,000	—	—	147	250	—

Date	Mintage	F12	VF20	XF40	MS60	MS63
1918	Inc. above	—	—	147	220	—
1919	506,000	—	—	147	200	—
1920	2,385,000	—	—	147	200	—
1955	—	—	—	—	165	—

Note: During 1955-1972 a total of 1,767,645 pieces were restruck, most likely dated 1955. In 1996 matte restrikes were produced. An additional 96,300 pieces dated 1955 were struck during 2000-2013

KM# 465   5 PESOS
30.00 g., 0.900 Silver, 0.8681 oz. ASW 40mm.
Obv. National arms, eagle left **Rev:** Head with headdress left **Edge:** Reeded **Mint:** Mexico City **Note:** Mint mark Mo.

Date	Mintage	F12	VF20	XF40	MS60	MS63
1947	5,110,000	—	—	15.00	32.50	35.00
1948	26,740,000	—	—	15.00	32.50	35.00

KM# 466   5 PESOS
27.78 g., 0.720 Silver, 0.6431 oz. ASW 40mm.
Subject: Opening of Southern Railroad **Obv.** National arms, eagle left **Rev:** Radiant sun flanked by palm trees above train **Edge Lettering:** COMERCIO - AGRICULTURA - INDUSTRIA **Designer:** Manuel L. Negrete **Mint:** Mexico City **Note:** Mint mark Mo.

Date	Mintage	F12	VF20	XF40	MS60	MS63
1950	200,000	—	27.50	45.00	65.00	75.00

Note: It is recorded that 100,000 pieces were melted to be used for the 1968 Mexican Olympic 25 Pesos

KM# 467   5 PESOS
27.78 g., 0.720 Silver, 0.6431 oz. ASW 40mm.
Obv. National arms, eagle left **Rev:** Head left within wreath **Edge Lettering:** COMERCIO - AGRICULTURA - INDUSTRIA **Mint:** Mexico City **Note:** Mint mark Mo.

Date	Mintage	F12	VF20	XF40	MS60	MS63
1951	4,958,000	—	—	11.00	22.50	25.00
1952	9,595,000	—	—	11.00	22.50	25.00
1953	20,376,000	—	—	11.00	22.50	25.00
1954	30,000	—	30.00	60.00	70.00	85.00

KM# 468   5 PESOS
27.78 g., 0.720 Silver, 0.6431 oz. ASW 40mm.
Subject: Bicentennial of Hidalgo's Birth **Obv.** National arms, eagle left **Rev:** Half-length figure facing to right of building and dates **Edge Lettering:** COMERCIO - AGRICULTURA - INDUSTRIA **Designer:** Manuel L. Negrete **Mint:** Mexico City **Note:** Mint mark Mo.

Date	Mintage	F12	VF20	XF40	MS60	MS63
1953	1,000,000	—	—	11.00	23.00	25.00

KM# 469   5 PESOS
18.05 g., 0.720 Silver, 0.4178 oz. ASW 36mm.
Obv. National arms, eagle left **Rev:** Head left **Mint:** Mexico City **Note:** Mint mark Mo.

Date	Mintage	F12	VF20	XF40	MS60	MS63
1955	4,271,000	—	—	7.00	15.00	16.50
1956	4,596,000	—	—	7.00	15.00	16.50
1957	3,464,000	—	—	7.00	15.00	16.50

KM# 470 5 PESOS
18.05 g., 0.720 Silver, 0.4178 oz. ASW 36mm.
Subject: 100th Anniversary of Constitution **Obv.**
National arms, eagle left **Rev:** Head left **Edge Lettering:** INDEPENDENCIA Y LIBERTAD
Designer: Manuel L. Negrete **Mint:** Mexico City
Note: Mint mark Mo.

Date	Mintage	F12	VF20	XF40	MS60	MS63
1957	200,000	—	7.00	15.00	16.00	18.00

KM# 471 5 PESOS
18.05 g., 0.720 Silver, 0.4178 oz. ASW 36mm.
Subject: Centennial of Carranza's Birth **Obv.**
National arms, eagle left **Rev:** Head left **Edge:**
Plain **Designer:** Manuel L. Negrete **Mint:** Mexico City **Note:** Mint mark Mo.

Date	Mintage	F12	VF20	XF40	MS60	MS63
1959	1,000,000	—	—	7.00	15.00	16.50

Large date

KM# 472 5 PESOS
14.00 g., Copper-Nickel, 33mm. **Obv.** National arms, eagle left **Rev:** Armored bust right **Edge Lettering:** INDEPENDENCIA Y LIBERTAD **Mint:**
Mexico City **Note:** Small date, large date varieties.

Date	Mintage	F12	VF20	XF40	MS60	MS63
1971Mo	28,457,000	—	0.50	0.95	2.50	3.25
1972Mo	75,000,000	—	0.60	1.25	2.00	2.50

Date	Mintage	F12	VF20	XF40	MS60	MS63
1973Mo	19,405,000	—	1.25	2.00	4.50	5.50
1974Mo	34,500,000	—	0.50	0.80	1.75	2.25
1976Mo Small date	26,121,000	—	0.75	1.45	3.25	4.00
1976Mo Large date	121,550,000	—	0.35	0.50	1.50	1.75
1977Mo	102,000,000	—	0.35	0.50	1.50	1.75
1978Mo	25,700,000	—	1.00	1.50	4.50	6.25

KM# 485 5 PESOS
10.20 g., Copper-Nickel, 27mm. **Subject:**
Quetzalcoatl **Obv.** National arms, eagle left
Rev: Native sculpture to lower right of value and dollar sign **Edge Lettering:** LIBERTAD Y INDEPENDENCIA **Note:** Inverted and normal edge legend varieties exist for the 1980 and 1981 dates.

Date	Mintage	VF20	XF40	MS60	MS63
1980 Mo	266,899,999	0.25	0.50	1.75	2.25
1981 Mo	30,500,000	0.45	0.65	2.75	3.25
1982 Mo	20,000,000	1.50	2.35	4.25	5.25
1982 Mo	1,051	PF63 50.00			
1983 Mo Proof; 7 known	—	PF63 1,200			
1984 Mo	16,300,000	1.25	2.00	4.75	6.00
1985 Mo	76,900,000	2.00	3.25	4.25	5.00

KM# 502 5 PESOS
3.10 g., Brass, 17mm. **Obv.** National arms, eagle left **Rev:** Date and value **Edge:** Reeded

Date	Mintage	VF20	XF40	MS60	MS63
1985 Mo	30,000,000	—	0.15	0.35	0.50
1987 Mo	81,900,000	8.00	9.50	12.50	16.50
1988 Mo	76,600,000	—	0.10	0.25	0.35
1988 Mo Proof; 2 known	—	PF63 600			

KM# 473 10 PESOS
8.33 g., 0.900 Gold, 0.2411 oz. AGW 22.5mm.
Obv. National arms **Rev:** Miguel Hidalgo y Costilla
Mint: Mexico City **Note:** Mint mark Mo.

Date	Mintage	F12	VF20	XF40	MS60	MS63
1905	39,000	—	295	450	475	500
1906	2,949,000	—	295	450	475	500
1907	1,589,000	—	295	450	475	500
1908	890,000	—	295	450	475	500
1910	451,000	—	295	450	475	500
1916	26,000	—	295	475	500	525

Date	Mintage	F12	VF20	XF40	MS60	MS63
1917	1,967,000	—	295	450	475	500
1919	266,000	—	295	450	475	500
1920	12,000	—	295	550	925	1,000
1959	Est. 50000	—	—	—	315	—

Note: *During 1961-1972 a total of 954,983 pieces were restruck, most likely dated 1959. In 1996 matte restrikes were produced. An additional 67,300 pieces dated 1959 were struck during 2000-2013

KM# 474   10 PESOS
28.89 g., 0.900 Silver, 0.8359 oz. ASW 40mm.
Obv. National arms **Rev:** Head left **Edge:** Reeded **Mint:** Mexico City **Note:** Mint mark Mo.

Date	Mintage	F12	VF20	XF40	MS60	MS63
1955	585,000	—	—	14.00	32.00	35.00
1956	3,535,000	—	—	14.00	32.00	33.00

KM# 475   10 PESOS
28.88 g., 0.900 Silver, 0.8357 oz. ASW 40mm.
Subject: 100th Anniversary of Constitution **Obv.** National arms, eagle left **Rev:** Head left **Edge Lettering:** INDEPENDENCIA Y LIBERTAD **Designer:** Manuel L. Negrete **Mint:** Mexico City **Note:** Mint mark Mo.

Date	Mintage	F12	VF20	XF40	MS60	MS63
1957	100,000	14.00	32.00	40.00	55.00	60.00

KM# 476   10 PESOS
28.89 g., 0.900 Silver, 0.8359 oz. ASW 40mm.

Subject: 150th Anniversary - War of Independence **Obv.** National arms, eagle left **Rev:** Conjoined busts facing flanked by dates **Edge:** Reeded **Designer:** Manuel L. Negrete **Mint:** Mexico City **Note:** Mint mark Mo.

Date	Mintage	F12	VF20	XF40	MS60	MS63
1960	1,000,000	—	—	14.00	32.00	34.00

KM# 477.1   10 PESOS
10.00 g., Copper-Nickel, 30.5mm. **Subject:** Miguel Hidalgo y Costilla **Obv.** National arms, eagle left **Rev:** Head left **Shape:** 7-sided **Mint:** Mexico City **Note:** Thin flan - 1.6mm

Date	Mintage	F12	VF20	XF40	MS60	MS63
1974Mo	3,900,000	—	0.50	1.00	3.00	4.50
1974 Mo	—	PF63 650				
1975Mo	1,000,000	—	2.25	3.25	7.50	8.50
1976Mo	74,500,000	—	0.25	0.75	1.75	2.75
1977Mo	79,620,000	—	0.50	1.00	2.00	3.00

KM# 477.2   10 PESOS
11.50 g., Copper-Nickel, 30.5mm. **Subject:** Miguel Hidalgo y Costilla **Obv.** National arms, eagle left **Rev:** Head left **Shape:** 7-sided **Mint:** Mexico City **Note:** Thick flan - 2.3mm

Date	Mintage	VF20	XF40	MS60	MS63
1978Mo	124,850,000	0.50	0.75	2.50	2.75
1979Mo	57,200,000	0.50	0.75	2.50	2.75
1980Mo	55,200,000	0.50	0.75	2.50	3.75
1981Mo	222,768,000	0.40	0.60	2.25	2.75
1982 Mo	1,051	PF63 45.00			
1982Mo	151,770,000	0.50	0.80	2.50	3.50
1983 Mo Proof; 3 known	—	PF63 1,800			
1985Mo	58,000,000	1.25	1.75	5.75	8.00

KM# 512   10 PESOS
3.84 g., Stainless Steel, 19mm. **Obv.** National arms, eagle left **Rev:** Head facing with diagonal value at left **Note:** Date varieties exist.

Date	Mintage	VF20	XF40	MS60	MS63
1985 Mo	257,000,000	—	0.15	0.50	0.75
1986 Mo	392,000,000	—	0.15	0.50	1.50

Date	Mintage	VF20	XF40	MS60	MS63
1987 Mo	305,000,000	—	0.15	0.35	0.50
1988 Mo	500,300,000	—	0.15	0.25	0.35
1989 Mo	336,900,000	0.20	0.25	0.75	1.50
1990 Mo Proof; 2 known	—	**PF63** 550			
1990 Mo	101,000,000	—	0.25	0.75	1.25

KM# 478 20 PESOS
16.67 g., 0.900 Gold, 0.4823 oz. AGW 27.5mm.
Obv. National arms, eagle left **Rev:** Aztec Sunstone with denomination below **Edge:** Lettered **Edge Lettering:** INDEPEDENCIA Y LIBERTAD **Mint:** Mexico City **Note:** Mint mark Mo.

Date	Mintage	F12	VF20	XF40	MS60	MS63
1917	852,000	—	—	589	900	—
1918	2,831,000	—	—	589	900	—
1919	1,094,000	—	—	589	900	—
1920/10	462,000	—	—	589	900	—
1920	Inc. above	—	—	589	900	—
1921/11	922,000	—	—	589	900	—
1921/10	—	—	—	—	—	—
1921	Inc. above	—	—	589	925	—
1959	Est. 13000	—	—	—	613	—

Note: During 1960-1971 a total of 1,158,414 pieces were restruck, most likely dated 1959. In 1996 matte restrikes were produced. An additional 95,300 pieces dated 1959 were struck in 2000-2013

KM# 486 20 PESOS
15.20 g., Copper-Nickel, 32mm. **Obv.** National arms, eagle left **Rev:** Figure with headdress facing left within circle **Edge Lettering:** INDEPENDENCIA Y LIBERTAD

Date	Mintage	VF20	XF40	MS60	MS63
1980 Mo	84,900,000	0.50	0.85	2.25	3.25
1981 Mo	250,573,000	0.60	0.80	2.25	3.25
1982 Mo	236,892,000	1.00	1.75	2.50	3.75
1982 Mo	1,051	**PF63** 50.00			
1983 Mo Proof; 3 known	—	**PF63** 575			
1984 Mo	55,000,000	1.00	1.50	2.50	4.75

KM# 508 20 PESOS
6.00 g., Brass, 21mm. **Obv.** National arms, eagle left **Rev:** Bust facing with diagonal value at left **Edge:** Reeded

Date	Mintage	VF20	XF40	MS60	MS63
1985 Mo Wide date	25,000,000	0.10	0.20	1.00	1.50
1985 Mo Narrow date	Inc. above	0.10	0.25	1.50	2.25
1986 Mo	10,000,000	1.00	1.75	5.00	6.00
1988 Mo	355,200,000	0.10	0.20	0.45	0.75
1989 Mo	289,100,000	0.15	0.30	1.50	2.00
1990 Mo	126,550,000	0.15	0.30	1.50	2.50
1990 Mo Proof; 3 known	—	**PF63** 600			

Snake's tongue straight

KM# 479.1 25 PESOS
22.50 g., 0.720 Silver, 0.5208 oz. ASW 38mm.
Obv. National arms, eagle left **Rev:** Olympic rings below dancing native left, numeral design in background **Designer:** Lorenzo Rafael **Note:** Type I, Rings aligned.

Date	Mintage	F12	VF20	XF40	MS60	MS63
1968Mo	27,182,000	—	—	9.00	19.00	21.00

KM# 479.2 25 PESOS
22.50 g., 0.720 Silver, 0.5208 oz. ASW 38mm.
Subject: Summer Olympics - Mexico City **Obv.** National arms, eagle left **Rev:** Olympic rings below dancing native left, numeral design in background **Mint:** Mexico City **Note:** Type II, center ring low.

Date	Mintage	F12	VF20	XF40	MS60	MS63
1968Mo	Inc. above	—	9.00	19.00	20.00	21.00

Snake's tongue curved

KM# 479.3   25 PESOS
22.50 g., 0.720 Silver, 0.5208 oz. ASW 38mm.
Subject: Summer Olympics - Mexico City **Obv.**
National arms, eagle left **Rev:** Olympic rings below
dancing native left, numeral design in background
Mint: Mexico City **Note:** Snake with long curved or
normal tongue. Type III, center rings low.

Date	Mintage	F12	VF20	XF40	MS60	MS63
1968Mo	Inc. above	—	9.00	19.00	20.00	22.50

KM# 480   25 PESOS
22.50 g., 0.720 Silver, 0.5208 oz. ASW 38mm.
Obv. National arms, eagle left **Rev:** Bust facing
Mint: Mexico City

Date	Mintage	F12	VF20	XF40	MS60	MS63
1972Mo	2,000,000	—	9.00	19.00	20.00	21.00

KM# 497   25 PESOS
7.78 g., 0.720 Silver, 0.180 oz. ASW **Subject:** 1986
World Cup Soccer Games **Obv.** National arms,
eagle left **Rev:** Value above soccer ball with date
below, with fineness

Date	Mintage	VF20	XF40	MS60	MS63	MS65
1985 Mo	473,605	—	—	—	10.00	—

KM# 497a   25 PESOS
8.41 g., 0.925 Silver, 0.250 oz. ASW **Subject:**
1986 World Cup Soccer Games **Obv.** National
arms, eagle left **Rev:** Value above soccerball with
date below **Note:** Without finess statement- reverse
description

Date	Mintage	VF20	XF40	MS60	MS63	MS65
1986 Mo	22,552		PF63 15.00			

KM# 503   25 PESOS
8.41 g., 0.925 Silver, 0.250 oz. ASW **Subject:** 1986
World Cup Soccer Games **Obv.** National arms,
eagle left **Rev:** Pre-Columbian hieroglyphs, ojo de
buey, and soccer ball

Date	Mintage	VF20	XF40	MS60	MS63	MS65
1985 Mo	52,002		PF63 15.00			

KM# 514   25 PESOS
8.41 g., 0.925 Silver, 0.250 oz. ASW **Subject:** 1986
World Cup Soccer Games **Obv.** National arms,
eagle left **Rev:** Value above soccer ball

Date	Mintage	VF20	XF40	MS60	MS63	MS65
1985 Mo	21,260		PF63 15.00			

KM# 519   25 PESOS
8.41 g., 0.925 Silver, 0.250 oz. ASW **Subject:** 1986
World Cup Soccer Games **Obv.** National arms,
eagle left **Rev:** Soccer ball within net, date and
value to left

Date	Mintage	VF20	XF40	MS60	MS63	MS65
1986 Mo	20,172		PF63 15.00			

KM# 481   50 PESOS
41.67 g., 0.900 Gold, 1.2057 oz. AGW 37mm.
Subject: Centennial of Independence **Obv.**
National arms **Rev:** Winged Victory **Edge:** Reeded
Designer: Emilio del Moral **Mint:** Mexico City **Note:**
During 1949-1972 a total of 3,975,654 pieces were
restruck, most likely dated 1947 and an additional

388,800 pieces dated 1947 were struck during 2000-2013. In 1996 matte restrikes were produced. Mint mark Mo.

Date	Mintage	F12	VF20	XF40	MS60	MS63
1921	180,000	—	—	1,473	2,300	3,300
1922	463,000	—	—	1,473	2,200	2,400
1923	432,000	—	—	1,473	2,200	2,400
1924	439,000	—	—	1,473	2,200	2,400
1925	716,000	—	—	1,473	2,200	2,400
1926	600,000	—	—	1,473	2,200	2,400
1927	606,000	—	—	1,473	2,200	2,400
1928	538,000	—	—	1,473	2,200	2,400
1929	458,000	—	—	1,473	2,200	2,400
1930	372,000	—	—	1,473	2,200	2,400
1931	137,000	—	—	1,473	2,250	2,500
1944	593,000	—	—	1,473	2,200	2,300
1945	1,012,000	—	—	1,473	2,200	2,300
1946	1,588,000	—	—	1,473	2,200	2,300
1947	309,000	—	—	—	1,547	—
1947 Specimen	—	—	—	—	—	—

Note: Value, $6,500

KM# 481a 50 PESOS
Platinum, APW **Subject:** Centennial of Independence **Obv.** National arms **Rev:** Winged Victory **Edge:** Reeded **Mint:** Mexico City

Date	Mintage	F12	VF20	XF40	MS60	MS63
1947Mo	Est. 5	—	—	—	—	13,500

KM# 482 50 PESOS
41.67 g., 0.900 Gold, 1.2057 oz. AGW 37mm. **Obv.** National arms **Rev:** Winged Victory

Date	Mintage	F12	VF20	XF40	MS60	MS63
1943Mo	89,000	—	—	—	1,473	2,300

KM# 490 50 PESOS
19.84 g., Copper-Nickel, 39mm. **Subject:** Coyolxauhqui **Obv.** National arms, eagle left **Rev:** Value to right of artistic designs **Edge:** Reeded **Note:** Doubled die examples of 1982 and 1983 dates exist.

Date	Mintage	VF20	XF40	MS60	MS63
1982 Mo	222,890,000	1.00	2.50	5.00	6.50
1983 Mo	45,000,000	1.50	3.00	6.00	7.00
1983 Mo	1,051	PF63 55.00			
1984 Mo	73,537,000	1.00	1.35	3.50	4.50
1984 Mo Proof; 4 known	—	PF63 750			

KM# 495 50 PESOS
8.60 g., Copper-Nickel, 23.5mm. **Subject:** Benito Juarez **Obv.** National arms, eagle left **Rev:** Bust 1/4 left with diagonal value at left **Edge:** Reeded

Date	Mintage	VF20	XF40	MS60	MS63	MS65
1984 Mo	94,216,000	0.65	1.25	2.70	3.25	—
1985 Mo	296,000,000	0.25	0.45	1.25	2.25	—
1986 Mo	50,000,000	6.00	10.00	12.00	14.00	—
1987 Mo	210,000,000	0.25	0.45	1.00	1.25	—
1988 Mo	80,200,000	6.25	9.00	13.50	16.00	—

KM# 495a 50 PESOS
7.10 g., Stainless Steel, 23.5mm. **Subject:** Benito Juarez **Obv.** National arms, eagle left **Rev:** Bust 1/4 left with diagonal value at left **Edge:** Plain

Date	Mintage	VF20	XF40	MS60	MS63	MS65
1988 Mo	353,300,000	—	0.20	1.25	1.75	—
1989 Mo	20,000	—	—	—	—	—
Note: Reported not confirmed.						
1990 Mo	180,000,000	—	0.30	1.00	2.00	—
1992 Mo	84,520,000	—	0.25	1.00	2.75	—

KM# 498 50 PESOS
15.55 g., 0.720 Silver, 0.360 oz. ASW **Subject:** 1986 World Cup Soccer Games **Obv.** National arms, eagle left **Rev:** Pair of feet and soccer ball, with fineness

Date	Mintage	VF20	XF40	MS60	MS63	MS65
1985 Mo	439,763	—	—	—	16.50	—

KM# 504 50 PESOS
16.83 g., 0.925 Silver, 0.5005 oz. ASW **Subject:**
1986 World Cup Soccer Games **Obv.** National
arms, eagle left **Rev:** Stylilized athlete as soccer
forerunner

Date	Mintage	VF20	XF40	MS60	MS63	MS65
1985 Mo	41,255		PF63 25.00			

KM# 515 50 PESOS
16.83 g., 0.925 Silver, 0.5005 oz. ASW **Subject:**
1986 World Cup Soccer Games **Obv.** National
arms, eagle left **Rev:** Value to right of soccer player

Date	Mintage	VF20	XF40	MS60	MS63	MS65
1985 Mo	24,907		PF63 25.00			

KM# 498a 50 PESOS
16.83 g., 0.925 Silver, 0.5005 oz. ASW **Subject:**
1986 World Cup Soccer Games **Obv.** National
arms, eagle left **Rev:** Without fineness statement

Date	Mintage	VF20	XF40	MS60	MS63	MS65
1986 Mo	19,564		PF63 25.00			

KM# 523 50 PESOS
16.83 g., 0.925 Silver, 0.5005 oz. ASW **Subject:**
1986 World Cup Soccer Games **Obv.** National
arms, eagle left **Rev:** Value to left of soccer balls

Date	Mintage	VF20	XF40	MS60	MS63	MS65
1986 Mo	18,653		PF63 25.00			

KM# 532 50 PESOS
15.55 g., 0.999 Silver, 0.4994 oz. ASW **Subject:**
50th Anniversary - Nationalization of Oil Industry
Obv. National arms, eagle left **Rev:** Monument

Date	Mintage	VF20	XF40	MS60	MS63	MS65
ND-1988 Mo	20,000	—	—	22.50	25.00	—

Low 7's

KM# 483.1 100 PESOS
27.77 g., 0.720 Silver, 0.6428 oz. ASW 39mm.
Obv. National arms, eagle left **Rev:** Bust facing,
sloping right shoulder, round left shoulder with no
clothing folds **Edge:** Reeded **Mint:** Mexico City

Date	Mintage	VF20	XF40	MS60	MS63
1977Mo Low 7's	5,225,000	—	11.00	23.00	25.00
1977Mo High 7's	Inc. above	—	11.00	23.00	25.00

High 7's

KM# 483.2 100 PESOS
27.77 g., 0.720 Silver, 0.6428 oz. ASW 39mm.
Obv. National arms, eagle left **Rev:** Bust facing, higher right shoulder, left shoulder with clothing folds. **Mint:** Mexico City **Note:** Mintage inc. KM#483.1

Date	Mintage	F12	VF20	XF40	MS60	MS63
1977Mo	—	—	—	11.00	23.00	25.00
Date in line						
1978Mo	9,879,000	—	—	11.00	23.00	25.00
1979Mo	784,000	—	—	11.00	23.00	25.00
1979 Mo	—	PF63 650				

KM# 493 100 PESOS
11.70 g., Aluminum-Bronze, 26.5mm. **Obv.** National arms, eagle left **Rev:** Head 1/4 right with diagonal value at right **Edge:** Segmented reeding

Date	Mintage	VF20	XF40	MS60	MS63
1984 Mo	227,809,000	0.45	0.60	2.50	4.00
1985 Mo	377,423,000	0.30	0.50	2.00	3.00
1986 Mo	43,000,000	1.00	2.50	4.75	7.50
1987 Mo	165,000,000	0.60	1.25	2.25	3.00
1988 Mo	433,100,000	0.30	0.50	2.00	2.75
1989 Mo	135,630,000	0.35	0.65	2.00	2.75
1990 Mo	248,350,000	0.15	0.40	1.50	2.50
1990 Mo Proof; 1 known		PF63 650			
—					
1991 Mo	189,900,000	0.15	0.25	1.00	2.50
1992 Mo	277,310,000	0.30	0.75	1.75	3.00

KM# 499 100 PESOS
31.10 g., 0.720 Silver, 0.720 oz. ASW **Subject:** 1986 World Cup Soccer Games - Prehispanic **Obv.** National arms, eagle left **Rev:** Value above artistic designs and soccer ball

Date	Mintage	VF20	XF40	MS60	MS63	MS65
1985 Mo	449,247	—	—	—	30.00	—

KM# 499a 100 PESOS
32.63 g., 0.925 Silver, 0.9702 oz. ASW **Subject:** 1986 World Cup Soccer Games - Prehispanic **Obv.** National arms, eagle left **Rev:** Without fineness statement

Date	Mintage	VF20	XF40	MS60	MS63	MS65
1985 Mo	26,964		PF63 50.00		PF65 55.00	

KM# 505 100 PESOS
32.63 g., 0.925 Silver, 0.9702 oz. ASW 38mm. **Subject:** 1986 World Cup Soccer Games - Nat Player **Obv.** National arms, eagle left **Rev:** Without fineness statement

Date	Mintage	VF20	XF40	MS60	MS63	MS65
1985 Mo	71,718		PF63 45.00		PF65 50.00	

KM# 521 100 PESOS
32.63 g., 0.925 Silver, 0.9702 oz. ASW **Subject:** 1986 World Cup Soccer Games - Goalkeeper **Obv.** National arms, eagle left **Rev:** Without fineness statement

Date	Mintage	VF20	XF40	MS60	MS63	MS65
1986 Mo	19,279		PF63 50.00		PF65 55.00	

ESTADOS UNIDOS

KM# 524   100 PESOS
32.63 g.,   0.925 Silver, 0.9702 oz. ASW **Subject:**
1986 World Cup Soccer Games - Ball World **Obv.**
National arms, eagle left **Rev:** Without fineness
statement

Date	Mintage	VF20	XF40	MS60	MS63	MS65
1986 Mo	18,510	**PF63** 50.00	**PF65** 55.00			

KM# 537   100 PESOS
32.63 g.,   0.720 Silver, 0.7552 oz. ASW **Subject:**
World Wildlife Fund **Obv.** National arms, eagle left
Rev: Monarch butterflies

Date	Mintage	VF20	XF40	MS60	MS63	MS65
1987 Mo	28,500	**PF63** 60.00	**PF65** 65.00			

KM# 533   100 PESOS
31.10 g.,   0.999 Silver, 0.999 oz. ASW **Subject:**
50th Anniversary - Nationalization of Oil Industry
Obv. National arms, eagle left **Rev:** Bust facing
above sprigs and dates

Date	Mintage	VF20	XF40	MS60	MS63	MS65
1988 Mo	20,000	—	—	—	45.00	50.00

KM# 539   100 PESOS
33.63 g.,   0.925 Silver, 1.000 oz. ASW **Subject:**
Save the Children **Obv.** National arms, eagle left
Rev: Child flying kite, two others sitting and playing

Date	Mintage	VF20	XF40	MS60	MS63	MS65
1991 Mo	11,000	**PF63** 45.00	**PF65** 50.00			

KM# 566   100 PESOS
31.10 g.,   0.999 Silver, 0.999 oz. ASW **Subject:**
Save the Vaquita Porpoise **Obv.** National arms,
eagle left **Rev:** Swimming vaquita porpoise

Date	Mintage	VF20	XF40	MS60	MS63	MS65
1992 Mo	28,007	**PF63** 55.00	**PF65** 60.00			

KM# 540   100 PESOS
27.00 g.,   0.925 Silver, 0.803 oz. ASW 40mm. **Obv.**
National arms, eagle left within center of assorted
arms **Rev:** Maps within circles flanked by pillars
above sailboats **Series:** Ibero - America

Date	Mintage	VF20	XF40	MS60	MS63	MS65
1991 Mo	30,000	**PF63** 80.00	**PF65** 85.00			
1992 Mo	20,000	**PF63** 35.00	**PF65** 40.00			

KM# 509 200 PESOS
Copper-Nickel, 29.5mm. **Subject:** 175th Anniversary of Independence **Obv.** National arms, eagle left **Rev:** Conjoined busts left

Date	Mintage	VF20	XF40	MS60	MS63	MS65
1985 Mo	75,000,000	—	2.00	3.50	5.50	—

KM# 510 200 PESOS
Copper-Nickel, 29.5mm. **Subject:** 75th Anniversary of 1910 Revolution **Obv.** National arms, eagle left **Rev:** Conjoined heads left below building

Date	Mintage	VF20	XF40	MS60	MS63	MS65
1985 Mo	98,590,000	—	2.00	4.00	6.00	—

KM# 525 200 PESOS
Copper-Nickel, 29.5mm. **Subject:** 1986 World Cup Soccer Games **Obv.** National arms, eagle left **Rev:** Soccer players **Edge:** Reeded

Date	Mintage	VF20	XF40	MS60	MS63	MS65
1986 Mo	50,000,000	—	2.50	4.00	6.00	—

KM# 526 200 PESOS

62.21 g., 0.999 Silver, 1.998 oz. ASW **Subject:** 1986 World Cup Soccer Games **Obv.** National arms, eagle left **Rev:** Value above 3 soccer balls

Date	Mintage	VF20	XF40	MS60	MS63	MS65
1986 Mo	23,489	—	—	—	85.00	95.00

KM# 500.1 250 PESOS
8.64 g., 0.900 Gold, 0.250 oz. AGW **Subject:** 1986 World Cup Soccer Games **Obv.** National arms, eagle left **Rev:** Soccer ball within top 1/2 of design with value, date, and state below

Date	Mintage	VF20	XF40	MS60	MS63	MS65
1985 Mo	54,770	—	—	—	475	—
1986 Mo	Inc. above	—	—	—	475	—

KM# 500.2 250 PESOS
8.64 g., 0.900 Gold, 0.250 oz. AGW **Subject:** 1986 World Cup Soccer Games **Obv.** National arms, eagle left **Rev:** Without fineness statement

Date	Mintage	VF20	XF40	MS60	MS63	MS65
1985 Mo	Incl. above		PF63 500			
1986 Mo	Inc. above		PF63 500			

KM# 506.1 250 PESOS
8.64 g., 0.900 Gold, 0.250 oz. AGW **Subject:** 1986 World Cup Soccer Games **Obv.** National arms, eagle left **Rev:** Equestrian left within circle

Date	Mintage	VF20	XF40	MS60	MS63	MS65
1985 Mo	44,595	—	—	—	475	—

KM# 506.2 250 PESOS
8.64 g., 0.900 Gold, 0.250 oz. AGW **Subject:** 1986 World Cup Soccer Games **Obv.** National arms, eagle left **Rev:** Without fineness statement

Date	Mintage	VF20	XF40	MS60	MS63	MS65
1985 Mo	Inc. above		PF63 475			

KM# 501.1 500 PESOS
17.28 g., 0.900 Gold, 0.500 oz. AGW **Subject:** 1986 World Cup Soccer Games **Obv.** National arms, eagle left **Rev:** Soccer player to right within emblem

Date	Mintage	VF20	XF40	MS60	MS63	MS65
1985 Mo	51,776	—	—	—	950	—
1986 Mo	Inc. above	—	—	—	950	—

ESTADOS UNIDOS

KM# 501.2   500 PESOS
17.28 g.,   0.900 Gold, 0.500 oz. AGW **Subject:**
1986 World Cup Soccer Games **Obv.**   National
arms, eagle left **Rev:** Without fineness statement

Date	Mintage	VF20	XF40	MS60	MS63	MS65
1985 Mo	Inc. above		PF63 950			
1986 Mo	Inc. above		PF63 950			

KM# 507.1   500 PESOS
17.28 g.,   0.900 Gold, 0.500 oz. AGW **Subject:**
1986 World Cup Soccer Games **Obv.**   National
arms, eagle left **Rev:** Soccer ball within emblem
flanked by value and date

Date	Mintage	VF20	XF40	MS60	MS63	MS65
1985 Mo	6,267	—	—	—	950	—

KM# 507.2   500 PESOS
17.28 g.,   0.900 Gold, 0.500 oz. AGW **Subject:**
1986 World Cup Soccer Games **Obv.**   National
arms, eagle left **Rev:** Without fineness statement

Date	Mintage	VF20	XF40	MS60	MS63	MS65
1985 Mo	Inc. above		PF63 950			

KM# 511   500 PESOS
33.45 g.,   0.925 Silver, 0.9948 oz. ASW **Subject:** 75th
Anniversary of 1910 Revolution **Obv.** National arms,
eagle left **Rev:** Conjoined heads left below building

Date	Mintage	VF20	XF40	MS60	MS63	MS65
1985 Mo	40,002		PF65 65.00			

KM# 529   500 PESOS
12.60 g., Copper-Nickel, 28.5mm.   **Obv.**   National
arms, eagle left **Rev:** Head 1/4 right **Edge:** Reeded

Date	Mintage	XF40	MS60	MS63
1986 Mo	20,000,000	1.00	3.25	4.00
1987 Mo	180,000,000	0.75	2.25	3.00
1988 Mo	230,000,000	0.50	2.25	3.00

Date	Mintage	XF40	MS60	MS63
1988 Mo Proof; 2 known	—	PF63 650		
1989 Mo	40,000,000	0.75	2.25	3.50
1992 Mo	20,000,000	1.00	2.25	4.00

KM# 534   500 PESOS
17.28 g.,   0.900 Gold, 0.500 oz. AGW **Subject:** 50th
Anniversary - Nationalization of Oil Industry **Obv.**
National arms, eagle left **Rev:** Monument **Note:**
Similar to 5000 Pesos, KM#531.

Date	Mintage	VF20	XF40	MS60	MS63	MS65
1988 Mo	611	—	—	—	950	—

KM# 513   1000 PESOS
17.28 g.,   0.900 Gold, 0.500 oz. AGW **Subject:** 175th
Anniversary of Independence **Obv.**   National arms,
eagle left **Rev:** Conjoined heads left below value

Date	Mintage	VF20	XF40	MS60	MS63	MS65
1985 Mo	3,721		PF63 950			

KM# 527   1000 PESOS
31.11 g.,   0.999 Gold, 0.999 oz. AGW **Subject:**
1986 World Cup Soccer Games **Obv.**   National
arms, eagle left **Rev:** Value above soccer ball and
two hemispheres

Date	Mintage	VF20	XF40	MS60	MS63	MS65
1986 Mo	1,279	—	—	—	2,000	2,250

KM# 535   1000 PESOS
34.56 g.,   0.900 Gold, 1.000 oz. AGW **Subject:** 50th
Anniversary - Nationalization of Oil Industry **Obv.**
National arms, eagle left **Rev:** Portrait of Cardenas
Note: Similar to 5000 Pesos, KM#531.

Date	Mintage	VF20	XF40	MS60	MS63	MS65
1988 Mo	657		PF63 2,000			

KM# 536   1000 PESOS
15.00 g., Aluminum-Bronze, 30.5mm.   **Subject:**
Juana de Asbaje **Obv.** National arms, eagle left **Rev:**
Bust 1/4 left with diagonal value at left **Edge:** Reeded

Date	Mintage	VF20	XF40	MS60	MS63
1988 Mo	229,300,000	0.85	2.00	4.25	5.75
1989 Mo	215,716,000	0.85	2.00	4.25	5.75
1990 Mo	41,291,000	0.85	2.00	4.00	5.50
1990 Mo Proof; 2 known	—		PF63 550		
1991 Mo	42,468,000	1.00	2.00	3.00	7.00
1992 Mo	84,725,000	1.00	2.00	3.50	7.50

KM# 528   2000 PESOS
62.20 g., 0.999 Gold, 1.9978 oz. AGW **Subject:** 1986 World Cup Soccer Games **Obv.** National arms, eagle left **Rev:** Value above soccer ball and two hemispheres

Date	Mintage	VF20	XF40	MS60	MS63	MS65
1986 Mo	964	—	—	—	4,000	4,250

KM# 531   5000 PESOS
Copper-Nickel, 33.5mm. **Subject:** 50th Anniversary - Nationalization of Oil Industry **Obv.** National arms, eagle left **Rev:** Monument above dates with diagonal value at left

Date	Mintage	XF40	MS60	MS63	MS65
ND-1988 Mo	50,000,000	4.75	7.75	10.00	—

REFORM COINAGE

1 NEW PESO = 1000 OLD PESOS

KM# 546   5 CENTAVOS
1.58 g., Stainless Steel, 15.5mm. **Obv.** National arms **Rev:** Large value **Edge:** Plain

Date	Mintage	XF40	MS60	MS63	MS65
1992 Mo	136,800,000	0.15	0.20	0.50	—
1993 Mo	234,000,000	0.15	0.20	0.50	—
1994 Mo	125,000,000	0.15	0.20	0.50	—
1995 Mo	195,000,000	0.15	0.20	0.50	—
1995 Mo	6,981	PF63 2.00			
1996 Mo	104,831,000	0.15	0.20	0.50	—
1997 Mo	153,675,000	0.15	0.20	0.50	—

Date	Mintage	XF40	MS60	MS63	MS65
1998 Mo	64,417,000	0.15	0.20	0.50	—
1999 Mo	9,949,000	0.20	0.75	1.00	—
2000 Mo	10,871,000	0.20	0.75	1.00	—
2001 Mo	34,811,000	0.15	0.20	0.50	—
2002 Mo	14,901,000	0.20	0.75	1.00	—

KM# 547   10 CENTAVOS
2.08 g., Stainless Steel, 17mm. **Obv.** National arms, eagle left **Rev:** Large value

Date	Mintage	XF40	MS60	MS63	MS65
1992 Mo	121,250,000	0.20	0.25	0.60	—
1993 Mo	755,000,000	0.20	0.25	0.60	—
1994 Mo	557,000,000	0.20	0.25	0.60	—
1995 Mo	560,000,000	0.20	0.25	0.60	—
1995 Mo	6,981	PF63 2.00			
1996 Mo	594,216,000	0.20	0.25	0.60	—
1997 Mo	581,622,000	0.20	0.25	0.60	—
1998 Mo	602,667,000	0.20	0.25	0.60	—
1999 Mo	488,346,000	0.20	0.25	0.60	—
2000 Mo	577,546,000	0.20	0.30	0.75	—
2001 Mo	618,061,000	0.20	0.25	0.30	—
2002 Mo	463,968,000	0.20	0.25	0.30	—
2003 Mo	378,938,000	0.20	0.25	0.30	—
2004 Mo	393,705,000	0.20	0.25	0.30	—
2005 Mo	488,594,000	0.20	0.25	0.30	—
2006 Mo	473,261,000	0.20	0.25	0.30	—
2007 Mo	498,735,000	0.20	0.25	0.30	—
2008 Mo	433,951,000	0.20	0.25	0.30	—
2009 Mo	90,968,000	0.20	0.25	0.30	—

KM# 934   10 CENTAVOS
1.75 g., Stainless Steel, 14mm. **Obv.** National arms **Rev:** Large value **Edge:** Grooved

Date	Mintage	XF40	MS60	MS63	MS65
2009 Mo	343,772,000	—	0.10	0.25	—
2010 Mo	453,849,000	—	0.10	0.25	—
2011 Mo	463,960,000	—	0.10	0.25	—
2012 Mo	419,017,000	—	0.10	0.25	—
2013 Mo	Est. 399143000	—	0.10	0.25	—
2014 Mo	—	—	0.10	0.25	—

KM# 548   20 CENTAVOS
3.04 g., Aluminum-Bronze, 19.5mm. **Obv.** National arms, eagle left **Rev:** Value and date within 3/4 wreath **Shape:** 12-sided

Date	Mintage	VF20	XF40	MS60	MS63	MS65
1992 Mo	95,000,000	—	0.25	0.35	1.00	—
1993 Mo	95,000,000	—	0.25	0.35	1.00	—
1994 Mo	105,000,000	—	0.25	0.35	11.00	—
1995 Mo	180,000,000	—	0.25	0.35	1.00	—
1995 Mo	6,981	PF63 3.00				
1996 Mo	54,896,000	—	0.25	0.35	1.00	—
1997 Mo	178,807,000	—	0.25	0.35	1.00	—

Date	Mintage	VF20	XF40	MS60	MS63	MS65
1998 Mo	223,847,000	—	0.25	0.35	1.00	—
1999 Mo	233,753,000	—	0.25	0.35	1.00	—
2000 Mo	223,973,000	—	0.25	0.35	1.00	—
2001 Mo	234,360,000	—	0.25	0.35	0.40	—
2002 Mo	229,256,000	—	0.25	0.35	0.40	—
2003 Mo	149,518,000	—	0.25	0.35	0.40	—
2004 Mo	174,351,000	—	0.25	0.35	0.40	—
2005 Mo	204,426,000	—	0.25	0.35	0.40	—
2006 Mo	234,263,000	—	0.25	0.35	0.40	—
2007 Mo	234,301,000	—	0.25	0.35	0.40	—
2008 Mo	214,313,000	—	0.25	0.35	0.40	—
2009 Mo	41,167,000	—	0.25	0.35	0.40	—

KM# 549   50 CENTAVOS
4.39 g., Aluminum-Bronze, 22mm. **Obv.** National arms, eagle left **Rev:** Value and date within 1/2 designed wreath **Shape:** 12-sided

Date	Mintage	VF20	XF40	MS60	MS63	MS65
1992 Mo	120,150,000	—	0.45	0.85	1.75	—
1993 Mo	330,000,000	—	0.45	0.75	1.50	—
1994 Mo	100,000,000	—	0.45	0.75	1.50	—
1995 Mo	60,000,000	—	0.45	0.75	1.50	—
1995 Mo	6,981	PF63 5.00				
1996 Mo	69,956,000	—	0.45	0.75	1.50	—
1997 Mo	129,029,000	—	0.45	0.75	1.50	—
1998 Mo	223,605,000	—	0.45	0.75	1.50	—
1999 Mo	89,516,000	—	0.45	0.75	1.50	—
2000 Mo	135,112,000	—	0.45	0.75	1.50	—
2001 Mo	199,006,000	—	0.45	0.75	1.00	—
2002 Mo	94,552,000	—	0.45	0.75	1.00	—
2003 Mo	124,522,000	—	0.45	0.75	1.00	—
2004 Mo	154,434,000	—	0.45	0.75	1.00	—
2005 Mo	179,296,000	—	0.45	0.75	1.00	—
2006 Mo	234,142,000	—	0.45	0.75	1.00	—
2007 Mo	253,634,000	—	0.45	0.75	1.00	—
2008 Mo	249,279,000	—	0.45	0.75	1.00	—
2009 Mo	90,602,000	—	0.45	0.75	1.00	—

KM# 936   50 CENTAVOS
3.10 g., Stainless Steel, 17mm. **Obv.** National arms **Rev:** Value and date within wreath **Edge:** Reeded

Date	Mintage	XF40	MS60	MS63	MS65
2009 Mo	19,910,000	—	0.75	1.00	—
2010 Mo	114,567,000	—	0.75	1.00	—
2011 Mo	194,480,000	—	0.75	1.00	—
2012 Mo	359,183,000	—	0.60	0.75	—
2013 Mo	Est. 359338000	—	0.60	0.75	—
2014 Mo	—	—	0.50	0.60	—

KM# 550   NUEVOS PESO
3.95 g., Bi-Metallic Aluminum-Bronze center in Stainless Steel ring, 21mm. **Obv.** National arms, eagle left **Rev:** Value

Date	Mintage	XF40	MS60	MS63
1992 Mo	144,000,000	0.60	1.50	2.75
1993 Mo	329,860,000	0.60	1.50	2.75

Date	Mintage	XF40	MS60	MS63
1994 Mo	221,000,000	0.60	1.50	2.75
1995 Mo Small date	125,000,000	0.60	1.50	2.75
1995 Mo Large date	Inc. above	0.60	1.50	2.75
1995 Mo	6,981	PF63 6.00		

KM# 551   2 NUEVOS PESOS
5.19 g., Bi-Metallic Aluminum-Bronze center in Stainless Steel ring, 23mm. **Obv.** National arms, eagle left within circle **Rev:** Value and date within circle with assorted emblems around border

Date	Mintage	VF20	XF40	MS60	MS63	MS65
1992 Mo	60,000,000	—	1.00	2.50	4.00	—
1993 Mo	77,000,000	—	1.00	2.50	4.00	—
1994 Mo	44,000,000	—	1.00	2.50	4.00	—
1995 Mo	20,000,000	—	1.00	2.50	4.00	—
1995 Mo	6,981	PF63 6.00				

KM# 603   PESO
3.95 g., Bi-Metallic Aluminum-Bronze center in Stainless Steel ring, 21mm. **Obv.** National arms, eagle left within circle **Rev:** Value and date within circle **Note:** Similar to KM#550 but without N.

Date	Mintage	XF40	MS60	MS63	MS65
1996 Mo	169,510,000	—	1.25	2.25	—
1997 Mo	222,870,000	—	1.25	2.25	—
1998 Mo	261,942,000	—	1.25	2.25	—
1999 Mo	99,168,000	—	1.25	2.25	—
2000 Mo	158,379,000	—	1.25	2.25	—
2001 Mo	208,576,000	—	1.25	2.75	—
2002 Mo	119,514,000	—	1.25	2.75	—
2003 Mo	169,320,000	—	1.25	2.75	—
2004 Mo	208,611,000	—	1.25	2.75	—
2005 Mo	253,923,000	—	1.25	2.75	—
2006 Mo	289,834,000	—	1.25	2.75	—
2007 Mo	368,408,000	—	1.25	2.75	—
2008 Mo	363,878,000	—	1.25	2.75	—
2009 Mo	239,229,000	—	1.25	2.75	—
2010 Mo	209,313,000	—	0.75	1.25	—
2011 Mo	199,283,000	—	0.75	1.00	—
2012 Mo	383,908,000	—	0.75	1.00	—
2013 Mo	Est. 264288000	—	0.75	1.00	—
2014 Mo	—	—	0.60	0.75	—

KM# 604   2 PESOS
5.19 g., Bi-Metallic Aluminum-Bronze center in Stainless Steel ring, 23mm. **Obv.** National arms, eagle left within circle **Rev:** Value and date within

center circle of assorted emblems **Note:** Similar to KM#551, but denomination without N.

Date	Mintage	XF40	MS60	MS63	MS65
1996 Mo	24,902,000	—	2.50	4.00	—
1997 Mo	34,560,000	—	2.50	4.00	—
1998 Mo	104,138,000	—	2.50	4.00	—
1999 Mo	34,713,000	—	2.50	4.00	—
2000 Mo	69,322,000	—	2.50	4.00	—
2001 Mo	74,563,000	—	2.35	4.00	—
2002 Mo	74,547,000	—	2.35	4.00	—
2003 Mo	39,814,000	—	2.35	4.00	—
2004 Mo	89,496,000	—	2.35	4.00	—
2005 Mo	94,532,000	—	2.35	4.00	—
2006 Mo	144,123,000	—	2.35	4.00	—
2007 Mo	129,422,000	—	2.35	4.00	—
2008 Mo	134,235,000	—	2.35	4.00	—
2009 Mo	64,650,000	—	2.35	4.00	—
2010 Mo	34,878,000	—	1.00	1.50	—
2011 Mo	114,522,000	—	1.00	1.50	—
2012 Mo	134,445,000	—	1.00	1.25	—
2013 Mo	Est. 104596000	—	1.00	1.25	—

KM# 552 5 NUEVOS PESOS
7.07 g., Bi-Metallic Aluminum-Bronze center in Stainless Steel ring, 25.5mm. **Obv.** National arms, eagle left within circle **Rev:** Value and date within circle with bow below

Date	Mintage	VF20	XF40	MS60	MS63
1992 Mo	70,000,000	—	2.00	6.00	8.50
1993 Mo	168,240,000	—	2.00	6.00	8.50
1994 Mo	58,000,000	—	2.00	6.00	8.50
1995 Mo	6,981		PF63 25.00		

KM# 588 5 NUEVOS PESOS
27.00 g., 0.925 Silver, 0.803 oz. ASW **Subject:** Environmental Protection **Obv.** National arms, eagle left within center of past and present arms **Rev:** Pacific Ridley Sea Turtle **Series:** Ibero-America

Date	Mintage	VF20	XF40	MS60	MS63	MS65
1994 Mo	11,005		PF65 50.00			

KM# 605 5 PESOS
7.07 g., Bi-Metallic Aluminum-Bronze center in Stainless Steel ring, 25.5mm. **Obv.** National arms, eagle left within circle **Rev:** Value within circle **Note:** Similar to KM#552 but denomination without N.

Date	Mintage	XF40	MS60	MS63	MS65
1997 Mo	39,468,000	2.00	4.00	7.00	—
1998 Mo	103,729,000	2.00	4.00	7.00	—
1999 Mo	59,427,000	2.00	4.00	7.00	—
2000 Mo	20,869,000	2.00	4.50	7.00	—
2001 Mo	79,169,000	2.00	3.50	8.00	—
2002 Mo	34,754,000	2.00	3.50	6.00	—
2003 Mo	54,676,000	2.00	3.50	6.00	—
2004 Mo	89,518,000	2.00	3.50	6.00	—
2005 Mo	94,482,000	2.00	3.50	6.00	—
2006 Mo	89,447,000	2.00	3.50	6.00	—
2007 Mo	123,382,000	2.00	3.50	6.00	—
2008 Mo	9,939,000	2.50	4.00	6.00	—
2009 Mo	9,898,000	2.50	4.00	6.00	—
2010 Mo	6,929,000	2.50	3.00	3.50	—
2011 Mo	209,214,000	1.00	2.00	2.50	—
2012 Mo	159,398,000	—	2.00	2.50	—
2013 Mo	Est. 129464000	—	2.00	2.50	—
2014 Mo	—	—	1.50	2.00	—

KM# 627 5 PESOS
31.10 g., 0.999 Silver, 0.999 oz. ASW **Subject:** World Wildlife Fund **Obv.** National arms, eagle left **Rev:** Wolf with pup

Date	Mintage	VF20	XF40	MS60	MS63	MS65
1997 Mo	—	—	—	—	—	—
1998 Mo	13,004		PF65 95.00			

KM# 629   5 PESOS
27.00 g.,   0.925 Silver, 0.803 oz. ASW 40mm.
Subject: Jarabe Tapatio **Obv.** National arms, eagle
left within center of assorted arms **Rev:** Mexican
dancers **Series:** Ibero-America

Date	Mintage	VF20	XF40	MS60	MS63	MS65
1997 Mo	8,011		PF65 350			
1998 Mo	3,000		PF65 350			

KM# 630   5 PESOS
31.18 g.,   0.999 Silver, 1.0015 oz. ASW **Subject:**
Millennium Series **Obv.**   National arms, eagle
left within center of past and present arms **Rev:**
Butterfly flanked by sprigs above hands   **Rev.**
Designer: Francisco Ortega Romero

Date	Mintage	VF20	XF40	MS60	MS63
1999-2000 Mo	47,435		PF65 60.00		

KM# 631   5 PESOS
31.18 g.,   0.999 Silver, 1.0015 oz. ASW **Subject:**
Millennium Series **Obv.**   National arms, eagle
left within center of past and present arms **Rev:**
Stylized dove as hand of peace **Rev. Designer:**
Omar Jiminez Torres

Date	Mintage	VF20	XF40	MS60	MS63
1999-2000 Mo	47,389		PF65 45.00		

KM# 632   5 PESOS
31.18 g.,   0.999 Silver, 1.0015 oz. ASW **Subject:**
Millennium Series **Obv.**   National arms, eagle left
within center of past and present arms **Rev:** Aztec
bird design and value

Date	Mintage	VF20	XF40	MS60	MS63
1999-2000 Mo	48,080		PF65 45.00		

KM# 635   5 PESOS
19.60 g.,   0.925 Silver, 0.5829 oz. ASW **Subject:**
Millennium Series **Obv.**   National arms, eagle left
Rev: Naval training ship Cuauhtemoc sailing into
world globe

Date	Mintage	VF20	XF40	MS60	MS63	MS65
1999 Mo	15,504		PF65 40.00			

KM# 640   5 PESOS
31.10 g.,   0.999 Silver, 0.999 oz. ASW 40mm.
Subject: UNICEF **Obv.** National arms, eagle left
Rev: Two children flying kite **Edge:** Reeded

Date	Mintage	VF20	XF40	MS60	MS63	MS65
1999 Mo	4,010		PF65 60.00			

KM# 652 5 PESOS
31.10 g., 0.999 Silver, 0.999 oz. ASW 40mm.
Subject: Aguila Real **Obv.** National arms, eagle
left within center of past and present arms **Rev:**
Golden Eagle on branch, value and date **Series:**
Endangered Wildlife

Date	Mintage	VF20	XF40	MS60	MS63	MS65
2000 Mo	30,000	—	—	—	45.00	50.00

KM# 655 5 PESOS
31.10 g., 0.999 Silver, 0.999 oz. ASW 40mm.
Subject: Cocodrilo de Rio **Obv.** National arms,
eagle left within center of past and present arms
Rev: American Crocodile, value and date **Series:**
Endangered Wildlife

Date	Mintage	VF20	XF40	MS60	MS63	MS65
2000 Mo	30,000	—	—	—	45.00	50.00

KM# 656 5 PESOS
31.10 g., 0.999 Silver, 0.999 oz. ASW 40mm.
Subject: Nutria de Rio **Obv.** National arms, eagle
left within center of past and present arms **Rev:**
Neotropical River Otter, value and date **Series:**
Endangered Wildlife

Date	Mintage	VF20	XF40	MS60	MS63	MS65
2000 Mo	30,000	—	—	—	45.00	50.00

KM# 670 5 PESOS
27.00 g., 0.925 Silver, 0.803 oz. ASW 40mm. **Obv.**
National arms, eagle left within center of past and
present arms **Rev:** Cowboy trick riding two horses
Series: Ibero-American **Edge:** Reeded

Date	Mintage	VF20	XF40	MS60	MS63	MS65
2000 Mo	9,000	PF65 100				

KM# 653 5 PESOS
31.10 g., 0.999 Silver, 0.99 oz. ASW 40mm. **Obv.**
National arms in center of past and present arms
Rev: Crowned Harpy Eagle perched on branch,
value and date **Series:** Endangered Wildlife

Date	Mintage	VF20	XF40	MS60	MS63	MS65
2001Mo	30,000	—	—	—	45.00	50.00

KM# 654 5 PESOS
31.10 g., 0.999 Silver, 0.999 oz. ASW 40mm.
Subject: Black Bear (Oso Negro) **Obv.** National
arms in center of past and present arms **Rev:** Black
bear, value and date **Series:** Endangered Wildlife

Date	Mintage	VF20	XF40	MS60	MS63	MS65
2001 Mo	30,000	—	—	—	45.00	50.00

KM# 657   5 PESOS

31.10 g.,   0.999 Silver, 0.999 oz. ASW 40mm.
Subject: Endangered Wildlife - American Antelope
Obv. National arms, eagle left within center of past
and present arms **Rev:** Peninsular Pronghorn, giant
cardon cactus in back, value and date

Date	Mintage	VF20	XF40	MS60	MS63	MS65
2000 Mo	30,000	—	—	—	45.00	50.00

KM# 651   5 PESOS

31.10 g.,   0.999 Silver, 0.999 oz. ASW 40mm.
Subject: Endangered Wildlife - Manatee **Obv.**
National arms in center of past and present arms
Rev: Manatee, value and date **Edge:** Reeded

Date	Mintage	VF20	XF40	MS60	MS63	MS65
2001 Mo	30,000	—	—	—	45.00	50.00

KM# 658   5 PESOS

31.10 g.,   0.999 Silver, 0.999 oz. ASW 40mm.
Subject: Endangered Wildlife - Jaguar **Obv.**
National arms in center of past and present arms
Rev: Jaguar, value and date

Date	Mintage	VF20	XF40	MS60	MS63	MS65
2001 Mo	30,000	—	—	—	45.00	50.00

KM# 659   5 PESOS

31.10 g.,   0.999 Silver, 0.999 oz. ASW 40mm.
Subject: Endangered Wildlife - Prairie Dog **Obv.**
National arms in center of past and present arms
Rev: Prairie dog, value and date

Date	Mintage	VF20	XF40	MS60	MS63	MS65
2001 Mo	30,000	—	—	—	45.00	50.00

KM# 660   5 PESOS

31.10 g.,   0.999 Silver, 0.999 oz. ASW 40mm.
Subject: Endangered Wildlife - Volcano Rabbit
Obv. National arms in center of past and present
arms **Rev:** Volcano rabbit, value and date

Date	Mintage	VF20	XF40	MS60	MS63	MS65
2001 Mo	30,000	—	—	—	45.00	50.00

KM# 678   5 PESOS

27.00 g.,   0.925 Silver, 0.803 oz. ASW 40mm.
Subject: Acapulco Galleon **Obv.** National arms
in center of past and present arms **Rev:** Spanish
galleon with Pacific Ocean background and trading
scene in foreground **Series:** Ibero-America **Edge:**
Reeded

Date	Mintage	VF20	XF40	MS60	MS63	MS65
2003 Mo	17,015	PF65 60.00				

KM# 765 5 PESOS
31.10 g., 0.925 Silver, 0.925 oz. ASW 40mm.
Subject: Palacio de Bellas Artes **Obv.** Mexican
Eagle and Snake **Rev:** Palace of Fine Arts **Series:**
Ibero-America **Edge:** Reeded

Date	Mintage	VF20	XF40	MS60	MS63	MS65
2005 Mo	8,005			PF65	90.00	

KM# 770 5 PESOS
31.10 g., 0.999 Silver, 0.999 oz. ASW 40mm.
Subject: World Cup Soccer **Obv.** Mexican Eagle
and Snake **Rev:** Mayan Pelota player and soccer
ball

Date	Mintage	VF20	XF40	MS60	MS63	MS65
2006 Mo	40,005			PF65	90.00	

KM# 805 5 PESOS
31.11 g., 0.925 Silver, 0.925 oz. ASW 40mm. **Obv.**
Eagle on cactus within shields **Rev:** Mayan ball
game **Series:** Ibero-America

Date	Mintage	VF20	XF40	MS60	MS63	MS65
2008 Mo	8,013			PF65	75.00	

KM# 894 5 PESOS
7.07 g., Bi-Metallic Aluminum-bronze center in
stainless steel ring, 25.5mm. **Subject:** Ignacio
Rayon **Obv.** National Arms - Eagle left **Rev:** Ignacio
Rayon bust left **Series:** Mexican Independence,
200th Anniversary

Date	Mintage	VF20	XF40	MS60	MS63
2008 Mo	9,934,397	—	0.75	1.50	—
2008 Mo Prooflike	4,267	—	—	—	7.50

KM# 895 5 PESOS
7.07 g., Bi-Metallic Aluminum-bronze center in
stainless steel ring, 25.5mm. **Subject:** Alvaro
Obregon **Obv.** National Arms - Eagle left **Rev:**
Alvaro Obregon bust 3/4 facing left **Series:** Mexican
Revolution 100th Anniversary

Date	Mintage	VF20	XF40	MS60	MS63
2008 Mo	9,948,722	—	0.75	1.50	—
2008 Mo Prooflike	4,727	—	—	—	7.50

KM# 896 5 PESOS
7.07 g., Bi-Metallic Aluninum-bronze center in
stainless steel ring, 25.5mm. **Subject:** Carlos Maria
de Bustamante **Obv.** National Arms - Eagle left
Rev: Carlos Maria de Bustamante bust left **Series:**
Mexican Independence 200th Anniversary

Date	Mintage	VF20	XF40	MS60	MS63
2008 Mo	9,941,302	—	0.75	1.50	—
2008 Mo Prooflike	4,852	—	—	—	7.50

KM# 897 5 PESOS
7.07 g., Bi-Metallic Aluminum-bronze center in
stainless steel ring, 25.5mm. **Subject:** Jose
Vasconcelos **Obv.** National Arms - Eagle left
Rev: Jose Vasconcelos bust left **Series:** Mexican
Revolution 100th Anniversary

Date	Mintage	VF20	XF40	MS60	MS63
2008 Mo	9,939,839	—	0.75	1.50	—
2008 Mo Prooflike	4,767	—	—	—	7.50

KM# 898 5 PESOS
7.07 g., Bi-Metallic Aluminum-bronze center in
stainless steel ring, 25.5mm. **Subject:** Francisco
Xavier Mina **Obv.** National Arms - Eagle left **Rev:**
Francisco Mina bust 3/4 facing left **Series:** Mexican
Independence 200th Anniversary

Date	Mintage	VF20	XF40	MS60	MS63
2008 Mo	9,914,938	—	0.75	1.50	—
2008 Mo Prooflike	4,523	—	—	—	7.50

KM# 899 5 PESOS
7.07 g., Bi-Metallic Aluminum-bronze center in stainless steel ring, 25.5mm. **Subject:** Francisco Villa **Obv.** National Arms - Eagle left **Rev:** Francisco Villa on horseback left **Series:** Mexican Revolution 100th Anniversary

Date	Mintage	VF20	XF40	MS60	MS63
2008 Mo	9,917,084	—	0.75	1.50	—
2008 Mo Prooflike	4,866	—	—	—	7.50

KM# 900.1 5 PESOS
7.07 g., Bi-Metallic Aluminum-Bronze center in Stainless Steel ring, 25.5mm. **Subject:** Francisco Primo de Verdad y Ramos **Obv.** National Arms - Eagle left **Rev:** Francisco Primode Verdad y Ramos bust right **Series:** Mexican Independence 200th Anniversary **Note:** Pellets at 4 and 7 o'clock in legend.

Date	Mintage	VF20	XF40	MS60	MS63
2008 Mo	9,937,000	—	0.75	1.50	—
2008 Mo Prooflike	4,279	—	—	—	7.50

KM# 900.2 5 PESOS
7.07 g., Bi-Metallic Aluminum-Bronze center in Stainless Steel ring, 25.5mm. **Subject:** Francisco Primode Verdad y Ramos **Obv.** National arms - Eagle left **Rev:** Francisco Primode Verdad y Ramos bust right **Series:** Mexican Independence 200th Anniversary **Note:** No pellets at 4 and 7 o'clock in legend.

Date	Mintage	VF20	XF40	MS60	MS63	MS65
2008 Mo	Inc. above	—	—	10.00	15.00	—

KM# 901 5 PESOS
7.07 g., Bi-Metallic Aluminum-Bronze center in Stainless Steel ring, 25.5mm. **Subject:** Heriberto Jara **Obv.** National Arms - Eagle left **Rev:** Heriberto Jara bust 3/4 left **Series:** Mexican Revolution 100th Anniversary

Date	Mintage	VF20	XF40	MS60	MS63
2008 Mo	9,936,333	—	0.75	1.50	—
2008 Mo Prooflike	4,870	—	—	—	7.50

KM# 902 5 PESOS
7.07 g., Bi-Metallic Aluminum-Bronze center in Stainless Steel ring, 25.5mm. **Subject:** Mariano Matamoros **Obv.** National Arms - Eagle left **Rev:** Mariano Matamoros bust 3/4 facing right **Series:** Mexican Independence 200th Anniversary

Date	Mintage	VF20	XF40	MS60	MS63
2008 Mo	9,947,802	—	0.75	1.50	—
2008 Mo Prooflike	4,820	—	—	—	7.50

KM# 903 5 PESOS
7.07 g., Bi-Metallic Aluminum-Bronze center in Stainless Steel ring, 25.5mm. **Subject:** Ricardo Magon **Obv.** National Arms - Eagle left **Rev:** Ricardo Magon bust right **Series:** Mexican Revolution 100th Anniversary

Date	Mintage	VF20	XF40	MS60	MS63
2008 Mo	9,940,278	—	0.75	1.50	—
2008 Mo Prooflike	4,690	—	—	—	7.50

KM# 904 5 PESOS
7.07 g., Bi-Metallic Aluminum-Bronze center in Stainless Steel ring, 25.5mm. **Subject:** Miguel Ramos Arizpe **Obv.** National Arms - Eagle left **Rev:** Miguel Ramos Arizpe bust right **Series:** Mexican Independence 200th Anniversary

Date	Mintage	VF20	XF40	MS60	MS63
2008 Mo	9,927,433	—	0.75	1.50	—
2008 Mo Prooflike	4,863	—	—	—	7.50

KM# 905 5 PESOS
7.07 g., Bi-Metallic Aluminum-Bronze center in Stainless Steel ring, 25.5mm. **Subject:** Francisco J. Mugica **Obv.** National arms, eagle left **Rev:** Francisco J. Mugica bust 3/4 facing left **Series:** Mexican Revolution 100th Anniversary

Date	Mintage	VF20	XF40	MS60	MS63
2008 Mo	9,926,537	—	0.75	1.50	—
2008 Mo Prooflike	4,588	—	—	—	7.50

KM# 906 5 PESOS
7.07 g., Bi-Metallic Aluminum-Bronze center in Stainless Steel ring, 25.5mm. **Subject:** Hermenegildo Galeana **Obv.** National Arms, eagle left **Rev:** Hermenegildo Galeana bust 3/4 facing left **Series:** Mexican Independence 200th Anniversary

Date	Mintage	VF20	XF40	MS60	MS63
2008 Mo	9,935,901	—	0.75	1.50	—
2008 Mo Prooflike	4,966	—	—	—	7.50

KM# 907 5 PESOS
7.07 g., Bi-Metallic Aluminum-Bronze center in Stainless Steel ring, 25.5mm. **Subject:** Filomeno Mata **Obv.** National arms, eagle left **Rev:** Filomeno Mata bust facing left **Series:** Mexican Revolution, 100th Anniversary

Date	Mintage	VF20	XF40	MS60	MS63
2009 Mo	9,935,689	—	0.75	1.50	—
2009 Mo Prooflike	4,920	—	—	—	7.50

KM# 908 5 PESOS
7.07 g., Bi-Metallic Aluminum-Bronze cetner in Stainless Steel ring, 25.5mm. **Subject:** Jose Maria Cos **Obv.** National arms, eagle left. **Rev:** Jose Maria Cos bust right **Series:** Mexican Independence 200th Anniversary

Date	Mintage	VF20	XF40	MS60	MS63
2009 Mo	9,935,040	—	0.75	1.50	—
2009 Mo Prooflike	4,950	—	—	—	7.50

KM# 909 5 PESOS
7.07 g., Bi-Metallic Aluminum-Bronze center in Stainless Steel ring, 25.5mm. **Subject:** Carmen Serdan **Obv.** National Amrs, Eagle left **Rev:** Carmen Serdan bust facing slightly right **Series:** Mexican Revolution 100th Anniversary

Date	Mintage	VF20	XF40	MS60	MS63
2009 Mo	7,160,841	—	0.75	1.50	—
2009 Mo Prooflike	4,787	—	—	—	7.50

KM# 910 5 PESOS
7.07 g., Bi-Metallic Aluminum-Bronze center in Stainless Steel ring, 25.5mm. **Subject:** Pedro Moreno **Obv.** National arms, eagle left **Rev:** Pedro Moreno bust 3/4 right **Series:** Mexican Independence, 200th Anniversary

Date	Mintage	VF20	XF40	MS60	MS63
2009 Mo	6,942,480	—	0.75	1.50	—
2009 Mo Prooflike	4,940	—	—	—	7.50

KM# 911 5 PESOS
7.07 g., Bi-Metallic Aluminum-Bronze center in Stainless Steel ring, 25.5mm. **Subject:** Andres Molina Enriquez **Obv.** National arms, eagle left **Rev:** Andres Molina Enriquez, bust 3/4 right **Series:** Mexican Revolution 100th Anniversary

Date	Mintage	VF20	XF40	MS60	MS63
2009 Mo	6,942,763	—	0.75	1.50	—
2009 Mo Prooflike	4,666	—	—	—	7.50

KM# 912 5 PESOS
7.07 g., Bi-Metallic Aluminum-Bronze center in Stainless Steel ring, 25.5mm. **Subject:** Agustin de Iturbide **Obv.** National arms, eagle left **Rev:** Agustin de Iturbide bust left **Series:** Mexican Independence, 200th Anniversary

Date	Mintage	VF20	XF40	MS60	MS63
2009 Mo	6,944,222	—	0.75	1.50	—
2009 Mo Prooflike	4,838	—	—	—	7.50

KM# 913 5 PESOS
7.07 g., Bi-Metallic Aluminumn-Bronze center in Stainless Steel ring, 25.5mm. **Subject:** Luis Cabrera **Obv.** National Arms, eagle left **Rev:** Luis Cabrera bust 3/4 facing left **Series:** Mexican Revolution 100th Anniversary

Date	Mintage	VF20	XF40	MS60	MS63
2009 Mo	6,902,593	—	0.75	1.50	—
2009 Mo Prooflike	4,656	—	—	—	7.50

KM# 914 5 PESOS
7.07 g., Bi-Metallic Aluminum-Bronze center Stainless Steel ring, 25.5mm. **Subject:** Nicolas Bravo **Obv.** National Arms, Eagle left **Rev:** Nicolas Bravo bust 3/4 facing left **Series:** Mexican Independence 200th Anniversary

Date	Mintage	VF20	XF40	MS60	MS63
2009 Mo	6,930,174	—	0.75	0.50	—
2009 Mo Prooflike	4,780	—	—	—	7.50

KM# 915 5 PESOS
7.07 g., Bi-Metallic Aluminum-bronze center in Stainless steel ring, 25.5mm. **Subject:** Eulalio Gutierrez **Obv.** National Arms, eagle left **Rev:** Eulalio Gutierrez bust 3/4 right **Series:** Mexican Revolution 100th Anniversary

Date	Mintage	VF20	XF40	MS60	MS63
2009 Mo	6,908,760	—	0.75	1.50	—
2009 Mo Prooflike	4,862	—	—	—	7.50

KM# 916 5 PESOS
7.07 g., Bi-Metallic Aluminum-Bronze center in Stainless Steel ring, 25.5mm. **Subject:** Servando Teresa de Mier **Obv.** National Arms, eagle left **Rev:** Servando Teresa de Mier bust left **Series:** Mexican Independence 200th Anniversary

Date	Mintage	VF20	XF40	MS60	MS63
2009 Mo	6,937,421	—	0.75	1.50	—
2009 Mo Prooflike	4,675	—	—	—	7.50

KM# 917 5 PESOS
7.07 g., Bi-Metallic Aluminum-Bronze center in Stainless Steel ring, 25.5mm. **Subject:** Otilio Montano **Obv.** National Arms, eagle left **Rev:** Otilio Montano bust left **Series:** Mexican Revolution 100th Anniversary

Date	Mintage	VF20	XF40	MS60	MS63
2009 Mo	6,890,052	—	0.75	1.50	—
2009 Mo Prooflike	4,923	—	—	—	7.50

KM# 918 5 PESOS
7.07 g., Bi-Metallic Aluminum-Bronze center in Stainless Steel ring, 25.5mm. **Subject:** Belisario Dominguez **Obv.** National Arms, eagle left **Rev:** Belisario Dominguez bust 3/4 left **Series:** Mexican Revolution 100th Anniversary

Date	Mintage	VF20	XF40	MS60	MS63
2009 Mo	6,926,606	—	0.75	1.50	—
2009 Mo Prooflike	4,773	—	—	—	7.50

KM# 919 5 PESOS
7.07 g., Bi-Metallic Aluminum-Bronze center in Stainless Steel ring, 25.5mm. **Subject:** Leona Vicario **Obv.** National Arms, eagle left **Rev:** Leona Vicario bust left **Series:** Mexican Independence 200th Anniversary

Date	Mintage	VF20	XF40	MS60	MS63
2009 Mo	6,937,872	—	0.75	1.50	—
2009 Mo Prooflike	4,730	—	—	—	7.50

KM# 920 5 PESOS
7.07 g., Bi-Metallic Aluminum-Bronze center in Stainless Steel ring, 25.5mm. **Subject:** Miguel Hidalgo y Costilla **Obv.** National Arms, eagle left **Rev:** Miguel Hidalgo y Costilla bust **Series:** Mexican Independence 200th Anniversary

Date	Mintage	VF20	XF40	MS60	MS63
2010 Mo	6,932,486	—	0.75	1.50	—
2010 Mo Prooflike	4,763	—	—	—	7.50

KM# 926   5 PESOS
7.07 g., Bi-Metallic Aluminum-Bronze center in Stainless Steel ring, 25.5mm. **Subject:** Venustiano Carranza **Rev:** Venustiano Carranza head 1/4 facing left **Series:** Mexican Revolution 100th Anniversary

Date	Mintage	VF20	XF40	MS60	MS63
2010 Mo	6,936,993	—	0.75	1.50	—
2010 Mo Prooflike	4,837	—	—	—	7.50

KM# 962   5 PESOS
27.00 g., 0.925 Silver, 0.803 oz. ASW 40mm. **Obv.** National arms within circle of other national arms **Rev:** Horse Peso **Series:** Ibero-American Series

Date	Mintage	VF20	XF40	MS60	MS63	MS65
2011 Mo	8,000		PF65 80.00			

KM# 553   10 NUEVOS PESOS
11.18 g., Bi-Metallic 0.925 Silver center, .1667 oz. ASW within Aluminum-Bronze ring, 28mm. **Obv.** National arms **Rev:** Assorted shields within circle **Obv. Legend:** Estados Unidos Mexicanos **Edge:** Groved

Date	Mintage	VF20	XF40	MS60	MS63	MS65
1992 Mo	20,000,000	—	7.00	10.00	14.00	—
1993 Mo	47,981,000	—	7.00	10.00	14.00	—
1994 Mo	15,000,000	—	7.00	10.00	14.00	—
1995 Mo	6,981	PF63 20.00				
1995 Mo	15,000,000	—	7.00	10.00	14.00	—

KM# 616   10 PESOS
10.33 g., Bi-Metallic Copper-Nickel-Zinc center in Aluminum-Bronze ring, 28mm. **Obv.** National arms **Rev:** Aztec design of Tonatiuh with the Fire Mask **Obv. Legend:** ESTADOS UNIDOS MEXICANOS

Date	Mintage	VF20	XF40	MS60	MS63	MS65
1997 Mo	44,837,000	—	2.50	4.00	8.00	—
1998 Mo	203,735,000	—	2.50	4.00	8.00	—
1999 Mo	29,842,000	—	2.50	4.00	8.00	—
2002 Mo	44,721,000	—	2.50	4.00	8.00	—
2004 Mo	74,739,000	—	2.50	4.00	8.00	—
2005 Mo	64,616,000	—	2.50	4.00	8.00	—
2006 Mo	84,575,000	—	2.50	4.00	8.00	—
2007 Mo	89,678,000	—	2.50	4.00	8.00	—
2008 Mo	64,744,000	—	2.50	4.00	8.00	—
2009 Mo	54,812,000	—	2.00	3.00	6.00	—
2010 Mo	54,822,000	—	2.00	3.00	6.00	—
2011 Mo	69,731,000	—	—	3.00	6.00	—
2012 Mo	89,732,000	—	—	3.00	6.00	—
2013 Mo Est.	44769000	—	—	2.50	3.00	—
2014 Mo		—	—	2.00	2.50	—

KM# 633   10 PESOS
62.03 g., 0.999 Silver, 1.9923 oz. ASW **Subject:** Millennium Series **Obv.** National arms, eagle left within center of past and present arms **Rev:** Ancient and modern buildings within circle

Date	Mintage	VF20	XF40	MS60	MS63
1999-2000 Mo	47,641		PF65 80.00		

KM# 636   10 PESOS
10.33 g., Bi-Metallic Copper-Nickel-Zinc center in Aluminum-Bronze ring, 28mm. **Obv.** National arms **Rev:** Aztec carving **Series:** Millennium **Obv. Legend:** ESTADOS UNIDOS MEXICANOS **Edge Lettering:** ANO (year) repeated 3 times

Date	Mintage	VF20	XF40	MS60	MS63	MS65
2000 Mo	24,839,000	—	3.50	4.50	8.50	—
2001 Mo	44,768,000	—	3.00	4.00	8.00	—

KM# 679   10 PESOS
31.10 g., 0.999 Silver, 0.999 oz. ASW 39.9mm. **Subject:** 180th Anniversary of Federation **Obv.** National arms **Rev:** State Arms **Series:** First **Obv. Legend:** ESTADOS UNIDOS MEXICANOS **Rev. Legend:** ESTADO DE ZACATECAS **Edge:** Reeded

Date	Mintage	VF20	XF40	MS60	MS63	MS65
2003 Mo	10,000		PF65 70.00			

KM# 680　10 PESOS
31.10 g., 0.999 Silver, 0.999 oz. ASW 39.9mm.
Subject: 180th Anniversary of Federation **Obv.**
National arms **Rev:** State arms **Series:** First **Obv.**
Legend: ESTADO UNIDOS MEXICANOS **Rev.**
Legend: ESTADO DE YUCATÁN **Edge:** Reeded

Date	Mintage	VF20	XF40	MS60	MS63	MS65
2003 Mo	10,000		PF65 60.00			

KM# 681　10 PESOS
31.10 g., 0.999 Silver, 0.999 oz. ASW 39.9mm.
Subject: 180th Anniversary of Federation **Obv.**
National arms **Rev:** State arms **Series:** First **Obv.**
Legend: ESTADOS UNIDOS MEXICANOS **Rev.**
Legend: ESTADO DE VERACRUZ-LLAVE **Edge:**
Reeded

Date	Mintage	VF20	XF40	MS60	MS63	MS65
2003 Mo	10,000		PF65 60.00			

KM# 682　10 PESOS
31.10 g., 0.999 Silver, 0.999 oz. ASW 39.9mm.
Subject: 180th Anniversary of Frederation **Obv.**
National arms **Rev:** State arms **Series:** First **Obv.**
Legend: ESTADOS UNIDOS MEXICANOS **Rev.**
Legend: ESTADO DE TLAXCALA **Edge:** Reeded

Date	Mintage	VF20	XF40	MS60	MS63	MS65
2003 Mo	10,000		PF65 60.00			

KM# 683　10 PESOS
31.10 g., 0.999 Silver, 0.999 oz. ASW 39.9mm.
Subject: 180th Anniversary of Federation **Obv.**
National arms **Rev:** State arms **Series:** First **Obv.**
Legend: ESTADOS UNIDOS MEXICANOS **Rev.**
Legend: ESTADO DE TAMAULIPAS **Edge:** Reeded

Date	Mintage	VF20	XF40	MS60	MS63	MS65
2004 Mo	10,000		PF65 60.00			

KM# 684　10 PESOS
31.10 g., 0.999 Silver, 0.999 oz. ASW 39.9mm.
Subject: 180th Anniversary of Federation **Obv.**
National arms **Rev:** State arms **Series:** First **Obv.**
Legend: ESTADOS UNIDOS DE MEXICANOS **Rev.**
Legend: ESTADO DE TABASCO **Edge:** Reeded

Date	Mintage	VF20	XF40	MS60	MS63	MS65
2004 Mo	10,000		PF65 60.00			

KM# 685　10 PESOS
31.10 g., 0.999 Silver, 0.999 oz. ASW 39.9mm.
Subject: 180th Anniversary of Federation **Obv.**
National arms **Rev:** State arms **Series:** First **Obv.**
Legend: ESTADOS UNIDOS MEXICANOS **Rev.**
Legend: ESTADO DE SONORA **Edge:** Reeded
Note: Mexican States: Sonora

Date	Mintage	VF20	XF40	MS60	MS63	MS65
2004 Mo	10,000		PF65 60.00			

KM# 686 10 PESOS
31.10 g., 0.999 Silver, 0.999 oz. ASW 39.9mm.
Subject: 180th Anniversary of Federation **Obv.**
National arms **Rev:** State arms **Series:** First **Obv.**
Legend: ESTADOS UNIDOS DE MEXICANOS
Rev. Legend: ESTADO DE SINALOA **Edge:**
Reeded **Note:** Mexican States: Sinaloa

Date	Mintage	VF20	XF40	MS60	MS63	MS65
2004 Mo	10,000		PF65 60.00			

KM# 735 10 PESOS
31.10 g., 0.999 Silver, 0.999 oz. ASW 39.9mm.
Subject: 180th Anniversary of Federation **Obv.**
National arms **Rev:** State arms **Series:** First **Obv.**
Legend: ESTADOS UNIDOS MEXICANOS **Rev.**
Legend: ESTADO DE QUINTANA ROO

Date	Mintage	VF20	XF40	MS60	MS63	MS65
2004 Mo	10,000		PF65 60.00			

KM# 755 10 PESOS
31.10 g., 0.999 Silver, 0.999 oz. ASW 40mm. **Obv.**
National arms **Rev:** Baja California del Norte arms

Date	Mintage	VF20	XF40	MS60	MS63	MS65
2005 Mo	—		PF65 75.00			

KM# 763 10 PESOS
31.10 g., 0.999 Silver, 0.999 oz. ASW 40mm. **Obv.**
National arms **Rev:** Benito Juarez **Edge:** Reeded

Date	Mintage	VF20	XF40	MS60	MS63	MS65
2006 Mo	—		PF65 75.00			

KM# 687 10 PESOS
31.10 g., 0.999 Silver, 0.999 oz. ASW 39.9mm.
Subject: 180th Anniversary of Federation **Obv.**
National arms **Rev:** State arms **Series:** First **Obv.**
Legend: ESTADOS UNIDOS MEXICANOS **Rev.**
Legend: ESTADO DE SAN LUIS POTOSÍ **Edge:**
Reeded

Date	Mintage	VF20	XF40	MS60	MS63	MS65
2004 Mo	10,000		PF65 60.00			

KM# 737 10 PESOS
31.10 g., 0.999 Silver, 0.999 oz. ASW 39.9mm.
Subject: 180th Anniversary of Federation **Obv.**
National arms **Rev:** State arms **Series:** First **Obv.**
Legend: ESTADOS UNIDOS MEXICANOS **Rev.**
Legend: ESTADO DE PUEBLA **Edge:** Reeded

Date	Mintage	VF20	XF40	MS60	MS63	MS65
2004 Mo	10,000		PF65 60.00			

KM# 733 10 PESOS
31.10 g., 0.999 Silver, 0.999 oz. ASW 39.9mm.
Subject: 180th Anniversary of Federation **Obv.**
National arms **Rev:** State arms **Series:** First **Obv.**
Legend: ESTADOS UNIDOS MEXICANOS **Rev.**
Legend: ESTADO DE QUERÉTARO ARTEAGA
Edge: Reeded

Date	Mintage	VF20	XF40	MS60	MS63	MS65
2004 Mo	10,000		PF65 60.00			

ESTADOS UNIDOS

KM# 739 10 PESOS
31.10 g., 0.999 Bi-Metallic, 0.999 oz. 39.9mm.
Subject: 180th Anniversary of Federation **Obv.**
National arms **Rev:** State arms **Series:** First **Obv.**
Legend: ESTADOS UNIDOS MEXICANOS **Rev.**
Legend: ESTADO DE OAXACA **Edge:** Reeded

Date	Mintage	VF20	XF40	MS60	MS63	MS65
2004 Mo	10,000			PF65 60.00		

KM# 741 10 PESOS
31.10 g., 0.999 Silver, 0.999 oz. ASW 39.9mm.
Subject: 180th Anniversary of Federation **Obv.**
National arms **Rev:** State arms **Series:** First **Obv.**
Legend: ESTADOS UNIDOS MEXICANOS **Rev.**
Legend: ESTADO DE NUEVO LEÓN **Edge:**
Reeded

Date	Mintage	VF20	XF40	MS60	MS63	MS65
2004 Mo	10,000			PF65 60.00		

KM# 743 10 PESOS
31.10 g., 0.999 Silver, 0.999 oz. ASW 39.9mm.
Subject: 180th Anniversary of Federation **Obv.**
National arms **Rev:** State arms **Series:** First **Obv.**
Legend: ESTADOS UNIDOS MEXICANOS **Rev.**
Legend: ESTADO DE NAYARIT **Edge:** Reeded

Date	Mintage	VF20	XF40	MS60	MS63	MS65
2004 Mo	10,000			PF65 60.00		

KM# 745 10 PESOS

31.10 g., 0.999 Silver, 0.999 oz. ASW 39.9mm.
Subject: 180th Anniversary of Federation **Obv.**
National arms **Rev:** State arms **Series:** First **Obv.**
Legend: ESTADOS UNIDOS MEXICANOS **Rev.**
Legend: ESTADO DE MORELOS **Edge:** Reeded

Date	Mintage	VF20	XF40	MS60	MS63	MS65
2004 Mo	10,000			PF65 60.00		

KM# 747 10 PESOS
31.10 g., 0.999 Silver, 0.999 oz. ASW 39.9mm.
Subject: 180th Anniversary of Federation **Obv.**
National arms **Rev:** State arms **Series:** First **Obv.**
Legend: ESTADOS UNIDOS MEXICANOS **Rev.**
Legend: ESTADO DE MÉXICO **Edge:** Reeded

Date	Mintage	VF20	XF40	MS60	MS63	MS65
2004 Mo	10,000			PF65 60.00		

KM# 749 10 PESOS
31.10 g., 0.999 Silver, 0.999 oz. ASW 39.9mm.
Subject: 180th Anniversary of Federation **Obv.**
National arms **Rev:** State arms **Series:** First **Obv.**
Legend: ESTADOS UNIDOS MEXICANOS **Rev.**
Legend: ESTADO DE JALISCO **Edge:** Reeded

Date	Mintage	VF20	XF40	MS60	MS63	MS65
2004 Mo	10,000			PF65 60.00		

KM# 711 10 PESOS
31.10 g., 0.999 Silver, 0.999 oz. ASW 39.9mm.

Subject: 180th Anniversary of Federation **Obv.**
National arms **Rev:** State arms **Series:** First **Obv.**
Legend: ESTADOS UNIDOS MEXICANOS **Rev.**
Legend: ESTADO DE HIDALGO **Edge:** Reeded

Date	Mintage	VF20	XF40	MS60	MS63	MS65
2005 Mo	10,000			PF65 60.00		

KM# 796 10 PESOS
31.10 g., 0.999 Silver, 0.999 oz. ASW 39.9mm.
Subject: 180th Anniversary of Federation **Obv.**
National arms **Rev:** State arms **Series:** First **Obv.**
Legend: ESTADOS UNIDOS MEXICANOS **Rev.**
Legend: ESTADO DE MICHOACÁN DE OCAMPO
Edge: Reeded

Date	Mintage	VF20	XF40	MS60	MS63	MS65
2004 Mo	10,000			PF65 60.00		

KM# 706 10 PESOS
31.10 g., 0.999 Silver, 0.999 oz. ASW 39.9mm.
Subject: 180th Anniversary of Federation **Obv.**
National arms **Rev:** State arms **Series:** First **Obv.**
Legend: ESTADOS UNIDOS MEXICANOS **Rev.**
Legend: ESTADO DE CHIAPAS **Edge:** Reeded

Date	Mintage	VF20	XF40	MS60	MS63	MS65
2005 Mo	10,000			PF65 60.00		

KM# 707 10 PESOS
31.10 g., 0.999 Silver, 0.999 oz. ASW 39.9mm.

Subject: 180th Anniversary of Federation
Obv. National arms **Rev:** Federal District arms
Series: First **Obv. Legend:** ESTADOS UNIDOS
MEXICANOS **Rev. Legend:** DISTRITO FEDERAL
Edge: Reeded

Date	Mintage	VF20	XF40	MS60	MS63	MS65
2005 Mo	10,000			PF65 60.00		

KM# 708 10 PESOS
31.10 g., 0.999 Silver, 0.999 oz. ASW 39.9mm.
Subject: 180th Anniversary of Federation **Obv.**
National arms **Rev:** State arms **Series:** First **Obv.**
Legend: ESTADOS UNIDOS MEXICANOS **Rev.**
Legend: ESTADO DE DURANGO **Edge:** Reeded

Date	Mintage	VF20	XF40	MS60	MS63	MS65
2005 Mo	10,000			PF65 60.00		

KM# 709 10 PESOS
31.10 g., 0.999 Silver, 0.999 oz. ASW 39.9mm.
Subject: 180th Anniversary of Federation **Obv.**
National arms **Rev:** State arms **Series:** First **Obv.**
Legend: ESTADOS UNIDOS MEXICANOS **Rev.**
Legend: ESTADO DE GUANAJUATO **Edge:**
Reeded

Date	Mintage	VF20	XF40	MS60	MS63	MS65
2005 Mo	10,000			PF65 60.00		

KM# 710 10 PESOS

31.10 g., 0.999 Silver, 0.999 oz. ASW 39.9mm.
Subject: 180th Anniversary of Federation **Obv.**
National arms **Rev:** State arms **Series:** First **Obv.**
Legend: ESTADOS UNIDOS MEXICANOS **Rev.**
Legend: ESTADO DE GUERRERO **Edge:** Reeded

Date	Mintage	VF20	XF40	MS60	MS63	MS65
2005 Mo	10,000		PF65 60.00			

KM# 720   10 PESOS
31.10 g., 0.999 Silver, 0.999 oz. ASW 39.9mm.
Subject: 180th Anniversary of Federation **Obv.**
National arms **Rev:** State arms **Series:** First **Obv.**
Legend: ESTADOS UNIDOS MEXICANOS **Rev.**
Legend: ESTADO DE AGUASCALIENTES **Edge:**
Reeded

Date	Mintage	VF20	XF40	MS60	MS63	MS65
2005 Mo	10,000		PF65 60.00			

KM# 722   10 PESOS
31.10 g., 0.999 Silver, 0.999 oz. ASW 39.9mm.
Subject: 180th Anniversary of Federation **Obv.**
National arms **Rev:** State arms **Series:** First **Obv.**
Legend: ESTADOS UNIDOS MEXICANOS **Rev.**
Legend: ESTADO DE BAJA CALIFORNIA **Edge:**
Reeded

Date	Mintage	VF20	XF40	MS60	MS63	MS65
2005 Mo	10,000		PF65 60.00			

KM# 724   10 PESOS
31.10 g., 0.999 Silver, 0.999 oz. ASW 39.9mm.
Subject: 180th Anniversary of Federation **Obv.**
National arms **Rev:** State arms **Series:** First **Obv.**
Legend: ESTADOS UNIDOS MEXICANOS **Rev.**
Legend: ESTADO DE BAJA CALIFORNIA SUR
Edge: Reeded

Date	Mintage	VF20	XF40	MS60	MS63	MS65
2005 Mo	10,000		PF65 60.00			

KM# 726   10 PESOS
31.10 g., 0.999 Silver, 0.999 oz. ASW 39.9mm.
Subject: 180th Anniversary of Federation **Obv.**
National arms **Rev:** State arms **Series:** First **Obv.**
Legend: ESTADOS UNIDOS MEXICANOS **Rev.**
Legend: ESTADO DE CAMPECHE **Edge:** Reeded

Date	Mintage	VF20	XF40	MS60	MS63	MS65
2005 Mo	10,000		PF65 60.00			

KM# 728   10 PESOS
31.10 g., 0.999 Silver, 0.999 oz. ASW 39.9mm.
Subject: 180th Anniversary of Federation **Obv.**
National arms **Rev:** State arms **Series:** First **Obv.**
Legend: ESTADOS UNIDOS MEXICANOS **Rev.**
Legend: ESTADO DE COLIMA **Edge:** Reeded

Date	Mintage	VF20	XF40	MS60	MS63	MS65
2005 Mo	10,000		PF65 60.00			

KM# 751   10 PESOS

31.10 g., 0.999 Silver, 0.999 oz. ASW 39.9mm.
Subject: 180th Anniversary of Federation **Obv.**
National arms **Rev:** State arms **Series:** First **Obv.**
Legend: ESTADOS UNIDOS MEXICANOS **Rev.**
Legend: ESTADO DE COAHUILA DE ZARAGOZA
Edge: Reeded

Date	Mintage	VF20	XF40	MS60	MS63	MS65
2005 Mo	10,000	**PF65** 60.00				

KM# 753   10 PESOS
31.10 g., 0.999 Silver, 0.999 oz. ASW 39.9mm.
Subject: 180th Anniversary of Federation **Obv.**
National arms **Rev:** State arms **Series:** First **Obv.**
Legend: ESTADOS UNIDOS MEXICANOS **Rev.**
Legend: ESTADO DE CHIHUAHUA **Edge:** Reeded

Date	Mintage	VF20	XF40	MS60	MS63	MS65
2005 Mo	10,000	**PF65** 60.00				

KM# 718   10 PESOS
31.10 g., 0.999 Silver, 0.999 oz. ASW 40mm. **Obv.**
National arms **Rev:** Facade of the San Marcos
garden above sculpture of national emblem at left,
San Antonio Temple at right **Series:** Second **Obv.**
Legend: ESTADOS UNIDOS MEXICANOS **Rev.**
Legend: AGUASCALIENTES **Edge:** Reeded

Date	Mintage	VF20	XF40	MS60	MS63	MS65
2005 Mo	6,000	**PF65** 65.00				

KM# 757   10 PESOS

31.10 g., 0.999 Silver, 0.999 oz. ASW 40mm. **Obv.**
National arms **Rev:** Rams head, mountain outline
in background **Series:** Second **Obv. Legend:**
ESTADOS UNIDOS MEXICANOS **Rev. Legend:**
BAJA CALIFORNIA - GOBIERNO DEL ESTADO
Edge: Reeded

Date	Mintage	VF20	XF40	MS60	MS63	MS65
2005 Mo	6,000	**PF65** 65.00				

KM# 759   10 PESOS
31.10 g., 0.999 Silver, 0.999 oz. ASW 40mm.
Obv. National arms **Rev:** Jade mask - Calakmul,
Campeche **Series:** Second **Obv. Legend:**
ESTADOS UNIDOS MEXICANOS **Rev. Legend:**
ESTADO DE CAMPECHE **Edge:** Reeded

Date	Mintage	VF20	XF40	MS60	MS63	MS65
2006 Mo	6,000	**PF65** 65.00				

KM# 761   10 PESOS
31.10 g., 0.999 Silver, 0.999 oz. ASW 40mm. **Obv.**
National arms **Rev:** Outlined map of peninsula at
center, cave painting of deer behind, cactus at right
Series: Second **Obv. Legend:** ESTADOS UNIDOS
MEXICANOS **Rev. Legend:** ESTADO DE BAJA
CALIFORNIA SUR **Edge:** Reeded

Date	Mintage	VF20	XF40	MS60	MS63	MS65
2006 Mo	6,000	**PF65** 65.00				

KM# 772   10 PESOS

ESTADOS UNIDOS

31.10 g., 0.999 Silver, 0.999 oz. ASW 40mm. **Obv.**
National arms **Rev:** Head of Pakal, ancient Mayan
king, Palenque **Series:** Second **Obv. Legend:**
ESTADOS UNIDOS MEXICANOS **Rev. Legend:**
ESTADO DE CHIAPAS - CABEZA MAYA DEL REY
PAKAL, PALENQUE **Edge:** Reeded

Date	Mintage	VF20	XF40	MS60	MS63	MS65
2006 Mo	6,000		PF65 65.00			

KM# 774   10 PESOS
31.10 g., 0.999 Silver, 0.999 oz. ASW 40mm. **Obv.**
National arms **Rev:** Angel of Liberty **Series:** Second
Obv. Legend: ESTADOS UNIDOS MEXICANOS
Rev. Legend: MÉXICO - ANGEL DE LA LIBERTAD,
CHIHUAHUA **Edge:** Reeded

Date	Mintage	VF20	XF40	MS60	MS63	MS65
2006 Mo	6,000		PF65 65.00			

KM# 776   10 PESOS
31.10 g., 0.999 Silver, 0.999 oz. ASW 40mm. **Obv.**
National arms **Rev:** State arms at lower center,
Nevado de Colima and Volcan de Fuego volcanos
in background **Series:** Second **Obv. Legend:**
ESTADOS UNIDOS MEXICANOS **Rev. Legend:**
Colima **Rev. Inscription:** GENEROSO **Edge:**
Reeded

Date	Mintage	VF20	XF40	MS60	MS63	MS65
2006 Mo	6,000		PF65 65.00			

KM# 778   10 PESOS
31.10 g., 0.999 Silver, 0.999 oz. ASW 40mm. **Obv.**
National arms **Rev:** National Palace **Series:** Second
Obv. Legend: ESTADOS UNIDOS MEXICANOS
Rev. Legend: DISTRITO FEDERAL - ANTIGUO
AYUNTAMIENTO **Edge:** Reeded

Date	Mintage	VF20	XF40	MS60	MS63	MS65
2006 Mo	6,000		PF65 65.00			

KM# 780   10 PESOS
31.10 g., 0.999 Silver, 0.999 oz. ASW 40mm. **Obv.**
National arms **Rev:** Outlined map with turtle, mine
cart above grapes at center, Friendship dam above
Christ of the Nodas at left, chimneys above crucibles
and bell tower of Santiago's cathedral at right
Series: Second **Obv. Legend:** ESTADOS UNIDOS
MEXICANOS **Rev. Inscription:** COAHUILA DE
ZARAGOZA **Edge:** Reeded

Date	Mintage	VF20	XF40	MS60	MS63	MS65
2006 Mo	6,000		PF65 65.00			

KM# 786   10 PESOS
31.10 g., 0.999 Silver, 0.999 oz. ASW 40mm.
Obv. National arms **Rev:** Tree **Series:** Second
Obv. Legend: ESTADOS UNIDOS MEXICANOS
Rev. Legend: PRIMERA RESERVA NACIONAL
FORESTAL - DURANGO **Edge:** Reeded

Date	Mintage	VF20	XF40	MS60	MS63	MS65
2006 Mo	6,000		PF65 65.00			

KM# 788   10 PESOS
31.10 g., 0.999 Silver, 0.999 oz. ASW 40mm. **Obv.**
National arms **Rev:** State arms at center, statue of
Miguel Hidalgo at left, monument to Pípila at lower
right **Series:** Second **Obv. Legend:** ESTADOS
UNIDOS MEXICANOS **Rev. Inscription:**
Guanajuato **Edge:** Reeded

Date	Mintage	VF20	XF40	MS60	MS63	MS65
2006 Mo	6,000		PF65 65.00			

KM# 794   10 PESOS
31.10 g., 0.999 Silver, 0.999 oz. ASW 40mm. **Obv.**
National arms **Rev:** Hospicio Cabañas orphanage
Series: Second **Obv. Legend:** ESTADOS
UNIDOS MEXICANOS **Rev. Legend:** ESTADO DE
JALISCCO **Edge:** Reeded

Date	Mintage	VF20	XF40	MS60	MS63	MS65
2006 Mo	6,000		PF65 65.00			

KM# 790   10 PESOS
31.10 g., 0.999 Silver, 0.999 oz. ASW 40mm. **Obv.**
National arms **Rev:** Stylized portrait of Vicente
Guerrero at left, church of Taxco at upper center,
Acapulco's la Quebrada with diver above Christmas
Eve flower and mask **Series:** Second **Obv. Legend:**
ESTADOS UNIDOS MEXICANOS **Rev. Legend:**
GUERRERO **Edge:** Reeded

Date	Mintage	VF20	XF40	MS60	MS63	MS65
2006 Mo	6,000		PF65 65.00			

KM# 830   10 PESOS
31.10 g., 0.999 Silver, 0.999 oz. ASW 40mm. **Obv.**
National arms **Rev:** Pyramid de la Loona (Moon)
Series: Second **Obv. Legend:** ESTADOS UNIDOS
MEXICANOS **Rev. Legend:** ESTADO DE MÉXICO
Edge: Reeded

Date	Mintage	VF20	XF40	MS60	MS63	MS65
2006 Mo	6,000		PF65 65.00			

KM# 792   10 PESOS
31.10 g., 0.999 Silver, 0.999 oz. ASW 40mm.
Obv. National arms **Rev:** Monument of Pachuca
Hidalgo **Series:** Second **Obv. Legend:** ESTADOS
UNIDOS MEXICANOS **Rev. Inscription:** RELOJ /
MONUMENTAL / DE / PACHUCA / HIDALGO - La /
Bella / Airosa **Edge:** Reeded

Date	Mintage	VF20	XF40	MS60	MS63	MS65
2006 Mo	6,000		PF65 65.00			

KM# 831   10 PESOS
31.10 g., 0.999 Silver, 0.999 oz. ASW 40mm.
Obv. National arms **Rev:** Four Monarch butterflies
Series: Second **Obv. Legend:** ESTADOS
UNIDOS MEXICANOS **Rev. Legend:** ESTADO DE
MICHOACÁN **Edge:** Reeded

Date	Mintage	VF20	XF40	MS60	MS63	MS65
2006 Mo	6,000		PF65 65.00			

ESTADOS UNIDOS

KM# 832   10 PESOS
31.10 g., 0.999 Silver, 0.999 oz. ASW 40mm. **Obv.**
National arms **Rev:** 1/2 length figure of Chinelo (local
dancer) at right, Palacio de Cortes in background
Series: Second **Obv. Legend:** ESTADOS UNIDOS
MEXICANOS   **Rev. Inscription:** ESTADO DE /
MORELOS **Edge:** Reeded

Date	Mintage	VF20	XF40	MS60	MS63	MS65
2006 Mo	6,000		**PF65** 65.00			

KM# 833   10 PESOS
31.10 g., 0.999 Silver, 0.999 oz. ASW 40mm.
Obv.   National arms **Rev:** Isle de Mexcaltitlán
Series: Second **Obv. Legend:** ESTADOS UNIDOS
MEXICANOS **Rev. Legend:** ESTADO DE NAYARIT
Edge: Reeded

Date	Mintage	VF20	XF40	MS60	MS63	MS65
2007 Mo	6,000		**PF65** 65.00			

KM# 834   10 PESOS
31.10 g., 0.999 Silver, 0.999 oz. ASW 40mm. **Obv.**
National arms **Rev:** Old foundry in Pargue Fundidora
(public park) at right, Cerro de la Silla (Saddle Hill)
in background **Series:** Second **Obv. Legend:**
ESTADOS UNIDOS MEXICANOS **Rev. Legend:**
ESTADO DE NUEVO LEÓN **Edge:** Reeded

Date	Mintage	VF20	XF40	MS60	MS63	MS65
2007 Mo	6,000		**PF65** 65.00			

KM# 835   10 PESOS
31.10 g.,   0.999 Silver, 0.999 oz. ASW 40mm.
Obv. National arms **Rev:** Teatro Macedonio Alcala
(theater) **Series:** Second **Obv. Legend:** ESTADOS
UNIDOS MEXICANOS **Rev. Legend:** OAXACA
Edge: Reeded

Date	Mintage	VF20	XF40	MS60	MS63	MS65
2007 Mo	6,000		**PF65** 65.00			

KM# 836   10 PESOS
31.10 g.,   0.999 Silver, 0.999 oz. ASW 40mm.
Obv. National arms **Rev:** Talavera porcelain dish
Series: Second **Obv. Legend:** ESTADOS UNIDOS
MEXICANOS **Rev. Legend:** ESTADO DE PUEBLA
Edge: Reeded

Date	Mintage	VF20	XF40	MS60	MS63	MS65
2007 Mo	6,000		**PF65** 65.00			

KM# 837   10 PESOS
31.10 g., 0.999 Silver, 0.999 oz. ASW 40mm. **Obv.**
National arms **Rev:** Mask at left, rays above state
arms at center, Mayan ruins at right **Series:** Second
Obv. Legend: ESTADOS UNIDOS MEXICANOS
Rev. Legend: QUINTANA ROO **Edge:** Reeded

Date	Mintage	VF20	XF40	MS60	MS63	MS65
2007 Mo	6,000		**PF65** 65.00			

KM# 838 10 PESOS
31.10 g., 0.999 Silver, 0.999 oz. ASW 40mm.
Obv. National arms **Rev:** Acqueduct of Querétaro
at left, church of Santa Rosa de Viterbo at right
Series: Second **Obv. Legend:** ESTADOS
UNIDOS MEXICANOS **Rev. Legend:** ESTADO DE
QUERÉTARO ARTEAGA **Edge:** Reeded

Date	Mintage	VF20	XF40	MS60	MS63	MS65
2007 Mo	6,000		PF65 65.00			

KM# 839 10 PESOS
31.10 g., Silver, 40mm. **Obv.** National arms **Rev:**
Facade of Caja Real **Series:** Second **Obv. Legend:**
ESTADOS UNIDOS MEXICANOS **Rev. Legend:** •
SAN LUIS POTOSÍ • **Edge:** Reeded

Date	Mintage	VF20	XF40	MS60	MS63	MS65
2007 Mo	6,000		PF65 65.00			

KM# 840 10 PESOS
31.10 g., 0.999 Silver, 0.999 oz. ASW 40mm. **Obv.**
National arms **Rev:** Shield on pile of cactus fruits
Series: Second **Obv. Legend:** ESTADOS UNIDOS
MEXICANOS **Rev. Legend:** ESTADO DE SINALOA
- LUGAR DE PITAHAYAS **Edge:** Reeded

Date	Mintage	VF20	XF40	MS60	MS63	MS65
2007 Mo	6,000		PF65 65.00			

KM# 841 10 PESOS
31.10 g., 0.999 Silver, 0.999 oz. ASW 40mm. **Obv.**
National arms **Rev:** Local in Dance of the Deer
at left, cactus at right, mountains in background
Series: Second **Obv. Legend:** ESTADOS UNIDOS
MEXICANOS **Rev. Legend:** ESTADO DE SONORA
Edge: Reeded

Date	Mintage	VF20	XF40	MS60	MS63	MS65
2007 Mo	6,000		PF65 65.00			

KM# 842 10 PESOS
31.10 g., 0.999 Silver, 0.999 oz. ASW 40mm. **Obv.**
National arms **Rev:** Fuente de los Pescadores
(fisherman fountain) at lower left, giant head from
the Olmec-pre-Hispanic culture at right, Planetario
Tabasco in background **Series:** Second **Obv.
Legend:** ESTADOS UNIDOS MEXICANOS **Rev.
Legend:** TABASCO **Edge:** Reeded

Date	Mintage	VF20	XF40	MS60	MS63	MS65
2007 Mo	6,000		PF65 65.00			

KM# 843 10 PESOS
31.10 g., 0.999 Silver, 0.999 oz. ASW 40mm.
Obv. National arms **Rev:** Ridge - Cerro Del
Bernal, Gonzáles **Series:** Second **Obv. Legend:**
ESTADOS UNIDOS MEXICANOS **Rev. Legend:**
TAMAULIPAS **Edge:** Reeded

Date	Mintage	VF20	XF40	MS60	MS63	MS65
2007 Mo	6,000		PF65 65.00			

ESTADOS UNIDOS

KM# 844   10 PESOS
31.10 g., 0.999 Silver, 0.999 oz. ASW 40mm.
Obv. National arms **Rev:** Basilica de Ocotlán at
left, state arms above Capilla Abierta, Plaza de
Toros Ranchero Aguilar below, Exconvento de San
Francisco at right **Series:** Second **Obv. Legend:**
ESTADOS UNIDOS MEXICANOS **Rev. Legend:**
ESTADO DE TLAXCALA **Edge:** Reeded

Date	Mintage	VF20	XF40	MS60	MS63	MS65
2007 Mo	6,000			PF65 65.00		

KM# 845   10 PESOS
31.10 g., 0.999 Silver, 0.999 oz. ASW 40mm.
Obv. National arms **Rev:** Pyramid of El Tajín
Series: Second **Obv. Legend:** ESTADOS UNIDOS
MEXICANOS **Rev. Legend:** • VERACRUZ • - • DE
IGNACIO DE LA LLAVE • **Edge:** Reeded

Date	Mintage	VF20	XF40	MS60	MS63	MS65
2007 Mo	6,000			PF65 65.00		

KM# 846   10 PESOS
31.10 g., 0.999 Silver, 0.999 oz. ASW 40mm. **Obv.**
National arms **Rev:** Stylized pyramid of Chichén-
Itzá **Series:** Second **Obv. Legend:** ESTADOS
UNIDOS MEXICANOS **Rev. Legend:** Castillo de
Chichén Itzá **Rev. Inscription:** YUCATÁN **Edge:**
Reeded

Date	Mintage	VF20	XF40	MS60	MS63	MS65
2007 Mo	6,000			PF65 65.00		

KM# 847   10 PESOS
31.10 g., 0.999 Silver, 0.999 oz. ASW 40mm. **Obv.**
National arms **Rev:** Cable car above Monumento
al Minero at left, Cathedral of Zacatecas at center
right **Series:** Second **Obv. Legend:** ESTADOS
UNIDOS MEXICANOS **Rev. Legend:** Zacatecas
Edge: Reeded

Date	Mintage	VF20	XF40	MS60	MS63	MS65
2007 Mo	6,000			PF65 65.00		

KM# 961   10 PESOS
31.10 g., 0.999 Silver, 0.99 oz. ASW 40mm.

Date	Mintage	F12	VF20	XF40	MS60	MS63
2010	—		PF63 100			

KM# 561   20 NUEVOS PESOS
16.92 g., Bi-Metallic 0.925 Silver (.250 oz. ASW)
center within Aluminum-Bronze ring, 31.86mm.
Obv. National arms **Rev:** Head of Hidalgo left
within wreath **Obv. Legend:** ESTADOS UNIDOS
MEXICANOS **Edge:** Reeded

Date	Mintage	VF20	XF40	MS60	MS63	MS65
1993 Mo	25,000,000	—	10.00	12.00	15.00	—
1994 Mo	5,000,000	—	10.00	12.00	15.00	—
1995 Mo	5,000,000	—	10.00	12.00	15.00	—

KM# 641   20 PESOS
6.22 g., 0.999 Gold, 0.1998 oz. AGW 21.9mm.
Subject: UNICEF **Obv.** National arms, eagle left
Rev: Child playing with lasso **Edge:** Reeded

Date	Mintage	VF20	XF40	MS60	MS63	MS65
1999 Mo	1,510			PF65 375		

KM# 637   20 PESOS
Bi-Metallic Copper-Nickel center within Brass ring,

32mm. **Subject:** Xiuhtecuhtli **Obv.** National arms, eagle left within circle **Rev:** Aztec with torch within spiked circle

Date	Mintage	VF20	XF40	MS60	MS63	MS65
2000 Mo	14,850,000	2.50	3.50	15.00	18.50	—
2001 Mo	2,478,000	2.50	3.50	16.00	18.00	—

KM# 638   20 PESOS
Bi-Metallic Copper-Nickel center within Brass ring, 32mm. **Subject:** Octavio Paz **Obv.** National arms, eagle left within circle **Rev:** Head 1/4 right within circle

Date	Mintage	VF20	XF40	MS60	MS63	MS65
2000 Mo	14,943,000	2.50	3.50	15.00	18.50	—
2001 Mo	2,515,000	2.50	3.50	16.00	18.50	—

KM# 704   20 PESOS
62.40 g., 0.999 Silver, 2.0042 oz. ASW 48.1mm. **Subject:** 400th Anniversary of Don Quijote de la Manchia **Obv.** National arms **Rev:** Skeletal figure horseback with spear galloping right **Edge:** Plain

Date	Mintage	VF20	XF40	MS60	MS63	MS65
ND-2005 Mo	3,605		PF65 85.00			

KM# 767   20 PESOS
62.40 g., 0.999 Silver, 2.0042 oz. ASW 48mm. **Subject:** 80th Anniversary - Bank of Mexico **Obv.** National arms **Rev:** 100 Peso banknote design of 1925

Date	Mintage	VF20	XF40	MS60	MS63	MS65
2005 Mo	—	—	—	—	75.00	80.00
2005 Mo	3,005		PF65 90.00			

KM# 969   20 PESOS
15.95 g., Bi-Metallic Copper-Nickel center in Aluminum-Bronze ring, 32mm. **Subject:** Armed Forces, 100th Anniversary **Obv.** National arms **Rev:** Silhouette of soldier with a helmet **Edge:** Segmented reeding

Date	Mintage	VF20	XF40	MS60	MS63
2013 Mo	Est. 4956000	—	—	3.50	4.00

KM# 970   20 PESOS
15.95 g., Bi-Metallic Copper-Nickel center in Aluminum-Bronze ring, 32mm. **Subject:** Belisario Dominguez Palencia, 150th Anniversary of Birth and 100th Anniversary of Death **Obv.** National arms **Rev:** Bust 1/4 right **Edge:** Segmented reeding

Date	Mintage	VF20	XF40	MS60	MS63	MS65
2013 Mo	Est. 985000	—	—	4.50	5.00	—

KM# 571   50 NUEVOS PESOS
34.11 g., Bi-Metallic 0.925 Silver .500 ASW center within Brass ring, 38.87mm. **Subject:** Nino Heroes **Obv.** National arms **Rev:** Six heads facing with date at upper right, all within circle and 1/2 wreath **Obv. Legend:** ESTADOS UNIDOS MEXICANOS **Edge:** Reeded

Date	Mintage	VF20	XF40	MS60	MS63	MS65
1993 Mo	2,000,000	—	18.00	25.00	32.50	—
1994 Mo	1,500,000	—	18.00	25.00	32.50	—
1995 Mo	1,500,000	—	18.00	25.00	32.50	—

KM# 688   100 PESOS
33.94 g., Bi-Metallic .925 Silver 16.812g center in Aluminum-Bronze ring, 39.04mm. **Subject:** 180th Anniversary of Federation **Obv.** National arms **Rev:** State arms **Series:** First **Obv. Legend:** ESTADOS UNIDOS MEXICANOS **Rev. Legend:** ESTADO DE ZACATECAS **Edge:** Segmented reeding

Date	Mintage	VF20	XF40	MS60	MS63	MS65
2003 Mo	244,900	—	—	40.00	50.00	—

KM# 689   100 PESOS
33.94 g., Bi-Metallic .925 Silver 16.812g center in
Aluminum-Bronze ring, 39.04mm. **Subject:** 180th
Anniversary of Federation **Obv.** National arms **Rev:**
State arms **Series:** First **Obv. Legend:** ESTADOS
UNIDOS MEXICANOS **Rev. Legend:** ESTADO DE
YUCATÁN **Edge:** Segmented reeding

Date	Mintage	VF20	XF40	MS60	MS63	MS65
2003 Mo	235,763	—	—	40.00	50.00	—

KM# 690   100 PESOS
33.94 g., Bi-Metallic .925 Silver 16.812g center in
Aluminum-Bronze ring, 39.04mm. **Subject:** 180th
Anniversary of Federation **Obv.** National arms **Rev:**
State arms **Series:** First **Obv. Legend:** ESTADOS
UNIDOS MEXICANOS **Rev. Legend:** ESTADO DE
VERACRUZ-LLAVE **Edge:** Segmented reeding

Date	Mintage	VF20	XF40	MS60	MS63	MS65
2003 Mo	248,810	—	—	40.00	50.00	—

KM# 691   100 PESOS
33.94 g., Bi-Metallic .925 Silver 16.812g center in
Aluminum-Bronze ring, 39.9mm. **Subject:** 180th
Anniversary of Federation **Obv.** National arms **Rev:**
State arms **Series:** First **Obv. Legend:** ESTADOS
UNIDOS MEXICANOS **Rev. Legend:** ESTADO DE
TLAXCALA **Edge:** Segmented reeding

Date	Mintage	VF20	XF40	MS60	MS63	MS65
2003 Mo	248,976	—	—	35.00	40.00	—

KM# 696   100 PESOS
29.17 g., Bi-Metallic .999 Gold 17.154g center in
.999 Silver 12.015g ring, 34.5mm. **Subject:** 180th
Anniversary of Federation **Obv.** National arms **Rev:**
State arms **Series:** First **Obv. Legend:** ESTADOS
UNIDOS MEXICANOS **Rev. Legend:** ESTADO DE
ZACATECAS **Edge:** Segmented reeding

Date	Mintage	VF20	XF40	MS60	MS63	MS65
2003 Mo	1,000		PF65 1,200			

KM# 697   100 PESOS
29.17 g., Bi-Metallic .999 Gold 17.154g center in
.999 Silver 12.015g ring, 34.5mm. **Subject:** 180th
Anniversary of Federation **Obv.** National arms **Rev:**
State arms **Series:** First **Obv. Legend:** ESTADOS
UNIDOS MEXICANOS **Rev. Legend:** ESTADO DE
YUCATÁN **Edge:** Segmented reeding

Date	Mintage	VF20	XF40	MS60	MS63	MS65
2003 Mo	1,000		PF65 1,200			

KM# 698   100 PESOS
29.17 g., Bi-Metallic .999 Gold 17.154g center in
.999 Silver 12.015g ring, 34.5mm. **Subject:** 180th
Anniversary of Federation **Obv.** National arms **Rev:**
State arms **Series:** First **Obv. Legend:** ESTADOS
UNIDOS MEXICANOS **Rev. Legend:** ESTADO DE
VERACRUZ-LLAVE **Edge:** Segmented reeding

Date	Mintage	VF20	XF40	MS60	MS63	MS65
2003 Mo	1,000		PF65 1,200			

KM# 699   100 PESOS
29.17 g., Bi-Metallic .999 Gold 17.154g center in
.999 Silver 12.015g ring, 34.5mm. **Subject:** 180th
Anniversary of Federation **Obv.** National arms **Rev:**
State arms **Series:** First **Obv. Legend:** ESTADOS
UNIDOS MEXICANOS **Rev. Legend:** ESTADO DE
TLAXCALA **Edge:** Segmented reeding

Date	Mintage	VF20	XF40	MS60	MS63	MS65
2003 Mo	1,000		PF65 1,200			

KM# 692   100 PESOS
33.94 g., Bi-Metallic .925 Silver 16.812g center in
Aluminum-Bronze ring, 39.04mm. **Subject:** 180th
Anniversay of Federation **Obv.** National arms **Rev:**
State arms **Series:** First **Obv. Legend:** ESTADOS
UNIDOS MEXICANOS **Rev. Legend:** ESTADO DE
TAMAULIPAS **Edge:** Segmented reeding

Date	Mintage	VF20	XF40	MS60	MS63	MS65
2004 Mo	249,398	—	—	35.00	40.00	—

ESTADOS UNIDOS

KM# 693   100 PESOS
33.94 g., Bi-Metallic .925 Silver 16.812g center in
Aluminum-Bronze ring, 39.04mm. **Subject:** 180th
Anniversary of Federation **Obv.** National arms **Rev:**
State arms **Series:** First **Obv. Legend:** ESTADOS
UNIDOS MEXICANOS **Rev. Legend:** ESTADO DE
TABASCO **Edge:** Segmented reeding

Date	Mintage	VF20	XF40	MS60	MS63	MS65
2004 Mo	249,318	—	—	35.00	40.00	—

KM# 694   100 PESOS
33.94 g., Bi-Metallic .925 Silver 16.812g center in
Aluminum-Bronze ring, 39.04mm. **Subject:** 180th
Anniversary of Federation **Obv.** National arms **Rev:**
State arms **Series:** First **Obv. Legend:** ESTADOS
UNIDOS MEXICANOS **Rev. Legend:** ESTADO DE
SONORA **Edge:** Segmented reeding

Date	Mintage	VF20	XF40	MS60	MS63	MS65
2004 Mo	249,300	—	—	35.00	40.00	—

KM# 695   100 PESOS
33.94 g., Bi-Metallic .925 Silver 16.812g center in
Aluminum-Bronze ring, 39.04mm. **Subject:** 180th

Anniversary of Federation **Obv.** National arms **Rev:**
State arms **Series:** First **Obv. Legend:** ESTADOS
UNIDOS MEXICANOS **Rev. Legend:** ESTADO DE
SINALOA **Edge:** Segmented reeding

Date	Mintage	VF20	XF40	MS60	MS63	MS65
2004 Mo	244,722	—	—	35.00	40.00	—

KM# 700   100 PESOS
29.17 g., Bi-Metallic .999 Gold 17.154g center in
.999 Silver 12.015g ring, 34.5mm. **Subject:** 180th
Anniversary of Federation **Obv.** National arms **Rev:**
State arms **Series:** First **Obv. Legend:** ESTADOS
UNIDOS MEXICANOS **Rev. Legend:** ESTADO DE
TAMAULIPAS **Edge:** Segmented reeding

Date	Mintage	VF20	XF40	MS60	MS63	MS65
2004 Mo	1,000		PF65 1,200			

KM# 701   100 PESOS
29.17 g., Bi-Metallic .999 Gold 17.154g center in
.999 Silver 12.015g ring, 34.5mm. **Subject:** 180th
Anniversary of Federation **Obv.** National arms **Rev:**
State arms **Series:** First **Obv. Legend:** ESTADOS
UNIDOS MEXICANOS **Rev. Legend:** ESTADO DE
TABASCO **Edge:** Segmented reeding

Date	Mintage	VF20	XF40	MS60	MS63	MS65
2004 Mo	1,000		PF65 1,200			

KM# 702   100 PESOS
29.17 g., Bi-Metallic .999 Gold 17.154g center in
.999 Silver 12.015g ring, 34.5mm. **Subject:** 180th
Anniversary of Federation **Obv.** National arms **Rev:**
State arms **Series:** First **Obv. Legend:** ESTADOS
UNIDOS MEXICANOS **Rev. Legend:** ESTADO DE
SONORA **Edge:** Segmented reeding

Date	Mintage	VF20	XF40	MS60	MS63	MS65
2004 Mo	1,000		PF65 1,200			

KM# 703   100 PESOS
29.17 g., Bi-Metallic .999 Gold 17.154g center in
.999 Silver 12.015g ring, 34.5mm. **Subject:** 180th
Anniversary of Federation **Obv.** National arms **Rev:**
State arms **Series:** First **Obv. Legend:** ESTADOS
UNIDOS MEXICANOS **Rev. Legend:** ESTADO DE
SINALOA **Edge:** Segmented reeding

Date	Mintage	VF20	XF40	MS60	MS63	MS65
2004 Mo	1,000		PF65 1,200			

KM# 803   100 PESOS
33.94 g., Bi-Metallic .925 Silver 16.812g center in
Aluminum-Bronze ring, 39.04mm. **Subject:** 180th
Anniversary of Federation **Obv.** National arms **Rev:**
State arms **Series:** First **Obv. Legend:** ESTADOS
UNIDOS MEXICANOS **Rev. Legend:** ESTADO DE
SAN LUIS POTOSÍ **Edge:** Segmented reeding

Date	Mintage	VF20	XF40	MS60	MS63	MS65
2004 Mo	249,662	—	—	35.00	40.00	—

KM# 804   100 PESOS
33.94 g., Bi-Metallic .925 Silver 16.812g center in
Aluminum-Bronze ring, 39.04mm. **Subject:** 180th
Anniversary of Federation **Obv.** National arms **Rev:**
State arms **Series:** First **Obv. Legend:** ESTADOS
UNIDOS MEXICANOS **Rev. Legend:** ESTADO DE
MICHOACÁN DE OCAMPO **Edge:** Segmented
reeding

Date	Mintage	VF20	XF40	MS60	MS63	MS65
2004 Mo	249,492	—	— 35.00	40.00	—

KM# 806   100 PESOS
29.17 g., Bi-Metallic .999 Gold 17.154g center in
.999 silver 12.015 ring, 34.5mm. **Subject:** 180th
Anniversary of Federation **Obv.** National arms **Rev:**
State arms **Series:** First **Obv. Legend:** ESTADOS
UNIDOS MEXICANOS **Rev. Legend:** ESTADO DE
SAN LUIS POTOSÍ **Edge:** Segmented reeding

Date	Mintage	VF20	XF40	MS60	MS63	MS65
2004 Mo	1,000		PF65 1,200		

KM# 807   100 PESOS
29.17 g., Bi-Metallic .999 Gold 17.154g center in
.999 Silver 12.015g ring, 34.5mm. **Subject:** 180th
Anniversary of Federation **Obv.** National arms **Rev:**
State arms **Series:** First **Obv. Legend:** ESTADOS
UNIDOS MEXICANOS **Rev. Legend:** ESTADO DE
QUINTANA ROO **Edge:** Segmented reeding

Date	Mintage	VF20	XF40	MS60	MS63	MS65
2004 Mo	1,000		PF65 1,200		

KM# 808   100 PESOS
29.17 g., Bi-Metallic .999 Gold 17.154g center in
.999 Silver 12.015g ring, 34.5mm. **Subject:** 180th
Anniversary of Federation **Obv.** National arms **Rev:**
State arms **Series:** First **Obv. Legend:** ESTADOS
UNIDOS MEXICANOS **Rev. Legend:** ESTADO
DE QUERÉTARO ARTEAGA **Edge:** Segmented
reeding

Date	Mintage	VF20	XF40	MS60	MS63	MS65
2004 Mo	1,000		PF65 1,200		

KM# 809   100 PESOS
29.17 g., Bi-Metallic .999 Gold 17.154g center in
.999 Silver 12.015g ring, 34.5mm. **Subject:** 180th
Anniversary of Federation **Obv.** National arms **Rev:**
State arms **Series:** First **Obv. Legend:** ESTADOS
UNIDOS MEXICANOS **Rev. Legend:** ESTADO DE
PUEBLA **Edge:** Segmented reeding

Date	Mintage	VF20	XF40	MS60	MS63	MS65
2004 Mo	1,000		PF65 1,200		

KM# 810   100 PESOS
29.17 g., Bi-Metallic .999 Gold 17.154g center in
.999 Silver 12.015g ring, 34.5mm. **Subject:** 180th
Anniversary of Federation **Obv.** National arms **Rev:**
State arms **Series:** First **Obv. Legend:** ESTADOS
UNIDOS MEXICANOS **Rev. Legend:** ESTADO DE
OAXACA **Edge:** Segmented reeding

Date	Mintage	VF20	XF40	MS60	MS63	MS65
2004 Mo	1,000		PF65 1,200		

KM# 811   100 PESOS
29.17 g., Bi-Metallic .999 Gold 17.154g center in
.999 Silver 12.015g ring, 34.5mm. **Subject:** 180th
Anniversary of Federation **Obv.** National arms **Rev:**
State arms **Series:** First **Obv. Legend:** ESTADOS
UNIDOS MEXICANOS **Rev. Legend:** ESTADO DE
NUEVO LEÓN **Edge:** Segmented reeding

Date	Mintage	VF20	XF40	MS60	MS63	MS65
2004 Mo	1,000		PF65 1,200		

KM# 812   100 PESOS
29.17 g., Bi-Metallic .999 Gold 17.154g center in
.999 Silver 12.015g ring, 34.5mm. **Subject:** 180th
Anniversary of Federation **Obv.** National arms **Rev:**
State arms **Series:** First **Obv. Legend:** ESTADOS
UNIDOS MEXICANOS **Rev. Legend:** ESTADO DE
NAYARIT **Edge:** Segmented reeding

Date	Mintage	VF20	XF40	MS60	MS63	MS65
2004 Mo	1,000		PF65 1,200		

KM# 813   100 PESOS
29.17 g., Bi-Metallic .999 Gold 17.154g center in
.999 Silver 12.015g ring, 34.5mm. **Subject:** 180th
Anniversary of Federation **Obv.** National arms **Rev:**
State arms **Series:** First **Obv. Legend:** ESTADOS
UNIDOS MEXICANOS **Rev. Legend:** ESTADO DE
MORELOS **Edge:** Segmented reeding

Date	Mintage	VF20	XF40	MS60	MS63	MS65
2004 Mo	1,000		PF65 1,200		

KM# 814   100 PESOS
29.17 g., Bi-Metallic .999 Gold 17.154g center
in .999 12.015g ring, 34.5mm. **Subject:** 180th
Anniversary of Federation **Obv.** National arms **Rev:**
State arms **Series:** First **Obv. Legend:** ESTADOS
UNIDOS MEXICANOS **Rev. Legend:** ESTADO DE
MICHOACÁN DE OCAMPO **Edge:** Segmented
reeding

Date	Mintage	VF20	XF40	MS60	MS63	MS65
2004 Mo	1,000		PF65 1,200		

KM# 815   100 PESOS
29.17 g., Bi-Metallic .999 Gold 17.154 center in
.999 Silver 12.015 ring, 34.5mm. **Subject:** 180th
Anniversary of Federation **Obv.** National arms **Rev:**
State arms **Series:** First **Obv. Legend:** ESTADOS
UNIDOS MEXICANOS **Rev. Legend:** ESTADO DE
MÉXICO **Edge:** Segmented reeding

Date	Mintage	VF20	XF40	MS60	MS63	MS65
2004 Mo	1,000		PF65 1,200		

KM# 816   100 PESOS
29.17 g., Bi-Metallic .999 Gold 17.154g center in
.999 Silver 12.015g ring, 34.5mm. **Subject:** 180th
Anniversary of Federation **Obv.** National arms **Rev:**
State arms **Series:** First **Obv. Legend:** ESTADOS
UNIDOS MEXICANOS **Rev. Legend:** ESTADO DE
JALISCO **Edge:** Segmented reeding

Date	Mintage	VF20	XF40	MS60	MS63	MS65
2004 Mo	1,000		PF65 1,200		

KM# 734   100 PESOS

33.94 g., Bi-Metallic .925 Silver 16.812g center in Aluminum-Bronze ring, 39.04mm. **Subject:** 180th Anniversary of Federation **Obv.** National arms **Rev:** State arms **Series:** First **Obv. Legend:** ESTADOS UNIDOS MEXICANOS **Rev. Legend:** ESTADO DE QUERÉTARO ARTEAGA **Edge:** Segmented reeding

Date	Mintage	VF20	XF40	MS60	MS63	MS65
2004 Mo	249,263	—	—	35.00	40.00	—

KM# 736 100 PESOS
33.94 g., Bi-Metallic .925 Silver 16.812g center in Aluminum-Bronze ring, 39.04mm. **Subject:** 180th Anniversary of Federation **Obv.** National arms **Rev:** State arms **Series:** First **Obv. Legend:** ESTADOS UNIDOS MEXICANOS **Rev. Legend:** ESTADO DE QUINTANA ROO **Edge:** Segmented reeding

Date	Mintage	VF20	XF40	MS60	MS63	MS65
2004 Mo	249,134	—	—	35.00	40.00	—

KM# 738 100 PESOS
33.94 g., Bi-Metallic .925 Silver 16.812g center in Aluminum-Bronze ring, 39.04mm. **Subject:** 180th Anniversary of Federation **Obv.** National arms **Rev:** State arms **Series:** First **Obv. Legend:** ESTADOS UNIDOS MEXICANOS **Rev. Legend:** ESTADO DE PUEBLA **Edge:** Segmented reeding

Date	Mintage	VF20	XF40	MS60	MS63	MS65
2004 Mo	248,850	—	—	35.00	40.00	—

KM# 740 100 PESOS
33.94 g., Bi-Metallic .925 Silver 16.812g center in Aluminum-Bronze ring, 39.04mm. **Subject:** 180th Anniversary of Federation **Obv.** National arms **Rev:** State arms **Series:** First **Obv. Legend:** ESTADOS UNIDOS MEXICANOS **Rev. Legend:** ESTADO DE OAXACA **Edge:** Segmented reeding

Date	Mintage	VF20	XF40	MS60	MS63	MS65
2004 Mo	249,589	—	—	35.00	40.00	—

KM# 742 100 PESOS
33.94 g., Bi-Metallic .925 Silver 16.812g center in Aluminum-Bronze ring, 39.04mm. **Subject:** 180th Anniversary of Federation **Obv.** National arms **Rev:** State arms **Series:** First **Obv. Legend:** ESTADOS UNIDOS MEXICANOS **Rev. Legend:** ESTADO DE NUEVO LEÓN **Edge:** Segmented reeding

Date	Mintage	VF20	XF40	MS60	MS63	MS65
2004 Mo	249,199	—	—	35.00	40.00	—

KM# 744 100 PESOS
33.94 g., Bi-Metallic .925 Silver 16.812g center in Aluminum-Bronze ring, 39.04mm. **Subject:** 180th Anniversary of Federation **Obv.** National arms **Rev:** State arms **Series:** First **Obv. Legend:** ESTADOS UNIDOS MEXICANOS **Rev. Legend:** ESTADO DE NAYARIT **Edge:** Segmented reeding

Date	Mintage	VF20	XF40	MS60	MS63	MS65
2004 Mo	248,305	—	—	35.00	40.00	—

KM# 746 100 PESOS
33.94 g., Bi-Metallic .925 Silver 16.812g center in Aluminum-Bronze ring, 39.04mm. **Subject:** 180th Anniversary of Federation **Obv.** National arms **Rev:** State arms **Series:** First **Obv. Legend:** ESTADOS UNIDOS MEXICANOS **Rev. Legend:** ESTADO DE MORELOS **Edge:** Segmented reeding

Date	Mintage	VF20	XF40	MS60	MS63	MS65
2004 Mo	249,260	—	—	35.00	40.00	—

KM# 748 100 PESOS
33.94 g., Bi-Metallic .925 Silver 16.812g center in Aluminum-Bronze ring, 39.04mm. **Subject:** 180th Anniversary of Federation **Obv.** National arms **Rev:** State arms **Series:** First **Obv. Legend:** ESTADOS UNIDOS MEXICANOS **Rev. Legend:** ESTADO DE MÉXICO **Edge:** Segmented reeding

Date	Mintage	VF20	XF40	MS60	MS63	MS65
2004 Mo	249,800	—	—	35.00	40.00	—

KM# 750 100 PESOS
33.94 g., Bi-Metallic .925 Silver 16.812g center in Aluminum-Bronze ring, 39.04mm. **Subject:** 180th Anniversary of Federation **Obv.** National arms **Rev:** State arms **Series:** First **Obv. Legend:** ESTADOS UNIDOS MEXICANOS **Rev. Legend:** ESTADO DE JALISCO **Edge:** Segmented reeding

Date	Mintage	VF20	XF40	MS60	MS63	MS65
2004 Mo	249,115	—	—	35.00	40.00	—

KM# 705 100 PESOS
33.74 g., Bi-Metallic .925 16.812g Silver center in Aluminum-Bronze ring, 39mm. **Subject:** 400th Anniversary of Don Quijote de la Manchia **Obv.** National arms **Rev:** Skeletal figure on horseback with spear galloping right **Obv. Legend:** ESTADOS UNIDOS MEXICANOS **Edge:** Segmented reeding

Date	Mintage	VF20	XF40	MS60	MS63
2005 Mo	726,833	—	—	25.00	32.00
2005 Mo Prooflike	3,761	—	—	—	75.00
2006 Mo Prooflike	5,201	—	—	—	60.00

KM# 730 100 PESOS
33.83 g., Bi-Metallic .925 Silver 16.812g center in Aluminum-Bronze ring, 39.9mm. **Subject:** Monetary Reform Centennial **Obv.** National arms **Rev:** Radiant Liberty Cap divides date above value within circle **Edge:** Segmented reeding

Date	Mintage	VF20	XF40	MS60	MS63	MS65
2005 Mo	49,716	—	—	40.00	45.00	—
2005 Mo	—	PF65 75.00				

KM# 731 100 PESOS
33.83 g., Bi-Metallic .925 Silver 16.812g center in Aluminum-Bronze ring, 39.9mm. **Subject:** Mexico City Mint's 470th Anniversary **Obv.** National arms **Rev:** Screw press, value and date within circle **Edge:** Segmented reeding

Date	Mintage	VF20	XF40	MS60	MS63	MS65
2005 Mo	49,895	—	—	40.00	45.00	—
2005 Mo	—		PF65 95.00				

KM# 732 100 PESOS
33.83 g., Bi-Metallic .925 Silver 16.812g center in Aluminum-Bronze ring, 39.9mm. **Subject:** Bank of Mexico's 80th Anniversary **Obv.** National arms **Rev:** Back design of the 1925 hundred peso note **Edge:** Segmented reeding

Date	Mintage	VF20	XF40	MS60	MS63	MS65
2005 Mo	49,712	—	—	40.00	45.00	—
2005 Mo	—		PF65 95.00				

KM# 712 100 PESOS
33.94 g., Bi-Metallic .925 Silver 16.812g center in Brass ring, 39.04mm. **Subject:** 180th Anniversary of Federation **Obv.** National arms **Rev:** State arms **Series:** First **Obv. Legend:** ESTADOS UNIDOS MEXICANOS **Rev. Legend:** ESTADO DE CHIAPAS **Edge:** Segmented reeding

Date	Mintage	VF20	XF40	MS60	MS63	MS65
2005 Mo	249,417	—	—	35.00	40.00	—

KM# 713 100 PESOS
33.94 g., Bi-Metallic .925 Silver 16.812g center in Brass ring, 39.04mm. **Subject:** 180th Anniversary of Federation **Obv.** National arms **Rev:** Federal District arms **Series:** First **Obv. Legend:** ESTADOS

UNIDOS MEXICANOS **Rev. Legend:** DISTRITO FEDERAL **Edge:** Segmented reeding

Date	Mintage	VF20	XF40	MS60	MS63	MS65
2005 Mo	249,461	—	—	35.00	40.00	—

KM# 714 100 PESOS
33.94 g., Bi-Metallic .925 Silver 16.812g center in Brass ring, 39.04mm. **Subject:** 180th Anniversary of Federation **Obv.** National arms **Rev:** State arms **Series:** First **Obv. Legend:** ESTADOS UNIDOS MEXICANOS **Rev. Legend:** ESTADO DE DURANGO **Edge:** Segmented reeding

Date	Mintage	VF20	XF40	MS60	MS63	MS65
2005 Mo	249,774	—	—	35.00	40.00	—

KM# 715 100 PESOS
33.94 g., Bi-Metallic .925 Silver 16.812g center in Brass ring, 39.04mm. **Subject:** 180th Anniversary of Federation **Obv.** National arms **Rev:** State arms **Series:** First **Obv. Legend:** ESTADOS UNIDOS MEXICANOS **Rev. Legend:** ESTADO DE GUANAJUATO **Edge:** Segmented reeding

Date	Mintage	VF20	XF40	MS60	MS63	MS65
2005 Mo	249,489	—	—	35.00	40.00	—

KM# 716 100 PESOS
33.94 g., Bi-Metallic .925 Silver 16.812g center in Brass ring, 39.04mm. **Subject:** 180th Anniversary of Federation **Obv.** National arms **Rev:** State

arms **Series:** First **Obv. Legend:** ESTADOS UNIDOS MEXICANOS **Rev. Legend:** ESTADO DE GUERRERO **Edge:** Segmented reeding

Date	Mintage	VF20	XF40	MS60	MS63	MS65
2005 Mo	248,850	—	—	35.00	40.00	—

KM# 717   100 PESOS
33.94 g., Bi-Metallic .925 Silver 16.812g center in Brass ring, 39.04mm. **Subject:** 180th Anniversary of Federation **Obv.** National arms **Rev:** State arms **Series:** First **Obv. Legend:** ESTADOS UNIDOS MEXICANOS **Rev. Legend:** ESTADO DE HIDALGO **Edge:** Segmented reeding

Date	Mintage	VF20	XF40	MS60	MS63	MS65
2005 Mo	249,820	—	—	35.00	40.00	—

KM# 721   100 PESOS
33.94 g., Bi-Metallic .925 Silver 16.812g center in Aluminum-Bronze ring, 39.04mm. **Subject:** 180th Anniversary of Federation **Obv.** National arms **Rev:** Estados de Aguascalientes state arms **Series:** First **Obv. Legend:** ESTADOS UNIDOS MEXICANOS **Rev. Legend:** ESTADO DE AGUASCALIENTES **Edge:** Segmented reeding

Date	Mintage	VF20	XF40	MS60	MS63	MS65
2005 Mo	248,410	—	—	35.00	40.00	—

KM# 723   100 PESOS

33.94 g., Bi-Metallic .925 Silver 16.812g center in Aluminum-Bronze ring, 39.04mm. **Subject:** 180th Anniversary of Federation **Obv.** National arms **Rev:** State arms **Series:** First **Obv. Legend:** ESTADOS UNIDOS MEXICANOS **Rev. Legend:** ESTADO DE BAJA CALIFORNIA **Edge:** Segmented reeding

Date	Mintage	VF20	XF40	MS60	MS63	MS65
2005 Mo	249,263	—	—	35.00	40.00	—

KM# 725   100 PESOS
33.94 g., Bi-Metallic .925 Silver 16.812g center in Aluminum-Bronze ring, 39.04mm. **Subject:** 180th Anniversary of Federation **Obv.** National arms **Rev:** State arms **Series:** First **Obv. Legend:** ESTADOS UNIDOS MEXICANOS **Rev. Legend:** ESTADO DE BAJA CALIFORNIA SUR **Edge:** Segmented reeding

Date	Mintage	VF20	XF40	MS60	MS63	MS65
2005 Mo	249,585	—	—	35.00	40.00	—

KM# 727   100 PESOS
33.94 g., Bi-Metallic .925 Silver 16.812g center in Aluminum-Bronze ring, 39.04mm. **Subject:** 180th Anniversary of Federation **Obv.** National arms **Rev:** State arms **Series:** First **Obv. Legend:** ESTADOS UNIDOS MEXICANOS **Rev. Legend:** ESTADO DE CAMPECHE **Edge:** Segmented reeding

Date	Mintage	VF20	XF40	MS60	MS63	MS65
2005 Mo	249,040	—	—	35.00	40.00	—

KM# 729   100 PESOS
33.83 g., Bi-Metallic .925 Silver 16.812g center in
Aluminum-Bronze ring, 39.04mm. **Subject:** 180th
Anniversary of Federation **Obv.** National arms **Rev:**
State arms **Series:** First **Obv. Legend:** ESTADOS
UNIDOS MEXICANOS **Rev. Legend:** ESTADO DE
COLIMA **Edge:** Segmented reeding

Date	Mintage	VF20	XF40	MS60	MS63	MS65
2005 Mo	248,850	—	—	35.00	40.00	—

KM# 752   100 PESOS
33.94 g., Bi-Metallic .925 Silver 16.812g center in
Aluminum-Bronze ring, 39.04mm. **Subject:** 180th
Anniversary of Federation **Obv.** National arms **Rev:**
State arms **Series:** First **Obv. Legend:** ESTADOS
UNIDOS MEXICANOS **Rev. Legend:** ESTADO DE
COAHUILA DE ZARAGOZA **Edge:** Segmented
reeding

Date	Mintage	VF20	XF40	MS60	MS63	MS65
2005 Mo	247,991	—	—	35.00	40.00	—

KM# 754   100 PESOS
33.94 g., Bi-Metallic .925 Silver 16.812g center in
Aluminum-Bronze ring, 39.04mm. **Subject:** 180th
Anniversary of Federation **Obv.** National arms **Rev:**
State arms **Series:** First **Obv. Legend:** ESTADOS
UNIDOS MEXICANOS **Rev. Legend:** ESTADO DE
CHIHUAHUA **Edge:** Segmented reeding

Date	Mintage	VF20	XF40	MS60	MS63	MS65
2005 Mo	249,102	—	—	35.00	40.00	—

KM# 719   100 PESOS
33.83 g., Bi-Metallic .925 Silver 16.812g center in
Aluminum-Bronze ring, 39.04mm. **Obv.** National
arms **Rev:** Facade of the San Marcos garden above
sculpture of national emblem at left, San Antonio
Temple at right **Series:** Second **Obv. Legend:**
ESTADOS UNIDOS MEXICANOS **Rev. Legend:**
AGUASCALIENTES **Edge:** Segmented reeding

Date	Mintage	VF20	XF40	MS60	MS63	MS65
2005 Mo	149,705	—	—	25.00	30.00	—

KM# 758   100 PESOS
33.94 g., Bi-Metallic .925 Silver 16.812g center in
Aluminum-Bronze ring, 39.04mm. **Obv.** National
arms **Rev:** Ram's head and value within circle
Series: Second **Obv. Legend:** ESTADOS UNIDOS
MEXICANOS **Rev. Legend:** BAJA CALIFORNIA
- GOBIERNO DEL ESTADO **Edge:** Segmented
reeding

Date	Mintage	VF20	XF40	MS60	MS63	MS65
2005 Mo	149,771	—	—	25.00	30.00	—

KM# 762   100 PESOS
33.94 g., Bi-Metallic .925 Silver 16.812g center in
Aluminum-Bronze ring, 39.04mm. **Obv.** National
arms **Rev:** Outlined map of peninsula at center,
cave painting of deer behind, cactus at right
Series: Second **Obv. Legend:** ESTADOS UNIDOS

MEXICANOS **Rev. Legend:** ESTADO DE BAJA CALIFORNIA SUR **Edge:** Segmented reeding

Date	Mintage	VF20	XF40	MS60	MS63	MS65
2005 Mo	149,152	—	—	25.00	30.00	—

KM# 817   100 PESOS
29.17 g., Bi-Metallic .999 Gold 17.154g center in .999 Silver 12.015g ring, 34.5mm. **Subject:** 180th Anniversary of Federation **Obv.** National arms **Rev:** State arms **Series:** First **Obv. Legend:** ESTADOS UNIDOS MEXICANOS **Rev. Legend:** ESTADO DE HIDALGO **Edge:** Segmented reeding

Date	Mintage	VF20	XF40	MS60	MS63	MS65
2005 Mo	1,000		PF65 1,200			

KM# 818   100 PESOS
29.17 g., Bi-Metallic .999 Gold 17.154g center in .999 Silver 12.015 ring, 34.5mm. **Subject:** 180th Anniversary of Federation **Obv.** National arms **Rev:** State arms **Series:** First **Obv. Legend:** ESTADOS UNIDOS MEXICANOS **Rev. Legend:** ESTADO DE GUERRERO **Edge:** Segmented reeding

Date	Mintage	VF20	XF40	MS60	MS63	MS65
2005 Mo	1,000		PF65 1,200			

KM# 819   100 PESOS
29.17 g., Bi-Metallic .999 Gold 17.154g center in .999 Silver 12.015g ring, 34.5mm. **Subject:** 180th Anniversary of Federation **Obv.** National arms **Rev:** State arms **Series:** First **Obv. Legend:** ESTADOS UNIDOS MEXICANOS **Rev. Legend:** ESTADO DE GUANAJUATO **Edge:** Segmented reeding

Date	Mintage	VF20	XF40	MS60	MS63	MS65
2005 Mo	1,000		PF65 1,200			

KM# 820   100 PESOS
29.17 g., Bi-Metallic .999 Gold 17.154g center in .999 silver 12.015g ring, 34.5mm. **Subject:** 180th Anniversary of Federation **Obv.** National arms **Rev:** State arms **Series:** First **Obv. Legend:** ESTADOS UNIDOS MEXICANOS **Rev. Legend:** ESTADO DE DURANGO **Edge:** Segmented reeding

Date	Mintage	VF20	XF40	MS60	MS63	MS65
2005 Mo	1,000		PF65 1,200			

KM# 821   100 PESOS
29.17 g., Bi-Metallic .999 Gold 17.154g center in .999 Silver 12.015g ring, 34.5mm. **Subject:** 180th Anniversary of Federation **Obv.** National arms **Rev:** Federal District arms **Series:** First **Obv. Legend:** ESTADOS UNIDOS MEXICANOS **Rev. Legend:** DISTRITO FEDERAL **Edge:** Segmented reeding

Date	Mintage	VF20	XF40	MS60	MS63	MS65
2005 Mo	1,000		PF65 1,200			

KM# 822   100 PESOS
29.17 g., Bi-Metallic .999 Gold 17.154g center in .999 Silver 12.015g ring, 34.5mm. **Subject:** 180th Anniversary of Federation **Obv.** National arms **Rev:** State arms **Series:** First **Obv. Legend:** ESTADOS UNIDOS MEXICANOS **Rev. Legend:** ESTADO DE CHIHUAHUA **Edge:** Segmented reeding

Date	Mintage	VF20	XF40	MS60	MS63	MS65
2005 Mo	1,000		PF65 1,200			

KM# 823   100 PESOS
29.17 g., Bi-Metallic .999 Gold 17.154g center in .999 Silver 12.015g ring, 34.5mm. **Subject:** 180th Anniversary of Federation **Obv.** National arms **Rev:** State arms **Series:** First **Obv. Legend:** ESTADOS UNIDOS MEXICANOS **Rev. Legend:** ESTADO DE CHIAPAS **Edge:** Segmented reeding

Date	Mintage	VF20	XF40	MS60	MS63	MS65
2005 Mo	1,000		PF65 1,200			

KM# 824   100 PESOS
29.17 g., Bi-Metallic .999 Gold 17.154g center in .999 Silver 12.015g ring, 34.5mm. **Subject:** 180th Anniversary of Federation **Obv.** National arms **Rev:**

State arms **Series:** First **Obv. Legend:** ESTADOS UNIDOS MEXICANOS **Rev. Legend:** ESTADO DE COLIMA **Edge:** Segmented reeding

Date	Mintage	VF20	XF40	MS60	MS63	MS65
2005 Mo	1,000		PF65 1,200			

KM# 825   100 PESOS
29.17 g., Bi-Metallic .999 Gold 17.154g center in .999 Silver 12.015g ring, 34.5mm. **Subject:** 180th Anniversary of Federation **Obv.** National arms **Rev:** State arms **Series:** First **Obv. Legend:** ESTADOS UNIDOS MEXICANOS **Rev. Legend:** ESTADO DE COAHUILA DE ZARAGOZA **Edge:** Segmented reeding

Date	Mintage	VF20	XF40	MS60	MS63	MS65
2005 Mo	1,000		PF65 1,200			

KM# 826   100 PESOS
29.17 g., Bi-Metallic .999 Gold 17.154g center in .999 Silver 12.015g ring, 34.5mm. **Subject:** 180th Anniversary of Federation **Obv.** National arms **Rev:** State arms **Series:** First **Obv. Legend:** ESTADOS UNIDOS MEXICANOS **Rev. Legend:** ESTADO DE CAMPECHE **Edge:** Segmented reeding

Date	Mintage	VF20	XF40	MS60	MS63	MS65
2005 Mo	1,000		PF65 1,200			

KM# 827   100 PESOS
29.17 g., Bi-Metallic .999 Gold 17.154g center in .999 Silver 12.015g ring, 34.5mm. **Subject:** 180th Anniversary of Federation **Obv.** National arms **Rev:** State arms **Series:** First **Obv. Legend:** ESTADOS UNIDOS MEXICANOS **Rev. Legend:** ESTADO DE BAJA CALIFORNIA SUR **Edge:** Segmented reeding

Date	Mintage	VF20	XF40	MS60	MS63	MS65
2005 Mo	1,000		PF65 1,200			

KM# 828   100 PESOS
29.17 g., Bi-Metallic .999 Gold 17.154g center in .999 Silver 12.015g ring, 34.5mm. **Subject:** 180th Anniversary of Federation **Obv.** National arms **Rev:** State arms **Series:** First **Obv. Legend:** ESTADOS UNIDOS MEXICANOS **Rev. Legend:** ESTADO DE BAJA CALIFORNIA **Edge:** Segmented reeding

Date	Mintage	VF20	XF40	MS60	MS63	MS65
2005 Mo	1,000		PF65 1,200			

KM# 829   100 PESOS
29.17 g., Bi-Metallic .999 Gold 17.154g center in .999 Silver 12.015g ring, 34.5mm. **Subject:** 180th Anniversary of Federation **Obv.** National arms **Rev:** State arms **Series:** First **Obv. Legend:** ESTADOS UNIDOS MEXICANOS **Rev. Legend:** ESTADO DE AGUASCALIENTES **Edge:** Segmented reeding

Date	Mintage	VF20	XF40	MS60	MS63	MS65
2005 Mo	1,000		PF65 1,200			

KM# 862   100 PESOS
29.17 g., Bi-Metallic .999 Gold 17.154g center in .999 Silver 12.015g ring, 34.5mm. **Obv.** National arms **Rev:** Facade of the San Marcos garden above sculpture of national emblem at left, San Antonio temple at right **Series:** Second **Obv. Legend:** ESTADOS UNIDOS MEXICANOS **Rev. Legend:** AGUASCALIENTES **Edge:** Segmented reeding

Date	Mintage	VF20	XF40	MS60	MS63	MS65
2005 Mo	600		PF65 1,200			

KM# 863   100 PESOS
29.17 g., Bi-Metallic .999 Gold 17.154g center in .999 Silver 12.015g ring, 34.5mm. **Obv.** National arms **Rev:** Ram's head, mountain outline in background **Series:** Second **Obv. Legend:** ESTTADOS UNIDOS MEXICANOS **Rev. Legend:** BAJA CALIFORNIA - GOBIERNO DEL ESTADO **Edge:** Segmented reeding

Date	Mintage	VF20	XF40	MS60	MS63	MS65
2005 Mo	600		PF65 1,200			

KM# 760   100 PESOS
33.94 g., Bi-Metallic .925 Silver 16.812g center
in Aluminum-Bronze ring, 39.04mm.   **Subject:**
Estado de Campeche **Obv.**   National arms **Rev:**
Jade mask - Calakmul, Campeche **Series:** Second
Obv. Legend: ESTADOS UNIDOS MEXICANOS
Rev. Legend: ESTADO DE CAMPECHE **Edge:**
Segmented reeding

Date	Mintage	VF20	XF40	MS60	MS63	MS65
2006 Mo	149,803	—	—	25.00	30.00	—

KM# 764   100 PESOS
33.70 g., Bi-Metallic .925 Silver 16.812g center in
Aluminum-Bronze ring, **Subject:** 200th Anniversary
Birth of Benito Juarez Garcia **Obv.**   National arms
Rev: Bust 1/4 left within circle

Date	Mintage	VF20	XF40	MS60	MS63	MS65
2006 Mo	49,913	—	—	40.00	45.00	—

KM# 773   100 PESOS
33.94 g., Bi-Metallic .925 Silver 16.812g center in
Aluminum-Bronze ring, 39.04mm.   **Obv.**   National
arms **Rev:** Head of Pakal, ancient Mayan king,
Palenque **Series:** Second **Obv. Legend:** ESTADOS
UNIDOS MEXICANOS **Rev. Legend:** ESTADO
DE CHIAPAS - CABEZA MAYA DEL REY PAKAL,
PALENQUE **Edge:** Segmented reeding

Date	Mintage	VF20	XF40	MS60	MS63	MS65
2006 Mo	149,491	—	—	25.00	30.00	—

KM# 775   100 PESOS
33.94 g., Bi-Metallic .925 Silver 16.812g center in
Aluminum-Bronze ring, 39.04mm.   **Obv.**   National
arms **Rev:** Angel of Liberty **Series:** Second **Obv.**
Legend: ESTADOS UNIDOS MEXICANOS **Rev.**
Legend: MÉXICO - ANGEL DE LA LIBERTAD,
CHIHUAHUA **Edge:** Segmented reeding

Date	Mintage	VF20	XF40	MS60	MS63	MS65
2006 Mo	149,557	—	—	25.00	30.00	—

KM# 777   100 PESOS
33.94 g., Bi-Metallic .925 Silver 16.812g center in
Aluminum-Bronze ring, 39.04mm.   **Obv.**   National
arms **Rev:** State arms at lower center, Nevado
de Colima and Volcan de Fuego volcanos in
background   **Series:**   Second   **Obv. Legend:**
ESTADOS UNIDOS MEXICANOS **Rev. Legend:**
Colima   **Rev. Inscription:** GENEROSO **Edge:**
Segmented reeding

Date	Mintage	VF20	XF40	MS60	MS63	MS65
2006 Mo	149,041	—	—	25.00	30.00	—

KM# 779   100 PESOS
33.94 g., Bi-Metallic .925 Silver 16.812g center in
Aluminum-Bronze ring, 39.04mm.   **Obv.**   National
arms **Rev:** National Palace **Series:** Second **Obv.**
Legend: ESTADOS   UNIDOS   MEXICANOS
Rev. Legend: DISTRITO FEDERAL - ANTIGUO

AYUNTAMIENTO **Edge:** Segmented reeding

Date	Mintage	VF20	XF40	MS60	MS63	MS65
2006 Mo	149,525	—	—	25.00	30.00	—

KM# 781 100 PESOS
33.70 g., Bi-Metallic .925 Silver 16.812g center in Aluminum-Bronze ring, 39.04mm. **Obv.** National arms **Rev:** Outlined map with turtle, mine cart above grapes at center, Friendship Dam above Christ of the Nodas at left, chimneys above crucibles and bell tower of Santiago's cathedral at right **Series:** Second **Obv. Legend:** ESTADOS UNIDOS MEXICANOS **Rev. Legend:** COAHUILA DE ZARAGOZA **Edge:** Segmented reeding

Date	Mintage	VF20	XF40	MS60	MS63	MS65
2006 Mo	149,560	—	—	25.00	30.00	—

KM# 785 100 PESOS
33.94 g., Bi-Metallic .925 Silver 16.812g center in Aluminum-Bronze ring, 39.04mm. **Obv.** National arms **Rev:** Four Monarch butterflies **Series:** Second **Obv. Legend:** ESTADOS UNIDOS MEXICANOS **Rev. Legend:** ESTADO DE MICHOACÁN **Edge:** Segmented reeding

Date	Mintage	VF20	XF40	MS60	MS63	MS65
2006 Mo	149,730	—	—	25.00	30.00	—

KM# 787 100 PESOS
33.94 g., Bi-Metallic .925 Silver 16.812g center in

Brass ring, 39.04mm. **Obv.** National arms **Rev:** Tree **Series:** Second **Obv. Legend:** ESTADOS UNIDOS MEXICANOS **Rev. Legend:** PRIMERA RESERVA NACIONAL FORESTAL - DURANGO **Edge:** Segmented reeding

Date	Mintage	VF20	XF40	MS60	MS63	MS65
2006 Mo	149,034	—	—	25.00	30.00	—

KM# 789 100 PESOS
33.94 g., Bi-Metallic .925 Silver 16.812g center in Brass ring, 39.04mm. **Obv.** National arms **Rev:** State arms at center, statue of Miguel Hidalgo at left, monument to Pipla at lower right **Series:** Second **Obv. Legend:** ESTADOS UNIDOS MEXICANOS **Rev. Inscription:** Guanajuato **Edge:** Segmented reeding

Date	Mintage	VF20	XF40	MS60	MS63	MS65
2006 Mo	149,921	—	—	25.00	30.00	—

KM# 791 100 PESOS
33.94 g., Bi-Metallic .925 Silver 16.812g center in Brass ring, 39.04mm. **Obv.** National arms **Rev:** Stylized portrait of Vicente Guerrero at left, church of Taxco at upper center, Acapulco's la Quebrada with diver above Christmas Eve flower and mask **Series:** Second **Obv. Legend:** ESTADOS UNIDOS MEXICANOS **Rev. Legend:** GUERRERO **Edge:** Segmented reeding

Date	Mintage	VF20	XF40	MS60	MS63	MS65
2006 Mo	149,675	—	—	25.00	30.00	—

KM# 793 100 PESOS
33.94 g., Bi-Metallic .925 Silver 16.812g center in Aluminum-Bronze ring, 39.04mm. **Obv.** National arms **Rev:** Monument of Pachuca Hidalgo **Series:** Second **Obv. Legend:** ESTADOS UNIDOS MEXICANOS **Rev. Inscription:** RELOJ / MONUMENTAL / DE / PACHUCA / HIDALGO - La / Bella / Airosa **Edge:** Segmented reeding

Date	Mintage	VF20	XF40	MS60	MS63	MS65
2006 Mo	149,273	—	—	25.00	30.00	—

KM# 795 100 PESOS
33.94 g., Bi-Metallic .925 Silver 16.812g center in Brass ring, 39.04mm. **Obv.** National arms **Rev:** Hospicio Cabañas orphanage **Series:** Second **Obv. Legend:** ESTADOS UNIDOS MEXICANOS **Rev. Legend:** ESTADO DE JALISCO **Edge:** Segmented reeding

Date	Mintage	VF20	XF40	MS60	MS63	MS65
2006 Mo	149,750	—	—	25.00	30.00	—

KM# 800 100 PESOS
33.94 g., Bi-Metallic .925 Silver 16.812g center in Aluminum-Bronze ring, 39.04mm. **Obv.** National arms **Rev:** 1/2 length figure of Chinelo (local dancer) at right, Palacio de Cortes in background **Series:** Second **Obv. Legend:** ESTADOS UNIDOS MEXICANOS **Rev. Inscription:** ESTADO DE / MORELOS **Edge:** Segmented reeding

Date	Mintage	VF20	XF40	MS60	MS63	MS65
2006 Mo	149,648	—	—	25.00	30.00	—

KM# 802 100 PESOS
33.94 g., Bi-Metallic .925 Silver 16.812g center in Aluminum-Bronze ring, 39.04mm. **Obv.** National arms **Rev:** Pyramid de la Loona (moon) **Series:** Second **Obv. Legend:** ESTADOS UNIDOS MEXICANOS **Rev. Legend:** ESTADO DE MÉXICO **Edge:** Segmented reeding

Date	Mintage	VF20	XF40	MS60	MS63	MS65
2006 Mo	149,377	—	—	25.00	30.00	—

KM# 864 100 PESOS
29.17 g., Bi-Metallic .999 Gold 17.154g center in .999 Silver 12.015g ring, 34.5mm. **Obv.** National arms **Rev:** Outlined map of peninsula at center, cave painting of deer behind, cactus at right **Series:** Second **Obv. Legend:** ESTADOS UNIDOS MEXICANOS **Rev. Legend:** ESTADO DE BAJA CALIFORNIA SUR **Edge:** Segmented reeding

Date	Mintage	VF20	XF40	MS60	MS63	MS65
2006 Mo	600		PF65 1,200			

KM# 865 100 PESOS
29.17 g., Bi-Metallic .999 Gold 17.154g center in .999 Silver 12.015g ring, 34.5mm. **Obv.** National arms **Rev:** Jade mask - Calakmul, Campeche **Series:** Second **Obv. Legend:** ESTADOS UNIDOS MEXICANOS **Rev. Legend:** ESTADO DE CAMPECHE **Edge:** Segmented reeding

Date	Mintage	VF20	XF40	MS60	MS63	MS65
2006 Mo	600		PF65 1,200			

KM# 866 100 PESOS
29.17 g., Bi-Metallic .999 Gold 17.154g center in .999 Silver 12.015g ring, 34.5mm. **Obv.** National arms **Rev:** Outlined map with turtle, mine cart above grapes at center, Friendship dam above Christ of the Nodas at left, chimneys above crucibles and bell tower of Santiago's cathedral at right **Series:** Second **Obv. Legend:** ESTADOS UNIDOS MEXICANOS **Rev. Inscription:** COAHUILA DE ZARAGOZA **Edge:** Segmented reeding

Date	Mintage	VF20	XF40	MS60	MS63	MS65
2006 Mo	600		PF65 1,200			

KM# 867 100 PESOS
29.17 g., Bi-Metallic .999 Gold 17.154g center in .999 Silver 12.015 ring, 34.5mm. **Obv.** National arms **Rev:** State arms at lower center, Nevado de Colima and Volcan de Fuego volcanos in background **Series:** Second **Obv. Legend:** ESTADOS UNIDOS MEXICANOS **Rev. Legend:** Colima **Rev. Inscription:** GENEROSO **Edge:** Segmented reeding

Date	Mintage	VF20	XF40	MS60	MS63	MS65
2006 Mo	600		PF65 1,200			

KM# 868 100 PESOS
29.17 g., Bi-Metallic .999 Gold 17.154g center in .999 Silver 12.015g ring, 34.5mm. **Obv.** National arms **Rev:** Head of Pakal, ancient Mayan king, Palenque **Series:** Second **Obv. Legend:** ESTADOS UNIDOS MEXICANOS **Rev. Legend:** ESTADO DE CHIAPAS - CABEZA MAYA DEL REY PAKAL, PALENQUE **Edge:** Segmented reeding

Date	Mintage	VF20	XF40	MS60	MS63	MS65
2006 Mo	600		PF65 1,200			

KM# 869 100 PESOS
29.17 g., Bi-Metallic .999 Gold 17.154g center in .999 Silver 12.015g ring, 34.5mm. **Obv.** National arms **Rev:** Angel of Liberty **Series:** Second **Obv. Legend:** ESTADOS UNIDOS MEXICANOS **Rev. Legend:** MÉXICO - ANGEL DE LA LIBERTAD, CHIHUAHUA **Edge:** Segmented reeding

Date	Mintage	VF20	XF40	MS60	MS63	MS65
2006 Mo	600		PF65 1,200			

ESTADOS UNIDOS

KM# 870 100 PESOS
29.17 g., Bi-Metallic .999 Gold 17.154g center in .999 Silver 12.015g ring, 34.5mm. **Obv.** National arms **Rev:** National palace **Series:** Second **Obv. Legend:** ESTADOS UNIDOS MEXICANOS **Rev. Legend:** DISTRITO FEDERAL - ANTIGUO AYUNTAMIENTO **Edge:** Segmented reeding

Date	Mintage	VF20	XF40	MS60	MS63	MS65
2006 Mo	600		PF65 1,200			

KM# 871 100 PESOS
29.17 g., Bi-Metallic .999 Gold 17.154g center in .999 Silver 12.015g ring, 34.5mm. **Obv.** National arms **Rev:** Tree **Series:** Second **Obv. Legend:** ESYADOS UNIDOS MEXICANOS **Rev. Legend:** PRIMERA RESERVA NACIONAL RORESTAL - DURANGO **Edge:** Segmented reeding

Date	Mintage	VF20	XF40	MS60	MS63	MS65
2006 Mo	600		PF65 1,200			

KM# 872 100 PESOS
29.17 g., Bi-Metallic .999 Gold 17.154g center in .999 Silver 12.015g ring, 34.50mm. **Obv.** National arms **Rev:** State arms at lower center, statue of Miguel Hidalgo at left, monument to Pipila at lower right **Series:** Second **Obv. Legend:** ESTADOS UNIDOS MEXICANOS **Rev. Inscription:** Guanajauto **Edge:** Segmented reeding

Date	Mintage	VF20	XF40	MS60	MS63	MS65
2006 Mo	600		PF65 1,200			

KM# 873 100 PESOS
29.17 g., Bi-Metallic .999 Gold 17.154g center in .999 Silver 12.015g ring, 34.5mm. **Obv.** National arms **Rev:** Stylized portrait of Vicente Guerrero at left, church of Taxco at upper center, Acapulco's la Quebrada with diver over Christmas Eve flower and mask **Series:** Second **Obv. Legend:** ESTADOS UNIDOS MEXICANOS **Rev. Legend:** GUERRERO **Edge:** Segmented reeding

Date	Mintage	VF20	XF40	MS60	MS63	MS65
2006 Mo	600		PF65 1,200			

KM# 874 100 PESOS
29.17 g., Bi-Metallic .999 Gold 17.154g center in .999 Silver 12.015g ring, 34.5mm. **Obv.** National arms **Rev:** Monument of Pachuca Hidalgo **Series:** Second **Obv. Legend:** ESTADOS UNIDOS MEXICANOS **Rev. Inscription:** RELOJ / MONUMENTAL / DE / PACHUCA / HIDALGO **Edge:** Segmented reeding

Date	Mintage	VF20	XF40	MS60	MS63	MS65
2006 Mo	600		PF65 1,200			

KM# 875 100 PESOS
29.17 g., Bi-Metallic .999 Gold 17.154g center in .999 Silver 12.015g ring, 34.5mm. **Obv.** National arms **Rev:** Hospicio Cabañas orphanage **Series:** Second **Obv. Legend:** ESTADOS UNIDOS MEXICANOS **Rev. Legend:** ESTADO DE JALISCO **Edge:** Segmented reeding

Date	Mintage	VF20	XF40	MS60	MS63	MS65
2006 Mo	600		PF65 1,200			

KM# 876 100 PESOS
29.17 g., Bi-Metallic .999 Gold 17.154g center in .999 Silver 12.015g ring, 34.5mm. **Obv.** National arms **Rev:** Pyramid de la Looona (moon) **Series:** Second **Obv. Legend:** ESTADOS UNIDOS MEXICANOS **Rev. Legend:** ESTADO DE MÉXICO **Edge:** Segmented reeding

Date	Mintage	VF20	XF40	MS60	MS63	MS65
2006 Mo	600		PF65 1,200			

KM# 877 100 PESOS
29.17 g., Bi-Metallic .999 Gold 17.154g center in .999 Silver 12.015g ring, 34.5mm. **Obv.** National arms **Rev:** Four Monarch butterflies **Series:** Second **Obv. Legend:** ESTADOS UNIDOS MEXICANOS

Rev. Legend: ESTADO DE MICHOACÁN **Edge:** Segmented reeding

Date	Mintage	VF20	XF40	MS60	MS63	MS65
2006 Mo	600		PF65 1,200			

KM# 878 100 PESOS
29.17 g., Bi-Metallic .999 Gold 17.154g center in .999 Silver 12.015g ring, 34.5mm. **Obv.** National arms **Rev:** 1/2 length figure of Chinelo (local dancer) at right, Palacio de Cortes in background **Series:** Second **Obv. Legend:** ESTADOS UNIDOS MEXICANOS **Rev. Inscription:** ESTADO DE / MORELOS **Edge:** Segmented reeding

Date	Mintage	VF20	XF40	MS60	MS63	MS65
2006 Mo	600		PF65 1,200			

KM# 798 100 PESOS
33.94 g., Bi-Metallic .925 Silver 16.812g center in Aluminum-Bronze ring, 39.04mm. **Obv.** National arms **Rev:** Isle de Mexcaltitlán **Series:** Second **Obv. Legend:** ESTADOS UNIDOS MEXICANOS **Rev. Legend:** ESTADO DE NAYARIT **Edge:** Segmented reeding

Date	Mintage	VF20	XF40	MS60	MS63	MS65
2007 Mo	149,560	—	—	25.00	30.00	—

KM# 848 100 PESOS
33.94 g., Bi-Metallic .925 Silver 20.1753 center in Aluminum-Bronze ring, 39.04mm. **Obv.** National arms **Rev:** Old foundry in Parque Fundidora (public park) at right, Cerro de la Silla (Saddle Hill) in background **Series:** Second **Obv. Legend:** ESTADOS UNIDOS MEXICANOE **Rev. Legend:** ESTADO DE NUEVO LÉON **Edge:** Segmented reeding

Date	Mintage	VF20	XF40	MS60	MS63	MS65
2007 Mo	149,425	—	—	25.00	30.00	—

KM# 849 100 PESOS
33.94 g., Bi-Metallic .925 Silver 20.1753g center in Aluminum-Bronze ring, 39.04mm. **Obv.** National arms **Rev:** Teatro Macedonio Alcala (theater) **Series:** Second **Obv. Legend:** ESTADOS UNIDOS MEXICANOS **Rev. Legend:** OAXACA **Edge:** Segmented reeding

Date	Mintage	VF20	XF40	MS60	MS63	MS65
2007 Mo	149,892	—	—	25.00	30.00	—

KM# 850 100 PESOS
33.94 g., Bi-Metallic .925 Silver 20.1753g center in Aluminum-Bronze ring, 39.04mm. **Obv.** National arms **Rev:** Talavera porcelain dish **Series:** Second **Obv. Legend:** ESTADOS UNIDOS MEXICANOS **Rev. Legend:** ESTADO DE PUEBLA **Edge:** Segmented reeding

Date	Mintage	VF20	XF40	MS60	MS63	MS65
2007 Mo	149,474	—	—	25.00	30.00	—

KM# 851 100 PESOS
33.94 g., Bi-Metallic .925 Silver 20.1753g center in Aluminum-Bronze ring, 39.04mm. **Obv.** National arms **Rev:** Mask at left, rays above state arms at center, Mayan ruins at right **Series:** Second **Obv. Legend:** ESTADOS UNIDOS MEXICANOS **Rev. Legend:** QUINTANA ROO **Edge:** Segmented reeding

Date	Mintage	VF20	XF40	MS60	MS63	MS65
2007 Mo	149,582	—	—	25.00	30.00	—

KM# 852 100 PESOS
33.94 g., Bi-Metallic .925 Silver 20.1753 center in Aluminum-Bronze ring, 39.04mm. **Obv.** National arms **Rev:** Aqueduct of Querétaro at left, church of Santa Rosa de Viterbo at right **Series:** Second **Obv. Legend:** ESTADOS UNIDOS MEXICANOS **Rev. Legend:** ESTADO DE QUERÉTARO ARTEAGA **Edge:** Segmented reeding

Date	Mintage	VF20	XF40	MS60	MS63	MS65
2007 Mo	149,127	—	—	25.00	30.00	—

KM# 853 100 PESOS
33.94 g., Bi-Metallic .925 Silver 20.1753g center in Aluminum-Bronze ring, 39.04mm. **Obv.** National arms **Rev:** Facade of Caja Real **Series:** Second **Obv. Legend:** ESTADOS UNIDOS MEXICANOS **Rev. Legend:** • SAN LUIS POTOSÍ • **Edge:** Segmented reeding

Date	Mintage	VF20	XF40	MS60	MS63	MS65
2007 Mo	148,750	—	—	25.00	30.00	—

KM# 854 100 PESOS
33.94 g., Bi-Metallic .925 Silver 20.1753g center in Aluminum-Bronze ring, 39.04mm. **Obv.** National arms **Rev:** Shield on pile of cactus fruits **Series:** Second **Obv. Legend:** ESTADOS UNIDOS MEXICANOS **Rev. Legend:** ESTADO DE SINALOA - LUGAR DE PITAHAYAS **Edge:** Segmented reeding

Date	Mintage	VF20	XF40	MS60	MS63	MS65
2007 Mo	149,032	—	—	25.00	30.00	—

KM# 855 100 PESOS
33.94 g., Bi-Metallic .925 Silver 20.1753g center in
Aluminum-Bronze ring, 39.04mm. **Obv.** National
arms **Rev:** Local in Dance of the Deer at left, cactus
at right, mountains in background **Series:** Second
Obv. Legend: ESTADOS UNIDOS MEXICANOS
Rev. Legend: ESTADO DE SONORA **Edge:**
Segmented reeding

Date	Mintage	VF20	XF40	MS60	MS63	MS65
2007 Mo	149,891	—	—	25.00	30.00	—

KM# 856 100 PESOS
33.94 g., Bi-Metallic .925 Silver 20.1753 center in
Aluminum-Bronze ring, 39.04mm. **Obv.** National
arms **Rev:** Fuente de los Pescadores (fisherman
fountain) at lower left, giant head from the Olmec-
pre-Hispanic culture at right, Planetario Tabasco
in background **Series:** Second **Obv. Legend:**
ESTADOS UNIDOS MEXICANOS **Rev. Legend:**
TABASCO **Edge:** Segmented reeding

Date	Mintage	VF20	XF40	MS60	MS63	MS65
2007 Mo	149,715	—	—	25.00	30.00	—

KM# 857 100 PESOS
33.94 g., Bi-Metallic .925 Silver 20.1753g center in
Aluminum-Bronze ring, 39.04mm. **Obv.** National
arms **Rev:** Ridge - Cerro Del Bermal, Gonzáles
Series: Second **Obv. Legend:** ESTADOS UNIDOS
MEXICANOS **Rev. Legend:** TAMAULIPAS **Edge:**

Segmented reeding

Date	Mintage	VF20	XF40	MS60	MS63	MS65
2007 Mo	149,776	—	—	25.00	30.00	—

KM# 858 100 PESOS
33.94 g., Bi-Metallic .925 Silver 20.1753g center in
Aluminum-Bronze ring, 39.04mm. **Obv.** National
arms **Rev:** Basilica de Ocotlán at left, state arms
above Capilla Abierta, Plaza de Toros Ranchero
Aguilar below, Exconvento de San Francisco at
right **Series:** Second **Obv. Legend:** ESTADOS
UNIDOS MEXICANOS **Rev. Legend:** ESTADO DE
TLAXCALA **Edge:** Segmented reeding

Date	Mintage	VF20	XF40	MS60	MS63	MS65
2007 Mo	149,465	—	—	25.00	30.00	—

KM# 859 100 PESOS
33.94 g., Bi-Metallic .912 Silver 20.1753g center in
Aluminum-Bronze ring, 39.04mm. **Obv.** National
arms **Rev:** Pyramid of El Tajín **Series:** Second **Obv.
Legend:** ESTADOS UNIDOS MEXICANOS **Rev.
Legend:** • VERACRUZ • - • DE IGNACIO DE LA
LLAVE • **Edge:** Segmented reeding

Date	Mintage	VF20	XF40	MS60	MS63	MS65
2007 Mo	149,703	—	—	25.00	30.00	—

KM# 860 100 PESOS
33.94 g., Bi-Metallic .925 Silver 20.1753 center in
Aluminum-Bronze ring, 39.04mm. **Obv.** National
arms **Rev:** Stylized pyramid of Chichén Itzá

Series: Second **Obv. Legend:** ESTADOS UNIDOS MEXICANOS **Rev. Legend:** Castillo de Chichén Itzá **Edge:** Segmented reeding

Date	Mintage	VF20	XF40	MS60	MS63	MS65
2007 Mo	149,579	—	—	25.00	30.00	—

KM# 861   100 PESOS
33.94 g., Bi-Metallic .925 Silver 20.1753g center in Aluminum-Bronze ring, 39.04mm. **Obv.** National arms **Rev:** Cable car above Monumento al Minero at left, Cathedral de Zacatecas at center right **Series:** Second **Obv. Legend:** ESTADOS UNIDOS MEXICANOS **Rev. Legend:** ZACATECAS **Edge:** Segmented reeding

Date	Mintage	VF20	XF40	MS60	MS63	MS65
2007 Mo	148,833	—	—	25.00	30.00	—

KM# 879   100 PESOS
29.17 g., Bi-Metallic .999 Gold 17.154g center in .999 12.015g ring, 34.5mm. **Obv.** National arms **Rev:** Isle de Mexcaltitlán **Series:** Second **Obv. Legend:** ESTADOS UNIDOS MEXICANOS **Rev. Legend:** ESTADO DE NAYARIT **Edge:** Segmented reeding

Date	Mintage	VF20	XF40	MS60	MS63	MS65
2007 Mo	600	PF65 1,200				

KM# 880   100 PESOS
29.17 g., Bi-Metallic .999 Gold 17.154g center in .999 Silver 12.015g ring, 34.5mm. **Obv.** National arms **Rev:** Old foundry in Parque Fundidora (public park) at right, Cerro de la Silla (Saddle hill) in background **Series:** Second **Obv. Legend:** ESTADOS UNIDOS MEXICANOS **Rev. Legend:** ESTADO DE NUEVO LEÓN **Edge:** Segmented reeding

Date	Mintage	VF20	XF40	MS60	MS63	MS65
2007 Mo	600	PF65 1,200				

KM# 881   100 PESOS
29.17 g., Bi-Metallic .999 Gold 17.154g center in .999 Silver 12.015g ring, 34.50mm. **Obv.** National arms **Rev:** Teatro Macedonio Alcala (theater) **Series:** Second **Obv. Legend:** ESTADOS UNIDOS MEXICANOS **Rev. Legend:** OAXACA **Edge:** Segmented reeding

Date	Mintage	VF20	XF40	MS60	MS63	MS65
2007 Mo	600	PF65 1,200				

KM# 882   100 PESOS
29.17 g., Bi-Metallic .999 Gold 17.154g center in .999 Silver 12.015g ring, 34.5mm. **Obv.** National arms **Rev:** Talavera porcelain dish **Series:** Second **Obv. Legend:** ESTADOS UNIDOS MEXICANOS **Rev. Legend:** ESTADO DE PUEBLA **Edge:** Segmented reeding

Date	Mintage	VF20	XF40	MS60	MS63	MS65
2007 Mo	600	PF65 1,200				

KM# 883   100 PESOS
29.17 g., Bi-Metallic .999 Gold 17.154g center in .999 Silver 12.015g ring, 34.5mm. **Obv.** National arms **Rev:** Mask at left, rays above state arms at center, Mayan ruins at right **Series:** Second **Obv. Legend:** ESTADOS UNIDOS MEXICANOS **Rev. Legend:** QUINTANA ROO **Edge:** Segmented reeding

Date	Mintage	VF20	XF40	MS60	MS63	MS65
2007 Mo	600	PF65 1,200				

KM# 884   100 PESOS
29.17 g., Bi-Metallic .999 Gold 17.154g center in .999 Silver 12.015g ring, 34.5mm. **Obv.** National arms **Rev:** Aqueduct of Querétaro at left, church of Santa Rosa de Viterbo at right **Series:** Second **Obv. Legend:** ESTADOS UNIDOS MEXICANOS **Rev. Legend:** ESTADO DE QUERÉTARO ARTEAGA **Edge:** Segmented reeding

Date	Mintage	VF20	XF40	MS60	MS63	MS65
2007 Mo	600	PF65 1,200				

KM# 885   100 PESOS
29.17 g., Bi-Metallic .999 Gold 17.154g center in .999 Silver 12.015 ring, 34.5mm. **Obv.** National arms **Rev:** Facade of Caja Real **Series:** Second **Obv. Legend:** ESTADOS UNIDOS MEXICANOS **Rev. Legend:** • SAN LUIS POTOSÍ • **Edge:** Segmented reeding

Date	Mintage	VF20	XF40	MS60	MS63	MS65
2007 Mo	600	PF65 1,200				

KM# 886   100 PESOS
29.17 g., Bi-Metallic .999 Gold 17.154 center in .999 Silver 12.015g ring, 34.5mm. **Obv.** National arms **Rev:** Shield on pile of cactus fruits **Series:** Second **Obv. Legend:** ESTADOS UNIDOS MEXICANOS **Rev. Legend:** ESTADO DE SINALOA - LUGAR DE PITAHAYES **Edge:** Segmented reeding

Date	Mintage	VF20	XF40	MS60	MS63	MS65
2007 Mo	600	PF65 1,200				

KM# 887   100 PESOS
29.17 g., Bi-Metallic .999 Gold 17.154g center in .999 Silver 12.015g ring, 34.5mm. **Obv.** National arms **Rev:** Local in Dance of the Deer at left, cactus at right, mountains in background **Series:** Second **Obv. Legend:** ESTADOS UNIDOS MEXICANOS **Rev. Legend:** ESTADO DE SONORA **Edge:** Segmented reeding

Date	Mintage	VF20	XF40	MS60	MS63	MS65
2007 Mo	600	PF65 1,200				

KM# 888   100 PESOS
29.17 g., Bi-Metallic .999 Gold 17.154g center in .999 Silver 12.015g ring, 34.5mm. **Obv.** National arms **Rev:** Fuente de los Pescadores (fisherman fountain) at lower left, giant head from the Olmec-pre-Hispanic culture at right, Planetario Tabasco in background **Series:** Second **Obv. Legend:** ESTADOS UNIDOS MEXICANOS **Rev. Legend:** TABASCO **Edge:** Segmented reeding

Date	Mintage	VF20	XF40	MS60	MS63	MS65
2007 Mo	600	PF65 1,200				

KM# 889   100 PESOS
29.17 g., Bi-Metallic .999 Gold 17.154g center in .999 Silver 12.015g ring, 34.5mm. **Obv.** National arms **Rev:** Ridge - Cerro Del Bernal, Gonzáles **Series:** Second **Obv. Legend:** ESTADOS DE MEXICANOS **Rev. Legend:** TAMAULIPAS **Edge:** Segmented reeding

Date	Mintage	VF20	XF40	MS60	MS63	MS65
2007 Mo	600	PF65 1,200				

KM# 890   100 PESOS
29.17 g., Bi-Metallic .999 Gold 17.154g center in .999 Silver 12.015g ring, 34.5mm. **Obv.** National arms **Rev:** Basilica de Ocotlán at left, state arms

above Capilla Abierta, Plaza de Toros Ranchero Aguilar below, Exconvento de San Francisco at right **Series:** Second **Obv. Legend:** ESTADOS UNIDOS MEXICANOS **Rev. Legend:** ESTADO DE TLAXCALA **Edge:** Segmented reeding

Date	Mintage	VF20	XF40	MS60	MS63	MS65
2007 Mo	600				PF65	1,200

KM# 891   100 PESOS
29.17 g., Bi-Metallic .999 Gold 17.154g center in .999 Silver 12.015g ring, 34.5mm. **Obv.** National arms **Rev:** Pyramid of El Tajin **Series:** Second **Obv. Legend:** ESTADOS UNIDOS MEXICANOS **Rev. Legend:** • VERACRUZ • - • DE IGNACIO DE LA LLAVE • **Edge:** Segmented reeding

Date	Mintage	VF20	XF40	MS60	MS63	MS65
2007 Mo	600				PF65	1,200

KM# 892   100 PESOS
29.17 g., Bi-Metallic .999 Gold 17.154g center in .999 Silver 12.015g ring, 34.5mm. **Obv.** National arms **Rev:** Stylized pyramid of Chichén-Itzá **Series:** Second **Obv. Legend:** ESTADOS UNIDOS MEXICANOS **Rev. Inscription:** YUCATÁN **Edge:** Segmented reeding

Date	Mintage	VF20	XF40	MS60	MS63	MS65
2007 Mo	600				PF65	1,200

KM# 893   100 PESOS
29.17 g., Bi-Metallic .999 Gold 17.154g center in .999 Silver 12.015g ring, 34.5mm. **Obv.** National arms **Rev:** Cable car above Monumento al Minero at left, Cathedral de Zacatecas at center right **Series:** Second **Obv. Legend:** ESTADOS UNIDOS MEXICANOS **Rev. Legend:** Zacatecas **Edge:** Segmented reeding

Date	Mintage	VF20	XF40	MS60	MS63	MS65
2007 Mo	600				PF65	1,200

KM# 963   100 PESOS
33.97 g., Bi-Metallic .925 Silver 0.500 oz. ASW center in Aluminum-Bronze ring, 39mm. **Subject:** Numismatic Heritage of Mexico **Obv.** National arms **Rev:** Obverse of 1804Mo 8 Reale coin with chopmarks **Edge:** Segmented reeding

Date	Mintage	VF20	XF40	MS60	MS63
2012 Mo Prooflike	8,000	—	—	—	40.00

KM# 964   100 PESOS
Bi-Metallic 33.97 g., .925 Silver 0.500 oz., ASW center in Aluminum-Bronze ring, 39mm. **Subject:** Numismatic Heritage of Mexico **Obv.** National arms **Rev:** 1608Mo 8 Reales Cob coin of Philip III **Edge:** Segmented reeding

Date	Mintage	VF20	XF40	MS60	MS63
2012 Mo Prooflike	8,000	—	—	—	40.00

KM# 965   100 PESOS
33.97 g., Bi-Metallic .925 Silver 0.500 oz. ASW center in Aluminum-Bronze ring, 39mm. **Subject:** Numismatic Heritage of Mexico **Obv.** National arms **Rev:** 1811Zs 8 Reale Royalist Provisional Coin **Edge:** Segmented reeding

Date	Mintage	VF20	XF40	MS60	MS63
2012 Mo Prooflike	8,000	—	—	—	40.00

KM# 966   100 PESOS
33.97 g., Bi-Metallic .925 Silver 0.500 oz., ASW center in Aluminum-Bronze ring, 39mm. **Subject:** Numismatic Heritage of Mexico **Obv.** National arms **Rev:** 1866Mo 1 Peso coin **Edge:** Segmented reeding

Date	Mintage	VF20	XF40	MS60	MS63
2012 Mo Prooflike	8,000	—	—	—	40.00

KM# 967   100 PESOS
33.97 g., Bi-Metallic .925 Silver 0.500 oz., ASW center in Aluminum-Bronze ring, 39mm. **Subject:** Numismatic Heritage of Mexico **Obv.** National arms **Rev:** 1828Mo 8 Escudo coin **Edge:** Segmented reeding

Date	Mintage	VF20	XF40	MS60	MS63
2012 Mo Prooflike	8,000	—	—	—	40.00

KM# 968   100 PESOS
33.97 g., Bi-Metallic .925 Silver 0.500 oz., ASW center in Aluminum-Bronze ring, 39mm. **Subject:** Numismatic Heritage of Mexico **Obv.** National arms **Rev:** 1950Mo 5 Peso Southeast Railway Inauguration coin **Edge:** Segmented reeding

Date	Mintage	VF20	XF40	MS60	MS63
2012 Mo Prooflike	8,000	—	—	—	40.00

KM# 971   100 PESOS
33.97 g., Bi-Metallic .925 Silver 0.500 oz., ASW center in Aluminum-Bronze ring, 39mm. **Subject:** Numismatic Heritage of Mexico **Obv.** National arms **Rev:** 1915Gro. 2 Peso Zapatista coin from Suriana **Edge:** Segmented reeding

Date	Mintage	VF20	XF40	MS60	MS63
2013 Mo Prooflike	8,000	—	—	—	40.00

KM# 972   100 PESOS
33.97 g., Bi-Metallic .925 Silver 0.500 oz. ASW center in Aluminum-Bronze ring, 39mm. **Subject:** Numismatic Heritage of Mexico **Obv.** National arms **Rev:** Early MoR Charles and Joanna 3 Reale coin **Edge:** Segmented reeding

Date	Mintage	VF20	XF40	MS60	MS63
2013 Mo Prooflike	8,000	—	—	—	40.00

KM# 973   100 PESOS
33.97 g., Bi-Metallic .925 Silver 0.500 oz. ASW center in Aluminum-Bronze ring, 39mm. **Subject:** Numismatic Heritage of Mexico **Obv.** National arms **Rev:** Zs 1 Peso Scale of Justice coin

Date	Mintage	VF20	XF40	MS60	MS63
2013 Mo Prooflike	8,000	—	—	—	40.00

KM# 974   100 PESOS
33.97 g., Bi-Metallic .925 Silver 0.500 oz. ASW center in Aluminum-Bronze ring, 39mm. **Subject:** Numismatic Heritage of Mexico **Obv.** National arms **Rev:** Ca M.M. 8 Reale Republican coin with counterstamp **Edge:** Segmented reeding

Date	Mintage	VF20	XF40	MS60	MS63
2013 Mo Prooflike	8,000	—	—	—	40.00

KM# 975   100 PESOS
33.97 g., Bi-Metallic .925 Silver 0.500 oz. ASW center in Aluminum-Bronze ring, 39mm. **Subject:** Numismatic Heritage of Mexico **Obv.** National arms **Rev:** 1811 8 Reale insurgent coin of the Supreme American Governing Board **Edge:** Segmented reeding

Date	Mintage	VF20	XF40	MS60	MS63
2013 Mo Prooflike	8,000	—	—	—	40.00

KM# 976   100 PESOS
33.97 g., Bi-Metallic .925 Silver 0.500 oz. ASW center in Aluminum-Bronze ring, 39mm. **Subject:** Numismatic Heritage of Mexico **Obv.** National arms **Rev:** 1822Mo 8 Escudo **Edge:** Segmented reeding

Date	Mintage	VF20	XF40	MS60	MS63
2013 Mo Prooflike	8,000	—	—	—	40.00

KM# 771   50000 PESOS
7.77 g., 0.999 Gold, 0.25 oz. AGW 23mm. **Obv.** Mexican Eagle and Snake **Rev:** Kneeling Mayan Pelota player and soccer ball **Mint:** Mexico City

Date	Mintage	F12	VF20	XF40	MS60	MS63
2006Mo	9,505		PF63	600		

SILVER BULLION COINAGE

KM# 921   100 PESOS
1000.00 g., 0.999 Silver, 32.1186 oz. ASW 110mm.
Obv. National arms in center of past and present
arms **Rev:** Aztec Calendar **Edge:** Plain

Date	Mintage	VF20	XF40	MS60	MS63
2007 Mo Prooflike	303	—	—	—	1,800
2008 Mo Prooflike	1,000	—	—	—	1,500
2009 Mo Prooflike	1,500	—	—	—	1,200
2010 Mo Prooflike	1,500	—	—	—	1,200
2011 Mo Prooflike	1,500	—	—	—	1,200
2012 Mo Prooflike	1,500	—	—	—	1,200
2013 Mo Prooflike	500	—	—	—	1,500

KM# 542   1/20 ONZA (1/20 TROY OUNCE OF SILVER)
1.56 g., 0.999 Silver, 0.0499 oz. ASW 16mm. **Obv.**
National arms, eagle left **Rev:** Winged Victory

Date	Mintage	VF20	XF40	MS60	MS63	MS65
1991 Mo	50,017	—	—	—	5.50	—
1992 Mo	295,783	—	—	—	4.50	—
1992 Mo	5,000	PF63 10.00				
1993 Mo	100,000	—	—	—	4.50	—
1993 Mo	5,002	PF63 10.00				
1994 Mo	90,100	—	—	—	4.50	—
1994 Mo	5,002	PF63 10.00				
1995 Mo	50,000	—	—	—	5.50	—
1995 Mo	2,000	PF63 12.00				

KM# 609   1/20 ONZA (1/20 TROY OUNCE OF SILVER)
1.56 g., 0.999 Silver, 0.0499 oz. ASW 16mm. **Obv.**
National arms, eagle left **Rev:** Winged Victory

Date	Mintage	VF20	XF40	MS60	MS63	MS65
1996 Mo	50,000	—	—	—	20.00	—
1996 Mo	1,000	PF63 30.00				
1997 Mo	20,000	—	—	—	20.00	—
1997 Mo	800	PF63 30.00				
1998 Mo	6,400	—	—	—	30.00	—
1998 Mo	300	PF63 37.00				
1999 Mo	8,001	—	—	—	25.00	—
1999 Mo	600	PF63 33.00				
2000 Mo	57,500	—	—	—	25.00	—
2000 Mo	900	PF63 33.00				
2001 Mo	4,500	—	—	—	25.00	—
2001 Mo	1,500	PF63 30.00				
2002 Mo	50,000	—	—	—	16.00	—
2002 Mo	2,800	PF63 25.00				
2003 Mo	30,000	—	—	—	16.00	—
2003 Mo	4,400	PF63 25.00				
2004 Mo	30,000	—	—	—	16.00	—
2014 Mo	5,700	—	—	—	8.00	—
2004 Mo	2,700	PF63 25.00				
2005 Mo	15,000	—	—	—	16.00	—
2005 Mo	2,600	PF63 25.00				
2006 Mo	20,000	—	—	—	16.00	—
2006 Mo	3,300	PF63 25.00				
2007 Mo	3,500	—	—	—	16.00	—

Date	Mintage	VF20	XF40	MS60	MS63	MS65
2007 Mo	4,000	PF63 25.00				
2008 Mo	7,000	—	—	—	16.00	—
2008 Mo	3,300	PF63 25.00				
2009 Mo	10,000	—	—	—	10.00	—
2009 Mo	5,000	PF63 12.00				
2010 Mo	12,000	—	—	—	10.00	—
2010 Mo	10,000	PF63 12.00				
2011 Mo	15,000	—	—	—	10.00	—
2011 Mo	10,000	PF63 12.00				
2013 Mo	13,500	—	—	—	8.00	—
2013 Mo	4,200	PF63 12.00				
2014 Mo	5,700	—	—	—	8.00	—
2014 Mo	1,850	PF63 12.00				

KM# 543   1/10 ONZA (1/10 TROY OUNCE OF SILVER)
3.11 g., 0.999 Silver, 0.0999 oz. ASW 20mm. **Obv.**
National arms, eagle left **Rev:** Winged Victory

Date	Mintage	VF20	XF40	MS60	MS63	MS65
1991 Mo	50,017	—	—	—	7.50	—
1992 Mo	299,983	—	—	—	6.50	—
1992 Mo	5,000	PF63 12.00				
1993 Mo	100,000	—	—	—	6.50	—
1993 Mo	5,002	PF63 12.00				
1994 Mo	90,100	—	—	—	6.50	—
1994 Mo	5,002	PF63 12.00				
1995 Mo	50,000	—	—	—	7.50	—
1995 Mo	2,000	PF63 13.50				

KM# 610   1/10 ONZA (1/10 TROY OUNCE OF SILVER)
3.11 g., 0.999 Silver, 0.0999 oz. ASW 20mm. **Obv.**
National arms, eagle left **Rev:** Winged Victory

Date	Mintage	VF20	XF40	MS60	MS63	MS65
1996 Mo	50,000	—	—	—	25.00	—
1996 Mo	1,000	PF63 35.00				
1997 Mo	20,000	—	—	—	25.00	—
1997 Mo	800	PF63 35.00				
1998 Mo	6,400	—	—	—	33.00	—
1998 Mo	300	PF63 45.00				
1999 Mo	8,000	—	—	—	27.50	—
1999 Mo	600	PF63 40.00				
2000 Mo	27,500	—	—	—	27.50	—
2000 Mo	1,000	PF63 40.00				
2001 Mo	25,000	—	—	—	27.50	—
2001 Mo	1,500	PF63 36.00				
2002 Mo	35,000	—	—	—	20.00	—
2002 Mo	2,800	PF63 30.00				
2003 Mo	20,000	—	—	—	20.00	—
2003 Mo	4,900	PF63 30.00				
2004 Mo	15,000	—	—	—	20.00	—
2004 Mo	2,500	PF63 30.00				
2005 Mo	9,277	—	—	—	20.00	—
2005 Mo	3,000	PF63 27.50				
2006 Mo	15,000	—	—	—	20.00	—
2006 Mo	3,000	PF63 27.50				

Date	Mintage	VF20	XF40	MS60	MS63	MS65
2007 Mo	3,500	—	—	—	20.00	—
2007 Mo	4,000	PF63 27.50				
2008 Mo	10,000	—	—	—	20.00	—
2008 Mo	5,000	PF63 27.50				
2009 Mo	10,000	—	—	—	20.00	—
2009 Mo	5,000	PF63 27.50				
2010 Mo	12,000	—	—	—	12.00	—
2010 Mo	10,000	PF63 15.00				
2011 Mo	15,000	—	—	—	12.00	—
2011 Mo	10,000	PF63 15.00				
2012 Mo	3,300	—	—	—	15.00	—
2013 Mo	18,900	—	—	—	10.00	—
2013 Mo	4,100	PF63 15.00				
2014 Mo	6,350	—	—	—	10.00	—
2014 Mo	1,950	PF63 15.00				

Date	Mintage	VF20	XF40	MS60	MS63	MS65
2003 Mo	3,900	PF63 40.00				
2004 Mo	15,000	—	—	—	27.50	—
2004 Mo	2,500	PF63 40.00				
2005 Mo	15,000	—	—	—	27.50	—
2005 Mo	2,400	PF63 37.00				
2006 Mo	15,000	—	—	—	25.00	—
2006 Mo	2,900	PF63 37.00				
2007 Mo	3,500	—	—	—	25.00	—
2007 Mo	3,000	PF63 37.00				
2008 Mo	9,000	—	—	—	25.00	—
2008 Mo	2,900	PF63 37.00				
2009 Mo	10,000	—	—	—	25.00	—
2009 Mo	3,000	PF63 37.00				
2010 Mo	15,500	—	—	—	25.00	—
2010 Mo	5,000	PF63 37.00				
2011 Mo	15,500	—	—	—	25.00	—
2011 Mo	5,000	PF63 37.00				
2012 Mo	16,700	—	—	—	25.00	—
2013 Mo	9,600	—	—	—	12.00	—
2013 Mo	3,200	PF63 30.00				
2014 Mo	6,950	—	—	—	12.00	—
2014 Mo	1,700	PF63 30.00				

KM# 544 1/4 ONZA (1/4 TROY OUNCE OF SILVER)
7.78 g., 0.999 Silver, 0.2497 oz. ASW 25mm. **Obv.** National arms, eagle left **Rev:** Winged Victory

Date	Mintage	VF20	XF40	MS60	MS63	MS65
1991 Mo	50,017	—	—	—	11.50	—
1992 Mo	104,000	—	—	—	10.00	—
1992 Mo	5,000	PF63 16.50				
1993 Mo	90,500	—	—	—	10.00	—
1993 Mo	5,002	PF63 16.50				
1994 Mo	90,100	—	—	—	10.00	—
1994 Mo	5,002	PF63 16.50				
1995 Mo	50,000	—	—	—	11.50	—
1995 Mo	2,000	PF63 17.50				

KM# 611 1/4 ONZA (1/4 TROY OUNCE OF SILVER)
7.78 g., 0.999 Silver, 0.2497 oz. ASW 27mm. **Obv.** National arms, eagle left **Rev:** Winged Victory

Date	Mintage	VF20	XF40	MS60	MS63	MS65
1996 Mo	50,000	—	—	—	32.00	—
1996 Mo	1,000	PF63 40.00				
1997 Mo	20,000	—	—	—	32.00	—
1997 Mo	800	PF63 40.00				
1998 Mo	6,400	—	—	—	40.00	—
1998 Mo	300	PF63 65.00				
1999 Mo	7,000	—	—	—	36.00	—
1999 Mo	600	PF63 50.00				
2000 Mo	21,000	—	—	—	36.00	—
2000 Mo	700	PF63 50.00				
2001 Mo	25,000	—	—	—	36.00	—
2001 Mo	1,000	PF63 44.00				
2002 Mo	35,000	—	—	—	27.50	—
2002 Mo	2,800	PF63 40.00				
2003 Mo	22,000	—	—	—	27.50	—

KM# 545 1/2 ONZA (1/2 TROY OUNCE OF SILVER)
15.55 g., 0.999 Silver, 0.4995 oz. ASW 30mm. **Obv.** National arms, eagle left **Rev:** Winged Victory

Date	Mintage	VF20	XF40	MS60	MS63	MS65
1991 Mo	50,618	—	—	—	24.00	—
1992 Mo	119,000	—	—	—	22.00	—
1992 Mo	5,000	PF63 27.00				
1993 Mo	90,500	—	—	—	22.00	—
1993 Mo	5,002	PF63 27.00				
1994 Mo	90,100	—	—	—	22.00	—
1994 Mo	5,002	PF63 27.00				
1995 Mo	50,000	—	—	—	22.00	—
1995 Mo	2,000	PF63 28.00				

KM# 612 1/2 ONZA (1/2 TROY OUNCE OF SILVER)
15.55 g., 0.999 Silver, 0.4995 oz. ASW 33mm. **Obv.** National arms, eagle left **Rev:** Winged Victory

Date	Mintage	VF20	XF40	MS60	MS63	MS65
1996 Mo	50,000	—	—	—	40.00	—
1996 Mo	1,000	PF63 60.00				
1997 Mo	20,000	—	—	—	40.00	—
1997 Mo	800	PF63 60.00				

Date	Mintage	VF20	XF40	MS60	MS63	MS65
1998 Mo	6,400	—	—	—	60.00	—
1998 Mo	2,500	PF63 90.00				
1999 Mo	2,000	—	—	—	45.00	—
1999 Mo	7,000	PF63 70.00				
2000 Mo	20,000	—	—	—	45.00	—
2000 Mo	700	PF63 70.00				
2001 Mo	20,000	—	—	—	45.00	—
2001 Mo	1,000	PF63 60.00				
2002 Mo	35,000	—	—	—	37.00	—
2002 Mo	2,800	PF63 50.00				
2003 Mo	28,000	—	—	—	37.00	—
2003 Mo	3,400	PF63 50.00				
2004 Mo	20,000	—	—	—	37.00	—
2004 Mo	2,500	PF63 50.00				
2005 Mo	10,000	—	—	—	37.00	—
2005 Mo	2,800	PF63 45.00				
2006 Mo	15,000	—	—	—	37.00	—
2006 Mo	2,900	PF63 45.00				
2007 Mo	3,500	—	—	—	37.00	—
2007 Mo	1,500	PF63 45.00				
2008 Mo	9,000	—	—	—	37.00	—
2008 Mo	2,500	PF63 45.00				
2009 Mo	10,000	—	—	—	37.00	—
2009 Mo	3,000	PF63 45.00				
2010 Mo	20,000	—	—	—	37.00	—
2010 Mo	5,000	PF63 45.00				
2011 Mo	30,000	—	—	—	37.00	—
2011 Mo	5,000	PF63 45.00				
2012 Mo	17,000	—	—	—	37.00	—
2013 Mo	24,500	—	—	—	20.00	—
2013 Mo	3,000	PF60 45.00				

KM# 494.1 ONZA (TROY OUNCE OF SILVER)
31.10 g., 0.999 Silver, 0.9989 oz. ASW 36mm.
Subject: Libertad **Obv.** National arms, eagle left
Rev: Winged Victory **Edge:** Plain

Date	Mintage	VF20	XF40	MS60	MS63	MS65
1982 Mo	1,049,680	—	—	—	35.00	—
1983 Mo	1,001,768	—	—	—	35.00	—
1983 Mo	998	PF63 600				
1984 Mo	1,014,000	—	—	—	32.00	—
1985 Mo	2,017,000	—	—	—	32.00	—
1986 Mo	1,699,426	—	—	—	35.00	—
1986 Mo	30,006	PF63 45.00				
1987 Mo	500,000	—	—	—	70.00	—
1987 Mo Doubled die	Inc. above	—	—	—	70.00	—
1987 Mo	12,000	PF63 60.00				
1988 Mo	1,500,500	—	—	—	80.00	—
1989 Mo	1,396,500	—	—	—	45.00	—
1989 Mo	10,000	PF63 95.00				

KM# 494.2 ONZA (TROY OUNCE OF SILVER)
31.10 g., 0.999 Silver, 0.9989 oz. ASW 36mm.
Obv. National arms, eagle left **Rev:** Winged Victory
Edge: Reeded

Date	Mintage	VF20	XF40	MS60	MS63	MS65
1988 Mo	10,000	PF63 105				
1990 Mo	1,200,000	—	—	—	60.00	—
1990 Mo	10,000	PF63 90.00				
1991 Mo	1,650,518	—	—	—	52.00	—

KM# 494.5 ONZA (TROY OUNCE OF SILVER)
31.10 g., 0.999 Silver, 0.9989 oz. ASW **Subject:**
Libertad **Obv.** National arms, eagle left, KM#494.3
Rev: Winged Victory, KM#494.2 **Edge:** Reeded
Note: Mule

Date	Mintage	VF20	XF40	MS60	MS63	MS65
1991 Mo	10,000	PF63 85.00				

KM# 494.3 ONZA (TROY OUNCE OF SILVER)
31.10 g., 0.999 Silver, 0.9989 oz. ASW 36mm.
Subject: Libertad **Obv.** National arms, eight dots
below eagle's left talons **Rev:** Winged Victory with
revised design and lettering **Edge:** Reeded

Date	Mintage	VF20	XF40	MS60	MS63	MS65
1991 Mo	Inc. above	—	—	—	50.00	—
1991 Mo	10,000	PF63 85.00				
1992 Mo	2,458,000	—	—	—	50.00	—
1992 Mo	10,000	PF63 85.00				

KM# 494.4 ONZA (TROY OUNCE OF SILVER)
31.10 g., 0.999 Silver, 0.9989 oz. ASW 36mm.
Subject: Libertad **Obv.** National arms, Seven dots
below eagle's left talon, dull claws on right talon,
thick lettering **Rev:** Winged Victory with revised
design and lettering **Edge:** Reeded

Date	Mintage	VF20	XF40	MS60	MS63	MS65
1993 Mo	1,000,000	—	—	—	45.00	—
1993 Mo	5,002	PF63 90.00				
1994 Mo	400,000	—	—	—	45.00	—
1994 Mo	5,002	PF63 85.00				
1995 Mo	500,000	—	—	—	45.00	—
1995 Mo	2,000	PF63 85.00				

KM# 613   ONZA (TROY OUNCE OF SILVER)
31.11 g., 0.999 Silver, 0.999 oz. ASW 40mm. **Obv.** National arms, eagle left **Rev:** Winged Victory

Date	Mintage	VF20	XF40	MS60	MS63	MS65
1996 Mo	300,000	—	—	—	48.00	—
1996 Mo	2,000	PF63 90.00				
1997 Mo	100,000	—	—	—	80.00	—
1997 Mo	1,500	PF63 70.00				
1998 Mo	67,000	—	—	—	135	—
1998 Mo	500	PF63 205				
1999 Mo	95,000	—	—	—	140	—
1999 Mo	600	PF63 95.00				

KM# 639   ONZA (TROY OUNCE OF SILVER)
31.10 g., 0.999 Silver, 0.9989 oz. ASW 40mm. **Subject:** Libertad **Obv.** National arms, eagle left within center of past and present arms **Rev:** Winged Victory **Edge:** Reeded

Date	Mintage	VF20	XF40	MS60	MS63	MS65
2000 Mo	340,000	—	—	—	55.00	—
2000 Mo	1,600	PF63 140				
2001 Mo	725,000	—	—	—	55.00	—
2001 Mo	2,000	PF63 140				
2002 Mo	854,000	—	—	—	55.00	—
2002 Mo	3,800	PF63 150				
2003 Mo	805,000	—	—	—	60.00	—
2003 Mo	5,400	PF63 130				
2004 Mo	450,000	—	—	—	50.00	—
2004 Mo	3,000	PF63 130				
2005 Mo	698,281	—	—	—	50.00	—
2005 Mo	3,300	PF63 150				
2006 Mo	300,000	—	—	—	50.00	—
2006 Mo	4,000	PF63 140				
2007 Mo	200,000	—	—	—	100	—
2007 Mo	5,800	PF63 150				
2008 Mo	950,000	—	—	—	60.00	—
2008 Mo	11,000	PF63 150				
2009 Mo	1,650,000	—	—	—	40.00	—
2009 Mo	10,000	PF63 100				
2010 Mo	1,000,000	—	—	—	50.00	—
2010 Mo	10,000	PF63 140				

Date	Mintage	VF20	XF40	MS60	MS63	MS65
2011 Mo	1,200,000	—	—	—	30.00	—
2011 Mo	10,000	PF63 80.00				
2012 Mo	746,400	—	—	—	30.00	—
2012 Mo	4,200	PF63 80.00				
2013 Mo	774,100	—	—	—	30.00	—
2013 Mo	9,100	PF63 40.00				
2014 Mo	429,200	—	—	—	30.00	—
2014 Mo	11,700	PF63 40.00				

KM# 614   2 ONZAS (2 TROY OUNCES OF SILVER)
62.21 g., 0.999 Silver, 1.998 oz. ASW 48mm. **Subject:** Libertad **Obv.** National arms, eagle left within center of past and present arms **Rev:** Winged Victory **Edge:** Reeded

Date	Mintage	VF20	XF40	MS60	MS63	MS65
1996 Mo	50,000	—	—	—	90.00	—
1996 Mo	1,200	PF63 275				
1997 Mo	15,000	—	—	—	100	—
1997 Mo	1,300	PF63 150				
1998 Mo	7,000	—	—	—	100	—
1998 Mo	400	PF63 450				
1999 Mo	5,000	—	—	—	110	—
1999 Mo	280	PF63 7,100				
2000 Mo	7,500	—	—	—	100	—
2000 Mo	500	PF63 300				
2001 Mo	6,700	—	—	—	120	—
2001 Mo	500	PF63 300				
2002 Mo	8,700	—	—	—	110	—
2002 Mo	1,000	PF63 225				
2003 Mo	9,500	—	—	—	110	—
2003 Mo	800	PF63 225				
2004 Mo	8,000	—	—	—	100	—
2004 Mo	1,000	PF63 175				
2005 Mo	3,549	—	—	—	100	—
2005 Mo	600	PF63 500				
2006 Mo	5,800	—	—	—	100	—
2006 Mo	1,100	PF63 175				
2007 Mo	8,000	—	—	—	100	—
2007 Mo	500	PF63 250				
2008 Mo	17,000	—	—	—	110	—
2008 Mo	1,000	PF63 170				
2009 Mo	46,000	—	—	—	90.00	—
2009 Mo	6,200	PF63 100				
2010 Mo	14,000	—	—	—	75.00	—
2010 Mo	1,300	PF63 120				
2011 Mo	14,000	—	—	—	110	—

Date	Mintage	VF20	XF40	MS60	MS63	MS65
2011 Mo	1,000	PF63 140				
2012 Mo	18,600	—	—	—	70.00	—
2013 Mo	17,400	—	—	—	60.00	—
2013 Mo	1,300	PF63 110				
2014 Mo	9,000	—	—	—	60.00	—
2014 Mo	750	PF63 110				

KM# 615 5 ONZAS (5 TROY OUNCES OF SILVER)
155.52 g., 0.999 Silver, 4.995 oz. ASW 65mm.
Subject: Libertad **Obv.** National arms, eagle left within center of past and present arms **Rev:** Winged Victory **Edge:** Reeded **Note:** Illustration reduced.

Date	Mintage	VF20	XF40	MS60	MS63	MS65
1996 Mo	20,000	—	—	—	265	—
1996 Mo	1,200	PF63 295				
1997 Mo	10,000	—	—	—	265	—
1997 Mo	1,300	PF63 295				
1998 Mo	3,500	—	—	—	325	—
1998 Mo	400	PF63 1,000				
1999 Mo	2,800	—	—	—	255	—
1999 Mo	100	PF63 1,250				
2000 Mo	4,000	—	—	—	255	—
2000 Mo	500	PF63 375				
2001 Mo	4,000	—	—	—	190	—
2001 Mo	600	PF63 325				
2002 Mo	5,200	—	—	—	190	—
2002 Mo	1,000	PF63 325				
2003 Mo	6,000	—	—	—	180	—
2003 Mo	1,500	PF63 250				
2004 Mo	3,923	—	—	—	180	—
2004 Mo	800	PF63 225				
2005 Mo	2,401	—	—	—	205	—
2005 Mo	1,000	PF63 225				
2006 Mo	3,000	—	—	—	180	—
2006 Mo	700	PF63 265				
2007 Mo	3,000	—	—	—	180	—
2007 Mo	500	PF63 205				
2008 Mo	9,000	—	—	—	205	—
2008 Mo	900	PF63 270				

Date	Mintage	VF20	XF40	MS60	MS63	MS65
2009 Mo	21,000	—	—	—	250	—
2009 Mo	5,000	PF63 270				
2010 Mo	9,500	—	—	—	220	—
2010 Mo	2,000	PF63 230				
2011 Mo	10,000	—	—	—	220	—
2011 Mo	2,000	PF63 230				
2012 Mo	9,500	—	—	—	220	—
2013 Mo	10,400	—	—	—	150	—
2013 Mo	1,600	PF63 220				
2014 Mo	6,400	—	—	—	150	—
2014 Mo	800	PF63 220				

KM# 677 KILO (32.15 TROY OUNCES OF SILVER)
999.98 g., 0.999 Silver, 32.1178 oz. ASW 110mm.
Subject: Collector Bullion **Obv.** National arms in center of past and present arms **Rev:** Winged Victory **Edge:** Reeded

Date	Mintage	VF20	XF40	MS60	MS63
2001 Mo Prooflike	—	—	—	—	2,200
2002 Mo Prooflike	1,820	—	—	—	1,750
2003 Mo Prooflike	1,514	—	—	—	1,650
2004 Mo Prooflike	1,501	—	—	—	1,800
2005 Mo Prooflike	500	—	—	—	1,750
2006 Mo Prooflike	874	—	—	—	1,650
2007 Mo Prooflike	700	—	—	—	1,650
2008 Mo	2,003	—	—	—	1,200
2008 Mo Prooflike	1,700	—	—	—	1,500
2009 Mo	4,000	—	—	—	1,200
2009 Mo Prooflike	1,700	—	—	—	1,500
2010 Mo	4,000	—	—	—	1,200
2010 Mo Prooflike	1,500	—	—	—	1,500
2011 Mo	6,000	—	—	—	1,200
2011 Mo Prooflike	1,000	—	—	—	1,500
2013 Mo	2,300	—	—	—	1,200
2012 Mo Prooflike	500	—	—	—	1,500
2013 Mo Prooflike	400	—	—	—	1,500

GOLD BULLION COINAGE

KM# 530 1/20 ONZA (1/20 OUNCE OF PURE GOLD)
1.75 g., 0.900 Gold, 0.0506 oz. AGW **Obv.** Winged Victory **Rev:** Calendar stone

Date	Mintage	VF20	XF40	MS60	MS63	MS65
1987 Mo	—	—	—	—	275	—
1988 Mo	—	—	—	—	—	—

KM# 589 1/20 ONZA (1/20 OUNCE OF PURE GOLD)
1.56 g., 0.999 Gold, 0.0499 oz. AGW 13mm. **Obv.** Winged Victory **Rev:** National arms, eagle left

Date	Mintage	VF20	XF40	MS60	MS63	MS65
1991 Mo	10,000	—	—	—	79.00	—
1992 Mo	65,225	—	—	—	79.00	—

Note: According to Mexican mint records combined mintages of 1991 and 1992 BU and proof coins are 73,858.

Date	Mintage	VF20	XF40	MS60	MS63	MS65
1993 Mo	10,000	—	—	—	79.00	—
1994 Mo	10,000	—	—	—	79.00	—

KM# 642 1/20 ONZA (1/20 OUNCE OF PURE GOLD)
1.56 g., 0.999 Gold, 0.0499 oz. AGW **Obv.** National arms, eagle left **Rev:** Native working

Date	Mintage	VF20	XF40	MS60	MS63	MS65
2000 Mo	—	PF63 95.00				

ESTADOS UNIDOS - GOLD BULLION

KM# 671   1/20 ONZA (1/20 OUNCE OF PURE GOLD)
1.56 g., 0.999 Gold, 0.0499 oz. AGW 13mm. **Obv.** National arms, eagle left **Rev:** Winged Victory **Edge:** Reeded **Note:** Design similar to KM#609. Value estimates do not include the high taxes and surcharges added to the issue prices by the Mexican Government.

Date	Mintage	VF20	XF40	MS60	MS63	MS65
2000 Mo	5,300	—	—	—	79.00	—
2002 Mo	5,000	—	—	—	79.00	—
2003 Mo	800	—	—	—	81.00	—
2004 Mo	4,000	—	—	—	79.00	—
2005 Mo	3,200	—	—	—	79.00	—
2005 Mo	400	PF63 82.00				
2006 Mo	3,000	—	—	—	79.00	—
2006 Mo	520	PF63 82.00				
2007 Mo	500	PF63 82.00				
2007 Mo	1,200	—	—	—	79.00	—
2008 Mo	500	PF63 82.00				
2008 Mo	800	—	—	—	79.00	—
2009 Mo	600	PF63 82.00				
2009 Mo	2,000	—	—	—	79.00	—
2010 Mo	1,500	—	—	—	79.00	—
2010 Mo	600	PF63 82.00				
2011 Mo	2,500	—	—	—	79.00	—
2011 Mo	1,100	PF63 82.00				
2013 Mo	650	—	—	—	79.00	—
2013 Mo	300	PF63 82.00				
2014 Mo	2,050	—	—	—	79.00	—
2014 Mo	250	PF63 79.00				

KM# 628   1/15 ONZA (1/15 OUNCE OF PURE GOLD)
0.999 Gold, **Obv.** Winged Victory above legend **Rev:** National arms, eagle left within circle

Date	Mintage	VF20	XF40	MS60	MS63	MS65
1987 Mo	—	—	—	—	250	—

KM# 541   1/10 ONZA (1/10 OUNCE OF PURE GOLD)
3.11 g., 0.999 Gold, 0.0999 oz. AGW 16mm. **Obv.** National arms, eagle left **Rev:** Winged Victory

Date	Mintage	VF20	XF40	MS60	MS63	MS65
1991 Mo	10,000	—	—	—	146	—
1992 Mo	50,777	—	—	—	146	—
1993 Mo	10,000	—	—	—	146	—
1994 Mo	10,000	—	—	—	146	—

Note: According to Mexican mint records combined mintages of 1991 and 1992 coins are 60,592.

KM# 672   1/10 ONZA (1/10 OUNCE OF PURE GOLD)
3.11 g., 0.999 Gold, 0.0999 oz. AGW 16mm. **Obv.** National arms, eagle left **Rev:** Winged Victory **Edge:** Reeded **Note:** Design similar to KM#610. Value estimates do not include the high taxes and surcharges added to the issue prices by the Mexican Government.

Date	Mintage	VF20	XF40	MS60	MS63	MS65
2000 Mo	3,500	—	—	—	146	—
2002 Mo	5,000	—	—	—	146	—
2003 Mo	300	—	—	—	149	—
2004 Mo	2,000	—	—	—	146	—
2005 Mo	500	—	—	—	146	—
2005 Mo	400	PF63 149				
2006 Mo	2,500	—	—	—	146	—
2006 Mo	520	PF63 149				
2007 Mo	1,200	—	—	—	146	—
2007 Mo	500	PF63 149				
2008 Mo	2,500	—	—	—	146	—
2008 Mo	500	PF63 149				
2009 Mo	9,000	—	—	—	146	—
2009 Mo	600	PF63 149				
2010 Mo	4,500	—	—	—	146	—
2010 Mo	600	PF63 149				
2011 Mo	6,500	—	—	—	146	—
2011 Mo	1,100	PF63 149				
2013 Mo	2,150	—	—	—	146	—
2013 Mo	300	PF63 149				
2014	2,450	—	—	—	146	—
2014 Mo	250	PF63 149				

KM# 487   1/4 ONZA (1/4 OUNCE OF PURE GOLD)
8.64 g., 0.900 Gold, 0.250 oz. AGW **Obv.** National arms, eagle left **Rev:** Winged Victory **Note:** Similar to KM#488.

Date	Mintage	VF20	XF40	MS60	MS63	MS65
1981 Mo	313,000	—	—	—	339	—
1982 Mo	—	—	—	—	339	—

KM# 590   1/4 ONZA (1/4 OUNCE OF PURE GOLD)
7.78 g., 0.999 Gold, 0.2497 oz. AGW 23mm. **Obv.** Winged Victory above legend **Rev:** National arms, eagle left

Date	Mintage	VF20	XF40	MS60	MS63	MS65
1991 Mo	10,000	—	—	—	339	—
1992 Mo	28,106	—	—	—	339	—
1993 Mo	2,500	—	—	—	339	—
1994 Mo	2,500	—	—	—	339	—

Note: According to Mexican mint records, combined mintages of 1991 and 1992 are 37,321.

KM# 673   1/4 ONZA (1/4 OUNCE OF PURE GOLD)
7.78 g., 0.999 Gold, 0.2497 oz. AGW 23mm. **Obv.** National arms, eagle left **Rev:** Winged Victory **Edge:** Reeded **Note:** Design similar to KM#611. Value estimates do not include the high taxes and surcharges added to the issue prices by the Mexican Government.

Date	Mintage	VF20	XF40	MS60	MS63	MS65
2000 Mo	2,500	—	—	—	342	—
2002 Mo	5,000	—	—	—	342	—
2003 Mo	300	—	—	—	348	—
2004 Mo	1,500	—	—	—	342	—
2004 Mo	1,000	PF63 351				
2005 Mo	500	—	—	—	348	—
2005 Mo	2,600	PF63 351				
2006 Mo	1,500	—	—	—	342	—
2006 Mo	2,120	PF63 351				
2007 Mo	500	—	—	—	348	—
2007 Mo	1,500	PF63 351				
2008 Mo	800	—	—	—	348	—
2008 Mo	800	PF63 351				
2009 Mo	3,000	—	—	—	342	—
2009 Mo	1,700	PF63 351				
2010 Mo	1,500	—	—	—	342	—
2010 Mo	1,000	PF63 351				
2011 Mo	1,500	—	—	—	342	—
2011 Mo	2,000	PF63 351				
2013 Mo	750	—	—	—	342	—

Date	Mintage	VF20	XF40	MS60	MS63	MS65
2013 Mo	600	PF63 351				
2014 Mo	1,000	—	—	—	336	—
2014 Mo	350	PF63 351				

KM# 488 1/2 ONZA (1/2 OUNCE OF PURE GOLD)
17.28 g., 0.900 Gold, 0.500 oz. AGW **Obv.** National arms, eagle left **Rev:** Winged Victory

Date	Mintage	VF20	XF40	MS60	MS63	MS65
1981 Mo	193,000	—	—	—	660	—
1982 Mo	—	—	—	—	660	—
1989 Mo	704	PF63 850				

KM# 591 1/2 ONZA (1/2 OUNCE OF PURE GOLD)
15.55 g., 0.999 Gold, 0.4995 oz. AGW 29mm. **Obv.** Winged Victory above legend **Rev:** National arms, eagle left

Date	Mintage	VF20	XF40	MS60	MS63	MS65
1991 Mo	10,000	—	—	—	659	—
1992 Mo	25,220	—	—	—	659	—
1993 Mo	2,500	—	—	—	659	—
1994 Mo	2,500	—	—	—	659	—

Note: According to Mexican mint records, combined mintages of 1981-1992 BU and proof coins are 35,047.

KM# 674 1/2 ONZA (1/2 OUNCE OF PURE GOLD)
15.55 g., 0.999 Gold, 0.4995 oz. AGW 29mm. **Obv.** National arms, eagle left **Rev:** Winged Victory **Edge:** Reeded **Note:** Design similar to KM#612. Value estimates do not include the high taxes and surcharges added to the issue prices by the Mexican Government.

Date	Mintage	VF20	XF40	MS60	MS63	MS65
2000 Mo	1,500	—	—	—	659	—
2002 Mo	5,000	—	—	—	659	—
2003 Mo	300	—	—	—	671	—
2004 Mo	500	—	—	—	659	—
2005 Mo	500	—	—	—	671	—
2005 Mo	400	PF63 684				
2006 Mo	500	—	—	—	671	—
2006 Mo	520	PF63 684				
2007 Mo	500	—	—	—	671	—
2007 Mo	500	PF63 684				
2008 Mo	300	—	—	—	671	—
2008 Mo	500	PF63 684				
2009 Mo	3,000	—	—	—	659	—
2009 Mo	600	PF63 684				
2010 Mo	1,500	—	—	—	659	—
2010 Mo	600	PF63 684				
2011 Mo	1,500	—	—	—	659	—
2011 Mo	1,100	PF63 684				
2013 Mo	500	—	—	—	659	—
2013 Mo	300	PF63 684				
2014 Mo	1,000	—	—	—	659	—
2014 Mo	250	PF63 684				

KM# 489 ONZA (OUNCE OF PURE GOLD)
34.56 g., 0.900 Gold, 1.000 oz. AGW **Obv.** National arms, eagle left **Rev:** Winged Victory **Note:** Similar to KM#488.

Date	Mintage	VF20	XF40	MS60	MS63	MS65
1981 Mo	596,000	—	—	—	1,259	—
1985 Mo	—	—	—	—	1,259	—
1988 Mo	—	—	—	—	1,259	—

KM# 592 ONZA (OUNCE OF PURE GOLD)
31.10 g., 0.999 Gold, 0.999 oz. AGW 34.5mm. **Obv.** Winged Victory above legend **Rev:** National arms, eagle left

Date	Mintage	VF20	XF40	MS60	MS63	MS65
1991 Mo	109,193	—	—	—	1,257	—
1992 Mo	46,281	—	—	—	1,257	—
1993 Mo	73,881	—	—	—	1,257	—
1994 Mo	1,000	—	—	—	1,282	—

Note: According to Mexican mint redords, combined mintages of 1981-1992 BU and proof coins are 90,384.

KM# 675 ONZA (OUNCE OF PURE GOLD)
31.10 g., 0.999 Gold, 0.999 oz. AGW 34.5mm. **Obv.** National arms, eagle left **Rev:** Winged Victory **Edge:** Reeded **Note:** Design similar to KM#639. Value estimates do not include the high taxes and surcharges added to the issue prices by the Mexican Government.

Date	Mintage	VF20	XF40	MS60	MS63	MS65
2000 Mo	2,370	—	—	—	1,257	—
2002 Mo	15,000	—	—	—	1,257	—
2003 Mo	500	—	—	—	1,270	—
2004 Mo	3,000	—	—	—	1,257	—
2005 Mo	3,000	—	—	—	1,257	—
2005 Mo	250	PF63 1,282				
2006 Mo	4,000	—	—	—	1,257	—
2006 Mo	520	PF63 1,282				
2007 Mo	2,500	—	—	—	1,257	—
2007 Mo	500	PF63 1,282				
2008 Mo	800	—	—	—	1,257	—
2008 Mo	500	PF63 1,282				
2009 Mo	6,200	—	—	—	1,257	—
2009 Mo	600	PF63 1,282				
2010 Mo	4,000	—	—	—	1,257	—
2010 Mo	600	PF63 1,282				
2011 Mo	3,000	—	—	—	1,257	—
2011 Mo	1,100	PF63 1,282				
2012 Mo	3,000	—	—	—	1,257	—
2013 Mo	2,350	—	—	—	1,257	—
2013 Mo	400	PF63 1,282				
2014 Mo	4,050	—	—	—	1,257	—
2014 Mo	250	PF63 1,282				

PLATINUM BULLION COINAGE

KM# 538 1/4 ONZA (1/4 OUNCE)
7.78 g., 0.999 Platinum, 0.2498 oz. APW **Obv.** National arms, eagle left **Rev:** Winged Victory

Date	Mintage	VF20	XF40	MS60	MS63	MS65
1989 Mo	3,500	PF63 550				

BULLION COINAGE
AZTEC SERIES

KM# 644   NUEVOS PESO
7.77 g.,   0.999 Silver, 0.2496 oz. ASW 27mm.
Subject: Eagle Warrior **Obv.** National arms, eagle left within D-shaped circle and dotted border **Rev:** Eagle warrior within D-shaped circle and dotted border **Edge:** Reeded

Date	Mintage	VF20	XF40	MS60	MS63	MS65
1993 Mo	1,500	—	—	—	18.00	—
1993 Mo	900	**PF63** 30.00				

KM# 645   2 NUEVOS PESOS
15.42 g.,   0.999 Silver, 0.4953 oz. ASW 33mm.
Subject: Eagle Warrior **Obv.** National arms, eagle left **Rev:** Eagle warrior **Edge:** Reeded

Date	Mintage	VF20	XF40	MS60	MS63	MS65
1993 Mo	1,500	—	—	—	20.00	—
1993 Mo	800	**PF63** 40.00				

KM# 646   5 NUEVOS PESOS
31.05 g.,   0.999 Silver, 0.9973 oz. ASW 40mm.
Subject: Eagle Warrior **Obv.** National arms, eagle left **Rev:** Eagle warrior **Edge:** Reeded

Date	Mintage	VF20	XF40	MS60	MS63	MS65
1993 Mo	2,000	—	—	—	35.00	—
1993 Mo	1,000	**PF63** 70.00				

KM# 647   5 NUEVOS PESOS
31.00 g.,   0.999 Silver, 0.9957 oz. ASW 40mm.
Subject: Xochipilli **Obv.** National arms, eagle left within D-shaped circle and flower blossom border **Rev:** Seated figure sculpture within D-shaped circle and flower blossom border **Edge:** Reeded

Date	Mintage	VF20	XF40	MS60	MS63	MS65
1993 Mo	2,000	—	—	35.00	—	—
1993 Mo	800	**PF63** 75.00				

KM# 648   5 NUEVOS PESOS
31.00 g.,   0.999 Silver, 0.9957 oz. ASW 40mm.
Subject: Brasero Efigie **Obv.** National arms, eagle left within D-shaped circle and designed border **Rev:** Sculpture within D-shaped circle and designed border **Edge:** Reeded

Date	Mintage	VF20	XF40	MS60	MS63	MS65
1993 Mo	2,000	—	—	35.00	—	—
1993 Mo	500	**PF63** 75.00				

KM# 649   5 NUEVOS PESOS
31.00 g.,   0.999 Silver, 0.9957 oz. ASW 40mm.
Subject: Huchucteotl **Obv.** National arms, eagle left within D-shaped circle and designed border **Rev:** Aztec sculpture within D-shaped circle and designed border **Edge:** Reeded

Date	Mintage	VF20	XF40	MS60	MS63	MS65
1993 Mo	5,000	—	—	25.00	—	—
1993 Mo	800	**PF63** 75.00				

KM# 650 10 NUEVOS PESOS

155.31 g., 0.999 Silver, 4.9883 oz. ASW 65mm. **Subject:** Piedra de Tizoc **Obv.** National arms, eagle left **Rev:** Warrior capturing woman **Edge:** Reeded **Note:** Illustration reduced, similar to 100 Pesos, KM# 557

Date	Mintage	VF20	XF40	MS60	MS63	MS65
1992 Mo	—	**PF63** 300				
1993 Mo	1,000	**PF63** 200				
1993 Mo	1,000	—	—	—	175	—

KM# 554 25 PESOS

7.78 g., 0.999 Silver, 0.2497 oz. ASW 27mm. **Obv.** National arms, eagle left within D-shaped circle and designed border **Rev:** Eagle warrior right within D-shaped circle and a designed border

Date	Mintage	VF20	XF40	MS60	MS63	MS65
1992 Mo	50,000	—	—	15.00	—	—
1992 Mo	3,000	**PF63** 30.00				

Note: Combined mintages of KM#554 and KM#644 through 2013 are 54,005 Unc. and 2,700 Proof.

KM# 555 50 PESOS

15.55 g., 0.999 Silver, 0.4995 oz. ASW 33mm. **Obv.** National arms, eagle left within D-shaped circle designed border **Rev:** Eagle warrior right within D-shaped circle and designed border

Date	Mintage	VF20	XF40	MS60	MS63	MS65
1992 Mo	50,000	—	—	20.00	—	—

Date	Mintage	VF20	XF40	MS60	MS63	MS65
1992 Mo	3,000	**PF63** 40.00				

Note: Combined mintages for KM#555 and #645 through 2013 are 52,000 Unc. and 4,300 Proof.

KM# 556 100 PESOS

31.10 g., 0.999 Silver, 0.999 oz. ASW 40mm. **Obv.** National arms, eagle left **Rev:** Eagle warrior

Date	Mintage	VF20	XF40	MS60	MS63	MS65
1992 Mo	205,000	—	—	35.00	—	—
1992	4,000	**PF63** 75.00				

Note: KM#556 and #646 have a combined mintage through 2013 of 208,400 Unc and 7,000 Proof.

KM# 562 100 PESOS

31.10 g., 0.999 Silver, 0.999 oz. ASW 40mm. **Obv.** National arms, eagle left within D-shaped circle and designed border **Rev:** Seated figure sculpture within D-shaped circle and designed border

Date	Mintage	VF20	XF40	MS60	MS63	MS65
1992 Mo	4,000	**PF63** 90.00				

Note: KM#562 and #647 have a combined mintage through 2013 of 3,511 Unc and 6,200 Proof.

KM# 563 100 PESOS

31.10 g., 0.999 Silver, 0.999 oz. ASW 40mm. **Obv.** National arms, eagle left within D-shaped circle and designed border **Rev:** Brasero Efigie - The God of Rain within D-shaped circle and designed border

Date	Mintage	VF20	XF40	MS60	MS63	MS65
1992 Mo	4,000	**PF63** 60.00				

Note: KM#563 and #648 have combined mintage
through 2013 of 4,580 Unc. and 6,400 Proof.

KM# 564   100 PESOS
31.10 g., 0.999 Silver, 0.999 oz. ASW 40mm. **Obv.**
National arms, eagle left within D-shaped circle and
designed border **Rev:** Huehueteotl - The God of
Fire within D-shaped circle and designed border

Date	Mintage	VF20	XF40	MS60	MS63	MS65
1992 Mo	4,000	**PF63** 70.00				

Note: KM#564 and #649 have combined mintage
through 2013 of 6,105 Unc. and 6,400 Proof.

KM# 558   250 PESOS
7.78 g., 0.999 Gold, 0.2497 oz. AGW 23mm.
Subject: Native Culture **Obv.** National arms, eagle
left within D-shaped circle and designed border
Rev: Sculpture of Jaguar head within D-shaped
circle and designed border

Date	Mintage	VF20	XF40	MS60	MS63	MS65
1992 Mo	12,000	—	—	—	475	—
1992 Mo	2,000	**PF63** 450				

KM# 559   500 PESOS
15.55 g., 0.999 Gold, 0.4995 oz. AGW 29mm.
Subject: Native Culture **Obv.** National arms, eagle
left within D-shaped circle and designed border
Rev: Sculpture of Jaguar head within D-shaped
circle and designed border

Date	Mintage	VF20	XF40	MS60	MS63	MS65
1992 Mo	12,000	—	—	—	900	—
1992 Mo	2,000	**PF63** 925				

KM# 560   1000 PESOS
31.10 g., 0.999 Gold, 0.999 oz. AGW 34.5mm.
Subject: Native Culture **Obv.** National arms, eagle
left within D-shaped circle and designed border
Rev: Sculpture of Jaguar head within D-shaped
circle and designed border

Date	Mintage	VF20	XF40	MS60	MS63	MS65
1992 Mo	19,850	—	—	—	1,750	—
1992 Mo	2,000	**PF63** 1,800				

KM# 557   10000 PESOS
155.52 g., 0.999 Silver, 4.995 oz. ASW 64mm.
Subject: Pieora De Tizoc **Obv.** National arms,
eagle left within D-shaped circle and designed
border **Rev:** Native warriors within D-shaped circle
and designed border **Note:** Similar to 10 Nuevo
Pesos, KM#650

Date	Mintage	VF20	XF40	MS60	MS63	MS65
1992 Mo	51,900	—	—	—	175	—
1992 Mo	3,300	**PF63** 275				

Note: KM#557 and #650 have combined mintage
through 2013 of 54,305 Unc. and 5,400 Proof.

CENTRAL VERACRUZ SERIES

KM# 567   NUEVOS PESO
7.76 g., 0.999 Silver, 0.2492 oz. ASW 27mm.
Subject: Bajo relieve de el Tajin **Obv.** National

arms, eagle left within D-shaped circle and designed border **Rev:** Design within D-shaped circle and designed border

Date	Mintage	VF20	XF40	MS60	MS63	MS65
1993 Mo	100,005	—	—	—	20.00	—
1993 Mo	4,305	**PF63** 35.00				

KM# 568 2 NUEVOS PESOS
15.55 g., 0.999 Silver, 0.4995 oz. ASW 33mm. **Subject:** Bajo relieve de el Tajin **Obv.** National arms, eagle left within D-shaped circle and designed border **Rev:** Design within D-shaped circle and designed border

Date	Mintage	VF20	XF40	MS60	MS63	MS65
1993 Mo	100,005	—	—	—	25.00	—
1993 Mo	3,005	**PF63** 35.00				

KM# 569 5 NUEVOS PESOS
31.10 g., 0.999 Silver, 0.999 oz. ASW 40mm. **Subject:** Bajo relieve de el Tajin **Obv.** National arms, eagle left within D-shaped circle and designed border **Rev:** Design within D-shaped circle and designed border

Date	Mintage	VF20	XF40	MS60	MS63	MS65
1993 Mo	101,005	—	—	—	37.50	—
1993 Mo	4,405	**PF63** 70.00				

KM# 582 5 NUEVOS PESOS
31.10 g., 0.999 Silver, 0.999 oz. ASW 40mm. **Subject:** Palma Con Cocodrilo **Obv.** National arms, eagle left within D-shaped circle and

designed border **Rev:** Aerial view of crocodile within D-shaped circle and designed border

Date	Mintage	VF20	XF40	MS60	MS63	MS65
1993 Mo	5,105	—	—	—	37.50	—
1993 Mo	3,855	**PF63** 75.00				

KM# 583 5 NUEVOS PESOS
31.10 g., 0.999 Silver, 0.999 oz. ASW 40mm. **Subject:** Anciano Con Brasero **Obv.** National arms, eagle left within D-shaped circle and designed border **Rev:** Kneeling figure sculpture within D-shaped circle and designed border

Date	Mintage	VF20	XF40	MS60	MS63	MS65
1993 Mo	3,800	—	—	—	37.50	—
1993 Mo	4,160	**PF63** 75.00				

KM# 584 5 NUEVOS PESOS
31.10 g., 0.999 Silver, 0.999 oz. ASW 40mm. **Subject:** Carita Sonriente **Obv.** National arms, eagle left **Rev:** Sculptured head

Date	Mintage	VF20	XF40	MS60	MS63	MS65
1993 Mo	5,105	—	—	—	37.50	—
1993 Mo	4,705	**PF63** 75.00				

KM# 570 10 NUEVOS PESOS
155.52 g.,   0.999 Silver, 4.995 oz. ASW 65mm.
Subject: Piramide Del El Tajin **Obv.** National arms,
eagle left within flat shaped circle and designed
border **Rev:** Pyramid within flat shaped circle and
designed border **Note:** Illustration reduced.

Date	Mintage	VF20	XF40	MS60	MS63	MS65
1993 Mo	50,905	—	—	—	175	—
1993 Mo	4,148	PF63 190				

KM# 585 25 NUEVOS PESOS
7.78 g.,   0.999 Gold, 0.2497 oz. AGW 23mm.
Subject: Hacha Ceremonial **Obv.** National arms,
eagle left **Rev:** Mask left **Note:** Similar to 100 New
Pesos, KM#587.

Date	Mintage	VF20	XF40	MS60	MS63	MS65
1993 Mo	802	PF63 500				
1993 Mo	15,508	—	—	—	475	—

KM# 586 50 NUEVOS PESOS
15.55 g.,   0.999 Gold, 0.4995 oz. AGW 29mm.
Subject: Hacha Ceremonial **Obv.** National arms,
eagle left **Rev:** Mask left **Note:** Similar to 100 New
Pesos, KM#587.

Date	Mintage	VF20	XF40	MS60	MS63	MS65
1993 Mo	15,508	—	—	—	900	—
1993 Mo	802	PF63 925				

KM# 587 100 NUEVOS PESOS
31.10 g.,   0.999 Gold, 0.999 oz. AGW 34.5mm.
Subject: Hacha Ceremonial **Obv.** National arms,
eagle left **Rev:** Mask left

Date	Mintage	VF20	XF40	MS60	MS63	MS65
1993 Mo	7,160	—	—	—	1,800	—
1993 Mo	500	PF63 1,850				

MAYAN SERIES

KM# 572 NUEVOS PESO
7.76 g.,   0.999 Silver, 0.2492 oz. ASW 27mm.
Subject: Chaac Mool **Obv.** National arms, eagle
left within six sided shield and designed border **Rev:**
Reclining figure within six sided shield and designed
border

Date	Mintage	VF20	XF40	MS60	MS63	MS65
1994 Mo	53,505	—	—	—	20.00	—
1994 Mo	2,700	PF63 35.00				

KM# 573 2 NUEVOS PESOS
15.55 g.,   0.999 Silver, 0.4995 oz. ASW 33mm.
Subject: Chaac Mool **Obv.** National arms, eagle
left within six sided shield and designed border **Rev:**

Reclining figure within six sided shield and designed
border

Date	Mintage	VF20	XF40	MS60	MS63	MS65
1994 Mo	51,500	—	—	—	25.00	—
1994 Mo	4,300	PF63 35.00				

KM# 574 5 NUEVOS PESOS
31.10 g.,   0.999 Silver, 0.999 oz. ASW 40mm.
Subject: Chaac Mool. **Obv.** National arms, eagle
left within six sided shield and designed border **Rev:**
Reclining figure within six sided shield and designed
border

Date	Mintage	VF20	XF40	MS60	MS63	MS65
1994 Mo	208,300	—	—	—	37.00	—
1994 Mo	6,700	PF63 70.00				

KM# 575 5 NUEVOS PESOS
31.10 g.,   0.999 Silver, 0.999 oz. ASW 40mm.
Subject: Chaac Mool **Obv.** National arms, eagle
left within six sided shield and designed border **Rev:**
Tomb of Palenque Memorial Stone within six sided
shield and designed border

Date	Mintage	VF20	XF40	MS60	MS63	MS65
1994 Mo	5,905	—	—	—	37.00	—
1994 Mo	6,300	PF63 70.00				

KM# 577 5 NUEVOS PESOS
31.10 g.,   0.999 Silver, 0.999 oz. ASW 40mm.
Subject: Mascaron Del Dios Chaac **Rev:**

Elaborately carved wall segment

Date	Mintage	VF20	XF40	MS60	MS63	MS65
1994 Mo	3,011	—	—	—	37.00	—
1994 Mo	6,300	PF63 70.00				

KM# 578 5 NUEVOS PESOS
31.10 g.,   0.999 Silver, 0.999 oz. ASW 40mm.
Subject: Lintel 26 **Obv.** National arms, eagle left within six sided shield and designed border **Rev:** Two seated figures wall carving within six sided shield and designed border

Date	Mintage	VF20	XF40	MS60	MS63	MS65
1994 Mo	4,080	—	—	—	45.00	—
1994 Mo	6,000	PF63 75.00				

KM# 676 10 NUEVOS PESOS
155.52 g.,   0.999 Silver, 4.995 oz. ASW 65mm.
Subject: Piramide Del Castillo **Obv.** National arms, eagle left above metal content statement **Rev:** Pyramid above two-line inscription **Rev. Inscription:** PIRAMIDE DEL CASTILLO / CHICHEN-ITZA **Edge:** Reeded

Date	Mintage	VF20	XF40	MS60	MS63	MS65
1993 Mo	—	PF63 650				

KM# 576 10 NUEVOS PESOS
155.70 g.,   0.999 Silver, 5.0009 oz. ASW 65mm.
Subject: Piramide del Castillo **Obv.** National arms, eagle left **Rev:** Pyramid **Note:** Illustration reduced.

Date	Mintage	VF20	XF40	MS60	MS63	MS65
1994 Mo	54,305	—	—	—	175	—
1994 Mo	5,500	PF63 225				

KM# 579 25 NUEVOS PESOS
7.78 g.,   0.999 Gold, 0.2497 oz. AGW 23mm.
Subject: Personaje de Jaina **Rev:** Seated figure

Date	Mintage	VF20	XF40	MS60	MS63	MS65
1994 Mo	501	PF63 500				
1994 Mo	2,000	—	—	—	475	—

KM# 580 50 NUEVOS PESOS
15.55 g.,   0.999 Gold, 0.4995 oz. AGW 29mm.
Subject: Personaje de Jaina **Rev:** Seated figure

Date	Mintage	VF20	XF40	MS60	MS63	MS65
1994 Mo	1,000	—	—	—	900	—
1994 Mo	501	PF63 925				

KM# 581 100 NUEVOS PESOS
31.10 g.,   0.999 Gold, 0.999 oz. AGW 34.5mm.
Subject: Personaje de Jaina **Obv.** National arms, eagle left within six sided shield and designed border **Rev:** Seated figure within six sided shield and designed border

Date	Mintage	VF20	XF40	MS60	MS63	MS65
1994 Mo	1,000	—	—	—	1,800	—
1994 Mo	501	PF63 1,850				

OLMEC SERIES

KM# 593 PESO
7.78 g.,   0.999 Silver, 0.2497 oz. ASW 27mm.
Subject: Senor De Las Limas **Obv.** National arms, eagle left within square and designed border **Rev:** Sitting figure facing within square and designed border **Note:** Similar to 5 Pesos, KM#595.

Date	Mintage	VF20	XF40	MS60	MS63	MS65
1996 Mo	6,400	—	—	—	20.00	—
1996 Mo	3,700	PF63 35.00				
1998 Mo Matte	2,400	—	—	—	22.00	—

KM# 594 2 PESOS
15.55 g., 0.999 Silver, 0.4995 oz. ASW 33mm.
Subject: Senor De Las Limas **Obv.** National arms, eagle left within square and designed border **Rev:** Sitting figure facing within square and designed border **Note:** Similar to 5 Pesos, KM#595.

Date	Mintage	VF20	XF40	MS60	MS63
1996 Mo	6,500	—	—	—	25.00
1996 Mo	2,200	PF63 35.00			
1998 Mo Matte	2,400	—	—	—	28.00

KM# 595 5 PESOS
31.10 g., 0.999 Silver, 0.999 oz. ASW 40mm.
Subject: Senor De Las Limas **Obv.** National arms, eagle left within square and designed border **Rev:** Seated figure facing within square and designed border

Date	Mintage	VF20	XF40	MS60	MS63	MS65
1996 Mo	9,200	—	—	—	37.50	—
1996 Mo	4,100	PF63 70.00				
1998 Matte	3,400	—	—	—	40.00	—

KM# 596 5 PESOS
31.10 g., 0.999 Silver, 0.999 oz. ASW 40mm.
Subject: Hombre Jaguar **Obv.** National arms, eagle left within square and designed border **Rev:** Statue facing within square and designed border

Date	Mintage	VF20	XF40	MS60	MS63
1996 Mo	6,000	—	—	—	90.00
1996 Mo	4,200	PF63 70.00			
1998 Mo Matte	6,000	—	—	—	37.50
1998 Mo	4,800	PF63 75.00			

KM# 597 5 PESOS
31.10 g., 0.999 Silver, 0.999 oz. ASW 40mm.
Subject: El Luchador **Obv.** National arms, eagle left **Rev:** El Luchador

Date	Mintage	VF20	XF40	MS60	MS63	MS65
1996 Mo	7,100	—	—	—	37.50	—
1996 Mo	3,800	PF63 70.00				
1998 Matte	2,000	—	—	—	40.00	—

KM# 598 5 PESOS
31.10 g., 0.999 Silver, 0.999 oz. ASW 40mm.
Subject: Hacha Ceremonial **Obv.** National arms, eagle left within square and designed border **Rev:** Statue within square and designed border

Date	Mintage	VF20	XF40	MS60	MS63	MS65
1996 Mo	7,500	—	—	—	37.50	—
1996 Mo	3,700	PF63 70.00				
1998 Mo Matte	2,000	—	—	—	40.00	—

KM# 599   10 PESOS
155.52 g.,   0.999 Silver, 4.995 oz. ASW 65mm.
Subject: Cabeza Olmeca **Obv.**   National arms,
eagle left **Rev:** Native mask **Note:** Illustration
reduced.

Date	Mintage	VF20	XF40	MS60	MS63	MS65
1996 Mo	5,560	—	—	—	180	—
1996 Mo	3,900	PF63 190				
1998 Matte	2,150	—	—	—	180	—

KM# 600   25 PESOS
7.78 g.,   0.999 Gold, 0.2497 oz. AGW 23mm.
Subject: Sacerdote **Obv.**   National arms, eagle
left **Rev:** Sculpture **Note:** Similar to 100 Pesos,
KM#602.

Date	Mintage	VF20	XF40	MS60	MS63	MS65
1996 Mo	500	—	—	—	475	—
1996 Mo	750	PF63 500				

KM# 601   50 PESOS
15.55 g.,   0.999 Gold, 0.4995 oz. AGW 29mm.
Subject: Sacerdote **Obv.**   National arms, eagle
left **Rev:** Sculpture **Note:** Similar to 100 Pesos,
KM#602.

Date	Mintage	VF20	XF40	MS60	MS63	MS65
1996 Mo	500	PF63 925				
1996 Mo	500	—	—	—	900	—

KM# 602   100 PESOS
31.10 g.,   0.999 Gold, 0.999 oz. AGW 34.5mm.
Subject: Sacerdote **Obv.**   National arms, eagle left
within square and designed border **Rev:** Sculpture
within square and designed border

Date	Mintage	VF20	XF40	MS60	MS63	MS65
1996 Mo	500	—	—	—	1,800	—
1996 Mo	500	PF63 1,850				

TEOTIHUACAN SERIES

KM# 617   PESO
7.78 g.,   0.999 Silver, 0.2498 oz. ASW 27mm.
Subject: Disco De La Muerte **Obv.**   National arms,
eagle left within oblong circle and designed border
Rev: Sculpture within oblong circle and designed
border

Date	Mintage	VF20	XF40	MS60	MS63	MS65
1997 Mo	3,100	—	—	—	20.00	—
1997 Mo	1,906	PF63 35.00				
1998 Mo Matte	2,400	—	—	—	25.00	—
1998 Mo	500	PF63 45.00				

KM# 618   2 PESOS
15.55 g.,   0.999 Silver, 0.4995 oz. ASW 33mm.
Subject: Disco De La Muerte **Obv.**   National arms,
eagle left within oblong circle and designed border
Rev: Sculpture within oblong circle and designed
border

Date	Mintage	VF20	XF40	MS60	MS63	MS65
1997 Mo	3,500	—	—	—	25.00	—
1997 Mo	1,606	PF63 35.00				
1998 Mo	500	PF63 50.00				
1998 Mo	2,400	—	—	—	30.00	—

KM# 619   5 PESOS
31.10 g.,   0.999 Silver, 0.999 oz. ASW 40mm.
Subject: Teotihuacan - Disco de la Muerte **Obv.**
National arms, eagle left within oblong circle and
designed border **Rev:** Sculpture within oblong circle
and designed border

Date	Mintage	VF20	XF40	MS60	MS63	MS65
1997 Mo	1,700	—	—	—	37.50	—

Date	Mintage	VF20	XF40	MS60	MS63	MS65
1997 Mo	3,206	PF63 75.00				
1998 Mo	3,400	—	—	—	40.00	—
1998 Mo	500	PF63 150				

KM# 620 5 PESOS
31.10 g.,   0.999 Silver, 0.999 oz. ASW 40mm.
Subject: Teotihuacan - Mascara **Obv.**   National arms, eagle left within oblong circle and designed border **Rev:** Face sculpture within oblong circle and designed border

Date	Mintage	VF20	XF40	MS60	MS63	MS65
1997 Mo	5,200	—	—	—	37.50	—
1997 Mo	2,906	PF63 75.00				
1998 Mo	2,000	—	—	—	40.00	—
1998 Mo	500	PF63 150				

KM# 621 5 PESOS
31.10 g.,   0.999 Silver, 0.999 oz. ASW 40mm.
Subject: Teotihuacan - Vasija **Obv.** National arms, eagle left within oval and designed border **Rev:** Seated woman joined to pottery vase within oval and designed border

Date	Mintage	VF20	XF40	MS60	MS63	MS65
1997 Mo	3,006	PF63 75.00				
1997 Mo	5,300	—	—	—	42.00	—
1998 Mo Matte	2,000	—	—	—	42.00	—
1998 Mo	3,006	PF63 150				

KM# 622 5 PESOS
31.10 g.,   0.999 Silver, 0.999 oz. ASW 40mm.
Subject: Teotihuacan - Jugador de Pelota **Obv.**
National arms, eagle left

Date	Mintage	VF20	XF40	MS60	MS63	MS65
1997 Mo	3,206	PF63 75.00				
1997 Mo	5,400	—	—	—	37.50	—
1998 Mo Matte	2,000	—	—	—	40.00	—
1998 Mo	500	PF63 150				

KM# 623 10 PESOS
155.52 g.,   0.999 Silver, 4.995 oz. ASW 65mm.
Subject: Piramide Del Sol **Obv.**   National arms, eagle left within oblong circle and designed border **Rev:** Pyramid within oblong circle and designed border **Note:** Illustration reduced.

Date	Mintage	VF20	XF40	MS60	MS63	MS65
1997 Mo	3,306	PF63 225				
1997 Mo	3,136	—	—	—	200	—
1998 Mo Matte	2,150	—	—	—	200	—

KM# 624 25 PESOS
7.78 g.,   0.999 Gold, 0.2497 oz. AGW 23mm.
Subject: Serpiente Emplumada **Obv.**   National arms, eagle left **Note:** Similar to 100 Pesos, KM#626.

Date	Mintage	VF20	XF40	MS60	MS63	MS65
1997 Mo	500	—	—	—	475	—
1997 Mo	206	PF63 525				

KM# 625 50 PESOS
15.55 g.,   0.999 Gold, 0.4995 oz. AGW 29mm.
Subject: Serpiente Emplumada **Obv.**   National arms, eagle left **Note:** Similar to 100 Pesos, KM#626.

Date	Mintage	VF20	XF40	MS60	MS63	MS65
1997 Mo	206	PF63 950				
1997 Mo	500	—	—	—	925	—

KM# 626 100 PESOS
31.10 g.,   0.999 Gold, 0.999 oz. AGW 24.5mm.
Subject: Teotihuacan - Serpiente Emplumada **Obv.**
National arms, eagle left

Date	Mintage	VF20	XF40	MS60	MS63	MS65
1997 Mo	206	PF63 1,900				
1997 Mo	500	—	—	—	1,850	—

TOLTECA SERIES

KM# 661 PESO
7.78 g., 0.999 Silver, 0.2498 oz. ASW 27mm.
Subject: Jaguar **Obv.** National arms, eagle left
Rev: Jaguar carving **Edge:** Reeded

Date	Mintage	VF20	XF40	MS60	MS63	MS65
1998 Mo	6,400	—	—	—	20.00	—
1998 Mo	4,000	**PF63** 30.00				

KM# 662 2 PESOS
15.55 g., 0.999 Silver, 0.4995 oz. ASW 33mm.
Subject: Jaguar **Obv.** National arms, eagle left
Rev: Jaguar carving **Edge:** Reeded

Date	Mintage	VF20	XF40	MS60	MS63	MS65
1998 Mo	6,600	—	—	—	25.00	—
1998 Mo	2,200	**PF63** 35.00				

KM# 663 5 PESOS
31.10 g., 0.999 Silver, 0.999 oz. ASW 40mm.
Subject: Jaguar **Obv.** National arms, eagle left
within shield and designed border **Rev:** Jaguar
carving within shield and designed border **Edge:**
Reeded

Date	Mintage	VF20	XF40	MS60	MS63	MS65
1998 Mo	5,800	—	—	—	37.50	—
1998 Mo	4,300	**PF63** 75.00				

KM# 664 5 PESOS
31.10 g., 0.999 Silver, 0.999 oz. ASW 40mm. **Obv.**
National arms, eagle left **Rev:** Sacerdote sculpture
Edge: Reeded

Date	Mintage	VF20	XF40	MS60	MS63	MS65
1998 Mo	7,800	—	—	35.00	—	—
1998 Mo	3,800	**PF63** 75.00				

KM# 665 5 PESOS
31.10 g., 0.999 Silver, 0.999 oz. ASW 40mm.
Subject: Quetzalcoatl **Obv.** National arms, eagle
left **Rev:** Quetzalcoatl sculpture **Edge:** Reeded

Date	Mintage	VF20	XF40	MS60	MS63	MS65
1998 Mo	7,100	—	—	—	37.50	—
1998 Mo	3,900	**PF63** 75.00				

KM# 666 5 PESOS
31.10 g., 0.999 Silver, 0.999 oz. ASW 40mm.
Subject: Serpiente con Craneo **Obv.** National
arms, eagle left **Rev:** Large sculpture **Edge:** Reeded

Date	Mintage	VF20	XF40	MS60	MS63	MS65
1998 Mo	8,700	—	—	—	37.50	—
1998 Mo	4,100	**PF63** 75.00				

KM# 634   10 PESOS
155.73 g., 0.999 Silver, 5.0018 oz. ASW 65mm.
Subject: Atlantes **Obv.** National arms, eagle left within shield and designed border **Rev:** Three carved statues within shield and designed border

Date	Mintage	VF20	XF40	MS60	MS63	MS65
1998 Mo	5,560	—	—	—	180	—
1998 Mo	3,650	**PF63** 200				

KM# 667   25 PESOS
7.78 g., 0.999 Gold, 0.2498 oz. AGW 23mm.
Subject: Aguila **Obv.** National arms, eagle left **Rev:** Eagle sculpture **Edge:** Reeded

Date	Mintage	VF20	XF40	MS60	MS63	MS65
1998 Mo	303	**PF63** 525				
1998 Mo	303	—	—	—	500	—

KM# 668   50 PESOS
15.55 g., 0.999 Gold, 0.4995 oz. AGW 29mm.
Subject: Aguila **Obv.** National arms, eagle left **Rev:** Eagle sculpture **Edge:** Reeded

Date	Mintage	VF20	XF40	MS60	MS63	MS65
1998 Mo	303	**PF63** 950				
1998 Mo	303	—	—	—	925	—

KM# 669   100 PESOS
31.10 g., 0.999 Gold, 0.999 oz. AGW 34.5mm.
Subject: Aguila **Obv.** National arms, eagle left within designed shield **Rev:** Eagle sculpture within designed shield **Edge:** Reeded

Date	Mintage	VF20	XF40	MS60	MS63	MS65
1998 Mo	303	**PF63** 1,900				
1998 Mo	303	—	—	—	1,850	—

MEDALLIC SILVER BULLION COINAGE

KM# M49a   ONZA
33.63 g., 0.925 Silver, 1.000 oz. ASW 41mm. **Obv.** Mint mark above coin press

Date	Mintage	VF20	XF40	MS60	MS63	MS65
1949	1,000,000	36.50	40.00	45.00	60.00	—

KM# M49b.1   ONZA
33.63 g., 0.925 Silver, 1.000 oz. ASW 41mm. **Obv.** Wide spacing between DE MONEDA **Rev:** Mint mark below balance scale **Note:** Type I

Date	Mintage	VF20	XF40	MS60	MS63	MS65
1978 Mo	280,000	—	17.00	37.50	45.00	—

KM# M49b.2   ONZA
33.63 g., 0.925 Silver, 1.000 oz. ASW 41mm. **Obv.** Close spacing between DE MONEDA **Rev:** Mint mark below balance scale **Note:** Type II

Date	Mintage	VF20	XF40	MS60	MS63	MS65
1978 Mo	Inc. above	—	17.00	38.50	48.00	—

KM# M49b.3 ONZA
33.63 g., 0.925 Silver, 1.000 oz. ASW 41mm. **Obv.**
Close spacing between DE MONEDA **Rev:** Left
scale pan points to U in UNA **Note:** Type III

Date	Mintage	VF20	XF40	MS60	MS63	MS65
1979 Mo	4,508,000	—	17.00	37.50	42.00	—

KM# M49b.4 ONZA
33.63 g., 0.925 Silver, 1.000 oz. ASW 41mm. **Obv.**
Close spacing between DE MONEDA **Rev:** Left scale
pan points between U and N of UNA **Note:** Type IV

Date	Mintage	VF20	XF40	MS60	MS63	MS65
1979 Mo	Inc. above	—	17.00	37.50	42.00	—

KM# M49b.5 ONZA
33.63 g., 0.925 Silver, 1.000 oz. ASW 41mm. **Obv.**
Close spacing between DE MONEDA **Rev:** Left scale
pan points between U and N of UNA **Note:** Type V

Date	Mintage	VF20	XF40	MS60	MS63
1980/70 Mo	Inc. above	—	17.00	38.50	46.00
1980 Mo	6,104,000	—	17.00	37.50	42.00

MEDALLIC GOLD COINAGE

KM# M91a 10 PESOS
8.33 g., 0.900 Gold, 0.2411 oz. AGW **Subject:**
200th Anniversary - Birth of Hidalgo

Date	Mintage	VF20	XF40	MS60	MS63	MS65
1953	—	—	—	295	450	—

KM# M123a 10 PESOS
8.33 g., 0.900 Gold, 0.2411 oz. AGW **Subject:**
Centennial of Constitution

Date	Mintage	VF20	XF40	MS60	MS63	MS65
1957	—	—	—	295	450	—

Note: Mintage includes #M122a

KM# M92a 20 PESOS
16.67 g., 0.900 Gold, 0.4823 oz. AGW **Subject:**
200th Anniversary - Birth of Hidalgo

Date	Mintage	VF20	XF40	MS60	MS63	MS65
1953	—	—	—	589	850	—

KM# M122a 50 PESOS
41.67 g., 0.900 Gold, 1.2057 oz. AGW **Subject:**
Centennial of Constitution

Date	Mintage	VF20	XF40	MS60	MS63	MS65
1957	—	—	—	1,473	2,150	—

Note: Mintage included in total for KM#M123a

REVOLUTIONARY

AGUASCALIENTES

Aguascalientes is a state in central Mexico. Its coin issues, struck by authority of Pancho Villa, represent his deepest penetration into the Mexican heartland. Lack of silver made it necessary to make all denominations in copper.

FRANCISCO PANCHO VILLA

REVOLUTIONARY COINAGE

KM# 601 CENTAVO
3.55 g., Copper, 17mm. **Obv.** Liberty cap **Rev:** Value within 3/4 wreath below date **Note:** Large date weight 3.55g.

Date	Mintage	VG8	F12	VF20	XF40	MS60
1915	—	30.00	60.00	100	300	—
Note: Large date, reeded edge						
1915	—	30.00	60.00	100	300	—
Note: Small date, plain edge						
1915	—	250	350	450	—	—
Note: Large date, plain edge						
1915	—	30.00	60.00	80.00	250	—
Note: Small date, reeded edge						

KM# 602.1 2 CENTAVOS
4.28 g., Copper, **Obv.** Liberty cap **Rev:** Value within 3/4 wreath below date

Date	Mintage	VG8	F12	VF20	XF40	MS60
1915	—	40.00	100	300	450	—
Note: Round front 2, plain edge						

KM# 602.2 2 CENTAVOS
3.35 g., Copper, 19mm. **Obv.** Liberty cap **Rev:** Value within 1/2 wreath below date

Date	Mintage	VG8	F12	VF20	XF40
1915 Plain edge	—	50.00	90.00	200	500
Note: Square front 2					
1915	—	35.00	60.00	85.00	300
Note: Square front 2, reeded edge					

KM# 603 5 CENTAVOS
Copper, 25mm. **Obv.** National arms **Rev:** Liberty cap and value above sprigs

Date	Mintage	VG8	F12	VF20	XF40
1915 Plain edge; Rare	—	—	—	—	—
1915 Reeded edge	—	10.00	20.00	30.00	75.00

KM# 604.1 5 CENTAVOS
7.13 g., Copper, 25mm. **Obv.** National arms **Rev:** Vertically shaded 5 within sprigs

Date	Mintage	VG8	F12	VF20	XF40	MS60
1915	—	20.00	40.00	50.00	175	—
Note: Reeded edge						
1915	—	100	150	225	400	—
Note: Plain edge						

KM# 604.2 5 CENTAVOS
Copper, 25mm. **Obv.** National arms **Rev:** Horizontally shaded 5 within sprigs

Date	Mintage	VG8	F12	VF20	XF40	MS60
1915	—	25.00	40.00	65.00	150	—
Note: Reeded edge						
1915	—	35.00	60.00	90.00	275	—
Note: Plain edge						

KM# 600 20 CENTAVOS
Copper, **Obv.** National arms **Rev:** Value below Liberty cap within sprigs **Edge:** Reeded

Date	Mintage	VG8	F12	VF20	XF40	MS60
1915	—	15.00	20.00	50.00	100	—
Note: Varieties exist with both plain and milled edges and many variations in the shading of the numerals						

KM# 605 20 CENTAVOS
Copper, 29mm. **Obv.** National arms **Rev:** Value
below Liberty cap within sprigs

Date	Mintage	VG8	F12	VF20	XF40
1915 Reeded edge	—	11.00	30.00	85.00	150

KM# 606 20 CENTAVOS
Copper, 29mm. **Obv.** National arms **Rev:** Value
below Liberty cap within sprigs

Date	Mintage	VG8	F12	VF20	XF40
1915 Reeded edge	—	10.00	20.00	60.00	100

CHIHUAHUA

Chihuahua is a northern state of Mexico border-
ing the U.S. It was the arena that introduced Pancho
Villa to the world. Villa, an outlaw, was given a title
when asked by Madero to participate in maintaining
order during Madero's presidency. After Madero's
death in February 1913, Villa became a persuasive
leader. Chihuahua was where he made his first
coins - the Parral series. The Army of the North pe-
sos also came from this state. This coin helped Villa
recruit soldiers because of his ability to pay in silver
while others were paying in worthless paper money.

ARMY OF THE NORTH

REVOLUTIONARY COINAGE

KM# 619 PESO
29.27 g., Silver, **Obv.** National arms **Rev:** Liberty
cap

Date	Mintage	VG8	F12	VF20	XF40	MS60
1915	—	25.00	40.00	75.00	200	800

KM# 619a PESO
Copper, **Obv.** National arms **Rev:** Liberty cap

Date	Mintage	VG8	F12	VF20	XF40	MS60
1915	—	500	1,000	1,500	3,500	—

KM# 619b PESO
Brass, **Obv.** National arms **Rev:** Liberty cap **Note:**
Uniface obverse

Date	Mintage	VG8	F12	VF20	XF40	MS60
1915 Rare	—	—	—	—	—	—

CONSTITUTIONALIST ARMY

KM# 612 5 CENTAVOS
Copper, **Obv.** Liberty cap **Rev:** Value above date

Date	Mintage	VG8	F12	VF20	XF40	MS60
1914	—	25.00	45.00	100	250	—

KM# 613 5 CENTAVOS
6.60 g., Copper, 25mm. **Obv.** Liberty cap **Rev:**
Value above date **Note:** Numerous varieties exist.
Weight varies 6.3-6.93g.

Date	Mintage	VG8	F12	VF20	XF40	MS60
1914	—	1.00	2.50	4.00	10.00	—
1915	—	1.00	2.50	4.00	10.00	—

KM# 613a 5 CENTAVOS
Brass, **Obv.** Liberty cap **Rev:** Value above date
Note: Numerous varieties exist.

Date	Mintage	VG8	F12	VF20	XF40	MS60
1914	—	2.00	3.00	8.00	10.00	—
1915	—	2.00	3.00	8.00	10.00	—

KM# 613b 5 CENTAVOS
Cast Copper, **Obv.** Liberty cap **Rev:** Value above
date

Date	Mintage	VG8	F12	VF20	XF40	MS60
1914	—	75.00	200	300	450	—

KM# 614 5 CENTAVOS
Copper, **Obv.** National arms **Rev:** Value below
date within sprigs with double-lined V

Date	Mintage	VG8	F12	VF20	XF40
1915 SS Unique	—	—	—	—	—

KM# 614a 5 CENTAVOS
Copper, **Obv.** National arms **Rev:** Value below
date within sprigs with solid V

Date	Mintage	VG8	F12	VF20	XF40	MS60
1915 Rare	—	—	—	—	—	—

KM# 614b   5 CENTAVOS
Copper, **Obv.** National arms **Rev:** Value above date **Note:** Mule.

Date	Mintage	VG8	F12	VF20	XF40	MS60
1915	—	—	500	—	—	—

KM# 614c   5 CENTAVOS
Copper, **Obv.** National arms **Rev:** Liberty cap **Note:** Mule.

Date	Mintage	VG8	F12	VF20	XF40	MS60
1915 Rare	—	—	—	—	—	—

KM# 615   10 CENTAVOS
8.79 g., Copper, 27.5mm. **Obv.** Liberty cap **Rev:** Value above date

Date	Mintage	VG8	F12	VF20	XF40	MS60
1915	—	1.25	2.50	3.50	8.00	20.00

KM# 615a   10 CENTAVOS
8.89 g., Brass, 27.5mm. **Obv.** Liberty cap **Rev:** Value above date

Date	Mintage	VG8	F12	VF20	XF40	MS60
1915	—	5.00	10.00	30.00	50.00	—

Note: Many varieties exist

HIDALGO DEL PARRAL

KM# 607   2 CENTAVOS
6.85 g., Copper, 25mm. **Obv.** Liberty cap within circle flanked by sprigs **Rev:** Value flanked by sprigs within circle

Date	Mintage	VG8	F12	VF20	XF40	MS60
1913	—	5.00	10.00	25.00	50.00	—

KM# 607a   2 CENTAVOS
Brass, **Obv.** Liberty cap within circle flanked by sprigs **Rev:** Value flanked by sprigs within circle

Date	Mintage	VG8	F12	VF20	XF40	MS60
1913	—	95.00	150	200	400	—

KM# 608   50 CENTAVOS
12.65 g., Silver, **Obv.** Liberty cap **Rev:** Value flanked by sprigs below Liberty cap **Edge:** Reeded

Date	Mintage	VG8	F12	VF20	XF40	MS60
1913	—	18.00	40.00	80.00	150	—

KM# 609   50 CENTAVOS
12.17 g., Silver, 30mm. **Edge:** Plain

Date	Mintage	VG8	F12	VF20	XF40	MS60
1913	—	50.00	70.00	125	250	—

KM# 609a   50 CENTAVOS
Copper, **Edge:** Plain

Date	Mintage	VG8	F12	VF20	XF40	MS60
1913 rare	—	200	500	800	1,000	—

KM# 610   PESO
30.00 g., Silver, **Obv.** Inscription **Rev:** 1 through PESO and small circle above sprigs **Note:** Weight varies 29.18-30.9g.

Date	Mintage	VG8	F12	VF20	XF40	MS60
1913	—	1,200	2,000	3,000	6,500	14,000

KM# 611   PESO
Silver, 38mm. **Obv.** Inscription **Rev:** Value above sprigs **Note:** Well struck counterfeits of this coin exist with the dot at the end of the word Peso even with the bottom of the O. On legitimate pieces the dot is slightly higher. Weight varies 27.3-28.85g.

Date	Mintage	VG8	F12	VF20	XF40	MS60
1913	—	35.00	45.00	125	275	475

DURANGO

A state in north central Mexico. Another area of operation for Pancho Villa. The Muera Huerta peso originates in this state. The coins were made in Cuencame under the orders of Generals Cemceros and Contreras.

CUENCAME
REVOLUTIONARY COINAGE

KM# 620 PESO
Silver, 38mm. **Obv.** National arms **Rev:** Liberty cap with written value flanked by stars

Date	Mintage	VG8	F12	VF20	XF40	MS60
1914	—	1,000	2,000	4,000	8,000	15,000

KM# 621 PESO
23.20 g., Silver, 39mm. **Obv.** National arms with continuous border **Rev:** Liberty cap with continuous border

Date	Mintage	VG8	F12	VF20	XF40	MS60
1914	—	75.00	150	300	700	1,200

KM# 621a PESO
Copper, **Obv.** National arms with continuous border **Rev:** Liberty cap with continuous border **Note:** Varieties exist.

Date	Mintage	VG8	F12	VF20	XF40	MS60
1914	—	400	600	2,000	3,000	—

KM# 621b PESO
Brass, **Obv.** National arms **Rev:** Liberty cap

Date	Mintage	VG8	F12	VF20	XF40	MS60
1914	—	—	2,000	3,000	4,000	—

KM# 622 PESO
23.40 g., Silver, 38.5mm. **Obv.** National arms with dot and dash border **Rev:** Liberty cap with continuous border **Note:** The so-called 20 Pesos gold Muera Huerta pieces are modern fantasies. Refer to Unusual World Coins, 4th edition, ©2005, KP Books, Inc.

Date	Mintage	VG8	F12	VF20	XF40	MS60
1914	—	65.00	120	300	600	1,100

ESTADO DE DURANGO

KM# 624 CENTAVO
Lead, **Obv.** Date **Rev:** Value within wreath **Note:** Cast.

Date	Mintage	VG8	F12	VF20	XF40	MS60
1914	—	45.00	75.00	100	200	—

KM# 625 CENTAVO
3.29 g., Copper, 20mm. **Obv.** Large date in center **Rev:** Value within wreath

Date	Mintage	VG8	F12	VF20	XF40	MS60
1914	—	2.00	4.00	10.00	20.00	—

KM# 625a CENTAVO
Brass, **Obv.** Large date in center **Rev:** Value within wreath

Date	Mintage	VG8	F12	VF20	XF40	MS60
1914	—	75.00	200	400	500	—

KM# 625b CENTAVO
Lead, **Obv.** Large date in center **Rev:** Value within wreath

Date	Mintage	VG8	F12	VF20	XF40	MS60
1914	—	20.00	40.00	65.00	90.00	—

KM# 625c CENTAVO
Copper, **Obv.** Large date in center **Rev:** Value within wreath

Date	Mintage	VG8	F12	VF20	XF40	MS60
1914	—	25.00	50.00	80.00	125	—

KM# 626 CENTAVO
2.80 g., Copper, 20mm. **Obv.** Date **Rev:** Value within wreath **Note:** Weight varies 2.46-2.78g.

Date	Mintage	VG8	F12	VF20	XF40	MS60
1914	—	15.00	20.00	40.00	50.00	—

KM# 626a CENTAVO
Brass, **Obv.** Date **Rev:** Value within wreath

Date	Mintage	VG8	F12	VF20	XF40	MS60
1914	—	75.00	100	300	500	—

KM# 626b CENTAVO
Lead, **Obv.** Date **Rev:** Value within wreath

Date	Mintage	VG8	F12	VF20	XF40	MS60
1914	—	20.00	40.00	70.00	125	—

Note: Varieties in size exist

KM# 627 CENTAVO
Copper, 20mm. **Obv.** Stars below date **Rev:** Value with retrograde N

Date	Mintage	VG8	F12	VF20	XF40	MS60
1914	—	6.00	12.00	30.00	45.00	—

KM# 627a CENTAVO
Lead, 20mm. **Obv.** Stars below date **Rev:** Value with retrograde N

Date	Mintage	VG8	F12	VF20	XF40	MS60
1914	—	20.00	40.00	60.00	125	—

KM# 628 CENTAVO
Aluminum, **Obv.** National arms within sprigs **Rev:** Value

Date	Mintage	VG8	F12	VF20	XF40	MS60
1914	—	0.65	1.00	2.00	4.00	12.00

KM# 629 5 CENTAVOS
6.20 g., Copper, 24mm. **Obv.** Date above sprigs **Rev:** Value within designed wreath **Obv. Legend:** ESTADO DE DURANGO

Date	Mintage	VG8	F12	VF20	XF40	MS60
1914	—	2.00	3.00	8.00	15.00	—

KM# 630 5 CENTAVOS
Copper, **Obv.** Date above sprigs **Rev:** Value within designed wreath **Obv. Legend:** E. DE DURANGO

Date	Mintage	VG8	F12	VF20	XF40	MS60
1914	—	125	275	450	700	—

KM# 631 5 CENTAVOS
5.05 g., Copper, 23.5mm. **Obv.** Date above sprigs **Rev:** Value within designed wreath **Obv. Legend:** E. DE DURANGO

Date	Mintage	VG8	F12	VF20	XF40	MS60
1914	—	1.25	3.00	6.00	15.00	—

KM# 631a 5 CENTAVOS
Brass, **Obv.** Date above sprigs **Rev:** Value within designed wreath **Obv. Legend:** E. DE DURANGO

Date	Mintage	VG8	F12	VF20	XF40	MS60
1914	—	30.00	40.00	70.00	100	—

KM# 631b 5 CENTAVOS
Lead, **Obv.** Date above sprigs **Rev:** Value within designed wreath **Obv. Legend:** E. DE DURANGO

Date	Mintage	VG8	F12	VF20	XF40	MS60
1914	—	45.00	70.00	100	180	—

KM# 632 5 CENTAVOS
4.61 g., Copper, 23.5mm. **Obv.** Date above sprigs **Rev:** Roman numeral value **Obv. Legend:** E. DE DURANGO

Date	Mintage	VG8	F12	VF20	XF40	MS60
1914	—	4.00	8.00	20.00	50.00	—

KM# 632a 5 CENTAVOS
Lead, **Obv.** Date above sprigs **Rev:** Roman numeral value **Obv. Legend:** E. DE DURANGO

Date	Mintage	VG8	F12	VF20	XF40	MS60
1914	—	50.00	75.00	100	150	—

KM# 633 5 CENTAVOS
Lead, **Obv.** Three stars below 1914 **Rev:** 5 CVS
Note: Counterfeits are prevalent in the market

Date	Mintage	VG8	F12	VF20	XF40	MS60
1914	—	—	600	2,000	—	—

KM# 634 5 CENTAVOS
Brass, **Obv.** National arms above sprigs **Rev:** Value **Obv. Legend:** REPUBLICA MEXICANA **Rev. Legend:** ESTADO DE DURANGO

Date	Mintage	VG8	F12	VF20	XF40	MS60
1914	—	0.50	1.00	2.50	6.00	12.00

KM# 634a 5 CENTAVOS
Copper, **Obv.** National arms above sprigs **Rev:** Value **Obv. Legend:** REPUBLICA MEXICANA **Rev. Legend:** ESTADO DE DURANGO **Note:** There are

numerous varieties of these general types of the Durango 1 and 5 Centavo pieces.

Date	Mintage	VG8	F12	VF20	XF40	MS60
1914	— 75.00	125	175	250	—

KM# 634b 5 CENTAVOS
6.89 g., Copper-Nickel, 25.53mm. **Obv.** National arms above sprigs **Rev:** Value **Obv. Legend:** REPUBLICA MEXICANA **Rev. Legend:** ESTADO DE DURANGO **Edge:** Plain

Date	Mintage	F12	VF20	XF40	MS60	MS63
1914	—	25.00	50.00	85.00	135	200

GUERRERO

Guerrero is a state on the southwestern coast of Mexico. It was one of the areas of operation of Zapata and his forces in the south of Mexico. The Zapata forces operated seven different mints in this state. The date ranges were from 1914 to 1917 and denominations from 2 Centavos to 2 Pesos. Some were cast but most were struck and the rarest coin of the group is the Suriana 1915 2 Pesos.

EMILIANO ZAPATA
REVOLUTIONARY COINAGE

KM# 638 2 CENTAVOS
6.00 g., Copper, 22mm. **Obv.** National arms **Rev:** Value within wreath **Obv. Legend:** REPUBLICA ★ MEXICANA **Note:** Weight varies 5.4-6.03g.

Date	Mintage	VG8	F12	VF20	XF40	MS60
1915	— 75.00	125	175	250	—

KM# 635 3 CENTAVOS
Copper, 25mm. **Obv.** National arms **Rev:** Value within wreath **Obv. Legend:** REPUBLICA MEXICANA **Note:** Weight varies 4.63-6.87g.

Date	Mintage	VG8	F12	VF20	XF40	MS60
1915	—	500	1,500	2,000	3,000	—

KM# 636 5 CENTAVOS

Copper, 26mm. **Obv.** National arms **Rev:** Value within wreath **Mint:** Guerrero

Date	Mintage	VG8	F12	VF20	XF40	MS60
1915 GRO	—	800	1,200	2,000	3,000	—

KM# 637.1 10 CENTAVOS
Copper, 27-28.5mm. **Obv.** National arms, snake head ends at L in REPUBLICA **Rev:** Date and value within wreath **Obv. Legend:** REPUBLICA MEXICANA **Mint:** Guerrero **Note:** Size varies.

Date	Mintage	VG8	F12	VF20	XF40	MS60
1915 GRO	—	600	1,000	1,500	2,000	—

KM# 637.2 10 CENTAVOS
Copper, 27-28.5mm. **Obv.** National arms, snake head ends at C in REPUBLICA **Rev:** Value within wreath **Obv. Legend:** REPUBLICA MEXICANA **Mint:** Guerrero **Note:** Size varies.

Date	Mintage	VG8	F12	VF20	XF40	MS60
1915 GRO	—	3.00	5.00	8.00	15.00	—

KM# 637.2a 10 CENTAVOS
8.23 g., Brass, 26mm. **Obv.** National arms, snake head ends at C in REPUBLICA **Rev:** Value within wreath **Obv. Legend:** REPUBLICA MEXICANA **Mint:** Guerrero

Date	Mintage	VG8	F12	VF20	XF40	MS60
1915 GRO	—	8.00	15.00	25.00	50.00	—

KM# 637.2b 10 CENTAVOS
Lead, **Obv.** National arms, snake head ends at C in REPUBLICA **Rev:** Value within wreath **Obv. Legend:** REPUBLICA MEXICANA **Mint:** Guerrero

Date	Mintage	VG8	F12	VF20	XF40	MS60
1915 GRO	— 50.00	75.00	175	275	—

KM# 637.3 10 CENTAVOS
Copper, **Obv.** National arms, snake head ends before A in REPUBLICA **Rev:** Date and value within wreath **Obv. Legend:** REPUBLICA MEXICANA **Mint:** Guerrero

Date	Mintage	VG8	F12	VF20	XF40	MS60
1915. GRO	—	3.00	5.00	8.00	15.00	—

KM# 637.3a   10 CENTAVOS
Brass, **Obv.** National arms, snake head ends
before A in REPUBLICA **Rev:** Value and date within
wreath **Obv. Legend:** REPUBLICA MEXICANA
Mint: Guerrero

Date	Mintage	VG8	F12	VF20	XF40	MS60
1915. GRO	—	12.00	20.00	50.00	100	—

KM# 639   25 CENTAVOS
7.50 g., Silver, 25mm. **Obv.** Liberty cap **Rev:** Value
above date **Obv. Legend:** Mexicana REPUbLICA
Note: Weight varies 7.41-7.5g.

Date	Mintage	VG8	F12	VF20	XF40	MS60
1915	—	125	300	800	1,200	—

KM# 640   50 CENTAVOS
14.80 g., Silver, 34mm. **Obv.** Liberty cap **Rev:**
Date and value within beaded border **Note:** Weight
varies 14.5-14.8g.

Date	Mintage	VG8	F12	VF20	XF40	MS60
1915	—	1,000	2,000	6,000	15,000	—

KM# 641   PESO (UN)
0.300 Gold with Silver, 29-31mm. **Obv.** National
arms **Rev:** Liberty cap and rays within sprigs **Obv.
Legend:** REPUBLICA MEXICANA - (star) UN PESO
Rev. Legend: REFORMA LIBERTAD JUSTICIA Y
LEY **Rev. Inscription:** Oro:0,300 **Mint:** Guerrero
Note: Many die varieties exist. Size varies. Weight
varies 10.28-14.84g.

Date	Mintage	VG8	F12	VF20	XF40	MS60
1914 GRO	—	20.00	30.00	40.00	85.00	—

KM# 641a   PESO (UN)
Copper. **Obv.** National arms **Obv. Legend:**
REPUBLICA MEXICANA - H UN PESO **Rev.**
Liberty cap and rays within sprigs **Rev. Legend:**
"REFORMA LIBERTAD JUSTICIA Y LEY"

Date	Mintage	VG8	F12	VF20	XF40	MS60
1914 GRO	—	32.00	80.00	200	500	1,500

KM# 642   PESO (UN)
0.300 Gold with Silver, 30.5-31mm. **Obv.** National
arms **Rev:** Liberty cap and rays within sprigs **Obv.
Legend:** REPUBLICA MEXICANA - (star) UN
PESO (star) **Rev. Legend:** REFORMA.LIBERTAD.
JUSTICIA Y LEY **Rev. Inscription:** Oro:0,300
Mint: Guerrero **Note:** Weight varies 12.93-14.66g.

Date	Mintage	VG8	F12	VF20	XF40	MS60
1914 GRO	—	50.00	75.00	100	180	—
1915 GRO	—	600	1,000	1,500	1,850	—

KM# 643   2 PESOS (DOS)
Gold with Silver, 38.25-39.6mm. **Obv.** National
arms **Rev:** Radiant sun face above high mountain
peaks **Obv. Legend:** REPUBLICA MEXICANA **Rev.
Legend:** REFORMA LIBERTAD, JUSTICIA Y LEY",
Rev. Inscription: Oro:0,595 **Mint:** Guerrero **Note:**
Many varieties exist. Coin is 0.595g fine Gold.

Date	Mintage	VG8	F12	VF20	XF40	MS60
1914 GRO	—	25.00	45.00	125	200	600

KM# 643a   2 PESOS (DOS)
Copper, 38-38.5mm. **Obv.** National arms **Rev:**
Radiant sun face above high mountain peaks **Obv.
Legend:** REPUBLICA MEXICANA **Rev. Legend:**
REFORMA, LIBERTAD, JUSTICIA Y LEY **Mint:**
Guerrero **Note:** Size varies.

Date	Mintage	G4	VG8	F12	VF20	XF40
1914GRO	—	—	—	1,400	1,800	4,000

KM# 644   2 PESOS (DOS)
Gold with Silver, 39-40mm. **Obv.** National arms
Rev: Radiant sun face above high and low mountain
peaks **Obv. Legend:** REPUBLICA MEXICANA **Rev.
Legend:** REFORMA, LIBERTAD, JUSTICIA Y LEY
Rev. Inscription: Oro:0,595 **Mint:** Guerrero **Note:**
Weight varies 21.71-26.54g. Coin is 0.595g fine
Gold.

Date	Mintage	VG8	F12	VF20	XF40	MS60
1915 GRO	—	65.00	85.00	160	250	550

KM# 644a   2 PESOS (DOS)
Copper, **Obv.** National arms **Rev:** Radiant sun
face above high and low mountain peaks **Obv.
Legend:** REPUBLICA MEXICANA **Rev. Legend:**
REFORMA, LIBERTAD, JUSTICIA Y LEY **Mint:**
Guerrero

Date	Mintage	VG8	F12	VF20	XF40	MS60
1915 GRO	—	400	1,000	1,500	2,500	—

ATLIXTAC

KM# 645 10 CENTAVOS
Copper, 27.5-28mm. **Obv.** National arms **Rev:**
Value within sprigs **Obv. Legend:** REPUBLICA
MEXICANA **Note:** Size varies. Weight varies 4.76-
9.74g.

Date	Mintage	VG8	F12	VF20	XF40	MS60
1915	—	3.00	5.00	8.00	15.00	—

KM# 646 10 CENTAVOS
Copper, 27.55-28mm. **Obv.** National arms **Rev:**
Value within sprigs **Obv. Legend:** REPUBLICA ★ Z
MEXICANA **Note:** Size varies. Weight varies 6.13-
7.94g.

Date	Mintage	VG8	F12	VF20	XF40	MS60
1915	—	3.00	5.00	8.00	15.00	—

CACAHUATEPEC

KM# 648 5 CENTAVOS
12.19 g., Copper, 28mm. **Obv.** National arms
Rev: Value within wreath **Obv. Legend:** ESTADOS
UNIDOS MEXICANOS

Date	Mintage	VG8	F12	VF20	XF40	MS60
1917	—	12.00	25.00	40.00	75.00	—

KM# 649 20 CENTAVOS
Silver, 21-23.8mm. **Obv.** National arms **Rev:**
Value within sprigs below liberty cap and rays **Obv.**
Legend: ESTADOS UNIDOS MEXICANOS **Note:**
Size varies. Weight varies 3.99-6.2g.

Date	Mintage	VG8	F12	VF20	XF40	MS60
1917	—	100	200	350	400	—

KM# 650 50 CENTAVOS
13.80 g., Silver, 30-30.3mm. **Obv.** National arms
Rev: Value and date within sprigs below Liberty cap
Obv. Legend: ESTADOS UNIDOS MEXICANOS
Note: Size varies. Weight varies 13.45-13.78g.

Date	Mintage	VG8	F12	VF20	XF40	MS60
1917	—	25.00	65.00	150	375	—

KM# 651 PESO (UN)
Silver, 38mm. **Obv.** National arms **Rev:** Liberty
cap **Note:** Weight varies 26.81-32.05g.

Date	Mintage	VG8	F12	VF20	XF40
1917 L.V. Go	—	2,000	4,000	10,000	12,000

CACALOTEPEC

KM# 652 20 CENTAVOS
Silver, 22.5mm. **Obv.** National arms **Rev:** Date
and value within sprigs below Liberty cap and rays
Obv. Legend: ESTADOS UNIDOS MEXICANOS
Note: Weight varies 3.89-5.73g.

Date	Mintage	VG8	F12	VF20	XF40	MS60
1917	—	1,000	1,800	4,000	8,000	—

CAMPO MORADO

KM# 653 5 CENTAVOS
4.37 g., Copper, 23.5-24mm. **Obv.** National arms
Rev: Value within wreath **Note:** Size varies.

Date	Mintage	VG8	F12	VF20	XF40	MS60
1915 C.M.	—	9.00	15.00	22.50	50.00	—

KM# 654   10 CENTAVOS
Copper, 25.25-26mm. **Obv.** National arms **Rev:**
Value and date within wreath **Note:** Size varies.
Weight varies. 4.48-8.77g.

Date	Mintage	VG8	F12	VF20	XF40
1915 C.M. GRO	—	6.00	10.00	20.00	30.00

KM# 655   20 CENTAVOS
Copper, 28mm. **Obv.** National arms **Rev:** Date
above star and value within wreath **Note:** Weight
varies 4.48-9g.

Date	Mintage	VG8	F12	VF20	XF40
1915 C.M. GRO	—	15.00	25.00	35.00	50.00

KM# 656   50 CENTAVOS
Copper, 29-31mm. **Obv.** National arms **Rev:** Date
and value within wreath **Note:** Size varies. Weight
varies 9.81-16.77g.

Date	Mintage	VG8	F12	VF20	XF40
1915 C.M. GRO	—	12.00	20.00	30.00	60.00

KM# 657   50 CENTAVOS
Copper, 30-31mm. **Obv.** National arms **Rev:** Date
and value within wreath **Note:** Regular obverse.
Size varies. Weight varies 6.49-13.19g.

Date	Mintage	VG8	F12	VF20	XF40
1915 C.M. GRO	—	6.00	10.00	15.00	50.00

KM# 657a   50 CENTAVOS
Billon, **Obv.** National arms **Rev:** Date and value
within wreath **Note:** Regular obverse.

Date	Mintage	VG8	F12	VF20	XF40
1915 C.M. GRO	—	200	300	500	1,000

KM# 658   PESO (UN)
Gold with Silver, 32-32.5mm. **Obv.** National arms
Rev: Liberty cap   **Rev. Inscription:** Oro:0,300
Note: Weight varies 12.42-16.5g. Coin is 0.300g
fine Gold.

Date	Mintage	VG8	F12	VF20	XF40
1914 Co Mo Gro	—	500	600	1,000	1,200

KM# 658a   PESO (UN)
Brass, **Obv.** National arms **Rev:** Liberty cap

Date	Mintage	VG8	F12	VF20	XF40
1914 Co Mo Gro	—	—	—	—	10,000
Unique					

KM# 659   PESO (UN)
Gold with Silver, 30-31mm. **Obv.** National arms
Rev: Liberty cap within sprigs **Rev. Inscription:**
Oro:0,300 **Note:** Weight varies 12.26-15.81g. Coin
is 0.300g fine Gold.

Date	Mintage	VG8	F12	VF20	XF40
1914 CAMPO Mo	—	20.00	35.00	50.00	85.00

KM# 660   2 PESOS (DOS)
Gold with Silver, 38.9-39mm. **Obv.** National
arms **Rev:** Sun over mountains **Rev. Inscription:**
Oro:0,595 **Note:** Weight varies 20.6-26.02g. Coin
is 0.595g fine Gold.

Date	Mintage	VG8	F12	VF20	XF40	MS60
1915 Co. Mo.	—	18.00	22.00	40.00	85.00	425

KM# 660a   2 PESOS (DOS)
Copper, **Obv.** National arms **Rev:** Sun over
mountains

Date	Mintage	VG8	F12	VF20	XF40	MS60
1915 Co. Mo.	—	—	800	1,000	1,200	—

KM# 661 2 PESOS (DOS)
29.44 g., Gold with Silver, 39mm. **Obv.** National arms **Rev:** Sun and mountains **Rev. Inscription:** Oro:0,595 **Note:** Coin is 0.595g fine Gold.

Date	Mintage	VG8	F12	VF20	XF40
1915 Co. Mo.	—	2,500	5,000	9,000	15,000

KM# 662 2 PESOS (DOS)
0.60 g., 1.000 Gold with Silver, 0.0191 oz. 34.5-35mm. **Obv.** National arms **Rev:** Liberty cap **Note:** Size varies. Weight varies 18.27-20.08g.

Date	Mintage	VG8	F12	VF20	XF40
1915 C. M. GRO	—	25.00	35.00	65.00	125

KM# 662a.1 2 PESOS (DOS)
Copper, **Obv.** National arms **Rev:** Liberty cap

Date	Mintage	VG8	F12	VF20	XF40
1915 C. M. GRO	—	—	—	—	1,200

KM# 662a.2 2 PESOS (DOS)
Copper, **Obv.** National arms **Rev:** Liberty cap

Date	Mintage	VG8	F12	VF20	XF40
1915 C. M. GRO	—	—	—	—	—
Unique					

CHILPANCINGO

KM# 663 10 CENTAVOS
2.52 g., Cast Silver, 18mm. **Obv.** National arms **Rev:** Sun above value and sprigs

Date	Mintage	VG8	F12	VF20	XF40	MS60
1914	—	700	1,000	1,200	1,500	—
Note: Many counterfeits exist						

KM# 664 20 CENTAVOS
4.94 g., Cast Silver, 21.5mm. **Obv.** National arms **Rev:** Sun above value and sprigs

Date	Mintage	VG8	F12	VF20	XF40	MS60
1914	—	700	1,000	1,200	1,500	—
Note: Many counterfeits exist						

SURIANA

KM# 665 2 PESOS (DOS)
22.93 g., Gold with Silver, 39mm. **Obv.** National arms **Rev:** Sun over mountains **Rev. Inscription:** Oro:0,595 **Note:** Coin is 0.595g fine Gold.

Date	Mintage	VG8	F12	VF20	XF40
1915 Rare	—	—	—	20,000	35,000
Note: Ira & Larry Goldberg - Millenia sale, 5-08 AU-55 replica. Ponterio & Associates sale, 4-09 VF realized $17,000. Spink America Gerber sale part 2, 6-96 VF realized $16,500					

TAXCO

KM# 667 2 CENTAVOS
Copper, 25.25-26mm. **Obv.** National arms **Rev:** Value within sprigs **Obv. Legend:** EDO.DE.GRO **Note:** Size varies. Weight varies 6.81-8.55g.

Date	Mintage	VG8	F12	VF20	XF40	MS60
1915 O/T	—	25.00	40.00	60.00	90.00	—

KM# 668 5 CENTAVOS

Copper, **Obv.** National arms **Rev:** Value within sprigs **Obv. Legend:** REPUBLICA ★ MEXICANA **Note:** Weight varies 7.13-7.39g.

Date	Mintage	VG8	F12	VF20	XF40	MS60
1915	—	10.00	20.00	40.00	80.00	—

KM# 669   10 CENTAVOS
Copper, 27-28mm. **Obv.** National arms **Rev:** Date and value within sprigs **Obv. Legend:** REPUBLICA ★ MEXICANA **Note:** Size varies. Weight varies 7.51-8.67g.

Date	Mintage	VG8	F12	VF20	XF40	MS60
1915	—	9.00	20.00	35.00	50.00	—

KM# 670   50 CENTAVOS
5.45 g., Copper, 27-28mm. **Obv.** National arms with legend in large letters **Rev:** Value within sprigs **Note:** Size varies.

Date	Mintage	VG8	F12	VF20	XF40	MS60
1915	—	15.00	25.00	50.00	65.00	—

KM# 671   50 CENTAVOS
Silver, 27.6-28mm. **Obv.** National arms **Rev:** Sun above value and sprigs **Note:** Size varies. Weight varies 8.95-10.85g.

Date	Mintage	VG8	F12	VF20	XF40	MS60
1915	—	25.00	40.00	80.00	150	—

KM# 672   PESO (UN)
Gold with Silver, 30-31mm. **Obv.** National arms **Rev:** Liberty cap within sprigs **Rev. Inscription:** Oro:0,300 **Note:** Weight varies 30-31g. Coin is 0.300g fine Gold.

Date	Mintage	VG8	F12	VF20	XF40	MS60
1915	—	18.00	22.00	50.00	90.00	—

KM# 672a   PESO (UN)
Brass, **Obv.** National arms **Rev:** Liberty cap within sprigs

Date	Mintage	VG8	F12	VF20	XF40	MS60
1915	—	300	500	700	1,000	—

KM# 672b   PESO (UN)
Lead, **Obv.** National arms **Rev:** Liberty cap within sprigs

Date	Mintage	VG8	F12	VF20	XF40	MS60
1915	—	50.00	200	300	500	—

KM# 672c   PESO (UN)
Copper, **Obv.** National arms **Rev:** Liberty cap within sprigs

Date	Mintage	VG8	F12	VF20	XF40	MS60
1915	—	200	300	400	650	—

KM# 673   PESO (UN)
11.60 g., Gold with Silver, 30mm. **Obv.** National arms **Rev:** Liberty cap within sprigs **Rev. Inscription:** Oro:0,300 **Note:** Coin is 0.300g fine Gold.

Date	Mintage	VG8	F12	VF20	XF40	MS60
1915	—	250	500	800	1,000	—

KM# 674   PESO (UN)
Gold with Silver, 30mm. **Obv.** National arms **Rev:** Liberty cap within sprigs **Rev. Inscription:** Oro:0,300 **Note:** Weight varies 10.51-12.79g. Coin is 0.300g fine Gold.

Date	Mintage	VG8	F12	VF20	XF40	MS60
1915	—	100	200	300	550	—

JALISCO

Jalisco is a state on the west coast of Mexico. The few coins made for this state show that the Army of the North did not restrict their operations to the northern border states. The coins were made in Guadalajara under the watchful eye of General Dieguez, commander of this segment of Villa's forces.

GUADALAJARA

REVOLUTIONARY COINAGE

KM# 675 CENTAVO
Copper, **Obv.** Liberty cap **Rev:** Value

Date	Mintage	VG8	F12	VF20	XF40	MS60
1915	—	9.50	15.00	20.00	30.00	—

KM# 675a CENTAVO
Brass, **Obv.** Liberty cap **Rev:** Value

Date	Mintage	VG8	F12	VF20	XF40	MS60
1915	—	—	—	400	550	—

KM# A676 CENTAVO
Copper, **Obv.** Liberty cap **Rev:** Retrograde value
Note: Varieties exist.

Date	Mintage	VG8	F12	VF20	XF40	MS60
1915	—	100	300	600	1,000	—

KM# 676.1 2 CENTAVOS
Copper, 20mm. **Obv.** Liberty cap **Rev:** Value

Date	Mintage	VG8	F12	VF20	XF40	MS60
1915	—	10.00	18.00	20.00	35.00	—

Note: Varieties exist.

KM# 676.2 2 CENTAVOS
Copper, **Obv.** Sm. Liberty cap **Rev:** Value

Date	Mintage	VG8	F12	VF20	XF40	MS60
1915	—	200	300	500	800	—

KM# 677 5 CENTAVOS
Copper, 24mm. **Obv.** Liberty cap **Rev:** Value

Date	Mintage	VG8	F12	VF20	XF40	MS60
1915	—	6.50	20.00	40.00	60.00	—

KM# 677a 5 CENTAVOS
Brass, **Obv.** Liberty cap **Rev:** Value

Date	Mintage	VG8	F12	VF20	XF40	MS60
1915 rare	—	—	—	—	—	—

KM# 678 10 CENTAVOS
Copper, **Obv.** Liberty cap above value and date
Rev: Crowned shield

Date	Mintage	VG8	F12	VF20	XF40	MS60
1915	—	—	—	5,000	12,000	—

KM# A678 PESO
Copper, **Obv.** Liberty cap above value and date
Rev: Crowned shield

Date	Mintage	VG8	F12	VF20	XF40	MS60
1915	—	—	—	—	20,000	—

MEXICO, ESTADO DE

Estado de Mexico is a state in central Mexico that surrounds the Federal District on three sides. The issues by the Zapata forces in this state have two distinctions – the Amecameca pieces are the crudest and the Toluca cardboard piece is the most unusual. General Tenorio authorized the crude incuse Amecameca pieces.

AMECAMECA

REVOLUTIONARY COINAGE

KM# 679 5 CENTAVOS
12.55 g., Brass, 24.5mm. **Obv.** Legend **Rev:** Value above cent sign **Obv. Legend:** EJERCITO CONVENCIONISTA

Date	Mintage	VG8	F12	VF20	XF40	MS60
ND unique	—	—	—	—	—	—

KM# 680 5 CENTAVOS
12.77 g., Brass, 24.6mm. **Obv.** National arms above RM **Rev:** Value above cent sign **Note:** Hand stamped.

Date	Mintage	VG8	F12	VF20	XF40	MS60
ND	—	300	500	800	1,000	—

KM# 681 10 CENTAVOS
15.00 g., Brass, 24.5-24.8mm. **Obv.** National arms above RM **Rev:** Value above cent sign **Note:** Hand stamped. Varieties exist. Size varies.

Date	Mintage	VG8	F12	VF20	XF40	MS60
ND	—	60.00	90.00	150	200	—

KM# 681a 10 CENTAVOS
Copper, **Obv.** National arms above RM **Rev:** Value above cent sign **Note:** Hand stamped.

Date	Mintage	VG8	F12	VF20	XF40	MS60
ND	—	75.00	125	225	350	—

KM# 682 20 CENTAVOS
Brass, 24-25mm. **Obv.** National arms above RM
Rev: Value above cent sign **Note:** Hand stamped.
Varieties exist. Size varies. Weight varies 11.34-
12.86g.

Date	Mintage	VG8	F12	VF20	XF40	MS60
ND	—	15.00	22.50	35.00	60.00	—

KM# 682a 20 CENTAVOS
Copper, **Obv.** National arms above RM **Rev:** Value
above cent sign **Note:** Hand stamped.

Date	Mintage	VG8	F12	VF20	XF40	MS60
ND	—	25.00	50.00	175	250	—

KM# 683 20 CENTAVOS
Copper, 19-20mm. **Obv.** National arms above A.
D. J. **Rev:** Value **Note:** Size varies. Weight varies
3.99-5.35g.

Date	Mintage	VG8	F12	VF20	XF40	MS60
ND	—	7.50	12.50	20.00	35.00	—

KM# 683a 20 CENTAVOS
Brass, **Obv.** National arms above A. D. J. **Rev:**
Value

Date	Mintage	VG8	F12	VF20	XF40	MS60
ND	—	—	—	300	500	—

KM# 684 25 CENTAVOS
Brass, **Obv.** Legend **Rev:** Value above cent sign
Obv. Legend: EJERCITO CONVENCIONISTA

Date	Mintage	VG8	F12	VF20	XF40	MS60
ND unique	—	—	—	—	—	—

KM# 685 25 CENTAVOS
Copper, 25mm. **Obv.** National arms above sprigs
Rev: Large numeral value **Note:** Hand stamped.
Many modern counterfeits exist in all metals. Weight
varies 6.32-6.99g.

Date	Mintage	VG8	F12	VF20	XF40	MS60
ND	—	15.00	20.00	30.00	40.00	—

KM# 685a 25 CENTAVOS
7.92 g., Brass, 25mm. **Obv.** National arms above
sprigs **Rev:** Large numeral value **Note:** Hand
stamped.

Date	Mintage	VG8	F12	VF20	XF40	MS60
ND	—	—	—	100	300	—

KM# 685b 25 CENTAVOS
Silver, **Obv.** National arms above sprigs **Rev:**
Large numeral value **Note:** Hand stamped.

Date	Mintage	VG8	F12	VF20	XF40	MS60
ND	—	—	—	300	500	—

KM# 686 50 CENTAVOS
Copper, 28-28.5mm. **Obv.** Eagle over sprays
Note: Hand stamped. Size varies.

Date	Mintage	VG8	F12	VF20	XF40	MS60
ND	—	8.00	10.00	18.00	30.00	—

KM# 686a 50 CENTAVOS
16.04 g., Brass, 28.5mm. **Obv.** National arms
above sprigs **Rev:** Large numeral value **Note:**
Hand stamped.

Date	Mintage	VG8	F12	VF20	XF40	MS60
ND	—	100	200	300	400	—

Note: Stem of "¢" above the 5

KM# 687 50 CENTAVOS
Copper, 23.5-29mm. **Obv.** National arms
above sprigs **Rev:** Large numeral value **Note:**
Contemporary counterfeit, hand engraved. Size
varies. Weight varies 8.8-10.8g.

Date	Mintage	VG8	F12	VF20	XF40	MS60
ND	—	12.00	30.00	50.00	80.00	—

Note: ¢" clears top of 5

TENANCINGO, TOWN

KM# 688.1   2 CENTAVOS
Copper, **Obv.** National arms **Rev:** Value within wreath without TM below value

Date	Mintage	VG8	F12	VF20	XF40	MS60
1915	—	—	400	2,000	6,000	—

KM# 688.2   2 CENTAVOS
Copper, **Obv.** National arms **Rev:** Value within wreath with TM below value

Date	Mintage	VG8	F12	VF20	XF40	MS60
1915	—	—	400	1,000	5,000	—

KM# 689.1   5 CENTAVOS
Copper, 19mm. **Obv.** National arms **Rev:** Numeral value over lined C within wreath **Note:** Weight varies 2.83-2.84g.

Date	Mintage	VG8	F12	VF20	XF40	MS60
1915	—	10.00	20.00	40.00	60.00	—

KM# 689.2   5 CENTAVOS
Copper, 19mm. **Obv.** National arms **Rev:** Numeral value over solid C within wreath **Note:** Weight varies 2.83-2.84g.

Date	Mintage	VG8	F12	VF20	XF40	MS60
1915	—	200	400	800	1,200	—

KM# 690.1   10 CENTAVOS
Copper, 25.25mm. **Obv.** National arms **Rev:** Value over lined C within wreath below date **Note:** Weight varies 4.27-5.64g.

Date	Mintage	VG8	F12	VF20	XF40	MS60
1916	—	10.00	20.00	40.00	80.00	—

KM# 690.2   10 CENTAVOS
Copper, 25.25mm. **Obv.** National arms **Rev:** Value over lined C within wreath **Note:** Weight varies 4.27-5.64g.

Date	Mintage	VG8	F12	VF20	XF40	MS60
1916	—	100	300	500	800	—

KM# 691   20 CENTAVOS
Copper, 27.5-28mm. **Obv.** National arms **Rev:** Value and date above sprigs **Note:** Size varies. Weight varies 8.51-11.39g.

Date	Mintage	VG8	F12	VF20	XF40	MS60
1915	—	25.00	40.00	55.00	85.00	—

TOLUCA, CITY

KM# 692.1   5 CENTAVOS
Cardboard grey in color, 27-28mm. **Obv.** Crowned shield within sprigs **Rev:** Banner accross large numeral value **Note:** Size varies. Weight varies 1.04-1.16g.

Date	Mintage	VG8	F12	VF20	XF40	MS60
1915	—	15.00	30.00	50.00	100	—

KM# 692.2   5 CENTAVOS
Cardboard grey in color, 27-28mm. **Obv.** Crowned shield within sprigs **Rev:** Banner accross large numeral value **Note:** Size varies. Weight varies 1.04-1.16g.

Date	Mintage	VG8	F12	VF20	XF40	MS60
1915	—	15.00	30.00	50.00	100	—

COUNTERMARKED COINAGE

KM# 693.1   20 CENTAVOS
Copper, 20mm. **Obv.** National arms **Rev:** Numeral 20 within C and inner circle within sprigs **Note:** Countermark on 1 Centavo, KM#415. Varieties exist. Weight varies 2.65-2.95g.

CM Date	Host Date	VG8	F12	VF20	XF40	MS60
ND(1915)		20.00	40.00	55.00	95.00	—

KM# 693.2   20 CENTAVOS
Copper, 20mm. **Obv.** National arms **Rev:** Numeral 20 within C and inner circle within 3/4 wreath **Note:** Countermark on 1 Centavo, KM#394.1. Weight varies 2.65-2.95g.

CM Date	Host Date	VG8	F12	VF20	XF40	MS60
ND(1915)	1904	30.00	50.00	90.00	165	—

KM# 694   40 CENTAVOS
5.86 g., Copper, 24.75-25mm. **Obv.** National arms **Rev:** Numeral 40 within C and inner circle within wreath **Note:** Countermark on 2 Centavos, KM#419. Varieties exist. Size varies.

CM Date	Host Date	VG8	F12	VF20	XF40	MS60
ND(1915)		25.00	60.00	80.00	150	—

MORELOS

Morelos is a state in south central Mexico, adjoining the federal district on the south. It was the headquarters of Emiliano Zapata. His personal quarters were at Tlatizapan in Morelos. The Morelos coins from 2 Centavos to 1 Peso were all copper except one type of 1 Peso in silver. The two operating Zapatista mints in Morelos were Atlihuayan and Tlaltizapan.

EMILIANO ZAPATA
REVOLUTIONARY COINAGE

KM# 695   2 CENTAVOS
Copper, 23mm. **Obv.** National arms **Rev:** Value within wreath **Obv. Legend:** E.L. DE MORELOS

Date	Mintage	VG8	F12	VF20	XF40	MS60
1915	—	1,000	1,400	1,800	2,750	—

KM# 696   5 CENTAVOS
9.00 g., Copper, 25.9mm. **Obv.** National arms **Rev:** Value within 3/4 wreath **Rev. Legend:** E. DE MOR. 1915

Date	Mintage	VG8	F12	VF20	XF40	MS60
1915	—	300	800	2,000	5,000	—

KM# 697   10 CENTAVOS
8.69 g., Copper, 24mm. **Obv.** National arms **Rev:** Value within lined C and wreath

Date	Mintage	VG8	F12	VF20	XF40	MS60
1915	—	12.00	20.00	30.00	40.00	—

KM# 698   10 CENTAVOS
Copper, 24-24.5mm. **Obv.** National arms **Rev:** Value within lined C and wreath with date effaced from die **Note:** Size varies. Weight varies 4.83-6.8g.

Date	Mintage	VG8	F12	VF20	XF40	MS60
ND	—	12.00	20.00	35.00	55.00	—

KM# 699 10 CENTAVOS
Copper, **Obv.** National arms **Rev:** Date and value within wreath **Rev. Legend:** E. DE MOR

Date	Mintage	VG8	F12	VF20	XF40	MS60
1915	—	1,000	2,000	3,000	8,000	—

KM# 700 10 CENTAVOS
Copper, 28mm. **Obv.** National arms **Rev:** Date and value within wreath **Rev. Legend:** MOR **Note:** Weight varies 5.56-8.36g.

Date	Mintage	VG8	F12	VF20	XF40	MS60
1916	—	5.00	20.00	40.00	60.00	—

KM# 701 20 CENTAVOS
Copper, 23.75-24.75mm. **Obv.** National arms **Rev:** Value within lined C and 3/4 wreath **Note:** Size varies. Weight varies 3.88-4.15g.

Date	Mintage	VG8	F12	VF20	XF40	MS60
1915	—	9.00	15.00	25.00	35.00	—

KM# 702 50 CENTAVOS
Copper, 28.8mm. **Obv.** National arms with MOR beneath eagle **Rev:** 50C monogram

Date	Mintage	VG8	F12	VF20	XF40	MS60
1915	—	300	500	900	1,450	—

KM# 703 50 CENTAVOS
Copper, 28-29.5mm. **Obv.** National arms **Rev:** Numeral value within lined C and 1/2 wreath **Note:** This coin exists with a silver and also a brass wash. Size varies. Weight varies 5.73-13.77g.

Date	Mintage	VG8	F12	VF20	XF40	MS60
1915	—	12.50	17.50	30.00	50.00	—

KM# 703a 50 CENTAVOS
Brass, **Obv.** National arms above sprigs **Rev:** 50C monogram

Date	Mintage	VG8	F12	VF20	XF40	MS60
1915	—	100	200	400	600	—

KM# 704 50 CENTAVOS
Copper, 29-30mm. **Obv.** National arms with Morelos written below **Rev:** Value within wreath **Note:** Size varies. Weight varies 8.56-11.47g.

Date	Mintage	VG8	F12	VF20	XF40	MS60
1916	—	12.50	20.00	40.00	60.00	—

KM# 706 50 CENTAVOS
Copper, 28mm. **Obv.** National arms **Rev:** Date above large numeral value **Rev. Legend:** REFORMA LIBERTAD JUSTICIA Y LEY

Date	Mintage	VG8	F12	VF20	XF40	MS60
1915	—	400	600	1,000	1,800	—

KM# 708 PESO (UN)
Silver, **Obv.** National arms **Rev:** Liberty cap within wreath

Date	Mintage	VG8	F12	VF20	XF40	MS60
1916	—	450	750	1,150	1,850	—

KM# 708a PESO (UN)
10.00 g., Copper, 30mm. **Obv.** National arms **Rev:** Liberty cap within wreath

Date	Mintage	VG8	F12	VF20	XF40	MS60
1916	—	500	1,000	1,200	2,300	—

OAXACA

Oaxaca is one of the southern states in Mexico. The coins issued in this state represent the most prolific series of the Revolution. Most of the coins bear the portrait of Benito Juarez, have corded or plain edges and were issued by a provisional government in the state. The exceptions are the rectangular 1 and 3 Centavos pieces that begin the series.

PROVISIONAL GOVERNMENT

REVOLUTIONARY COINAGE

KM# 709 CENTAVO (UN)
Copper, 19mm. **Obv.** Legend within beaded rectangle **Rev:** Legend within beaded rectangle **Note:** Rectangular flan.

Date	Mintage	VG8	F12	VF20	XF40	MS60
1915	—	90.00	125	400	650	—

KM# 710 CENTAVO (UN)
Copper, 18mm. **Obv.** Bust left with date flanked by stars below **Rev:** Value within lined C and 1/2 wreath

Date	Mintage	VG8	F12	VF20	XF40	MS60
1915	—	12.00	17.50	25.00	40.00	—

KM# 710a CENTAVO (UN)
Brass, **Obv.** Head left with date flanked by stars below **Rev:** Value within lined C and 1/2 wreath

Date	Mintage	VG8	F12	VF20	XF40	MS60
1915	—	50.00	100	200	350	—

KM# 711 3 CENTAVOS (TRES)
Copper, 24mm. **Obv.** Legend within rectangle with date below, stars in corners **Rev:** Legend within rectangle with stars in corners **Rev. Legend:** PROVISIO... **Note:** Rectangular flan.

Date	Mintage	VG8	F12	VF20	XF40	MS60
1915	—	100	200	400	600	—

KM# 712 3 CENTAVOS (TRES)
Copper, **Obv.** Legend within rectangle with date below, stars in corners **Rev:** Legend within rectangle with stars in corners **Rev. Legend:** PROVISI... **Note:** Rectangular flan.

Date	Mintage	VG8	F12	VF20		XF40	MS60
1915	—	2,000	4,000	6,000		10,000	—

KM# 713.1 3 CENTAVOS (TRES)
2.25 g., Copper, 20mm. **Obv.** Bust left flanked by stars below **Rev:** Value above sprigs **Note:** Without TM below value

Date	Mintage	VG8	F12	VF20	XF40	MS60
1915	—	3.00	5.00	12.00	50.00	—

KM# 713.2 3 CENTAVOS (TRES)
2.25 g., Copper, 20mm. **Obv.** Bust left flanked by stars below **Rev:** Value above sprigs **Edge:** Plain **Note:** Without TM below value

Date	Mintage	VG8	F12	VF20	XF40	MS60
1915	—	—	—	70.00	100	—

KM# 713.3 3 CENTAVOS (TRES)
2.25 g., Copper, 20mm. **Obv.** Bust left flanked by stars below **Rev:** Value above sprigs **Note:** With TM below value

Date	Mintage	VG8	F12	VF20	XF40	MS60
1915	—	100	200	500	600	—

KM# 714 3 CENTAVOS (TRES)
Copper, 20mm. **Obv.** Bust left **Rev:** Value above sprigs **Note:** Small 3

Date	Mintage	VG8	F12	VF20	XF40	MS60
1915	—	6.00	10.00	15.00	30.00	—

KM# 715 5 CENTAVOS
Copper, **Note:** JAN. 15 1915. incuse lettering

Date	Mintage	VG8	F12	VF20	XF40	MS60
1915 Rare	—	—	—	—	—	—

KM# 716 5 CENTAVOS
Copper, **Obv.** Bust facing within circle **Rev:** Value above sprigs

Date	Mintage	VG8	F12	VF20	XF40	MS60
1915	—	—	—	—	12,000	—

KM# 717 5 CENTAVOS
Copper, 22mm. **Obv.** Low relief bust left with date flanked by stars below **Rev:** Value above sprigs **Note:** Low relief with long, pointed truncation

Date	Mintage	VG8	F12	VF20	XF40	MS60
1915	—	1.50	3.00	4.50	12.00	—

REVOLUTIONARY COINAGE

KM# 718 5 CENTAVOS
Copper, 22mm. **Obv.** Raised bust left with date flanked by stars below **Rev:** Value above sprigs **Note:** Heavy with short unfinished lapels

Date	Mintage	VG8	F12	VF20	XF40	MS60
1915	—	1.50	2.50	4.00	12.00	—

KM# 719 5 CENTAVOS
Copper, 22mm. **Obv.** Raised bust left with date flanked by stars below **Rev:** Value above sprigs **Note:** Curved bottom

Date	Mintage	VG8	F12	VF20	XF40	MS60
1915	—	1.50	2.50	4.00	12.00	—

KM# 720 5 CENTAVOS
Copper, 22mm. **Obv.** Bust left with date flanked by stars below **Rev:** Value above sprigs **Note:** Short truncation with closed lapels

Date	Mintage	VG8	F12	VF20	XF40	MS60
1915	—	1.50	3.00	4.50	12.00	—

KM# 721 5 CENTAVOS
Copper, 22mm. **Obv.** Bust left with date flanked by stars below **Rev:** Value above sprigs **Note:** Short curved truncation

Date	Mintage	VG8	F12	VF20	XF40	MS60
1915	—	1.50	2.50	5.00	12.00	—

KM# 722 10 CENTAVOS
Copper, **Obv.** Low relief bust left with date flanked by stars below **Rev:** Value above sprigs **Note:** Low

relief with long pointed truncation

Date	Mintage	VG8	F12	VF20	XF40	MS60
1915	—	1.50	2.50	5.00	12.00	—

KM# 723 10 CENTAVOS
Copper, **Obv.** Bust left with date flanked by stars below **Rev:** Value above sprigs **Note:** Obverse and reverse legend retrograde.

Date	Mintage	VG8	F12	VF20	XF40	MS60
1915 Rare	—	—	—	—	—	—

KM# 724 10 CENTAVOS
Copper, 26.5mm. **Obv.** Raised bust left with date flanked by stars below **Rev:** Value above sprigs **Note:** Bold and unfinished truncation using 1 peso obverse die of km#740

Date	Mintage	VG8	F12	VF20	XF40	MS60
1915	—	3.00	5.00	8.00	12.00	—

KM# 725 10 CENTAVOS
Copper, 26.5mm. **Obv.** Bust left with date flanked by stars below **Rev:** Value above sprigs **Note:** Heavy with short unfinished lapels centered high

Date	Mintage	VG8	F12	VF20	XF40	MS60
1915	—	1.50	2.50	4.00	12.00	—

KM# 726 10 CENTAVOS
Copper, **Obv.** Raised bust left with date flanked by stars below **Rev:** Value above sprigs **Note:** Curved bottom

Date	Mintage	VG8	F12	VF20	XF40	MS60
1915	—	1.50	2.50	4.00	12.00	—

KM# 727.1 10 CENTAVOS
Copper, **Obv.** Raised bust left with date flanked by stars below **Rev:** Value above sprigs **Note:** Short truncation with closed lapels

Date	Mintage	VG8	F12	VF20	XF40	MS60
1915	—	1.50	2.50	4.00	12.00	—

REVOLUTIONARY COINAGE

KM# 727.2   10 CENTAVOS
Copper, **Obv.** Bust left with date flanked by stars below **Rev:** Value above sprigs **Note:** At present, only four pieces of this type are known. All are VF or better; T below bow with M below first leaf

Date	Mintage	VG8	F12	VF20	XF40	MS60
1915	—	—	—	500	700	—

KM# 727.3   10 CENTAVOS
Copper, **Obv.** Raised bust left flanked by letters GV with date flanked by stars below **Rev:** Value above sprigs **Note:** This counterstamp appears on several different type host 10 cent coins.

Date	Mintage	VG8	F12	VF20	XF40	MS60
1915	—	100	200	400	500	—

Note: Letters GV correspond to General Garcia Vigil

KM# 728   20 CENTAVOS
Silver, 19mm. **Obv.** Low relief bust left with date flanked by stars below **Rev:** Value above sprigs **Note:** Low relief with long pointed truncation

Date	Mintage	VG8	F12	VF20	XF40	MS60
1915	—	800	2,000	4,000	6,000	—

KM# 728a   20 CENTAVOS
Copper, 19mm. **Obv.** Bust left with date flanked by stars below **Rev:** Value above sprigs **Note:** Low relief with long pointed truncation

Date	Mintage	VG8	F12	VF20	XF40	MS60
1915 Rare	—	—	—	—	—	—

KM# 729.1   20 CENTAVOS
Copper, **Obv.** Raised bust left with date flanked by stars below **Rev:** Value above sprigs **Note:** Unfinished truncation using 1 peso obverse die

Date	Mintage	VG8	F12	VF20	XF40	MS60
1915	—	1.50	3.00	4.50	12.00	—

KM# 729.2   20 CENTAVOS
Copper, **Obv.** Bust left with date flanked by stars below **Rev:** Value above sprigs **Note:** Counterstamp: Liberty cap and rays with bold unfinished truncation using 1 peso obverse die

Date	Mintage	VG8	F12	VF20	XF40	MS60
1915	—	100	150	300	375	—

KM# 730   20 CENTAVOS
Copper, **Obv.** Bust left with date flanked by stars below **Rev:** Value above sprigs **Note:** 5th bust, heavy with short unfinished lapels using 20 Pesos obverse die

Date	Mintage	VG8	F12	VF20	XF40	MS60
1915	—	5.00	7.00	10.00	15.00	—

KM# 731.1   20 CENTAVOS
Copper, 31mm. **Obv.** Raised bust left with date flanked by stars below **Rev:** Value above sprigs **Note:** Curved bottom

Date	Mintage	VG8	F12	VF20	XF40	MS60
1915	—	1.50	2.50	5.00	12.00	—

KM# 731.2   20 CENTAVOS
Copper, **Obv.** Raised bust left with date flanked by stars below **Rev:** Value above sprigs **Note:** Similar to KM#731.1 but with fourth bust.

Date	Mintage	VG8	F12	VF20	XF40	MS60
1915 Unique	—	—	—	—	—	—

KM# 732 20 CENTAVOS
Copper, **Obv.** Raised bust left with date flanked by stars below **Rev:** Value above sprigs

Date	Mintage	VG8	F12	VF20	XF40	MS60
1915	—	1.50	2.50	4.00	12.00	—

KM# 733 20 CENTAVOS
Copper, **Obv.** Bust left with date flanked by stars below **Rev:** Value above sprigs **Note:** 7th bust, short truncation with closed lapels

Date	Mintage	VG8	F12	VF20	XF40	MS60
1915	—	1.50	3.00	4.50	12.00	—

KM# 734 50 CENTAVOS
4.07 g., Silver, 22mm. **Obv.** Raised bust left with date flanked by stars below **Rev:** Value above sprigs **Note:** Heavy with short unfinished lapels

Date	Mintage	VG8	F12	VF20	XF40	MS60
1915	—	10.00	20.00	50.00	100	—

KM# 735 50 CENTAVOS
Silver, 22mm. **Obv.** Raised bust left with date flanked by stars below **Rev:** Value above sprigs **Note:** Curved bottom

Date	Mintage	VG8	F12	VF20	XF40	MS60
1915	—	8.00	15.00	30.00	75.00	—

KM# 736 50 CENTAVOS
Silver, **Obv.** Bust left with date flanked by stars below **Rev:** Value above sprigs **Note:** Short truncation with closed lapels

Date	Mintage	VG8	F12	VF20	XF40	MS60
1915	—	8.00	15.00	30.00	75.00	—

KM# 737 50 CENTAVOS
4.54 g., Silver, 22mm. **Obv.** Bust left with date flanked by stars below **Rev:** Value above sprigs **Note:** Short truncation with pronounced curve

Date	Mintage	VG8	F12	VF20	XF40	MS60
1915	—	10.00	15.00	25.00	75.00	—

KM# 739 50 CENTAVOS
Billon, 28mm. **Obv.** Raised bust left with date flanked by stars below **Rev:** Value above sprigs **Note:** Ninth bust, high nearly straight truncation

Date	Mintage	VG8	F12	VF20	XF40	MS60
1915	—	—	—	—	8,000	—

KM# 739a 50 CENTAVOS
Copper, 28mm. **Obv.** Raised bust left with date flanked by stars below **Rev:** Value above sprigs **Note:** Ninth bust, high nearly straight truncation

Date	Mintage	VG8	F12	VF20	XF40	MS60
1915	—	—	—	—	8,000	—

KM# 740.1 PESO (UN)
Silver, 26mm. **Obv.** Raised bust left with date flanked by stars below **Rev:** Written value above sprigs **Note:** Fourth bust with heavy unfinished truncation

Date	Mintage	VG8	F12	VF20	XF40	MS60
1915	—	7.00	12.00	30.00	50.00	—

KM# 740.2 PESO (UN)
Silver, 26mm. **Obv.** Raised bust left with date flanked by stars below **Rev:** Written value above sprigs **Note:** Fourth bust with heavy unfinished truncation w/TM.

Date	Mintage	VG8	F12	VF20	XF40	MS60
1915	—	150	300	400	1,000	—

KM# 741 PESO (UN)
Silver, **Obv.** Raised bust with date flanked by stars below **Rev:** Value above sprigs **Note:** Fifth bust, heavy with short unfinished lapels, centered high

Date	Mintage	VG8	F12	VF20	XF40	MS60
1915	—	8.00	10.00	35.00	45.00	—

KM# 742   PESO (UN)
Silver, **Obv.** Low relief bust left with date flanked by stars below **Rev:** Value above sprigs **Note:** Sixth bust; Curved bottom line

Date	Mintage	VG8	F12	VF20	XF40	MS60
1915	—	10.00	15.00	30.00	50.00	—

KM# 742a   PESO (UN)
Copper, **Obv.** Low relief bust left with date flanked by stars below **Rev:** Value above sprigs **Note:** Sixth bust; Curved bottom line

Date	Mintage	VG8	F12	VF20	XF40	MS60
1915	—	—	—	—	600	—

KM# 743   PESO (UN)
Silver, **Obv.** Low relief bust left with date flanked by stars below **Rev:** Value above sprigs **Note:** Seventh bust, short truncation with closed lapels

Date	Mintage	VG8	F12	VF20	XF40	MS60
1915	—	10.00	20.00	30.00	50.00	—

KM# 743a   PESO (UN)
Silver, **Obv.** Low relief bust left with date flanked by stars below **Rev:** Value above sprigs **Note:** Seventh bust, short truncation with closed lapels

Date	Mintage	VG8	F12	VF20	XF40	MS60
1915	—	35.00	75.00	150	200	—

KM# 744   2 PESOS (DOS)
Silver, 30mm. **Obv.** Raised bust left with date flanked by stars below **Rev:** Value above sprigs **Note:** Fourth bust, using 1 peso obverse die

Date	Mintage	VG8	F12	VF20	XF40	MS60
1915	—	18.00	28.00	45.00	75.00	—

KM# 744a   2 PESOS (DOS)
Copper, **Obv.** Raised bust left with date flanked by stars below **Rev:** Value above sprigs **Note:** Fourth bust, using 1 peso obverse die

Date	Mintage	VG8	F12	VF20	XF40	MS60
1915 Rare	—	—	—	—	—	—

KM# 745   2 PESOS (DOS)
Gold with Silver, 22mm. **Obv.** Low relief bust left with date flanked by stars below **Rev:** Value above sprigs **Note:** 0.902 Silver, 0.010 Gold. Fifth bust, curved bottom 2 over pesos

Date	Mintage	VG8	F12	VF20	XF40	MS60
1915	—	15.00	25.00	50.00	110	—

KM# 745a   2 PESOS (DOS)
Copper, **Obv.** Low relief bust left with date flanked by stars below **Rev:** Value above sprigs **Note:** Fifth bust, curved bottom 2 over pesos

Date	Mintage	VG8	F12	VF20	XF40	MS60
1915	—	75.00	100	200	400	—

KM# A746   2 PESOS (DOS)
Copper, **Obv.** Raised bust left with date flanked by stars below **Rev:** Balance scale below liberty cap **Note:** Seventh bust, short truncation with closed lapels

Date	Mintage	VG8	F12	VF20	XF40	MS60
1915 Unique	—	—	—	—	—	—

KM# 746   2 PESOS (DOS)
Silver, **Obv.** Raised bust left with date flanked by stars below **Rev:** Balance scale below liberty cap

Date	Mintage	VG8	F12	VF20	XF40	MS60
1915	—	22.00	28.00	50.00	75.00	—

KM# 746a   2 PESOS (DOS)
Copper, **Obv.** Bust left with date flanked by stars below **Rev:** Balance scale below liberty cap

Date	Mintage	G4	VG8	F12	VF20	XF40
1915	—	—	150	200	600	1,000

KM# A747   2 PESOS (DOS)
Silver, **Obv.** Bust left with date flanked by stars below **Rev:** Balance scale below liberty cap **Note:** Obverse die is free hand engraved.

Date	Mintage	VG8	F12	VF20	XF40	MS60
1915	—	—	—	185	275	—

KM# 747.1 2 PESOS (DOS)
13.44 g., Silver, 33mm. **Obv.** Bust left with date flanked by stars below **Rev:** Balance scale below liberty cap

Date	Mintage	VG8	F12	VF20	XF40	MS60
1915	—	20.00	25.00	55.00	95.00	—

KM# 747.2 2 PESOS (DOS)
13.44 g., Silver, 33mm. **Obv.** Bust left with date flanked by stars below **Rev:** Balance scale below liberty cap

Date	Mintage	VG8	F12	VF20	XF40	MS60
1915	—	22.00	28.00	60.00	100	—

KM# 747.3 2 PESOS (DOS)
13.44 g., Silver, 33mm. **Obv.** Bust left with date flanked by stars below **Rev:** Balance scale below liberty cap

Date	Mintage	VG8	F12	VF20	XF40	MS60
1915	—	20.00	30.00	60.00	100	—

KM# 748 2 PESOS (DOS)
0.902 Silver, 22mm. **Obv.** Bust left with date flanked by stars below **Rev:** Value above sprigs

Date	Mintage	VG8	F12	VF20	XF40	MS60
1915	—	20.00	30.00	60.00	100	—

KM# 749 2 PESOS (DOS)
Silver, **Obv.** Head left with date flanked by stars below **Rev:** Value above sprigs

Date	Mintage	VG8	F12	VF20	XF40	MS60
1915 Unique	—	—	—	—	5,000	—

KM# 750 5 PESOS
0.175 Gold, 19mm. **Obv.** Bust left **Rev:** Value above sprigs **Note:** Third bust, heavy, with short unfinished lapels

Date	Mintage	VG8	F12	VF20	XF40	MS60
1915	—	175	225	350	550	900

KM# 750a 5 PESOS
Copper, **Obv.** Bust left **Rev:** Value above sprigs **Note:** Third bust, heavy, with short unfinished lapels

Date	Mintage	VG8	F12	VF20	XF40	MS60
1915 Unique	—	—	—	—	—	—

KM# 751 5 PESOS
16.77 g., Silver, 30mm. **Obv.** Low relief bust left with date flanked by stars below **Rev:** Value above sprigs **Note:** Seventh bust, short truncation with closed lapels

Date	Mintage	VG8	F12	VF20	XF40	MS60
1915	—	50.00	80.00	175	275	—

KM# 751a 5 PESOS
Copper, **Obv.** Low relief bust left with date flanked by stars below **Rev:** Value above sprigs **Note:** Seventh bust, short truncation with closed lapels

Date	Mintage	VG8	F12	VF20	XF40	MS60
1915	—	125	200	300	1,000	—

KM# 752 10 PESOS
0.175 Gold, 23mm. **Obv.** Bust left with date flanked by stars below **Rev:** Value above sprigs

Date	Mintage	VG8	F12	VF20	XF40	MS60
1915	—	225	350	450	650	1,000

KM# 752a 10 PESOS
Copper, **Obv.** Bust left with date flanked by stars below **Rev:** Value above sprigs

Date	Mintage	VG8	F12	VF20	XF40	MS60
1915	—	800	1,500	2,000	4,000	—

KM# A752 10 PESOS
0.150 Gold, **Obv.** Bust left with date flanked by stars below **Rev:** Value above sprigs

Date	Mintage	VG8	F12	VF20	XF40	MS60
1915 Rare	—	—	—	—	—	—

KM# 753 20 PESOS
0.175 Gold, **Obv.** Bust left with date flanked by stars below **Rev:** Value above sprigs

Date	Mintage	VG8	F12	VF20	XF40	MS60
1915	—	400	500	800	1,000	1,500

KM# 754   20 PESOS
0.175 Gold, 27mm. **Obv.** Bust left with date flanked by stars below **Rev:** Value above sprigs

Date	Mintage	VG8	F12	VF20	XF40	MS60
1915	—	250	450	650	950	1,700

KM# A753   20 PESOS
0.150 Gold, **Obv.** Bust left with date flanked by stars below **Rev:** Value above sprigs **Note:** Fourth bust

Date	Mintage	VG8	F12	VF20	XF40	MS60
1915 Unique	—	—	—	—	—	—

KM# 755   60 PESOS
50.00 g., 0.859 Gold, 1.3809 oz. AGW **Obv.** Head left within 3/4 wreath **Rev:** Balance scale below liberty cap **Edge:** Reeded

Date	Mintage	F12	VF20	XF40	MS60
1916 Rare	—	—	10,000	20,000	35,000

KM# 755a   60 PESOS
Silver, **Obv.** Head left within 3/4 wreath **Rev:** Balance scales below liberty cap **Edge:** Reeded

Date	Mintage	F12	VF20	XF40	MS60	MS63
1916	—	—	—	—	15,000	—

KM# 755b   60 PESOS
Copper, **Obv.** Head left within 3/4 wreath **Rev:** Balance scales below liberty cap **Edge:** Plain

Date	Mintage	F12	VF20	XF40	MS60	MS63
1916	—	—	—	2,000	5,000	

PUEBLA

A state of central Mexico. Puebla was a state that occasionally saw Zapata forces active within its boundaries. Also active, and an issuer of coins, was the Madero brigade who issued coins with their name two years after Madero's death. The state issue of 2, 5, 10 and 20 Centavos saw limited circulation and recent hoards have been found of some values.

CHICONCUAUTLA

REVOLUTIONARY COINAGE

KM# 756   10 CENTAVOS
6.73 g., Copper, 27mm. **Obv.** Date below national arms **Rev:** Letters X and C entwined

Date	Mintage	VG8	F12	VF20	XF40	MS60
1915	—	7.50	12.50	17.50	25.00	—

KM# 757   20 CENTAVOS
Copper, 28mm. **Obv.** Date below national arms **Rev:** Value **Note:** Varieties exist.

Date	Mintage	VG8	F12	VF20	XF40	MS60
1915	—	2.50	4.00	6.50	12.00	—

KM# 758   20 CENTAVOS
Copper, 28mm. **Obv.** Date below national arms **Rev:** Value

Date	Mintage	VG8	F12	VF20	XF40	MS60
1915	—	2.50	4.00	6.50	12.00	—

TETELA DEL ORO Y OCAMPO

KM# 759 2 CENTAVOS
Copper, 16mm. **Obv.** National arms above date
Rev: Value

Date	Mintage	VG8	F12	VF20	XF40
1915	—	12.50	20.00	28.00	45.00
1915 Restrikes	—	—	1.00	1.50	2.00

KM# 760 2 CENTAVOS
Copper, 20mm. **Obv.** National arms within beaded
circle **Rev:** Value within beaded circle **Rev. Legend:**
E. DE PU.

Date	Mintage	VG8	F12	VF20	XF40	MS60
1915	—	15.00	25.00	35.00	90.00	—

KM# 761 2 CENTAVOS
Copper, 20mm. **Obv.** National arms within beaded
circle **Rev:** Value within beaded circle **Rev. Legend:**
E. DE PUE.

Date	Mintage	VG8	F12	VF20	XF40	MS60
1915	—	9.00	20.00	25.00	50.00	—

KM# 762 5 CENTAVOS
Copper, 21mm. **Obv.** National arms within beaded
circle **Rev:** Value within beaded circle

Date	Mintage	VG8	F12	VF20	XF40	MS60
1915	—	100	200	300	400	—

KM# 764 20 CENTAVOS
Copper, 24mm. **Obv.** National arms **Rev:** Value
above sprigs

Date	Mintage	VG8	F12	VF20	XF40	MS60
1915	—	50.00	100	150	225	—

SINALOA

A state along the west coast of Mexico. The
cast pieces of this state have been attributed to
two people - Generals Rafael Buelna and Juan
Carrasco. The cap and rays 8 Reales is usually at-
tributed to General Buelna and the rest of the se-
ries to Carrasco. Because of their crude nature it is
questionable whether separate series or mints can
be determined.

BUELNA / CARRASCO

CAST COINAGE

Revolutionary

KM# 766 50 CENTAVOS
Cast Silver, 29-31mm. **Obv.** National arms **Rev:**
Numeral value within wreath **Note:** Sand molded
using regular 50 Centavos, KM#445. Size varies.
Weight varies 12.81-14.8g.

Date	Mintage	G4	VG8	F12	VF20	XF40
ND(1905-1918)	—	200	300	—	—	—

COUNTERMARKED COINAGE

These are all crude sand cast coins using regular
coins to prepare the mold. Prices below give a range
for how much of the original coin from which the
mold was prepared is visible. Revolutionary

KM# 765 20 CENTAVOS
Cast Silver, **Obv.** National arms within beaded
circle **Rev:** Value within beaded circle **Note:** Sand
molded using regular 20 Centavos.

Date	Mintage	G4	VG8	F12	VF20	XF40
ND(1898-1905)	—	200	300	—	—	—

KM# 767 50 CENTAVOS
Cast Silver, **Obv.** National arms with additional

countermark **Rev:** Value and date within wreath with liberty cap above **Countermark:** G.C. **Note:** Sand molded using regular 50 Centavos, KM#445.

CM Date	Host Date	G4	VG8	F12	VF20	XF40
ND0	(1905-1918)	100	150	200	300	—

KM# 768.1 PESO
Cast Silver, 38.8-39mm. **Note:** Sand molded using regular 8 Reales, KM#377. Size varies. Weight varies 26-33.67g.

Date	Mintage	G4	VG8	F12	VF20	XF40
ND(1824-97)	—	20.00	35.00	45.00	60.00	—

KM# 768.2 PESO
Cast Silver, 38.5-39mm. **Obv.** With additional countermark **Countermark:** G.C. **Note:** Sand molded using regular 8 Reales, KM#377. Size varies. Weight varies 26-33.67g.

CM Date	Host Date	G4	VG8	F12	VF20
ND(ca.1915)	(1824-97)	25.00	45.00	100	150

KM# 770 PESO
Cast Silver, 38.5mm. **Obv.** National arms with additional countermark **Rev:** Liberty cap with additional countermark **Countermark:** G.C **Note:** Sand molded using regular Peso, KM#409.

CM Date	Host Date	G4	VG8	F12	VF20
ND(ca.1915)	(1898-1909)	35.00	65.00	150	185

Note: Many C/S counterfeits exist

KM# 769 PESO
Cast Silver, **Note:** Sand molded using regular Peso, KM#409.

Date	Mintage	G4	VG8	F12	VF20
ND(1898-1909)	—	15.00	25.00	40.00	55.00